太原年鉴

2014

太原市地方志办公室　编

山西出版传媒集团
三晋出版社

图书在版编目（C I P）数据

太原年鉴. 2014 / 安捷主编. -- 太原：三晋出版社，2015.3
ISBN 978-7-5457-1126-4

Ⅰ. ① 太… Ⅱ. ①安… Ⅲ. ①太原市—2014—年鉴
Ⅳ. ①Z522.51

中国版本图书馆CIP数据核字（2015）第056892号

太原年鉴（2014）

主　　编：安　捷
责任编辑：张仲伟
责任印制：李佳音

出 版 者：山西出版传媒集团·三晋出版社（原山西古籍出版社）
地　　址：太原市建设南路 21 号
邮　　编：030012
电　　话：0351-4922268（发行中心）
0351-4956036（综合办）
0351-4922203（印制部）
E－mail：sj@sxpmg.com
网　　址：http://www.sjcbs.cn

经 销 者：新华书店
承 印 者：山西嘉祥印刷包装有限公司

开　　本：889mm × 1194mm　1/16
印　　张：35.75
字　　数：1280 千字
版　　次：2015 年 8 月　第 1 版
印　　次：2015 年 8 月　第 1 次印刷
书　　号：ISBN　978-7-5457-1126-4
定　　价：380.00 元

太原市地方志编纂委员会

主　　任：耿彦波

副 主 任：荣　彤　任在刚　王建生　王爱琴（常务）　寿伟光　魏　民
　　　　　张齐山　刘　鹓

委　　员：（以姓氏笔画为序）

马兆兴　马雪峰　马竣敏　王守清　王利生　王建堂　王素红
王富旺　王静恩　韦和平　冯润春　田志捷　白玉明　任玉平
任建忠　刘建中　刘照升　刘振华　吕大成　安　捷　成恒太
朱茂生　阴海锁　齐宏明　张　勇　张建刚　李　钢　李文权
李同立　李京京　李国敏　李树人　李增锁　李　越　李发平
杨万生　杨云龙　杨支军　杨向东　肖新卯　连金会　陈向阳
陈继光　孟小军　房小洪　姚晓蓉　姜　波　相　辉　胡建林
茹述创　赵瑞雪　郝宝清　郝　强　贾立进　郭治明　郭晋龙
高　波　高屹城　高庆霞　崔　燕　康宝林　萧芬芬　葛文军
谢承泮　韩少峰　雷学东　樊小高　潘　侠　潘保欢　冀克平
澹台宏亚　薛建明　薛新福　魏元平　魏建庭

《太原年鉴》编审人员

主　　编：安　捷

副 主 编：张艳民　张永霞

监　　制：陈向荣　何志涛　张晓东

编　　辑：刘雁珍　苏　亮　吕　诚　周　媛

编　　务：韩　莉　张宝燕　单　伟

封面设计：杨志勇　张世伟

彩版设计：赵瑞丽　韩　莉　姚善善　郭晓庆

摄　　影：张晓东　米国伟　赵世凯

审　　稿：山西省地方志办年鉴期刊处

太原市行政区划图
上明乡
土峪乡
丁家庄
店上
后里彦舍
鱼崖底
静乐县
鹅城镇
娘子神乡
桥门
娑婆乡
宽滩
忻
兴旺庄
堡子会
李家岩
柳林
木要
铺上
圪台坪
新开岭
赵黄
康家会镇
陶家沟
任家庄
杨家崖
神峪沟乡
永洞庄
曹家沟
普明镇
岚县
东村镇
社科乡
松沟
瓦窑坡
胡家庄
苏坊
史家庄
王狮乡
祁家庄乡
丰润镇
袁家舍
安家庄
会松沟
六因
南河
圪洞岩
下马铺
庆鲁
海子湾
温家坪
曲井
赤泥洼乡
神堂
乱石
高家坡
西六度
东六度
山咀岩
宁家舍
吕
袁家
新舍科
下龙泉
敦厚
近周营
梁家庄乡
上静游
峰岭底
羊圈坪
沙滩
范果山
赤坚岭
梁儿上
静游镇
走马湾
赤泥泉
西岔
岩头
新庄子
常庄
圪塔上
雷家庄
石井塔
鹌儿岩
石槽
阳坡
常家坡
神足底
前曹庄
狮子
五端山
红梁岩
西岸
冀家掌
万子
仁家沟
天洼
柳林
后岭底
新窑上
寺明庄
蔡阳庄
范家
上庙湾
盖家庄乡
仙沟
娄烦县
西果园
庙湾乡
东洼
阁上乡
老书寺
择石
南峪
娄烦镇
城北
羊圈庄
孔家峪
王光塔
蒲峪
水峪
寺头
嫌罗
新建
社科湾
榆树掌
大夫庄
杜家岭
猫儿沟
北岔
京家岔
尖山铁矿
杏湾子
娄
边家庄
娄家庄
烦
红崖头
塔圪垛
下石家庄
县
郝家曲
盘道
楼岭
古
茅院坪
第二足
小泉沟
庄儿上
明家洼
韦圪塔
水头
大村沟
寺沟
河家兰
马家庄乡
我家
席岭
杜交曲镇
冶元
佛堂坪
石当河
柳林寺
都交曲
武家梁
新城
白道
凤凰
银洞咀
罗家曲
强家庄
南村
杏树坪
大坡
神堂坪
罗家岔
河北庄
张家庄
大圣堂
白道坡
大白石
常里岩
嘉乐泉乡
阳岔
温家庄
西
梁家庄
程家岭
咀头
杏林坪
前曹坪
大港
后庄上
进善
潘家庄
富足
小白石
庆善
石楼
红崖子上
九老塔
白家沟
后明市局
解家塔
赤坚会
杜家庄
兴旺庄
大娄则
兑集沟
胡市局
大南坪
国练
小娄则
李家沟
椿树
耿家庄
沟底
米峪镇乡
下石
陈家庄
韩家沟
马道沟
镇城底镇
港立
小南坪
杨湾
青羊沟
曹家掌
岔儿上
周家沟
王家崖
白家滩
石家岩
顺道
梭峪乡
西曲街办
河口镇
栗厂
西沟
天池店乡
晋阳掌
窑儿上
河北
下冶南
独兰
咸家曲
大村曲
火山
石峪
郭家庄
白刁岭
南岔
圪垛
台盘
八字山
东曲街办
娄儿上
上冶南
山头
桃园街办
古交市
杏树坡
孔河沟
西舍沟
佛罗汉
西岩
屯兰街办
康家沟
窑庄
长峪沟
阳坡
鹿庄
石家河
西岭头
独石河
云
提子头
十字岩
郝家庄
神堂岩
后坪
关头
南家山
康家梁
梁庄
羊圈港
高五足
尖崖坪
石相沟
梁儿上
七佛沟
姬家庄
木路塔
顶
大应寨
麻会
周山庄
武家庄
东大岭
富家洼
黄鸡塔
岔口乡
安家沟
西沟
蓿立
李家社
高升
寨底
大济沟
康庄
马兰镇
中社
许家山
偰家山
杜里沟
南龙沟
辛庄
市
小济沟
席麻沟
下石沟
麻家口
西庄头
师家山
北石
山
李家沟
随公沟
姚家社
阳堤塔
王家湾
新房
武家坡
常安乡
西峪沟
阳崖上
老鸦沟
潘家岭
梁
马安坪
水圪垛
白岸
康家社
郑家庄
庞泉沟镇
燕家庄
睦联坡
曲坪
邢家社乡
龙子
油房坪
南头
下白泉
原相乡
山水
龙庄沟
刘庄
三家村
苏家湾
惠家庄
横岭
小娄峰
寺行
胡家峪
武家湾
科头
上白泉
河口
岭上
东塔
兆峰
瓦屋沟
水泉源
陈家社
冯家沟口
郭家梁
下石沙
岳家湾
曹家庄
何家塔
马家坪
冯家庄
上石沙
草庄头
树则
上庄
南沟
宋家庄
青崖沟
文
东坡底乡
后逯沟
上庄头
圪垛
树底
阎家峪
水峪
翟家庄
南头
黑岔
果子园
中庄
石沙庄
榆林
水峪贯镇
歇马头
六段地
洛地渠
西迎南
崔家山
枣坪
柳树底
果子山
马庄
南岭
龙堂寺
鲁沿
黄大坪
马峪
西华镇
王家庄
岔口
装家山
刘家峁
新民
康家岭
会立乡
西山头
西家岭
苗家沟
岭底乡
东于
刘土坡
西落沟
夏家营镇
东子
田家沟
西高白
岳家庄
贝上
野则河
西社镇
圪洞坡
舍堂
交城县
天宁镇
郑村
李家会
温家庄
文峪河水库
洪相镇
段村
龙兴
上王家社
程家庄
南堡
贾家寨
上丰
付家庄
牛家沟
开栅镇
成头
南安镇
海岸
大村
曹家山
横沟
西营镇
王川堡
任家庄
旋头
文水县
凤城镇
武午
吴村
南庄镇
大南峪
西城乡

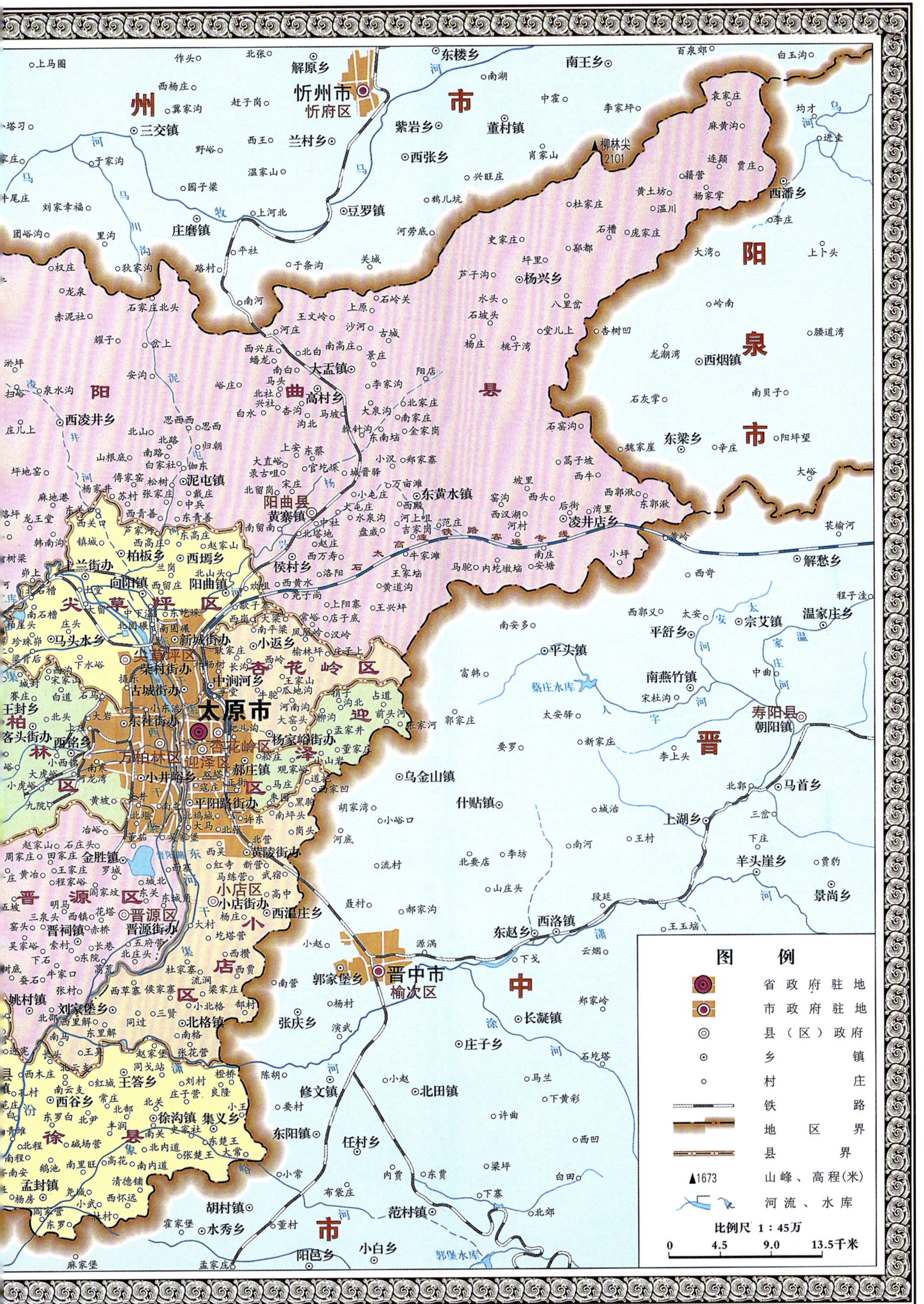

忻州市
忻府区
解原乡
东楼乡
南王乡
紫岩乡
董村镇
西张乡
兰村乡
三交镇
豆罗镇
庄磨镇
柳林尖
2101
西潘乡
阳泉市
西烟镇
东梁乡
杨兴乡
大盂镇
高村乡
曲
阳
县
阳曲县
黄寨镇
东黄水镇
凌井店乡
泥屯镇
西凌井乡
侯村乡
柏板乡
西焉乡
阳曲镇
向阳镇
上兰街办
尖草坪区
新城街办
小返乡
杏花岭区
柴村街办
古城街办
中涧河乡
太原市
杏花岭区
杨家峪街办
迎泽区
万柏林区
郝庄镇
小井峪乡
平阳路街办
东社街办
西铭乡
马头水乡
王封乡
客头街办
柏林区
金胜镇
晋源区
晋源街办
晋祠镇
黄陵街办
小店区
小店街办
西温庄乡
姚村镇
刘家堡乡
北格镇
西谷乡
王答乡
徐沟镇
集义乡
清徐县
孟封镇
胡村镇
水秀乡
阳邑乡
小白乡
范村镇
任村乡
东阳镇
修文镇
北田镇
庄子乡
长凝镇
张庆乡
郭家堡乡
晋中市
榆次区
东赵乡
西洛镇
乌金山镇
什贴镇
上湖乡
羊头崖乡
景尚乡
马首乡
寿阳县
朝阳镇
南燕竹镇
平头镇
平舒乡
宗艾镇
温家庄乡
解愁乡
蔡庄水库
郭堡水库
晋
中
市
图例
省政府驻地
市政府驻地
县（区）政府
乡镇
村庄
铁路
地区界
县界
▲1673 山峰、高程(米)
河流、水库
比例尺 1：45万
0 4.5 9.0 13.5千米

省委书记、省人大主任王儒林调研太原市节日市场

省委副书记、省长李小鹏调研太原市环保工作

省委常委、市委书记吴政隆在城中村调研

市委副书记、市长耿彦波在并州路改造工地

2014
太原
年鉴
城市新貌

太原市2013年道路建设中，快速化环路的建设是最大的亮点，为缓解交通拥者现象，完善道路网络建设，太原市规划建设北中环、南中环、西中环，整体形成长约47公里的环状快速交通网。

太原市北中环桥从2013年4月26日打下第一根桩到2013年10月30日实现全桥贯通，仅仅用了短短6个月的时间。桥梁主线长约8公里，为东西走向。自西向东依次跨越汾河西路、汾河湿地公园、汾河东路。双向8车道，设计速度为60公里/小时，命名为“龙腾翔瑞”，是太原市第9座跨越汾河的大型桥梁。

① 南中环立交桥
② 北中环立交桥
③ 北中环桥
④ 建设路快速路

2014 太原年鉴 都市揽胜

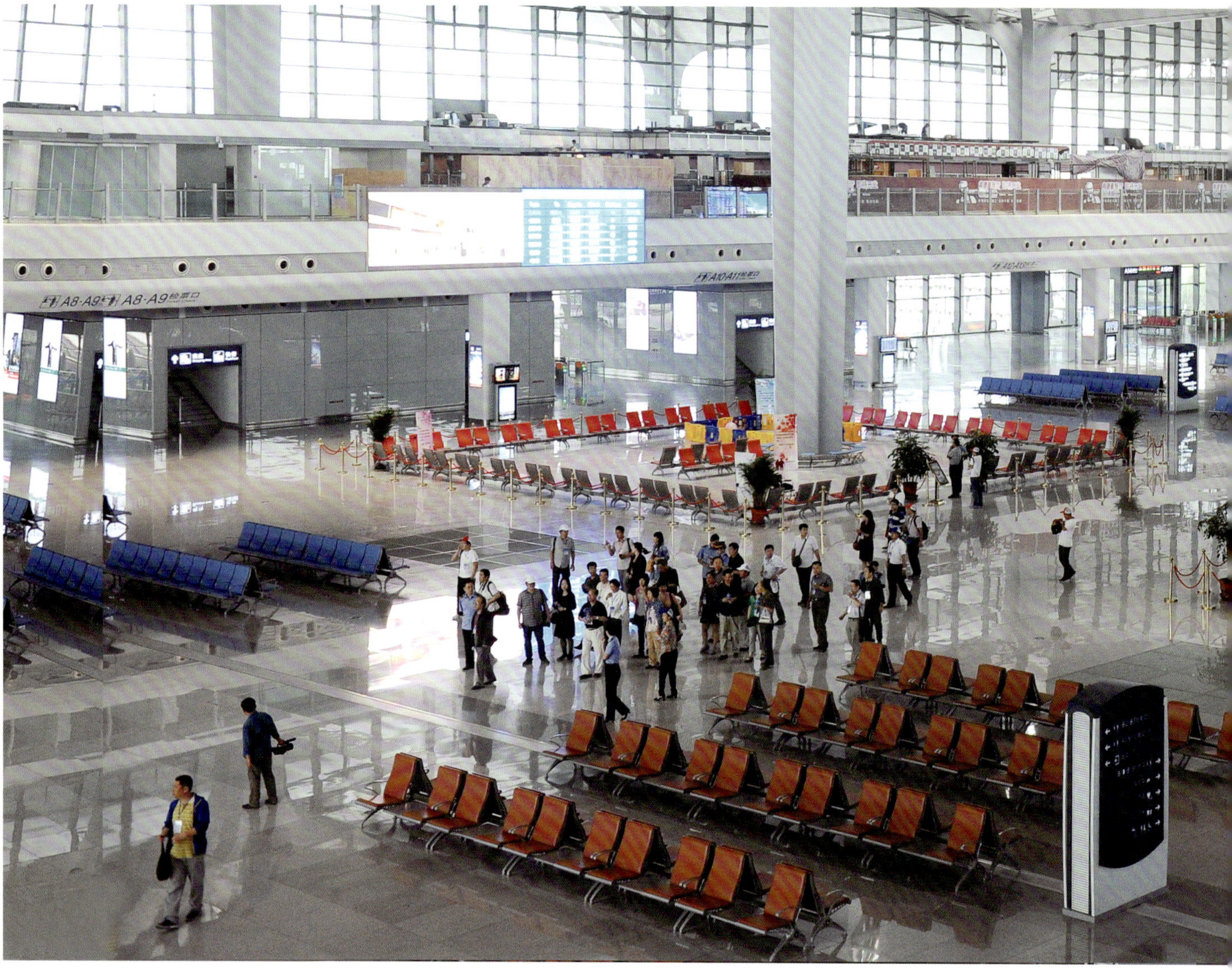

①

② ③

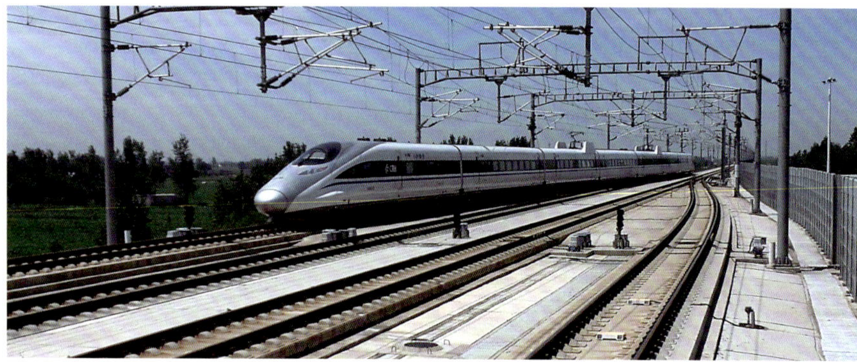

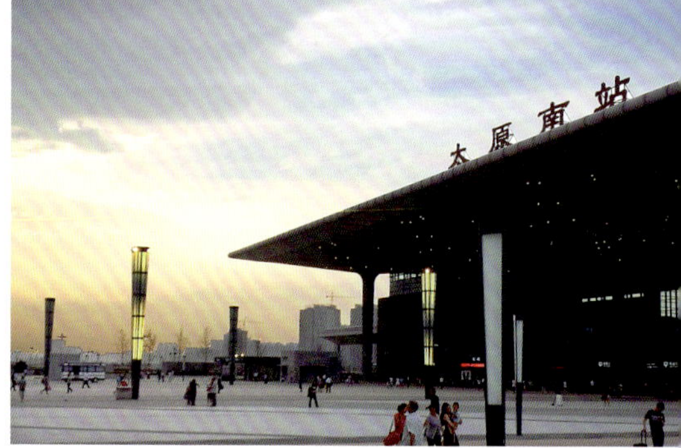

① 火车南站换乘大厅

② 高速动车组

③ 火车南站西广场

时代列车

太原南站是华北地区第二大铁路交通枢纽。站前广场分为东西两个广场，占地面积300亩。其中西广场为站前主广场，占地面积237亩，包括地面景观广场、公交车站、社会出租车站、地下空间开发利用，轨道交通换乘车站和区间隧道以及换乘大厅等。

2013年8月20日，太原南站线路拔接施工顺利完成。2014年7月1日投入运营。

①	②
③④⑤⑥	

① 汾河公园
② 火车南站灯光亮化工程
③ ④ 民间工艺——花馍
⑤ 汾河公园西岸景区
⑥ 汾河公园祥云桥南段

2014 太原年鉴

汾河水畔

南中环桥夜色

汾河第一阁

南内环桥

漪汾桥

祥云

汾河西岸

汾河公园东岸

汾河西岸漪汾桥段

汾河公园是太原市城市生态景观公园，具有中国地方园林风格和汾河地域文化的山水园。全长20.5公里，宽500米，占地1025公顷，形成了511万平方米水面和340万平方米绿地，是太原市较大较集中的公共绿地休闲场所。同时也是太原城区汾河段蓄水美化工程，公园两岸带状绿化平台上分布着31个主要景点。

2014 太原年鉴

清凉太原

汾河窦大夫祠段

西山万亩生态园

《追梦》雕塑

汾河湿地公园

森林公园

沙滩碧水——《母子情》雕塑

文瀛公园

万亩生态园偏桥沟风情小镇

汾河公园冬景

首届风筝文化旅游节

老有所乐

民间剪纸

社区休闲场所

第四届世界大学生龙舟锦标赛

一、《太原年鉴》是由太原市人民政府主管、太原市地方志编纂委员会主办、太原市地方志办公室组织编纂的市级综合年鉴。

二、《太原年鉴》是一部系统记述太原市自然、政治、经济、文化、社会等方面情况的年度资料性文献。为国内外读者了解太原、认识太原、研究太原、投资太原、建设太原提供帮助。

三、《太原年鉴(2014)》是依照国务院《地方志工作条例》,根据中指组《地方综合年鉴编纂出版规定(试行)》和省志办《山西省综合年鉴编纂规范(试行)》,规范后编纂、出版、发行的第三部地方综合年鉴。记述时限为2013年1月1日至12月31日,特载、彩页记述至2014年。

四、《太原年鉴(2014)》采用分类编排法,以类目、分目、条目组成框架结构的主体部分,在有些分目中增加了次分目。全书共设35个类目、140个分目、68个次分目和1897个条目,照片61幅,统计表34页,全书总字数128万字。限于框架与实际之间略有差异,个别条目略有交叉,由于表述角度不同,可以互为参见,便于保持内容的相对完整。

五、《太原年鉴(2014)》设有较为完备的检索系统。书前设有总目和详细目录及英文目录,书后设有索引。索引以主题词为主,主题词按首字的汉语拼音音序排列。

六、《太原年鉴(2014)》涉及的数据由各行业、各部门提供,由于统计口径不同,如有数据不一致,当以太原市统计局发布的统计数据为准。统计数据除农业经济、县区概览类目外均使用法定计量单位。

七、《太原年鉴(2014)》稿件由太原市各级党、政、军机关和企事业单位撰写,并经撰稿单位领导审核。统计资料由太原市统计局提供。为了增强《太原年鉴》的时效性和可读性,彩色专版部分均为供稿单位的最新资料,以飨读者。

八、《太原年鉴》于1989年创办出版以来,得到社会各界的大力支持,在此对长期以来关心、支持太原年鉴工作和太原市地方志事业发展的各部门、各单位领导和撰稿人表示衷心的感谢!由于原始资料浩繁,加之编纂水平有限,难免有疏漏之处,敬请读者批评指正。

总目

ZONG MU

comprehensive table of contents

特 载

市情概览

机构设置和领导班子名单

大事记

2013年太原市大事记

中国共产党太原市委员会

综述

市委办公厅

组　织

宣　传

统　战

中国共产党太原市纪律检查委员会

民主党派和工商联

中国国民党革命委员会太原市委员会

中国民主同盟太原市委员会

中国民主建国会太原市委员会

中国民主促进会太原市委员会

中国农工党太原市委员会

九三学社太原市委员会

太原市工商业联合会

人民团体

太原市总工会

共青团太原市委员会

太原市妇女联合会

太原市文学艺术界联合会

军　事

太原警备区

人民防空

经济管理与监督

发展与改革

国有资产监督管理

国土资源管理

检验检疫

工商行政管理

物价管理

质量监督管理

审　计

工业经济

工业经济和信息化

煤炭工业

电力工业

城镇集体工业

烟草工业

中小企业

农林水利

农　业

林　业

水　务

农业机械

商　贸

商　务

粮食供销

石油供销

供销合作社

建筑业 房地产业

建筑业

·基础设施建设·

房产管理

住房公积金管理

城乡建设 环境保护

城乡建设

·太原市市政公共设施管理·

·市政工程建设·

·市政基础设施管理·

城乡规划

市容环卫

交通　运输

金融　保险

金　融

保　险

科学技术

科　技

社会生活

人口和计划生育

民族宗教

太原市老龄工作委员会

太原市黄坡革命烈士陵园

企业选介

中航工业太原航空仪表有限公司

太原重型机械集团有限公司

太原钢铁(集团)有限公司

附　录

社会和经济发展统计资料

CONTENTS

在中共太原市委十届六次全体会议上的讲话

（2014 年 12 月 16 日）

中共山西省委常委、太原市委书记　吴政隆

这次全会的主要任务是，深入学习贯彻党的十八届四中全会和省委十届六次全会精神，审议《中共太原市委关于贯彻落实党的十八届四中全会精神加快推进法治太原建设的实施意见》，部署我市法治建设及当前和今后一个时期的工作。

12 月 7 日召开的省委十届六次全会，是在我省处于重要历史关头召开的一次重要会议。学习贯彻这次省委全会精神是重大政治任务，对“净化政治生态、实现弊革风清、重塑山西形象、促进富民强省”意义重大而深远。作为省会城市，我们要在贯彻落实上作表率。

下面，我代表市委常委会讲三个方面的内容。

一、市委十届五次全会以来的工作

市委十届五次全会以来，市委常委会认真学习贯彻中央和省委重大决策部署，紧紧依靠全委会的同志，积极推动全市经济、政治、文化、社会、生态文明建设和党的建设。

促进经济止滑回升。做好稳增长、促改革、调结构、惠民生、防风险工作，经济增长从一季度 0.1%的低谷缓慢回升。前三季度，全市地区生产总值增长 3.1%，城乡居民收入分别增长 8.6%、11.2%。1 至 11 月，规模以上工业增加值增长 0.5%，固定资产投资增长 5.3%，限额以上消费品零售额增长 3.6%，公共财政预算收入增长 3.1%。

保障和改善民生。推动教育事业均衡发展，新改扩建各类幼儿园、中小学校 66 所。推进医疗卫生资源下沉，县（市、区）公办基层医疗卫生机构实行药品零差价销售。推动创业带动就业，做好重点群体和困难人员的就业援助。健全社会保障体系，提高保险统筹层次和保障水平，增加企业退休人员养老金，提高城镇最低工资标准。发展文化事业与文化产业，县级文化馆、图书馆和乡镇(街道)文化站实现全覆盖。“一元菜”、社区惠民项目资金、公共自行车等惠民举措较好落实。

加强意识形态工作。掌握工作领导权、管理权、话语权，坚持以社会主义核心价值观凝心聚力，发挥好主流媒体传播的公信力、影响力和舆论引导力，发展健康向上的网络文化。加强思想道德建设，深入开展群众性精神文明创建活动。

推进平安建设。实施“六六创安”工程，推动开展社会治安综合治理专项行动。推进涉法涉诉信访改革，做好群体性事件预防处置，积极妥善处理各类信访案件。全面落实安全生产责任，全市未发生重特大安全生产事故。

加强生态环境建设。以省城环境治理“五大工程”和“五项整治”为重点，深入推进生态环境保护和建设。新增集中供热面积2500余万平方米，关停污染企业30家，完成造林21.22万亩。

加强民主政治建设。支持和保证人大及其常委会依法行使职权、开展工作，支持政协履行政治协商、民主监督、参政议政职能。加强爱国统一战线工作，健全基层群众自治机制，推进政务、司法、厂务、村(居)务公开和公共企事业单位办事公开，做好工青妇工作和国防后备力量建设。

加强党的建设。按照中央和省委部署，分4个梯次压茬开展党的群众路线教育实践活动，落实中央八项规定精神。在全市开展了超职数配备干部专项治理、规范清理党政领导干部在企业兼职、领导干部个人有关事项抽查核实等工作。推进基层组织提升年活动，开展农村“两委”换届工作。积极配合中央纪委和省纪委做好有关案件的调查工作，查处了一批违法违纪案件。

全省、全市领导干部大会召开后，市委常委会深入学习贯彻党的十八大和十八届三中、四中全会精神及习近平总书记系列重要讲话精神，在以王儒林同志为班长的省委坚强领导下，切实把思想和行动统一到中央对山西工作的重要指示精神上来、统一到省委的部署和对太原的要求上来，切实肩负起从严管党治党的政治责任，着力抓了三个方面的工作。

一是认真学习贯彻习近平总书记系列重要讲话和中央对山西工作的重要指示精神、省委的各项部署要求。坚持把学习贯彻习近平总书记系列重要讲话精神作为重大政治任务，努力做到真学真懂、真信真用。组织召开市委常委会议、市委中心组学习会和全市性大会，认真学习领会、深入贯彻落实习近平总书记从严治党八项要求等一系列新思想、新观点、新论断，不断强化思想认同、理论认同和情感认同，自觉用讲话精神武装头脑、指导实践、推动工作，坚定不移地在思想上政治上行动上与以习近平同志为总书记的党中央保持高度一致。深入学习贯彻党的十八届四中全会精神，认真学习、深刻领会中央对山西工作的重要指示精神，学习贯彻以王儒林同志为班长的省委的各项部署和要求，深刻认识当前太原党风廉政建设和反腐败斗争的严峻复杂形势，切实把思想、行动统一到中央的指示和省委的要求上来，把学习贯彻成效转化为保持一致、维护权威的自觉行动，凝聚成推进改革发展稳定各项事业的正能量。

二是认真学习贯彻王儒林书记在我市调研时的重要讲话精神。市委常委会认为，王儒林书记站在全省大局对太原提出的“六个表率”要求，符合中央精神，切合太原实际，为太原发展导航定向，具有很强的思想性、针对性和指导性，充分体现了省委对太原的重视、关心与信任，充分体现了省委对太原发展的殷切期望。“六个表率”是我市当前和今后一个时期工作的重要指针与奋斗目标，我们要围绕“六个表率”要求，统一思想、凝聚共识、振奋精神、真抓实干，不断开创各项事业的新局面。

为把“六个表率”要求落到实处，我们及时制定下发了《责任分解方案》，将42项重点工作逐项明确任务书、时间表和路线图，由各位常委和副市长分工负责、牵头推进。同时，我们提出要处理好当前与长远、发展与民生、“面子”与“里子”、抓大与扶小、存量与增量、统筹与重点等“六大关系”，积极谋划一批重大产业项目、一批重大基础设施项目、一批重大民生项目、一批不稳定因素的化解、一批重大改革事项等“五个一批”，并作为推动“六个表率”要求落地见效的具体载体和工作抓手。两个多月来，围绕落实“六个表率”要求，我们先后对产业发展、保障和改善民生、不稳定因素的梳理化解、城市建设、城中村改造、打黑除恶、开发区拓展、省城环境治理等重点工作进行了专题研究部署。各项工作有序推进，一些重点工作已经取得阶段性成果。依法打掉黑恶势力团伙19个，自2006年以来部省督、转的12件涉黑涉恶核查线索全部办结；城中村乱象得到坚决整治，城中村改造正在加快推进，将适时召开全市动员大会，集合力量、全力以赴、攻坚克难。

三是坚决落实从严治党要求，深入推进党风廉政建设和反腐败斗争。市委常委会深刻反思我市出现严重腐败等问题的根源在于没有严格落实管党治党的政治责任，治党不严、治吏不严，失之于宽、失之于软，清醒认识到必须坚决以“零容忍”态度惩治腐败，切实形成并始终保持高压态势，坚决把反腐败斗争进行到底。我们研究制定了《中共太原市委关于落实党风廉政建设党委主体责任的实施意见（试行）》和《中共太原市委关于落实党风廉政建设纪委监督责任的实施意见（试行）》，全面落实党委主体责任，坚决支持纪委落实监督责任。我们以城中村问题为突破口，不“躲猫猫”、不掩不盖，坚决查处腐败案件，倒查为官不为、治吏不严和相关违法违纪问题，已经对六起典型案件的查处进行了公布。我们坚持扭住“四风”突出问题不松劲，严肃查处违反中央八项规定精神的问题，坚决不搞“下不为例”。对古交市、娄烦县发生的纪检干部违反工作纪律问题作出严肃处理，并责成有关党委、纪委主要负责同志作出深刻检讨。

市委常委会坚持把管党治党责任落实在行动上，及时听取工作汇报，作出安排部署。对全市县（市、区）委、市直党（工）委书记抓基层党建工作进行了专项述职，市委主要领导作为第一责任人，主持会议、进行点评、提出要求，对认识与履职不到位的单位和主要负责人提出严肃批评，并责成整改。坚持把从严管理监督贯穿到干部队伍建设全过程，认真落实省委打好“三个一批”组合拳的工作部署。坚持作风建设永远在路上，把总结全市党的群众路线教育实践活动作为加油站、新起点，持续用力抓好整改落实工作，驰而不息抓好作风建设。

过去的一年是山西和太原历史上极不寻常的一年。我省发生了系统性、塌方式严重腐败，党中央坚决查处，及时对省委班子进行了重大调整，这充分表明了以习近平同志为总书记的党中央坚持党要管党、从严治党，严肃党的纪律、严格党风廉政建设责任追究的鲜明态度，充分体现了党中央对山西工作的特殊高度重视。我市先后三任市委书记、连续三任市公安局长出问题，还有其他市级领导和多名干部被调查，这在全国的省会城市中是罕见的，严重损害了党和政府在人民群众心目中的形象，严重影响了全市改革发展稳定各项事业，严重破坏了太原的法治建设和政治生态，教训十分深刻。在党中央和省委的正确领导下，全市上下自觉把思想、认识统一到中央的指示精神和省委的决策部署上来，正视问题不回避、攻坚克难勇担当，实现了全市大局稳定、政治稳定和社会稳定，推动各项工作不断取得新进展，努力以实际行动和实际成效重塑市委班子新形象、重塑干部队伍新形象、重塑改革发展稳定新形象。在此，我代表市委常委会向同志们和全市广大干部群众表示衷心的感谢！

同时，我们还要清醒地看到我市存在的一些突出困难和问题，全省面临的“政治上、经济上、生态环境上、民生上”四大方面的“立体性困扰”在我市都存在。反腐败斗争形势依然严峻复杂；“四风” 问题虽有所收敛但仍时有发生，一些党员干部存在“不作为”现象；经济发展还在低位艰难运行；全面深化改革、扩大对外开放力度不够；改善民生的任务重，维护稳定的压力大，省城环境质量改善还有差距，等等。对此，我们要高度重视，认真加以解决。

二、全面贯彻党的十八届四中全会和省委十届六次全会精神，加快推进法治太原建设

党的十八届四中全会是在全面建成小康社会的关键阶段，在全面深化改革的攻坚时期召开的一次具有重大历史意义的重要会议。会议以依法治国为主题，吹响了建设社会主义法治国家的进军号。全会通过的《决定》，凝聚了全党智慧，体现了人民意志，是指导新形势下全面推进依法治国的纲领性文件。习近平总书记的重要讲话，旗帜鲜明地回答了依法治国的重大理论和实践问题，深刻阐释了全面建成小康社会、全面深化改革、全面推进依法治国的逻辑联系，丰富发展了中国特色社会主义法治理论，为推进国家治理体系和治理能力现代化指明了前进方向和根本路径。省委十届六次全会全面贯彻党的十八届四中全会精神，对我省的法治建设作出了全面部署。我们一定要认真学习贯彻党的十八届四中全会精神和省委十届六次全会精神，深刻领会全面推进依法治国的重大战略思想和重要部署，进一步把思想和行动统一到中央和省委精神上来、统一到依法治国和法治山西建设的部署要求上来，坚定不移地走中国特色社会主义法治道路，加快推进法治太原建设。

（一）要充分认识加快推进法治太原建设的重要性和紧迫性

法治，是现代文明的突出标志，是社会发展的重要基石。法令行，则国治国兴；法令弛，则国乱国衰。这是贯穿人类社会几千年发展历史的一条基本规律。当前，我市正处在改革发展稳定的关键时期，全面推进党风廉政建设和反腐败斗争的任务之重前所未有，坚决落实从严治党八项要求的责任之大前所未有，积极适应经济发展新常态的挑战之多前所未有。落实“六个表率”要求，发挥“六个表率”作用，必须充分发挥法治的引领、规范和保障作用，以法治精神、思维、方式和力量破解难题、推进工作。

要深刻认识法治建设对从严管党治党的重要性。我市出现的严重腐败问题充分暴露出部分领导干部法治意识

淡薄，滥用权力、以言代法、以权压法，甚至是徇私枉法。要从根本上刷新吏治、惩治腐败，必须加快推进法治建设，真正把权力关进制度的"笼子"，把工作纳入法治的轨道。

要深刻认识法治建设对全面建成小康社会的重要性。改革与法治紧密关联，改革促进法治建设，法治保障改革顺利进行，改革和法治是"一车之双轮"，共同推动全面建成小康社会事业滚滚向前。我市改革发展任务十分繁重，我们要通过深化改革，为经济社会发展提供强大动力；要通过法治建设，确保各项工作在法治框架内、法治轨道上推进，努力在全面建成小康社会中实现"双轮驱动"。

要深刻认识法治建设对维护和谐稳定的重要性。当前，全面深化改革已经进入攻坚期和深水区，社会结构深刻变动、利益格局深刻调整、思想观念深刻变化，由于历史和现实的原因，各种不稳定因素逐渐增多。要更好地统筹社会力量、平衡社会利益、调节社会关系、规范社会行为，实现激发活力和维护秩序相协调，必须充分发挥法治的引领和规范作用，发挥法治在民主性、权威性、稳定性、操作性等方面的内在优势，最大限度地凝聚共识，形成合力。

（二）要准确把握加快推进法治太原建设的总体要求

第一，加快推进法治太原建设，必须坚持走中国特色社会主义法治道路。中国特色社会主义法治道路，是社会主义法治建设成就和经验的集中体现，是加快推进法治太原建设的唯一正确道路，必须旗帜鲜明地坚持。我们要贯彻落实党的十八大和十八届三中、四中全会精神及省委十届六次全会精神，高举中国特色社会主义伟大旗帜，以马克思列宁主义、毛泽东思想、邓小平理论、"三个代表"重要思想、科学发展观为指导，深入贯彻习近平总书记系列重要讲话精神，坚持党的领导、人民当家作主、依法治国有机统一，坚定不移地走中国特色社会主义法治道路，坚决维护宪法法律权威，依法维护人民权益、维护社会公平正义、维护国家安全和社会稳定，为我市"净化政治生态、实现弊革风清、重塑三个形象、促进富民强市"提供坚强有力的法治保障。

第二，加快推进法治太原建设，必须紧紧围绕"建设中国特色社会主义法治体系，建设社会主义法治国家"总目标。要围绕这个总目标，认真落实省委关于推进法治山西建设的总部署，努力实现法治太原建设的六个支撑性目标，即党的依法执政能力进一步加强，党内法规得到严格遵行；人民代表大会制度、中国共产党领导的多党合作和政治协商制度、基层民主自治制度得到有效落实；与太原经济社会发展相适应的地方性法规和政府规章进一步完备并得到有效贯彻实施；法治政府建设步伐加快，各级政府依法行政水平全面提高；司法体制改革深入推进，公正司法能力进一步加强，法律服务体系进一步完善，社会公平正义得到有效维护；党员干部法治思维和依法办事能力明显提高，全民法治意识和法律素质普遍增强，各类社会主体合法权益得到切实保障，法治环境明显改善，促进全市治理体系和治理能力现代化。

第三，加快推进法治太原建设，必须坚持五个基本原则。一是坚持党的领导。坚持党的领导、人民当家作主、依法治国的有机统一是法治太原建设的基本遵循，我们必须坚定不移地贯彻。二是坚持人民主体地位。要把实现好、维护好、发展好最广大人民群众的根本利益作为法治太原建设的出发点和落脚点，执政为民、执法为民、司法为民。三是坚持法律面前人人平等。全市所有组织和个人特别是国家机关和党员领导干部，都必须尊重宪法法律权威，都必须在宪法法律范围内活动，决不允许任何人以任何借口任何形式以言代法、以权压法、徇私枉法。四是坚持法治和德治相结合。既要重视发挥法律法规的规范约束作用，又要注重通过践行社会主义核心价值观，弘扬社会主义先进文化，有效发挥道德力量的教化感召作用，推动遵纪守法与崇德尚礼相辅相成。五是坚持立足太原实际开拓创新。要针对当前我市党风廉政建设和反腐败斗争的严峻复杂形势，适应改革发展稳定各项工作要求，围绕落实"六个表率"要求，积极创新法治太原建设理念、思路和举措。

（三）要着力抓好加快推进法治太原建设的重点工作

第一，要加强地方立法。市委要加强对全市立法工作的领导，发挥市人大及其常委会在立法工作中的主导作用，不断提高科学立法、民主立法水平。要坚持立改废并举，加强重点领域地方立法，做好对宪法法律实施情况的监督，确保宪法法律在我市得到全面正确实施。

第二，要推进依法行政。要抓紧制定政府及其部门的权力责任清单，切实做到"法定职责必须为、法无授权不可为"。要进一步健全依法决策机制，涉及群众切身利益调整或可能产生社会稳定风险的必须开展社会稳定风险评估，逐步实施重大决策终身责任追究及责任倒查。要严格规范公正文明执法，坚决查处和纠正执法不严、执法违法、执法扰民、执法寻租等行为。要积极推进政务公开和办事公开，强化对行政权力的监督，加快建设法治政府。

第三，要保障公正司法。要规范司法行为，强化对司法活动监督，提高司法公信力，努力让群众在每一个司法案件中感受到公平正义。要保障司法依法独立公正，坚决防止党政机关、社会团体和个人插手干预司法具体案件。要落实谁办案谁负责，完善错案责任倒查问责制，实行办案终身负责制。要深入推进阳光司法，有序扩大司法民主，大力推动司法公开，保障公众的知情权。要坚持司法为民，改善司法便民利民服务，做好法律援助和司法救助，保障人民群众特别是困难群众的司法权利。

第四，要增强全民守法。要坚持法治教育和道德教育相结合，深入开展法治宣传教育，大力弘扬法治精神，积极培育法治文化，提高全民法治意识和法治素养，既要教育要求公职人员依法行政，也要教育引导群众依法行为，全面营造办事依法、遇事找法、解决问题用法、化解矛盾靠法的法治良序。

第五，要加强法治工作队伍建设。要始终把思想政治建设作为首要任务，通过开展理想信念教育、社会主义核心价值观教育和社会主义法治理念教育，引导法治工作者坚持党的事业、人民利益和宪法法律至上。要坚持把从严管党治党的要求落实到法治专门队伍建设中，加强律师、基层法律服务工作者、人民调解员等法律服务队伍建设，共同为法治太原建设提供有力可靠的组织和人才保障。

（四）要加强和改进党对加快推进法治太原建设的领导

第一，要加强党的领导。要切实把党的领导贯穿于法治太原建设的全过程和各方面，更好地做到党委领导立法、保证执法、支持司法、带头守法。要健全党委领导法治建设的工作体制机制，落实党委（党组）主要负责人法治建设第一责任人职责，支持人大、政府、政协、审判机关、检察机关在宪法法律范围内履行职能、开展工作，发挥好党委政法委员会的重要作用和工青妇等人民团体、社会组织的积极作用，建立各司其职、各负其责、协调配合、联动推进的工作机制。

第二，要坚持依法执政。全市各级党组织和广大党员干部要积极维护宪法法律权威和尊严，牢固树立法律红线不能触碰、法律底线不能逾越的观念，自觉在宪法法律范围内活动，自觉学法尊法守法用法。

第三，要加强党内制度建设。坚持与宪法法律相符合，与中央、省委有关规定相衔接，与太原实际相适应的原则，加快我市党内规范性文件的制定、清理工作，进一步保障从严管党治党责任落到实处。要深刻认识到党纪党规严于国家法律，全市各级党组织和广大党员干部不仅要模范遵守国家法律，而且要按照党纪党规以更高标准严格要求自己，坚定理想信念，践行党的宗旨，坚决同违法乱纪行为作斗争。

第四，要提高党员干部法治思维和依法办事能力。全市党员干部作为法治太原建设的组织者、推动者、实践者，要自觉提高运用法治思维和法治方式落实“六个表率”要求、推动“六大发展”的能力。要把各级领导班子和领导干部承担的法治太原建设的具体任务纳入考核体系，把能不能遵守法律、依法办事作为考察干部的重要内容，优先提拔使用法治素养好、依法办事能力强的干部。

三、紧紧围绕“六个表率”要求，全面推进我市各项事业发展

王儒林书记在太原调研时提出的“六个表率”要求，与这次省委全会的工作部署是一脉相承的，是推进太原各项事业发展的重要指针与奋斗目标。我们一定要紧紧围绕“六个表率”的要求，紧密结合太原的实际，全面贯彻省委十届六次全会精神，奋力推进我市各项事业不断取得新成效。

一是突出重点，始终保持“三个高压态势”。要始终保持反腐败的高压态势。我市发生的严重腐败问题，教训深刻，影响很坏。从最近查处的案件来看，涉及到一些干部甚至包括市级领导干部，充分说明我市反腐败斗争面临的形势依然严峻复杂、任务还十分艰巨。当前，要按照中央和省委的部署要求，持续加大案件查办力度，坚持“零容忍”态度，有案必查、有腐必反、有贪必肃。要突出重点领域、关键环节，严查十八大后不收敛不收手，问题反映集中、群众反映强烈，现在重要岗位且可能还要提拔使用的干部。要继续抓住“城中村”问题不放，深挖细查、一查到底。特别是对现在还不收敛不收手的更要从严查处，坚决遏制腐败蔓延势头。要始终保持狠刹“四风”的高压态势。通过开展教育实践活动，狠抓中央八项规定精神落实，“四风”蔓延势头得到一定的遏制。但这只是初步的、基础还不牢固，一些党员干部仅仅停留在“不敢”上，“不能”的制度“笼子”尚未扎紧，思想上的病灶并未根除，“不想”的自觉尚未完全形成。“四风”是腐败的温床，是群众痛恨的顽症，不可能毕其功于一役，必须保持高压态势，牢固树立作风建设永远在路上的意识，锲而不舍、驰而不息地抓下去。要进一步巩固、深化和拓展教育实践活动成果，紧紧扭住中央21项专项整治工作任务和省委部署的重点领域专项整治，持续抓好“两方案一计划”落实，认真做好“回头看”，对照整改清单一抓到底，做到整改一个、销号一个。要坚持警钟长鸣，紧盯元旦、春节等重要节点，对新出现的“四风”隐形、变异问题，重拳出击，露头就打，坚决遏制“四风”反弹回潮。要始终保持打黑除恶的高压态势。进一步巩固集中专项行动的成果，保持依法严厉打击黑恶势力犯罪行为的新常态，坚持有黑必打、有恶必除、除恶务尽。尤其是要把依法严厉打击黑恶势力犯罪与反腐败斗争结合起来，对领导干部充当黑恶势力“保护伞”的，要坚决依法严查快办。要严格依法办案，确保每一个案件都办成铁案。要切实加强社会治安综合治理,真正让太原成为平安和谐之城,让人民群众安心、满意。

二是着力推进“六权治本”,从源头上扎紧权力的“笼子”。要在高压反腐、突出治标、为治本赢得时间的同时,着力推进“六权治本”,努力形成不敢腐、不能腐、不想腐的长效机制。在依法确定权力方面,要按照“职权法定”原则和“权责一致”要求,制定政府及其部门的权力责任清单,消除权力设租、寻租空间。要针对一些部门和岗位自由裁量权过大导致政府权力部门化、部门权力个人化、个人权力金钱化的问题,依法细化和量化自由裁量权,有效压缩工作操作中的弹性空间。要依法推进政府机构改革和职能转变,深化行政审批制度改革,切实提高行政效能。在科学配置权力方面,要按照分级授权、分事行权、分岗设权的要求,合理划分市县乡不同层面的管辖权限,实现分级决策、分级审批、分级管理;科学配置党政部门及其内设机构的权力职能,形成副职分管、正职监管,集体领导、民主决策的权力运行机制;要加大简政放权力度,把该放的权力放到位,提高放权的“含金量”,防止明放暗不放、放虚不放实;要合理拆分决策权、执行权、监督权,实行管采分离、管审分离、管办分离。在制度约束权力方面,对容易产生权力寻租和滋生腐败的土地、城中村、房地产等重点领域和资源配置、工程招标、资金分配等关键环节,对人财物权力相对集中的重点部门,对自由裁量权较大的重点岗位,要深入查找权力运行的关节点、薄弱点、风险点,加强腐败惩防制度建设,最大限度解决“牛栏关猫”问题。在阳光行使权力方面,要坚持以公开为常态、不公开为例外原则,深化党务、政务、村务、企务和公共事业单位办事公开,进一步拓展公开方式、规范公开程序,推进决策公开、执行公开、管理公开、服务公开、结果公开,有效保障群众的知情权、参与权、表达权和监督权。在合力监督权力方面,要统筹发挥好纪检监察的纪律监督、人大及其常委会的依法监督和政协的民主监督作用;要坚持专门部门监督与人民群众监督相结合,推动审计、司法等部门履行监督职责,充分调动人民群众监督的积极性、主动性;要坚持传统手段监督与新兴媒体监督相结合,有效、有序架起权力部门与社会、公众的监督桥梁,扩大监督成效和影响。在严惩滥用权力方面,要健全完善惩处制度和责任追究制度,加大查处力度和责任追究力度,坚决纠正有令不行、有禁不止的行为,真正使制度成为硬约束而不是橡皮筋,切实做到“权力出笼子、就让人进笼子”。

三是积极适应经济发展新常态,加快推动“六大发展”。中央经济工作会议对明年经济工作作了部署,省委和市委将召开经济工作会议贯彻落实。从我市来看,近年来特别是今年以来面临较大的经济下行压力。前三季度,全国经济增长 7.4%、全省 5.6%,我市只有 3.1%,各项主要经济指标均低于全国、全省平均水平,在全国省会城市处于下游,在全省 11 个市居于末端。我们一定要充分认识、积极适应经济发展新常态给我市改革发展稳定带来的挑战,以“五个一批”为载体和抓手,主动转方式、调结构,大力推动创新驱动,加快推进廉洁发展、转型发展、创新发展、绿色发展、安全发展和统筹发展。抓一批重大产业项目。产业是发展的支撑,是推动我市发展的根本力量,要把培育、发展、壮大产业作为重中之重。加快推进煤炭“六型转变”,抓好高端装备制造、新材料、新能源、信息技术等优势产业,大力发展旅游、文化、体育、生物医药、节能环保等新兴产业,大力发展总部经济、电子商务、现代物流、金融等现代服务业,积极推进都市现代农业发展。抓一批重大基础设施项目。我市基础设施建设欠账较多,开发区的框架没有拉开,城市水电气暖保障能力不足,道路及各类地下管网设施建设差距大,老旧管网超期服役情况严重。要坚持重“面子”更重“里子”、重地上更重地下的理念,统筹推进一批重大基础设施项目建设,增强城市功能,提升保障能力。抓一批重大民生项目。要按照“守住底线、突出重点、完善制度、舆论引导”的总要求,把发展与改善民生紧密结合起来。坚持尽力而为、量力而行,坚持多雪中送炭、少锦上添花,突出民生工作的针对性、实效性,在全面推进民生工作的同时,着力办好一批群众最紧迫、最现实、最直接的民生实事,着力解决城中村改造、采煤沉陷区治理、省城环境质量改善等方面的突出问题,真正把“民生”工程办成“民心”工程。抓一批不稳定因素的化解。当前,我市信访总量仍在高位运行,并呈上升态势;上访群众的诉求表达方式也越来越极端;信访案件的办结率偏低,导致复访和越级上访大幅增加。这些信访问题形成的原因是多方面的,有的历时十多年甚至几十年。我们必须正视、重视,“新官”要理“旧账”,切实担负起稳定第一责任。各级各部门要分层分级落实责任,逐一认真分析,制定化解方案,坚持做减法不做加法,每年化解一批、减少一批。充分发挥好群众工作优势,运用法律、政策等多种办法综合化解,引导群众通过法治方式表达利益诉求。要健全和落实“党政同责、一岗双责、齐抓共管”的安全生产责任体系,做到“大事不出、小事少出”。抓一批重大改革事项。改革是发展的动力。全面深化改革面对的都是难啃的硬骨头,但难题的另一面是机遇,一旦突破了制约发展的关键性难题,就能获得更大的发展空间、更强的发展动力和可持续发展的制度基础。目前我市全面深化改革工作进展不快，年初确定的144项重点改革任务，仅有53项取得进展。要坚持把改革作为推动发展的重要举措，进一步加大改革的推进力度。对中央和省委明确部署、方向明、见效快的改革，要大步推进；对认识还不深入、又必须推进的改革，要大胆探索、试点先行；对已经开展、有一定基础和我市特色的改革事项，要继续深化，不断规范和完善。

四是全面深化改革，扩大对外开放。改革开放三十多年的实践证明，改革是发展的强大动力，对外开放也是发展的主要动力。同时，开放也是改革，开放促进改革，开放倒逼改革。我们一定要紧跟“一带一路”对外开放大战略，紧盯京津冀等区域的发展战略，全面落实省委、省政府的部署，全面推进我市对内对外开放。要发挥好综合保税区的作用。太原武宿综合保税区作为我省唯一的综合保税区，对我市扩大对外开放、优化经济结构有着重要意义。但保税区自去年底正式封关运行以来，入区项目很少且很小，保税区的功能和作用远未发挥出来。要围绕保税区产业特点和功能定位，切实加大项目的引入和聚集力度，推动产业集群发展。要把开发区作为改革开放的重要载体。开发区不大不强是我市经济发展的一个短板，全市四个开发区批准的面积只有24平方公里，全部工业增加值仅占全市的三分之一、GDP还不到全市的四分之一，与全国同类开发区相比差距大。要积极推进山西科技创新城建设；要抓紧深化论证开发区向南、向北拓展方案，争取明年三月底前完成相关工作，正式启动建设。各开发区要深化内部体制机制改革创新，提高效能，改进服务，努力成为全市改革开放的排头兵、引领者。要加大招商引资力度。坚持一手抓存量、一手抓增量，把引进外部要素资源作为加快我市结构调整、经济发展的有效途径和重要抓手，突出企业招商、园区招商、产业链招商和环境招商，引进一批行业领先、带动性强的大企业、好项目。要大力发展民营经济。近年来，我市民营经济有了很大的发展，但是与全国先进地区比差距还比较大。2013年，全市民营经济总量在中部地区省会城市中居末尾，仅为郑州和长沙的三分之一；增速和占GDP的比重均位居倒数第二；全国民营500强企业只有2家。要毫不动摇、理直气壮地支持民营企业发展，进一步落实好各项扶持引导政策，帮助解决融资难、担保难、用地难等突出问题，营造良好发展氛围，推动民营企业创新创业、发展壮大。要高度重视、大力扶持小微企业发展，进一步发挥小微企业在拉动投资、扩大消费、促进就业等方面的重要作用，努力形成大企业“顶天立地”、小企业“铺天盖地”的局面。要大力推进金融业发展。金融是经济的重要支撑，要作为重要产业来发展。我市作为省会城市，一方面金融业发展相对滞后；另一方面，金融诚信环境问题突出，非法集资形势严峻，严重影响社会稳定，必须高度重视，及早解决。要充分发挥省会城市的优势，积极鼓励支持各金融机构和民间资本到我市设立银行、证券、信托、保险及互联网金融机构。要充分利用各类直接融资工具，扩大融资规模。要加大金融生态环境整治，加强信用体系建设，严厉打击逃废债和非法集资等失信违法行为。要优化发展环境。发展环境是生产力。我们要在加大硬环境改善力度的同时，着力在软环境改善上下功夫。要围绕形成亲商安商容商富商的良好环境氛围，建设法治政府、服务型政府，深化行政审批制度改革，创优行政服务环境；加强干部作风建设，整治“为官不为”现象，查处吃拿卡要行为；改善城市环境，提升城市品质，创造宜居宜业氛围，努力做到资本、人才、项目引得进、留得住、发展好。

五是全面落实从严治党要求，切实净化政治生态。各级党委（党组）要切实履行管党治党的政治责任，主要负责人要牢固树立抓好党建是本职、不抓党建是失职、抓不好党建是不称职的观念，全面落实从严治党的各项要求。要严明党的政治纪律。要深入学习贯彻习近平总书记系列重要讲话精神和党中央对山西工作的重要指示，学习贯彻省委的决策部署，在思想上政治上行动上始终与以习近平同志为总书记的党中央保持高度一致。把严肃党纪党规作为刷新吏治的关键，切实抓好“六项整治”，做到遵守纪律无条件，执行纪律无“禁区”，真正让铁规发力，让禁令生威。要严格落实“两个责任”。各级党委（党组）要把党风廉政建设主体责任扛在肩上、抓在手上。主要领导要履行好党风廉政建设第一责任人职责，班子成员要认真落实“一岗双责”，层层传导压力、层层督促落实。各级纪委（纪检组）要在职责范围内，及时发现和处理落实党风廉政建设主体责任、监督责任工作中的问题。对群众反映较多、党风廉政建设社会评价不高，以及在监督检查中发现存在苗头性、倾向性问题的部门和单位，要及时约谈其主要负责人，进行提醒并督促整改。对党风廉政建设主体责任和监督责任落实不力，致使发生重大腐败案件，或在较短时间内连续发生违反中央八项规定精神问题、“四风”问题和损害群众利益行为的，要严格“一案三查”，严肃追究责任。要严肃党内政治生活。党内政治生活是教育管理党员和党员进行党性锻炼的主要平台，从严治党必须从党内政治生活严起。要多用批评与自我批评这个武器，讲政治、讲原则、讲规矩，不能搞“假大空”，不能随意化、平淡化，更不能庸俗化。要坚持民主集中制，坚决做到个人服从组织、少数服从多数、下级服从上级、全党服从中央。要坚持从严监督管理干部。要加强党性和道德教育，引导党员干部坚定理想信念，坚守共产党人的精神追求。要严格按照新时期好干部标准和程序选拔任用干部，形成良好的选人用人导向。要坚持以严的标准要求干部，以严的措施管理干部，以严的纪律约束干部，使干部心有所畏、言有所戒、行有所止，清楚什么地方能去什么地方不能去，什么事能干什么事不能干，什么话能说什么话不能说，什么饭能吃什么饭不能吃，什么人能交往什么人不能交往，脑子里时刻有一盏“红绿灯”。要加强制度建设，突出制度的实用管用，增强制度的执行力，不留“暗门”，不开“天窗”，使制度成为硬约束而不是橡皮筋。要抓早抓小抓苗头，经常性打打招呼、扯扯袖子，防止小病成大患，这是对干部的真关心、真爱护。各级各部门尤其是主要领导和纪检、组织部门负责人要切实做到这一点。要持续深入改进作风。抓作风建设重在“常、长”二字，要坚持经常抓、长期抓，严厉查处“四风”问题，强化责任追究，坚决防止“四风”反弹回潮。要坚决反对、严肃处理“不作为”，教育引导党员干部切实做到敢于担当、积极作为，务实高效推动工作。要畅通群众建言献策的渠道和批评监督的渠道，充分发挥人民群众的监督作用。

从严治党首先要从严治吏，从严治吏首先要从各级领导干部做起。市委常委和市委委员要躬身践行从严治党要求，模范遵守法律法规和党纪党规，切实做到以上率下。要作政治坚定的表率。任何时候、任何情况下都必须保持清醒的政治头脑，做到政治信仰不变、政治立场不移、政治方向不偏，始终与以习近平同志为总书记的党中央保持高度一致，坚决维护中央权威，确保中央、省委政令畅通。要作理论联系实际的表率。自觉用习近平总书记重要讲话精神武装头脑、指导实践、推动工作，做到真学真懂、真信真用，全面提高自身素质，不断增强履职能力。要作密切联系群众的表率。认真落实中央八项规定精神，不做特殊党员、不当特殊干部，以身作则、率先垂范，一级做给一级看，一级带着一级干。要作发扬民主的表率。认真贯彻民主集中制，严格落实集体领导和个人分工负责制，坚持按照常委会议事规则和决策程序开展工作。要作依法执政的表率。带头学法尊法守法用法，坚决维护宪法和法律的权威；严格执行党纪党规，坚决维护《党章》及党内规章制度的权威。要作清正廉洁的表率。认真落实党风廉政建设责任制，严格执行党风廉政建设各项规定，管好亲属和身边工作人员。要通过市委常委和各级领导的自觉、模范行动，真正把市委班子和各级领导班子打造成政治坚定、作风过硬、奋发有为、敢于担当的领导集体。

同志们，当前太原正处于改革发展稳定的关键时期，省委对我们寄予厚望，干部群众对我们殷切期望。我们一定要在省委、省政府的坚强领导下，深入学习贯彻习近平总书记系列重要讲话精神，全面落实十八届三中、四中全会和省委十届六次全会安排部署，团结带领全市各级党组织和广大干部群众，坚定信心、迎难而上，敢于担当、积极作为，为“净化政治生态、实现弊革风清、重塑三个形象、促进富民强市”，为实现“两个一百年”奋斗目标和中华民族伟大复兴的中国梦作出新的更大贡献！

太原市人民代表大会常务委员会工作报告

——2014 年 3 月 26 日在太原市第十三届人民代表大会第四次会议上

太原市人大常委会主任　郭振中

各位代表：

我受市十三届人大常委会委托，向大会报告工作，请予审议。

过去一年的主要工作

过去的一年，在中共太原市委的坚强领导下，市人大常委会坚持党的领导、人民当家作主、依法治国有机统一，依法履职，积极作为，召开常委会会议 8 次，主任会议 19 次，审议通过地方性法规 6 件，听取"一府两院"专项工作报告 28 项，办理议案 5 件，督办代表建议、批评和意见 232 件，任免国家机关工作人员 72 人次。两件法规的审议和一项满意度测评，因政府机构改革等原因，市政府提出暂缓的申请，人大常委会通过延期。市十三届人大三次会议确定的其他各项任务圆满完成。

一、紧密结合我市实际，制定修订法规，为转型跨越发展提供法制保障

突出社会领域立法，保障特定人群权益。制定《太原市客运出租汽车服务管理条例》，从经营管理、营运范围、经营风险等方面进行规范，进一步维护市场秩序，保障乘客、经营者和驾驶员的合法权益。制定的《太原市残疾人保障条例》，体现政府主导与社会参与相结合、重点保障与特殊扶持相结合的特点，确保残疾人平等参与社会生活。审议通过《太原市法律援助条例》，保障经济困难和其他符合法定条件的公民享有平等的法律保护，促进社会公平正义。

加强生态领域立法，促进人与自然和谐。修订的《太原市晋祠泉域水资源保护条例》和《太原市兰村泉域水资源保护条例》，明确保护重点和范围，强化保护措施和法律责任，较好地解决经济发展和生态保护的矛盾。制定的《太原市古树名木保护条例》，对加强古树名木保护，留存历史文化见证，丰富城市人文环境，促进文化名城建设具有重要意义。

注重法规立项调研，扎实推进备案审查。对拟制定的《太原市桥梁管理办法》等 4 件法规和拟修改的《太原市森林防火条例》等 5 件法规进行立项调研。对全国和省人大常委会征求意见的《中华人民共和国商标法（草案）》等 8 部法律法规，认真组织讨论，提出 30 多条修改建议。健全和完善规范性文件初审制度和纠正程序，对《太原市行政执法基本规范》等 3 件政府规章和 33 件规范性文件进行备案审查，维护法制的严肃和统一。

二、抓住社会民生热点，实施刚性监督，积极推动政府工作的持续改进

围绕义务教育发展进行执法检查。利用 9 个月的时间，对《中华人民共和国义务教育法》和《山西省实施〈中华人民共和国义务教育法〉办法》进行执法检查。采取市县联动、明查暗访、座谈询问、跟踪整改等方法，围绕"落实政府责任、推进均衡发展、规范办学行为"等重点内容，进行大容量的统计调查、大范围的随机抽查、大规模的组织巡查，实地查看市直属和 10 个县（市、区）89 所不同类型学校，全面了解掌握我市义务教育的现状。执法检查组认为，我市贯彻落实义务教育"一法一办法"成效显著，实现免费义务教育，经费投入逐年增长，办学条件明显改善，教学水平普遍提高。同时对检查中发现的学校布局不够合理、均衡发展推进缓慢、队伍建设相对滞后、农村教育投入不足、"公参民"学校规范不到位等问题，提出相应的整改意见。特别是针对学校用地不足，明确向政府提出今后学校周边拆迁后要优先将土地安排给学校使用。此外，还对《太原市市场管理条例》等 9 件地方性法规开展执法调研和评估。配合全国和省人大常委会对气象法、防震减灾法等 8 部法律法规的贯彻实施情况进行检查和调研。

突出城乡发展难点组织专题询问。在 2012 年对园林绿化进行首次专题询问的基础上，2013 年对城市交通建设管理和城中村改造进行两次专题询问。19 位常委会组成人员围绕公交都市建设、道路规划改造、城市交通管理、发展卫星城等方面的工作，就打车难、开车堵、公交挤、过街天桥少和解决潮汐式出行等问题进行询问；14 位常委会组成人员围绕城中村改造的规划设计、配套建设、土地处置、村民保障和产业发展等方面的情况进行询问。有关媒体进行全程录播和跟踪报道，引起市民的广泛关注。特别是在 2012 年专题询问叫停公园周边 100 米范围内审批建设高层建筑的基础上，2013 年我们又叫停小产权房建设，在社会上引起强烈反响。

针对大气污染治理开展专项视察。常委会连续三年组织五级千名人大代表对省城环境治理进行持证视察。2013年重点对冬季采暖期大气污染治理情况进行专项视察，1263名代表拍摄反映问题的照片2008张，提出意见建议1650条。我们制作播放幻灯片，召开专题交办会，全部交由政府组织整改。根据市委要求，常委会还组成8个督导组，与六城区人大常委会联合，采取地毯式检查的方式，对510台分散锅炉拆除、227台常压锅炉替代、10000根黑烟囱拔除、144家污染企业关停、152处建设工地围挡等政府推进的“五大工程”落实情况进行督导，并向市委做专题报告，提出加大源头治理力度，加快清洁能源替代，加强日常监督管理等意见建议。

三、紧扣发展主题主线，深化审议监督，不断推进经济社会的全面发展

推动目标任务落实。高度重视全市宏观经济健康发展和财政预决算管理，听取审议计划、预算执行情况和审计工作报告，批准市本级决算，要求政府积极应对经济下行压力，严格预算执行，加强财税监管，确保目标任务圆满完成。继续加大对高新、经济、民营和不锈钢园区财政预决算监督，首次开展对人社局、住建委等7个政府部门的预决算审查，督促政府建立财政项目资金使用情况统计台账，2013年全市近200亿财政项目资金实现明细化管理。主任会议专门听取市本级政府性债务规模和管理使用情况的汇报，要求政府努力降低融资成本，从严控制债务规模，完善债务管理机制，防范可能出现的债务风险。

推动产业转型升级。围绕综改区先行先试和推动新型工业、都市农业、现代服务业的发展壮大，对30多个重点企业、重点项目进行视察调研，要求政府注重体制机制创新，强化政策引导扶持，加快构建新兴产业体系，不断增强转型升级发展后劲。听取和审议民营经济发展情况的报告，指出要实施创新驱动，加快结构调整，优化创业环境，破解融资用地难题，保持强劲发展势头。听取旅游产业发展规划实施情况的报告，组织视察“太原一日游”等精品旅游项目，要求打造“清凉太原”品牌，扩大旅游经济总量。听取供销社工作汇报，建议以“新网工程”建设为主线，延伸农村社区综合服务中心等经营服务领域，在市场竞争中不断提升实力。

推动城市建设改造。密切关注重点工程建设，先后组织省、市人大代表和常委会组成人员100多人次，对中环路、并州路、府东府西街等道路改造工程，进行3次集体视察，多次听取相关情况的汇报。针对工程建设的规划设计、征地拆迁、手续报批、资金保障、质量监管等各个环节提出意见建议，要求市政府科学规划、精心设计、合理运作、加强管理、确保质量，使建设目标尽快实现、早见成效。

推动文化事业发展。组织视察文化事业重点项目，听取文化名城建设情况的汇报，要求准确定位，体现特色，挖掘历史，搞好开发，促进我市文化大发展大繁荣。听取和审议体育工作情况的报告，针对全民健身活动开展不足、品牌体育赛事举办不多等问题，提出要提高现有体育设施的开放度和利用率，积极创造条件举办大型综合赛事，提升我市知名度，扩大城市影响力。对贯彻实施《城市民族工作条例》的情况进行督查，要求政府宣传好民族宗教政策，支持好民族经济发展，维护好少数民族权益，进一步促进民族团结稳定。

四、立足维护群众利益，突出重点监督，切实督促民生问题的有效解决

关注群众生活现实要求。继续加大保障性住房建设情况的监督，针对征地拆迁难、手续办理慢，供热、医疗、学校配套设施建设滞后等问题，要求市政府在规划、投入、土地和项目审批等方面优先解决，职能部门在质量、进度、配套建设等方面加大力度，特别要保证把房子足额分给困难群众，切实把群众关心的好事办好办实。我市去年汛期暴雨频发，常委会组织对危旧房修缮、改造情况的视察，督促市政府采取有效措施，全面排查隐患，及时维修加固，确保百姓房屋以及文物古迹安全。

关注社会事业协调发展。针对人口老龄化发展趋势，听取和审议社会养老服务体系建设情况的报告，跟踪检查养老事业发展情况，提出稳步推进居家、社区、机构一体化发展，全面提升社会化养老服务能力。听取我市民办教育情况的汇报，指出要正确把握办学方向，严格办学准入制度，关注师资队伍建设，加大政策扶持力度，严厉查处非法办学行为，促进民办教育健康发展。

关注人居环境突出问题。坚持把听取和审议环保工作情况列为每年常委会第一次会议议题，围绕“推进污染减排、建设美丽太原”主题开展并州环保行活动，通过6个月的执法检查，使一些影响我市环境质量的突出问题得到较好解决。强化对清洁能源替代供热全覆盖工程的监督，针对热源不足、管线不够、资金短缺、成本过高等问题，要求政府从生态惠民出发，加快热源建设，完善供热设施，财政补贴及时到位，确保百姓温暖过冬。听取节水型社会建设情况的汇报，督促市政府着力解决管理体制不顺、运行机制不畅、管网建设不足、超前规划不到位等突出问题，加大水污染治理力度，实现水生态良性循环。

关注维护社会公平正义。把促进司法公正作为人大监

督的重要内容，强化推动司法改革和对法官、检察官的任后监督。听取和审议市人民检察院未成年人刑事检察工作情况的报告，在健全工作制度、建立协调机制、完善“捕、诉、监、防一体化”工作模式、推进预防帮教社会化等方面提出意见建议。听取市人民法院刑事审判量刑规范化工作汇报，要求准确刑罚裁量，加大错案追究，推广典型案例，提高办案水平。继续加大信访工作力度，全年共接待群众来信来访369件5156人(次)，转办、交办196件，重点督办12件，一批问题得到妥善解决。

五、提高服务保障水平，改进代表工作，充分发挥人大代表的主体作用

搭建履职平台，保障代表发挥作用。围绕人大制度、代表履职、社会经济形势等内容，先后两次组织120余名代表到北京全国人大培训中心进行履职培训，开阔代表视野，提高能力素养。利用手机短信群发平台，发送各类信息3000多条，继续为代表订阅《中国人大》《山西人大》和《人民代表报》，联系法检两院寄送《人民法院报》《检察日报》《太原审判》等报刊，使代表全面掌握人大和“一府两院”工作动态。邀请72名代表列席常委会会议，组织300多名代表参加“向人民汇报，请人民评议”等各类活动，多层面、多渠道发挥代表的作用。同时，全年召开的8次常委会中每次都邀请我市6名公民旁听会议，探试民主形式的进一步扩大。

督办建议落实，激发代表履职热情。通过会议交办、听取汇报、实地检查等方式推进建议办理工作，结合“六率”(上会率、沟通率、面商率、办结率、代表满意率、落实率)量化考核指标，对政府各承办部门办理工作进行考核，办理不到位、代表不满意的责成重新办理，特别是市人大首次组织提建议的代表，对承办部门办理情况进行满意度测评，促进代表建议办理质量的进一步提高。市十三届人大三次会议收到的232件建议、5件议案全部办理完毕。关于解决火车站打车难、建筑垃圾和道路废旧材料循环利用等8个方面11件重点督办建议都已基本落实。

建立健全制度，积极开展代表活动。制定《太原市出席山西省十二届人大代表小组活动制度》和《太原市人大代表小组活动制度》，进一步规范省、市代表小组活动，促进代表密切联系群众。连续四年在人代会召开前，利用山西晚报、太原晚报、太原电台等媒体组织代表与百姓热线交流，把接听到的意见建议，在人代会期间通过约见政府部门负责人的方式，进行交办转办。2013年接听热线反映的92个问题得到较好解决和答复，本次人代会前百姓反映的政务信息公开、道路规划改造等方面的问题已督促政府部门研究落实。

六、着眼履职能力提升，加强自身建设，努力夯实人大工作的各项基础

在强化学习中提高能力。采取党组中心组学习、专题辅导、理论座谈、资料汇编等形式，认真学习党的十八大、十八届三中全会精神和习近平总书记系列重要讲话精神，机关干部的政治意识、理论素养有新的提升。着眼业务能力提高，选派干部积极参加预算监督、备案审查、新闻宣传等各类培训。加强学习型机关建设，机关干部在线学习率100%，人均366学时，排名全市第一。

在完善制度中规范运作。坚持总结、借鉴、完善、创新的原则，梳理市人大常委会规范性文件，形成议事决策、监督检查、人事任免、代表工作等24项规章制度，制作常委会会议、执法检查、专题询问、满意度测评等9项工作流程，确保人大工作依法操作、高效运行。出台《关于进一步规范审议意见书的意见》，为审议意见的有效落实创造条件。

在落实规定中改进作风。严格执行中央八项规定，压缩行政支出，规范公务接待，改进视察方式，开展公务用车专项治理和办公用房清理工作。组织廉政文化讲座，观看从政警示录相，发放廉洁从政书籍，领导和机关的廉洁意识明显增强。认真办好“道德讲堂”，加强“四德”教育。扎实开展下乡驻村扶贫、走访联系企业、慰问困难群众、督导窗口单位等活动，为基层解决一批实际困难，密切与人民群众的联系。

在深化宣传中扩大影响。太原人大网适时开辟教育执法检查、市民意见建议等专栏，一级栏目达到53个，在全国人大网发稿80余篇。《太原人大》注重栏目创新，可读性逐渐增强。新闻媒体对人大重点工作的宣传报道更加深入，特别是执法检查和专题询问，10多家省城媒体给予高度关注，人大工作影响力进一步扩大。

各位代表，常委会工作取得的成绩，是市委正确领导，常委会组成人员和全体代表共同努力的结果，是全市人民积极支持和参与的结果，也是“一府两院”协同工作和县(市、区)人大常委会密切配合的结果。在此，我谨代表市人大常委会，向全市人民、全体人大代表和社会各界表示衷心的感谢！

在总结成绩的同时，我们也清醒地看到，人大工作与党和人民群众的要求还有一定差距：对地方性法规贯彻执行的监督还不够到位，常委会决议、决定和审议意见的跟踪落实还有待形成长效机制，监督方式的运用还需要在实践中不断总结完善，代表联系群众的途径还需进一步拓展等,这些问题,都需要在今后工作中认真加以解决。

今后一年的主要任务

2014 年是全面深入贯彻落实党的十八大和十八届三中全会精神不断深化改革的一年,也是加快一流省会城市建设的重要一年。市人大常委会工作总的指导思想是:高举中国特色社会主义伟大旗帜,以邓小平理论、“三个代表”重要思想、科学发展观为指导,全面贯彻落实党的十八大、十八届三中全会精神,坚持党的领导、人民当家作主、依法治国有机统一,围绕全面深化改革,依法行使国家权力机关各项职权,为推动全市民主法制建设、服务转型跨越发展和建设一流省会城市作出新的更大的贡献!

一、提高立法质量,在促进法治太原建设上主动作为

积极推进民主立法、科学立法。加强民主法制建设改革,更加注重促进率先转型跨越发展、加强社会管理、保障民生改善的立法,充分发挥立法的引领、推动和保障作用。严格立法程序,完善立法起草、论证、协调、审议机制,通过座谈、听证、公布法规草案等扩大公民有序参与途径,充分听取各方面意见。今年将制定和修改无偿献血管理办法、桥梁管理办法、推广应用新型墙体材料管理条例和森林防火条例等 4 件法规,对大气污染防治条例、养老机构管理条例、体育设施建设和管理办法、雷电灾害防御条例等 4 个立法项目进行立项调研。

二、强化监督工作,在推动发展改善民生上积极作为

突出重点深化刚性监督。对食品药品安全监督管理工作情况的报告进行满意度测评,对环境保护、城市管理工作进行两场专题询问,对贯彻《太原市消防条例》情况进行执法检查,对义务教育法执法检查和园林绿化、城中村改造专题询问等审议意见的落实情况进行跟踪监督。

全力促进经济转型升级。深化计划、预算监督,强化重点项目资金和“四区”财政监督,积极探索对政府全口径预算决算的审查监督,扩大部门预算的审查范围,预算审核的重点逐步由平衡状态、赤字规模向支出预算和政策拓展。听取综改区建设情况、“十二五”规划纲要中期评估、科技成果转化工作情况的报告,关注城乡规划和城建重点工程建设,加强对现代都市农业发展、农业生产资金安排使用的监督。

持续推进社会民生发展。密切关注大气环境污染综合治理,继续开展并州环保行活动,对政府推进的“五大工程”“五项整治”和集中供热全覆盖情况进行监督,促进省城环境进一步改善。听取和审议依法保护中小学用地和教育环境、文物保护和管理工作情况的报告,加强对农村医疗卫生、防震减灾、妇女儿童发展纲要实施情况的监督。

不断优化政务司法环境。听取市政府行政审批制度改革情况汇报,特别是对规划、土地、建设、房产等重点领域审批流程再造进行监督。听取市中级人民法院建立刑事被害人救助制度、市人民检察院加强职务犯罪预防工作情况的报告。对《公务员法》《太原市住房公积金管理条例》等 10 部法律法规的贯彻实施情况进行执法调研。积极探索国家机关干部任后监督的新路子。加强规范性文件备案审查。不断改进信访工作,把处置涉法涉诉信访事项纳入法治化轨道。

三、搞好服务保障,在强化代表工作成效上创新作为

强化代表培训,依托全国人大培训基地举办市人大代表履职学习班,委托市委党校举办市代表小组召集人履职学习班,指导十县(市、区)人大常委会开展区、乡两级代表培训。健全代表联系群众机制,制定《关于加强市人大代表与人民群众联系的意见》。完善市人大代表向选举单位述职制度,探索省人大代表向选举单位述职路径。加强代表活动阵地建设,保障经费,建立制度,充实内容,确保代表小组活动有效开展。加大代表建议办理力度,对政府承办部门办理工作进行满意度测评。继续组织好代表视察和调研,提高代表履职积极性。

四、加强自身建设,在提高人大工作水平上务实作为

认真学习习近平总书记系列重要讲话精神,坚决贯彻执行中央八项规定。扎实搞好党的群众路线教育实践活动,找准人大工作与解决人民群众反映强烈突出问题的结合点,使常委会各项工作更好地服务群众。继续开展创建“五型机关”(学习型、勤廉型、创新型、服务型、和谐型)和争创“五个一流”(一流队伍、一流管理、一流服务、一流形象、一流业绩)活动,机关工作科学化、规范化水平再上新台阶。常委会会议期间组织专题讲座,努力提高常委会审议质量和决策能力。加强专门委员会及工作机构建设,组织机关干部参加专业知识培训,提高审查报告、视察调研、督办工作的质量。结合人民代表大会制度建立 60 周年纪念活动,加强理论创新,推动人大工作与时俱进。加强与基层人大的联系和沟通,不断提升全市人大工作的整体水平。

各位代表,改革发展的事业伟大而崇高,人民赋予的使命神圣而光荣。让我们在市委的坚强领导下,团结全市人民,凝心聚力,锐意进取,扎实工作,为率先转型跨越发展、实现一流省会城市目标而努力奋斗!

政府工作报告

——2014年3月25日在太原市第十三届人民代表大会第四次会议上

太原市市长 耿彦波

各位代表：

现在，我代表市人民政府向大会报告工作，请予审议，并请政协委员和其他列席人员提出意见。

一、2013年工作回顾

2013年，在省委、省政府和市委的正确领导下，全市认真贯彻落实党的十八大精神，积极应对挑战，奋力克难攻坚，转型综改全面推进，圆满实现全年经济社会发展主要预期目标，在全省年度目标责任考核中名列第一。

——经济运行稳中向好。完成地区生产总值2412.87亿元，增长8.1%；规模以上工业增加值770.94亿元，增长10.1%；固定资产投资1670.74亿元，增长26.5%；社会消费品零售总额1281.46亿元，增长13.5%；公共财政预算收入247.33亿元，增长14.7%；城镇居民人均可支配收入24000元，增长11%；农民人均纯收入11288元，增长12%；CPI平均上涨3.1%。

——调结构转方式成效初显。一、二、三产投资分别增长44.5%、21.9%和28.4%。省、市两级重点工程完成投资1765.43亿元。新兴接替产业投资和增加值双超传统产业，分别占到全市规模以上工业的53.2%和54.3%，其中亿元以上新兴接替产业项目105个、完成投资227.58亿元。服务业投资占全市投资的比重提高0.9个百分点，增加值占地区生产总值的54.8%。江铃重汽发动机、中天信安防科技、T800级高端碳纤维等重点项目进展顺利。都市现代农业取得新进展。国内首个反映产地煤炭市场价格的"太原指数"正式上线。武宿综合保税区封关运行，对外开放的格局进一步扩大。

——城市基础设施建设扎实推进。新建改造并州路、府东府西街等城市主次干道105条，轨道交通2号线试验段开工。中环快速交通主线全长48.46公里，全程架设高架桥20.29公里，下穿通道16座，上跨道路、河道桥梁17座，大型互通立交8座，跨汾河特大异型桥1座，总计建设里程104.61公里，标志着太原步入立体交通时代。智慧城市建设迈出新步伐。生态太原建设力度加大，全年造林35.94万亩，城市绿化253万平方米，建成区绿化覆盖率、绿地率分别提高0.81和0.79个百分点。全省造林绿化现场会在我市召开，实施"生态新政"经验得到充分肯定。

——省城环境质量明显提升。拆除分散燃煤锅炉543台，集中供热扩网2148万平方米。228台常年运行燃煤锅炉实施"煤改气"。完成11个城中村整村拆除，拔掉黑烟囱11663根。太化氯碱、晋阳选煤厂等232家污染企业实施关停、淘汰和搬迁。城南污水处理厂建成投运。汾河水库纳入国家重点支持江河湖泊动态名录，全市地下水位止降回升1.08米，集中式饮用水源地水质达标率保持100%。加大对汽车尾气排放的治理，淘汰3.6万辆老旧车辆。全年PM2.5达标率54.5%，优良天数162天，实现省城环境质量改善明显见效的目标。

——民生社会事业进一步改善。全年完成保障性住房投资89亿元，基本建成2.96万套，分别增长49.43%和214%。5000户农村危房改造任务全面完成，2.3万贫困人口脱贫。城镇登记失业率控制在3.35%，城镇新增就业10.7万人。出台破产改制国有企业职工安置政策，积极稳妥解决职工养老、医疗保险问题。教育、卫生保障水平不断提高。公共自行车服务点覆盖四分之三以上建成区。"一元菜"惠民活动深受好评。成功举办2013太原国际马拉松赛。扎实推进平安省城建设，依法稳妥处置突发事件，严厉打击各类犯罪，群众安全感进一步提升。加强食品药品市场整治。狠抓安全生产，严格落实"两个主体"责任，全年生产经营性事故起数下降3.81%，死亡人数下降6.61%。

——政府自身建设不断加强。自觉接受人大及其常委会的监督，提请市人大常委会制定修订《太原市客运出租汽车服务管理条例》等7件地方性法规。积极支持人民政协履行职能，坚持重大事项向民主党派通报和协商制度。194件人大代表建议和603件政协提案全部办复。认真贯彻落实中央八项规定，坚决反对"四风"，"三公"经费明显下降。"向人民汇报、请人民评议"等活动更加深入，有效推动政府作风转变。"两集中、两到位"行政审批制度改革取得明显成效，全省深化行政审批制度改革现场会在我市召开。

这些成绩的取得，是省委、省政府和市委正确领导，市人大、市政协监督支持，全市人民共同努力的结果。在此，我代表市人民政府向全市人民，向驻并部队、武警官兵，向中央、省属单位，向各民主党派、工商联、无党派人士、人民团体，向各位人大代表、政协委员，向所有关心支持太原改革发展的海内外朋友们，表示崇高的敬意和衷心的感谢！

在肯定成绩的同时,也要清醒地看到,我们发展道路上还有不少困难和问题。主要是:经济稳中向好基础还不牢固,支撑转型跨越发展的好项目、大项目不多;改革开放力度不大,经济增长内生动力不足,下行压力增大;大气和水污染问题仍然突出,省城环境质量好转任务艰巨;城市基础设施建设滞后,民生改善的压力加大;社会信用体系不健全,影响稳定的潜在矛盾依然存在;公务员队伍的执行力和专业化水平不足,群众观念不强,廉政建设需进一步加强。民之所望,施政所向;病之所在,治之所要。我们将牢记责任使命,凝心聚力,扎实有效解决问题,决不辜负人民的厚望。

二、2014 年工作安排

2014 年,我们面临的形势依然错综复杂,有利条件和不利因素并存。世界经济复苏的可能性增大,世界银行预测全球经济增长速度有望达到 3.2%左右。我国全面深化改革开放的号角已经吹响,将进入历史性的新阶段,必将为经济社会发展注入强大动力。发展是解决所有问题的关键,牢牢抓住经济建设这个中心,保持合理的经济增长速度,是中央的大政方针。我们要紧紧把握可以大有作为的重要战略机遇期,加快调结构、转方式,充分发挥转型综改试验先导区的作用,实现转型跨越发展的新突破。

今年政府工作的总体要求是:高举中国特色社会主义伟大旗帜,以邓小平理论、“三个代表”重要思想、科学发展观为指导,全面贯彻落实党的十八届三中全会精神,学习贯彻习近平总书记系列重要讲话精神,坚持稳中求进、改革创新,加快一流的新兴产业基地、一流的自主创新基地和一流的现代宜居城市建设,着力保障改善民生,有效增强社会活力,切实维护和谐稳定,深入开展党的群众路线教育实践活动,为建设一流省会城市,为全省办好“两件大事”,为实现“中国梦”而努力奋斗。

经济社会发展的主要预期目标是:地区生产总值增长 9%左右,规模以上工业增加值增长 11%左右,服务业增加值增长 9%,固定资产投资增长 21%,社会消费品零售总额增长 14%左右,公共财政预算收入增长 9%左右,城镇居民人均可支配收入增长 10%左右,农民人均纯收入增长 12%以上,居民消费价格涨幅控制在 3.5%左右,城镇登记失业率控制在 4%以内,城镇新增就业 10.5 万人。

约束性指标是:万元地区生产总值综合能耗下降 3.5%,单位工业增加值用水量和二氧化硫、化学需氧量、氮氧化物、氨氮、烟尘和工业粉尘排放量完成省下达任务,PM2.5 年均浓度值下降 5%。

实现上述目标任务,必须把握发展大势,因势而谋,应势而动,顺势而为,把发展的强大动力和内需的巨大潜力释放出来,着力推进转型综改试验先导区建设。重点抓好以下六个方面的工作:

(一)以改革开放为强大动力,释放更多改革红利

改革是今年政府工作的首要任务。要按照中央和省统一部署,以经济体制改革为重点,全面深化各领域改革。要从群众最期盼的领域改起,从制约经济社会发展最突出的问题改起,从社会各界能够达成共识的环节改起,力求取得实质性进展和突破。

深化行政体制改革,进一步简政放权。推进政府职能整合,最大限度地解决职能交叉和分散问题,用政府权力的“减法”换取市场和企业活力的“加法”。凡是公民、法人或其他组织能够自主决定,市场竞争机制能够有效调节,行业组织或中介机构能够自律管理的事项,政府都要退出;凡是可以采用事后监管和间接管理的事项,政府一律不设置审批;凡是中央、省下放给地方的行政审批事项,一律接转下放、一放到位;凡是中央和省取消的行政审批事项,一律放给市场、放给社会。深化投资审批制度改革,充分落实企业投资自主权,推进投资创业便利化、高效化。推进国有企业改革,发展混合所有制经济。实施工商登记制度改革,落实认缴登记制,由先证后照改为先照后证,由企业年检制度改为年报公示制度。创新改革思路,利用大数据支撑,建成区范围内建设项目取消覆压矿产、地质灾害评估、详规评审等前置性条件,减少重复浪费和时间损失。

加强事中事后监管,坚持放管并重。实现责任和权力同步下放,放活和监管同步到位,做到放而不乱、疏而不漏,放开市场这只“看不见的手”,用好政府这只“看得见的手”。对市场主体,“法无禁止即可为”;对政府,“法无授权不可为”。进一步深化“两集中、两到位”行政审批制度改革,建立权力清单制度,推进“负面清单”管理模式,明确立即办、承诺办、限期办事项,优化流程,缩短时间,阳光政务,从严监督。加快社会信用体系建设,推进政府信息共享,对违背市场竞争原则和侵害消费者权益的企业建立黑名单制度,让失信者寸步难行,让守信者一路畅通。大力推进电子政务建设,实现信息化支撑下的精细化管理。

完善政府治理能力的基础制度建设,用制度管权、管钱。要把工程建设项目招投标、政府采购、国有土地使用权和矿业权出让等公共资源交易,纳入规范化、法制化轨道,让市场发挥决定性作用。推进建设用地批后监管,建立土地集约节约利用评价考核体系。严格公共资金管理和监督,把政府所有收支纳入预算管理,做到收入一个“笼子”,

预算一个“盘子”,支出一个“口子”,防止公共资金碎片化,体现集中财力办大事的原则。政府预算和决算要向社会公开,部门预算要逐步公开到基本支出和项目支出,所有财政拨款的“三公”经费都要公开,所有公共资金、公共资产、公共资源都要接受审计和社会监督,打造“阳光财政”。进一步加强国库资金管理,建立财政结转、结余资金定期清理制度,提高资金使用绩效。公款姓公,一分一厘都不能乱花;公权为民,一丝一毫都不能私用。

(二)以调结构转方式为主攻方向,推动产业提质增效升级

科技创新是产业升级的关键。要抓住新一轮科技革命的历史机遇,推动科技与经济紧密结合、信息化和工业化深度融合。认真评估大数据对经济社会运行所带来的革命性影响,科学制定未来发展规划。强化与北大、清华、中科院等院校、科研单位产学研用深度合作,大力引进“千人计划”等高端创新人才,巩固和发展院士工作站。支持各类创新要素向企业集聚,促进科技成果转化,推动创新引领发展。大力发展战略性新兴产业,加速催化中天信安防科技、罗克佳华物联网、众人科技等高新技术产业成长壮大。发挥好清华科技园、大数据产业园等新兴产业创业创新平台作用,实现创新主体聚集、创新产业聚变。强化项目牵动引领,发挥投资关键作用,加快江铃整车、发动机研发制造项目建设,推动太原轨道交通铁路装备园等20个重大项目达产达效。加大传统产业技术改造和整合重组力度,提升产业素质和竞争优势。

现代服务业是未来经济持续健康发展的潜力所在。推进服务业发展提速、比重提高、水平提升,是太原转型跨越战略的重要支撑。要发挥省会城市品牌优势,大力发展总部经济和楼宇经济,推进汾酒集团总部、山西国际金融中心建设,推进华润万象城、万达综合体、中海、绿地、万科CBD中心、润恒冷链农产品物流中心等服务业项目建设。互联网电子商务是现代服务业划时代的变革,要鼓励创新主体积极运用互联网思维,带动传统产业转型,实现商业模式创新,加快电子商务示范城市建设。加大科技创新风险投资支持力度,加快组建太原农商行,完善政银企“助保贷”合作机制,发挥政府资金“四两拨千斤”之力,为企业创新和中小企业发展“施肥增养”。

把培育新的区域经济带作为推动发展的战略支撑。融入环渤海经济圈,加大招商引资力度,加强与京津地区区域性合作。发挥好高新区、经济区、民营区和不锈钢园区招商引资、产业发展主体功能区作用,加快阳曲、清徐产业新城规划布局和开发建设,推进古交煤电、煤化一体化发展,着力打造娄烦省城饮用水源地良好生态环境的品牌优势。

(三)以一流省会城市为目标,强化城市基本建设

城市是人类文明的结晶,城镇化是现代化的必由之路。建设生态宜居的美丽太原,是全市人民的共同心愿。要按照中央城镇化工作会议的精神,“生产空间集约高效,生活空间宜居适度,生态空间山清水秀”,“让居民望得见山,看得见水,记得住乡愁”,凸显太原“三面环山、一水中分”的大自然格局,做好山水特色城市的谋篇布局。

加强城市道路改造和建设。新建滨河东路南延、阳兴大道、迎宾桥,续建太行路南延、南中环东延、双塔路南延,改造建设路、解放南路、长治路、南沙河路等23项道桥工程,总计建设里程110公里,总投资170亿元。继续优化提升中环快速道路交通体系,配套完善周边路网,放大环路快速效应。积极推进轨道交通2号线建设,启动滨河西路南延前期准备,加大小街小巷整治力度。城市道路建设集管线入地、立面改造、违建拆除、棚户区改造、拆迁安置、社会动员于一体,是一场深刻的社会变革,要秉承多留遗产、少留遗憾的理念,坚持规划、设计、建设、管理的高标准。

加快新区发展。推进产城一体为特色的汾东新区建设,借山西科技创新城发展之契机,顺势而为,协同发展。推进以长风商务区和晋阳湖为中心的晋阳新区建设,现代与传统融合,生态与文化比翼。加强以太原南站为中心的新区建设,高点起步,连片改造,形成集高铁、公交、长途客运、地铁于一体的交通大枢纽,打造代表太原现代气派的靓丽窗口。继续创建国家“公交都市”,更新公交车1200台,新增公交专用道20公里,启动新能源汽车试运行工作。继续增加公共自行车投放。推进健康城市建设,完善以汾河公园为载体的健康休闲体系。加强智慧城市建设,实施便民惠民“一卡通”,强化以信息化为支撑的城市管理,创新方法,加大力度,建管并重,提升省会城市的管理水平。

打好省城环境质量改善攻坚战。落实“三年大见成效”目标措施。关闭东山电厂、美锦矸石电厂等污染企业,加大对二电厂等重污染企业周边环境的治理力度。以电力、冶金、焦化、水泥等重污染行业为重点,实施百家企业对标一流整治工程。推进集中供热全覆盖,新增嘉节燃气电厂、二电厂、太钢余热利用集中供热3000万平方米,开工建设太古远距离、大温差供热工程。淘汰分散燃煤锅炉600台左右,改造既有供热面积2000万平方米以上,减少燃煤90万吨。加快能源清洁化步伐,常年运行燃煤锅炉必须在九月底全部置换为燃气锅炉,拒不落实的要承担关门停业的代价。大力淘汰老旧车辆和黄标车,严控机动车尾气面源污染。开工建设32万吨晋阳污水处理厂,清徐两个1500吨垃圾焚烧电厂、餐厨垃圾处理厂,清徐、阳曲两个秸秆电

厂,源头根治环境污染。实施南沙河、虎峪河、九院沙河雨污分流和源头截污治污工程。严格执行施工现场绿色标准,坚决控制扬尘污染。加快城中村和棚户区改造,从根本上消除居民煤灶污染,全面推进城乡清洁工程。完成24个城市周边村燃气清洁替代,把农民从污染能源的重负中解放出来。铁腕治污,铁规治污,严肃查处各类环境污染案件。三县一市要同步落实责任,为全市环境质量好转做出贡献。

生态环境是最大的公共产品,事关人民群众的幸福感。加强精细化管理,建立生态环境的红线和生态补偿制度。继续实施"生态新政",加大东西两山生态绿化投入力度,建立大规模、高质量、美景观的生态绿色屏障。启动晋祠泉域复流工程,开工建设8平方公里的晋阳湖、2平方公里的植物园,完善提升中环50公里的绿色长廊,实施建成区绿色覆盖系统工程,见空插绿,拆墙透绿,建园植绿,力争建成区绿化覆盖率、绿地率均提高0.6个百分点,人均公园绿地提高0.3个百分点。

(四)以都市现代农业为抓手,推动城乡一体化发展

坚持城乡统筹发展。以工业化理念谋划发展,强化龙头带动、基地联动、市场驱动。大力推进都市现代农业园区建设,加大马铃薯青薯9号等新品种、新技术示范推广。加快宝迪肉制品加工、蒙牛奶业、九牛牧业等农产品龙头企业建设和规模化扩张,带动养殖业基地持续良性发展,形成市场牵龙头、龙头带基地、基地联农户协同互哺发展的共赢格局。鼓励企业家领办创办农业企业,为农业发展注入新的生产力要素,增强农业产业发展后劲。强化润恒、美特好等农产品物流中心的市场驱动力,引领设施农业规模化发展,支持三县一市新增设施蔬菜基地7000亩,推进阳曲百万只养羊工程,带动全市"一县一业"纵深发展。

大力改善农村人居环境。坚持因地制宜,尊重农民意愿,突出农村特色,建设美丽乡村。继续推进农村危房改造,提高农村饮水安全标准。依托农村田园风光,发展农家乐等乡村旅游,增加农民收入。创新扶贫开发方式,探索金融支持"三农"的措施和办法,推进百企千村产业扶贫开发工程和移民并村致富工程,建立农民增收的长效机制,实现2.3万贫困人口脱贫。

积极推进农村改革。坚持和完善农村基本经营制度,培育专业大户、家庭农场、农民合作社、农业企业等新型农业经营主体,积极开展土地确权登记试点工作,引导承包土地经营权有序流转,发展多种形式适度规模经营,赋予农民更多财产权利。认真组织第十届村民委员会换届工作。

(五)以唐风晋韵为文脉特色,彰显省城文化影响力

文化是城市的灵魂。一流省会城市,需要有一流文化的支撑。

加强社会主义核心价值体系建设。习近平总书记指出:"一个国家的文化软实力,从根本上说,取决于其核心价值观的生命力、凝聚力、感召力。"要继续培育和弘扬太原"包容、尚德、崇法、诚信、卓越"的城市核心价值观,凝魂聚气,强基固本,提升文化软实力。文化繁荣,内容为王,创意至上,精品取胜。大力推进文化精品创作,生动展示现代、文明、发展的太原形象。加强博物馆、美术馆、图书馆等公共文化场馆建设。精心组织好第十二届全国美术作品雕塑展,提升和扩大太原文化的影响力。

加强历史文化名城保护。城市形成是历史的积累和沉淀,城市需要传承记忆。有2500年建城史的古老太原,要有代表历史资格的老城、老街、老屋。9平方公里的明清府城,要重点保护文庙、崇善寺片区,天主教堂、拱极门片区,文瀛湖、五一路片区,钟楼街、靴巷片区等四大块文物遗存相对集中的历史街区。坚持以点扩面、以面连片,积少成多、渐成气候。四大片区要落实最严格的保护措施,坚决禁止任何破坏性的建设行为。"往者不可谏,来者犹可追"。我们必须承担起保护和传承历史文化的重任,不能愧对历史、愧对先人。今年重点实施钟楼街历史街区保护工程,让掩藏在混乱建筑中的历史文化遗存重现珍贵的文化价值和商业价值。

加快发展文化旅游产业。突出板块表现、气候吸引、服务引领。要把晋祠和天龙山,太山龙泉寺、店头村,蒙山和连理塔寺庙群,崛山围山和窦大夫祠、多福寺、净因寺等四大板块的山水寺庙文化,进一步优化提升和保护发展,形成大山水、大文化、大景区、大旅游的产业格局。精心保护双塔寺大景区,完善景区功能,放大双塔效应。加快太化工业遗址创意产业发展,组织好国际大学生"废旧金属材料雕塑创作月"活动,打造具有国际影响力的城市新名片。

乡村文明是中华文明史的主体,耕读文明是我们的软实力。明太原县城作为农耕文明载体,要创新保护理念,在晋阳古城考古发掘的基础上,将田园风光与文化遗存相结合,创造农耕文明保护复兴的新范例。加大对青龙镇、土堂村等古村落保护的力度,让农耕文明的乡愁代代相传。

(六)以"五有"保障为基本要求,着力做好民生改善工作

民惟邦本,本固邦宁。政府工作的根本目的,是让人民群众过上好日子。要下大力气切实解决好"五有"等基本民生保障问题,不断提高人民生活水平和质量。

就业是民生之本。把稳定就业作为经济发展的优先目标,优化创业就业环境,以创新引领创业,以创业促进就

业，开发更多就业岗位，解决高校毕业生就业问题，引导和鼓励大学生创业就业。落实城镇就业困难人员帮扶措施，确保零就业家庭至少有一人就业。发挥劳动力市场中介组织作用，实现需求和就业的有效对接。

努力解决好住房问题。居者有其屋，人们才有资格获得尊严。构建以政府为主提供基本保障、以市场为主满足多层次需求的城镇住房供应体系。今年再开工建设5万套安置保障住房，在两年内使拆迁户全部安置，把拆迁改造作为改变人生的新机遇，实现"征收谁、改变谁、造福谁"的惠民目标。支持企业和社会建设人才公寓，为引进和留住人才创造良好环境。严格执行统一政策和标准，加快棚户区和城中村改造步伐，对龙堡、东社、西寨、木厂头等13个城中村进行整村拆除，实现城市升级和人民宜居互利共享。推广邻里中心，集购物场所、老年活动、文化娱乐、社区服务、幼儿教育于一体，满足宜居、乐居的功能要求，创造幸福家园。

推进教育卫生资源均衡化、标准化、优质化，满足学有所教、病有所医的基本需求。加快五中、一外、二外、十二中、成成中学等10所名校双十二轨新校建设，完成二十七、五十三、六十中等10所学校改扩建工程，强制性规范配建幼儿园、小学，满足宜居城市基本服务半径。加快中心医院、人民医院、妇幼保健院等10所新院建设，加大公立医院改革力度，规范配建社区医院，建立便民利民的健康服务体系。加强与名校、名院合作，引进人才和管理；推进教育和医疗信息化，充分利用全国优质教育和医疗资源，大幅提高教育和医疗服务水平。大力发展职业教育，整合资源，提升质量。继续做好人口和计划生育工作。

健全完善社会保障体系。加大"五险"统一征缴力度，稳步提高统筹层次和保障水平。积极稳妥解决好破产企业、劳服企业、集体企业职工的养老和医疗保险问题，运用好低保等社会救助政策。开工建设政府主导的养老中心和儿童福利院，扩大城市社区居家养老试点，鼓励社会力量参与养老事业和残疾人救助等社会福利事业，支持慈善事业发展，让老有所养、幼有所爱的阳光普照大地。深化收入分配制度改革，强化企业职工工资调控，促进农民增收，进一步提高城乡居民收入。做好民族宗教工作。加强国防后备力量建设，推进双拥工作。

安全重于泰山。全面落实企业安全生产主体责任和政府安全生产监管责任，完善党政同责、一岗双责、齐抓共管的责任体系，加大安全生产指标考核权重，实行安全生产和重大安全生产事故风险"一票否决"；深入开展安全隐患有奖举报活动，完善安全隐患发现受理、处置问责制度；开展煤矿、非煤矿山、燃气、危险化学品、道路交通等专项治理行动，坚决杜绝重特大安全事故发生。健全和完善市、县、乡食品药品监管体系，加强信息化建设，用最严格的监管、最严厉的处罚、最严肃的问责，确保全市人民"舌尖上的安全"。积极创新社会治理体制，继续推进天网治安工程。扎实做好信访工作，加强法律援助，建立畅通有序的民意诉求表达渠道和矛盾纠纷排查调处机制，及时化解、妥善处置社会矛盾，最大限度地预防和减少各类不稳定因素。

各位代表，做好今年的政府工作，一分部署，九分落实。要结合党的群众路线教育实践活动，加强政府自身改革建设。按照国家治理体系和治理能力现代化的要求，推进目标管理，对标一流，严格考评，建设法治政府、创新政府、廉洁政府、务实政府，增强政府的公信力和执行力。要践行"三严三实"，严以修身、严以用权、严以律己，谋事要实、创业要实、做人要实。作风建设上行下效，行胜于言。"打铁还需自身硬""风行于上，俗成于下"。各级领导干部都要以己正立信、以廉政树威、以务实兴业，努力为人民提供优质高效服务。

要深入贯彻依法治国基本方略，自觉接受人大及其常委会的监督，接受人民政协的民主监督，认真听取人大代表、政协委员、民主党派、工商联、无党派人士和各人民团体的意见，提高依法治市、依法行政的自觉性。深入开展"向人民汇报、请人民评议""为人民群众办实事、解难事"和窗口单位行业"贴近群众、服务群众"等活动，自觉接受人民群众和社会舆论监督。加大政务公开力度，加强行政监察，纠正部门和行业不正之风。深入推进反腐倡廉制度建设，从严查处腐败案件。

各位代表，行进在改革开放新的伟大征程中，光荣与梦想召唤着我们，责任和使命激励着我们。让我们紧密团结在以习近平同志为总书记的党中央周围，在省委、省政府和市委的坚强领导下，以踏石留印、抓铁有痕的作风，敢于担当、勇往直前的精神，立党为公、公权为民的情怀，为实现率先转型跨越发展、建设一流省会城市而努力奋斗！

政协第十二届太原市委员会常务委员会工作报告

——2014年3月24日在市政协十二届三次会议上

太原市政协主席　张贵元

各位委员:

我代表政协第十二届太原市委员会常务委员会,向大会报告工作,请予审议。

一、2013年工作回顾

2013年,在中共太原市委的领导下,市政协常委会高举中国特色社会主义伟大旗帜,牢牢把握团结和民主两大主题,紧紧围绕市委、市政府中心工作,充分发挥协调关系、汇聚力量、建言献策、服务大局作用,在履行政协职能的各个方面取得了新进展,为推进我市率先转型跨越发展、建设一流省会城市作出了积极贡献。

(一)加强思想理论建设,始终坚持人民政协正确政治方向

常委会始终坚持把政治理论学习放在首位,深入学习贯彻中共十八大和十八届三中全会精神;深入学习贯彻习近平同志一系列重要讲话精神;深入学习贯彻省、市委十届四次、五次全会精神及关于全面深化改革的重大决策部署。认真落实以中心组学习为主体的各种学习制度,强化主席会议、常委会议的学习。组织市政协理论学习中心组专题学习会6次,举办常委会学习讲座3次。对本届委员进行了全员培训,参训率达95%以上。全年各类学习活动参加委员2000余人次。通过学习培训,进一步深化了对坚持中国特色社会主义道路、实现中华民族伟大复兴中国梦等重大理论和实践问题的认识,增强了自觉抵制各种错误倾向,坚定不移走中国特色社会主义道路的自觉性和坚定性;进一步深化了对人民政协性质、地位、职能、作用的理解和把握,增强了自觉践行社会主义协商民主,创新做好新形势下政协工作的责任感和使命感;进一步深化了对全面深化改革和实现市委战略决策部署重大意义的认识,增强了自觉围绕率先转型跨越发展、建设一流省会城市履职尽责的信心和决心,不断夯实团结奋斗的共同思想政治基础。

(二)围绕中心突出重点,为我市率先转型跨越发展献计出力

常委会坚持把推动科学发展作为政协工作的第一要务,创新务实开展履职活动。

围绕转型综改试验先导区建设协商议政。委员们紧扣建设“三个一流”、率先转型跨越发展广泛调研,深入思考,在市政协十二届二次全会上,28名委员就“破解能源环境承载力等要素制约、走质量效益型发展道路”“建设阳曲县转型产业园区”“加强大气污染物治理”等问题积极建言,踊跃献策,提出130余条具有建设性的议政意见,得到市委、市政府领导同志的充分肯定。探索创新议政形式,组织12个界别180多名委员开展界别联组讨论。市委、市政府领导高度重视,分别参加协商座谈,认真听取委员们就“助推非公中小企业加快转型升级发展”“建设公交都市、缓解交通拥堵”“着力改变入园难、入园贵现状”等方面的意见,不断与委员们互动交流,共同研究探讨破解难题方略。围绕推进太原晋中同城化发展,举办两市政协联合议政会,提出39篇专题报告,形成了两市政协关于进一步推进太原晋中同城化的联合建议,送省、市党委政府。

围绕解决经济社会发展重大课题建言献策。组织350多名委员围绕“太原产业转型发展”“积极承接产业转移、搞好招商引资工作”“推进‘智慧旅游城市’建设”“加快推进全市老旧预制板房更新改造”等,开展了32次专题调研和视察活动,形成了26篇专题报告和9件重要提案。市委、市政府领导多次作出重要批示。这些意见建议为市委、市政府决策提供了重要参考。组织委员对我市城建重点工程项目建设、装备制造业集群发展、加快效能政府建设、太原武宿综合保税区建设等进行专题性视察调研,发挥了推动重点工作进展落实的积极作用。着力提高提案办理实效,修订了《太原市政协提案工作条例》,召开提案工作会议和提案交办会,加强提案办前协商、办中协商、办后协商,有力地推动了一批提案问题的解决。一年来,共征集提案724件,立案633件,办复率100%,采纳率85.78%。“关于在城市主干道及城市功能区大力设置公益广告的建议”“关于将‘120’急救费用纳入医保报销范围”等一批接地气、惠民生的提案,有关部门采纳后,催生出多项惠民新政,发挥了政协提案在促进经济社会协调发展中的重要作用。

围绕重点工作落实和作风转变开展民主监督。市政协组织委员听取并讨论了法、检“两院”工作报告,围绕“两院”工作及司法公正和社会和谐稳定提出中肯的意见建议。对贯彻落实中央八项规定、城乡清洁工程星级单元创

建工作、法治太原平安省城建设工作和打击违法用地违法建设等,开展了督查性视察。对市安监局、市住建委开展了民主评议工作。参与市纪检委对全市窗口单位行业作风调研和有关督导活动。向市公安局、市教育局、市质监局等9个部门,选派了各类民主监督员90多名。组织600多人次委员参加"向人民汇报,请人民评议"、全市年度目标责任制考核评议和全市政风行风评议活动。进一步丰富了民主监督的内容和形式,提高了监督实效,有力推动了作风转变和一批重点工作的有效落实。

(三)精心倾力为民履职,积极助推幸福太原建设

常委会始终把关注民生、改善民生作为履行职能的着力点。积极协助市委、市政府增进人民福祉,促进社会和谐。

聚焦社会文化建设。围绕推进我市城市居家养老、体育惠民工程建设、"百院兴医"工程进展、无证幼儿园清理整顿、地产蔬菜直销网络建设等民生问题组织视察调研,积极建言献策。重视发挥文史资料"存史、资政、团结、育人"的作用,召开了文史工作座谈会,完成了《太原文化发展丛书》编纂大纲和组织工作,为提升我市文化软实力,建设文化强市贡献力量。

聚焦民生热点。组织召开以"美丽太原、幸福家园"为主题的专题议政会。市级各民主党派、工商联、工会界别、政协有关专委会围绕民生关切的医疗教育、住房保障、道路交通、食品安全、环境保护等13方面的突出问题,深入开展专题调研,积极提出对策建议。市委、市政府领导高度评价,明确要求有关部门认真研究、积极采纳。这次专题议政会正值中共十八届三中全会召开之前,议政内容涵盖了民生建设的重要方面,受到社会广泛关注,全国政协领导给予充分肯定,《人民政协报》以《太原市政协专题协商帮市民寻找"美丽和幸福"》为题,在第二版头条位置用大篇幅作了报道。

聚焦生态文明建设。举办"推进生态文明,建设美丽太原"专题讲座。围绕推进我市水资源管理长效机制建设等重点课题开展调查研究,建务实之言、献管用之策。组织委员对东西山绿化造林重点工程建设等进行视察调研,为建设青山绿水之城、蓝天白云之城贡献智慧和力量。

聚焦社情民意信息。突出政协反映社情民意信息工作特色,坚持例会制度,强化培训指导,加强策划编报,充分运用信息渠道反映社情,传递民声,为党政领导科学决策提供有价值的参考。一年来,共收集信息1576篇,向省政协和市委、市政府报送重点信息507篇。其中,全国政协、省政协采用50多篇。

(四)发挥政协独特优势,广泛汇聚建设一流省会城市正能量

常委会牢牢把握团结和民主两大主题,广泛汇聚各党派团体、各族各界人士力量,为推动我市经济社会协调发展献智出力。

汇集服务发展强大合力。坚持以政协例会为重要平台,支持各党派团体在协商议政中发挥重要作用。组织市级各民主党派、工商联、无党派人士、社会科研机构,联合政府相关职能部门,围绕我市率先转型跨越发展的重大问题开展调查研究。坚持主席会议研究审议经济、社会发展问题时,邀请市委、市政府相关部门负责同志和企业代表、基层代表列席并重点协商,使政协意见建议更具基础性、针对性和可行性。通过联合议政会、专题协商会、联合调研视察等形式,发挥整体优势,提升了共同协商重大决策、谋划重大工作的能力和成效。通过联组讨论、界别议政、界别集体提案等方式,界别作用得到更好体现。加强政协专门委员会与政协界别及委员的联系,组织学习,指导活动,及时通报情况,交流经验,解决问题,提升了政协履职的整体水平。

深入开展排忧解难办实事活动。按照市委开展"访民生、知民情、解民事"和"包村""联企"集中走访活动的统一部署,主席班子成员先后深入10个县(市、区)79个企业,了解群众生产生活情况,听取基层呼声意见,帮助解决有关问题21件。以察情建言惠民为主题,引深"十下乡"活动,150名委员按照界别特点,发挥自身优势,根据基层群众不同需求开展活动。与全省政协系统开展的"助老送光明"活动紧密结合,为全市60岁以上的108位白内障患者免费实施手术,使他们解除病痛,重见光明;委员们深入农村、社区开展先进教育管理知识培训和农村畜禽疾病防治专题讲座,现场传递农业科技信息,讲授土豆种植等农业实用技术;捐赠图书、健身器材,开展法律咨询服务、支农惠农项目考察和对接洽谈等活动;为农民劳动模范、50多户四世同堂等家庭拍摄反映新时代农民精神风貌的照片1000余幅。充分发挥政协组织优势、界别优势,主动做好解疑释惑、化解矛盾的群众工作。政协委员心中有全局,行动顾大局,在城中村改造、重点工程征地拆迁中主动带头,积极支持,受到社会赞誉。

营造和谐发展良好环境。组织开展加强宗教团体建设、发挥宗教界代表人士作用的视察,深入民族宗教活动场所调研,加强与少数民族、宗教界上层人士的联系,努力增进民族团结、宗教和谐。发挥政协联系面广的优势,加强同各阶层、各领域代表人士的联系,同驻并的外省、市商会商讨其发展和发挥作用等问题。加强与40多个城市的联谊交流,大力宣传太原、推介太原,产生了良好效果。

（五）着力加强自身建设，不断提升政协工作科学化水平

常委会坚持加强自身建设，为全面履行政协职能提供了有力保障。

为委员履职尽责创造良好条件。为了让委员找准履职定位，把握工作重点，年初，经过深入调查研究，多方听取意见，反复协商沟通，确定了年度工作重点，以指导委员履职活动。尊重和保障委员的民主权利，广泛组织委员开展调研视察，积极推动委员意见建议落到实处。邀请三位副市长就发展金融产业、深化改革开放等作专题报告，有效拓宽委员参政议政、建言献策思路。继续开展民生问题大调研活动，调研成果为委员履职接地气、扣民意提供重要参考。组织委员赴上海、广州、厦门等地考察学习，这些工作都为委员履职和发挥作用提供了重要保障。

加强委员服务管理。出台了市政协领导走访和约谈委员制度，主席班子成员分别深入到委员所在单位了解情况、征询意见，帮助解决具体困难和问题。全年共走访约谈委员 114 人次，激发了委员的责任意识和奉献意识。严明组织纪律，严格制度执行，严格考核管理和区分，对积极履职委员予以表扬，对不执行纪律的给予通报批评。深入开展委员述职、评优活动，广大政协委员围绕年度双岗履职情况认真述职，相互交流，对评选出的 77 名优秀政协委员进行了表彰，进一步增强了委员服务发展、履职奉献的责任感和使命感。

加强机关建设。加强了市政协网络信息化建设，为政协委员履职交流搭建了更加便捷的平台。提高《太原政协》办刊质量，开通政协快讯平台。政协机关工作效率和服务水平有了新的提高。加强宣传工作，一年来，《人民政协报》等国家、省、市级媒体刊发播发我市政协工作及重大履职活动的报道 300 多条（篇），充分展示了政协组织围绕中心、服务大局的履职成果。

二、2014 年工作部署

2014 年是深入贯彻落实中共十八届三中全会精神、全面深化改革的开局之年，是我市率先转型跨越发展、加快一流省会城市建设的重要一年。新的形势和任务，对政协工作提出新的更高要求，也为政协事业发展创造了巨大空间。市政协工作的总体要求是：深入贯彻落实中共十八大、十八届三中全会和习近平同志系列重要讲话精神，高举爱国主义和社会主义伟大旗帜，牢牢把握团结和民主两大主题，紧紧围绕中共太原市委十届五次全会暨全市经济工作会议提出的目标任务，以更加积极的状态，更加奋发的精神，更加务实的作风，推进协商民主，加强工作创新，认真履行政治协商、民主监督、参政议政职能，为建设一流省会城市、谱写“中国梦”的太原篇章作出新的贡献。

（一）坚持用中共十八届三中全会和习近平同志系列重要讲话精神武装头脑、增进共识

继续深入学习贯彻中共十八大、十八届三中全会和习近平同志系列重要讲话精神，学习贯彻中共太原市委十届五次全会精神，不断增强中国特色社会主义道路自信、理论自信、制度自信，准确把握中央和市委关于全面深化改革的一系列新思想、新举措、新要求，充分认识人民政协在协商民主体系中的重要地位和作用，进一步增强共识，凝聚力量。通过中心组学习、专题学习讲座，举办学习报告会、委员培训班、理论研讨会等多种形式，丰富内容，改进方式，把学习活动不断引向深入，切实提高把握大局、服务大局的能力，不断增强为推进全面深化改革、加快建设一流省会城市贡献力量的责任感和使命感。

加强宣传、理论工作。按照中央的统一部署要求，组织好纪念中国人民政治协商会议成立 65 周年活动，认真总结人民政协蓬勃发展的生动实践和宝贵经验，大力宣传我市各级政协组织的创新工作和广大政协委员双岗履职、双岗奉献的先进事迹，引导委员和各族各界人士始终不渝地坚持中国共产党的领导，牢牢把握时代发展的脉博，自觉投身我市全面深化改革和推动经济社会发展的实践中，以实实在在的履职成效，进一步彰显社会主义协商民主制度的独特魅力。

（二）紧扣改革、发展、民生主题，发出政协好声音

紧紧围绕我市全面深化改革重大部署、经济社会发展大局、群众关注的民计民生问题，积极履行政治协商、民主监督和参政议政职能。履职活动要坚持问题导向，实事求是地提出问题，研究问题，力求切中要害，为稳增长促转型惠民生发出好声音，积聚正能量。

重点就深化农村土地管理制度改革、促进农民土地资产收益，推进简政放权、提升政府治理水平，创新社会治理体系、促进和谐太原建设，推动新城引领下的“五城联动”发展等，通过汇集专门人才，集中优势资源，深入调查研究，提出切实可行的意见建议，为市委、市政府决策提供参考。

紧扣推进城市公用事业项目引入民营资本，推动教育均衡发展，推动文化旅游产业大发展等，开展调研视察、协商座谈，为破解转型难题、拓宽发展路径建睿智之言，献务实之策。

针对重要改革举措的贯彻执行和重点任务的落实完成，积极开展民主监督。围绕加强食品安全监管、省城环境综合治理、全面推进城乡清洁工程、城建重点项目建设、妇

女儿童发展“两纲两规”实施等开展督查性视察。就医疗急救体系建设、和谐寺观教堂创建、文化与健身发展等重点工作，开展调查研究，加强民主监督，提出意见建议。认真组织好对市教育局、市人社局的民主评议工作。

(三)围绕市委、市政府中心工作，发挥政协协商民主重要渠道作用

认真贯彻中共十八届三中全会精神和习近平同志关于政协工作的重要批示精神，不断拓展民主形式、增加协商密度。要充分运用全体会议、常委会议、主席会议、专题协商会等形式，使政协经常性、规范性协商平台更好地发挥作用，更加灵活有效的开展专题协商、对口协商、界别协商、提案办理协商。要研究制定协商民主有关规程，积极探索建立年度协商计划工作机制，让政协委员和各界人士有更多的机会在协商民主的广阔平台上展现才华、体现价值。

坚持专题协商。专题协商要更加重视科学选题和研究论证。重点就“大力发展园区经济、提升产业集聚竞争力”召开专题议政会，就《太原市无偿献血管理办法》进行立法协商。继续开展太原晋中同城化联合议政活动。

加强对口协商。对口协商要重视加强政协专委会与党政部门的沟通协商。重点就加大科技金融服务中小微企业发展的力度、加强城市精细化管理等，积极沟通协商，有效推进成果转化。

创新界别协商。界别协商要重视发挥界别作用。重点就医疗救护体系建设、城市建设体现地方特色等，交流沟通，开展界别视察。界别协商要探索与其他协商形式的有机融合，并在其过程中更充分地体现界别特色，展示独特风采。

深化提案办理协商。关键要突出重点，注重实效。加强对党派、团体提案和重点提案的协商办理，进一步创新提案办理协商机制，用提案办理协商的制度化助推协商民主的制度化。

(四)积极广泛协调关系，为全面深化改革和建设一流省会城市凝心聚力

坚持团结和民主两大主题，充分发挥人民政协的独特优势，切实做好协调关系、化解矛盾、解疑释惑、理顺情绪的工作，寻求最大公约数，形成最大凝聚力。

扎实推进多党合作。切实加强与各民主党派、工商联、无党派人士和社会各界人士的联系沟通和团结合作。坚持市政协重大工作部署和重要活动向各民主党派征求意见和通报制度，运用政协常委会议、主席会议、秘书长联席会议等形式，定期对政协内部事务进行协商。积极搭建与党政部门多种形式的相互交流平台，畅通知情明政通道。组织各民主党派、工商联就重要课题进行联合调研、专题调研，充分履行职能，发挥重要作用。

广泛开展联谊交流。加强对县(市、区)政协工作的联系指导，积极开展联合履职活动。加强与兄弟城市政协的学习交流。广泛宣传太原，积极推介太原，扩大太原影响力。加强与港澳台同胞和海外侨胞的联系，积极为我市引进高层次人才和高技术项目贡献力量。认真做好《太原文化发展丛书》的史料征集和编辑工作。支持政协老委员协会开展活动，最大限度地为我市改革发展汇聚力量，增添动力，营造优良环境。

(五)全面加强基础建设，切实推进履行职能的制度化、规范化、程序化

适应新形势新任务的要求，以求实创新的精神大力加强自身建设，打牢政协履职的工作基础。

加强制度建设。必要的制度是人民政协履行职能的保证。市政协要按照中央和省、市委的部署，深入开展党的群众路线教育实践活动，切实抓好建章立制和整改工作。继续坚持政协领导走访约谈委员制度，帮助委员协调解决工作和生活中的实际问题。加快履职制度的修订、完善、建立和创新，充分发挥专委会作用，进一步规范市政协协商民主的内容、形式和程序，切实把制度优势转化为履职实效。

重视能力建设。采取组织学习、培训、交流等多种形式，不断丰富委员的业务知识，提高委员的政策理论水平、科学思维能力和参政议政本领。充分发挥委员的主体作用，广泛开展“双岗履职、双岗奉献”活动，强化委员履职服务管理，完善委员履职激励机制，不断提高政协协商议政实效。

改进机关作风。大力加强政协机关思想作风建设，强化宗旨意识，倾心服务群众；强化责任意识，坚持务实创新；强化自律意识，弘扬新风正气。认真贯彻落实中央关于改进工作作风的八项规定，不断改进学风文风会风，促进机关工作协调统一、规范有序、节俭高效运转。加强机关办公现代化建设，进一步拓展太原政协网的服务功能，倾力打造“委员之家”。不断提高机关干部队伍素质能力，努力培养造就一支政治坚定、作风优良、学识丰富、业务熟练的高素质政协干部队伍。

各位委员，团结凝聚力量，民主成就伟业，太原发展的美好前景催人奋进，人民政协的使命神圣光荣。让我们更加紧密地团结在以习近平同志为总书记的中共中央周围，在中共太原市委的领导下，解放思想、求真务实、锐意进取、扎实工作，不断开创人民政协工作新局面，为全面深化改革、率先转型跨越发展、建设一流省会城市作出新的更大的贡献。

关于太原市2013年国民经济和社会发展计划执行情况与2014年国民经济和社会发展计划(草案)的报告

——2014年3月25日在太原市第十三届人民代表大会第四次会议上

太原市发展和改革委员会主任　张　勇

各位代表:

受市人民政府委托，现将太原市2013年国民经济和社会发展计划执行情况与2014年国民经济和社会发展计划(草案)提请市十三届人大四次会议审议,并请市政协委员和列席人员提出意见。

一、2013年国民经济和社会发展计划执行情况

过去的一年,在市委的正确领导和市人大、市政协的监督支持下，全市上下积极应对复杂严峻的宏观经济形势,深入贯彻落实中央和省的各项决策部署,坚持主题主线和稳中求进工作总基调,以转型综改试验先导区建设为统领,以一流省会城市建设为抓手,切实加强目标管理,扎实推进经济社会和生态环境建设,突出民生改善和文化塑造,结构调整步伐加快,经济社会发展稳中有进、稳中向好，市十三届人大三次会议审议通过的主要目标基本实现。地区生产总值完成2412.87亿元,为年计划的93.0%,比上年增长8.1%;财政总收入完成495.57亿元,为年计划的97.4%,增长9.0%;公共财政预算收入完成247.33亿元,为年计划的102.2%,增长14.7%。

经济社会发展呈现以下主要特点:

(一)投资结构不断优化,城市基础设施建设实现新突破

全年固定资产投资完成1670.74亿元，为年计划的101.2%,比上年增长26.5%,增幅分别高出全国(19.6%)和全省(25.2%)6.9和1.3个百分点,连续三年保持25%以上的高速增长，其中，三次产业投资分别增长44.5%、21.9%和28.4%。全年新开工项目682个,比上年增加46个。在工业投资中,新兴接替产业投资增长25.7%,增幅高出全市工业投资增幅(22.4%)3.3个百分点，占工业投资的比重达到53.2%,亿元以上新兴接替产业项目达到105个,完成投资227.58亿元;非煤产业投资增长26.7%,增幅高出全市平均水平4.3个百分点,占工业投资的比重达到81.4%。第一产业和服务业投资占全市投资的比重分别由上年的1.3%和65.8%提高到1.5%和66.7%。

以道桥工程为重点的城市基础设施建设取得突破性进展,2013年安排的33项城市基础设施项目完成28项,其中:道桥项目完成24项,新修、改造道路105条,累计完成里程185.66公里,府西府东街、并州路、中环路等主次道路改造和新建工程建成通车；城市配套项目完成4项,分别为龙康新苑保障房、程家村保障房、美术馆和博物馆内部装修。其余5项中,轨道交通2号线一期工程试验段正式开工、便民服务中心主体封顶,实现年度目标;汾西路南段改造、西太堡街拓宽改造进行调整;长治路南延今年实施。全年完成投资357.27亿元,比上年增长1.4倍,实现由平面交通向立体交通的飞跃,城市功能得到新的提升。

(二)产业转型步伐加快,新兴产业支撑引领作用进一步增强

全市规模以上工业增加值完成770.94亿元,为年计划的85.7%,增长10.1%。新兴接替产业增加值增长12.4%,增幅高出全市平均水平2.3个百分点,高出传统产业(7.8%)4.6个百分点，占全市规模以上工业增加值的比重由2011年的34.2%、2012年的48.4%提高到54.3%;其中,装备制造业增加值增长14.9%,高出全市平均水平4.8个百分点,占规模以上工业增加值的比重为37.6%。江铃重汽发动机、中天信安防科技、太重高速列车齿轮箱、T800级高端碳纤维等重点项目进展顺利。

服务业发展态势良好,增加值占地区生产总值的比重由上年的53.6%提高到54.8%。国内首个反映产地煤炭市场价格的"太原指数"正式上线,汾酒、华润煤业等集团总部落户我市,上海众人、万达城市综合体等项目加快建设。贡天下、百事帮等电子商务应用企业起步良好,朝阳街、食品街等传统商圈改造升级基本完成,我市成为全国城市共同配送试点城市，全社会消费品零售总额完成1281.46亿元,为年计划的98.6%,增长13.5%。

大力实施"十园引领、百园兴农"战略,制定出台《关于加快都市现代农业发展的若干意见》，创建国家级农业园区7个,农业产业化龙头企业达到202个,销售收入增长

39.2%;新增农业专业合作社450家。天津宝迪、九牛牧业等产业化重点项目进展顺利,山西水塔醋文化等现代农业主题产业园初具规模。

(三)省城环境综合治理扎实推进,生态环境明显改善

全力实施"五大工程"和"五项整治",拆除分散燃煤锅炉543台,集中供热扩网2148万平方米;对228台常年运行燃煤锅炉实施"煤改气";对50个城中村实施改造,11个完成整村拆除,拔掉黑烟囱11663根;对太化氯碱、晋阳选煤厂等232家污染企业实施关停、淘汰和搬迁;城南污水处理厂建成投运,娄烦汾河水库列入国家重点支持的15个江河湖泊动态名录,地表水域功能区水质达标率由62.5%提高到75%;强制报废高污染老旧车辆3.6万辆,国四标准车用汽油置换全部完成。

进一步加快绿化太原建设,全年造林35.94万亩,建成区绿化覆盖率、绿地率分别比上年提高0.81和0.79个百分点,人均公园绿地面积由10.66平方米增加到10.96平方米,东西山基本消灭宜林荒山。省城环境质量"两年明显改善"目标如期实现,在环境空气监测考核的6项指标当中,PM10和PM2.5达标率分别达到55.4%和54.5%,二氧化硫、二氧化氮、一氧化碳、臭氧4项指标达标率均达到80%以上,好于省政府下达的年度控制要求。

(四)转型综改深入推进,对外开放水平进一步提高

制定出台《太原市资源型经济转型综合配套改革试验实施方案(2013—2015年)》和《2013年行动计划》,列入行动计划的22个重大项目20个开工建设,项目开工率为90.9%。以"两集中、两到位"审批流程再造为核心的行政审批制度改革继续深化,其经验在全省行政审批制度改革太原现场会上推广。工商登记改革启动实施,放宽注册资本等准入条件,改注册资本实缴制为认缴制,创业门槛大幅降低。农村信用社改制组建太原农商银行改制方案已上报山西银监局。创新开发区建设模式,"飞地"经济快速发展。积极扩大对外开放,太原武宿综合保税区通过国家验收正式封关运行。全年新批准设立外商投资企业18户,实际利用外商直接投资9.44亿美元,比上年增长20.7%。外贸进出口总额完成91.63亿美元,为年计划的97.3%,增长8.2%,增幅分别高出全国(7.6%)和全省(5.0%)0.6和3.2个百分点。出口总额完成52.95亿美元,增长24.8%,增幅分别高出全国(7.9%)和全省(14.0%)16.9和10.8个百分点,其中,机电类产品出口增速高达50.1%,占出口总额的比重由上年的56.4%提高到67.8%;煤炭、焦炭、金属镁三大传统出口产品出口比重由10.8%下降到6.6%。

(五)民生工程进展顺利,社会事业全面发展

全市城镇居民人均可支配收入24000元,比上年增长11.0%;农民人均纯收入11288元,增长12.0%,增幅高出城镇居民收入1.0个百分点。城镇新增就业人数10.7万人,城镇登记失业率控制在3.35%,4.77万下岗失业人员实现再就业。五大社会保险参保人数全部超额完成年度目标任务。城市社区居家养老试点由上年的100个扩大到215个,建设日间照料中心115个;农村日间照料中心由2县20个点发展到全部县(市、区)82个点。开工建设保障性住房38096套,竣工29601套。"公交都市"建设加快推进,高铁南站公交枢纽站建设进展顺利,新增公交专用道40公里,公共自行车服务点达到1118个,投放自行车3.4万辆,单车周转率和单日租车量均居全国第一。"一元菜"稳价惠民活动成效显著,居民消费价格指数上涨3.1%,低于3.5%左右的年度控制目标。

我市被确定为国家科技成果转化服务示范基地、国家文化和科技融合示范基地、全国智慧城市试点城市、全国新能源汽车推广应用示范城市,中天信、中科博杰等8家企事业单位设立院士工作站,太钢不锈钢科技创新服务中心成为国家级科技产业孵化器。"百校兴学"新改扩建项目学校55所、公办幼儿园33所,学前教育在校人数比上年增加2835人,毛入园率达到95.1%,小学学龄儿童入学率和初中生入学率、巩固率均达到国家标准。太原美术馆建成投入使用,"三馆一站"免费开放,纪录片《太原五千年》和《龙城八叙》在国内外持续热播。全市23所县级公立医院全部取消药品加成,公办基层医疗卫生机构实现基本药物制度全覆盖,新农合"先住院、后付费"改革经验在全国推广。"2013年太原国际马拉松赛"荣获全国马拉松金牌赛事、体育旅游精品赛事、中国十大优秀赛事等称号。安全形势稳定好转,全年生产经营性事故起数下降3.81%,死亡人数下降6.61%,未发生重大以上安全生产事故。

虽然我市经济社会发展取得一定的成绩,但在全球经济复苏乏力、全国经济增速放缓的宏观背景下,制约经济发展的矛盾和问题不断显现。

1.经济下行压力增大。受全国宏观经济形势和我市加大污染企业关停搬迁力度的影响,2013年,地区生产总值增长8.1%,低于10%左右的年度目标。煤炭、炼焦、电力等传统行业市场需求减弱,利润空间收窄;装备制造业增速由上年的85.4%回落为14.9%。全市460个规模以上工业企业利税和利润总额分别下降12.1%和44.0%,亏损面由上年的35.7%扩大到37.6%。在构成服务业增加值的6大行业中,除交通运输、仓储和邮政业及非营利性服务业外,批发零售和住宿餐饮业、金融业、房地产业、营利性服务业

增速均出现不同程度的下降。

2.产业结构性矛盾尚未得到有效解决。煤炭、钢铁、炼焦、电力四大传统产业仍占到全市工业的42.8%，装备制造业虽然跃居成为工业的第一大产业，但整体形势仍不容乐观，专用设备、通用设备等制造业均出现不同程度的下降。信息、新材料、现代物流、会展等新兴产业和现代服务业发展滞后，缺乏新的大的增长点，难以对全市经济发展形成有效的带动作用。

3.消费市场乏力问题凸显。2013年，全市限额以上消费品零售额比上年增长7.4%，增速比上年（20.7%）回落13.3个百分点，其中限额以上住宿餐饮业营业额下降26.0%。今年，随着中央关于厉行勤俭节约、反对铺张浪费精神的进一步贯彻落实，餐饮、住宿、大宗商品消费趋于理性，集团消费将会继续下降；网购等新兴业态对实体店的冲击进一步增强，耐用消费品的消费在前几年国家补贴政策结束后也处于缓和期，确保消费需求稳定增长压力加大。

4.省城环境质量形势不容乐观。大气、水环境问题突出，冬季燃煤污染依然是困扰我市大气质量改善的主要因素，市区及周边地区城中村、城边村、棚户区燃煤无组织低空排放仍没有彻底解决；边山支流淌黑水现象仍未彻底消除，水环境治理急需进一步加快，省城环境质量全面改善任务艰巨。

5.就业压力进一步加大。近年来，随着城市化进程的加快，城镇需就业人口逐年增加，特别是随着太化、狮头、煤气化等相当数量的采掘业、制造业等传统工业企业的关、停、并、转、破，这些行业从业人员迅速下降，下岗人员急剧增加，导致劳动力供大于求的总量性矛盾短期内难以改变；同时，随着我市经济结构转型升级步伐的加快，新兴产业和第三产业的快速发展，劳动者技能素质与岗位需求不适应的结构性矛盾凸显，更加大就业难度。

二、2014年全市经济社会发展的总体要求和预期目标

(一)经济社会发展面临的宏观环境

2014年是贯彻落实党的十八届三中全会精神、全面深化改革的第一年，也是加快实施“十二五”规划、推进一流省会城市建设的关键之年。我市发展面临的形势依然比较严峻。全球经济复苏缓慢，全国进入经济增速换挡期、结构调整阵痛期和前期刺激政策消化期三期叠合的特殊时期；全省资源型经济转型和化解产能过剩的结构调整进入关键时期，低碳发展、创新驱动的格局尚未形成；我市正处于传统产业增长期已过、新兴产业腾飞期未到的转型期，面临的困难更大，转型的阵痛更剧烈。

但同时，我们更要看到我市发展面临的诸多机遇。从全球看，世界银行预测今年全球经济增长有望达到3.2%左右，略快于去年的2.9%，如果不发生大的变化，今年的经济形势要好于去年。从国内看，十八届三中全会对全面深化改革作出部署，改革将释放出更大的制度红利，经济发展的内生动力和活力将进一步增强；城镇化规划的出台将为推进新型城镇化进而扩大内需提供强有力的支撑。从全省看，经济发展的基本面趋稳向好，资源型经济转型综合配套改革试验区建设的成效将会逐步显现；省政府出台《支持省城太原率先发展的若干措施》，从十个方面支持太原发展，力度之大、范围之广前所未有。从自身看，近年来我市做许多打基础、利长远的工作，固定资产投资连续三年保持高速增长，基础设施日趋完善，生态环境明显改善，产业结构和发展环境进一步优化，特别是党员干部作风的转变和能力的提升，创造太原大发展、快发展、好发展的条件。我们必须明确目标、坚定信心，充分利用好这些有利条件，把发展的强大动力和巨大潜力释放出来，全面完成2014年的各项目标任务。

(二)经济社会发展计划安排的总体要求

根据市委十届五次全会暨全市经济工作会议精神，2014年全市经济社会发展计划安排的总体要求是：高举中国特色社会主义伟大旗帜，以邓小平理论、“三个代表”重要思想、科学发展观为指导，全面贯彻党的十八届三中全会和中央、全省经济工作会议精神，坚持稳中求进、改革创新，加快一流的新兴产业基地、一流的自主创新基地和一流的现代宜居城市建设，着力保障改善民生，有效增强社会活力，切实维护和谐稳定，为建设一流省会城市，为全省办好“两件大事”，为实现“中国梦”而努力奋斗。

(三)经济社会发展的主要目标

预期性目标：地区生产总值增长9%左右；固定资产投资增长21%；社会消费品零售总额增长14%左右；公共财政预算收入增长9%左右；城镇居民人均可支配收入增长10%左右；农民人均纯收入增长12%以上；城镇新增就业人数10.5万人，城镇登记失业率控制在4%以内；居民消费价格涨幅控制在3.5%左右。

约束性指标：万元地区生产总值综合能耗下降3.5%，单位工业增加值用水量完成省下达的控制目标；PM2.5年均浓度值下降5%，二级以上优良天气达标率提高5%；集中式饮用水源地水质达标率稳定保持100%，市区地表水环境功能区水质达标率达到60%以上；二氧化硫、化学需氧量、氮氧化物、氨氮、烟尘和工业粉尘排放量全面完成省政府下达目标。

上述经济社会发展指标是根据中央和省经济工作会议精神、“十二五”规划前三年执行情况，综合考虑国际国内经济环境和我市自身发展状况、发展基础和发展条件而制定的。

今年经济增长速度确定为9%左右，高于2013年实际增速0.9个百分点。这样安排，从需要上看，既考虑到太原要建设一流省会城市，实现率先发展，必须保持一定的经济增长速度和积极赶超的态势；又考虑到我市经济比全国、全省周期下降深、回升慢的特点，在推进产业转型、体制创新的过程中，需要留出足够的改革空间，目标不宜定得过高。从可能上看，太原超常规推进城市基础设施建设和省城环境质量改善，加快推进山西科技创新城等特色产业集聚区建设，经济发展的空间不断拓展、新的经济增长点不断涌现，为完成经济增长目标提供有力的保障。

固定资产投资增长21%，高于全省预期增幅1个百分点，低于2013年计划目标4个百分点。这样安排，基于两个方面的考虑，一是我市投资已连续三年保持高速增长，投资基数大幅增加，继续保持25%以上的高速增长难度较大；二是我市经济仍然是投资拉动型经济，在工业增速回落和消费、外贸一时难以做大的情况下，投资对拉动经济增长有着非常关键的作用，因此，在优化结构的基础上，保持和巩固投资较快增长的势头对我市经济社会发展是非常必要的。保持21%的增长速度，既体现太原率先发展的要求，又可为全市经济稳定增长奠定坚实的基础。

三、2014年经济社会发展的主要任务和措施

(一)着力推进转型综改试验区建设，加快释放改革红利

今年是转型综改试验区建设的攻坚年，要以更大的勇气和智慧、更加有力的措施和办法，落实好三年综改实施方案和2014年行动计划，力争在事关转型全局的重大改革、重大事项、重大项目和重大课题上率先突破。继续深化行政审批制度改革，进一步完善服务体系，减少行政审批事项，加快电子政务建设，清理暗箱操作。深化国有企业改革，大力发展混合所有制经济和民营经济。加快建设太原农商银行，完善政银企“助保贷”合作机制，支持企业创新和中小企业发展壮大。加快投融资体制改革，加强对投融资工作的统一规划和决策，引入社会资本和竞争机制，允许具备条件的民间资本依法发起设立中小型银行等金融机构。深入推进土地管理制度改革，在部分县(市、区)开展允许农村集体经营性建设用地出让、租赁、入股，实行与国有土地同等入市、同权同价试点工作。深化财税体制改革，建立健全政府性债务管理制度和风险预警机制。推进城居保、新农保制度整合和管理服务一体化，建立统一的居民基本养老保险制度。主动融入环渤海经济圈，加大引智引技、引进科技项目的力度，积极承接产业转移，加强产业互动，努力打造北京“副中心”。

(二)加快产业结构转型升级，努力构建现代产业体系

坚定不移发展高端装备制造业、高新技术产业、现代服务业、现代农业和现代信息产业，加强产学研协同创新。加快发展煤炭机械、重型机械、铁路装备等优势装备产业，培育壮大航天装备等潜力装备制造产业，打造一批龙头企业。支持罗克佳华、绿云云计算、中天信安防、众人科技等企业加快发展，培育壮大物联网、云计算等信息产业。继续推进园区扩容、升级、增效，完善服务水平、功能和体系，吸引全国乃至全世界的优秀企业、人才、技术、投资落地。加快建设阳曲工业转型园区，完善配套设施建设。加快传统产业改造升级和多元发展，确保具备开工条件的改造矿井全部开工建设，扎实做好钢铁、焦化、水泥、电解铝等行业化解产能过剩矛盾工作。

大力发展总部经济和楼宇经济，引进一批大型企业集团总部、区域总部以及研发和运营总部，推进山西国际金融中心、汾酒集团总部、华润万象城、万达城市综合体等项目加快建设，打造省会城市高端价值链。以建设城市共同配送试点市为抓手，加强城乡流通基础设施和市场体系建设，做大做强流通企业；以创建电子商务示范城市试点为契机，大力发展电子商务，充分发挥大型骨干流通企业和大宗商品市场的作用，开展农产品、日用工业品和生产资料网上批发交易，鼓励支持美特好等大型流通企业建立一体化的电子商务平台。支持第四代移动通信网络建设和业务发展，加快三网融合，促进信息消费。加快太原工业文化创意园区建设，继续发展文化旅游、运动休闲、消夏避暑、婚庆、儿童娱乐等服务项目。

大力发展现代都市农业，新建一批部省级现代农业产业示范园区，提升农业产业化发展水平。突出地方特色，打造一批田园风光美、乡土气息浓、体验趣味多的休闲农业精品园区。加快宝迪肉制品加工、蒙牛奶业、九牛牧业等农产品龙头企业建设和规模化扩张，推动润恒冷链农产品物流中心等项目开工建设。

(三)强力推进城镇化，加快现代宜居城市建设

优化城市空间结构和城镇化布局，坚持新城引领下的“五城联动”。加快汾东新区、晋阳新区建设，全力抓好滨河东路南延、汾河景区南延、晋阳湖改造、南站西广场和周边路网及山西科技创新城配套基础设施建设，完善体制机制和配套服务，努力把南部新城建成全省乃至环渤海地区创

业、创造、创意、创新的乐园。加大城中村和棚户区改造力度,完成龙堡、东社、西寨、木厂头等13个城中村整村拆除和1万户棚户区改造;加速轨道交通2号线和建设路改造、南沙河快速化改造、中环路周边路网完善等城市交通体系建设,加快过街天桥、地下通道、小街小巷、道路微循环等建设和改造步伐,推进城乡清洁工程常态化;加快公交场站、智能公交和公交专用道路建设,更新公交车1200台,新增公交专用道20公里,投放公共自行车7000辆,启动新能源汽车试运行工作。加大文庙、崇善寺片区,天主教堂、拱极门片区,文瀛湖、五一路片区,钟楼街、靴巷片区等四大块文物遗存相对集中的历史街区保护力度,今年重点实施钟楼街历史街区保护工程;完善提升晋祠景区、太山龙泉寺景区、双塔寺景区,推进太化工业遗址在保护中创造性转化、创新性发展。加快县城和特色中心镇建设,搭建以城带乡、以工促农、统筹城乡发展的平台。以道路互通、公交对开、通信同城、金融同城等为重点,推进太原晋中同城化。

(四)狠抓省城环境质量改善,确保“三年大见成效”目标如期实现

继续实施“五大工程”。新增供热能力3000万平方米,替代既有建筑供热2000万平方米以上,开工建设太古远距离、大温差供热工程;拆除市区分散采暖燃煤锅炉600台左右,减少采暖燃煤90万吨;划定中环路以内19个燃煤城中村为高污染燃料禁燃区,拔掉“城中村”黑烟囱5000根,减少燃煤10万吨;实施常年运行燃煤锅炉清洁能源替代扫尾工程,完成24个城边村燃气清洁替代;年内对东山电厂等污染企业实施停产,对一电厂2台30万千瓦和二电厂3台20万千瓦燃煤发电机组实施季节性停产,混凝土搅拌站全面退出主城区;继续实施汾河太原城区段及主要边山支流综合整治,加快城南污水处理厂后续工程建设,及早开工建设晋阳污水处理厂一期工程。

深入开展“五项整治”。对火电、焦化、冶金和水泥等重污染工业行业分类制定污染物特别排放限值规定,限期完成环保设施改造和更新;深入推进扬尘污染治理和机动车尾气治理,年底前建成区全面实施黄标车限行,淘汰黄标车、老旧车辆1.4万辆;整治土小燃煤设施,加强垃圾和秸秆焚烧控制,开工建设2个1500吨垃圾焚烧电厂、2个秸秆电厂,提高垃圾和秸秆处理能力。同时,将古交、清徐、阳曲环境综合整治纳入省城环境质量改善体系中,统一标准,统筹推进。

加强生态建设。继续实施“生态新政”,加大东西两山生态绿化投入力度,构建大规模、高质量、美景观的生态绿色屏障。开工建设8平方公里的晋阳湖、2平方公里的太山植物园,完善提升中环近50公里的绿色长廊,突出抓好新开工道路的配套绿化工程。全年完成造林面积23.18万亩,建成区绿化覆盖率、绿地率均提高0.6个百分点。

(五)加大保障和改善民生力度,推动幸福太原建设

健全工资正常增长和支付保障机制,调整提高最低工资标准,严格落实最低工资、带薪休假、高温补贴等工资政策,推进百企千村产业扶贫开发和移民并村致富工程,不断提高城乡居民收入。加快创业孵化基地、创业园区和创业项目库建设,完善公共就业服务体系,以创业带动就业。突出做好高校毕业生就业工作,开展政府购买基层公共服务岗位吸纳高校毕业生就业试点工作。积极稳妥解决好破产企业、劳服企业和集体企业职工的养老保险问题,完善被征地农民参加社会养老保险政策和社会保险转移接续制度。加大五险统一征缴力度,加快社会保障“一卡通”建设步伐。加强城乡社会养老服务体系建设,扩大城市社区居家养老试点,推动农村日间照料中心固点扩面。新开工建设各类保障性住房5万套。完善价格调控机制,继续组织开展“一元菜”惠民活动,进一步推进平价商店建设。完善并及时启动社会救助和保障标准与物价上涨挂钩的联动机制,缓解物价上涨对困难群众生活的影响。

加快五中、一外、二外、十二中、成成中学等10所学校“双十二轨”新校区和市中心医院、市人民医院、市妇幼保健院等10所医院新院建设,完成二十七中、五十三中、六十中等10所学校校舍危房改扩建工程,强制性规范配建幼儿园、小学和社区卫生服务机构,同步推进学科和人才队伍建设。提升文化服务水平,继续做好“三馆一站”免费开放工作。建立健全最严格的食品药品监管制度,坚决治理餐桌上的污染,切实保障“舌尖上的安全”。深化和完善隐患排查治理体系,突出抓好煤炭等重点行业安全生产和燃气、燃油等重点领域的安全运营管理,减少一般性事故,坚决遏制重大事故,推动安全生产形势持续稳定好转。积极促进人口计生、妇女儿童、广播电视、新闻出版等社会事业健康发展。

四、2014年全社会固定资产投资预计及城市道桥项目安排意见

全年固定资产投资预计2022亿元。其中,重大基础设施领域290亿元、产业领域630亿元、生态环境治理领域150亿元、民生和社会事业领域550亿元,占全市投资的80%左右。所需资金主要由企业自筹和社会融资解决。在上述投资中,政府投融资170亿元用于城市道桥项目建设,

关于太原市2013年全市和市本级预算执行情况及2014年全市和市本级预算(草案)的报告

——2014年3月25日在太原市第十三届人民代表大会第四次会议上

太原市财政局局长　陈向阳

各位代表：

受市人民政府委托，现将太原市2013年全市和市本级预算执行情况及2014年全市和市本级预算(草案)提请市十三届人大四次会议审议，并请政协委员和列席人员提出意见。

一、2013年全市和市本级预算执行情况

2013年，在市委的正确领导下，在市人大及其常务委员会的监督指导下，全市各级财税部门紧紧围绕建设一流省会城市总体目标，全面贯彻落实市十三届人大三次会议批准的财政预算，着力稳增长、调结构、抓改革、惠民生、促和谐，全市及市本级预算执行情况良好。

(一)2013年全市预算执行情况

2013年，全市财政总收入完成495.57亿元，为计划的97.4%，增长9.0%，在全省排名第二，较全省平均增幅高6.2个百分点。

2013年，全市公共财政收入预算242亿元，公共财政支出预算256亿元。预算执行中，由于新增转移支付及动用超收等因素，支出预算相应变动为350.1亿元。实际执行结果，全市公共财政预算收入完成247.33亿元，为预算的102.2%，增长14.7%。全市公共财政预算支出执行319.11亿元，为变动预算的91.2%，增长14.9%。

主要收入项目完成情况是：税收收入完成207.33亿元，增长20.3%。其中，增值税完成25.14亿元，增长7.8%；营业税完成73.47亿元，增长14.3%；企业所得税完成25.84亿元，增长3.2%；城市维护建设税完成18.61亿元，增长11.2%。非税收入完成40亿元，下降7.6%。其中，专项收入完成19.31亿元，下降5.2%；行政事业性收费收入完成9.57亿元，下降6.2%。

主要支出项目执行情况是：教育支出执行54.73亿元，下降0.6%。全市教育支出下降主要是因为2012年绩效工资提标一次性补发两年和百校兴学工程量较大等因素，另外，按照统筹各类财政资金的思路，2013年政府性基金中的地方教育附加和国土收入计提的教育资金安排的教育支出增长较多，按全口径计算，财政性教育资金总投入增长8%。科学技术支出执行11.30亿元，增长18.2%；农林水支出执行17.57亿元，下降3.5%。全市农林水支出下降主要是因为2013年水污染治理处于思路调整和前期准备中，水资源费支出较低。

社会保障和就业支出执行38.66亿元，增长15.6%；医疗卫生支出执行19.05亿元，增长11.1%；文化体育与传媒支出执行4.18亿元，增长9.8%；住房保障支出执行15.03亿元，增长286.3%。

收支相抵，除结转下年专款外，全市净结余754万元。市本级和四个开发区、十个县(市、区)财政均实现收支平衡，略有结余。市级和部分县区建立预算稳定调节基金

初步安排实施23项，其中，新建11项，续建12项；建设里程总计110公里。

1.新建工程11项。包括：滨河东路南延、建设路(太榆路)快速化改造、南沙河快速化改造、杨兴大道、长兴北街、长兴南街、汾东新区跨汾河三座桥梁(即通达桥、十号线桥、迎宾路桥)、晋阳湖环湖北路、晋阳湖环湖西路、蒙山大街改造、长风街高架桥工程。

2.续建工程12项。包括：太行路南延、南中环与环城高速互通立交(即西环立交改造、东环立交建设)、南内环与东环高速互通立交、府东街与建设路互通及配套路网完善、北中环与东环高速互通立交、北中环与解放路立交配套路网完善、北中环与五一路立交连接配套路网完善、双塔南路改造、太行路配套路网完善(即南十方街、坞城东街、许坦东街)、太榆路(南站站前段)、解放南路长治路改造及府东府西街、并州路微循环路网完善工程。

各位代表，做好2014年经济社会发展各项工作，任务艰巨，责任重大。我们要在市委的坚强领导下，认真接受市人大的指导和监督，虚心听取市政协的意见和建议，坚定信心，迎难而上，鼓足干劲，开拓进取，为圆满完成全年经济社会发展目标、建设一流省会城市做出新的更大的贡献！

10.15亿元(其中,市级4.8亿元,县区5.35亿元)。

2013年,全市政府性基金收入完成176.96亿元,为预算的151.3%,增长109.4%。其中,国有土地使用权出让收入144.25亿元,煤炭可持续发展基金收入2.07亿元,地方教育附加收入3.51亿元。政府性基金支出执行188.41亿元,为预算的72.4%,增长148.0%。其中,国土收入安排的支出142.06亿元,煤炭可持续发展基金支出12.14亿元,地方教育附加支出3.94亿元。

(二)2013年市本级预算执行情况

2013年,市本级财政总收入完成256.50亿元,为计划的95.0%,增长4.2%。

2013年,市十三届人大三次会议批准市本级公共财政收入预算125.5亿元,公共财政支出预算128.1亿元(含省提前安排的转移支付)。预算执行中,由于新增转移支付、转贷地方政府性债券等因素,增加支出预算42.6亿元。根据《太原市人民代表大会关于国民经济和社会发展计划及预算决算审查批准监督规定》,支出预算相应变动为170.7亿元。实际执行结果,市本级公共财政预算收入完成126.19亿元,为预算的100.6%,增长10.8%,超收0.7亿元;公共财政预算支出执行147.20亿元,为变动预算的86.3%,增长18.6%。其中,重点科目支出执行情况是:教育支出执行20.23亿元,增长0.2%;科学技术支出执行1.40亿元,下降55.7%。

农林水支出执行2.55亿元,下降10.9%;社会保障和就业支出执行13.98亿元,下降10.7%;医疗卫生支出执行8.69亿元,增长0.6%;文化体育与传媒支出执行3.15亿元,增长6.7%;住房保障支出执行13.99亿元,增长1378.2%。收支相抵,除结转下年专款外,建立预算稳定调节基金4.80亿元,净结余88万元。

2013年,市本级政府性基金收入完成140.37亿元,为预算的134.2%,增长116.6%。其中,国有土地使用权出让收入113.21亿元,煤炭可持续发展基金收入1.68亿元,地方教育附加收入2.14亿元。政府性基金支出执行153.70亿元,为预算的79.9%,增长167.3%。其中,国土收入安排的支出114.80亿元,煤炭可持续发展基金支出8.98亿元,地方教育附加支出2.46亿元。

(三)2013年开发区预算执行情况

预算单列的高新技术产业开发区、经济技术开发区、民营经济开发区和不锈钢产业园区2013年预算执行情况是:高新区公共财政预算收入完成6.96亿元,为预算的106.9%,增长23.4%;公共财政预算支出执行8.34亿元,为变动预算的99.5%,增长39.2%。经济区公共财政预算收入完成8.65亿元,为预算的118.5%,增长42.3%;公共财政预算支出执行11.37亿元,为变动预算的99.5%,增长68.9%。民营区财政预算收入完成4.46亿元,为预算的115.8%,增长33.1%;公共财政预算支出执行4.43亿元,为变动预算的95.7%,与上年持平。不锈钢园区公共财政预算收入完成1.21亿元,为预算的112.0%,增长28.8%;公共财政预算支出执行1.04亿元,为变动预算的90.4%,增长4.0%。

回顾过去一年,全市各级财政部门认真贯彻落实市委决策部署,围绕市人大的有关决议和批准的预算,积极发挥财政职能作用,全力服务我市经济社会发展大局,财政收入任务圆满完成,重点支出保障有力,厉行节约控制“三公”经费效果明显,财政改革进一步深化,财政资金效益明显提升,为我市经济社会发展做出积极贡献。

1.增强调控能力,促进经济平稳较快发展。

一是认真落实积极的财政政策,通过小微企业税收优惠、推进“营改增”试点等结构性减税政策,为企业减轻税负近39亿元;二是积极落实促进消费的各项政策措施,提高企业退休养老金、城乡居民养老金、城乡低保和最低工资标准等民生项目的财政补助标准,支持省城“一元钱蔬菜”惠民活动,促进物价稳定;三是着力支持民营经济发展,认真贯彻“省15条”,引导融资性担保公司提供融资担保,全力支持中小微企业发展。

2.立足转型发展,推动结构调整和增长方式转变。

一是支持开发区加快发展,围绕构建新兴产业体系,支持高新区集聚现代信息产业群,经济区、不锈钢园区布局高端装备制造业,民营区规划布局产业新区;二是统筹资金支持阳曲工业新区完善基础设施,促进阳曲加快形成我市工业新的增长平台;三是加大科技创新驱动战略投入,重点支持22家高新技术企业和中科院、中关村18个高科技合作项目推广,支持山西省投资集团高新区项目、信息安全生产等项目加快建设;四是加大对招商引资落地企业扶持力度,富士康等高科技企业和一批跨区域集团总部对我市产业转型的引领作用更加凸显。

3.加大支农力度,推进城乡统筹发展。

一是强农惠农资金落实到位,“三农”保障机制更加完善,认真落实良种补贴、农机购置补贴等政策,兑付直补资金1.5亿元;二是大力支持扶贫开发,投入资金3969万元用于百企千村产业扶贫开发和群众参与整村推进扶贫项目;三是开展农业综合开发,拨付3976万元改造中低产田和高标准农田2万亩;四是支持改善农村生活条件,投入1.2亿元用于农村饮水安全、防汛抗旱,拨付4404万元实施454个行政村的街巷亮化工程;五是投入2.4亿元造林

36 万亩，加快西山生态绿化和东山生态修复；六是拨付资金 1996 万元支持现代农业十大主题产业园建设，下达 6597 万元对 4726 亩设施蔬菜进行奖补。

4.保障改善民生，提高人民群众生活水平。

2013 年，全市民生支出 264.50 亿元，同比增长 16.1%，占全市公共财政预算支出比重为 82.9%，比上年提高 0.9 个百分点。一是兑现一批民生提标政策，企业退休人员养老金实现"九连增"，人均提高 235 元，新农保和城居保基础养老金每人每月提高 10 元，城镇居民医疗保险和新农合财政补助标准每人每年增加 40 元，城乡低保标准分别提高至每人每月 430 元和 276 元；二是稳定教育投入，支持教育均衡发展，拨付 3.4 亿元全面落实免除义务教育和中职学校学杂费，投入 1.8 亿元大力支持学校基础设施改造和信息化建设，"百校兴学"工程投资 1.6 亿元，新改扩建学校 55 所、公办幼儿园 33 所；三是促进扩大就业，安排各类就业资金 3.6 亿元，支持贫困大学生等就业困难人员开展就业创业活动，有力促进就业再就业政策的落实；四是支持医疗卫生事业发展，安排 2 亿元，完善村医保障机制、加强基层卫生机构建设和公共卫生服务，安排 6057 万元支持"百院兴医"项目及重点公立医院进行基础设施改造和设备更新；五是支持公共文化体育设施建设及免费开放，文化体育的公共属性进一步彰显；六是贴近群众办实事解难事，投入社区惠民资金 1.1 亿元支持 2016 个社区惠民项目；七是投入 6.2 亿元推进"公交都市"建设，继续支持智能公共自行车系统建设，加大公交公司运营补贴，省城群众出行更加便捷。

5.助推城市建设，提升综合承载能力。

2013 年，按照集中财力办大事原则，千方百计筹集资金，大力支持城市基础设施建设，城市交通迈入立交时代。全年共下达重点工程建设和环境综合整治资金 265.5 亿元。一是投入 123 亿元，用于建设中环快速路环状交通体系、府东府西街改造、并州路立交化改造等 27 个城市路桥工程项目；二是投入 13 亿元，建设政务大厅、晋阳湖公园、侯村垃圾填埋场、明太原县城复兴等 22 项城市基础设施配套工程；三是投入 39 亿元，建设程家村、龙康新苑和晋东棚户区改造等 12 个保障房项目；四是安排 47 亿元，用于道桥建设等征地拆迁、还本付息和结算以前年度工程款等；五是支付股权收购资金 1 亿元和注入资本金 36 亿元，支持龙投公司扩大融资规模；六是投入环保资金 6.5 亿元，全力推进省城环境综合整治"五大工程""五项治理"。

6.加强财政管理，提高科学理财水平。

一是深化预算管理制度改革，预算约束力不断增强。部门预算编制更加精细，资金使用效益进一步提高。推进预算信息公开工作，公开市级预决算、"三公"经费预算。从严从紧控制"三公"经费，据决算初步统计，2013 年，市本级"三公"经费支出 17569 万元，较年初预算减少 4726 万元，下降 21.2%。国库集中支付改革、公务卡制度改革、非税收入管理改革、政府采购和国有资产管理改革继续深入推进；二是强化预算执行的均衡性和时效性。大力清理结余结转资金，盘活存量资金，把有限资金用在"刀刃上"；三是规范政府性债务管理，加强政府性债务管理机制研究，强化融资平台监管，控制债务规模，有效防范风险；四是预算绩效管理深入推进，全面开展财政绩效考评工作；五是积极配合各项审计工作，进一步规范财政资金管理，提高财政资金的安全性和效益性。

在肯定成绩的同时，我们也清醒地看到财政改革发展面临的问题与挑战：财政增收基础不牢，发展后劲不足，财政收支矛盾突出，城建融资困难增加，预算绩效管理亟需强化，债务风险不容忽视，科学化、精细化管理有待继续深入推进。这些问题必须引起高度重视，采取有效措施，切实加以解决。

二、2014 年全市预算和市本级预算（草案）

2014 年是全面贯彻落实党的十八届三中全会精神、全面深化改革的第一年，也是实现"十二五"规划目标的重要一年。安排和完成好今年的财政预算，具有十分重要的意义。按照国务院关于 2014 年预算编制的通知精神，综合考虑我市今年财政经济发展的各种因素，2014 年全市财政预算安排的指导思想是：全面贯彻落实党的十八大、十八届三中全会和中央、省、市经济工作会议精神，围绕率先转型跨越发展和建设一流省会城市总体目标，充分发挥财政基础性和重要支柱作用；落实积极的财政政策，盘活财政存量，用好财政增量，优化财政支出结构，集中财力办大事，促进经济转型升级和民生改善，严格控制一般性支出，牢固树立过紧日子思想；深化财政改革，加强预算管理，推进预算公开透明，加强政府性债务管理，提高财政资金使用绩效，促进全市经济持续健康发展、社会和谐稳定。

落实上述指导思想，2014 年全市财政收支计划安排遵循以下原则：一是坚持积极稳妥。财政收入计划编制既要考虑"十二五"财政收入翻番和跨越发展的目标要求，又要充分考虑复杂的经济形势，与国民经济发展相适应，安排较为积极稳妥的增长速度；二是集中财力办大事。支出预算要统筹兼顾、突出重点、有保有压。在保障基本支出基础上，调整和优化支出结构，加大重点支出和民生支出投入力度,大力压缩一般性支出,实现"三公"经费只减不增;三是确保收支平衡。坚持量入为出与量出为入相结合,既体现实际需要,又考虑财力可能,努力增收节支,做到财政收支平衡。

2014年财政预算草案编制考虑的宏观指标依据和相关财政政策是:

1.宏观指标依据。

2014年全市地区生产总值增长9%左右,固定资产投资增长21%,规模以上工业增加值增长11%左右,社会消费品零售总额增长14%左右,城镇新增就业10.5万人,居民消费价格总水平涨幅控制在3.5%左右。

2.相关财政政策。

——继续实施积极的财政政策,落实结构性减税各项政策,扎实推进财税改革。加快"营改增"改革步伐,实施鼓励企业年金和职业年金发展的个人所得税递延纳税优惠政策,实施煤炭资源税从价计征改革,进一步扩大小型微利企业减半征税优惠政策范围,进一步清理收费和政府性基金。

——进一步优化支出结构。严格落实中央"八项规定"精神和国务院"约法三章"要求,政府性楼堂馆所一律不得新建、财政供养人员只减不增、"三公"经费只减不增;稳定民生支出,民生保障与经济发展水平相适应。

——继续盘活财政存量资金,建立结余结转资金定期清理机制,加大资金统筹使用力度。

——发挥市场在资源配置中的决定性作用,明晰政府和市场的边界,处理好政府和市场的关系,逐步减少公共财政资金向竞争性领域投入。

——清理规范重点支出同财政收支增幅或地区生产总值挂钩事项,一般不采取挂钩方式,编制预算时据实安排重点支出,不再采取先确定支出总额再填项目的办法。

(一)2014年全市预算草案

1.公共财政预算。

2014年,全市公共财政预算收入安排269.5亿元,增长9%。按现行财政体制计算,2014年全市当年可用财力约为276亿元,比上年预算财力增加20亿元。按照收支平衡的原则,财政支出相应安排276亿元,由市、县两级财政分别安排。

上述预算草案的提出,基于三个方面的考虑:一是考虑国家宏观经济和我市经济发展因素;二是考虑财税政策因素,"营改增"、小微企业暂免征收增值税和营业税等结构性减税政策都是减税因素,取消行政事业性收费、清理办公用房出租、规范执法行为等将使非税收入下降;三是促进经济社会健康可持续发展应保持一定的支出力度,需要合理的收入增长来支撑。总体来看,虽然今年公共财政预算收入是近几年来首次安排个位数增长,但是,综合考虑我市财政收入已连续四年较高增长,9%的增幅仍是一个积极的指标,需要各部门迎难而上,付出更加积极的努力。

2.政府性基金预算。

2014年,全市政府性基金收入预算安排179.3亿元,增长1.3%。按照收支平衡的原则,政府性基金支出预算相应安排178.9亿元(剔除上了解省0.4亿元),由市县两级财政分别安排,按照规定用途使用。

3.国有资本经营预算。

2014年,全市国有资本经营收入预算安排1407万元,支出预算相应安排1407万元。

4.社会保险基金预算。

2014年,全市社会保险基金收入预算安排182.4亿元,其中,保险费收入133.4亿元,财政补贴收入11.4亿元,上级补助收入30.0亿元。全市社会保险基金支出预算安排167.0亿元,本年收支结余15.4亿元,年末滚存结余158.9亿元。

(二)2014年市本级预算草案

1.公共财政预算。

2014年,市本级公共财政预算收入安排133.8亿元,增长6%。按现行财政体制计算,市级当年可用财力为127.7亿元,比上年预算财力增加9.3亿元。市级公共财政支出预算相应安排127.7亿元。按照相关规定,中央和省于2013年提前安排的2014年转移支付需列入地方各级财政支出预算,2014年省提前安排我市本级转移支付共计7.9亿元,这样,市级支出预算为135.6亿元。

按政府收支分类功能科目,2014年市本级公共财政支出预算(不含省提前安排的转移支付)具体安排情况如下:

——一般公共服务支出安排6.22亿元,比上年减少1030万元,下降1.6%。主要包括党委、人大、政府、政协、民主党派、社会团体等基本公共服务与管理部门的支出。

——国防支出安排1830万元,比上年增加405万元,增长28.4%。主要包括太原警备区、武警太原支队、预备役部队等用于民兵建设、国防教育等方面的补助支出。

——公共安全支出安排10.58亿元,比上年增加8643万元,增长8.9%。主要包括公、检、法、司等部门维护社会公共安全方面的支出。

——教育支出安排19.24亿元,比上年增加6261万元,增长3.4%。主要包括教育部门及所属各类学校普通教育、职业教育、特殊教育等方面的支出(为支持教育发展均衡化、标准化、优质化，将统筹教育费附加收入、地方教育附加收入、国土收入计提的教育资金共计15.8亿元左右，用于五中等10所学校新校区建设和二十七中等10所学校校舍危房改扩建工程）。

——科学技术支出安排1.50亿元，比上年增加477万元，增长3.3%。主要包括科技、科协等部门科学技术管理、基础研究、应用研究、社会科学、科学技术普及等方面的支出。重点安排山西科技创新城建设、科技风险投资和清华科技园建设，以及新能源汽车推广应用示范、智慧城市试点、科技服务金融合作试点等项目资金。

——文化体育与传媒支出安排3.23亿元，比上年增加5777万元，增长21.8%。主要包括文化、文物、体育、广播电视等方面的支出，新增加太原博物馆、太原美术馆运行支出。重点安排文化产业和文化发展资金、文物保护经费、重大体育赛事经费等。

——社会保障和就业支出安排12.66亿元，比上年增加3609万元，增长2.9%。主要包括人力资源和社会保障管理事务、民政管理事务、企业改革补助、就业补助、残疾人事业、城乡低保等方面的支出。重点安排养老保险基金补差及机关养老保险改革1.5亿元，破产改制企业职工安置补助1.4亿元，社区惠民活动及能力建设6000万元，就业补助支出5900万元。

——医疗卫生与计划生育支出安排7.20亿元，比上年增加5482万元，增长8.2%。主要包括卫生部门所属医疗卫生管理、公立医院、基层医疗卫生机构、公共卫生、人口计划生育和行政事业单位医疗保障等方面的支出。重点安排职工医疗保险2.14亿元，新农合配套补助3400万元，城镇居民医保配套补助2100万元，基本公共卫生服务配套资金1228万元。

——节能环保支出安排1.36亿元，比上年增加2096万元，增长18.2%。主要包括环保部门的运行支出以及天然林保护、能源节约利用、污染减排等方面的支出（围绕全市重点工作，2014年省城环境综合整治统筹各类资金安排13.69亿元。其中，国土收入安排太古远距离、大温差供热工程资金10亿元，地方水利基金及水资源费等安排2亿元用于南沙河、虎峪河、九院沙河源头治污治洪工程）。

——城乡社区支出安排19.26亿元，比上年增加1.49亿元，增长8.4%。主要包括城建系统各部门运行支出及城市维护和建设方面的支出。重点安排城市基础设施建设资金9亿元，城乡清洁工程2.3亿元。

——农林水支出安排3.45亿元，比上年同口径增加3000万元，增长12.0%。主要包括农业、林业、水利、扶贫等方面的支出。重点安排设施蔬菜、现代农业十大主题产业园以及百企千村专项资金（按照省政府确定的“造林绿化资金只增加不减少”的要求，连同两权收入和煤炭基金共安排生态造林和城市绿化资金2.5亿元）。

——交通运输支出安排8.64亿元，比上年增加3.03亿元，增长54.1%。主要包括交通运输管理和公共交通运营补贴等方面的支出。重点安排公交车及公共自行车运营补贴和购置公交车、公共自行车历年还本付息资金。新增支出主要是公交运营补贴和还本付息增加。

——资源勘探电力信息等支出安排1.01亿元，与上年持平。主要包括安全生产监管、国有资产监管、支持中小企业发展等方面的支出。

——商业服务业等支出安排2485万元，比上年增加171万元，增长7.4%。主要包括商业、旅游业管理等方面的支出。

——援助其他地区支出安排2056万元，比上年增加161万元，增长8.5%。全部是按照政策要求安排的援疆支出。

——国土海洋气象等支出安排3.74亿元，比上年增加1.35亿元，增长56.5%。主要包括国土资源管理、地震、气象等方面的支出。新增支出较大主要是两权收入增加用于生态造林。

——住房保障支出安排1419万元，比上年增加249万元，增长21.3%。主要是房产管理部门的运行支出（为完成我市今年开工建设5万套安置型保障住房任务，共统筹整合各类保障房建设资金11.2亿元）。

——粮油物资储备支出安排3734万元，比上年增加54万元，增长1.5%。主要包括粮油事务方面的支出。

——预备费安排1.30亿元，比上年增加1000万元，增长8.3%。

——国债还本付息支出安排1.14亿元，比上年增加5650万元，增长98.5%。主要安排到期地方政府性债券付息资金和偿债准备金（2014年政府性债务还本付息资金共安排26.44亿元。其中，公共预算安排公交公司购公交车及公共自行车还本付息资金3.68亿元、地方政府债券还本付息资金3.40亿元，用地方教育附加安排百校兴学还贷资金1.63亿元。根据审计署审定的我市本级政府性债务结果，将确定为一类债务的到期本息17.73亿元用国土收入安排，确定为二、三类债务的融资平台公司到期本息，财政不再直接负担，由平台公司自行偿还。总体看，我市目前政府性债务规模适度，风险可控）。

——其他支出安排26.02亿元，比上年增加5992万元,增长2.4%。主要安排重点工程建设资金10亿元,中心医院等10所医院新院建设4亿元,振兴工业经济和支持民营经济、现代服务业发展2亿元,供热补贴1.3亿元,落实省农村民生工程配套资金5000万元等。

2014年,我市将继续加快城市基础设施建设,初步确定滨河东路南延、建设路改造等23项道桥工程,总投资170亿元。所需资金除通过公共财政预算压缩一般性支出整合统筹近20亿元外,主要依靠国土基金预算和合理融资解决。

经初步汇总,2014年市本级行政事业单位使用公共财政预算资金安排的"三公"经费预算为17056万元,比上年预算减少5239万元,下降23.5%。其中:因公出国(境)费330万元,下降43.8%;公务接待费2035万元,下降30.9%;公务用车购置及运行维护费14691万元,下降21.7%。

2.政府性基金预算。

2014年,市本级政府性基金收入预算安排160.6亿元,增长14.4%。其中,国土收入142.6亿元(增加50亿元),城市基础设施配套费8.0亿元,地方教育附加2.4亿元,煤炭可持续发展基金2.0亿元,价格调控基金1.6亿元,政府住房基金2.8亿元。按照收支平衡原则,支出安排160.2亿元(煤炭基金上解省4000万元)。上述各项基金除按规定必须使用的项目外,全部用于全市重点工程和重点项目。

3.国有资本经营预算。

2014年,市本级国有资本经营收入预算安排1393万元,主要是国有企业利润收入和股利股息收入。国有资本经营支出预算相应安排1393万元,主要用于企业产业升级和发展支出及困难企业职工补助支出。

4.社会保险基金预算。

2014年,市本级社会保险基金收入预算安排152.7亿元,其中,保险费收入117.5亿元,财政补贴收入4.7亿元,上级补助收入26.7亿元。市本级社会保险基金支出预算安排140.5亿元,本年收支结余12.2亿元,年末滚存结余133.3亿元。

(三)2014年开发区公共财政预算安排情况

高新区公共财政收入预算8.65亿元,增长24.3%,按现行财政体制计算(下同),当年财力8.64亿元,相应安排支出预算8.64亿元;经济区公共财政收入预算10.38亿元,增长20%,当年财力10.92亿元,相应安排支出预算10.92亿元;民营区公共财政收入预算5.26亿元,增长18%,当年财力5.20亿元,相应安排支出预算5.20亿元;不锈钢园区公共财政收入预算1.45亿元,增长20%,当年财力1亿元,相应安排支出预算1亿元。

三、2014年财政工作任务

(一)优化调控方式,促进经济持续健康发展

一是加强收入组织工作,推进依法治税,实现应收尽收,注重收入质量及效益,确保财政收入任务完成;二是进一步明确政府与市场的关系,推进政府购买服务工作,促进政府职能转变;三是支持落实创新驱动发展战略,加大科技风险投资支持力度,推进财政科技经费优化整合,提高资金绩效;四是综合运用贷款贴息和信用担保等方式,支持战略性新兴产业发展;五是做强现代服务业,支持总部经济和楼宇经济;六是扎实推进项目建设,对产业转型、民生改善、生态建设、城乡统筹等领域的重大项目优先保障;七是大力支持县域经济和园区经济发展,培育新的区域经济带;八是着力推动民营经济快速发展。

(二)加大三农投入,支持实施农业可持续发展战略

一是落实强农惠农政策,加大政策配套资金投入;二是加强农业基础设施建设,继续实施中低产田改造,支持水利工程建设,强化农业科技支撑作用,夯实农业现代化基础,增强农业防灾减灾能力和农业综合生产能力,保障粮食安全;三是支持龙头企业发展,大力支持农产品龙头企业规模化发展,支持农产品物流中心加快发展,实现龙头带动、基地联动、市场驱动;四是支持开展农村劳动力技能培训,提高农民生产技能和转移就业能力,拓宽农民增收渠道;五是支持农村扶贫开发,着力推进百企千村产业扶贫开发工程;六是深化农村综合改革,积极筹措资金,支持省定的农村困难家庭危房改造等"五件实事",促进农村各项社会事业加快发展。

(三)完善财政投入机制,有效保障和改善民生

一是加大教育投入,支持推进五中等10所学校双十二轨新校区建设,完成二十七中等10所学校校舍危房改扩建工程,推进教育均衡化、标准化、优质化发展;二是提高保障标准,完善社会保障体系建设;三是支持深化医药卫生体制改革,推进医疗卫生事业发展;四是强化就业政策和资金支持,鼓励全民创业,引导和鼓励大学生创业就业;五是支持推进保障性安居工程建设,统筹整合各类资金,确保今年新建开工5万套安置型保障住房;六是支持文化体育事业产业发展,扶植壮大文化产业集群,扶持文艺精品创作,做好文化产业项目招商引资工作;七是积极支持加强和创新社会管理工作,全力维护安全生产和社会稳定。

(四)加大统筹资金力度,推进一流省会城市建设步伐

太原市中级人民法院工作报告

——2014 年 3 月 26 日在太原市第十三届人民代表大会第四次会议上

太原市中级人民法院院长　冯少勇

各位代表：

现在，我代表太原市中级人民法院向大会报告工作，请予审议，并请市政协委员和列席人员提出意见。

二〇一三年工作情况

2013 年，全市法院在市委、人大和上级法院的领导、监督、指导下，在政府、政协和社会各界的大力支持下，认真贯彻党的十八大精神，紧紧围绕“让人民群众在每一个司法案件中都感受到公平正义”的目标，忠实履行宪法法律赋予的职责，积极服务和保障一流省会城市建设，各项工作取得新进展。全市法院全年共受理各类案件 33722 件，审执结 30443 件，同比分别上升 3.34%和 5.75%；结案标的额 81.13 亿元，同比增长 0.31%。

一、依法履行审判职能，优化建设一流省城的法治环境

积极推进平安太原建设。全市法院坚持打击犯罪与保障人权并重，依法惩治危害公共安全和人民群众生命财产安全的犯罪。全年受理刑事一审案件 4236 件，审结 4042 件，判处罪犯 5370 人。贯彻宽严相济刑事政策，判处五年以上刑罚 691 人，判处三年以下刑罚 3976 人，免予刑事处罚 108 人。严惩严重刑事犯罪分子，审结故意杀人、故意伤害、抢劫、强奸、绑架、贩毒等案件 862 案 1396 人。审结危险驾驶犯罪案件 611 件 611 人；审结毒品犯罪案件 191 件 277 人；打击通过网络编造、故意传播虚假恐怖信息犯罪案件 2 件 2 人；审结贪污、受贿、挪用公款等国家工作人员职务犯罪案件 164 件 225 人。严惩破坏市场经济秩序和侵犯

一是支持建立多元可持续的资金保障机制，深化投融资体制改革，发挥财政资金的引导作用，积极运用 PPP(公私合作)模式，引导和鼓励民间资本参与城镇化建设；二是加快推进城市基础设施建设，支持轨道交通建设和建设路改造、滨河东路南延等 23 项重点工程顺利推进；继续支持汾东新区、晋阳湖改造等基础设施建设，着力提升省会城市综合承载能力；三是支持加强古城保护和加快老城更新改造；四是继续支持“公交都市”建设，支持公交场站建设、更新公交车辆、扩大公共自行车覆盖面、公交专用道路建设等项目，对公交公司政策性亏损给予财政补贴；五是强力推进省城环境综合整治，继续融资放大中央和省、市环保专项资金，用于支持集中供热全覆盖，垃圾焚烧电厂、餐厨垃圾处理厂、秸秆电厂建设，城市河道截污清洁工程，加大东西山生态绿化投入力度，支持中环绿色长廊、城市建成区绿色覆盖系统工程，建设生态宜居的美丽太原。

(五)继续深化财政改革，全面提高财政管理绩效

一是认真贯彻落实中央“八项规定”、《党政机关厉行节约反对铺张浪费条例》和国务院“约法三章”等要求，严格控制一般性支出规模，实现“三公”经费与财政供养人员只减不增；二是着力推动预算管理制度改革，加强制度建设，严格公共资金管理和监督，探索建立全口径预算管理体系和财政运行机制，做到收入一个“笼子”，预算一个“盘子”，支出一个“口子”，建立定位清晰、分工明确的政府预算体系，探索建立权责发生制政府综合财务报告制度；三是深入推进预算绩效管理，秉持“公款姓公，一分一厘都不能乱花”的理念，扩大绩效目标管理和绩效评价的覆盖面，强化对政府投资、民生项目资金的投资评审和绩效评价，提高财政资金的使用效益；四是强化预算执行管理监控和国库资金管理，扩大国库集中支付范围，完善政府采购流程；五是加强政府性债务管理，加强源头规范，合理控制债务规模，充分考虑融资项目的经济效益和社会效益，增强融资公司自我发展运行能力，建立规范合理的政府性债务管理及风险预警机制，将债务风险控制在合理区间和可承受范围；六是加大财政信息公开力度，推进财政预决算、部门预决算和“三公”经费公开，自觉接受人大、审计和社会监督；七是盘活财政存量资金，进一步加强财政结余结转资金管理，提高预算执行均衡性，加大财政暂付款清理力度，腾出资金重点用于保障和改善民生。

各位代表，2014 年的改革发展任务十分繁重，完成 2014 年财政预算和做好全年财政工作，任务艰巨，意义重大。我们将在市委的正确领导下，在市人大及其常务委员会的监督指导下，坚定信心，攻坚克难，确保 2014 年财政预算任务圆满完成，为推进我市率先转型跨越发展、建设一流省会城市做出新的更大的贡献！

财产的涉众型经济犯罪分子，审结316案582人，其中，1000万元以上的9案26人。在涉众型非法吸收公众存款和合同诈骗犯罪中，以老年人被骗居多，审结12案147人，受骗人数2540人，涉案金额1.892亿元。

积极保障法治太原建设。全市法院认真贯彻市委推进法治太原建设的各项要求，恪守罪刑法定、疑罪从无、证据裁判等原则，严格排除非法证据，极力防止冤假错案；注重保障被告人的辩护权，为181名符合法律援助条件的被告人指定辩护人；尊重和保障死刑罪犯的人权，与市检察院、市公安局看守所依法制定死刑执行程序中罪犯会见近亲属办法，使死刑犯会见近亲属的权利得到落实。依法审理行政诉讼案件，切实保护公民、法人和其他组织合法权益，促进行政机关依法行政。受理各类一审行政案件261件，其中确认具体行政行为违法、判决履行法定职责、撤销具体行政行为的34件，占13%；认真纠正公权力对私权利的不当侵害，审结国家赔偿案件6件；与省政府法制办沟通协调行政复议工作，受理涉及省政府行政案件9件；与市政府法制办共同研究提出涉及房屋征收补偿10个方面问题的建议和对策；积极履行司法审查职责，受理并执行行政机关申请非诉执行案件129件，支持重点工程、重大项目建设的顺利推进。

积极服务诚信太原建设。全市法院结合案件审判，加大对违背诚信、恶意欺诈、扰乱市场等行为的制裁力度，努力营造诚实、守信的社会信用环境。全年受理一审民商事案件17123件，审结15249件，涉案标的总额达38.84亿元。其中，受理一审借款合同纠纷案件2493件16.42亿元；特殊侵权纠纷案件553件2100万余元；股权纠纷案件41件2511万元。建立知识产权案件“三审合一”综合审理试点机制，受理全市涉及知识产权的民事、刑事和行政案件387件，审结348件，切实保障当事人的合法权益。着力解决执行难问题，全年受理各类执行案件5340件，执结4430件，执结标的总额42.27亿余元。依法清理2011年前涉及党政机关尚未执行完毕的人民法院生效裁判案件108件，执结标的额1.83亿元，积案清理率100%。建立失信被执行人名单制度，将176案283个拒不履行生效裁判的“老赖”曝光，依法实施信用惩戒。

积极推动社会治理创新。全市法院积极参与社会管理综合治理工作。加强未成年人审判工作，推行审前社会调查、圆桌审判、心理评估、轻微刑事案件和了解、犯罪记录封存等符合未成年人身心特点的审判方式。全年判处未成年罪犯286人，其中适用非监禁刑142人。进一步规范减刑、假释工作，2558人获得减刑、假释。加强刑事附带民事诉讼调解工作，全市法院调解率达70.60%，赔偿额达2515.04万元。完善与社区矫正衔接机制，协助社区做好对被判处缓刑、管制、免予刑事处罚人员和刑满释放人员的帮教工作。与市司法局共同制定下发《关于人民调解协议司法确认的实施意见》，建立诉调对接机制，积极促成调解协议的履行，全年有128案通过司法确认得以履行。制定人民陪审员“倍增计划”，扩大人民陪审员参审案件的比率，全年共有人民陪审员9426人次参与各类案件审理，审结5433案，占全市法院一审结案总数的27.83%。

二、以司法为民为宗旨，努力满足人民群众的司法需求

依法保障公民合法权益。依法保护公民的人身权和财产权，注重对妇女、儿童、老年人、残疾人等社会弱势群体权益的维护。全年受理涉及医患纠纷、交通事故、工伤事故等人身损害赔偿纠纷的一审案件2498件，涉案标的额1.1689亿元；为180案的老人、妇女、儿童追索赡养费、扶养费、抚育费203万元。依法审理一批农村土地承包流转、非法占用农用地等涉农案件，服务新农村建设。审结36件生产销售假冒伪劣商品、生产销售假药、生产销售有毒有害食品犯罪等案件；审结575件财产权属、财产损害、相邻关系等所有权纠纷案件；审结225件征地拆迁、土地使用权转让、商品房买卖等房地产开发经营合同纠纷案件；审结4件破产案件，涉及职工安置2238人，资产处置9.829亿元，切实保障群众合法权益。加大诉前调解力度，坚持和发展“枫桥经验”，指导、支持人民调解，全市法院一审民商事案件调解、撤诉率达46%。高度重视涉军维权工作，切实维护军人军属合法权益。

强化司法便民利民举措。全市法院把司法便民利民作为贯彻党的群众路线、密切同人民群众血肉联系的基本要求，注重服务的常态化、制度化和实效化。积极开展“率先转变作风，争创一流窗口”活动，创新开展立案审查受理、诉讼风险告知、首问责任制等“一站式”服务方式，对当事人随问随查、随问随答，做好释明工作，引导当事人寻求化解纠纷的合法途径。开通立案受理短信告知平台，方便当事人快速了解立案时间、案件承办人、合议庭组成人员、案件进展等诉讼情况，全年发送便民短信1877次。在立案信访接待窗口安装群众满意度评价器26台，接受群众评价3712次，其中，市中院满意率达99.9%。在全市法院推行小额诉讼速裁程序，对标的额在13000元以下的民商事案件依法一审终审，减轻当事人讼累。与市司法局联合出台《关于规范公民民事诉讼代理行为的实施意见》，规范诉讼代理行为。开展“访民生、知民情、解民事”集中走访活动，到扶贫点帮助村民解决实际困难。全年对经济确有困难的当事人司法救助144万元，依法缓交、免交诉讼费123.39万余元。

依法解决信访合理诉求。坚持把做好涉诉信访工作作为倾听群众意见、解决群众问题的重要途径，大力推行诉访分离、责任通报、多元化解等制度，加强初信初访处置工作，预防和减少重信重访发生。全市法院坚持院长“逢5”、执行局长“逢6”接待制度。市中院全年接待群众来访2876人次，主审法官判后答疑2153人次。做到“四个到位”，即对符合法定条件的有理申诉当事人，及时提起再审到位；对无理申诉的当事人，耐心做好服判息诉工作，教育到位；对确有实际困难的当事人，救助到位；对无理缠访、闹访的当事人，依法处理到位。全市法院全年共受理申诉、申请再审案件540件，审结484件。

依法保障重点项目建设。全市两级法院成立服务重点项目领导组，制定方案，分包任务。市中院将省市重点工程项目和综改试验区建设重点项目对口包干到审判、执行部门，主动上门提供法律服务，集中会商涉法突出问题，定期上报服务保障情况。以“排干扰、解纠纷、化风险、保平安、促发展”为主题，推进涉及重点项目和工程领域的打黑除恶、治乱除霸专项行动。全年受理涉及城市建设过程中的拆迁案件87件，全部裁定准予强制执行。

三、全面加强自身建设，夯实公正司法基石

加强队伍教育培训。全市法院以十八大精神为统领，学习习近平总书记系列讲话精神，坚持中心组学习，讲党课，开展核心价值观教育，坚定政治理想信念。以教育培训为基础，先后组织698人到中国政法大学、浙江大学、国家法官学院研修培训，提高法官的司法理论水平、综合执法能力和审判业务素质。以先进典型为榜样，提高爱岗敬业，公正司法的职业素养。开展司法整顿教育，改进司法作风，提高爱民意识、服务意识和清廉意识。全市法院有26个集体和个人分别获得国家级、省级表彰奖励。

加强审判质效管理。市中院成立刑事审判、民事审判工作指导组，指导全市法院的刑事、民事审判工作，统一法律适用，促进审判质量和效率提高。充分发挥审判流程网络管理作用，所有案件信息均纳入网络化管理，促进审判管理工作规范化、科技化、精细化。以审判质量效率考核评比23项指标为依据，每月进行一次考核通报，每季度进行一次综合评估及分析讲评。积极组织庭审评查和裁判文书评查活动，全年评查刑事案件120件、民商事案件150件，促进审判质效提高。全市法院法定审限内结案率达99.72%，一审服判息诉率达88.35%。

加强司法公开和信息化建设。全市法院以司法改革为抓手，狠抓审判流程公开、裁判文书公开、执行信息公开“三大平台”建设，增强司法透明度，促进审判工作公开。建立全市法院门户网站，开通微博微信平台，直播两起案件庭审情况，18万网友予以关注评论。市中院从今年1月1日起在互联网公布全部裁判文书；基层法院今年将按类型、逐次分批公开裁判文书。继续发挥巡回审判法庭的作用，到案发地、社区、企业、农村公开开庭化解矛盾纠纷。全市法院的信息化水平有较大突破，建成、使用连接看守所、检察院的远程视频审判系统，信息化技术应用获得最高人民法院表彰。

加强廉政建设促进司法公正。全市法院狠抓中央“八项规定”、最高法院“五个严禁”“十个不准”和省高院“15条禁令”的贯彻落实，深入推进人民法院惩治和预防腐败体系建设，促进司法公正。市中院为干警发放廉政书籍，集中开展专题廉政文化展、廉政心得评比，参加万名政法干警大军训，每周组织干警观看廉政教育片，进一步强化纪律作风建设。设置群众意见举报箱和院长信箱，公布24小时举报录音电话和电子信箱，畅通反腐倡廉渠道。加强审务督查、司法巡查工作，对基层法院及派出法庭明察暗访，对超审限和超执限案件、文书送达、公费支出、公务车辆管理使用、法院干警违规经商谋利等问题进行专项治理。严格落实办案质量终身负责制，查纠干警在审判工作中存在的“冷硬横推”“吃拿卡要”“庸懒散奢”等损害群众利益的不正之风。全年接待群众来访和来电举报140余人次，受理举报和转办案件21件，全部做出处理。

加强法院文化建设。全市法院不断强化法院文化建设，促进审判执行工作开展。开展“密切联系群众，司法为民大走访、大调研、大服务”活动，市中院关于“全市民间借贷案件情况”的调研成果逐级上报到市委、省委和省高院，为民间资本可能引发的潜在金融风险提供防范依据。市中院以太原法院网、微博、微信为平台，以《太原日报·并州法苑》《太原法院文化周刊》《阳光法庭》《太原审判》等为载体，全面宣传法院工作。全年被国家级媒体刊用稿件45条（篇），被省级报刊、网站采用875条（篇），信息采用量名列全省法院第一。

四、自觉接受党委领导，不断强化人大监督意识

全市法院始终坚持党对法院的领导，坚持人大对法院的监督，及时向党委汇报法院工作的重大部署、重点工作和重要事项。进一步完善与市人大代表定向联络工作机制，院长、庭长与全市人大代表建立固定联系，随时听取代表对法院工作的意见建议。全市法院邀请人大代表、政协委员237人旁听案件庭审52次；依法审理检察机关抗诉案件45件。市中院全年办结省市委、人大、政协督办案件67件；通过电话和书面方式向人大代表发放征求意见函360份次；听取并答复代表对4起案件的意见建议；编发法院快讯110条；向市人大常委会专题报告量刑规范化工作，拓宽社会各界对法院工作监督的深度和广度。

各位代表,法院工作取得的成绩,是市委领导、人大监督,政府、政协和社会各界大力支持的结果,也是人大代表、政协委员关怀、支持的结果。在此,我代表全市法院,向各位代表、各位委员以及各界人士表示衷心的感谢!

我们清醒地认识到,人民法院还存在不少问题和困难。一是有的法官大局观念、为民意识不强,工作缺乏主动性;二是部分法官业务水平和司法能力还不能完全适应新形势、新任务的要求;三是有的案件裁判不公、效率不高,损害当事人利益和司法公信力;四是运用审判职能化解矛盾、服务发展、保障民生的功能还没有充分发挥;五是执行难的问题依然存在;六是基层基础设施和信息化建设还相对落后。对这些问题和困难,我们将切实采取措施,努力加以解决。

二〇一四年工作安排

全市法院工作的总体思路:认真贯彻党的十八大及十八届二中、三中全会精神,认真贯彻习近平总书记在中央政法工作会议上的重要讲话精神和对法院工作的批示,认真贯彻中央、省市政法工作会议精神,牢牢坚持司法为民、公正司法这条主线,加强执法办案,推进司法公开,推动司法改革,狠抓队伍建设,为加快一流省会城市建设,保障人民安居乐业,提供坚强有力的司法保障。

一、依法履行职能,全力服务省城发展大局

强化刑事审判惩防功能,推动"平安太原"创建。把握宽严相济刑事政策,坚持打击犯罪与保障人权并重,坚持无罪推定、疑罪从无原则,严格实行非法证据排除规则,严格控制并慎用死刑,妥善处理依法独立行使审判权与其他政法机关之间相互配合、相互制约的关系,坚决守住防范冤假错案的底线。重点打击侵害人民群众生命财产安全和利用网络诈骗等危害社会安全稳定的犯罪。在环境保护、征地拆迁、食品安全、医患纠纷、劳动保障等领域,进一步健全行政执法与刑事司法的有效衔接机制,加大刑事追究力度。

加强对民商事审判工作中新情况、新问题的研判,妥善化解我市在经济、文化、社会和生态文明建设中出现的各类纷争。加强对涉及不正当竞争、侵犯自主经营权等案件的审理;依法审理股权转让、公司诉讼、企业破产重整等案件;妥善审理借款、票据、信托等金融案件;依法惩处侵犯专利权、商标权等行为;妥善审理城镇棚户区改造、房地产开发等案件,服务我市工业转型和产业结构升级。高度关注"三农"、医疗、社会保障等领域的群众诉求,加强对人民群众合法权益的保护。深入推进小额诉讼速裁程序实施,探索公益诉讼制度,让司法改革的成果更好地惠及广大人民群众。

加强行政审判,充分运用指定管辖、交叉管辖方式,排除不当干扰,监督依法行政,保障行政相对人合法权益,支持法治政府建设。及时调研分析行政审判中出现的新动态,为党委政府决策提供参考依据。支持省市的重点项目、城市改造和拆迁工作,服务全市发展大局。

加强执行工作与立案、审查等环节的配合协调,进一步健全执行实施权与执行审查权分权运行机制,发挥执行联动协调机制作用,提高执行效率。开展涉及人民群众生活的追索劳动报酬、赡养费、扶养费、抚育费、抚恤金、医疗损害赔偿、交通事故人身损害赔偿、工伤赔偿等专项集中执行活动,加大涉及省市重点项目建设、民间借贷纠纷及国有资产债权转让纠纷案件的执行力度,努力解决执行难的问题。

二、深化司法审判机制改革,全力推进司法公信建设

坚持党对改革工作的领导,严格按照上级法院的部署,依法有序、积极稳妥推进司法体制改革。更加自觉地接受人大监督、政协民主监督、检察机关法律监督和社会舆论监督,强化改革过程中的监督作用。落实人民陪审员"倍增计划",将全市现有222名人民陪审员增加到448名;增选专家型人民陪审员,提高基层群众比例,发挥人民群众参与司法、监督司法的重要作用。完善轻微刑事案件快速办理机制,加强刑事和了解制度和刑事附带民事案件的执行力度,最大限度地转化社会消极因素。完善涉诉信访案件受理、审查机制,准确界定诉访分离的标准和程序;严格涉诉信访终结程序,将符合条件的涉诉信访案件导入司法程序处理;坚决抵制无理缠诉闹访,依法制裁扰乱审判秩序、危及法官安全的行为,维护司法权威。继续推进审判权运行机制改革,落实审判责任制,做到让审理者裁判,由裁判者负责,建立以审判权为核心的审判权力运行机制。

三、不断扩大司法为民效果,为群众诉讼提供优质司法服务

坚持开展"率先转变作风,争创一流窗口"活动,落实司法便民利民举措,让普通群众无钱打得起官司,有理打得赢官司。尊重和保障当事人的诉讼权利,加强法律释明和裁判说理,保障当事人依法表达诉求,充分陈述理由,及时了解审判进程。进一步建设好、管理好、运用好诉讼服务中心、立案信访窗口,完善各类窗口的功能及工作流程、司法礼仪和服务规范,用群众听得懂、易接受的语言和方式进行交流沟通,切实解决立案难、申诉难问题。因地制宜开展节假日预约办案、巡回办案、网上办案,细化立案、审判、执行和信访等各个环节的便民利民措施,为群众诉讼提供

太原市人民检察院工作报告

——2014年3月26日在太原市第十三届人民代表大会第四次会议上

太原市人民检察院检察长　周茂玉

各位代表：

我代表太原市人民检察院向大会报告工作，请予审议，并请市政协委员和其他列席人员提出意见。

二〇一三年工作回顾

过去的一年，全市检察机关在市委和上级检察机关的正确领导下，在市人大及其常委会的有力监督下，坚持围绕中心、服务大局，以“三比一创”活动为抓手，突出创新引领，全面履行法律监督职责，各项检察工作取得新进步。

一、坚持打击犯罪与保障人权相结合，推进平安省城建设

依法惩治刑事犯罪，维护社会和谐稳定。认真落实平安省城、法治太原建设各项要求，在依法履行批捕、公诉等法律监督职责的同时，按照分工负责、互相配合、互相制约的刑事诉讼原则，发挥执法司法机关合力，促进省城社会治安明显好转，刑事案件总量呈现大幅下降的良好局面。全年共受理侦查机关提请逮捕3074件4121人，同比下降25.2%和30%；批准逮捕和决定逮捕2600件3447人，同比下降28.9%和33.9%；向人民法院提起公诉3957件5498人，同比下降16.7%和19.9%。批准逮捕故意杀人、故意伤害、抢劫、绑架、强奸、聚众斗殴等暴力犯罪737件1073人，同比下降17.3%和21.2%；起诉885件1472人，同比下降7.8%和7.5%。受理破坏社会主义市场经济秩序犯罪202件255人，同比下降38.6%和44%；批准逮捕154件195人，同比下降39.6%和46.3%；提起公诉208件309人，同比下降34.8%和33%。

落实宽严相济刑事政策，加大人权保障力度。严格逮捕条件，努力减少羁押人数，对初犯、偶犯、未成年犯、老年犯以及其他轻微犯罪依法慎捕慎诉，不批捕673人，同比上升4.9%，其中不构成犯罪不捕56人、证据不足不捕164人、无社会危险性不捕304人，疾病等原因不捕149人，未发生妨碍诉讼正常进行情况。严把起诉关，防止不合格案件进入审判环节，决定不起诉437人，同比上升15.6%，其中法定不起诉25人、证据不足不起诉187人、情节轻微不起诉225人。注重扶助弱势群体，对202名生活困难的被害人及其近亲属提供救助金217.5万元，协调司法行政机关提供法律援助140件。

积极参与社会治理创新，努力化解矛盾纠纷。结合办案，对涉农和涉众型犯罪频发原因进行分析，提出检察建议101份，督促完善工作机制78项。强化行政执法检察监督，发出检察建议350份，帮助及时追缴国有资产10亿余元。对具有和解可能、可诉可不诉的轻微刑事案件，主动释法说理，引导当事人和解129起，避免积怨加深，尽力修复被侵害的社会关系。多措并举，成功化解3起案情复杂、矛盾交织，涉及多个国有企业、政府部门、司法机关，时间长达10年以上的信访积案。

二、坚持查办与预防职务犯罪相结合，加强反腐倡廉建设

突出重点领域，查办大要案件。以人民群众反映强烈、社会关注度高、职务犯罪易发多发领域为重点，深入开展

优质司法服务。

四、强化队伍建设和基层基础建设，夯实法院工作根基

以开展党的群众路线教育实践活动为契机，加强思想政治建设，做到政治过硬。践行社会主义核心价值观和社会主义法治理念，做到信仰法治、坚守法治、铁面无私、秉公执法。加强对基层法院的监督指导，强化基层法庭建设，充实基层审判力量。按照上级法院要求，分批完成全市法院司法公开“三大平台”建设，让司法权在阳光下运行。扎实抓好教育培训、理论研讨、岗位练兵和实践锻炼，提高公正司法和群众工作本领，做到业务过硬。严格落实错案责任追究制度，实行责任倒查、有责必究。持之以恒抓司法廉洁和司法作风建设，坚决惩治司法腐败行为，坚决清除法院队伍中的害群之马，努力建设一支执法为民、作风过硬、敢于担当、清正廉洁的人民法院队伍。

各位代表，站在新起点，面对新形势，人民法院使命光荣，责任重大。我们将在市委领导下，认真贯彻落实本次大会决议，以更加坚定的信心、更加清晰的思路、更加务实的举措，锐意进取，扎实工作，为加快一流省会城市建设做出新的更大贡献！

查办损害群众利益的职务犯罪专项行动。共立查职务犯罪171件226人,其中,工程建设、涉农惠民、社会保障、环境保护等领域101人,县处级以上要案34人;贪污贿赂大案105件,渎职侵权重特大案31件,为国家挽回直接经济损失3.2亿余元。提起公诉199人,同比上升37.2%,其中起诉要案25人,同比上升56.3%;法院已作出生效有罪判决193人。

严格规范侦查权力,增强执法办案效果。坚持"理性、平和、文明、规范"执法,牢固树立"办案维护稳定、办案促进发展、办案保障民生"的大局观念,严格区分"六个界限"、做到"六个不轻易"和"六个严禁"。严格举报线索的受理、评估、流转和保密工作,切实维护举报人和被举报人的合法权益。严格执行监督制度,所有案件均填写办案告知卡、廉洁自律卡、回访监督卡,记入干警执法档案。严格落实讯问犯罪嫌疑人同步录音录像制度,按照"全面、全部、全程"要求,同步录音录像2478小时。健全办案风险预警和效果评估机制,努力实现法律效果、政治效果、社会效果的有机统一。

以减少职务犯罪为目标,加大预防教育力度。发挥预防职务犯罪领导组办公室作用,督促成员单位履行预防职责。协同纪检监察机关,开展城中村干部专题警示教育。阳曲检察院举办20期培训班,580名村干部参加学习。以国家机关、工程建设、涉农惠民等领域为重点,用身边案例警示身边人,开展各种宣讲185场,直接受教育3万余人。深入开展"进机关、进企业、进学校、进社区、进农村"活动,发放《深入反腐败,大家来预防》3000册,环境治理和食品药品专项行动宣传册6万册,提高全社会参与的积极性。提供行贿犯罪档案查询6378人次,促进公平竞争和社会诚信体系建设。

三、坚持强化诉讼监督与提升司法权威相结合,维护社会公平正义

以贯彻两大诉讼法为契机,创新诉讼监督机制。积极适应修改后刑诉法、民诉法,健全以有效保障人权、提高司法效率、提升司法文明为重点的十八项综合创新工作机制。完善逮捕必要性审查,转变"够罪即捕"的传统执法理念,将法定的五种"社会危害情形"细化为23条131项,统一逮捕标准和尺度。加强羁押必要性审查,对不需要羁押的173名嫌疑人建议释放或变更为轻缓性强制措施。依法启动非法证据排除程序23件并已排除5件,着力遏制刑讯逼供等非法取证行为。高度重视命案,探索参与命案现场勘验工作机制,提前介入56起,提出意见和建议132条。推行未成年人"捕、诉、监、防一体化"工作模式,社会调查289人次,法律援助111人次,心理辅导38人次,向37名附条件不起诉未成年人发出"检察官寄语"并开展帮教,对223名未成年人轻罪记录予以封存。在全省首倡并与法院、司法行政机关建立"远程视频公诉庭审系统",公诉简易程序案件158件163人。建议召开并参加庭前会议47次,提升公诉效率和庭审质量。积极推行"双岗"机制,深挖队伍潜力,缓解案多人少矛盾。

加大诉讼监督力度,不断推进司法公正。刑事立案和侦查监督方面,依法追捕188人、追诉203人。刑事审判监督方面,对认为确有错误的78件刑事判决、裁定提出抗诉,法院已改判28件,发回重审8件。民事行政诉讼监督方面,共受理1404件,其中不服法院生效裁判146件。对认为裁判正确的,加强释法说理、情绪疏导,维护司法既判力,减少当事人讼累;对认为确有错误的,提请省院抗诉19件,提出抗诉6件,法院已改判2件,调解3件。刑罚执行和监管活动监督方面,完善刑罚执行同步监督机制,审查减刑、假释、暂予监外执行1911人,提出纠正意见130件;开展"余刑三个月以上罪犯一律交监狱执行"专项检察,清理187人。注重在诉讼监督中发现问题和疑点,查处政法干警违法犯罪21人。

四、坚持队伍建设与基层基础建设相结合,夯实检察事业发展根基

始终把纪律作风建设摆在首位,强化制度建设与执行。按照中央八项规定和反"四风"精神,建立健全16项制度,文件印发数下降21%、会议召开下降18%,接待费用下降30%,完成办公用房和车辆的清理和规范工作。组织全员军事训练,强化纪律作风养成。加强日常监督管理,开展检务督察、明察暗访34次,对4个基层院开展巡视。深化"三查纠、三树立"反特权专项活动,努力消除特权思想、特权标识、特权言行。坚持抓早、抓小、抓苗头,对违反检察纪律的行为主动发现、严肃处理,警示谈话6人,组织处理3人。

加强检察职业道德建设,激发队伍内生动力。以"激发正能量、汇聚正能量、传播正能量"为要求,以太原三个核心价值观和政法干警核心价值观为引领,以七个载体推进检察职业道德建设:举办"太原历史文化"讲座6次,引导干警读史明志、饮水思源;举办"道德讲堂"11期,引导干警知耻明礼、崇德向善;举办"太原检察讲坛"7期,引导干警勤学善思、学以致用;举办"青年干警座谈会"3次,引导干警忠诚敬业、敢于担当;举办"我们的节日"7次,引导干警尊重传统、传承美德;推动"干部在线学习"人均136学时,引导干警博学好问、见贤思齐;开展"检察官志愿者"活动,引导干警服务群众、汲取智慧,组织干警义务献血,结对帮

扶34个困难家庭，为扶贫定点村修筑排洪渠，为雅安地震灾区及边远地区学校捐款捐物捐书20余万元。在市直机关首批30名道德模范中，市院5位干警入选。市院被评为全省检察机关文化建设示范院，被市文明委授予全市首家“职业道德建设标兵单位”荣誉称号并召开两次现场会，太原电视台进行七集连续报道。

树立正确用人导向，营造干事创业良好氛围。对市院领导班子进行调整充实，对3个基层院检察长进行交流。强化表率作用，班子集体向干警作出“从我做起、向我看齐、对我监督”的郑重承诺。严格用人标准，科学设置条件和程序，先后对121人进行岗位交流、提拔重用，让干警从调整过程和提拔结果中感受公开、公平、公正。引深学习型机关建设，鼓励深层阅读，向全市干警赠书3次1500余册。强化业务培训，组织各类执法办案培训、考试736人次，8名干警通过司法考试，14名干警通过研究生考试，6名干警被上级机关遴选。

注重基层基础建设，着力促进检力下沉。在党委、政府大力支持下，办案技术用房全部达标。科技强检步伐加快，完成“全国检察机关统一业务应用系统”软硬件升级改造，开通远程视频提审系统，在全省率先将10个基层院和16个监管场所接入检察专线网。开展“基层工作周”活动，市院班子成员与基层干警同吃同住同工作，深入谈心交流，全面掌握情况，为指导基层工作提供科学依据。

五、坚持内外监督相结合，确保检察权依法正确行使

自觉接受人大及社会各界监督。牢固树立人大意识和监督者更要自觉接受监督意识，始终把检察工作置于人大及其常委会的有力监督之下。向人大常委会专题汇报未成年人刑事检察工作，积极落实相关决议。发送“检察专报”信息112条，方便代表了解、监督检察工作。制定办理代表意见建议工作办法，对34条意见建议进行责任分解，并以“一对一、面对面”的方式全部作出回复。办结上级督办案件13件，人民监督员监督案件22件。

着力强化自身监督。以信息化为手段，全面加强内控机制建设，所有案件均实行网上流转、集中管理、定期巡查。开展案件质量评查、互查，着力发现问题并通报整改。开展精品案件评比和质量评定工作，案件合格率100%，优质率95%。高度重视对职务犯罪侦查活动的监督，完善办案督察和不立案事后审查机制，严格执行逮捕决定权上提一级制度，依法审查报请逮捕60件64人，无错捕、漏捕。

不断提升检察服务水平。树立“检察服务”理念，积极推进“阳光检察”，在部分院建成集控申、举报、查询等功能为一体的服务大厅。创新律师接待“一站式”服务，《法制日报》以“喝茶工夫就能拿到所需案卷”为题，在头版头条予以报道。认真落实检察长接待日制度，完善来信、来访、电话、网络“四位一体”的群众诉求表达机制，接待群众1445人次。严格落实“率先转变作风、争创一流窗口”要求，细化“七个一律”规定。自主研发案件信息查询、短信告知、短信预约以及群众满意度评价软件，让当事人少跑路、快办事。去年九月运行以来，共接待查询1130人次，短信告知、预约951人次。

一年来，全市检察机关在业务、队伍和基层基础建设等方面齐头并进，全国媒体宣传报道96次、省级362次，多项工作经验和成果被最高人民检察院、省委组织部、省委政法委及省检察院转发、推广，荣获8项国家级、28项省级、59项市级表彰奖励，市院和迎泽区院成功晋级省级文明和谐单位。在2013年全省检察机关综合考评中，太原名列第一。这些成绩的取得，得益于市委正确领导，人大有力监督，政府大力支持，政协及社会各界的关心帮助。在此，我代表全市检察机关和全体检察干警，向大家表示诚挚的敬意和衷心的感谢！

我们也深切感受到，检察工作中还存在一些问题：一是在贯彻中央八项规定和反“四风”方面，制度还不够严密，成果还不够巩固，问题仍有发生，隐患依然存在。二是法律监督能力和效果与人民群众对公平正义的要求还有差距，监督不到位的问题还不同程度地存在，以法治思维和法治方式化解疑难复杂案件和矛盾的能力还不够强。三是指导基层工作力度不够，简单给基层提要求、下任务多，帮助解决人员老化、队伍断档以及流动不畅等实际困难少。对此，我们将通过深化检察改革，加强自身努力，争取各方支持，切实加以解决。

二〇一四年工作安排

2014年的总体思路是：深入贯彻落实党的十八大、十八届二中、三中全会以及中央、省、市关于检察工作的各项要求，坚持围绕中心、服务大局，以维护社会稳定为基本任务，以促进社会公平正义为核心价值追求，以保障人民安居乐业为根本目标，深化“三比一创”活动，强化检察创新，全面履行法律监督职责，为率先转型跨越、加快建设一流省会城市提供强有力的司法保障。具体要在五个方面履职尽责：

一是坚持在主动服务经济社会发展上履职尽责。牢固树立在大局中谋划和推进检察工作、在完成工作中服务和保障大局的理念，全面贯彻市委十届五次全会暨全市经济工作会议精神，保障“三个一流”建设，促进“四化”同步发展。围绕产业转型升级、生态修复、城乡统筹和民生改善等重点领域，依法打击损害企业合法权益、破坏企业生产经营、侵犯知识产权的犯罪，促进信息产业、高新技术、现代服务业健康发展；认真听取企业负责人尤其是重点项目负责人的意见，搞好重点项目“一对一”服务，提高服务针对性、实效性。围绕“三农”工作，依法打击破坏农村土地流转、侵害农民合法权益、危害粮食安全的犯罪，促进强农惠农富农政策落实。积极服务农村换届选举，保障换届工作依法公开、公正、有序进行。按照市委全面深化改革的决策部署，做好改革的实践者、促进者，进一步优化发展环境，营造创业、创造、创意、创新的良好氛围；严肃查办借改革之机进行暗箱操作、权钱交易的案件，为综改试验先导区建设提供有力司法保障。

二是坚持在维护社会大局稳定上履职尽责。以人民群众平安需求为导向，密切关注社会治安和公共安全出现的新情况，对刑事发案量可能出现的反弹保持高度警惕，巩固刑事案件下降的良好势头。严厉打击敌对势力策划实施的分裂破坏、暴力恐怖活动，突出打击黑恶势力、严重暴力、涉枪涉爆、两抢一盗、拐卖妇女儿童、危害食品药品安全、污染环境等犯罪，维护政治稳定和人民群众生命财产安全。从严打击非法吸收公众存款、集资诈骗等涉众型经济犯罪，加大督促追赃力度。依法打击黄赌毒违法犯罪，净化社会空气。深化未成年人刑事检察工作，加大对涉案未成年人的教育挽救力度，促使其早日回归社会。在重拳打击严重刑事犯罪的同时，坚持宽严相济，加大矛盾排查化解和刑事和解力度，减少社会对抗，促进社会和谐。加大对群体访和群体性事件背后的职务犯罪查办力度，从源头上减少矛盾的发生。认真落实涉法涉诉信访改革要求，提高用法治思维和法治方式解决问题能力，促进形成浓厚的“崇法”氛围。

三是坚持在促进社会公平正义上履职尽责。公平公正是政法机关的生命线，要综合运用检察建议、纠正违法通知、查办职务犯罪等多种手段，最大限度地压缩执法不严、司法不公的空间。加强刑事诉讼监督，把好检察机关严防冤假错案的第一道关口，重点监督纠正以刑事手段插手经济纠纷、受利益驱动办案以及刑讯逼供、滥用强制措施、量刑畸轻畸重、时轻时重等问题。加强民事行政诉讼监督，重点监督虚假诉讼、违法调解、久拖不决和其他显失公正、严重损害公共利益和当事人、案外人合法权益的案件；开展民事诉讼执行监督专项行动，促进解决执行难问题。加强刑罚执行和监管活动监督，强化社区矫正监督工作，开展清理久押不决以及违法减刑、假释、暂予监外执行专项监督。认真落实市人大常委会法律援助条例等法规，加大对弱势群体合法权益的保护。深化检务公开，以公开为原则、不公开为例外，依法及时公开检察环节办案依据、程序、结果，让公平正义看得见、可检验。

四是坚持在保障人民安居乐业上履职尽责。以“吃得安全、用得放心”为目标，从具体食品药品入手，严厉打击食品药品领域犯罪，深入推进食品药品安全专项检察行动，坚决捍卫老百姓“舌尖上的安全”。积极回应人民群众对碧水蓝天的热切期盼，围绕争创国家生态园林城市和省城环境“三年大见成效”目标，从严厉打击环境污染犯罪个案入手，积小胜为大胜，深入推进环境治理专项检察行动，促进美丽太原建设。加强行政执法检察监督，对依法履职的要支持到位、对履职不力的要督促到位、对失职渎职的要查处到位，促进行政执法和刑事司法衔接机制建设。严肃查办借城中村和棚户区改造之机中饱私囊以及房地产违法建设销售背后的不作为、乱作为、假作为案件，促进城镇化建设。坚决查办和预防发生在领导机关和领导干部中的职务犯罪，突出查办社会保障、教育就业、征地拆迁、扶贫救灾、惠民补贴等民生领域以及垄断行业的职务犯罪，促进机会公平、权利公平。出台服务非公企业发展意见，保障小微企业权益，促进就业创业。

五是坚持在建设过硬检察队伍上履职尽责。扎实开展第二批党的群众路线教育实践活动，强化“群众观念”，使为人民群众办实事、解难事、做好事成为自觉行动。大力推进“阳光检察”，建好用好检察网站、微信、微博，开播“龙城检察”电视节目，传播崇法精神，弘扬法治正能量。深入推进“加强检察职业道德建设、践行太原三个核心价值观”系列活动，充分发挥核心价值观的引领、凝聚作用，推动检察工作全面发展进步。引深学习型创新型机关建设，与北大、清华等高校合作，开展大规模、高层次、专业化培训，提高依法、独立办案能力。狠抓执行力建设，以“速度上第一时间、态度上不折不扣、方法上联系实际、效果上做到最好”为标准，打造具有太原检察特色的执行力文化。以习近平总书记提出的“四个决不允许”为底线、“三严三实”为标准、“五个过硬”为目标，努力建设一支充满昂扬士气和浩然正气的检察队伍。

各位代表，使命催人奋进，责任重于泰山。全市检察机关将在市委和上级检察机关的坚强领导下，锐意改革创新，全面履职尽责，不断追求卓越，为我市率先转型跨越、建设一流省会城市做出新的更大贡献！

历史溯源

【建置沿革】 太原简称“并”，古称晋阳、并州。国家级历史文化名城。古交遗址、东六度西遗址、石千峰遗址等证明，旧石器时代太原就有人类生息繁衍，义井遗址、思西遗址、都沟遗址等证实，新石器时代太原先民创造了灿烂的文化，东太堡文化遗址、“许坦型文化”遗址分别展现了太原夏、商时期的文化。周景王四年(前 541)，晋国荀吴率兵北征，太原地区始入晋国版图。周敬王二十三年(前 497)前，晋卿赵简子命董安于修筑晋阳城（今太原市晋源区古城营村一带），所以太原又称晋阳。战国初期，晋阳为赵国都城。秦庄襄王三年(前 248)，秦国设立太原郡，为太原设郡之始。秦统一中国后，太原郡为全国 36 郡之一。西汉元封五年（前 106），汉武帝分天下为 13 州刺史部治，并州刺史部为其中之一。这是太原简称“并”的渊源。南北朝时，北魏、北齐以晋阳为下都、别都，“军国政务，皆出高氏，精兵宿将，咸萃晋阳，士马精强，远胜邺都”，史称晋阳为“霸府”。隋末，李渊父子起兵太原，攻克长安，建立唐朝。唐代，修筑了晋阳的东城和“跨水联堞”的中城，晋阳(太原)城形成东城、西城、中城 3 座城，“周四十二里，东西十二里，南北八里三十二步，门二十四”。规模之大，气势之壮，为晋阳城的鼎盛时期。唐代以太原为“北都”“北京”，与京都长安、东都洛阳并称“三京”。唐玄宗开元十一年(723)，改并州大都督府为太原府，治所晋阳，领辖晋阳、阳曲等 13 县，为太原设府之始。五代十国时期，后唐、后晋、后汉、北汉等都以太原为国都或陪都，因此，太原素有“龙城”之称。宋太平兴国四年(979)，赵光义率兵灭北汉，降太原府为并州，移州治所于榆次。七年，又将治所迁至唐明镇，并在唐明镇新建太原城。嘉祐四年(1059)，改并州为太原府。元代设太原路(后改为冀宁路)，明代复称太原府，辖 5 州 20 县，并扩建太原城，城周 24 里。清时为太原府。宣统三年(1911)辛亥太原起义，推翻清王朝在太原的统治。民国 10 年(1921)设太原市自治行政公所。民国 16 年(1927)，正式设省辖太原市。1949 年 4 月 24 日太原解放后，成为山西省省会。1972 年，太原市辖南城区、北城区、河西区、南郊区、北郊区、古交区(1988 年改为古交市)、清徐县、阳曲县、娄烦县。1997 年，撤销南城区、北城区、河西区、南郊区、北郊区，改设小店区、迎泽区、杏花岭区、尖草坪区、万柏林区、晋源区。（陈向荣）

自然地理

【位置】 太原市位于山西省中部、晋中盆地北部地区，其自然地理坐标为北纬 37° 27′ ~ 38° 25′，东经 111° 30′ ~ 113° 09′。北、东、西三面群山巍峙，北靠系舟山、云中山，东据太行，西依吕梁，南接晋中平原，汾水自北向南纵贯全境。古昔有“襟四塞之要冲，控五原之都邑”之称誉。太原市东、东北与榆次市、盂县为邻，南与交城县、文水县、祁县、太谷县接壤，西、西北与岚县、方山县毗连，北与静乐县、忻州市、定襄县交界。（陈向荣）

【面积】 太原市轮廓呈簸箕形。最北端为阳曲县天翅垴，最南端为清徐县韩武堡，东端为阳曲县贾庄，西端为娄烦县大村沟。东西宽 114.25 千米，南北长 107 千米，周长约 560 千米。总面积 6988 平方千米，约占山西省总面积的 4.5%。（陈向荣）

【地质地貌】 地质。太原地处山西断隆中部，位于吕梁断拱、大宁台陷、五台台拱、沁水台陷的交汇处，新生代晋中断陷盆地的北端，包括西山凹陷的大部。区内构造较为简单，构造线大体呈北东—南西向，盖层向东或东南缓倾斜。其中西山凹陷赋存有西山煤田，是山西省六大煤田之一。境内出露地层有中太古界前五台系,上太古界五台系,中元古界长城系,古生界寒武系、奥陶系、石炭系、二迭系,中生界三叠系,新生界第三系及第四系。岩浆岩有太古代、元古代及中生代三期。

地貌。太原市东、西、北三面群山合抱,中南部为汾河河谷平原,整个地势北高南低。地貌类型可分为山地、丘陵、平原、盆地、谷地五种。山地4528平方千米,占总面积的64.79%;丘陵904平方千米,占12.94%;平原1093平方千米,占15.64%;盆地279平方千米,占3.99%;谷地184平方千米,占2.63%。境内地势起伏较大,高低悬殊,位于境西北娄烦县的赫赫岩山,海拔2708米,为全市最高峰;最低处位于境内南部清徐县西青堆的汾河漫滩,海拔760米,高差1948米。

(陈向荣)

【气候特点】 2013年,太原地区年平均气温为10.6℃,比常年偏高0.7℃;年降水量为475.7毫米,比常年偏多1.5成,阶段性旱涝显著;年日照时数为2514小时,比常年偏多94小时,光照充足。主要气象灾害有干旱、霜冻和暴雨,给太原市农业生产和人民生活造成一定的影响。农业气候年景偏好。

1.气温。2013年,太原市年平均气温偏高。2013年全市平均气温为10.6℃,比常年平均值偏高0.7℃。各站年平均气温为8.9(娄烦)~12.2℃(小店),与常年相比,小店偏高1.2℃,尖草坪偏高1.1℃,清徐偏高0.8℃,阳曲偏低0.4℃,古交偏高0.6℃,娄烦偏高0.8℃。

全年极端最低气温为-24.2(阳曲)~-16.8℃(小店),古交、清徐出现在1月3日,其余各站出现在1月4日;全年极端最高气温为33.9(娄烦)~36.5℃(古交),娄烦出现在7月3日,尖草坪出现在8月16日,其余各站出现在5月21日。

2.降水。2013年,太原市年降水量偏多。2013年太原市年总降水量为437(清徐)~546毫米(小店),各站年降水量距平百分率分别为:小店33%,尖草坪8%,清徐12%,阳曲5%,古交20%,娄烦12%,与常年相比,小店降水偏多,其余各站略偏多。全市平均降水量为475.7毫米,比常年偏多1.5成。全年暴雨日数:除娄烦外,其余各站均出现1日。

全年大雨日数:小店6日,尖草坪5日,清徐3日,阳曲3日,古交7日,娄烦3日,清徐、阳曲、娄烦和常年同期持平,其余地区较常年偏多。

全年雨雪日数:小店83日,尖草坪82日,清徐93日,阳曲82日,古交79日,娄烦90日,比上年偏少,和常年基本持平。

3.日照。2013年,太原市年日照时数偏多,光照充足。2013年太原市日照时数为2305小时(古交)至2803小时(娄烦),与常年相比,小店偏多97小时,尖草坪偏多48小时,清徐偏多74小时,阳曲偏多111小时,古交偏多19小时,娄烦偏多216小时,全年光照充足。

4.霜冻。终霜冻(黑霜):尖草坪出现在4月11日凌晨,清徐出现在20日凌晨,小店、观象台出现在21日凌晨,古交出现在24日凌晨,阳曲出现在26日凌晨,娄烦出现在5月10日凌晨。

初霜冻(黑霜):9月25日凌晨娄烦出现初霜冻,10月19日凌晨阳曲出现初霜冻,10月20日凌晨观象台、清徐、古交出现初霜冻,10月23日小店、尖草坪出现初霜冻。 (陈向荣)

【土壤植被】 土壤。2013年,太原总土壤面积629367公顷。类型有山地草甸土、棕壤土、褐土、潮土、水稻土、石质土、粗骨土、新积土、盐土9个土类、15个亚类、37个土属、155个土种。其中,褐土356438公顷,约占土壤总面积的56.63%;粗骨土172721公顷,占27.44%;潮土面积60646公顷,占9.64%;石质土面积31674公顷,占5.03%;其他7888公顷,占1.25%。

植被。太原市植被分为16个植被型,含65个主要群系。主要有森林植被、灌丛植被、灌草丛和草丛植被、草甸植被、沼泽植被、水生植被。 (陈向荣)

资　源

【土地资源】 据调查,2013年,太原市土地利用总面积为691246公顷。其中耕地116598公顷,占利用土地总面积的16.9%;园地18101公顷,占2.6%;林地278073公顷,占40.2%;草地168062公顷,占24.3%;城镇村及工矿用地64659公顷,占9.4%;交通运输用地13779公顷,占2.0%;水域及水利设施用地16467公顷,占2.4%;其他土地15507公顷,占2.2%。 (陈向荣)

【矿产资源】 太原矿产资源丰富,主要有铁、锰、铜、铝、铅、锌等金属矿和煤、硫黄、石膏、钒、硝石、耐火粘土、石英、石灰石、白云石、石美砂等非金属矿。在矿物资源中以煤蕴藏最丰,铁矿次之,石膏居三。山西以盛产煤而有“煤海”之称。太原处在“煤海”中部,地质上称太原的煤藏为“太原系煤”,基础储量居全省第四位,是山西煤炭资源的主要组成部分。太原系煤不仅储量丰富,而且煤种齐全,焦煤、肥煤、瘦煤、贫煤、气煤、无烟煤应有尽有。市域含煤面积1368平方千米,占全市土地总面积的19.58%。已探明储量主要分布在太原市东、西山及古交市、阳曲县、清徐县、娄烦县境内。分属沁水、西山、宁武三大煤田,东山、阳曲、西山、古交、清交、龙泉六大矿区。据2008年年底《山西省矿产资源储量简表》,太原市累计查明煤炭储量186.77亿吨,保有资源储量172.24亿吨,其中基础

储量105.54亿吨，占全省的10.18%。太原煤炭资源具有含煤面积较广，储量丰富，煤种齐全，煤质优良；构造简单，倾角平缓；大部分地区瓦斯含量低，含煤地层及煤层稳定，埋藏较浅，利于开采等特点。（陈向荣）

【水资源】 汾河由北向南纵贯太原市，其间有大小几十条支流汇入，流域面积6331平方千米，占全市流域总面积的90.6%；依阳曲县轿顶山、文昌山、水头岭、两岭山一线以北温川河、乌河和岔上乡北部及高村乡西北部区域属海河水系滹沱河流域。流域面积657平方千米，占全市流域总面积的9.4%。太原市的水资源总量包括河川径流量3.093亿立方米和地下水资源量5.658亿立方米，扣除地表水和地下水相互转化的重复计算水量2.151亿立方米，共计水资源总量6.6亿立方米／年。（陈向荣）

【植物资源】 据调查，2013年，太原市有维管束高等植物140科、658属、1347种。其中，蕨类植物13科、15属、25种，种子植物127科、643属、1322种，具有植物资源丰富、植物起源古老、单种属植物较多等特点。（陈向荣）

【动物资源】 据普查，2013年，太原野生动物资源，有鸟纲16目、37科、173种，其中国家一级保护鸟类四种，国家二级保护鸟类27种、中日保护候鸟80种、山西省重点保护鸟类8种；哺乳纲6目、17科、42种，其中国家一级保护兽类一种、国家二级保护兽类5种、山西省重点保护兽类3种；爬行纲动物3目、4科、8种；两栖纲1目、2科、5种；鱼纲2目、4科、21种；甲壳纲动物1目、2科、2种；昆虫纲13目、70科、177种；蛛形纲2目、3科、10种。

（陈向荣）

民族宗教

【民族】 太原市是一个多民族散杂而居的城市。据2010年人口普查统计，全市有46个民族，其中少数民族45个，2.4万人，占全市总人口的0.57%。在少数民族中，回族最多（11725人），其次是满族（5685人），蒙古族（1660人）。

（陈向荣）

【宗教】 太原市宗教历史悠久，有道教、佛教、伊斯兰教、天主教、基督教。东汉建安年间(196～220)兴建的普光寺，是太原市现存最早的佛寺。北魏时道教兴起，唐代道教、佛教达到鼎盛时期。唐朝中叶伊斯兰教传入太原，现存的清真古寺据说建于唐代。明崇祯七年(1634)，比利时耶稣会金尼格在太原建堂，设立会口，传播天主教。清光绪三年（1877），英国传教士李提摩太在太原设立基督教浸礼会，传播基督教。（陈向荣）

行政区划与人口

【行政区划】 太原，古称晋阳、并州。2013年，，太原市国土面积6988平方千米，建成区面积343平方千米。辖6区3县1市和2个国家级开发区、3个省级开发区。共有52个街道办事处，578个社区居民委员会，52个乡镇，929个村民委员会，1528个自然村，分布汉满蒙回等46个民族，其中汉族占99%以上。

【人口】 据2013年人口抽样调查，年末全市常住人口427.77万人，比上年末增加2.14万人。其中：城镇人口359.84万人，增加3.33万人；乡村人口67.93万人，减少1.19万人。城镇化率84.12%，比上年提高0.36个百分点。男性人口216.77万人，女性人口211.00万人，性别比为102.73∶100。

全年出生人口3.96万人，人口出生率9.29‰；死亡人口1.82万人，死亡率4.28‰；自然增加人口2.14万人，自然增长率5.01‰。（赵 俊）

经济建设和社会发展

【概述】 经济增长。初步统计，2013年，太原市实现地区生产总值(GDP)2412.87亿元，比上年增长8.1%。其中：第一产业增加值38.73亿元，增长3.2%；第二产业增加值1052.08亿元，增长10.6%；第三产业增加值1322.06亿元，增长6.1%。第三产业中，交通运输、仓储和邮政业增加值180.12亿元，增长8.1%；批发零售和住宿餐饮业增加值465.18亿元，增长6.2%；金融业增加值253.11亿元，增长8.8%。

人均地区生产总值56547元，比上年增长7.6%，按2013年平均汇率计算达到9130美元。

2009——2013年太原市地区生产总值

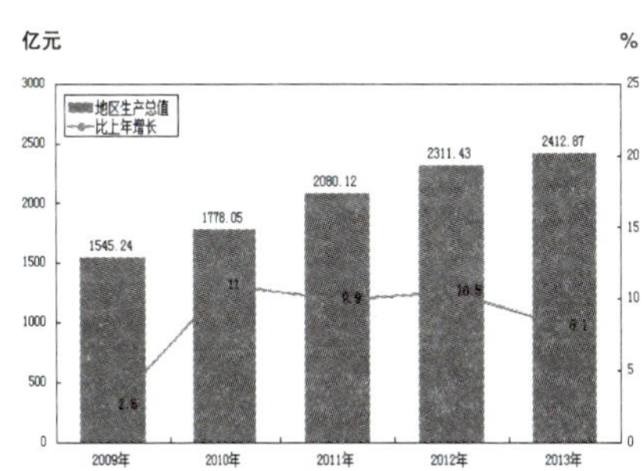

产业结构。2013年，太原市三次产业比重为1.6%、43.6%、54.8%，分别拉动经济增长0.1、4.8和3.2个百分点。与上年相比，第一产业比重持平，第二产业比重下降1.2个百分点，第三产业比重提高1.2个百分点。

财政。2013年，太原市公共财政预算收入247.33亿元，增长14.7%。其中：税收收入207.33亿元，增长20.3%，国内增值税、营业税、企业所得税、个人所得税、资源税和城建税共计完成税收153.84亿元，增长10.7%。

2009——2013年太原市公共财政预算收入

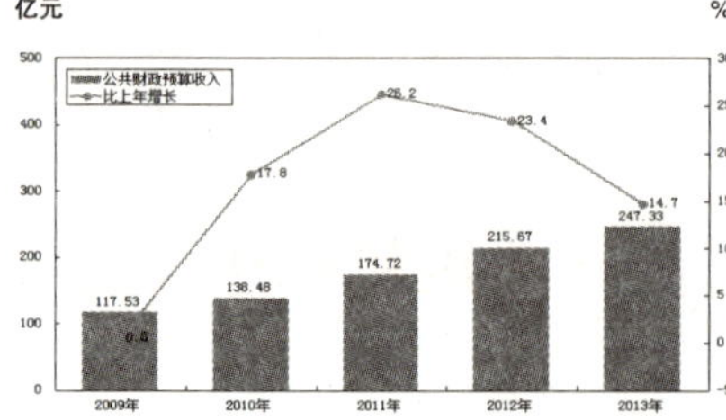

全年全市公共财政预算支出319.11亿元,比上年增长15.0%。其中教育、医疗卫生、社会保障和就业、住房保障、交通运输、节能环保、城乡社区事务等民生支出264.55亿元,增长16.2%,占全市公共财政预算支出的82.9%。

物价。2013年,太原市居民消费价格总水平(CPI)比上年平均上涨3.1%。其中:食品价格上涨5.5%,非食品价格上涨2.0%;消费品价格上涨2.8%,服务项目价格上涨3.7%。商品零售价格总水平平均上涨1.3%。工业生产者出厂价格(PPI)下降8.4%。工业生产者购进价格下降4.8%。

2009——2013年太原市价格指数走势图

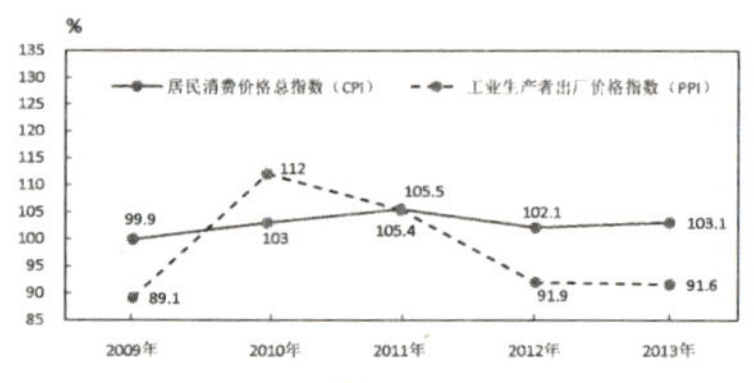

2013年太原市居民消费价格涨跌情况

指标	比2012年涨(跌)(%)
居民消费价格总指数	3.1
食品	5.5
烟酒	0.9
衣	0.9
家庭设备用品及维修服务	3.8
医疗保健和个人用品	1.4
交通和通信	-0.8
娱乐教育文化用品及服务	3.9
居住	2.7

就业。2013年,太原市城镇新增就业10.70万人,其中创业带动就业2.49万人。4.77万名下岗失业人员实现再就业,其中就业困难人员再就业1.23万人。年末城镇登记失业率3.35%。 (市统计局)

【农业经济】 种植面积。2013年,太原市农作物种植面积107.18千公顷,比上年减少1.70千公顷。粮食种植面积80.48千公顷,比上年减少1.29千公顷。其中:夏粮种植面积0.35千公顷,秋粮种植面积80.13千公顷。蔬菜种植面积21.78千公顷,药材种植面积0.83千公顷。

2013年太原市主要农产品产量

产品名称	产量(吨)	比2012年涨(跌)(%)
粮食	327786	2.6
其中:夏粮	2045	-56.0
秋粮	325741	3.5
其中:小麦	2045	-56.0
玉米	286894	4.8
马铃薯	10516	8.7
油料	3056	5.2
棉花	52	-53.2
蔬菜	1272343	-1.2
水果	51145	-27.7

造林。全年太原市造林面积35.94万亩。零星植树1200万株。新增育苗面积1.68千公顷。

畜禽及水产品产量。截至2013年末,大牲畜存栏4.13万头,猪出栏41.82万头。肉类产量5.02万吨,禽蛋产量2.73万吨,牛奶产量9.54万吨。水产品养殖面积239千公顷,水产品产量2787吨。

农机及化肥施用。截至2013年末,全市农业机械总动力133.60万千瓦。全年农用化肥施用量(折纯)28966吨。

(市统计局)

【工业和建筑业】 工业。2013年,太原市规模以上工业企业460家,比上年增加20家。规模以上工业增加值770.94亿元,增长10.1%。

2009——2013年太原市规模以上工业增加值

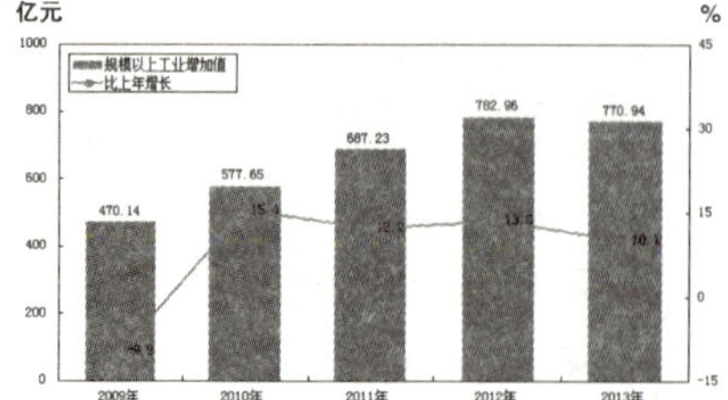

中央企业增加值125.06亿元,增长10.3%;省属企业增加值302.54亿元,增长7.6%;太原市属及以下企业增加值343.34亿元,增长12.6%。

2013年太原市规模以上工业增加值

指标	增加值(亿元)	比2012年增长(%)
规模以上工业	770.94	10.1
其中:轻工业	76.05	5.4
重工业	694.89	10.6
其中:国有控股企业	444.18	7.8
其中:国有企业	27.55	8.7
集体企业	3.23	-11.2
股份合作企业	0.09	13.9
股份制企业	521.04	6.1
外商及港澳台商投资企业	209.23	22.6
其他经济类型企业	9.80	21.9

占太原市规模以上工业增加值83.9%的十大行业中,增加值比上年增长的有7个。

2013年太原市规模以上工业十大行业增加值

行业	增加值(亿元)	比2012年增长(%)
计算机、通信和其他电子设备制造业	196.25	26.1
黑色金属冶炼及压延加工业	148.19	19.0
煤炭开采和洗选业	136.33	-2.6
烟草制品业	32.49	10.1
石油加工、炼焦业	31.92	2.5
通用设备制造业	26.94	-1.7
燃气生产和供应业	19.02	25.0
电力、热力生产和供应业	18.92	6.7
专用设备制造业	18.63	-18.5
交通运输设备制造业	17.79	5.6
仪器仪表制造业	16.15	-2.8
金属制品业	7.11	-7.5
电气机械和器材制造业	6.27	11.0
汽车制造业	0.60	-29.8

新兴接替产业增加值418.52亿元,增长12.4%,占太原市规模以上工业增加值的54.3%。其中:装备制造业增加值289.73亿元,增长14.9%,占太原市规模以上工业增加值的37.6%。

2012 年、2013 年太原市工业新兴接替产业、传统产业比重图

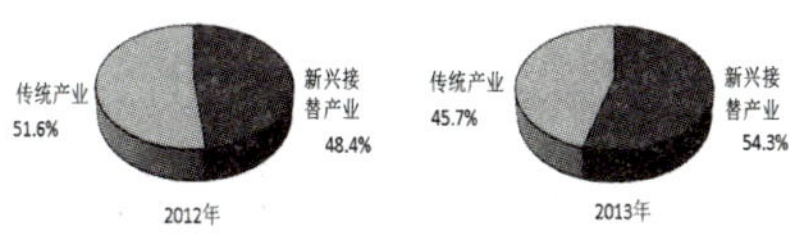

2013 年太原市规模以上工业装备制造业增加值

行　业	增加值（亿元）	比 2012 年增长(%)
装备制造业	289.73	14.9
计算机、通信和其他电子设备制造业	196.25	26.1
通用设备制造业	26.94	-1.7
专用设备制造业	18.63	-18.5
交通运输设备制造业	17.78	5.6
仪器仪表制造业	16.15	-2.8
金属制品业	7.11	-7.5
电气机械和器材制造业	6.27	11.0
汽车制造业	0.60	-29.8

2013 年，太原市煤炭、钢铁、炼焦、电力等传统行业增加值 352.42 亿元，增长 7.8%，占全市规模以上工业增加值的 45.7%。其中：占比 19.2%的钢铁行业增加值增长 19.0%，占比 17.7%的煤炭行业增加值下降 2.6%，占比 3.7%的炼焦行业增加值增长 5.6%，占比 2.2%的电力行业增长 6.7%。

2013 年太原市规模以上工业企业主要产品产量

产品名称	单位	产量	比2012年增长(%)
原 煤	万吨	3711.47	2.3
洗煤	万吨	2940.80	-2.0
发电量	亿千瓦小时	279.25	-4.2
食醋	万吨	45.47	-1.0
白酒(折 65 度)	千升	4920.71	-47.6
碳酸饮料	万吨	15.53	14.9
卷烟	亿支	158.50	1.6
家具	万件	2.79	4.9
机制纸及纸板	万吨	9.74	9.7
焦炭	万吨	1136.15	0.6
氢氧化钠(折 100%)	万吨	3.07	-69.2
橡胶轮胎外胎	万条	166.57	-2.2
子午线轮胎外胎	万条	153.61	-3.7
水泥	万吨	594.74	-5.8
生铁	万吨	698.58	-0.1
粗钢	万吨	977.76	4.4
不锈钢	万吨	322.56	3.9
钢材	万吨	939.37	6.2
金属镁	万吨	2.03	-0.4
金属切削机床	万吨	466.00	-32.8
数控机床	台	108.00	-7.7
起重机	万吨	5.72	0.4
采矿设备	万吨	10.00	-29.9
金属轧制设备	万吨	7.48	16.7

2013 年，太原市规模以上工业主营业务收入 3444.77 亿元，增长 2.8%。利税总额 110.63 亿元，下降 12.1%。利润总额 12.13 亿元，下降 44.0%。亏损企业亏损额 50.47 亿元，增长 1.8%。

建筑业。2013 年，太原市具有建筑业资质等级的总承包和专业承包建筑业企业总产值 1961.17 亿元，增长 22.5%；利税总额 115.83 亿元，增长 22.4%；利润总额 55.87 亿元，增长 22.4%；上缴税金 59.96 亿元，增长 22.4%。　（市统计局）

【固定资产投资】 固定资产投资。2013 年，太原市固定资产投资 1670.74 亿元，比上年增长 26.5%。其中：中央项目投资 111.57 亿元，下降 10.3%；省属项目投资 349.03 亿元，增长 20.2%；太原市属及以下项目投资 1210.14 亿元，增长 33.6%。

2009—2013 年太原市固定资产投资

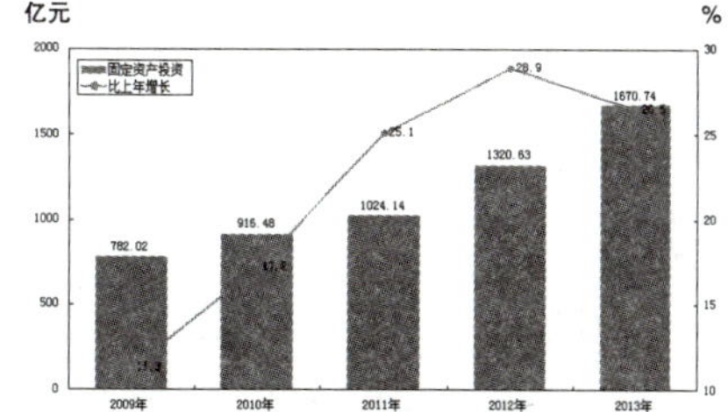

分产业看，第一产业投资 25.31 亿元，增长 44.5%；第二产业投资 531.52 亿元，增长 21.9%。其中：工业投资 525.78 亿元，增长 22.4%；第三产业投资 1113.91 亿元，增长 28.4%。三次产业投资比重为 1.5%、31.8%和 66.7%。

工业投资中，非煤产业投资 428.24 亿元，增长 26.7%，占工业投资的比重达到 81.4%。新兴接替产业投资 279.86 亿元，增长 25.7%，占工业投资的比重达到 53.2%。

分经济类型看，国有投资 932.30 亿元，增长 44.9%；非国有投资 738.44 亿元，增长 9.0%，其中：民间投资 713.90 亿元，增长 12.5%。

2013 年太原市分行业固定资产投资

指　标	投资额（万元）	比 2012 年增长(%)
总 计	16707390	26.5
农、林、牧、渔业	253077	44.5
采矿业	1052903	6.3
制造业	3342187	31.2
电力、热力、燃气及水的生产和供应业	862724	13.6
建筑业	57428	-7.1
批发和零售业	195648	-26.2
交通运输、仓储和邮政业	577682	-44.6
住宿和餐饮业	77446	-7.9
信息传输、软件和信息技术服务业	265341	3.1
金融业	3025	210.3
房地产业	6358489	14.5
房地产开发投资	4299194	17.9
租赁和商务服务业	152307	132.6
科学研究和技术服务业	85303	-37.0
水利、环境和公共设施管理业	2920743	248.0
居民服务和其他服务业	50097	40.2
教育	179105	24.8
卫生和社会工作	74702	-16.7
文化、体育和娱乐业	47432	-28.6
公共管理和社会组织	151751	67.1

全年太原市在建固定资产投资项目 1335 个。其中：5 亿元以上项目 137 个，计划总投资 2500.93 亿元，完成投

资631.93亿元，占全市固定资产投资的比重为37.8%；10亿元以上项目67个，计划总投资2020.43亿元，完成投资496.82亿元，占全市固定资产投资的比重为29.7%。

房地产开发。全年太原市房地产开发投资429.92亿元，比上年增长17.9%。住宅投资309.97亿元，增长19.1%，其中：90平方米以下住房投资73.94亿元，占住宅投资的比重为23.9%；商业营业用房投资50.57亿元，增长23.0%。全年商品房竣工面积226.17万平方米，商品房销售额295.21亿元。（市统计局）

【能源经济】 能源生产。2013年，太原市一次能源生产折标准煤2651.10万吨，比上年增长3.4%；二次能源生产折标准煤4368.20万吨，增长0.7%。

能源投资。2013年，太原市能源工业投资172.87亿元，比上年增长9.9%。其中：煤炭工业投资97.54亿元，增长6.5%；焦炭工业投资1.70亿元，下降41.3%；电力工业投资21.15亿元，增长8.1%。

用电。2013年，太原市全年全社会用电量247.43亿千瓦小时，下降0.2%。其中：农业用电1.74亿千瓦小时，增长2.6%；工业用电（含电厂自用电）175.02亿千瓦小时，下降3.5%；建筑业用电3.46亿千瓦小时，增长4.6%；第三产业用电34.73亿千瓦小时，增长7.8%；城乡居民生活用电28.56亿千瓦小时，增长10.9%，城乡居民人均生活用电667.65千瓦小时。万元GDP电耗1059.79千瓦小时，下降7.7%。（市统计局）

【国内贸易】 消费品零售。全年太原市社会消费品零售总额1281.46亿元，比上年增长13.5%。其中：城镇消费品零售额1255.53亿元，增长13.2%；乡村消费品零售额25.93亿元，增长25.7%。

2013年太原市社会消费品零售总额

指　标	零售额（亿元）	比2012年增长（%）
社会消费品零售总额	1281.46	13.5
分地域：城镇	1255.53	13.2
其中：城区	1183.63	13.0
乡村	25.93	25.7
分行业：批发业	60.95	8.4
零售业	1142.46	16.1
住宿业	10.53	-9.6
餐饮业	67.52	-12.7

2009—2013年太原市社会消费品零售总额

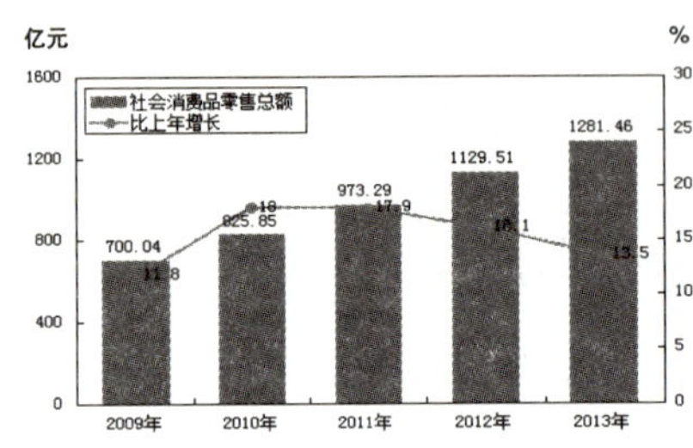

2013年，太原市限额以上贸易企业零售额814.13亿元，比上年增长7.4%，占社会消费品零售总额的63.5%。

2013年太原市限额以上批发零售业商品零售

指　标	零售额（万元）	比2012年增长（%）
汽车类	3049701	5.4
石油及制品类	943389	9.0
文化办公用品类	63436	14.2
通讯器材类	62598	-5.7
家用电器和音像器材类	524724	31.1
中西药品类	452298	33.2
建筑及装潢材料类	7536	10.4
日用品类	158142	10.4
家具类	6360	-3.6
粮油、食品、饮料、烟酒类	866369	15.3
服装类	829475	19.0
化妆品类	83785	15.8
金银珠宝类	249079	39.2

【对外经济】 进出口贸易。2013年太原市外贸进出口总额91.63亿美元，比上年增长8.2%。其中：出口额52.95亿美元，增长24.8%；进口额38.68亿美元，下降8.5%。

2009-2013年太原市外贸进出口总额

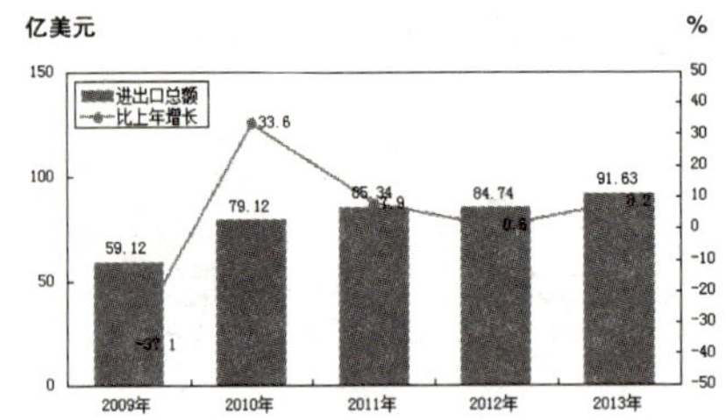

2013年，在太原市出口商品中，煤炭、焦炭、金属镁分别为1.58亿美元、1.01亿美元、0.90亿美元，占出口额的6.6%。不锈钢材、机电产品分别为8.86亿美元、35.89亿美元，占出口额的84.5%。

2013年太原市外贸进出口总额

指　标	绝对数（亿美元）	比2012年增长（%）
进出口总额	91.63	8.2
出口额	52.95	24.8
其中：一般贸易	13.66	-10.0
加工贸易	38.22	44.1
其中：机电产品	35.89	50.1
高新技术产品	30.47	72.1
其中：国有企业	16.05	-9.9
外商投资企业	30.93	71.1
进口额	38.68	-8.5
其中：一般贸易	22.92	-15.2
加工贸易	15.53	9.3
其中：机电产品	14.94	6.5
高新技术产品	7.71	-8.3
其中：国有企业	22.59	-8.2
外商投资企业	8.79	-10.4

注：高新技术产品和机电产品分类有交叉。

2013年，与太原市有贸易往来的国家和地区151个。全年进出口额在千万美元以上的国家和地区52个，比上年增加4个。

招商引资。全年太原市新设立外商投资企业18家。实际利用外商直接投资额9.44亿美元，增长20.7%。武宿综合保税区封关运行。（市统计局）

【交通邮电和旅游】 交通运输。截至2013年末，太原市公路线路里程累计达到7317千米，其中高速公路288千米。公路密度104.7千米/百平方千米。

2013年太原市铁路、公路、航空运输量与周转量

指 标	单位	绝对数	比2012年增长(%)
货物运输量	万吨	15342.45	7.9
铁路	万吨	4239.01	-7.5
公路	万吨	11099.00	15.2
航空	万吨	4.44	5.0
货物周转量	百万吨千米	42328.05	-1.2
铁路	百万吨千米	29231.52	-7.2
公路	百万吨千米	13096.53	15.2
旅客运输量	万人次	5530.44	3.2
铁路	万人次	2523.08	-0.5
公路	万人次	2227.00	4.0
航空	万人次	780.36	14.5
旅客周转量	百万人千米	12278.56	-0.5
铁路	百万人千米	6345.66	-5.2
公路	百万人千米	5932.90	5.0

截至2013年末，太原市民用汽车保有量89.50万辆，比上年末增长13.5%，其中私人汽车75.65万辆，增长16.5%。2013年新注册汽车13.60万辆，增长2.7%。年末轿车保有量53.08万辆，增长17.5%，其中私人轿车47.95万辆，增长19.0%；2013年新注册轿车8.58万辆，增长3.0%。

邮电。全年太原市邮电业务总量79.61亿元，比上年增长3.1%，其中：邮政业务总量5.21亿元，下降2.4%；电信业务总量74.40亿元，增长3.5%。年末市话达到120.15万户。农话达到6.04万户。移动电话用户726.22万户，其中：3G移动电话用户236.76万户。全市固定及移动电话用户总数达到852.41万户。每百人拥有电话199部，其中：固定电话和移动电话普及率分别达到29部/百人和170部/百人。计算机互联网用户143.48万户，净增加8.55万户，其中：宽带网用户133.12万户，增加9.73万户。

旅游。2013年，太原市接待海内外游客3691.33万人次，比上年增长23.7%。其中：国内游客3644.73万人次，增长23.9%；海外游客46.60万人次，增长10.3%。海外游客中：外国人32.74万人次，香港同胞7.94万人次，澳门同胞0.87万人次，台湾同胞5.05万人次。全年旅游总收入430.90亿元，增长21.2%。其中：国内旅游收入413.52亿元，增长21.7%；旅游外汇收入2.76亿美元，增长12.9%。

（市统计局）

【金融和保险】 金融。截至2013年末，太原市金融机构本外币各项存款余额9948.51亿元，比年初增长10.8%；本外币各项贷款余额7222.35亿元，增长11.8%。

人民币各项存款余额9819.68亿元，增长10.3%，其中：个人储蓄存款余额3307.99亿元，增长9.4%；人民币各项贷款余额7111.87亿元，增长11.4%。人民币贷款中，中长期贷款余额4416.14亿元，增长9.2%；短期贷款余额2394.45亿元，增长17.8%。

保险。2013年，太原市原保险保费收入97.55亿元，增长6.6%。其中：寿险业务保费收入52.91亿元，增长0.4%；健康险业务保费收入6.01亿元，增长19.7%；意外伤害险业务保费收入2.34亿元，增长15.3%；财产险业务保费收入36.28亿元，增长14.2%。

支付各类赔款及给付35.29亿元，增长39.1%。其中：寿险业务给付13.99亿元，增长61.9%；健康险业务赔款及给付2.24亿元，增长43.2%；意外伤害险业务赔款0.57亿元，增长11.2%；财产险业务赔款18.50亿元，增长26.2%。

（市统计局）

【城市建设】 基础设施建设。2013年，太原市完成汾东新区、晋阳新区、西山生态景观区、城中村和棚户区改造等30余项编制规划，组织完成“一环两路”等城市主要干道综合设计。新建改造府东府西街、并州路、太茅路、西渠路等道路105条，总长196千米。轨道交通2号线一期工程首开段正式开工。城市中环路建成使用，主线全长48.46千米。50个城中村实施改造，11个城中村完成整村拆除。全年太原市城市基础设施建设投资357.27亿元，增长1.4倍。推进城市管理的信息资源整合，建立网格化数字城管系统，列入首批国家智慧试点城市。

（市统计局）

【教育】 2013年末太原市共有普通高等院校44所（其中高职院校23所），普通中等专业学校32所，成人中等专业学校11所，职业高中学校15所，普通中学226所，小学534所，幼儿园608所。

（市统计局）

2013年太原市各类教育学生数

指 标	招生（人）	在校生（人）	毕业生（人）
研究生	7704	22658	6479
普通高等教育	120022	378728	99379
中等职业教育	32616	120481	44906
普通高中	29357	88514	28835
普通初中	43784	134307	50960
普通小学	46148	254414	46477
特殊教育	135	993	147
学前教育	43688	113446	36945

全市学前三年毛入园率95.1%。小学学龄儿童入学率，初中生入学率、巩固率均达到国家标准。2013年太原市高考一本、二本达线率和录取率在全省继续名列前茅。

科学技术。2013年，太原市组织开展“百院百企”“百校百企”科技合作对接活动，全年技术市场共登记技术合同452项，成交金额15.2亿元。研究与试验发展(R&D)经费支出79.5亿元，比上年增长12.0%，占地区生产总值的比重为3.3%。国家认定企业技术中心11家，省级企业技术中心58家。年末累计认定高新技术企业174家。全年鉴定255项科技成果，获得国家科技奖励3项。全年核定申请专利7926

件，比上年增加779件。每10万人专利申请数185项，比上年增加17项。规模以上工业高新技术产业增加值264.07亿元，增长6.3%，占地区生产总值的比重为10.9%。 （市统计局）

【文化、卫生和体育】 文化。截至2013年末太原市共有专业、具备规模的民营艺术表演团体17个。群艺文化馆12个，博物馆11个。公共图书馆馆藏图书659.11万册。国家综合档案馆12个，馆藏档案资料128.70万卷（件、册）。广播节目12套，电视节目18套。有线广播电视用户105.77万户（其中数字电视用户100.47万户），有线电视入户率96.2%。广播人口覆盖率99.9%，电视人口覆盖率100%。城乡公共文化基础设施建设加强，“三馆一站”免费开放，太原美术馆建成投入使用。开展“文化精品惠民基层行”活动，农村公益电影放映实现全覆盖。全年太原市荣获国家级奖30项、省级奖32项，晋剧《傅山进京》荣获第八届全国戏剧文化奖“原创剧目大奖”和“表演大奖”等9个奖项。新编现代晋剧《上马街》荣获山西省“五个一工程”奖。舞蹈《回娘家》荣获第十届中国艺术节“群星奖”。年末共列入国家级非物质文化遗产保护项目16项、省级保护项目67项、市级保护项目115项。

卫生。截至2013年末，太原市共有卫生机构2638个(不含村卫生室)，医疗床位35247张。每千人拥有医疗床位8.2张。各类卫生技术人员47388人，其中：执业（助理）医师18913人，注册护士21056人。每千人拥有医生4.4人。实际参加新型农村合作医疗的农民105.40万人，参合率99.6%。新农合“先住院、后付费”改革经验在全国推广。基本药物制度覆盖到政府办的所有基层医疗卫生机构。

体育。2013年太原运动员在国内外大赛中，获得3枚金牌、3枚银牌、4枚铜牌、17个第四至第八名。成功举办2013太原国际马拉松赛、第四届世界大学生龙舟锦标赛、“傅山杯”全国传统武术邀请赛、第十一届全国“篮球城市”交流活动等赛事。其中，“2013太原国际马拉松赛”荣获全国马拉松金牌赛事、体育旅游精品赛事、中国十大优质赛事等称号。 （市统计局）

【人民生活和社会保障】 2013年，太原市城镇居民人均可支配收入24000元，比上年增长11.0%；城镇居民人均生活消费支出14338元。农民人均纯收入11288元，增长12.0%；农民人均生活消费支出7407元。城乡居民收入比为2.13∶1，比上年缩小0.02个百分点。

2009—2013年太原市城镇居民人均可支配收入

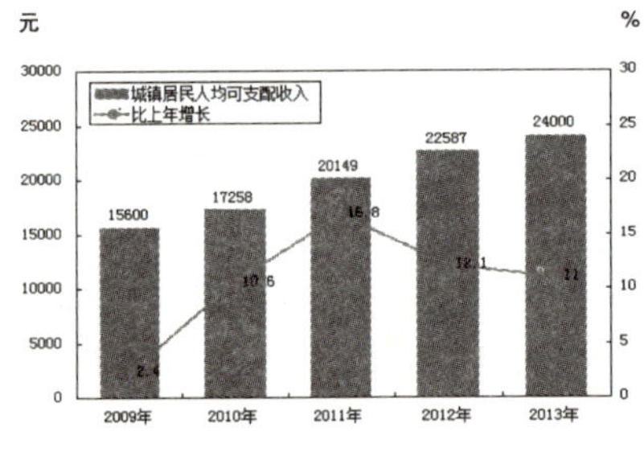

2009—2013年太原市农民人均纯收入

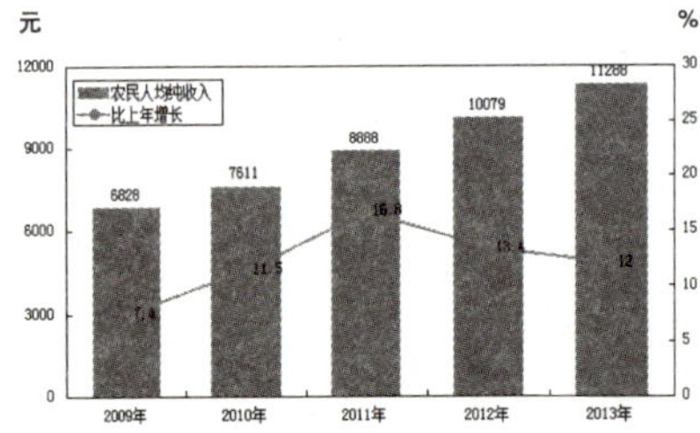

社会保障。太原市城镇社会保险参保率97.85%。全市企业职工参加养老保险79.15万人，参加城镇基本医疗保险235.13万人，参加失业保险81.57万人，参加工伤保险91.14万人(其中参保农民工17.28万人)，参加生育保险94.09万人。年末城市低保覆盖人口4.17万人，农村低保覆盖人口4.82万人，4239人纳入农村五保供养，全年发放最低保障资金3.53亿元。

截至2013年，太原市各类收养类单位39个，床位5038张，收养4242人。救济农村五保户4222户，城市临时救助5132户次，农村临时救助1563户次。 （市统计局）

【环境保护和安全生产】 环境质量。2013年太原市区空气质量二级以上天数162天，达标比率为44.4%。空气污染综合指数8.73%。集中式饮用水源地水质达标率保持100%，地表水环境功能区水质达标率75.0%，娄烦汾河水库列入国家重点支持的15个江河湖泊动态名录。市区区域环境噪声年均值53.0分贝、交通噪声年均值68.0分贝。为推进环境综合整治、改善省城环境，主动关停、搬迁232户重点污染企业，全年PM2.5达标199天，达标比率为54.5%。

安全生产。全年太原市共发生生产经营性事故783起，下降3.8%。未发生重大以上安全生产事故。煤炭百万吨死亡率为0.409。

注：(1)本公报数据为统计部门和其它相关部门初步统计数据。(2)地区生产总值、各产业(行业)增加值绝对数按现价计算，增长速度按不变价格计算。(3)规模以上工业企业是指年主营业务收入在2000万元及以上的法人工业企业；固定资产投资统计起点为项目计划总投资500万元及以上；限额以上批发零售企业是指年销售额2000万元及以上的批发企业和年销售额500万元及以上的零售企业。(4)邮电业务总量按2010年不变价格计算。(5)依据城乡住户一体化改革制度，2013年城镇居民人均可支配收入调整为全市口径数。(6)环境空气优良天数按照国家环保部发布的《环境空气质量评价技术规范》(试行)HJ663-2013的标准进行评价。(7)根据国家统计局规定，节能降耗指标单独发布。 （市统计局）

机构设置和领导班子名单

中共太原市第十届委员会

书　　记　陈川平

副 书 记　廉毅敏＊　耿彦波　荣　彤

常　　委　邹天敬＊　李志江　弓　跃　任在刚　高　键＊
　　　　　张春根　柳遂记　刘海芸(女)　张金旺　陈河才
　　　　　蒋　鹿

太原市第十三届人民代表大会常务委员会

主　　任　郭振中

副 主 任　郝小军　傅建荣　刘　剑　王建勋　冯晋生
　　　　　梁争平　李文清

秘 书 长　冯润春

委　　员　(按姓名笔画排列)
　　　　　马文志(回族)　马有根　王一瑛(女)　王小东
　　　　　王　瑾　左　伟　申树茂　田永顺　朱永平
　　　　　刘良才　刘金元　刘建伟　李马全　李永红
　　　　　李京京　李晓伟　李增锁　杨凤仙(女)　肖永房
　　　　　吴国荣　张　刚　张建国　张　章　孟小勇
　　　　　赵雁萍(女)　侯　安　徐文龙　萧芬芬(女)
　　　　　阎继红(女)　康树芬(女)　董　钧　魏正琍(女)

太原市人民政府

市　　长　廉毅敏＊　耿彦波

副 市 长　任在刚　张金旺　王建生　毋青松　陈河才＊
　　　　　王爱琴(女)　寿伟光(挂职)　薛忠晋

秘 书 长　刘　鹓

政协太原市第十二届委员会

主　　席　张贵元

副 主 席　任书文　张　政　王爱萍(女)　陈远新　张文旺
　　　　　薛维梁　毛志鸣　冯　霞(女)　任晓峰

秘 书 长　刘建中

常委名单　(按姓名笔画排列)
　　　　　于振龙　王　志　王　萍(女)　王丽萍(女)
　　　　　王素红(女)　王艳梅(女)　王毅仁　冯变花(女)
　　　　　包岳化　乔瑞生　刘贵忠　刘艳菊(女)
　　　　　刘锦春(女)　安　进　安中山　安新平(女)
　　　　　曲蕙蕙(女)　朴　华(女朝鲜族)　许原芝(女)
　　　　　许韶琛(女)　邢拴林　闫爱爱(女)　张友君
　　　　　张志康　张炎魁　张海俊　张莉芸(女)　李　钢
　　　　　李　慧(女侨联)　李云岗(回族)　李文和
　　　　　李永强　李亚江　李国敏　李明远　李德志
　　　　　杜志平(女)　杜效敏　杨艳玲(女)　杨雪梅(女)
　　　　　芦国庆(女)　陈浪华　陈继光　周学恭　孟宁友
　　　　　孟德东　武卫东　武忠民　武凌云　范智慧
　　　　　郑旭东　金　钢(满族)　姚原梅(女)　姚锦龙
　　　　　段毅豪　相　辉　胡二生　荆俊杰　赵利民
　　　　　赵晋春　赵彩萍(女)　徐美玲(女)　柴　洁(女)
　　　　　秦海滨　贾志宏　贾虎子　郭跃文　高文变(女)
　　　　　商广喜　康宝林　梁　巍(女)　焦晓燕(女)
　　　　　董云飞　释悲寂　蔡联合　谭　慷　樊怀林
　　　　　薛新福　魏元平

中共太原市第十届纪律检查委员会

副 书 记　陈殿祥　李国敏　梁永明　孙建宏

常　　委　高晋晖　李丽芳(女)　张忠云　王振军

秘 书 长　梁永明　李丽芳(女)

副调研员　白清莲(女)

太原市中级人民法院

院　　长　冯少勇

副 院 长　路德坤　韩育兵　张庭保　郭　旗　任有会
　　　　　段培林

纪检组长　刘欣旺

政治部主任　张文华

执行局局长　李晓涛

副调研员　王效林

党组成员　王利生

太原市人民检察院

检 察 长　周茂玉

副检察长　谢宏江　郭　鸿　张克军　江　晨　李南明

纪检组长　尚阿涛

政治部主任　蔡治安

反渎职侵权局局长　张巨保

检委会专职委员　任　萍(女)

副调研员　祝积岐

检委会专职委员　韩少峰

反贪局局长　刘忠勇

市委工作机构

市委办公厅

常务副秘书长　白玉明

副秘书长　王栋梁　李亚江　刘振华　张树明　雷世昌

调 研 员　王瑞文

副调研员　孙玉文　谭国栋

组织部

部　　长　李志江

常务副部长　李增锁

副 部 长　郑旭东　王富旺　李发平　陈晓红(女)

副调研员　雷学义

宣传部

部　　长　张春根

常务副部长　孟德东

副 部 长　詹玉梅(女)　曹俊清　贾可春

副调研员　刘建光

统战部

部　　长　刘海芸(女)

常务副部长　李文权

副 部 长　王贵云　王莎莎(女)　李　波

政法委员会

书　　记　柳遂记

常务副书记　张守斌

副 书 记　宫殿元　相　辉　吕静英

政治部主任　赵　彬

调 研 员　韩　玲(女)

副调研员　张　波　王长征

综治办主任　宫殿元(兼)

综治办副主任　韩　玲(女)*　杨　静

市委防范办主任　王学明

副 主 任　汪志宏

政研室

主　　任　杨向东

副 主 任　赵德学　栗继东

调 研 员　鲁　辉

副调研员　宋秉辉

编　办

主　　任　谢强利

副 主 任　范振会　李　宁

副调研员　冯寅卯　吴春福　王建功

市直机关工委

书　　记　孙锁刚

副 书 记　张俊杰　崔雪岭　郭　炳

调 研 员　韩勇先

副调研员　肇晋源(女)

接待办

主　　任　李亚江

副 主 任　澹台应兵　焦　岗　李高儒

调 研 员　郝建伟

信访局

局　　长　刘振华

副 局 长　于学刚　要福鱼　雷治平

纪检组长　耿越平*

调 研 员　杨保根

副调研员　李智富　曹昶民　陈爱军　董建平

老干部局

局　　长　李发平

副 局 长　解建国　侯丽芬(女)　安建斌

副调研员　陈　兵(女)

台办

主　　任　张炎魁

副 主 任　贾时钟　黄定发

调 研 员　郭芳民

机要局

局　　长　戴耀生

调 研 员　郭雄涛

保密局

局　　长　赵　静(女)

副 局 长　李连科

精神文明办

主　　任　詹玉梅(女)

副 主 任　肖善才

调 研 员　刘沛洪　王晓峰

太原市第十三届人大常委会工作机构

市人大工作机构

副秘书长　李恩庆　王小明　马彦明　段建忠

调 研 员　张　升　赵冬凯　刘　跃　裴丽娜(女)

副调研员　乔黎明*

研究室

主　　任　张　刚

副 主 任　秦原平(女)　孙　安　袁洪建

法制委员会

主任委员　孟小勇

副主任委员　孟凡政　车晓蓓(女)

内务司法委员会

主任委员　张建国

副主任委员　邢德谦　李　平(女)

财经委员会

主任委员　康树芬(女)

副主任委员　刘　跃*　冯　健

城建环保委员会

主任委员　肖永房

副主任委员　王春生　冯利峰

教科文卫委员会

主任委员　赵雁萍(女)

副主任委员　乔情义　王培仁

农业与农村委员会

主任委员　王　瑾
副主任委员　彭生全　张一平

人事代表委员会

主任委员　左　伟
副主任委员　李增锁(兼)　裴丽娜(女)*　张志佩

民宗侨务外事委员会

主任委员　李晓伟
副主任委员　李冠萍(女)

人大信访局

局　　长　朱永平
副 局 长　刘　婧(女)

市委党校(市行政学院)

常务副校长　雷学东
副校长(副院长)　刘亚晋(女)　王晓东　王宝进　张　忠　张峰杰
教 育 长　邓翠香(女)

太原日报社、日报报业集团

太原日报社社长、太原日报报业集团党委书记、董事长、太报传媒公司董事长　李树人
太原日报报业集团党委副书记、董事,太原日报社、报业集团总编辑兼太原日报总编辑　王丽萍(女)
太原日报报业集团党委副书记、纪委书记　刘越凤
太原日报报业集团党委委员、董事,太原日报社副总编兼晚报总编辑　王福庆
太原日报社副社长,太原日报报业集团党委委员、董事　张向明
太原日报社、太原日报报业集团副总编　王艾萍(女)
太原日报社、太原日报报业集团副总编　杨　松
副社长、党委委员　赵安林
副社长、党委委员　王　剑
太原日报社、太原日报报业集团副总编辑　董　豪
太原日报社、太原日报报业集团副总编辑　徐大为
太原日报社正社级调研员　裴晓敏
太原日报社正社级调研员　蒋言礼
太原日报社副社级调研员　詹朝亮

太原市人民政府工作机构

办公厅

副秘书长　薛维柱　李树忠　郭德魁　窦力奋　庞虹(女)　常跃平
纪检组长　武晓英(女)
调 研 员　阎丽娜(女)　田维春　安龙柱
副调研员　牛　亮　潘　侠
应急办副主任　师旭东

发改委

主　　任　张　勇
副 主 任　王世瑛　史铁成　卫建业　崔效荣　王振宇
纪检组长　王益民
总经济师　王世忠
总工程师　赵爱忠
调 研 员　王喜彬　尚克勤
副调研员　张权斌　李申华　侯维国

经信委

主任、工委书记　赵瑞雪
工委副书记　吕川美
副 主 任　赵新春　刘元亮　刘书林　原云生　刘剑明
纪工委书记　王玉厚
总工程师　杨灵生
总经济师　吴光昭
调 研 员　唐朝彬　汤志杰　杨春林
副调研员　李建忠　谢禄雪

教育局

局　　长　马兆兴
党委书记　马兆兴
党委副书记　刘富海
纪委书记　王太杰
副 局 长　刘富海　荆俊杰　王树红　赵长虹　曲向平

科技局

局长、党组书记　谢承泮
副 局 长　樊怀林　郑文明　张兴民
纪检组长　程　莉(女)
总工程师　徐　华(女)
副调研员　刘文昌　李保现　张浩明

财政局

局长、党组书记　陈向阳
党组副书记、调研员　崔崇恩
副 局 长　邢建成　强培东　王国柱　杨桂梅(女)
纪检组长　闫保丰
总会计师　张艳红(女)
副调研员　荣和平　唐春玉　胡　毅

人力资源和社会保障局

局长、党组书记　王富旺
副 局 长　张晓林　赵　军　韩武雁　赵　俭
纪检组长　张国栋
调 研 员　贾宏鸣　王成锁　赵月旺
副调研员　欧阳湘晋　苏改英(女)*　王成锁*　赵月旺*　李保亮　秦崇年

环保局

局　　长　陈继光
党组书记　朱天晓
副 局 长　许德茂　孔向明　郭　玺　刘永慧
纪检组长　李　锦*
总工程师　夏玉林

调 研 员　孙占良　刘　福
副调研员　梁建中
住建委
主　　任　王　忠
党委书记　王　忠
党委副书记　郝明俐(女)
纪委书记　胡丽丽(女)
副 主 任　王清河　张晓军　崔学锋　梁晓岗　石永明
总经济师　陈志强
总工程师　王清雨
调 研 员　董克平
副调研员　张晋生　强力军
城管委
主　　任　王建堂
党委书记　王建堂
副 主 任　张　利　朱茂生　段　洪　刘作铭　张　红(女)
　　　　　张志杰　孙玉锋　耿炤宇
党委副书记　高喜跃
纪委书记　任晓艳
总工程师　武卫华
调 研 员　穆晓光　郭平和
副调研员　蒙晓禄　赵有仁
交通运输局
局　　长　郭治明
副 局 长　阎明生　贾秀荣（女）　张则福　高海林　李建斌　纪检组长　郭雪梅(女)
总工程师　贾全福
调 研 员　李建华　王正仁
副调研员　梅玉光
水务局
局　　长　贾立进
副 局 长　董国芬(女)　张怀玉
纪检组长　周永乐
总工程师　赵树林
调 研 员　杜成元　张振发
副调研员　刘新平　侯俊林
农业委员会
主　　任　康宝林
党委副书记　郭树生
副 主 任　南红卫(女)　郝锁业　王青书　郭志鸿(女)
扶贫办主任　常红勤
纪委书记　郭润喜
总农艺师　巩天奎
总畜牧师　武济顺
调 研 员　韩润福
副调研员　孙德武
党委委员　李学花(女)
林业局
局　　长　薛新福
副 局 长　张爱文　蒋光中　任金旺
纪检组长　曹宏伟
总工程师　田双保
调 研 员　郭振霞
商务局
局　　长　高屹城
党委书记　高屹城
党委副书记　李建民
副 局 长　杜淑婵(女)　陈西林　杨金陵
纪委书记　成晓平(女)
调 研 员　王贵德　梁世斌　王晓进
副调研员　赵伟民　王秋兰(女)　张宏玉
文化广播电视新闻出版局
局　　长　李　钢
副 局 长　曹永明　张广亮　安俊跃　张志年　李红星
调 研 员　李元红　孟恭才　周广健
副调研员　董晓英(女)　郭桂红(女)　安仰谊
卫生局
局　　长　郝宝清
党委副书记　安鲜萍(女)
副 局 长　商广喜　刘振保　张丽萍(女)　张　泽
纪委书记　侯世君
调 研 员　温耀春　马秉权
副调研员　袁　琳　胡亚书
人口计生委
主　　任　崔　燕(女)
副 主 任　腾　军　黄建宏
纪检组长　刘玉伟
调 研 员　于兆林　田立华
副调研员　张永杰
审计局
局　　长　连金会
副 局 长　苗五保　李德明　杨　玲(女)
纪检组长　马晋达
总审计师　何　茜(女)
调 研 员　晋志平　李贵生　牛耀岐　柳庆元
外侨办
主　　任　潘保欢
副 主 任　畅绍德　尉　韬(女)　李　岩
纪检组长　赵晓平
调 研 员　梁　涛
副调研员　王　磊(女)　刘勤儿
煤炭工业局

局　　长　邓维元
副 局 长　张晓峰　李春生
总工程师　王双斗
纪检组长　尹达恒
副调研员　郭树林　索秀敏

国资委

主　　任　茹述创
副 主 任　李振忠　韩东来　阎树亮　刘军华
党委副书记　黄建民
纪委书记　孙建祁
调 研 员　张东升

体育局

局　　长　高　波
副 局 长　裴红霞(女)　李永昌　何文平
纪检组长　张吉祥
调 研 员　孟广昭　王晓武
副调研员　毕宗敏

统计局

局　　长　薛建明
副 局 长　岳国平　戴陆寿　梁永昭
纪检组长　李拴英(女)
总统计师　马亚晓
调 研 员　乔　木
副调研员　陈亚萍(女)　王振军　张太生

安全生产监督管理局

局　　长　王守清
副 局 长　李亚瑾　张永宽
纪检组长　梁福云
总工程师　曹玉田
调 研 员　席建业　刘春友　刘豹　卫天喜

旅游局

局　　长　齐宏明
副 局 长　黄道义　宁克强　杨永生　刘德清(女)
调 研 员　赵金英(女)
副调研员　张　莹

民族宗教事务局

局　　长　王素红(女)
副 局 长　张升万
调 研 员　孙世文

粮食局

局　　长　刘照升
副 局 长　凌长明　岑　杰　李殿彪
总经济师　李春瑞
调 研 员　洛正明

食药监管局

局　　长　魏元平
党组书记　高金虎
副 局 长　连　波　李文军
纪检组长　王临庆(女)
总检验师　刘慧君
调 研 员　马尧英　李惠斌　杨顺平
副调研员　高俊常

文物局

局　　长　杨支军
副 局 长　刘　军　于振龙　冀晓峰
纪检组长　曹维明
调 研 员　赵乃仁　赵树忠
副调研员　谷立新　秦建军　吴春明

人防办

主　　任　冀克平
副 主 任　崔　嵬　张志强　令狐小静(女)
调 研 员　马立骏　王玉英(女)
副调研员　康新满　陈　海

法制办

主　　任　阴海锁
副 主 任　杨位保　温建国　张志强
副调研员　陈江峰

物价局

局　　长　孟小军
副 局 长　南孟广　张世明　王晓东
纪检组长　傅　立
调 研 员　张耀民　程润元
副调研员　倪福田

城乡规划局

局　　长　姜　波
副 局 长　白树栋　白晓平　王建廷　赵宏亮
纪检组长　闫继华(女)
总工程师　邵社教
总规划师　杨迎旭
副调研员　李学昌　梁云龙

房产管理局

局　　长　王静恩
副 局 长　王东立　康建斌　耿国胜
纪检组长　郝尹明
总经济师　张屹东
调 研 员　程银喜　郑建文
副调研员　赵　义　钱国栋　李玉东

园林局

局　　长　张建刚
副 局 长　吕从标　荣锁平　赵学军
纪检组长　杨琳岚(女)
总园艺师　王书宏

调 研 员　杨创家　张世隆
副调研员　许济民　程清太

供销社

书　　记　高庆霞
主　　任　高庆霞
副 主 任　武怀诚　白　威
调 研 员　宁和平　王慧忠　关增盛
副调研员　张石山

环卫局

局　　长　朱茂生
副 局 长　郭惠田　段耀辉　时中瑛
总工程师　雷生贤
调 研 员　陈立盛

太原广播电视台

台　　长　田志捷
副 台 长　王俊伟　申根成　赵　欣(女)
纪委书记　程晋生
调 研 员　王如东
副调研员　董慧龙(女)　高　杰

老龄办

主　　任　李并敏
副 主 任　于　兰(女)

政务办

主　　任　李树忠
副 主 任　王锁柱　郑润林
调 研 员　郭跃平

贸促会

会　　长　马华民
副 会 长　温　辉　王英明
副调研员　王军威

公安局

局　　长　李亚力*　柳遂记
书　　记　柳遂记
副书记、纪委书记　孟庆祥
副 局 长　刘兴旺*　杜海生*　胡越峰*　代来伟*
　　　　　李太平*　雷毓智　赵山成　白国宝
　　　　　李甲辰　仇跃勇　韩迷中　刘贵虎
政治部主任　武　润
党委委员　常丹飞　赵江畔*　梅玉光*　侯　斌
　　　　　郭建文*　王　政　马金标

司法局

局　　长　杨万生
副 局 长　褚晓峰　刘自国　韩　飞　张四民　赵士信
纪检组长　鹿建平
副调研员　丁忠泽

民政局

局　　长　任建忠
副 局 长　杜效敏　宋建平
纪检组长　段建生
调 研 员　白少敏　李福章　韩建平　周　强
副调研员　王　龙　张　仪　鲁　恺
市双拥办副主任　续鲜珍

企业上市办

主任、党组书记　许　强
副主任、党组成员　孙　炜

档案局

局长、党组书记　姚晓蓉(女)
副局长、党组成员　崔国铭
副局长、党组成员　李国琳(女)
纪检组长、党组成员　武变仙
副局长、党组成员　冯　刚
副局长、党组成员　赵国清*

防震减灾局

局　长、党组书记　吕大成
副局长兼总工　张晓峰
副局长、党组成员　邓子平
副局长、党组成员　续　渊(女)
纪检组长、党组成员　尹浩瑞
副调研员、党组成员　师　菁(女)

经济研究中心

主　任、党组书记　魏建庭
副主任、党组成员　张农寿
副 主 任　贺　鑫*
副调研员　贾茂泉

农机中心

主　任、党组书记　马雪峰
副 主 任　李瑞春　李恩科　卫　华
副调研员　王三保

城镇联社

主　任、党组书记　郭晋龙
副 主 任　吴同义　张国宏　裴志红　涂　超
调 研 员　马兴荣

中小企业局

局长、党组书记　葛文军
副 局 长　郭文斌　房保富　王晋昌
纪检组长　滕悦茹
调 研 员　石　勇　刘志勇
副调研员　樊志新

国有资产经营公司

董事长、党委书记　成恒太
党委副书记、总经理　吕德岗
党委副书记　张润玲*

董　　事　张牛喜　冯信信　任启海
副总经理　李晓静
总会计师　张　援
调 研 员　陈书林＊

住房公积金管理中心

主任、党组书记　韦和平
副 主 任　黄火平　刘建红　相似锦　张小平　张　麒

城市建设国有资产经营公司

董事长、党委书记　澹台宏亚
董事、工会主席、党委副书记　刘玉刚
副总经理　张春贵　李　宏
财务总监、董事　李　博(女)
总工、董事　韩　柏

公共交通控股(集团)有限公司

董事长、书记　周　齐
董事、总经理　杨大康
副 书 记　翟奇伟(女)
董事、工会主席　贾　珊(女)
监事会主席　孙年生
副总经理、党委委员　于　军　李文胜
副总经理　孟建华　郝铭生　霍雁朝

国资委

党委书记　张金旺
主任、党委副书记　茹述创
党委副书记　黄建民
副主任、党委委员　李振忠　韩东来　阎树亮　刘军华
纪委书记　孙建祁
调研员、党委委员　王千文　张东生
党委委员　赵国琦

卫生局

局长、党委书记　郝宝清
副 书 记　安鲜萍
副 局 长　商广喜
副局长、爱卫办主任　张丽萍
副 局 长　刘振保　张　泽
纪委书记　侯士君
调 研 员　温跃春　马秉权　李向斌
副调研员　袁　琳　胡亚书　赵永生

太原市中心医院

卫生局局长、党委书记兼中心医院党委书记　郝宝清
副院长、党委副书记　任笑异
党委副书记　李　莉(女)
副院长　张　静(女)　薛伟珍　王　水　王计良　李新华
总会计师　韩　宏(女)

太原市人民医院

院　　长　魏正琍

太原市第二人民医院

院　　长　商广喜

太原市第三人民医院

院　　长　李玉杰

太原市第四人民医院

院　　长　郭永芳

山西省太原精神病医院

院　　长　陈　刚

太原市妇幼保健院

院　　长　郭进升

太原市第八人民医院

院　　长　米跃亮

太原市中医医院

院　　长　裴伟俭

太原市疾控中心

主　　任　孟德权

太原市卫生局卫生监督所

所　　长　李跃光

太原市红十字血液中心

主　　任　白　林

太原市急救中心

主　　任　唐新宇

太原市健康教育中心

主　　任　李　飞

太原市医疗器械技术管理站

站　　长　陈稚林

龙城电影发展(集团)公司

总经理、书记　夏宝刚
党委副书记　刘光亮
纪委书记　乔晓梅(女)
财务总监　刘培宏

市经济建设投资公司

总经理、党组书记　李同立
副总经理　王晓东　刘元林　高志敏　陈迎光
　　　　　张　丽　宁振华

市龙城新区开发建设投资中心

主　　任　薛维柱

市龙城发展投资有限公司

董 事 长　薛维柱
总 经 理　薛江炤
副总经理　郭志强　谭晋生

并州饭店

总 经 理　王中华

市慈善职业技术培训中心

主　　任　李　越

事业单位登记管理局
副 局 长　贾瑞琦　冀晓军

城建档案馆
馆　　长　权进立

市国有林场
场　　长　王巧珍
书　　记　张保国

市林业科学研究所
所　　长　樊明瑞

太原社会科学院
院　　长　胡建林
调 研 员　任德胜

市物产集团有限公司
董事长、总经理　贺寿明
书记、副董事长　宋雪峰
副总经理　赵瑞平
副总经理、董事　武建平
副总经理　杨静德
总　　工　刘凤芝(女)
工会主席　王东明
党委委员　程亚青
董　　事　王文庆
副总经理　鲁占中　武原梅(女)
总会计师　周鲁静(女)

市饮食服务总公司
党委书记、董事长　王中华(兼)
党委副书记　白效红　李运帜
常务副总经理　原满红
副总经理　袁晋江

政协太原市第十二届委员会工作机构

办公厅
副秘书长　王建平＊　吴玲玲　祁向东
调 研 员　金　钢　孟福平(女)　崔守成　王建平　严卫星　何宏伟　王金马
副调研员　张惠峰　成　珊＊　王金马＊

研究室
主　　任　胡祖泉
副 主 任　冀燕林(女)

提案委员会
主　　任　姚原梅(女)
副 主 任　田　瑞　王静芸(女)

学习文史委员会
主　　任　杨北龙
副 主 任　岳骁骏(女)　杜海柱

城建委员会
主　　任　范智慧
副 主 任　王秀丽(女)

港澳台侨和外事委员会
主　　任　武映文
副 主 任　严卫星＊

经济科技委员会
主　　任　高慧卿
副 主 任　霍凤鸣　王永红(女)

文教委员会
主　　任　李明远
副 主 任　曹亮亮(女)　王贵斌

法制委员会
主　　任　郭　奉
副 主 任　何宏伟＊

民族宗教委员会
主　　任　梁晓光

农村工作委员会
主　　任　徐　洋
副 主 任　安红金

社情民意研究室
主　　任　王晓光

太原警备区
司 令 员　任玉和
政治委员　蒋　鹿
参 谋 长　马学林＊　张太平
副参谋长　房小洪
政治部主任　张培军
后勤部部长　王一军＊　冯新华

开发园区

高新技术产业开发区
主　　任　赵伟东
党工委书记　王茂健
党工委副书记　郭　力
副 主 任　尤天栓　胡志峰　刘增钢　白建生
工会主席　刘建刚
调 研 员　高志文(女)
副调研员　蔺徐平　刘军

经济技术开发区(武宿综合保税区)
主　　任　刘　斌
党工委书记　邵秋枫
党工委副书记　邢珺淼(女)　李春友＊
副 主 任　董　良　陈　曦　乔建伟　王建民
纪工委书记　郭富有＊

工会主席　满长海
总工程师　王建民*　杨敦勤
主任助理　屈立军(女)*
调 研 员　李春友　屈立军
副调研员　满长海*　高润林　吴英志

民营经济开发区

主　　任　张　波
党工委书记　王新明
党工委副书记　李彦炜
副 主 任　徐美玲(女)　张荣跃　赵利军　赵秀萍(女)
工会主席　于成军
纪工委书记　郝来业*
总工程师　熊　斌
副调研员　康小平　张文龙

不锈钢园区

主　　任　郭建发
书　　记　徐宝明
副 主 任　张俊一　王承江
副调研员　张　健

人民团体

总工会

主　　席　冯晋生
副 主 席　李永强　薛　跃　郎学军(女)　樊小高　韩铁柱
调 研 员　鲁欢晓　李崇峰*
副调研员　刘国生　李平贵*　黄小飞

团　委

书　　记　李京京
副 书 记　刘　冰　杜志强　章晓煜(女)　李　琦(女)
少工委主任　马　斌

妇　联

主　　席　萧芬芬(女)
副 主 席　柴　洁(女)　康一萍(女)　米丽萍(女)　王国华(女)
副调研员　高　燕(女)*

科　协

主　　席　武忠民
副 主 席　李　相　曹慧彬(女)　尹效军

残　联

理 事 长　杨　健
副理事长　薛晓峰　黄淑芝(女)　云志威
调 研 员　王成庆

文　联

主　　席　王爱琴(女)
书　　记　李元红*　张体仁
副 主 席　李元红*　项红春　孙志坚　黄敏娜(女)　张运刚
党组成员　王宏伟　韩　莹(女)

侨　联

主　　席　李　慧(女)
书　　记　王莎莎(女)
副 主 席　郑　勇

工商联

主　　席　陈远新
党组书记　王贵云
副 主 席　乔瑞生　白建红　赵华山　姚锦诚　冯建新
李　德　侯　永　杜清江　李永红　孙　革
王　志　杨建新　刘良才　李　玮　谭　慷
张　伟　刚刘跃

大专院校

太原大学

书　　记　任玉平(女)
校　　长　吴建设
副 书 记　张清涛
纪委书记　张正书
副 校 长　邢金龙　徐秋琴(女)　曹艺鸣

太原城市职业技术学院

书　　记　武国才
院　　长　杨志家
党委副书记　刘洪海
副 院 长　杨春旺　谢振芳　王蒙田
工会主席　刘志强

太原广播电视大学

书　　记　康茂生　白宏武
校　　长　时耐敏
副 校 长　徐松山　梁国祯

太原大学教育学院

院　　长　方贵忠
副 书 记　蔡耀群
副 院 长　段步玉　袁　萍

太原旅游职业学院

书　　记　王全拴
院　　长　王春玲(女)
副 书 记　王　蓉
副 院 长　耿寅杰　张立芳　韩一武

注:"*"表示调任或离任
(截至2013年12月)

2013年太原市大事记

1月

1日

"澳瑞特杯"2013年山西省城群众迎新年健身行活动举行。

4日至6日

山西省医改检查组对太原市2012年度医改任务进展情况展开督导考核。

6日

太原市举行2012年度目标责任考核大会。市委副书记、市长廉毅敏主持考核大会，代表太原市领导班子作述职报告并作个人述职述廉报告。市四大班子领导参加考核大会。

太原市文联在山西省民俗博物馆举办迎春书画展。

7日

山西省年度目标责任考核组组长冯建平一行到太原市，考察新型装备制造业项目建设等情况。

全市农村土地流转工作现场推进会召开。

8日

山西省政府召开全省安全生产紧急电视电话会议。市领导在太原市分会场收听收看。会后，市领导对全市安全生产工作进行再部署。

太原市人大常委会第一次主任会议召开。会议听取关于建议召开太原市第十三届人民代表大会第三次会议时间及有关事项的报告。研究确定太原市第十三届人民代表大会常务委员会第八次会议的建议议程等。

廉毅敏主持召开市政府2013年第1次常务会议。会议讨论总结全市2012年的各项工作，并安排部署2013年相关工作；听取市安监局关于全市安全生产工作的汇报，对全市2013年的安全生产工作提出新要求。

全市供热保障会议召开。

省民航机场集团公司与市教育局正式签订移交幼儿园协议。

10日

省委副书记、代省长李小鹏在太原市就推进产业转型、发展现代农业、扩大投资规模、抓好实体经济情况进行调研。廉毅敏等陪同调研。

由市总工会、市科技局共同主办的"太原市职工科技创新大赛"落幕。

11日

太原市十届市委第24次常委会议召开，研究讨论市委常委会工作报告；听取《关于2012年经济社会发展计划指标完成情况和2013年计划指标及工作安排建议》的汇报；研究《关于建立社区惠民项目资金提高社区服务管理水平的意见(送审稿)》；研究干部工作。

太原市物价局举行价格调节基金支持项目建设签约仪式，动用市级价格调节基金对30个项目进行专项补贴。

以省商务厅厅长孙跃进为组长的推进开发区建设工作考核组就太原市推进开发区建设工作情况进行考核。

太原市召开退役士兵安置工作会议。

12日

太原市物价局召开迎春节稳定市场物价动员会，推出"土豆白菜一元钱"举措稳价惠民。

太原市侨商投资企业协会成立。

14日

市委综合考核分六组分别到迎泽区、太原经济技术开发区、娄烦县、尖草坪区、清徐县、晋源区、古交市，就2012年度工作任务指标完成情况、领导班子和市管干部履职情况以及推进惩防体系建设和落实党风廉政建设责任制情况进行考核评价。

罗克佳华工业有限公司分别与德国Riege公司、香港英特立国际融资有限公司签署《战略合作协议》，全力推进山西物流公共服务平台建设。

15日

省委召开农村工作电视电话会议。廉毅敏等在太原分会场收听收看。

团市委"共青团和你在一起"暖冬行动、"贴心直通车"与青少年第一次面对面活动在山西方舟自闭症康复研

究院举行。

16 日

太原市政府办公厅印发《太原市人民政府关于在县级实施“两集中、两到位”制度推进审批流程再造的意见》。

17 日

国务院召开全国安全生产电视电话会议。市领导分别在省、市分会场收听收看。

18 日

太原市委十届四次全体会议暨全市经济工作会议举行。会议全面贯彻中央和全省经济工作会议精神，听取和讨论市委常委会工作报告，总结太原市 2012 年经济工作，安排部署 2013 年经济工作。

在全省宣传工作会议上，晋祠博物馆获得“全省文化体制改革工作先进单位”荣誉称号。

19 日

全省深化行政审批制度改革工作电视电话会议举行。廉毅敏在主会场就太原市深化行政审批制度改革、打造一流效能政府的工作进行汇报。

20 日

太原市信访联席会议就做好全国和省、市“两会”期间的信访安全维稳工作召开专题会议。

22 日

太原市人大常委会第二次主任会议召开。会议听取各专门委员会及常委会工作机构 2013 年工作安排。

市政务办召集各县(市、区)、开发区分管领导及政务大厅主任召开“两集中、两到位”向县(市、区)、开发区延伸推进会。

23 日

山西省人大代表、省委书记袁纯清参加山西省第十二届人民代表大会第一次全体会议太原代表团审议会议。

24 日

山西省人大代表、省委副书记、代省长李小鹏参加山西省第十二届人民代表大会第一次全体会议太原代表团审议会议。

26 日

太原青联邀请省内文化名人开展青年大讲堂活动。

29 日

太原市总工会十四届八次全委会议召开。

30 日

太原市政府召开第 2 次常务会议。

太原市物价局举行平价商店补贴资金发放仪式，向全市 90 家平价商店发放补贴资金 104.5 万元。

31 日

李小鹏会见三一集团有限公司董事长梁稳根一行。市领导廉毅敏等参加会见。

太原市人大常委会第二次主任会议召开。

太原市举行“廉政春联进万家”征联颁奖暨迎春笔会。

2 月

1 日

全省党风廉政建设干部大会暨省纪委十届三次全会举行。市领导分别在省会场出席会议、在太原分会场收听收看。

太原市住宅小区装修、电梯运行服务实行新的收费标准。

省领导带队检查太原市食品安全保障工作。

省领导带领省市相关部门负责人，对太原市烟花爆竹储存、销售等各个环节进行严格检查。

3 日

山西省召开应急管理电视电话工作会。市领导在太原分会场收听收看。

4 日

市企业改革领导组办公室第 1 次办公会议召开。

5 日

太原召开十届市委第 26 次常委会议。会议审议《中共太原市委常委会 2013 年工作要点》；传达十八届中央纪委二次全会、全省党风廉政建设干部大会暨省纪委十届三次全会精神，研究太原市贯彻落实的意见；传达全国、全省组织部长会议精神，研究太原市贯彻落实的意见；传达全国、全省宣传工作会议精神，研究太原市 2013 年宣传思想文化工作重点；传达全国统战部长会议精神，研究太原市 2013 年统战工作计划；传达全国、全省政法工作会议精神，研究太原市贯彻落实的意见；听取全市农业农村工作汇报。

太原市召开协调山西昆明烟草公司异地搬迁项目会议。

太原市召开争创国家卫生城市现场推进会。

6 日

全市春节团拜会举行。

市领导带领相关部门负责人，督导检查铁路、公路春运工作。

7 日

袁纯清到太原嘉节燃气热电联产项目建设工地，看望慰问农民工，送上节日祝福。

太原市四大班子领导、法检两长会议召开，宣布省委关于太原市政府主要领导同志职务任免的决定。

太原市召开十届市委第 27 次常委会议。会议研究干部工作。

太原市人大常委会第四次主任会议召开。听取市人大人事代表委员会关于人事任免事项的汇报等。

太原市十三届人大常委会第九次会议召开。会议审议《太原市人民代表大会常务委员会关于接受廉毅敏辞去太原市市长职务请求的决定(草案)》，审议《太原市人民代表大会常务委员会主任会议关于耿彦波任职的议案》。

11 日

太原市委副书记、代市长耿彦波带领市规划、国土、住建及有关城区负责人实地调研城市重点工程规划建设情况。

13日

太原市文联、市文明办,省、市摄影家协会在阳曲县泥屯镇岔上村举办美丽中国“全家福”公益摄影活动暨摄影大赛。

15日

耿彦波调研太原市的生态建设、城市建设和产业布局。

17日

山西省委、省政府召开电视电话会议,对开展项目推进年活动进行动员部署。耿彦波等在省主会场参加会议。

耿彦波调研太原嘉节燃气热电联产项目和古太原县城的文物保护及开发工作。

18日

市委副书记荣彤到山西国美电器公司和小店区坞城街办、山大社区进行“访民生、知民情、解民事”走访调研活动。

19日

太原市委领导到杏花岭区大东关东站货场棚户区、职工新街洋灰桥社区、中涧河乡牛驼村千亩观光采摘园、小返乡水沟村采薇庄园、友联公司果树种植基地和部分居民家进行“访民生、知民情、解民事”走访调研活动。

20日

中共太原市委党建工作会议召开。会议统一安排部署全市组织、宣传、政法、统战、农村工作。

太原市政府召开会议。会议研究讨论《太原市人民政府关于进一步规范城中村改造的若干规定(征求意见稿)》。

太原市人大常委会第五次主任会议召开。会议研究确定太原市第十三届人民代表大会常务委员会第十次会议日程,听取市人大人事代表委员会关于人事任免事项的汇报等。

耿彦波到太原南站调研南站片区道路系统、广场建设、规划设计等事宜。

21日

以省商务厅厅长孙跃进为组长的省商务厅调研组到太原市调研肉类蔬菜流通追溯体系建设试点工作。

太原市教育工作会议举行。会议安排2013年教育工作重点。

22日

太原市委中心组学习会召开。会议专题学习十八届中央纪委二次全会精神和全省党风廉政建设干部大会精神。

耿彦波到迎泽区郝庄镇枣园社区“访民生、知民情、解民事”,走访困难群众,召开座谈会征求意见。

耿彦波会见福特汽车公司集团副总裁、福特汽车(中国)有限公司董事长兼首席执行官 JohnLawler(罗礼祥)及江铃汽车公司总裁陈远清。

太原市文联在太原市群众艺术馆举办“文学艺术大讲堂”首场讲座。

23日

太原市交通运输重点工作汇报会举行。会议专题研究公交都市、公路基础建设工程、场站建设、出租车管理工程建设情况。

25日

全省举行2012年度目标责任考核总结表彰大会。在全省11个市评比中,太原市位列第一名受到表彰。

太原市召开稳定和信访工作点评会议。

26日

太原市召开市政府第3次常务会议。会议原则通过《关于太原市2012年国民经济和社会发展计划执行情况与2013年国民经济与社会发展计划(草案)编制情况的汇报》《关于2013年市级财政预算安排情况的汇报》《关于太原市环境保护工作情况的汇报》《太原市清洁供热全覆盖的方案建议》《关于进一步加强城乡规划管理的若干规定》《太原市人民政府关于严厉查处违法建设的规定》《太原市人民政府关于进一步规范城中村改造的若干规定》《2013年城中村改造整村拆除计划》《太原市人民政府新建住宅配套建设中小学、幼儿园管理办法》《关于太原市规划建设管理的几个重大问题》等。

27日

太原市十三届人大常委会第十次会议召开。会议审议通过《太原市流动人口服务管理办法》《太原市人民代表大会常务委员会关于召开太原市第十三届人民代表大会第三次会议的决定》等。会议审议人事任命事项。

在全省文物局长会议上,太原市被评为全省文物执法安全工作先进市。

全国人大代表视察组到太原市视察城中村改造、环境治理和生态建设。

28日

团市委联合太原市禁毒办在太原火车站站前广场举行主题为“依法禁毒、构建和谐”的大型禁毒“流动课堂”进车站系列宣传活动。

太原工业新区磁谷项目第一批入驻企业签约仪式在太原市民营经济开发区举行,此次签约企业12家,投资24.8亿元。

太原市召开西山城郊森林公园2012年工作总结暨2013年春季绿化动员会。

全市消防安全、道路交通安全工作安排会举行。

3月

1日

省政府召开全省消防安全保卫工作电视电话会议。市领导在太原分会场收听收看并讲话。

太原市十届市委第28次常委会议召开。会议听取《关于2013年我市城建重点工程项目初步安排意见》的汇报;研究干部工作。

2日

太原市科技工作会议召开,确定年度工作目标。

4日

财政部驻山西省财政监察专员办

事处审核组核查太原市2012年中央补助廉租住房保障和城市棚户区改造专项资金情况。

由洛阳市委副书记刘应安带队的洛阳市党政代表团考察太原市城市建设工作。

5日

太原市召开社区建设领导组会议。

太原市少工委在全市少先队中组织开展“学雷锋、学刘胡兰”教育实践活动。

6日

太原市民营经济开发区与山西华宇集团有限公司签订太原工业新区商业文化公园项目合作框架协议，该项目计划占地500亩，总投资金额逾35亿元。

太原市林业工作会议召开。

太原市文化广电新闻出版工作会议召开。

8日

太原市委领导参加市规划局领导班子民主生活会。

中华全国妇女联合会授予山西省太原日报报业集团太原晚报副刊部全国三八红旗集体荣誉称号。

8日至15日

太原市工商局和消费者协会开展“七项活动”，营造节俭、和谐的消费环境。

9日

太原市举行专题会议安排造林绿化工作。

10日

司法部劳教局(戒毒局)局长刘振宇到太原市劳教所(戒毒所)检查“基层基础建设年”和百日安全排查活动开展情况。

11日

太原市政府召开汾河太原段综合治理三期工程及风峪河治理工程（水利工程)工作情况汇报会和汾东水系一期清水复流工程进展情况汇报会。

以国家统计局投资司司长贾海为组长的国家统计局调研组调研太原市投资统计工作。

12日

太原市委领导到杏花岭区、尖草坪区、万柏林区调研春季绿化及森林防火工作。

13日

太原市人大常委会第六次主任会议召开。会议研究确定《太原市人大常委会2013年立法计划(草案)》等。

太原市人大常委会第七次主任会议召开。会议确定太原市第十三届人大常委会第十一次会议建议议程及日程等。

团市委、市环保局组织太原理工大学、太原师范学院、太原城市职业技术学校的200余名青年志愿者到太原市图书馆、太原市汾河公园（沙滩公园)参加“保护母亲河”公益活动。

14日

省政府第五督导组督查太原市第二个百日安全生产活动开展情况。

太原市举行都市现代农业推进会。

山西省、太原市质监局共同举行以“质量·安全·惠民”为主题的“3·15”农资打假暨“质监利剑行动”启动仪式。

团市委“贴心直通车”与青少年第二次面对面活动走进娄烦县马家庄乡河北庄村。团市委机关全体干部与农村青年进行面对面座谈。

15日

太原市委领导在小店区“新城市花园”棚户区改造项目、许东社区城中村改造项目、永康北路片区改造项目、五龙森林公园东山绿化工程、太原科隆园种养有限公司、山西青玉油脂有限公司、黄陵街办马练营村进行走访慰问，并就村级活动场所建设情况和“四议两公开”制度执行情况在黄陵街办马练营村召开座谈会。

太原市举办以“共创诚信柳巷、构建和谐社会”为主题的“诚信承诺万人签名”活动。

16日

太原市工商局与市质监、市食药、市卫生等省城市场监管部门在太原电视台联合举办首届“3·16”龙城消费节活动。

18日

太原市政府召开第4次常务会议。

由太原市物价局牵头，与人社、财政、卫生和食药局五部门联合下发《关于加强太原市城镇医疗保险定点机构价格监管工作的通知》。

19日

山西省委召开传达贯彻全国人大政协“两会”精神会议。耿彦波等参加会议。

《太原市国有土地上房屋征收与补偿暂行规定》正式出台。

20日

山西省总工会授予太原日报社工会委员会为山西省五星级基层工会。

21日

太原市召开体育工作会议。

太原市召开十届市委第29次常委会议。会议研究干部工作。

山西焦煤集团飞虹化工股份有限公司成立，公司由山西焦化股份有限公司(股比51%)和山西焦煤交通能源有限公司(股比49%)共同出资设立。

22日

太原市政府召开护林防火专题会议。

23日

太原市领导带领市林业、住建、城管、国土、交通等部门负责人到西山、东山、古交市和娄烦县等地调研全省造林绿化现场会工作准备情况。

25日

耿彦波会见飞利浦中国公司客人。

市政府召开安排效能政府建设、审批流程再造工作会议。

26日

耿彦波到清徐阳煤化工新材料园区项目、山西省国有资产投资控股集团有限公司"三园两院"项目和经济区化工机械装备制造研发项目建设现场调研。

朔州市考察团到太原市政务服务中心就太原市审批流程再造、建设效能政府情况进行考察学习。

全国妇联党组成员、书记处书记范继英一行调研太原家庭道德建设情况。

27日

太原市政协十二届五次常委会举行。

太原市依法行政工作会议召开。

全国生产力促进中心提升新农村服务能力工作经验交流会在太原举行。

28日

太原市人大常委会第八次主任会议召开。会议研究决定,对太原市贯彻实施《中华人民共和国义务教育法》的情况进行执法检查等。

省委常委、常务副省长高建民等实地调研东山低碳工业园项目推进情况。

29日

太原市委领导先后到国信、钢盛、盛科、梗阳、晋峰、长风、豪光、康培、君威、爱晚、天丽、煤气化等地调研西山城郊森林公园建设推进情况。

耿彦波主持召开市政府第1次全体会议。会议就《政府工作报告(征求意见稿)》征求意见。

耿彦波主持召开市政府第5次常务会议。会议审议通过市发改委《关于太原市2012年国民经济和社会发展计划执行情况与2013年国民经济和社会发展计划草案的报告》、市财政局《关于太原市2012年全市和市本级预算执行情况及2013年全市和市本级预算(草案)的报告》。

市政府与十县(市、区)人民政府签订均衡发展义务教育(县域)备忘录和城乡一体化建设共建协议书。

30日

太原市首家泌尿外科院士工作站在市人民医院成立。

31日

耿彦波带领相关部门负责人在晋阳古城遗址和明太原县城就文物保护与开发利用进行专题调研。

4月

1日

太原市召开十届市委第30次常委会议。会议研究召开市十三届人大三次会议有关事项;召开市政协十二届二次会议有关事项;讨论政府工作报告;研究新建太原市政府服务中心有关事宜;研究干部工作。

太原市召开西山春季绿化及道路建设工作会议。

国家林业局检查组检查太原护林防火工作。

2日

太原市十三届人大常委会第十一次会议召开。

江苏润恒物流发展有限公司副总裁丰安国一行就建立"太原润恒农产品(冷链)物流产业园"项目合作事宜考察选址。耿彦波与丰安国一行进行座谈,双方就投资物流项目进行探讨和交流。

3日

耿彦波带领市国土、规划、文物部门负责人在阳曲县及太原工业新区调研。

"安利杯"2012年度山西要闻版年赛揭晓。太原日报2012年3月6日第四版版面获金奖。

8日

太原市委领导到武宿综合保税区、山西绿云云计算产业园和山西国际物联网产业园项目进行调研。

太原市召开重大动物疫病防控工作紧急会议。安排部署病死动物无害化处理工作,做好全市重大动物疫病防控工作。

9日

天津宝迪集团常务副总裁夏毅强一行到太原,就设立食品加工养殖项目考察选址。

9日至12日

太原市政协十二届二次会议召开。市政协主席张贵元在开幕式上作工作报告。

10日至13日

太原市人大十三届三次会议召开。耿彦波在开幕式上代表市政府向大会作政府工作报告。

11日

太原市政协十二届六次常委会议举行。会议审议通过提请市政协十二届二次会议第四次全体会议审议的四个相关草案,审议通过政协第十二届太原市委员会常务委员会2013年工作要点。

12日

太原市人大常委会第九次主任会议召开。会议讨论《太原市客运出租汽车服务管理条例(草案修改稿)》等。

太原市政治协商会议第十二届委员会第二次会议闭幕。

13日

太原市十三届人大三次会议举行第三次全体会议。经过无记名投票选举,耿彦波当选为太原市市长。

14日

在全国报纸自办发行协会2013年年会上,太原报业集团发行分公司荣获先进集体。

15日

省党政军民在西山万柏林区万亩生态园参加义务植树活动。

由合肥市委副书记、市人大常委会主任熊建辉带队的考察团到太原考察双拥工作。

16日

山西省纪委2013年省重点工程项目推进情况监督检查组一行到太原市政务服务中心检查指导。

17日

张贵元到帮扶村娄烦县南岔村调研经济发展和项目进展情况。

太原市召开安全生产工作会。

省农业厅与太原市政府签订“共同推进太原都市现代农业发展战略合作协议”。

太原市召开公安局交警支队服务省城重点工程誓师会议。

18 日

太原市委领导到中国工程院、中国科学院进行学习考察，拜会中国工程院院长周济、副院长于勇，中国科学院副院长李静海、阴和俊及两院院士，就加强院地合作、项目对接、人才引进、太榆科技创新城建设等交流座谈。

太原市召开第一次全国可移动文物普查工作电视电话会议。

省2013年重点工程项目推进情况督查组督查太原市部分重点工程项目。

太原召开西山城郊森林公园绿化建设推进会。

太原市慈善总会召开第二次会员代表大会暨二届一次理事会。袁高锁当选为第二届太原市慈善总会会长。

19 日

共青团太原市十七届二次全委（扩大）会暨2013年工作会议在太原铁道大厦召开。

全省造林绿化太原现场会领导组工作会召开。

太原武宿综合保税区建设项目推进会召开。

太原市召开2013年经信和商务工作会。

21 日

太原市启动“2013年全民阅读活动”。

21 日至 27 日

太原市开展“向人民汇报，请人民评议”活动，主题为“人民要求是方向，人民满意是标准”。21日市教育局、市卫生局向人民汇报工作，接受人民评议。22日市住建委、市房管局向人民汇报工作，接受人民评议。23日市城管委、市环卫局向人民汇报工作，接受人民评议。24日市食药监局、市工商局向人民汇报工作，接受人民评议。25日市人社局、市物价局向人民汇报工作，接受人民评议。26日市交通局、市环保局向人民汇报工作，接受人民评议。

22 日

省委、省政府召开全省转型综改试验区建设电视电话会议。耿彦波等太原市四大班子领导在分会场参加会议。

23 日

太原市民营经济转型跨越发展推进会暨表彰会举行。

乌兰察布市—太原市区域合作框架协议签订。

24 日

太原市委领导到并州路、坞城路、南中环、吴家堡村、平板玻璃厂、窊流路、小东流村、西渠路、太钢耐火材料公司、太原轨道交通装备公司、府西街等道路施工现场对城建重点工作进行调研。

由中国教育发展战略学会副会长、全国学习型城市建设咨询指导小组组长季明明带队的咨询小组考察太原市学习型城市建设进展情况。

太原市百家企业与中科院百项成果进行对接活动开始。

25 日

太原市十三届人大常委会第十二次会议召开。会议审议通过《太原市客运出租汽车服务管理条例》，会议听取和审议《太原市晋祠泉域水资源保护条例(修订草案)》《太原市兰村泉域水资源保护条例(修订草案)》及关于太原市社会养老服务体系建设情况的报告等。

全市农村基层民主法治建设推进会召开，为获得“全国民主法治示范村”荣誉称号的杏花岭区中涧河乡长沟村举行授牌仪式，对农村法治建设进行安排。

太原农经信息网升级改版启用。

26 日

太原市委领导在晋源区金胜镇新村、木厂头社区、晋祠镇晋祠社区、晋源街办五府营村对老年公寓新型养老模式、星级社区建设、同创果蔬专业合作社、怡佳天一城项目、晋阳湖片区建设进行走访调研，并就发展农村经济、加强农村社区管理等问题与当地干部群众进行座谈。

27 日

李小鹏、张复明在太原、晋中两市就太榆科技创新城规划情况进行考察调研。耿彦波等陪同调研。

太原市召开劳动模范表彰大会。

团市委、市绿委办、市青联、市青年文明号组委会、市青年志愿者协会联合开展“播种绿色希望，共建美丽太原”义务植树暨太原青年林揭碑仪式。

28 日

耿彦波主持召开市政府第6次常务会议。会议听取全市一季度经济运行情况汇报，安排近期经济工作。

太原市政务办出台《土地前期手续整体打包统一出让实施办法（试行）》，并开始实施。

本月

《太原市—中关村战略合作框架协议》正式签定。

5 月

2 日

太原市十届市委第31次常委会议召开。会议分析全市一季度经济运行情况；听取“向人民汇报，请人民评议”活动开展情况汇报；研究干部工作。

太原市举行效能政府建设推进会。

3 日

太原市召开“2013年太原市防范打击非法集资宣传月活动”会议。

太原市纪念五四运动九十四周年暨“青春托起中国梦·实干铸就新太原”宣誓大会举行。

6 日

耿彦波就效能政府建设、审批流程再造到市政务服务中心调研。

耿彦波会见法国留尼汪省圣丹尼市市长吉尔伯特·阿内特（GirbertAN-

NETTE)一行。

江苏润恒物流发展有限公司副总裁丰安国就“太原润恒农产品(冷链)物流产业园”项目合作事宜再次考察。

7日

太原市人大常委会第十次主任会议召开。会议研究确定《关于我市社会养老服务体系建设情况的报告》的审议意见等。

省纪委副书记、监察厅厅长冯改朵到市政务服务中心就效能政府建设、审批流程再造进行调研。

民政部副部长窦玉沛调研太原市城市低保网上审批等工作。

人力资源和社会保障部党组成员、中央纪委驻人社部纪检组长袁彦鹏到太原市调研人力资源和社会保障工作。

8日

共青团山西省委书记赵雁峰一行到古交市就青年就业创业工作、乡镇实体化“大团委”建设开展调研。

太原市召开纪念“5·12”国际护士节工作会议。

9日

太原市召开“向人民汇报,请人民评议”活动群众反映问题交办会暨为人民群众“办实事、解难事”活动安排部署会。

太原市召开对台工作会议。

太原市召开深化医药卫生体制改革工作会。

10日

太原市召开全面改善省城环境质量工作会议。

太原市举行“信访积案百日攻坚战”动员会议。

市防震减灾局组织开展防震减灾宣传周活动。

13日

团市委在太原市五十六中举行2013年12355公益大讲堂——“轻松备考·12355与你同行”活动。

太原市召开省城“每日四种蔬菜一元钱”惠民活动动员会,决定从5月15日开始,在美特好、家乐福、华联、沃尔玛、山姆士、田和等六大连锁超市及平价商店开展“每日四种蔬菜一元钱”惠民活动。

省政协专题调研组到市政务服务中心,就太原市效能政府建设,科学流程再造、提高行政审批效率等进行调研视察。

14日

太原市委领导会见江苏威信集团董事长胡陇琳一行。

太原市启动儿童先天性心脏病(简称“先心病”)免费筛查活动。

15日

太原市举行2013年招商引资项目签约仪式。此次共有签约项目26个,总投资额723.98亿元。

16日

太原市十三届人大常委会第十三次会议召开。会议研究通过人事任免名单。

太原市召开煤炭企业安全生产会议。

17日

太原市委领导到万柏林区小王村、高家河村、偏桥沟村等调研万亩生态园入口片区整治情况。

18日

第八届中国中部投资贸易博览会在郑州开幕。耿彦波等带领太原市分团参加中博会。

20日

江铃重汽·福特发动机项目在太原经济开发区开工。

20日

太原市人民政府、中信银行股份有限公司推进太原市城镇化建设及现代服务业发展战略合作签约仪式举行。

全省造林绿化太原现场会领导组工作会议举行。

21日

太原市人大常委会第十一次主任会议召开。

第二十二届山西新闻奖评选揭晓。太原日报14篇作品获奖,其中太原日报特别报道组的重大题材《“开年评议”起春潮——太原市“向人民汇报,请人民评议”活动回眸》获得特别奖。获得一等奖的有5件作品,获得二等奖的4件作品,获得三等奖的4件作品。太原晚报14件作品获奖,获得一等奖的有3件作品,获得二等奖的有3件作品,获得三等奖的8件作品。山西商报4件作品获奖,获得一等奖的有1件作品,获得二等奖的有1件作品,获得三等奖的有2件作品。太原新闻网4件作品获奖,获得一等奖的有1件作品,获得二等奖的有1件作品,获得三等奖的有2件作品。

22日

太原市委领导会见上海国际集团有限公司总裁邵亚良一行。

由呼伦贝尔市委书记罗志虎带队的呼伦贝尔市旅游文化考察团在太原市考察,考察团一行先后参观考察山西博物院、长风文化商务区和汾河景区。

市重点工程建设领导组召开2013年第2次调度会议。

太原市企业联合会、企业家协会、工业经济联合会第三次会员代表大会暨第三届一次理事会议举行。

22日至23日

太原市委、市政府领导陪同天津市党政代表团考察太原罗克佳华工业有限公司、清徐宝源老醋坊。

23日

太原市申请省支持会议召开。

内蒙古自治区考察组一行考察太原市青年就业、创业情况。

24日

太原市委领导会见上海长江经济联合发展(集团)股份有限公司党组书记、董事长王亚奇及盛源集团董事局主席黄平一行。

全市防范和处理邪教工作会议召开。

28 日

太原市召开市维稳工作领导小组会议。

29 日

全面改善省城环境质量工作第一次月调度例会召开。

30 日

太原市人大第十二次主任会议召开。会议讨论通过《山西省实施〈中华人民共和国义务教育法〉办法》执法检查方案(草案)等。

全省治超工作电视电话会议召开。太原市荣获“治超工作先进市”称号。

太原会展行业协会第二届会员代表大会召开。

31 日

李小鹏到太原千峰南路小学、兴华礼仪幼儿园进行“六一”儿童节慰问。

本月

山西焦煤集团整合重组山西焦炭集团公司,成为焦煤集团的全资子公司。

6 月

1 日

太原市安全生产监管监察强化培训班开班。

太原市少工委在全市开展“红领巾相约中国梦·手拉手绘就新太原”系列活动。

3 日

太原警备区组织开展民兵应急力量体系建设汇报展示活动。

全市重点工业项目推进会召开。

4 日

太原市召开扩权强县试点工作座谈会。

5 日

市十三届人大三次会议代表建议暨重点督办建议交办会举行。

太原市举行第 42 个世界环境日系列活动。

6 日

太原市举行政风行风监督员聘任仪式。

“建设山西,晋商起飞”合理化建议呈献仪式暨异地晋商赴晋投资考察活动举行。

团市委在清徐县职工子弟第二小学开展 2013 年“贴心直通车”与青少年第五次面对面活动。

山西焦煤集团金土地农业开发有限公司注册成立,为山西焦煤独资子公司。

7 日

耿彦波主持召开市政府第 7 次常务会议。会议审议通过《太原市资源型经济转型综合配套改革试验实施方案(2013—2015 年)》和《太原市资源型经济转型综合配套改革试验 2013 年行动计划》等,并部署 2013 年的重点工作。

8 日

太原市举行非物质文化遗产专场演出。

9 日

太原市召开各县(市、区)、开发区重点工作会议。

市委、市政府召开会议,研究各县(市、区)、开发区重点工作。

12 日

第四届世界大学生龙舟锦标赛开赛。

13 日

太原市召开会议,部署排查各类火灾隐患,推动社会单位落实消防安全责任,遏制较大以上火灾事故尤其是群死群伤火灾事故发生。

太原市政府召集各县(市、区)、开发区和有关部门负责人,就安全生产大检查工作进行安排部署。

14 日

太原市召开市委中心组学习会,学习习近平总书记、李克强总理关于做好安全生产工作的重要批示及省委、省政府主要领导有关学习贯彻意见,学习刘云山同志、赵乐际同志、赵洪祝同志对太原市“向人民汇报,请人民评议”、为人民群众“办实事、解难事”活动的批示,提出贯彻落实意见。

太原市召开十届市委第 32 次常委会议,原则通过《太原市资源型经济转型综合配套改革试验实施方案(2013—2015 年)》和《太原市资源型经济转型综合配套改革试验行动计划(2013 年)》,听取关于 2012 年度综合考核结果的汇报,研究《太原市 2013 年度综合考核办法》,研究有关案件处理意见,研究干部工作等。

17 日

太原市召开安全生产工作会议。从 6 月 19 日起市级新闻媒体全面展开安全生产明察暗访工作。

18 日

太原市委领导到万达文华酒店、北郊污水处理厂、河西中北部污水处理厂、太茅路热力管线铺设现场、瑞光热电联产工程隔压站就污水处理及城市供热工作进行调研。

19 日

国家统计局副局长谢鸿光带队的调研组考察太原市经济发展情况。

山西省人大常委会法制工作委员会调研组到太原市调研,以便进一步修改和完善《山西省森林公园条例(草案)》。

太原市召开全市煤矿安全生产大检查工作会议。

20 日

太原市政协召开十二届七次常委会议。

人民日报社副总编辑马利一行在太原调研采访。采访组先后到市社保大厦、桃园三巷公共自行车站点、市政务服务中心调研采访太原市委、市政府为群众“办实事、解难事”工作情况。

太原市平价蔬菜直销车启动仪式在杏花岭区举行。

21 日

李小鹏在太原市主持召开省城环境质量改善指导协调组会议,听取太原市改善环境质量工作汇报,安排部

署下一阶段工作。

太原市人大常委会第十三次主任会议召开。会议研究讨论《太原市晋祠泉域水资源保护条例（修订草案修改稿）》及《太原市兰村泉域水资源保护条例(修订草案修改稿)》等。

以“实施创新驱动战略、促进转型跨越发展”为主题的中科院与太原市“百项成果、百家企业”对接会在太原举行。

22日

由呼和浩特市委副书记、市长秦义带队的呼和浩特市考察团到太原市调研。

23日

山西省中小企业创业示范基地建设项目签约仪式在晋源区举行。

24日

太原市委领导会见香港知名媒体高层采访团。

由大公报董事长兼社长、香港新闻工作者联合会主席姜在忠带领、11家知名媒体高层组成的香港知名媒体高层采访团到太原市采访。

25日

市重点工程建设领导组召开6月份全市重点工程调度会。

太原市开展第23个“全国土地日”宣传活动。

26日

太原市十三届人大常委会第十四次会议召开。会议审议通过《太原市晋祠泉域水资源保护条例》和《太原市兰村泉域水资源保护条例》，审议《太原市残疾人保障条例(草案)》的议案，听取和审议市人民政府关于太原市体育工作情况的报告。会议通过人事任免。

太原市召开普通高校毕业生就业工作会议。

27日

袁纯清在太原市分别召开市委领导班子成员、十县(市、区)委书记两个座谈会，当面征求对省委常委会工作和在“四风”问题方面以及全省开展党的群众路线教育实践活动的意见和建议。

28日

2013年太原造林绿化现场推进会召开。

29日

首届山西文化产业博览会开幕式在太原煤炭交易中心举行。

首届山西文化产业博览交易会重点文化产业项目签约仪式举行。

7月

1日

太原市对公有住房租金收费标准作出调整。

2日

太原市委领导会见全维智码信息技术(北京)有限公司首席执行官张涛等9位“千人计划”专家。

到并考察的“千人计划”专家与太原高新区、市经信委、市教育局、市科技局、市人社局等相关部门负责人举行座谈会。

由省安监局局长霍红义带队的省安全生产督查组到太原督查指导工作。

由省政协副主席刘滇生带队的省政协调研组就太原市推进国家资源型经济转型综合配套改革试验区建设情况展开调研。

中宣部副部长、文化部部长蔡武在清徐县文体活动中心调研基层文化建设情况。文化部副部长、国家文物局局长励小捷，省、市领导胡苏平等参加调研。

由乌鲁木齐市委副书记秉杰带队的乌鲁木齐市考察团在并考察环保工作，先后考察太原市环境监控中心、太原钢铁(集团)有限公司、嘉节热电联产项目。

3日

太原市委领导到太原理工大学工程训练中心、建筑与土木工程结构实验室、云计算中心调研科研开发、成果转化和人才培养等情况。

4日

市安委办召开工作会议，研究部署推进全市安全生产大检查和明确安全生产监管职责等工作。

5日

太原美术馆开馆，并同时举办“星云法师一笔字书法展——2013中国大陆巡回(太原)展”“华夏文明看山西——历史人物画展”“袁旭临书画展”。

6日

省委召开全省党的群众路线教育实践活动动员大会。会议以电视电话会议的形式召开。太原市委、市政府领导在主会场参加会议。

太原市委、市政府领导会见来并出席“生态环境安全与可持续发展研讨会”的中国工程院院士、中国科学院上海高等研究院专家。

8日

市政府第8次常务会议举行。会议审议通过《太原市新兴产业示范基地管理办法》和《关于明确科技项目资金使用的要求》，审议中国公务航空集团通用航空产业基地投资协议，听取并州饭店合并晋阳饭店相关事宜汇报。

太原市委领导会见中国南车股份有限公司副总裁楼齐良一行。

9日

太原市人大常委会第十四次主任会议召开。会议研究确定《太原市第十三届人大常委会第十四次会议对〈市人民政府关于全市体育工作情况的报告〉》的审议意见等。

10日至12日

太原市餐饮行业协会代表团一行到上海市杨浦区，就推动太原优秀餐饮企业入驻上海市杨浦区，与当地政府和餐饮业展开交流合作。

11日

国务院副秘书长、中央联席会议办公室主任、国家信访局局长舒晓琴，中央联席会议办公室副主任、国家信访局副局长张恩玺一行在并调研社区信访工作和社会管理情况。

太原市委领导会见福建前田集团董事长何优仙一行。

太原市委召开中心组学习会，学习习近平总书记在全国组织工作会议上的重要讲话精神和《中共山西省委关于深入学习贯彻习近平总书记一系列重要讲话精神的通知》。

12 日

太原市召开重点工业项目规划选址协调会，协调解决部分项目规划选址问题。

太原市召开市企业改革领导组办公室会议，专题研究部分企业改革相关事宜。

由省级老领导、省关工委主任武正国带队的调研组，在并调研关工委创建“五好”基层组织建设情况。

太原市举行都市特色现代农业报告会。会议邀请北京农学院都市农业研究所所长、教授史亚军作专题报告。

13 日

太原市政府召开全面改善省城环境质量工作协调会。

15 日

市物价局下发通知，在太原市试行公共建筑两部制热价。

太原通用航空产业基地框架协议签字仪式举行。

山西省首家感染科学领域院士工作站及北京大学感染病研究中心临床科研基地在市第三人民医院挂牌成立。

16 日

太原工业文化创意园现代雕塑创作、中央美术学院雕塑创作教育实践基地在太化工业园成立。

17 日

太原市委、市政府领导会见中国北车集团总经理崔殿国一行。

18 日

中央组织部干部二局巡视员、副局长，中央党的群众路线教育实践活动领导小组办公室联络一组组长冯敬秋一行 7 人就太原市党的群众路线教育实践活动、效能政府建设情况调研视察。

19 日

全省百企千村产业扶贫开发工程动员电视电话会议召开，太原市四大班子领导在太原分会场收听收看。

省司法厅厅长崔国红在太原市法律援助中心调研。

太原市举行《太原市法律援助条例》立法启动仪式。

交通运输部道路运输司司长李刚调研太原市创建国家“公交都市”示范城市工作进展情况。

省人大常委会视察工作组就太原市贯彻落实国家和全省教育规划纲要情况展开调研。

21 日至 22 日

全国农业厅局长座谈会在太原市召开。农业部部长韩长赋出席会议并带队观摩山西九牛农业开发有限公司、清徐县西谷乡代耕代种合作社和种粮大户规模种植点、清徐县孟封镇农业技术推广站和山西水塔醋业股份有限公司。

23 日

太原市人大常委会第十五次主任会议召开。会议讨论通过《太原市人大代表小组活动制度(草案)》等。

全国人大常委、致公党中央副主席杨邦杰带领致公党中央调研组考察“创新驱动，推动绿色低碳循环经济发展”工作情况。

24 日至 25 日

民政部党组书记、部长李立国一行到太原市调研。

太原市“六五”普法中期督导检查组到迎泽区、杏花岭区进行检查。

25 日

太原市召开 2013 年两化（信息化、工业化)深度融合推进会。

26 日

耿彦波会见江苏润恒物流发展有限公司董事长毕国祥一行，就建设“太原润恒农产品(冷链)物流产业园”项目合作事宜进行洽谈。

太原市扶贫基金会召开工作会议，选举产生新一届理事会。市政协十一届副主席赵关顺当选新一届会长。

27 日

太原润恒农副产品(冷链)物流产业园区项目投资签约仪式举行。

29 日

省委召开全省领导干部大会。太原四大班子领导分别在主会场、太原分会场收听收看。

耿彦波会见海基会山西采访团负责人、海基会副董事长兼秘书长高孔廉一行。

30 日

太原市领导到太原消防支队五一广场中队、武警太原支队机动大队、太原卫星发射中心技术部通信站、太原陆军预备役通信团、七分部警卫连，走访慰问驻并部队官兵，向他们致以节日的祝贺和亲切的问候。

山西焦煤机械电气有限公司注册成立，公司是由山西焦煤集团以西山煤电、汾西矿业、霍州煤电三个子公司的机电修造、设备租赁实物资产出资，与恒昌企业(香港)有限公司现金出资组建的中外合资企业。

31 日

太原市委领导与联系企业太钢集团、太重集团、太原煤气化集团公司、阳泉煤业(太化)、阳煤集团太化新型材料园区、富士康(太原)工业园、美锦能源集团有限公司、山西问天科技股份有限公司、山西金虎便利连锁有限公司、山西喜跃发路桥材料有限公司、山西水塔老陈醋股份有限公司、山西省迎泽物流有限公司、中科院山西煤化所等负责人座谈。

市政府第 9 次常务会议举行。会议听取太原市上半年经济运行情况汇报、2012年市本级财政决算及2013年上半年全市和市本级预算执行情况的报告、关于小店区人民政府成立龙城街道办事处的汇报和太原市保障性住房建设进展情况汇报,审议并通过《关于重新核定我市殡葬基本服务收费标准的意见》,审议《太原市房屋安全管理办法(草案)》。

本月

山西焦煤集团(香港)有限公司成立,注册地香港,为山西焦煤独资子公司。

太原市王家峰北齐徐显秀墓保护工程入选"2012年度全国十大文物维修工程"。

8月

1日

国家税务总局局长、党组书记王军到太原市小店区国税局和地税局办税服务厅,调研"营改增"试点启动和金税三期工程试点准备情况。

太原市委召开座谈会。向中央驻晋媒体和香港驻晋媒体负责人、记者征求打造太原"避暑旅游胜地"品牌的意见。

2日

太原市召开十届市委第34次常委会议,听取上半年全市经济形势的汇报;研究干部工作。

2013中国(太原)国际汽车展览会开幕。

4日

太原市在娄烦县天池店乡王家崖村举办"助推'三晋康家'创新发展文化"慰问演出。

6日

太原市委召开全市领导干部大会,贯彻落实习近平总书记一系列重要讲话精神和全省领导干部大会精神,听取各县(市、区)、开发区重点项目、重点工作推进情况的汇报,分析总结上半年经济工作,安排部署下半年经济工作。

全市推行权力清单制度工作动员会召开,印发《关于全面推行太原市权力清单制度工作的通知》《太原市推行权力清单制度实施方案》《关于建立推行权力清单工作联席会议制度的通知》《关于进一步贯彻落实〈2014年山西省深化行政审批制度改革实施方案〉的通知》等,全面启动市县两级政府权力清单制度。

7日

太原市政府召开会议,就西山城郊森林公园秋季绿化进行安排部署。

8日

太原曲艺团成立。

市政协课题组调研太原市智慧旅游建设情况。

9日

2013年全市重点工程项目推进情况监督检查工作会议召开。

团市委在小店区北格镇华辰农耕园召开太原市农村青年创业示范基地工作推进会。

11日

太原诗歌与朗诵艺术家协会成立。

12日

袁纯清到太原市政务服务中心专题调研,并召开座谈会。

耿彦波主持召开涉及固定资产投资项目联合审批16个部门主要领导参加的现场办公会。

12日至15日

太原市委领导到福建省福州市、上海市、江苏省盐城市考察。

13日

耿彦波会见来并考察的中国农业发展银行总行行长、党委书记郑晖一行。

耿彦波到太原锅炉集团、太钢大明不锈钢加工中心、太原润恒农产品冷链物流产业园区现场办公。

由省文联、市政府主办的"文化惠民消夏文艺晚会"举办。

14日

全市加强窗口单位行业作风建设座谈会举行。

15日

全市信访工作推进会召开。

耿彦波到太原高新区部分企业和小店区调研并现场办公。

16日

由省政府"信用山西"建设领导组办公室、省工商局、省民政厅民间组织管理局指导,山西信用共建联盟举办,省信用企业协会主办的山西省第四届"信用示范企业"颁证会上,山西太报传媒有限公司印务分公司被评为"信用示范企业"。

19日

由中央党的群众路线教育实践活动第八督导组组长金炳华带队的督导组一行6人到太原市政务服务中心就太原市党的群众路线教育实践活动、效能政府建设情况调研视察。

20日

2013年太原市造林绿化重点工作推进会议召开。

市物价局、市民政局重新核定太原市殡葬基本服务收费标准。

太原市在城区对注册资金100万元以下(含100万元)的新设立企业注册资金变"实缴制"为"认缴制",企业只需对注册资金承诺,无需提交验资证明。

21日

太原市召开全市窗口单位行业深入开展"贴近群众、服务群众"作风建设专项活动安排部署会。

太原市政府召开太原东铝铝业供电等有关问题协调会。

22日

太原市十三届人大常委会第十五次会议召开。会议审议《太原市古树名木保护条例(草案)》的议案。会议听取和审议市人民检察院关于未成年人刑事检察工作情况的报告。会议表决通过《太原市人民代表大会常务委员会关于批准2012年本级财政决算的决议》。会议进行人事任免。

民政部副部长窦玉沛一行到太原，调研社会救助、殡葬改革工作。

中国·太原 2013 年 WDC·AL（世界舞蹈总会业余联合会）首届亚洲国际标准舞公开赛暨第五届东远杯国际标准舞公开赛开幕。

23 日

市政府第 10 次常务会议召开。会议审议通过《太原市百企千村产业扶贫开发工程实施意见》《太原市城区重点片区商住用地出让指导价格》《关于开展三轮机动车、四轮电动机动车集中专项治理工作方案》《关于润恒农产品物流园区入驻不锈钢园区有关事宜的汇报》等。

由人力资源和社会保障部副部长杨志明带队的国务院安委会第五综合督查组，对太原市部分社区、学校进行安全生产综合督查。

24 日

李小鹏到阳煤现代煤化工装备太原研发制造基地、太原工业文化创意园、武宿综合保税区，就太原市产业转型、对外开放、城市规划建设等工作调研，并召开座谈会。

26 日

省委、省政府在太原市召开全省深化行政审批制度改革太原现场会。会议期间，与会人员先后到太原政务服务中心、新建路公共自行车服务点、市公安局现场观摩，并观看太原市推进行政审批流程再造专题片。

27 日

太原市委领导在三桥派出所调研窗口单位作风建设情况。

8 月份全市重点工程调度会召开。会议通报 1 至 7 月份全市省、市两级重点工程进展情况及各县（市、区）考核排名。

28 日

太原市召开十届市委第 35 次常委会议，传达贯彻袁纯清、李小鹏在太原调研时的讲话精神；研究太原市实施百企千村产业扶贫开发工程的意见；传达全省组织工作会议精神；研究干部工作。

2013 年全省军转安置工作电视电话会召开。

29 日

太原市人大常委会第十六次主任会议召开。会议研究确定对《关于未成年人刑事检察工作情况的报告》的审议意见等。

太原市启动“智慧太原”时空信息云平台建设试点项目。国土资源部副部长、国家测绘地理信息局局长徐德明，市领导耿彦波等出席启动仪式。

由国家测绘地理信息局和省政府主办、太原市承办的全国测绘法宣传日主场活动启动仪式在太原举行。

太原市委领导会见国家开发银行副行长袁力一行。市政府与国家开发银行山西省分行就推进太原市棚户区改造项目开发性金融合作签约。

太原市第一个杜比全景声电影院在龙城电影集团长风剧场建成。

30 日

太原市百企千村产业扶贫开发工程项目推介·招商·洽谈·签约会举行。

太原市举办“法治政府建设”专题讲座。法学博士、中国行政法学会副会长、国务院法制办司长青锋主讲。

全省道路交通安全工作太原现场会召开。

9 月

1 日

太原市公办幼儿园保教费执行最高收费标准。

2 日

全市安全生产工作专题会议召开。会议研究安全生产监管职责和太原市安全生产测评体系运行办法等相关事宜。

由省人大城建环保工委副主任汤俊权带队的 2013 年三晋环保行记者团听取太原市环保工作情况的汇报，并实地察看电力企业固体废物治理和煤矿固废污染治理情况。

3 日

太原市第 5 次城乡清洁工程调度会召开。会议学习交流万柏林区老旧居住片区环境综合整治工作经验，安排部署下一阶段工作。

4 日

太原市委领导到尖草坪区西村，看望慰问因抢救落水村民英勇牺牲的刘建红的家属，并代表市委、市政府送上慰问金。

由商务部副部长李金早带队的商务部调研组就太原市 2013 年以来商务工作情况、商务促进政策落实、商务促进资金使用管理情况等进行调研。

7 日

鄂尔多斯市四大班子考察团在并考察城市建设、高新产业和文化创意产业发展，市四大班子领导成员及高新区、经济区管委会及住建、规划等部门负责人一同考察。

2013“三晋环保行”采访团结束在太原市的采访活动，并作意见反馈。

9 日

太原市政府召集相关部门负责人到市政务服务中心现场办公，就效能政府建设、简政放权、优化审批流程等工作作出安排。

太原市政府召集市规划、经信、国土等有关部门负责人召开重点工业项目协调会。会议研究华能东山热电改建、太原铁路装备造修基地等项目有关事宜。

9 日至 10 日

省委巡视四组在太原市就深入开展党的群众路线教育实践活动进行调研并征求意见。

10 日

袁纯清到古交市嘉乐泉社区，接待处理包联信访事项。

李小鹏、张复明到阳曲县杨兴乡

郫都小学校和杨兴九年一贯制学校慰问教职工。

11 日

太原市召开市直学校建设联席会议。现场协调解决各个学校建设中存在的问题。

12 日

省委统战部带领省部分民主党派主委，在并调研太原市新兴产业和高新技术发展情况以及率先转型跨越发展取得的新成就。

太原市政协十二届八次常委会举行。会议通过市政协十二届八次常委会议程；审议通过关于对太原市城市居家养老现状、问题及对策的调研报告，听取市住建委和市安监局工作汇报，并宣读民主评议两个部门的实施方案。

12 日至 13 日

全省造林绿化太原现场推进会召开，李小鹏和与会代表一起考察太原造林绿化工程，并在西山万亩生态园工程现场同与会人员座谈。

13 日

太原市企业改革领导组召开 2013 年第 3 次办公会议。会议研究太原市国有企业改革相关事宜。

太原市召开省政府“煤炭二十条”和市政府“煤炭十五条”措施落实推进会。

14 日

太原中华文化促进会成立。李毓玲当选太原中华文化促进会主席。

15 日

新成立的太原慈善职业技术学校举行开学典礼。

16 日

中国人民银行总行现金管理工作调研组在晋调研，在太原中心支行召开座谈会。

17 日

太原市人大常委会第十七次主任会议召开。会议听取市人民政府关于太原市民办教育发展情况的汇报等。

18 日

太原市党的群众路线教育实践活动先进事迹报告会在太原举行。

22 日

在 2013 年第 13 届中国平遥国际摄影大展颁奖仪式上，太原晚报摄影部主任程耀宝专题作品《彩票世象》获得新闻报道类优秀摄影师奖。

23 日

省人大调研组到太原调研《中华人民共和国档案法》《中华人民共和国档案法实施办法》和省、市档案管理条例在太原的贯彻落实情况。

24 日

太原市召开十届市委第 36 次常委会议，传达全国、全省宣传思想工作会议精神，学习习近平总书记在全国宣传思想工作会议上的重要讲话精神；听取关于太原市涉法涉诉信访工作改革的汇报；传达省委《关于对文晓平等六人顶风违纪问题处理情况的通报》，研究有关案件的处理意见；研究干部工作。

耿彦波到罗克佳华物联网云计算中心建设工地、真武路南延段、大运路改造工地进行现场办公。

25 日

太原市委领导先后到小店区五龙城郊森林公园、迎泽区枣山沟城郊森林公园、杏花岭区景林城郊森林公园调研东山生态建设。

耿彦波到国网太原供电公司，就城市电网规划及供电公司配合道路建设急需解决等问题进行调研。

26 日

太原市委领导先后到万柏林区长风城郊森林公园，晋源区豪光、康培、爱晚、环投天丽、煤气化等城郊森林公园，调研西山绿化工作。

山西省委常委、政法委书记王建明到太原市明德学校就加强特殊教育学校建设和预防青少年违法犯罪工作进行调研。

27 日

太原市委领导到解放军第二六四医院，看望慰问因公受伤交警高文彬及其家属。

太原市委领导到阳曲县转型发展产业园区、东黄水镇马驼村调研。

太原市被国家标准化管理委员会确定为 20 个国家智慧城市试点示范城市之一。

太原市委依法治市办邀请中国浦东干部学院法教授刘哲昕在市委党校举办全市领导干部法治思维讲座。

28 日

2013 太原国际马拉松赛开跑。3 万余名马拉松运动员参加比赛。

29 日

太原市第十一次妇女代表大会开幕。省妇联党组书记、主席王维卿到会祝贺。

本月

太原日报报业集团副总编辑蒋言礼作品《母亲与我》荣获太原晋中“中华魂·同城梦”全国诗歌大奖赛荣誉奖。

太原市成为国家科技成果转化服务(太原)示范基地，成为全国 12 个国家级科技成果转化服务示范基地之一。

10 月

1 日

李元红、王宏伟等五人书画展在晋商博物馆展出。

9 日

耿彦波到牛驼寨烈士陵园现场办公，就牛驼寨景区扩建、新建纪念堂等做出具体安排。

10 日

由省人大常委会副主任牛仁亮带队的省人大执法检查组就太原市《中华人民共和国安全生产法》的贯彻实施情况进行检查指导。

市委领导会见吉贝克信息技术公司董事长、中科院金融科技中心首席科学家兼副主任、国家“千人计划”专

家刘世平一行。

11 日

耿彦波会见中国保利集团党组副书记、董事、总经理张振高一行。

太原市行政权力清单专家论证会召开,修改完善《太原市行政权力清单》。

14 日

全国妇联原党组书记、副主席、书记处第一书记黄晴宜到太原不锈钢产业园区进行考察调研。

15 日

太原市"以矿建镇"试点工作会议召开。

16 日

太原市召集市安监、部分高校信息领域专家及有关企业负责人,就建设安全生产责任落实测评体系进行研讨。

晋城市副市长茹栋梅带领晋城市市直农口和涉农单位负责人,到太原市现代农业园区参观。

17 日

市人大常委会执法检查组分成两组到太原 8 所中学,检查义务教育法及全省实施办法的贯彻落实情况。

太原市召开县级公立医院综合改革工作会议。会议通报太原市县级公立医院改革进展情况。

18 日

耿彦波会见苏宁云商集团副董事长孙为民一行。

太原市举行全民终身学习活动周启动仪式。

太原市委领导带领市国土局以及尖草坪区、万柏林区有关负责人,到北车集团太原铁路装备造修基地调研。

市人大常委会执法检查组就太原市义务教育"一法一办法"贯彻实施情况听取相关工作汇报。

太原生活饮用水卫生安全保障应急演练举行。

19 日

北京军区人武部和预备役部队建设工作会议在太原市召开。

西山城郊森林公园秋季绿化现场会召开。

20 日

全省社会治安防控体系"六网覆盖"工程建设推进会在太原召开。会议听取太原等市"六网覆盖"工程建设经验,现场观摩公安万柏林分局和闫家沟社区视频监控系统建设及应用情况。

21 日

太原市政府与交通银行山西省分行签署战略合作备忘录。

第十一届全国"篮球城市"交流活动在太原举行。

22 日

太原、晋中两市政协"加快综改试验区建设,推进太原、晋中同城化"联合议政会举行。

太原市辖区发生 3.1 级地震。

23 日

全国住房城乡建设系统第六届企业文化建设论坛暨推广太原市城乡管委"市政公用服务进社区"经验现场会在太原市召开。

太原市十三届人大常委会第十六次会议召开。会议审议通过《太原市残疾人保障条例(草案修改稿)》,会议审议《太原市法律援助条例(草案)》的议案等。会议进行人事任免。

太原市委领导到太原武宿综合保税区进行调研,并与太原海关、山西出入境检验检疫局、综保区建设指挥部、入区企业等方面负责人对综保区建设进展情况举行座谈会。

24 日

耿彦波主持召开市政府第 11 次常务会议。会议传达中办有关文件精神,部署化解过剩产能工作,原则通过《太原市重污染天气应急预案》和《太原市加快推进"五规合一"工作方案》,听取《关于调整太原市国有投资控股有限公司管理体制的汇报》等。

太原市军转安置工作会议举行。

25 日

太原市委领导会见美国科罗拉多州立大学校长瑞克·米兰达一行。

太原市政府召开会议,决定从 10 月 25 日至 12 月 10 日,在全市范围内开展安全生产大检查"回头看"。

第二十三届中国新闻奖评选揭晓。太原日报任晓明采写的通讯《从"生死抉择"到"与城共生"——太钢建设都市型钢企的实践与探索》获得中国新闻奖三等奖。

26 日

国际(中国)椰糠栽培基质研发中心落户阳曲县祺比鸥生物科技有限公司,中国农业大学向祺比鸥生物科技有限公司授牌。

27 日

汾酒公益基金会出资 22 万元慰问太原市 200 名一线环卫工人。

由国家督学李建声带队的国家教育督导检查组到迎泽区就义务教育发展基本均衡县进行评估。

28 日

由省农业厅厅长李平社带队的全省农业农村重点工作监督检查组到阳曲县,检查农业农村重点工作落实情况。

29 日

太原市委领导到娄烦县惠农马铃薯科技园、华城林远公司万亩苗木基地、米峪镇乡国练村苗圃基地、阳光实业有限公司天池生态园、芙蓉集团天池店设施蔬菜基地、峰岭山绿化、石峡沟汾河水库生态保护治理、北山植物园建设、县城综合提升改造工程,对百企千村产业扶贫开发工程进展情况进行调研。

太原市召开推进全市义务教育均衡发展会议。国家督查组初步认定迎泽区达到教育均衡发展区。会议安排其他 9 个县(市、区)的评估验收路线图。

30 日

袁纯清、李小鹏带领省观摩检查组,对太原市重点工作和项目推进情况观摩检查。

太原武宿综合保税区获得国家正式验收后的第一份“报关”“报检”证书颁出。

11 月

1 日

省委巡视六组巡视太原工作动员会和汇报会召开。

2 日

太原市两项重大民生工程——太原轨道交通 2 号线一期工程和华能太原东山燃机热电厂开工建设。

4 日

耿彦波主持召开市政府第 12 次常务会议。会议听取全市前三季度经济运行情况，全市三季度重点工程进展情况和全市前三季度城镇居民人均匀支配收入落实情况的汇报，安排部署落实省袁纯清、李小鹏在全省重点工程观摩检查活动汇报会上的讲话精神。

5 日

太原市科学技术协会第七次代表大会举行。

太原市召开全市煤矿、消防、道路交通安全大检查“回头看”工作会。

6 日

太原市政协召开“美丽太原·幸福家园”专题议政会,围绕人民群众关注度高的 13 个民生问题提出意见和建议。

市政府与中国南车股份有限公司战略合作框架协议签约仪式举行。市委副书记、市长耿彦波,中国南车股份有限公司总裁刘化龙分别代表双方签订战略合作框架协议。

全省农田水利基本建设暨防汛总结表彰电视电话会议召开。市政府领导在太原分会场收听收看。

市政府领导带领市住建、国土、交通、水务、商务、规划、环保等部门负责人，现场调研宝迪、润恒太原项目进度，协调解决项目建设中存在的问题和困难。

7 日

太原市召开市委中心组学习会。专题学习习近平总书记在参加河北省委常委班子专题民主生活会时的重要讲话精神。

太原市召开十届市委第 37 次常委(扩大)会议。会议研究贯彻袁纯清和李小鹏在全省观摩检查太原市汇报点评会上的重要讲话精神；听取市政府关于前三季度全市经济形势的汇报,研究下一步经济工作。

8 日

晋源区举行城中村改造推介会。

太原市人大常委会第十九次主任会议召开。会议研究确定《关于我市城市交通工作情况的报告》的审议意见等。

9 日

市政府办公厅印发《太原市人民政府办公厅关于加快构建便民服务体系推动政务服务向基层延伸的意见》(并政办发〔2013〕91 号)。

11 日

太原市驻外办事处关于招商引资、深化改革专题会议召开。

耿彦波到太原华润煤业有限公司现场办公。协调解决证照手续办理和新项目推进过程中遇到的一些问题。

耿彦波就娄烦县打造“山水娄烦”和省城“后花园”的相关项目进行调研。

海关总署副署长孙毅彪调研太原武宿综合保税区建设情况。

12 日

太原市人大常委会第二十次主任会议召开。会议听取市人大常委会义务教育执法检查各工作组执法检查情况的汇报等。

太原市召开今冬明春火灾防控工作会议。从 11 月 12 日起到 2014 年 3 月全国“两会”结束,各县(市、区)、开发区管委会要排查整治火灾隐患,集中开展消防安全“零点”夜查行动。

13 日

太原市委领导到市农业技术服务中心、尖草坪区政务服务中心和国税尖草坪区分局，对窗口单位作风建设进行调研。

全市政法系统召开“率先转变作风,争创一流窗口”活动推进会。

太原市召开社会治安“六网覆盖”工程建设推进会。

13 日至 15 日

太原市举办“第一次全国可移动文物普查”培训班。

14 日

太原市召开工业经济运行形势分析座谈会。

全省“百企千村”产业扶贫开发工程现场观摩团在尖草坪区和阳曲县观摩。

15 日

太原市举行 2013 太原国际马拉松赛总结分析座谈会。座谈研讨赛事发展和目标规划，并对为赛事作出突出贡献的先进集体和先进个人予以表彰。

15 日至 16 日

山西省举行以“加强产学研用合作,推进创新驱动发展”为主题的首届“百校百企”科技合作与项目对接活动,共有 47 个校企签订合同或达成合作意向,技术交易额 1.08 亿元。

16 日

2013 年山西省“三晋友谊杯”乒乓球赛开幕。

18 日

团市委在太原城市职业技术学院举办 2013 年“贴心直通车”与青少年第十次面对面活动。

19 日

市人大常委会邀请和组织全国、省、市、县、乡五级千名人大代表,就太原市冬季采暖期大气污染治理情况将开展为期 5 个月的专项视察。

20 日

太原市召开市委中心组学习会。学习习近平总书记在党的十八届三中全会第一次、第二次全体会议上的讲话和《中共中央关于全面深化改革若干重大问题的决定》的说明,并提出贯

彻落实意见。

市物价局出台《太原市平价商店考核管理办法(试行)》。

太原市召开第29次见义勇为表彰大会。

21日

太原市委领导到迎泽区政务服务中心、柳巷街道铁匠巷社区、火车站、太原公交总公司IC卡中心、汽车客运西站,对窗口单位作风建设进行调研。

22日

太原市领导会见深圳飞尚集团总裁李非列一行,双方就加快推进太原锅炉集团改制和合作等事宜进行沟通交流。

太原市召开第三次全国经济普查宣传动员工作会议。

环保部华北督查中心主任刘长根主持召开太原市大气污染防治工作明察暗访意见反馈会。

24日

耿彦波带领市政务办、市住建委、规划局等部门领导到市便民服务中心工地现场办公。

25日

中央宣讲团党的十八届三中全会精神报告会举行。中央宣讲团成员、财政部副部长王保安作报告。

市政府召集各县(市、区)和安委会成员单位负责人,就立即对全市石油、天然气管网、库站及运输车辆开展隐患排查专项治理行动作出紧急部署。

太原市《关于大力推进民营经济转型跨越发展的意见》(简称“民营经济四十条”)第二专项督查组听取市国土局、经济区、清徐县等9个单位、3个区县、1个开发区对关于落实“民营经济四十条”以及相关配套政策措施落实情况。

26日

太原不锈钢产业园区和国药集团山西有限公司举行医药物流中心项目签约仪式。

27日

耿彦波到清华大学就高新技术产业发展以及科技创新企业的孵化等展开调研。

29日

太原市召开十届市委第38次常委(扩大)会议。会议学习中共中央、国务院关于《党政机关厉行节约反对浪费条例》;研究讨论深入贯彻落实党的十八届三中全会精神、加快建设一流省会城市调研课题;听取关于深化法治太原建设的实施意见;听取中国工会第十六次全国代表大会、中国妇女第十一次全国代表大会精神,研究太原市贯彻意见。原则通过《关于深化法治太原建设的实施意见》。

本月

由太原市科技局、太原高新技术产业开发区管委会、赛伯乐(中国)投资公司共同出资的太原首家股权投资企业——太原绿科科技创新股权投资合伙企业(有限合伙)成立,为太原市首家股权投资企业。

12月

1日

太原市环境保护执法大检查动员大会召开。

2日

太原市领导会见三寿国际集团董事局主席宋涛一行,就该集团在太原考察投资事宜进行交流。

太原开展“全国交通安全日”主题宣传活动。活动主题为“摒弃交通陋习,安全文明出行”。

3日

太原市人大常委会第二十一次主任会议召开。会议听取市人民政府关于太原市本级政府性债务规模和管理使用情况的汇报等。

4日

太原市晋西工业集团有限公司、山西中天信科技股份有限公司、太钢总医院、山西中科博杰科技有限公司等8家单位获准建立院士工作站。截至年底,太原市有15家单位建立院士工作站。

5日

太原市委、市政府领导会见横店集团控股有限公司董事长、总裁徐永安一行。

6日

全国首届金融大数据战略与应用研讨会在太原市召开。

省政府依法行政领导组检查太原市依法行政工作情况,并到市政务服务中心、市环保局和统计局调研依法行政工作。

9日

太原县(市、区)委、市直工(党)委书记履行基层党建工作责任专项述职会议召开。

10日

省政府考核组对太原市安全生产目标责任制进行考核。

11日

省委宣讲团党的十八届三中全会精神报告会在太原举行。省委宣讲团成员、省委组织部常务副部长张高宏作宣讲报告。

省委常委、宣传部长胡苏平出席太原市文化体制改革和文化产业发展情况意见反馈会。

12日

省委督查组对太原市加强党外代表人士队伍建设工作情况专项督查反馈会召开。

14日

市政府召开燃气管道及消防安全工作专题会议。会议分析当前全市燃气管道和消防安全形势,部署下阶段工作。

省政府召开宣传贯彻《国务院办公厅关于进一步加强煤矿安全生产工作的意见》电视电话会议。太原市组织收听收看。

16 日

太原市召开市县食品药品监督管理体制改革动员大会。

太原市政府召开推进行政审批、两集中两到位和流程再造工作会议。

16 日至 30 日

太原市委常委分别带队到各县(市、区)、开发区、市直各部门进行年度综合考核。

17 日

太原市人大常委会第二十二次主任会议召开。会议听取市人民政府办公厅关于市十三届人大三次会议代表建议、批评和意见办理情况的报告等。

太原市政协召开十二届九次常委会。会议对中共十八届三中全会精神进行学习;审议通过新修订的《中国人民政治协商会议山西省太原市委员会提案工作条例》等。

18 日

太原市 0～3 岁早期教育工作阶段性小结暨山西省提高人口素质研究会年会举行。

19 日

省督察组就太原市燃煤锅炉改造、污水处理厂建设等情况展开督导检查。

20 日

全面改善省城环境质量工作汇报会召开。

团中央书记处书记傅振邦到太原五中调研中学生实践教育活动和团组织教育基地建设情况。

21 日

"太璞如琢——崔如琢太原精品展暨所藏《石涛罗汉百开册页》展"在太原美术馆开展。

23 日

全省民营经济转型跨越发展促进会举行。太原市组织收听收看。

市人大常委会组织太原市出席省十二届人代会的部分代表集中视察,重点了解太原市冬季采暖期大气污染治理、城市道路改造工程进展情况。

24 日

太原市十三届人大常委会第十七次会议召开。通过《太原市古树名木保护条例》《太原市人民政府办公厅关于市十三届人大三次会议代表提出的建议、批评和意见办理情况的报告》等报告。

太原不锈钢园区管委会、华润山西康兴源医药有限公司山西现代医药物流中心建设项目签约仪式举行。

太原市政府和省气象局签订促进太原率先基本实现气象现代化合作框架协议。

太原市政府与建行山西分行签订"助保金"贷款战略合作协议。

太原市政府与中国出口信用保险公司山西分公司签署全面战略合作协议。

太原市召开肉类蔬菜流通追溯体系建设推进会。

25 日

太原市委领导到阳曲县大盂镇北家庄村开展下乡住村调研,并与村"两委"干部、大学生村官、党员代表、村民代表座谈,与他们共商脱贫致富的思路和办法。

中国农业大学、山西农业大学、省农科院的专家论证农业物联网技术应用示范项目的可行性。

27 日

太原市 2013 年"蓝焰 5 号"燃气应急抢险演练举行。

27 日至 29 日

太原市组织全市 16000 余名公务员参加首次无纸化普法考试。

28 日

太原市首家社会化社区老年餐厅在万柏林区投入使用。

30 日

太原市审批流程再造向县区延伸工作现场会召开。

31 日

团市委在太原城市职业技术学院组织召开党的十八大精神太原青年宣讲团培训会。

上海浦东科技企业家代表团到太原考察罗克佳华和太钢座谈。

(韩志刚　范世民)

中国共产党太原市委员会

Taiyuan Municipal Committee of the Communist Party of China

综 述

【概述】 2013年，中共太原市委员会贯彻党的十八大精神，在省委的正确领导下，坚持主题主线，坚持稳中求进，坚持“四化”同步，加快率先转型跨越发展，全年地区生产总值增长9%，规模以上工业增加值增长10.8%，固定资产投资增长25%，公共财政收入增长13%；城镇居民人均可支配收入增长11%，农民人均纯收入增长11%以上，一流省会城市建设取得新的进展。

（张晓茜）

【新兴产业基地建设】 2013年，中共太原市委坚持以高端化、循环化、园区化、集群化和信息化为路径，加快构建以信息产业和高端装备制造业、高新技术产业、现代服务业、现代都市农业为重点的现代产业新体系。

1.新兴产业支撑引领作用进一步增强。实施工业振兴计划，全市工业投资增长35%，新兴接替产业投资和增加值双超传统产业，成为拉动工业经济增长的主要力量。高端碳纤维、中天信安防等项目建成投产。

2.现代服务业发展态势良好。国内首个反映产地煤炭市场价格的“太原指数”正式上线，汾酒、华润煤业等总部落户太原市。出台《关于加快金融业发展的实施意见》。太原茂业天地等项目进展顺利，食品街等传统商圈完成改造升级。太原市成为全国城市共同配送试点城市。

3. 现代都市农业加快发展。突出“一村一品”“一县一业”，坚持以工业化推进农业现代化，出台《关于加快都市现代农业发展的若干意见》，全年农业产业化销售收入增长39.2%。天津宝迪、九牛牧业等产业化项目进展顺利，十大现代农业主题产业园初见规模。开展百企千村产业扶贫开发工程，储备项目164个，落地企业46家。在推进产业转型中，注重招商引资，围绕打造北京“副中心”，主动向京津地区全面对接，全年利用外资9亿美元，引进境内资金837.3亿元，分别增长15.1%和68.8%。注重园区经济，全市开发区引进亿元以上项目53个，项目总投资787.2亿元。太原阳曲产业新区成为太原市工业发展的重要平台，对全市优化产业布局和城市格局意义重大。注重民营经济，开工建设国家级中小企业创业示范基地，全年民营经济增加值增长11.5%，上缴税金占到全市财政总收入一半以上，吸纳就业超过75%。推进转型综改试验先导区建设，编制出台实施方案和行动计划，北车铁路装备制造基地等22个重大项目列入省行动计划，太原武宿综合保税区通过国家验收，正式通关运行。配合省里做好山西科技创新城建设工作。

（张晓茜）

【自主创新基地建设】 2013年，中共太原市委以提高自主创新能力、推进产学研结合为重点，加快构建区域创新体系，实现资源驱动、资本驱动向创新驱动转变。强化企业自主创新主体地位，支持企业围绕新兴产业发展方向实施重大转型，全年专利申请、授权量增长6.8%和20.6%，太钢不锈钢科技创新服务中心成为国家级专业科技企业孵化器。推进产学研合作，加强与中科院、中关村以及国内重点高校的战略合作，组织开展“百院百企”“百校百企”科技合作对接活动，签约合作项目86个。优化科技创新环境，全社会研发经费投入增长12%，占到GDP的3.1%；争取国家和省项目资金增长30.5%；63家科技型企业获得银行贷款14.8亿元，增长31%；再度荣获全国科技进步考核先进市称号。

（张晓茜）

【现代宜居城市建设】 2013年，中共太原市委按照全省“一核一圈三群”的部署，坚持新城引领下的“五城”联动，发挥规划的引导性，按照国际一流标准，编制完成汾东新区、晋阳新区等30余项规划，制定出台《关于进一步加强城乡规划管理的意见》，严厉打击和控制违法违规建设。

着力推进城市建设，全年完成投资272.69亿元。轨道交通2号线一期工程首开段正式开工，主线全长48.46公里的城市中环路当年开工、当年通车，太原市进入立体交通时代，新建、改造完成府东府西街、并州路等道路桥梁项目；实施重点企业目录库管理，全年50个城中村实施改造，11个城中村完成整村拆除。

提升城市精细化管理水平，加快"数字城市"向"智慧城市"的转型升级，跻身首批国家智慧城市试点；推进国家"公交都市"示范城市建设，新增公交专用道40公里、公共自行车服务点628个，投放自行车2.2万辆；加快创建国家卫生城市，城乡清洁工程取得新成效。

全力抓好省城环境综合治理，继续实施"五大工程"和"五项整治"，集中供热扩网面积新增2100万平方米，新增加气站4座，公交车、出租车实现气化全覆盖，拔掉黑烟囱1万余根，冬季采暖燃煤减少35%，对232家污染企业实施关停、淘汰和搬迁；加快绿化太原建设，东西两山21个城郊森林公园完成投资22.15亿元，全市造林35.93万亩，城区绿化覆盖率、绿地率分别提高0.81和0.79个百分点，省城环境质量改善工作实现"两年明显改善"的目标。

（张晓茜）

【宣传思想工作和文化建设】 全面抓好党的十八大、十八届三中全会和习近平总书记一系列重要讲话精神的学习宣传贯彻。2013年，中共太原市委坚持把学习宣传工作作为首要政治任务，及时传达、安排部署；市委常委和副市长领题调研18个课题，形成《关于全面深化改革，加快建设一流省会城市的若干意见》，组建宣讲团，宣讲覆盖干部群众20余万人次。

加强思想道德建设。中共太原市委加强培育和践行社会主义核心价值观，倡导太原"三个核心价值观"，在全市范围内开办道德讲堂，社会志愿服务工作取得新成绩。

文化事业有新发展。2013年，中共太原市城乡公共文化基础设施建设进一步加强，太原美术馆建成投入使用；组织开展"文化精品惠民基层行"活动，农村公益电影放映实现全覆盖；推进文化精品创作，纪录片《太原五千年》续热播，打响"唐风晋韵·锦绣龙城·清凉太原"的城市形象品牌。

文化产业整体实力有新提升。2013年，中共太原市发挥文化园区和基地的承载带动作用，高新区创意产业园、清徐醋文化博览园等文化园区建设顺利，文化创意等新型业态发展良好，太原市成为国家级文化和科技融合示范基地；旅游总收入实现430.9亿元，增长21.2%。（张晓茜）

【社会治理】 2013年，中共太原市委加快效能政府建设，巩固深化"两集中，两到位"改革，完善"一核三联动"固定资产投资项目联合审批服务流程，流程再造向县（市、区）、开发区延伸。进一步构筑"源头治理、动态管理、应急处置"三道防线，建立完善矛盾纠纷联调机制，依法稳妥处置突发事件，"天网"治安防控体系基本形成，社区星级警务室建设加快推进，全市县、乡、村三级全部建立社会服务管理平台。

（张晓茜）

【改善民生】 2013年，中共太原市委把保障和改善民生作为工作落脚点，百校兴学新改扩建项目学校55所、幼儿园33所，新农合"先住院后付费"模式受益群众进一步增加，城镇登记失业率控制在3.35%，企业退休人员养老金在中部省会城市继续保持领先，保障性住房建成2.96万套，增长214%，设立社区惠民项目资金1.1亿元，为每个社区提供惠民资金20万元，"一元菜"稳价惠民活动赢得群众好评，居民消费价格指数控制在3.5%以内。落实"两个主体"责任，引深安全隐患有奖举报活动，核定安全隐患2700余件，奖励金额30余万元，全年未发生重大以上安全生产事故。

（张晓茜）

【党建科学化水平提升】 2013年，中共太原市委推进理论武装工作，加强党校和行政学院主阵地作用，全面构建组织调训、干部选学和在线学习"三位一体"教育培训格局，先后组织96期培训班，1.2万余名干部参加培训。全面推进领导班子和干部队伍建设，调整配备121名优秀干部充实到县（市、区）和市直部门单位，推选出92名年轻正科级干部进入市管副县级领导干部选拔范围。

抓好基层党组织建设，建立县（市、区）委书记履行基层党建工作责任专项述职制度，组织开展星级社区、星级农村党组织创建活动，135个"较差"支部全部晋位升级，选派76名优秀年轻干部到村担任"第一书记"，完成全市社区党组织换届工作，组建社区网格党组织2416个。

开展党风廉政建设和反腐败斗争。中共太原市委把落实八项规定与践行党的群众路线紧密结合，市四大班子成员基层调研次数增长45.1%，下乡住村天数增长12.7%；全市性会议、文件分别减少18%、9.2%，各类会议活动报道减少20%，严肃查究一批违规违纪人员。落实党风廉政建设责任制，市委常委带队对各县（市、区）和市直部门党风廉政建设情况进行考核检查，具有太原特色的惩防体系加快形成。组织开展领导干部住村包企、"访民生、知民情、解民事""向人民汇报、请人民评议"、窗口单位行业"贴近群众、服务群众"等活动，广大党员干部的工作作风明显转变，精神面貌焕然一新，党群干群关系明显改善，树立党政机关为民务实清廉的良好形象。 （张晓茜）

市委办公厅

【概述】 2013年,在市委的领导下,市委秘书长班子团结带领市委办公厅及代管单位的广大干部职工,围绕市委中心工作和全市大局,着眼于建设“学习型、服务型、创新型”机关,全面提高“三服务”水平,完成各项工作任务,为一流省会城市建设作出贡献。

(张晓茜)

【参谋服务作用】 2013年,中共太原市委办公厅发挥参谋服务作用。加强文稿综合服务。按照重思想、出精品的要求,在文稿起草中贯彻中央和省有关精神,紧密结合太原实际,准确把握领导意图,不断提高文稿的政治性、思想性、指导性,全年共起草各类重要文稿180多篇,约70余万字,报送领导参阅资料20余期,发挥以文辅政作用。

注重调查研究。围绕全市改革发展稳定的重点难点问题,服务市委领导企业、社区和有关部门开展调查研究,围绕加强社区基层党建等形成一批专题调研报告。

不断提升信息服务水平。强化对各类信息的深层次开发,提高信息报送质量,突出信息报送的时效性和针对性,发挥党委信息的主渠道作用。全年编发《太原信息》300多期,报中办信息300余条,报省信息1100条,取得省会城市中办直报点第五的好成绩。上报中办的《人民要求是方向,人民满意是标准》的调研信息,刘云山等中央领导作出重要批示,上报省的《科学再造审批流程,力促政府职能转变》调研信息,李小鹏等省领导作出重要批示。开展党委信息、督查、督办、文件交换等网上业务应用,做好网上信息收集报送。推进党务内网保密系统建设,确保党务内网安全运行,党委系统信息化建设水平提升。

做好市委社情民意工作。发挥社情民意通道桥梁纽带作用,加大网民留言办理力度,全年累计受理群众意见2500多条,回复率达96%以上,解决一批事关群众利益的民生问题;组织做好第五届“集全民智慧,建锦绣龙城”好建议征集活动,筛选建议2200多条。太原市选送的“满洲坟小区供暖问题办理案例”被人民网评为“全国网民留言办理优秀案例”。不断提高《太原工作》办刊质量,连获全国十佳党刊。

(张晓茜)

【综合协调】 2013年,中共太原市委办公厅发挥综合协调作用。做好政务活动的协调安排。严格落实中央八项规定,按照精简、务实、高效的原则,科学安排市委领导日程,增加领导基层调研,减少领导会务活动,会议活动同比减少25%;以提高会议活动服务水平为目标,做好市委会议和活动的组织协调,全年协助市委组织各类会议活动和基层调研270余次;审核使用市委及市委办公厅印信1600余枚(次),保障全市发展大局和市委中心工作。

抓好突发事件的协调处置。健全市委值班网络,加强对全市应急工作、值班工作的管理和检查,杜绝迟报、漏报、瞒报。加大报告、协调、督办力度,提高处理突发事件的快速反应能力。全年共接听、处置值班电话上万个,协助市委处置各类突发性事件400余起。

抓好突出性矛盾问题的协调解决。构筑“源头治理、动态管理、应急处置”三道防线,以群众工作统揽信访工作,开展矛盾纠纷排查,做好积案化解、重大突发事件处置,着重抓好十八届三中全会等重大会议和敏感时间节点的信访稳定,全市信访形势好转。做好反邪教工作,发挥“护城河”作用,维护社会政治稳定。 (张晓茜)

【督促检查】 2013年,中共太原市委办公厅开展督促检查工作。创新督查工作运行机制。成立市委督查工作领导小组,强化分解立项、跟踪督办、限时报告等工作制度,形成统一领导、分工协作的督查新格局。

加大决策督查力度。按照中央和省、市委的重要工作部署,围绕贯彻落实中央八项规定、全市重点项目、改善民生等工作,突出督查重点,加大督查力度,推动重大决策的落实。

做好专项督查。重视中央和省、市领导重要批示的督办工作,先后就特困家庭退役士兵安置工作等150余件领导批示进行专项查办,有效推进问题的及时解决。

做好政协委员提案的办理工作。严把回复质量,共承办并办结政协建议案、提案25件,办结率100%。

(张晓茜)

【公文处理】 2013年,中共太原市委办公厅精简文件简报,改进文风,减少发文数量,控制发文规格,发文总数比2012年减少24.5%。出台《太原市党内规范性文件备案规定》,为开展全市党内规范性文件备案做好准备工作。按照严格把关、谨慎细致、快速准确的要求,做好上报市委各种请示报告的审核工作,以及文件和报刊的收发、传阅、档案管理等各个环节的工作。2013年,累计收发、传阅、交换各类文件、资料等近5万份,实现“零差错”;档案工作达到山西省档案管理目标工作二级标准。 (张晓茜)

【后勤保障】 2013年,中共太原市委办公厅在厉行节约的基础上,深化“5S”管理,狠抓机关环境整治,加大基础实施改造,营造舒适、便捷、怡人的办公环境。对32家有关单位停清情况进行收集、汇总,停清工作取得阶段性成果。更新改造老化电线5.4千米,维修楼顶8000平方米,车辆安全行驶80多万千米,消除重大安全隐患12起。加强安全教育,完善群防群治体系,提高人防技防物防水平，确保机关大院安全有序。加强日常财务管理，做好专项经费使用、政府采购等工作，为市委各项工作提供经费保障。（张晓茜）

【机要通信和国家秘密安全】 2013年，中共太原市委办公厅执行密码工作各项规章制度，组织电报的译传办理，保障密码通信的安全高效。全年共接发明电、密码电报1470份，办理省部级专报47份，保证市委通信渠道的安全畅通。深化保密宣传教育，推进保密科学化管理，组织开展保密工作“调查研究年”活动，加大保密督促检查力度，确保国家秘密安全。（张晓茜）

【综合工作】 2013年，中共太原市委办公厅严格执行八项规定和《党政机关厉行节约反对浪费条例》，接待工作转变服务理念，严格控制接待规格和标准，接待费用同比减少约30%，完成各项接待任务。加强对台交流和对台宣传，扩大两岸了解共识，促进全市的对外开放和经济发展。加强新农村建设领导组综合办公室的组织协调作用，开展扶贫工作，协调水务、电力等部门筹建国练村后梁提水工程项目，解决国练村200多公顷坡梁地用水问题。做好关心下一代工作，坚持对未成年人进行社会主义核心价值体系教育，连续九年荣获全国“中华魂”读书活动先进集体。做好离退休老干部工作，全年走访离退休老干部72人，发放征求意见卡72份，全年组织集体参观学习12次，累计达到300余人次。从政治上、生活上关心帮助老同志，丰富老干部的精神文化生活。（张晓茜）

【秘书长班子建设】 2013年，中共太原市委注重秘书长班子建设。注重加强思想政治建设。始终坚持把加强理论学习作为班子思想政治建设的首要任务，学习领会党的十八大、十八届三中全会和习近平总书记一系列重要讲话精神以及省市委的重大决策部署，学以致用，不断提高班子理论水平和落实科学发展观的本领。

贯彻民主集中制原则。坚持重大事项“集体领导、民主集中、个别酝酿、会议决定”决策程序，坚持每日例会制度，发挥每位班子成员的主观能动性和班子的整体优势。对干部选拔任用、机关建设等重要问题进行集体研究，并贯彻执行。

加强领导班子的团结协作。班子成员之间互相信任、互相谅解，做到分工不分家，既分工负责，又互相支持，形成团结和谐、积极进取的氛围。

始终坚持严格自律。无论是在工作上，还是在生活中，班子成员都带头落实中央八项规定，注重以身作则、勤政廉洁、真抓实干、当好表率，以好的作风带动和影响全厅干部职工齐心协力完成工作任务。（张晓茜）

【机关和干部队伍建设】 2013年，中共太原市委办公厅坚持把机关党的建设放在突出位置，结合办公厅工作特点，研究制定工作计划，狠抓思想、作风、制度和队伍建设，不断强化党员教育管理，增强党员党性观念，发挥党员的先进引领作用。创新学习形式，通过开展辅导讲座、实地考察等多种形式，促进广大党员干部素质和能力的提升。抓好文明和谐创建工作，围绕“五个一”和“三个关爱”开展一系列活动，形成和谐的机关文化氛围。加强机构建设，增设市委社情民意办公室、综合二处，优化办公厅机构设置。加强干部培养使用，选派年轻干部赴农村任“第一书记”，推选出市管青年后备干部2名、科级青年后备干部2名，对办公厅中层领导岗位进行调整充实，选拔调整任用处长11名、副处长11名，优化干部队伍结构，激发广大干部职工的工作热情。（张晓茜）

【党风廉政建设】 2013年，中共太原市委办公厅坚持把加强党风廉政建设摆在班子和机关建设的重要位置，全面贯彻党要管党、从严治党的方针，注重教育、制度和监督并重，构建起反腐倡廉的长效机制。加强廉政教育，组织全体干部职工学习《党章》及中央和省市廉政建设各项规定，通过观看廉政警示教育专题片等形式，增强干部职工的理想信念、宗旨意识和廉洁意识。按照“一岗双责”的要求，对党风廉政建设责任制进行任务分解，秘书长班子定期听取机关纪委工作汇报，研究解决党风廉政建设责任制落实过程中存在的问题；班子成员在抓好分管业务工作的同时，抓好分管处室及代管单位的党风廉政建设，经常性地做好廉政教育。加强廉政制度建设，按照领导干部廉洁自律的有关规定，执行领导干部收入申报、礼品登记、清退违规用车和会员卡、重大事项报告制度，建立完善廉政档案。全厅干部职工没有发生任何违反纪律的问题。（张晓茜）

组　织

【党员干部思想政治建设】 2013年，中共太原市委组织部加强党员干部思想政治建设。开展党的十八大精神学习培训。中共太原市委组织部以学习贯彻党的十八大精神为统领，党员干部思想政治建设得到新加强。把党的十八大、十八届三中全会和习近平总书记系列讲话精神作为领导干部学习培训重要内容，分10期对1200余名领导干部进行“学习十八大精神”专题培训，举办全市县处级以上领导干部“党的十八届三中全会、习近平总书记系列讲话精神”轮训班；开展“贯彻十八大、学习新党章、建设新太原”集邮答题活动，全市近1200个政府机关、企事业单位的领导干部参与此次活动。

加强领导班子思想作风建设。组

织开展太原市党的群众路线教育实践活动先进事迹巡回报告会27场；开展“三个核心价值观”教育实践活动，加强以“公、廉、严、能、信”为主要内容的领导干部核心价值观教育。改进调查研究，全市各级党员干部深入基层调查研究，解决实际困难问题。坚持民主集中制原则，完善各级领导班子议事规则和决策程序；落实民主生活会制度，重点在县级以上领导班子中开展以“为民务实清廉”为主题的民主生活会。

抓好各级干部教育培训。按照“整体规划、统筹安排、集中管理、分级负责”的原则，举办96期培训班，培训各级各类干部12203人次。采取“理论培训、实践调研、延伸教学”的三段式教学方式，举办两期县处级干部和中青年干部轮训班，对209名干部进行学习培训。举办12个干部选学专题培训班，培训各级干部785人。开展16个专题“分类送学”活动，培训基层干部5077人次，实现优质培训资源向基层倾斜和延伸，提升基层干部服务转型跨越的能力素质。干部在线学习工作富有成效。截至2013年底，全市干部在线学习注册学员17657名，在全省排名第二；平均完成学时164个，上线率99%，两项指标均在全省名列第一。（李江红）

【干部队伍建设】 1.加强干部队伍建设。2013年，中共太原市委组织部坚持“五注重”（注重品德、注重业绩、注重公认、注重基层、注重清廉）原则，落实从严选拔干部的要求，分6批调整配备市直单位领导干部121名。从优秀大学生村官中公开遴选30名乡科级副职；选派76名优秀年轻干部到村担任“第一书记”；选派49名干部进行挂职锻炼；完成援疆干部的选拔、考察、慰问、接待等工作。

2.注重年轻干部选拔。2013年，中共太原市委组织部在民主推荐、业绩公示和组织评价的基础上，引入专业测评机构对全市推选出的92名年轻正科级干部进行综合测评，进入市管副县级干部选拔范围；各县（市、区）、市直单位推选出100名副科级干部进入正科级、150名一般干部进入副科级年轻干部选拔范围。

3.从严管理监督干部。2013年，中共太原市委组织部执行科级干部职数审批工作规定，开展公务员信息库建设，以干部“三龄两历一身份”信息为重点，对全市101389卷在职干部档案进行专项清理。执行任前征求意见和任前公示制度，严把干部信息审核关。开展领导干部“带病提拔”倒查和破格提拔自查工作。开展2012年度“一报告两评议”工作，评议各级新选拔任用干部518人，与群众满意度明显偏低的单位主要领导进行提醒谈话。组织完成2012年度全市目标责任制综合考核工作，对优秀领导班子和领导干部进行表彰，对基本称职领导干部进行通报和诫勉谈话，发挥干部考核“指挥棒、风向标、助力器”的作用。

（李江红）

【人才队伍建设】 2013年，中共太原市委组织部加强党管人才工作。围绕“869”人才发展计划，完善有关单位密切配合、共同抓好人才发展规划落实的工作机制。制定实施《2013年太原市人才工作领导组成员单位任务分解》。

实施“并州英才”“龙城之星”人才培养选拔工程，评选出220余名第五批市级各类优秀人才。引进“百人计划”专家15名，“千人计划”专家11名。在上年7个院士工作站的基础上，新建8个院士工作站，引进21名院士。分别举办市优秀人才学习党的十八精神培训班、市青年学科带头人国情考察、市优秀企业家高级研修班和中国人民大学企业管理大型公益讲座。通过召开工作座谈会，加强督促指导，推动争创全省人才工作十强县和先进县工作。（李江红）

【基层党组织建设】 2013年，中共太原市委组织部完成农村（社区）“领头雁”培养工程。投入市级配套资金100余万元，完成对农村（社区）“两委”主干2933名、其他班子成员和骨干党员12645名的“领头雁”培训工作。对新任社区干部进行为期2天的集中培训。通过“两推一选”的办法，完成全市515个社区党组织换届工作，书记、主任“一肩挑”比率达到86.2%。全市107名大学生村官进入社区“两委”班子，20名大学生村官担任“两委”主干。

开展星级社区和星级农村党组织创建活动。在全市农村、社区中按五星级、四星级、三星级和不达星级四个等次开展星级创建活动。共评出55个五星级社区和100个五星级农村党组织。

推进社区网格化建设。按照管理无盲点、服务零缝隙的要求，将全市543个社区划分为4007个网格，同步组建社区网格党组织2416个，建立网格督导员、网格长、信息员三支管理队伍，评选出五星级网格1200个，四星级网格2400个，三星级网格407个。

建立社区惠民项目资金。全市设立1.1亿元的社区惠民项目资金，为每个社区每年提供惠民资金20万元。截至11月底，全市立项1493个，完成项目335个，有效提高社区服务群众的能力和水平。（李江红）

【非公经济组织和社会组织党建】 2013年，中共太原市委组织部开展创建“双强六好”党组织活动，召开全市非公有制经济组织党建工作会议和全市社会组织党建工作推进会。全面推进机关党建、国有企业党建等各领域基层党建工作。

加大社会组织党组织集中组建工作力度。多次召开重点单位督导协调会，加强具体指导，在一线解决问题。

根据“属地就近、行业相邻”原则，采取单独建、联合建、挂靠建等方式，在全市1471个社会组织中建立党组织695个，覆盖率85.6%。（李江红）

【党员队伍建设】 2013年，中共太原市委组织部对“太原市党组织和党员信息系统”进行升级改造，党组织和党员信息化建设工作得到中共中央组织部肯定，中共中央组织部进行专题调研，作为试点进行推广。在全省党员管理工作会议上作经验交流。对2008年以来接收的1506个农村和10239名社区的外地流入党员进行全面排查。全年发展党员2670名。完成电教片25部，参加中组部全国优秀电教片评比活动，加强终端站点管理使用和涉组涉干网络舆情监测工作。（李江红）

【大学生村官管理】 2013年，中共太原市委组织部开展大学生村官群众路线“六个一”活动，举办就业专场招聘会暨创业成果展示会、青年企业家与创业大学生村官结对帮扶、农博会创业成果展、大学生村官赴华西村岗前培训等系列活动。完成48名大学生村官选聘工作，开展优秀大学生村官推优工作，为大学生村官成长成才创造条件，30名优秀大学生村官被选拔为乡科级副职领导干部，405名大学生村官当选为村团支部书记，123名女大学生村官当选为县、乡两级妇联代表。（李江红）

【组织系统信息化建设】 2013年，中共太原市委组织部办好《太原组工》《并组信息》，发挥大组工网络和“三晋红e网”作用，加大组织系统的信息交流力度。在中央、省、市媒体发表文章79篇，召开组织工作新闻发布会3场，开展组织工作开放日活动，提升组织工作透明度。抓好“310项目化管理”，推进组织工作创新发展。（李江红）

宣　传

【概述】 2013年，太原市宣传思想文化战线贯彻太原市委党建工作会议精神，实施“五大工程”，各项工作取得显著成效，为太原市推进率先转型跨越发展、建设一流省会城市提供精神文化力量支撑。（边素庭）

【理论武装】 1.2013年，中共太原市委宣传部加强和改进党委中心组学习，开展党的十八大精神和十八届三中全会精神、习近平总书记一系列重要讲话精神的学习贯彻。制订实施《党的十八大精神宣传方案》《党的十八届三中全会宣传方案》，在全市组织开展党的十八大精神“六进”(进企业、进农村、进机关、进校园、进社区、进新社会组织)集中宣讲达1000余场。开展党的十八届三中全会精神“八进”(进农村、进社区、进机关、进校园、进医院、进军营、进企业、进新社会组织)集中宣讲活动。组织收看中央宣讲团在山西省的宣讲会和省委宣讲团在太原市的宣讲，组织完成中央宣讲团成员、财政部副部长王保安在太原市的宣讲调研活动。举办全市理论骨干培训班等一系列专题研讨班、培训班等。市委中心组集中学习5次，市委常委专题学习会2次，指导全市工作。

2.2013年，中共太原市委宣传部强化社会主义核心价值体系学习教育。加强集中解读和深度阐释，发掘和报道先进典型和新鲜经验，开展社会主义核心价值观和山西精神的学习宣传，掀起引深“三个核心价值观”学习实践活动的新热潮。

3.2013年，中共太原市委宣传部开展课题研究，推出一批理论成果。完成省委宣传部宣传系统大调研任务，上报调研成果13篇10万余字。国有及国有控股企业思想政治工作继续深化，非公有制企业思想政治工作得到加强。（边素庭）

【舆论引导】 2013年，中共太原市委宣传部坚持正确舆论引导。贯彻落实省、市委关于贯彻八项规定、改进新闻报道的有关规定，开展中央和省、市重大决策部署的学习宣传和全市重要会议、重大活动、重点工作的集中宣传，开展全国、全省宣传思想工作会议的学习宣传，营造全市上下奋发进取、和谐稳定的良好氛围。进一步改进会议和领导活动新闻报道工作，更加突出民生新闻。推进市属媒体“走转改”活动，并将成果汇集成书《耕耘沃土》，年底出版。

2013年，中共太原市委宣传部开展对外宣传和对外文化交流。先后组织开展全市大型活动对外宣传30余项，举办新闻发布会20余次，协调处理负面新闻报道20余起，先后协调组织40余家中央、省级新闻媒体进行60余次太原采访调研活动，为建设一流省会城市营造良好外部舆论环境。

2013年，中共太原市委宣传部加强网络新闻宣传。利用腾讯“微太原”、新浪“太原发布”、新华社“微太原”等政务微博平台，开展“微采访”专题报道活动，打造太原对外宣传新品牌。组织举办“感知美丽新山西”第八届全国网络媒体山西行太原采访活动，宣传太原的转型综改、建设美丽太原的工作成效。强化网络发言人队伍、网络评论员队伍和舆情信息员队伍建设，强化网上舆论引导和舆情研判处置，共组织核心网络评论员开展72个专题的网上舆论引导集中行动，凝聚网上正能量。组织开展整治互联网、手机违法、有害信息、清理网络淫秽色情和低俗信息、整治互联网违规登载新闻信息、整治网络谣言等专项行动，净化全市网络环境。市委宣传部连续三年被中宣部表彰为全国舆情信

息工作先进单位。（边素庭）

【文化引领】2013年，中共太原市委宣传部注重文化引领工作。城乡公共文化基础设施建设全面加强，太原美术馆新馆正式向公众开放，举办星云大师一笔字书法展等7个大型展览和星云大师“幸福与安乐——幸福生活与中华文化的复兴”主题演讲。太原博物馆陈列布展工作加快推进，完成陈展文物的普查、梳理和车马坑的整体搬迁。推进市图书馆改扩建工程。

公共文化服务体系进一步完善，三馆一站免费开放工作有序开展。文化惠民工程建设推进，完成全市20户以下通电自然村和新通电“盲村”广播电视村村通建设任务，实现农村公益电影放映全覆盖。“文化精品惠民基层行”等活动持续广泛开展，为农村、社区、工地等基层一线送出各类演出近千场。“文化精品惠民基层行”项目列入第一批国家公共文化服务示范项目名单。“幸福龙城·美丽太原”春节元宵节系列节庆活动深受百姓欢迎。

加强非物质文化遗产保护。7个项目列入第四批市级非遗名录；并州刀剪、太原民歌等10个项目列入第四批省级非遗名录公示名单。整理出版抢救性音像资料《太原民歌》《太原莲花落》。

围绕学习贯彻十八大精神、践行“三个核心价值观”、纪念太原建城2510年等，加强文化精品创作生产。制作播出人文历史电视纪录片《龙城八叙》，继续创拍15集历史文化系列动画片《名城太原》。编撰历史人文丛书《人文太原》《晋阳诗集》《太原诗钞》和《亘古一城——纪念太原建城2510年图文集》。组织开展“美丽太原·幸福龙城”诗歌散文大赛。创作推出新编大型历史晋剧《豫让刺赵》、现代晋剧《上马街》。继《傅山进京》《龙兴晋阳》《大红灯笼》，《上马街》在第十三届中国戏剧节又获“优秀剧目奖”，被列入全省教育实践活动向党员干部推荐的8部文艺作品之一，成为全省党员干部观看学习的教材。数字电影《成成烽火之绝杀》荣获电影百合奖故事片一等奖。舞蹈《回娘家》荣获中国第十届艺术节“群星奖”。纪录片《太原五千年》在国内外继续热播，扩大太原的知名度。

（边素庭）

【文明创建】2013年，中共太原市委宣传部以践行太原“三个核心价值观”为载体，公民道德建设卓有成效。“讲文明树新风”公益广告广泛覆盖，《太原日报》《太原晚报》1月至11月刊发公益广告超过150个整版。道德讲堂建设全面推开，以60个系统为统领，做到市级以上文明单位全面覆盖。太原市道德讲堂建设经验做法在全省道德建设座谈会上进行交流。市文明委在市检察院召开全市加强职业道德建设、践行“三个核心价值观”现场会，授予市检察院“太原市职业道德建设标兵单位”称号，在全市推广市检察院职业道德建设经验。道德领域突出问题专项教育和治理活动有序进行，开展表彰道德模范学习宣传和评选表彰工作，太原市鲁际明获得全国第四届诚实守信道德模范提名奖，受到习近平主席的亲切接见。太原市有3人入选“中国好人榜”。

2013年，中共太原市委宣传部以创建全国文明城市为目标，推进群众性精神文明创建活动。完成全国城市文明程度指数测评和未成年人思想道德建设工作测评。推进全域创建、文明单位创建力度，结对共建工作进一步引深。“我们的节日”主题活动亮点不断，产生较大社会影响。

2013年，中共太原市委宣传部以“做一个有道德的人”为主题，开展未成年人思想道德建设。开展“认星争优、做美德少年”、向国旗敬礼网上签名寄语、“学习雷锋、做美德少年”、童心向党歌咏等道德实践活动，持续引深净化社会文化环境工作。校外阵地建设取得新突破，乡村学校少年宫建设实现乡镇全覆盖。

2013年，中共太原市委宣传部以健全完善志愿服务体系为目标，社会志愿服务工作创新发展，“三关爱”志愿服务推进，建立全市志愿者信息管理平台和志愿者服务组织数字化注册平台，全市注册志愿者超过30余万名，志愿服务组织达2000余支，全市开展志愿服务活动达1000余场，参与志愿服务者达300余万人次。

（边素庭）

【文化产业振兴】2013年，中共太原市委宣传部开展文化产业振兴行动。文物保护力度逐步加大，修缮一批太原府城古建筑。北齐徐显秀墓保护工程全面竣工验收，并入选2012年度全国十大文物维修工程。

完成非时政类报刊改革。太原市再次荣获“全省文化体制改革工作示范市”荣誉称号。

加强文化产业园区（基地）建设，建成西山文化创意园区、清徐醋文化博览园区、太报传媒印务园区。推动高新区创意产业园建设，推动文化创意、动漫游戏、数字出版等业态发展。截至2013年底，太原市有国家级文化产业示范基地2个、山西省文化产业示范基地5个、太原市文化产业示范基地（首批）12个。组织举办第四届山西动漫艺术节和首届山西动漫游戏嘉年华活动。太原市动漫企业制作的祁太秧歌动漫片《孟母三迁》在央视11套首播。

加大西山一线文物景点景区环境综合整治力度，宣传“唐风晋韵·锦绣龙城·清凉太原”品牌形象，推动西山文化旅游产业带建设。

组团参展深圳文博会和首届山西文博会，文化招商引资取得良好社会效益和经济效益。2012年全市文化产业增加值达到146.38亿元，占GDP比重为6.33%，文化产业成为助推太原经济

转型跨越发展的新引擎。（边素庭）

统　战

【概述】 2013年，中共太原市委统战部围绕中心，凝心聚力，服务发展，维护稳定，发挥积极作用。先后开展多种形式教育培训活动，巩固全市统一战线思想政治基础；不断完善协商民主机制，拓宽党外代表人士协商议政渠道；着力创优环境，推动非公经济转型跨越发展；贯彻中央4号、省委8号文件精神，加强党外代表人士队伍建设。开展民主党派“转变作风，加强自身建设年”活动，进一步增强各民主党派的参政意识；开展“和谐寺观教堂创建”活动，太原市各大宗教活动依法、安全、有序。及时处置多起民族宗教领域的突发性事件；海外统战工作成效明显，争取海外资金25万元为娄烦县5个村庄建设海联新农村卫生室。赴台湾金门组织召开第十一届世界王氏宗亲联谊恳亲大会；统战信息宣传调研工作再创佳绩，信息工作获中央统战部信息工作一等奖，实现“五连冠”，获全省统战信息工作特等奖。宣传工作获“中国统一战线宣传工作先进单位”“全省统战宣传先进单位”荣誉称号。理论研究论文分获全国统战工作实践创新成果一等奖和全省统战论文评比一、二、三等奖。（吴一兵）

【教育培训活动开展】 2013年，中共太原市委统战部先后举办党的十八大和十八届三中全会精神专题报告会，分别在井冈山、市委党校、遵义举办各类党外代表人士培训班，组织党外代表人士参观“复兴之路”和八路军太行纪念馆展览，组织全市各民主党派市委会主委在《太原日报》专版刊发纪念文章、组织党外知识分子开展“中国梦·我的梦”主题征文活动、组织非公经济人士开展以“走正道、创一流、作表率”为主题的理想信念教育实践活动等，进一步增进共识，凝聚力量。

（吴一兵）

【协商民主机制完善】 2013年，中共太原市委统战部突出“双月座谈”特色品牌。围绕全市重点工作，先后召开六次双月座谈会，截至2013年底，共召开144次，成为太原市多党合作的重要载体和特色品牌，拓宽协商渠道。出台《太原市政府部门与各民主党派对口协商制度》，形成12个政府部门与6个民主党派之间领导互访、情况交流、联合调研、定期通报的工作机制，推进这项工作的开展；完善“党委出题、党派调研、政府采纳、部门落实”的工作机制。帮助各民主党派选准课题、深入调研，形成一批高质量的调研报告，得到市委、市政府的采纳。创造条件推进社会主义学院项目建设。（吴一兵）

组织市各民主党派主委,民族宗教界、非公有制经济及无党派代表人士赴国家博物馆参观“复兴之路”主题展览

【非公经济转型跨越发展】 2013年，中共太原市委统战部召开第二次全市民营经济转型跨越发展推进大会，率先在全省将民营经济发展主要指标纳入全市目标责任考核体系。推进《市级领导联系海内外山西商会及晋商制度》落实，进一步推荐宣传太原市投资环境和项目需求。注重商会建设，新建邢台、五金机电等4家商会，出台《太原市行业商会和异地商会管理办法》，促进商会作用发挥。组织非公企业参加山西·长三角民营企业投资对接恳谈会，签约项目40亿元。开展专项督查，就民营经济“四十条”落实情况对10县（市、区）、4个开发区、14个市直部门进行专项督查，并将督查情况报市委、市政府。强化社会责任，引导非公经济人士参与全省百企千村产业扶贫开发工程，实施项目6个，投资总额达6.7亿余元。参与“光彩林”建设，建设面积达12余万亩。开展“关爱教育、幸福出行——平安校车”活动，民营经济人士捐资540万元购买18辆校车配备到基层中小学校。推进“新晋商万企联万户感恩行动”，非公企业捐赠127万元帮扶娄烦县113名老红军、老八路和建国前老党员。（吴一兵）

【党外代表人士队伍建设】 2013年，中共太原市委统战部将党外代表人士培训列入全市培训计划，争取新增专项经费40万元。加强党外干部实践锻炼。选派第二批6名优秀党外中青年干部进行为期半年的挂职锻炼。建立联席会议制度。与市委组织部建立联席会议制度，并召开首次联席会议。建

立轮值述职制度。组织市工商联(总商会)兼职副主席(副会长)进行按月轮值驻会和年终述职，增强他们的履职意识。重视发挥党外知识分子作用。开展“同心服务周”系列活动，组织党外知识分子到基层为农村群众提供义务医疗、卫生、科技、法律等服务。开展专项督查。对各县(市、区)和市直有关单位贯彻落实中发4号文件情况进行专项督查。2013年底，省委督查组就此项工作进行专项督查，认为太原市党外代表人士队伍建设“市委重视、制度健全、扎实有效、富于创新、特色鲜明”。(吴一兵)

“尊老爱幼”服务群众

政法综治

【概述】 2013年，太原市政法综治部门围绕建设一流省会城市总体目标，顺应人民群众对公共安全、司法公正、权益保障的新期待，推进“平安省城”“法治太原”和过硬队伍建设，服务省城经济发展，对重点工作实行项目管理，“一事一表”进行推动，全年未发生重大群体事件，未发生重大安全事故，刑事立案数同比下降14.8%，发现受理治安案件数同比下降11.2%，信访总量同比下降1.7%，公众安全感和群众对政法队伍和政法工作满意度同比分别上升0.9和0.2个百分点。

(王一飞)

【平安省城建设】 2013年，按照全国、全省深化平安建设工作会议的总体部署，太原市政法综治部门落实各项制度措施，加强打防管控各方面工作，化解矛盾纠纷，夯实基层基础，推进社会管理创新综合试点工作。市委常委会对平安省城建设工作进行专题研究，经市委批准，召开深化平安省城建设工作会议，对2009年~2012年度平安建设先进区县、综治工作先进集体和先进工作者进行表彰，出台《平安省城建设四年规划(2013-2016年)》和《2013年平安省城建设行动计划》，对平安省城建设工作进行规划部署。

(王一飞)

【维护社会政治和治安稳定】 2013年，太原市政法综治部门严厉打击各类犯罪，抓住群众深恶痛绝的违法犯罪和突出治安问题，不间断开展“打黑除恶、打盗抢保民安、打击传销、打击电信诈骗、破案追逃、夏秋社会治安整治”等一系列专项打击行动，打击犯罪分子的嚣张气焰。全市共接刑事类警情51200起，同比减少134起，下降0.3%；共立刑事案件36779起，同比减少6410起，下降14.8%，其中八类严重暴力性犯罪案件1556起，同比减少247起，下降13.7%。共破获各类刑事案件9524起，同比减少5479起，下降36.5%，其中八类案件877起，同比减少163起，下降15.7%；破获经济犯罪案件319起，抓获犯罪嫌疑人311人，挽回经济损失2262万元；打掉恶势力犯罪团伙18个，抓获犯罪嫌疑人104人；已发的60起命案成功破获57起，现行命案破案率达95%。发现受理各类治安案件76153起，同比减少9588起，下降11.2%；查处69425起，同比减少9747起，下降12.3%。检察机关批准和决定逮捕各类刑事犯罪嫌疑人2600件3447人，同比分别下降28.9%和33.9%，提起公诉5302人，同比下降19.97%。全市法院受理刑事案件4909件，审结4701件，结案率95.76%。

(王一飞)

【预防化解矛盾纠纷】 综合施策，有效化解社会矛盾。2013年，太原市政法综治部门落实矛盾纠纷排查化解各项措施，把人民调解纳入基层社会服务管理网格化模式中，在每个网格配备人民调解员。出台《关于促进人民调解协议司法确认的实施意见》，实现人民调解与司法调解的衔接。推动征地拆迁、村矿(村企)矛盾、劳资关系、医患关系、交通事故、环境污染等专业领域人民调解组织建设，化解各类矛盾纠纷。全市调解纠纷36000件，调解成功34920件，调解成功率达97.47%。防止民转刑25件，防止群体性上访430次，制止群体性械斗22次。排查重大矛盾纠纷185件，成功调处61件。筑牢“源头预防、动态管理、应急处置”三道防线，按照市委、市政府《关于化解处置群体性上访的工作意见》依法处置群体事件，共妥善处置各类群体事件89起。开展党政机关执行人民法院生效裁判专项积案清理活动，排查积案108件，涉案标的1.8亿元，全部执结。全市法院化解依法审理各类法律纠纷，共受理民商事案件20009件，审结18055件，结案率90.2%，同比上升1.2个百分点；共受理行政案件329件，结案357件，结案率89.97%；共受理执行案件5340件，执结4430件，执结率82.96%；市中院审理知识产权一审案件289件，审结283件；新收破产案件56件，审结3件，涉及职工安置2238人，资产处置9.829亿元。

加强研判，源头预防化解深层次矛盾。2013年，太原市政法综治部门加强信息研判，对维稳、涉军、宗教等重点领域开展情报信息搜集研判，在市委召开的全市稳定和信访工作点评会上，对2012年各县(市、区)维稳工作进行点评，提出问题和整改建议。落实每月情报信息研判联席会议制度，召开情报信息研判会12次，研判重大矛盾纠纷185起，向市委领导报送研判报告12期，为党委、政府提供较高质量的预警信息。规范社会稳定风险评估程序，制订《太原市社会稳定风险评估报告评估指南》，遴选专业人员建立专家库，整合法律服务资源，建立“社会稳定风险评估法律服务平台”，对太原轨道交通2号线、太原城南500千伏输变电工程等82项重大项目进行评估。

推进涉法涉诉信访制度改革。2013年，太原市委常委会专题研究太原市涉法涉诉信访工作改革，成立“涉法涉诉信访工作改革”领导组，完成改革方案前期调研，研究制订具体方案。坚持对涉法涉诉困难群体提供救助，审查受理救助申请13案29人320.5万元，审核拨付10案26人共294.5万元。对各县(市、区)涉法涉诉信访工作进行考核评比，对先进集体和先进个人进行表彰。（王一飞）

【治安防控机制建设】 2013年，太原市政法综治部门加强治安防控机制建设。加大投入，“天网治安工程”逐步完善。推进以视频监控系统为龙头的“六网覆盖”工程，促进“街面巡逻防控网、社区(村)防控网、内部单位防控网、虚拟社会防控网、区域警务协作网与视频监控网”六张网的有机衔接。市委常委会审议通过《2013—2015年太原市“天网治安工程”视频监控系统建设三年规划》，计划投资35.37亿元，新建符合SVAC标准的高清视频采集点将达到38万个以上，实现视频监控城区全覆盖、农村基本覆盖。截至2013年底，市政府直接投资2.6亿元，安装一类视频采集点5000余个，并建设与之相匹配的视频专网平台和传输网络，全市新建各类视频采集点12094个。全省社会治安防控体系“六网覆盖”工程建设推进会在太原市召开，太原市视频监控网建设经验向全省推广。

加大督导，开展社会治安“六项整治”和“五大场所”专项整治活动。太原市综治委结合省城实际，在社会治安“六项整治”活动中，集中开展对大中型商场市场、文化娱乐服务场所、特种行业场所、旧货市场、公交车辆及站点等“五大场所”的专项整治。通过整治，发生在场所内部的刑事总警情环比下降22.6%，其中，大中型商场刑事警情下降35.9%，公交车刑事警情下降22.3%，娱乐业刑事警情下降26.9%。对活动开展情况“向人民汇报，请人民评议”，邀请1177名各界代表和社区群众对“五大场所”整治工作进行评议，满意率达95%，太原市“五大场所”集中整治的经验在全省推广。

开展治保工作“再组织化”。太原市政法综治部门针对一些行业场所经营户分散、基础工作薄弱的实际，在较大规模的场所建立治保会，较小规模的场所建立治保组，小型摊点设立治保员，实现治保工作再组织化全覆盖。全市新建治保组织1937个，新增辅警、专职(义务)巡防队伍768支2479人，治安培训2322人，新安装视频监控系统单位408家。在“五大场所”全面实行实名、实时、实数的实名制管理。加强治安等级化管理，制定出台工作规范和评定方法，以评级促规范，以评级促管理，以评级促创安，夯实社会管理基础。（王一飞）

【特殊人群管理】 2013年，太原市政法综治部门加强对持殊人群管理。加强肇事肇祸精神病人收治管控。加强分机动态管控机制，不间断开展辖区精神病人特别是肇事肇祸精神病人滚动排查，采集信息，层层签订责任书，做到逐一见面，确保每名肇事肇祸精神病人有人管控负责。

推进劳教体制改革。做好劳动教养制度废止前后的相关工作，组织开展轻微刑事案件快速办理试点工作，小店、迎泽、杏花岭三个区被确定为全省第一批试点，探索劳教制度废止后原劳教场所的改革转型。

加强推进社区矫正工作。探索建立社区矫正司法警察机构和队伍，推进社区矫正智能信息管理系统，逐步实现社区矫正联网信息共享，从法律文书送达、交付执行、社区接管等环节建立无缝衔接机制。印发《关于办理社区矫正案件的有关规定(试行)》。召开社区矫正和安置帮教工作推进会，2013年累计接收社区服刑人员6650人，解除矫正4466人，有社区服刑人员2081人。撤销缓刑13人，对暂予监外执行罪犯收监执行10人，警告39人，治安处罚3人，减刑1人，重新犯罪6人，重新犯罪率0.09%，低于全国全省平均水平。

推动安置帮教工作创新发展。探索建立太原市社区矫正和安置帮教培训中心，太原市在全省首创的培训中心正式挂牌成立，对48名社区矫正和刑释解教人员组织为期3天的培训。2013年新接收释解人员742人，在册管理的释解人员4184人。刑释解教人员帮教率98%，安置率96.3%，一般帮

教对象接回率76%，重点对象接回率100%,重新犯罪率降至1.7%。

（王一飞）

【基层社会管理服务平台建设】 2013年，太原市政法综治部门推进基层社会管理服务平台建设。基层社会管理服务平台建设全面推进。太原市县乡村三级社会服务管理指导中心建设完成，配齐网格长。按照十二项工作制度、六联工作机制、六步闭环工作法，对网格工作人员进行集中培训。全市出台《关于加强和完善县(市、区)社会服务管理体系建设的意见》,三级中心及网格化管理在发现问题、解决问题和服务群众方面发挥作用，社会服务管理的信息化、精细化水平明显提高。太原市《倾力打造基层平台，阔步迈向平安大道》经验材料，在深化平安中国建设工作会议上进行书面交流。

开展基层平安创建活动。落实综治责任“属地管理”,细化和量化《2013年省城社会管理综合治理责任书》总体目标、领导责任、考核内容、考核评定等内容，层层签订责任书，平安省城建设列入党政目标综合考核。对2012年度平安单位、平安校园进行检查验收，命名表彰61家市级平安标兵单位、150家市级平安单位、27所市级平安校园。推进“平安车站(站区)”创建活动，创建的13个车站全部达到省级平安创建标准。开展“六安联创”,全市80%的社区(村)、70%的乡镇(街道)、60%的县(市、区)达到创建标准。召开省城平安建设工作会议，对300个先进集体和500名先进工作者进行表彰。

推进社会管理创新综合试点工作。2013年是全国社会管理创新综合试点工作的第三年。在协调各项目组牵头单位强化创新举措落实，加大制度成果向实践成果转化力度的基础上，全市政法综治部门围绕项目背景、创新亮点、工作举措和成效，高标准提炼，高水平总结，打造“源头预防、动态管理、应急处置、科技支撑、项目带动、全面创新”的太原模式，使之在一流省会城市建设中发挥作用。

组织开展政法综治调研和宣传。开展“服务和保障非公有制经济发展”专题调研和围绕中心工作集中调研活动，形成《关于我市与中部省会城市户籍政策比较研究的报告》《太原市法治建设情况专题报告》等一批有价值的调研文章。按照市委要求，组织课题组对贯彻落实党的十八届三中全会精神，太原率先发展体制机制专项课题进行调研，完成《社会治理体制机制创新研究报告》。在广泛征求意见的基础上，推进《太原市志》党派章节政法篇编纂工作，进入全面统稿阶段。加大政法综治宣传力度，开展全民参与的综治宣传月活动，推进爱路护路“五进”宣传教育。举办新一届政法综治优秀新闻作品评选，143件参评作品中，有26件获奖。太原市获全省综治好新闻评选优秀组织奖，选送的6件作品分获一、二、三等奖。（王一飞）

【交通、消防安全管理】 2013年，太原市交通民警服务城市道路改造，加大交通管理力度，全年发生涉及人员伤亡的道路交通事故1179起，同比增加55起，上升4.89%;死亡221人，同比减少1人，下降0.45%;受伤1402人，同比增加132人，上升10.39%;直接财产损失折款293.9万元，同比减少91.7万元，下降23.79%。发生火灾1447起，同比增多109起，上升8.1%;死亡10人，同比增多7人;受伤7人;直接财产损失折款691.4万元，同比减少530.8万元，下降43.4%。（王一飞）

【“法治太原”建设】 2013年，太原市各级政法机关围绕法治太原建设目标，构建党委统一领导、政法委组织推动、部门协作配合、社会广泛参与的法治建设格局，市委常委会专题审议并原则同意《关于深化法治太原建设的实施意见》，进一步细化工作措施，落实工作责任，理顺工作机制，把严格执法、公正司法作为基本要求，把以人为本、公平正义作为灵魂，带头依法履行职责、行使职权，依法治理和法治惠民取得成效，全社会尊法学法守法用法意识得到增强。（王一飞）

【依法治市】 2013年，太原市建立完善政法综治工作评价指标体系，广泛收集全市政治、社会稳定和政法综治工作各项数据，并进行分析研判和客观评价，为工作决策提供依据。针对政法机关对外委托司法鉴定工作制度不健全、程序不规范的现象，经调研和研讨，出台《关于进一步规范对外委托司法鉴定工作的意见》,把权力关进制度的笼子里，促进阳光司法。借鉴外地经验，形成法治太原建设的调研报告和考评指标体系可行性方案。推进“六五”普法规划和决议的全面落实，组织人大代表、政协委员对重点普法对象进行抽查。修改完善考核指标，对县(市、区)、91个市直部门和4个开发区法治太原建设进行考核。组织开展“六五”普法中期督查，组织开展“法治县(市、区)”“法治街乡”“法治单位”创建活动，召开全市农村基层民主法治建设推进会，对“法治示范村”创建工作进行安排部署，对获得“全国民主法治示范村”称号的长沟村进行授牌。组织开展法治宣传教育，落实《关于加强全市社会主义法治文化建设的意见》,建立和完善法治文化大讲堂、法治文化大院、法治文化广场、法治文化一条街。太原市首次被司法部、全国普法办确定为“2011-2012年全国法治城市创建先进单位”。（王一飞）

【司法公开】 2013年，太原市政法综治部门加大“推进司法公开、提升执法水平”创新项目成果转化力度，不断拓宽公开渠道，依托门户网站、官方微博，采用短信告知、预约和微博直播庭审等新兴媒体形式，拉近政法机关与群众的距离，使百姓足不出户就能了解办事流程，登陆网络就能表达民生诉求，点击鼠标就能办理相关业务。

（王一飞）

【执法监督检查】 2013年，太原市政法综治部门组织开展清理久押不决案件和“案件评查”专项活动，省委政法委督办的7件久押不决案件全部办结，重点对市直政法机关在涉法涉诉信访案件“大排查”活动中排查出的100余件案件进行案件评查。对群众反映强烈的2起涉法涉诉信访案件进行责任倒查。检察机关加强民事审判和行政诉讼法律监督力度，对认为确有错误的民事判决、裁定提请省院抗诉19件，提出抗诉6件，法院改判2件，调解3件；提出再审检察建议35件，法院采纳24件。对民事行政审判违法活动发出检察建议89份，采纳132件(含积存)，移送有关机关处理5件；共发出民事行政执行监督检察建议289次，采纳287件，采取其他监督措施2件。（王一飞）

【打击职务犯罪】 2013年，太原市检察机关履行法律监督职责，立查职务犯罪案171件226人，同比下降10.9%和7.8%；决定逮捕职务犯罪案件39件42人，同比分别下降27.8%和27.6%；提起公诉147件195人，法院作出有罪判决148件187人。立查贪污贿赂案119件173人，同比下降11.2%和2.3%，其中，大案105件144人，要案27件30人。立查渎职侵权案52件53人，同比下降10.3%和22.1%，其中，重特大案件31件31人，要案4件4人。（王一飞）

【政法队伍建设】 2013年，太原市政法机关以打造一流省城政法队伍为着力点，加强领导班子和队伍纪律作风建设，加大职业教育培训力度，提升干警自身能力素质，加强党风廉政教育力度，筑牢廉洁自律底线，开展“率先转变作风，争创一流窗口”活动，转变窗口单位工作作风，不断提高政法干警服务群众工作水平，政法队伍整体素质明显提升，整体形象取得新的突破，人民群众满意度不断上升。

1.开好民主生活会，加强领导班子建设。以加强领导班子建设，提升“五个能力”和学习贯彻十八届三中全会精神为主题，两次组织召开政法委员会专题民主生活会，各位委员交流思想、互相学习、提高认识。建立市委政法委员会政法队伍建设工作联席会议制度，形成队伍建设合力。

2.加强纪律作风建设，开展政法干警军事训练活动。组织全市政法干警开展军事训练活动，利用两个双休日，选聘184名教官，分别在27个训练场地，对9850名政法干警进行集中军事训练，对9850名政法干警进行集中军训。省委常委、政法委书记王建明专程察看训练情况，给予充分肯定。

3.转变作风，争创一流窗口。按照全市领导干部大会精神要求，全市政法机关组织开展“率先转变作风，争创一流窗口”活动，提出政法机关窗口单位“七个一律”工作要求和“四优”“四零”工作标准，政法机关窗口单位在公开、文明、热情服务的基础上，坚持用信息化手段提升服务质量。活动开展以来，1115名窗口干警精神风貌、服务态度、执法水平和窗口环境面貌、软硬件建设都有明显改观。“七个一律”在全市政法窗口基本落实，信息化建设更为突出，向群众发送告知短信300多万条，群众满意度达99.59%。太原电视台对活动进行专题访谈，太原新闻网开设专题网页，并组织进行窗口干警与网民现场互动。

4.加强培训教育，提升能力水平。加大对干警培训教育力度，提高干警综合素质，落实干部在线教育学习制度，按要求考核完成学习任务。市委政法委以理论与实践能力素质提升为主题，在哈尔滨工业大学和广州中山大学分两期对115名政法系统领导干部进行集中培训。市法院分别与多所高校共建教学实践基地，组织500余人次到国家法官学院和省法官学院参加业务培训，组织两级法院70余名行政审判人员分别到中国政法大学和浙江大学进行两次专题培训，全市法院系统近2000人参加侵权责任法等专项培训，法官队伍素质整体提高。市检察院加强学习型机关建设，不断丰富学习载体，采用专家授课和干警上课相结合的形式举办检察讲坛和道德讲堂，激发干警学习热情。实行领导干部领题调研，两级院领导班子发表调研文章50余篇。分级分类培训优秀人才，先后培养5名省级检察业务专家，50余名检察业务尖子和100余名办案能手。市公安局自主建立“太原公安民警学法平台”，落实干警脱产培训制度，确保每名法制民警年培训不少于15天。市司法局提高司法所长和业务骨干的政治业务素质，举办全市司法所长培训班，与中山大学联办全市司法行政系统业务骨干能力提升班。全市加强政法系统人才建设，全市政法系统推选出7名优秀人才、4名青年学科带头人和1名特聘专家参加全市人才评选。

5.加强党风廉政建设，筑牢反腐倡廉底线。落实党风廉政建设责任制，推进惩防体系建设，建立健全监督制约机制，市委政法委制订《关于落实〈2013年全市落实党风廉政建设责任制工作任务的分解意见〉的意见》，根据《关于2013年全市落实党风廉政建设责任制工作任务的分解意见》，市委政法委班子成员根据分工和所联系政法部门对推进惩防体系建设和党风廉

政建设责任制工作任务进行分解，抓好组织实施。（王一飞）

【服务保障经济建设】 2013年，太原市政法机关围绕省委、省政府“项目推进年”活动的总体部署，按照省委政法委《关于在全省政法机关开展服务和保障“项目推进年”工作的通知》精神，牢固树立“综改区是全省的，首先是省会的”理念，以服务保障项目建设为抓手，促进省市重点项目顺利落地、建设和投用，结合省城实际，开展“重点项目服务年”活动。

明确目标任务，建立有效措施。市、县两级政法机关层层成立“重点项目服务年”活动领导组及办公室。为确保活动取得实效，研究制订两项工作制度。(1)建立政法机关联系重点项目和上门服务制度。全市各级政法机关根据工作职能和管辖范围，向所辖和所涉及的重点项目发放服务保障重点项目联系卡，明确分管领导、联系部门、联系人、联系方式和承诺服务保障事项，做到“一个项目、一位领导、一套班子、一抓到底”，为项目建设企业提供全方位服务保障。(2)建立重点项目涉法突出问题集中会商制度。针对重点项目所涉及的相关企业反映的，或政法机关上门走访过程中发现的项目建设过程中涉法突出问题和涉及需多个政法部门解决的问题，党委政法委组织相关政法部门会商研究，提出解决办法。

强化为民意识，提供各项法律服务和保障。检察机关开展查办和预防发生在群众身边、损害群众利益贪污贿赂犯罪专项工作，共立查相关案件49件70人，其中，教育领域7件8人，医疗卫生领域8件9人，社保领域9件9人，涉农领域17件22人。加强对农民工等特殊群体的司法保护，共支持起诉420件，帮助追回拖欠工资款等70余万元。全市法律援助机构共受理法律援助案件4209件，受援人数43380人次，“12348”法律援助热线共接听咨询21101人次；公证机构办理各类公证业务57556件，完成全年任务117.70%，同比增长7.37%；全市司法鉴定机构办理鉴定案件1129件；全市律师办理各类案件13821件，同比增长6.95%，完成全年任务125.65%；担任法律顾问1570家，完成全年任务184.71%，同比增长56.53%。

发挥职能作用，服务保障经济建设。全市法院围绕“重点工程开工、道路扩宽改造、城中村整村拆除”三项重点，对劲松路旧城改造、铁路三项枢纽工程、太行路和东岗路等四条主干道拆迁涉及的27起非诉执行案件，太原南站和万达旧城拆迁改造的12起拆迁行政裁决诉讼案件进行书面答复，全部裁定准予执行，和谐拆迁，支持全市的发展大局。全市检察机关围绕“项目落地年”查办工程建设领域职务犯罪15人。围绕整顿和规范市场经济秩序，批准逮捕破坏市场经济秩序犯罪194人，提起公诉309人。查办商业贿赂犯罪12人。围绕防止国有资产流失，通过检察建议督促有关行政执法单位履行职责350件，帮助挽回国有资产9.9亿余元。应对煤炭能源经济下行压力，以古交市为试点，推出五项措施，服务山西煤炭经济新政“20条”。服务非公有制经济发展，以杏花岭区为试点，采取五项措施，促进全市多种经济形式共同发展；服务城中村改造，以万柏林区为试点，制订《服务新农村建设、城中村改造工作办法》。多次召开律师服务重点工程项目建设动员推进会，全市司法行政系统为“市委、市政府领导同志对口联系的20个重点工程项目”推荐配备42名优秀律师。为民营区、高新区配备法律顾问团。对接国家、省、市、县重点项目569个，组建专业法律服务团队17个，共提出法律建议1630余份，避免或挽回经济损失上亿元。（王一飞）

机构编制

【概述】 2013年，太原市机构编制办公室落实《山西省“十二五”时期机构编制工作指导意见》，深化行政管理体制改革和事业单位分类改革，加大机构编制调研力度和严控力度，推进机构编制法制化建设和干部队伍能力作风建设，为促进太原市率先转型跨越发展，建设一流省会城市做出贡献。

（王　琳）

【行政管理体制改革】 2013年，太原市机构编制办公室深化行政管理体制改革。深化食品药品监管体制改革。

国办和中央编办联合调研组赴企业了解简政放权情况

2013年，太原市机构编制办科学制定实施方案,优化管理体制,明确职责划分。加强基层食药监管体系建设。强化乡镇政府食品药品安全责任，在全市乡镇(街办)设立食品药品监督管理机构，承担区域内食品药品安全日常监管职责;在乡镇(街办)确定1名领导干部分管食品药品安全工作，确定1名公务员为食品药品协管员；在行政村(社区)确定1名食品药品协管员，承担协助执法、隐患排查、信息报告、宣传引导等职责。理顺职责关系,将原卫生局承担的食品安全综合协调职责,工商局、质监局承担的食品安全监督和药品管理职责调整划转到新组建的市食品药品监督管理局；加强行政执法监管力量,统一组建市、县(市、区)食品药品稽查队,加挂投诉举报机构牌子,负责受理全市食品、药品、医疗器械、化妆品的违法行为投诉举报的受理和查处；在市公安局内设机构增设食品药品犯罪侦查支队,县(市)公安机关组建食品药品犯罪侦查大队,严厉打击食品药品违法犯罪活动；将市食品化妆品监督所更名为市食品药品监督所,承担高新区、经济区、民营区、不锈钢园区的食品、药品、医疗器械、化妆品的监督管理和专项检查。

做好重点领域的体制调整工作。2013年,太原市机构编制办对标中部一流的高新区，结合太原高新区的产业特色和区位特色，对高新区的机构职能进行重新梳理,明确职责权限,创新管理模式；成立太原武宿综合保税区管理委员会,为省政府派出机构,与太原经济技术开发区管委会合署办公,明确其机构设置、工作职能及人员编制，确保太原武宿综合保税区这一山西省重点建设项目的顺利实施;加强和完善太原市金融管理体制，确定印发《太原市人民政府金融工作办公室主要职责内设机构和人员编制规定》;做好县(市、区)转型综改试验区机构编制工作。为各县(市、区)发改局(挂转型综改办牌子)相关工作核定人员编制3至5名，督促人员编制及时落实到位；做好行政审批制度改革的移交对接工作。（王　琳）

【事业单位分类改革】 理顺民政管理体制。2013年，太原市机构编制办从太原市民政事业实际出发，强化低保工作机构职责；在不增加机构编制总量的前提下,依托市民政局信息中心,加挂“太原市救助申请家庭经济状况核对中心”牌子,负责全市救助申请家庭经济状况信息核对相关工作；强化社区管理和服务功能，从市民政局系统内调剂市财政拨款事业编制8名，充实社区服务中心人员编制；加强基层低保工作力量，核定县乡两级低保编制193名。

深化卫生管理体制改革。2013年，太原市机构编制办有针对性地提出核定综合医院、中医医院、专科医院、妇幼保健院等不同类别医院编制的意见建议；在市卫生局所属的市卫生培训中心增挂市医疗卫生资产管理中心牌子，加快推进市属公立医院改革试点工作；根据太原市区域卫生发展规划分类设置等级医院的要求，将太原市中心医院北院独立设置为太原市第九人民医院等。（王　琳）

【机构编制管理】 党的十八大报告提出要“严格控制机构编制,减少领导职数,降低行政成本”。中央编办和省编办《关于严格控制事业单位机构编制的电话通知》要求“今后5年内不得突破2012年事业机构编制总量,确保全年事业单位机构编制总量只减不增”。面对机构编制工作的空前压力,2013年,太原市机构编制办采取有力措施,严控机构编制总量不突破。

坚守三条底线，严控机构编制增长。实际工作中坚守“条条不得干预”“人员编制不增长”“不擅自设定机构”三条底线。在编制核定上,按照“以岗定编”原则,从紧从严核定编制,以划转、系统内调剂等方式解决新增编制需求，实现总量不增加。在机构设置上,按照“建一撤一”原则或挂牌的形式予以控制,对无法律法规依据、职能作用不明显、无发展后劲、设立紧迫性不强的事业单位均暂缓设立。

严格审批,妥善处理“严控总量”和“保障急需”之间的矛盾。太原市机构编制办严把机构编制审核关，对已经完成机构改革的行政机关和清理规范的事业单位,一般保持五年不变,确因职能增减变化需要调整的部门,科学论证、从严把关。坚持机构编制随职能变化适时调整,对事业单位较多、较分散的系统,通过整合,优化事业单位布局结构。对职能弱化或消亡的机构,相应减少或收回编制。发挥现有机构编制资源使用效益,如:为充实食品安全执法和检验人员力量，给市食品药品监督管理局所属事业单位新增市财政拨款事业编制80名,从全市空余事业编制中调剂解决；在机构编制维持现状的情况下，规范县级水土保持监督机构;通过整合资源,成立小店区、尖草坪区、晋源区、阳曲县中心敬老院；根据省下达政法系统专项编制的通知要求,为县(市、区)法院、检察院、司法系统新增政法专项编制，缓解基层政法系统编制紧缺的问题。

落实制度,严把人员入口关。执行《编制使用审核制度》《领导职数使用审核制度》《减员备案制度》和《增拨工资经费通知单制度》。2013年根据中央和省要求，太原市机构编制办明确提出在政府机构改革和事业单位分类改革期间，对相关单位的人员调整调动和安置手续原则上冻结办理；有余编的单位要分期分批、逐步使用;对超编、满编或新一轮政府机构改革涉及的部门,实行只出不进;空编较多的单

位要按照空编数的一定比例内进行审批，防止全市机关事业单位实有人员规模的过快增长。完善《机构编制管理证制度》，建立以《机构编制管理证》、实有人员信息数据库、机构编制台账为基本载体的实名制管理体系，及时更新人员信息内容，按时完成机构编制年报统计工作，确保实名制管理的真实性、有效性。（王　琳）

【机构编制法制化建设】 2013年，太原市机构编制办出台《太原市编办依法行政工作意见》；组织对《机构编制工作用语释义》和《山西省机构编制管理规定》执行情况进行研究，并提出修改意见和建议；与市政府法制办配合，在市级出台规范性文件时，凡涉及机构编制事宜，认真研究，提出合理化意见；加大调研力度，先后形成《太原市政府机关职能及管理体制现状调查报告》《太原市市县政府机构改革和职能转变调研情况汇报》《太原市食品药品监督管理体制调研报告》等，确保行政管理体制改革决策的前瞻性和科学性。

（王　琳）

【事业单位登记管理】 2013年，太原市机构编制办贯彻执行《事业单位登记管理暂行条例》及其《实施细则》，严把材料关、资格关和资金关，2013年太原市（含县区）共登记事业单位法人2656个，全部实现网上受理和审核。

（王　琳）

【中文域名注册工作】 2013年，太原市机构编制办加强中文域名注册与维护，2013年完成中文域名注册机构数3037个，占机构总量的80%，在全省排名第一。（王　琳）

政策研究

【概述】 2013年，太原市委政策研究室围绕建设一流省会城市的中心工作，创造性开展工作，调研成果实现新突破，高质量完成市委领导交办的重大调研任务和重要文稿的起草工作。

树立终身学习理念，坚持中心组学习制度，组织全室学习党的创新理论，学习党的十八大、十八届三中全会精神、习近平总书记一系列重要讲话精神，增强为实现“两个一百年”奋斗目标、实现中华民族伟大复兴“中国梦”、办好山西“两件大事”、建设一流省会城市的信心。学习业务知识和经济、法律、科技、管理等多方面的知识，把学习理论与文稿起草工作结合起来，在全室倡议开展“读书·探索·生活”活动，做到学以致用、用以促学。

2013年，太原市委政研室撰写和参与起草一大批领导讲话报告、新闻报道、重大课题、调研报告、决策信息等重要文稿。全年起草各类文稿115余篇约150万字。组织起草市委领导在市委十届四次全会暨全市经济工作会议、全市目标责任制考核总结大会、人代会闭幕会和党员大会、政协闭幕会、全市领导干部大会、省市委中心组学习会和全市信访稳定工作点评会等会议上的讲话，“向人民汇报、请人民评议”活动情况汇报、全省重点工作观摩检查汇报、以为民务实清廉为主要内容的党的群众路线教育活动汇报、推进产业结构调整情况汇报、向省委巡视六组的工作汇报等材料。为在全市上下掀起大力践行“三个核心价值观”的新高潮，起草太原日报社论《抓学风转作风促发展》。

政研室推进《太原率先发展体制机制研究》分课题研究，制定课题起草方案和提纲，联合市经研中心、社科院、发改委、住建委、财政局、环保局、科技局、商务局等相关部门，完成改善环境质量、创新投融资机制、破解土地瓶颈、加快重大项目建设、发展总部经济、建设国家创新型城市、创优发展环境、加快推进太原晋中同城化、主动向京津地区全面对接、引资引智、努力打造北京“副中心”等18个分报告，在此基础上完成总报告。

围绕市委领导关注的重点、焦点问题，政研室开展调查研究。在民生建设上，开展民生问卷、垃圾处理、公共自行车运营服务情况、“一元菜”惠民活动、就业创业基本情况等调研，形成《太原市民生问题问卷调研报告》《关于规划建设一流静脉产业园的研究报告》《关于杭州市公共自行车运营服务情况的考察报告》《关于太原市“每日四种蔬菜一元钱”惠民活动情况的调研》《太原市创办企业的基本情况》等报告；在发展环境上，开展效能政府建设、招商引资优惠情况、窗口单位服务情况、建筑垃圾再生利用调研，完成《太原市深化行政审批制度改革的实践与思考》《太原市推进阳光政务情况》《太原市招商引资优惠政策与合肥市的对比》《关于我市窗口单位服务情况的调研》《关于推动山西喜跃发路桥材料有限公司加快发展的建议》等报告。在党建研究上，深入调查研究国企党建科学决策、党的基层组织体系建设和企业家队伍建设中存在的问题，完成《充分发挥国企党组织在科学决策中的作用》《太原市健全党的基层组织体系研究》《企业家能力提升研究》等调研报告。

《决策研究与信息》紧扣中心工作和市委、市政府重大工作部署，突出刊物的政策导向性，及时捕捉新视点、反映新情况、提出新建议，为领导决策提供“短平快”服务。全年编发《决策研究与信息》24期约48万字。（王红进）

【政研室党风廉政建设】 2013年，太原市委政研室制定下发《工作方案》，通过大会动员、专题组织生活会、观看廉政教育警示片，教育引导党员干部自觉遵守党章，按照党的组织原则和党内生活准则办事。落实党风廉政建设责任制，贯彻中纪委、省纪委和市纪委全会精神,对照《廉政准则》,带头贯彻八项规定、反对“四风”,开展党性分析和对照检查,建立健全组织机构,成立党风廉政建设和反腐败工作领导小组。推进惩治和预防腐败体系建设,按照“一把手负总责,谁分管谁负责”的原则,出台实施意见,将领导干部在党风廉政建设和反腐败工作方面应担负的责任进行分解细化,落实到每位领导、每个处室和每名干部。严格遵守领导干部廉洁自律各项规定,按照为民务实清廉的要求,班子成员自觉履行“一岗双责”,虚心接受监督,在工作和生活中没有违反廉洁从政各项规定的行为。（王红进）

【政研室自身建设】 2013年,太原市委政研室培养锻炼进取、高效、创新、务实的政研队伍,保障各项工作任务的落实。落实民主集中制,加强领导班子建设。班子内部强调既分工负责,又密切配合,做到大事讲原则、小事重和谐,不断完善中心组学习、工作调研和决策等制度,在班子内部形成良好的工作氛围。践行“三个核心价值观”,加强干部队伍建设。建立健全理论学习制度,组织开展经常性的政治理论和业务学习,增强全局意识和服务意识。抓内部建设,从健全制度入手抓规范,完善岗位责任、工作流程、公文办理、财务管理、请销假等制度,使工作责任更加明确。发挥支部和工会作用,从身边小事入手关心职工,组织各类文体和联谊活动,对干部职工争取政治上关怀、工作上支持、生活上关照。开展双拥先进单位创建活动,创建工作取得好的成效。（王红进）

老干部工作

【概述】 2013年,中共太原市委老干部局按照年初制定的工作计划,建立利用社区资源服务离退休干部工作机制,提升服务离退休干部工作水平,落实老干部的政治、生活待遇,拓展提升老干部精细化、个性化服务和发挥老干部作用工作水平,加强老干部思想政治建设、组织建设和文化建设,推动老干部工作转型发展、科学发展。全局系统共获得国家级奖项3个,省级奖项4个,市级奖项8个。（王跃平）

【离退休干部思想政治建设】 2013年,中共太原市委老干部局通过举办党的十八大精神专场报告会、专题讲座、热点解析、座谈讨论、参观考察、外出宣讲、知识竞赛等,让老同志自觉自愿参与到形式各样的学习活动中,理解掌握党的十八大精神的理论精髓,全市各级老干部部门共举办党的十八大辅导讲座105场。市老干部活动中心、老年大学组织老年协会、艺术团体举办“学习宣传十八大”系列演出53场,把十八大精神融入到歌舞、戏曲、合唱、诗歌等形式中,用寓教于乐的方式加深老同志对党的十八大精神的理解。（王跃平）

【离退休党支部建设】 2013年,中共太原市委老干部局为使全市离退休党支部培训有平台、学习有场所,市委批准成立太原市老干部党校,2013年7月1日在市老年大学举行挂牌仪式。根据晋组通字〔2012〕97号文件要求,建立起全市离退休干部党支部工作经费机制,制定《全市离退休干部党组织活动经费使用管理办法》,将经费使用情况纳入离退休干部党建工作年度考核。通过举办学习党的十八大、学习十八届三中全会、解读“中国梦”等理论骨干培训班,促进离退休干部党建工作水平的提高。（王跃平）

【激励老同志发挥作用】 2013年,中共太原市委老干部局发动全市各级老干部工作部门通过召开征求意见会、发放征求意见表、上门走访等多种形式,征求老同志对太原市经济发展和各项社会事业建设的意见和建议。在全市离退休干部中开展以“薪火传承葆本色,转型跨越立新功”为主题的“十个一”活动。让老同志发挥政治优势和经验优势,参与到太原市的建设发展中。（王跃平）

【健全文化养老机制】 2013年,中共太原市委老干部局创新工作理念,健全完善文化老机制。

以加强活动阵地建设为重点,为文化养老提供保障。开展老干部活动中心(室)达标创优活动和老年大学示范校创建活动,制定老干部学习活动阵地星级化考评细则(试行),建立老干部学习活动阵地建设评估标准,促进老干部学习活动阵地的建设发展。

以创新老年社会组织管理为载体,为文化养老提供支持。市委老干部局在老年社会组织管理创新中发挥总抓手、总协调的作用,以先后成立的15个中老年协会为载体,着重资源整合,着重培育发展,着重优化管理,着重社会效应,成为推动文化养老机制不断完善的重要动力。市老年人才开发中心通过协会组织老年人才专家到基层开展农业技术培训、义诊等活动。

以营造社会氛围为目标,为文化养老搭建平台。加强与市文化广电新闻出版局、体育局、电视台等相关部门的协调合作,连续举办“离退休干部文体艺术节”“龙城中老年风采大赛”等大型比赛活动,吸引近万名老同志参与;与市委组织部联合开展“最佳健康老干部”“最佳孝顺子女”评选活动并召开表彰大会,营造尊老敬老、孝老爱老的社会氛围。（王跃平）

【健全帮扶机制】 2013年,中共太原市委老干部局进一步细化重大疾病的救助标准和离休干部遗属救助标准,确保帮困解难专项资金的有效使用和科学规范管理。完善帮困数据。对市直

学习习近平总书记系列重要讲话精神专题辅导

机关和企事业单位的离退休干部困难情况进行全面统计，截至2013年底，全市共有困难离退休干部988人，困难去世离休干部无工作配偶292人。摸清全市离退休干部的困难情况底数，为提高特困离退休干部帮扶机制运行水平提供数据支持，确保帮扶工作公开、公正、透明。（王跃平）

【建立社区资源服务离退休干部工作机制】2013年，太原市老干部工作探索建立起利用社区资源服务离退休干部工作机制。

建立联席会议制度。9月，由市委组织部牵头，市委老干部局、市委民政局、市委财政局等九部门共同参与，建立“全市利用社区资源做好离退休干部服务工作”联席会议制度，统筹协调解决在推进工作中遇到的实际困难和问题，并加强监督和指导。十县（市、区）相应建立联席会议制度，在各街道（办事处）成立领导小组，进一步完善市、县、街道、社区四级组织领导体系，形成齐抓共管的合力。

出台《实施意见》。市委老干部局在近年来调研和总结的基础上，由市委组织部牵头，会同联席会议制度的九部门出台《太原市关于利用社区资源做好离退休干部服务工作的实施意见》，明确各成员单位的职责要求，增强指导工作的合力。

搭建培训平台。2013年9月在复旦大学举办“对标一流，创新服务”利用社区资源服务离退休干部专题培训班，并实地考察上海市利用社区资源服务老干部工作，学习兄弟省市的先进经验和做法，形成推动工作的动力。

（王跃平）

【离退休干部健康服务管理】2013年，中共太原市委老干部局组织协调卫生局及各体检医院，对市直离休干部、市直机关县处级退休干部、市直全额事业单位担任过县处级实职的退休干部以及市级老领导建立电子健康档案，提高信息化水平和利用率。扩大离退休干部体检范围，将市直全额事业单位担任过县处级实职的退休干部纳入免费体检范围，共对全市2347名县处级退休干部和2392名离休干部进行健康体检，完成4969名离退休干部健康档案信息录入工作，提升社区医疗保健服务工作。（王跃平）

市直属机关工委

【概述】中共太原市直属机关工作委员会（简称“市直工委”）是太原市委的派出机构，领导市直机关党的工作。2013年有在职人员编制33人，其中，行政干部编制29人，行政工勤编制4人。内设党总支、办公室、调研室、组织部、宣传部、统战部、纪工委、机关工会、团工委、老干处和财务处等11个部门。下辖直属党组织86个，其中，机关党委53个，党总支13个，党支部20个。所属党组织1194个，其中，党委39个，党总支35个，党支部1120个。共有党员24631人。基层工会组织271个，会员21900人。基层团组织14个，共青团员331人。

2013年，市直机关工委贯彻落实党的十八大精神、市委十届二次全会和市直机关2013年党的工作会议精神，加强市直机关党的思想、作风、组织和制度建设，解放思想，改革创新，对标一流，积极进取，日常工作有序进行，重点工作整体推进，完成各项工作任务。（乔保证）

【思想建设】2013年，太原市直工委加强思想建设，制定下发《关于2013年市直机关中心组理论学习暨干部理论学习的安排》。为市直基层党组织和市直机关862名中心组成员发放《正能量》《太原城市核心价值观建设学习资料》等一批学习书籍；组织开展市直机关中心组成员理论学习心得体会交流活动，请专家进行分类评选，并将优秀作品汇编成册，供大家学习交流；组织市直机关党员干部观看新编晋剧《晋阳风》《爱在龙城》践行太原市城市核心价值观汇报演出，收集观后感200篇；组织市直机关70余名代表参加“理论引导工作情况调查问卷”活动，向市直机关党员干部推荐优秀文艺作品8部；以专题党课的形式，组织市直机关县处级以上党员领导干部750余人观看党内教育参考片《苏联亡党亡国20年祭——俄罗斯人在诉说》；举办“市委机关践行党的群众路线教育实践活动先进事迹报告会”，市直机关180余名党员干部参加。

(乔保证)

【组织建设】 加强对机关基层党组织换届工作的指导,着力在选好书记、配齐配强专(兼)职党务干部上下工夫。共指导24个直属机关党组织进行换届选举,调整机关党组织负责人、委员24名,考察谈话140余人次,发放民主测评表530份,新改建基层党组织3个。

加强制度建设,起草下发《关于印发〈关于进一步规范基层党组织换届选举、委员调整和党费收缴使用工作的通知〉和〈加强发展党员工作制度〉的通知》,对机关党组织换届选举、党组织负责人、委员的调整、发展党员以及党费的收缴、使用和管理等工作做出进一步规范。

在市直机关开展2013年度基层党建“联述联评联考”工作,对述职范围、时间安排、述职内容和述职形式等进行全面的安排部署。

举办市直机关党务干部井冈山培训班,提高机关党务干部的理论水平、业务素质和履职能力,增强做好新形势下机关党建工作主动性和自觉性。

制定2013年发展新党员培训发展计划,向每个基层党组织发放《最新发展党员工作规程方法与案例启示》。举办“市直机关2013年入党积极分子培训班”,246名入党积极分子参加集中培训,全年发展新党员233名,预备党员转正280名。

开展“三型”党组织创建活动,根据市委组织部实施“310项目”的要求,结合市直机关实际,制定下发《市直机关开展创建“学习型、服务型、创新型”党组织活动方案》,采取年初建账、年中督导检查、年底交账的方法,推动活动取得实效。84个直属机关党组织全部报送各自的重点项目,其中:学习型项目68个,服务型项目56个,创新型项目23个。由工委领导带队,对市直各机关党组织的创建情况进行督导检查,保证活动有效开展。组织开展创建工作经验交流活动,各级党组织共上报经验材料143篇,将其中的优秀作品汇编成册,供基层党组织学习借鉴。

召开“市直机关纪念中国共产党成立92周年表彰大会”,对两年来涌现出的72个先进基层党组织、219名优秀共产党员和81名优秀党务工作者进行表彰。

组织市直机关代表队参加全市开展的“庆七一、谋发展、创一流”党的知识竞赛活动,获三等奖。

组织开展第二批党的群众路线教育实践活动专题调研,召开市直各部门(单位)负责同志、市党代表、人大代表、政协委员和离退休老同志座谈会,向基层党组织发放党的群众路线教育实践活动调查问卷170份。(乔保证)

【作风建设工作】 2013年,太原市直工委在市直机关开展“五个一”学习活动,并组织4000余名副科级以上党员干部进行专题考试;组织市直机关400余名科(处)级以上党员干部参加“山西省预防职务犯罪宣讲活动报告会”,在市直机关营造崇尚廉洁、抵制腐败的良好氛围;对市直机关44家未设纪检组长(书记)的单位开展会员卡专项清退活动,2086名在编干部、436名职工填写报告,实现清退工作的全覆盖;在市直机关开展“树立公仆意识,强化从政道德”警示教育主题活动,选树市国税局(系统)作为太原市“树立公仆意识,强化从政道德”警示教育活动的参观点,在市直机关推广其廉政文化建设的先进经验;贯彻落实中央以“为民、务实、清廉”为主要内容的党的群众路线教育实践活动的要求,指导机关各级党组织协助本单位本部门引深“向人民汇报、请人民评议”活动,市直机关12个参评部门共解决群众反映的热点、难点问题5300余件;开展违规用车专项清退活动,共有33个市直单位的2358人做出承诺,其中在职党员干部职工2088名,离岗、离休、退休领导干部270名。共清理出违规用车17辆,清退和纠正违规用车9辆,协调清理8辆;做好案件检查、信访举报和案件监督管理工作,共查处违纪违法案件10件10人,其中:开除党籍5人,留党察看4人,党内严重警告1人,受理申诉案件1件1人。

(乔保证)

【党建扶贫慰问】 2013年,太原市直工委对市直机关建国前入党的老党员的基本情况进行调查摸底、重新登记,共发放慰问金75800元;开展元旦、春节走访慰问生活困难党员、老党员和老干部活动,共发放慰问金217000元,送去党组织的关怀与温暖;做好困难职工帮扶工作,大病互助医疗工程参加人数规模进入全市三甲,资金超过50万元。市直机关建档困难职工达到300余人,基本实现应帮即帮,使困难职工同志和家庭享受到党和政府关心关爱;克服自身资金紧张的困难,“六一”前夕组织全体干部职工前往扶贫点娄烦县天池店乡圪垛村,为村小学的师生们送去工委的心意与关怀。

(乔保证)

【统战群团工作】 2013年,太原市直工委加强统战群团工作。加强统战理论学习,为市直机关各单位赠阅《中国统一战线》杂志,为民主党派成员购买《践行社会主义核心价值体系》等理论书籍。搭建党外人士专家服务平台,引导他们为全市的发展建言献策;加强工会基层组织建设,新组建直属工会组织6个,11个基层工会完成换届工作,市直机关直属单位工会组建实现全覆盖;加强工会干部教育培训力度,组织50余名基层工会干部参加全总、省总和市总工会的专项工作培训,提高机关工会干部的业务能力;完成“五一”表彰推选工作,21个单位荣获市劳动模范单位,32名个人荣获市劳动

模范光荣称号,1 人获得“五一”劳动奖章殊荣;开展创“号”争“手”活动,青年文明号活动有了新拓展,市住建委轨道办团支部被团省委授予五四红旗团支部荣誉称号,5 名个人分别受到团省委、团市委的表彰和奖励;不断加大党建工作调研力度,围绕创建学习型党组织、党的群众路线教育实践等专题开展调研活动,形成一批理论成果,向省直党建工作研讨会报送论文 1 篇,并进行书面交流。（乔保证）

市委党校

【概述】 2013 年,中共太原市委党校(太原行政学院、太原国防教育学院、太原社会主义学院)以建设全国一流省会城市党校为目标,落实《中国共产党党校工作条例》《行政学院工作条例》《2010—2020 年干部教育培训改革纲要》《2013—2017 年全国干部教育培训规划》精神,在提高教学质量、提升科研水平和加强内部管理等各方面下功夫,完成全年各项工作任务。

（霍永刚）

【干部培训】 2013 年,中共太原市委党校落实全国、全省党校工作会议精神和太原市干部培训计划。全年共举办市管干部轮训班 2 期,轮训学员 93 人;中青年干部培训班 2 期,培训学员 99 人;市管领导干部学习贯彻习近平总书记系列讲话和十八届三中全会精神培训班 3 期,培训学员 450 人;公务员初任培训班 1 期,培训学员 219 人;援疆干部培训班 2 期,培训学员 118 人;山西省市、县两级团干部培训班 2 期,培训学员 310 人;太原市政协委员培训班 3 期,培训学员 451 人;太原市学习贯彻党的十八大精神乡镇长(街办主任)培训班 1 期,培训学员 88 人;市直机关入党分子培训班 1 期,培训学员 240 人;“第一书记”任前培训班 1 期,培训学员 76 人;太原市优秀人才学习党的十八大精神培训班 1 期,培训学员 182 人;太原市城中村两委主干警示教育培训班 1 期,培训学员 190 人;太原妇联干部培训班 2 期,培训学员 167 人;太原市各民主党派优秀中青年干部培训班 1 期,培训学员 173 人。与有关部门和相关单位联合举办各类短期培训班 6 期,培训学员 1395 人。全年合计培训轮训各类干部 4251 人次。完成 2011、2012、2013 级在职本科班的招生、课程设置、备课授课、考试答辩和学员管理等工作。（霍永刚）

【教学质量提高】 2013 年,中共太原市委党校学习贯彻习近平总书记关于党校工作的指示精神,强化党校定位,更新教学内容,创新教学方式,探索增强干部教育针对性和实效性的新方法、新途径。

科学设置主体班次教学课程。通过调研等多种途径了解掌握干部教育培训新的需求,围绕市委、市政府工作大局和重大决策部署,科学设置教学课程。围绕党的十八大、十八届三中全会精神和习近平总书记系列讲话精神,在主体班新增《民族复兴的伟大梦想——“中国梦”解读》《坚持群众路线改进党的作风》等课程;围绕全省建设转型综改试验区,新增《山西省建设资源型经济转型综改试验区的难点与对策》《中国共产党山西历史》等课程;围绕建设一流省会城市,新增《建设一流省会城市的若干问题》《太原市转变政府职能的思路与对策》等课程,向学员宣讲马克思主义最新理论成果和中央、省市委的重大决策精神,体现教学工作的与时俱进。

提升教学组织管理的科学性。提高课堂质量,在教学专题的采用上,实行竞争上岗的方式,通过开展教学专题交流会,并对交流情况进行综合评估,严把教学质量关;对重要班次的课程和难度大的新课,实行集体备课,反复打磨专题,完善教学内容;通过学员评教、征求学员意见和建议等措施,了解教师授课过程中的问题和不足并予以改进完善。加强学员管理,落实中组部《关于在干部教育培训中加强学员管理的规定》,要求学员们严格执行各项规定,端正学风,树立良好形象。服务保障部门强化服务和管理工作,为学员学习、生活和党性锻炼提供良好条件。

创新教学方法。2013 年,党校在加强课堂互动的基础上,强化现场教学,在牛驼寨烈士陵园开展革命传统教育,在山西省第一监狱开展反腐倡廉警示教育,在太原市环保局开展环保教育,在古交市开发园区、太原不锈钢产业园区、阳曲县青龙古镇、东湖醋园等地开展社会实践调研,增强培训的实效性。

严格考核管理。为提高师资队伍水平,拓宽登台教师的视野,学习借鉴名校名师的授课经验,2013 年初,党校借全市干部教育培训的平台,选派优秀教师外出学习培训。经与组织部反复协商,2013 年暑假期间,共有 31 名教师分三批到北京大学、清华大学学习。党的十八届三中全会闭幕后,派 6 名教师分别参加北京大学和中央党校举办的师资培训班。在部分教室安装多媒体教学录播系统,实现领导和教学管理部门可以实时观看老师讲课,实时写出评语,集中评课时可以回放每一位老师的每次讲课,了解领导和教学管理部门对当堂课的评价,为实时了解和提高教学质量提供方便。

加强制度建设。2013 年,党校把制度建设作为强化教学管理的着力点。在学员管理上,根据中组部《关于在干部教育培训中加强学员管理的规定》精神,重新修订《太原市委党校学员管理办法》。在教师队伍的管理上,对校学术委员会条例、校学科带头人选拔办法、教师年度考核办法和职称评聘办法等制度进行修订。从制度上入手,严格考核,奖优罚懒,激发广大教师干事创业的热情和动力。公务员培训处、函教处、外培处实行“培训项目负责制”,责任到处,细化到人,整个教学管理稳定有序,保证各类培训任务的完成。（霍永刚）

【科研质量提高】 2013年,中共太原市委党校教研人员在《学习时报》《山西日报》《太原日报》《太原晚报》《太原工作》《科技创新与生产力》等报刊发表论文40篇,其中国家级论文2篇,省级论文9篇;出版省级专著1部,参编著作1部;教研人员全年共承担4个全国性课题、14个省级课题、9个市级课题的研究工作,不论在课题的数量上还是在课题的层次上都有较大的提高;2013年,《中共太原市委党校学报》编排十余个固定栏目和学习十八大、十八届三中全会专栏,出版6期,刊载120万余字;《领导参阅》围绕西山文化景观带、群众路线教育实践活动、上海自贸区等主题,编辑出版4期;《资料汇编》以二次文献为主,并加大三次文献理论研究综述,编印4期,48万余字,摘编专题题录240条,其中从总辑第86期起以电子版形式录存在图书馆网页,为教学科研提供专题资料服务;教研人员科研成果全年共获得全国性奖励1项、省级奖励20项、市级奖励15项,2名教师分别被评为首批山西省宣传文化系统理论类和出版类“四个一批”人才。有6名教师被太原广播电台聘请为特约评论员,围绕市委、市政府的中心工作和针对人们普遍关心的物价、房价、就业、教育、医疗、公平等民生问题在电台解读48次。（霍永刚）

【科研服务】 2013年,中共太原市委党校注重做好课题研究服务。党校科研突出强调以省情市情研究为重点的研究方向,鼓励和支持教研人员主持、参与省市委和有关部门组织的调研活动,表彰和奖励在各级各类学术刊物上发表的科研成果,引导和促进科研成果向资政育人、理论创新的转化提升。围绕市、省、全国性三级课题,收集、发布课题信息,指导、推进课题申报工作,对教研人员科研课题立项、结项成果进行审核,促进科研课题数量和质量的提高。

提升科研服务质量。2013年,增订期刊196种、报纸23种、人大复印资料44种、港澳台报刊3种、数字期刊4个专题库以及精品科普库、文化库;坚持每日八小时开馆和节假期间周三开放制度,为教研人员和基层党校提供信息咨询和借阅服务;读者之家先后举办党校青年读书会演讲、数字资源使用培训讲座、机关党委道德讲堂活动,并为各项活动提供技术支持。2013年,图书馆东库和辅助书库接待读者320人次、借阅图书300余册,西库接待读者500人次、借阅各种文献730册,阅览室接待读者1030人次,电子阅览室接待读者93人,数字资源网上登录计1092次、检索15618次、浏览3589次、下载3890次、使用总次数24189次。读者人数和文献利用率稳步增长。（霍永刚）

【指导基层党校工作】 2013年,中共太原市委党校突出业务督导和促进基层学校全面发展的职能。完成省函大专收尾总结工作;配合省委党校对县区党校的各项工作进行检查;完成县区党校(行政学校)的统计报表和2013年度专项资金申报工作;协助省委组织部、市委组织部联合对古交党校基建情况的核实,保障该校省发改委500万元基建专款的落实;选送基层教师参加各类理论培训;开展中级职称的评审工作。（霍永刚）

【改善学校基础设施建设】 2013年,中共太原市委党校本着节约资源、勤俭办事的原则,改造多功能报告厅和职工餐厅,改善办学条件和学员、教职工的就餐环境;完成自来水直供工程,提高整个校园的饮水质量;开展“清洁校园、优化环境”整治活动,定期清理校园和宿舍区环境卫生,美化校园环境;加强学校安全管理,开展消防主题教育,强化消防意识,改造楼内消防管网,更换消防设施与器材;定期开展防病防疫和饮食卫生检查;按照市、区两级政府开展城乡清洁工程的要求,对该校存在安全隐患和脏乱现象东围墙临建房进行整治;完成校园网接入市电子政务网,加大网络监管力度,确保校园网络安全。2013年,全校没有发生任何安全事故。（霍永刚）

信　访

【概述】 2013年,太原市信访局围绕全市工作中心,团结带领全局干部职工,坚持以群众工作统揽信访工作,发挥总调度和参谋部作用,整合资源,创新机制,筑牢“源头预防、动态管理、应急处置”三道防线,就地解决问题,规范信访秩序,全年信访总量持续下降,信访形势平稳可控,为太原市经济社会发展营造和谐稳定的环境。（雷治平）

【控制性指标任务】 2013年初,太原市信访局对省、市下达的控制性指标进行层层分解,下达各级各部门。坚持随有随接、随接随返,做好稳控工作,将省、市下达指标控制在有效范围内。1月至10月,太原市共发生赴省集体复访31批次(低于省控制线36批次),同比下降22.5%;赴市集体复访252批次,低于全年指标控制线(270批次)。（雷治平）

【工作体制机制完善】 2013年,太原市信访局完善工作体制机制。(1)在重大活动期间、重要时段和敏感节点,坚

持信访联席会议制度，每日召开联席会议碰头会，研判形势、研究协调重点信访事项。(2)坚持每半年点评工作制度、每季重点工作推进会制度、每月工作情况通报制度和每周重点案件协调例会制度，掌握全市信访工作动态、信访流量走势、矛盾纠纷集中领域，针对性提出办理建议，并上报市政府，推动一批疑难信访事项的化解。(3)市信访局以《每日情况》形式，将各县(市、区)、市直相关部门上访情况点对点通报给各地各部门主要领导，交办、转办各责任单位，跟踪督导，推动群众反映问题的就地化解。（雷治平）

【控制信访增量】 2013年，太原市信访局利用市、县、乡、村四级矛排网络，发挥人民调解、行政调解、司法调解、仲裁调解、信访调处“五调联动”矛盾联调工作体系的能动作用，做好矛盾纠纷排查化解工作和初信访办理工作，逐案建档，包案到人，化解大批矛盾纠纷，遏制信访增量。2013年，共调解各类矛盾纠纷24871件，化解22607件，化解率达90.9%。各级各部门实行重大项目、重大决策信访稳定风险评估，防止因决策失误、不作为、乱作为产生新的信访问题，从源头上预防矛盾纠纷发生，维护群众合法利益。（雷治平）

【减少信访存量】 太原市信访局开展“信访积案百日攻坚活动”和重点信访事项“双交办”活动，2013年，共交办信访积案和重点信访事项395件，并层层压实责任，各级各部门“一事一表”分解责任，一案一档包案到人，一案一策解决问题，做到“四个到位”，即诉求合理的解决到位、诉求无理的思想教育到位、生活困难的帮扶救助到位、行为违法的依法处置到位。组成4个督导组，会同省督导组到责任单位和乡村地头，直面上访群众，解诉求、解决困难，并在案卷标准、报送流程、审核验收等环节上把关，保证办结案件的质量。省交办信访积案和重点信访事项，办结376件，办结率95.2%。（雷治平）

【依法规范信访秩序】 2013年，太原市信访局依法规范信访秩序。在三级“两会”、文博会、十八届三中全会、中央和省巡视组在并工作期间等重大活动和敏感节点期间，各级各部门做好上访人员的接返处置工作，层层落实“四包一”稳控责任，将人员吸附在当地，保障首都、省委省政府和市委市政府、中央和省巡视组驻地正常的工作秩序。克服人员少、任务重的困难，牢固树立“省会意识”，主动承担省直部门和“省委门前好起来”活动期间其他地市上访人员接返、收置和教育分流任务。2013年共接返、收置、分流省直部门及其他地市上访人员1384人次。推动公安部门加大对违法上访人员的依法处置力度，2013年共依法处置391人，其中，警告251人，行政拘留100人，训诫20人，刑事拘留10人，震慑违法上访行为，规范信访秩序。（雷治平）

【促进社会和谐】 2013年，太原市信访局针对北京、省委省政府、市委市政府以及中央和省巡视组驻地、市信访服务中心等8个重点信访区域，成立8个工作组，分别由市信访局一名班子成员任组长，并按照信访接待工作流程，做好上访群众接待、登记、疏导、劝返、化解、交办、督办和结案工作。受理网上信访，全年阳光信访信息系统共受理391件，到期360件，办结340件，办结率94.4%；国家信访局内网受理国家局和省局转来网上信访投诉331件，到期274件，办结271件，办结率98.9%。开展县(市、区)、市直相关部门主要领导大接访活动。全年开展大接访26次，主要领导接访率100%，接待群众7542人次，受理信访案件1771件，当场解决和跟踪解决1603件，办结率90.5%。（雷治平）

【党风廉政建设】 2013年，太原市信访局以落实党风廉政建设责任制为核心，以贯彻落实中央八项规定为重点，进一步推进党风廉政建设工作，局班子和全局工作风明显改进。

抓警示教育。组织全局干部职工集中学习十八届中央纪委二次全会、省纪委十届三次全会和市纪委十届三次全会以及中央八项规定、《党政机关厉行节约反对浪费条例》等一系列会议、文件精神，强化廉洁从政理念。组织全局党员干部集中观看《廉政中国》《右玉精神》和专题教育片《王燕阳典型案例警示录》，集中学习《中共山西省委关于对文晓平等六人顶风违纪问题处理情况的通报》，中层以上干部共撰写心得体会150余篇，干部职工廉洁自律意识进一步提高。结合“五四”纪念活动，组织全局干部职工赴文水县刘胡兰纪念馆进行革命传统教育，重温入党誓词。组织全局中层以下干部，以无记名方式对警示教育活动进行民主评议，提高参与率，确保教育活动的效果。

抓制度建设。制定完善《值班制度》《请销假制度》《会议接待制度》《消防安全制度》等一系列规章制度，形成按制度办事、靠制度管人、用制度规范行为的良好机制。按照“一岗双责”要求，对由市信访局负责牵头落实的工作任务，按照局党组成员分工，进行分解，逐一明确责任，局主要领导与班子成员、中层干部层层签定《党风廉政建设责任书》，并作出书面承诺。推行5S管理，集中整治部分干部职工中存在的慵懒散问题。

抓作风转变。结合群众路线教育实践活动，在全市信访系统开展“走群众路线、解百姓忧难、树信访新风”主题活动，每名班子成员联系一到两个县(市、区),负责一个调研课题,全年完成调研报告12篇。开展办实事、解难事活动,按期完成承诺的五件实事;与市纪检部门协调配合,化解一批涉纪信访案件;向市农廉办报送有关农村信访问题信息,履行阳光农廉网联席会议单位的职责。结合“向人民汇报、请人民评议”活动,完成各县(市、区)和市直相关部门行风政风评议工作。全年未发生一起因工作不到位被投诉举报事件,没有一名干部违纪违规。（雷治平）

精神文明建设

【概述】 2013年,太原市文明办围绕市委、市政府中心工作,以争创全国文明城市为龙头,以群众性文明创建活动为依托,坚持“一条主线”(社会主义核心价值体系建设),突出“四个重点”(“讲文明树新风”公益广告宣传、道德领域突出问题教育治理、道德模范评选表彰、组织开展志愿服务),抓好“五个常项”(文明城市、文明村镇、文明单位创建,“我们的节日”主题活动,未成年人思想道德建设)为重点,引导广大干部职工和市民群众践行太原城市核心价值观,提高市民文明素质和城市文明程度,全面完成年初制定的各项工作任务。（王晓峰）

【公民道德建设】 加大公益宣传的力度。2013年,太原市文明办以党的十八大精神、中国梦和中华传统美德等为主题,设计、制作一大批形式多样、群众喜闻乐见的公益广告,利用市属报刊网络、广播电视、建筑围挡、电子显示屏、公交出租车身、手机等媒介,在全市范围内宣传,并延伸至乡(镇、街道)和村(社区)。1月至11月份,太原广播电视台播放公益广告近200部,累计播出60000次,约1550小时,《太原日报》《太原晚报》刊发公益广告超过150个整版。城市的公园、广场、旅游景区、车站(机场)、体育场、主干道和商业大街及居民小区和文明单位普遍设立“遵德守礼”提示牌。规模大、覆盖广的公益广告为太原市营造文明和谐、蓬勃向上的社会氛围。

创新道德教育阵地。2013年,由太原市文明办组织的“道德讲堂”活动全面铺开,截至2013年底,全市共举办道德讲堂3000余场,成为全市广大干部群众开展集中性道德教育的新阵地。在全省道德建设座谈会上,太原市“以扎实有效的道德建设,促进公民文明素质提高”为题进行经验交流,《山西日报》全文刊发。与会代表专程观摩太原市部分机关、企业、社区的“道德讲堂”活动。省委常委、宣传部部长胡苏平在观摩之后给予充分肯定,并在全省推广。

推进道德领域突出问题专项教育和治理活动。太原市文明办以同人民群众密切相关的食品行业、窗口单位和公共场所为重点,突出“诚信”这个主题,着力解决诚信缺失、公德失范问题。相关行业和服务窗口普遍制定职业行为规范,公开服务承诺,完善投诉处理机制,主动接受群众监督,使广大市民享受到更加公正、便捷的社会服务。

发挥道德模范引领作用。2013年,太原市文明办选树百姓典型,倡导“好人有好报”的价值取向,以凡人善举引领道德风尚,先后开展“全国第四届道德模范评选”“我推荐我评议身边好人”“爱在龙城——践行太原城市核心价值观汇报演出”“全国道德模范与身边好人现场交流”、道德模范基层巡讲、慰问道德模范、表彰道德典型等一系列活动,引导广大市民确立道德行为的尺度,找准道德提升的方向,在全市形成崇德向善的良好风气。

（王晓峰）

【提高市民素质和城市文明程度】 完成“迎测”工作。2013年,太原市文明办按照《全国城市文明程度指数测评体系》的要求,细化分解指标任务,牵头协调60余个职能部门形成切实可行的工作方案,收集整理各种档案资料200余盒、700余册。太原市文明办多次到全市各公共场所、窗口单位、社区等进行督导、整改,使“迎测”和创建工作有机结合起来,展示太原城市的新形象。

文明单位创建上水平。太原市文明办按照《文明单位创建管理规定》,完成2012年度851个文明单位(标兵)认定工作;组织2013~2014年度省级文明单位的申报测评工作;开展“一堂”“一队”“一牌”“一桌”“一传播”的“五个一”活动。把履行社会责任和为群众解难事、办实事作为文明单位创建的重要内容,开展“文明交通”“结对共建”“慈善一日捐”“城乡清洁”等活动,文明单位在一流省会城市建设中进一步发挥出示范表率作用。

网络阵地传播正能量。太原文明网是中国文明网的联盟网站,先后组织策划推出36个网上创建活动专题,均被中国文明网采用,其中《向您致敬——我们身边的雷锋》荣获中国文明网优秀专题、《中国梦·城市文明之梦——太原篇》作为重点专题在全国推广。在中央文明办组织的测评中,太原文明网在93个城市联盟网站中排名第十四,在省会城市联盟网站中排名第六,进一步吸引网民对太原的关注度。

弘扬优秀传统文化。以“我们的节日”为契机,在春节、元宵、清明、端午、七夕、中秋、重阳七大传统节日期间,太原市文明办把爱国主义教育和弘扬民族精神贯穿始终,开展经典诵读、节日民俗、文化娱乐、体育健身等丰富多彩的活动,引导人们认知传统、尊重传统、继承传统、弘扬传统,把传统节日办成爱国节、文化节和仁爱节。

（王晓峰）

【未成年人思想道德建设】 开展“做一个有道德的人”的主题活动。2013

年，太原市文明办组织开展“认星争优、做美德少年”“学习雷锋、做美德少年”、优秀童谣征集传唱、“网上祭英烈”和“向国旗敬礼，做一个有道德的人”网上签名寄语等道德实践活动。共评出30名美德少年，优秀童谣200多首，其中15首被省里选用。

净化社会文化环境。太原市文明办牵头组织相关部门在互联网领域推进整治网络淫秽色情和低俗信息专项行动，在广播电视、图书报刊和文化市场领域，开展抵制低俗之风专项行动，加大网络、网吧、音屏声频、出版物市场和校园周边环境的整治力度，使社会文化环境得到进一步净化。

拓展未成年人阵地建设。2013年，太原市建成6个县级青少年校外活动中心，9所未成年人社会实践教育基地，30个未成年人小型特色示范教育基地，85所集思想道德教育、能力培养、文化活动为一体的乡村学校少年宫，实现乡镇乡村少年宫全覆盖。其中10所乡村学校少年宫因基础设施完善、工作开展规范、活动内容丰富获得中央专项公益金支持，太原市的未成年人阵地建设实现新突破。（王晓峰）

【志愿服务】 健全完善志愿服务体系。2013年，太原市文明办在全省率先建立志愿者管理平台，搭建市、县、乡、村四级管理网络。截至2013年底，全市30余万志愿者中，完成电子注册的近6万人。志愿服务组织近2000支，完成电子注册志愿服务组织达1500余支。举办志愿者注册及信息管理数字化平台培训班，使太原市的志愿服务工作纳入规范化、常态化轨道。

开展特色志愿服务活动。2013年，太原市文明办以“关爱他人、关爱社会、关爱自然”为主要内容，组织开展“关爱空巢老人、留守儿童、家民工、残疾人”“学雷锋、我行动”“关爱自然、保护山川河流”“义务植树”“文明交通”“山西文博会”“国际大学生龙舟赛”“太原国际马拉松赛”“艺术大讲堂”等志愿服务活动，有14.56万人直接参与，在扶老助残、社会治安、文体服务、环境保护、医疗卫生、法律援助、普及科学知识、文明交通、社会公益事业、大型社会活动等多方面做出贡献。（王晓峰）

党史研究

【概述】 2013年，中共太原市委党史研究室继续推进党史书籍编写工作。1月至9月，编辑出版《太原红色文存》（三卷）丛书。全书分文献卷、诗词卷、墨迹卷，50余万字。文献卷编选收录老一辈革命家和部分民主人士有关太原的电文、批示、书信等164篇，诗词卷编选收录老一辈革命家和知名文化人士有关太原的诗词作品207首，墨迹卷编选收录老一辈革命家、党和国家领导人和知名文化人士有关太原的题词、手迹、石刻等148幅。9月，由中共党史出版社出版。

组织开展课题研究。室课题组在《太原日报》发表《凝聚太原力量书写中国梦》《毛泽东视野中的太原》等文章，完成市党建研究会课题《农村领头雁工程研究》，完成《中共太原市委宣传部部史》（大事记和部领导简介）和《人文太原》相关章节的编写任务。

（孙生杰）

【党史宣传和教育】 2013年，中共太原党史研究室围绕建党92周年，开展党史宣传教育。6月份，与市委宣传部、组织部联合举办“学党史、谋发展、创一流”纪念建党92周年全市党史知识竞赛活动，先后组织全市10县（区）和15个市直工委代表队进行4场复赛，并在太原电视台举行决赛，收到良好的社会效果。利用现有资料开展党史宣传，为《太原日报》《太原工作》等新闻媒体提供党史资料和稿件，宣传地方党的历史。（孙生杰）

【党史资料征编】 2013年，中共太原市委党史研究室按规划做好党史资料征集工作。1月至7月，组织人员开展《太原红色三章》（三卷）一书资料的征集工作，并对收集的资料进行整理编纂。2月至6月，根据中央和省党史部门要求，市委党史研究室组织人员分赴阳曲、古交等地，配合中央有关部门征集一批华国锋在太原时期活动资料。9月至11月，开展《太原红色旅游指南》《晋阳诗选》等资料的征集工作。

（孙生杰）

【党史遗址保护】 2013年，中共太原市委党史研究室开发利用党史资源，保护革命遗址。上半年，对全市部分党史遗址进行实地调研，并向省里提交首批省级党史教育基地的补充材料。5月底，彭真生平暨中共太原支部旧址纪念馆、高君宇故居纪念馆、山西国民师范旧址纪念馆、太原解放纪念馆、太原双塔革命烈士陵园等5处被省委党史研究室命名为首批山西省党史教育基地。

6月26日，市委党史研究室组织在彭真生平暨中共太原支部旧址纪念馆举行太原市首批省级党史教育基地挂牌仪式。省委党史办主任于若洁，市委常委、宣传部长张春根出席挂牌仪式并讲话。市委宣传部、迎泽区委、市民政局、市文物局、柳巷街道办事处、省级党史教育基地单位的负责人及全市党员干部群众约150余人参加活动。下半年，对高君宇故居纪念馆、晋绥八分区旧址等教育基地建设进行现场指导，回答丹东、九江等部门提出的相关党史咨询。（孙生杰）

太原市人民代表大会常务委员会

Standing Committee of Taiyuan Municipal People's Congress

重要会议

·人民代表大会会议·

【太原市十三届人大三次会议】 2013年4月10日至13日召开，会期4天。大会主席团由58人组成。会议分四个阶段进行,第一阶段:听取和审议太原市人民政府代市长耿彦波所作的《太原市人民政府工作报告》;审查和批准太原市人民政府关于太原市2012年国民经济和社会发展计划执行情况与2013年国民经济和社会发展计划(草案)的报告,批准太原市2013年国民经济和社会发展计划；审查和批准太原市人民政府关于太原市2012年全市和市本级预算执行情况及2013年全市和市本级预算(草案)的报告,批准太原市2013年市本级预算。第二阶段：听取和审议太原市人大常委会主任郭振中所作的《太原市人民代表大会常务委员会工作报告》,听取和审议太原市中级人民法院院长冯少勇所作的《太原市中级人民法院工作报告》,听取和审议太原市人民检察院检察长周茂玉所作的《太原市人民检察院工作报告》。第三阶段:会议补选耿彦波为太原市市长，补选李京京为太原市第十三届人民代表大会常务委员会委员。第四阶段:会议采用无线电子表决器表决的方式，通过太原市第十三届人民代表大会第三次会议《关于太原市政府工作报告的决议》《关于太原市2012年国民经济和社会发展计划执行情况与2013年国民经济和社会发展计划的决议》《关于太原市2012年全市和市本级预算执行情况与2013年全市和市本级预算的决议》《关于太原市人大常委会工作报告的决议》《关于太原市中级人民法院工作报告的决议》《关于太原市人民检察院工作报告的决议》。经研究,决定将李树结等13名代表提出的“关于制定《太原市公共自行车管理条例》”、于亚军等18名代表提出的“关于修改《太原市森林防火条例》”、王晓津等12名代表提出的“关于出台《太原市无偿献血管理办法》”、段生贵等20名代表提出“关于制定《太原市养老机构管理办法》”四件议事原案列为议案，但不列入此次会议议程，会后交由市人大有关专门委员会审议并向常委会会议作出报告。大会收到代表提出的建议、批评和意见232件，会后专门召开办理督办会,交由有关部门研究办理，并按照相关规定,在相应时间内办结并答复代表。

（米睿民）

·常务委员会会议·

【市十三届人大常委会第九次会议】 2013年2月8日召开。会议审议《太原市人民代表大会常务委员会关于接受廉毅敏辞去太原市市长职务请求的决定(草案)》,审议《太原市人民代表大会常务委员会主任会议关于耿彦波任职的议案》。（米睿民）

【市十三届人大常委会第十次会议】 2013年2月27日召开。常委会组成人员36人出席,请假5人。(1)会议审议通过《太原市流动人口服务管理办法》,会后由市人大常委会办公厅报省人大常委会审批。(2)会议听取和审议市人民政府关于环境保护工作情况的报告。(3)会议听取和审议市人民政府关于太原市2012年国民经济和社会发展计划执行情况与2013年国民经济和社会发展计划(草案)编制情况的汇报。(4)会议听取和审议市人民政府关于太原市2012年全市和市本级预算执行情况及2013年全市和市本级预算(草案)编制情况的汇报。(5)会议通过《太原市人民代表大会常务委员会关于召开太原市第十三届人民代表大会第三次会议的决定》,决定太原市第十三届人民代表大会第三次会议的

召开时间为2013年4月10日。(6)会议审议人事任命事项,经过表决,决定任命袁洪建为太原市人民代表大会常务委员会研究室副主任。（米睿民）

【市十三届人大常委会第十一次会议】

2013年4月2日召开。常委会组成人员36人出席,请假5人。(1)会议听取太原市十三届人大常委会代表资格审查委员会副主任委员左伟所作的关于个别代表资格的审查报告。(2)会议听取市人大常委会秘书长冯润春所作的关于太原市十三届人民代表大会第三次会议筹备工作的报告。(3)会议听取市人大人事代表委员会主任委员左伟所作的关于太原市十三届人民代表大会第三次会议列席人员范围及人数的说明。(4)会议听取代市长耿彦波所作的关于人事任命事项的提请报告。(5)会议听取市人民检察院常务副检察长郭鸿所作的关于人事任命事项的提请报告。(6)会议采取电子表决的方式通过太原市十三届人大常委会代表资格审查委员会关于个别代表资格的审查报告，通过太原市十三届人民代表大会第三次会议议程(草案),通过太原市十三届人民代表大会第三次会议主席团和秘书长名单(草案),通过太原市十三届人民代表大会第三次会议列席人员名单，通过太原市十三届人民代表大会第三次会议议案审查委员会组成人员名单(草案),通过太原市人民代表大会常务委员会工作报告（修改稿)。(7)会议任命寿伟光为太原市人民政府副市长，任命张利全为太原市西峪地区人民检察院副检察长、检察委员会委员、检察员。（米睿民）

【市十三届人大常委会第十二次会议】

2013年4月25日召开。常委会组成人员36人出席,请假5人。(1)会议审议通过《太原市客运出租汽车服务管理条例》,由市人大常委会办公厅报省人大常委会审批。(2)会议听取和审议市人民政府关于《太原市晋祠泉域水资源保护条例(修订草案)》和《太原市兰村泉域水资源保护条例（修订草案)》。(3）会议听取和审议市人民政府关于太原市社会养老服务体系建设情况的报告。（米睿民）

【市十三届人大常委会第十三次会议】

2013年5月16日召开。常委会组成人员37人出席,请假4人。(1)会议听取太原市人民政府常务副市长任在刚所作的关于人事任免事项的提请报告。(2)会议听取市人民检察院检察长周茂玉所作的关于人事任免事项的提请报告。(3)会议听取市人大人事代表委员会主任委员左伟所作的关于人事任免事项提请报告的审议报告。(4)会议采取电子表决的方式，通过人事任免名单。决定免去陈河才的太原市人民政府副市长职务，决定任命薛忠晋为太原市人民政府副市长，任命李南明为太原市人民检察院副检察长,任命刘忠勇为太原市人民检察院检察委员会委员、检察员,免去王宏亮的山西省太原市西峪地区人民检察院检察长职务，任命王小燕为山西省太原市西峪地区人民检察院检察长。（米睿民）

【市十三届人大常委会第十四次会议】

2013年6月26日召开。常委会组成人员34人出席,请假7人。(1)会议审议通过《太原市晋祠泉域水资源保护条例》和《太原市兰村泉域水资源保护条例》,会后由市人大常委会办公厅报省人大常委会审批。(2)会议审议市人民政府关于提请审议《太原市残疾人保障条例(草案)》的议案。(3)会议听取和审议市人民政府关于太原市体育工作情况的报告。(4)会议任命王宏亮为太原市小店区人民检察院检察长,陈加林为太原市迎泽区人民检察院检察长，马江为太原市清徐县人民检察院检察长；免去王小燕的太原市小店区人民检察院检察长职务，刘忠勇的太原市迎泽区人民检察院检察长职务，陈加林的太原市清徐县人民检察院检察长职务。（米睿民）

【市十三届人大常委会第十五次会议】

2013年8月22日召开。常委会组成人员35人出席,请假6人。(1)会议审议市人民政府关于提请审议《太原市古树名木保护条例(草案)》的议案。(2)会议听取和审议市人民检察院关于未成年人刑事检察工作情况的报告。(3)会议听取和审议市人民政府关于太原市2013年国民经济和社会发展计划上半年执行情况的报告。(4)会议听取和审议市人民政府关于太原市2012年市本级财政决算及2013年上半年全市和市本级预算执行情况的报告。(5）会议听取和审议市人民政府关于太原市2012年度市本级预算执行和其他财政收支的审计工作报告。(6)会议表决通过《太原市人民代表大会常务委员会关于批准2012年本级财政决算的决议》。(7)会议任命武文杰为太原市中级人民法院民事审判庭第五庭庭长。（米睿民）

【市十三届人大常委会第十六次会议】

2013年10月23日召开。常委会组成人员38人出席,请假3人。(1)会议审议通过《太原市残疾人保障条例(草案修改稿)》，由市人大常委会办公厅报省人大常委会审批。(2)会议审议市人民政府关于提请审议《太原市法律援助条例(草案)》的议案。(3)会议听取和审议市人民政府关于太原市城市交通工作情况的报告并进行专题询问。(4）会议听取和审议市人民政府关于太原市城中村改造工作情况的报告并进行专题询问。(5)会议听取和审议市人民政府关于太原市民营经济发展情况的报告。(6)会议听取市人民政府关于《太原市旅游产业发展总体规划(2010-2020)》执行情况的报告。(7)会议任命张林虎、杨力、邢如灏、张志刚、韩旭霞、米青山、张祥春、王庆河为太原市中级人民法院审判员；任命丁洪武、张继红、杜淑芳、张树业、李卫国、代国民、刘英、张志文、侯宪忠、魏兴莉、李爱军、陈国清、要新顺、杨卫东、杨建军、杨小军、李维平、武军、王文胜、余萍、侯国强、田德重、赵志国、陈海东24人为太原市人民检察院检察员；免去张康的太原市中级人民法院刑事审判第一庭副庭长职务，冯少华的太原市中级人民法院刑事审判第三庭副庭长、审判员职务，周雪松的太原市中级人民法院审判员职务；免去马江的太原市人民检察院检察委员会委员、检察员职务，胡爱芳的太原市人民检察院检察员职务，白永明的太原市人民检察院检察员职务；批准常向东辞去太原市晋源区人民检察院检察长。(米睿民)

【市十三届人大常委会第十七次会议】2013年12月24日召开。常委会组成人员41人出席。(1)会议审议通过《太原市古树名木保护条例(草案修改稿)》，由市人大常委会办公厅报省人大常委会审批。(2)会议听取和审议市人大常委会执法检查组关于检查《中华人民共和国义务教育法》和《山西省实施〈中华人民共和国义务教育法〉办法》实施情况的报告。(3)会议听取和审议太原市人民政府关于太原市2012年度本级预算执行和其他财政收支审计结果整改情况的报告。(4)会议听取和审议太原市人民政府办公厅关于市十三届人大三次会议代表提出的建议、批评和意见办理情况的报告。(5)会议审议太原市人大内务司法委员会关于市十三届人大三次会议主席团交付的第3004号议案和3005号议案审议结果的报告；审议太原市人大财政经济委员会关于市十三届人大三次会议主席团交付的第3001号议案结果的报告；审议太原市人大教育科学文化卫生委员会关于市十三届人大三次会议主席团交付的第3003号议案审议结果的报告；审议太原市人大农业与农村委员会关于市十三届人大三次会议主席团交付的第3002号议案审议结果的报告；审议太原市人大常委会关于接受史金福辞去太原市出席山西省第十二届人民代表大会代表职务的决议。经过表决，通过《太原市古树名木保护条例》；通过《太原市人民政府办公厅关于市十三届人大三次会议代表提出的建议、批评和意见办理情况的报告》；通过《太原市人大内务司法委员会关于市十三届人大三次会议主席团交付的第3004号议案审议结果的报告》；通过《太原市人大内务司法委员会关于市十三届人大三次会议主席团交付的第3005号议案审议结果的报告》；通过《太原市人大财政经济委员会关于市十三届人大三次会议主席团交付的第3001号议案结果的报告》；通过《太原市人大教育科学文化卫生委员会关于市十三届人大三次会议主席团交付的第3003号议案审议结果的报告》；通过《太原市人大农业与农村委员会关于市十三届人大三次会议主席团交付的第3002号议案审议结果的报告》；通过《太原市人大常委会关于接受史金福辞去太原市出席山西省第十二届人民代表大会代表职务的决议》。(米睿民)

·常委会主任会议·

【第一次主任会议】2013年1月8日召开。(1)会议听取关于建议召开太原市第十三届人民代表大会第三次会议时间及有关事项的报告。(2)研究确定太原市第十三届人民代表大会常务委员会第八次会议的建议议程。(3)研究讨论《太原市第十三届人民代表大会常务委员会第七次会议对市人民政府〈关于太原市2011年度本级预算执行和其他财政收支审计结果整改情况的报告〉的审议意见》。(4)研究讨论《太原市第十三届人民代表大会常务委员会第七次会议对市人民政府〈关于园林绿化工作情况的报告〉的审议意见》。(5)研究讨论《太原市第十三届人民代表大会常务委员会第七次会议对市人民政府〈关于太原市推进基础教育均衡发展情况的报告〉的审议意见》。(6)研究讨论《太原市第十三届人民代表大会常务委员会第七次会议对市人民政府〈关于城乡清洁工程实施情况的报告〉的审议意见》。(7)研究讨论《太原市第十三届人民代表大会常务委员会第七次会议对市人民政府〈关于全市林业生态建设情况的报告〉的审议意见》。(米睿民)

【第二次主任会议】2013年1月22日召开。会议听取各专门委员会及常委会工作机构2013年工作安排。会议要求:2013年各专门委员会及常委会工作机构要围绕学习贯彻党的十八精神,从三个方面进行工作安排部署:一是发展方面的问题，要把财政投资评审作为重点;二是民生方面的问题,要把提高省城空气质量、防震演练等事项作为专项议题进行审议，要把涉及民生的食品安全、饮水安全、卫生防疫、保障性住房、供热补贴、教育、低保等作为监督重点;三是干部作风,包括廉政建设方面的问题。(米睿民)

【第三次主任会议】2013年1月31日召开。(1)会议听取太原市人大人事代表委员会关于人事任免事项的汇报。(2)听取太原市第十三届人民代表大会常务委员会代表资格审查委员会关于个别代表资格的审查报告。(3)研究确定太原市第十三届人民代表大会常务委员会第八次会议的建议议程。

(4) 集体学习习近平总书记在十八届中央纪委第二次会议上的讲话摘要。

(米睿民)

【第四次主任会议】 2013年2月7日召开。(1)听取市人大人事代表委员会关于人事任免事项的汇报。(2)确定太原市第十三届人民代表大会常务委员会第九次会议建议议程和日程。(3)听取市人大法制委员会关于建议延期审议《太原市城乡规划条例(草案修改稿)》的说明,同意延期审议。

(米睿民)

【第五次主任会议】 2013年2月20日召开。(1)会议研究确定太原市第十三届人民代表大会常务委员会第十次会议日程。(2)会议集体讨论《太原市流动人口服务管理条例(草案修改稿)》,会议要求:2013年立法项目要坚持注重民生,同时要坚持"适用、简明、管用"的原则。(3)听取市人大人事代表委员会关于人事任免事项的汇报。

(米睿民)

【第六次主任会议】 2013年3月13日召开。(1)会议研究确定《太原市人大常委会2013年立法计划(草案)》。(2)会议研究确定太原市第十三届人大常委会第十次会议对市人民政府《关于环境保护工作情况的报告》的审议意见。(3)会议研究确定太原市第十三届人大常委会第十次会议对市人民政府《关于太原市2012年国民经济和社会发展计划执行情况与2013年国民经济和社会发展计划(草案)编制情况的汇报》的审议意见。(4)会议研究确定太原市第十三届人大常委会第十次会议对市人民政府《关于太原市2012年全市和市本级预算执行情况及2013年全市和市本级预算(草案)编制情况的汇报》的审议意见。

(米睿民)

【第七次主任会议】 2013年3月13日召开。(1)会议确定太原市第十三届人大常委会第十一次会议建议议程及日程。(2)会议确定太原市第十三届人大常委会第十二次会议建议议程。(3)会议研究太原市第十三届人民代表大会第三次会议综合日程。(4)会议研究太原市第十三届人民代表大会第三次会议大会日程(草案)和主席团会议日程(草案)。(5)会议研究太原市第十三届人民代表大会第三次会议大会执行主席分组名单(草案)。(6)会议研究太原市第十三届人民代表大会第三次会议在主席台就座的其他有关人士名单。(7)会议研究太原市第十三届人民代表大会第三次会议大会临时党组成员建议名单。(8)会议研究太原市第十三届人民代表大会第三次会议主席团和秘书长名单(草案)。(9)会议研究太原市第十三届人民代表大会第三次会议主席团常务主席名单(草案)。(10)会议研究太原市第十三届人民代表大会第三次会议大会副秘书长名单(草案)。(11)会议研究太原市第十三届人民代表大会第三次会议选举办法(草案)。(12)会议研究太原市第十三届人民代表大会第三次会议列席人员名单(草案)。(13)会议研究太原市第十三届人民代表大会第三次会议议案审查委员会组成人员名单(草案)。(14)会议听取市人大人事代表委关于人事任命事项的汇报。(15)会议研究《太原市人民代表大会常务委员会工作报告(讨论稿)》,会议议定:要根据主任会议意见,并进一步征求市人大及其常委会各部门意见,对工作报告(讨论稿)进行认真修改,提请太原市第十三届人大常委会第十一次会议审议。(16)会议研究确定《太原市人大常委会2013年工作责任分解》,研究确定《太原市人大常委会2013年常委会及主任会议题(草案)》。(17)会议研究确定《太原市人大常委会2013年专题询问和满意度测评建议议题》。(米睿民)

【第八次主任会议】 2013年3月28日召开。(1)会议研究决定,2013年太原市人大常委会将对太原市贯彻实施《中华人民共和国义务教育法》的情况进行执法检查。(2)会议听取市人大人事代表委关于人事任命事项的汇报。(3)会议确定2013年,市人大常委会将对太原市城中村改造和都市交通工作情况进行专题询问;对太原市食品安全监督管理工作情况进行满意度测评。

(米睿民)

【第九次主任会议】 2013年4月12日召开。(1)会议讨论《太原市客运出租汽车服务管理条例(草案修改稿)》。(2)会议确定太原市第十三届人大常委会第十二次会议日程。 (米睿民)

【第十次主任会议】 2013年5月7日召开。(1)会议研究确定太原市第十三届人大常委会第十二次会议对市人民政府《关于太原市社会养老服务体系建设情况的报告》的审议意见。(2)会议听取市人大人事代表委关于人事任免事项的汇报。(3)会议确定太原市第十三届人大常委会第十三次会议议程及日程。 (米睿民)

【第十一次主任会议】 2013年5月21日召开。(1)会议听取市中级人民法院关于刑事审判量刑规范化工作情况的汇报。(2)会议听取高新区、经济区、民营区、不锈钢园区关于2012年本级预算执行情况和2013年本级预算(草案)的汇报。(3)会议听取市人民政府关于太原市节水型社会建设试点情况的汇报。(4)会议听取市人民政府关于《城市民族工作条例》贯彻实施情况的汇报。 (米睿民)

【第十二次主任会议】 2013年5月30日召开。(1)会议讨论通过太原市人大常委会关于开展《中华人民共和国义务教育法》和《山西省实施〈中华人民共和国义务教育法〉办法》执法检查方案(草案)。(2)会议听取市人大人事代表委员会关于2013年市人大常委会拟重点督办代表建议的意见的汇报。(3)会议确定太原市第十三届人大常委会第十四次会议议题。

(米睿民)

【第十三次主任会议】 2013年6月21日召开。(1)会议研究讨论《太原市晋祠泉域水资源保护条例(修订草案修改稿)》及《太原市兰村泉域水资源保护条例(修订草案修改稿)》。(2)会议听取市人大人事代表委关于人事任免事项的汇报。(3)会议确定太原市第十三届人大常委会第十四次会议日程。

(米睿民)

【第十四次主任会议】 2013年7月9日召开。(1)会议研究确定《太原市第十三届人大常委会第十四次会议对〈市人民政府关于全市体育工作情况的报告〉》的审议意见。(2)会议讨论通过《太原市人大常委会关于进一步规范审议意见书的意见(草案)》。(3)会议确定太原市第十三届人大常委会第十五次会议的建议议程。(4)会议审议市人大城建环保委员会关于赴合肥、成都、贵阳等地考察学习古树名木保护及立法情况的报告(书面)。

(米睿民)

【第十五次主任会议】 2013年7月23日召开。(1)会议听取市人民政府关于太原市供销社工作情况的汇报。(2)会议讨论通过《太原市人大代表小组活动制度(草案)》。(3)会议原则同意太原市第十三届人大常委会第十五次会议日程。

(米睿民)

【第十六次主任会议】 2013年8月29日召开。(1)会议研究确定太原市第十三届人大常委会第十五次会议对市人民检察院《关于未成年人刑事检察工作情况的报告》的审议意见,对市人民政府《关于太原市2013年国民经济和社会发展计划上半年执行情况的报告》的审议意见,对市人民政府《关于太原市2012年市本级财政决算及2013年上半年全市和市本级预算执行情况的报告》的审议意见,对市人民政府《关于太原市2012年度市本级预算执行和其他财政收支的审计工作报告》的审议意见。(2)会议通过市人大财政经济委员会关于主任会议听取太原市城建重点工程项目资金使用绩效情况、政府性债务规模和管理使用情况报告的建议。

(米睿民)

【第十七次主任会议】 2013年9月17日召开。(1)会议听取市人民政府关于太原市民办教育发展情况的汇报。(2)会议听取市人民政府关于太原市保障性住房建设情况的汇报。(3)会议听取市人民政府关于太原市气象工作情况的汇报。(4)会议确定太原市第十三届人大常委会第十六次会议建议议题。(5)会议集体学习全市关于治理“吃喝不正之风”、开展违规用车专项清退活动和清理办公用房等文件精神。

(米睿民)

【第十九次主任会议】 2013年11月8日召开。(1)会议研究确定太原市第十三届人大常委会第十六次会议对市人民政府《关于太原市城市交通工作情况的报告》的审议意见,对市人民政府《关于太原市城中村改造工作情况的报告》的审议意见,对市人民政府《关于太原市民营经济发展情况的报告》的审议意见。(2)会议研究确定太原市第十三届人大常委会第十七次会议建议议程。

(米睿民)

【第二十次主任会议】 2013年11月12日召开。(1)会议听取市人大常委会义务教育执法检查各工作组执法检查情况的汇报。(2)会议听取市文广新局关于太原文化名城建设工作情况的汇报。(3)会议审议义务教育执法检查相关问题的专题调研报告(书面)。

(米睿民)

【第二十一次主任会议】 2013年12月3日召开。(1)会议听取市人民政府关于太原市本级政府性债务规模和管理使用情况的汇报。(2)会议研究讨论太原市人大财政经济委员会关于市十三届人大三次会议主席团交付的第3001号议案审议结果的报告,太原市人大农业与农村委员会关于市十三届人大三次会议主席团交付的第3002号议案审议结果的报告,太原市人大教育科学文化卫生委员会关于市十三届人大三次会议主席团交付的第3003号议案审议结果的报告,太原市人大内务司法委员会关于市十三届人大三次会议主席团交付的第3004号和3005号议案审议结果的报告。(3)会议听取市人大法制委员会关于建议延期审议《太原市城乡规划条例(草案修改稿)》的说明。(4)确定太原市第十三届人大常委会第十七次会议日程。

(米睿民)

【第二十二次主任会议】 2013年12月17日召开。(1)会议听取市人民政府办公厅关于市十三届人大三次会议代表建议、批评和意见办理情况的报告。(2)会议研究讨论《太原市古树名木保护条例(草案修改稿)》。(3)会议研究讨论市人大常委会执法检查组关于检查义务教育“一法一办法”实施情况的报告。(4)会议听取市人大人事代表委员会关于2013年市人大常委会重点督办的代表建议办理情况的报告。(5)会议审议市人大法制委员会关于第十九次全国地方立法研讨会的情况汇报(书面),市人大教科文卫委员会关于全省人大教科文卫工作座谈会的情况汇报(书面),市人大农业与农村委员会关于全省人大农业与农村工作座谈会的情况汇报(书面)。

(米睿民)

综　述

【经济运行】 2013年，太原市完成地区生产总值2412.87亿元，增长8.1%；规模以上工业增加值770.94亿元，增长10.1%；固定资产投资1670.74亿元，增长26.5%；社会消费品零售总额1281.46亿元，增长13.5%；公共财政预算收入247.33亿元，增长14.7%；城镇居民人均可支配收入24000元，增长11%；农民人均纯收入11288元，增长12%；CPI平均上涨3.1%。 （耿龙飞）

【调结构转方式】 2013年，太原市一、二、三产业投资分别增长44.5%、21.9%和28.4%。省、市两级重点工程完成投资1765.43亿元。新兴接替产业投资和增加值双超传统产业，分别占到全市规模以上工业的53.2%和54.3%，其中亿元以上新兴接替产业项目105个、完成投资227.58亿元。服务业投资占全市投资的比重增加0.9个百分点，增加值占地区生产总值54.8%。江铃重汽发动机、中天信安防科技、T800级高端碳纤维等重点项目进展顺利。都市现代农业取得新进展。国内首个反映产地煤炭市场价格的"太原指数"正式上线。武宿综合保税区封关运行，对外开放的格局扩大。 （耿龙飞）

【基础设施建设】 2013年，太原市新修改造并州路、府东府西街等城市主次干道105条，轨道交通2号线试验段开工。中环快速交通主线全长48.46千米，全程架设高架桥20.29千米，下穿通道16座，上跨道路、河道桥梁17座，大型互通立交8座，跨汾河特大异型桥1座，总计建设里程104.61千米，标志着太原步入立体交通时代。智慧城市建设迈出新步伐。生态太原建设力度加大，全年造林23971.98公顷，城市绿化253万平方米，建成区绿化覆盖率、绿地率分别提高0.81和0.79个百分点。全省造林绿化现场会在太原市召开，实施"生态新政"经验得到肯定。 （耿龙飞）

【环境质量提升】 2013年，太原市拆除分散燃煤锅炉543台，集中供热扩网2148万平方米。228台常年运行燃煤锅炉实施"煤改气"。完成11个城中村整村拆除，拔掉黑烟囱11663根。太化氯碱、晋阳选煤厂等232家污染企业实施关停、淘汰和搬迁。城南污水处理厂建成投运。汾河水库纳入国家重点支持江河湖泊动态名录，全市地下水位止降回升1.08米，集中式饮用水源地水质达标率保持100%。加大对汽车尾气排放的治理，淘汰3.6万辆老旧车辆。全年PM2.5达标率54.5%，优良天数162天，实现省城环境质量改善目标。

（耿龙飞）

【民生社会事业】 2013年，太原市完成保障性住房投资89亿元，基本建成2.96万套，分别增长49.43%和214%。5000户农村危房改造任务全面完成，2.3万贫困人口脱贫。城镇新增就业10.7万人，城镇登记失业率控制在3.35%。出台破产改制国有企业职工安置政策，解决职工养老、医疗保险问题。教育、卫生保障水平不断提高。公共自行车服务点覆盖四分之三以上建成区。"一元菜"惠民活动深受好评。群众体育活动蓬勃开展，举办2013太原国际马拉松赛。推进平安省城建设，化解社会矛盾，依法稳妥处置突发事件，严厉打击各类犯罪，群众安全感提升。加强食品药品市场整治，饮食用药环境改善。狠抓安全生产，严格落实"两个主体"责任，全年生产经营性事故起数下降3.81%，死亡人数下降6.61%。 （耿龙飞）

【政府自身建设】 2013年，太原市政府自觉接受人大及其常委会的监督，提请市人大常委会制定修订《太原市客运出租汽车服务管理条例》等7件地方性法规。支持人民政协履行职能，坚持重大事项向民主党派通报和协商制度。194件人大代表建议和603件政协提案全部办复。开展"向人民汇报、请人民评议”“为人民群众办实事、解难事”和窗口单位行业“贴近群众、服务群众”等活动，解决人民群众反映的突出问题。“两集中、两到位”行政审批制度改革取得成效，全省行政审批制度改革现场会在太原市召开。（耿龙飞）

·重要政事·

【创新驱动】 2013年，太原市人民政府以建设太榆科技创新城为先导，推动企业与高等院校、科研院所产学研用深度融合，促进科技创新与新兴产业发展、传统支柱产业升级共生共长。加快发展太榆科技创新城核心区，集聚科研院所，加强招才引智，倾力打造科技孵化创新中心。增强企业在科技创新中的主体地位，支持和鼓励企业集团科研总部落户太原，创建科技成果交易平台，推进科研成果转化为现实生产力。发挥国家综改试验区的政策平台优势，推进工业振兴，重点发展装备制造、新材料、新能源、电子信息和食品加工等新兴支柱产业，改造提升传统产业，构建新型工业体系。加大对重点企业的服务力度，开工建设太钢硅钢冷连轧、太重高速铁路齿轮箱等30个重大项目，加快建设三一煤机、江铃重汽、中天信安防科技等重大项目，建成投产铁路货车修造基地、阳煤化工机械制造基地等20个重大项目。（耿龙飞）

【发展第三产业】 2013年，太原市人民政府发挥省会城市资源和品牌优势，创新优惠政策，推进总部经济，加快发展高端服务业。在汾东新区、晋阳新区加快布局建设一批高端商务楼宇，重点引进跨国公司、国内百强企业在太原设立功能型总部，建设晋商、浙商、闽商、粤商、沪商等集团总部基地，加快汾酒、华润煤业等集团总部落地建设，培育具有国际影响力的大型企业集团和产业集群。发展现代服务业，培育壮大金融、现代物流、旅游会展、软件和信息技术服务业，建设罗克佳华物联网产业园。引进国内一流商贸旗舰企业，整合优化汽车、建材、家具、农副产品、服装等批发零售服务业，优化功能布局，提升省会城市区域中心的辐射力、带动力和影响力。

（耿龙飞）

【开放招商】 2013年，太原市人民政府以更开阔的胸怀、更开放的环境、更优惠的政策、更高效的服务，瞄准世界500强、中国500强、行业100强，瞄准央企和知名民企，抓好项目推介对接和跟踪服务，开创招大商、投大资、上大项目的新局面。推进高新技术、经济开发、民营经济、综合保税、不锈钢等园区建设，北扩南展，扩大发展空间，提高承载能力，完善配套功能，优化发展环境，增强园区吸引和接纳国内外大集团、大企业的品牌效应。加强对国有企业的监督管理，增强企业经营发展能力。支持和帮助民营经济发展，解决民营企业发展中的土地、资金等困难，改善民营经济发展壮大的社会环境。（耿龙飞）

【规划引领】 2013年，太原市人民政府执行《关于加强城乡规划管理的意见》，加大执法力度，打击和控制违法违规建设。强化集约用地，控制总量、用好增量、盘活存量，推进土地利用方式转变。按照国际一流标准，做好太榆科技创新城、汾东新区、晋阳新区、西山生态景观区、东山人文科技生态区、历史文化街区和城中村改造规划，完善城市快速交通、供热、防洪和污水收集处理体系，优化空间布局，提升规划建设水平。（耿龙飞）

【构建城市快速交通体系】 2013年，太原市人民政府增强区域性交通枢纽功能，推进高铁南客站和大西客专、太兴铁路建设，加快形成全国性铁路网中心。启动轨道交通建设。开工建设东中环（太行路）、西中环（窊流路）、南中环、北中环，形成总长46千米的环状快速交通体系。建立网状干道体系，实现包括胜利街、府东街、南内环街、迎泽西大街、新建路、解放路、并州路、建设路、滨河东西路在内的城市主干道与中环、外环的全互通连接。改造滨河东西路部分节点，实现学府街、双塔街、亲贤街与滨河东路持续互通，启动滨河西路南延至清徐道路工程。对府东府西街、并州路进行改造，实现平面立体化，取消左转向位。逐步对迎泽大街、长风大街、南内环街进行平面立体化改造，畅通主干微循环。推进“公交都市”建设，完善快速公交系统，新增公交车600辆，建设公交专用道40千米；扩大公共自行车服务系统覆盖面，畅通自行车专用道路，提高服务水平；建设城市静态交通体系。完善龙城大街快速化体系，改造建设太茅路、长治路、西渠路、化章街、人民路等道路。高标准抓好政务大厅等9项城市功能配套工程建设，推进东西山生态绿化、晋阳湖改造、汾河生态景观等重点工程建设。落实《关于规范城中村改造的若干意见》，加快拆迁安置房建设，抓好21个城中村整村拆除改造。推进小街巷综合整治、提档升级，完成60条小街巷改造。（耿龙飞）

【精细化管理】 2013年，太原市人民政府以创建国家卫生城市为契机，开展城乡清洁工程，加强重点部位的综合整治。加大“智慧城市”信息资源整合力度，从信息化入手，推进城市管理与国际先进水平对接，加快“数字城市”向“智慧城市”升级转型。（耿龙飞）

【优化发展空间】 2013年，太原市人

民政府按照科学规划、合理布局的要求，清理关闭城市规划范围内选煤、储煤、煤焦发运、小火电、采石场等污染企业，逐步将散点布局的工业企业向园区集中，“腾笼换鸟”，造景增绿，提升城市建设水平，改善城市整体形象。（耿龙飞）

【净化生态环境】 2013年，太原市人民政府推进集中供热、污水处理、垃圾处理、清洁燃料四个全覆盖。大幅减少燃煤总量，加快古交电厂三期等热源和供热管线建设，新增集中供热面积2000万平方米。加快污水处理厂和管网建设，实现雨污分离，污水全收集、全处理。开工建设具有国际水准的垃圾发电厂，加快餐厨垃圾、建筑垃圾的处理和综合循环利用，提高垃圾无害化处理率。加快气化太原步伐，实现民用天然气全覆盖。以治理雾霾天气为重点，开展PM2.5来源分析研究，整治扬尘和机动车排气污染。全面开展节能减排对标活动，狠抓重点领域、重点行业和重点企业节能工作。（耿龙飞）

【城市绿化美化】 2013年，太原市人民政府以全省造林绿化现场会为契机，推进西山生态绿化和东山人文科技生态区工程，建设山川秀美的城市绿色长廊，推动全市造林绿化再上新台阶，彰显太原山水城市特色。开工建设汾河南延三期工程，加强汾河景区水质监管。加快晋阳湖生态景观工程建设，放大晋阳湖辐射带动效应，推动以晋阳湖为中心的新区建设。加强汾河水库等饮用水源地保护，保障饮水安全。城市建设和生态环境治理，寓审美于其中，实现城市园林化、生态化，创造绿色之美、人文之美、和谐之美、自然之美。（耿龙飞）

【保障和改善民生】 2013年，太原市人民政府实施就业政策，实现更高质量的就业。完善社会保障体系建设，提高社会保障标准和服务水平。完善保障性住房准入、退出、管理机制，新开工建设保障性住房35000套，基本建成21330套；对符合廉租住房保障条件的家庭逐步实现应保尽保；加快棚户区改造，尽快让棚户区居民住进清洁明亮、设施齐全的新居；加快征收住房安居工程建设，做到征收与安置同步，征收谁、改变谁、造福谁，在和谐征收、平安征收、公平征收中实现城市创新。规范市场秩序，保持物价稳定。完善食品药品安全监管机制，提高食品药品安全监管能力，让群众吃得更放心、用药更安全。（耿龙飞）

【社会事业发展】 2013年，太原市人民政府实施“百校兴学”工程，重点建设太原五中新校等标准化中小学和幼儿园；合理调整学校布局，推进新建住宅中小学、幼儿园配套建设；新增150所省级义务教育标准化学校；提高农村教育质量，鼓励支持规范民办教育，发展现代职业教育。实施“百院兴医”工程，启动市中心医院新建工程；深化医疗卫生体制改革，加强医疗救助和疾病控制，加快公共卫生体系和医疗卫生信息化建设。新建150个蔬菜直销店和100个平价商店，加快肉类蔬菜追溯体系建设，构建15分钟便民商圈。建设100个开放式篮球场，打造“汾河体育健身长廊”；办好太原国际马拉松、市第十届运动会暨第五届全民健身节等活动，做大做强体育产业。稳定低生育水平，提高人口素质，推进幸福家庭创建活动。加大社会救助力度，发展慈善事业和残疾人康复事业。做好第三次全国经济普查工作。

（耿龙飞）

【安全生产】 2013年，太原市人民政府杜绝重大安全生产事故，不发生较大事故，减少一般性事故，确保安全生产形势持续稳定好转。强化政府监管责任，全面实施挂牌责任制，完善安全生产责任测评体系。强化企业主体责任，加强安全生产基础建设，提高企业安全生产标准化水平。开展安全隐患有奖举报活动，形成政府、企业、社会共同推动安全生产的强大合力。加大“打非治违”力度，坚持安全执法“零容忍”理念，严格监督检查和责任追究，始终保持高压态势。开展消防和道路交通安全大检查，避免重特大事故发生。建立健全“统一管理、分级负责、政企结合、军民融合”的突发事件应急管理体制，加强应急队伍建设，提高应急救援能力。（耿龙飞）

【创新社会管理】 2013年，太原市人民政府健全完善“源头治理、动态管理、应急处置”三道防线，推进社会管理创新综合试点工作。加强基层社会服务管理体系建设，提升管理水平和公共服务能力。多措并举，严厉打击各类违法犯罪。建立健全信访维稳和风险评估机制；落实领导接访、下访和包案制度，确保突发事件、疑难案件、交办案件及时解决；重视矛盾纠纷排查，对排查出的问题定期分析研判、化解，掌握工作主动权。（耿龙飞）

【历史文化名城保护】 太原作为历史文化名城，必须有历史文化遗存的实物载体。2013年，太原市人民政府推进以崇善寺、纯阳宫、文庙、国民师范、文瀛湖为中心的历史街区保护，延续锦绣太原的城市文脉和历史记忆。建设以双塔寺为中心的大景区。推进晋祠大景区综合整治，启动明太原城保护复兴和晋阳古城大遗址保护工程。太原作为传统工业城市，能源重化工基地成为城市文化性格的重要组成部分。利用煤气化公司、太化集团等工业遗址，发展文化创意产业，展示工业文

明历史轨迹,创造工业文化特色旅游。（耿龙飞）

【繁荣文化事业】 2013年，太原市人民政府巩固文化体制改革成果，增强公益性文化事业单位发展活力和转企改制院团的市场竞争力，打造一批精品力作。完善公共文化服务体系,推动城乡文化一体化发展。加快太原美术馆、博物馆布展工作,年内向公众开放。（耿龙飞）

【现代都市农业发展】 2013年，太原市人民政府以工业化理念谋划农业，以市场化、产业化、组织化的方式发展农业,集中打造一批各具特色、效益突出的现代都市农业产业园。推进新农村建设,围绕农民收入翻番,实施兴农富民十大工程。发展设施蔬菜1667.5公顷。加快农村土地流转,引导适度规模经营,提升农业产业化水平,增强农业发展活力。突出城郊型农业特点,加快发展农家乐休闲旅游业。（耿龙飞）

【县域经济发展】 2013年，太原市人民政府按照扩权强县试点工作总体要求,在项目推进、环境建设、民生改善、社会管理创新等重点领域和体制机制上求突破。加快实施“大县城”战略,把县城作为城镇化发展的重要环节,引导生产要素、优势产业向县城集中,形成县域经济发展核心。按照功能划分,加大“一县一业”项目建设力度,培育发展主导产业,做到“一县一业”有主业、“一村一品”有品牌,实现县域经济快速增长。加强扶贫开发,加大对革命老区的扶持力度。（耿龙飞）

【依法行政】 2013年，太原市人民政府执行人大及其常委会的决议、决定，支持人民政协履行职能，自觉接受人大、政协和社会各界的监督,广泛听取各民主党派、工商联、无党派代表人士的意见和建议,提高人大代表建议、政协提案的办理质量和效率。完善科学民主决策机制,提高决策的科学化、民主化水平。规范行政行为,依法行使权力、履行职责。加强监察和审计工作,坚决整治行政不作为、乱作为。（耿龙飞）

·重要文件·

【农村土地承包经营权流转】 2013年2月,太原市政府印发《关于加快农村土地承包经营权流转引导发展适度规模经营的意见》。《意见》提出要加快农村土地承包经营权流转引导发展适度规模经营的指导思想是以科学发展观为指导，以农业增效和农民增收为目标，建立健全农村土地承包经营权流转促进规模经营制度,明确所有权,稳定承包权,搞活经营权,完善分配权，培育新型农业经营体系，形成有利于加速都市现代农业发展的土地资源配置机制,促进农业转型升级,加快城乡一体化发展。基本原则是坚持农村基本经营制度;依法、自愿、有偿、合理、有序;市场主导;因地制宜、分类指导。工作目标是促进农村土地向种粮大户、农民专业合作社和农业龙头企业集中,传统农业向都市现代农业、分散经营向集约化经营转变，实现规模化生产、集约化经营和品牌化销售。流转方式是鼓励引导农户依法以转包、互换、入股、出租、转让、委托流转等形式进行土地流转。有条件的地方推行农村土地股份合作社,二、三产业发达或土地较少的地方，实行土地承包经营权入股,组建土地股份合作社,实现规模经营。建立农村土地流转信用合作社和农村土地承包经营权流转储备库。农户存入的土地可由合作社直接经营，也可由合作社与农业龙头企业合作经营,或采取“确权不确地”方式流转。探索土地资源资本化运行模式,实现土地资源效益最大化；在稳定土地承包关系基础上，鼓励有条件的地方开展“互换并地”,探索解决承包地块细碎化的途径；发展多种形式规模经营,鼓励有资金、懂技术、善经营、会管理的种养大户、农民专业合作社、农业龙头企业投资连片开发农户流转土地,发展设施农业等优势主导产业。流转制度是建立健全土地流转服务体系;合理规划产业布局;建立土地流转纠纷调处机制;加强土地承包管理;规范土地流转行为;规范土地流转管理。保障措施为加强财政扶持力度；加强金融信贷支持;加大项目扶持力度;实行用地优惠政策；建立土地用途监管制度;加强土地用途责任追究;加强组织领导;健全农经队伍。（耿龙飞）

【新建住宅配套建设中小学幼儿园管理】 2013年3月，太原市政府印发《关于加强新建住宅配套建设中小学幼儿园管理的意见》。《意见》提出加强新建住宅配套建设中小学幼儿园管理的规划建设：太原市城市规划区内新建、扩建、改建住宅应当按标准配套建设中小学、幼儿园,并与住宅建设同步规划、同步建设、同步验收、同步使用。新建住宅教育设施专项布局规划,由市城乡规划主管部门会同市教育主管部门,按照相关法律法规和标准编制,纳入控制性详细规划。新建住宅配套中小学、幼儿园建设由市住建、城管主管部门会同市教育主管部门监督指导,开发、建设单位应予以配合并提供相关资料。未达到标准规定配套建设规模的住宅开发项目，按照片区规划统一集中配建,并由其中的开发、建设单位负责建设。未承担建设任务的开发、建设单位,按住宅建筑面积每平方米120元的标准缴纳教育设施异地配套建设资金。2010年1月1日以后建成未按规定配建中小学、幼儿园的住宅项目,有条件配建的,应按照上述规模和标准配套建设中小学、幼儿园;无条件配建的，按住宅建筑面积每平方米120元的标准缴纳教育设施异地配套建设资金。教育设施异地配套建设资金纳入“一票制”收费范围收取，由开发、建设单位在办理规划许可证前缴纳，用于教育主管部门建设中小学、幼儿园。城中村改造建设项目，不论建设规模是否达到配建标准，每村必须至少配建一所五轨制小学和一所6班幼儿园（建设规模达到110万平方米应配建小学和幼儿园各两所)。改造后建设规模达到110万平方米的，还须配建一所十轨制初中。城中村改造建设单位没有制定中小学、幼儿园配建计划的，必须按照本办法规定缴纳教育设施异地配套建设资金。《意见》提出加强新建住宅配套建设中小学幼儿园管理的配建要求:(1)新建住宅配套中小学、幼儿园建设资金由开发、建设单位负责，建成后连同相关审批证件及图文资料一并无偿移交市教育主管部门。(2) 新建住宅配套建设的中小学、幼儿园，办理建设及验收手续享受行政性收费全免、服务性收费减半优惠政策。(3)配套建设中小学、幼儿园用地与建设项目用地同时供给。新建住宅用地为划拨的，其规划用地范围内的教育设施用地与该项目用地一并划拨;新建住宅用地为出让的，其规划用地范围内的教育设施用地与该项目用地一并出让，国土主管部门在评估土地出让价格时可考虑教育设施的土地成本因素并予以优惠。旧城区和城中村改造项目，开发、建设单位应将项目范围内配套中小学、幼儿园用地上的附着物一并拆迁，拆迁补偿费用计入旧城区和城中村改造土地成本。(4)开发、建设单位应在新建住宅配套中小学、幼儿园竣工验收合格后三个月内办理完成移交手续。不得出租、出售或变更配套建设的中小学、幼儿园的用途。《意见》提出加强新建住宅配套建设中小学幼儿园管理的保障措施:(1)配套建设的中小学、幼儿园用地经批准后受法律保护，任何单位和个人不得侵占，不得在中小学、幼儿园规划用地上新建、扩建与教育无关的永久性建筑物、构筑物或其他设施。(2)配套建设的中小学、幼儿园应与新建住宅同时办理规划、土地、建设等行政许可手续，与住宅项目同时设计、同时开工、同时验收、同时交付使用。(3)市教育行政主管部门负责新建教育设施设计和建设标准审查;市规划、建设主管部门负责住宅开发项目和教育设施建设相关手续办理。(4)住宅开发项目配套建设中小学、幼儿园竣工，由相关部门会同教育主管部门验收。配套中小学、幼儿园不能与整个新建住宅项目同时交付使用的，不予办理竣工验收和产权登记手续。(5)分期建设的新建住宅，配套中小学、幼儿园不能在首期建设的，可在后期建设中完成。不能在整个新建住宅项目完成同时交付使用的，不予办理竣工验收和产权登记手续。(6)市政府鼓励房地产开发、建设单位按照中小学布点规划和建设标准配建中小学、幼儿园。（耿龙飞）

【城乡规划管理】 2013年3月，太原市政府印发《关于加强城乡规划管理的意见》。《意见》提出加强城乡规划管理的基本原则:(1)坚持规划管理的统一性、合理性、系统性。市区规划范围内规划由市城乡规划局统一审批。高新技术开发区、经济技术开发区、民营经济开发区、不锈钢园区规划范围内工业用地(投资开发强度、厂区布局、建筑形态)报市政府批准后，由各规划分局办理规划手续。住宅、商业等非工业用地报市城乡规划局统一审批。(2)提高规划管理的效率和质量。创新审批方法，减少审批环节，优化审批环境，实行“五加二”“白”加“黑”联审联办，规划“一书两证”审批时间不超过一个月。《意见》提出加强城乡规划管理的规划编制管理要求:(1)加强规划研究，实现市区规划全覆盖，增强规划的全面性、系统性、规范性。(2)城乡规划编制和设计严格遵循高标准规划、高质量设计原则，将城市设计贯穿于城乡规划各个阶段。(3)加快城市市政基础设施专项规划编制，按照近远期相结合原则，通盘考虑城市近期和未来发展，尽快编制完成城市供热、燃气、防洪、排水、垃圾处理、教育、卫生、交通等专项规划。(4)对编制完成的城市总体规划确定的建设用地范围内(360平方千米)的片区控规，按照《城市用地分类与规划建设用地标准》(GB50137-2011)进行梳理深化。市区重要发展区域乡(镇)、村庄规划结合城市发展统筹考虑，原则上不再单独编制规划。(5) 加强历史文化名城保护。历史街区和风貌特色区保护规划要延续古城风貌特点，继承和发扬城市传统文化，实现保护与建设协调发展。(6)城中村纳入城市统一规划，连片改造，实现规划高标准、设计高水平、建设高质量。(7)高新技术开发区、经济技术开发区、民营经济开发区、不锈钢园区规划范围内的城中村，按规划空间布局，政府主导，整体搬迁，异地建设，不得散点布局，就地改造。(8)产业项目根据产业特点及对城市的影响，按规划在各类产业园区集中布置。(9)在规划空间上合理布局，严格控制教育、医疗等公共服务设施用地，确保用地规模。《意见》提出加强城乡规划管理的建设用地规划管理要求:(1)维护规划严肃性，已出让的土地，原则上不得修改控规内容。(2)坚持以城市道路等为界合理划分开发地块用地规模，遵循连片改造原则，严禁小地块零星开发建设。(3)严格控制居住用地容积率，政策性住房容积率原则上不突破3.5。(4)为保证城市改造和建设的实施，建设用地规划优先考虑拆迁安置房用地，加大政府廉租房、公租房等保障性住房建设，停止经济适用房审批和建设。(5)省、市属国有企事业单位土地开发，由市城乡规划局统一出具规划条件，市国土资源局收储，公开拍卖，收益用于城市基础设施建设。任何单位和企业不得自行开发。《意见》提出加强城乡规划管理的建筑规划管理要求：(1)为优化城市整体空间形态，提升城市品质，对单体建筑设计方案实行全面规划审查，并报市政府批准。影响城市景观的建筑，不论新旧，一律依法进行整改；不能整改的，依法予以拆除重建。(2)政府重要建设项目规划设计方案，由市城乡规划局聘请国内外一流规划设计单位招标确定。(3)规划设计单位不得违反规划条件和国家、省、市规范、标准进行规划设计；施工单位不得违反建设工程规划许可内容进行单体建设和施工。(4)坚决控制和杜绝违法建设，对在建违法建设立即责令停工，依法予以查处。

(耿龙飞)

【城中村改造】 2013年5月，太原市政府发布《关于优化城中村改造审批流程的通知》。《通知》提出(1)各区人民政府、经济开发区管委会负责组织改造村完成拆迁摸底、拆迁补偿安置方案制定、综合测算、改造模式及合作形式确定等前期准备工作，在此基础上编制完成城中村改造方案，明确整村拆除时序。(2)各区人民政府、经济开发区管委会负责审查城中村改造方案，出具改造村整村拆除时限意见，经市城改办审核列入整村拆除年度改造计划。(3)由市城改办牵头，会同市城乡规划局、市国土局、各区政府、经济区管委会及区城改办、街办(乡、镇)、改造村，按照以路为界、片区改造的原则，对列入整村拆除计划的城中村改造用地范围方案进行联审。市城改办根据联审意见批复改造用地范围，改造用地范围划定时限为3个工作日。城中村改造必须以整村拆除为前提，利用旧村用地，不足部分才能从空余用地中补充。(4)在改造用地范围划定的同时，市国土局提前介入，先行开展地籍调查等前期工作；土地确权、收储工作与改造用地范围划定批复同步完成，土地确权、收储工作办理时限(不包括地籍调查及确权公告时间)为15个工作日。农用地转用根据城中村改造年度计划安排，待改造用地范围划定、土地确权、收储及农用地转用工作完成后，办理土地供应手续。(5)市城乡规划局应提前介入城中村年度改造计划，在划定改造用地范围的同时，提出容积率(不大于4)、建筑密度、绿地率、退距、停车位、公共服务设施和市政基础设施配套要求等设计条件，并从设计单位名录库中推荐设计单位。由改造主体委托设计单位按照设计条件编制总平面规划及建筑单体方案。(6)城中村改造总平面规划及建筑单体设计方案由市政府专题会议进行审查。审查合格，由设计单位进行施工方案设计；如需修改，由市城乡规划局对修改方案进行审查，审查合格后，设计单位再进行施工方案设计。总平面规划及建筑单体方案审批时限(不含公示及上报市政府时间)为15个工作日。(7)城中村改造总平面规划及建筑单体设计方案经审查合格，改造项目各项手续由相关部门进行并联审批。市城乡规划局根据批准的总平面规划方案提出规划条件；市国土局根据规划条件进行土地挂牌出让，并办理国有土地使用权证。土地出让的办理时限(不包括公开交易时间)为20个工作日。(8)城中村改造项目全部纳入棚户区改造范围，由市发改委办理项目立项；市城乡规划局办理建设用地规划许可证、建设工程规划许可证；市住建委办理建筑工程施工许可证；具备销(预)售条件的，市房产局办理房屋销(预)售许可证。办理时限均为5个工作日。(9)城中村改造审批实行扁平化作业，改造用地范围划定、土地确权和收储、总平面规划及建筑单体方案审查并联审批；项目立项、建设用地规划许可证、建设工程规划许可证、建筑工程施工许可证并联审批。(耿龙飞)

【高技术服务业发展】 2013年8月，太原市政府印发《关于加快高技术服务业发展的实施意见》。《意见》提出加快高技术服务业发展的指导思想：按照太原市服务业发展改革总体要求，重点发展高技术延伸服务和相关科技支撑服务，加强政府引导，推动体制机制创新，培育市场需求，拓展服务领域，不断提升高技术服务业比重和水平，推动高技术服务业做强做大，引导服务业向规模化、专业化、品牌化、高端化发展。《意见》提出加快高技术服务业发展的发展目标："十二五"后三年，高技术服务业营业收入年均增长18%以上，到2015年，发展成为带动太原市经济发展的重要引擎，高技术服务产业体系基本形成。"十三五"期间，高技术服务业营业收入年均增长20%以上，到2020年，形成较为完善的高技术服务产业体系，成为服务业发展的主导力量，基本满足建设一流自主创新基地和国家创新型城市的需要，为经济社会可持续发展提供支撑。《意见》提出加快高技术服务业发展的发展重点和领域：围绕高技术延伸服务和相关联技术支撑服务，重点加快推进以下八个领域高技术服务发展：(1)研发设计服务。(2)知识产权服务。(3)检验检测服务。(4)科技成果转化服务。(5)信息技术服务。(6)数字内容服务。(7)电子商务服务。(8)生物技术服务。《意见》提出加快高技术服务业发展的政策措施:(1)加大财政支持力度。(2)拓宽融资渠道。(3)完善市场环境。(4)培育市场需求。(5)加强人才培养。(6)引导产业集聚。(7)增强创新能力。(8)深化对外合作。《意见》提出加快高技术服务业发展的组织落实:(1)加强组织领导,健全管理体制。(2)加强统计调查,服务产业发展。 (耿龙飞)

【社会养老服务体系建设】 2013年11月,太原市政府印发《关于加快推进全市社会养老服务体系建设的实施意见》。《意见》提出加快推进全市社会养老服务体系建设的指导思想:以党的十八大精神为指导,贯彻落实科学发展观,立足市情实际,坚持政府主导、社会参与、统筹规划、分级负责,以持续满足人民群众日益增长的社会养老服务需求为目标,全面提升社会养老服务的社会化、专业化、标准化水平,推动全市社会养老服务由救助补缺型向适度普惠型转变。《意见》提出加快推进全市社会养老服务体系建设的基本原则:(1)统筹规划,分步实施。(2)政府主导,社会参与。(3)覆盖城乡,突出重点。(4)深化改革,持续发展。《意见》提出加快推进全市社会养老服务体系建设的总体目标:到2015年末,全市各类养老服务机构床位新增6380张,每千名老人拥有养老床位30张。养老服务网络基本覆盖100%城市社区和50%以上农村社区。基本建成与太原市人口老龄化趋势相适应,与经济社会发展水平相协调,以居家养老为基础、社区为依托、机构为支撑的社会养老服务体系。《意见》提出加快推进全市社会养老服务体系建设的主要任务:(1)加强公办养老服务机构建设。(2)推进以社区服务为依托的居家养老服务网络建设。(3)推动民办养老服务机构发展。(4)加强养老服务制度和机制创新。(5)加快农村老年人日间照料中心建设。(6)加强养老服务人才队伍建设。(7)规范养老服务行业管理。(8)加强城乡老年人医疗保障服务。《意见》提出加快推进全市社会养老服务体系建设的保障措施:(1)健全组织领导,明确部门分工。(2)落实税费优惠,完善扶持政策。(3)加大资金投入,建立长效机制。(4)强化宣传教育,营造敬老风尚。 (耿龙飞)

市政府办公厅

【概述】 2013年,太原市人民政府办公厅以“三基两高一提升”(完善基本制度、基础资料和基础设施,实现行政运行高质量和高效率,提升工作执行力)为目标,行政效率明显提高,执行力显著增强,完成各项工作任务。

(李 炜)

【政务服务工作水平提升】 2013年,太原市政府办公厅承办各类会议活动1200余次,起草审核各类文稿300余万字,制发会议纪要240余期。高标准完成推进休闲观光农业、构建居家养老体系等调研报告,撰写政府工作报告、领导讲话、工作汇报等各类文字材料40余万字。出刊《并政信息》《舆情专报》400余期,上报各类信息600余条,被国务院办公厅和省政府办公厅采用80余条,其中《当前“营改增”试点工作中存在问题及建议》得到国务院领导批示,有效引导太原市有关热点问题的舆论导向。 (李 炜)

【办件办文办会质量提高】 2013年,太原市政府办公厅着眼于提升行政运行质量和效率,倡导“办文零瑕疵、办会零失误、办事零差错”,对各项工作进行流程再造和制度规范。严格公文办理,提高办件质量,全年办理请示报告4100余件,来文来电1300余件,重要文件、明传电报300余件,无一差错。优化行文流程,精减公文数量,制发文件一般不超过5个工作日,规范性文件最长不超过8个工作日,全年共制发文件376件,同比减少7%。进一步完善重要会议、重大仪式、重要接待会见活动等工作规范,出台《关于精简会议活动的意见》,2013年组织市政府全体会、常务会和全市性会议18次,同比减少22%;承办全省的重点工作观摩检查、造林绿化、深化行政审批制度改革等现场会议和大型活动,受到省、市领导的充分肯定。 (李 炜)

【督查落实工作力度加大】 2013年,太原市政府办公厅围绕政府中心工作,对省政府下达太原市的14项重点工作和《市政府工作报告》中确定的135项重点工作细化分解,明确责任单位、责任人员及完成时间,全程跟踪督办。对59项市政府常务会议定事项和2300余项市长办公会议定事项进行梳理分解,定期逐项督办。对重点工作采取日报、周报、手机短信等多种形式进行督办。市政府领导批示件由双月督办调整为每月督办,全年共督办批示件1万余件、市长来信116件,以“事事有回音、件件抓落实”的机制确保政令畅通。 (李 炜)

【服务基层工作能力增强】 2013年,太原市政府办公厅受理12345来电48.1万个,转交部门办理24980个,办结23354个,便民服务热线在市民中的影响日益扩大。受理市长信箱留言1280条,人民网“市长留言”1600余条,回复1960余条。办理省政府办公厅转办的人民网“省长留言”事项20余件、“省长信箱”事项40余件,全部办结上报。提升人大代表建议、政协提案办理质量,共办理省、市人大代表建议、政协提案865件,办复率100%。落实市人大常委会审议意见12件。太原市被评为省政府系统办理人大代表建议工作优秀单位。（李　炜）

【基础资料积累】 2013年,太原市政府办公厅各处室指定专人,从国家方针政策到县区、部门基本情况,再到工作中涉及到的资料数据都分门别类加以收集,随时为领导决策提供完整、详实、科学的依据。对于工作中形成的领导批示、重要文稿、调研方案、会议资料等按档案工作要求规范整理,平时注意积累,定时梳理汇编,年底装订成册。完成1995~2012年文书、实物档案规范化整理,形成电子目录7175条,档案管理标准化建设迈出新步伐。完善机要保密制度,规范日常工作,开展自查和多种形式的宣传教育,保密工作日趋制度化、规范化。（李　炜）

【基本制度建设】 2013年,太原市政府办公厅围绕“强化权力监督,优化发展环境,提高工作效率”的目标,按照“审批扁平化、工作精细化、运行规范化”的要求,坚持“少而精、实用管用、重在落实”的原则,对厅系统原有305项制度排查清理,保留62项制度,印发《办公厅工作规范汇编》,切实把权力关进制度的笼子里。按照行政审批“两集中、两到位”要求,全年将272件建设用地转征等固定资产投资项目审批件,实行闭环运行,无缝对接,进一步提高行政审批效率。（李　炜）

【基础设施保障】 2013年,太原市政府办公厅实施后勤工作5S管理,提高精细化服务水平,机关大院环境卫生、公共秩序、车辆停放更加规范。加强车辆保障、物品供应、膳食服务和公共设施维护,太原市政府办公厅被列为全国第一批节约型公共机构示范单位。加强机关大院防火、防盗工作,监控覆盖率达到100%,全年未发生任何案件。执行信访月通报制度,机关大院信访处置规范有序。对部分宿舍区进行节能供热和排水管网改造。配合全市道路改造工程,完成宿舍区违建拆除。堵塞管理漏洞,降低机关运行成本,全年经费同比下降10%以上。（李　炜）

【电子政务建设】 2013年,太原市政府办公厅按照补短板、立规距、寻突破、齐推进的思路,将政务外网、OA协同办公系统、12345热线整合作为工作重点,成立方案规划和质量管控团队,建立周例会制度。截至2013年底,政务外网基本完工,实现113个单位接入,为全市电子政务提供安全可靠的网络基础服务。OA协同办公系统实现“收文发文、请示报告、上会系统、电子邮件”重点应用,并建设完善的信息安全机制,形成全市一体、标准统一、优质高效的“一网式”协同办公体系,在办公厅内部试用。全新改版市政府统一门户网站,设立招商引资等10个专栏。12345便民服务热线整合招标工作全部完成,建设知识库系统,软件系统开发基本完成,进入软件测试阶段。（李　炜）

【应急管理和处置能力提升】 2013年,太原市政府办公厅完善市、区、镇、村四级应急组织体系,全市形成“统一管理、分级负责、政企结合、军民融合”的突发事件应急管理体制。制定市级专项预案9个,开展各级各类预案培训及演练5000余次,开展指挥救援和应急救护知识培训20余批次,依托太原交通广播建立“太原应急广播”,提高全民应急意识。实行24小时在岗值班和领导带班制度,全年未发生迟报、瞒报、漏报事件。健全地质灾害群防群测三级监测网络,建立风险隐患数据库,排查整治重大危险源68处,现场协调处置10余起突发事件,应对和处置突发事件能力进一步提高。（李　炜）

【党风廉政建设】 2013年,太原市政府办公厅围绕中央“八项规定”和《党政机关厉行节约反对浪费条例》的要求,开展“树立公仆意识、强化从政道德”警示教育活动,全厅95名主要教育对象完成5篇以上手工书写心得体会。开展清卡、清车、清房和治理“吃喝不正之风”工作,厅系统622人做出会员卡“零持有”报告。清退回外借车辆3台、非行政单位办公用房20间。对超标办公室进行统一调整,腾退办公用房35间。承担全市清房专业组任务,完成政府系统63个单位的停止新建楼堂馆所和清理办公用房指导协调工作。

创建“学习型、服务型、创新型”党组织,开展“联述联评联考”活动,在全厅开展“三个核心价值观”学习实践活动,发挥基层党组织、党员干部的战斗堡垒和先锋模范作用。开展“省级文明单位”和“太原市双拥模范单位”的申报创建,健全工会组织机构,完成职工大病医疗互助金收缴工作,组织开展“道德讲堂”、扶困捐助、网络文明传播、志愿者服务等活动。（李　炜）

政务服务管理

【概述】 2013年,太原市政务服务管理办公室(太原市政务服务中心)主要完成以下任务:1.简政放权,清理精简行政审批事项。15个部门下放31项审批服务事项,34个部门减少申报材料264项,8个部门的14项事项共减少39个工作日。10县(市、区)、4个开发区全部完成审批事项的清理和公布

太原市政务办党的群众路线教育实践活动汇报会

工作。

2.巩固“两集中、两到位”审批流程再造，将审批服务事项集中到政务服务中心，“一个窗口对外”“一站式办结”，完善固定资产投资项目联合审批服务平台，创新“一口进出、并联办理、限时办结、闭环运行”机制。加强窗口人员作风建设，推进阳光政务，提高行政效能，方便企业和群众办事，为一流省会城市建设提供发展环境保障。

3. 中心窗口受理审批服务事项99214件，审批办结97816件。其中，涉及固定资产投资的16个部门统一受理审批事项9249件，比上年增长31.8%；审批办结7689件，比上年同期增加24.3%。依建设单位申请，中心共组织召开联合审批会议113次，为96个项目提供并联审批服务，共有32个项目通过并联机制办理开工前的全部手续。流程再造成效得到广大人民群众、投资者的赞许，全年市政务服务中心收到锦旗、表扬信88件。（郑润林）

【简政放权】 2013年，太原市政务服务中心按照国家和省深化行政审批制度改革的要求，对太原市行政审批事项集中清理，作出清理结果并于3月份上报市政府审定。按照市政府要求，组织各部门梳理下放审批服务事项，15个部门提出下放31项审批服务事项。清理精简审批服务事项申报材料，对34个部门的121项审批服务事项的申报材料集中清理，共减少申报材料264项，规范材料337项。压缩审批环节、时限，组织16个部门对审批环节、时限进一步精简、压缩，发改、住建、国土、规划等8个部门的14项事项共减少39个工作日，规划局取消详规审查1项服务事项。组织各县(市、区)、开发区清理规范本级行政审批和服务事项。市政务办会同市监察局、市法制办组织召开会议，对清理工作安排部署，并明确清理标准和要求，经审核确定城区审批服务事项112项，县(市)198项，开发区75项。各县(市、区)、开发区于7月底前正式发文公布。（郑润林）

【巩固“两集中、两到位”】 2013年，太原市政务服务中心在34个部门审批处实体进驻政务服务中心的基础上，加大“两集中、两到位”各项制度的落实力度，实现审批事项现场办理的扁平化流程，理顺各部门审批处与内部其他处室的权责关系。按照市政府要求，消防支队审批人员整体进驻中心现场审批，人员由2名增加到19名。商务、工商重新调整充实人员，明确首席代表。会同市监察局效能室对进驻34个部门落实“两集中、两到位”流程再造情况进行3次专项检查，并对固定资产投资项目的补件、退件情况进行检查复核，对查出的问题督促各部门限期整改。（郑润林）

【强化并联审批、完善流程“闭环”】 2013年，太原市政务服务中心完善固定资产投资项目4个阶段联合审批流程。依项目单位申请，由中心组织协调、联合推进不同层面的并联审批：(1)各阶段内审批事项的并联，如立项阶段发改、规划、国土、环保、防震等审批事项并联办理、同步进行。(2)跨阶段并联，本阶段审批的同时可以提前开展下一阶段工作。(3)行政审批与公共服务、中介服务并联。(4)市级审批与县(市、区)初审并联。四个层面并联审批的推行，压缩全流程的总体时限。强化规划阶段的联合审批，印发《关于强化规划审批服务与其他涉及事项并联办理的通知》，重点强化项目选址、建设工程规划设计方案两项事项的联合审批，由规划局初审时提出需要参与的并联审批部门，由政务办统一组织联合推进。

完善流程“闭环”运行。在2012年实现审批事项在中心闭环运行、公共服务与行政审批的闭环运行“两个闭环”的基础上，2013年4月市政府办公厅下发文件，对规划、国土需上报市政府审批的4项事项制定报批流程，明确市政府审批5个工作日的时限，从4月起实施，实现“中心内流程”与市政府审批流程的对接、闭环。结合流程再造向县区延伸，对市、区审批服务进行电子化流程统一深度开发，初步形成市与县(市、区)、开发区审批联动和

流程闭环运行，实现四个层次的流程闭环。（郑润林）

【流程再造】2013年，太原市政务服务中心探索城中村改造、工业项目审批流程。组织专人赴万柏林区进行调研，配合市城改办研究提出城中村改造项目办理流程并上报。组织有关部门与阳曲县、开发区等对接调研，设计工业项目办理流程。

探索公开出让土地前期工作整合打包、统一出让制度。组织相关部门就土地出让的前期各项工作、办理流程、部门职责、相关费用清算及可能遇到的问题进行研究，借鉴南京、长沙等地先进经验，起草实施方案，制定土地出让前期手续办理和出让后审批手续办理流程图。完善中介服务收费标准和时限规定，试行公开抽签确定中介服务机构制度，完成四个地块的前期手续。

创新中介机构目录库管理。在探索对中介机构引导、激励、约束的基础上，根据市领导的要求，起草并以市政府办公厅文件出台《关于对服务于固定资产投资项目的中介机构实行目录库管理的意见》(并政办发〔2013〕58号)，对中介机构建立目录库、实行准入制度、黑名单制度等。（郑润林）

【流程再造向县(市、区)、开发区延伸】2013年，太原市政务服务中心加快县(市、区)、开发区流程再造，1月召开会议安排，并3次跟踪督导。6月底，各县(市、区)、开发区初步落实“两集中、两到位”，基本搭建固定资产投资、企业设立、便民服务三大审批服务平台，全部开始试运行。印发《市区联动办理平台运行管理办法》，发改、环保、园林、国土、水务等部门出台联动办理意见，市政务办通知要求各县区将联动办理涉及部门、事项纳入政务服务中心。

（郑润林）

【新政务服务中心建设】按照市领导要求对进驻部门、人员、所需面积、功能需求进行摸底、测算，提出的初步方案经市委、市政府研究同意，2013年，新中心建设启动推进。会同长风商务区管理中心办理项目前期手续，工程打桩、开挖土方全部完成。（郑润林）

【电子化流程深度开发】2013年，太原市政务服务中心对“两集中、两到位”后的具体办理事项全部开发电子流程进行固化，进驻中心的119项审批事项细化为225个具体办理事项，制定流程图，明确责任人和时限，每个部门的工作人员都成为流程上的作业者、勤务员。同步建立审批全程可视、可控、可问、可考的绩效管理电子监察体系，实时监控流程运行情况。形成“一口进出”、时限监督，细化流程、过程监督，纪检监察、效能监督的“制度加科技”权力运行约束、监督机制。

开发移动审批系统并于4月起在4个部门首席代表试运行，提出建设智能化政务中心、信息化政务服务、电子化审批流程的总体思路和覆盖县区的电子化流程深度开发初步方案。5月份进行专家论证，方案及资金预算经市政府批准，并完成公开招标的相关准备工作；9月招标完成，系统开发工作启动。细化新中心信息化智能化建设规划方案。（郑润林）

人力资源和社会保障

【概述】2013年，太原市人力资源和社会保障局(简称市人社局)，坚持“民生为本、人才优先”的主线，着力保障改善民生，加快建设人才强市，稳就业、强保障、聚人才、抓改革、增收入、促和谐，各项主要目标任务完成情况良好。

2013年，太原市人社系统干部职工团结拼搏，砥砺奋进，人力资源社会保障各项工作协调发展，党的建设、思想作风建设等得到进一步加强，为人民群众“办实事、解难事”活动、“服务提升年”活动不断深化，特别是在开展“向人民汇报、请人民评议”活动中，太原市人社局向全市人民群众汇报，接受群众评议，评议满意率达90.69%，满意和基本满意率合计96.83%，两项均在太原市参评的12个部门中排名第一，达到提振士气、凝聚人心、锤炼队伍、提升素质、树立形象的目的，为推进各项工作任务奠定基础。

（张守峰）

【推进创业就业工程】太原市人社局面对严峻的就业形势，坚持实施就业优先的战略。2013年，全市城镇新增就业10.7万人，完成目标任务的102.9%；失业人员再就业4.77万人，完成目标任务的116.9%；就业困难人员就业1.23万人，完成目标任务的116.4%；创业带动就业2.49万人，完成目标任务的113.7%；转移农村劳动力1.31万人，完成目标任务的112.9%；城镇登记失业率控制在3.35%，全市就业形势基本稳定。

推进创业带动就业。坚持每月定期举办创业项目推介展示会，对征集入库的市级创业项目进行不断推介和跟踪服务。开展小额担保贷款和税费减免工作，吸纳下岗失业人员贷款创业。为高校毕业生等各类创业群体提供政策咨询、创业培训、融资服务、开业指导、跟踪扶持等“一条龙”的创业服务。

抓好重点群体就业。落实省政府促进高校毕业生就业的16条政策，开展“公共服务进校园”等活动，对享受最低生活保障家庭的高校毕业生给予1000元的求职补贴。推进公共服务“三免费”活动，全市3.6万余名高校毕业生通过公共服务机构实现就业，98名高校毕业生到基层从事支教、支农、支医和扶贫工作。统筹做好农民工、退伍军人等群体的就业工作，援助就业困难人员就业，落实就业专项资金3.92亿元，惠及5万余人。

开展职业技能培训。以促进和扩大就业为目标，开展职业技能培训和创业培训。全年完成城镇失业人员再就业培训2.42万人，为目标任务的110.0%；农村劳动力技能培训2.44万人，为目标任务的111.0%。成立职业培训检查工作指导组，对市属定点职业培训机构开展培训情况进行督查，进一步完善和规范太原市职业技能培训工作。

发挥公共服务平台作用。依托公共就业服务机构，组织实施"高校毕业生春季网络招聘月""民营企业招聘周""公共就业和人才服务进校园"等活动。全年共举办各类现场交流会352场，提供各类就业岗位信息28万余个，进场求职人数约40万人次，近12万名求职者实现就业。 （张守峰）

【落实各项社保政策】 太原市人社局集中精力抓好社会保障体系建设，太原市惠及百姓利益的社会保障水平再上新台阶。2013年，全市城镇基本养老、城镇基本医疗、失业、工伤、生育保险参保人数分别达到135.55万人、235.1万人、81.6万人、91.1万人和94.1万人，分别完成全年任务的101.2%、100.3%、100.4%、100.1%和100.5%；新农保参保人数60.6万人，完成全年任务的100.7%。市人社局被省政府评为"社保全覆盖、服务一卡通"先进集体。

养老保险待遇进一步提升。企业退休人员养老金待遇实现9连调，月平均增加228元，全部在规定时间内发放到退休人员手中。全市企业退休人员月平均养老金2080元。

"全民医保"体系进一步健全。以非公有制经济和困难企业以及灵活就业人员为重点，继续扩大医疗保险覆盖面。创新思路，全面推行四项医保新政：将失业人员全部纳入大病补充医疗保险；大病医疗保险由个人垫付后报销改为即时结算；门诊慢性病由30种扩大为35种；异地居住备案实行即申即办。对全市的194个社区医疗卫生机构开通医保，进一步方便群众看病就医，提高参保人员的医疗保障待遇。太原市医疗保险工作被评为全省先进。

城乡居民养老保险取得显著成效。提高基础养老金标准，将太原市新农保和城居保基础养老金从每人每月65元提高到75元，农村幼儿教师基础养老金标准由200元提高至260元。做好新老农保衔接工作，保护参保群众的利益。对太谷连接线唐槐路工程等被征地农民养老保险项目进行审核，研究完善被征地农民养老保险参保政策，取得初步成效。

失业、工伤、生育保险体系日臻完善。加强企业失业动态监测工作，市人社局被评为全省失业动态监测优秀单位。不断提高工伤待遇水平，太原市工伤人员伤残津贴、生活护理费、供养亲属抚恤金等定期待遇水平平均分别达到1820元、980元、810元。将一次性工伤死亡补助水平提高至49万余元，丧葬补助金提高至2.4万余元。推进机关、事业单位参加生育保险，生育保险各项待遇得到落实。太原市工伤、生育保险工作均被评为全省先进。

社保经办服务水平进一步提升。以社会保障大厦为重点，不断简化办事流程，创优经办服务，开通征缴"绿色通道"，推行服务经办柜员制，把太原社会保障大厦打造成服务百姓的优质窗口和服务民生的都市名片，受到人社部和省、市领导的高度评价。加强信息化建设，实现五险统一征缴，加快推行社会保障卡，发卡量达到244.4万张，进一步方便群众办事。 （张守峰）

【培育各类人才队伍】 2013年，太原市人社局坚持人才优先发展的理念，围绕发展大局，抓住培养、吸引和使用三个环节，加强各类人才队伍建设。

加快引进高层次紧缺专业人才。市人社局落实引进人才智力的各项优惠政策，为事业单位引进博士和硕士研究生122名，参加"山西太原人才智力交流大会"，与各类人才签订意向4566余人(次)，其中博士15人，硕士1140人(次)，本科1346人(次)。先后到山西华顿实业有限公司、大禾农场等项目单位开展引智调研工作，完成121名外国专家来华工作许可、《外国专家证》初聘续聘的初审，为企事业单位引进国外专家138人，引进国外新技术12项。市人社局被评为全省外专工作先进单位。

加速高层次创新型人才的选拔培养。加大高端创新型人才培养选拔力度，推荐2人参加"百千万人才工程"国家级人选选拔，推荐10人参加省级学术技术带头人选拔。建立新兴领军人才培育工程，组织3名新兴产业领军人才填报山西省新兴产业领军人才项目经费申报书。落实省"千人百县"高层次人才服务基层计划，征集各县区需求项目113项，选派各类专家57人与需求项目对接。

加强技能人才队伍建设。以职业能力建设为核心，抓住技能培养、考核评价、岗位使用、竞赛选拔、表彰激励等环节，健全和完善高技能人才的选拔、使用、激励工作体系。起草《太原市高技能人才队伍建设中长期规划(2011-2020)》，新增高技能人才1798人。加强国家级高技能人才培训基地建设，太原技师学院通过国家中等职业教育改革发展示范学校验收。

依法管理公务员队伍。坚持凡进

必考，在全省率先开展公开遴选公务员试点工作，开展市公安局考试录用150名人民警察的工作。对公务员考试培训机构进行突击检查，进一步净化公务员考试环境。开展公务员培训工作，举办2期529人参加的新录用公务员初任培训，1期复旦大学乡镇建设与管理高级研修班，51期7000余人参加的知识更新培训。严格公务员考核管理，建立公务员平时考核记实制度。加强公务员队伍作风建设，引深公务员核心价值观教育实践活动，组织开展第八届全国"人民满意公务员"和"人民满意公务员集体"的评选推荐工作，调动广大公务员敬业奉献的积极性。

重视军队转业干部工作。严格安置计划，拓宽安置渠道，改进安置办法，健全完善公平公正的安置机制，确保年度安置任务完成。创新工作机制，建立自主择业军转干部短信服务平台，进一步提高太原市自主择业军转干部管理服务水平。落实"五包"责任制，企业军转干部总体保持稳定。科学下达城镇退役士兵安置计划，合理安置历年特困退役士兵130余名。

（张守峰）

【事业单位人事制度改革】 2013年，太原市人社局始终把事业单位人事制度改革作为人社工作创新发展的突破口，不断引深各项改革。

全面推进岗位聘用工作。以完善聘用制度、岗位管理制度为重点，加大事业单位岗位设置管理实施工作力度，全年共为339家事业单位的1898名专业技术人员办理岗位晋升。出台《太原市事业单位专业技术三级岗位管理试行办法》，对竞聘三级岗位的竞聘条件、申报和推荐程序、聘用与考核管理等问题进行详细说明。

坚持公开招聘制度。按照《关于事业单位新进人员全面实行公开招聘的通知》要求，为部分事业单位招聘新进人员。加强对县区招聘工作的监管，实行招聘工作备案审核，特别是针对在公开招聘工作中存在的问题，明确和细化相关规则。

不断深化专业技术职称制度改革。安排部署2013年度职称评审工作，继续推行采用综合考试、专业答辩、考评结合、考核认定等不同评价方式。规范全市各系列（专业）中、初级评审委员会管理，经过撤销、归并、新增后，确定51个初级评审委员会和8个中级评审委员会，形成更加科学规范的评审组织工作制度。 （张守峰）

【提高城乡居民收入】 2013年，太原市人社局发挥职能作用，稳步提高居民收入水平，全市城镇居民可支配收入增幅达11%。

落实最低工资制度。制定下发关于调整最低工资的通知，发布企业最低工资标准，太原市城区最低工资标准由每月1125元调整为每月1290元。进一步加强对企业执行最低工资标准的监督检查，组织专项执法大检查，制止和依法查处不落实最低工资的违法行为，保障劳动者的基本权益。

建立工资保证金制度。出台《太原市建设行业农民工工资保证金管理规定（试行）》，健全工资保证金、应急周转金等工资支付保障制度，从制度上预防拖欠劳动者工资问题发生，形成解决拖欠劳动者工资问题的长效机制，对于创建无欠薪城市打下政策制度基础。

落实机关事业单位工资政策。抓好公务员津贴补贴、事业单位绩效工资制度的落实，印发《关于提高事业单位绩效工资水平的通知》；对全市（包括10个县区）的公务员津贴和事业单位绩效工资水平进行调查统计。

提高冬季取暖补贴标准。与市财政局联合下发《关于调整行政事业单位职工冬季取暖补贴标准的通知》，从2013年取暖期起执行，市直单位随11月份工资发放到位，同时要求县（市、区）与市直同步到位。调整企业离退休人员取暖补贴，标准由原来的1400元增加到2400元。 （张守峰）

【构建和谐劳动关系】 2013年，太原市人社局坚持以打造全省民生服务"首善之区"为目标，构建和谐的劳动关系，维护社会稳定。

全力以赴安置破产企业职工。2013年以来，随着太原市城市建设的加快，破产（拆迁）企业职工安置问题凸显。因此，市人社局将此项工作列入重要的议事日程，研究制定措施，细致工作，取得阶段性的成果，为全市和谐稳定奠定基础。

加强劳动保障监察。开展农民工工资支付情况、清理整顿人力资源市场秩序、执行最低工资标准和参加社会保险情况等专项执法检查，为农民工追发工资、劳务费及赔偿金4941万元，全市未发生恶性劳动保障违法案件及相关重大突发事件。加快劳动保障监察"两网化"建设，正式启用市级劳动保障监察"两网化"指挥中心，完成1个一级网格、14个二级网格、105个三级网格和1504个基础监管网格的划分工作，太原市被人社部评为首批全国劳动保障监察"两网化"管理示范城市。

加强信访、维稳、争议调处工作。为构建和谐太原、促进改革和经济发展，市人社局一直以来高度重视信访和劳动仲裁工作。全年，共接待来电、来信、来访、政策咨询6125件次，涉及人数8102人，信访办结率达98%；共受理劳动争议案件906件，结案843件，结案率达93%，促进社会的和谐稳定。

（张守峰）

民　政

【概述】 2013年，太原市民政系统贯彻党的十八大精神，落实“八项规定”，围绕市委、市政府中心工作，解放思想，攻坚克难，以创新突破为手段，以一流民政为目标，发挥托底民生重要职能，推进各项目标任务、重点工作实现突破，基本职能全面落实，民政发展后劲激活，民政事业蓬勃发展，服务大局作用凸现，百姓口碑向好。（刘　震）

【社会救助】 2013年，太原市民政局以国发45号文件落实为突破，争取各级政府的支持，太原市社会救助工作发展赢得关键转机。

落实国发45号文件实现阶段性突破。(1)落实人员编制，为10个县（市、区）新增事业编制193名，“强基层、夯基础”迈出实质性步伐。(2)成立核对机构，在信息中心增挂太原市救助申请家庭经济状况核对中心牌子并赋予相应职能，运用制度加科技的力量，堵塞权力保、关系保、错保漏保的漏洞。(3)落地信息核对平台建设项目，政府一次性投入860万元，搭建覆盖城乡、多网通联的城乡救助信息平台，从技术手段上提高救助服务效率和准确率。(4)完善配套法规建设，出台《太原市救助申请家庭经济状况核对办法》，减少制度滞后带来的摩擦力，为公平、公正、有效实施社会救助奠定制度基础。2013年，完成城、乡低保两次提标，城、乡分别提高标准70元、64元。太原市共有城、乡低保对象5.13万户、9.01万人，累计支付保障金2.35亿元，发放一次性补贴4971.32万元。

五保供养领先全省继续发力。农村五保供养机构法人登记工作全面完成，太原市30所五保供养机构，100%完成事业法人登记或民办非企业单位法人登记，确保健康长效发展。开展太原市农村五保供养机构消防安全大排查活动，有4个敬老院完成整改工作，安全意识和防护能力提升。2013年，太原市有农村五保供养服务机构30所，床位数4344张，农村五保对象4224户、4244人，集中供养率为78.2%。全年省级拨付资金788万元，市级投入1164万元。

大病医疗救助信息化建设。2013年，市民政局出台太原市《困难群众医疗救助办法》，改革传统手工结算模式，借力新农合平台，在万柏林试点大病医疗网络结算工作，该措施克服服务效率低下、医疗费用拖欠等弊端，万柏林的成功经验在太原市得到推广，即时结算网络平台建设初步完成。全年实施城乡医疗救助5.68万人，累计支出3268万元。

2013年9月5日，太原市民政局暨低保中心举行政风行风对话会

自然灾害救助。2013年，太原市先后遭受严重的洪涝、风雹、低温冷冻等自然灾害侵袭，全年农作物受灾面积2.08万公顷，受灾人口28.4万人，直接经济损失6.21亿元。全年下拨救灾款368万元，县级下拨51.4万元，确保灾后群众的正常生产生活；开展救灾防灾宣传活动，适时组织应对自然灾害救助实战演练，提升应急队伍的快速反应能力；建立24小时值班制度，提高应急救灾效率。市民政局与市财政开展专项联合检查，加大救灾资金监管力度，太原市救灾资金使用普遍规范。加强市县两级救灾储备库建设和物资储备工作，修订《消防应急预案》，制订《救灾物资储备库管理规定》；组织为四川庐山县地震受灾群众捐款50.75万元，全部上缴省捐赠中心。

临时救助制度全面建立。2013年，市民政局出台《太原市特殊困难群众临时救助试行办法》，各县（市、区）临时救助实施细则全部完成。全年救助641户，支出救助资金50.07万元。

2013年社会救助工作在主动性上有长足进步，在信息比对平台暂未落实的情况下，市民政局协同联合13部门，开展手工比对，坚决对错保漏保说不，扼制不利趋势，扭转问题频发、人心浮动的窘境，实现事业发展，群众满意，队伍稳定，干部安全。（刘　震）

【社会福利与社会发展】 2013年，太原市民政局出台《关于加快推进太原市社会养老服务体系建设的实施意见》《太原市社区居家养老服务对象评估管理办法》,加快推进社会养老服务体系建设。2013年,养老试点由100个社区扩大到215个,建立社区居家养老日间照料中心115个,床位1380余张,打造居家养老精品社区3个。兴办老年餐桌。为太原市老年人发放"爱心一键通"2000部。

农村日间照料中心固点扩面,由2012年2县20个点,扩大到10县(市、区)66个点,形成布局合理、功能适用、管理规范的养老服务网络。

引导社会力量参与养老服务业,2013年筹建养老机构5所,其中2所开始运营,新增床位300张。落实高龄津贴惠民政策,8738名高龄老人受益。老年公寓挖潜提效,公寓老人入住床位104张,比上年同期增长50.7%,完成经济指标275万元。

加强孤儿动态管理,健全《社会散居孤儿监管协议》制度,保障孤儿的合法权益。2013年,新增入院儿童182人,全院共收养服务各类人员775人。

2013年,康宁医院完成收入310万元。首次在院内开设救助区,增加50张病床,收治"三无"人员和"优抚"对象64人,床位使用率达100%。

盲人按摩医院2013年接收住院病人1000余人次,毛收入450万元,分别是上年74人次、80万元的13.5倍和5.6倍。

加强福利企业管理。2013年,新增社会福利企业3家,安置残疾职工增加128人,销售收入达13.5亿元,实现新税收优惠政策以来的首次增长;加快直属福利企业三年自养步伐。坚持国有资产不流失原则,推进王村南街置换改造工程;明晰电线一厂大楼产权,转变经营模式,走向市场谋求生存;探索组织职工自愿组合、自筹资金、自主经营、自负盈亏。兴办经济实体,解决直属七厂职工就业安置问题。

福彩发行实现高位增长。2013年,完成销售发行7.1亿元,占全省总销量的27%;筹集公益金2.1亿元,为太原民政事业发展提供资金保障。

慈善工作取得新的进展。2013年,成立太原慈善职业技术学校,新招生308名,教学、管理有序开展。全年围绕助学、助医、助困、助孤、助老、助残和抗灾救灾等慈善项目,累计支出款物1791.18万元,救助贫困人群3.82万人。"慈善一日捐"在太原市有序开展。

(刘　震)

【服务军队和国防建设】 太原市开展双拥宣传活动,全年支持部队建设累计投入1亿多元。2013年创建全国双拥模范城"八连冠"活动稳步推进,受到全国双拥办检查组的肯定。

退役士兵安置改革。2013年,太原市历史上第一次实行积分选岗工作,将考核考试成绩作为安置的重要依据,突出安置工作的客观性,加大安置工作的透明度,提高公正系数,将落实国家政策与用人单位人才需求相结合,共安置1395人。

开展特困退役士兵优先安置活动,本着"安置一人,脱贫一户"的理论,自下而上调查摸底,与相关部门配合,完成69名特困退役士兵的优先安置;加大对历史遗留退役士兵的安置力度,2013年完成安置200人。

组织108名退役士兵参加汽车驾驶员培训;为70名自谋职业的退役士兵发放一次性补助296.7万元。完成2138名2012年冬季退役士兵的接收、审档、落户、考核打分工作。

优待抚恤。全年共下达优抚对象抚恤补助资金5625.2万元。办理一次性抚恤金257人,为47名符合条件的"两参"人员直接分配廉租房。出台《关于义务兵优待金统筹发放工作实施方案》。接收军队移交伤残军人56名,办理评残手续14人;完成84名生活困难抗美援朝老战士的身份认定;开展优抚对象信息系统四级联网工作,2013年底完成全部数据录入工作;零散烈士纪念设施抢修进展顺利,完成零散烈士墓抢修502穴,完成率96%。全年接待上访人员875人次。

光荣院倡导优质服务,与住院老人结对子,做老人的"知心人,贴心人",院内气氛融洽,关系和谐。双塔陵园、解放馆发挥红色教育基地作用,多次举办大型教育活动,全年接受爱国主义教育22万人次;解放馆完成与总装备部大型兵器的交接工作,丰富馆藏;双塔陵园旧堂加固除险和新馆建设同步开工。先后荣获山西省思想政治工作优秀单位、山西省党史教育基地、山西省青年文明号等称号,社会知名度和影响力不断提升。

军休军供服务。落实军休干部的两个待遇,推进两园建设,提升服务保障水平。2013年,接收军休干部137人。接收无军籍两退职工386人。

军供工作秉执"为国防建设服务、为部队后勤优质服务"理念,常备不懈,一流服务,部队评议满意率达100%;被民政部、解放军总后勤部评为"全国重点军供站"。　(刘　震)

【社会管理】 2013年,第五届社区居委会换届选举工作100%完成。参选率、海选(直选)数量全面上升,社区干部平均年龄下降,学历上升,夯实社区建设的组织基础和人才队伍基础;健全星级社区、星级网格绩效激励机制,开展星级社区评比,兑现激励报酬,社区之间、网格之间争星晋级的氛围逐步形成;由两级政府投资1.09亿元,为每个社区配套20万元,实施社区惠民项目,帮助社区居民排忧解难。继续推进网格化管理,明确管理职能,提高网格化管理水平;社区基础建设成为各级党委、政府关注并支持的一项重点工作,一批高标准的精品社区建成。

农村基层民主政治建设。农村社

区全覆盖典型带动，重点突破，清徐县在太原市率先开展创建工作，实现组织领导、建设规划、服务设施、服务体系和管理服务五个全覆盖，被民政部认定为全国农村社区全覆盖示范单位，填补太原市农村社区建设的空白。

开展村务公开流程再造，规范公开内容，严格五个统一，实现管理方式的新突破。抓好“四议两公开”“阳光农廉网”建设，加大“3·15”“7·15”村务公开日检查力度，提升村务公开科学决策、民主管理、有效监督、积极参与的水平，太原市村务公开率基本达到100%。

民间组织管理创新。2013年，太原市民政局同市委组织部合作，多措并举，推进民间组织党建工作全覆盖步伐，太原市1402个社会组织中，建立党组织669个，并为157个社会组织派遣党建指导员，覆盖率达到85.6%，以党建引领民间组织发展，以发展提升党建工作指导水平的思路深化。行业协会商会类、科技类、公益慈善类、城乡社区服务类四类组织开始直接登记，突破传统登记机关与业务主管双重管理机制，减化程序，扶持发展，创新登记，完成直接登记组织15个。广泛宣传，加大扶持社会组织购买公共服务力度，社会组织品牌意识增强，参评热情提升，太原市符合评估条件的753家社会组织，有260家申报评估，参评率达到34.5%。推进社区社会组织备案工作，太原市备案社区社会组织110个，太原市备案试点经验被全省推广。

做好日常管理工作。2013年，新登记社会组织47个，变更66个，注销3个；年检社会组织513个，年检率75.6%；依法撤销社会组织136个。

（刘　震）

【专项事务管理】 区划地名工作着眼发展大局，做好服务。2013年，太原市民政局加快行政区划调整步伐，完成龙城街道办事处的审批和富康、惠民街道办事处的审核申报工作，借鉴兄弟城市的经验，探索民营区设立暖泉湾街道办事处的方式途径，为综改试验和社会发展提供便利。

作为省、市考核的重点项目，完成1条地级线和4条县级线的边界联检工作，未发生任何纠纷。推进平安边界示范创建活动，娄烦县、尖草坪区、杏花岭区、小店区完成创建工作，等待省民政厅检查验收。

2013年，政区大典太原分卷编撰工作高标准完成，累计编写近40万字，市级词条全省第一家报送民政部审核完毕，县级词条10易其稿，上报省民政厅，编撰质量受到好评。

数字地名、数字城管、地名文化建设取得进展，全年新命名街道45条，办理门牌203块。区划地名工作始终紧贴中心，服务大局，城市建设拓展到哪里，地名服务就跟进到哪里，地名标志与城市建设同步推进。

婚姻登记。按照场所环境设置合理化、登记流程规范化、内部管理制度化、工作队伍专业化、服务手段信息化的要求，2013年，万柏林区加快全国3A婚姻登记机关创建步伐，在人员编制、场地建设等方面扫清主要障碍，实现零的突破。

加强婚姻登记队伍建设，经省、市两级培训，太原市有70余名婚姻登记员持证上岗，服务意识筑牢。2013年，全市结婚登记40000对，离婚登记4800对。婚姻登记历史数据实录工作进展顺利，万柏林区基本完成，其他县区抓紧进行。

流浪人员救助。2013年，市民政局再次提出创建全国一流救助站的奋斗目标，内强素质，外塑形象，完善硬件，升级服务。2013年9月25日，民政部考核组对创建工作进行考察并给予好评。

开展“传递温暖、关爱救助”主题宣传月、“夏送清凉、冬送温暖”“救助困难农民工”“流浪孩子回校园”等活动，做好流浪人员救助工作。2013年6月19日，举行首个“救助站开放日”，让更多市民走进救助站，了解、支持流浪人员救助工作。2013年，救助流浪人员4977人次，其中流浪未成年人265人次，做到应救尽救。

殡葬改革。2013年，是殡葬系统改革力度最大的一年，殡葬工作以馆园分家为契机，狠抓内部管理，提升服务质量，落实经营性公墓留存管理费政策，重新修订收费标准，激活发展后劲。

推进殡葬改革，引领丧葬新风，创新祭奠方式。鲜花祭奠、社区公祭、踏青遥祭等祭奠方式得到百姓接受，“绿色、低碳、文明”主题家喻户晓，三大节日累计接待祭扫群众202万人次，太原市民政局被民政部授予“清明节工作优秀单位”。领导干部带头参加殡葬改革的做法得到肯定，民政部领导先后两次调研，并在太原市举办全国8省殡葬部门参加的座谈会。落实殡葬惠民政策，2013年，惠民905人，补贴48.2万元。年末新的火化区调整方案出台，太原市火化区扩大，殡葬改革工作任重道远。

（刘　震）

【重点项目建设】 2013年，太原市民政局搭乘城市改造顺风车，年初制订的民政基础设施建设一揽子计划经过反复筛选，两项工程被列入市级重点项目。其中，牛驼寨景区扩建项目一期工程开工建设，与双塔陵园联手共建太原市最大的红色爱国主义教育基地；儿童社会福利院重建项目选址确定，进行前期筹备。双塔陵园化解骨灰堂危楼事件，原骨灰堂进行加固工程，11月1日正式启用；新的骨灰堂及配套工程在牛驼寨景区内开工，新旧场馆可实现无缝隙对接。龙山殡仪馆迁建工程进行选址立项工作。“重阳新城”养老示范项目与光荣院共同建设的思路初步形成,完成选址快速推进。社会福利康宁医院实施改造,扩展床位,严密管理,创造短期投资,快速见效的发展模式经验。王村南街改造项目坚持原则,依法改造,做到三个兼顾,取得重大进展,搬迁工作基本完成,信访压力逐渐减弱。永安停车场项目继续推进,龙山综合楼投入使用效益良好,军休二所异地换购方案获得85%的认可老干部,军休三所政府主导改造的思路明确,与驻地政府接洽。（刘　震）

【综合工作】 加大制度创新力度,先后出台《“三重一大”事项监督制度》《专项资金监督管理办法》《资产资金角度经济活动监督管理办法》《关于加强和改进最低生活保障工作的意见》《太原市救助申请家庭经济状况核对办法》《关于加快推进太原市社会养老服务体系建设的实施意见》《困难群众医疗救助办法》等一系列制度、办法,以制度建设推进民政工作健康发展。

加强作风建设,落实“八项规定”,开展“贴近群众,服务群众”,为民办实事,解难事,市民政局承诺的低保提标、特困退役士兵安置、“爱心一键通”发放、惠民资金项目全部兑现。

加大信访工作力度,落实政策,倾听群众诉求,化解矛盾,化解福利企业职工群访,两参人员上访、退役士兵被拒难以上岗等多起信访事件,为促进社会和谐稳定做出贡献。（刘　震）

外事侨务

【概述】 2013年,太原市外侨办深入贯彻党的十八大、十八届三中全会精神,执行党和国家的外事侨务方针政策,围绕太原转型跨越发展战略,打造“经济外侨、文化外侨、创新外侨”,为太原市经济社会发展做出贡献。（冯启仁）

【法国圣但尼市市长访并】 新结友城法国圣但尼市市长吉尔伯特·阿内特一行,应邀于2013年5月4日~9日对太原市进行友好回访。市长耿彦波会见,留尼汪大学与山西大学签订《关于选派华文教师开展汉语言文学教学》合作协议书。（冯启仁）

【太原市派团参加德国音乐节】 应德国友城开姆尼茨市市长邀请,太原市选派由山西大学、太原艺校等单位知名音乐教师组成的文艺乐团,于2013年5月8日~13日赴该市参加德国音乐节演出活动。共举办专场演出4场,参加汇演1场。（冯启仁）

【友城中学生住访交流】 2013年7月12日,来自友城美国纳什维尔市的8名师生做客育英中学,进行为期十天的一对一家庭住访交流。暑假期间,太原市选派第61中学11名师生赴日本姬路市进行家庭住访。住访交流架起太原市青少年与两国青少年之间的友谊之桥。（冯启仁）

【太原市组派歌舞杂技团赴法演出】 2013年7月21日至8月1日,太原市组派歌舞杂技团一行34人出访法国留尼汪省圣但尼市进行文化艺术交流,参加圣但尼关帝诞辰庆典活动的演出。（冯启仁）

【太原市派文化交流代表团赴俄罗斯、乌克兰访问】 太原市组派文化交流代表团,2013年10月9日~18日赴俄罗斯圣彼得堡市、瑟克特夫卡尔市、乌克兰顿涅茨克市进行文化交流。与圣彼得堡市莱索韦塔剧院就商业演出合作签定协议。（冯启仁）

【德国医疗代表团访并】 德国开姆尼茨市政府及三家医疗机构组成的医疗代表团,于2013年10月14日~18日,来太原市访问考察,副市长王爱琴会见。在市二院举办有关老年护理的专题讲座。开姆尼茨黄雀森林医院与市中心医院就中医、远程会诊、医护人员培训等方面开展交流与合作签署协议书。开姆尼茨市护理养老院有限公司就护理人才的培养、专业人才的互访交流及合作办院等事宜,与市二院签署合作意向书。（冯启仁）

【市政府代表团赴韩国参加丝绸之路市长论坛】 应韩国全罗南道丽水市政府邀请,太原市组派政府代表团,于2013年10月21日前往韩国丽水市参加第8届丝绸之路市长论坛,丽水市长金忠锡会见太原市代表团,对两市在旅游、化工等方面的合作进行探讨,商定互为优先合作方。（冯启仁）

【太原市组派经贸代表团赴英国、意大利访问】 由市经信委、国资委、科技局等部门组成的政府经贸代表团,于2013年11月26日~12月4日赴友城英国纽卡斯尔市和意大利东北部工业区波代诺内市访问。在纽卡斯尔市考察煤炭和传统金属打造业成功转型的经验,并与纽市签署《中国太原市与英国纽卡斯尔市交流合作意向书》;在意大利波代诺内市考察高新技术产业园区和意大利公司(SIM2公司)的激光投影技术,就山西傲维视光电科技有限公司与视丽公司合作在太原建立激光投影仪生产基地进行对接。

（冯启仁）

【外事接待】 2013年,太原市先后接待意大利威尼托华侨华人工商联合会代表团、德国IMK机械设计有限公司董事长、澳大利亚驻华大使、泰国投资促进会代表团、法国著名雕塑家和广场设计大师让·贝纳尔·梅泰、印度计划委员会人力资源研究所所长等累计

400余人次。市外侨办精心安排在姆尼茨市IMK机械设计有限公司董事长赫尔曼先生先后参观考察多家对口企业，最后选定3家企业签署合作协议。泰国投资促进会代表团访并期间，市外侨办组织太原市侨商投资企业协会与中国泰国商会，在太原市举办“无与伦比的泰国、无限可能的商机”泰国投资说明会。（冯启仁）

【侨务进社区建设】 太原市外侨办协助有关部门成立“太原市涉侨法律援助工作站”。确定工作基础较好、归侨侨眷较为集中、工作成果较为显著的山西大学、坞东、金刚堰、翠馨苑、滨河、新友谊等6个社区为侨务工作示范社区。其中，小店区山西大学社区被国侨办确定为2013年全省首家“全国社区侨务工作示范单位”，万柏林新友谊社区被国侨办授予2013年“侨法宣传角”。（冯启仁）

【侨务慈善活动】 2013年，太原市外侨办多方联系对接，筹措资金。投资40万元，为阳曲县泥屯中心小学捐建综合教学楼。投资50万元，为娄烦县静游镇卫生院捐建门诊楼。为阳曲县泥屯中心小学配备20台电脑。免费为60名归侨进行健康体检。为生活困难的17名“三侨生”发放助学金。为50多户困难归侨发放生活补助。（冯启仁）

【出国管理】 太原市外侨办贯彻执行中央“八项规定”及省、市有关精神，建立健全出国(境)管理机制，坚决遏制因公出国(境)旅游的不正之风。2013年审批出国（境）团组43批117人，与2012年相比分别下降45.6%、33.1%。（冯启仁）

【在并境外人员管理】 2013年，市外侨办加强对境外人员在并的日常管理，分批次对涉外单位和聘用外国专家较多的单位进行走访调研，摸清在并常住外国人的数量及分布情况，建立在并外国人信息库，实行跟踪服务。全年办理邀请外国人来并64批127人次，与上年相比上升25.5%和42.7%），涉及24个国家和地区。（冯启仁）

【涉外突发事件应急】 2013年，太原市外侨办加强涉外突发事件应急处理能力。“韩亚航空事故”发生后，市外侨办立即报告市政府启动应急预案，与省外侨办积极配合，及时了解报告人员名单、受伤情况、面临困难、师生需求等信息。解决在美受伤、受困学生无人过问等困难，稳妥应对处置这一事件。迎泽大街爆炸案发生后，市外侨办立即启动外国记者联席会议应急机制，主动与各成员单位加强联系，及时通报情报信息，避免境外记者违规采访事件的发生。（冯启仁）

政府采购

【政府采购规模】 2013年，太原市政府采购中心接收市财政局下达的政府采购计划20个，采购预算总额6.85亿元，共执行市本级采购预算6.3亿元，与上年相比增长69.4%，其中公开招标2.76亿元、竞争性谈判2.08亿元、单一来源0.69亿元；签订合同2332份，合同金额5.68亿元，节约资金6219万元，比上年增加3119万元，节约率10%，比上年提高2个百分点。累计完成招标采购442次（包括受住建部门委托组织工程类项目材料采购61次，日常采购项目381次），以全年260个工作日计算，日平均采购次数达到1.7次。其中，公开招标采购260次，竞争性谈判采购49次，邀请招标1次，询价采购5次，单一来源采购58次，协议采购6次，投标人资格（及样品式样）预选6次。发布招标（采购）公告381份、变更（补充）通知87份、中标公告381份，在中国政府采购网、山西省政府采购网和太原市政府采购网累计发布公告1143次。（王 轲）

【政府采购范围】 2013年，太原市进行大规模的城市建设，新建改造城市道路总里程达到110千米。3月2日，市政府发出《太原市人民政府关于2013年城市市政道路等重点工程有关工作职责的通知》，通知要求市住建部门负责委托市政府采购中心采购沥青、钢材、石材等主材，订制井盖、混凝土预制品等构筑物。这是太原市首次对工程领域有关材料实施政府集中采购，实现零的突破。3月22日，市政府发出〔2013〕第14期会议纪要，要求太原市城市道路桥梁等重点工程和住户保障工程（包括回迁安置楼）要实行政府甲控主材，主要材料全部实行政府集中采购，标志着太原市重点工程材料采购范围由道路建设领域向保障住房领域拓展，采购范围扩大。太原市重点工程材料实行政府集中采购的范围包括：波纹管、无碱玻璃纤维增强塑料电缆导管、塑钢复合电力电缆导管、石材、人行道砖、盲道砖（混凝土材质）、钢材、沥青、乳化沥青、改性乳化沥青、检查井井具、箱变、桥梁支座、路灯、大理石地板、交通信号灯设备、雨水泵站设备、隔离护栏、电梯、公交站台、公交电子站牌、垃圾箱、指路牌等23个品目。全年，市政府采购中心接收市住建部门委托的材料采购计划36个，中标供应商60余家，累计市场总价为34.6亿元，政府采购总价29.8亿元，与市场价相比节约资金近4.8亿元，节约率14%，提高太原市财政资金的使用效益。（王 轲）

【“贴近群众、服务群众”作风建设专项活动】 2013年，市政府采购中心强化规范管理，树立窗口形象，按照市委、市政府窗口单位作风建设专项活动要求,组织人员制定工作方案,梳理完善首问负责制、一次性告知制度、微笑服务制、限时办结制、政务公开等8项制度,组织召开供应商、采购人和评标专家座谈会3次,赴太原市公交公司、住建委、血液中心等单位现场办公6次,收集各类建议和问题20多条,并针对群众反映强烈的如采购服务效率不高等问题,采取解释说明、节点公示、延时服务等措施予以解决,打造群众满意的一流窗口。 (王　柯)

【创新采购方法】 2013年,太原市政府采购中心按照采购一流厂商、一流产品、三流价格的工作总要求,采用竞争性谈判采购方式和综合评标法,坚持公开竞标、以量竞争、多轮报价,在保证质优的前提下选择性价比高的产品。市政府采购中心开展市场调研,摸清材料价格底数,掌握企业综合实力,累计组织调研25次,形成有参考价值文字资料30余份。通过发电子邮件、打电话等方式邀请各材料领域的一流企业178家,项目竞争激烈度显著上升,仅波纹管材项目就吸引近30家企业投标。组织专家论证,共抽取专家83人次,组织15个项目的专家论证会,采购需求更加合理有效。注重以量压价,通过总量优势,钢材采购价格在大同采购价的基础上优惠千分之五。组织多轮报价,沥青项目第四轮报价相比第一轮下降280元/吨。注重实物展示、样品比对,组织招标的23个材料产品中除桥梁支座、泵站设备、钢材、隔离护栏外,其他产品均提供样品,样品提交率达80%。推行实地考察,科学优化资质、规模、业绩、产品工艺、产品质量、存活量、供货量等10余项指标,全年组织实地考察24次,被考察企业累计80家。 (王　柯)

【目标管理】 2013年,太原市政府采购中心按照"对标一流定目标,一事一表作计划、调度例会抓落实,活力曲线抓考评"的管理方法,细化分解任务,加大密度强度,通过整体控制、全程跟踪、定期抽查等步骤落实议定事项,在执行上下功夫,在落实上见成效。明确项目流转时间节点,针对重点项目,要求3日内与采购人对接并确定采购需求,2个工作日内完成招标文件制作并发布招标公告,3~7个工作日后开标定标,项目流转时限较之前提高40%。健全工作机制,落实重点采购项目现场办公制等制度,在一线发现问题,在一线解决问题,全年参与市长现场办公会43次,召开样品预审会2次,提出合理化建议23条,项目办结率显著提升。加大项目督查督办力度,以督查督办推动项目落实,全年督办市政府办公会安排事项57条,督办市长批件安排事项15条,督办中心例会安排事项104条,推动重点项目的完成。 (王　柯)

【重点工程保障】 2013年,太原市政府采购中心在人员少、专业人才严重匮乏等不利情况下,面对突如其来的采购项目,全体工作人员发扬"好学精神",坚持干中学,学中干,彻夜查资料、问专家、召开采购会议,迅速掌握道路工程材料的基本品目、性能、技术指标及要求,为采购工作做好前期准备。为采购到质优价廉的产品,中心组织的多个项目经常开标至傍晚,沥青、石材、MPP管材等项目招标从上午10点直至第二天凌晨7点。在考察环节,中心组织考察团队在一天内贯穿4个省份对7家预中标企业实施考察。经过重点工程采购任务的洗礼,中心内部形成能战斗、能吃苦、不怕牺牲的太原"政采精神",干部队伍素质和能力得到提升。 (王　柯)

【民生采购项目】 2013年,太原市政府采购横向拓展、纵向延伸的速度进一步加快,公交车辆、教育行业、医疗卫生、社会保障、市容环卫等民生项目越来越多。(1)开创公交车辆政府采购先河,太原市政府于2012年11月11日向市政府采购中心下达2013年新增600辆公交车的采购任务,项目总预算4亿元,系太原市首次将公交车辆纳入政府集中采购范围。中心先后与市公交公司现场对接4次,召开公交车辆需求专家论证会4次,发放采购需求催促函6份,修改采购需求20余次,发布招标公告,2月采购完成,为太原市"公交都市"创建贡献力量。(2)政府采购参与清洁城市建设。2013年太原市、县(区)两级部门投入2.19亿元,通过政府集中采购购置166辆环卫机械设施。截至2013年底,全部执行完毕,合同金额1.88亿元,节约资金3123万元。机械到位后,全市的机扫冲洗作业面积达到2600万平方米,机扫率达60%以上。(3)政府采购支持流通体系建设。肉类蔬菜追溯体系建设试点项目是商务部和财政部2010年起在全国范围内启动实施的一项民生工程。接到采购计划后,中心主动对接,科学组织,通过公开招标、综合评审,最终确定报价为3088万元的企业中标,节约资金753万元,节支率达19.6%。(4)政府采购助力残疾人事业发展。参与全市残疾人机动轮椅车置换工作,按照太原市政府指示,组织市交警支队、市残疾人联合会等部门召开协调推进会3次,采购需求专家论证会2次,样品勘察会2次,完成该采购项目。市政府采购中心还完成H7N9医疗设备物资采购项目、融雪剂、垃圾桶、小广告清理、交通护栏清洗保洁项目、应急储备物资、地震应急救援设备项目、康复器材、救护车、环境空气自动监控系统项目、社区文化室阅览桌椅、书柜、期刊架等民生采购项目。所

有采购项目合同全部履约完成，采购到使用最好、价格最优的最佳产品和服务。（王　轲）

【标准化电子化建设】 2013年，太原市政府采购中心组织骨干力量，对南宁、沈阳、合肥等一流省会城市政府采购中心的招标采购文本进行修改、提炼、总结，除对原有招标文本的框架格式做出根本性调整外，新增关于知识产权保护、有效投标人数量认定及无效标、废标等多处操作性强的条款，招标文本更科学、规范。编制完成《公开招标文件》《竞争性谈判采购文件》《询价采购文件》《工程类货物公开招标文件》《工程类货物竞争性谈判采购文件（最低评标价法）》《工程类货物竞争性谈判采购文件（综合评分法）》6种招标文件范本。电子化建设方面，采购中心参与市纪委“一网六平台”建设，不断丰富建设内容，配合监督部门做好政务信息公开。推进协议采购系统建设，对协议采购系统功能模块进行优化。市政府采购中心与兴业银行合作，推进投标保证金资金结算业务系统建设，软硬件建设完成，投入使用后保证金实现24小时内到账，更加便捷高效。中心加强网页设计、九鼎软件、OA系统建设等。（王　轲）

【协议招标采购】 2013年，太原市政府采购中心组织召开2013年度、2014年度太原市行政事业单位所需办公用品协议采购招标会和资格审查会。协议采购工作较上年呈现以下特点：(1)协议采购范围不断增加，在上年协议采购范围基础上，新增网络设备、多媒体一体机、组合式黑板等16包内容。(2)协议采购吸引力增强，近100家供应商参与协议采购招标，参与审查的投标产品累计1638款。(3)对供应商投标产品价格进行“四轮对比、三次调整”，发现价格偏高的现象，要求供应商作出调整，确保协议采购价格低于市场平均价，有效避免协议采购价格虚高现象的发生。（王　轲）

应急管理

【应急工作组织保障】 2013年，太原市委、市政府高度重视应急管理工作，多次在市人代会、全市经济工作会议、全市干部大会、全市安全生产会议、全市重点工作汇报会、市委常委会、市政府常务会上就应急管理工作进行部署，要求各级各部门加强应急管理工作，开展隐患排查，及时报告和科学有效处置突发事件，确保人民群众生命财产安全。政府工作报告中明确提出：要建立健全“统一管理、分级负责、政企结合、军民融合”的突发事件应急管理体制，加强应急队伍建设，提高应急救援能力。市委、市政府将此项工作列为考核市政府办公厅的唯一一项全市重点工作。市委常委、常务副市长任在刚分管应急工作，2013年年初主持召开全市应急管理工作电视电话会议，就做好2013年的应急工作进行全面部署。对于应急管理工作中遇到的问题及时予以协调解决，并在人财物等方面给予支持，保证应急工作的正常开展。其他市政府领导根据各行业的特点，全面加强基础工作，狠抓各项措施落实，科学指挥应对突发事件。市人大、市政协，就应急队伍建设等工作组织开展专题调研和视察，提出许多科学合理的意见和建议。

2013年初，根据省政府《关于组织开展全省应急管理专项检查工作的通知》，市政府办公厅下发《关于开展全市应急管理专项检查的通知》，对在全市范围内开展应急管理工作自查和专项检查工作进行安排部署。在各级各部门自查的基础上，市政府应急办组成督导组用两个月的时间到各县（市、区）、各开发区以及各有关部门、基层单位对应急管理的各项工作进行实地检查，针对工作中存在的问题进行督导，并对检查情况进行全面总结，促进全市应急管理工作的健康有序开展。

（钱艳敏）

【预案修编管理和演练】 1.预案修编管理工作稳步推进。根据《太原市突发公共事件总体应急预案》的规定，太原市市级专项预案共设置28个，2013年，为适应工作需要，经市政府领导批准新增3个市级专项预案，市级专项预案增加到31个，基本覆盖自然灾害、事故灾难、公共卫生、社会安全等各行业、各领域。按照省政府的安排和预案管理办法的规定，太原市重视应急预案的编制和修订工作，2013年新制定和修订完成9个市级专项预案，其中：新出台6部，修订3部。针对近年来我国部分省份多次发生因天气原因造成机场旅客大量滞留的情况，市政府应急办与太原机场主动对接，深入调研，编制《太原机场旅客滞留疏散应急联动方案》，并以市政府文件印发执行，建立双方应急联动机制，为及时有序地应对相关事件提供保障。市级部门完善预案，全市共制定68个部门预案。市应急办加大基层单位应急预案编制工作的督促力度，10个县（市、区），131个乡镇，916个社区（村）、1106所学校（幼儿园）、451个企业及219个其他单位根据相关规定，结合各自实际制定相应的应急预案。据统计，全市各级各类应急预案达8000多个，初步形成“横向到边、纵向到底、覆盖全市”的应急预案体系。

2. 预案培训演练有序开展。为普及应急预案内容，提高应急预案的操作水平，全市各级应急管理机构按照《太原市突发公共事件应急预案管理暂行办法》和《市政府办公厅关于做好应急演练工作的通知》要求,加大预案的培训演练力度,开展预案学习和演练,通过演练检验预案、锻炼队伍。全市共开展各级各类预案培训及演练5000余次。其中市级专项演练10余次,包括:全省抗洪抢险及水上救援演练、全市消防演练、油库油品泄漏事故应急预案演练、公共交通安全生产应急演练、供热地震应急联动演练、液氯泄露应急演练、通讯保障应急演练、医疗卫生救援应急演练、安全生产综合应急演练、娄烦县尾矿库防汛抢险应急救援演练、民兵预备役应急救援演练及展示等。各县(市、区)、各有关企事业单位也结合各自的实际,开展形式多样、规模不一的演练。(钱艳敏)

【应急管理法制化、规范化建设】 2013年,太原市始终把应急管理法制建设作为应急管理工作的一项重要内容,严格贯彻《中华人民共和国突发事件应对法》和《山西省突发事件应对条例》等法律法规,结合太原市实际,相继出台《太原市突发公共事件应急预案管理暂行办法》《太原市应对突发事件应急征用物资场所办法》《太原市应急管理专家组管理暂行规定》《关于加强政府应急值班工作的意见》《关于加强突发公共事件应急管理机制建设的意见》《关于加强应急演练工作的意见》《关于加强应急管理宣传教育工作的通知》《关于做好突发事件信息报告的通知》和《关于值班信息接报处置的规定》等一系列规章和制度,将一法一条例的规定分解细化,使全市应急管理工作扎实推进。(钱艳敏)

【突发事件报告处置】 2013年,太原市落实《山西省突发事件应对条例》和省政府关于应急值守工作的要求,严格实行全年365天全天24小时在岗值班和领导带班制度,在法定节假日和敏感时期坚持双人值班、领导在岗带班以及应急办应急联络值班制度,做到应急值守工作无缝连接,确保突发事件信息能第一时间接收和上报,突发事件能在第一时间得到有效处置。

太原市高度重视特殊时期如森林防火特险期、防汛抗洪关键期以及“两节”期间的应急值守工作,通过召开专门会议,下发一系列通知,实行“日报告”“零报告”制度,随机进行电话和现场抽查等,明确各级各部门的责任,强化各项措施的落实。市应急办克服人员紧缺的困难,在全厅轮流值班的基础上,加派专业值班力量,确保突发事件发生后能及时有序地应对和处置。

2013年,太原市吸取全省发生的几起突发事件信息迟报、瞒报事件的教训,全面加强信息报告工作。市政府办公厅下发《关于加强政务值班和突发事件信息报告工作的通知》和《关于加强突发事件信息报告工作的通知》,明确信息报告的责任主体,规范信息报告的时限、程序和内容,提出做好信息报告工作的措施要求,坚决杜绝信息迟报、谎报、瞒报、漏报事件的发生。

为规范突发事件信息报告,提高应急值守和信息报告工作的效率,在市政府领导的支持下,市应急办加大市政府总值室信息化建设,对工作环境、办公设施进行改造升级,购置值班工作台、3台大屏幕应急指挥平台终端,开发值班短信报送平台、数字电话录音系统以及值班通信管理系统,初步实现电话通讯管理、多路传真、电话直拨、信息报送等功能,为探索并实践值班联络、信息处理、技术支持“三位一体”的专业化值班模式,创造完善的软硬件环境。

2013年,市政府总值班室共协调处置各类突发事件60余起,协助信访部门接待、分流集体上访700余起,汇总分析和下发市政府大院信访通报17期,协调有关部门接返赴省群体访80余件,向省政府报送《太原市值班信息》56期,《太原应急工作动态》66期,被省政府采用25条,排名全省第一。填报《请示报告》200余件,节假日检查通报值班带班情况3次,以短信向市领导报送值班信息2万余条,编印、分送应急值守大值班表12期。

(钱艳敏)

【应急知识宣传和应急队伍救援能力建设】 采取多种形式开展应急培训。2013年,部分省市以及太原市发生多起在安全生产事故救援过程中,因缺乏常识、不懂规程、技能缺失而造成的人员伤亡事件。为此,太原市把应急救援及自救互救技能培训作为重点培训内容。市政府应急办与市红十字会在全市范围内开展“应急救护知识”培训,全年共举办培训20余批次,3000多人参加培训,提高广大群众和应急救援队伍自救互救的意识和技能。2013年11月,为加强应急队伍建设,提高应急救援技能,市政府应急办在北京国家地震紧急救援训练基地举办太原市应急救援队伍技能培训班。来自各县(市、区)、各开发区和市级应急救援队的40余名领导和骨干参加培训,重点就应急指挥、救援行动、安全策略、救援装备使用和逃生、医疗急救、支撑破拆等知识技能进行学习,提高太原市各级救援队伍应对和处置突发事件的能力。

开展应急知识宣传活动,提高公众应急意识。结合《中华人民共和国突发事件应对法》和《山西省突发事件应对条例》的实施,太原市组织各级各部门结合各自职责,采取群众喜闻乐见的形式,开展多种形式的宣传教育活动。各有关部门共制作宣传版面40多块,发放公众应急知识和技能宣传册4万份。2013年6月,市政府应急办协调有关部门协助省政府应急办在南宫广场举办纪念《应对条例》实施一周年公众宣传活动。

探索应急宣传的新模式。为加强应急知识的宣传普及,应对突发事件,强化政府信息公开,引领正确舆论导向,经市政府批准,太原市依托太原交通广播(FM107)建立“太原应急广播”。以“宣传应急知识、播报突发事件、服务太原百姓”为宗旨,面向公众普及日常应急知识技能、发布突发事件预警及处置信息、疏导交通、安抚民众心理,将其打造成为太原市应急管理综合宣传平台。（钱艳敏）

【突发事件应对基础建设】 做好经费保障。太原市不断加大应急管理工作经费的投入力度,2013年,市财政预算安排2000万元应急准备金,安排市应急办工作经费61万元,安排应急平台建设、维护、运行经费390万元。各县(市、区)财政也将应急工作经费列入预算,保障应急管理机构工作的正常开展。

做好应急物资储备。市直有关部门和县(市、区)落实应急物资储备制度,按要求储备相关物资,并加强管理和调配,做到一旦有需要能及时调拨到位。2013年,市发改委组织储备100万灾民3天以上应急所需基本食品和生活用品;市农委对全市农业系统应急救援物资、装备进行统计,建立应急物资储备数据库;市水务局储备抢险物资水泥400吨,编织袋34万条,汽柴油70吨;市商务局储备充足的猪肉、牛羊肉、过冬蔬菜等食品,以保障重大节假日期间以及市场异动情况下的市场供应。各县(市、区)也建立相应的应急物资储备库,制定严格有序的物资调用制度,在多次突发事件处置和应急演练中,各级各类物资基本上做到及时有序调用。

加强应急救援队伍建设。太原市把应急队伍建设作为应急管理工作的重点任务来抓。2013年,先后建立或整合11支综合应急队伍,共1050多人;74支突击应急队伍,共6725人;172支专业应急队伍,共8449人;45支专家应急队伍共318人;4932支志愿者应急队伍,共359683人;15支新闻报道应急队伍共128人。市级依托太原消防支队组建太原市综合应急救援大队,多数县(市、区)依托武装部组建常备民兵武装应急分队,大部分的街办、乡(镇)均组建应急救援队伍。全市基本形成以综合应急队伍为骨干、突击应急队伍为支撑、专业应急队伍为主体、专家应急队伍为支援、志愿者应急队伍为协助、新闻报道应急队伍为喉舌的应急队伍体系。

建设应急避难场所。2013年,太原市制定全市应急避险场所分项规划,确定408处场地为首批应急避险场所,并设置统一标识牌和指示牌。制订《太原市迎泽公园地震应急避难场所建设项目实施方案》,将迎泽公园建成符合国家Ⅰ类标准的应急避难场所。

完善应急平台系统建设。在完成市级应急指挥平台硬件建设任务的基础上,开展应急平台软件系统的建设与调试,完善应急平台管理制度,制定数据库资源整合方案,制定《太原市应急平台体系建设指导意见》,并根据省政府应急平台的建设情况,提前筹划二期互联互通工程建设的设计规划工作,为下一步开展平台建设做好准备。协调联通太原分公司优化应急通讯网络平台服务,进行技术升级,并对应急通讯一级平台的300部手机进行更新换代。根据工作变动,对在网人员进行核对调整,编制完成应急通讯录,付印进行发放,以便于应急联络。

（钱艳敏）

【突发事件风险预警】 2013年,太原市贯彻落实全省应急管理工作电视电话会议精神,以市政府办公厅名义下发《关于继续开展安全生产专项整治工作的通知》,制订《太原市重大危险源管理暂行办法》,在全市范围内开展事故隐患排查工作,共派出检查组4123个,派出检查人员42697人次,检查生产经营单位34910家,排查出一般事故隐患39204项,整改率达100%。关闭取缔211家,行政拘留119人,移送追究刑事责任2人,罚款838万元。市县两级和有关部门建立风险隐患数据库,排查登记68处重大危险源,完善地质灾害群防群测三级监测网络,在全市79个乡镇、430个村建立884人的群防群测队伍。气象部门加强气象灾害监测和各类突发事件预警信息发布,为应对气象灾害、地质灾害、森林防火、重污染天气提供保障服务。各级各部门结合实际强化监督检查,针对辖区内公路的过水路面(桥涵)、滑坡体、塌方、落石、沉陷路段以及其他危险路段,设立明显警示标志,并采取措施消除安全隐患。（钱艳敏）

【协调处置突发事件】 2013年,太原市政府应急办协助市领导现场处置突发事件10余次。分别是青年路道路塌陷、新建路道路塌陷、国际大厦火灾、太钢不锈冷轧车间火灾、太原武宿机场旅客滞留、万柏林区靠思可食品厂液氨罐隐患、双塔北路省地勘院宿舍楼部分基础塌陷、迎泽桥东爆炸案、青年东街路面塌陷等。（钱艳敏）

地方志工作

【新一轮《太原市志》编纂】 2013年,太原市创新推进新一轮修志工作并取得较大进展,首次向完成初稿任务的单位和编写人员发放资料费。2011年9月,召开全市性地方志工作会议全面启动新一轮《太原市志》编纂,11月,组织对全市120多个部门和单位、160余名编写人员进行集中培训，2012年4月，市政府印发《关于评选新一轮修志工作先进集体和先进个人的通知》后；2013年5月，聘请专人督促落实稿件，聘请省城方志专家编辑新一轮《太原市志》初稿，先后召开专家碰头会14次，研究解决编纂中的具体问题。7月，太原市地方志办印发关于《新一轮太原市志资料费发放情况的通报》，向完成初稿编写任务的77个单位的编写人员发放资料费4.3万元。全市130多个承编单位有90多个完成初稿，总字数近300万字，截至2013年底，完成约100万字的初稿编辑工作。太原警备区、市房地局、市自来水公司等单位不仅按时完成《太原市志》的承编任务，还编纂出版两轮部门志、专业志。

（刘雁珍）

【《太原古县志集全》首发式】 2013年1月25日，《太原古县志集全》首发式举行。明、清时期，太原市所辖各县编修多个版本的古县志，对今太原境内山川地理、建置沿革、风俗演变、人物耆旧皆有记载，是研究太原历史必不可少的史料。从2009年开始，太原市地方志办在完成首轮《太原市志》修志任务、开展新一轮修志工作的同时，组织专家抢救古县志，整理再版《太原古县志集全》，使太原500余年的历史得以衔接起来。《太原古县志集全》包括太原境内明清时期保存至今的清康熙、道光《阳曲县志》，明嘉靖、天启和清雍正、道光、光绪《太原县志》，清顺治《清源县志》、光绪《清源乡志》，明万历和清康熙、光绪《徐沟县志》等12部古县志，约180万字。《太原古县志集全》的整理再版，作为《山西历代方志集成》的首部在山西11个市中领先，标志着太原市地方志办在全省率先完成旧志整理工作。该书的出版，也是太原市地方志事业发展中的又一重要成果，为保护传承历史文脉、为社会各界各方学习研究历史、古为今用创造条件。

（刘雁珍）

【全市地方志工作会议】 2013年3月28日，太原市召开全市地方志工作会议，市人大常委会原副主任、市地方志办志书编纂顾问杨瑞武，省地方志办副主任刘益龄出席会议并讲话。省地方志办市县志处处长马正英出席会议。市地方志办主任安捷作工作报告并主持会议。各县市区地方志办主任、各委局办和市志承编参编单位修志机构负责人、驻并单位中市志承编参编单位修志机构负责人共140余参加会议。安捷作题为《深入贯彻落实党的十八大精神、再接再厉完成新一轮修志任务》的工作报告，会议贯彻党的十七届六中全会精神和党的十八大精神，总结2011年9月全市地方志工作会议以来的主要工作，对新一轮修志工作中涌现出的先进集体、优秀领导和先进工作者进行表彰，安排部署当前和“十二五”时期的主要工作。市地方志办科长陈向荣宣读3月25日印发的太原市政府《关于表彰新一轮修志工作先进单位和先进个人的决定》（并政办通〔2013〕5号），科长刘雁珍宣读3月26日印发的太原市政府《关于在全市开展地方志书和年鉴评奖表彰活动的通知》。（刘雁珍）

【《太原年鉴》编纂培训会议】 2013年7月26日，《太原年鉴》编纂培训会在市政府召开。市人大原副主任杨瑞武，省地方志办副主任赵群虎，市地方志办主任、市地方志编委办主任安捷出席会议并讲话。会议由安捷主持。省地方志办年鉴处处长高生记讲解年鉴编纂基础知识。各县市区政府、市直各委局办和各有关单位160余名年鉴编纂工作者参加培训会。

这次培训会的主题是贯彻落实市政府办公厅《关于编纂2012年和2013年太原年鉴的通知》，标志着全国规范年鉴工作后《太原年鉴》编纂工作在太原市全面启动。市地方志办为培训会组织编辑《〈太原年鉴〉编纂培训会学习资料》，该资料由三部分组成，第一部分是依法开展年鉴工作的法规、规定和规范；第二部分是年鉴基础知识和《太原年鉴》基本篇目；第三部分是有关年鉴工作的理论文章。（刘雁珍）

【地方志资源开发利用】 2013年，太原市开展新中国成立后太原境内各级各类地方志书和年鉴成果的评奖表彰活动。3月25日市政府印发《关于在全市开展地方志书和年鉴评奖表彰活动的通知》，3月28日在全市地方志工作会议上进行安排部署，7月地方志办印发《关于组织方志成果评奖表彰活动的情况通报和指导意见》，截至2013年底，共收到各级各类志、鉴成果和地情资料300余种、400余部，初步理清太原市现存的地方志资源，为保护传承和最大限度地开发利用奠定基础、创造条件。2013年12月，太原市地方志办制订并报请市政府审定《太原市地方志书和年鉴评奖表彰方案》。

（刘雁珍）

【文化惠民】 2013年，太原市地方志办开展“读市志、知市情、爱太原”系列活动，推动地方志书进机关、进社区、进乡村、进学校、进军营、进企业，让方志文化惠及人民群众，让市民村民共享方志成果。4月24日赴小店区北格镇、6月28日赴娄烦县天池店乡、9月10日赴清徐县马峪乡开展文化惠民赠书活动，向乡政府、村文化活动中心、寄宿制小学等赠送《太原市志（精编版）》《太原人物》《太原之最》和《太原方志30年》等地方志书和地情图书300余部，价值数万元。（刘雁珍）

【方志理论研讨】 2013年1月25日，由太原市地方志办、太原市地方志学会共同主办的“方志理论研讨会暨太原市地方志学会第一届第二次理事会”在市政府召开。太原市地方志学会自2011年12月正式成立以来，按照学会章程的规定开展工作，自觉以弘扬方志文化、发展方志事业为己任，团结凝聚省城方志界和社科界专家学者，发挥省会城市的区域优势与发展优势，围绕全市新一轮修志工作，开展方志理论研究，营造新形势下良好的方志理论学术研究氛围。组织省城省、市、县三级方志工作者和市级部门、企事业单位专兼职方志工作者、爱好者撰写论文，参与方志理论研讨活动，总结两轮修志实践，研讨地方志基础理论和编纂理论，为新一轮修志提供理论指导。围绕方志学学科建设、志鉴编纂出版、旧志整理、馆站建设、开发利用、队伍建设、快乐修志等问题进行探讨。理论研讨会共收到方志理论文章和工作交流材料34篇，部分论文作者在研讨会上作重点发言。2013年6月，学会组织开展第二次理论研讨活动。省城省市县三级地方志工作机构和部门、企业单位专兼职方志工作者、爱好者参加这次理论研讨，共收到方志理论研讨和工作交流文章33篇。

（刘雁珍）

【太原市地方志学会一届二次常务理事会】 2013年7月10日，太原市地方志学会一届二次常务理事会在市政府举行。市地方志办主任、市地方志学会会长安捷出席并主持会议。学会学术顾问赵俊、杨志忠，特邀顾问杨云龙，学会副会长陈向荣、秘书长刘雁珍出席会议。学会常务理事何志涛、王宏伟、高宏亮、赵世凯、陈江峰、刘春生、黄承明、阎玉山、张宪平、孟春华、李学进、崔振刚、姚平、武超龙和市地方志办有关工作人员、市方志文化传播公司负责人等20余人参加会议。安捷在会议中指出，召开这次常务理事会，以学会工作的不断完善、不断规范、不断发展为理念，以报告工作、研究事宜、探索发展为主题。刘雁珍向会议报告2012年12月12日一次常务理事会以来的主要工作。对学会下半年将举办的理论研讨活动、论文评奖表彰、外出学习交流等工作做安排部署。学会副秘书长、市方志文化传播有限公司副经理张永霞报告公司成立半年以来的运行情况。学会副会长陈向荣通报自3月28日全市地方志工作会议后开展的方志成果评奖表彰活动进展情况和指导意见。会议讨论通过志鉴评奖委员会组成人员名单。（刘雁珍）

【方志网站建设】 2013年，太原市地方志办加强方志信息化建设，及时更新“太原方志网”内容，新增“媒体撷萃”和“期刊集锦”两个栏目。（刘雁珍）

【方志期刊出版】 2013年，《太原地方志》期刊明确办刊宗旨为：传播弘扬方志文化，推促发展方志事业，交流指导方志工作，研讨创新方志理论。全年编辑出版《太原地方志》期刊4期，刊发各类文稿90多篇，图照近百幅。

（刘雁珍）

【编印方志简讯】 全年编印《太原方志简讯》18期（总计234期）、30余篇，指导全市地方志工作，报道和宣传方志工作动态。（刘雁珍）

【考察交流】 2月26日，太原市地方志办公室主任安捷参加省地方志办组织的赴北京、广东等地考察方志馆建设活动，就国家方志馆、北京方志馆、广东方志馆的建馆理念、建设进展和布展筹备等工作进行交流学习。10月10日，市地方志办公室赴长治市志办学习交流，参观新近建成的长治市方志馆，与长治市志办就志鉴编纂、期刊出版、网站建设等工作进行交流探讨。10月28日，安捷出席在郑州市召开的第十届全国中心城市地方志工作交流会，向全国20多个中心城市介绍近年来太原市地方志工作“九位一体”转型发展的实践和思考并和与会代表共同交流工作经验。11月19日，安捷参加在南宁举行的中国出版协会年鉴工委第三次会员代表大会暨第十四次全国年鉴研讨会，为市地方志办公室接管年鉴工作后首次和全国各地的城市年鉴工作同仁进行交流探讨，通过了解全国年鉴工作动态，学习全国年鉴工作先进经验，为规范太原市年鉴工作，提高年鉴编纂质量，早日实现与全国年鉴同步发展和创新发展起到促进作用。

（刘雁珍）

【《太原物价志》评审会】 2013年8月16日，《太原物价志》评审会召开。市地方志办主任安捷、编审科科长陈向荣、理论科科长刘雁珍、市地方志学会常务理事何志涛，太原市物价局副局长张世明、副调研员程润元出席，市物价局牛丽萍、苏俊武、贾栖等编纂人员参加评审会。张世明介绍《太原物价志》的编纂过程。在先后四任局长的领导下，历经20多年共三个阶段，局机关各处室和有关编纂人员逐步收集资料、延续调整、修改完善、三易其稿，形成约60万字的评审稿。安捷对市物价局历任领导对修志工作的重视，对物价志评审稿的编纂质量给予充分肯定。

市地方志办科长陈向荣、刘雁珍就物价志评审稿的篇目、结构、文字、表格等提出具体的修改意见和改进建议。市地方志学会常务理事何志涛就志书编纂排版与设计印刷的衔接等与物价局编纂人员进行交流。8月20日，董剑云、陈向荣就《太原物价志》的篇目、内容交叉的处理等问题与张世明等再次交换意见。（刘雁珍）

中国人民政治协商会议太原市委员会

Taiyuan Municipal Committee of the Chinese People's Political Consultative Conference

重要会议

·全体委员会议·

【十二届二次会议】 2013年4月9日上午，太原市政协十二届二次会议在太原工人文化宫开幕。市政协主席张贵元，副主席任书文、张政、王爱萍、陈远新、张文旺、薛维梁、毛志鸣、冯霞、任晓峰，秘书长刘建中出席会议。大会应到委员450名，实到委员435名，符合规定人数。

受政协太原市第十二届委员会常务委员会委托，张贵元向大会作工作报告。受政协太原市第十二届委员会常务委员会委托，任书文作提案工作报告。

2013年4月11日上午，市政协十二届二次会议举行第三次全体会议。15位市政协委员从不同视角对太原率先转型跨越发展、建设一流省会城市提出意见和建议，内容涉及工业、城建、环境、旅游、养老等方方面面。委员发言每人限时8分钟以内，只讲“干货”，不“拖泥带水”。

4月12日上午，市政协十二届二次会议完成各项议程，在太原工人文化宫闭幕。张贵元主持会议并致闭幕辞。会议通过政协第十二届太原市委员会第二次会议关于政协太原市委员会常务委员会工作报告的决议，政协第十二届太原市委员会第二次会议关于市政协十二届一次会议以来提案工作报告的决议，政协第十二届太原市委员会提案委员会关于市政协十二届二次会议提案审查情况的报告，政协第十二届太原市委员会第二次会议政治决议。

截至2013年4月11日12时，大会共收到提案609件。经审查，立案430件，占提案总数的70.6%；作为来信处理179件，占提案总数的29.4%。

（刘　蓉）

·常务委员会会议·

【十二届五次常委会议】 2013年3月27日，太原市政协十二届五次常委会举行。会议决定：市政协十二届二次会议将于4月9日召开。

会议审议通过关于召开市政协十二届二次会议的决定，市政协十二届二次会议议程（草案）和日程（草案），市政协十二届二次会议邀请人员、列席人员名单，市政协十二届二次会议全体会议执行主席及主持人名单，市政协十二届二次会议秘书长、副秘书长和工作机构负责人名单，提交市政协十二届二次会议审议的政协太原市委员会常务委员会工作报告（草案）及报告人名单，提交市政协十二届二次会议审议的政协太原市委员会常务委员会关于市政协十二届一次会议以来提案工作报告（草案）及报告人名单；听取并讨论太原市政府工作报告（征求意见稿），太原市中级人民法院工作报告（征求意见稿），太原市人民检察院工作报告（征求意见稿）；讨论关于太原市2012年国民经济和社会发展计划执行情况与2013年国民经济和社会发展计划（草案）的报告（征求意见稿），关于太原市2012年总预算和市本级预算执行情况与2013年总预算和市本级预算（草案）的报告（征求意见稿）；听取并讨论、民主评议2012年度重点提案办理情况的有关工作报告，并对部分重点提案承办单位的提案办理情况进行满意度测评。

（刘　蓉）

【十二届六次常委会议】 2013年4月11日下午，太原市政协十二届六次常委会议举行。会议审议通过提请市政协十二届二次会议第四次全体会议审议的四个相关草案，审议通过政协第十二届太原市委员会常务委员会2013年工作要点。（刘　蓉）

【十二届七次常委会议】 2013年6月20日下午，太原市政协召开十二届七

次常委会议。会议通过市政协十二届七次常委会议议程；审议通过关于推进太原市水资源管理长效机制建设的调研报告、关于加快推进太原市老旧预制板房改造的调研报告。会议还审议确定2013年度民主评议的两个政府工作部门为市住建委和市安监局；审议通过有关人事任免事项。

（刘　蓉）

【十二届八次常委会议】 2013年9月12日，太原市政协十二届八次常委会举行。会议通过市政协十二届八次常委会议程；审议通过关于对太原市城市居家养老现状、问题及对策的调研报告，听取市住建委和市安监局工作汇报，并宣读民主评议两个部门的实施方案。（刘　蓉）

【十二届九次常委会议】 2013年12月17日，太原市政协召开十二届九次常委会。会议对中共十八届三中全会精神进行学习；听取民主评议市安监局、市住建委工作汇报，并进行满意度测评；确定市教育局和市人社局为2014年度市政协民主评议的政府工作部门；听取市委办公厅、市政府办公厅关于市政协十二届一次会议建议案和二次会议以来提案办理情况的通报；审议通过新修订的《中国人民政治协商会议山西省太原市委员会提案工作条例》。（刘　蓉）

重要活动

【张贵元到扶贫帮扶村指导春耕生产】 2013年4月17日，太原市政协主席张贵元到帮扶村娄烦县南岔村指导春耕生产工作，并调研经济发展和项目进展情况。

天池店乡南岔村为纯农牧业村。当地土地资源相对丰富，但集约化程度较低，效益不高，人均年收入只有2000余元。在市政协的帮助下，该村争取到土地开发和基本农田整理项目。项目完成后，可整合整理土地1900多亩，比原有多出近1000亩，农民收入也可实现翻番。

张贵元指出，搞好春耕生产是关系到增加农民收入的头等大事，要在加快土地开发项目和基本农田整理项目建设进度的同时，做好帮扶工作，特别是对那些因项目建设而使春耕生产受到影响的困难群众，一定要保证其正常生活，尽可能减少他们的利益损失；要组织科技、农牧等有关专家下乡开展农业技术推广工作，指导农民调整产业结构，积极开展农作物新品种的引进和示范推广，提高农产品质量，真正提高农民收入，改善百姓生活。

（刘　蓉）

【张贵元视察造林绿化】 2013年9月2日，张贵元带领部分市政协委员视察太原市造林绿化工作情况，并到万柏林区王封采煤沉陷区综合治理规模化荒山绿化工程、梗阳城郊森林公园、晋峰城郊森林公园、杏花岭区山庄头庙碉、长沟、东沟、锦林公园等实地察看西山和东山绿化情况。（刘　蓉）

【推进太原晋中同城联合议政会】 2013年10月22日，太原晋中两市政协“加快综改试验区建设，推进太原晋中同城化”联合议政会举行。会上，两地领导阐释对同城化的认识。议政会由张贵元主持。

会议期间，北京大学政府管理与产业发展研究院副院长袁成达教授作专题讲座。两市6位有关人员围绕同城化的推进路径、机制建设、产业构建、项目对接等方面进行交流。

（刘　蓉）

【“美丽太原·幸福家园”专题议政会】 2013年11月6日，太原市政协组织召开“美丽太原·幸福家园”专题议政会。会上，各民主党派、工商联、工会界别及市政协有关专委会负责人，围绕人民群众关注度高的13个民生问题提出意见和建议。（刘　蓉）

中国共产党太原市纪律检查委员会

Taiyuan Municipal Committee for Discipline Institution of Communist Party of China

【概述】 2013年，太原市各级纪检监察机关学习党的十八大、十八届二中、三中全会精神，学习习近平总书记系列重要讲话精神，坚持以中央新的要求统一思想、指导实践。坚决贯彻中央和省、市反腐倡廉建设的新部署、新要求，履行党章和行政监察法赋予的职责，收缩战线、突出主业，勇担重任、扎实工作，党风廉政建设和反腐败工作取得明显成效。 （白瑞军）

【中共太原市第十届纪律检查委员会第三次全体会议】 2013年2月6日，中共太原市第十届纪律检查委员会第三次全体会议召开。会议的主要任务是：学习贯彻十八届中央纪委三次全会、全省党风廉政建设干部大会暨省纪委十届三次全会、市委十届四次全会精神，回顾总结2012年全市党风廉政建设和反腐败工作，研究部署2013年工作任务。市委常委、市纪委书记弓跃代表中共太原市第十届纪律检查委员会常务委员会作题为《惩防并举注重实效扎实推进党风廉政建设和反腐败斗争》的工作报告。会议由市纪委常委会主持，出席全会的市纪委委员29人，列席全会的人员170余人。

（白瑞军）

【坚决纠正“四风”】 2013年，全市各级纪委坚持把维护党的纪律放在首位，加强对党的各项纪律的执纪检查，坚决维护中央和省、市委权威。加强党的纪律特别是政治纪律教育，强化党员组织意识和纪律观念，以学习贯彻党章、十八大精神、中纪委二次全会、习近平总书记系列重要讲话精神为主要内容，开展“五个一”学习教育活动，推动各级党组织和广大党员干部遵守党章和党内其他法规，坚定不移地贯彻执行好习近平总书记提出的“三个决不允许”“五个不允许”的政治要求，在思想上政治上行动上同党中央保持高度一致。发挥纪检监察机关在干部选拔任用工作中的监督作用，不断提高选人用人公信度。加强对中央和省、市重大决策部署贯彻落实情况的监督检查，坚决纠正有令不行、有禁不止、阳奉阴违等行为，保障政令畅通。

履行协助党委抓党风的职责。坚持把落实中央八项规定精神和省委“四个实施办法”、市委“三个实施办法”作为改进作风的突破口，针对群众反映强烈的各种作风“顽疾”，强化监督、铁面执纪、严肃问责，对违反规定的踩“红线”、闯“雷区”行为“零容忍”，发现一起、查处一起，及时通报曝光，层层传导压力，着力形成震慑。全市共查处违反八项规定精神的案件11起，严肃处理14人。按照市委安排，开展“四风”问题专项治理工作，清退会员卡工作实现全覆盖，清理违规用车225辆，办公用房清理腾退基本到位，楼堂馆所在建、维修及改造项目全部停建，吃喝不正之风得到有效遏制。抓住元旦、春节、中秋、国庆等重要节点，狠刹公款送礼、公款吃喝、公款旅游和铺张浪费等不正之风。 （白瑞军）

【机关作风建设】 2013年，中共太原市纪委按照中共太原市委的部署和要求，市纪委协调有关部门，立足干部作风建设，突出群众主体地位，注重解决实际问题，精心组织策划“向人民汇报，请人民评议”、为人民群众“办实事、解难事”活动，开展窗口单位行业“贴近群众、服务群众”作风建设专项活动。

高起点策划、高标准组织。市委、市政府对活动高度重视，以“人民要求是方向，人民满意是标准”为主题，把活动当作践行群众路线的大课堂和检验干部作风的大考场，促进各级干部下基层、接地气、转作风、顺民意，密切党群干群关系。市委常委会多次专题研究部署，市四大班子领导85人（次）亲临现场观看指导。活动坚持群众路线，谁汇报、群众定，谁评议、群众定，投票确定12个与民生密切相关的部门参加汇报评议，层层推选组成每场300名评议代表。汇报评议部门认真组织，深入基层察民情、知民意、解民事，征集各界群众的意见和建议，谋划解决问题的思路，开门搞活动。中共太原市纪委精心策划，认真设计活动的各个环节，发动群众广泛参与。新闻媒体发挥自身优势，主动配合并鼎力支持。参与评议的群众累计达60万人（次），留言累计达4万余条，关注此项活动的群众累计达3145万人（次）。各县（市、区）、各部门也组织开展各具特色的汇报评议活动，通过向基层拓展延伸，活动的引导作用和影响力不断扩大。2013年参评部门综合满意度平均值为93.29%，较上年有较大幅度的提高。

强化问题导向，盯住群众反映强烈的突出问题不放，从具体事情抓起。全市先后有8700余名机关干部走进基层，从群众最现实、最关心、最直接的问题抓起，把解决实际问题贯穿于活动全过程；各级纪检监察机关强化跟踪问效，对交办的问题“一周一汇报、一事一回访”，一件一件解决；对解决不彻底的问题，盯住不放，以“钉钉子”精神，一项一项落实，汇报评议活动梳理出的6242个问题办结6141个，办结率为98.4%。为人民群众“办实事、解难事”活动受理的13680个问题办结13632个，办结率为99%；各级各部门向群众公开承诺的83001条事项全部完成。开展“贴近群众、服务群众”作风建设专项活动，重点解决窗口单位行业作风方面突出问题。确定迎泽区、杏花岭区、市公安局等12家重点单位，亮身份、亮标准、亮承诺。市四大班子35名领导亲自带队到全市52个窗口单位行业集中督导调研，发现并解决实际问题，对推进专项活动起到推动作用。按照市委的安排，市纪委牵头对全市窗口单位建设机制进行研究，提出将窗口分为政务服务窗口和社会服务窗口的思路，对窗口单位性质和职能的认识更加明确，细化建设标准和服务规范，推进两类窗口服务统一化、规范化。各窗口单位联系实际，解决突出问题，全市窗口单位行业工作作风和服务态度大为改观。

持续抓作风建设，干部作风明显转变，党员干部的群众观念明显增强，机关服务意识明显提升，人民群众对党委政府工作的满意度明显提高。中央和省委领导多次作出重要批示，多个兄弟城市赴太原市学习考察，《人民日报》《中国纪检监察报》和新闻联播、新华社等媒体作专门报道。“向人民汇报，请人民评议”成为太原市探索实践群众路线的一项创新性工作，成为干部改进作风、服务群众的一个重要平台。

（白瑞军）

【惩治腐败高压态势形成】 2013年，太原市各级纪检监察机关贯彻党要管党、从严治党的方针，明确职责定位，突出主业主责，转职能、转方式、转作风，把案件查办放在更加突出、更加重要的位置，始终保持惩治腐败的高压态势。加强案件线索管理，对各种渠道反映的干部问题线索进行核查，对反映失实的予以澄清，对发现的一般性问题及时提醒警示，抓早抓小，建立健全早发现、早处置机制。发挥反腐败大要案件协调领导组的作用，完善市、县两级反腐败组织协调机构，建立与法院、检察、公安、审计等相关部门信息沟通、线索共享、手段互补、案件移送等协作机制，指导重大案件查办，会商解决疑难问题，协调办案力量和资源。加强案件监督管理和审理工作，办案程序进一步规范，依纪依法、安全文明办案得到进一步加强。发挥查办案件治本功能，落实“一案两报告”制度，剖析典型案件发生的原因，提出治本对策和建议，建章立制、堵塞漏洞，加强警示教育，以案促教、以惩促防，查办案件的综合效果进一步增强。

2013年，全市各级纪检监察机关共受理群众来信、来访、电话举报2478件，立案620件，同比增长26.5%，结案618件，同比增长23.6%；处分658人，同比增长27.3%，其中县处级干部49人，乡科级154人；追回违纪违法所得7619.75万元。开展“带案下访解民忧”专项工作，集中解决群众反映强烈的涉纪信访突出问题和涉及“四风”方面的案件或事项136件，办结119件，查实108件。赴省进京集体访明显下降，专项工作取得初步实效。严肃查办违反八项规定精神案件，发生在领导机关和领导干部中滥用职权、玩忽职守、贪污贿赂、腐化堕落案件，利用决策权、审批权、执法权谋取私利、吃拿卡要案件，城中村改造中严重损害群众利益案件，维护党纪国法的严肃性，显示市委和各级党委严惩腐败的鲜明态度和坚强决心。

（白瑞军）

【党风廉政教育】 2013年，中共太原市纪委加强监督制度建设。以“把权力关进制度的笼子里”为目标，以制约和监督权力为核心，以“制度＋科技”为路径，开展“加强制度建设、规范权力运行”工作。在清理规范的基础上，紧扣制度建设的重点领域、权力运行的关键环节，加大顶层设计，从市级层面重点对城建、规划、干部人事、三公消费等10项制度进行研究，实施4项。加强“一网六平台”建设，在扩容提质、完善功能、拓展内涵、增加项目等方面进行升级改造，初步形成互联互通、信息共享的综合网络服务和权力运行监督体系。

抓好党风廉政教育工作。开展“树立公仆意识，强化从政道德”警示教育活动，市直部门、县乡党委（党工委、党组）书记主讲廉政课300余场，观看成果展示及参与活动的干部群众超过10万人（次）。开展以“六进”为抓手的系列主题活动和“两节”期间的廉政文化迎春笔会、廉政春联进万家活动、廉政公益广告集中刊播活动，教育和引导干部群众正确认识党风廉政建设的形势、任务以及取得的成效，在全社会营造以廉为荣的浓厚氛围。（白瑞军）

【解决损害群众利益的突出问题】 2013年，中共太原市纪委坚持教育、制度、监督、惩治多管齐下，不断深化农村、城市社区、国有企业、公用事业单位和学校党风廉政建设。加强基层廉政教育，重点开展全市“城中村”两委主干的警示教育，促进农村基层干部廉洁履职。强化对农村“四议两公开”工作法全覆盖的监督检查，抓好落实。执行好和较好的村占到67.26%，比上年增长28.37%。加强对国有企业“三重一大”决策制度执行情况及企业领导人员、关键岗位管理人员的监督。探索非公有制经济组织和新社会组织反腐倡廉建设。

解决损害群众利益的突出问题。查处重大安全隐患背后的作风和腐败问题，加大责任追究力度，处理68人，促进太原市安全形势持续向好。查处食品药品、生态环境、教育卫生领域不正之风及乱收费、乱罚款、乱摊派等损害群众利益的案件，维护群众合法权益。民主评议政风行风工作进一步加强。围绕行政审批“两集中、两到位”和流程再造工作落实情况，通过集中监察、专项监察、绩效监察、电子监察，发现和纠正一批政策执行、工作落实等方面存在的问题。受理和处理效能投诉，问责94人。加大对群众关心关注的城市建设、产业转型、生态修复、循环经济、民生改善、环境质量、保障房建设等工作的监督检查力度，处理各类问题96个。有序推进扩权强县试点工作，加强督促指导，将已确定的106项事权全部下放至古交、清徐两市（县），扩大试点范围，新增尖草坪区，组织召开全省“一市四区”扩权强县工作座谈会议，起草《尖草坪区实施扩权强县目录》。（白瑞军）

【全省深化行政审批制度改革太原现场会召开】 2013年8月26日，中共太原市纪委承办省委、省政府召开的全省深化行政审批制度改革现场会。近年来，太原市认真贯彻落实中央、省的决策部署，以转型综改试验区先行先试为动力，以建设效能政府为目标，引入先进理念、加强顶层设计，推进体制突破、创新运行机制，开展作风建设、全程管控监督，部门合力推动、县区整体延伸，在推进以流程再造和“两集中、两到位”为核心的行政审批制度改革方面进行初步探索，政府效能明显提高，政务环境明显优化，干部作风明显改进。

会议指出，太原市围绕优化行政审批项目流程探索和实践，为全省行政审批制度改革带好头。通过优化审批流程，推进政府部门体制改革，把部门审批职能向一个处室集中，全部在政务中心内办理，体现改革创新的气魄；通过完善体制机制，提高行政效能，缩短办事时间，方便人民群众，为经济发展创造良好条件；通过效能监察，把办公人员的行政行为置于监督之下，有效解决办事效率低、纪律性不强等问题。这些经验和做法具有针对性和实效性，值得学习借鉴。各级各部门要以太原现场会为契机，以改革创新的精神，不断深化行政审批制度改革，创优发展环境，助力转型跨越。

（白瑞军）

【纪检监察干部队伍建设】 2013年，中共太原市纪委常委会坚持把干部队伍自身建设作为一项基础性工作来抓，强化责任担当意识，带头转职能、转方式、转作风。市纪委常委会执行民主集中制，落实《市纪委常委会议事规则》，发扬党内民主，完善决策机制。广大纪检监察干部带头落实中央八项规定精神、《党政机关厉行节约反对浪费条例》和省委实施办法、市委实施意见，精简会议和文件简报，厉行勤俭节约，以实际行动正文风、改会风，转作风、树新风。整合优化内设机构，加强办案力量。探索派驻机构统一管理和推行联组工作的思路和办法。落实“打铁还需自身硬”“信任不能代替监督”的要求，对纪检监察干部严格要求、严格管理、严格监督，强调凡是要求别人做到的，纪检监察干部必须首先做到。探索在纪检监察机关实施目标管理法，促使反腐倡廉工作更加规范化、制度化、科学化。组织各级纪检监察干部300余人参加中纪委和省、市举办的各类培训。通过干部在线学习、自主选学、聘请专家学者授课等方式，提升政治素质和业务能力。（白瑞军）

民主党派和工商联

Democratic Parties and Association of Industry and Commerce

中国国民党革命委员会太原市委员会

【概述】 2013年，民革太原市委会机关内设办公室、组织处、宣传处、联络处4个职能处（室），行政编制为13名，工勤人员编制2名。民革太原市第十一届委员会主任委员1名，副主任委员5名，常委19名，委员45名。

2013年8月23日，民革太原市第十一届委员会第三次全体会议补选陈继光为民革太原市第十一届委员会委员，陈威宁辞去市委委员职务。2013年8月30日，民革太原市第十一届委员会第四次全体（扩大）会议，选举陈继光为民革太原市第十一届委员会常务委员、主任委员，张友君不再担任民革太原市第十一届委员会委员、常务委员、主任委员职务。民革太原市第十一届委员会副主任委员为杨继文、闫爱爱、南建民、刘建伟、吕薇。

2013年11月1日，民革太原市第十一届委员会第十六次主委会议研究决定，将7个专门工作委员会调整为9个专门工作委员会，分别为人口资源环境委员会、祖国和平统一促进委员会、教科文卫体委员会、社会和法制委员会、理论研究与学习委员会、三农委员会、经济委员会、老龄委员会、妇女和青年工作委员会。

截至2013年12月，全市共有基层支部37个，总支部1个，民革党员941名，大学以上学历760人，中级以上职称299人，女党员375人，有民革特色的427人。担任政府、政协领导3人，特邀监督员51人；各级人大代表14人，政协委员110人。党员中担任各级政府、国有企事业单位副处级以上干部24人。

2013年，市委会被民革山西省委会授予的“同心共筑中国梦”主题摄影大赛组织奖。市委会荣获太原市“全民终身学习大讲堂先进集体”称号。

（闫 锋）

【民革思想建设】 2013年，民革市委会通过举办和参加座谈会、报告会等活动，组织全市民革党员学习、领会中共十八大和民革十二大精神。组织党员200余人次参加省委会传达全国“两会”精神大会，以及中共山西省委、太原市委统战部举办的学习习近平总书记系列重要讲话精神专题讲座。开展“薪火相传、圆多党合作之梦”学习教育活动。2013年，是中共中央发布“五一”口号65周年，市委会组织300余名党员参加全国政协副主席、民革中央常务副主席齐续春主讲的《加强民革参政能力》辅导讲座，重温民革发展历史，传承民革优良传统。举办专题座谈会和新党员培训会，参与民革中央“‘团结杯’同心共筑中国梦”主题摄影大赛和全省统一战线“高扬的旗帜、共同的梦想”书画摄影展，市委会领导班子成员带头撰写纪念文章，民革山西省委主委、市委会十一届主委张友君撰写的《重温“五一口号”、同心共铸“中国梦”》一文在《太原日报》发表，10余名党员撰写的纪念“五一口号”发布65周年文章在《太原民革》刊登。

民革党史与多党合作理论研究工作。2013年，民革市委会在《团结报》《团结》《山西民革》《太原统一战线》及《太原日报》等报刊杂志，发表理论研究文章和反映市委会工作的通讯报道100余篇。理论研究工作委员会举办山西民国时期经济军事发展报告会，党员闫锋撰写的《保持民主党派的组织发展特色，促进新形势下多党合作事业健康发展》在《团结》杂志第4期发表。《社会主义核心价值体系在巩固和壮大统一战线中的作用》作为统一战线理论课题报送省委会和中共太原市委统战部。根据民革中央和省委会《关于开展抢救性采集民革前辈史料工作的通知》要求，市委会组织专人对民革党员中的10名抗战老兵和5名黄埔老人开展“一对一”的史料采集采访工作，全部完成并上报省委会。做好

《团结报》的征订工作,2013年征订《团结报》511份,同比增加37%。

【民革组织建设】 市委会围绕“四个注重”加强领导班子建设,建立民主议事决策、谈心会等制度,完善述职和民主评议、常委联系基层支部等制度。参照民革中央和省委会的专委会设置,将专委会调整为9个,建立专委会工作制度和分管副主委、机关处室联系专委会机制,使各专委会成为参政议政和社会服务的平台和抓手。推荐优秀骨干党员担任各级政府部门、司法机关特邀(特约)监督员的50余人次。党员赵杰被推荐到迎泽区庙前街道办事处挂职锻炼。

组织市委会班子成员、市委委员和骨干党员200余人次参加“山西省民主党派新任班子成员培训班”、全省民革“中青年代表人士培训班”、太原市“县处级党外知识分子培训班”、“太原市各民主党派优秀中青年干部培训班”等专题培训。市委会全年走访中共各县(市)、区委统战部、党员所在单位中共党组织100余次,就基层支部换届、新党员发展、骨干党员推荐使用等事宜进行沟通协商,了解党员们在本职岗位的政治思想、工作表现等情况,反馈党员们参加民革组织生活情况及取得的荣誉。

【民革机关建设】 2013年,民革太原市委员会机关干部学习中共中央“八项规定”要求,加强思想教育,健全规章制度。完成2011年、2012年《太原民革年鉴》的编写工作。做好统战信息报送工作。加强精神文明建设,举办道德讲堂,开展网络文明志愿者活动,成立学雷锋志愿者队伍,赴尖草坪慕云山开展保护环境生态志愿服务活动,在“国际志愿者日”关爱精营东边街社区83岁的空巢老人苏菊德。组织机关退休干部到西山万亩生态园进行参观调研,省、市民革联合举办“迎中秋”电影招待会。坚持为80岁以上的部分老党员送去生日蛋糕,给生病住院的党员带去组织的关怀,吊唁去世的党员并慰问其家属,春节前慰问离退休老领导及有贡献的老党员。开展“全民终身学习活动周”活动,参加太原市档案干部业务理论提升培训班。妇青委开展纪念“三八”妇女节“分享与健康”专题讲座和庆祝“五四”青年节登蒙山活动,老龄委组织参观西山万亩生态园及山西博物院。开展与政府部门的对口协商工作,党员李巍捐助5万元,联系市住建委为城市建设一线的筑路工人送去防暑慰问品,参加市住建委“八一”建军节前夕对尖草坪区驻地武警消防官兵的慰问活动,参与太原市政协对市住建委的民主评议活动,迎四支部联系市住建委开展重点工程建设调研活动。 (闫 锋)

【民革参政议政】 2013年,民革太原市委员根据民革中央、省委会和市政协加强参政议政工作的有关要求,制订下发《提案工作规程和考核办法》《社情民意信息工作规程和考核办法》《民革党员中的人大代表、政协委员履职规定》等制度,形成市委会、各专委会和基层支部、全市党员三级工作网络,增强专委会、基层支部参政议政的工作力度,激发广大民革党员参政议政、民主监督的热情。

议政建言受到重视。市委会领导班子成员参加中共太原市委举办的“双月座谈会”,就东山生态建设、环境保护、廉政建设等工作建言献策,为中共太原市委、市政府的科学决策提供参考。市委会就《关于解决太原市交通拥挤问题的调研报告》,在市政协“美丽太原、幸福家园”高层议政会上进行专题发言。市委会递交的《太原晋中同城化,公共交通要优先》调研报告,在太原、晋中政协主办的“加强综改实验区建设、推进太原晋中同城化”联合议政会上进行书面交流。市委会班子成员、民革党员中的政协委员、机关干部先后赴杭州就优化城市交通环境、赴市住建委就省城轨道交通建设、赴市安监局就安全生产应急救援体系建设、赴榆社电厂就粉煤灰资源综合利用等进行专题调研。

提案工作成绩突出。市委会围绕中共太原市委、市政府的中心工作,履行参政党职能,为建设一流省会城市建睿智之言、献务实之策。在市政协十二届二次会议上,市委会提交集体提案12件,民革党员中的市政协委员提交个人提案59件。其中《加快太原旅游业转型发展促进一流省会城市建设的建议》被市政协列为重点提案;《建设晋阳文化大景区打造太原特色文化名城》作大会发言;《关于在商业领域中慎用“中山”一词》被列为专题督办提案。在省政协十二届一次会议上,党员中的省政协委员提交个人提案6件。在省、市两级人大会议上,党员中的省、市人大代表提交议案10余件。据不完全统计,党员中的县(市、区)人大代表、政协委员在当地两会上提出建议、提案300余件,许多建议、提案质量较高,受到中共党委、政府的高度重视并得到采纳,为当地经济社会发展做出贡献。

反映社情民意信息。在2013年民革全国参政议政工作暨成果交流会上,市委会被确定为2014年度民革中央反映社情民意信息工作信息直报点。2013年,市委会共收到党员反映的社情民意信息80余条,其中被市政协单篇采用16条,《建议我省将“120”急救费用纳入医保报销范围》被省政协单篇采用,《关于构建我省急救医疗体系的建议》被省政协转送。

基层支部参政议政工作取得实效。医卫支部从工作中遇到的问题入手，撰写的《关于将“120”急救费用纳入医保报销范围的建议》被市政协列为重点提案，市政府高度重视并予以采纳，使惠民政策真正落到实处。古交总支撰写的《关于就地消化太原市过剩苗木的建议》引起中共古交市委、市政府的高度重视，并对本辖区内的油松苗木进行统计。（闫　锋）

【民革服务社会】 2013年，民革太原市委会围绕实施“同心”品牌工程、“伸出博爱之手——民革基层组织牵手困难群众”等活动，组织全市党员开展医疗服务、法律咨询、文化下乡、科技支农、捐资助学等社会服务工作。

社会服务工作形式多样。做好新农村建设帮扶工作，市委会赴阳曲县洛阴村开展“万人脱贫大行动”活动，捐款1.4万元为17户农民购买种羊35只，慰问10户贫困户带去新春祝福。市委会班子成员及机关干部先后赴党员刘书来、李清明、邵雁波创办的企业进行调研，了解其经营状况，鼓励他们担负起自己的社会责任，加快经济转型发展。赴太原市社会福利精神康宁医院开展爱心捐助慰问活动，向医院赠送价值3000多元的米面油等生活用品，进行爱心帮扶服务和文艺演出活动。

开展“博爱·牵手”活动。根据民革中央和省委会关于开展“伸出博爱之手——民革基层组织牵手困难群众”活动的通知精神，市委会制定活动实施方案，基层支部通过捐款捐物等形式，帮助所联系的困难党员、困难群众解决实际问题。杏五支部向身患癌症的党员潘利民捐款2万元并帮助家属料理后事；迎二、迎五、杏九支部帮扶壶关县贫困学生牛永亮在太原就学；万一支部长期帮扶和平街办南社村原国民党员后代孤寡老人刘铁民，慰问抗战老兵刘生、刘勇成；杏三、尖草坪等支部长期帮扶慰问困难、患病党员；迎五支部为太原市社会福利精神康宁医院送去御寒衣物，捐款1000元购置图书充实医院读书屋。

基层支部社会服务成效显著。医卫支部组织党员赴娄烦县农村、驻晋武警部队开展义诊送药活动。杏二、杏七支部与中共杏花岭区委统战部深入小返乡窑头村开展绿化龙城、义务植树建设美丽太原活动。古交总支为雅安地震灾区捐助5000余元的物资，为阁上联校捐赠五千余册图书建设“同心书屋”一所。法制支部在山西职业技术学院开展消费者权益保护法专题讲座并提供法律咨询。党员贾慧平应中共古交市委统战部邀请为古交乡村两委进行农村法律授课；党员周山参加省内九所高校组织的赴永和、晋城等地举办的“党的十八大精神送教下基层”活动；党员李金海长期资助2名左权困难学生直至大学毕业；党员宋北峰在做好企业发展的同时为社会解忧安置下岗职工。（闫　锋）

【促进祖国和平统一】 市委会围绕两岸关系和平发展的主题，组织各基层支部和全市民革党员学习中共十八大报告中对台工作的有关精神，把握习近平总书记会见中国国民党名誉主席连战时关于继续推动两岸关系和平发展、促进两岸和平统一的重要讲话精神。按照民革中央关于“坚持将推动两岸关系和平发展作为民革祖统工作的核心内容，坚持将能否做好台湾人民的工作作为衡量民革祖统工作成效的主要标准，坚持将创新作为保持民革祖统工作旺盛生命力的根本动力”的要求，注重发挥民革的优势和特点，做好市委会的祖统工作。组织召开2013年台情报告会，邀请市委会原副主委刘正慧就台湾形势进行讲解。组织台属党员接待来并旅游观光和投资建设的台胞亲友，市委会、各基层支部及全市民革党员先后接待来并探亲访友和经贸文化交流的台胞10余人，为促进两岸经济文化交流、民间交往及海外联谊工作做出贡献。（闫　锋）

中国民主同盟太原市委员会

【民盟思想建设】 2013年，中国民主同盟太原市委员会（简称盟市委）带领全市盟员学习贯彻中共十八大三中全会精神，研读《中共中央关于全面深化改革若干重大问题的决定》，并为机关干部购买相关的辅导材料及读本；组织32名基层优秀盟员干部参加中共太原市委统战部举办的优秀中青年干部培训；学习中央政治局关于对照检查中央八项规定落实情况，讨论研究深化改进作风举措会议精神，准确把握全面深化改革的指导思想和总目标，把思想和行动统一到中央的重大决策部署上来，为全面加快一流省会城市建设献计出力。

2013年五一前夕，盟市委召开纪念中共中央“五一口号”发布65周年座谈会，30余名新老盟员参加会议，重温“五一口号”，回顾民盟先辈与中国共产党亲密合作，为建立民主富强的新中国共同奋斗。

加强对内宣传工作。《太原民盟》进行全新改版，更加地贴近基层、贴近盟员、内容丰富，受到广大盟员的好评。坚持按时发放《中央盟讯》《山西盟讯》等各类学习资料。全年，《太原日报》《太原电视台新闻频道》等新闻媒体先后报道盟市委会议和重要活动16次；《太原政协》报道盟市委活动5次；《太原统一战线》报道盟市委活动

6次。同时,盟市委向太原政协、民盟山西省委网站投送信息40多条。

(孟秀君)

【民盟参政议政】 发挥高层平台,参政议政显成效。2013年,民盟太原市委参加太原市委、市政府和有关部门举行的协商会、双月座谈会和情况通报会等,就太原市的政治、经济、文化、建设等方面提出有建设性的意见和建议,促进太原市有序健康发展。在太原市第十二届政协二次会议上,提交团体提案16件,大会发言材料3件,委员个人提案、社情民意50件。其中,团体提案《关于进一步加快我市水污染治理工作的建议》作为大会发言材料,受到好评。

发挥界别优势,履行参政议政职能。继续"同心品牌大调研活动",2013年提交11件调研报告,涉及医疗、交通、环境、文化等方面。在2013年的高层协商议政会上,主委傅建荣代表民盟太原市委所做的《社会管理要以"源头管理"为主》,受到市委、市政府的重视。11月,在太原——晋中同城化议政会上,民盟太原市委提交《以产业共筑促进太原晋中同城化建设》,为太原市的区域性发展建言献策。

发挥盟员智慧,社情民意再创佳绩。2013年共收集社情民意356件,总字数近36万字,创历史新高。

2013年,民盟省委采用稿件130篇(27个支部参与提交稿件,39个人的稿件被采用),经民盟省委报送民盟中央采用五篇,分别是:武卫东提交的《从顶层设计入手解决中西部县乡医院人才短缺问题》《公立医院改革中应重视解决基层医疗人才短缺问题》;张卫东提交的《不应以落实"八项规定"为由削减群众利益》《落实"八项规定"的四点希望》;王晓刚提交的《对村干部开发利用村自然资源设个限》。

2013年,政协系统采用稿件44篇。其中,市政协采用42篇;经市政协报送省政协采用2篇,分别是:孙辉和张仙丽提交的《关于保留我省建筑地域性特色的建议》、曲俊明提交的《关于我省马铃薯科学种植的几点建议》。

2013年,报送统战部统战信息情况168篇。太原统战网采用6篇;太原市委统战部专报中共中央信息10篇;累计得分数36分,在党派和工商联中排名第一。

2013年,报送太原市委社情民意中心的"集全民智慧,建锦绣龙城"好建议稿件122篇,排各报送组织单位前列。

2013年,共征集集体提案素材稿件28篇,经审阅、讨论、编辑、修改完善后,最终经常委会研究选用16篇。

(孟秀君)

【民盟基层组织建设】 2013年,民盟太原市委发展新盟员76人。截至2013年底,民盟太原市委盟员共1643人,大专以上学历为1461人,占88.7%;高中级职称1400人,占85.1%;文化教育科技界1195人,占72.7%。担任各级人大代表、政协委员的盟员83人次,各级特约人员30人,任市县区人大、政府、政协领导职务7人,在职县处级以上领导32人,各级学校校长17人,盟省委工作委员会委员15人。有基层组织72个,总支4个,支部68个。

2013年,盟市委基层组织换届,下发《民盟太原市委关于做好换届的意见》,明确指导思想、组织纪律及工作程序。在换届过程中,基层组织领导班子发挥核心作用,盟员所在单位的中共党委、统战部门给予支持。全市20个支部完成换届。

盟市委在机关开辟"盟员之家",制订《民盟太原市基层组织开展活动时间安排表》,邀请各基层组织到机关开展活动。各基层组织根据安排开展组织活动,如政治学习、参政议政、交流学习工作或开展文体联谊活动等。驻会副主委、联系各支部的盟市委常委、机关各部室人员接待盟员,向盟员介绍情况、传达民盟中央及省市有关会议精神等。截至2013年底,有50多个支部、460多人次到盟机关开展活动。

2013年,推荐32名优秀中青年盟员参加太原市委统战部举办的各民主党派优秀中青年干部培训班;推荐1名优秀中青年干部挂职锻炼,担任迎泽区柳巷街道办事处副主任;推荐全国职业教育社成员1名。同时,盟市委举办新盟员培训,傅建荣作"我国政党制度的发展"专题讲座,副主委武卫东就盟史、盟章进行辅导,100多名新盟员参加培训,进一步增强履职的责任感和使命感。

2013年,盟市委荣获民盟中央"组织发展工作先进集体"荣誉称号。

(孟秀君)

【第六届"风雨同舟心连心,城乡儿童手拉手"活动】 2013年,山西省实验小学的30多名少先队员代表和阳曲县侯村乡青龙镇小学的同学们结对子交朋友,共同欢度六一儿童节。公益委员会与杏花岭支部在后小河小学举办"城里孩子献爱心,为农村儿童募捐图书"庆六一活动,募捐图书6000余册。

(孟秀君)

【"走进社区,为农村儿童募捐图书"公益助学活动】 2013年,太原育英中学支部1000余名学生共捐赠图书4000余册;太原大学支部在坝陵南街社区募捐图书,吸引许多教师、大学生志愿者主动参与到活动中。太原五中募捐图书7400余册送到尖草坪区教育局。晋源支部在晋祠镇第二中学募捐图书3000多册;尖草坪支部在中北大学开展"为农村儿童募捐图书"公益活动,并在中北大学校园内设立两个常设点,以便老师、学生将闲置图书再陆续捐赠。万柏林支部的盟员们自发捐款

8 千余元，为万柏林兴西小学购买书架 5 组，书桌 4 张，阅读椅 20 把，受到到学校和万柏林统战部赞扬。古交支部盟员捐款 2000 元购书，并募捐图书 2000 余册捐赠给古交水益村小学。参加募捐图书的支部还有法律委员会、师范支部、旅游学院支部、市直属二、八支部、十九中、三十六中、三十八中、实验中学、农校支部等。机关支部、小店支部和公益委员会募捐图书都在 10000 本以上。

2013 年，共募捐图书近 10 万余册，建立民盟同心图书室 31 个。其中，阳曲县 6 个，草坪区 8 个，万柏林区 1 个，古交市 16 个。两年来共募捐图书近 20 万册，建民盟“同心图书室”48 个。

（孟秀君）

【民盟服务社会】 2013 年，民盟太原市委在全市范围内开展科技咨询、文化体育、教育讲座、医疗义诊、扶老助残、志愿服务等共建活动。由民盟太原市委主办的“第二届活力小店太原市全民健身活动展示周”在山西省体育场举行，来自太原市各行各业的 107 个运动代表队，近 300 余名健身运动爱好者参加活动；民盟太原市委到晋源区店头村“民盟同心林”进行义务植树；生态环境工作委员会和法律支部在长治市康禾万亩生态园进行绿色农业规划发展调研，以实际行动增强广大盟员生态环保意识，形成共建家园的氛围；举办“茶文化知识讲座”，邀请山西省茶叶学会会长吴凤鸣作茶知识的普及讲座；教育委员会组织太原市重点学校的学科带头教师到阳曲县进行支教，为阳曲二中的同学授课，并与学校老师进行交流互动；民盟尖草坪总支联合太钢支部为全区部分农业技术人员进行免费义诊和健康咨询活动，发放 200 余本宣传资料，并联合民盟太原市中心医院支部、太钢医院支部的 20 名专家大夫为山西天大化工有限公司的 80 余名职工开展“关心员工健康，服务企业发展”为主题的大型义诊活动；由市中心医院支部组织的太原市医卫专家来到娄烦县杜郊曲乡庄儿上村为村民义诊，并在全村进行农村医疗保健宣传和医保知识宣讲；针对社会急救知识贫乏问题，医卫委员会组织专家到太原大学现场为大学生讲座、演练急救知识。（孟秀君）

【生态环境工作委员会成立】 2013 年 6 月 2 日，民盟太原市委经过筹备，成立“民盟太原市委生态环境工作委员”，制订《民盟太原市委生态环境工作委员会工作制度》《民盟太原市委生态环境工作委员会工作守则》，向全市盟员发出《生态文明建设倡议书》，组建志愿者团队并确定 2013 年的工作目标。

2013 年 7 月 6 日，生态环境工作委员会对汾河源头开展调研，考察汾河古交段、娄烦汾河东岸段、静乐段、宁武段及汾河的发源地管涔山和娄底村。9 月 3 日，开展对娄烦县汾河水库周边治理情况的调查。12 月 22 日，开展对岚县岚河流域对汾河水库水质影响的调查。经过多次实地调研，积累大量的资料，为政府制定可持续发展战略提供科学依据。就太原市北部生态环境发展问题，生态环境工作委员会多次组织专业技术人员到阳曲县工业园区及杨兴乡、侯村乡进行实地考察、研讨，撰写《太原北部生态区环境建设》的调研报告。（孟秀君）

【民盟组织建设】 完善各项工作制度。2013 年，民盟太原市委研究制订《民盟太原市委工作规程》《民盟太原市委基层组织发展细则》。逐步形成一套符合太原民盟自身实际的工作机制和制度体系。

加强与相关对口联系单位的沟通、联系。落实中共太原市委统战部《关于建立政府部门与各民主党派对口协商制度的通知》，盟市委与政府对口联系单位太原市住房和城乡建设委员会、太原市教育局进行相互走访，加强联系，并制定具体贯彻落实工作方案，推进对口协商工作的开展。

配合市委市政府工作。为配合市委、市政府关于清理办公用房文件的要求，傅建荣带头腾出办公室，并改为“盟员之家”活动室，添置象棋、书法、绘画等用品，为基层支部提供开会、活动的场地，丰富盟员的组织生活，加强盟员之间的沟通、联系。

开展“转变作风，加强自身建设年”活动。2013 年，机关工会为每一位机关干部缴纳大病互助医疗保险，在六一儿童节，为独生子女家庭送上一份心意。

创建文明单位。2013 年，盟市委加强机关建设，主办道德大讲堂，组织机关全体干部参与统战系统举办的道德大讲堂，传递正能量，保证各项工作有效运转。民盟太原市委连续 9 年荣获山西省“文明和谐单位”称号。

（孟秀君）

中国民主建国会太原市委员会

【概述】 中国民主建国会（简称民建），主要由经济界人士以及有关专家学者组成，是具有政治联盟特点的、致力于建设中国特色社会主义事业的政党，是中国共产党领导的多党合作和政治协商制度中的参政党。中国民主建国会太原市委员会（简称民建太原市委），是中国民主建国会的地方组织。民建太原市委机关有“三处一室”，分别为：组织处、调研咨询处、宣教处和办公室。

2013年，民建太原市委在中共太原市委和民建山西省委的领导下，高举中国特色社会主义伟大旗帜，贯彻中共十八大和十八届三中全会精神，坚持科学发展观，紧紧围绕市委、市政府的中心工作，发挥优势、突出特色，履行参政党职能，为太原实现率先转型跨越发展贡献力量。（郝亚婷）

【民建思想建设】 深化政治理论学习。2013年，民建太原市委会组织广大会员学习贯彻各级各类会议精神，把学习贯彻中共十八大和十八届三中全会精神作为首要政治任务，详细部署学习活动的开展情况。通过学习，进一步提高会员的政治思想素质，提升广大会员用科学发展观指导工作实践的能力。组织会员学习贯彻民建第十次全国代表大会精神，以“三个代表”重要思想、科学发展观为指导，继承和发扬优良传统，全面推进思想建设。市委会组织会员学习全国、省、市“两会”精神，学习民建会史、会章，并参加市委统战部组织的专题学习报告会。

强化中心组学习，抓好新会员培训。坚持加强中心组学习，继续做好以会代训。2013年4月，召开民建太原市委第十届三次全委（扩大）会议，听取审议《民建太原市委第十届常委会工作报告（草案）》，并对市委会2013年工作做安排部署。8月中旬，全国人大常委会副秘书长、民建中央副主席张少琴一行到民建太原市委调研并与市委会领导班子和部分会员进行座谈。市委会就2011年换届以来的工作作全面汇报，得到张少琴的高度评价。就此次调研考察，市委会随后召开常委会议，组织全会学习张少琴8.16重要讲话精神。

民建太原市委加大对会员的学习培训力度。在山西省社会主义学院举办“坚持和发展中国特色社会主义”理论报告会。通过学习，促使广大会员更好的把握当前国际国内形势，增强会员统战意识，坚定政治立场。举办学习中共十八届三中全会精神专题培训会，邀请山西省社会主义学院副院长陈忠辉作《中共十八届三中全会精神解读》的专题辅导报告。通过培训，让广大会员进一步加深对中共十八届三中全会精神的理解和把握，对全面深化改革的总目标有新认识，并在市委会和各支部掀起学习全会精神的新热潮。针对申请入会的人员热情很高，但入会动机模糊的问题，市委会举办三期“入会前会章会史培训班”，结合《中国民主建国会章程》和《中国民主建国会简史》等资料，分会章、会史、民建的优良传统、中国特色社会主义理论和太原民建基本情况等五部分内容，组织编撰学习资料，并打印成册。采取会员共同学习、专职副主委郭跃文讲解和会员互动交流等三种方式进行教学，通过培训使准备入会的群众对民建会章会史和会的优良传统有全面系统的了解，帮助会员在组织入会前从思想上先入会，为加入民建奠定思想基础，树立正确的入会观。培训会打造市委会深度考察入会人员，发现人才的一个平台，通过培训对入会人员的基本情况、个人素质、思想觉悟有基本的掌握，增强工作的主动性。（郝亚婷）

【民建主题活动】 以活动为载体，重温历史同向同行。2013年是中共中央发布“五一口号”65周年，为纪念这一重大历史，民建太原市委召开纪念发布“五一口号”65周年座谈会，并在各支部开展主题征文活动，选出10篇文章参加省委会的征文比赛。各支部纷纷通过座谈会和其他形式开展纪念活动。其中，民建古交总支组织全体会员到武乡八路军太行纪念馆参观学习，缅怀革命先烈，接受革命教育。按照市委统战部工作安排，民建太原市委下发关于《民建太原市委“开展转变作风、加强自身建设年活动方案”》的通知，安排部署各阶段的任务和要求。为践行“转变作风，加强自身建设”活动要求，在八一建军节之际组织赴太原陆军预备役通信团的节日慰问；组织第七届“民建杯”登山活动和“九九重阳节”敬老座谈会等系列活动，增强会员的纪律性和凝聚力。继续做好对外交流，接待重庆九龙坡和北碚区民建组织到太原市进行的友好合作与交流。民建市委会部分会员参加2013年的太原国际马拉松赛。

注重宣传报道。不断提高《并州民建》的办刊质量，继续拓宽会内外宣传渠道，提高思想教育和宣传工作的整体水平。全年共编辑3期，印发2300多份。继续加强与《民讯》、民建中央网、山西民建网、太原统战信息网、《太原日报》、太原电视台等媒体的联系，对外宣传报道百余篇次。（郝亚婷）

【民建参政议政】 2013年，民建太原市委以促进科学发展为第一要务，履职为民，突出特色，发挥优势，在参政议政中奋发有为。按照市委市政府的相关要求，把推进一流省会城市建设作为参政议政工作的立足点，以加快转变经济发展方式为主线，推动太原市率先实现转型跨越发展。

提高参政议政水平。市委会班子成员参加中共太原市委、市政府、市政协召开的政治协商、双月座谈会以及高层议政等会议，对气化太原以及太原榆次同城化等专题，提出意见和建议。年初召开参政议政委员会工作会议，安排部署2013年的提案及大会发言撰写工作。在2013年市政协会上共提交组织提案9件，建议案3件，大会发言3篇；全年报送社情民意信息200余篇次。市委会领导参加2013中国

(贵州)非公有制经济发展论坛。坚持以创新方式开展对口联系工作，不断提高合作共事能力。加强与太原市经信委和太原市住建委的对口联系，通过互访、座谈、交流简报刊物等形式了解各自的工作动态，通过参观考察、调研论证，确保委员们能更加充分的履行参政议政职能。年终响应市政协2013年度委员述职动员会的要求，市委会组织召开民建界别政协委员述职报告会。

开展调研活动。市委会就所联系的企业发展情况展开调研，到一线收集数据资料，打造调研“品牌”。围绕太原生态绿化建设以及太原榆次同城化等课题展开调研，完成《关于进一步加快太原市生态绿化建设的建议》《找准突破口切实加快太原晋中同城化实施步伐》《关于太原市餐饮业老字号企业的发展与保护》等多篇调研报告。组织市政协民建界别委员到太原市东山调研生态绿化建设情况，到东山生态景观林、杨家峪乡大窑村一带、长沟庙硐生态园等地实地考察东山规模化荒山造林和提档增绿工程。组织民建部分会员赴北京就太原打造北京“副中心”进行调研并参观《复兴之路》展览，提出符合太原发展需求的良策和建议。

(郝亚婷)

【民建自身建设】 提升领导班子建设的科学化水平。2013年，民建太原市委贯彻《民建中央关于新形势下进一步加强自身建设的意见》精神，全面落实民主集中制的各项要求，始终坚持“集体领导、民主集中、个别酝酿、会议决定”的工作原则，坚持会务公开，坚持重大问题必须提交会议集体讨论决定，充分发扬民主，广泛听取意见，严格执行程序，坚持“谈心会”制度，坚持班子联系基层支部制度和自我学习制度，不断提高各级领导班子科学决策、民主决策的水平。在“加强自身建设，转变工作作风”活动中，市委会通过各种方式征求意见，多种形式搞好活动，在班子中开展查找问题、批评与自我批评活动，进一步加强班子成员的“四个能力”建设。不定期召开民主生活会主委会议。

加强骨干队伍和后备干部队伍建设。开展选拔、培养、任用和推荐工作，选派会员参加省、市委统战部和民建省委组织的各类培训，使优秀人才不断脱颖而出；重点做好具有代表性、高素质人才的发展工作，加强建设企业经营管理者和经济界专家学者两支队伍，在注重数量的同时，更加注重质量。选派30余名中青年会员参加太原市委统战部举办的各民主党派优秀中青年干部培训班。参训会员严守纪律、主动学习，完成培训任务，提升思想认识水平。

加强会员建设和基层支部组织建设。重视“人才战略”，保持民建特色和优势，综合分析会情，严把会员入口关，为组织发展储备高素质人才。全年发展新会员50余名，平均年龄34岁。截至2013年底，全市有民建会员967名，基层支部36个，其中总支4个。经济界会员占会员总数的90%，中青年会员占60%，大专以上文化程度的会员占80%，中、高级以上职称会员占41%。贯彻民建全国基层组织建设研讨会议精神，进一步加强支部建设，坚持班子成员联系基层支部制度，坚持为支部提供活动经费、场地以及人力支持。继续开展“走基层”“达标支部建设”“评先选优”等工作，把基层支部建设成自我教育的学校、团结互助的集体、参政议政的桥梁和培养人才的基地。

重视专委会工作。继续强化专委会工作，与参政议政工作紧密结合，完善制度，创新方式。1月底，民建太原市委企业家委员会举办2013年迎春茶话会。5月底，企业家委员会在山西华龙泰集团组织召开“参观、学习、交流、合作、共赢”主题活动，参会的企业家会员们交流探寻合作项目，共同探讨2013年经济形势，通过交流，更好的履行参政议政职能，也更好的服务于太原市经济社会发展。11月底，企业家委员会在山西龙辉和集团公司举办金融座谈会，对金融形势进行分析和交流，并且对金融风险防控经验作交流学习。12月，经济法制委员会召开专题座谈会，就中小企业的发展情况和所面临的问题进行交流探讨。参政议政委员会就2014年两会提案、大会发言等工作进行安排部署。妇委会结合工作热点组织相关活动。

务实高效，抓好机关建设。以为民、务实、清廉为导向，进一步加强作风建设，密切联系群众，坚持民主团结，加强机关建设。要求机关工作人员树立创新意识，结合理论学习，钻研业务工作，推进工作创新，提高工作效率。在加强自身建设活动中，市委会坚持把“内强素质、外树形象”作为机关思想作风建设的基本要求，推动学习型、服务型、效率型机关建设，确保工作时间有保障，办理事情按程序、讲原则，形成高效、踏实、的工作作风，树立民建机关的良好形象。继续开展机关文化建设、办公自动化建设和环境建设，从“硬件”到“软件”全面提升机关建设水平，使机关干部增强服务会务、服务科学发展的能力和水平。

(郝亚婷)

【民建服务社会】 2013年，民建太原市委会坚持以服务社会为己任，把社会服务作为彰显党派责任的重要载体，不断拓宽社会服务覆盖面。

开展好扶贫工作。进一步开展在娄烦县庙湾乡圪塔上村的定点扶贫工作。发挥民建经济界的特色，调动企业家会员扶贫的性，把企业的社会服务和扶贫工作结合起来，开展调研，因地制宜开展工作，为定点扶贫村做实事。(1)重点做好推广优质土豆种植工作，娄烦县农委全面推广优质高产土豆“青薯1号”，由于种源紧张，市委会帮助村委提前联系，“抢购”1万斤土豆种子，并投入近8千元帮助村委支付全部采购费用。(2)调动企业家会员到村帮扶的积极性，企业家会员韩雨锡、梁天亮数次到村了解村里困难，帮助联系土豆销售，李明亮等3位企业家会员购买村里土豆近1万公斤，直接解决土豆销售滞缓的困局。(3)做好慰问工作，夏秋两季，市委会领导到村进行“七一”慰问、贫困党员慰问、“中秋国庆”两节慰问，并对村委会和村党支部扶持办公经费，累计送去慰问金9千元。

搞好社会公益活动。鼓励会员及会员企业投身公益，在开发新产品，引进资金，转移农村劳动力，培训安置下岗职工等方面献计出力。号召会员多渠道为四川雅安地震灾区捐款捐物，其中向中华思源工程扶贫基金会、太原市慈善总会等机构捐款达24500元。山西大昌集团为临汾希望小学、吕梁枣架沟村、吕梁中阳县宁乡镇捐款、捐车累计30多万元；山西华龙泰集团为吕梁中阳县宁乡镇捐款、捐车累计5万元，为小店区富康街修建投入500万元。各支部开展公益活动。其中，民建太原科技大学支部到太原市杏花岭特殊教育中心学校开展为特教学生捐资助学活动;杏花岭支部在“三八”节同杏花岭区妇联一起慰问贫困学生；古交支部、小店区支部和尖草坪区支部开展一系列捐助捐款活动。（郝亚婷）

中国民主促进会太原市委员会

【民进思想建设】 2013年，民进太原市委组织机关干部、基层支部负责人、广大会员学习贯彻落实中共党的十八大、十八届三中全会、民进中央十一大精神，坚定理想信念。每周二组织机关干部开展学习；在“太原民进网站”上开辟“十八大”学习专栏；在全市会员中开展加强中国特色社会主义和民进优良传统的学习教育，定期对新会员进行专门培训；以纪念中共中央发布“五一”口号65周年活动为契机开展系列活动，参与民进山西省委主题征文，完成中共太原市委统战部关于“健全社会主义协商民主制度”的理论研讨文章；发挥“太原民进网站”、《太原民进》报刊的综合作用，反映会内工作、基层动态和会员风采。2013年通过网站刊发简讯136篇，编写《太原民进》简报44期。民进中央、山西民进网、中国统一战线等网站和报刊，累计采用126篇次。

2013年，在支边扶贫工作中做出突出贡献的会员郝鸿峰、温双伟获得民进中央“民进参与毕节试验区建设‘同心·彩虹行动’先进个人”荣誉称号；太原市杏花岭区特殊教育中心学校教师周倩荣获“全国师德标兵”荣誉称号；市委会荣获“山西民进学习践行社会主义核心价值体系先进集体”称号；中心医院支部等十个支部被授予“山西民进学习践行社会主义核心价值体系先进基层组织”称号；会员马恩正、刘海红等22人被授予“山西民进学习践行社会主义核心价值体系先进个人”；多名会员在本行业中获得“率先发展太原青年五四奖章”“山西省三八红旗手”“第二届山西省职业教育教学名师”“老龄人才开发先进个人”等荣誉。（张冰晶）

【民进组织建设】 2013年，民进太原市委会对于新会员的发展，注重人才与结构的调整和平衡，注重三方面人才：具有一定科技文化水平的代表性人才；相对年轻、学历较高、从政能力较强的人才；一批热心会务，参加活动、乐于奉献的新会员。2013年经民进太原市八届七次常委(扩大)会议审议并通过55名优秀中青年同志加入民进组织。

在基层组织发展工作中，基层建设新模式。晋源区总支确立以基础教育为抓手，以现代农业和文化旅游为参政议政工作重点，以“一支一品”为主线，以“三个一”制度为载体的基本思路，强化自身建设，打造特色基层组织。在2013年召开的民进全国宣传思想工作会议上，晋源区总支荣获“民进全国宣传思想工作先进集体”称号。

各基层支部组织活动形式多样。晋源一支部、二支部和三支部组织会员在姚村乡圪垯村开展春季义务植树；机关二支部组织会员到和顺县阳光中学进行捐书助学；重阳节组织桃园北路东社区物业公司、老年居民代表们、支部会员及民进摄影学会成员召开重阳节座谈会；万柏林支部为兴西小学捐书一千余册帮助该学建立“同心书屋”；机关一支部组织会员赴清徐县宝源老醋坊、大禾科技园进行调研活动；晋源区总支召开“转变作风，加强自身建设年”活动座谈会，民进山西省委的领导出席会议，对基层组织自身建设给予高度评价。

（张冰晶）

【提升党派影响力】 2013年，民进太原市委会调整参政议政工作思路，做到“长期规划与短线安排相结合”“骨干成员与集体协作相结合”“发挥优势与借力参政相结合”“培训学习与注重基层调研相结合”。参政议政五年一规划，调研老阵地“由点到线，由线到面”，向专、精、深拓展；参政新领域“由此及彼，由表及里”，向广、新、博迈进。通过广大会员多途径反映信息、少数骨干出精品信息，参委会出课题，各专

委会及基层支部调研，形成会内人人重视，个个争先的参政议政新气象；发挥省会城市教育文化界人才荟萃的优势，注重借助对口联系部门、统战部、政协及会省委之力，提升参政议政成果的质量；加大机关部门工作配合力度，做好新会员参政议政培训工作，多次下基层支部为会员做培训，提高会员们的参政议政意识和工作水平。

民进太原市委会获中共太原市委第四届“集全民智慧，建锦绣龙城”好建议征集活动“优秀组织奖”；在“太原晋中同城化论坛”第二次会议中，民进太原市委会报送的《推进太原晋中同城化关键在于实现公共服务一体化》调研报告作为大会发言受到好评；在民进山西省委、市政协、市委统战部参政议政工作考核中蝉连第一，共有54条信息得到采用，其中全国政协采用5条信息，民进中央采用3条，省政协采用8条，市长耿彦波批示1条。在民进太原市委会多次呼吁下，太原市公共自行车站点已覆盖太原市四分之三建成区，残疾人可免费乘坐公交车，西山旅游带建设稳步推进，高新区引进人才子女上学问题得到妥善解决。市委会参政议政工作的实效性，彰显出党派地方组织在太原市的影响力。（张冰晶）

【民进服务社会】 2013年，民进太原市委会发挥文教委员会与名师讲学团的优势，形成“建立基地、定点支教、创新方法、稳步推进”的支教活动新模式。2013年，文教委员会与名师讲学团多次赴晋源区实验中学、电厂中学、金胜小学、小返乡小学支教，并将赴阳泉市杨家庄中学进行中考考前辅导活动坚持做好，与晋源区实验中学举行“师徒结对”活动启动仪式，民进名师讲学团的15名优秀教师与晋源区实验中学的教师签订三年的“师徒结对”协议书。民进太原市委坚持在老阵地上有新作为，在老阵地上开拓新领域，为太原教育事业的发展作出新贡献。

在文化艺术服务社会方面进行探索。2013年1月，民进太原市摄影学会在市儿童福利院启动“公益影像爱心档案”，摄影学会成员和机关干部等现场为残疾孤儿捐款，总计人民币1.11万元，其中民进太原市摄影学会会长张本捐款1万元。六一前夕，摄影学会成员又赴儿童福利院捐款1万余元。

医卫委员会组织医卫界会员赴困难企业、农村、社区、军营等进行义诊服务活动。市第二人民医院支部连续16年坚持到阳曲县不二寺为群众义诊；市中心医院支部常年坚持为武警支队官兵进行义诊；医卫委员会主任王永兴带领太原市中心医院、太原市第一人民医院、太原市第二人民医院的会员专家，到万柏林西山沉陷区九院安置小区为所属居民进行义诊活动，发放宣传资料200余册。

加强在杏花岭特教中心学校的“爱心工作站”活动，“六一”节前夕，为特教学校的智障学生送去价值6000元的图书、文化用品；加强为智障儿童开发智力和增强融入社会能力的“双伟超市”“守耀书屋”“金刚花卉”等园地建设。（张冰晶）

民进太原市委会开展送温暖献爱心活动

中国农工党太原市委员会

【概述】 2013年，在农工党山西省委和中共太原市委的领导下，在太原市委统战部的指导帮助下，农工党太原市委坚持以邓小平理论和“三个代表”重要思想、科学发展观为指导，践行社会主义核心价值体系，开展“转变作风、加强自身建设年”活动，围绕中共太原市委和市政府中心工作，履行参政党职能，为推进太原市科学发展、跨越发展作出贡献。（丁晓宁）

【农工党思想建设】 2013年，农工党太原市委会把学习贯彻中共十八大和十八届三种全会精神作为全市各级组织和广大党员的首要政治任务，开展各种形式的学习贯彻活动。为迎接中共十八大和十八届三中全会的召开，组织机关干部集体收看会议盛况，参加统一战线贯彻十八大、十八届三中全会精神宣讲学习活动。传达学习农工党十五大会议精神。继续开展树立和践行社会主义核心价值体系活动。开展践行“同心”思想，树立“同心”品牌活动。以中心组学习、基层骨干培训、基层组织活动、新党员培训、"道德讲堂"为学习教育平台，完善学习制度、落实各项学习计划。通过学习活动，增强党员走中国特色社会主义道路的政治共识。　（丁晓宁）

【"转变作风、加强自身建设年"活动】 2013年，农工党太原市委会按照农工党中央、省委和太原市委统战部关于开展"转变作风、加强自身建设年"活动的有关精神，结合工作实际，在全市各基层组织中开展"转变作风、加强自身建设年"活动，成立农工党太原市委会开展"转变作风、加强自身建设年"活动工作领导组，制订并下发《农工党太原市委开展"转变作风、加强自身建设年"活动工作方案》，并根据省委有关通知，制定"转变作风、加强自身建设年活动计划和执行情况表"，对每一阶段的工作进行分解，细化为5个版块39项工作，明确执行时间和责任部门。从思想、工作、学习等方面查摆、剖析存在的突出问题，围绕"四种能力"建设，通过完善机制、细化落实、按步推进、提高效能等措施，推进自身建设，取得成效。活动开展以来，探索开展活动的方法和形式，推进自身建设。赴革命老区"八路军纪念馆"接受传统教育，组织部分党员骨干参观高君宇纪念馆。开展"中国梦—我的梦"主题征文和"高扬的旗帜，共同的梦想"书画作品展等丰富多彩的活动，使广大党员对"5·1"口号有更深刻的认识，坚定走中国特色社会主义道路的信心和决心。为找准存在的差距和问题，有针对性地查改，市委会制作征求意见卡，发放到市委委员、基层组织负责人、各专委会委员、市委机关干部职工、党员代表中，广泛征求对主委班子的意见，并进行分析评估。召开主委班子谈心会，向班子成员公布征求意见情况，班子成员针对自身的工作情况，进行思想剖析，查摆问题、开展批评与自我批评。通过"转变作风，加强自身建设"年活动的开展，领导班子一班人和机关干部作风转变，工作更加务实高效。

（丁晓宁）

【农工党参政议政】 在2013年两会期间，农工党太原市委上交16件提案，政协委员共上交46件提案。省两会期间，提交的《优化我省高速公路环境的建议》提案，受到副省长牛仁亮的批示，被确定为省政协重点督办提案。《关于加强省城食品药品监管的建议》的提案，市委、市政府对此十分重视，副市长任再刚、王爱琴作出批示，被作为市政协主席重点督办提案，由王爱琴督办。该提案对太原市出台《小餐饮业整治规范实施方案》和《太原市"小饭桌"餐饮安全管理办法》等相关管理细则起到推动作用，并促进太原市食品药品综合监督检测中心项目的立项和建设工作。各级人大代表、政协委员在人大、政协会议及各种协商会上建言献策，认真履职，收到成效。　（丁晓宁）

【农工党围绕中心开展调研】 2013年，农工党太原市委围绕太原市加快率先转型跨越发展和建设一流省会城市的战略目标，发挥参政党地方组织联系广泛的优势，调动党员的主动性，完成《关于解决太原市招商引资项目落地难问题的几点建议》《关于太原市打造北京市副中心城市的思考》等专题调研，开展联系企业服务活动，先后与5家民营企业进行联系帮扶，并提交联系企业的调查报告，为太原市经济建设提供智力支持。组织农工党界别的政协委员到太原市医疗卫生一线就"百院兴医"工程进展情况进行调研，形成《关于太原市开展"百院兴医"工程的调研报告》上报市委、市政协，为推进太原市"百院兴医"工程发挥促进作用。完成《保障乡村医生待遇和养老保障问题的调研报告》，为太原市率先在全省出台乡村医生待遇提供决策依据。就农工党省委和市政协调研课题到市食品药品监督管理局和市农委、市人社局进行调研，完成《关于加强农产品质量与食品安全管理的建议》《加快完善城乡社保体系，推进社保服务"一体化"》《加大食品安全保障力度的建议》《太原晋中同城化进程中建立领导协调机制的思考》四份调研报告。其中《太原晋中同城化进程中建立领导协调机制的思考》被作为第二届太原晋中同城化论坛交流材料。

（丁晓宁）

【反映社情民意信息】 2013年，农工党太原市委共整理编辑上报信息88篇，有关部门采用71篇次。其中：全国政协采用1篇，农工党中央采用3篇，中共山西省委统战部采用1篇，省政协采用4篇，农工党省委采用25篇，《山西日报》刊登7篇，市政协采用33篇，省、市领导批示7篇。在调查研究的基础上，提交社情民意信息，《加大招商引资服务力度的建议》《尽早对地下管网建设立法的建议》《加强对促排卵药物的监管》《找准定位、突出特色、扩展区级公立医院功能》《尽快出台地方性〈新建小区配建中小学、幼儿园实施细则〉并建立民办幼儿园准入制度的建议》等十余条被省、市政协采用。《关于解决小产权房的几点建议》被全国政协以转送形式采用，《建议恢复〈唱享山西〉 丰富我省旅游文化市场》的建议得到常务副省长高建民批示和重视。有四条信息受到省市领导批示。加快太榆同城化进程的建议受到高建民、牛仁亮等省领导批示；优化山西省高速公路环境的建议受到牛仁亮等省领导批示；众商家急盼解决省城恒山路批发市场货车出入难题，受到太原市副市长任在刚批示。农工党太原市委被农工党山西省委评为社情民意信息工作先进集体,3名同志获先进个人,并获市政协信息二等奖。

(丁晓宁)

【民主监督】 2013年,农工党太原市委共有市、区两级特约人员30人,分布于市检察院和政府部门。担任特约人员的党员参加明察暗访、监督调查、检查评议等工作,促进政风行风和廉政建设。

(丁晓宁)

【农工党服务社会】 2013年,农工党太原市委发挥界别优势,拓展社会服务领域。在推动广大党员立足本职,建功立业的同时,开展"同心——服务"工程,以为人民群众办好事实事为着重点,提高民主党派服务社会的能力,先后开展第五、六届"中国环境与健康宣传周",第24、25届"国际和平周"义诊服务,组织医疗专家赴尖草坪、娄烦、古交开展医疗服务大篷车义诊活动。发放宣传画、宣传资料3000余份,为群众提供多项检查和诊治,捐赠价值二万元的常用药品。与对口联系单位——市计生委在娄烦王家崖村联合开展送文化、送法律、送医疗下乡活动。组织农工党医卫界别部分委员和有关医院的专家,在杏花岭区中涧河乡卫生院为基层群众开展义诊、健康咨询、送医送药活动,为农村群众排忧解难。基层组织也开展各项社会服务,如古交总支在爱牙日开展"健康进学校"义诊,杏花岭、迎泽、尖草坪、中医院支部联合开展"健康进社区"义诊。市人民医院组织党员在宇文山庄开展"教育实践"活动。农工党太原市委会被农工党中央评为"中国环境与健康宣传周"先进集体和2011~2012年度"社会服务先进市级组织"。在中共太原市委纪念"三八"国际劳动妇女节大会上,荣获"三八红旗集体"称号,农工党党员刘东获"太原市十大女杰"称号,芦晋梅获"太原市功勋女企业家"称号,贺怀英被评为"太原市三八红旗手"。贾虎子获市"一品一园"文化活动特殊贡献奖。

(丁晓宁)

九三学社太原市委员会

【概述】 2013年,九三学社太原市委在中共太原市委和社省委的正确领导下,在中共太原市委统战部的帮助指导下,高举中国特色社会主义伟大旗帜,弘扬"爱国、民主和科学"的优良传统,以邓小平理论、"三个代表"重要思想、科学发展观为指导,以"转变作风,加强自身建设年"活动为主线,带领和组织全市社员学习贯彻十八大精神、十八届三中全会精神,不断加强社的思想建设;围绕市委、市政府的中心工作和人民群众关心的难点、热点问题,履行参政议政、民主监督和政治协商职能,提高社的履职能力。

(司建林)

【九三学社思想建设】 学习十八届三中会精神。2013年11月20日,组织社市委委员进行学习。11月26日,老龄委组织老社员进行学习。12月20日,九三学社太原市委联合省社会主义学院,在省社院,请省社会主义学院副院长陈忠辉作"十八届三中全会精神"的辅导,接受培训的社员接近社员总数的20%。

开展纪念"五一口号"发布65周年活动。为纪念这一有意义的历史事件,社市委成立领导组,制订《纪念"五一口号"发表65周年活动方案》并开展工作。(1)在网站上开辟"纪念'五一口号'发表65周年专栏"。(2)组织社员参观西柏坡革命教育基地。2013年4月23日~24日,社市委组织骨干社员参观西柏坡革命教育基地。在参观期间,举办"五一口号"相关历史知识讲座,召开纪念"五一口号"发布65周年专题座谈会,参加参观学习的社员还都写出学习心得体会。(3)向各支社发通知,各支社分别举行与纪念"五一口号"发布65周年相关的活动;开展"纪念五一口号"主题征文活动,各支社组织专人代表支社撰写至少1篇纪念"五一口号"发布65周年的文章。

"转变作风,加强自身建设年"活动。(1)根据市委统战部的《座谈会纪要》和九三省委的《活动方案》,社市委制订《九三学社太原太原市委开展"转变作风,加强自身建设年"活动实施方案》。(2)召开常委会,征求常委对《实施方案(草案)》的意见和建议,在吸纳多位常委有价值的建议后,正式形成《实施方案》。社市委将方案以文件形式发到各基层组织,在社市委的网站上开辟专栏,将《实施方案》和与活动有关的内容及时挂到网站上,供广大社员阅览学习,督促交流。(3)向各支社发出通知,要求各支社根据社市委《实施方案》的要求,在支社开展"转变作风,加强自身建设年"活动。(4)社市委对活动情况进行总结,并参加市委统战部、社省委的"转变作风,加强自身建设年"活动交流。

(司建林)

【九三学社宣传工作】 2013年,社市委网站保持更新及时、内容丰富的特点。宣传部撰写《关于民主党派基层组织问题研究》等多篇理论文章。宣传部撰写、编发、转发各类稿件,向《省讯》《山西政协》《太原统一战线》《太原日报》、九三中央网站、九三省委网站、市政协网站、市统战部网站、社市委网站报送各类通讯宣传材料共计334篇,图片资料30余幅,社中央网站采用7篇。完成《九三学社太原市委》方志的编撰和九三学社太原市委2012年年鉴的编撰。参加"弘扬优良传统,增强道路自信,深化政治交接"征文活动和

"中国梦·我的梦"主题征文活动。完成《同心品牌工程》活动资料汇编。组织书画摄影作品参加省委统战部的书画摄影展，其中崔晓青的国画《花开富贵》被选中参加"山西省统一战线'高扬的旗帜、共同的梦想'书画摄影展"，并颁发荣誉证书。老社员曹自立征文《太重WK75型矿用挖掘机下线成功有感》被中共太原市委宣传部评为"新太原、新跨越、新成就"迎接党的十八大有奖征文二等奖，被太原市老龄协会评为"迎接党的十八大征文优秀作者"。（司建林）

【九三学社接受上级调研考核】 2013年3月15日，由九三学社山西省委副主委杨社堂、秘书长曾俊英带队的调研组来社市委机关调研考核工作。由组宣部长司建林对社市委2012年工作进行汇报，社省委组织部随机选调3名普通社员进行谈话。在听取汇报后，调研组对社市委的工作给予高度评价。一致认为：社太原市委在专职工作人员少的情况下，各项工作全面开花、全面结果，宣传工作紧跟形势，调研工作组织得力，参政议政面宽质高，各项工作扎实有效。在社省委的年终表彰中，社市委被评为"组织建设先进集体"，社市委机关司建林被社中央组织部授予"组织建设先进个人"荣誉称号。（司建林）

【九三学社支社和专委会工作】 2013年3月14日，杏花岭区支社召开社员座谈会；7月6日，晋源支社和万柏林支社组织社员，赴平遥进行考察，观赏大型实景演艺项目"又见平遥"；8月9日，草坪支社传达社市委常委会会议精神；10月19日～20日，九三学社太重支社组织全体社员参观革命圣地西柏坡；12月16日，古交市支社组织召开学习中共十八届三中全会精神座谈会；12月19日，尖草坪区支社组织召开社员会议，学习中共十八届三中全会精神。各专委会完成社市委"三个一"考核要求。（司建林）

【九三学社参政议政】 在2013年市政协全会上，社市委向全会递交12件团体提案，所有提案全部被立案并答复，其中《关于完善低保制度的建议》被定为重点提案。提案《发展引领风尚惠及民生的古村落特色旅游》在大会上进行发言。其中《搭建医务工作者义务服务平台的建议》《糖尿病应从中小学生抓起》《科学合理利用地下水资源促进太原市水环境改善与恢复》等多篇提案由《太原日报》《太原晚报》等媒体作重点报道。在联组会议上，学社李兆玉、闫喜斌两位委员结合自己的工作实际，分别就太原市生态文明建设和中小企业发展建言献策。2013年12月9日，社市委召开九三学社界别委员述职会，在会上推选闫喜斌、李兆玉为优秀政协委员。在2013年市委召开的6次双月座谈上，主委张文旺围绕"政府工作报告""都市农业""上半年经济分析""东西山绿化"和"党风廉政建设"等中心议题，在前期调查研究和广泛征求意见的基础上，在双月座谈上建言献策，发挥参政议政、民主监督职能。

2013年以来，社市委还围绕政府关注、人民群众关心的热点问题主动作为、深入调研，分别组织调研组开展"金融科技结合、服务企业自主创新""中介组织服务城市建设研究""关于保护古村落的调研""关于促进民办教育发展的调研"等专题调研活动，并写出相应调研报告，其中《关于促进民办教育发展的几点建议》由张文旺在市政协组织的"美丽太原·幸福家园"专题议政会上进行高层协商议政。社市委向社省委报送《加强我省雨水集蓄利用的建议》《加大我省古村落保护力度的建议》《关于规范中介服务管理监督的建议》等3篇高质量参政议政课题，做为2014年省政协全会的备选提案。张文旺参加"把太原建设成为北京副中心"专题座谈会并发言，围绕"把太原建设成为北京副中心"这个中心议题，社市委召集专家座谈会，为太原建设北京副中心出谋划策，在收集汇总的基础上，社市委向市委统战提交《立足优势、搞好服务、建设北京副中心》的调研报告，为太原打造成北京副中心建言献策。社市委李兆玉的一篇社情民意荣获市政协"社情报民意信息先进个人"。

社市委贯彻并政办发〔2013〕38号文件精神，与市科技局、市经信委和市农委三部门开展形式多样的对口协商活动。同各单位召开对接座谈会，与各单位相互通报工作情况，相互邀请参加对方重大会议等等。（司建林）

【九三学社社会服务及其他工作】 2013年，九三学社太原市委开展社会服务及其他工作，多次到阳曲县泥屯镇归朝村开展科技下乡社会服务活动，举办农业专家的科技讲座和发放农技科普书籍。在九三学社建社68周年暨抗日战争胜利68周年纪念活动中，社市委邀请"太原市葫芦丝艺术团"为社员献上精彩的文艺表演。社市委开展对老社员的节前慰问工作，参加姚奠中先生的追悼会。（司建林）

太原市工商业联合会

【概述】 2013年，太原市工商业联合会围绕中心、服务大局，以促进非公有制经济健康发展和非公有制经济人士健康成长为主题，以深入开展非公有制经济人士理想信念教育实践活动为重点，履行各项职能。全年全市非公有制经济增加值、上缴税金、从业人员分

别占全市GDP、财政收入、全社会从业人员的54.44%、55.61%、75%，对全市经济社会的贡献进一步提高。（李维秀）

【非公有制经济人士理想信念教育实践活动】 2013年，太原市工商业联合会开展非公有制经济人士理想信念教育实践活动，确立“走正道、创一流、作表率”的实践主题，开展一系列特色鲜明、颇有成效的实践活动，增强非公有制经济人士对中国特色社会主义的信念、对党和政府的信任、对企业发展的信心。加大非公有制经济人士培训力度，全年组织培训10余次，培训企业家及企业高管1300多人次。举办非公有制企业运动会，来自会员企业的40支代表团、1200余名运动员参加比赛。举办非公有制企业文化建设观摩活动，通过现场观摩学习、总结交流经验成果，增强企业凝聚力和创造力，提高企业核心竞争力。（李维秀）

【优化非公有制经济发展环境】 2013年，太原市工商业联合会与政府、银行、媒体等部门对接，打造沟通交流平台，促进非公有制经济发展环境不断优化。开展政企对接，举办“政企面对面，谋转型促发展”活动，拉近政府与企业的距离，使非公有制经济人士感受到党委、政府对非公有制经济发展的重视和深化改革的决心。开展银企对接，举办“服务中小微企业金融产品推介会”，促成融资需求在200万元左右的20多家中小微企业与建设银行、民生银行等多家金融机构签订融资协议。加大宣传力度，在各类新闻媒体刊发新闻报道90余篇，向相关部门报送信息160余条，编发简报78期，报送“我身边的新晋商”征文27篇，获得优秀奖以上的24篇。注重典型引领，召开全市非公有制经济人士理想信念报告会，赵华山等7位非公有制经济代表人士展示爱国报国的责任担当和创新创业的时代精神，为非公有制经济人士做出表率。（李维秀）

【商会优势发挥】 2013年，太原市工商业联合会贯彻市委“以商招商，以人才吸引人才”的部署，发展行业异地商会组织，新成立异地商会4家，新增会员企业800多家，团结一批外地在并投资兴业的企业家，为他们的发展搭建交流合作平台。加强商会工作指导，通过组织直属商会会长及重点企业负责人参加政企座谈会、商会工作交流会、企业家户外运动等方式指导商会开展工作，搭建商会之间学习交流的平台。在太原市民政局开展的社会组织评估活动中，太原市汽车商会、太原市河北商会、太原市福州商会被评为5A级商会，成为各商会学习的标杆。密切与海内外山西商会及重点晋商联系，先后走访多家异地山西商会，协助天津山西商会开展“建设山西，晋商起飞”微博献计献策活动，组织晋商回乡考察团一行赴阳曲考察投资，组织商会和会员企业参加山西·长三角民营企业投资对接恳谈会以及电子信息、装备制造等新兴产业领域成果发布与项目对接会，为各地晋商关注太原、投资太原搭建桥梁。（李维秀）

【商会社会服务】 2013年，太原市工商业联合会开展“同心”品牌工程，引导非公有制经济人士投身光彩公益事业，服务社会、关爱民生。开展“关爱教育、幸福出行——平安校车”活动，非公有制经济人士捐赠540万元购买的18辆校车配备到基层中小学校，为学生平安出行贡献力量。开展“同心·关爱‘三老’感恩行动”，非公有制经济人士捐赠127万元，为娄烦县113名“三老”人员送去温暖和爱心。引导非公有制企业参与产业扶贫，6家会员企业实施产业扶贫开发项目，5家会员企业参与“光彩林”建设。开展就业再就业工作，与市人社局、教育局、总工会共同举办民营企业招聘周、就业援助月、2013山西太原人才智力交流大会等一系列活动，组织600余家会员企业参加，为各类就业困难人员提供就业岗位6000余个。（李维秀）

【商会参政议政】 2013年，太原市工商业联合会履行参政议政、民主监督职能，建言献策，促进全市经济社会健康和谐发展。撰写提案议案，围绕非公有制经济健康发展，推进一流省会城市建设这一中心，组织会员开展调研、视察、考察，完成调研报告6篇，报送社情民意14件，采用12件，其中全国政协采用2件。完成团体提案5件，大会发言2篇。5件提案均立案并由政府相关部门进行答复，一些好的建议被纳入政策实施中。开展“民营经济四十条”专项督查，对10个县(市、区)，4个开发区及14个市直有关部门贯彻落实“民营经济四十条”及相关配套政策情况进行督查，并将督查报告呈报市委、市政府。通过督查，各级各部门加大落实“四十条”的力度，推动非公有制经济健康发展。开展非公有制经济健康发展体制机制创新课题调研。通过到企业调研、召开企业家座谈会、政府部门座谈会、征求专家学者意见等方式，从优化非公有制经济发展政务环境等六个方面进行调研论证，完成《太原市非公有制经济健康发展体制机制创新研究》课题报告，报市委、市政府，为太原市下一步在非公有制经济健康发展方面制定政策、建立机制提供参考。（李维秀）

太原市总工会

【概述】 2013年，太原市总工会围绕全市中心工作，履行工会各项职能，在维护职工合法权益和社会和谐稳定、推动率先转型跨越发展和建设一流省会城市中发挥工会组织的重要作用。市总多项工作走在全国、全省工会前列，共获得全国级表彰8项、省级表彰28项，市总被省总工会授予“2013年度先进市总工会”称号。 （李钟锴）

【理论学习】 2013年，各级工会把学习宣传贯彻党的十八大、十八届三中全会精神、习近平总书记系列重要讲话和中国工会十六大精神作为重要政治任务，市总共组织中心组学习13次，专题讲座4次，专题考试2次，座谈会、研讨会、推进会、交流会5次，中层以上领导干部撰写理论学习体会300多篇。各级工会加强自身学习，通过多种形式在广大工会干部和职工中宣传，让大家充分认识到工人阶级在全面深化改革中肩负的历史使命和工会在推进全面深化改革中肩负的重大任务，增强对中国特色社会主义的道路自信、理论自信、制度自信。中国工会十六大召开后，市总工会向市委作汇报，市委常委会集体学习中国工会十六大精神，激发各级工会干部做好新形势下工会工作的责任感和使命感。在省委工会工作座谈会上，太原市总工会作为唯一地市级工会代表作发言，工作成绩得到肯定，所提加强乡镇（街道）基层工会组织建设的有关意见和建议受到省委高度重视并予以采纳。 （李钟锴）

【工会服务经济建设】 2013年，各级工会围绕经济结构战略性调整，以“转型我争先、跨越我奉献，当好主力军、建功十二五”为主题，开展创建“工人先锋号”“我为节能减排做贡献”等立功竞赛，太原市78个单位和356名个人受到记功表彰。以建立百个职工创新工作室和开展职工科技创新大赛活动为抓手，培养各种技术骨干1500余名。全市各类企业共完成技术革新、技术攻关优秀成果186项，发明创造180项，总结先进操作法180项，采纳实施合理化建议12166条，共创造经济价值5亿元。市总工会推荐的两项职工创新成果在全国第四届职工创新成果评选中分别荣获二等奖和优秀奖，这是山西省在历届评选中获得的最好成绩。开展“百个工种大比武”“百企万人技能登高”等活动，帮助1.83万名职工实现技能升级。召开市劳模大会，表彰一批具有时代性和先进性的模范集体和个人，弘扬新时期劳模精神和工人阶级的伟大品格。 （李钟锴）

【工会特色文化推进】 2013年，太原市各级工会通过举办全市职工摄影大赛和优秀作品展、职工美术书法展和推荐评选“最美劳动者”年度人物等“中国梦·劳动美”主题宣传系列活动，开展“岗位学雷锋，争做好员工”主题教育、创建“省城职工诚信文明示范岗”、评选职业道德建设“双十佳”等，引导广大职工把“个人梦”和“中国梦”结合起来，全面践行社会主义核心价值观。依托工会文化活动阵地和职工文体专业人才，投入资金建设职工文体活动义务辅导站161个，全市辅导站达到333个，吸引着大批职工群众。坚持开展“心系重点工程、情暖一线职工”慰问演出、“为农民工百日送文化”“文化拥军”及节日广场文化演出等多种形式的群众性文体活动，满足职工日益增长的精神文化需求。全健排舞队在全国亿万职工全健排舞大赛中获得七项大奖。与《太原日报》和太原电视台联合创办《工会之窗》专版和专栏节目，并与太原电视台《新闻对话》栏目合作，定期宣传工会工作。全年各大新闻媒体报道市总工会工作达260余(条)次。 （李钟锴）

【和谐劳动关系构建】 2013年，太原市各级工会贯彻落实《企业民主管理规定》和职代会“八项制度”，开展“职代会优秀提案”和“优秀合理化建议”评选活动，调动职工群众为企业改革发展稳定献计出力。总结提炼太原公交公司工会主席联审工资的做法，在全市范围内进行推广。出台县（市、区）厂务开民主管理工作目标责任考核办法，加强县区厂务公开民主管理工作的规范化建设。市厂务公开领导组办公室荣获“全国推动厂务公开民主管理工作先进单位”。以非公有制企业为重点，推进区域性、行业性工资集体协商，运用“上代下、上参下”要约模式，保障职工收入随企业经济效益增长而增长。太原市民营医疗行业工资集体协商工作经验被全总收入《工资集体协商典型案例分析》，《工人日报》对该经验给予报道。市总困难职工帮扶中心和小店区北格镇总工会被全总确定为“全国工会法律援助维权服务示范基地”。在对全市88家破产改制涉拆企业进行全面清算的试点工作中，市总工会和工交建、财贸系统的工会组织加强信息沟通，反映职工诉求，配合做好职工的稳定工作，试点破产企业职工得到妥善安置，为全市的改革发展稳定大局做出贡献。加强职工劳动保护监督检查，推广“一法三卡”工作法，共组织或配合行政开展监督检查3826次，查出各类隐患和问题89356个，督促整改重大事故隐患28项。开展职工安全卫生知识普及教育工作，会同市安监局、市卫生局联合制订下发《太原市职工职业安全健康知识普及教育活动五年实施方案》，对20万职工进行职业安全卫生知识普及教育。引深“安康杯”竞赛活动，市总工会再次荣获“全国‘安康杯’竞赛优秀组织单位”称号。 （李钟锴）

【帮扶困难职工】 坚持开展春送岗位、夏送清凉、金秋助学、冬送温暖为主要内容的“四季送”活动，对社会保障起到拾遗补缺的作用。2013年，太原市各级工会组织筹措送温暖资金近3000万元，走访慰问困难企业300余家、困难职工3.6万人次。组织下岗失业人员、农民工以及其他行业的转岗人员进行家政服务培训，并联系家政服务公司与学员签订订单式用工合同，实现培训学员全部就业。开展帮助农民工追讨欠薪行动，叫响“农民工有困难找工会，拿不到工资找工会”口号，全市工会帮助农民工追回被拖欠工资370余万元。推动第九期职工大病医疗互助工程的实施，市总工会领导班子成员深入基层分别包点，帮助基层挖掘新的增长点，参加人数增加近5万人。截至2013年底，职工大病医疗互助工程累计发放互助金9854万元，近4万名职工受益。市总工会向全市公开承诺为职工群众办的5件实事全部完成。 （李钟锴）

【工会自身建设】 2013年，太原市各级工会克服在大规模城市拆迁改造中，大量中小型企业被拆和搬迁、基层工会组织流失等不利因素，通过开展“工会组建月”活动和“双措并举、二次覆盖”工作，推进非公企业、新经济组织和劳务派遣企业的工会组建和发展会员工作，依法推动企业普遍建立工会组织，全年新增基层工会组织1560个，新发展会员1.5万余人。强化基层组织网络建设，加强乡、社区、企业工会小三级网络建设并落实好基层工会经费补贴，组织体系更加健全。开展“双亮双争双评”活动，提升工会工作的规范化水平。加强工会工作目标考核体系建设，在分组检查、汇总打分、综合评判的基础上，对考核优秀的县区和直属基层工会进行表彰奖励。加大工会干部教育培训经费的投入，举办各类培训班25期，培训干部达3000多人次。坚持不懈抓好市总领导班子建设，把落实中央“八项规定”、反对“四风”作为加强作风建设的重中之重，制订《关于改进工作作风、密切联系职工群众的实施办法》，市总会议、文件和表彰活动大幅度减少。推进“调查研究年”活动，面对面零距离听取职工诉求，推动解决职工最困难、最操心、最忧虑的实际问题。市总工会深入研究工会参与社会管理的新路子，在太原市加强富士康科技工业园区社会管理等调研活动中发挥作用。各级工会干部共撰写调研报告679篇，创新工会课题19个，收集意见和建议1820条，解决基层和职工实际问题253项。在全省工会优秀调研成果评比中，市总获奖篇数和奖励等级在市级工会中居首。

各级女职工组织多措并举，全面推进女职工专项集体合同全覆盖；深化女职工“关爱行动”，加强对女职工的心理疏导，坚持为特困女职工进行“两癌”健康体检；女职工大讲堂下基层、进车间，送课上门。重视和加强产业工会和工委工作，发挥工会在推动本行业、本系统改革发展、维护职工合法权益和职工队伍稳定等方面的作用。进一步加强工会资产监督和管理，制定资产管理考核评分细则，开展市总工会机关系统资产情况核实工作，初步理清资产的历史沿革。继续深化工会经费收缴“一改三策”工作的落实，主动抓收缴，优化支出保重点，确保工会经费收入持续稳定增长，为各项工作的开展提供物质基础。依法履行经费审查监督职责，加强经审工作规范化建设，保证基层工会经审工作的整体推进，发挥“审、帮、促”作用。重视信息、信访和统计工作，工会信息工作在全市党委系统信息工作会议上作

经验交流。 （李钟锴）

共青团太原市委员会

【概述】 2013年，共青团太原市委围绕“率先转型跨越发展，建设一流省会城市”的总体目标，坚持服务中心与服务青年相统一、开展活动与加强建设相协调、体现政治属性与体现社会功能相融合，履行组织青年、引导青年、服务青年、维护青少年合法权益四项基本职能，在服务青年上有新成效，在团的基层组织建设上有新举措，在一流省会城市建设中有新作为。

（孙东松）

【党的十八大宣讲活动】 2013年1月7日上午，党的十八大精神太原青年宣讲团启动仪式在北车集团太原轨道交通装备有限责任公司举行。团市委组建党的十八大精神太原青年宣讲团，到基层一线开展宣讲活动1000余场次，覆盖青少年达40万人(次)。开展“红领巾心向党”学习十八大主题教育实践活动，在少先队员当中举办各类宣讲活动300余场。 （孙东松）

【践行太原城市核心价值观】 2013年，共青团太原市委开展“学雷锋、学君宇、学胡兰”主题实践活动，覆盖全市100余所小学近10万名少先队员。启动“传承雷锋精神，共建美丽太原”志愿服务活动，组织青联委员、志愿者等6000余人开展义务献血、城乡清洁、关爱老人等志愿服务活动。

（孙东松）

【“四百”行动】 2013年，共青团太原市委组织开展百场青工技能大比武，涉及52个比赛项目；开展百个青年文明号、青年安全示范岗、百名青年岗位能手评比选树；组织开展百支青年突击队竞赛活动。 （孙东松）

【青年志愿服务】 2013年，共青团太原市委开展共青团暖冬行动，募集爱心物资10多万元，惠及特殊青少年2000多人。服务大型赛会，完成国际大学生龙舟赛、国际马拉松赛83名小语种大学生招募培训工作。全市建设青年林8个，植树1.4万棵。与社会爱心企业合作，新建社区七彩小屋2个。开展“童心有爱，情系雅安”系列活动，捐赠近18万元爱心物资。

（孙东松）

【阵地建设】 2013年，共青团太原市委组织召开市青联、青企协会议，改选青联主席和青企协会长。举办“一流省会城市建设”专题青年大讲堂。开展“圆梦龙城”助学行动，30多名青联委员、青企协会员及社会爱心人士捐资57.5万元，资助困难学生115人。

（孙东松）

【团组织换届】 2013年，共青团太原市委完成市第六次少代会，县、乡、村三级团组织和市、县两级少工委换届工作。 （孙东松）

【团的基层组织建设】 2013年，太原市非公有制经济组织建团614家，新社会组织建团18家，国有企业建团14家，超额完成共青团省委下达的非公团建任务。开展乡镇团的组织格局创新和“大团委”建设回头看，2013年底，全市乡镇直属团组织1585个，覆盖团员20799人。 （孙东松）

【团干部培训】 2013年，共青团太原市委采用送学上门的形式赴十县(区)进行授课，实现团队干部培训全覆盖。举办太原团学干部培养营，6136名团学干部参加培训。邀请统计局长为市、县、乡三级团干部300余人进行经济社会发展专题讲座。先后邀请陆士桢、江英等专家学者为全市团干及青年进行集中授课。 （孙东松）

太原市纪念五四运动九十四周年暨“青春托起中国梦，实干铸就新太原”宣誓大会

【青年创业技能培训】 2013年，共青团太原市委举办招聘会98场，提供岗位4万个，服务2.8万人次。举办“让梦想起航”大型招聘会，提供近万个就业岗位，2万青年进场求职。举办SYB青年创业培训班10期。累计建立见习基地178家，564人上岗见习。扶持农民专业合作社50个，扶持大学生村官20人。

（孙东松）

【青年创业就业】 2013年，共青团太原市委新扶持青年农民创业(示范)基地11家，投入资金11万元。发放创业贷款5.1亿元，3784人实现成功创业，

"扬帆青春，启航梦想"十八岁成人宣誓仪式

带动就业 7247 人。依托 YBC 太原办，发放青年创业扶持款 20 万元。

（孙东松）

【青少年思想政治教育】 2013 年，共青团太原市委组织开展五四青年月、红领巾心向党等系列主题教育，参与青少年 100 万人次。举办"青春托起中国梦，实干铸就新太原"宣誓大会。开展"我的中国梦"主题团日活动 10 场。开展"我们的节日"清明节网络祭奠活动，参与青少年近 30000 名。

（孙东松）

【服务青少年精神文化需求】 2013 年，共青团太原市委举办大中专院校校园社团文化节，40 个学生社团参与活动。举办十八岁成人仪式，20 所学校近万名青年学生集体宣誓。组织 80 所学校开展"我的中国梦"漫画故事大赛。开展奇奇少儿运动会，30 所小学近千名小学生参与。开展免费放映电影公益活动 20 余场。举办五城市书画展，展出五地青年精品佳作 200 余幅，接待参观人数 4000 余人。（孙东松）

【青少年维权】 2013 年，共青团太原市委服务青少年维权，太原 12355 青少年服务台提供各类服务 5423 人次。新创建优秀"青少年维权岗"25 家。开展"面对面"活动 12 次，解答回复青少年提出的各类问题 500 余条，形成省、市两会提案建议 3 个，社情民意 2 件。

（孙东松）

【刘娟一行到并调研】 2013 年 3 月 13 日，共青团省委副书记刘娟一行到太原，围绕基层团建、青少年活动阵地建设和青年就业创业工作开展调研。

（孙东松）

【任忠一行到并调研】 2013 年 3 月 27 日，共青团省委副书记任忠一行到太原就基层团组织建设及青年创业就业工作开展调研。（孙东松）

【清明网上祭奠活动】 2013 年 4 月 2 日，共青团太原市委在中共太原支部旧址纪念馆举办"缅怀革命先烈遗志，弘扬爱国奉献精神" 网上祭英烈活动启动仪式。（孙东松）

【赵雁峰一行到古交市调研】 2013 年 5 月 8 日，共青团省委书记赵雁峰一行到古交市就青年就业创业工作、乡镇实体化"大团委"建设开展调研。

（孙东松）

【"圆梦龙城"捐资助学活动】 2013 年 8 月 22 日，共青团太原市委开展"圆梦龙城"助学活动。活动从 7 月 15 日开始 8 月 20 日截止，历时一个月，期间共募集资金 57.5 万元，资助困难学生 115 人。（孙东松）

【中国少年先锋队太原市第六次代表大会召开】 2013 年 9 月 24 日上午，中国少年先锋队太原市第六次代表大会开幕。市领导出席大会开幕式。来自全市共 239 名少先队员、少先队工作者和少先队辅导员代表参加大会。

（孙东松）

【傅振邦到并调研】 2013 年 12 月 20 日下午，团中央书记处书记傅振邦带领调研组一行到太原，调研中学生实践教育活动和团组织教育基地建设情况。

（孙东松）

太原市妇女联合会

【概述】 2013 年，太原市妇女联合会（以下简称太原市妇联）围绕中心，服务大局，创新求实建坚强阵地，凝心聚力筑温暖之家，推动妇女事业和妇女工作向前发展，为建设一流省会城市作出贡献。市妇联先后荣获省家庭道德建设工作先进集体、省宣传推广工作优秀单位、省"男女平等基本国策实践与思考"论文征集活动优秀组织奖，市人力资源社会保障工作先进单位、市文明单位标兵、市双拥模范单位、市计生工作先进单位、市思想政治工作优秀单位、市全民学习周活动先进集体、市先进基层党组织等荣誉称号。

（曹素玲）

【"新型女农民培育工程"实施】 2013 年，太原市妇联利用市、县、乡、村四级妇女培训网络举办种、养、加、销等各类培训 320 期，发放各类科技读本 6000 余册，组织科技人员到田间地头现场解疑答惑，参与培训的妇女达到

25895人次。举办女经纪人培训班,50人获得职业资格证书。创建“巾帼现代农业科技示范基地”50个,培养女经纪人、女协会会长和巾帼科技致富带头人110名,帮助6000余名农村妇女增收致富。创建“巾帼示范村”50个,发挥其示范带动作用,开展“城乡清洁工程”“美丽家园”创建活动,带领农村妇女整治村庄环境、促进生态文明,为建设美丽太原作贡献。（曹素玲）

【“妇女创业就业行动”推进】 2013年,太原市妇联创建巾帼创业基地15个,带动5850名妇女就业;创建巾帼创业就业培训基地15个,培训5980名妇女;创建女大学生创业实践基地15个,提供685个就业岗位;举办“春风行动”女性专场招聘会、巾帼创业就业培训项目启动仪式,扶持和带动2500余名妇女实现创业就业;开展妇女小额担保贴息贷款宣传活动,帮助15名妇女获得120万元的妇女小额贷款。举办SYB创业培训和女大学生创业就业辅导讲座,360人参加培训;举办家政培训2期,培训家政服务人员120名;召开市女企业家协会换届大会,成立女企业家协会党支部,增强协会的凝聚力和影响力。表彰169个“巾帼文明岗”、342名“巾帼建功标兵”,举办202人参加的“巾帼文明岗”负责人培训班,促进广大在岗女职工立足本职,岗位建功,岗位成才。（曹素玲）

【宣传思想工作】 2013年,太原市妇联在广大妇女中开展党的十八大精神宣讲活动,推进社会主义核心价值体系建设;召开贯彻落实男女平等基本国策座谈会,集中宣传展出“贯彻男女平等基本国策”展板50块;举办“贯彻男女平等基本国策、促进妇女事业发展”优秀论文征集评选表彰活动,征集优秀论文141篇并编辑成册;培养选树全国、省“三八红旗手”等妇女先进典型,宣传妇女先进事迹;编印《太原妇女》21期,在《太原日报》《山西妇女报》刊登专版,集中宣传太原市妇女工作所取得的成效,为推动妇女事业发展营造良好的舆论氛围。（曹素玲）

【家庭文化建设】 2013年,太原市妇联继续开展“文明和谐家庭”“绿色文明家庭”“低碳家庭”“平安家庭”等特色家庭创建活动和“弘扬家庭美德,建设美丽家园”“美在家庭”等家庭道德建设活动,表彰100户太原市“绿色文明家庭”,以家庭美德促进社会文明风尚形成。开展“树立科学理念、创建和谐家庭”科普知识进社区、进家庭活动,倡导树立文明、健康、科学的生活方式。利用网上家长学校,联合家庭教育专家,在太原市社区、学校举办家庭教育培训、巡回宣讲、宣传咨询、亲子互动等活动200余场次,受益家长3万余人次。在纪念国际家庭日20周年之际启动首届太原市家庭文化节,举办家庭才艺展、家庭摄影展、亲子运动会等系列活动,形成家庭参与办节、家庭欢乐过节的良好氛围,使家庭文化成为太原文明城市创建的重要组成部分。（曹素玲）

【精神文明创建】 2013年,太原市妇联在广大妇女和家庭中组织开展“美在山西、建功太原”巾帼主题实践活动,“三八”期间举办以“美丽太原、巾帼风采”为主题的宣传文艺活动,组建巾帼志愿服务队100支,组织巾帼志愿者开展“践行雷锋精神,巾帼志愿者在行动”主题服务活动,开展以“相约航天城、共逐青春梦”为主题的第十九届军地青年鹊桥联谊会,持续开展“婚育新风进万家”活动,继续开展慰问军烈属、入伍新战士等双拥工作。

（曹素玲）

【普法宣传】 2013年,太原市妇联利用“3·8”“6·26”“12·4”等节点,有计划、有目的、有重点地开展各类法制宣教活动:“3·8”期间与山西经济广播电台“法律援助栏目”联合制作三期法律专题访谈节目;安全生产日,举办“科学发展、安全发展”大型宣传活动;国际禁毒日,举办以“拒绝毒品,珍爱生命”为主题的禁毒宣传进乡村活动;11·25反家暴日,举办座谈会并发放调查问卷2000余份;12·4法制宣传日,开展以“关爱未成年人,构建平安校

太原市纪念“三八”国际劳动妇女节103周年文艺宣传活动

园”为主题的法制宣传教育系列活动，向太原市中小学赠送市妇联编写的《未成年人保护手册》1万册。围绕“六五”普法开展系列活动：举办《婚姻法》《妇女权益保障法》等培训班20期，培训妇女群众2000余人次；开展法律进机关、进乡村、进社区、进学校、进企业、进单位的“法律六进”活动，广大妇女的法律意识明显增强。（曹素玲）

【维权工作】 2013年，太原市妇联开展调查研究，掌握民情反映民意，反映妇女诉求和社会动态。“两会”期间提交《建立反家暴执法联动机制》等多项建议、提案，挂牌成立“太原市妇女儿童法律援助工作站”，在全市建立1377个妇女维权工作站，坚持维权工作月报制度和主席、副主席信访接待日制度，通过“婚姻家庭纠纷调解委员会”和12338维权热线，疏导妇女情绪，化解社会矛盾，维护社会和谐稳定。全年接待来访案件1861件、12338热线600余起，调处率达到100%。

（曹素玲）

【开展“平安家庭”创建活动】 2013年，太原市妇联围绕“六安联创”，在全市牵头组织开展“平安家庭”创建活动，全面总结太原市各部门贯彻执行妇女权益保障法和平安家庭创建的经验，表彰“平安家庭”示范户100户、平安家庭创建先进集体30个、平安家庭创建先进个人50名。通过先进典型的评选表彰和带动示范激励全社会共同做好妇女儿童权益保障工作，进一步形成尊重和保护妇女儿童权益的良好社会环境。（曹素玲）

【开展“保护我们的孩子绿丝带行动”】 2013年，太原市妇联举办“暑期安全教育活动”80余场，近万名未成年人参加培训。开辟未成年人维权“绿色通道”，为6名贫困儿童提供法律援助，参与12案18名未成年人不起诉宣判，维护未成年人合法权益。开展警示宣传教育、家庭护卫网络文化、亲子教育实践等活动19次，营造出爱护儿童、教育儿童、保护儿童的良好氛围。

（曹素玲）

【实施“两纲”“两规”】 2013年，太原市妇女儿童发展“十二五”规划中期目标如期实现，部分指标完成情况位于全省前列，得到省政府妇儿工委评估督导组的肯定。小店区、万柏林区、尖草坪区、古交市4个县区被命名为山西省实施“两纲”“两规”示范县，小店区被命名为实施中国妇女儿童发展纲要国家级示范县（市、区）(2012～2015)。在山西省实施“两纲”“两规”示范工作会上，副省长张建欣等省、市领导和与会代表实地观摩尖草坪区妇女儿童工作示范点，对太原市示范创建工作给予高度赞扬。推进“两纲”“两规”重点难点目标达标，共投入10万元在全市打造20个精品示范社区“儿童之家”，进一步优化妇女儿童生存发展环境。（曹素玲）

【为妇女儿童办好事】 2013年，太原市妇联实施“儿童友好家园”项目，为家园配备大型游艺设施和图书，开展各类活动75次，受益孩子和家长达200余名；实施安康计划，为全市近70余名贫困弱势儿童进行筛查、义诊，帮助6名贫困家庭弱势儿童赴京接受免费治疗；开展“天籁列车”活动，为160名听障儿童配备总价值约32万余元的耳蜗；争取葵花助学基金，累计资助20名大学生10万元；利用“母亲健康快车”开展义诊活动和健康知识讲座，直接受益人数4000余人；实施“魔豆爱心工程”，帮助23名贫困母亲获得启动资金和电脑；组织女企业家、政协女委员向社会福利院捐赠2万余元现金及物资；慰问女交警和奋战在一线的修路工人，赠送价值1万余元的慰问品；慰问包扶村的困难户和儿童，赠送价值2.5万元的慰问品；开展“两癌”普查救助工作，普查妇女18000人次，救助贫困“两癌”患者89名，救助资金达25万元；通过开展“六一”主题慰问、“母亲邮包活动”、女性健康知识讲座、慰问贫困妇女儿童等活动，让更多的妇女儿童生活得更有尊严、更加幸福。

（曹素玲）

【“春风行动”女性专场招聘会】 2013年3月8日上午，在太原市职业介绍服务中心，省、市妇联与太原市人力资源和社会保障局共同举办2013年“春风行动”女性专场招聘会，共有35家用人单位提供830个用人岗位，涉及有会计、收银员、服务员、保姆、库管、清洁等岗位，来自6个城区的1000余名求职女性参与招聘会，达成就业意向的大约有300余人。招聘会上，市妇联工作人员现场向女性求职人员讲解妇女小额贷款政策、发放妇女健康知识宣传手册，市妇联主席萧芬芬听取求职女性的创业困惑和就业意向，并一一进行解答，鼓励她们多学习、多探索，争取走出一条适合自己的创业之路。

（曹素玲）

【范继英调研社区家庭道德建设工作】 2013年3月26日，全国妇联书记处书记范继英到太原市调研社区家庭道德建设工作。调研中，范继英实地走访万柏林区和平社区和尖草坪区翠馨苑社区，与社区工作人员和居民们交谈。她充分肯定近年来太原市在家庭道德建设工作方面取得的新成绩。（曹素玲）

【全市妇女工作观摩交流活动】 2013年4月17日至19日，太原市妇联组织机关全体工作人员、十县（市、区）妇联主席及经济区、高新区、民营区的妇工委主任到各县（市、区）对全市23个妇女工作典型进行集中观摩。此次观摩活动是市妇联全面考核太原市2012年度各县(市、区)妇联工作中一项重要内容,是了解掌握各县(市、区)妇女工作开展情况,加强各县(市、区)之间相互学习、交流,进一步总结经验、寻找差距、优化思路,提升全市妇女工作整体水平的一项重要举措,同时也是市妇联贯彻落实市委、市政府《关于开展领导干部“访民生、知民情、解民事”集中走访活动的通知》精神,开展“下基层、访妇情、办实事”活动的具体体现。观摩点是经各县(市、区)精选的亮点工作、特色工作和创新工作,大家通过实地看点、现场讲解、查阅资料、相互交流等方式,深入、全面地了解学习各县(区)特色工作及主要经验和做法。（曹素玲）

【“五个一”活动辅导讲座】 2013年4月27日上午,太原市妇联举办学习贯彻十八大精神、开展“五个一”活动报告会。市妇联机关、下属单位及10个县(市、区)、3个开发区的妇联(妇工委)干部200余人参加讲座。会上,太原市委党校副校长、教授王晓东作题为《认真学习党章,严格遵守党章》的专题辅导。市妇联领导就落实好这次辅导讲座精神提出要求:认真开展党章学习教育,读懂读透党章,组织党员对照党章规定的八项义务、党员领导干部对照六项基本条件,不断强化党员干部的党章意识、纪律观念和担当意识;制定落实中央八项规定的具体办法和建设清廉机关的实施意见,形成抓落实的长效机制,切实转变党员干部的工作作风;认真开展反腐倡廉教育和廉政文化建设,加大反腐倡廉制度建设和创新力度,把权力关在制度的“笼子”里,加强各级妇联机关反腐倡廉建设。（曹素玲）

【首届家庭文化节活动启动】 在纪念国际家庭日第20周年之际,太原市妇联在全市开展“美丽太原我的家”太原首届家庭文化节活动于2013年5月15日上午举行启动仪式。市领导家庭文化节组委会成员、家庭才艺展示人员、文明和谐家庭代表约150人参加活动,由各县(市、区)妇联选送的23个家庭参加现场家庭才艺展示。启动仪式结束后,参加启动仪式的领导观看家庭才艺展示活动。（曹素玲）

【贯彻落实男女平等基本国策座谈会召开】 2013年5月21日下午,太原市妇联与民进太原市委会联合召开贯彻落实男女平等基本国策座谈会。市政协副主席、民进太原市委会主委张政,太原市巾帼法律志愿者,民进太原市委律师支部律师等30余人参加。在座谈会上,市政协副主席康一萍就近五年来太原市执行《妇女权益保障法》所做的工作进行汇报。民进律师小组和太原市巾帼志愿者理论结合实际,就如何理解和贯彻落实男女平等基本国策,围绕消除性别歧视、女大学生就业难、农民工临时夫妻、女性犯罪等社会现象展开热烈讨论,从法理和案例的角度分别进行论述和分析,并提出相应的对策和建议。（曹素玲）

【王维卿一行到太原市调研】 2013年6月19日,山西省妇联主席王维卿、副主席顾青圻、省政府妇儿工委办公室主任张晋叶一行在太原市调研妇女工作。王维卿一行先后到万柏林区下元商贸城、太原市妇幼保健院、迎泽区贵都小学校、太原市妇联机关进行实地调研。王维卿一行参加太原市妇联举办的全市妇女工作经验交流座谈会。（曹素玲）

【贯彻落实男女平等基本国策优秀论文评审会召开】 2013年7月5日下午,太原市妇联召开贯彻落实男女平等基本国策优秀论文评审会。会议由市妇联主席萧芬芬主持,特聘省妇联副巡视员张苏丽、市发展研究中心主任魏建庭、市政府政研室副主任赵德学、市社会科学院副院长张晨强、市委宣传部讲师团副团长张敦义等专家参加评审。此次评审会共收到参评论文118篇,有对女性政治、经济、文化、教育、家庭、就业等共性主流课题的研究,有涉及具体的现代化社会发展中产生的边缘课题。10位评委本着公平、公正、公开的原则,从文章的创新性、实用价值、结构及难度等方面,对入围的论文以票决方式推荐出一等奖5篇、二等奖10篇、三等奖20篇。（曹素玲）

【太原市第十一次妇女代表大会召开】 2013年9月29日上午,太原市第十一次妇女代表大会开幕。298名来自全市各条战线的妇女代表齐聚一堂,共商妇女事业发展大计。市四大班子领导出席开幕式。山西省妇联党组书记、主席王维卿到会祝贺。萧芬芬代表太原市妇联第十届执行委员会作题为《振奋精神,凝聚力量,团结带领全市妇女为加快建设一流省会城市而努力奋斗》的工作报告。大会选举产生市妇联新一届领导班子。（曹素玲）

太原市文学艺术界联合会

【概述】 2013年,太原市文联、各文艺家协会、各县(市、区)文联、各团体会员单位深入学习贯彻党的十八大以及十八届三中全会精神,开展系列主题文艺活动,创作推出精品佳作,全市文联工作呈现出繁荣发展的新气象。（李增明）

【迎春书画展】 2013年1月6日,太原市文联在山西省民俗博物馆举办迎

春书画展，展出书法、美术作品各80余幅，并组织30余位书法家、美术家向交警和环卫工人赠送书画作品，表达对奋斗在工作一线的基层劳动者的敬意。（李增明）

【文学艺术大讲堂】2013年2月22日，市文联在太原市群众艺术馆举办“文学艺术大讲堂”首场讲座，由摄影家崔和平讲授摄影创作；7月26日，在省政协宾馆举办讲座，由省文联原主席李才旺畅谈艺术与人生；11月14日，在太钢集团举办两场讲座，由著名评论家雷达和省委宣传部副部长、省作家协会主席杜学文主讲，雷达主讲“当前文学存在的价值”，杜学文主讲“意识形态问题与文艺创作”。

（李增明）

【摄影“送福到农家”】2013年2月13日，太原市文联、市文明办，省、市摄影家协会在阳曲县泥屯镇岔上村举办美丽中国“全家福”公益摄影活动暨摄影大赛，组织300余位摄影家、摄影爱好者为168户村民义务拍摄全家福，为67户贫困户捐赠面粉、大米、食用油，并在田地里拍摄巨幅“家”字“全村福”。（李增明）

【中国太原（2013）国际摄影大奖赛】2013年4月～9月，市文联、市文广新局主办，市摄影家协会承办，举办中国太原(2013)国际摄影大奖赛，大赛主题为“见证·圆梦·中国”，分国际摄影大奖赛、大奖赛获奖作品展暨“美丽太原”摄影展、大奖赛获奖作品拍卖会、大奖赛获奖摄影师签约仪式等版块。

（李增明）

【“送欢乐、下基层”活动】2013年5月22日，太原市文联主办，市戏剧家协会、市晋剧艺术研究院、市晋剧艺术研究院实验一团、市摄影家协会承办，中共阳曲县委宣传部、阳曲县文联、泥屯镇党委政府协办，组织谢涛等70余名晋剧艺术家在阳曲县泥屯镇剧场举办晋剧经典折子戏公益演出，近千名农民群众冒雨欣赏演出。市文联主办，市美术家协会、市书法院承办，在泥屯镇政府举办书画下乡活动，李元红、杜成元、刘贵忠等12位书法家、美术家为泥屯镇政府义务创作100余幅作品。

（李增明）

【“送文化、送健康”文艺演出】2013年8月4日，太原市计生委、市文联主办，在娄烦县天池店乡王家崖村举办“助推‘三晋康家’创新发展文化”慰问演出，50余位艺术家为村民表演精彩文艺节目。市文联党组书记、常务副主席李元红现场为村民捐赠“家和万事兴”“天道酬勤”等书法作品。

（李增明）

【哲夫报告作品研讨会】2013年9月8日，哲夫报告文学研讨会在山阴县举行。研讨会由山西省作协报告文学专业委员会主办，中国作家协会书记处书记、副主席何建明，省委宣传部副部长、省作协主席杜学文，朔州市委副书记郑红，以及40余位省内外评论家、作家参加研讨。（李增明）

【市文联领导班子调整】2013年10月，太原市委组织部任命张体仁为市文联党组书记，提名为文联主席人选；任命王宏伟、韩莹为党组成员，提名为副主席人选；任命项红春、哲夫、黄敏娜、张运刚为党组成员、调研员。

（李增明）

【闫文盛作品研讨会】2013年12月10日，太原市文联、太原文学院联合主办“闫文盛作品研讨会”，来自北京、天津两地及太原的作家、评论家祝勇、汪惠仁、李朝全、杨占平、潞潞、陈为人、王春林等40余人参加研讨。

（李增明）

【离退休干部工作】2013年，太原市文联坚持老干部工作“季谈会”制度，创新文化养老机制，服务老艺术家，做好走访慰问、寿辰庆贺、从艺纪念等各项工作；组织为已故主席唐仁均出版文集《铁流之花》；举办著名狂草书法家李克仁先生收徒仪式。（李增明）

·文学创作·

【概述】2013年，蒋韵创作的《琉璃》入选中国作家协会选编《2012中国中篇小说精选》，中篇小说《心爱的树》入选西班牙语《中国当代文学精选——中国当代中篇小说集》。

哲夫创作的《缠绵悱恻的水荒》、闫文盛创作的《躁动与变迁》入选中国散文学会《2012中国随笔排行榜》；哲夫创作的《王维传》、闫文盛创作的《罗贯中传》入选中国作家协会《中国百位文化名人传记》丛书工程。

王宏伟创作出版小说集《晨雨夜话》，主编《人文太原·文化卷》。

杨新雨创作的《网上对弈与人性表现》入选《中国最美的生活散文》；闫文盛创作的《这烟与火的人间》入选《当代新现实主义诗歌年选·2012卷》；手指创作小说《曹胖子，咱们就此别过》，被《小说月报》选载；孙频创作小说《异香》《月煞》《无相》《恍若来世》等，在《当代》《十月》等首发，被《小说月报》等选载，孙频创作的《祛魅》入选《太阳鸟文学年选:2012中国最佳中篇小说》，中篇小说《菩提阱》入选中国小说学会《2012中国中篇小说年选》，中篇小说集《菩提阱》入选中国作家协会“21世纪文学之星丛书”2013卷。（李增明）

·年度获奖·

【市文联获奖情况】2013年，市文联获山西省文联先进单位荣誉，获2012年度山西省文学创作成绩奖，市文联

获太原市第二轮修志先进单位称号。(李增明)

【文学获奖情况】 2013年,陈驰创作的长篇小说《海子边风云》获山西省精神文明建设“五个一”工程奖优秀作品奖。闫文盛创作的组诗《致岁月书》获“上官军乐诗歌奖·未名诗人奖”。孙频创作的中篇小说《醉长安》获《小说月报》第十五届百花奖,《九渡》获《北京文学·中篇小说月报》奖,《月煞》获第十届“《上海文学》奖”中篇小说奖。(李增明)

【戏剧获奖情况】 2013年,晋剧《上马街》获第13届中国戏剧节获得优秀剧目奖、山西省第十届精神文明建设“五个一工程”优秀作品奖;剧中“车伍儿”的扮演者牛建伟获第13届中国戏剧节最佳表演奖。晋剧《傅山进京》获第八届全国戏剧文化奖原创剧目大奖、最佳演出单位奖等17个奖项。

(李增明)

【书法获奖情况】 2013年,张明智、王琥、刘丽萍、杨海河、薛天喜、熊晋、刘连杰作品入展全国第三届草书作品展;刘丽萍、王增云作品入展全国首届书法临帖作品展;杨建忠作品入展全国第七届篆刻艺术展;李大刚作品入展大爱妈祖——首届中华“妈祖杯”全国书法篆刻大展。(李增明)

【曲艺获奖情况】 2013年,乔俊宝获第十届中国艺术节“群星奖”群文之星称号。李晋平创作,李晋平、张高明、赵全遥表演的小品《酒危》,获“2013海峡两岸欢乐汇”优秀曲艺节目展演银奖。

(李增明)

【民间文艺获奖情况】 2013年,王博创作的传统面塑《四大美女》获中国(开封)清明文化艺术节暨中国民间艺术品展评大赛银奖。东浦村舞龙获得南宁(青秀)全国舞龙展演暨第十一届山花奖活动银奖。王振华剪纸作品获2013蔚县国际剪纸艺术节铜奖。胡发伟皮影雕刻作品获中国(河北滦县)全国皮影雕刻大赛优秀奖。庙前高跷艺术团获中国首届社火艺术节暨第11届中国民间文艺山花奖·民俗礼仪表演评表演金奖。(李增明)

·专业协会·

【市作家协会】 2013年,市作家协会开展“清凉太原”有奖征文和“美丽太原幸福龙城”诗文有奖征集活动;在《太原日报》以“让我们感受泥土的芬芳”为主题专版集中展示太原十县区文学创作成果。(李增明)

【市戏剧家协会】 2013年,市戏剧家协会创作演出新编现代晋剧《上马街》,创排新编历史晋剧《晋阳风》;举办举办2013年迎新春晋剧答谢演唱会演出、太原市第三届艺术新秀比赛专场戏曲演出。(李增明)

【市美术家协会】 2013年,太原市美术家协会成立市美协艺术交流中心,举办月照大师禅画展、“紫砂大师走进太原”紫砂壶展,同太原画院等在太原美术馆组织全国专业画院画家作品联展;武宣、李贵文等在广州、北京举办个人作品展。(李增明)

【市摄影家协会】 2013年,太原市摄影家协会举办“女性风采”摄影联谊和特拍活动,举办“美丽太原”月赛、“金泰源”杯珠宝首饰摄影大赛、“大美天龙、清凉胜境”摄影比赛,组织“最美太原——留住城市记忆”大型摄影活动。

(李增明)

【市音乐家协会】 2013年,市音乐家协会举办太原市群众文化名家讲坛合唱、声乐专场;在阳曲县东黄水镇举办送文化下基层活动。(李增明)

【市舞蹈家协会】 2013年,市舞蹈家协会组织太原市青少年电视舞蹈大赛;成立舞蹈艺术志愿队伍,长期免费到太原市最南端的南马村南马小学进行舞蹈扶贫支教。(李增明)

【市书法家协会】 2013年,市书法家协会在太原美术馆举办“袁旭临个人书画捐赠展”,在山西美术馆举办郭存魁书法展;编辑出版《历代名人咏并诗书法作品集》。(李增明)

【市曲艺家协会】 2013年,市曲艺家协会承办“曹强杯”太原莲花落大赛,举办少儿曲艺大赛。(李增明)

【市民间文艺家协会】 2013年,市民间文艺家协会组织承办“首届太原万达民间艺术非遗展演月”和食品街民间艺术非遗展演周活动。(李增明)

【市电视艺术家协会】 2013年,市电视艺术家协会组织开展“太原影视艺术大讲堂”活动,开展学术研讨活动;承办全国校园金话筒节目主持人大赛山西赛区比赛;组织拍摄历史文化纪录片《龙城八叙》。(李增明)

【市楹联家协会】 2013年,太原市楹联家协会举办“廉政春联进万家”活动;举办多次全国楹联征集活动;《中国对联集成·并州卷》基本编撰完成。

(李增明)

【市锣鼓艺术家协会】 2013年,市锣鼓艺术家协会承办太原市第二届锣鼓大赛;组织参加第四届世界大学生龙舟锦标赛、太原国际马拉松比赛开幕式表演,太重鼓乐第四次应邀赴美国演出。(李增明)

·区县和企业文联·

【小店区文联】 2013年,小店区文联

在煤机学校举办书香文化进校园活动；举办“兰台情、晋阳史、魅力小店”诗书画印原创作品展；在煤机社区开展“中国梦、社区情、文化行”——小店区第二届“邻里节”暨社区文化惠民巡演走进煤机社区专场演出。（李增明）

【迎泽区文联】 2013年，迎泽区文联举办迎春书画展，“舞墨飞虹——邓凌鹰、张正书法展”，牡丹书画精品展览，“最美迎泽·人物篇”书法摄影展，“情系迎泽”油画展，精品花鸟书画展等展览。

（李增明）

【杏花岭区文联】 2013年，杏花岭区文联举办“‘花开富贵’花鸟画田立胜作品展”“创宜居环境展杏花风采”书画展；与晋中市美术家协会、榆次区文化艺术中心联合举办“嫩寒春晓——六位女画家国画联展”；组织书法艺术家走进区法院等单位交流软笔、硬笔书法的创作和鉴赏。（李增明）

【尖草坪区文联】 2013年，尖草坪区文联举办迎春书画展；编印《傅山文艺》杂志，刊发反映地域文化文学作品。

（李增明）

【万柏林区文联】 2013年，万柏林区文联举办“百花迎春”联谊会；创办《万柏林文艺》综合性文艺期刊，开展“送书进社区”活动；组建农民书画协会，举办“首届农民书画展”；组织“纵情西边山——‘亿量之夜’西山生态主题舞蹈晚会”等大型文艺活动。（李增明）

【晋源区文联】 2013年，成立晋源教育系统文联组织，组建晋源区三晋文化研究分会；晋源区文联完成《晋源五千年》《三晋资源》等文史资料图书、画册；组织11场“建设美丽晋源”文化惠民下乡演出；组织“晋源行”文艺采风活动，举办“我眼中的教育”书画摄影展。

（李增明）

【古交市文联】 2013年，《古交文苑》进行全新改版；古交市文联举办古交市第二届“安全生产杯”征文比赛；邀请著名作家蒋韵作题为“文学漫谈”讲座；开展“书画助推、万方腾飞”书画现场笔会。（李增明）

【清徐县文联】 2013年，清徐县文联举办“庆十八大、迎新春书法、美术、摄影展”；举办庆祝清徐文联成立20周年“东湖雅集”活动；在全县深入开展“走基层、写生活、唱和谐”活动；编辑校对汇集明清杂剧、京剧、山西四大梆子戏的各类“三国戏”88篇。

（李增明）

【阳曲县文联】 2013年，阳曲县文联举办“美丽阳曲我的家”“国兴荣”杯摄影展赛；编撰《三晋首邑美丽阳曲·书画长廊》；组织“走进美丽阳曲，聚焦转型跨越”摄影大赛；赴西庄村为群众义务书写春联2000余副。（李增明）

【娄烦县文联】 2013年，娄烦县文联承办2013年元宵节优秀文学艺术作品展；成立娄烦县摄影家协会和音乐家协会；与静乐县文化局共同开展“迎七一·颂党恩”书画摄影联展活动；组织“高君宇故居纪念馆”落成笔会。

（李增明）

【区县文联联展】 2013年12月26日，万柏林区文联、迎泽区文联、杏花岭区文联、清徐县文联、阳曲县文联联合主办，在万柏林瓦窑茶文化书画艺术馆举办“纪念毛泽东同志诞辰120周年书画联展”。（李增明）

【太钢文联】 2013年，太钢文联举办纪念毛泽东诞辰120周年经典诗词朗诵会。（李增明）

【西山文联】 2013年，西山文联《七色花》刊物改为网刊，完成三期刊物的编辑、校对与电子版上传工作；召开“西山职工文学创作组成立40周年”暨“《七色花》出刊50期”职工文学创作座谈会议；参与《文化西山》策划、编辑工作；到镇城底矿为职工家属开展书写春联和送春联活动；开展“安全在我心中”诗歌征集评审工作。（李增明）

【太原书法院】 2013年，太原书法院组织为金融职工送作品活动，赠送书法作品20余件。（李增明）

【太原诗词学会】 2013年，太原诗词学会举办太原晋中“中华魂·同城梦”全国诗歌大奖赛，编辑诗集《放歌同城化》；组织“情系珠算”诗文创作征评活动、“清风长留天地间”廉政文化征诗征文大赛等。（李增明）

太原市归国华侨联合会

【概述】 2013年，太原市侨联为形成促进侨务事业发展的合力，探索并形成全市“四侨”联动机制。为进一步贯彻两办意见精神，举办由县区侨联负责人参加的座谈会，会同太原市外事侨务办公室、太原市人大民宗侨委、太原市政协港澳侨委启动太原市侨务进社区工作，开展侨务社区示范评选等活动。印制宣传读本及服务归侨侨眷联系卡，成立太原市为侨法律工作站，开展为侨服务及爱心捐赠活动，举办2013中国太原“亚洲杯”国际标准舞公开赛，形成议事，侨法共宣、侨事共担、活动共办的良好机制。（吕雪梅）

【侨务发展】 2013年，太原市10个县区侨联建设全部实现“五有”，各县区以两办文件下发侨情普查及侨务进社区等工作意见，不断延伸工作手臂，确

2013年度山西省全国社区侨务示范单位授牌仪式

定市、县、乡、社四级侨联工作网络,指导基层侨联组织组织起来,活跃起来,为侨服务工作实现“一县一区一品”。结合2013太原市社区换届年,在对全市居民情况摸底登记的同时进行全市侨情大摸底。基层县区侨联成立为侨法律援助工作站,太原市迎泽区、万柏林区侨联加强与其他省市区的联系,举办太原——福州茶文化节,参加国际商品博览会;小店区区侨联为希望小学举办慈善捐赠、为归侨侨眷搭建微信平台开展微信课堂;娄烦县、阳曲县侨联与香港慈善社团紧密联系,捐建学校及医院合计200万元;尖草坪区侨联实现属地企事业单位侨务工作联席会制度。全年,太原市6个社区被四侨部门联合授牌“侨务工作示范社区”,小店区山大社区获得“全国社区侨务工作示范社区”称号,万柏林区新友谊社区获“全国侨法宣传示范点”称号。

在全国九次侨代会上,太原市侨联被国家人社部、中国侨联联合授予“全国侨联系统先进集体”。全省侨联考核中太原市侨联名列第一,获全省2013年度目标考核先进单位。太原市万柏林区、迎泽区、晋源区、尖草坪区侨联获全省先进基层侨联组织。

(吕雪梅)

太原市红十字会

【概述】 2013年,太原市红十字会秉承“人道博爱奉献”的红十字精神,致力于动员社会力量,改善最易受损害群体境况,有效发挥红十字会在人道救助领域为政府分忧、为群众解难的助手作用,为促进太原市经济社会和谐发展发挥作用。(张柳)

【红十字会建设】 依法建会,市县红十字会建设步入规范化运行轨道。2013年,市红十字会按照《红十字会法》《中国红十字会章程》要求,经市委、政府同意,召开太原市红十字会第五次会员代表大会,以市政府名义表彰2006~2012年红十字工作37个先进集体和55名先进工作者,选举产生第五届理事会、常务理事会、副会长、会长等领导班子。

太原市红十字会结合实际情况,加强县级红十字会建设,督促指导县(市、区)加快理顺管理体制工作。娄烦县红十字会于2013年11月召开第一次会员代表大会。小店区、万柏林区、尖草坪区、古交市、晋源区理顺管理体制。

举行全市红十字系统干部培训班,专题讲解党的十八大精神及“中国梦”,以及新时期红十字工作的改革与发展、突发事件应对与危机管理。实行会机关部(室)和市与县红会年度目标管理考核制度。按时报送省红十字会、中国红十字总会各种报表。响应省红十字会号召,组织开展向任晓军同志学习的一系列活动。(张柳)

【备灾救灾】 坚持备灾救灾。做好应对非常规突发自然灾害的灾情上报工作。2013年,市县两级红会均未收到灾情上报工作。完成雅安地震应急救援工作。太原市红十字会第一时间启动应急预案,成立应急领导小组,制定下发募捐通知,通过《太原日报》《太原晚报》等平台,向社会公布募捐电话、募捐账号、募捐地址等信息,市县两级红十字会共接收雅安地震捐款51.03万元,其中市本级接收48.5万元,全额上交省红十字会。(张柳)

【“博爱一日捐”募捐活动】 开展博爱助医、助困、助学、助公益等救助活动。2013年,太原市共救助贫困大学生、高中生107名,救助资金22.47万元;博爱助困168名,共用资金32.26万元。开展“红十字博爱送万家”活动,2013年“两节”期间,市县两级红十字会统一行动,举行“红十字博爱送万家”春节送温暖活动启动仪式,争取省红十字会物资28.6万,市县两级红十字会筹措物资106.4万元,对全市6000户城乡贫困家庭进行慰问,送去红十字会及社会的关爱。

做好中国红十字基金会救助项目的筛选上报工作,全年市红十字会上报中国红十字总会“小天使基金”10名;上报“天使阳光”先心病19名。

开展人道救助工作。搞好“博爱一日捐”募捐活动,联合市文明办下发《关于开展2013年“博爱一日捐”募捐

活动的通知》，全面启动2013年度"博爱一日捐"募捐工作。截至2013年12月底，全市共接收"博爱一日捐"捐款168.17万元，其中市本级接收40余万元。

（张　柳）

【应急救护培训】 深化应急救护培训工作，"两手"抓"两手"硬。加强公益性救护培训的宣教工作，打造红十字应急救护品牌。

2013年，太原市红十字会根据太原市创建全国城市文明程度指数测评工作实施方案要求，社区应急救护培训工作纳入城市文明程度测评体系，尖草坪区、万柏林区红十字会等实施应急救护培训进社区工作，累计对500余名社区居民进行培训。实施"爱救在身边"公益项目，市政府应急办、市红十字会联合开展机关工作人员、应急救援队伍的培训工作，市政府办公厅、发改委、水务、科技等单位和晋源区、经济区等20余个单位培训5000人次。

按照中国红十字会救护培训"四统一"要求，服务于消防、社会志愿者要求，市红十字会为太原武警消防支队80名新兵、为"开心户外"88名驴友、宝力豪健身俱乐部14人进行急救技能培训。联合市防震减灾局对全市市直机关地震应急人员、地震志愿者队伍、社区志愿者骨干等120人进行为期两天的救护培训。（张　柳）

【"三献"工作】 "三献"工作稳妥发展。太原市红十字会参与、推动、宣传无偿献血工作，加强无偿献血志愿者队伍建设和管理，对1000余名志愿者等进行20余次无偿献血和造血干细胞等知识的宣传，普及无偿献血知识10万余人次。抓好造血干细胞志愿者宣传、登记、采集入库工作，完成造血干细胞捐献志愿者采集血样入库3993人份，实现捐献10例。加强遗体（器官）捐献工作，参加中国红十字会的器官捐献协调员培训课程，组织建立协调员、信息员队伍。2013年遗体捐献新登记150例，累计登记402例，新实现捐献18例，捐献角膜16例。

【开展红十字青少年、志愿服务工作】 加强红十字青少年工作。太原市红十字示范校均成立学校红十字会组织。组织参与中国红十字自救互救答题竞赛活动，统一购置15000份竞赛答题卷，迎泽区、尖草坪区、万柏林区、市卫校组织中小学生参加答题竞赛。市红十字会与山西煤炭职业技术学院开展"大爱无疆暖爱心"为贫困地区学生捐赠书籍活动。接收各类书籍共计1200余册及各类生活学习生活用品。

加强红十字志愿服务工作。2009年，市红十字会成立太原市红十字志愿者工作委员会，制订《太原市红十字志愿者工作管理办法》，健全红十字志愿服务的组织协调机制。按照志愿者类别组建9支专业志愿服务队，完成市县两级红十字志愿者的登记注册，红十字特色志愿服务活动纳入太原市精神文明建设整体规划和公共文明指数测评体系。2013年，市红十字会成立"红十字志愿者之家"，为志愿服务活动的开展提供场所、平台。志愿者成为延伸红十字会工作的重要力量。

（张　柳）

【"太原市遗体捐献者纪念日"活动】 2013年4月1日上午，由省、市红十字会、市民政局、《山西晚报》联合主办"生命在奉献中延续——2013年太原市遗体捐献纪念日"活动在天龙山仙居园举行，省、市红十字会、市人大、市政府、市民政局、市文明办等相关领导出席活动，遗体捐献者家属、捐献志愿者代表及医学院校等近300人参加活动，省市多家媒体宣传报道遗体捐献活动，进一步推动宣传遗体捐献工作。

（张　柳）

【"携手人道关爱生命"宣传义诊活动】 2013年5月8日，太原市红十字会组织市直团体会员单位，在玉门河公园举行以"人道关爱生命"为主题的第66个"世界红十字日"宣传义诊活动，市辖六城区红十字会在各区繁华地带同时开展纪念活动。活动现场进行心肺复苏技能、止血包扎技能表演，与现场的观众进行互动。太原市交通广播电台对现场活动进行现场报道，各会场还与现场的观众、收听活动现场报

2013年5月8日，太原市纪念第66个"世界红十字日"活动

道的107车友进行互动，并发放家庭应急包。市直团体会员单位现场进行红十字运动、“三献”知识的宣传、义诊、咨询活动,现场义诊500余人次,发放宣传资料5000份,22人奉献爱心参加无偿献血活动。 （张 柳）

【急救与道路安全宣传活动】 2013年9月14日是第14个“世界急救日”,2013年的主题为“急救与道路安全”。省、市红十字会、山西省道路交通安全协会、太原市运管局联合在晋龙捷泰运输公司楼前广场举办大型“急救与道路安全”主题宣传活动,模拟突发交通事故,红十字急救员现场救援场景,表演心肺复苏技能，对晋龙捷泰150名工作人员进行红十字应急救护知识宣传讲座，现场向晋龙捷泰长途客车司机捐赠300个红十字应急包,发放“十项承诺卡”、宣传问卷、宣传扇各300余个,宣传红十字应急救护职能。 （张 柳）

【地震应急救援基础知识培训】 2013年12月10日至11日,市红十字会与市防震减灾局联合举办“太原市地震应急救援基础知识培训班”,来自市防震减灾成员单位以及地震应急救援志愿者队伍的100余人参加培训。这次培训课程在以往救护新概念、心肺复苏术、创伤救护四项技术及常见急症等传统的红十字急救课程基础上增加地震心理干预,采用“实际操作为主,理论予以支持”的教学模式,培训学员均以良好的成绩通过理论与操作考核,取得“太原市红十字救护员证”。 （张 柳）

【急救员培训】 2013年12月17日,太原市红十字会组织太原市宝力豪健身俱乐部15名私人教练参加急救员培训。授课老师通过诙谐生动的语言以及过硬的现场操作,将心肺复苏,止血、包扎、固定、搬运四大技术等红十字应急救护精品课程为学员们进行讲解，随后又对学员们在工作中遇到的急救难题进行解答。15名学员通过理论考试以及现场操作考核，都取得太原市红十字会初级救护员证书。 （张 柳）

【魔豆爱心工程】 2013年12月26日下午,太原市“魔豆爱心工程”项目资助困难母亲创业款物发放仪式在市红十字会召开，市红十字会副会长李东山、市妇联副主席王国华、市政府妇儿工委办公室副主任杨白丽、市红十字会秘书长张玉平等领导参会，参加仪式的还有来自受助者22名受助母亲及其家属。通过遴选、初筛、面试、培训、家访、公示等环节后,太原市2013年“魔豆爱心工程”资助困难母亲22名。 （张 柳）

太原市残疾人联合会

【概述】 太原市残疾人联合会（简称市残联)内设7个职能部(室):办公室、组联就业部、康复部、宣传教育文体部、基金开发部、人事部（机关总支)、维权部。直属事业单位6个:残疾人文体活动中心、市残联机关服务中心、辅助器具服务中心、残疾人就业服务指导中心、残疾人职业教育中心、残疾人康复培训中心。截至2013年末，市残联干部职工共112人。

2013年，太原市各级残联坚持以保障和改善残疾人民生为主题，以推进残疾人社会保障体系和服务体系建设为主线,精心组织,科学安排,强化措施,狠抓落实,全面完成市委、市政府和省残联下达的各项任务指标,残疾人康复、教育、就业、培训、扶贫、维权信访、社会保障、宣传文体、无障碍设施建设和基层基础建设等各项业务工作推进,重点工作取得明显成效。市残联被省政府残工委授予“全省残疾人工作先进单位”称号,连续六年被市委、市政府评为“文明和谐标兵单位”。市残疾人就业服务指导中心被中残联授予“长江新里程计划(第二期)高科技助残就业项目先进单位”称号。市助残帮扶协会被共青团中央授予“第九届中国青年志愿者优秀组织奖”。 （郝嘉艳）

【康复服务覆盖面扩大】 2013年,太原市残联坚持康复进社区、服务进家庭的工作理念,制订下发《太原市残联康复人才培养2013年实施方案》,对390名社区康复协调员进行业务知识培训；开展创建省级社区康复示范站工作,为900个社区(村)配发“十二五”康复档案,印发700套《康复知识读本》,配置办公设备和康复版面。组织实施“七彩梦行动”和省贫困残疾人康复救助项目，救助孤独症儿童90名、聋儿18名、智力残疾儿童34名、脑瘫儿童30名,免费装配小腿假肢18例。协调卫生、民政、计生等部门,启动太原市残疾儿童随报及早期转介试点工作。全面完成省残联下达的任务指标，实施白内障复明手术1400例,其中救助贫困患者40例;培训低视力儿童家长200名,盲人定向行走训练700名,聋儿康复训练20名,培训聋儿家长30名，肢体残疾人社区康复训练500名，智力残疾儿童社区康复训练230名,为6名肢体残疾儿童装配矫形器。组织开展“爱耳日”“世界精神卫生日”等宣传教育活动,在全社会进一步普及残疾预防及康复知识。（郝嘉艳）

【残疾人就业培训及盲人按摩管理规范】 2013年,太原市残联开展残疾人实名制就业培训工作，全市通过多种渠道安排残疾人就业1790名,对1942名残疾人进行职业技能培训，并全部在中残联就业信息网上进行数据录入,分别完成中残联下达任务的119%

和108%。太原市选派60名学员参加第三期全国残疾人就业指导员远程培训，选送97名残疾人参加省残疾人就业指导中心组织的职业技能培训。落实地税代征、工商代收、财政代扣政策，全市共征收残疾人就业保障金6770.99万元，完成市委、市政府下达任务的169%。全市盲人按摩机构管理步入规范化、标准化轨道，全年新增盲人按摩院16家，新增盲人从业人员20名。市盲人按摩指导中心评出三星级按摩院5家、二星级按摩院10家，办理盲人医疗按摩资格证93个，推荐17名盲人参加医疗按摩技术职称考试，其中有8人取得技术职称。（郝嘉艳）

【残疾人扶贫救助与社会保障水平提高】 2013年，太原市残联重视和加强农村残疾人扶贫工作，建立阳曲县宏益养殖专业合作社、娄烦县旺盛养殖专业合作社2个市级扶贫基地和10个县级扶贫基地、25个乡级扶贫基地，申报3个财政扶贫资金项目。动员社会各界的力量，开展走访慰问贫困残疾人活动，全市共慰问贫困残疾人3246人次，送去慰问款物价值113.19万元。协调市慈善总会对15名残疾大学生和残疾人子女大学生给予“慈善助学”救助。全市有16295名残疾人享受最低生活保障，基本做到应保尽保；残疾人参加城镇居民医疗保险16257名，城镇居民养老保险11892名，农村新型合作医疗41653名，农村社会养老保险23554名。全面完成260户农村贫困残疾人家庭危房改造任务，改善他们的居住条件。继续组织实施农村基层党组织助残扶贫工程，对80户贫困残疾人家庭每户救助资金3000元。市残联为全市符合条件的1143名残疾人申报2013年度机动轮椅车燃油补贴，共发放补贴资金30.35万元。协调市交通局和市公交总公司为17035名残疾人办理免费助残乘车卡，方便残疾人的出行。（郝嘉艳）

【加强残疾人信访维权工作】 2013年，太原市残联加强残疾人事业法制建设，配合市人大内司委、法制委和市政府法制办做好修订《太原市残疾人保障办法》的走访调研、草案起草、征求意见、论证修改等相关工作，11月28日召开省十二届人大常委会第六次会议表决通过《太原市残疾人保障条例》，新条例将于2014年3月1日起实施。根据市政府对全市燃油、电动三轮机动车、四轮电动车集中专项治理的部署和要求，配合相关部门做好燃油，电动三、四轮车调查摸底工作，妥善处理20余次残疾人集体上访案件，向市专项整治办反映残疾人的合理诉求，推进机动轮椅车置换工作，做好残疾人的说服教育工作，确保专项整治工作的顺利开展。重视残疾人信访工作，市残联维权部全年接待来访残疾人828人次，律师接待残疾人法律咨询74人次，办理公益彩票金残疾人法律救助案件28例，解决各类残疾人信访问题达220余件，有效地化解矛盾，维护残疾人的合法权益。

（郝嘉艳）

【推进残疾人无障碍建设】 2013年，太原市残联继续开展残疾人家庭无障碍建设工作，全市共对448户残疾人家庭实施无障碍改造，完成年初计划的124.4%，并在设施种类上增加移动书柜、升降厨柜、低位灶台等多项内容。在2013年全市大规模道路建设改造中，盲道、坡道等无障碍设施同步设计、同步施工、同步验收，全市首批安装8块盲文地图，在府东府西街等新改造道路新安装盲人过街语音提示音响，进一步提升太原市无障碍环境建设水平。（郝嘉艳）

【扶残助残】 2013年，太原市残联以“帮扶贫困残疾人”为主题，开展第23次“全国助残日”系列活动。5月16日，市残联和省残疾人福利基金会、杏花岭区残联共同举行“集善三晋惠残空间·走进社区”捐赠仪式，现场为贫困残疾人发放轮椅等辅助器具、图书、救助金、服装和鞋等价值50万元的物品。各县（市、区）残联结合实际，开展给残疾人捐赠辅助器具、散发宣传资料、提供义诊服务等形式多样的助残宣传活动。举办太原市第五届残疾人运动会，全市10个县（市、区）和太钢的11支代表队共200名运动员教练员参加田径、乒乓球、羽毛球、举重四个大项的比赛，展示残疾人自强不息、奋勇拼搏的精神风貌。开展太原市第五届“十大爱心记者”评选、表彰工作。各级新闻媒体对太原市残疾人工作进行宣传报道，截至2013年10月底，共发表宣传稿件451篇（条），电台播出《我想听你说》专题节目42期，编发《太原残联信息》10期，中残联、省残联、市委、市政府采用信息158条。全市残疾人文化体育工作取得丰硕成果，举办第三届残疾人健身周、文学创作组外出采风、全国特奥日、全市残疾人才艺展示等文体活动；在第四届全省特奥运动会上夺得金牌32枚、银牌20枚、铜牌7枚，奖牌数位居全省第一；在全省残疾人文艺汇演中获得2个一等奖、1个二等奖、2个三等奖；在全国残疾人文艺汇演中，舞蹈《妞妞吃面》获得一等奖。宣传残疾人文体工作，营造扶残助残的良好社会氛围。太原市志愿者助残队伍实名登记达1500多人。市助残帮扶协会组织志愿者开展各类志愿帮扶活动，帮助服务516人，服务1000多小时，组织公益活动7次，主流媒体报道12次。太原有线电视台为160户聋人双残家庭减免有线电视收视费。省和谐健康体检中

心捐资50万元,为市盲童学校等四所特教学校的900余名残疾学生和教职员工进行健康体检。（郝嘉艳）

【残联换届工作完成】 2013年，太原市残联按照《市委、市政府关于转发〈太原市各级残联换届工作实施方案〉的通知》精神,市、县、乡三级残联完成换届工作,为全面实施残疾人事业“十二五”规划、推进残疾人事业跨越发展提供组织保证。（郝嘉艳）

【残联基层基础建设】 2013年，太原市残联以各级残联换届为契机，进一步加强基层基础建设工作，全市952个行政村中有95%的行政村和521个社区配备残疾人专职委员（500人以下的合并配备),成立社区(村)残协组织,专职委员误工补贴全部得到落实;104个乡(镇、街道)全部配备残疾人专职委员,其中79个通过市、县两级政府公益岗位解决待遇问题。各专门协会的作用进一步发挥，市肢残人协会到古交、娄烦为农村贫困残疾人捐款捐物，为30多名残疾人进行免费体检；市盲人协会组织参加全国盲人朗诵比赛和歌手比赛并取得可喜成绩;市聋人协会每周日在迎泽公园开辟“手语角”,开展志愿者学手语活动,开展聋人青年联谊会、残疾人相亲交友活动等；市精神病亲友协会举办孤独症儿童家长讲座，实施壹基金海洋天堂计划救助项目。做好第二代残疾人证办理工作和残疾人状况监测工作,截至2013年底,全市办理第二代残疾人证79019本,办证率44.8%,走在全省前列。（郝嘉艳）

太原市慈善总会

【概述】 2013年，太原市慈善总会按照“募集慈善资金,救助贫困人群,缓解社会矛盾,促进文明和谐”的工作思路,开展慈善募捐、慈善救助和慈善宣传等工作,推进全市慈善工作在“巩固中提高,创新中发展”。全年募集慈善款物和助医项目4879.74万元,比上年增长65%。其中:市慈善总会接收捐款1228.18万元，接收捐物和医疗设备1946.41万元，接收助医项目700万元;十个县(市、区)慈善会接收捐款捐物1005.15万元。围绕助学、助医、助困、助孤、助老、助残和抗震救灾,全市支出款物和项目费用4530.94万元,救助贫困人群9.87万人次。慈善工作受到党和政府、社会各界的肯定和好评,市民政局授予市慈善总会“特殊贡献奖”;市委、市政府授予市慈善总会“模范单位”荣誉称号。（史改莲）

【“慈善一日捐”活动】 2013年是太原市开展“慈善一日捐”活动的第五年,前四年累计募集款物和助医项目1.53亿元,占到全市慈善捐赠总额的54%。“慈善一日捐”成为社会各界参与慈善、奉献爱心的主要平台。2013年“慈善一日捐”活动,全市3234个机关和企事业单位的31.4万名干部职工踊跃捐款，共募集慈善款物和助医项目4320.23万元。（史改莲）

【“黄河大爱慈善基金”】 2013年,山西黄河医院、福建商会、莆田商会、生活文摘报、太原糖尿病专科医院、太原丽都整形医院、太原华美整形医院等单位,共同发起设立“黄河大爱慈善基金”,募集善款106.5万元,主要用于资助特困学生和特困患者看病。（史改莲）

【“天籁列车”项目捐赠】 “天籁列车”项目由华人慈善家、澳洲ABC纸业总裁魏基成先生发起创办，旨在帮助贫困听障患者免费获得助听器。2013年,魏基成先生向太原市慈善总会捐赠助残项目300万元,给2000名贫困听障患者免费安装助听器。（史改莲）

【慈善助医项目捐赠】 2013年,11家爱心医院捐赠助医项目700万元,支持慈善事业发展，其中：山西黄河医院、太原康明眼科医院、山西博大泌尿外科医院分别捐赠助医项目100万元;市第二人民医院、太原新医医院、山西现代妇科医院、太原糖尿病专科医院、太原玛丽妇科医院、太原丽人妇科医院、太原华美整形美容医院、太原益民中医院分别捐赠助医项目50万元。所有捐赠全部用于贫困人群医疗救助。（史改莲）

【微慈善大爱心】 2013年，一些默默无闻的爱心人士为慈善事业的发展奉献着爱心。89岁高龄的冯腾骧、何淑才夫妇累计捐款3600元,2013年再次从退休工资中拿出1300元奉献爱心。坞城街办师范街社区90多岁的张缄之老人参加社区组织的“慈善一日捐”活动,捐款2000元奉献爱心。郭原、孙志云夫妇每年坚持捐款200元；梁文忠、尚晓燕夫妇每年捐款365元,寓意天天做善事;署名“全为民”的残疾人,坐着手摇轮椅车到慈善总会捐款200元。爱心人士黄志强捐款2.4万元;吴建亭捐款1.8万元;署名“申积善、申吉德、申吉庆”的爱心人士捐款1.9万元,“家人”捐款1.6万元；王晟匡捐款1500元;众妙音捐款1700元;在慈善总会救助下大学本科毕业走上工作岗位的孤儿崔静捐款100元；在慈善总会救助下做换肝手术重获新生的大病患者李艳捐款100元;东沟村50位村民捐款3250元。社会各界的爱心善举,如股股暖流,感动龙城、温暖人心。（史改莲）

【雅安抗震救灾捐款】 2013年4月20日，四川省雅安市芦山县发生7.0

级地震。社会各界纷纷捐款奉献爱心，太原市共接收慈善捐款105.69万元。其中：市慈善总会接收捐款71.78万元；县(市、区)慈善会接收捐款33.91万元。所有捐款，及时足额，全部转交中华慈善总会。（史改莲）

【慈善助学】 2013年，太原市支出善款754.25万元，对1338名贫困学子予以救助。其中："圆梦校园"助学，支出91.2万元，救助考取全国重点大学的贫困学子242名；"技能扶贫"助学，太原慈善职业技术学校招收学生308名，免收学费、生活费、住宿费等一切费用，共支出431万元，让贫困学子掌握一技之长，实现就业，摆脱家庭贫困；"爱心手拉手"助学，爱心企业和爱心人士定向助学支出232.05万元，救助贫困学生788名。（史改莲）

【慈善助医】 2013年，太原市支出助医费用471.2万元，对1.2万余名贫困患者免费体检和诊疗治病。(1)"情暖环卫职工"救助。组织8家爱心医院支出助医费用152万元，对4152名一线环卫职工进行体检和眼病普查；支出善款6万元，对150名贫困环卫职工予以救助，发放大米、白面和食用油。该活动四年来累计支出472万元，对1.6万人次一线环卫职工予以救助。(2)"慈善康明行动"救助。支出助医费用99.3万元，对448名贫困患者实施白内障复明手术。该项目由太原康明眼科医院组织实施，七年来累计支出助医费用665万元，免费为9.7万名贫困群众筛查眼科疾病，为2315人实施白内障手术，使他们重见光明。(3)"血液透析"救助。由市二院组织实施，两年来为269名贫困尿毒症患者免费进行血液透析6000余次，减免费用80万元。(4)"爱心手术室"救助。支出助医费用102万元，由爱心医院对贫困患者进行体检和免费手术治疗。其中：博大医院为1336名社区居民免费体检，为5名特困患者免费进行泌尿外科手术，支出费用55.6万元；丽人医院为万柏林区2683名贫困患者免费体检和诊疗治病，支出费用56.3万元；玛丽医院为194名贫困患者减免就诊和手术费用4.9万元。(5)"黄河大爱慈善基金"支出善款71.9万元，对鼻部缺陷的李荣荣、身患白血病的3岁女孩方景妍、先天性左前臂缺失的高思恩等272名特困大病患者和特困学生予以救助。（史改莲）

【慈善助困】 2013年，太原市支出款物1625万元，救助贫困人群2.9万余名。(1)"情暖万家"救助。在元旦、春节之际，全市统一部署，市县两级慈善组织采取重点救助和分级救助的原则，对贫困人群予以救助。其中：市慈善总会对患大病的280户特困家庭救助135万元；对1215名企业困难职工救助110.7万元；对市直机关88名特困职工救助12.6万元；把温州商会、百圆裤业、苏宁电器等爱心企业捐赠的毛衣、裤子、粮油等405万元的物资，全部下发到十个县(市、区)慈善会，共救助贫困人群11979户，救助金额943万元。(2)"应急救助"。对2013年度遭遇天灾人祸和特殊原因造成生活贫困的30名特困家庭救助18.4万元。晋源区金胜镇23岁的赵琴身患急性淋巴B型白血病，父母离异，跟着姥姥靠政府低保生活。市慈善总会到家中了解相关情况，给予5000元救助金。(3)"六一慈善义演"。市慈善总会、山西金视听文化传播有限公司连续7年在"六一"国际儿童节之际，为贫困家庭的儿童义演话剧。2013年再次义演人偶剧《三只小猪》，让贫困儿童度过一个欢乐的"六一"国际儿童节。（史改莲）

【慈善助残】 2013年，太原市慈善总会举行"慈善关爱，温暖童心"助残活动，对杏花岭区关心下一代培训学校救助2.3万元；"黄河大爱慈善基金"救助市盲童学校1.5万元，用于改善学生的学习生活。"天籁列车"项目救助。支出项目费用300万元，市县两级慈善会精心组织，为2000余名贫困听障患者免费安装助听器，使他们重返有声世界。（史改莲）

【慈善助孤】 每年的农历小年，太原市慈善总会开展"温暖的家——孤儿迎春过新年"活动，组织孤儿回到慈善总会，一起包饺子过新年。孩子们汇报自己的学习生活情况，一起吃团圆饭，慈善总会还为每名孤儿发放1000元的救助金，让孤儿们感受到党和政府、社会各界对他们的关怀关爱。孤儿崔静在市慈善总会的全额救助下，完成大学四年的学业。崔静在校期间学习成绩优异，每门功课都是第一，还加入中国共产党，被桂林师范学院评为大学生党支部优秀党务工作者和"我最敬佩的共产党员"，被共青团中央、全国学联评为"中国大学生自强之星"。（史改莲）

【医疗设备救助】 在2013年"慈善一日捐"活动中，黎城太行山中药材料科技开发有限公司捐赠20套总价值1570万元的医疗设备，包括亚健康检测系统、半自动生化分析仪、超声波腋臭氧雾化治疗仪、尿液分析仪等。按照捐赠人意愿，20套医疗设备全部救助各县区和偏远山区的乡村卫生院，帮助乡村卫生院提高医疗条件和诊疗水平。（史改莲）

【慈善宣传】 慈善宣传围绕太原市慈善工作重点，精心组织策划，宣传慈善理念，树立慈善典型，营造慈善氛围。2013年，在主流媒体刊发新闻稿件351篇。其中：国家级《慈善公益报》刊发22

篇;省级媒体刊发153篇;市级媒体刊发176篇。在《太原日报》分别对“雅安地震”和“慈善一日捐”活动所有捐款单位予以公示,提升慈善组织的公信力和影响力。对“太原慈善网站”维护更新,编发慈善动态和募捐、救助信息,网站点击访问率45.5万人次。 (史改莲)

太原市老区建设促进会

【概述】 2013年,太原市老区建设促进会(以下简称市老促会)坚持“实事求是、拾遗补缺”,坚持“尽力而为、量力而行”,坚持宣传、调研、办实事。坚持在“促”字上做文章,在“帮”字上下功夫,在“实”字上见成效,均取得一定成绩。 (马学政)

【学习习近平到河北阜平考察时的讲话精神】 2013年是贯彻落实十八大精神重要之年,太原市老促会把习近平总书记关注、关爱老区人民的精神宣传到革命老区,增强老区人民建成小康社会的决心和信心,要宣传到各级领导干部增强扶贫开发工作的责任感和使命感。抓好全市120个五类老区村的帮扶工作,为每个村落实一名县(市、区)领导驻村、包村、增收,一个单位帮扶、一个企业联建,为市委、市政府建言献策当好参谋助手。

(马学政)

【帮扶120个老区重点村协调会召开】 2013年1月15日,太原市老促会把全市120个老五类老区重点村的调研报告上报市政府,市政府领导召集有市政府办公厅、市农委、市水利局、市扶贫办、市老促会、市扶贫基金会领导参加的扶贫协调会。会议决定:一是要从落实帮扶工作机制入手,因地制宜搞好规划:二是要加大资金投入,并向老区重点村倾斜;三是要加大科技培训力度;四是要建立扶贫工作组织协调制度;五是要落实好老区重点村“三个一”的帮扶措施,即:有一个市、县(市去)领导包村增收,有一个单位定点帮扶,有一个企业联系共建;要抓好典型示范,做到以点带面。市政府从机动扶贫基金中抽取50万元,用于帮扶重点村。

(马学政)

【开展“三月春风暖”活动】 2013年2月26日,太原市扶贫办、市老促会召开联席会议,将120个老区村作为扶贫工作重点,开展“三月春风暖”活动。市扶贫办、市老促会分7个组,到6个县(市、区)10个联系点村,问需于民、问计于民、共商发展大计。 (马学政)

【天津市眼科医院为太原老区人民义诊服务】 2013年6月28日至7月2日,天津市眼科医院一行10人,为太原的老红军、老八路、困难企业职工义诊服务。天津眼科医院是在国内有着先进医疗设备和高超的医疗技术的眼科医院,他们怀着对老区人民的感恩之情,到太原送医、送药,为老区人民服务。 (马学政)

【清太徐抗日民主政府旧址揭牌】 2013年8月8日,太原市老促会、晋源区老促会领导在姚村镇杜里坪村,为清太徐抗日民主政府挂《爱国主义教育基地》的牌子。7月3日晋源区四大班子领导到杜里坪清太徐抗日民主政府旧址举行揭牌仪式。分别挂上《爱国主义教育基地》《党员教育基地》《廉政教育基地》《国防教育基地》的牌匾。

(马学政)

【为洛池渠惨案旧址立碑】 2013年9月18日,在清徐县东于镇洛池渠村,市、县老促会和当地村民为缅怀被日军杀害的抗日烈士和遇难同胞,在洛池渠惨案遗址立碑以纪念。

清徐县洛池渠村是一座有红色历史的小山村。1937年至1939年是清太徐抗日民主政府所在地,这个只有50多户,200余人的小山村养育清、太、徐三县抗日民主政府。为此,该村两次遭日军杀害共产党领导干部和群众84人,烧毁房屋217间。

为纪念被杀害的烈士和同胞在旧址立碑纪念。太原市老促会会长吕先珍,常务会长郑万奇,清徐县老促会会长李近镛参加立碑仪式,以缅怀先烈,教育后人,永远不忘国耻。 (马学政)

【发展藜麦专题现场推广会】 2013年10月11日,推广藜麦种植专题现场会在娄烦县杜交曲镇石娄村召开。太原市老促会会长吕先珍、常务会长郑万奇、副会长兼秘书长武趁星、副会长杨秉,娄烦县老促会会长程宝珊,娄烦县4个老区重点村的主要干部及娄烦县农委、县扶贫办、县扶贫基金会领导30多人参加。 (马学政)

太原市关心下一代工作委员会

【概述】 2013年,太原市关工委贯彻太原市落实中央(2004年)8号文件的《实施意见》,坚持“举旗帜,议大计,抓基层,办实事”工作理念,用科学发展观统领全市关心下一代工作,发挥“五老”队伍作用,对未成年人进行社会主义核心价值体系教育,提升基层关工委工作水平,动员社会力量为青少年健康成长出实招、办实事。太原市关工委第三次获中国关工委授予的“全国关心下一代工作先进集体”称号,并连续第九年获全国“中华魂”读书活动先进集体奖,全市关心下一代工作呈现出新局面。 (张爱生)

【关工委自身建设】 太原市关工委始

终坚持用中国特色社会主义理论体系武装头脑。2013年，全市各级关工委学习贯彻党的十八大精神和习近平总书记等领导在十八大后对关工委工作的最新批示，通过学习十八大报告和党章以及习近平总书记在各次会议上的重要讲话，全市28500多名“五老”不断增强对中国特色社会主义的道路自信、理论自信、制度自信、目标自信，自身素质稳步提高。

2013年，市关工委分别就太原市中小学生十八大知识掌握情况情况和未成年人犯罪情况到全市10县（市、区）中小学和公、检、法等部门开展两次调研，掌握学校关工委工作的具体情况和未成年人犯罪的现状及存在的问题，并根据调研所掌握的情况撰写《关于太原市中小学生十八大知识暨“中华美德颂”调查报告》以及《太原市未成年人犯罪问题的再调查与思考建议的调查报告》，提出分析和对策，为市委、市政府提供决策参考。

2013年，市关工委加强与新闻媒体的联系沟通，加大宣传报道力度，关工委的工作多次在《太原日报》《老友报》、《中国火炬》《关心下一代》、太原电视台、太原教育电视台等新闻媒体上报道，形成良好的宣传氛围。市关工委订阅《中国火炬》和省《关心下一代》杂志，《中国火炬》征订达869册，省《关心下一代》杂志征订达1811册，超额完成上级交给的任务。宣传通讯组在全省关工委系统和省《关心下一代》杂志采用的文章（信息）图片达到100余篇（幅），市关工委办公室编印《关心下一代工作简讯》11期，及时准确地反映全市各级关工委的工作成绩和最新动态，宣传和推动关工委工作。

2013年，太原市关工委继续加强对外交流和合作。先后有乌鲁木齐市、上饶市关工委到太原市关工委考察学习，市关工委还组织赴西宁、临汾等地学习先进经验。（张爱生）

【基层关工委建设】2013年3月至7月上旬，太原市关工委由主任、常务副主任带队、各工作部指导员和办公室人员参加，对10县（市、区）、大型企业、民营企业和教育系统关工委基层组织的56个典型进行调查研究。听汇报、开座谈、进社区、访“五老”、见家长、看学子，每县（单位）都用一天半时间，总接谈超过500多人次。通过调研澄清基层组织和队伍状况，发现各类先进典型，密切与基层组织关系，引起各级党组织重视，促进全市关工委工作。

全市有学校、社区、乡村基层单位1972个，经村校合一调整后，基层组织由1800多个调整为1661个，“五老”队伍由27200人增加到28500多人，达到“五好”标准的组织有844个，占基层关工委总数的51.87%。（张爱生）

【基层创建典型】杏花岭区锦绣苑社区关工委采用网格化的现代化管理模式，为“五老”人员在思想道德教育、法制宣传、帮教及净化社会文化环境等方面提供有利平台，促进社区关工委工作的管理和开展；迎泽区桥东街道双三社区和晋源区的义井街道一巷社区在楼幢建立关工小组，使关工委工作更贴近孩子，贴近实际；迎泽区朝阳一社区在每年的8月18日为辖区内年满18岁的青年举办“成人礼”，赠每人一本《宪法》，背诵18岁成人誓言，让青少年行跪拜礼，忆父母恩，懂得感恩，肩负起社会责任；小店区加节小学的“乡村少年宫”，免费为孩子们开设16个活动项目；杏花岭区同煦苑社区动员广大“五老”、青少年及志愿者开展“创宜居环境，建美好家园”活动；尖草坪区构架和完善区关工委、区委老干局、区老年大学“三位一体”的工作机制；万柏林区和平街道关工委、尖草坪区江阳社区关工委、杏花岭区锦绣苑社区、同煦苑社区关工委挖掘驻地大型企业太重、江阳、太钢的优势，抓学校、社会、家庭“三位一体”建设；晋源区老龄委、关工委主要领导由一人担任，整合资源，更好地发挥“五老”作用，区关工委创新工作，创建一室多能的“956”（九九重阳、五老、六一节）工作平台；清徐县成子村关工委组织农村青年开展“讲政治、育新人、学科技、奔小康”活动，配合有关部门开展科技普及、科技服务、科技咨询以及项目帮扶等活动，引导农村青年科技致富；太原市27中学关工委围绕学校教育中心，同政教处、校团委紧密配合，采用多种形式，对学生进行思想道德、理想信念教育。

企业关工委建设。全市企业关工委组织由原来的8个增加为21个(含民企)。太钢关工委在企业学校移交地方后，做到“五不”，即党企领导对关心下一代工作的重视支持力度不变，关工队伍不散，所拨经费不减，家长学校不停，关爱活动不断。从2005年开始开展“金秋助学”活动，截至2013年7月底，筹集助学基金4316.68万元，使29219名弱势子女得到救助。太重关工委通过太重青工大讲堂、青工知识竞赛、青工志愿者活动等对青工进行教育培训，对360名困难职工子女发放助学金56万元。

古交市关工委探索出“三位一体”的新模式，即乡校一体，村校一体、社校一体，建立关心下一代基金会，统筹解决“中华魂”读本和两刊的订阅问题。娄烦县天池店乡兑集沟村创建“留守关工委”。村支部书记任主任，老支书任常务副主任的关工委，对在外就读的大、中、小学生每生建立一个信息档案，节假日定期走访，及时了解其思想动态，好的表彰，差的帮教，贫困的资助，对外出打工的60多名45岁以下青壮年登记造册，建立联系，教育他们守法敬业，为乡争光、争气，利用节假日回村团聚机会了解情况给予就业指导，对他们的子女给予关爱帮助，解除后顾之忧。尖草坪区马头水乡全乡14个自然村成立3—5人的关工小组，使该乡的关工委组织形成横到底，纵到边的工作网络，为马头水乡关工委工作的开展夯实基础。

7月12日，省级老领导、省关工委主任武正国带队对太原市创建"五好"关工委基层组织建设进行调研，实地参观迎泽区关工委、杏花岭区后小河学校关工委、尖草坪区南寨街道江阳社区关工委，对"五好"创建工作给予高度评价。

10月28日，太原市关工委召开全市创建"五好"关工委总结表彰大会暨杏花岭区现场会，对杏花岭区关工委等5单位授予全市创建基层"五好"关工委优秀组织奖；对太原市小店区西温庄乡武宿社区关工委等50个学校、街道、社区、企业基层单位授予全市创建基层"五好"关工委先进集体奖称号。

（张爱生）

【未成年人思想道德建设】 2013年4月27日至5月1日，太原市关心下一代工作委员会与太原市教育学会、山西民间艺术家协会艺术委员会在新星大世界视觉空间美术馆共同主办第二届"关工杯"我的梦·中国梦少儿美术作品大展赛。此次大赛共征集到各类题材的少儿美术作品6000件，来自全市49所小学、幼儿园和辅导培训机构。评出980件获奖作品、2020件优秀作品。市人大常委会副主任傅建荣出席开展仪式并为获奖单位和选手颁奖。

开展"中华魂"主题读书活动，对广大青少年进行社会主义核心价值体系教育。2013年的主题是"中华美德颂"。在全市青少年发行专用读本150000多册，有近30万青少年参加此次读书活动，受到教育。从11月起，市关工委文教组到十县（市、区）的中小学校，通过发放试卷，闭卷笔试的形式，在学生中普及十八大常识，传承中华传统美德。

"五老"宣讲团理论结合实践向青少年宣讲十八大精神。全市近百名"五老"报告员到学校和社区，调查青少年的思想实际，结合生活的巨变，编写内容鲜活的讲稿，进农村、进社区、进校园、进企业，向广大青少年宣传党的十八大的基本内容和市委贯彻落实十八大精神的部署要求。（张爱生）

【关工委实事项目】 关爱学校取得实效。2013年，有100名"关爱生"学有所成，其中51%的毕业生继续升造学习，其余的在掌握一技之长之后，走上工作岗位，成为有能力回报家庭，回报社会的有用之人。

少儿科技乐园寓教于乐。2013年少儿科技乐园增添新项目，寓教于乐，继续免费为残疾、贫困儿童提供服务，共接待270多万少年儿童。

未成年人特长教育基地正式授牌。10月18日，市关工委为太原市明德学校挂牌，将其列为太原市未成年人特长教育基地。该校除安排有正常的初中义务教育和高中职业教育教学课程外，还开设有汽车驾驶、口腔工艺、美容美发、心理咨询、电脑维修等专业课程，培养学生学习一门特长。市关工委派出"五老"人员不定期为学生们作辅导和讲座，通过讲知识、讲文化、讲人生，促进学生健康成长。

安全教育工作。3月25日太原市关工委、太原市教育系统关工委、山西省零售商行业协会在太原市桃园小学联合举办"全国第十八个中小学安全教育日"太原市关心下一代安全教育捐书仪式。恒大地产集团太原有限公司等40个爱心单位分别向全市10县（市、区）19所学校和社区捐赠2万册安全教育图书。（张爱生）

RENMIN TUANTI

政府法制

【概述】 2013年，太原市政府法制工作以贯彻落实国务院《全面推进依法行政实施纲要》为主线，以国务院《关于加强市县政府依法行政的决定》和《关于加强法治政府建设的意见》为重点，围绕市委、市政府中心工作，树立“法律至上、服务为先”的工作理念，进一步推进科学民主立法，强化行政规范性文件管理，加大行政执法监督力度，推进行政复议工作规范化建设，加强研究宣传培训工作，创新管理体制机制，为全市率先转型跨越发展、建设一流省会城市提供有力的法制保障。

（张　涛）

【行政决策机制完善】 2013年，太原市政府法制办公室把进一步健全和完善行政决策机制，全面推进科学、民主决策，列为太原市2013年依法行政工作计划确定的重点工作之一。为保证行政决策科学性、合法性和有效性，提出逐步实现决策价值合理、程序正当、风险可控的基本要求。各县（市、区）政府、市直部门在重大行政决策方面提高透明度，除依法应当保密的外，决策的事项、依据和结果通过各种形式予以公开，保障公民对行政事项的知情权，便于人民群众对行政事务的参与和监督。研究重大决策事项，基本做到广泛征求意见，集体讨论决定。城市规划、土地利用、基础设施建设、投资项目审批、价格管理等涉及经济社会发展全局和人民群众切身利益的重大决策事项，经领导班子集体讨论决定；重大决策事项决定前经法制机构进行合法性审查，未经合法性审查或经审查不合法的，不提交会议讨论。

（张　涛）

【立法质量和水平提高】 2013年，太原市政府法制办为搞好立法工作，确立“113”工作制度，围绕一个中心，即以转型跨越发展为中心；突出一个重点，即坚持科学、民主立法，突出解决人民群众关注的热点难点问题；实施三项制度，一是建立和完善广泛征求意见和公众意见反馈机制，在法规、规章草案的起草过程中，通过实地调研、网上公布、召开各类座谈会、论证会等形式，广泛征求人民群众的意见和建议；二是继续落实立法工作者和实际工作者、专家学者三结合的论证机制，研究探索政府立法听证机制和评估机制，确保立法的公众参与和公开透明；三是建立集体讨论机制，法规、规章草案经市政府法制办处以上领导集体讨论后，方可上报。通过创新机制，使立法工作纳入制度化、规范化轨道，有效提高立法质量和水平，立法工作迈上新台阶。

审核、修订、制定法规规章。2013年审核、修订《太原市晋祠泉域水资源保护条例》《太原市兰村泉域水资源保护条例》《太原市残疾人保障管理条例》《太原市古树名木保护管理办法》《太原市法律援助条例》地方性法规5件。起草审核《太原市房屋安全管理办法》《太原市行政复议规定》《太原市土地储备管理办法》《太原市城市规划技术规定》《太原市餐厨废弃物管理办法》《太原市电梯安全监督管理办法》政府规章6件。对省政府法制办发来的12件有关省地方性法规、政府规章征求意见稿进行研究并提出修改建议。

对政府规章进行清理。根据2013年度工作计划，制定下发《关于做好政府规章清理工作的通知》，对现行有效的45件市政府规章进行清理。经过清理，废止3件，即《太原市二氧化硫排污交易管理办法》（政府令第29号）、《太原市城乡建设档案管理办法》（政府令第67号）和《太原市非本地户籍人口租赁房屋治安管理规定》（政府令70号）；修改3件，即《太原市机动车道路停车秩序管理规定》（政府令第32号）、《太原市政府政务公开规定》（政府令第37号）和《太原市广播电视设施建设和管理办法》（政府令第64号）；其他39件继续有效。政府规章清理决定以政府令第82号的形式在《太原日报》和《政府公报》公布，废止和修改的部分规章于2013年8月1日起实施。

开展政府规章立法后的评估工作。印发《太原市2013年政府规章立法后评估方案》，到市政务大厅、晋源区、质监局等有关单位对落实《太原市行政审批管理办法》（市政府78号令）实施情况进行调研，进行立法后评估工作。（张　涛）

【规范性文件制定与管理】 优化分工合作的部门协同机制。2013年，太原市政府法制办通过市政府办公厅发布《关于进一步精简文件提高公文质量和公文处理效率的意见》，进一步对行文流程中部门之间的协作进行规范，建立办公厅综合办、文书法规处、市政府法制办与起草部门“四位一体”的规范性文件部门协作机制，对规范性文件制定的程序和环节进行更为细致的规定，规定各个环节的协作与处理时限，提高规范性文件办理效率，解决规范性文件制定中的协作难题。

形成上下联动的备案指导监督机制。2013年，市政府法制办加强对县（市、区）政府和部门备案审查工作的指导，将事前审查指导与事后备案审查相结合，适时对制定与备案中存在的问题进行研究沟通，寻求解决办法，把问题解决在文件公布前。向国务院报备《太原市行政执法基本规范》等规章3件，向省政府报备《太原市人民政府关于调整城市基础设施配套费征收标准的通知》等规范性文件28件。备案县（市、区）政府报送的规范性文件7件、部门报送的规范性文件19件。

提高规范性文件制定质量。2013年，市政府法制办采取合法性为主兼顾适当性，当面审查为主、书面审查为辅，事前审查为主、事后审查为辅的审查方法，共审查拟以市政府及办公厅名义出台的规范性文件草案97件，拟以部门“规定、办法、细则”类规范性文件7件，对规范性文件的审查达到200余件次，凡经政府法制机构审查的文件，均未发生违法设置行政处罚、行政许可、行政强制、行政收费等情况，确保审查率、备案率、合格率、及时率实现100%。

开展规范性文件清理工作。按照市政府办公厅《关于贯彻落实〈太原市行政规范性文件管理办法〉的通知》精神，市政府法制办起草《关于进一步做好规范性文件全面清理工作的通知》（并政法发〔2013〕13号），在上年清理工作的基础上，对政府规范性文件及各县（市、区）人民政府、各开发区管委会、市直各委、局、办、各有关单位的现行有效的规范性文件全面清理工作进行安排部署，在各单位自行清理的基础上，对全市尤其是市政府及办公厅的规范性文件进行集中审查梳理，对于不合法的，坚决予以废止，对于不适当的，根据情况提出有针对性的意见，对于过时的，确定为失效。待清理结果报经市政府批准后，向社会公布。录入太原市规范性文件管理业务系统，促进规范性文件管理工作高效、有序地开展。（张　涛）

【行政执法监督力度加大】 进一步规范全市行政执法单位的委托行政执法行为。2013年，太原市政府法制办印发《关于对行政执法受委托单位进行清理的通知》（并政法发〔2013〕10号），对市直各行政执法单位的委托行政执法情况进行全面的清理，并以市政府法制办名义印发《关于规范行政执法委托工作的通知》（并政法发〔2013〕25号），明确市级22个委托行政执法机关和86个市级受委托行政执法单位，进一步规范全市依法行政执法行为。

开展行政强制规定的梳理工作。市政府法制办结合2013年度法制工作要点，印发《关于对行政强制事项进行梳理的工作方案》（并政法发〔2013〕12号），根据《行政强制法》的规定，对全市各有关单位涉及行政强制的事项进行全面的梳理。

贯彻落实《太原市行政执法基本规范》。为全面贯彻落实《基本规范》，市政府法制办起草并以办公厅名义印发《关于贯彻落实〈太原市行政执法基本规范〉的通知》（并政办法〔2013〕13号）。结合全市依法行政工作会议精神，多次到县（市、区）、市直有关部门进行指导培训，使全市的行政处罚、行政许可、行政强制、行政征收等具体行政行为更加规范、透明、高效。

组织年检和换发行政执法证件。根据全市行政执法培训计划，市政府法制办对古交、娄烦的300多名执法人员进行培训考试，对阳曲县、交通局、物价局等500多名人员进行证件申领发放。对2011年12月31日前颁发的6973个证件进行年检，确保行政执法人员持证上岗、亮证执法。

受理群众举报投诉。2013年，市政府法制办向3个涉投单位发出行政执法监督通知书，对有关投诉问题向当事人进行反馈，并对其他投诉行为进行法律解释与指导。（张　涛）

【行政复议质量提升】 2013年，太原市政府法制办按照以人为本、复议为民的要求，坚持公平、公正的原则，依法受理，严格程序，公正审理，办案效率和质量进一步提高，发挥行政复议在层级监督、解决争议、化解矛盾和维护社会稳定方面的重要作用。

提高办案质量，实现“定纷止争、案结事了”。在办理行政复议案件过程中，坚持“以人为本，复议为民”，把每一件案件都办成“精品”，办成“铁案”。2013年共接待公民、法人和其他组织复议申请、法律咨询200件800余人次，其中协调办理147件，转办33件；行政复议案件不予受理1件，依法受理18件。全部在法定期限内办结，其中维持7件，终止4件，撤销3件，协调4件。通过依法办案，以法明理，实现"定纷止争、案结事了"，达到法律效果与社会效果的统一。

加强行政复议规范化建设。市政府法制办落实《太原市行政复议工作规范化建设实施方案》，出台《太原市行政复议工作规范化建设考核指标》，明确行政复议工作规范化建设考核指标是依法行政考核指标的重要组成部分，年终与依法行政考核同步进行，考核结果作为市委、市政府年度依法行政工作考核的重要内容。

加强行政复议指导监督。2013年，市政府法制办坚持集中检查与运用行政复议意见书、建议书指导监督相结合；个案指导监督与宏观指导监督相结合；动态指导监督与定期指导监督相结合的原则。对万柏林区、晋源区、市国土局、市人社局等县(市、区)及部门办案情况进行个案指导；在办理案件过程中，通过意见书和建议书的形式进行监督指导，规范行政机关相关法律法规实施。

落实行政复议和行政应诉各项制度。强化制度的执行力度。按照《太原市行政复议调解若干规定》《太原市行政复议案件档案管理规定》要求，展开行政复议调解和了解工作，规范行政复议案卷归档，推动行政复议工作的健康发展。加大市级行政复议和行政审判联席会议工作力度。按照《太原市行政复议和行政审判联席会议制度》要求，2013年市政府法制办先后召开四次联席会议，会商相关案件，强化行政复议和行政应诉协调机制。落实《太原市关于预防化解行政争议推进依法行政工作的意见》，行政调解、司法调解、人民调解、仲裁、信访五大联调，合力驱动，有效预防化解行政争议。

（张　涛）

【发挥法律顾问作用】 2013年，太原市政府法制办为市政府重大经济社会活动提供法律服务，对领导交办的重大涉法事项组织相关专家进行论证审查。截至2013年底，为市政府审核各类合同45件；为法律顾问单位审核各类合同25件；签订服务合同6件；结合太原市城市建设、拆迁工作的进行，审核有关道路改造通告和办理其他法律事务多件。参加市政府重大法律问题的决策，提供法律支持，提出处理建议，做到随叫随到，以高质量服务赢得市委、市政府领导的认可和肯定，发挥参谋、助手和法律顾问作用。

（张　涛）

【依法行政工作举措】 加强对依法行政工作的领导。2013年，太原市各县(市、区)政府、市直各部门把全面推进依法行政工作放在首位，纳入议事日程，行政一把手为推进依法行政工作的第一责任人，统筹规划，精心组织，加强协作，狠抓落实。市政府调整全面推进依法行政工作领导组织机构，县(市、区)政府和市直各部门进行相应的调整，建立健全适应法治政府建设需要的保障机制。

安排部署全市的依法行政工作。市政府法制办制定2013年《依法行政工作计划》和《政府法制工作要点》，并于3月27日召开由各县(市、区)政府、市直各部门分管领导、法律法规授权和受委托执法单位的主要负责人及法制机构负责人200余人参加的依法行政工作会议。总结2012年全市依法行政重点工作，安排部署2013年依法行政工作任务。按照《依法行政工作考核办法》制定《2013年依法行政工作考核指标》，为各单位完成好2013年依法行政工作任务提出明确的目标。

组织太原市领导干部法制讲座和培训班。5月8日组织各县(市、区)政府、市直各部门分管领导、法律法规授权和受委托执法单位的主要负责人及法制机构负责人参加法制讲座。邀请著名资深征收拆迁法律专家、"中国拆迁司法第一人"王达博士就《房屋征收补偿》进行专题讲座。通过培训，增强领导干部运用法治思维和法治手段解决经济社会发展中突出矛盾和问题的能力和水平。8月30日，市政府法制办组织举办太原市法治政府建设专题讲座，邀请国务院法制办政府法制协调司司长青锋进行讲授。9月22日至28日，按照2013年太原市依法行政工作计划安排和市委组织部《2013年全市干部教育培训计划》(并组通字〔2013〕15号)精神，市政府法制办与江西干部学院井冈山合作举办为期一周的全市法制干部培训班。（张　涛）

【开展"依法行政宣传月"活动】 按照省法制办《关于开展2013年度"依法行政宣传月"活动的通知》要求，8月份，太原市政府法制办安排部署，组织实施，先后下发《关于开展2013年度"依法行政宣传月"活动的通知》《关于开展"推进依法行政，建设法治太原"主题征文活动的通知》《关于开展2013年依法行政知识竞赛活动的通知》，并对做好各项活动提出具体要求。全市各级、各部门领导高度重视，采取多种形式与措施开展各种活动。利用报纸、电视、电子屏、广场等各种设施场地开展宣传活动；在全市范围内组织全市1.3万执法人员开展依法行政知识竞赛活动；在全市范围内开展"推进依法行政，建设法治太原"主题的征文活动，共收到征文稿152篇；组织举办全市依法行政专题讲座和法制干部培训。为总结宣传月活动取得的成效，10月17日，市政府法制办组织全市法制机构负责人召开太原市依法行政宣传月活动总结表彰会，对全市开展依法行政知识竞赛28个优秀组织单位和247个先进个人、对开展依法行政征文活动评选出的10篇一等奖、15篇二等奖、29篇三等奖获得者进行表彰，调动全市广大干部职工依法行政的积极性，推动全市法治政府建设。（张 涛）

【市级依法行政示范单位创建活动】根据依法行政年度计划的安排，2013年，太原市政府法制办印发《关于继续开展市级依法行政示范县示范单位创建活动实施方案的通知》（并政法发〔2013〕11号）。6月底组织召开全市依法行政创建工作观摩交流会，组织参观晋源区示范观摩点，对依法行政示范创建工作进行总结，并对下一步创建工作进行动员和安排。10月中旬，对2013年申报创建的单位开展调研指导工作，进一步加强创建单位的培养工作，抓好创建活动的落实，使创建活动稳步有序开展。（张 涛）

【研究探索征收与补偿工作】2013年，围绕市委、市政府的中心工作，结合太原市城市建设的实际，市政府法制办就征收与补偿工作进行调查研究，听取意见建议，基本形成完善的调研报告，为推进太原市的征收与补偿工作，提供可行的决策依据（张 涛）

【自身建设加强】加强自身建设。继续巩固创先争优和保持党的纯洁性学习教育活动以及整顿机关作风强化规范化管理活动成果，落实内部二十项管理制度，使各项工作有章可循，有制度可依；制定下发开展创建“学习型、服务型、创新型、廉洁型、效能型”机关活动方案，并按照“方案”组织实施，使学习氛围更加浓厚，服务水平更加提升，创新意识更加明显，廉洁自律更加增强，工作效率更加提高；继续开展“一句话承诺”活动。在2012年开展活动的基础上，2013年，太原市政府法制办每个人结合自身工作岗位特点，重新撰写更加切合实际的“一句话承诺”，各自诺言在工作中得到很好的体现；为贯彻落实中央《关于改进工作作风密切联系群众八项规定》、市委《关于贯彻中央和省委文件精神厉行勤俭节约、反对铺张浪费的通知》精神以及市委《关于改进工作作风三个〈实施办法〉》，制定法制办《搞好调查研究》《精简会议活动》《精简文件简报》三个工作制度，确实改进工作作风，提高办事效率。

加强机关思想、组织、作风、制度和反腐倡廉建设，为加快太原市的转型跨越发展和建设一流省会城市提供坚实的思想政治保证。以学习贯彻党的十八大精神为主要内容，创新方法，转变学风，提升干部职工政治思想素养和工作能力。以加强党组织建设和党员队伍建设为重点，落实“三会一课”等党组织各项工作制度，使党组织的战斗堡垒作用和党员的先锋模范作用得到发挥。以建设“为民、务实、清廉”机关为重点，加强机关作风建设和反腐倡廉建设，规范权力运行。以践行社会主义核心价值观为核心，推动思想道德建设和精神文明创建工作。以加强党务干部自身建设为基础，以统战和群团组织为依托，提高机关党的建设科学化水平。（张 涛）

法 院

【概述】2013年，太原市中级人民法院（以下简称太原中院）把握“坚守司法公正、提升司法公信”两个重点，各项工作取得新进展。全年全市法院共受理各类案件337222件，审结30443件，审结率90.28%。法定（正常）审限内结案率99.67%；调解率35.14%；撤诉率16.87%；进京上访率0‰。市中院受理各类案件8121件，审结7484件，审结率92.16%。

2013年，全市法院共有5个集体6名个人受省部级以上表彰，其中，4个集体和6名个人受到最高院表彰，1个集体受到省级表彰。2个集体和3名个人获得市劳动竞赛委员会“五一劳动奖章”。（张晓华）

【刑事审判】2013年，太原中院加强量刑规范化、未成年人矫正式审判和社区矫正工作；探索刑事和解制度，运用刑事和解程序对5起二审案件进行审理，既化解当事人之间的矛盾，也对被告起到惩戒和教育效果；及时向党委、人大、上级法院汇报一批金融诈骗、职务犯罪等大案、要案和敏感案件的审理情况，确保案件稳妥处理；坚持罪刑法定原则，严把案件审查关、证据关和适用法律关，确保案件质量，发挥维护社会稳定的作用。（张晓华）

【民事审判】2013年，太原中院不断深化“调解优先，调判结合”原则，坚持庭前、庭审、庭后调解相结合；延伸调解渠道，许多疑难复杂案件在院领导、合议庭成员及社会力量的共同努力下得到解决；各基层法院调研审理民间借贷纠纷、小额诉讼案件的特点及审理此类案件的对策；妥善审结一批婚姻家庭、劳动争议、知识产权、涉农、涉军等民商事案件，处理一大批集团诉讼案、民间借贷、房地产纠纷案，维护人民群众的合法权益。（张晓华）

【行政审判】2013年，太原中院为有效化解突出的行政当事人之间的矛盾，与省、市法制办建立行政协商沟通机制，就涉及房屋征收补偿等10个问题提出建设性意见和建议。对涉及三项重点工程、旧城改造、城市建设等重点项目的87起强拆案件进行认真研究，全部审查予以受理，并裁定准予执行，实现和谐拆迁，支持全市综改试验区建设发展大局。 （张晓华）

8月8日，贾炳耀等来自全市两级法院的11名初任法官身着法袍，面对国旗，庄严宣誓

【执行工作】 2013年，太原中院开展反规避执行专项行动，加大制裁力度，有效打击各种严重影响执行工作的规避执行行为；探索建立执行体制和机制的改革创新，完善“立、审、执”协调配合机制，提高执行效率。依法清理2011年前涉及党政机关尚未执行完毕的人民法院生效裁判案件103件，执结率达到100%，执结标的1.59亿元。

（张晓华）

【信访工作】 2013年，太原中院坚持院长“逢五”接待和执行局长“逢六”接待制度；实行“庭长带队日常接待、承办法官判后答疑”制度；配合省高院驻京劝返工作组开展工作，全年共收到省高院、市政法委、市信访局等各级机关转来信件347件，全部按要求答复当事人。 （张晓华）

【法院党建和廉政工作】 2013年，太原中院坚持例会学习制度和“三会一课”制度，落实“抓党建、带队建、以队建、促审判”的工作部署，启动“全民学习周活动”；开展“道德讲堂”，加强职业道德教育，干警的思想作风、纪律作风得到进一步转变，涌现出一批优秀典型，太原中院刑二庭被最高院授予“全国法院先进集体”称号，民一庭副庭长刘卫被最高院授予“全国优秀法官”称号。

太原中院按照省高院推进《岗位廉政风险防控“利剑工程”的实施意见》的要求，推进惩治和预防腐败体系建设。落实廉政公示制度，坚持廉政一票否决权，层层签订责任书，形成党政齐抓共管的廉政防控责任体系。在立案大厅设置群众意见箱和院长信箱，公布24小时举报电话和电子邮箱；坚持每周二、五下午观看廉政教育片，通过典型案例进行警示教育；对法院干警公务用车、违规经商谋利、使用会员卡问题进行专项整治。 （张晓华）

【法院队伍建设】 2013年，太原中院突出岗位培训和在职教育，分别与中国政法大学、山西大学、山西财经大学、浙江大学共建教学实践基地。先后组织500余人次到省法官学院和国家法官学院参加刑事、民事等专项业务培训；贯彻落实“干部在线学院”学习计划，定期通报干警在线学习情况。加大对全市人民陪审员队伍的管理力度，制定《全市人民陪审员倍增方案》，完成“第四期人民陪审员培训暨表彰大会”。太原中院、万柏林法院被省高院评为“人民陪审员工作先进法院”。

（研究室）

【司法改革】 2013年，太原中院通过对15种罪名案件进行量刑规范化审理，进一步统一量刑标准，规范量刑程序，保证量刑公正，提升司法权威和公信力。深化少年司法制度改革，创新开展未成年人保护工作，在全省范围内率先探索未成年人犯罪前科封存制度。贯彻落实市委政法委开展的“率先转变作风，争创一流窗口”活动。创新开展立案审查受理、一站式服务、首问责任制等工作方式；在立案窗口和信访接待窗口设立群众满意度评价器，建立短信服务平台，共发送短信1000余条，接受短信预约立案17次。继续开展为群众“办实事，解难事”活动，全年依法缓、减、免交诉讼费79万余元，救助困难群众143万余元。

太原中院成立刑事审判、民事审判工作指导组，对基层法院的审判工作进行调研、指导，促进案件审理的公平高效。以审判质效考核评比23项指标为依据，坚持月评、季评、年度考核的“三位一体”审判管理考评机制；通过“八个明确”实现审判管理科学化、规范化、精细化的“三化”目标。组织庭审评查和裁判文书评查活动，2013年评查民事案件150件、刑事案件120件，促进庭审水平和裁判文书制作水平的进一步提高；开展未结诉讼案件专项清理活动，取得良好效果。

（张晓华）

【司法公开与宣传】 2013年，太原中院建立与市人大代表定向联络的工作办法，由太原中院中层副职以上干部100余人担任定向联络员，与300余名人大代表建立固定联系，负责向代表介绍法院工作情况、解答代表提出的法律问题和征求代表对法院工作的意见、建议。

太原中院与省、市各大媒体联合创办宣传阵地，宣传报道审判工作中涌现出来的典型事迹和先进人物，树立法院公平、公正的良好形象。在新华网、人民网、中央电视台、《人民法院报》等国家级媒体上宣传报道35篇；与省市媒体合办《太原日报·并州法苑》《太原日报·法院文化周刊》《太原日报·阳光法庭》等栏目；继续落实与太原电视台法制频道联合建立的"记者驻庭"制度；新开通全市法院官方微博，实现案件庭审网上直播，网友参与点评的互动模式。（张晓华）

检　察

【概述】 2013年，太原市检察机关在市委和上级检察机关的正确领导下，在市人大及其常委会的监督下，贯彻落实党的十八大、十八届二中、三中全会以及中央、省、市关于检察工作的各项要求，坚持围绕中心、服务大局，以维护社会稳定为基本任务，以促进社会公平正义为核心价值追求，以保障人民安居乐业为根本目标，深化"三比一创"活动，强化检察创新，全面履行法律监督职责，各项检察工作取得新进步。（李爱军）

【打击犯罪】 依法惩治刑事犯罪，维护社会和谐稳定。2013年，太原市公检法三机关分工负责、密切配合、互相制约，省城社会治安明显好转，刑事案件总量大幅下降。全年共受理侦查机关提请逮捕3074件4121人，同比下降25.2%和30%；批准逮捕和决定逮捕2600件3447人，同比下降28.9%和33.9%；向人民法院提起公诉3957件5498人，同比下降16.7%和19.9%。批准逮捕故意杀人、故意伤害、抢劫、绑架、强奸、聚众斗殴等暴力犯罪737件1073人，同比下降17.3%和21.2%；起诉885件1472人，同比下降7.8%和7.5%。受理破坏社会主义市场经济秩序犯罪202件255人，同比下降38.6%和44%；批准逮捕154件195人，同比下降39.6%和46.3%；提起公诉208件309人，同比下降34.8%和33%。先后对侯伟武抢劫杀害二人案等重大案件公诉。打击犯罪，维护省城的社会治安和经济秩序。（李爱军）

【保障人权】 2013年，太原市检察机关落实宽严相济刑事政策，加大人权保障力度。严格逮捕条件，减少羁押人数。对初犯、偶犯、未成年犯、老年犯以及其他轻微犯罪依法慎捕慎诉，不批捕673人，同比上升4.9%，其中不构成犯罪不捕56人、证据不足不捕164人、无社会危险性不捕304人、疾病等原因不捕149人，未发生妨碍诉讼正常进行情况。严把起诉关，防止不合格案件进入审判环节；决定不起诉437人，同比上升15.6%，其中法定不起诉25人、证据不足不起诉187人、情节轻微不起诉225人。注重扶助弱势群体，对202名生活困难的被害人及其近亲属提供救助金217.5万元，协调司法行政机关提供法律援助140件。（李爱军）

【社会治理】 2013年，太原市检察机关参与社会治理创新，化解矛盾纠纷。结合办案，对涉农和涉众型犯罪频发原因进行分析，提出检察建议101份，督促完善工作机制78项。强化行政执法检察监督，发出检察，建议350份，帮助追缴国有资产10亿余元。对具有和了解可能、可诉可不诉的轻微刑事案件，主动释法说理，引导当事人和解129起，避免积怨加深，修复被侵害的社会关系。多措并举，化解3起案情复杂、矛盾交织，涉及多个国有企业、政府部门、司法机关，时间长达10年以上的信访积案。（李爱军）

【查办与预防职务犯罪】 2013年，太原市检察院突出重点领域，查办大案件。共立查职务犯罪171件226人，其中，工程建设、涉农惠民、社会保障、环境保护等领域101人，县处级以上要案34人；立查贪污贿赂案大案105件，立查渎职侵权案重特大案31件，为国家挽回直接经济损失3.2亿余元。先后立查原晋中市副市长郭勇飞（副厅级）涉嫌受贿120万元案，原晋城市政协副主席申会（副厅级）涉嫌受贿360万元案，原阳曲国家储各粮库主任姚宏斌（正处级）涉嫌贪污100余万元案等一批有影响有震动的贪污贿赂犯罪大案要案。先后查办清徐县自来水公司原任经理武计平等三人滥用职权、玩忽职守特大案，给国家造成290多万元的经济损失渎职侵权案。对互联网曝光、造成恶劣社会影响的运城"房媳"事件进行调查，立查运城市夏县公安局原局长孙宏军（副处级）等7人滥用职权案。立查省粮食局所属山西信良省粮食储备库主任常文瑞（正县级）、副主任张松林（副县级），山西粮油集团有限责任公司副总经理彭麟（正县级）和山西粮油集团佳家储有限公司法定代表人聂秀峰（正科级）滥用职权案等。提起公诉199人，同比上升37.2%，其中起诉要案25人，同比上4156.3%；法院作出生效有罪判决193人。

严格规范侦查权力，增强执法办案效果。坚持"理性、平和、文明、规范"执法，牢固树立"办案维护稳定、办案促进发展、办案保障民生”的大局观念，严格区分“六个界限”、做到“六个不轻易”和“六个严禁”。严格举报线索的受理、评估、流转和保密工作，维护举报人和被举报人的合法权益。严格执行监督制度，所有案件均填写办案告知卡、廉洁自律卡、回访监督卡，记入干警执法档案。严格落实讯问犯罪嫌疑人同步录音录像制度，按照“全面、全部、全程”要求，同步录音录像2478小时。

以减少职务犯罪为目标，加大预防教育力度。发挥预防职务犯罪领导组办公室作用，督促成员单位履行预防职责。协同纪检监察机关，开展城中村干部专题警示教育。阳曲检察院举办20期培训班，580名村干部参加学习。以国家机关、工程建设、涉农惠民等领域为重点，用身边案例警示身边人，开展各种宣讲185场，直接受教育3万余人。开展举报宣传周活动，共出动检察干警262人次，设宣传点23个，接受群众咨询572人次，受理举报、控告和申诉20件，组成宣传小组，全方位为群众提供法律服务。开展“进机关、进企业、进学校、进社区、进农村”活动，发放《深入反腐败，大家来预防》3000册，环境治理和食品药品专项行动宣传册6万册，提高全社会参与的性。提供行贿犯罪档案查询6378人次，促进公平竞争和社会诚信体系建设。

（李爱军）

【诉讼监督】 2013年，太原市检察院以贯彻两大诉讼法为契机，创新诉讼监督机制。适应修改后刑诉法、民诉法，健全以有效保障人权、提高司法效率、提升司法文明为重点的十八项综合创新主作机制。完善逮捕必要性审查，转变“够罪即捕”的传统执法理念，将法定的五种“社会危害情形”细化为23条131项，统一逮捕标准和尺度。加强羁押必要性审查，对不需要羁押的173名嫌疑人建议释放或变更为轻缓性强制措施。依法启动非法证据排除程序23件并排除5件，遏制刑讯逼供等非法取证行为。高度重视命案，探索参与命案现场勘验工作机制，提前介入56起，提出意见和建议132条。推行未成年人“捕、诉、监、防一体化”工作模式，社会调查289人次，法律援助111人次，心理辅导38人次，向37名附条件不起诉未成年人发出“检察官寄语”并开展帮教，对223名未成年人轻罪记录予以封存。在全省首倡并与法院、司法行政机关建立“远程视频公诉庭审系统”，公诉简易程序案件158件163人。建议召开并参加庭前会议47次，提升公诉效率和庭审质量。推行“双岗”机制，深挖队伍潜力，缓解案多人少矛盾。

加大诉讼监督力度，不断推进司法公正。刑事立案和侦查监督方面，依法追捕188人、追诉203人。刑事审判监督方面，对认为确有错误的78件刑事判决、裁定提出抗诉，法院已改判28件，发回重审8件。民事行政诉讼监督方面，共受理1404件，其中不服法院生效裁判146件。对认为裁判正确的，加强释法说理、情绪疏导，维护司法既判力，减少当事人讼累；对认为确有错误的，提请省院抗诉19件，提出抗诉6件，法院改判2件，调解3件。刑罚执行和监管活动监督方面，完善刑罚执行同步监督机制，推进《罪犯减刑、假释同步监督工作细则》的落实。审查减刑、假释、暂予监外执行1911人，提出纠正意见130件；发检察建议45份，纠正违法通知书43份。开展“余刑三个月以上罪犯一律交监狱执行”专项检察，清理187人。依法履行执行死刑临场监督工作职责。全年共7次临场对18人进行死刑执行监督。注重在诉讼监督中发现问题和疑点，查处政法干警违法犯罪21人。全市两级院加强社区矫正法律监督工作，发出纠正违法书386份，维护社区矫正活动的正规秩序。（李爱军）

【检察队伍建设】 2013年，太原市检察院始终把纪律作风建设摆在首位，强化制度建设与执行。按照中央八项规定和反“四风”精神，建立健全16项制度，文件印发数下降21%、会议召开下降18%、接待费用下降30%，完成办公用房和车辆的清理和规范工作。组织全员军事训练强化纪律作风养成。加强日常监督管理，对落实中央提出的“八项规定”情况进行督察，开展检务督察、明察暗访34次，对4个基层

太原市人民检察院举行升国旗宣誓仪式

院开展巡视。深化“三查纠、三树立”反特权专项活动,消除特权思想、特权标识、特权言行。在全市检察机关中开展清理会员卡活动,未发现持有会员卡现象。在全市检察机关中开展公务用车专项清理活动。起草并印发《太原市人民检察院严禁检察人员违规驾驶机动车辆的规定》,全体检察人员签订《承诺书》。对违反检察纪律的行为主动发现,警示谈话人,组织处理3人。

加强检察职业道德建设,激发队伍内生动力。以“激发正能量、汇聚正能量、传播正能量”为要求,以太原三个核心价值观和政法干警核心价值观为引领,以七个载体推进检察职业道德建设:举办“太原历史文化”讲座6次,引导干警读史明志、饮水思源;举办“道德讲堂”11期,引导干警知耻明礼、崇德向善;举办“太原检察讲坛”7期,引导干警勤学善思、学以致用;举办“青年干警座谈会”3次,引导干警忠诚敬业、敢于担当;举办“我们的节日”7次,引导干警尊重传统、传承美德;推动“干部在线学习”人均136学时,引导干警博学好问、见贤思齐;开展“检察官志愿者”活动,引导干警服务群众、汲取智慧,组织干警义务献血,结对帮扶34个困难家庭,为扶贫定点村修筑排洪渠,为雅安地震灾区及边远地区学校捐款捐物捐书20余万元。在市直机关首批30名道德模范中,市检察院5位干警入选。市检察院被评为全省检察机关文化建设示范院,被市文明委授予全市首家“职业道德建设标兵单位”荣誉称号并召开两次现场会,太原电视台进行七集连续报道。

树立正确用人导向,营造干事创业良好氛围。对市检察院领导班子进行调整充实,对3个基层院检察长进行交流。强化表率作用,班子集体向干警作出“从我做起、向我看齐、对我监督”的郑重承诺。严格用人标准,科学设置条件和程序,先后对121人进行岗位交流、提拔重用,让干警从调整过程和提拔结果中感受公开、公平、公正。引深学习型机关建设,鼓励深层阅读,向全市干警赠书3次1500余册。强化业务培训,组织各类执法办案培训、考试736人次,8名干警通过司法考试,14名干警通过研究生考试,6名干警被上级机关遴选。 (李爱军)

【检察基层基础建设】 2013年,太原市检察院在市委、市政府支持下,办案技术用房全部达标。全面落实《山西检察工作科学发展五年规划》,为反贪局查询室、政治部,公诉二处等部门配备办公、办案网络设备,保证一线办案部门办案需求。完成“全国检察机关统一业务应用系统”软硬件升级改造,开通远程视频提审系统,在全省率先将10个基层院和16个监管场所接入检察专线网。开展“基层工作周”活动,市检察院班子成员与基层干警同吃同住同工作,为指导基层工作提供科学依据。

(李爱军)

【内外监督】 2013年,太原市检察院自觉接受人及社会各界监督。发送“检察专报”信息112条,方便代表了解、监督检察工作。制定办理代表意见建议工作办法,对34条意见建议进行责任分解,并以“一对一、面对面”的方式全部作出回复。办结上级督办案件13件,人民监督员监督案件22件。坚持检察长接待日和领导大接访制度。2013年,市检察院安排检察长接待日接待来访群众23次,共接待来访群众248件810人次,全部转其他职能部门办理。

强化自身监督。市检察院以信息化为手段,强化内控机制,所有案件均实行网上流转、集中管理、定期巡查。开展案件质量评查、互查,发现问题并通报整改。开展精品案件评比和质量评定工作案件合格率100%,优质率95%。重视对职务犯罪侦查活动的监督,完善办案督察和不立案事后审查机制,严格执行逮捕决定权上提一级制度,依法审查报请逮捕60件64人,无错捕、漏捕。组织对信访案件、督办案件、自侦不诉案件和法院改变罪名自侦案件进行专项评查。对案件从程序到实体、从事实证据到法律适用、从办案环节到法律文书进行全方位评查,对信访案件的终结起到作用。

(李爱军)

【检察服务】 2013年,太原市检察院不断提升检察服务水平。树立“检察服务”理念,推进“阳光检察”,在部分院建成集控申、举报、查询等功能为一体的服务大厅。创新律师接待“一站式”服务,《法制日报》以“喝茶工夫就能拿到所需案卷”为题,在头版头条予以报道。落实检察长接待日制度,完善来信、来访、电话、网络“四位一体”的群众诉求表达机制,接待群众1445人次。严格落实“率先转变作风、争创一流窗口”要求,细化“七个一律”规定。制订《太原市人民检察院窗口部门服务质量监督管理暂行规定》,落实首办责任、限时办结。组织市检察院机关全体干警开展普通话教育培训工作,全院180余名干警取得二级甲等等级。自主研发案件信息查询、短信告知、短信预约以及群众满意度评价软件,让当事人少跑路、快办事。2013年9月运行以来,共接待查询1130人次,短信告知、预约951人次。 (李爱军)

【检察机关获得荣誉】 2013年,太原市检察机关在业务、队伍和基层基础建设等方面齐头并进,全国媒体宣传报道96次、省级362次,多项工作经验和成果被最高人民检察院、省委组织部、省委政法委及省检察院转发、推广,荣获10项国家级奖励:太原市院荣获“全国检察机关基层院建设组织奖”;太原市院办公室荣获“全国检察机关信息直报点工作先进集体”;太原市院侦监一处郭瑞琦荣获第三届“全国侦查监督业务能手”;太原市院研究室陈兰、孙寅平荣获《中国检察官》优秀文章二等奖”;尖草坪区院荣获“全国先进基层检察院”和“全国五好基层工委先进集体”;小店区院、迎泽区院、万柏林区院荣获《检察日报》全国检察宣传先进单位”;杏花岭区院王秀梅荣获“姑苏杯”检察机关案件管理理论与实务研究征文优秀奖;杏花岭区院许韶琛荣获“全国维护妇女儿童权益先进个人”;阳曲县院候竹青荣获“全国检察机关廉洁从检书画摄影展特别奖”。还有28项省级、59项市级表彰奖励,检察市院和迎泽区院晋级省级文明和谐单位。在2013年全省检察机关综合考评中,太原名列第一。(李爱军)

公 安

【概述】 2013年,太原市公安机关围绕率先转型跨越发展的总目标,牢牢把握建设平安省城、法治太原和过硬队伍的总要求,严厉打击各类违法犯罪,构建治安防控体系,不断创新社会管理服务,加强公安队伍建设,维护省城政治和社会治安稳定。

(解卫华 巩建雄)

【预警应急处突能力建设】 强化“源头治理、动态管理、应急处置”三道防线,维护省城社会政治稳定。2013年,太原市公安局始终将维护政治安全置于首要位置,不断创新和完善公安反恐怖工作实战机制,严密防范、严厉打击境内外敌对势力、敌对分子组织的捣乱破坏活动。加强安全保卫,确保全国及省、市“两会”等重要会议、重大活动期间的安全。围绕征地拆迁、社会管理、非法集资等重点领域,开展经常性、滚动性矛盾纠纷排查调处工作,将大量社会矛盾纠纷化解在初始阶段、萌芽状态。严格落实三级接访和局领导接待制度,全年日常接访1063件,比上年减少175件,下降14%;上级交办的83起信访案件成功化解72起,化解率87%。进一步规范社会稳定风险评估程序,制订《太原市社会稳定风险评估报告评估指南》,遴选专业人员建立专家库,抽取专家组审核相关项目,参与太原轨道交通2号线、太原城南500千伏输变电工程等82项重大项目的风险评估,在服务决策等方面发挥作用。进一步修订《处置群体性事件工作预案》,建立三级处置警力备勤制度,不断完善处置重大事件、重大事故的预案库、专家库,加强实战演练,提高应急处置能力。年内发生的群体性事件全部依法妥善处置。

(解卫华 巩建雄)

【社会治安综合治理】 2013年,太原市公安机关坚持严打开路,打防结合,综合治理,创建平安,确保省城社会治安稳定。抓住群众深恶痛绝的违法犯罪和突出治安问题,开展打黑除恶、打盗抢保民安、打击传销、打击电信诈骗、破案追逃、夏秋社会治安整治等一系列专项打击行动。刑事案件发案比上年下降14.8%,八类严重暴力犯罪案件比上年下降13.7%。命案破案率94.4%,经济犯罪案件破案率78.4%,挽回经济损失2.65亿元。打掉恶势力犯罪团伙18个,破获一批危害严重,社会影响重大的大案、要案。特别是公安干警连续奋战41小时成功侦破“11·06”连环爆炸案,受到省、市党委、政府和上级公安机关的表扬。以全省“六项整治”行动为契机,紧密结合太原实际,开展“五大场所”集中整治行动,在经营户集中场所推进“人员再组织化”,不断完善人防、技防、物防措施,堵塞防范漏洞,消除治安隐患,取得显著战果和明显的社会效果,各类警情连续三年下降。其中,刑事类警情和“两抢一盗”类警情,分别比上年下降0.3%和2.1%。推进以视频监控系统为龙头的社会治安防控体系建设,街面巡逻防控网、社区(村)防控网、内部单位防控网、虚拟社会防控网、区域警务协作网与视频监控网“六网”有机衔接,齐头并进,构筑点线面结合、人防物防技防结合、专群结合、网上网下结合的“天罗地网”。在视频监控网建设方面,市委、市政府加大资金投入和政策支持,下发《2013—2015年太原市“天网治安工程”视频监控系统建设三年规划》,计划总投资35.37亿元,新建符合SVAC标准的高清视频采集点32万个,总量达38万个以上,实现视频监控城区全覆盖、农村基本覆盖。截至2013年12月,市政府直接投资2.6亿元,安装一类视频采集点4900个。10月20日,全省社会治安防控体系“六网覆盖”工程建设推进会在太原市召开,市公安局向全省推广介绍视频监控系统建设经验。围绕民爆危化物品、道路交通和消防等重点领域,开展安全隐患排查,加强公共安全管理,确保民爆危化物品“不流失、不炸响”,道路交通安全和消防安全四项指标保持平稳。

(解卫华 巩建雄)

【社会管理服务】 2013年,太原市公安机关坚持围绕中心,服务大局,创新管理,便民利民,社会管理服务水平明显提升。按照全省“重点项目推进年”的要求,落实《政法机关联系重点项目和上门服务制度》《重点项目涉法突出问题集中会商制度》两项制度,出台《全市公安机关开展“重点项目服务年”活动实施方案》,将省级、市级重点工程全部分解到具体责任单位,明确局领导联系制度,坚持定期走访,上门服务,全年发放联系卡近2000份,重点单位联系走访300余家,解决问题纠纷34项。提升行政效能和服务质量,坚持"公开、下放、重置、整合"的理念,以便捷、优质、高效为目标,不断改进管理服务模式,办理行政审批事项和公共服务事项25,854件。在全市公安窗口单位实行"七个一律",即:一律讲普通话,使用文明用语;一律着制式服装,佩戴身份标识;一律落实首问责任制,做到不推不拖;必要时一律实行延时服务;一律开通短信告知、短信预约服务;一律公开办事流程;一律使用群众满意度评价器。不断拓宽便民服务在线平台功能,185项业务在网上办理和预约,实现"让数据多跑路、让群众少跑腿"的承诺。便民服务在线平台运行以来,收到上传信息39948条,审核采用33074条;接群众咨询10138条,回复10134条;接受群众业务办理需求25012条,办结24906条。以实施《太原市流动人口服务管理条例》为契机,推行居住证管理制度,整合社会资源,减少户籍限制,将"居住证"管理服务功能增加至13项,全年办证23万余人。 (解卫华 巩建雄)

【公安队伍建设】 2013年,太原市公安机关坚持从严治警,强化教育,转变作风,落实保障,公安队伍正规化建设水平进一步提升。强化学习教育,组织全警学习党的十八大、十八届三中全会精神和新《党章》,重温入党和入警誓词,进一步坚定理想信念,组织观看《贪途末路》等警示教育片,剖析典型案例,召开警示教育报告会,夯实廉洁从警的思想基础,筑牢拒腐防变的道德防线。加强作风建设,贯彻落实中央、省、市各级党委政府关于改进工作作风的一系列部署要求,制订出台《关于进一步加强自身建设的意见》《关于改进工作作风的八项规定》等制度规定,结合实际改进文风会风,加强调查研究,严格公务接待。2013年,全市会议数量精简1/3以上,市局机关公务接待费用缩减95%。对全市公安机关停止新建楼堂馆所和办公用房情况进行全面梳理排查,清理腾退办公用房357间2268平方米。从加强执法规范化建设、提高执法公信力入手,严格落实常态化执法监督机制,实行"法制员评查、分局复查、市局抽查"的三级案件评查制度,促进执法公正。不断加强民警法制教育,制订《太原市公安局民警学法工作规定》,研发可同时容纳4000名民警在线学习的"民警在线学法用法平台",搭建集各类法律法规学习、测试及统计功能于一身的无纸化学法用法及考试系统,民警执法素质进一步提升。坚持从严治警,始终将队伍建设置于公安工作的突出位置,严格落实公安部"五条禁令""三项纪律"、省厅"六项规定"和市局"十个严禁"等警规警纪,开展清退会员卡、违规用车专项清退、整治"吃喝不正之风"、争创无违法违纪单位等一系列专项整治活动。按照"管人管事相结合"的原则,制订出台《干部分级管理实施办法》,将干部任免权限下放,赋予分、县(市)局更大的自主权,真正把德才兼备、群众拥护、政绩突出的人才选拔到领导干部岗位上。研究出台《重点目标考核办法》,对考核制度进行修改完善,将群众安全感和满意度及行风政风评议结果作为重要指标纳入考核,作为干部选拔任用的重要依据,以考核激发活力,推动工作落实,促进用人公正。强化基层保障,针对基层反映强烈的报表台账过多、警力配置不合理、民警负担过重等问题,组织相关部门进行多次研究,通过整合基层报表、规范勤务活动,减轻基层负担。保障基层经费,先后下发《关于保障社区警务工作经费的通知》和《关于进一步落实基层派出所责任区刑警队公用经费保障的通知》,确保基层单位各类经费足额及时拨付到位。 (解卫华 巩建雄)

·消防管理·

【概述】 2013年,太原市公安消防支队辖区面积6988平方千米,市区1460平方千米,包括六区(小店、迎泽、晋源、杏花岭、尖草坪、万柏林)三县(清徐、阳曲、娄烦)一市(古交市)和四个开发区(太原市国家经济开发区、太原市国家高新技术开发区、太原市民营经济园区、太原不锈钢生态工业园区),共计52个乡(镇)、55个街道办事处,消防安全重点单位1555家,市政消火栓2302个,消防水鹤67个。截至2013年底,太原市公安消防支队共有官兵904人。支队下设四个部门、15个大队(一个特勤大队、一个战勤保障大队)、25个执勤中队(其中北营中队重建、东太堡中队主要承担支队车辆维修及搜救犬训练、特勤四中队、教育园区和高新园区中队未投入使用),各类消防执勤车辆219辆。全市还有10支企事业专职消防队。

2013年,太原市火灾形势整体平稳,截至2013年12月31日,全市公安消防部队共接警出动4515起,出动车辆8666辆次,出动警力44055人次,抢救被困人员777人,疏散被困人员3076人,抢救财产价值6033.5万元。其中发生火灾1468起,死亡11人,受伤8人,直接财产损失697.2234万余元;抢险救援984起;社会救助454起;公务执勤57起;虚假警1552起;未发生重特大火灾事故。 (王 蕊)

【消防安全职责落实】 2013年,太原公安消防支队提请市政府制定《太原市消防工作考核办法》和《太原市物业消防安全管理办法》。市委、市政府、市公安局先后召开10次消防工作会议,下发《太原市"除火患、保平安"冬春专项行动》《关于开展餐饮场所消防安全大检查的通知》《太原市消防安全大检查工作方案》《太原市关于做好今冬明春火灾防控工作的通知》等9个专项整治方案和通知，市、县各级领导先后18次作批示、指示，23次专项督导检查。市粮食局、市民政局、市文物局等8个市直部门邀请消安委消防工作指导组进行培训，并联合对全市10个粮食企业，26家养老院、福利院及医院、学校、文物古建筑等进行联合检查。2013年，市直各行业系统主管部门检查单位1853家，形成严密的火灾防控网络。（李 鹏）

【消防网格化管理】 2013年，太原市公安消防支队通过健全社区消防管理组织，强化社区火灾防控措施，建立社区消防管理长效机制等措施，不断夯实基层消防工作基础，推进消防安全网格化管理，公安部副部长刘金国对太原市网格化消防安全管理工作作出“请七局总结山西太原做法，各地都应这样抓落实”的批示。（刘 骥）

【消防专项整治】 2013年，太原市公安消防支队在开展“除火患、保平安”冬春专项行动、消防安全大排查大整治、今冬明春防火工作和第二次“清剿火患”战役的同时，根据火灾形势及特点，开展拆除违章搭建彩钢板临时建筑及人员密集场所门窗设置影响逃生灭火障碍物专项整治行动，开展汽车4S店、文物古建筑、在建工地、商场市场专项整治等行动，保持整治火灾隐患的高压态势。2013年，太原市公安消防支队向全市公示44281家单位消防安全自查自纠活动情况，其中人员密集场所和高层、地下建筑共6387家。消防部门共检查各类单位场所15638家，督促整改火灾隐患17207处，责令三停269家，临时查封134处，罚款1229.81万元，行政拘留285人，拆除违章彩钢板建筑38971.62平方米，拆除门窗等障碍物788平方米。（张玉琳）

【构建“五台合一”便民服务平台】 2013年，太原市公安消防支队发挥技术支撑作用，依托太原公安便民服务平台，构建行业消防知识在线平台、消防行政审批受理平台、消防讲师团预约平台、消防技术服务预约平台、火灾隐患投诉举报平台“五台合一”的太原市公安消防便民平台。2013年，消防行政审批平台受理业务咨询99次，答复99次，受理业务办理384起，办结374起。全国首个行业消防知识学习平台八月份上线以来，累计学习416000人次，打印合格证4万余份，日均登陆学习一万余人。支队整合社会培训、技术力量成立消防讲师团、技术服务队，接受社会预约服务。火灾隐患举报投诉平台全年受理举报1368件，回复1338件，办理30件，奖励141人次，发放奖励金42300元，成为发现、整改火灾隐患的重要渠道。（薛亚楠）

【转作风争创一流活动】 2013年，太原市和市公安局开展“率先转变作风，争创一流窗口”活动，太原市公安消防支队成立行政审批处，并成为全国第一家整建制进驻市政务服务中心办公的现役部队，实现“依法行政、高效优质、公正透明、清正廉洁、便民利民”的要求。2013年，太原市公安消防支队共审核消防建设工程526个，抽查审核备案工程227个；验收消防建设工程363个，抽查备案148个。为29个省重点项目和10个市重点项目开辟“绿色通道”，简化程序，提升审批项目的便捷性和效率性。制定《建设工程消防设计、施工质量和消防审核验收终身负责制》，加强消防安全源头管控，预防和减少火灾事故的发生。（刘升赟）

【微电影公益广告“齐助阵”消防安全】 2013年，太原市公安消防支队拍摄一部微电影《小巷》，6条公益广告和动画片，与户外LED显示屏和楼宇广告所属单位建立合作机制，利用LED显示屏、楼宇电视、出租车公交车车载LED显示屏滚动播放消防安全知识；太原电视台、广播电台在黄金时段插播消防公益广告，累计达到2万余次。（贺新新）

【星级铁军中队建设】 在2012年7个一星级铁军中队、2个二星级铁军中队的基础上，2013年太原市公安消防支队完成柴村中队、大东关中队、富士康中队、古交中队、郝庄中队、尖草坪中队、晋祠中队、南社中队、清徐中队、迎新中队10个一星级铁军中队的初评、申报工作，达标率达到74%；选取小北关中队、晋祠中队、长风中队3个中队参加总队二星级铁军中队考评，达标率达到21%，超额完成总队相关要求。截至年底，太原市公安消防支队完成对一星级中队的初评工作及二星级铁军中队的考评工作。（寇 峰）

【应急救援队伍建设】 为推动综合应急救援队伍建设工作，太原市公安消防支队从2012年至2013年分别组建搜救犬、地震应急救援和水上救援三支专业消防分队。其中，地震应急救援分队有救援人员138名，地震救援专家12名。共有个人防护装备40余种4140件、车辆21辆，主要开展以地震救援为中心各项应急救援工作；水上救援分队有18艘救援艇，200套救生衣，20具抛投器；搜救犬分队有干部1名，战士18名，搜救犬14只。搜救犬分队在公安局消防局组织的搜救犬比武中代表总队获全国消防部队第二届搜救犬技术比武竞赛第八名的好成绩。

（寇 峰）

【跨区域地震救援应急演练】 2013年9月25日，太原市公安消防支队46名官兵组成的地震救援重型搜救队参加山西省公安消防部队2013年度跨区域地震灾害应急救援实战拉动演练，完成横向破拆救援、深井吊升救援、生命迹象搜索、视频定位搜救、高空救援等全部5个救援演练科目的操作。

（寇　峰）

【更换配备PD780G数字模拟对讲机和应急通信反光背心】 2013年，根据实战需要，太原市公安消防支队使用库存对讲机50台，投资46500元购买10台PD780G数字模拟对讲机，全部用于更换、配发到各基层中队。PD780G语音效果更清晰，具备齐全的语音呼叫功能和收发短消息功能，在不同频率基站间可实现自动漫游，且具备优良的GPS性能。支队为便于各中队及应急通信保障分队通信员在夜间或特殊天气情况下保障通信，并互相有效识别，为27个中队及应急通信保障分队制作并配备应急通信反光背心，每个中队3件，应急通信保障分队20件，总共为基层中队配发应急通信反光背心91件。（王　芳）

【日常办公协作平台推广应用】 按照山西省消防总队统一部署，2013年，太原市公安消防支队投资7.2万元，为机关、各中队购置摄像头、音箱、麦克风等外接音视频通信设备158套，完成一体化办公系统内日常办公协作平台子系统部分安装工作，各消防大队按照支队统一要求自行购买，并将系统软件全部安装完毕，通过开展系统调试，全员培训，日常使用与维护等工作，使系统发挥自身作用，提升办事效率。

（王　芳）

【太原消防支队党的第一次代表大会召开】 2013年4月27日，中国共产党太原市公安消防支队第一次代表大会召开，山西省公安消防总队总队长陈子浩出席并讲话。会议先后召开三次全体会议、四次主席团会议、四次代表团会议、一次第一届纪律检查委员会第一次会议、一次第一届党委第一次会议、一次代表资格审查委员会会议、一次预备会议、一次临时召集人会议，完成全部议程。大会正式选举产生总监票人和监票人名单，选举产生第一届党委委员、支队纪委委员和支队出席总队第一次党代表大会代表名单，并表决通过关于支队第一届党委报告的决议，表决通过关于支队纪委工作报告的决议。王政、李红斌等30人当选中国共产党太原市公安消防支队第一届委员会委员，倪俊巍等7人当选中国共产党太原市公安消防支队第一届纪律检查委员会委员。大会通过《关于中国共产党太原市公安消防支队委员会报告的决议》。（杨树勋）

【政风行风评议活动】 2013年，太原市公安消防支队继续开展政风行风评议活动，制定《太原支队2013年关于开展民主评议政风行风工作的实施方案》，明确2013年的工作重点，从市人大、市政协、新闻媒体等社会各界的朋友中聘请150人担任支队政风行风监督员，参加3次《行风热线》，支队长李红斌代表太原市公安消防支队在太原市电视台新闻频道向社会做出公开承诺，并在《太原日报》刊登支队政风行风新亮点工作。支队连续六年被评为“政风行风评议先进单位”，被市行风评议办定为2012年“免测评单位”。

（薛　宁）

【信访和有奖举报工作】 2013年1月1日至2013年12月31日，太原市公安消防支队共接到信访举报投诉2个，总队批转1个，支队来访1个，全部办结，办结率达到100%；太原市公安消防支队开展“重大安全隐患有奖举报工作”和信访举报投诉工作，截至12月31日，太原市火灾隐患举报“96119”投诉中心接火灾隐患举报投诉1515件，回复1515件，其中：属实833件，不属实682件；共奖励187人/次，奖励金额56100元。

（薛　宁　马　丽）

【器材消防储备装备】 2013年，太原市公安消防支队斥资1944.69万元购置5台城市主战消防车、1台中型泡沫车、1台抢险救援车、1台32米等高平台车、1台奔驰底盘方舱指挥车、1台猛士卫星图传车、1架F50飞行器，并花费730余万元购置8895件（套）器材装备。截至年底支队战勤保障大队储备装备、器材、物资共计19类11485件（套）、消防人员基本防护装备3421件、消防人员特种防护装备3623件；储备A类泡沫液2吨、F500型泡沫1.38吨、抗溶性泡沫6吨、氟蛋白泡沫10吨。个人基本防护装备配备率、特种防护装备配备率、普通中队、特勤中队抢险救援器材配备率和攻坚组装备配备率实现五个100%，县级综合性应急救援队装备配备达到80%。

（张双乐）

【战勤保障一体化】 2013年，太原市太原市公安消防支队推进“指挥统一、平战结合、联勤保障、反应快速、协调有序”的一体化战勤保障体系建设，提请市政府将消防战勤保障纳入到全市应急救援管理体系，并联合财政、地震、卫生等部门将战勤保障大队并入全市应急救援保障中心。2013年全市各地以签订代储、代购协议的形式，与146家社会单位签订联勤保障联动协议，确保油料、装备、汽车修理、食品等在紧急需要时第一时间到位，建立“政府统一领导，部门相互协作”的联动保障机制。太原市公安消防支队协调社会单位加大联勤保障力度，支队战勤保障大队按照标准储备相应品种、数量的灭火救援器材、消防员防护装备、灭火药剂、装备零配件以及可供200人五天的饮食和生活物资保障，以应对突发紧急情况。（张双乐）

【营房建设】 根据《太原市2006——2020年消防专业规划》和“十二五消防事业发展规划”的工作安排，2013年，太原市公安消防支队完成高新区消防站、教育园区消防站、小店特勤三中队消防站的建设工作；落实龙城大街消防站暨“119指挥中心”工程的建设用地，消防站点分布趋于合理、建设步伐提速。太原市公安消防支队年初共投入675万余元先后对特勤一中队、特勤二中队、大东关中队、兴华中队、大营盘中队等15个中队的营房进行维修翻新，基层中队面貌焕然一新。（杜文凯）

·消防案例·

【“5·20”太钢不锈冷轧厂厂房火灾】 2013年5月20日04时40分，太原市钢铁（集团）有限公司不锈钢冷轧厂作业区4#冷线酸槽发生火灾，太原市消防支队119调度指挥中心于05时08分接到报警后，先后调集18个公安现役中队、1个战保大队、1个企事业专职消防队，共计64辆消防车，出动消防官兵187人、合同制消防员38人，共计225名消防官兵赶赴火场扑救，经过近4个小时的战斗，大火于20日08时40分被彻底扑灭。（王 蕊）

【“6·6”理工大学家属院火灾】 2013年6月6日12时41分，太原市公安消防支队119指挥中心接到太原理工大学住宅小区6号楼发生火灾的报警后，先后调集14个公安消防中队、1个战勤保障大队以及太钢企业专职消防队的41辆消防车、256名指战员赶赴火场扑救。经过近4各小时的紧张战斗，大火于16时38分被彻底扑灭。（王 蕊）

【“10·24”居然之家火灾】 2013年10月24日15时03分，太原市公安消防支队119指挥中心接到报警：位于太原市万柏林区迎泽西大街居然之家河西店装饰材料馆六层的一灯具店发生火灾。接到报警后，指挥中心先后调集5个消防中队、1个企业专职消防队、23部消防车、出动130余名官兵赶赴现场。19时30分，火灾被彻底扑灭。（王 蕊）

【“10·28”煤化所火灾】 2013年10月28日13时14分，太原市公安消防支队119指挥中心接到报警：位于经济区武洛街煤炭化学研究所“热解油综合利用中试平台”发生火灾，内部有大量油类物质正在猛烈燃烧。接警后指挥中心调集富士康中队、特勤一中队、长风中队、特勤二中队、大营盘中队、晋祠中队等共6个中队共20辆消防车，85余名消防官兵赶赴火场，支队首长、支队全勤指挥部同时出动。经过2个多小时的紧张战斗，于15时22分成功将大火扑灭。（王 蕊）

·交通管理·

【概述】 2013年，太原市公安局交警支队（简称市交警支队），以推进“民生警务、亲民公安”建设为主线，以服务省城重点工程为中心；以预防道路交通事故为重点，创新公安交通管理措施。据统计，全年发生一般以上交通事故1179起，死亡221人，受伤1402人，直接经济损失2939349元。同比事故起数上升4.89%，死亡人数下降0.45%。受伤人数上升10.39%，直接经济损失下降23.79%，保持道路交通安全形势的平稳，为全市营造良好的道路交通环境。（冯 蒙 罗宏仁）

【队伍教育管理】 2013年，太原市交警支队落实市公安局党委《关于改进工作作风的八项规定》，改进会风文风，厉行勤俭节约，严禁公款吃喝、严禁送礼请客、严禁公车私用，进行清理办公用房、支队公车改革。市交警支队组织开展争当“三员”明星评比活动和向身边好人高文彬学习活动，培树身边典型103人次。启动第二届“雅阁瑞普家居杯·我最喜爱的交警”评选活动，培养树立和宣传公安交警“民生警务、亲民公安”建设方面的先进典型，激励民警爱岗敬业、争先创优。市交警支队开展“暖警”工程，坚持民警生日送祝福活动。做好服务省城重点工程后勤保障，争取并发放民警执勤补助361.36万元、高温补助92.23万元。完成晋源停车场改造、迎泽一大队办公楼维修及事故、特勤、机动大队业务用房建设主体工程，推进在阳曲县泥屯镇重新选址建设车管所和驾考场地工作。市交警支队与上海市公安局警校举办2期素质交流培训，共培训业务骨干430人次。举办政治思想教育、交管业务、法律法规集中辅导12场，培训2183人次。在公安部中级执法资格等级考试中，全支队及格率达到90%。在省厅交管局举办的全省公安交警法制员法律知识竞赛中获二等奖。（冯 蒙 罗宏仁）

【道路交通管理】 2013年，太原市先后有38条道路新建改建，全市疏堵保畅工作压力空前。市交警支队于4月17日、6月14日召开誓师大会和再动员大会，发动全市交警以“群众不回家，交警不撤岗”的承诺和状态，保障省城重点工程顺利进行，保障全市群众正常出行。从4月17日到12月26日近9个月的时间里，支队增设临时执勤岗位95个，每天投入一线大队和机关警力966人；省厅交管局从各地市、高速交警抽调支援警力727人次,做好市区交通指挥疏导。依据每条新建改建道路的施工情况,市交警支队分别制定详细的疏堵保畅工作预案,建立“一路一表一册一图”制度;完成施工道路交通管理设施设计、交通组织优化方案设计等规划475项,推出倒计时数显信号灯52处、太阳能交通标志40套、阻车石等新设施1470处;在报纸、广播、电视、网络等媒体开辟“修路进行时”等专栏,做好提示和宣传工作。期间,提拔任用正科级干部27人,发展预备党员23人,35名个人立功受奖(报省劳动竞赛委员会待批一等功8人、二等功12人、三等功15人),25名全省各地市支援民警荣获支援省城建设先进个人称号。全市交警经受住强降雨恶劣天气、“文博会”、中高考等大型交通安保任务的考验,全面完成任务。省公安厅厅长刘杰作出批示,称赞太原交警:“用忠诚和汗水守护着省会平安,可亲可敬。”

(冯　蒙　罗宏仁)

【智能交通建设】 加大交通秩序整治力度。2013年,太原市交警支队先后组织开展“毒驾、酒驾”专项行动、“大排查、大教育、大整治”货车违法整治、“剧毒化学品运输车大检查”、三、四轮(燃油、电动)机动车整治等10项专项整治工作,开展全国、全省、全市集中统一行动,达到134天。全年查处各类交通违法行为143.6余万起(非现场处罚111余万起),其中,货车违法13.39万起(危化品运输车违法145起),酒后驾驶违法行为2686起(醉酒驾驶527起)。改进特勤安保勤务模式,做到亲民不扰民,完成各级各类勤务530次,同比减少60.9%。做好重大节假日道路交通保安全、保畅通工作,完成“春运”“两节”“五一”“十一”等重点时段、节假日期间道路交通安全保卫工作。在2013年公安部交管局组织的“大排查、大教育、大整治”货车违法行为专项整治工作中,交警支队被公安部交管局评为先进集体。

推进智能交通建设。市交警支队在全省范围内率先启动驾驶人科目三考试电子评判监控系统。实现小型汽车科目三实际道路考试全过程音频、视频的录存和实时监控。在城区大队建立二级交通指挥中心5个,初步实现核心城区分指挥调度智能管理功能。在加强“查缉布控”工作中,建设完成缉查布控系统卡口121处;建设完成交管服务站9处。加强信息化应用,为全市各级办案单位提供案件线索视频监控信息405条。(冯　蒙　罗宏仁)

【道路交通安全宣传】 市交警支队开展道路交通安全大检查。对太原市“三类重点驾驶人”及“五类重点车”安全隐患、全市153家重点运输企业进行排查,建立车辆、驾驶人一车一档、一人一档及驾驶人安全培训台账。2013年累计核查信息18.2万人;更正当事人联系方式11.14万人;排查重点车辆7.98万台;签订责任书264份;排查隐患567处;对重点道路运输企业累计下达隐患整改通知书302份。在2013年8月30日全省道路交通安全(太原)现场会和11月21日全国加强公路交通安全防控体系建设(山西)现场会上,交警支队就防御性驾驶、重点砼业车辆事故预防可视装置等交通安全管理经验、做法作展示汇报。加大宣传报道力度,2013年,交警支队在《太原日报》交警专刊发布15期,微博发布信息2000余条。

开展交通肇事逃逸案件集中侦破行动。2013年,全市发生逃逸事故51起,其中死亡逃逸事故28起;伤人逃逸事故21起;财产损失事故2起。侦破死亡逃逸事故27起;伤人逃逸事故17起;财产损失事故1起。死亡逃逸事故逃逸事故侦破率为96.43%,全年逃逸事故侦破率88.24%。抓获交通肇事网上在逃人员21名,清网率100%;抓撤率100%;成功抓获“2012·8·8”重大交通逃逸案件网上在逃人员贾晋鹏。

(冯　蒙　罗宏仁)

【便民利民服务】 提升网上在线服务能力。2013年,市交警支队将太原交警信息网、网上车管所、声讯服务热线、短信提示告知进行“四网合一”,成立太原交警便民服务中心。建立“山

道路交通安全宣传

西太原交警”微信公众平台，太原交警信息网日均点击量达5.5万人次，太原交警新浪微博粉丝达32.4万，腾讯微博粉丝达42.6万，日均受理群众咨询交流200余起。推出便民服务新举措。市交警支队通过短信平台，为机动车所有人和驾驶人免费提供交通违法、交通信息、事故预警、车辆检验和驾驶证审验等内容的提醒告知。2013年，交警支队信息短信告知200万余条，接受群众免费短信告知服务定制驾驶人44万余人，机动车所有人68万余人。组织四期小汽车号牌竞价发放，成功竞价发放机动车号牌400副，竞得价款2027.9万元。推动道路交通事故社会救助基金实施。市交警支队建立“太原市道路交通事故社会救助基金管理联席会议制度”，修改完善《太原市道路交通事故社会救助基金管理实施办法》和《太原市道路交通事故社会救助基金管理操作规则》。交通事故社会救助中心垫付抢救费用1起，另对7起案件的抢救费用提请办理。“太原市道路交通事故快速理赔服务中心”建设在保险监管部门和全市一类综合汽修4S店的沟通合作下，进入选址招选阶段。提高车驾管服务水平。市交警支队在全市各车驾管业务大厅开通机动车牌照邮寄服务。在全市车管窗口实行轮休制度，推出机动车安全技术检测站周日不定点开放制度。科目三错时考试制度使同时段候考考生数量减少40%以上。分期改建并投入使用现代、旭兴等科二分考场，使全市科二考场增加到13个。为群众提供“流动车管所”上门预约服务和下乡服务，“流动车管所”全年完成流动服务50余次，办理相关车驾管业务1000余笔。2013年，全市驾驶人达到1108730人，机动车保有量902923辆。7月28日和31日，全市公安机关民生警务和信息化建设推进会，全省公安交警深入推进民生警务、亲民公安建设现场会先后在市交警支队召开。

（冯　蒙　罗宏仁）

【规范执法制度建设】 2013年，太原市交警支队针对执法办案过程中容易出现的问题，制订《受案、立案登记管理制度》《收缴物品办案操作规程》等一系列执法制度，有效遏制执法随意性。加大执法考评力度，开展执法质量月检查12次，季度考评4次，检查各类案卷3千份。对2012年6月1日前出台实施的所有文件进行全面清理，清理规范性文件19件。在“办实事，解难事”活动中，完成上级交办的群众反映问题110条，办结率100%，满意率达95%。开展“尊重红绿灯警车做标兵”活动，清理整治内部警车264辆。处置答复执法问题投诉案件285起、行政复议3起，代理行政诉讼案件7起。

（冯　蒙　罗宏仁）

司法行政

【概述】 太原市司法局主要承担法律服务、法律保障、法制宣传三大职能，具体涵盖普法和依法治理、律师、公证、司法鉴定、基层法律服务、法律援助、司法考试、人民调解、社区矫正、安置帮教、劳动教养、强制隔离戒毒等工作。截至2013年底，太原市司法局机关82人，太原市劳动教养管理所（强制隔离戒毒所）355人、城北公证处33人、城南公证处32人、城西公证处27人、太原市法律援助中心17人、司法干警培训中心1人。

2013年，太原市被全国普法办评为全国法治城市创建活动先进单位。太原市司法局被省城综治委、市人社局评为2009～2012年度社会管理综合治理先进集体；被山西省司法厅评为2012年度完成目标责任制优秀集体、法律援助工作先进集体和2012年度民主评议政风行风先进单位；被市委市政府评为依法行政工作先进单位、2012年度政风行风评议先进执法监督部门；被市政府评为太原市地方志工作先进集体；被市委政法委评为2012年度全市政法系统涉法涉诉信访工作先进集体；继续保持省级文明单位称号，并第一次迈进全市双拥工作先进单位行列。太原市法律援助中心被市委市政府授予模范集体荣誉称号。

（闫菲菲）

【法治太原建设】 2013年，太原市司法局牵头做好深化法治太原建设的工作。起草《关于深化法治太原建设的实施意见》、构建依法治市“1+6”工作体系，市委常委会议于11月29日审议原则通过。3月份，司法部、全国普法办授予太原市2010年至2012年全国法治城市创建先进单位称号（全国共有54个地级市，其中省会城市13个）。研究制定法治太原建设考评指标体系。与山西大学法学院课题组共同研究，从单位考核、数值绩效、社会评价三个模块，制定法治太原建设考评指标体系，完成课题设计，组织法学专家和有关部门进行讨论，报市委审定后，纳入全市考评体系。组织开展“六五”普法中期督查工作。由3名市领导分别带队，对县（市、区），开发（园）区，市直部门，直属事业机构和省管单位进行抽查，省依法治省办对太原市“六五”普法中期工作给予肯定。推进依法治理示范单位创建活动。太原市共有37家单位被省委依法治省领导组评为省级依法治理示范单位，4个村被评为“全国民主法治示范村”。4月25日，召开全市农村基层民主法治建设推进会，为获得“全国民主法治示范村”荣誉称号的杏花岭区中涧河乡长沟村举行授牌仪式，对农村法治建设进行安排。组织领导干部、公务员学法用法。9月27日，邀请上海浦东干部学院的教授刘哲昕为全市领导干部做

8月28日，省委常委、政法委书记王建明到太原市法律援助中心进行调研，市委副书记、市长耿彦波陪同调研

《领导干部的法治思维》专题讲座。12月27日至29日，组织全市16000余名公务员参加首次无纸化普法考试。深化“法律六进”宣传教育主题活动。在“12·4”全国法制宣传日期间，制作拍摄两部法治公益广告，在电视台、户外广告大屏等进行展播；选编与百姓日常工作生活密切相关的法律知识编印成册，向广大农村(社区)免费发放8000套；举办大规模的现场法律宣传咨询活动。 (闫菲菲)

【律师工作】 2013年，太原市司法局主动服务省市重点工程、重点项目建设。多次召开律师服务重点工程项目建设动员推进会，为市委、市政府领导同志对口联系的20个重点工程项目推荐配备42名优秀律师。为民营区、高新区配备法律顾问团。对接国家、省、市、县重点项目569个，组建专业法律服务团队17个，共提出法律建议1630余份，避免或挽回经济损失上亿元。编印《征地拆迁和“城中村”改造法律法规及规范性文件汇编》，发放全市乡镇、街道，助力城市道路改造、城中村改造及重点工程建设。6月20日，在全省律师服务重点工程项目建设工作电视电话会议上，太原市作经验介绍。9月30日，全省政法机关服务和保障转型综改试验区建设会上，太原市司法局代表全省司法行政系统和太原市政法系统作经验介绍。建立社会稳定风险评估法律服务平台。为满足重大社会决策、重大工程项目等法律事务的综合性、专业性法律服务需求，整合法律服务资源，建立“太原市重大社会决策、重大工程项目建设社会稳定风险评估法律服务平台”，为政府出台决策、立项审批提供法律服务，以法治思维和法治方式助力政府决策和审批。2013年，全市律师办理各类案件13821件。担任法律顾问1570家。

(闫菲菲)

【公证工作】 2013年，太原市司法局拓展和提供优质高效的公证服务。围绕重点项目招投标、城中村拆迁改造、土地挂牌出让，提供现场监督、证据保全等公证服务。推广“提存公证账户”，共办理提存公证500余件。为符合法律援助条件的困难、低收入群众办理援助案件100余件，免除公证费累计达10万余元。出台指导意见，对小于3万元的小额继承适用简易程序。2013年，累计办理公证业务57556件。创新工作方法，推进转型跨越发展。在全省公证行业率先使用防伪专用水印纸。从2013年1月1日起，市级三家公证处在国内民事、经济类公证涉及公证词页统一使用防伪专用水印纸。出台《关于办理小额继承公证的指导意见(试行)》，并于2013年12月1日起在省城城区范围内实施，对小于3万元的小额继承适用简易程序。制定出台《关于进一步拓展提存公证业务的若干措施》，凡当事人申请办理提存公证业务的一律免费办理。为减轻居民负担，降低部分公证的收费标准，为当事人免费提供房屋评估价格服务。依托六城区建设6个公证便民服务站，为群众提供更加方便快捷的办证服务。 (闫菲菲)

【法律援助】 2013年，太原市司法局推进太原市法律援助地方立法，提请市政府、市人大将法律援助工作列入立法计划，市人大常委会完成《太原市法律援助条例(草案)》一审工作。扩大法律覆盖面，在全市设立的191个法律援助工作站和1435个法律援助室和联络点的基础上，在市中院立案大厅、市公安局第一看守所设立法律援助接待窗口；在市民政局社区服务中心设立法律专家咨询接待席；全市各个县区加强便民服务窗口、临街接待大厅建设。加大法律援助宣传力度，各县(市、区)开展丰富多彩的宣传活动，迎泽区印制法律援助宣传册800余册，在社区、农村群众相对集中的地方设点宣传，晋源区开展“学雷锋我行动，法律援助伴你行”法制宣传活动，娄烦县全年多次举行法律服务宣传活动，2013年累计发放宣传资料5000余份、《娄烦县农村法律常识读本》1000余本。2013年，全市法律援助机构共受理法律援助案件4209件，受援人总数43000人次，“12348”法律援助热线

共接听咨询21000人次。（闫菲菲）

【司法鉴定】 2013年，太原市司法局完善鉴定制度，提高鉴定质量。2013年,办理鉴定案件1129件。探索建立司法鉴定法律援助制度，加快推动司法鉴定法律援助机制的形成。截至2013年底,太原市有四家司法鉴定机构在为符合法律援助条件的困难群众提供法医类司法鉴定服务（包括法医临床、法医精神病、法医病理、法医物证、法医毒物等相关鉴定事项）时可以减免部分费用。（闫菲菲）

【国家司法考试】 2013年，太原市司法局做好国家司法考试工作，推进司法考试工作标准化、规范化、信息化建设。按照要求,2013年太原考区采取全程网络化报名方式。为及时、快捷、高效地服务应试人员，通过公众信息网以及报名管理平台向应试人员进行考务、交通、气象信息等与考试相关的常规或紧急信息提示。2013年，太原考区涵盖太原市、吕梁市，共有4818人参加考试，占全省应试人数10250人的47%。太原市报名人数4326人，成绩合格614,合格率为14.2%。

（闫菲菲）

【人民调解】 2013年，太原市司法局把人民调解工作纳入基层社会服务管理网格化管理模式中，在每个网格责任区中配备人民调解员。全市共有人民调解组织1957个,专业性、行业性调解组织87个，人民调解员10397名。2013年，全市共调解纠纷35476件,调解成功34613件,调解成功率达97.57%。防止民转刑19件,防止群体性上访394次，制止群体性械斗19次。出台太原市中级人民法院、太原市司法局《关于促进人民调解协议司法确认的实施意见》,实现人民调解与司法调解的有效衔接。重点推动征地拆迁、村矿(村企)矛盾、劳资关系、医患关系、交通事故、环境污染等六大领域人民调解组织建设。开展基层基础工作大调研活动。由局班子成员带队,组织开展对全市十个县(市、区)司法局及104个基层司法所和全市律所、公证机构的大调研，深入了解基层的实际情况,总结基层好的经验,分析存在的问题，提出加强改进和创新基层基础工作的思路和举措。进一步推进基层司法所规范化建设。组织初任司法所长和全市骨干人民调解员进行以“调解土地流转纠纷、房屋拆迁纠纷、宅基地纠纷”为主题的专题培训。9月份,在娄烦县召开全市加强乡(镇)司法所规范化建设推进会。2013年全市有5个司法所被山西省司法厅命名为规范化司法所。截至2013年底,太原市共有64个规范化司法所,达标率为61.65%。（闫菲菲）

【强制隔离戒毒】 2013年，太原市司法局按照省里的部署，妥善做好劳动教养制度废止前后的相关工作。加强场所安全稳定工作，连续9年保持安全稳定无事故。健全戒毒模式,完善戒治流程，让戒毒工作在规范化的轨道上运行。强化对强制隔离戒毒人员的管理，开展社区药物维持治疗转介工作试点，试行美沙酮维持治疗戒毒康复新模式。探索戒毒人员拒毒能力训练、心理康复训练、体能康复训练、就业技能训练、社会适应训练等方面的戒治方法。按规定程序开展诊断评估工作,所内毒瘾戒断率达到100%。全年共开展4期SIYB创业培训,举办1期面点师培训，对解教出所人员回访366人次。全年累计教育矫治戒毒（劳教)人员近1500人,提升教育矫治效果。

（闫菲菲）

【安置帮教】 2013年，太原市在全省范围内率先落实重点对象衔接补助金制度，实行未成年人犯罪前科消灭制度，实现无缝衔接。2013年累计发放衔接补助金30万元。“重点帮教对象”全部实现凡出必接，接回率100%,一般帮教对象衔接率达到80%。加快推进安置帮教基地建设。建立市一级教育培训机构，专门培训社区矫正人员和刑释解教人员,在全省尚属首家,这也是加强和创新特殊人群管理与服务，提高教育矫正质量的一次重要尝试。全年新衔接释解人员742人,在册管理的释解人员4184人。刑释解教人员帮教率达到98%，安置率实现96.3%,重新犯罪率降至2%,重点对象接回率100%，一般帮教对象接回率76%。（闫菲菲）

【社区矫正】 2013年5月8日，太原市司法局召开社区矫正和安置帮教工作推进会。9月26日，牵头组织召开“太原市社区矫正和安置帮教工作联席会议暨省城综治委特殊人群专项组工作会议”,进一步落实“平安省城建设”规划。探索建立全省首家社区矫正和安置帮教培训中心,5月23日,社区矫正和刑释解教人员教育培训中心正式挂牌成立,并对48名人员进行为期3天的首期培训。在太原市十县（市、区)全部建立社区矫正教育管理中心。建成社区矫正智能管理系统，实现太原市社区矫正监管“人防”与“技防”相结合的管理模式。太原市社区矫正智能管理系统建设被列为2013年市委市政府重点工作,2013年,太原市建成社区矫正智能管理系统，实现十县(市、区)电子监控全覆盖,做到对社区服刑人员24小时全天候监督管理,实现管理人员与社区服刑人员的信息交流,构建起严密的监控网络。全年累计接收社区矫正人员6550人,解除矫正4466人,在册矫正2084人,撤销缓刑13人,对暂予监外执行罪犯收监执行

10人,警告39人,治安处罚3人,减刑1人,2013年重新犯罪1人,累计重新犯罪6人,重新犯罪率为0.1%,低于全国全省平均水平。 (闫菲菲)

【行政审批】 2013年,太原市司法局严格审批程序,办理审批事项。按照市委市政府“两集中、两到位”的要求,抓好局行政审批处队伍建设和人员管理,严格审批程序,为当事人办理审批事项,2013年共办理行政审批事项195件,办结率100%,无超时、无差错、无投诉。 (闫菲菲)

【基层法律服务】 2013年,太原市司法局根据国务院和省政府最新文件精神,基层法律服务工作者执业核准的实施机关调整为市级人民政府司法行政部门。为做好过渡工作,履行好新职责,下发《关于做好2013年度基层法律服务所和基层法律服务工作者年度检查工作的通知》,明确工作流程和工作制度,依法行政,加强监督检查,健全执业监督、违纪惩处等机制,不断改善基层法律服务队伍的人员结构和素质水平,增强基层法律服务所和基层法律服务工作者的自律能力。2013年,太原市共有41个法律服务所、168名法律服务工作者通过年检注册。全市法律服务工作者担任法律顾问742家,提供法律服务1647次。(闫菲菲)

【《太原市法律援助条例》立法启动仪式举行】 2013年7月19日,太原市举行《太原市法律援助条例》立法启动仪式。标志着太原市首次法律援助立法工作正式启动。市人大常委会副主任郝小军、李文清出席启动仪式。市人大法制委、内司委、市政府法制办、市司法局、市法律援助中心、十县(市、区)司法局、法律援助中心负责人参加。10月23日,《太原市法律援助条例(草案)》提交太原市第十三届人民代表大会常务委员会第十六次会议审议。市司法局局长杨万生就起草工作向大会作说明。这件法规,是1986年有地方立法权以来,太原市第一件司法行政方面的地方性法规,也是司法局承担起草任务的第一件地方性法规,可以称得上是太原市司法行政立法的里程碑。 (闫菲菲)

【王水成到太原市展开年度考核】 2013年1月6日至7日,省司法厅厅长王水成带领省第一考核组对2012年太原司法行政重点工作展开年度考核。考核内容涉及依法治市和普法依法治理、律师、公证、司法鉴定、人民调解以及社区矫正等方面工作。 (闫菲菲)

【刘振宇到太原市检查工作】 2013年3月10日下午,司法部劳教局局长(戒毒局)刘振宇到太原市劳教所(戒毒所)检查“基层基础建设年”和百日安全排查活动开展情况。 (闫菲菲)

【崔国红到太原市调研】 2013年7月19日,省司法厅厅长崔国红在市法律援助中心调研。崔国红对太原市12348法律服务热线电话,坚持10年不分节假日为群众服务,给予充分肯定和高度评价。 (闫菲菲)

【王建明到太原市调研】 2013年8月28日,省委常委、政法委书记王建明调研太原市法律援助中心。他指出:太原市法律援助工作成绩突出,整个工作很规范,很受群众欢迎。市领导对法律援助工作给予充分肯定,表示市政府要进一步给予经费上的支持,统筹解决市、区两级接待大厅规划选址问题。

(闫菲菲)

太原市法学会

【概述】 2013年,太原市法学会加强对人民群众所关心的公共安全、司法公正、权益保障的研究。进一步加强组织体系和自身建设,全力推进“平安省城”“法治太原”和过硬队伍建设,为率先转型跨越发展和建设一流省会城市创造安全稳定的社会环境、公平正义的法治环境和优质高效的服务环境做出贡献。 (阴曙晴)

【联系实际抓学习】 2013年,太原市法学会学习贯彻落实党的十八大全会及十八界三中全会精神。组织广大法学、法律工作者,原原本本地学习全会公报,深刻领会全会精神,把思想认识统一到全会精神上来,找准政法工作与文化建设的结合点、着力点,发挥职能作用,推动社会主义法治文化建设,创造健康向上的文化发展环境,依法维护国家文化安全。

学习贯彻落实中央、省市政法工作会议以及加强和创新社会管理工作会议精神。明确任务、掌握方法,把政法工作以及社会管理创新工作的思路理念、任务指标、方法要求作为法学会开展各项工作的原则和依据,理论联系实际,用理论研究带动工作创新,在实际工作中永葆法学工作的生机和活力。

学习贯彻落实中央及省、市领导关于政法干警核心价值观教育活动的重要讲话精神和《政法干警核心价值观教育读本》。开展“忠诚、为民、公正、廉洁”为主题的政法干警核心价值观主题教育实践活动,参加太原万名政法干警集中军训活动,提振精神,使政法干警核心价值观和养成纪律严明、雷厉风行优良作风高度融合;注重学会机关文化建设,努力营造风正、气顺、劲足、和谐的氛围。

完成干部在线学习。按照市委组织部干部在线学习的安排部署，市法学会机关全体工作人员利用工作间隙，每天抽出时间上“山西干部在线学院”网，按要求进行自学。 （阴曙晴）

【发挥法治服务与保障作用】 2013年初，太原市法学会召集公检法资深工作人员和山西大学法学院教授围绕市委、市委政法委中心工作和深入推进“平安省城”和“法治太原”建设工作中遇到的突出问题讨论研究，确定《涉诉信访问题研究》和《新刑事诉讼法视野下的刑事和解研究》两个专项课题，受到省市政法领导大力支持，并由省法学会立项为“2013年度山西省法学研究重点课题”。经过充分调研、多次论证、反复修改，完成调研报告两篇。对市直政法部门和县（区、市）法学会申报的33个研究课题进行评审选定，确定由市法学会重点领导管理的立项研究课题7项，一般课题6项；由部门、单位各自领导管理的重点研究课题20项。

2013年，为加强法学研究与法律实务的交流互动，实现政法实务部门与重点法律院校双方优势互补、资源共享、互利共赢，市法学会与山西大学法学院于2013年4月共同创建学研协作机制，采取联合举办教育培训、法治研讨、教研实践等活动形式，创新法学、法律工作者的学习培训方法，提高学习培训的科学性、针对性、实效性，提升司法、执法工作服务水平和法学理论研究服务水平，实现法学理论和司法实践的有效对接和共同发展。

市法学会精心组织法学研究和创新课题研究活动，定目标任务、定课题内容、定课题小组、定研究方案、定完成时限，具体落实研究项目，举办第六届并州法治论坛活动，邀请专家学者对380篇论文进行筛选评选，对优秀论文进行交流表彰奖励，编辑《法治环境与深入推进法治太原建设》一书，推广研究成果。在《太原法治》中的常设专栏“经验交流”与特别专栏“平安创建”中刊登全市各基层政法部门、单位的特色工作、亮点工作，进行推广宣传。 （阴曙晴）

【组织法治培训】 2013年，为进一步提高市直政法各部门政法干警的专业知识、业务水平和办案质量，太原市法学会与山西大学法学院联合邀请我国刑法学权威专家学者，北京大学教授陈兴良来太原市举办“当前中国刑法前沿问题”讲座。 （阴曙晴）

【法学研究队伍建设】 2013年，由太原市法学会牵头，在基层组建“三结合”研究小组和“三结合”服务小组。邀请法学专家、法律实务部门的优秀人才和有丰富经验的法律实务人员组建“三结合”研究小组，针对人民群众关心、党委政府关注和当前最迫切需要解决的热点、难点问题，政法工作需要解决的实际问题为主攻方向进行研究；邀请优秀律师、法律院校的知名教授、热心做群众工作的老干部和社会上的知名人士组建“三结合”服务小组，广泛联系群众，宣传党和政府的方针政策及法律法规，调和矛盾纠纷，解决社会问题，使之成为党和政府在社会管理中的参谋和助手。 （阴曙晴）

FAZHI

军　事
Military Affairs

太原警备区

【概述】 2013年，太原警备区以强军目标为统领，聚焦战斗力标准，紧贴形势强军魂，持续用力打基础，改进作风抓落实，以出色完成军区部团建设现场会观摩任务为标志，部队建设取得新的发展。 (军志办)

【思想政治建设】 2013年，太原警备区围绕学习贯彻党的十八大和习近平主席系列讲话精神，以"学好新理论、学好新号令、学好新党章，加强纪律性"为抓手，强势推进两项重大教育。学习贯彻习近平主席"四个必须"(必须确保部队坚决听党指挥，绝对忠诚可靠；必须有效履行职责使命；必须着力提高部队实战化水平；必须坚持不懈推进作风建设)重要指示，开展"新目标、新标准、新能力、新作风"专题教育，官兵践行强军目标的自觉性、主动性不断增强。通过集中传达学习和解读党的十八届三中全会精神，官兵讲政治、顾大局、拥护改革的思想基础更加牢固。持续加强"一报三网"(手机国防报、龙城国防教育网、党员远程教育网、政府政务网)建设，民兵政治教育和国防教育的信息化特征逐步凸显。民兵情报信息员队伍编组、培训和使用更加合理规范，新华社《国内动态清样》作报道。针对省城意识形态领域特点，进行隐蔽斗争和形势政策教育，确保部队绝对忠诚、绝对纯洁、绝对可靠。 (军志办)

【遂行多样化军事任务能力提高】 2013年，太原警备区着眼能打仗、打胜仗，以贯彻落实中发〔2012〕9号文件为重点，开展"双学双研"(学理论、学技能，研讨落实上级精神、研讨重难点问题解决)活动，形成"应急力量向常态化、规范化、专业化转型，指挥手段向信息主导、军地联合转型，军事训练向实战化联训联演转型"的思路。抓各级干部强能建设，参加省军区参谋比武取得个人综合成绩第三名；突出一体化平台、通信指挥车、北斗系统等信息化装备的操作训练，警备区先后两次对全区现役和专武干部进行集训考核，古交市人武部取得综合第一名。强化实战化训练研练，先后开展防火、防汛和冬季适应性训练，通信团参加总部考核成绩优异。推进信息化建设,并取得明显成效。 (军志办)

【警备区基层建设】 2013年，太原警备区始终把高标准筹备好军区部团建设现场会观摩作为年度工作的重中之重，确立"五个坚持"(坚持强军思想统领、坚持靠在一线指挥、坚持省城一流标准、坚持创新作为、坚持带动全面建设)的工作指导，全区上下发扬"有任务就争、见红旗就扛"的优良传统，凝心聚力、高效推进。警备区首长机关科学谋划、一线帮建，反复推演、精益求精，清徐县人武部和通信团勇挑重担、敢打硬拼，担负演练和保障任务的单位不计名利、团结协作，军区政委刘福连、副政委王健先后2次，省军区主要领导及其他常委先后8次对筹备情况进行验收，给予充分肯定。10月份，高标准完成现场会观摩任务，在华北战区打响太原品牌。注重引深会议成果转化，依据"三个文件"(山西省军区《关于进一步加强新形势下人武部、预备役团建设的意见及等级考评办法》《山西省军区对人武部预备役团帮建工作三年规划》和山西省委、省政府、省军区《关于加快县(市、区)人武部和预备役团基础设施建设的意见》)，指导部团抓经常打基础，固强补弱，清徐县人武部被军区表彰为"先进人民武装部"、通信团被军区表彰为"全面建设先进旅团单位"，7个部团进入一类。推进部团基础设施建设，师团两级针对省城建设用地紧张、规划审批难度较大的实际，创新思路、联合推动、攻坚克难，所有新建单位全部开建，取得历史性、突破性进展。深化干休所帮建，第六干休所建设标准一流，被军区表彰为“三年帮建先进干休所”。全区共移交退休干部10人,超额完成任务。

(军志办)

【安全稳定工作】 2013年，太原警备区坚持安全工作从零做起，强化各级“干成事、不出事”的意识。开展“学法规、用法规、守法规”活动,落实重点人包干和组织管、家庭管双管制度,转业干部、零散人员和老干部的思想普遍稳定;落实《手机和互联网使用规定》,建立微博监测系统，掌握网络舆情和官兵、职工家庭的用网动态,落实总部“十条禁令”形成自觉；严格人员、车辆、枪弹及保密载体管理;投入180余万元改造民兵武器装备仓库，规范库管人员日常执勤、教育、管理和训练,完成军区规范化建设试点任务,10余次接受上级检查及友邻单位观摩;规范军车运行秩序,封存无牌车辆50余台,每月对司机队伍进行教育整顿,定期对违纪军车进行通报；从严压实安全责任，每月开展一次隐患排查整治活动,机关坚持每周两次夜查、每周一大交班集中讲评，对安全漏洞进行整治,警备区实现“十连安”,通信团受到军区表彰。

(军志办)

【警备区后勤综合保障】 2013年,太原警备区围绕战斗力抓保障，全年用于保障军区现场会和各项军事任务开支1000余万元。执行上级关于厉行勤俭节约、反对铺张浪费的指示要求,重新修订《警备区财务管理规定》,控制会议、接待、车辆维修、差旅等开支,行政性支出同比下降9.4%。强制推行公务卡支付结算,两级刷卡率达92.7%。围绕军区明确的“八个严查”、21项重点问题，开展财经管理专项整治,对2012年以来的账目和凭证逐项逐条自查自纠。深化职工管理制度改革,规范职工学习、工作和管理秩序。坚持“四个搞建设”(又快又好、和谐发展、安全施工、廉洁守规搞建设)的工作指导，综合办公楼建设基本完工,1、2、3号住宅楼和义井、西矿街住宅楼交付钥匙;推进6号楼建设,妥善解决东山仓库和府西街招待所拆迁问题。

(军志办)

【党管武装和军民共建】 2013年,太原市委、市政府始终把国防后备力量建设摆上重要位置，主要领导亲自参加重要军事活动，多次专题研究征兵工作、信息化建设、基础设施建设等问题,将党管武装、国防建设等七项内容纳入县(市、区)年度工作目标责任制考核体系,出台集中统筹发放、市县分级负担的义务兵优待金落实办法,兑现率100%。深化“四拥四支四好”活动，地方有关职能部门对部队支持有力。围绕服务省城率先转型跨越发展,先后出动民兵1.5万余人次，完成城乡清洁、山林救火、植树造林和执勤安保等任务，强固新形势下的军政军民团结。

(军志办)

【警备区党委班子和干部队伍建设】 2013年,太原警备区加强作风建设,制定加强党委自身作风建设23条措施,班子成员以上率下、严格执行住部帮建、下连当兵6个回合,为官兵和基层解决实际困难27件,会议活动同比减少55%,文件、电报减少22%。开展党的群众路线教育实践前期活动，坚持未教先学、边学边改，从转好思想弯子、清理习惯性做法入手,用中纪委、军委纪委通报的顶风违纪案例教育警示;制定查纠“四风”(形式主义、官僚主义、享乐主义、奢靡之风)的20条硬性措施,推进“五用一履行”(用人、用车、用房、用钱、用权,履行职责)清理整治和巡视移交问题整改,公车私用、公款吃喝、私事公报等问题得到初步解决。坚持团职干部大述职、大测评、大考核,稳妥对8个团级班子、10名部团主官进行调整。注重在大项任务中考察干部,坚持按原则、按程序公平公开公正推荐使用干部,全年提拔使用副团职干部7名、营以下干部22名，对6名未通过考核的暂缓提升,树立靠素质立身、凭实绩进步的鲜明导向。

(军志办)

【现役干部和专武干部集训】 2013年5月下旬,太原警备区组织全区127名现役和部分专武干部，在民兵训练基地集中开展“双学双研”(学理论、学技能,研讨落实上级精神、研讨重难点问题解决)集训活动,采取领导授课、经验交流、考核竞赛等方法,有效提升一线带兵人的组织指挥能力。11月19日至12月9日，集中利用训练预备期,分两批组织全区96名现役干部和157名专武(预任)干部,集中开展以基础理论、基本技能为主要内容的强化集训,重点组织一体化指挥平台应用、轻武器射击、通信车实装操作等课目训练,并就信息化规范建设和2014年度工作筹划进行梳理研究，促进干部队伍的能力素质建设。

(荀 伟)

【信息化建设】 2013年，太原警备区着眼提升师团两级指挥效能，探索实践军民融合发展，推进信息化基础设施建设。研究统一全区信息化建设标准和招标程序，在万柏林区人武部先行展开，为全区提供样板；筹集资金100多万元，对部团网络传输电路和师团两级固定指挥所信息应用系统、值班和会议系统进行扩容升级，实现全区上下综合组网的视频会议、视频交接班和可视指挥。指导古交市人武部、通信团、民兵武器装备仓库,完成系统集成、信息引接、作战数据中心站建设,6月份省军区军事主官集训时进行观摩。在清徐县人武部构建以民兵情报信息、三维地理信息、战备方案管理、应急力量快反和调频预警广播5个子系统为内容的联合战备系统，在10月18日为参加北京军区人武部

和预备役部队建设会议的人员进行成功演示。（荀　伟）

【新兵征集任务完成】 2013年征兵时间由冬季征集改为夏秋季(7月至9月)征集，太原警备区开展征兵宣传“见报纸、见电视、见网络,进社区、进学校、进家庭”活动,于6月28日在太原理工大学举办“省城征兵宣传进高校活动启动仪式”,于7月10日以《手机国防报》的形式向全市6519名大学生群发征兵宣传短信。协调市政府出台《关于做好义务兵优待金统筹发放工作的通知》,坚持市县分级负担资金,兑现率100%,有效调动各级完成征兵任务的积极性。全市共征集新兵1859名。（荀　伟）

【冬季适应性训练】 2013年12月18日至23日,太原警备区组织全区现役官兵带10支民兵应急排、1支预备役值班分队共512人，装备车辆83台，采取徒步和摩托化行军相结合的方式，在太原北部山区复杂地域长途跋涉300多公里，先后成建制地开展战备等级转换、指挥演练、集结机动、警戒勤务、宿营野炊、综合保障为主要内容的10多个课目训练,提高部队在野外严寒条件下遂行任务和应急处突能力。（荀　伟）

【安全管理】 2013年，太原警备区结合实际,制定下发《太原警备区安全管理措施》,狠抓落实,机关和部队正规化建设与管理水平得到提升。组织开展“学法规、用法规、守法规”活动,4月23日,组织全区14支参赛队在民兵训练基地进行条令法规知识竞赛活动,迎泽区人武部、尖草坪区人武部和晋源区人武部分获前三名;5月20日,接受省军区学用法规考核组对干部、驾驶员、保密员、警卫员、哨兵五类人员,共计64人抽考验收，取得优异成绩。在全区开展“军号响起来、军歌唱起来、呼号喊起来、队列走起来、军容严起来”活动,强化军人素养,建立正规秩序。抓住人、车、枪、弹、密、网等重点环节不放松，全年共组织开展3次安全形势分析、4次司机队伍教育整顿和4次安全隐患排查，有效预防事故案件的发生,警备区实现连续十年“双无”,被省军区表彰为“安全管理工作先进单位”;预备役通信团被北京军区表彰为“从严治军先进单位”。（荀　伟）

【军区人武部和预备役部队建设现场会观摩】 2013年上半年,太原警备区承接军区人武部和预备役部队建设现场会观摩任务后,以“五个坚持”(坚持强军思想统领,坚持靠在一线指挥,坚持省城一流标准,坚持创新作为,坚持带动全面建设)为指导,全区上下发扬“有任务就争、见红旗就扛”的优良传统,凝心聚力、科学谋划、一线帮建、高效推进。承担任务较重的清徐县人武部和预备役通信团勇担重担、敢打硬拼，担负演练和保障任务的单位不计名利、团结协作,如期完成各项准备工作。军区首长先后2次、省军区常委先后8次进行集体验收，都给予充分肯定。10月18日,参加军区人武部和预备役部队建设现场会的首长和与会人员到清徐县人武部、预备役通信团进行现场观摩，在华北战区打响太原品牌。现场观摩会结束后,先后12次接待兄弟单位的参观。（杜孟力）

【参加省军区“四会”优秀政治教员比武竞赛】 2013年6月24日，太原警备区政治部从全区抽调8名政治素质较好的干部,组成参加省军区“四会”优秀政治教员比武竞赛集训队（由第六干休所政委尚跃峰任队长，晋源区人武部政委葛德高任技术指导，政治部干事祁亮、迎泽区人武部后勤科长梁斌、杏花岭区人武部干事符晓伟、尖草坪区人武部政工科长王军、娄烦县人武部政工科长王红和第六干休所政工干事张艳云为队员),在民兵训练基地进行为期47天的封闭式强化训练。8月10日至13日,在参加省军区“四会”优秀政治教员比武竞赛中,参赛队员团结协作、发挥出色,夺得单位综合成绩第一名、知识竞赛团体第二名,祁亮、张艳云、王军包揽个人前三名,均被评为“一级”四会优秀政治教员。（杜孟力）

【国防教育覆盖面扩大】 2013年,太原警备区探索实践利用“一报三网四队”(手机国防报,龙城国防教育网、党员远程教育网、政府政务网,国防教育理论辅导员队伍、国防教育通俗宣讲员队伍、国防文艺宣传员队伍、国防文化传播员队伍)，开展全民国防教育，扩大教育的覆盖面，其经验做法被省军区转发。3月份,在省军区召开的全省国防教育委员会办公室主任会议上，太原市国防教育委员会办公室主任、太原警备区政治部主任张培军围绕“坚持网络宣传与实体宣传相结合，实现全民国防教育全覆盖”主题作交流发言。（杜孟力）

【新闻宣传】 2013年，太原警备区和各部团加强新闻报道工作,全年在军地报刊、电台和电视台刊播稿件115篇，其中《解放军报》17篇、《中国国防报》4篇、《战友报》29篇（头版头条3篇)、《华北民兵》36篇。这些稿件,全面反映警备区贯彻落实强军目标所取得的成绩和经验。2013年年底,被省军区评为“新闻宣传先进单位”。（杜孟力）

【后勤战备训练】 2013年，太原警备区着眼遂行应战应急任务后勤保障的需要,对4大类、48种后勤保障方案进行修订。充实完善后勤战备库战备器材物资,增加食品数量,确保首长机关遂行多样化军事任务3日份量。结合警备区担负任务的实际，根据敏感时期特点,制订下发《关于进一步做好敏

应急救援队伍演练

感时期后勤保障工作指示》。协调市经动办、交战办、商务局等有关单位，完成全市后勤保障能力综合评估报告，做到战时物资供应有保障，平时物资储存有规模。为实现机关干部一专多能的要求，5月至11月份，分期组织40余名机关干部、95名部团所现役干部，进行驾驶技能和车辆指挥训练。9月份，组织全区后勤干部进行为期3天的战勤和军需财务业务培训。10月份，结合北京军区在太原召开的人武部和预备役部队建设现场观摩会，组织饮食保障分队进行实兵实战演练。11月下旬，组织后勤干部参加两级首长机关训练考核，取得优异成绩。全年后勤参训591人次，累计训练时间达116天，参训率达98%。 （蔡鹏勇）

【民兵情报信息员队伍建设】 2013年3月初，太原警备区司令部、政治部联合下发《关于进一步加强和规范民兵情报信息员队伍建设的通知》，对民兵情报信息员队伍的编组、培训和使用进行规范。结合民兵组织整顿，建立18支、1100余人的民兵情报信息网络分队，抢占互联网舆论阵地，正确引导网上信息，跟帖反驳有害言论，及时掌握社会动态，在维护省城社会稳定中发挥重要作用。新华社《国内动态清样》作报道。 （杜孟力）

【驾驶员教育管理和新式军车号牌管理】 2013年4月，太原警备区结合车辆和驾驶员年度审验，组织全区78名驾驶员在警备区民兵训练基地进行为期3天的安全警示教育，聘请太原市交警支队宣教处人员进行讲课辅导。对驾驶作风较差的2名驾驶员吊销驾驶证。4月底，结合“2012式”军车号牌换发，清理超标准配车、超标准用车5台次，更换“2012式”军车小车号牌42副，大车号牌11副，并对新式军车号牌管理实行严格的责任制。结合开展“百日安全”活动、每周五的车场日和每月22日的安全警示教育日，利用电子屏、展板和警备区《手机国防报》等形式，开展“安全行车、文明行车”教育和安全隐患排查，强化驾驶员安全防范意识，杜绝车辆事故发生。

（蔡鹏勇）

人民防空

【概述】 2013年，太原市人防工作围绕年度工作总体目标，按照全省人防“三三三”战略部署，以人防指挥部建设和地下空间开发利用为重点，推进人防特色和品牌项目打造，全面提高人防建设和管理水平，完成各项工作任务。太原市人防办被评为全省“人民防空工作先进单位”“人防目标责任制考核优秀单位”“人防工程建设规范化管理先进单位”；在全省人防训练比武竞赛活动中，获得“团体优秀奖”；小店区、万柏林区、经济技术开发区人防办被评为全省“人民防空工作先进单位”；继续保持市级文明单位标兵、市级双拥先进单位荣誉，汾河隧道管理所、指挥信息保障中心继续保持市级文明单位称号。 （赵 梅）

【重点工程建设】 2013年，太原市人防办共有2项重点人防工程续建，1项人防工程新建。

太原市紫东小区人防工程，截至年底全部土建、安装完工，地上主楼5、6层完成全部装修，地下指挥所建设基本完成，进行设备调试。地上应急指挥大厅二次结构完成，确定装修方案。二期工程A、B区土建施工完毕。

亲贤北街地下人防工程（代号111工程），是太原市首条结合城市道路改造同步修建的地下人防工程，分东西两段建设，东段为平阳路至东干渠，西段为东干渠至滨河东路。东段完成大部分主体施工。西段工程（退水渠—滨河东路）正式开工建设，进行地连墙、桩基、帷幕施工。

体育北街地下人防工程是结合城市道路改造，吸引社会力量投资新建的人防工程。依据市政府要求，主要解决菜市场搬迁，为人民群众解决实际困难，促进人防工程与城市经济建设融合发展，发挥人防工程平战结合效能。该工程采用逆作法施工，与地面拆迁工作同步推进。 （赵 梅）

【人防结建工程审批验收】 2013年，太原市人防办按照“两集中、两到位”

要求，进一步引深人防行政审批流程再造，下放“建人防工程（含通信、警报设施）拆除报废审批事项”，简化行政审批程序，审批时限从7天缩减为5天，提高办事效率。（赵　梅）

【人防工程维护管理】 2013年，太原市进行大规模的城市道路改造建设。涉及到部分市管公共干道和杏花岭区、迎泽区、小店区、万柏林区等部分单位早期人防工程，太原市人防办将早期人防工程治理与城市道路改造施工同步进行，将涉及城市道路改造的不适宜继续使用的早期人防工程进行封填报废处理。杏花岭区、迎泽区、小店区、万柏林区也做大量的工作，既保证早期人防工程的安全，又保证城市道路改造顺利进行。完成太原市数字化城乡管理指挥中心12319城建热线派单任务，为市民咨询、投诉、举报提供良好的服务平台。全年累计共受理“12319”热线下达的派单69个，全部按要求妥善处理，“及时率、满意率、办结率”均达到规定标准。（赵　梅）

【人防指挥通信】 2013年，太原市人防办应新形势、新任务的需要，对市本级和各县（区）防空袭方案、防空应急预案作进一步修订和完善。制定和完善各种配套方案、保障计划，充实方案内容，提高“两案”的科学性和可操作性。加强防空警报设施管理，对全市防空警报设施社会化管理情况进行检查，对防空警报设施存在的问题及时进行处理，确保警报器完好率达到100%。将防空警报建设纳入人防结建工作，开创人防警报建设新局面。新建项目进行防空警报结建审核10个项目，竣工项目安装防空警报器2个。2013年9月18日，参加全省统一防空警报试鸣活动，经过周密计划、精心准备，完成警报试鸣工作。（赵　梅）

【人防宣传教育】 2013年，太原市人防办开展人防宣传报道和人防知识教育工作，按照“五进”要求，扩大人民防空教育面、影响面。各单位利用“9·18”全省统一警报试鸣和国防宣传、人防宣传等时机，到社区和厂矿企业，因地制宜开展宣传活动，驻并新闻媒体均进行报道，提高广大人民群众人防观念和国防意识。（赵　梅）

【平战结合开发利用人防工程】 2013年，太原市人防办适应社会主义市场经济的新形势，加强对平战结合工程的使用管理。在保证战备效益的前提下，鼓励社会团体、企业、事业单位和个人投资开发利用人防设备、设施，挖掘潜力，发挥各类人防工程的经济效益和社会效益，盘活人防资产，增强人防发展后劲，使平战结合工作有新的起色。继续抓好平战结合工程安全使用监管工作，在重大节假日、汛期和冬季分别开展安全隐患排查，对工程使用单位下达安全隐患自查通知书，确保工程结构和设备设施良好，杜绝各类事故的发生。（赵　梅）

【人防机关建设】 2013年，太原市人防办以“抓班子、强队伍”为抓手，开展“学习型、服务型、创新型”班子建设活动。加强党组中心组理论学习，取得实效；加强支部建设和发展党员工作，“七一”期间，3个支部、24名优秀党员、6名优秀党务干部受到表彰，全年共新发展党员4人。加强干部职工理论学习，深入学习十八精神，聘请省委党校教授来太原市人防办进行授课辅导，组织专题辅导和座谈会多次；机关、直属单位等干部职工普遍受到教育，180余人参加“三个核心”价值观教育考试，成绩全部达到良好以上。组织全体干部参加网上在线学习，定期通报在线学习情况，完成或超额完成学习任务；开展道德讲堂活动，在机关和直属单位悬挂宣传图板30余块，组织专题讲座2次，受教育人员达200余人次。做好“扶贫帮困”工作，先后3次到扶贫点住村扶贫帮困；参与社会活动，倡导“绿色出行、低碳生活”，全年为“博爱一日捐”捐款6000余元，为“慈善一日捐”捐款5000余元。参加“志愿者”服务活动，在市文明办的统一组织下，上街协助交警站岗8天，64人次参加这次活动。为进一步强化干部职工的“准军事化”素质，组织机关和直属单位干部职工进行军训；结合军训，举办第五届“人防杯”职工运动会，丰富干部职工业余文化生活。（赵　梅）

【人防安全生产】 2013年，太原市人防办贯彻落实国家和省市有关指示和安全生产工作电视电话会议精神，先后印发《太原市人防安全生产大检查方案》《太原市人防搞好安全生产通知》等文件多份，全市人防系统各级、各单位分别成立组织领导机构和办事机构，建立专人负责的安全责任制度。对全市早期人防工程、结建人防工程、在建人防工程、办公场所以及人防通信警报设施等进行安全大检查，重点检查安全措施落实情况、应急预案准备情况、突发事件处理情况、隐患排查治理情况等，并严格按要求建立安全生产台账。迎泽区人防办在巡查中将发现的安全隐患及时通报所属单位，并提出治理意见，为所属单位避免安全事故，受到所属单位和市政府领导的高度评价。全年共检查工程302个，发现安全生产隐患115个，全部进行限期整改。全市人防系统全年未发生安全责任事故。（赵　梅）

发展与改革

【发展计划】 经太原市第十三届人民代表大会第三次会议审议批准，以太原市人民政府文件（并政发〔2013〕26号）下发太原市2013年国民经济和社会发展计划。确定2013年全市经济社会发展的主要目标为：(1) 预期性指标：地区生产总值增长10%，固定资产投资增长25%，规模以上工业增加值增长13%，社会消费品零售总额增长15%，财政总收入和公共财政预算收入均增长12%，城镇居民人均可支配收入、农民人均纯收入分别增长11%和11%以上，城镇新增就业人数10.4万人，城镇登记失业率控制在4%以内，居民消费价格总水平涨幅控制在3.5%左右。(2)约束性指标：万元地区生产总值综合能耗下降3.5%；二氧化硫、化学需氧量、氮氧化物、氨氮、烟尘和粉尘排放量、万元地区生产总值二氧化碳排放量和万元工业增加值用水量均完成省下达任务。（冯琬云）

【转型综改】 2013年，太原市发改委按照省委、省政府对转型综改工作提出的新要求、新部署，以转型综改为统领，全面部署推进"十二五"后三年太原转型综改试验先导区建设。市综改办根据《山西省国家资源型经济转型综合配套改革试验实施方案(2013—2015年)》，结合太原实际，制订《太原市资源型经济转型综合配套改革试验实施方案(2013—2015年)》，方案提出20项重大改革、41项重大事项、50个重大项目和8个重大课题，涵盖转型综改的产业转型、生态修复、城乡统筹和民生改善四大领域。其中，重大改革是主线、重大事项是载体、重大项目是抓手、重大课题是前沿。明确"创新、落实、不断完善"的推进方法，鼓励在重大改革、重大事项、重大项目、重大课题等方面先行先试，取得更多更大突破，激发太原市市场潜力和创新活力。此实施方案为太原市转型综改工作的纲领性文件。

根据《山西省国家资源型经济转型综合配套改革试验实施方案(2013—2015年)》《山西省国家资源型经济转型综合配套改革试验2013年行动计划》和《太原市资源型经济转型综合配套改革试验实施方案(2013—2015年)》，制订《太原市资源型经济转型综合配套改革试验2013年行动计划》，《行动计划》是对《实施方案》3年任务中2013年工作任务的具体安排，提出6项重大改革、12项重大事项、22个重大项目和6个重大课题。重大改革主要包括深化行政审批制度改革、创新土地管理制度、创新金融发展机制、创新"五规合一"规划统筹协调机制、理顺和创新开发区管理体制机制和深化医药卫生体制改革；重大事项包括推进太榆科技创新城建设、全面实施目标管理、高标准推动省城环境质量全面改善等；重大课题包括太原建设一流省会城市指标体系研究、公共服务在城乡之间均衡配置促进机制研究等内容和开发区扩容提质问题研究等。《行动计划》围绕资源型转型这个主轴，抓住重点难点大胆攻坚，推进转型综改先导区建设，确保在重大改革、重大事项、重大项目、重大课题上取得新突破，在产业转型、生态修复、城乡统筹、民生改善等方面取得新进展。（余　波）

【主要指标】 2013年，太原市实现地区生产总值(GDP)2412.87亿元，比上年增长8.1%。其中：第一产业增加值38.73亿元，增长3.2%；第二产业增加值1052.08亿元，增长10.6%；第三产业增加值1322.06亿元，增长6.1%。第三产业中，交通运输、仓储和邮政业增加值180.12亿元，增长8.1%；批发零食和住宿餐饮业465.18亿元，增长6.2%；金融业253.11亿元，增长8.8%；房地产业67.38亿元，增长7.8%；营利性服务业128.11亿元，增长0.2%；非营利性服务业115.22亿元，增长

6.1%。固定资产投资完成1670.74亿元,增长26.5%,其中,第一产业完成投资25.31亿元,增长44.5%;第二产业完成投资531.52亿元,增长21.9%,其中,工业完成投资525.78亿元,增长22.4%;第三产业完成投资1113.9亿元,增长28.4%,其中,房地产开发完成投资429.92亿元,增长17.9%。

(冯琬云)

【气化太原】 2013年,“气化太原”工程完成市政府下达的目标任务:(1)完成离石—太原(汾阳—太原段)嘉节热电供气管线,启动阳曲—太原嘉节热电供气管线。累计铺设高中低压管网250.03千米。全年新发展天然气用户8.9万户。(2)省下达太原市常年运行燃煤锅炉清洁能源替代任务118台,太原市自加压力,新增109台,共完成227台常年运行锅炉清洁能源替代。(3)新投入运行加气站4座(山西汽运集团北客站、东客站;公交集团九洲站、松庄加气站),抓紧建设加气站3座(山西国电科莱天然气公司的晋阳街、化章街加气标准站、晨光公司的尖草坪加气子站),基本满足全市出租车、公交车用气需求。 (卓 琳)

【加气站建设情况】 太原市有母站两座(太原天然气公司西温庄母站、山西国电科莱公司晋阳街母站),设计日供气能力29万立方米。满足太原市8292辆出租车和2500辆“油改气”公交车用气。2012年底投入运营的加气站12座(晨光公司双塔西街、下元、胜利桥东、南上庄、九丰路、小东流子站;太原天然气公司西温庄、钢园路标准站;山西国电科莱公司佳华街标准站、坞城路子站;太原煤运公司新晋祠路、大同路子站);设计日加气能力23万立方米。太原市加气站建设涉及的审批部门多,程序多,且大部分加气站为先建后批项目。为完善手续,确保全市加气站安全稳定运营和后续加气站建设,2013年,市发改委对全市在建和运行的26个加气站手续逐一进行摸底和梳理,提出完善和加快加气站手续办理的意见和建议报市政府。2013年任务是建设7座加气站,投入运营的加气站4座(山西汽运集团北客站、东客站;公交远东公司九洲站、松庄加气站);设计日加气能力6万立方米。建设山西国电科莱天然气公司的晋阳街、化章街加气站标准站、晨光公司的尖草坪加气子站等3座加气站。 (卓 琳)

【重要文件】 2013年,市发改委制订出台《太原市加快发展高技术服务业实施意见》,并政办发〔2013〕47号文正式下发。组织编制《太原不锈钢产业园区循环化改造实施方案(2013-2017)》,通过内部评审、专家论证、优化完善后逐级报送至国家发改委。经国家发改委评审,于2013年10月获得批复,将太原不锈钢产业园区确定为国家级循环化改造示范试点园区。

(郭学亮 杨晓红)

【重要会议】 全市2013年医药卫生体制改革工作大会。2013年5月9日上午,在太原市政府召开“全市2013年医药卫生体制改革工作大会”。副市长、市医改领导组副组长王爱琴参加会议并讲话。市医改领导组成员单位分管领导,10县(市、区)分管副县(市、区)长及医改领导组成员单位主要领导,市属公立医院院长等参加会议。会议的主要任务是,传达贯彻全省2013年医改工作电视电话会议精神;全面总结全市2012年医改工作取得的成效,部署实施2013医改的重点工作。2013年9月,市医改办由市发改委移交至市卫生局。 (张 明)

2013年7月8日~9日,全国政协常委、全国政协人口资源环境委员会副主任秦大河带领全国政协调研组,到山西省就应对气候变化与大气污染防治进行专题调研。省、市两级政府和发改、环保、气象等部门就有关省、市近年来开展应对气候变化与大气污染防治工作情况及下一步工作措施进行汇报。秦大河对山西省在应对气候变化和大气污染防治方面所取得的成绩给予肯定,希望山西省继续在加快淘汰落后产能、优化产业空间布局、加快清洁能源替代、提高工业企业污染治理水平、强化机动车污染防治、深化面源综合整治、妥善应对重污染天气、落实《大气污染防治行动计划》和推进应对气候变化工作法制化、加强应对气候变化能力建设等方面努力。

(卓 琳)

2013年12月18日,副市长寿伟光带队,省发改委、市发改委、市商务局等相关领导参加国家发改委组织的创建电子商务示范城市专家答辩会。国家发改委在听取专家意见的基础上,同意太原市入选第二批创建电子商务示范城市之列。 (王玉生)

【棚户区改造建设】 2013年,太原市发改委加快太原市西山、东山工矿棚户区改造,与项目单位建立棚户区改造项目工程进度和投资执行情况定期报送机制,对工程实施中存在的问题,及时协调解决。为解决棚户区改造资金短缺问题,市委改委向省申请煤炭可持续发展基金补助,并及时转发下达资金。2013年,共转发下达棚户区改造中央预算内投资计划6609.2万元,省级补助资金36625.71万元。做好房屋分配的协调监督工作;召开会议,定期向省、国家督查组汇报工作;与统计局建立中央下放煤矿棚户区改造保障性安居工程季度报送机制。

(卓 琳)

【援疆工作】 推动医疗卫生援疆。按照2013年太原市援疆结对活动工作方案，市发改委与市委组织部牵头，会同市卫生局从市属医院精心选拔出政治坚定、作风过硬、经验丰富、技术精湛的5名主治医生（妇产科2名、超声2名、乳腺外科1名），赴疆开展为期半年的巡回医疗活动。5月23日赴疆后，分配在五家渠市团场医院工作，为当地开展两癌筛查8000多人次，开展门诊服务，举办业务培训等。经3个月努力，提前超额完成任务，得到五家渠市卫生局的嘉奖。

推动建立卫生系统"一对一"援助合作机制。为进一步深化两地医疗卫生领域合作，提高五家渠市团场医疗卫生质量，五家渠市卫生系统人员到并，同太原市委组织部、市发改委以及市卫生局组织召开座谈会，商讨两地开展卫生系统"一对一"援助合作相关事宜。双方逐一落实五家渠市各团场（101团、102团、103团）提出的对口合作计划，特别是结合太原市医疗卫生实际条件，按照各团场不同要求，重点研究分期分批派出医务人员、新疆公卫人员到并进修等，推动两市卫生系统共同起草并签署合作框架协议，在管理规划、教学科研、人才培养、社区卫生、疾病预防控制等方面建立长期合作援助机制。

推动市场援疆。为不断扩大新疆特产引进规模，建设"疆果东送"流通网络及农产品外销平台，推动美特好与新疆农六师五家渠市各团场建立长期合作关系。2013年引入弗雷葡萄、红提、金皇后哈密瓜、新疆香梨、阿克苏糖心苹果、大枣等各类水果约1580吨，于7月20日举办太原市场援疆暨美特好直采新疆水果销售启动仪式。农六师五家渠市103团向山西美特好公司颁发"新疆五家渠市103团金皇后哈密瓜山西唯一指定销售点"的牌匾。（卓　琳）

【项目审批】 2013年，太原市发改委审批处全年办结项目408项：其中，审批类197项，核准类189项，备案类22项。（李艳阳）

【重大工程项目开（竣工）情况】 农村饮水安全工程：推进农村饮水安全全覆盖工程，结合太原市各县存在饮水安全问题的情况，优先解决当前缺水严重、农村饮水不安全以及影响农民健康的水质问题，优先解决农村学校饮水安全问题。2013年，太原市饮水安全工程安排811万元（中央投资640万元、配套171万元）。

中央投资林业建设重点项目：2013年，中央投资林业建设重点项目包括：天然林资源保护工程、退耕还林工程配套荒山荒地造林共争取国家资金1390万元。通过一系列投资举措，太原市林业建设取得新进展，部分荒山得到治理，改善省城生态环境质量。

以工代赈工程：2013年，国家及省发改渠道共安排项目8个，市安排扶贫项目及配套项目13个，共下达资金1354万元。其中，中央投资826万元，省煤炭可持续发展基金238万元，市财力投资及配套300万元。

生态建设工程：2013年，太原市生态恢复治理建设项目下达6个，分别为：尖草坪区生态修复工程2013年建设项目、万柏林区生态修复工程2013年建设项目、晋源区生态修复工程2013年建设项目、迎泽区生态恢复治理2013年建设项目、小店区生态恢复治理2013年建设项目、杏花岭区生态恢复治理2013年建设项目。6个项目总投资13616.56万元。其中，省煤炭可持续发展基金7000万元。下达娄烦县、古交市、阳曲县、万柏林区汾河流域提档增绿工程省煤炭可持续发展基金1000万元，娄烦水源植被保护工程省煤炭可持续发展基金800万元，5个项目总投资3348万元。其中，省煤炭可持续发展基金1800万元。

太原市威迩思科技有限公司空气热源泵机组制造基地建设项目：建设规模：年产2.4万台家用空气热源泵机组和年产4.8万台商用空气热源泵机组；建设地点：太原不锈钢园区；建设内容：新建89600平方米厂房，购置钣金件加工、翘片式换热器加工设备等设备及装备设备；项目总投资36671万元，自筹资金为11221万元，银行贷款25000万元，其他450万元。2013年3月开工。

太原市鑫宇联电气有限责任公司非晶合金变压器生产基地建设项目：建设规模：年产非晶合金变压器90万千伏安（约1500台套）；建设地点：太原市阳曲县黄寨村；建设内容：新增建筑面积13100平方米，包括生产车间、办公楼、综合楼及配套设施，购置立式绕线机、线圈压力机等生产、试验设备57台（套）；项目总投资9800万元，其中工程建设费用6040万元，工程建设其他费用1090万元，基本预备费580万元，流动资金2090万元；资金来源为：申请银行贷款2000万元，企业自筹7500万元，其他300万元。

（张明春　苏志强）

国有资产监督管理

【概述】 2013年，太原市国有资产监督委员会（以下简称国资委），贯彻落实中共太原市委十届四次全会暨全市经济工作会议精神，全力推进各项工作，完成市委、市政府下达的各项指标和任务。出资企业全年实现营业（业务）收入59.7亿元，比上年同期减少25.38%；资产总额242.4亿元，比上年同期增长12.85%；所有者权益36.4亿元，比上年同期增长4.9%。

2013年，太原市国资委把招商引

资和项目建设作为企业转型跨越发展的双引擎，采取“对标一流定目标，一事一表做计划，调度例会抓落实，活力曲线抓考评”的目标管理方法，举全系统之力，实施重点突破。

面对国内外复杂严峻经济环境，在经济运行下行压力较大的情况下，太原市国资委按照“调结构、稳增长、保民生”的要求，在推进招商引资和项目建设的同时，不断强化国资监管，挖掘企业内部潜力，增强经济增长活力，推动国有经济平稳较快发展。

太原市国资高度重视安全生产工作，始终把监管企业的安全生产作为重中之重，摆在突出位置，狠抓各项制度和工作落实。

太原市国资委针对改革进入攻坚期，职工利益诉求日益增多的实际，坚持从改革发展稳定的大局出发，把信访稳定作为改进作风、服务群众的重要任务，采取有力措施，全力以赴抓工作落实。

太原市国资委党委坚持一手抓改革发展，一手抓企业党的建设和精神文明建设，较好地实现物质文明、精神文明协调发展。全系统30户企业开展“关心他人、关爱社会、关爱自然”为主题的学雷锋志愿服务活动；12户企业开设“道德讲堂”；山西省和太原市大型新闻媒体先后40余次对国资国企改革发展进行宣传报道。

太原市国资委党委坚持把党风廉政建设和国资监管各项业务工作放在同等重要的位置，同步部署、同步落实、同步检查、同步总结、同步考核。层层签订《党风廉政建设目标责任书》，对党风廉政建设目标责任制工作进行分解，明确党风廉政建设目标的工作责任。形成主要领导亲自抓、分管领导具体抓的工作局面，全系统自上而下建立以主要领导为第一责任人的党风廉政建设责任制。形成全系统从上而下贯彻落实八项规定、加强作风纪律建设的良好氛围。（赵国琦）

【招商引资】 2013年，太原市国资委引进深圳飞尚集团投资30亿元与太原锅炉集团合作大型流化床锅炉生产、高新技术研发项目；引进深圳大族集团投资20亿元与太原第一机床厂资产重组，建设新型装备产业园；引进英国米罗公司、上海亚浦尔新光源公司、清华大学等国内外知名企业和高校与太原东山煤电集团有限公司合作，加快煤炭企业转型升级。推进国资系统优势企业同国内科研机构和高校合作，开展产品研发和技术创新。山西锦地集团与中科院高能物理研究所战略合作，研发生产医用正电子发射断层扫描仪，开始在北京等地医院临床试验；太原无线电一厂与解放军南京理工大学技术协作，研发新一代高空气象探测仪和“北斗卫星探空探测系统”，开始试生产。（赵国琦）

【项目资金落实】 2013年，太原市国资委系统在建项目完成投资18.97亿元，为年度目标任务的112%，超额完成全年目标任务。其中：太原锅炉集团完成投资1.7亿元、太原狮头集团完成投资5亿元、太原东山煤电集团有限公司完成投资3亿元、太原晋东管理处完成投资1亿元、太原田和食品集团六味斋实业公司完成投资4亿元、山西锦地集团完成投资0.3亿元、太原市煤炭运销分公司完成投资2亿元。（赵国琦）

【推进重点工程建设】 2013年，太原东山煤电集团有限公司与中国华能集团改造太原东山热电厂项目确定改造方案，按期推进；太原东山煤电集团有限公司所属李家楼煤矿、王封煤矿通过山西省和太原市安全生产部门的验收，五龙煤矿、东兴煤矿、东□煤矿、东峰煤矿的基础工程建设按期完成；太原锅炉集团容器管子联合厂、构件联合厂房、综合办公楼、研发中心主体全部完工，超高压锅筒、集箱、膜式壁、蛇形管投入生产；太原狮头集团搬迁项目建设基本完工，进入试生产阶段；太原田和食品集团鲜活水产品市场建设和六味斋清徐主体工程建设、山西锦地集团煤机产业办公大楼和研发中心桩基建设、太原市煤炭运销分公司转型发展项目等均进展顺利；太原晋东小商品市场项目7号单体全部完工。（赵国琦）

【业绩考核和薪酬管理】 2013年，太原市国资委开展业绩考核，加强薪酬管理，合理确定对标考核目标，分别不同类型的企业，制定严格的国有资产经营业绩考核体系，对2012年度企业领导人员经营业绩进行全面考核。按照各企业分类指标完成情况，确定考核等级，并合理确定企业负责人的基本薪酬和绩效薪酬，发挥业绩考核和薪酬分配的激励作用。（赵国琦）

【国有产权管理】 2013年，市国资委制订《太原市产权交易市场产权交易操作规程》等制度，完善产权交易制度体系。全年完成产权交易额3.73亿元，增值率21.9%；对全市纳入产权重新登记的205户企业进行重新登记，登记国家资本14.27亿元；加大对资本收益的收取力度，完成16户直接监管国有独资、参（控）股业企业年度国有资本申报征收工作，收缴入库3402.99万元。太原市保安服务总公司等4户企业脱钩改制、产权划转、人员移交等工作完成。（赵国琦）

【监事会发挥职能作用】 2013年，太原市国资委监事会进驻企业，对山西长城光电子工业公司、太原无线电一

厂、太原同苑商务有限公司等出资企业的经营、财务、项目发展和国有资产保值增值情况进行全面检查和客观评价，提出意见和建议。（赵国琦）

【审计监督加强】 2013年，太原市国资委完善企业负责人任期经济责任及经营绩效的审计监督，对太原新森实业有限公司、山西长城光电子工业公司、太原东山煤矿有限责任公司等企业负责人进行离任经济责任审计，客观评价企业负责人任期经济责任及经营绩效。推进股权管理、资产评估、经济运行分析、会计电算化应用、企业法制建设等项工作，强化国资监管，确保国有资产保值增值。（赵国琦）

【企业生产安全监督】 2013年，太原市国资委抓安全知识学习和警示教育活动，开展以“敬畏生命、敬畏制度”为主题安全生产大讨论，引导全系统干部职工，树立安全发展理念，强化安全生产意识，从严、从实、从细抓好安全生产。

建立健全党政同责、一岗双责、齐抓共管的安全生产责任体系。把握出资人定位，主要领导亲自动手抓，包点领导具体抓，班子成员都各司其责、各负其责，做到安全生产领导责任全覆盖，督促和指导企业落实主体责任，通过层层签订安全生产责任书，严格安全考核和责任追究等一系列措施，逐级强化安全生产责任制落实。

深化安全生产大检查。太原市国资委领导带队，分别到企业一线排查隐患，对煤矿生产、危险化学品、食品生产销售、商场、运输等行业的防火、防爆、防汛应急进行全面排查。按照安全生产“四个不放过”的原则，对排查出的646条隐患，全部责令整改，实现全年安全生产重特大事故为零的目标。（赵国琦）

【信访工作】 领导重视，亲力亲为。2013年，太原市国资委主要领导和包点企业领导，亲自接访，亲自约谈，亲自督促检查，并组织有关企业对重信重访、矛盾纠纷和信访老户进行梳理、排查，研究解决办法，相关企业配合，解决职工诉求，化解矛盾纠纷，有效遏止上访案件上升的势头。

改进作风，变上访为下访。太原市国资委领导带领机关干部到一线调研，解决信访“疑难杂症”，把矛盾解决在基层，解决在市国资委系统内，一些疑难信访问题和长年未能解决的积案得到彻底解决，遏止赴京、赴省、上市重访、非法上访现象的发生。

落实政策，解决问题。太原市国资委贯彻落实太原市政府2013年“第17期会议纪要”，对破产企业情况进行调查、核实，推进破产企业人员、辅（物）业土地资产的移交工作，第一批2624名破产企业职工按政策得到妥善安置，解决破产企业下岗职工的生活困难问题，从根本上稳定困难职工情绪。在太原市大规模的市政建设中，全系统上下落实市政府的规划部署，在企业十分困难的情况下，履行社会责任，教育广大职工“舍小家，顾大家”，做好职工群众特别是拆迁上访职工的稳定工作。太原晋东管理处投入8000余万元，将具备开发条件的550亩棚户区改造项目移交给市政府，用于安置北中环工程拆迁户；太原同苑商务公司拆迁职工宿舍200余户，太原饮食集团有限公司搬迁职工宿舍41户，太原物产集团、太原狮头集团、太原田和食品集团等企业拆除厂区和宿舍区2万余平方米。

2013年，太原市国资委接待信访总量达394件次，接访上访群众达2790多人次，息诉罢诉10多个信访案件，为维护太原市社会和谐稳定做出贡献。（赵国琦）

【解难事办实事】 2013年，太原市国资委开展为职工群众“解难事，办实事”活动，协调有关部门，落实关闭破产企业补助252.91万元，军转干部补贴517.54万元，离休干部、新中国成立前老工人生活补贴等专项经费5611余万元。（赵国琦）

国土资源管理

【概述】 2013年，太原市国土资源系统坚持以保护资源、保障发展、服务民生为己任，以“创新用地机制”为动力，以“推进项目落地”为抓手，全力服务全市经济发展大局，坚持业务工作和干部队伍建设两手抓，为全市经济转型跨越发展提供有力的国土资源保障。

太原市国土资源局在连续5年（2008～2012）被评为市级文明单位标兵的基础上，2013年又被市文明委推荐申报省级文明单位；连续5年被评为双拥先进单位。被市政府表彰为“全市人力资源社会保障工作先进集体”；“太原市地名地址数据采集扩建”项目荣获“2013中国地理信息产业优秀工程”银奖，“基于数字城市地理坐标的地名地址数据建库技术与应用研究”荣获“2013地理信息科技进步奖”三等奖。“智慧太原智能公交方案”获第三届巴塞罗那国际智慧城市博览会“智慧城市大奖决赛奖”。

（李　刚　张迎春）

【规划管理】 2013年，太原市国土资源局适时调整规划，为项目落地提供保障。开展市级规划中心城区边界调整工作，编制完成规划调整方案，完成规划调整听证工作。在全省率先开展乡级土地利用规划评估修改工作，为阳曲县修改3个乡级规划，清徐县调整4个乡级规划，共涉及土地9260亩，解决宝迪食品工业园、阳煤化工等28个省市重点项目的规划指标问题。

编制《太原市工矿废弃地复垦专项规划(2013～2014年)》规划成果通过专家评审，通过市政府行文上报省政府审查。通过调查分析，此次规划中可复垦调整利用的工矿废弃地共计346.01公顷，涉及太原市的迎泽区、杏花岭区、尖草坪区、晋源区、万柏林区、古交市、娄烦县等七个县(市、区)。通过复垦调整利用，为太原市新增建设用地346.01公顷。

完成土地利用总体规划相关后续工作。编制《太原市土地利用总体规划中心城区建设用地规模边界调整方案》。并按照《国土资源听证规定》，分别于5月23日、6月7日召开规划调整听证会与专家论证会。根据国家国土部与省国土资源厅的安排，组织开展太原市土地利用总体规划(2006～2020年)的中期评估工作，评估报告6月底上报国家国土部。

完成《太原市矿产资源总体规划(2011～2015年)》《太原土地整治规划(2011～2015年)》编制相关后续工作。

(李　刚　张迎春)

【土地利用】 2013年，太原市国土资源局争取指标，保障全市建设用地需求。2013年年初，太原市国土资源局共争取到用地指标1355公顷，与上年同期相比增加0.37%，达到全省用地指标总数的30%以上。10月份，省政府为太原市调剂追加166.66公顷指标，用于保障重点项目用地。全年安排使用1235公顷，农用地指标使用完毕，完成省里下达(使用95%以上)的目标任务；年底省国土厅又为太原市分配调剂、奖励指标193公顷。全年累计争取用地指标1714.66公顷。充足的用地指标，有效保障西山城郊森林公园、太原工业新区以及高校搬迁等一批省市重点工程用地。

科学制定土地供应计划，供地效率显著提升。结合太原市2012年及2013年转征报批情况，编制《太原市2013年度国有建设用地供应计划》及《太原市2013年度住宅供地计划》，对全年用地的项目、时间、规模等内容进行科学统筹安排，指导全年土地供应有理、有序、有节进行。2013年，太原市本级共供应土地196宗，面积627.08公顷(9406.20亩)。其中划拨74宗，面积295.21公顷(4428.15亩)；出让122宗，面积331.87公顷(4978.05亩)。其中，公开出让75宗，面积256.27公顷(3844.05亩)，占到出让总面积的77.22%。全市共计收缴土地出让价款124.69亿元，超额完成年初市政府制定的100亿元的收缴任务。

强化土地储备，有效保障重点项目用地。加大土地储备力度，科学统筹、合理定价、有效供应，为重点项目及时落地提供用地保障。全市共筹集储备资金49.2亿元，实现收储土地60余宗，面积1011公顷，超额完成市政府下达的年度目标任务(1000公顷)。

强化节约集约用地考核，提高土地利用水平。全面推行节约集约用地评价考核机制，会同相关部门制定《单位GDP和固定资产投资规模增长的新增建设用地消耗考核办法》，成立评价考核领导组，对各县(市、区)政府、各开发区管委会的节约集约用地水平进行考核测评。

注重地价审批阳光作业，编制《太原市片区备案地价》并经市政府常务会议研究通过。这一举措有效减少自由裁量权，避免人为因素干扰地价，实现公平、公开的地价审批，为市政府科学制定土地出让价格提供参考和依据。

注重规范土地储备管理，起草《关于进一步加强土地储备工作的意见》和《太原市土地储备管理办法》，并通过市政府相关部门的会审，待市政府批准。

注重构建节约集约用地标准体系，完成《太原市建设项目用地标准》编制工作。制定各类建设项目的用地标准，为节约集约用地提供科学依据。

注重加强批后监管，草拟《关于进一步加强国有建设用地批后监管的通告》及《土地利用动态巡查规定》，实现对建设用地批后的全程监管。并设立全国首个土地利用信息微信查询平台。

注重为企业办实事、解难题，与太原市中小企业局联合草拟《关于贯彻落实扶持中小企业发展若干政策措施的通知》，从土地资源支撑的角度对中小企业发展提供一系列优惠政策。

(李　刚　张迎春)

【耕地保护】 2013年，太原市国土资源局严格落实责任，各项耕地保护指标按时完成。与十县(市、区)政府签订《太原市2013年耕地保护目标责任书》，将省政府下达太原市“耕地保有量不少于184.95万亩，基本农田保护面积不少于153万亩”的任务进行分解，并跟踪目标责任制落实。2013年，全市耕地面积192万亩，基本农田面积154.61万亩，超额完成省政府下达的目标任务。

组织开发造地落实耕地占补平衡。经报请市政府批准，以市政府名义向各县(市、区)政府下达2.26万亩的补充耕地开发任务，安排开发造地。其中，申报省级专项资金项目4个，项目新增耕地合计5274亩。有3个项目新增耕地4019亩组织完成项目招投标，2013年底开工建设；使用市级资金或自行占补的项目(开工建设项目)43个，新增耕地1.2993万亩，两项合计新增耕地1.7012万亩，为年度目标任务2.25万亩的75.60%。

争取省市两级投资项目。组织申报3个省级投资高标准基本农田整理项目，建设规模共3.3263万亩，争取省级财政资金约8816万元；经市政府批准，组织开展市级基本农田整理项目

1个，项目建设规模1028.09亩，项目预算投资480万元。

（李　刚　张迎春）

【地籍管理】 2013年，太原市国土资源局推进确权发证，为开展集体土地流转工作奠定基础。高标准完成2012年度土地变更调查工作，集体土地所有权确权登记发证成果通过省、部级检查验收。全市集体土地所有权应确权登记6396宗，确权登记6094宗，登记发证率达到99.02%。宅基地确权登记发证工作进展顺利，2013年，全市应测量宅基地宗地数约为26万宗，完成其中9万宗的测量工作。地籍管理工作的开展，为推进集体土地流转，建立城乡统一的建设用地市场等工作奠定基础。

按照《全国宗地代码统一编制实施方案》[国土资发(2012)4号]要求，编制《太原市宗地代码编制技术方案》，重新划分地籍区、地籍子区。新确权登记的农村集体土地宗地全部采用新代码，对于登记的宗地，完成新旧代码转换工作。

高标准完成2012年度土地变更调查工作。召开专题会议对变更工作进行布置，对下发的1728个图斑逐一核实，并对所有农转用、开发新增耕地、增减挂钩图斑进行用地信息标注。全市共完成919个地块、25930亩土地的变更任务，经国家国土部内业核查，变更成果符合要求，按时入库。

全年完成国有土地调查登记发证712宗，其中：初始登记351宗，变更登记261宗，总补登记51宗，储备土地49宗，与2012年相比，变更登记、总补登记、储备土地和土地调查的总宗地数均有所下降，分别下降27.7%、57.9%、14%和17.2%，初始登记的宗地数有所上升，上升32.9%。

继续加大对城区分割发证工作的力度，全年完成分割登记发证8241本。

（李　刚　张迎春）

【矿产资源管理】 2013年，太原市国土资源局加强矿政管理，提前完成主要任务指标。完成2012年度矿产资源开发利用统计年报和全市矿山企业采矿权的年检工作；在全省各地市中率先启动并完成《山西省太原市城市规划区压覆重要矿产资源评估报告》和《山西省太原市重要矿产资源分布情况调查报告》并获省国土厅批准。掌握太原市重要矿产资源的分布及开发利用情况，使全市建设项目用地压覆重要矿产资源审查工作首次做到有据可依、有据可查。《太原市矿业权设置方案》的编制、审查、上报工作全部完成。

在全省二次非煤资源整合中，太原市国土资源局完成资源储量核实组织工作及山西娄烦铝矿等4座矿山的资源储量核实报告的审查、上报工作。在2013年3月底前，全面完成2012年度全市资源储量基础统计及储量变化情况的审查、汇总、基础数据库录入和上报工作。按省厅要求，协助完成矿山储量动态管理调研工作及矿山储量动态管理技术要求（讨论稿）起草任务。

太原市国土资源局完成全市6宗探矿权年检和抽检工作任务，抽检率100%，将探矿权年检资料上报部报备系统，有效维护探矿权人的合法权益。配合省厅完成太原华润有限公司取得的2宗探矿权勘查许可证延续、转采的审查、上报工作。在协调县级国土部门及相关地勘单位的基础上，使包括省厅调查项目在内的所有地质、矿产勘查项目全部顺利实施。

矿业权评估管理有新进展。2013年，太原市国土资源局组织完成山西双德石料有限公司熔剂灰岩采矿权等6宗评估报告的审查、公示和备案工作。

2013年，太原市国土资源局完成全市《重要矿产资源“三率”调查与评价》工作。太原市涉及重要矿产资源“三率”调查与评价工作的矿山81座（其中大型矿山21座，中型矿山48座，小型矿山12座）。组织人员对全部生产矿山进行现场实地核查（其中大型11座、中型6座、小型及以下2座，长沟煤矿因井筒封闭、人员分流未能进行实地核查），经省厅验收，调查填报数据准确，真实可靠，调查报表和报盘系统完整、齐全、规范，调查与评价工作完成。

2013年，全市各县(市、区)累计征收矿补费16647.0997万元。其中：市本级征收山西焦煤集团矿产资源补偿费征收14000万元(其中：征收西山煤电股份有限公司10000万元，征收西山煤电（集团）有限责任公司4000万元)，完成年度征收任务总额的93%。各县(市、区)累计征收矿补费3647.10万元。其中：古交市征收851.929954万元，娄烦县征收1742.839902万元，清徐县征收385万元，阳曲县征收147.6597万元，迎泽区征收13.5828万元，晋源区征收2.295万元，杏花岭区征收433.5324万元，尖草坪区征收70.26万元。

全市共计征收采矿权价款125120.92万元。古交市征收33606.9642万元；娄烦县征收36654.7295万元；清徐县征收31069.7726万元；阳曲县征收17007.74万元；杏花岭区征收899.2525万元；万柏林区征收2275.4万元；晋源区征收3393.73万元；尖草坪区征收213.33万元。

2013年，太原市国土资源局完成2012年度矿产资源开发利用统计年报、矿产资源补偿费、煤铁铝等重点矿种的季报等工作；完成国家审计署矿产资源审计各类报表的按时填报等工作。

（李　刚　张迎春）

【地质灾害防治】 2013年，太原市国土资源局落实防灾责任，地质灾害防

地质灾害防治宣传

治取得明显成效。制订并下发《太原市2013年度地质灾害防治方案》及《突发性地质灾害应急预案》;全市成立总人数为892人的地质灾害隐患点群测群防队伍,共调查发现地质灾害隐患点654个,发放地质灾害防治工作明白卡820份,避险明白卡9083份,签订地质灾害防治责任书880份。完成《地质灾害隐患调查报告》《地质隐患点数据库及管理台账》《县(市、区)地质灾害趋势分析报告》,实现"十有县"全覆盖。2013年,共申报国家、省级地质灾害、矿山地质环境治理项目7个,争取资金计6100万元。2013年,全市应急处置32次,其中:25次为小型地质灾害、7次为其他灾害,均无人员伤亡。

2013年,市地质灾害防治领导组制订《太原市地质灾害"三查"办法》,明确县(市、区)政府为地质灾害"汛前排查""汛中检查""汛后核查"的主体责任,规定三查时间、三查内容、三查报告等项内容。市、县(市、区)政府和有关部门对调查出的654个地质灾害隐患点,组织开展地质灾害汛前排查工作,强化现场检查和督导地质灾害巡查工作。

实施"太原市农村大喇叭地质灾害预警村村通项目",在全市806个行政村安装建设大喇叭预警系统,当地质灾害气象风险等级达三级或以上时,各县(市、区)通过大喇叭系统向农村发布地质灾害气象风险预警信息。2013年6月至9月,制作3级以上地质灾害气象风险预警影视片16期,宣传片75期,发送地质灾害气象风险预警信息短信77364条,通过电子显示屏和农村大喇叭发送3级以上地质灾害气象风险预警信息21次。通过太原市国土资源局和气象局的网站发布地质灾害气象风险预警信息91次。

(李 刚 张迎春)

【测绘信息管理】 2013年,太原市国土资源局注重大数据建设,智慧城市建设深入推进。"数字太原"建设取得新成效,"数字古交"项目全部完成,"数字清徐"完成数据采集和建库工作;"数字太原"成果在12个市级部门实现推广,全市共建成部门应用系统33个。完成"天地图·太原"节点建设,充实数据库并实现与国家测绘局的节点互通。

信息化工作不断加强。完善国土资源"一张图"核心数据库建设工作。做好政务信息网上公开,太原市国土资源局连续八年被国土部表彰为全国地市级"政务信息网上公开示范单位",2013年,综合监管平台荣获中国地理信息产业优秀工程"银奖"。

"智慧城市"试点创建工作通过住建部认定,太原成为首批国家智慧城市试点。"智慧太原时空云平台"项目设计方案编制完成并上报国家测绘局审批;2013年底,该方案通过国家测绘局技术评审。

测绘依法行政能力不断提升。开展全市测绘地理信息质量年活动,对全市136家测绘资质单位进行测绘技术质量管理体系考核,30余个资质单位通过整改,完善技术管理体系和质量管理制度;利用网络进行管理,定制"太原市测绘成果使用保密监控管理系统"软件,对全市测绘生产单位、测绘成果使用单位的涉密计算机进行控制,通过网络监控平台监控管理,做到测绘成果"涉密不上网、上网不涉密",达到预防目的;市县两级开展测绘成果联合执法,共检查测绘单位136家、测绘成果使用单位和地图销售点等120余家,对存在的问题限期整改,补办项目登记8个,完善成果管理等制度16项;规范测绘资质单位管理、开展测绘资质巡查。利用"数字太原"网络平台,开发"太原市测绘资质监督管理系统",建立市县(区)两级管理平台,将日常检查、年度注册、资质巡查、质量管理、企业信用等工作进行综合管理,逐步实现测绘管理的统一化、规范化,提高工作效能。完成2013年全市123家乙级以下测绘资质年度注册工作。测量标志管理经费纳入财政预算和年度计划,财政投入15万元、每个分局投入5万元用于测量标志维护维修。组织对全市测量标志373个标志点进行2次执法检查;恢复重建东观、罕山测量标志2个;维护维修测量标志32个。

完善测绘应急方案，成立以数据中心、勘测中心为主的测绘应急队伍；购置固定翼无人机2架、测绘应急车1辆、可移动图形处理工作站、数据处理系统软件；对人员进行培训，开展地质灾害应急测绘演练，为突发性事件抢险救援，提供快速测绘服务保障。

（李　刚　张迎春）

【执法监察】 2013年，太原市国土资源局强力执法，涉地涉矿违法数量呈明显下降趋势。2012年度土地卫片核查共发现148宗违法案件，收缴罚没款1812万元，没收建筑物45.75万平方米，累计拆除违建151处，26万平方米，整改土地901亩。全市违法占用耕地面积占新增建设用地占用耕地总面积的比例5.81%，追究党纪责任14人，移送公安机关追究刑事责任6人。2012年度矿产卫片中共发现6个图斑，经实地核查伪图斑3个，违法图斑3个，均立案查处，太原市矿产卫片通过省级验收。

2013年共排查并接收关闭矿309个，易发非法隐患坑点39个，组织16次突击检查，4次夜查，5次交叉检查。发现并拆除关闭矿井周边建筑物31处，重新封堵炸毁非法坑点16处，切断通往易发非法采矿区域的道路2条，在灭失的非法坑点绿化植树2000余株。

组织开展“太原市第二个百日安全生产大检查”，并与市监察局联合开展为期三个月的“严厉打击土地矿产违法行为专项行动”，使杏花岭区、迎泽区、小店区、清徐县非法采矿基本灭失，万柏林、尖草坪、晋源、古交、娄烦、阳曲的非法采矿得到有效遏制。

（李　刚　张迎春）

【改革创新】 2013年，太原市国土资源局矿业存量土地整合利用进展顺利，完成7个县区矿业存量土地整合利用方案的上报，经省厅批准，为全市整合保留的52座煤矿解决172.63公顷的建设用地指标。

工矿废弃地规划试点申报的前期准备工作全面完成，对全市工矿废弃地进行摸底，编制完成《太原市工矿废弃地复垦调整利用专项规划》并上报审批，待太原市试点批复后即可开展相关工作。

城乡建设用地增减挂钩项目推进，太原市有7个县市列入增减挂钩试点，共计使用增减挂钩周转指标2859.68亩；项目建新区进行征地报批，报批征收集体土地1860.40亩。

露天采矿用地改革方案报部审批。太钢东山石灰石矿162.5公顷的露天采矿用地改革方案上报国土部，该试点批复实施后，将在不占用建设用地指标的情况下，保障150万吨不锈钢项目必备辅料基地的生产用地需求。

业务工作精细化管理，出台《电子政务网格化管理实施意见》，使网格化管理与重点业务工作实现有机结合。在六城区对执法监察、地质灾害防治和基本农田保护三项工作实施网格化管理。

深化流程再造，行政效能建设取得初步成效。在市级行政审批制度改革工作取得初步成效后，按照市委、市政府和市政务服务中心的统一部署，开展行政审批向县区延伸工作。通过对各级行政审批流程进行再造，全系统的行政审批流程实现互联互通，运转顺畅，审批效率稳步上升。2013年共受理各类业务报件1024件，办结924件，正在办理100件，所有报件的提前办结率达79%，按时办结率达100%，提前办结率与上年同期相比，提高10个百分点。（李　刚　张迎春）

检验检疫

【概述】 2013年，山西出入境检验检疫局围绕山西省委、省政府转型跨越发展、再造一个新山西和综改试验区建设“先行先试”的部署，按照国家质检总局“抓质量，保安全，促发展，强质检”的方针，提出“小局要有大气魄，小局要有大作为”的理念和“创新、实干、规范、和谐”的要求，突出“核心职能、优化服务、基层基础、制度效能和文明和谐”五项建设，明确八项重点工作，履行检验检疫把关、监管和服务职责，促进经济发展方式转变，各项工作取得新进展。

2013年，共检验检疫进出境货物19423批、货值46.75亿美元，同比批次、货值分别下降9.1%、17.7%；签发各类原产地证书11917份，签证金额7.65亿美元，同比分别减少1.7%、4.4%；检疫查验出入境人员32.12万人次，同比增长39.5%；健康检查6600人次，同比增加22.9%，其中完成艾滋病监测6594人次，同比增长24%，受理预防接种6187人次，同比下降2.3%。从出入境货物中检验出不合格商品189批、不合格金额11487万美元，对外索赔207万美元；在出入境人员健康体检中，检出艾滋病2例、性病6例、肺结核2例、肝炎40例、澳抗110例。

（郑　罡）

【检验检疫服务社会】 2013年，山西出入境检验检疫局把检验检疫工作融入山西经济社会发展大局中，贯彻质检总局“人民质检、质检为民”根本宗旨，力求有特色、有成效。

建言献策。为促进山西对外贸易发展，进行调研，并形成调研报告，对山西省对外贸易情况、制约外贸发展的瓶颈进行全面、系统的分析，并针对问题提出一系列具有可操作性的对策和建议，找准促进外贸发展的切入点。调研报告呈送省委、省政府后，得到主要领导的充分肯定和批示。

突破瓶颈。在推广检验检疫“绿色通道”“直通放行”和“出口免验”等优惠政策措施的基础上,向省委、省政府提出在全省实施“检验检疫虚拟口岸直通车”的建议并得到支持。通过建立与天津检验检疫局的沟通协调机制,制定管理规范,对符合条件6家进口企业的进出口货物实施“晋津检验检疫虚拟口岸直通车”试点工作并实施效果评估,扩大试点工作范围。

政策巡讲。针对外贸企业不解、不清楚检验检疫有关政策的情况,组织政策巡讲团为4个地市的200余家进出口企业、商务等部门进行宣讲,内容包括检验检疫法律法规、报检知识、国际市场信息等,受到进出口企业和地方政府的一致好评。

服务综改试验区建设。出台13条服务综改试验区外贸发展实施意见,推进综保区检疫处理区项目建设工作;扩大“绿色通道”、诚信“AA”企业范围;推荐“运城盐池大盐”“运城盐池黑泥”“岢岚红芸豆”“岢岚柏籽羊肉”3家企业4个产品获得国家地理标志产品;推荐7家企业获得出口欧盟普惠制原产地试点企业;围绕重点项目采取重点服务措施,召开“促进外贸发展进出口企业座谈会”,打造富士康太原工业园进出口绿色通道;促进太原航空口岸获批成为进境水果指定口岸,截至11月10日,共进境4批台湾水果,检出检疫性有害生物新菠萝灰粉蚧1种次,其他非检疫性有害生物10种次;保障和服务大同国际太阳能十项全能竞赛,协调大同机场口岸的临时开放;出台一系列稳定外贸发展的实施意见,促进山西加快综改试验区建设。 (郑 罡)

【检验检疫管理创新】 2013年,山西出入境检验检疫局坚持质量是基础,安全是底线,履行把关职责,突出抓好主业。

抓好宏观质量管理。运用各种手段抓宏观质量,督促企业落实主体责任,推进企业诚信体系建设,建立健全质量激励机制,建立重点敏感商品质量安全约谈制度等,推进国家级和省级质量安全示范区建设。推荐2家企业参与首届“国家质量奖”的评选活动;与永济市人民政府共同推进出口芦笋质量安全示范区建设工作,建立全省第一家出口蔬菜质量安全示范区,山西检验检疫局推荐的地理标志保护产品“永济芦笋”被国家质检总局列入首批推荐欧盟产品目录表。推动山西省人民政府设立质量奖,起草《山西省出口企业质量奖管理办法》及评分标准,与省政府办公厅、商务厅、人社厅、财政厅相关部门协调沟通,设立出口质量奖。

国家质检总局副局长梅克保(中)检查指导安全生产工作并观摩太原航空口岸核与辐射有害因子应急处置演练

抓好检出率、截获率。省检验检疫局加大风险监测力度,加强风险预警和通报,构建风险防范长效机制。强化口岸核心能力建设,防止疫情疫病传入传出;加强进出境集装箱及木质包装检验检疫监管力度,提高检出率、截获率。截获禁止进境物1350批次,截获双条拂粉蚧、榕树粉蚧和红肾圆盾蚧、褐软蚧、蕨蕨黑盾蚧、凤梨盾蚧等20种次有害生物,同比增长104%,其中,双条拂粉蚧为山西检验检疫局首次检出的检疫性有害生物;健康体检检出病例2359例,检出率为40%,同比增长20%。在打击侵犯知识产权和制售假冒伪劣产品专项行动中,共检查企业311次,出动执法人员671人次,对山西检验检疫局管辖的重点商品进行检查,确保商品质量安全,维护好进出口商品市场安全。利用口岸内地联合执法系统打击逃漏检行为,对某企业进口槽钢未经检验擅自使用的违法行为依法实施行政处罚。

抓好检验监管模式创新。深化分类管理,探索业务管理新模式,深化分类管理,立足于出口工业品分类管理,整合诚信管理、质量许可、绿色通道等制度的管理要素,形成“一个企业、一次评价、一次监管、一个档案”的检验监管模式,监管重心转向进出口并重,监管对象转变为产品与企业并重,监管方法转变为检验检疫和监管并重,从而提升检验检疫行政效能,减少对企业的重复管理、多头管理。推进电子业务信息系统应用,“集中审单系统”和“新版电子监管系统”上线运行,提升把关监管效能。

抓好安全生产大检查。省检验检疫局明确国门安全情况,实验室安全、机关内部安全管理,所辖熏蒸处理企业的安全管理等4个检查重点,针对自身工作和相关企业开展排查,对30个局内部门和15家重点企业进行监管检查。共检查出30多个问题,主要是一些安全生产基础设施配备存在缺口(危险化学品、有毒有害物储运没有专用工具);所辖部分企业存在安全生产意识淡漠,制度建立不完善,人员培训不到位的情况。在整改落实中将抓好所辖进出口企业商品生产、储运等环节的安全生产监管,帮助企业建立完善自身防控体系,在有条件的进出口企业中推行OHSAS18000(职业安全卫生)体系认证。（郑　罡）

【检验检疫制度改革】 国务院关于《促进进出口稳增长、调结构的若干意见》出台后,山西出入境检验检疫局结合《质检总局关于落实国务院促进外贸发展部署要求改进进出口商品检验监管工作的意见》进行制度建设改革。

雷厉风行,严格落实。针对调表、减费等具体举措,2013年,山西出入境检验检疫局迅速落实收费公示、新政策宣传、计收费系统调整升级等工作,对自2013年8月1日起至2013年12月31日期间报检的所有出境货物、运输工具、集装箱及其他法定检验检疫物免收出境检验检疫费,8月15日起停止调出目录表商品的报检工作,实施过程严明风纪,不打折扣,不搞变通,做到该免的一分不收,严禁乱收费、违规收费。

分析情况,调整布局。以2012年业务统计数据为基数进行评估,2012年山西检验检疫局辖区共有约355个海关编码项下的商品实施出境检验检疫,其中工业品为277个,根据调整要求,共有152个编码调整出出口检验检疫监管目录,调整比例分别为43%、54%。2012年山西省检验检疫局共检验检疫出入境货物21368批,货值56.8亿美元。以此为基数统计,法检目录调整后,山西检验检疫局预计年检验检疫出入境货物批次约为11538批,货值17亿美元。基于这种趋势,山西检验检疫局梳理工作重点,制定具体贯彻实施意见,立足于5方面17条意见和措施,优化资源配置,变“管得多”为“管得精、管得好”,在“抓质量、保安全”上标准不降,在“强基础、促发展”上力度不减。

调研思考,建言献策。2013年6月,召开由全局31个单位和部门主要负责人参加的“质检之路”专题研讨会,全面梳理山西特色质检之路发展的思路和脉络,就加强宏观管理,创新制度,改进手段,转变作风方面统一思想、达成共识。2013年8月起,省检验检疫局以加强检验检疫宏观管理体制、机制建设为主线,就如何探索可行的落地措施和工作抓手,拟定“加强进出口商品质量宏观管理、加强和改进新形势下技术性贸易措施工作、第三方检验鉴定机构及技术检测机构培育和发展研究”等8个方面的研究课题,从宏观层面向总局提出合理的意见及建议,从微观层面解决总局提出的改革思路和措施如何在山西检验检疫局辖区落地,出台《山西检验检疫局关于改进进出口商品检验监管工作的实施意见》,抢抓改革机遇,探索山西特色质检。

及时汇报,争取支持。省检验检疫局抓住“地方政府对当地质量安全负总责”这个关键点,及时向地方政府领导汇报有关情况,争取支持。国务院作出的免费、调表和法检制度改革三项决定,主要负责人第一时间向分管领导副省长王一新进行汇报,提出山西检验检疫局在企业信息和产品质量信息获取、部门联动执法方面存在的困难,明确请求地方政府在“将进出口商品质量安全和质量发展纳入地方政府绩效考评、完善全省统一的进出口信息化平台建设”等方面加大支持力度,为山西检验检疫局转变工作职能,转换工作方式,争取更大作为,创造良好的政策环境、执法环境。通过一系列改革举措,促进由微观检验到宏观监管的转变,强化对宏观质量的监督管理职能,加大对进口产品的把关力度,更好地为出口企业提供政策优惠,2013年8月~10月就为进出口企业减免或优惠近150万元。（郑　罡）

【检验检疫基础建设】 2013年,山西出入境检验检疫局加强检验检疫基础建设。推进基层基础建设。加强信息化建设,开展服务器虚拟化平台、网络平台和移动办公平台“三个平台”建设,采用虚拟化桌面技术成为省内首家采用云桌面技术实现办公的单位。加大业务一线投入,集中审单和电子监管系统顺利上线,投入281万元购置保健中心大型设备,投入130万元集中购置技术中心、保健中心小型常规设备,投入20万元解决保健中心体检软件,提升把关服务能力。加强基础设施建设,省局综合实验楼、新设分支机构的办公周转设施、省局办公大楼维修改造工程均有序开展。

企事业单位发展步伐加快。调动企事业单位的积极性,激发活力,开拓思路,壮大事业。技术中心开验新商品104种,开验新项目416项,建立布氏杆菌竞争ELISA法等323种新方法;申报质检总局科技计划项目7项,行业标准18个,地方标准16个;能力验证和测量审核技术领域扩展为10大类46个项目,新进气相色谱——飞行时间质谱仪、微生物全自动鉴定系统、全自动致病菌筛选系统技术等仪器设备28台。

国检文化建设成效显著。印制国检文化手册,建立文化长廊,组织全局干部职工提炼山西国检核心价值理念。截至2013年,连续13年被评为省直文明和谐单位标兵,连续5年被评为省级文明单位。(郑　罡)

【群众路线教育实践活动】 2013年,在质检总局领导下和第九督导组的指导下,山西出入境检验检疫局开展党的群众路线教育实践活动,呈现出开局良好、特点突出、效果明显的特点。

在局情调研、统一思想、工作部署方面动手较早,达到三个目的:加大作风建设力度,提升班子队伍的精气神;解决阻碍科学发展、涉及群众利益等方面的突出问题,创建创新、实干、规范、和谐的干事环境;围绕总局提出的"人民质检、质检为民"宗旨,谋划新思路实现新发展。

学习教育中重点抓好处级以上领导干部,丰富活动载体,通过专家辅导、警示教育、专题演讲等营造良好氛围。征求意见中听真话摸实情。每个局领导平均到2~3个处室、1个分支局和3~4个进出口企业进行调研;分别召开青年干部、处级非领导职务干部、科级干部和离退休干部座谈会,听取各方的意见和建议;向检验检疫系统内和省直工委、太原海关、省农业厅、商务厅发函征求意见和建议;面向服务对象和广大群众,设置意见箱、发放问卷调查表,召开各类企业座谈会。创新举措,组织以开展教育实践活动为主要内容的岗位技能大赛,扩大教育实践活动群众参与的覆盖面,为教育实践活动增添新的活力。

"四风"问题、"热点"问题、群众期盼问题找得准。在领导作风建设层面,存在基层少、调查研究不够等问题;在中层领导干部层面,存在工作不实、作风不实、责任心不强、能力不高、履职能力差等问题;在职工队伍层面,存在工作拖沓、精神不振、缺乏热情、得过且过等问题;在全局管理方面,存在会议多、文件多、简报多的问题;绩效管理、体系管理职能交叉,要求多、任务重,只重视过程和形式等。

从贯彻落实"八项规定"转作风,从解决群众最关心问题转作风。5名局领导分别到出口企业,开展"我当一天检验员"的主题实践活动,举办"走群众路线、提素质能力"一把手研讨班。在活动中共收集意见建议260条,经过梳理、合并、归纳,确定整改任务共计9个大类49个小项,涵盖"四风"问题、班子队伍建设、检验检疫业务、机关政务管理、基层基础建设等问题,10项工作得到整改并取得成效。

(郑　罡)

工商行政管理

【概述】 2013年,太原市工商局以开展"向人民汇报、请人民评议"活动为主线,发挥工商行政管理工作职能,围绕服务发展,转型跨越总目标,不断转变工作作风,落实"八项规定",强化科学监管,提升服务质量,推进非公党建工作再上新台阶,市场秩序和发展环境明显好转,在"向人民汇报、请人民评议"活动中,再次名列参与部门之首。

(马富荣)

【提升工商社会形象】 2013年4月,市工商局参加太原市委、市政府组织的"向人民汇报、请人民评议"活动,参评人数名列12个参评职能部门榜首,获得满意率84.09%、满意度91.56的好成绩。(1)解决"吃、拿、卡、要"等突出问题,共受理群众建议、意见及问题287件,处理解决问题239件,转办12件,办结率达100%。(2)严肃纪律,真抓实干,严肃处理违纪违规干部8名,其中2名被开除。(3)帮助群众办实事解难事。先后对18户住改商饭店进行规劝转业,并配合食药等部门对无证、无照餐饮商户进行查处取缔;帮助46名群众处理售后退换货、维修等诉求,为消费者挽回经济损失3万余元。(4)解决群众办事"停车难"问题。自筹资金700余万元,拆除后院办公楼,改建一个容纳150多台车辆停放的全自动

2013年6月2日,市工商局局长王拴成在12315投诉受理平台亲自受理消费者投诉

封闭式停车库。(5)全面停收注册登记和年检验照等费用,减化办事程序,畅通12315投诉受理渠道,加大消费维权和食品安全监管力度,提升服务质量,创优政务环境,社会形象得到提升。

(马富荣)

【转变工作作风】 2013年,太原市工商局贯彻落实中央"八项规定"的部署和要求,专门成立作风建设领导组,从四个方面进行整改。(1)制定《太原市工商系统关于改进工作作风遏制餐桌腐败加强廉洁自律的通知》,就全市系统改进工作作风、遏制餐桌腐败、加强廉洁自律,提出六项要求。严格规范上下班和办公秩序,特别是年检验照期间,对各注册大厅、基层办事窗口的工作纪律进行严厉整治。(2)暂停汽油费、餐费报销。无特殊情况的会议,一般不再安排外出开会、学习。其他一切开支一律填请示报告卡片,由局长批准后,再予开支,否则,一律不予给报销。(3)全面推行公务卡强制结算目录制度。一切公务活动必须使用公务卡结算,1000元以上的费用开支不予报销现金。(4)落实省委、省政府关于停止楼堂馆所和清退公务用车和办公用房有关规定,全员自查,公开承诺,纠正违规用车3人次,规范办公用房45套,面积达180平方米。通过严格落实"八项规定",公务接待、公务用车等大项开支同比下降50%以上,会议次数和会议时间同比压缩60%左右。

(马富荣)

【商务登记改革】 试行注册资金"认缴制"。2013年,太原市工商局贯彻落实副省长张建欣调研指示精神,先行先试,大胆实践,从2013年8月20日起,在城区对注册资金100万以下(含100万元)的新设立企业注册资金变"实缴制"为"认缴制",企业只需对注册资金承诺,无需提交验资证明。截至11月份,全市共办理"认缴制"公司76户。推行网上登记。在高新、经济、小店、杏花岭工商局试行网上企业名称预先核准和设立受理工作,共受理23户网上名称申请登记。完成省工商局赋予的注册登记任务。年度全市新增各类市场主体39077户,其中内资企业11914户,外资企业3户,个体工商户26854户,农民专业合作社434户,完成2013年私营企业新发展目标责任考核指标11000户。全市共有各类市场主体247363户,其中,内资企业81918户,外资企业148户(不含分支机构332户),个体工商户162315户,农民专业合作社3130户。 (马富荣)

【以"五大场所"为重点的安全生产专项整治活动】 2013年,太原市工商局加大对涉及公共安全、人身健康、生命财产安全等重点行业,特别是对食品、药品、农资、煤矿、非煤矿山、尾矿库、危险化学品、民爆器材、网吧、乳制品生产经营等企业,严格审查其前置许可证件,对不符合有关法律法规的,责令变更登记经营范围或注销登记。共查处取缔无照经营7556户,取缔无照经营201户,规范办照6033户,限期整改1322户,查办各类违法登记案件364起,罚款154.65万元。进一步提高网上年检验照效率,全市应检企业68144户,参检65857户(其中网上年检户数64772),年检率96.64%。应验个体工商户156245户,实验74804户,验照率47.87%,较2012年网上年检验照有新进展。 (马富荣)

【消费维权】 2013年,太原市工商局以服务"五位一体"建设为目标,以"三大建设"和"六大治理"为主线,在创新消费维权理念、方式方法、制度机制和能力建设上下功夫,多措并举,畅通消费诉求渠道,开展形式多样的3·15宣传咨询、12315消费投(申)诉受理活动,围绕汽车维修、美容美发、装饰装修等消费热点难点,不断加大消费维权力度。严把食品准入关口,积极回应舆情,开展食品市场专项整治,全年共处理消费者申诉、举报和咨询44175件,其中:申诉1493件,举报2088件,解决率达95%。查处销售不合格和假冒伪劣商品案件总数180件,罚没款53.81万元。 (马富荣)

【商标战略】 2013年,太原市工商局继续实施"商标兴市"战略,不断加大商标宣传报道、培育发展力度,开展打击侵犯知识产权和制售假冒伪劣商品的专项执法行动,提升商标使用、保护和管理的能力。全市拥有有效注册商标17429件,占全省的三分之一强;山西省著名商标215件,约占全省的20%;中国驰名商标17件,名列全省前茅。查处各类商标侵权假冒案件65件,罚没款59.12余万元。受理和处理消费者申诉和举报110余件,为消费者挽回经济损失23万元。

(马富荣)

【广告监管】 2013年,太原市工商局严格规范资质审批,不断完善广告监测和预警,开展各类专项整治行动,全市广告市场秩序明显好转。全年共查处广告违法案件172件,罚没款115.37万元。其中市工商局查处71件,罚款29.85万元。万元以上案件14件。

(马富荣)

【市场监管】 2013年,太原市工商局以开展市场信用分类监管为主线,开展2012年度创建诚信示范市场达标验收考核工作,14家单位被推荐为山西省创建诚信市场活动先进单位。开展2013年春季重点农资监测工作,共抽检化肥经销商18家、各类化肥45个样(次),全部合格。开展商品交易市场专项整治,检查各类大型商品交易市场78个,对汇众家园等市场开办方乱收取电费等违法行为进行查处。检查三轮机动车、四轮电动机动车经营户69户,自动关停40户。备案经纪执业人员413人。认定市级“守合同重信用”企业50户,申报省级“守合同重信用”企业15户,国家级“守合同重信用企业”27户。开展以苹果产品为重点的电子产品行业、银行业、电信业利用合同格式条款侵害消费者权益行为的专项整治活动,约谈企业、经营者16户次,备案格式合同46份。打击合同欺诈行为,查办案件28起,罚款35.77万元。（马富荣）

【经济检查】 2013年，太原市工商局继续开展治理商业贿赂、查处限制竞争行为、反欺诈打击傍名牌、打击传销规范直销等专项活动,落实《卫星地面接收设施管理规定》，强化行业和市场监管,共查处案件90余起,罚没款500余万元。其中,治理商业贿赂案件19件，全省系统占比30%;罚没款67.14万元,全省占比48%。限制竞争案件35件，全省占比80%左右;罚没款333.6万元,全省占比87%。全市系统查处各类案件1720余件,收缴罚没款2327.6万元（其中市局机关166.4万元)。（马富荣）

【推进非公党建】 2013年,太原市各级非公党建组织贯彻落实市委关于非公党建工作的一系列重要部署,克服党员分散、流动性强、集中管理教育难等不利因素和机构刚刚组建、人员、经费、经验不足等困难,扎实工作,积极探索,非公党建工作取得初步成效。全市建立10个县(市、区)非公工委，26个党委、40个党总支、2255个党支部,非公企业党员数达到1.4万名。

以集中组建支部为抓手，初步建立起覆盖全市的非公党建组织体系。依托工商所、街道、乡镇、社区、居委会,以单独建、联合建、挂靠建、双重管理建等多种形式,集中组建1625个党组织,全市非公党组织增长两倍多,总数达到2321个,基本实现对非公经济组织的全覆盖。建立完善县级非公工委直接联系企业的工作机制，各县区直接联系的企业党组织有868个,县级以上领导干部建立非公企业联系点310个。

加强教育培训，提升非公党建队伍素质。2013年10月11日~13日，组织全市10个县(市、区)非公专职副书记、办公室主任和民营、不锈钢非公负责人，参加省非公工委举办的非公党建工作培训班。使大家对非公党建工作有进一步的认识,明确工作目标,增强工作信心，为非公党建工作的健康发展奠定思想根基。

深入开展调研，非公党建工作有新成果。2013年7月中上旬,到10个县(市、区)和民营不锈钢园区开展为期一周的集中调研,形成《关于全市非公党建工作情况的调研报告》,《市委信息》予以摘发。针对流动党员的“双重管理”课题,安排每个县(市、区)调研1~2个课题进行调研。举办课题研讨会,对18个课题进行座谈交流。

建立责任考评机制，加强党建工作规范化建设。出台《全市非公党建工作目标责任考核评价体系》,从组织机构、组织指导工作、党员思想教育管理、精神文明建设、宣传工作、群团工作等六个方面39项内容进行评分考核。建立“三会一课”等制度,制订《规范党建指导员队伍管理的实施意见》,非公党建工作规范化、制度化建设得到加强。

注重人员经费落实，非公党建保障工作明显加强。9月底前,完成全市10个县(市、区)非公专职副书记配备工作。多方协调，从市委组织部争取5万元工作经费。各县(市、区)在人、财、物等方面给予非公党建工作支持。（马富荣）

【效能建设】 2013年，太原市工商局创新四个机制,促进效能建设。(1)进一步创新服务发展机制。推进工商行政审批制度改革、股权出质、动产抵押、商标专用权质押、债权转股权登记等工作机制创新，解决各类市场主体特别是小微企业融资难问题。(2)创新市场监管机制。以流通环节食品安全监管“八项制度”为基础,构建长效工作机制，实现专项整治与日常规范管理的有机结合，提升流通环节食品安全监管效能和水平。(3)创新消费维权机制。推进12315“五进”工程和“一会两站”工作,扩大维权网络覆盖面,建立点面结合、上下贯通的消费维权网络。(4)创新依法行政机制。发挥行政指导、信用约束等作用,建立完善动有其规、静有其位的执法机制体系。（马富荣）

【落实安全生产】 2013年1月9日，太原市工商局紧急召开局长办公会议，传达贯彻1月8日召开的全省安全生产紧急电视电话会议精神。省工商局副巡视员、市非公工委书记、市工商局局长王拴成指出,10多天时间，全省连续发生5起严重的安全事故，安全形势严峻逼人,省、市各级领导高度重视安全工作。市工商局做为省城市场监管的主要行政执法部门，立足工商职能,早发现问题,早处理问题,做好安全事故防范和应对工作。各县(市、区)工商局要在当地党委、政府的统一领导下,立即修订和完善本单位、本部门安全生产应急预案，并对本辖区内市场安全情况进行一次“拉网式”大排查。要立足工商职能,把排查、预防工作的重点放在涉危、涉爆、化学危险品、食品、旅馆、消防、建筑、环保等违法经营上来，特别是以上行业无照经营者，是坚决取缔的重点。发生事故后要在第一时间客观、准确地向上级有关部门报告，不属职能范围内的要向有关部门及时文字通报。班子成员会后要迅速将办公会议精神传达贯彻到各县(市、区)分局各自的联系点和分管的业务处室，并于1月11日前将排查情况汇总上报市局办公室。市局班子成员必须24小时开手机，如因关机、不接电话延误工作，要追责。

(马富荣)

【开展“七项活动”营造“3·15”活动氛围】 倡导科学、合理、成熟的消费理念一直被太原市工商局锁定为工作目标和努力方向。在2013年“3·15”活动期间，太原市工商局、太原市消协贯彻落实十八精神，以中消协“八反对、八倡议”为指导，联合开展“七项活动”，把“消费与节俭”做为“3·15”消费者权益纪念日活动主题。在“3·15”消费宣传活动筹划上，太原市工商局、太原市消协注重早动手、细筹备、齐上阵、造声势，强化组织领导，成立以省工商局副巡视员、市工商局局长王拴成为组长的活动领导小组，动员组织系统内部和社会各界力量参与。在2月25日召开的“3·15”消费者权益纪念日活动动员部署会上决定，从3月8日~15日，开展“七项活动”，营造节俭、和谐的消费环境。以消费与节俭为主题，举办大型宣传活动，印发宣传资料，与新闻媒体联合开展多渠道宣传活动，营造和谐文明的消费氛围。开展消费教育进学校活动，召开消费基地挂牌现场会，传授消费知识，倡导文明、节约、绿色、低碳、保护环境的消费模式。举行新建维权服务站、投诉站挂牌仪式，扩大消费维权基层组织网络体系建设。举办消费者食品安全座谈会和汽车行业座谈会，座谈解决消费热点问题。发挥消费监督作用，组织消费者监督员重点开展对商品和服务的监督。以市委、市政府开展的“向人民汇报、请人民评议”活动为契机，受理解决投诉、咨询，及时化解和处理消费纠纷。根据投诉及体察情况，向社会发布消费警示。

(马富荣)

【张建欣调研工商登记制度改革工作】 2013年8月27日，山西省政府副省长张建欣一行在省工商局局长周明定、太原市工商局局长王拴成等领导陪同下，到全省综改实验区之一的尖草坪区进行专题调研，就太原市工商局企业登记注册制度变“实缴制”为“认缴制”改革工作提出“大胆实践，先行试行，有所突破，走在全省前列”的要求。这次企业登记注册资本“实缴制”变为“认缴制”在尖草坪区和小店区先行试点，在辖区注册100万元（含100万元）以下的新设立公司，商户承诺有100万元资金，并愿意承担相应的法律责任，工商局就予以注册，并公布在信息平台，从而减少原来由银行出具证明到中介公司，中介在提供出资证明等多项环节。调研中，张建欣先后到尖草坪工商局、尖草坪区政务服务中心、工商尖草坪分局实地考察，听取相关汇报，并看望一线工商干部职工。在听取汇报后，她充分肯定工商部门注册登记试点改革工作，并指出，工商部门在全省率先推出变“实缴制”为“认缴制”，降低投资创业的门槛，提高资本的运营效率，激发市场的活力，增强经济发展的内生动力。同时，简化程序，方便企业和群众，促进地方经济发展。她要求尖草坪区各有关部提高认识，转变管理方式和理念，完善相关制度体系建设，在“宽进”的同时确保“严管”；要“走街串巷”去宣传，提高广大群众对这项政策的知晓率，鼓励和吸引更多有创业激情和想法的群众来创业；要结合山西省综改试验区建设大胆创新、先行先试，为做好全省工商登记制度改革工作探索新的经验。

(马富荣)

【举办首届“3·16”龙城消费节】 2013年3月16日，在市委、市政府倡导下，太原市工商局牵头与市质监、市食药、市卫生等省城市场监管部门在太原电视台联合举办首届“3·16”龙城消费节活动，省城6家有实力、信誉度高的企业组成绿色消费诚信联盟，向社会公开承诺，传递消费正能量，传承晋商诚信文明，营造科学、成熟消费氛围。省工商局副巡视员、太原市工商局局长王拴成代表全市工商系统作表态发言。(马富荣)

【清理整顿车辆和办公用房】 为贯彻中办、国办关于党政机关停止新建楼堂馆所和清理办公用房的通知精神，从2013年7月14日至9月底，太原市工商局按照国家计委关于印发《党政机关办公用房建设标准》的通知(〔1999〕2250号)精神，全面停止党政机关新建楼堂馆所，严格控制办公用房维护改造项目，全面清理党政机关和领导干部办公用房。采取自查自纠、监督检查、查办案件、建章立制等四个环节，全员自查，公开承诺，纠正违规用车3人次，规范办公用房45套，面积达180平方米。

(马富荣)

【基层班子配备】 根据2013年5月29日省委常委、组织部部长汤涛在省非公工委调研关于“切实加强各级非公工委自身建设，配备专职人员，落实经费保障，完善工作制度，提高履职能力”的讲话精神，以及省工商局党组关于“尽快调整配齐基层分局班子”的指示精神，9月17日，太原市工商局对部分基层局班子进行调整配备。成立五个考察组，分赴迎泽分局、万柏林分局、尖草坪分局、小店分局和娄烦县局，考察以上县、区局民主推荐纪检组长和非公工委专职副书记。根据考察情况，经党组研究决定各分局拟任职前公示人员：刘忠（迎泽分局党组成员、纪检组长）、陈冬利(万柏林分局党组成员、纪检组长)、李会军(娄烦县局党组成员、纪检组长)、张智顺(万柏林分局党组成员)、吕晋敏(小店分局党组成员)、胡美江(尖草坪分局党组成员)、孙拴存(娄烦县局党组成员)。

（马富荣）

物价管理

【概述】 2013年，太原市物价系统围绕中心工作，以稳定价格总水平为首要任务，加大监管调控力度，完善价格调控手段，创新价格惠民措施，创新医保资金监管模式，创新平价惠民商店建设管理，着力保障和改善民生。全年查处价格违法案件260余件，实施经济制裁978万余元，其中没收违法所得563万余元，罚款163万余元，退还用户251万余元。居民消费价格指数(CPI)涨幅为3.1%，与全省持平，完成年度调控目标。（牛丽平）

【价格调节基金支持项目建设签约仪式】 2013年1月11日，太原市物价局举行价格调节基金支持项目建设签约仪式，动用市级价格调节基金对30个项目进行专项补贴。根据《太原市价格调节基金管理条例》，项目签约企业履行以下义务：一是应设立专门会计科目，专款专用，严格按照项目申请用途专项使用，不得挪作他用，并定期向市、县价格部门汇报项目情况；二是根据企业生产能力，企业有义务对政府调控的商品，保持一定的成品存栏量或库存量，以协助物价部门应对市场供求变化，保持市场价格的基本稳定；三是如没有按项目要求按时完成的企业，将限期整改，直至被依法追回所拨付的补助资金。（牛丽平）

【推出“土豆白菜一元钱”举措】 2013年1月12日，太原市物价局召开迎春节稳定市场物价动员会，推出“土豆白菜一元钱”举措稳价惠民。春节前，太原市50多个大型超市、65个平价商店的大白菜、土豆2种蔬菜低于1元/市斤的价格销售。平价商店的青椒、黄瓜、芹菜、圆白菜、西红柿、茄子、油菜、蒜苔等8种蔬菜以低于市场均价15%以上的价格销售。（牛丽平）

【太原市向平价商店发放补贴资金】 2013年1月30日下午，太原市物价局在长治路一社区、三社区举行平价商店补贴资金发放仪式，向全市90家平价商店发放补贴资金104.5万元。按照国家发改委、省物价局推进农副产品平价商店建设的要求，2012年太原市在全省率先开展平价商店建设，超额完成80家平价商店的任务，通过产销对接、减少流通环节、降低流通费用，平价蔬菜价格低于当地市场均价15%以上，平价粮油低于5%以上，稳定“菜篮子”价格，发挥稳价惠民的积极作用。（牛丽平）

【住宅小区装修、电梯运行服务实行新收费标准】 2013年2月1日，太原市实行新的住宅小区装修服务、电梯运行服务收费标准，进一步规范和维护业主和物业服务企业的合法权益。

太原市住宅小区装修服务收费标准实行政府指导价，物业管理企业按规定报价格主管部门进行明码标价公示。其服务的内容包括：装修垃圾清运、运送装修材料、电梯包装、装修方案审查、装修档案管理、装修巡查、卫生清洁及专人管理等。具体收费标准为：每平方米基准价8元；浮动幅度为：上浮20%，下浮不限。物业服务企业可根据住宅小区实际情况制定基准楼层后上增下减，系数和为零。业主不使用电梯运送装修材料的，按上述标准的20%收取住宅小区装修服务费。住宅小区物业服务企业收取装修服务费后，不得以电梯上料费和其他理由再向业主收取其他装修方面的服务费用。住宅小区业主有超大物品，电梯或安全通道不可运送需要吊装的，由业主自行选择吊装方式，吊装方案需报物业服务企业协商同意，费用由业主负担。

太原市住宅小区业主委员会成立前，电梯运行服务费实行政府指导价，每平方米基准价为0.4元；浮动幅度为：上浮20%，下浮不限。（牛丽平）

【全市物价工作会议】 2013年3月15日，全市物价工作会议召开。太原市物价局党组书记、局长孟小军做工作报告，对2012年全市物价工作进行总结，对2013年全年工作进行安排部署。会议确定2013年全市物价工作五项重点：

坚持稳中求进，保持物价总水平基本稳定。通过加强和改进市场价格监测工作、充分发挥价格调节基金“四两拔千斤”的调节作用、继续落实降低农副产品流通环节费用的各项政策措施、强化监督检查、加强宣传引导，确保全年居民消费价格总水平涨幅控制在3.5%左右。

坚持服务发展，积极稳妥推进价格改革。围绕率先转型跨越发展，通过深入贯彻价格政策、稳步推进资源性产品价格改革、扎实推进公立医院医药价格改革、清理规范收费，积极运用价格杠杆推动资源节约、促进转型发展。

坚持以人为本，积极保障和改善民生。围绕保障和改善民生这一根本目的，通过加强“三农”价格监管、完善价格补贴联动机制、继续规范房地产开发和销售行为、规范民生收费和教育、医疗、各行业考试培训等收费行为、进一步推进平价商店建设，着力解决民生价格问题，积极探索建立有利于保障和改善民生的价格调控监管长效机制。

坚持依法行政，规范市场价格秩序。针对当前价格热点和难点问题，加强价格监督检查、价格举报工作和价格执法工作，切实维护良好的市场价格秩序。

坚持务实创新，提高公共服务水平。继续推进普法工作，加强成本调查和监审，继续深入开展“价格服务进社区”活动和明码实价工作，加强价格认证工作和价格理论研究，夯实基础工作，提高服务水平。（牛丽平）

【太原市首创医保资金价格监管】 2013年3月18日，由太原市物价局牵头，与人社、财政、卫生和食药局五部门联合下发《关于加强太原市城镇医疗保险定点机构价格监管工作的通知》。通知强调在“医保准入”“医保年审”工作中，必须以物价部门监管鉴定材料为重要依据之一，界定是否准入、拨付相关费用，强调部门责任及通力协作对于做好此项工作的重要意义。此举，在全国尚属首创。

通知要求各医疗机构和零售药店，应当严格遵守价格法律、法规的要求，做到诚实守信、合法经营，经常性的开展自查自纠工作，主动接受和配合物价等部门的日常监管、价格投诉举报落实和重点检查工作，确保国家价格法律、法规和政策在基本医疗保险定点机构的医疗行为中得到落实。通知强调价格监管的主要内容为：是否按规定明码标价，是否严格执行政府定价、政府指导价规定，是否存在自立收费项目或者自定标准收费、分解项目收费、重复收费、扩大范围收费、政府明令取消的收费项目继续收费、随意套用收费项目收费、变相强制服务并收费、违反大型医疗设备有关规定而收费、欺诈行为和其他不正当价格行为。

市物价局对太原市城镇医疗保险定点机构价格监管鉴定结论的三项内容包括：价格违法问题及处罚事项落实情况。对存在一般价格违法问题单位的“医保准入”或“医保年审”建议。对存在情节严重价格违法问题(例如，拒绝和提供虚假的价格检查所需资料的，不执行价格干预和紧急措施的，做出责令停止相关营业、责令停业整顿、吊销营业执照等处理的)单位的“医保准入”或“医保年审”建议。

医保定点单位的医疗收费属于国家定价范畴，借助“医保准入”“医保年审”工作平台，是实现价格监管目标、促进医改目标实现的抓手和举措。以此为切入点，切实加强价格监管的广度和力度，规范医保定点机构的价格行为，在一定程度上解决“老百姓看病难、看病贵，小病大看、无病乱看”等问题，维护参保人员的合法权益，协助人社、财政等部门监管专项资金。

（牛丽平）

【医保定点机构检查考核】 2013年3月至10月，太原市物价局结合市医保定点机构医保基金使用管理情况检查考核工作，联合市人社局、财政局、卫生局和食药监局对太原市770余家医保定点机构的医保基金使用管理情况进行检查考核。2013年市本级直接考核50家医院，其余按属地委托县（区）物价局进行考核，对存在问题的14家医院提请人社部门扣除医保资金95万元。（牛丽平）

【市物价局参加“向人民汇报接受人民评议”活动】 2013年4月25日，太原市物价局参加“向人民汇报请人民评议”活动，满意率为84.09%，基本满意率为9.83%，不满意率为6.08%，满意和基本满意率两项合计为93.92%，在参加评议的12个市直部门中排名第六。（牛丽平）

【落实学生家长举报投诉】 2013年5月7日，市物价局对学生家长投诉某学校向在校初中生增收4000元/(生·年)学费的问题进行检查落实。经查，该校为民办学校，初中级就读生的学费标准2011年经太原市物价局、太原市教育局批准每生每年学费18000元(不含各种代收费)。2013年以前，该校由于各种原因，当时校方按照初中级学生每生每年收取学费14000元，2013年校方根据成本费用上涨及学校投资压力的因素，决定按2011年政府主管部门批准的收费标准收取初一、初二在校就读生学费，在上年14000元/（生·年）基础上提高4000元。此学费金额虽未超出政府主管部门批准的收费标准，但引起学生家长的强烈反响。考虑到学校和学生家长经济承受能力，经市物价局与校方沟通协调，当场达成共识：2013年前的初中级在校就读生按校方原定收费标准执行，此后按新标准执行，新增收的235人计94万元学费全部退还。

（牛丽平）

【省城“每日四种蔬菜一元钱”惠民活动】 2013年5月13日，太原市召开省城“每日四种蔬菜一元钱”惠民活动动员会，决定从5月15日开始，在美特好、家乐福、华联、沃尔玛、山姆士、田和等六大连锁超市及平价商店开展“每日四种蔬菜一元钱”惠民活动。参加会议的有市物价局负责人，十个县(市区)物价局局长，美特好、家乐福、华联、沃尔玛、山姆士、田和等六大连锁超市负责人，超市供货商代表，鹏飞种植公司、一品鲜公司、诚子专业合作社、青创田园、天泉菜市场等平价商店负责人。

市物价局根据季节情况，推荐10个优惠蔬菜品种，由各连锁超市、平价商店根据各自情况，从推荐的优惠蔬菜品种中选取不少于4种，以低于1元/500克的价格优惠销售。太原市物价局实行优惠蔬菜价格日报制度，并成立专门检查组对执行情况进行监督检查。市政府安排市物价局定期统计各连锁超市、平价商店优惠蔬菜销售情况，运用价格调节基金给予适当补贴，确保这项活动长期开展。

(牛丽平)

【平价蔬菜直销车启动】 2013年6月20日，太原市平价蔬菜直销车启动仪式在杏花岭区胜利东街富力城社区举行，标志着2013年平价商店建设任务全面启动。

为完善平价商店网络，让更多的低收入群众和广大市民吃上新鲜、安全的平价蔬菜，太原市2013年再建100个平价商店。到2015年，逐步建立覆盖全市大中型社区、并向小型社区和乡镇延伸平价商店网络。2013年的平价商店建设，以流动平价商店为重点，以蔬菜为主要类别，在深化产销对接的基础上，推进多种形式的直销，在更大范围方便群众买菜、更高程度上让利于民。

作为流动平价商店建设的首批实施企业，山西一品鲜农牧科技有限公司有15年蔬菜经营经验，有3000多亩的生产基地，具备蔬菜冷藏保鲜、冷链配送、农残检测等基础条件。该公司2012年建设的首个流动平价商店——富力城平价蔬菜直销车。2013年首批平价蔬菜直销车进10个社区，分别是锦秀苑社区、文华苑社区、长风小区、漪汾小区、滨东花园、西华苑、丽华苑、老军营小区、富力城社区和体育路综合市场。截至2013年底，该公司投入50台平价蔬菜直销车，让更多的省城居民吃上新鲜、放心的平价蔬菜。

(牛丽平)

【公有住房租金标准调整】 从2013年7月1日起，太原市公有住房租金收费标准作出如下调整：1.平房(简易房)公有住房租金标准：按使用面积计费，由1.4元/平方米·月调整为1.6元/平方米·月。2.多层公有住房租金标准：按使用面积计费，由1.4元/平方米·月调整为1.8元/平方米·月。3.高层公有住房租金标准：按建筑面积计费，2元/平方米·月。 (牛丽平)

【家具建材行业倡导明码实价】 2013年7月20日，在太原市物价局的指导和帮助下，居然之家春天店、河西店“明码实价”新闻发布会在长治路居然之家春天店举行。这是继太原市百货业解放大楼自主实行多年“明码实价”经营、获得良好社会声誉和经济效益之后，家居行业首次实行“明码实价”的重大服务举措。

居然之家在全市率先实行“明码实价”，对全市家具建材行业发展有着积极的示范和促进作用，引领家具建材行业明码实价、诚信经营，为广大消费者提供一个公平、公正、公开的消费环境。 (牛丽平)

【公共建筑试行两部制热价】 2013年7月15日，市物价局下发通知，在太原市试行公共建筑两部制热价，2013年冬季采暖期起执行。全市新建和完成供热计量改造的既有公共建筑(65%节能标准)，均须按照两部制热价计费。公共建筑两部制热价，按基本热价30%，计量热价70%确定。基本热价=11.25元/建筑平米·采暖季；计量热价=0.344元/千瓦时。 (牛丽平)

【太原市殡葬基本服务收费标准重新核定】 2013年8月20日，太原市物价局、市民政局联合下发通知，重新核定太原市殡葬基本服务收费标准。遗体接运费(含抬尸、消毒)：普通车辆450元/具·趟；中档车辆900元/具·趟；高档车辆2800元/具·趟。接运尸体基本里程为20公里，超过部分每公里加收2元。遗体存放费(含冷藏)：遗体存放以天计价，50元/具·天，若当天存放不足12小时，以半价收取。火化费：普通炉400元/具；高档炉800元/具。骨灰寄存费：普通格位寄存费100元/穴·年(其中，双塔革命烈士陵园对省市领导、离休干部执行60元/穴·年，对县团及以下干部执行80元/穴·年)，自选格位寄存费最高限不得突破400元/穴·年。 (牛丽平)

【公办幼儿园保教费最高收费标准出台】 太原市物价局制定公布公办幼儿园保教费最高收费标准，从2013年9月1日起执行。

级别 / 项目	五星级	四星级	三星级	二星级	一星级
保教费(元/月)	370	240	185	125	95
备注	省级示范园可以在此标准基础上上浮不超过15%				

(牛丽平)

【太原市出台平价商店考核管理办法(试行)】 2013年11月20日，市物价出台《太原市平价商店考核管理办法(试行)》。平价商店考核实行百分制及加分考核，考核内容为资质条件、指标要求、管理标准、权利义务、社会评价5部分，分别就经营面积、平价商品品种、优惠幅度、明码标价、诚信经营、台账管理、价格监测、社会效果等十几个方面提出具体要求。

考核分为日常考核与年终考核。其中各县(市、区)物价局负责日常考核，经常进行日常巡查，及时发现不足督导改进，并根据评分标准给予扣分，按月汇总考核结果，形成月度考核成绩。市物价局在不定期督查各县(市、区)平价商店运营管理情况的同时，结合月度考核结果，每季度组织一次专项考核，形成季度考核结果。年终对四次季度考核分数累计平均后，构成平价商店的年终考核基础分数，加上相关奖励分数后形成年终考核分数。

对年度考核结果为不合格的平价商店，责令限期整改而不到位的，立即取消平价商店资格。（牛丽平）

【一元钱优惠蔬菜品种增加为6种】 从2013年12月起，太原市物价局采取三项措施稳定蔬菜价格：增加一元钱优惠蔬菜品种。从12月份起到春节期间，各连锁超市一元钱优惠蔬菜从4种增加为6种，让“一元菜”惠及更多的中低收入群体及广大市民。

扩大“一元菜”惠民活动实施范围。从12月份起，在城区外的三县一市组织开展“每日四种蔬菜一元钱”，让城区外的三县一市居民特别是低收入群体也能吃上新鲜、安全的“一元菜”。

发挥平价商店稳价惠民的作用。对全市平价商店组织开展考核工作。经考核验收合格的平价商店，加强考核管理，公开接受社会监督，落实平价蔬菜不少于15种、零售价格当地同类市场均价15%以上，做好货源组织工作，加强经营管理，保证品种、保证品质、保证价格、保证供应，更大范围、更大力度惠及省城居民。（牛丽平）

【物业收费专项检查】 2013年9月，太原市物价系统组织12个专项检查小组，出动500余人次，对全市具备物业服务资质的441家物业公司进行拉网式调查摸底，了解掌握物业收费方面存在的问题，找准收费乱的症结，为下一步在全市开展物业服务收费大检查奠定坚实的基础。（牛丽平）

【教育收费检查】 2013年10月，市物价局配合省物价局对太原市13所指定学校进行直查，与市教育局、财政局、审计局、文广新局等部门组成5个联合检查组，对全市(省直查除外)49所中专学校(职高)、中小学、幼儿园及县(区)教育主管部门的教育惠民政策执行情况进行检查。通过检查，纠正自立项目收取费用、擅自制定标准收取费用、超标准收取费用、收费项目未按规定进行公示等价格违法行为，规范全市教育收费秩序，减轻学生家长负担。（牛丽平）

【开展节日市场检查】 2013年，针对节假日消费高峰、价格问题突出的特点，太原市物价局组织全市10余个专业检查队伍，到旅游景点景区、交通客运、停车场、商品零售店、家俱建材市场、酒店和各类集贸市场进行价格检查和巡查，共出动2000余人次，检查800余个单位，发放提醒告诫函3000余份。检查中，太原市物价局将关口前移，利用提醒、告诫、倡导诚信、上门服务等方式，主动为企业授课10余次，培训1000余人次，送标价签10万余份。为起到以点带面、有效震慑违法行为的作用，市物价局采取针对性措施，加大查处力度，先后查处大通公业气体有限公司等6家经营者价格串通的价格违法行为，5家大型建材家居市场部分展台的价格欺诈行为，屡禁不止、继续收取筷子费的餐饮企业；对9家未按规定明码标价的经营企业，3家涉嫌虚构原价、虚假优惠、特价无依据无从比较的零售企业，以及违反76号令的餐饮企业进行重点查处、公开曝光，使经营者的价格行为得到规范。（牛丽平）

【价格专项检查】 2013年，太原市物价局先后开展行政事业性收费、电信资费、旅游收费等6项专项检查。

组织开展行政事业性收费检查。为深入贯彻落实国家、省关于开展收费清理规范工作的通知精神，进一步优化发展环境，会同市财政局、纠风办对太原市涉及行政事业性和经营服务性收费的行政、事业单位、垄断行业、社会团体以及中介机构的收费进行全面清理。共涉及太原市中小企业局等31个部门，太原市高新技术产业开发区等4个派出机构，近300个单位。

组织开展涉煤收费检查。由财政局、物价局、监察局、审计局和煤炭工业局组成联合检查组对各县(市、区)涉煤收费情况进行督查，促使减轻煤炭企业负担的政策得到落实，优化煤炭企业生产经营环境。

开展电信资费和旅游收费检查。根据国家和省的安排，集中力量对中国移动通信集团太原分公司等4家电信运营企业和全市旅游行业的收费执行情况进行检查。通过检查，督促电信、旅游企业按规定明码标价，公开服务内容，自觉履行承诺，营造公平消费环境。

开展水、电、气、热价格检查。为贯彻《国务院关于加快发展服务业的若干意见》，成立3个检查组利用2个月的时间对太原市服务行业用水、电、气、热的价格执行情况进行检查，对5家商业企业对其出租商户在转供电方面存在不同程度的乱收费问题进行查处，维护租赁经营者的合法权益。

开展涉农收费检查。共检查43个单位，未发现突出问题。（牛丽平）

质量监督管理

【概述】 2013年，太原市质量技术监督局(简称市质监局)，贯彻落实“抓质量、保安全、促发展、强基础”的十二字方针，突出安全和民生这一主题，探索太原特色质监事业发展之路，质监工作在服务经济社会发展中的有效性和贡献率有新的提高。2013年，市质监局先后获得“太原市文明单位标兵”

“太原市政府安全生产先进单位”等荣誉称号，市局机关党委被市直工委评为“先进基层党组织”。（刘晓霞）

【质量强市实施方案】 2013年1月14日，《太原市质量强市实施方案》经市政府批准正式实施。从产品质量、工程质量、服务质量，到环境质量、经济运行质量，市政府都明确奋斗目标，并将责任落实到部门来实施。全市质量安全实行“一票否决”。在产品质量方面，2020年前，全市获得山西省政府质量奖和太原市政府质量奖的企业和组织，要分别达到5家和20家。此外，全市还将争创全国知名品牌示范区两个，太原市拥有的山西省名牌产品要达到120个，位列全省第一。工程质量方面，市政府要求无论是建筑工程、道路工程、水利工程，质量合格率均要达到100%。为提升服务质量，全市金融、物流、高技术、商务、交通运输和信息服务等重点生产性服务领域，均要建立健全服务标准体系。环境质量是民生关注的焦点，为此，市政府也明确各项环境指标控制标准。经济运行质量方面，2020年前，全市服务业增加值占地区生产总值比重要提高到52%，高新技术产业增加值占地区生产总值比重要达到20%以上。（刘晓霞）

【质量强市动员暨首届政府质量奖颁奖大会】 2013年6月17日，太原市召开质量强市动员暨首届政府质量奖颁奖大会。省质监局局长常高才、市政府副市长王爱琴出席大会，市属县(市、区)分管质量工作的副县(市、区)长、市质量强市领导组成成员和政府质量奖评审委员会组成成员，首届政府质量奖获奖单位、“太原市质量管理特殊贡献奖”荣誉称号获奖单位及100家全市名牌产品和质量信誉等级企业主要负责人参加会议。在会上，为获得山西省政府质量奖称号的太原钢铁(集团)有限公司、太原重工股份有限公司颁发“太原市质量管理特殊贡献奖”，为获得首届政府质量奖的山西华顿实业有限公司、太原航空仪表有限公司、太重煤机有限公司、太原罗克佳华工业有限公司、太原有线电视网络有限公司、山西水塔醋业股份有限公司6家单位颁发获奖证书、奖杯和40万奖金。

市质量强市领导组副组长、市质监局局长赵敏作题为《追求卓越新标杆实施质量新战略开创率先转型跨越建设质量强市新局面》的动员报告。报告回顾总结太原市过去十年来的质量工作，安排部署太原市到2020年实施质量强市战略的总体任务。市政府确定“崇尚质量、追求卓越、共创幸福”的太原质量精神。（刘晓霞）

【在全省率先实施首席质量官制度】 2013年9月，太原市质监局出台《关于在太原市重点企业推行首席质量官制度的实施意见》，决定在全市规模以上工业企业、重点建筑业和服务业企业中实施首席质量官制度。到2013年底，在太原市近百家获得省、市政府质量奖、山西名牌、2A以上质量信誉等级企业中率先推行，首批将选出5～10名首席质量官。此举措是为推进太原市质量强市工作的开展，进一步强化企业质量主体责任，增强企业质量竞争力，不断提升全市整体质量水平。首席质量官设在企业决策层，是对企业质量安全工作全面负责的质量主管人员，由企业法定代表人或主要负责人选拔任命，并授权其开展工作。（刘晓霞）

【太原市质量提升行动计划(2013—2015)】 2013年12月20日，市政府办公厅印发《太原市质量提升行动计划(2013—2015年)》，推动全市实施国务院《质量发展纲要(2011—2020年)》和质量强市战略。《太原市质量提升行动计划(2013—2015年)》由市质监局在征求相关单位意见的基础上编制。行动计划从产品质量、工程质量、服务质量、环境质量四方面进行任务分解，重点指标为到2015年末，实现全市产品质量合格率在现有基础上提高2个百分点，主要农产品质量安全抽查合格率达到95%以上。每年山西名牌数增长率为10%，政府质量奖获奖企业不少于5个；全市从事工程材料见证取样专项检测的机构全部完成检测数据自动上传工作，全市在建工程项目质量大幅提高；服务业增加值达到1980亿元，实现翻番，全市A级旅游景区和工农业旅游点分别达到13个和28个；市区环境空气质量明显改善，空气优良率达到40%，达到全国省会城市中游水平，进入北方城市先进行列。（刘晓霞）

【2012年太原市产品质量状况分析报告】 2013年，市质监局完成《2012年太原市产品质量状况分析报告》。2012年，全市产品总体质量水平呈稳步提高趋势，合格率为97.8%；其中食品抽检合格率为95.3%，比2011年上升3%。全市全年未发生一起区域性食品和特种设备安全事件，两个安全连续多年保持零事故记录；主要工业产品采标项目累计达130多项。建成覆盖全市的计量标准量值溯源和量传体系，建立涉及国民经济各主要领域较为全面的检验检测体系，有国家级实验室21家，省级产品质量监督检验机构205家；共有6家太原市政府质量奖企业，90个山西名牌产品，132家山西质量信誉等级企业。（刘晓霞）

【冬季型煤质量检查】 2013年1月，太原市质监局组织开展冬季型煤质量专项整治，对全市40家(其中5家停产)型煤企业进行检查,并对正常生产经营的35家企业生产的产品进行抽样。第一次抽查不合格的有9家,市质监局要求对这些不合格型煤就地销毁,不得流入市场。9家企业经停产整顿后,二次抽查产品全部合格。

(刘晓霞)

【"质检利剑"执法打假集中行动】 为加强"两节"期间重点产品消费安全,保障广大人民群众的切身利益,2013年春节前夕,太原市质监局开展以食品、儿童用品、烟花爆竹等为重点产品的"质检利剑"执法打假集中行动,按照"两打"和"三统一"的部署要求,根据本地的实际情况和掌握的违法案件线索组织突击检查。

1月31日,省质监局副局长王国强、副巡视员高航,市质监局局长赵敏以及省质监局执法打假处、食品处,省、市稽查分局相关人员参加集中行动。省、市、县质监部门对美特好物流清徐县配送中心的生产过程、产品标准符合性、产品标识标注进行监督检查。经检查,美特好物流清徐县配送中心食品生产环节规范,管理严格,未发现问题。当日下午,在当地政府的配合下,质监部门在太原市城乡结合部某村端掉一个非法生产熟肉制品的加工黑窝点,查获一批原、辅料及尚未销售的熟肉制品。各县市区质监局对检查中发现的生产豆制品、碗托、肉制品等黑窝点进行查处取缔。(刘晓霞)

【3·15活动】 2013年3月14日上午,由省质监局主办、市质监局承办,在万柏林区居然之家河西店广场举办全省质监系统农资打假暨"质监利剑行动"启动仪式。省质监局党组书记、局长常高才作动员讲话。市政府副市长王爱琴,省、市质监局领导班子成员及太原市质监系统全体执法人员参加启动仪式。在活动现场,市质监局通过分发宣传资料、普及质量安全知识、现场提供咨询服务、受理举报投诉等方式,提高人民群众质量意识和维权能力,营造良好的消费环境,提高人民生活质量水平和幸福指数。现场接待咨询500余人次,发放宣传资料5000余份。启动仪式结束后,市质监局执法人员查处位于小店区某村的一无证生产加工车载蓄电池黑窝点。(刘晓霞)

【质量监督执法打假】 为确保消费品安全,太原市质监局组织开展"质监利剑"行动,重点打击生产领域危害人民群众健康和安全的违法违规行为。2013年,立案查处各类违法案件497件,涉案货值金额5000余万元。

(刘晓霞)

【发布42项农业生产技术规程】 2013年4月19日,太原市发布《无公害农产品 大白菜露地生产技术规程》《无公害农产品 西葫芦设施生产技术规程》等42项无公害农产品农业技术规程,为服务农业增产、农民增收提供技术支撑。42项标准涉及粮油类作物谷子、大豆等7项,番茄、黄瓜等蔬菜作物29项,葡萄等果树类5项,食用菌(白灵菇)1项,涵盖主要的农作物、蔬菜、水果等方方面面。发布会上,邀请高级农艺师杜秀兰等农业及标准化专家为广大种植户作"无公害蔬菜标准化生产技术规程"专业技术培训。

(刘晓霞)

【启动两个国家级服务业标准化项目】 2013年5月初,太原市成功申报两个国家级服务业标准化试点项目并全面启动。这两个项目分别是:山西省太原唐久超市有限公司承担的"太原市超市商贸服务业标准化试点"和山西老陈醋集团有限公司承担的"山西省东湖醋园旅游服务业标准化试点"。主要工作任务有:建立健全标准体系,开展宣传培训,开展标准实施的评价并制定持续改进措施,在不断完善中改进和提升服务质量。通过两年的建设,达到四个目标:服务提供的各个环节有标准可依,标准比较齐全,标准覆盖率达到80%以上;与本行业、本单位有关的国家标准、行业标准、地方标准、企业标准得到有效实施,实施率达到90%以上;服务质量符合标准要求,服务行为规范,顾客满意度达到90%以上;形成具有行业特点与优势的服务品牌。试点工作完成后,验收合格试点单位将获得100万元资金奖励。

(刘晓霞)

【《太原市循环经济标准体系》通过技术审查】 2013年8月31日,由省质监局组织中国标准化研究院、清华大学、省发改委、国家煤及煤化工产品质量监督检验中心等单位的教授、高工、学者组成的技术审查组,对市质监局、市发改委主要起草,太原钢铁集团公司、山西华顿实业有限公司、山西水塔老陈醋股份有限公司等单位参与起草的《太原市循环经济标准体系》进行技术审查。省局副局长李志强出席审查会并讲话。

《太原市循环经济标准体系》主要规定太原市循环经济标准体系以及构成该标准体系的术语和定义、方针和目标、要求、组织机构与职责、标准体系的建立、实施、评价和改进等。

专家组听取起草单位的编制说明、标准文本后,经讨论形成意见:《太原市循环经济标准体系》符合国家法律法规和山西省转型综改实验区建设的政策要求,符合太原市循环经济发展的实际,具有较强的先进性、适用性和可操作性,同意通过审查。

《太原市循环经济标准体系》通过审查,标志着太原市在全省范围内率先完成市级层面循环经济标准体系的建立,为循环经济标准化试点市的建设提供技术支持,为循环经济标准

体系的推广起到提升作用。(刘晓霞)

【太原市国家级循环经济标准化试点市通过验收】 2013年12月2日，国家标准化管理委员会、国家发展和改革委员会组织专家召开循环经济标准化试点评估会议，依据《国家循环经济标准化试点考核评估方案(试行)》，对山西省太原市、晋城市、运城市3个地市的循环经济标准化试点市建设情况进行验收。此次验收考核评估专家组由来自煤炭、冶金、标准、节能等行业以及地方发改委的7位专家组成，组长由煤炭科学研究总院研究员姜英担任。

会上，市质监局有关领导向与会人员进行工作情况汇报。专家组在现场调研的基础上，通过经听取汇报、资料查阅和质询等环节对太原市循环经济标准化试点市建设情况进行全面了解和考核评估，对太原市循环经济标准化试点工作给予高度肯定，一致认为：太原市建立完善到位、科学可行、特色鲜明的“政府推动、部门联动、企业主动、社会参与”的循环经济标准化工作模式，为循环经济标准化试点市的全方位、深层次、多领域持续性的推广奠定基础，为循环经济标准化试点工作目标的实现和落实提供保障。太原市循环经济标准体系建设结合实际、思路新颖、结构合理、内容丰富，具有较强的可操作性。企业层面围绕农业、工业、服务业和社会四大领域选择12家循环经济特色明显的企业，建立24个循环经济标准子体系，采用国家标准和行业标准1200余项，补充制修订地方和企业标准2000余项，反映地方产业特色，符合太原市发展循环经济的要求，并为促进太原市产业转型升级提供技术支撑。太原市主动承担《山西省循环经济标准体系》《山西省工业企业循环经济评价导则》地方标准的起草，并制订《太原市循环经济标准体系》《太原市绿色焦化企业技术要求》等一系列与循环经济相关的地方标准，试点企业牵头及参与数十项国家标准的制定。加强标准的宣传贯彻，开展形式多样、效果明显的培训，初步构建一支理论知识丰富、实操能力较强的专业化队伍。太原市循环经济标准化信息平台内容较为全面，实现循环经济标准化信息资源共享。最后一致同意：太原市人民政府承担的循环经济标准化试点任务，通过考核，标志着太原市循环经济标准化试点工作任务完成。(刘晓霞)

【能源计量审查】 从2013年10月15日起，太原市质监局组织对全市20余家用能单位开展能源计量审查。此项工作是根据国家发改委等十二部委提出的《万家企业节能低碳行动方案》和市质监局、市节能领导组、市经信委联合发文《关于对重点用能单位开展能源计量审查的通知》的安排进行。审查组依据《重点用能单位能源计量审查规范》，从用能单位的计量制度、计量人员、计量器具以及能源计量数据的管理等方面逐一进行审查，通过审查发现企业平时易忽略、隐性的问题，并通过对这些问题的整改，完善企业计量工作，从而强化和提升重点用能单位的能源计量意识，落实能源计量企业主体责任，健全能源计量管理体系。此项工作到11月15日结束。(刘晓霞)

【免费检定集贸市场计量器具】 2013年，计量器具检定费用首次列入政府财政资金补助项目，太原市质监局对全市81家集贸市场的7000余台计量器具进行免费检定。(刘晓霞)

【认证认可工作】 为进一步加强强制性产品认证监管工作，2013年，太原市质监局对全市116家强制性产品认证生产企业全部建立档案，检查各类强制性产品认证证书357份，企业巡查率达100%。(刘晓霞)

【科研项目】 2013年，太原市质量技术监督检验测试所不断提升技术检测科研能力，其开展的“生物安全柜性能检测”和“凝胶净化系统进行样品处理对提高苯甲酸检测准确度的影响”两项科研项目成功获批国家质检总局“技改技装”项目。(刘晓霞)

【《太原市食品生产领域废弃油脂及过期、不合格食品处置管理办法(试行)》】 根据《食品安全法》的相关规定和国务院《关于加强食品安全工作的决定》(国发〔2012〕20号)中提出的“建立健全食品退市、召回和销毁管理制度，防止过期食品等不合格食品回流食品生产经营环节”的要求，2013年4月，市质监局制订出台《太原市食品生产领域废弃油脂及过期、不合格食品处置管理办法(试行)》。《太原市食品生产领域废弃油脂及过期、不合格食品处置管理办法(试行)》的出台，对废弃油脂及过期、不合格食品建立信息流转记录档案和监管资料进行严格规定，规范不合格食品的回收、存放、和处置过程，控制废弃油脂及过期、不合格食品的流向，杜绝食品生产企业使用该类食品进行生产加工食品产品的行为。(刘晓霞)

【《食品安全舆情监测分析和应对处置制度(试行)》】 2013年4月初，市质监局制订出台《太原市质量技术监督局食品安全舆情监测分析和应对处置制度(试行)》。从食品安全舆情监测、舆情分析和舆情应对处置三个方面，对舆情应对工作的处理流程进行规范，确保面对紧急舆情应对的时效性和科学性。并对4月以来发生的“病死猪”和“H7N9禽流感”等广大人民群众关注的舆情热点及食品生产领域舆情进行监测和分析，安排部署加强对全市以畜禽生鲜肉为生产原料的食品生产企业的监督检查力度，排除食品安全隐患和舆情风险隐患，确保全市食品质量安全。（刘晓霞）

【全市特种设备安全工作会议】 2013年3月11日下午，太原市政府召开全市特种设备安全工作电视电话会议，副市长王爱琴出席并讲话，市质监局党组书记、局长赵敏作题为《狠抓责任落实 形成监管合力推动全市特种设备安全工作再上新台阶》的工作报告。

报告指出：2013年全市特种设备安全工作要紧紧围绕全市经济社会发展大局，以“避免一般性事故、杜绝重特大事故”为目标，不断加大监管力度，落实监管责任，逐步形成监管合力，实现特种设备持久、稳定、本质安全，全面推动太原市特种设备安全工作再上新台阶。重点要抓好四个方面的主要任务：(1)保持高压态势，开展重点整治行动。(2)深化网格化监管，构建综合治理格局。(3)创新服务模式，促进经济社会发展。(4)推动立法进程，依法加强安全监管。（刘晓霞）

【太原市质量技术监督工作会议】 2013年2月22日，市质监局召开全市质量技术监督工作暨党风廉政建设会议，回顾总结2012年工作，安排部署2013年主要任务。

市质监局党组书记、局长赵敏出席会议并作题为《凝心聚力竞速提质推进全市质监工作再上新台阶》的工作报告。报告从四个方面概括总结2012年工作：抢抓机遇趁势而上，抓质量更加有力；创新监管体制机制，保安全更加有方；围绕中心服务至上，促发展更加有为；塑形铸魂风清气正，强质监更加有效。报告客观分析全市质监工作面临的新机遇和新动力，对2013年全市质量技术监督工作任务作部署，总体要求是：以党的十八大精神为指导，紧紧围绕全市经济社会发展大局，以科学发展为主题，以促进太原率先转型跨越发展为主线，以实施“质量强市”战略为主抓手，继续坚持“抓质量、保安全、促发展、强基础”的工作方针，推动太原市质量总体水平的提高，促进经济发展方式加快转变，为建设一流省会城市做出新贡献。

市局党组成员、纪检组长许惠敏在党风廉政报告中指出，2013年党风廉政建设和反腐败工作的主要任务是：以落实责任制为龙头，以强化教育为基础，以规范权力运行为核心，以加强制度建设为重点，以严格考核奖惩为保障，坚持标本兼治、综合治理、惩防并举、注重预防的方针，下气改进作风，解决反腐倡廉建设中人民群众反映强烈的突出问题，全面推进全市质监系统反腐倡廉建设。（刘晓霞）

【市质监局档案目标管理达省二级标准】 2013年8月22日，由太原市档案局副局长李国琳为组长的机关档案目标管理考评组一行三人，对市质监局创建省二级机关档案工作目标管理活动开展情况进行评审认定，市质监局以90分的高分通过“山西省二级机关档案工作目标管理”评审认定。

（刘晓霞）

【太原市质量安全监管信息化平台建设通过验收】 2013年10月24日，由市质监局投资建设的太原市质量安全监管信息化平台通过省发改委专家组验收，标志着市质监局运用信息化手段实现事业发展跨越迈出关键一步，也是全省质监系统地市局第一个综合信息化平台投入运用。该项目主要包括七个方面内容：运行场所和设备间建设、显示系统建设、网络建设、服务系统和存储备份系统、应用支撑平台、业务系统建设、协同OA办公平台等。实现三大功能：通过OA系统实现无纸化和信息化办公，提高办公效率。通过特种设备及食品安全监管系统实现特种设备和食品企业监管及数据的共享、对企业和设备的动态监管。通过呼叫系统实现自动语音业务咨询和快速受理举报投诉。（刘晓霞）

【执法打假大比武】 2013年11月13日～14日，太原市质监系统举行执法打假大比武活动。比武内容包括基础知识、案件办理能力、应急处置能力、技能展示四个方面，涉及行政执法、质量管理、监督、标准、计量、认证认可、特种设备等全部业务活动，试题以国家质检总局《技术执法概论》《执法打假大比武题集》《执法打假大比武试题解析》为参考。经过必答题、抢答题、风险题三个环节的激烈角逐，民营区分局代表队获得一等奖，迎泽、晋源区分局获得二等奖，市局稽查分局、娄烦县局、杏花岭区分局获得三等奖。通过大比武活动，推进全市质监系统执法打假规范化建设和执法打假整体水平和能力的提升。（刘晓霞）

【梅克保率督查组督查指导】 2013年9月18日，国家质检总局党组副书记、副局长梅克保率督查组对太原市迎泽区特种设备重点监管区域—迎泽公园在用游乐设施运行情况进行督查。

督查组一行对迎泽公园大型游乐设施进行全面地督查。督查现场，梅克保与作业人员亲切交谈，询问设备配置和安全工作情况，查看工作人员操作证和检验合格证。此次督查，是对市质监局基层工作的一次大检阅、大促进。

（刘晓霞）

【常高才慰问质监一线工作人员】 2013年2月16日，省质监局党组书记、局长常高才带领省局领导班子成员到太原市政务服务中心慰问市质监局代码窗口工作人员。市政府副秘书长、政务服务中心主任李树忠，市质监局局长赵敏及局领导班子全体参加慰问。

常高才一行向大家拜年问好并发放慰问品，询问全市代码工作情况，从办证企业类型到办证工作中具体会遇到什么问题进行了解。 (刘晓霞)

【王爱琴检查特种设备安全工作】 2013年2月6日下午，副市长王爱琴到小店区供热公司热源厂、民航太原机场候机楼就春节期间特种设备安全工作进行检查。

王爱琴一行实地查看小店供热公司热源厂燃煤存储及锅炉安全运行等情况，了解太原机场候机楼春运期间电梯安全应急保障措施，现场查验两场所的特种设备检验、作业人员持证、安全制度落实等情况。 (刘晓霞)

【康树芬一行进行立法调研】 2013年7月24日上午，太原市人大财经委主任委员康树芬带领财经委、法制委相关同志及财经委部分委员，在市质监局就《太原市电梯安全监督管理办法》进行立法调研。经听取汇报并查阅相关资料后，调研组各位代表、委员进行发言，一致认为：通过立法有利于从源头抓电梯安全管理，规范电梯规划、设计、安装、维护、保养、使用各个环节的管理，确保电梯安全运行。此项立法必要而且迫切。 (刘晓霞)

审　计

【概述】 2013年，太原市审计局围绕“转型跨越发展、建设一流省会城市”这一中心，抓住“正规化建设巩固年活动”这一主线，突出“服务保障”这一主题，瞄准“争先进位、提高审计和社会两个效益”这一目标，突出“加强预算执行及税费征缴审计”等5项重点，狠抓“思想政治工作”等6项保障措施，班子队伍建设、审计业务建设、审计业务工作都取得一定成绩。全年共开展9大类审计，完成审计单位（项目）89个，查出主要问题金额2271720万元，审计处理处罚金额194962万元，其中：应上缴财政154518万元，应减少财政拨款或补贴1004万元，应归还原渠道资金12613万元，应调账处理金额26827万元。提出审计建议187条，移送违法、违纪案件线索98件；审计期间为被审计单位进行审计财经知识培训17次。太原市审计局对古交市财政决算审计项目获得审计署“表彰审计项目”和山西省审计厅“优秀审计项目”；对太原市公交总公司财务收支审计项目获得山西省审计厅“表彰审计项目”，国家审计署副审计长余效明、总审计师孙宝厚到市审计局进行工作指导，对审计工作给予充分肯定；山西省审计厅厅长王亚、太原市市长耿彦波分别对市审计局信息工作、审计要情做出重要批示。班子队伍建设得到市委领导良好评价；正规化建设经验在《中国审计报》地方版头条刊登；审计署驻太原特派办、太原市委组织部等10余个单位先后来市审计局进行观摩交流。太原市审计局荣获山西省审计厅2013年度工作目标考核第一名，太原市委目标责任考核优秀单位，太原市级“文明和谐单位标兵”“双拥模范单位”等荣誉称号。 (张恒昌)

【审计署领导视察审计工作】 2013年7月19日，审计署总审计师孙宝厚到太原市审计局指导审计工作。首先，听取市审计局上半年审计工作情况的汇报，对审计工作给予充分肯定。其次，就审计质量控制进行专题讲座。孙宝厚对提高审计质量的重要性进行阐述，并对审计实施过程中每个具体环节的规范化要求和注意事项作详细讲解。他指出，审计质量是审计工作的生命线，衡量审计质量的高低，就是要看审计结果对审计方案的执行程度，对审计目标的实现程序，对审计需求的满足程度。具体而言：明确审计任务；明确审计目标；明确操作督导；明确审计责任。

2013年11月14日，审计署副审计长余效明到市审计局调研指导工作。并与市、县两级审计机关审计人员进行座谈，对基层审计机关在新的历史条件下如何进一步做好审计工作进行审计业务辅导，提出以下具体要求：审计工作要自觉融入地方经济社会发展大局。转变观念，创新思维，提升审计工作的层次和水平。坚持“两手抓”，发挥审计职能。 (张恒昌)

【省审计厅领导指导审计工作】 2013年6月28日，山西省审计厅厅长王亚带领省厅有关处室负责人到太原市审计局调研指导工作。太原市委副书记、市长耿彦波陪同调研。王亚观看介绍市审计局2012年审计成果的宣传片和干部队伍建设、作风纪律建设、党风廉政建设、审计质量控制等展版，并听取市审计局局长连金会的工作汇报。王亚提出四点要求：提高认识，发挥审计对于加强党的领导，改进作风和反腐倡廉的重要作用。要忠实地履行审计监督的职责和宪法、法律赋予的权力，处理好审计监督和经济发展的关系。要抓好经常性的审计管理工作，进一步提高审计效率、审计质量、审计效果。要抓好班子队伍建设，锤炼政治上可靠、业务上精通的审计干部。耿彦波指出，审计工作要成为廉洁从政的“防护网”，反腐倡廉的“解剖刀”，优质高效的“推动力”，权为民用的“指示牌”，依法行政的“警示钟”。 (张恒昌)

【审计正规化建设巩固年】 太原市审计局在2012年开展正规化建设年(即:办公自动化、管理制度化、工作高效化、作风军事化)取得初步成果的基础上,2013年,继续开展正规化建设巩固年活动,实现三个新突破:机关正规化有新突破。采取检查督促与示范带动、集中整治相结合,保持整洁的环境、规范的秩序和文明的举止成为全局干部职工共同的自觉行动;召开基层审计工作会议,推广杏花岭区审计局正规化建设经验,局领导深入县(市、区)审计局调研指导工作,促进县(市、区)审计机关各方面建设上一个新台阶;通过按计划工作,用制度管理,依规矩办事,全局自上而下,呈现出爱岗敬业、任劳任怨、尽职尽责、奋发图强的氛围。作风转变有新突破。在机关开展"反对极端个个主义、增强政治定力"教育;多次召开作风纪律与廉政建设推进会,成立廉政督导组,对改进作风和审计纪律执行情况持续监督检查;以绩效为导向,加强目标责任制等项考核,改变过去个别同志浮、懒、松、散、慢、拖等不良现象,形成人人出满勤、个个争先进,"对标一流、比学赶帮"的风气。制度建设上有新突破。探索并实施审计小组和现场管理"三抓、十有"(即:抓思想、抓作风、抓教育;有计划、有制度、有资料、有专柜、有承诺、有公示、有监督、有检查、有考核、有记录)管理法,严格执行延伸审批、项目预审理、审计会商等制度,队伍和项目运行控制力进一步增强;建立审计指挥平台,推进移动办公系统,审计工作步入科学管理、高效运转的轨道。

(张恒昌)

【向市人大作审计工作报告】 2013年8月22日,太原市审计局局长连金会受市人民政府委托,在市十三届人大常委会第十五次会议上作《关于太原市2012年度市本级预算执行和其他财政收支的审计工作报告》。常委们认为:2012年审计监督突出重点,更加有力,呈现突出"民生审计"的亮点。审计工作报告比往年更加规范和精细,用事实和数据说话,为加强财政预算审查和监督提供信息和参考依据。所举问题典型性强,对被审计单位起到警示和教育作用。

(张恒昌)

【审计法制建设】 2013年,太原市审计局做好审计宣传服务工作,把审计质量控制做到实处。结合审计工作特点,制作"太原市审计局审计业务流程图"及"太原市审计局审计质量控制节点图"两块展版,第一次把审计业务流程完整形象展示在审计人员面前,让工作在审计第一线的审计人员更加清晰地认识到审计质量控制的关键点,为规范审计业务起到作用。推进依法审计,提升审计人员的法治观念和依法审计能力,为此,根据市法制办《关于开展2013年度"依法行政宣传月活动的通知》要求,组织开展"依法行政宣传月"活动。在局机关大厅摆放依法行政宣传展版,组织市审计局116名审计人员参加依法行政知识竞赛活动,获得优秀组织单位和2个先进个人奖。组织全局机关公务员及事业单位人员参加无纸化普法考试,平均成绩达到96.8分。

(张恒昌)

【财政审计】 2013年,太原市审计局加强财政审计工作。开展19个重点单位的预算执行情况审计。在税费征缴上,加大对重点企业纳税情况和有罚没、收缴职能等单位的审计检查力度,延伸审计不同类型纳税户60多个;在财政支出上,重点检查"三公经费"情况、专项资金安排使用情况和执行财经纪律情况,着重揭露和查处严重铺张浪费,挪用、滞留、截留专项资金,国有资产流失,违反财经纪律和效益低下等问题。共审计及延伸审计单位302个,查出违纪违规及管理不规范金额141亿元,移送案件线索21件,提出各类审计建议50条。开展杏花岭区等6个县(区)财政决算审计。将地方政府及部门税费依法征缴、资金使用效益和遵守财经纪律作为重点,加大延伸审计力度,查出各类问题157个,移送各类案件线索42件,提出审计建议32条。

(张恒昌)

【金融审计】 2013年,根据山西省审计厅安排,太原市审计局对清徐、古交、娄烦、阳曲4县(市)农村信用联社资产、负债、损益情况进行审计,并对各信用社下辖营业部、信用社进行抽查,审计覆盖面达50%。审计查出各信用社在财务核算方面的问题11个,金额5887万元。对有关信用社借名贷款等5个方面的问题移送至主管部门作处理,对贷款手续不规范、分类不实等6个方面的问题提出警告,化解32个风险隐患,促进县(市)农村信用社的改制工作。

(张恒昌)

【农业环保审计】 2013年,太原市审计局开展农业环保审计。对太原市改善环境质量五大工程的补助资金开展跟踪审计,共查出违规金额1165万元,进一步规范该专项补助资金的拨付、使用,保证环境治理工作的开展。对太原市本级2011年~2012年度及所属娄烦县财政专项扶贫资金的管理、使用和效益情况进行审计。查出违纪违规问题金额116971万元。审计发现,娄烦县财政专项扶贫资金存在到位迟、支出进度缓慢、会计原始凭证不完善、白条下账等问题,其中滞留闲置资金735.27万元。对太原市农业委员会2012年度农业专项资金的筹集使用情况进行专项审计。重点审计特色农畜产品基地建设项目专项资金、各种直补资金、农产品加工龙头企业贴息资金和其他农业专项资金等。涉及不规范资金18.18万元、挤占挪用专项资金13.8万元。对太原市2012年度环保专项资金征收、管理、使用情况进行专项审计。重点对排污费漏管、少征问题，排污费分配管理情况和部分项目单位使用环保专项资金情况进行审计。查出漏管排污单位510户，欠征排污费629万元，项目资金安排滞后，影响环保专项资金使用效益等9个问题。（张恒昌）

【固定资产投资审计】 2013年，太原市审计局对固定资产投资进行审计。对太佳高速黄河大桥建设项目进行跟踪审计。经审计，发现桥面未按环评批复意见增加径流水收集系统，超付工程进度款573.77万元，应缴未缴税金38.88万元，未按规定单独设账核算，会计科目使用不当，未能准确反映投资主体等7个问题。对太原老年大学教学楼工程项目进行审计，摸清该项目债权债务、归集投资建设拨款及资金使用情况。（张恒昌）

【社会保障审计】 2013年，太原市审计局组织实施清徐县、迎泽区等10县（市、区）保障性安居工程跟踪审计工作。对2012年各类城镇保障性安居工程（包括廉租房、各类棚户区改造）的投资、建设、分配、运营等情况进行审计。先后对77个保障性安居工程项目的开工情况、23个项目的竣工情况、83个项目的工程建设和质量管理情况进行审查。经审计，存在保障性安居工程任务目标未按规定分解完成、资金筹集和管理不规范、工程质量管理不到位、资金使用不规范、住房分配和使用管理不规范等问题，审计对存在问题提出审计建议。（张恒昌）

【企业审计】 2013年，太原市审计局开展企业审计工作。对太原灯泡厂破产清算费用有关事项进行审计。经审计，理清费用使用情况，核减财政资金905.04万元，提出改进建议两条，维护群众利益，政府形象和社会稳定。对山西中景泰开发公司涉嫌非法吸收公众存款情况的资金往来、资产和财务状况进行审查，在资料严重残缺不全的困难条件下，经过细心查找调查，摸清企业底数，为案件侦破提供准确数据和线索。（张恒昌）

【经济责任审计】 2013年，围绕干部作风建设，太原市审计局加大经济责任审计力度。审计中将科学决策、民主管理、依法用权、廉洁高效作为重点，对3名省管干部和29名市管干部进行任期经济责任审计。为规范经济责任审计工作，先后草拟出台《太原市经济责任审计联席会议制度》《关于规范领导干部经济责任审计评价意见的通知》等文件。经审计，发现并纠正个别单位项目推进不力、资金效益不高、审批混乱、对下属单位监管不力等各类问题100多个，提出整改建议56条，审计期间促进整改金额4.16亿元，对规范权利运行、促进领导干部依法行政和科学管理起到作用。（张恒昌）

【专项资金审计（调查）】 2013年，太原市审计局开展专项资金审计调查。对清徐县等7个县（市、区）县乡两级政府性债务情况进行审计。通过审计，基本摸清7县（市、区）三类债务规模及风险程度，提出改进管理建议26条，移送相关部门处理事项8件。对太原市本级2012年度国土专项资金审计。查出欠缴土地出让金、财政非税收入专户滞留国库资金2020.11万元，少计提土地收益基金3.85亿元，闲置农业土地开发资金8309万元，往来款长期挂账1000万元，滞留国土收益基金330万元，以及滞留国土专项资金存款利息、征地补偿、未及时签订合同、偷漏合同印花税等16个问题，移送有关部门案件线索3件。对古交市2012年国土专项资金审计。审计查出欠征土地出让金5738.73万元，应缴未缴市级国有土地使用权有偿使用收入446.38万元，闲置农业土地开发资金1587万元等12个问题，涉及违纪违规资金11918万元。对太原市中小企业局扶持中小企业专项资金进行审计调查。审计表明，民营经济实现税收收入的指标接近和超过太原市经济的5%。同时也发现民营经济经济发展中存在的一些问题，如：融资难仍是制约中小企业发展的最大难题，还有资金分配过散、使用效益不高等问题。（张恒昌）

【创新审计工作方法】 在完成各项审计任务的同时，2013年，太原市审计局重视贯彻科学审计理念，不断创新审计方法，推动业务建设。注重思路方法创新，在提高效益上下功夫。审计目标上，坚持“审计效益”和“社会效益”并重；项目计划上，坚持“项目向重点集中，力量向重点收缩，内容向重点用力”的“三重”原则；组织方式上，各类审计项目相结合，实现审计资源的最佳配置；审计方法上，变“平面审计”为“立体审计”，变“分散审计”为“集团审计”；具体实施中，坚持“严查妥处”的原则，要求处理好“服务和揭露”“发现案件线索与实现审计目标”等12种关系；质量控制上，实行延伸审计审批和审计会商制度；审计评价上，坚持把效益在首位，真实性、合法性与效益性兼顾的原则。注重业务培训，在提高能力水平上下功夫。采取“四个结合”即：集中整训与日常学习相结合、业务培训与项目总结相结合、理论培训与跟班实践相结合、专家讲授与大家互学相结合；利用在线学习手段，开展“每日一题”和审计小组现场学习活动，定期开展审计案例编写、征集活动；成立审计科研小组，研究、破解审计工作中的难题，征集研究课题35个。注重信息化建设，在推进计算机运用上下功夫。制定信息化建设5年规划；投入106万元，建成审计署、山西省、太原市、各县（市、区）四级视频会商系统；开通新的政府外网；加速推进OA个性化功能拓展、移动办公、指挥中心建设；派多名业务骨干先后分别参加审计署、山西省审计厅计算机知识培训。

（张恒昌）

【廉洁从审“防护网”建设】 2013年，太原市审计局把加强党风廉政建设、保证干部职工政治安全放在重要位置，提出“一手抓审计业务，一手抓思想政治、管理教育，一手抓廉政建设”的“三个一手抓”要求，做到党风廉政建设与审计业务工作同计划、同动员、同部署、同检查、同总结。从反对极端个人主义入手，加强教育，用正确的理念武装头脑。强化责任，抓好责任分解、落实、考核几个环节。完善风险防控制度，建立风险定期排查、延伸审计报批和审计项目集体会商等制度。加大监督检查力度，严格执行“审计公示”、送达审计、审计回访、廉洁审计调查等制度。2013年，市审计局把“服务保障”作为主题，在廉洁从审的基础上，开展“服务保障年”活动。坚持“严查、妥处”原则，做到边审边教、边审边帮、边审边改，使廉政建设真正转化为完善管理、推进审计工作取得良好成果的有效措施。（张恒昌）

统　计

【概述】 2013年，太原市统计局坚持“强素质、练内功、提效能、重服务、树形象”的工作理念，采取项目负责、责任到人，一线指挥、过程推动，例会调度、实时监督，分类管理、全面考评等保障措施，打造学习型、创新型、服务型、奉献型、和谐型统计机构，各项统计调查工作取得明显成绩。2013年，市统计局先后被评为全国“企业一套表”联网直报先进集体、全市人力资源社会保障工作先进集体，连续两年荣获年度目标考核优秀单位称号以及市委综合考核“好领导班子”。（王　浩）

【第三次经济普查工作】 2013年，太原市统计局按照“精心组织、超前谋划、务实高效、协调推进”的思路，结合省会城市特点，以高点起步、过程跟进、环节把握、点面推动等手段，完成第三次经济普查准备工作。

市政府将“第三次经济普查工作”写入年度工作报告，印发文件进行全面部署。组建由分管副市长挂帅的普查工作领导组，向28个成员单位下发《目标责任状》，向18个有关部门和单位下发《经普宣传任务责任书》。建立市、县、乡、村四级普查机构体系，选调6321名普查指导员和普查员，在全省率先完成人员、经费、机构、办公场所“四落实”。按照“体系化模式”，在全市范围内分三个层次、分步实施普查试点工作。整理核实18个部门的50万户行政登记资料，形成底册后开展地毯式入户核查。采取“下挂一级、直插乡街”的方式，业务培训收到实效。加强普查宣传，提高知晓率。全市1500辆公交车和500余辆出租车车载电子屏流动播放经普宣传广告，主要街道十字路口大型电子屏反复播放经普广告和宣传短片，《太原日报》《太原晚报》开辟专栏跟踪报道经普最新进展，太原电视台六个频道、太原广播电台多个波段循环播报宣传内容。印发数万套经普系列宣传单，分批发给县区及市直窗口单位，在各种会议和对外服务窗口发放。

截至2013年底，经济普查各项工作准备就绪，2014年1月1日，全市广大普查员将手持数据采集终端设备（PDA），深入全部法人单位、产业活动单位和个体经营户进行普查登记。

（王　浩）

【经济运行监测和分析预警】 2013年，太原市统计局向社会公开发布2012年度《太原市国民经济和社会发展统计公报》，逐季召开经济运行情况新闻发布会。健全“五位一体”的经济运行监测体系，密切跟踪经济运行中的新变化、新问题，并提出相应的政策建议。分县（市、区）、开发区经济指标完成情况做到月度政府发文通报，季度《太原日报》、太原电视台全文公布。建立覆盖全市主要行业领域和重点企业的经济信息收集网络，逐月开展分析预警工作，为服务市委、市政府领导准确把握经济形势、及时决策部署发挥作用，受到有关领导和部门肯定。

2013年，“太原经济运行监测模式”受到兄弟城市统计部门的好评，在第36届全国重点城市综合统计信息交流年会上作为先进城市典型做经验交流。（王　浩）

【统计服务】 2013年，太原市统计局编印《统计报告》26期、《领导参阅》37期，撰写各类分析材料130篇、统计信息389篇。多篇分析报告在《中国信息报》《中国统计》《山西工作》《太原工作》等刊发。对标《国家统计年鉴》，进一步规范年鉴的内容和版式，增强实用性和可读性。组织编印《数据太原——领导干部便携手册》，方便各级领导干部查阅历史数据和常用指标。精心编撰2013年度市人大、政协“两会”统计服务专刊。服务全市领导干部大会，组织编辑《统计数据资料》，以及时、准确、翔实的数据服务，为与会领导干部更好的掌握全市经济形势、研究部署工作提供重要参考。

太原市统计局全程参与“向人民汇报 请人民评议”活动，完成评议对象问卷调查、公众知晓率快速调查，以及意见整理和录播直播现场统计等任务，市委领导在市统计局编发的《人民群众意见日报》上做重要批示，要求有关部门引起重视，抓紧解决。做好市政协牵头组织的“转型跨越发展、保障和改善民生”大调研活动。协助完成调查问卷和调查方案设计、问卷信息录入、汇总和分析工作。撰写的专题报告得到市委领导肯定。（王　浩）

【更新维护基本单位名录库】 2013年，太原市统计局明确责任分工，健全申报机制，做好名录库的更新维护工作。开通“四上”单位入库统计服务直通车，到县(市、区)、企业指导工作。规范“四上”单位审批资料，提高企业入库的时效性。加大部门协作力度，利用“基本单位名录库”实现部门资料共享。2013年新增入库“四上”单位达到345家。完成全市文化及相关产业法人单位和重点服务业企业单位的核查、入库工作。（王　浩）

【保障“企业一套表”网络环境安全】 2013年，太原市统计局新建网络卫士入侵防御系统，接入2兆光纤运行以视频会议为主的音、视频业务，利用三层核心交换机的协议，与10兆链路配置互为备份，形成主加辅，主加备的双重保险模式，实现广域网扩容。通过自查、专家检查等方式，摸清网络安全现状。建立应急响应机制，确保紧急突发情况时的正常运行。自主开发多个辅助性应用程序，提高统计数据处理效率。

2013年，实现全市3338家联网直报企业12个报表期的顺利上报和各专业年季报表的正常数据处理。

（王　浩）

【重点项目监测】 2013年，太原市统计局为服务“项目推进年”，动态反映省、市重点项目投资完成情况，强化投资统计监测服务，制定实施方案，成立工作领导小组，建立名录先行、法规跟进、部门协同、动态监测、督查调研、局党组成员联系对接项目等六项工作措施，达到责任具体、项目到人、全程监控的效果。组织开展省级重点工程、重点市政道路等专项监测，与市重点办联合开展省级重点工程投资统计专项调查。围绕领导关注的重点领域、重点项目、重点工程，分析投资完成情况，向市委、市政府汇报专题材料16篇。加大项目统计管理力度和项目调研力度，提高投资统计的前瞻能力。

（王　浩）

【投资项目报送网络平台】 2013年，太原市统计局在现有国家报送平台的基础上，为解决市、县两级间数据包的交换、查询效率不高、出错率较大等问题，进一步创新固定资产投资统计工作思路，整合现行投资报表制度，运用现代信息技术，压缩基层报送环节，设计开发“投资项目报送网络平台”。实现市、县两级统计部门和报送单位之间的相互联络、在线监测、同步审核、动态管理。（王　浩）

【重点企业能源监测】 2013年，太原市统计局实行《重点耗能企业月度监测制度》，清查原煤生产企业“五证一照”及历史数据。帮助企业掌握统计方法制度，完成调查任务。与市发改、经信等部门对重点耗能企业进行调研，全面掌握电厂用电率、发电计划等指标，为市政府做好节能降耗工作提供优质统计服务。由太原市统计局主持研究的《山西省区域能源消费总量控制分解办法》，填补山西省在各市能源消费总量控制分解领域的空白。

（王　浩）

【第六次全国投入产出调查】 2013年，太原市统计局坚持以培训作为切入点、数据审核作为聚力点、安排进度抓住时间点、深入一线指导督促的“三点一线”工作方法，完成占全省总量42%的315家单位的投入产出调查工作。

太原市统计局通过创新式的电子化培训，打造百余台电脑同步演示的立体化培训模式，保证培训取得实效。采取与填报人员面对面交流的方式，加大审核力度。科学配备人力、物力，确保调查工作完成。市统计局专业人员对于一些经营规模大、产品构成较复杂的企业，进行专门走访指导，解决调查过程中出现的各种问题，确保调查数据质量。太原市投入产出调查工作高标准、严要求，按时上报，体现省会城市统计工作的先进特征，国家统计局发专函给予肯定。（王　浩）

【经济社会发展指标数据跟踪测算】 2013年，太原市统计局根据制定的加减分办法，以科学的考评机制准确计算各项指标得分结果。协助市委考核办分解2013年省下达的目标任务。从26个市直部门收集相关数据，及时跟踪测算全市各县(市、区)、开发区经济社会发展指标数据，并对结果进行深入分析。组织撰写《科学设置指标体系》专题报告。为市委考核办对全市105个考核单位的年度考核奠定基础，得到市领导肯定。（王　浩）

【文化产业调查统计】 2013年，太原市统计局采取市县联合、分步实施的策略，核查文化产业基础，强化文化产业统计工作。对相关部门提供的单位名录资料进行整理、比对，对照基本单位名录库进行查漏补缺。细化核查认定过程，把单位名录资料下发到各县区，针对县区在实际操作过程中遇到的问题，有针对性进行指导和现场答疑，将问题消灭在源头。及时分析研究，为促进太原市文化产业发展建言献策。组织撰写分析材料《太原市文化产业法人单位基本情况简析》被国家统计信息网采用。

经过专业协作，太原市统计局完成全市1866家文化及相关产业法人单位的认定工作，建立起文化及相关产业法人单位名录库，构建太原市促进文化产业大发展的基础信息库。

（王　浩）

【实施妇女儿童“两纲”监测工作】2013年，太原市统计局组织开展业务培训，提高“两纲”监测人员的业务素质。完善部门协作机制和数据情况报送制度，定期完成相关数据情况的收集、整理和分析工作，向市委、市政府提交情况报告。完成太原市妇女儿童发展“十二五”中期评估。跟踪监测数据进展，了解相关部门的目标实现进程。完成妇女儿童“两纲”统计数据库的加载与维护，对相关数据进行分析解读，为促进太原市妇女儿童“十二五”目标的完成提供参考。（王　浩）

【重点服务业企业名录库】2013年，太原市统计局加大部门协调力度，先后分解下发市工商局、税务局等部门资料，形成较为完整的服务业基本单位库。严格入库流程，组织学习讨论各类单位的统计口径和管理渠道。加强对企业的业务培训，向重点服务业企业下发告知书及工作流程，扩大宣传力度，为建立统一规范的服务业统计，全面反映全市服务业发展奠定基础。（王　浩）

【实施信息化统计年报】2013年，太原市统计局确保专业配合有力、衔接有序，各项工作落实到位。明确分工，做到培训、布置、审核、上报“四个统一”。提高审核效率，做到专业催报、县区落实“双管齐下”。通过电话、网络等多种方式为企业讲解年报制度和填报要求。坚持程序审核与人工核实相结合，力求数据完整准确。完成6个专业、14个行业的2172家企业的信息化年报工作，上报率达到100%。《中国统计》对太原市统计局的作法进行专题刊载。

（王　浩）

安全生产监督管理

【概述】2013年，太原市安全生产监督管理局强化安全生产监管责任，开展安全生产大检查、安全生产专项整治和“打非治违”，推进安全生产标准化建设，延伸重大安全隐患有奖举报，强化基层基础工作，实现“一低一控一无”（即：安全生产一般事故保持低发生率，较大事故得到有效遏制，杜绝重大以上事故），促进全市安全生产形势的持续稳定好转。全年，全市共发生各类生产经营性事故710起，死亡108人，占全年控制指标（122人）的88.52%，比控制进度目标少4人。

（张　凯）

【安全生产综合监管】完善考核奖惩激励机制。2013年，太原市安监局分解年度安全生产控制指标任务，向14个县（市、区）、开发（园）区颁发目标责任书，由年终一次性考核变为日常安全测评与专项活动考核、定期考核相结合，实行安全指标和责任落实测评两个“一票否决”。加大奖惩激励，2013年市财政共拿出900万元对2012年度安全生产先进单位和个人进行表彰奖励，对考核落后的单位进行通报批评。市委、市政府把安全生产工作纳入全市综合目标考核重要内容，在干部选拔任用、文明单位和劳模评选中实行“一票否决”，形成对安全生产齐抓共管的局面。

构建安全生产责任落实网格化监管格局。太原市安监局在2012年完成《太原市安全生产责任落实测评体系》基础上，2013年制订体系细则和网格化运行办法，并通过与太原理工大学建立安全测评实习基地等合作方式，修改完善51个测评体系，提高体系的科学性和可操作性。在娄烦县试点推行测评体系电子化，构建安全监管网格化管理模式。被国家总局确定为预防重大安全生产事故的重点科技项目。

明确细化安全监管职责。太原市安监局针对部分行业领域存在的安全监管职能交叉、职责不清等问题，按照市政府安排，组成6个工作组，对负有安全生产监管职责的33个部门，进行安全监管职责划分，先后组织召开讨论会7次，调研10余次，修改20多次，完成《太原市人民政府关于进一步明确安全生产监管职责的通知》（代拟稿），上报市政府。组织协调相关部门，对石油、天然气长输管线进行实地勘查，现场明确相关方面的安全监管范围。

落实国家和省“打非治违”工作要求，组织在全市煤矿、非煤矿山、尾矿库、危险化学品、烟花爆竹、城镇燃气、道路交通、特种设备、冶金工贸等重点行业开展安全生产专项整治和“打非治违”专项行动。截至2013年11月底，全市共打击非法违法、治理纠正违规违章行为总计677038起。青岛“11·22”中石化原油泄漏燃爆事故后，市安委办组织在全市开展石油、天燃气管网、库站及运输车辆隐患排查治理专项行动。（张　凯）

【安全生产大检查】按照国家、省统一安排，太原市安监局从2013年6月份开始，采取宣传发动、层层建立台账、不间断明查暗访、延伸有奖举报、学习创建标杆企业、全覆盖检查治理隐患等有效举措，全面推动安全生产大检查深入开展。截至9月底，全市共组织召开安委会扩大会议12次，印发

《全市安全生产大检查工作方案》及相关配套文件24个；派出检查组4123个，检查人员51926人次，对全市49425家生产经营单位、6529台特种设备、2469台农机，做到100%全覆盖检查，共发现隐患48357个，整改48292个，限期整改65个，整改率99.87%；关闭取缔226家企业，行政拘留160人，移送追究刑事责任2人，罚款832.01万元。

为推进大检查工作，加大明查暗访和宣传报道工作力度，市安委办组成4个明查暗访组，采取不发文件、不打招呼、不搞陪同、直击现场、公开曝光等方式，对重点地区、重点部门和重点企业进行明查暗访，在新闻媒体开辟“安全生产，人命关天”专栏，对正反两方面典型案例进行宣传报道。据不完全统计，大检查期间，新闻媒体共宣传报道336篇(次)，编发信息223条(篇)，宣传先进典型48家，公开曝光存在非法违法行为和安全隐患企业70余家，推动安全生产大检查取得良好成效。 (张　凯)

【安全生产基层基础工作】 开展安全生产标准化建设。2013年，太原市安监局对7家应达标非煤矿山企业全部达标；276家应达标危险化学品企业有275家达标，剩余1家评审中；7家应达标烟花爆竹企业达标6家，剩余1家完成新库房建设；42家应达标冶金等工贸企业，35家进行外部评审，9家进行企业自评，11家公告达标。截至2013年底前全部完成达标任务，实现规模以上企业全部达标，安全生产标准化工作走在全省的前列。

落实安全生产挂牌责任制。太原市安监局比照煤矿、尾矿库、危险化学品企业挂牌形式，按照管行业必须管安全的原则，对其他行业重点企业(单位)、重点项目及存在重大安全隐患的企业和区域实行挂牌责任制，共对3436家企业实施挂牌。

开展“安全乡村”创建活动。全市107个乡镇有54个被评为安全乡镇，1342个村（社区）命名安全村（社区）1224个，申报国家安全社区创建18家。

落实职业卫生监管。2013年，太原市安监局以石棉、木质家具、非煤矿山、水泥制造、焦化、混凝土搅拌、石材加工和带喷漆汽车修理等行业为重点，开展职业病危害专项治理，开展职业病防治网上申报，截至年底，全市累计申报备案企业1078家。

加大宣传教育培训。太原市安监局结合安全生产大检查、“六月安全生产宣传月”等活动，加大宣传报道工作力度，各类新闻媒体和信息等宣传报道安全生产工作600多次(篇)。组织开展宣传教育周、应急演练周、集中培训周和送安全服务周等系列活动；不断强化安全生产从业人员培训，共培训44201人，其中，特种作业人员11396人，安全管理人员1795人，企业主要负责人1010人，农民工3万人。

做好安全隐患有奖举报工作。在企业和人员密集场所制作悬挂1.5万余块安全隐患有奖举报公示牌，印制发放20万余份宣传资料，方便职工和群众监督举报。2013年太原市安监局共受理有奖举报案件200起，办结198起，落实2起，案件查办率、反馈率均为100%，兑奖7件，奖励金额6.33万元。 (张　凯)

【应急管理和事故查处】 强化应急管理。2013年，太原市安监局全面开展重大危险源申报、评估、培训、备案工作，对940多家高危企业进行应急预案备案，排查登记30处危险化学品重大危险源，组织开展5次大型应急救援演练。代市政府起草三个专项预案，分别为《太原市安全生产事故灾难应急预案》《太原市非煤矿山生产安全事故应急预案》和《太原市危险化学品生产安全事故应急预案》，经市政府审核同意印发实施；为搞好和市政府预案的衔接，太原市安监局印发非煤矿山、危险化学品、冶金机械等四个部门预案。

加大事故调查处理力度。太原市安监局对每一起事故，都严格按照“四不放过”原则和事故调查处理程序，追究有关人员责任，查找事故原因，举一反三，防止类似事故发生。2013年1月至11月，全市工矿发生事故5起，死亡7人，全部调查结案，行政处分30人，党纪处分1人，降职1人，免职1人，撤职1人，追究刑责1人，行政罚款153.12万元。 (张　凯)

食品药品监督管理

【概述】 2013年，太原市食品药品监督管理工作以争创饮食用药安全一流省会城市为目标，守底线、守阵地、求突破，抓好基层基础建设、微生物防控、信息化管理三项工作，实现技术支撑、人员装备、信息化建设、餐饮医药产业转型跨越发展四个突破，编织覆盖全市的饮食用药“安全网”。

(朱前翔　闫伟卓)

【为人民群众解难事办实事活动】 2013年，太原市食药监局梳理百姓关注的热点难点问题。在“向人民汇报，请人民评议”活动中，多种渠道收集社会各界和普通群众在饮食用药安全方面的意见和建议320多条，对民众关心的热点难点问题进行梳理；制作宣传片和现场汇报，宣传市食品药品监督管理部门的工作职能，展示工作形象，得到市民的广泛理解和认同，综合满意度达91.44%。逐一办理影响百姓饮食用药安全的问题。为解决好百姓反应的意见建议和在评议活动中提出的131个问题，采取领导领办、专人负责、定时督促、限时办结、建立台账、纪检回访、宣传配合的综合措施，在一个月时间内，问题办结率达98%以上，老百姓的满意程度100%。引深评议活动，开展解难事办实事活动。各县（市）局、各城区分局分别采取不同的方式开展向人民汇报活动，贴近了解百姓需求，解决“小饭桌”和小餐饮安全、市民购药质量便民查询等问题。同时，建立邀请群众参与和监督的工作机制，强化工作落实。（朱前翔　闫伟卓）

【餐饮食品安全保障】　开展餐饮专项整治活动。2013年，太原市食药监局坚持标本兼治、治本的原则，先后组织开展“百日整治”“亚硝酸盐专项检查”“餐饮环节肉类安全专项检查”、学校食堂餐饮安全专项检查整治等专项行动，解决餐饮服务单位存在的主体责任不落实、食品安全管理制度不健全、日常操作不规范及乱添乱加等问题。在学校食堂和集体聚餐单位，推行“六卡一自查”微生物污染预防措施。强化食品加工过程关键环节控制，多措施预防餐饮安全内部风险，全面排查学校校内及周边餐饮单位餐饮安全隐患和存在问题，检查覆盖率、量化分级率全部达到100%。巩固小餐饮整治成效，市食药监局针对城乡结合部、农村存在的无证小餐饮，开展“地图式”排查，推进小餐饮备案登记制度，全市小餐饮持证率和从业人员体检率均达95.2%。开展餐饮安全风险排查，实现“五个到位”，即安排部署到位、风险自查到位、风险互查到位、风险交流到位、打击违法到位。全市查找各类安全风险8大类671项，涉及餐饮服务单位201家，全部予以督促整改，预防食物中毒事故的发生。市食药监局完成重大活动餐饮安全保障，先后组织“2013年省两会”“市两会”“龙舟赛”等13次重大活动餐饮安全保障，实现“零事故、零投诉”的目标，确保各项活动的顺利进行。（朱前翔　闫伟卓）

【整治保健食品化妆品市场】　2013年，太原市食药监局整治保健食品化妆品市场。市食药监局开展打击保健食品“四非”专项行动，检查保健食品生产企业34家次、经营企业1260家次，抽检重点品种50余个批次，查扣问题保健食品3034盒（瓶），立案19起，罚款金额17.88万元，向公安移送案件1起，对查获的54种假冒保健食品和假冒太原市生产企业生产的7种保健食品，以监管公告的形式向社会予以曝光。开展保健食品经营企业备案登记工作，受理申报资料1091份，核发《保健食品经营企业备案登记证》1008个。严肃整治化妆品市场，集中整治“尖草坪批发市场”“五一东街美博城”等具有全省辐射作用的化妆品市场，扣押问题产品46个品种，30余箱，立案13起，结案13起，罚款2.3万元。中央电视台予以专题报道。开展业务培训工作，对全系统80余名监管人员进行系统的执法培训，对全市保健食品经营企业2015名从业人员开展法律知识和业务培训。

（朱前翔　闫伟卓）

【药品安全隐患排查】　2013年，太原市食药监局对药品安全隐患进行排查。市食药监局对制药企业开展风险评估，实施分级监管，控制源头风险。汇总日常检查、专项整治、业务培训、警示约谈等情况，找出药品安全风险点和薄弱点，对企业实施分级分类管理，并撰写太原市药品生产风险评估报告。抓住重点品种，组织专项检查，消除药械安全隐患。市食药监局先后组织开展疫苗、特殊管理药品、体外诊断试剂等27个专项检查，下达《责令改正通知书》39份。开展药品安全“两打两建”行动，采取有效措施，规范药品流通秩序。核减4家批发企业“中药材、中药饮片”经营范围，对25家经营企业下达《责令改正通知书》，向工商部门移送违法广告286起，6种违法广告药品被列入黑名单监管，8个违法广告品种被区域驱逐。完善监测系统，提高报表质量，不良反应监测率先达标。上报不良反应监测报表10542例，达到2509份/百万人口，其中新的、严重的病例报告1595份，占报告总数的15.13%，率先完成省局年度考核目标。扩大定点范围，完善相关制度，规范家庭过期药品回收。将定点回收药店由过去的37家，推广到全市700多家零售连锁药店，采取不限时回收制度，集中销毁10余吨过期药品。

（朱前翔　闫伟卓）

【打击食品药品制假售假行为】　2013年，太原市食药监局出台“五个一律”强力措施，按照“五个不放过”检查原则，追根溯源，先后查处山西长城药品零售连锁有限公司销售劣药案、国药集团山西有限公司等7家单位经营无证医疗器械案等典型串案，向公安机关成功移送徐亚东销售假药案等7起案件，有力震慑不法分子。强化监督抽验，完成710个批次药品、54个批次保健食品、21个批次医疗器械的监督抽验，对发现的8批次不合格药品、2批次非法添加化学药物保健食品和7批次不合格医疗器械予以严肃查处。健全行政执法与刑事司法相衔接的长效机制，与市法院、市检察院、市公安局建立联合执法互动平台，开展联合行动，查获万艾可等11个批次的假药，向公安部门移送32名犯罪嫌疑人，其中9人被检察机关批捕。制订《打击利用互联网和邮政快递渠道销售假劣药品违法行为专项行动实施方案》，强化互联网药品信息监测，对互联网非法收售药品行为予以打击。

（朱前翔　闫伟卓）

【餐饮医药产业发展】　2013年，太原

市食药监局支持餐饮医药产业发展。实施中小餐饮星级创建示范和提档升级工程，开展面向大众化消费的示范店创建工作，形成示范区、示范店、示范街三级示范典型，引导中小型餐饮单位改造硬件、优化环境、提升服务，实现全市中小餐饮集约化、规模化、标准化、连锁化、特色化发展，对小饭桌在免费培训免费登记的基础上，开展星级小饭桌创建，提升标准，规范管理，小饭桌食品安全保障能力得到提升。推进新修订药品GMP实施，市食药监局向市政府上报“关于加快我市制药产业新版GMP认证工作的报告”“关于解决太原市制药企业发展问题的报告”，为3家企业解决改造用地问题，4家企业通过新修订药品GMP认证。夯实新版药品GSP实施基础，邀请新版药品GSP修编专家，对太原市药品经营企业相关人员进行规范细则培训，促进企业提前实现与新版药品GSP的全面对接，提升药品经营质量管理水平。简化审批程序，将“药品零售企业变更质量负责人；餐饮、医疗器械企业变更名称；医疗器械经营企业变更企业负责人、质量负责人；医疗器械专营企业变更经营范围未超出界限规定且不涉及库房变动的”等4项审批事项简化为即办事项，申请人可在政务服务中心窗口直接办理，无需另行审批，提升行政审批效能。

（朱前翔　闫伟卓）

【基础能力建设】 加强基础设施建设。2013年，太原市食品药品综合监督检测中心项目完成主楼和配楼的全部土建工程，主体封顶。推进检验实验室资质认定，取得食品、保健食品检验检测资质，食品、保健食品、药品、化妆品的检验检测参数达到336个，检验能力覆盖范围跃居全省11个地市级食品药品检验所之首，并完成1313批次检验任务。（朱前翔　闫伟卓）

【食品药品安全宣传】 2013年，太原市食药监局举办“安全用药月”“食品安全月”等主题活动；在市、县电视台播放安全用药公益广告；在全市1531辆公交车上连续发布安全用药提示；与《山西晚报》、社区共同举办“食品添加剂大讲堂”。开展食品药品安全知识进社区、进乡村、进机关、进学校、进企业、进工地的“六进”宣传活动；进社区帮助居民清理家庭小药箱，同时，统一印制保健食品化妆品生产经营企业“八不准”、保健食品化妆品生产经营企业“索证索票和台账管理规定”等宣传页，免费发放到各保健食品化妆品生产经营和使用单位，在醒目位置张贴，强化从业者的安全意识，营造饮食用药安全社会氛围。

截至2013年12月底，共受理投诉举报1353件，其中药品214起，器械36起，保健食品化妆品93起，餐饮服务1010起；核查回复率达100%，立案查处各类违法违规案件757起，案件总值69.83万元，其中药品案件202起，医疗器械案件46起，保健食品化妆品案件59起，餐饮服务案件450起；取缔窝点40个。罚没款合计517.29万元，其中药品罚没款247.34万元，医疗器械罚没款46.56万元，保健食品化妆品罚没款56.8万元，餐饮服务罚没款166.58万元。

（朱前翔　闫伟卓）

【亮点工作】 以星级创建全面提升小饭桌食品安全保障水平。在2012年对全市896家小饭桌免费登记免费培训的基础上，2013年，太原市食药监局开展“星级小饭桌”创建工作，明确星级标准、落实创建任务，提升小饭桌主体责任意识和规范经营意识，全年创建“星级小饭桌”179家。2013年6月13日，中央电视综合新闻台对太原市“星级小饭桌”创建工作进行专题报道。

开展3G眼电子远程监控措施，推进透明厨房工程建设。以食品街为试点，在餐饮服务单位就餐场所安装视频显示器，将餐饮单位后厨操作过程通过电子摄像系统公之于众，公众可以直观看到后厨加工全过程，看的明白，吃的放心。执法人员可以随时随地通过电脑或手机终端实现对餐饮单位后厨加工全过程的视频监控和违法行为拍照取证，实现远程监管，促进餐饮单位后厨管理规范化、透明化。

对药品零售企业供货单位实施登记制度。下发《关于实施药品零售企业供货单位登记及信息化监管建设的通知》，要求药品零售企业将供货单位的经营资质、印章、随货通行单(票)样式、供货协议、质量保证协议书、业务员证明文件等资料，包当地药监部门登记备案，增强药品质量可追溯性，打击并防止“挂靠”“走票”等违法违规行为。

在药店安装“药品质量市民查询系统”。先期在全市200家零售药店试点，安装查询系统，市民只需将所购药品的电子条型码对准电子监管码扫描口进行扫描，就能轻松辨别真伪，方便市民对药品质量进行查询，拓宽药品质量安全社会监督渠道。

（朱前翔　闫伟卓）

太原高新技术产业开发区

【概述】 太原高新技术产业开发区(简称"太原高新区")成立于1991年7月,1992年11月经国务院批准成为国家高新区,是山西省唯一的国家级高新区。园区分为两大部分,学府园区总规划面积8平方千米,位于省城太原高等院校密集、科研力量雄厚、基础设施良好的学府区域,发展高新技术产业具有得天独厚的优势;汾东园区地处太原市重点发展的南部新区——汾东商务区内,是太原高新区为解决学府园区发展空间严重不足的矛盾而重点打造的产城一体化新区。

2013年,太原高新区实现科工贸总收入1604.8亿元,同比增长8.9%;实现工业总产值1380.3亿元,同比增长9.0%;实现地区生产总值389亿元,同比增长3.7%;实现利税78.4亿元,同比增长6.4%;实现区级财政收入16.87亿元,同比增长4.4%;实现出口创汇2.86亿美元,同比下降25.5%。太原高新区科工贸总收入上千万元企业349家,较上年增加63家。其中,总收入上亿元企业76家,较上年增加5家。太原高新区对区域经济的辐射和带动作用日益增强,2013年,全区入区企业地区生产总值占太原市GDP总量的比重为16.1%。 (赵 媛)

【投资环境】 汾东园区按照"高起点规划、高标准建设"要求,推进新区规划建设工作。2013年,太原高新区完成园区规划设计方案、部分单体方案设计、市政道路方案设计、市政管线综合方案,并呈报市政府。完成1464亩新区收储土地转用指标规划及土地申报工作和新区范围内的实地踏勘工作。加快新区路网、电网等基础设施建设,完成园区大运西路、六号线、六号线南街、八号线北街、八号线、真武东路六条路的道路方案、综合管线方案设计。大运西路、八号线开工建设。落实汾东22万千伏变电站建设运营及直供电相关事宜,满足园区企业供电需求。百万平米孵化器、加速器建设推进。

龙城大街两侧规划用地安排入驻军威集团技术创新中心、清华同方知网数字出版产业园、生物基因芯片诊断技术中心、大邦蓝天国家环境保护技术工程中心、虹安科技矿山救护技术创新基地等项目,规划、土地等相关手续基本办理完毕,进入基础建设阶段。

2013年,太原高新区累计完成固定资产投资54.22亿元,同比增长33.34%,其中:工业及其他项目投资完成40.44亿元,同比增长30.18%;房地产项目完成13.78亿元,同比增长43.56%。

太原高新区着力构建多层次金融服务平台,成立规模为4亿元的信息安全产业专项基金,重点扶持信息安全产业领域的企业;设立研发专项基金,鼓励区内企业与国家级科研院所开展合作;与建设银行等银行合作开展"助保金贷款"业务,解决小微企业融资难问题,促进小微企业快速发展。推进高新区直属金融企业拓展业务,太原高新区科技基金公司对六家企业完成股权投资2400万元;太原高新区创新高科技小额贷款股份有限公司累计发放贷款2.1亿元;太原高新区中小企业融资担保公司共有7家合作银行,新增19笔担保业务,完成新增担保金额1.5亿元。 (赵 媛)

【科技创新】 2013年,太原高新区狠抓园区软硬件建设,营造最优创新创业环境,园区先后聚集一批创新创业服务机构,形成从技术研发、技术转移、企业孵化到产业化基地、产业集聚的一整套技术创新和产业孵育体系,有效地支撑高科技企业的自主创新活动。截至2013年底,太原高新区共有各类孵化器及科技园25家(国家级孵化器4家),成立技术转移机构2家,律师事务所13家,会计师事务所8

家，金融机构8家，人才服务机构2家，生产力促进中心1家。

产学研合作方面，太原高新区引进建立IBM智慧城市联合创新中心、仿真技术应用国家工程研究中心；与山西大学、太原理工大学、太原科技大学等科研院所开展产学研合作；与中科院过程所联合建设“新型节能环保技术联合实验室”；与清华大学化工学院、清华科创、中科院理化所、中科院半导体所等院所开展项目合作；成立山西省产业技术研究院有限责任公司，搭建全方位的科技攻关和成果转化平台。

2013年，太原高新区共落实省、市科技计划项目70项，落实无偿资助资金6302.59万元；办理技术合同登记51份，合同成交总金额达1.6亿元，其中技术交易额1.5亿元。（赵　媛）

【人才建设】 2013年，太原高新区加强人才服务平台建设。加快院士工作站和博士后工作站建设，成立3家院士工作站，8家企业博士后科研工作站。支持海外高层次人才创业发展，全区共有4人入选国家“千人计划”，15人入选省“百人计划”，引进8名“千人计划”人才来高新区创业；太原留学人员创业园被科技部批准授予“国家国际科技合作基地”，吸引来自美国、英国、德国等国家和地区的留学人员208人，创办企业144家。

开展招才引智，吸引国内外高层次人才、海外留学人员、国家“千人计划”和省“百人计划”入选者到高新区创新创业。截至2013年底，引进和扶持国家“千人计划”和山西省“百人计划”企业等一流水平项目共16个。重点项目有：“千人计划”专家陈旭远教授为首席科学家的山西傲维光视光电科技有限公司，“千人计划”专家张中标博士创办并担任首席科学家的天津砚津科技有限公司，“千人计划”专家石忠民博士创办的山西智索信息科技有限公司，“百人计划”专家龚如宾博士创办的山西三恒自动化有限公司。

截至2013年底，太原高新区入区企业年末从业人员数117835人。全区拥有大专以上学历人员57560人，占全区从业人员总数的48.7%。其中，博士310人，比上年增加37人；硕士3346人，比上年增加611人。全区中级以上职称人员22261人，比上年增加130人。（赵　媛）

【招商引资】 2013年，太原高新区进行项目提前招商、先行储备工作。全年共引进入区企业473家，注册资金总额41.47亿元。围绕高新区重点发展的战略性新兴产业，进行产业规划招商、选商，注重项目的技术性，产业的带动性，围绕特色产业集群和产业链展开招商引资工作，储备一批优质的招商项目。重点围绕信息安全产业园、物联网产业园、电子商务产业园进行招商。截至年底，信息安全产业园有上海众人网络安全科技有限公司、北京天行网安信息技术有限责任公司入驻；物联网园区筛选首批入园企业50余家，并与企业签订合作意向书、定制开发协议。电子商务产业园区引进山西贡天下商贸有限公司、山西百事帮科技股份有限公司、山西同城商务有限公司等一批B2B、B2C电子商务应用示范企业，构建包括电子商务应用、第三方电子商务交易平台、电子商务支撑项目在内的产业集群。（赵　媛）

【特色产业】 2013年，随着一批新项目的入区，太原高新区特色产业的发展潜力进一步增强，特色产业集群不断壮大。一批重点项目启动，信息产业集群建设进一步提升；以上海众人、北京天行网安为龙头的信息安全产业初具规模，打造信息安全产业高地；以激光投影仪、全固态激光器、红外成像系统项目为核心的光电产业集群初步形成；以基因芯片、干细胞基因工程项目为核心的生命科技产业开始起步；以蓝宝石中试基地、钕铁硼、太阳能为核心的新材料与环保节能产业集群发展壮大；以清华同方知网、问天网游、创影动画为龙头的文化创意产业进一步发展，被授予“国家文化产业示范基地”“国家文化和科技融合示范基地”。

（赵　媛）

【社会事业】 2013年，太原高新区社会事业长足发展。推进“城乡清洁工程”，建设现代宜居园区。加大投入，加强园区公用基础设施建设，启动总投资5477万元的学府园区供电设施建设工程，进一步完善城市服务功能；全面实施片区整治改造，开展星级单元、街景整治示范街创建工作，加强市容环境管理，打造和谐、洁净、优美的高新区。

创新社会治理。提高居民自治水平，完成中环社区换届选举工作；构建全方位、全天候、立体化社会治安防控体系，提高社会治安防控能力，群众安全感进一步提升；建立健全社会矛盾调解机制，化解各类矛盾和不安定因素，维护全区的社会稳定。

开展各类安全生产专项整治活动，加大监督检查力度，狠抓各类事故隐患的治理和整改，促进企业主体责任和各级监管责任的落实，全区安全生产工作总体形势稳定。

开展各类宣传思想文化和宣传道德模范活动、文明单位创建活动，提升园区精神文明创建水平。全年举办道德讲堂5期，选树区级文明单位30家，6家被评为市级文明单位。（赵　媛）

太原经济技术开发区

【概述】 太原经济技术开发区2001

年6月被国务院批准为国家级经济技术开发区，规划面积9.6平方千米，2002年7月开始建设。

在起步建设阶段，太原经济技术开发区围绕新兴产业规模化示范区和绿色生态工业园区的发展定位，依托山西省的资源优势和技术优势，坚持科学发展、和谐发展，形成国际新材料加工基地、国家级装备制造业基地、省级信息产业基地、省级食品及农产品加工基地和生物制药产业园区“五大产业基地”的产业发展格局。

2013年，太原经济技术开发区进入加速发展阶段。按照“三并重、二致力、一促进”的建区方针，围绕完成一个目标(加快转型升级，实现创新驱动发展)、夯实两个基础(高效的管理服务、廉洁务实的干部队伍)、打造三大核心产业（高端装备业、高新技术产业、现代服务业)、促进四个协调发展(二产与三产、规模与效益、改革与稳定、经济与民生)的发展思路和奋斗目标，太原经济技术开发区坚持求真务实，真抓实干，推动全区各方面工作不断取得新突破。（秉 群 新 强）

【主要经济指标】 2013年，太原经济技术开发区实现规模以上工业总产值516.56亿元；工业增加值212.47亿元；固定资产投资完成76.12亿元；财政总收入完成25亿元；公共财政预算收入完成8.6亿元；社会消费品零售总额实现18.76亿元。（秉 群 新 强）

【投资环境建设】 太原经济技术开发区位于太原市东南部，区中心距太原飞机场2千米、太原火车站3千米、市中心10千米；高速公路直达北京、天津、石家庄、西安、呼和浩特、郑州、济南等周边大城市，交通便捷，是商家投资的理想之地。

2013年，太原经济技术开发区按照总体规划和“有收益项目市场化引资，无收益项目财政投资”“谁投资、谁受益”的原则，基本完成9.6平方千米内的道路、雨污水管网、供水、供电、供暖、供汽、煤气设施及管网、通讯网络、绿化、土地平整、污水处理、固体废弃物处理等基础及配套设施建设。区内骨干道路网建设，主干路网基本形成，给排水、热力、煤气管网全部贯通，通讯设施、宽带网络、有线电视线路随道路管网一并铺设，基本实现“九通一平”。截至2013年底，区内建成220千伏变电站、110千伏变电站、35千伏变电站各一座，10千伏开闭所两座；区内全部采用引黄水，日供水能力达60万吨；区内建成145吨供热供汽热源厂一座，70兆瓦采暖、170吨蒸汽热源厂各一座，实现冬天供热、夏天供冷气、全天候供应热水和蒸汽的服务；区内共完成绿化面积442542.3平方米，完成投资3125.1万元，绿化覆盖率达到46%。基础设施的进一步配套完善，为建设循环经济示范区和绿色生态工业园区奠定基础。

太原经济技术开发区有着独特的投资软环境。全面推进“两集中、两到位”改革，进一步减少审批环节、简化审批程序、压缩审批时限。行政审批事项由原62项减少为50项，减幅19%；政务服务事项由49项合并为24项，减少幅度为51%，确保所有事项在大厅办理，不搞体外循环。开展审批流程再造工作，搭建企业入区注册平台和项目落地建设运行平台，开展项目入区联合审批、企业注册联合审批、项目落地建设联合审批和企业运行联合审批服务，编制并公示新的审批流程图，明确各单位审批负责人和办理时限。实现从项目入区联合许可开始到项目报建、施工许可完成，全流程审批时限45天。建立行政审批职能整合机制。全面整合各部门内部审批职能，将所有审批权归并到一个科室，确定13家单位入驻政务服务中心，形成权责并重、审管分离、公开透明、廉洁高效的行政审批运行机制。建立行政审批授权委托机制。各职能部门对行政审批服务科和行政审批首席审批员出行授权，使其进驻中心后，独立完成行政审批工作，确保窗口审批、盖章、证书制作三到位。（秉 群 新 强）

【社会事业发展】 2013年，太原经济技术开发区坚持经济发展和社会事业发展有机结合，构建和谐社会。解决失地农民问题，统筹城乡发展，出台和落实一系列政策办法，从政策上引导农民规模化从事养殖业以及商业、饮食等第三产业，鼓励引导农民利用自身优势走自主择业、自谋发展的道路。构建就业培训体系，对农村转移劳动力进行加工技能、电脑应用、绿化、服装加工、保安、锣鼓等专业培训，使其拿到就业上岗“通行证”，并安排就业。成立工程协调中心，区属农村组建工程服务队，为区内建设项目提供土方、物流等多种服务，解决部分村民的就业和收入问题。组建成立巾帼锣鼓队，参与社会化服务，解决200个农村家庭妇女的收入问题。引导农民将征地补偿款投入到有收益保障的物业项目，增加收入。启动“城中村”改造工作，建设社会主义新农村。进一步完善居民社会保障体系，做到“老有所养、老有所依”。全区9个农村居委会60岁以上的老年人参加养老保险，每人每月可领取200元。全区有2851户，9228名农村居民参加新型农村合作医疗，参合率达到100%。

（秉 群 新 强）

【人才队伍建设】 2013年，太原经济技术开发区促进产、学、研结合，提高区内企业的科技创新能力，加快科技成果转化，为培养和引进经济发展所急需的高层次科技和管理人才搭建科研工作站。制定出台并完善博士后管理政策措施，包括组织领导、人员招收、项目管理、经费使用、生活保障、考核评估的方方面面，做到组织落实、制度落实、经费落实、保障落实。设有博士后择优资助专项经费，鼓励加大对博士后研究人员的培养和使用力度，造就符合产业发展需要的高端人才。与太原理工大学、山西大学以及中科院生化研究所流动站建立起长期合作机制，设立3个博士后企业分站，创建1个省博士后创新创业基地。2013年，在站博士后3名，发表论文20余篇，其中，5篇被SCI检索，10篇被EI检索，获得国家发明专项2项，实用新型发明专利1项。（栗　群　新　强）

【管理与服务】 2013年，太原经济技术开发区按照“封闭式管理，开放式运作”的新型管理模式运作，设立企业服务大厅。大厅遵循“审批与服务并重，服务重于审批”的理念，以事为主，方便企业；根据《行政许可法》的要求，实施并联审批，精简办事程序，缩短办事时限；按照公开、公平、公正、透明、规范、高效的原则，实行“一个窗口受理”“一个窗口领证”“一个窗口收费”的一条龙服务和“首问负责制”。区经济发展局、环保局、建设局、工商分局、质监分局、土地分局、规划分局、地税局、国税局、物业服务中心等审批服务部门组成审批服务窗口，银行、人才交流中心、会计师事务所等机构为入区企业提供延伸服务。区纪检监察、投诉中心在大厅设置监督服务窗口，保证各项审批服务事项的落实；投诉中心24小时受理企业各类投诉。

加强部门协调，创新服务方式，建立外商投资审批服务中心、企业项目建设服务中心、企业运行服务中心等三大服务体系。实行“三大服务中心”例会制度。所有入区企业在办理各项行政许可和审批事项以及施工建设、生产经营中遇到问题都可以直接上报议题到“三大服务中心”，面对面提议，并于例会上当场得到相应行政职能部门的答复和解决方案。截至2013年底，40家企业上报的130个议题都有满意的解决方案。“三大服务中心”运行以来成为太原经济技术开发区入区企业解决问题的终点站。

（栗　群　新　强）

【科技创新】 经过十多年的建设，通过不断加快推进重大项目的建设和发展，进一步完善产业链，太原经济技术开发区形成国家级装备制造（能源装备）产业基地、国家级新材料新能源基地、电子信息产业基地、食品及农产品加工基地、生物制药产业基地。

加快高新技术产业的发展，全面提高企业技术创新能力，太原经济技术开发区出台《科技项目发展资金使用和管理暂行规定》。截至2013年底，全区有21家企业通过省级高新技术企业认证。2013年，全区完成高新技术企业产值76.31亿元人民币。

（栗　群　新　强）

【重要项目(企业)】 富士康(太原)科技工业园：是世界500强企业——台湾鸿海精密工业股份有限公司在太原兴办的高新科技企业，是山西省改革开放以来引进的技术水平最高、投资额最大、与山西省产业关联度最强的项目。该项目的建成投产，逐步提高IT和材料加工业在太原乃至山西经济结构中的比重。

富士康(太原)科技工业园于2003年10月17日奠基，总投资10亿美金。一期工程占地105.37公顷，2004年1月1日动工，2005年1月正式投入试生产。

富士康(太原)科技工业园主要产业为：镁合金3C零组件、热传导产品、LED照明产品、手机产品及镁合金汽车零组件产品。

太重煤机工业园：是由太原重型机械集团有限公司牵头，通过整合太原矿山机器集团有限公司、山西煤矿机械制造有限责任公司的国有产权，联合山西省7家煤炭生产经营企业共同出资组建的股权多元化煤机制造企业。公司注册资金72780万元，2006年8月26日开工奠基，建设规划用地42.95公顷。主要生产：采煤机、掘进机、液压支架产品以及刮板输送机、转载机等综采、综掘成套设备。项目建成达产后，实现销售收入20亿元以上，利税2亿元以上。

山西天地煤机装备有限公司：2006年，经煤炭科学研究总院批准，成立由天地科技股份有限公司控股，以煤炭科学研究总院太原研究院主要经营性资产出资成立煤炭科学研究总院山西煤机装备有限公司。公司占地10.34公顷，总投资1.7亿元人民币，形成年产值达10亿元的生产规模。主要从事煤及半煤岩巷道掘进技术与装备、短壁机械化开采技术与装备、无轨辅助运输关键技术与设备、液压支架和液压元部件技术与装备、刮板输送机械及其元部件技术与装备、煤矿电气技术与装备为主的六大专业领域的技术创新，形成煤及半煤岩巷道掘进机、短壁机械化开采成套装备、无轨胶轮辅助运输车辆及神东进口设备国产化设备大修四大核心产业。

江铃福特重汽生产基地：2012年8月8日，由世界500强企业福特汽车控股的江铃股份重组太原长安重汽正式签约。

江铃收购的长安重汽股权，由中国长安汽车集团股份有限公司和中国兵器装备集团公司共同持有。收购完成后，新的长安重汽将作为江铃的全资子公司，拥有独立法人资格，继续现有的重卡生产经营及相关业务。江铃将在收购成功后尽快导入重卡新产品，并提升现有太原重汽产品的市场竞争力。项目建成后，新的太原重汽将形成5万辆重卡、5万台发动机的生产能力。

太重轨道交通设备项目：总投资31亿元，占地41.35公顷，包括高速车轮生产线、重轴生产线、齿轮箱生产线及轮对总装生产线，分两期工程建设。整个项目建成达产后，太重集团铁路产品将形成年产车轮60万片、车轴12万根、齿轮箱3万套、轮对总成3万套的生产能力，铁路产品销售规模达到60亿元以上；实现车轮、车轴、轮对和齿轮箱集成产品等相关高铁关键零部件的国产化，替代进口，满足国家高速铁路和城市轨道用轮轴产品的需要。

太原通泽重工有限公司：是国内无缝钢管成套设备制造龙头企业，拥有250毫米无缝钢管连轧技术，国内唯一拥有此项技术的企业。公司年产12万吨不锈钢和特种钢无缝钢管生产线，实现年产值10亿元人民币。抗高腐蚀的深井用不锈钢与特种钢无缝钢管技术提高山西装备制造业的水平。

宏全食品包装（太原）有限公司：是台湾宏全国际集团投资4000万美元建设的独资企业。项目投资4000万美元，2002年11月3日奠基开工，2004年5月建成投产。主要生产350ML、500ML、600ML、1500ML等PET耐热结晶瓶和配套代工灌装各类饮料、蔬果汁、运动饮料及乳酸饮品等。

公司引进加拿大Husky、法国Sidel、美国Pressco、意大利Piovin等国外最先进的吹瓶及饮料灌装设备，采用全新钢骨结构现代化厂房，规划为PET耐热结晶瓶生产线，吹瓶与灌装线接轨，保障产品质量安全卫生；电脑资讯化系统对公司的生产、经营活动进行管理，成为现代化企业的管理方式；瓶盖+标签+PET耐热瓶+饮料代工为客户提供全方位配套服务。

蒙牛乳业（太原）有限公司：由我国农业产业化龙头企业蒙牛集团投资3.5亿元人民币兴建，项目占地面积11.93公顷。2006年7月在太原经济技术开发区开工建设，2007年7月29日建成投产。企业日处理鲜奶720吨。整个项目引进世界上最先进的利乐无菌灌装机及中亚高速百利和GEA前处理全自动中控系统，主要产品为纯牛奶、花色奶、乳饮料。

亚宝药业太原有限公司：由山西省医药行业首家上市企业，全国中成药重点工业企业五十强——亚宝药业集团股份有限公司总投资3亿元人民币建设，项目占地面积24.21公顷。公司新建固体制剂生产线、软膏剂生产线、注射剂生产线以及超临界CO2萃取中药提取生产线，全部采用国内最先进的自动化联动设备，并全部通过GMP认证。园区全部建成后，可实现产值10亿元人民币，利税2亿元人民币。

（栗　群　新　强）

民营经济开发区

【概述】 太原市民营经济开发区于1995年挂牌成立，1997年被批准为省级开发区，2006年通过国务院审核验收。总规划面积47平方千米，包括基础区、工业新区两个部分。其中，基础区规划4平方千米，位于市区以东，紧邻大运高速和太行路，距市中心迎泽大街以及火车站不足3千米，距武宿机场高速10分钟车程。按照市区“退二进三”的要求，基础区重点发展现代物流、总部经济、现代服务业，是国家级物流服务标准化试点园区。基础区经过多年发展，配套设施完善，适合发展总部经济、现代物流、现代服务业和楼宇经济等，汇集盛唐物流总部、唐久物流总部、金虎物流总部、晋豫鲁铁路通道总部等一批现代物流及总部经济企业，形成现代物流、总部经济和现代服务业等主导产业。

工业新区是太原市“十二五”期间重点打造的新型工业基地，规划43平方千米，位于太原北部阳曲县境内，紧邻大运高速和108国道，距市中心27千米，距武宿机场高速30分钟车程。工业新区重点发展高端装备制造、新材料、新能源等高科技、无污染、绿色环保产业。工业新区空间开阔，土地平整，资源汇集，工业用地地价相对较低，环境容量相对较大，适合工业企业投资发展。在工业新区基础设施建设中，始终坚持“三个一流”的理念，即：一流的规划设计、一流的建设标准、一流的管理服务。工业新区按照国内一流开发区的建设标准，按照每平方千米投资5亿元，15平方千米建设用地80亿元进行基础设施建设，2012年基础设施建设完成投资11亿元。具体推进中坚持以高起点、高水平的规划设计引领工业新区建设发展，先后聘请同济大学等国际、国内一流设计单位进行规划设计，编制并获批的规划共16项：工业新区概念性规划、总体规划、产业规划、启动区控制性详细规划等。山西省被确定为“国家资源型经济综改试验区”“中博会”“能博会”、世界晋商大会等国际性、全国性会议的召开，都给民营区的转型跨越发展带来新的机遇。按照省、市产业政策导向，民营经济开发区在工业新区重点打造三个产业板块：即暖泉湾核心功能区（以生产配套服务和科技研发、商业金融为主）、赵庄高端装备制造产业区、坂寺山新材料新能源产业区。

（郑素珍）

【功能定位】 2013年，太原市民营区通过实施“二次创业”项目带动战略，统筹推进基础区产业调整和工业新工作区项目布局，推动现有产业和新兴产业转型接续、工业新区和基础区接力发展,播种子、打基础初显成效。按照“先生态、后生活、再生产”的全新理念,在工业新区重点发展装备制造、新能源和新材料、节能环保等新兴产业,在基础区继续做大做强现代物流、总部经济,一批重点项目加快建设。

(郑素珍)

【经济发展】 2013年,太原市民营区实施“二次创业、双区联动”战略,全面推进基础设施建设和企业项目建设,各项工作均取得新的进展。全区科工贸总收入完成180亿元,增长36.1%;固定资产投资完成23.69亿元,增长42.3%,增速全市排名第五,4个开发区排名第一;社会消费品零售总额完成23.29亿元,增长17.1%,增速全市排名第一,4个开发区排名也是第一;财政总收入完成8.45亿元,增长21.6%,增速全市排名第五,4个开发区排名第二;公共财政预算收入完成4.46亿元,增长33.1%,增速全市排名第四,4个开发区排名第二;规模以上工业增加值完成1.39亿元,增长25.3%,增速全市排名第二,4个开发区排名第二。 (郑素珍)

【投资环境】 2013年,太原市民营区工业新区新建续建基础设施项目12个,累计开工道路里程13.34千米,主干道锦绣大街具备通车条件,涌泉路、天泉路、万泉路和新赵路基本完工。道路绿化和景观绿化同步推进,绿化面积共计10.1万平方米,区域面貌有较大变化。坚持一流标准,完成工业新区整体景观、暖泉湾公园和锦绣大街等9条市政道路的规划设计。基础区开展街景亮化、美化工作,拆除违法广告200余块,基本完成经园路、五龙口街两侧街景改造及部分片区基础设施改造修整,统一风格和色调,区域环境进一步改善。 (郑素珍)

民营区(工业新区)2013年度重点项目签约仪式

【招商引资】 2013年,太原市民营区把引进大项目放在招商引资的核心位置,共计签约重大招商项目10个,总投资140亿元,超额完成市级下达的120亿元目标任务。主要项目有“磁谷”产业园、山西华宇集团商业风情公园、山西焦煤集团煤矿自动化装备制造园和山西煤炭资产经营公司航空科技园等,这些大项目,将为民营区科学发展、快速发展、跨越式发展增添动力。坚持走出去招商,与北京经济技术开发区成功结为友好开发区,与中北大学共建“优秀教师及毕业生入企锻炼实习基地”,在建设科技型、创新型开发区上迈出步伐。

民营区做大做强现代物流业,2013年7月,启动山西汇大物流仓储配送中心等3个项目,总投资43亿元;谋划“唐久便利购物网站及网络购物配送中心”“金虎便利松庄物流仓储配送中心”等8个项目,总投资18.86亿元。利用各种渠道、调动多方面资源、进行总部企业招商,新引入山西焦煤煤机装备制造集团有限公司、山西焦煤公路焦煤物流有限责任公司、太原嘉隆物流有限公司、山西盛鼎物流有限公司等10家总部企业,总部经济进一步发展壮大。

2013年工业新区重点引进企业项目:“磁谷”产业园项目(含标准厂房):项目属于新型工业,总投资45亿元,占地66.7公顷,年产值60亿元,利税6亿元,主导产品钕铁硼永磁材料生产与加工,预期目标为2015年末生产烧结钕铁硼磁性材料毛坯产量达4万吨。18家企业签订框架协议。

山西华宇集团风情商业公园项目:项目属于现代服务业,总投资35亿元,占地33.35公顷,年产值70亿元,利税11亿元,主要建设现代生态化城市商业公园。签订框架协议。

山西焦煤集团煤矿自动化装备制造园区项目:项目属于新型工业,总投资25亿元,占地33.35公顷,年产值50亿元,利税4.35亿元,主导产品为煤矿装备。签订正式协议。

山西煤炭资产经营公司联航航空科技园项目:项目属于新型工业,总投资20亿元,占地26.68公顷,年产值12亿元,利税4亿元,主要生产无人机,建设无人机研发基地、航空遥感研发中心、通用航空培训服务基地。签订框架协议。

山西百山实业有限公司年产10万吨活化果蔬——功能性膳食纤维食品项目:项目属于现代农业,总投资

6.1亿元，占地13.4公顷，年产值15亿元，利税1.5亿元，主导产品为功能性膳食纤维食品。签订正式协议。

山西平高三煌电器有限公司新建光纤传感器及应急（特殊）水处理系统生产基地项目：项目属于新型工业，总投资1.2亿元，占地2公顷，年产值3亿元，利税0.5亿元，主导产品包括：光纤传感器、智能电气开关、应急水处理和特殊水处理系统。签订正式协议。

太原市寸草心便利有限公司现代物流配送中心项目：项目属于现代物流业，总投资2.2亿元，占地4.44公顷，年产值1.85亿元，利税0.6亿元，主要建设现代物流配送中心。签订正式协议。

山西劲驰体育用品有限公司三六一度（华北）发展管理中心项目：项目属于现代物流业，总投资3亿元，占地6.6公顷，年产值3.4亿元，利税0.58亿元，主要建设三六一度（华北）发展管理中心。签订正式协议。

太原市诚宇气体有限公司氧气及乙炔生产加工项目：项目属于新型工业，总投资0.55亿元，占地1公顷，年产值0.6亿元，利税0.23亿元，主导产品为氧气、乙炔。签订正式协议。

山西隆润投资有限公司现代双语学校分校项目：项目属于现代服务业，总投资1.97亿元，占地12.34公顷，年产值0.4亿元，利税0.09亿元，主要建设现代双语学校分校。签订正式协议。

其他签约或达成初步意向的项目有：太原唐久超市电子商务及标准医药物流项目（投资6亿元，占地13.74公顷），山西联达管业创业园项目（投资5亿元，占地6.33公顷），四川波鸿集团太原威斯卡斯特投资项目（投资11亿元，占地22.35公顷），以及太原市药品物流产业园、伯朗生物、世乐药业、天德数控机床、华电宝光电气设备等项目。 （郑素珍）

【主导产业和重点企业】 2013年，太原市民营区抓项目建设，在工业新区重点发展装备制造、新能源、新材料和节能环保等新兴产业，在基础区继续做大做强现代物流、总部经济，一批重点项目加快建设。

盛唐物流（山西糖酒副食有限责任公司）：该公司以糖酒、副食批发分销、物流配送为主，集宾馆餐饮、摄影扩放、科研加工等为一体多元化经营的综合性内贸流通企业，有职工300余人，年销售额4.3亿。2009年5月总投资3931.81万元对原有5282平方米的地下室一层进行内部结构改造，建立常规冷链及低温冷链及保温系统，该项目改造升级后，新增农副产品物流配送能力5000吨；物流配送规模将达到6100吨；收购服务网点农户农产品6326吨，带动农户1000余户，使项目单位与农户利益形成公司+基地+农户的连接机制。

金虎物流（山西金虎便利连锁股份有限公司）：山西金虎便利连锁股份有限公司是山西省内较早从事便利连锁行业的股份有限公司，注册资本3500万。在职职工2500人，2010年投资1800万扩建生鲜产品生产基地及物流配送中心项目，项目达产后，年平均营业收入29684.21万元，年平均销售税金及附加970.45万元，直接解决1580人的就业问题。

山西省太原唐久超市有限公司：是山西省最早的连锁企业之一，五次入选“中国连锁百强企业”。在2005年和2006年被国家商务部评为“万村千乡市场工程优秀试点企业”，并获得“中国十大优秀特许品牌”称号。拥有店铺1006家、员工近6000人。唐久物流配送中心，总占地40000平方米。建成并投入运营的17000平方米的副食品配送中心，日配货量达到350万元，年配送额达到12亿元，有效缓解配送的压力。

山西大秦物流有限公司：山西大秦物流有限公司是由太原铁路辅业国有资产管理中心和太铁联合物流有限公司共同出资成立的股份有限公司。公司成立于2010年1月6日，是经山西省煤炭厅审批认证的具有煤炭经营资质的现代物流商贸企业。主要从事煤炭批发经营、货物运输代理、港口储配、煤质检验代理、金融质押、物流技术开发培训等业务。大秦物流公司依托铁路资源优势，充分发挥纽带作用，把煤炭生产企业、发运企业、港口、市场需求企业联系起来，实现从煤炭源头采购到终端用户供给的全过程运作和针对性服务，减少销售中间环节，达到各方互利共赢目的。

太原铁路枢纽西南环指挥部：太原铁路枢纽西南环线起点为汾河车站，终点为太中银铁路北六堡站，全长53.64千米，项目投资约91.45亿元，工期为4年。一般预算收入预计2000万元。铁路穿越太原市区及晋祠、晋阳古城文物保护区地段，分别以隧道形式通过。项目建成后，连接太原周边铁路，缩短太原与北京及西南、西北各省区间的时空距离，形成铁路枢纽方便列车周转，对减轻市区交通压力，加快发展太原经济圈一体化，加速山西中部地区煤炭资源开发。

山西太兴铁路有限公司：太兴铁路正线全长164.26千米，投资估算87亿元，工期4年。一般预算收入预计2000万元。太兴铁路建成后，太兴线东端通过太原枢纽与南北同蒲、太焦线、石太线、石太客专连通，西端与山西中南部铁路通道连接，填补山西中西部地区大片铁路空白区域；提高山西省中西部地区煤炭外运能力；满足晋西北革命老区人民出行需要；促进岚县铁矿石资源开发和太钢普明工业园区建设；解决该地区大量煤炭靠公路运输造成的原油浪费和环境污染问题。将成为"三西"地区煤炭进入华北、华东地区的快捷通道之一，促进沿线经济发展。

横店太原工业园：横店集团是一家集电子电气、医药化工、影视娱乐为一体的全国五百强企业，是全国最大的磁性材料生产和出口基地。由其全额控股的太原刚玉产业发展有限公司投资的横店太原工业园，是工业新区引进的重点产业项目之一，项目占地20.01公顷，总投资5亿元，2009年8月开工奠基，一期工程主体厂房建成并开始试生产，主要产品为铝镁合金产品、升降台电子电源系列产品和机械设备等，拥有国内首家液压升降台研究所，产品技术水平在国内处于领先地位。（郑素珍）

【民营区管理与服务】2013年，太原市民营区按照市委、市政府"对标一流定目标，调度例会抓落实"的要求，累计召开46次工作例会，组织30余次现场调研，对入区项目实行联合审查，扁平化推进征地、拆迁和前期手续办理等工作，加快项目建设。落实"两集中、两到位"审批制度改革，审批时限压缩幅度约65%，固定资产投资项目审批时限从176个工作日压缩为45个工作日，所有行政审批事项实现"一口进出、限时办结"。在全区窗口单位开展服务企业评比活动，工作效率、服务企业水平提高。加大企业科技创新服务扶持力度，设立科技项目扶持资金1000万元；推进专利申请，全区拥有专利56件，正在申请的16件，山西任奥网络科技有限公司被省科技厅认定为省级民营科技企业。加强宣传工作，在省、市新闻媒体30余次宣传报道重点、亮点工作进展和企业项目建设情况，既营造招商引资浓厚氛围，又促进项目加快发展。（郑素珍）

【社会事业】2013年，太原市民营区成立农村社会事务接管工作领导组和工业新区街道办事处筹备处，全面推进工业新区7个行政村、16个自然村的农村社会事务接管。投入近90万元在辖区内实施五项"阳光惠民工程"，改善村民的生产生活条件。推行公用事业市场化改革，变以费养人为以费养事，制定环卫、绿化、市政、供热等公用事业市场化改革实施方案。不断提升企业法律服务水平，全面落实安全生产制度，成立工业新区派出所，严厉打击各类违法活动，为全区经济发展提供安全稳定的社会环境。加强劳动监察，开展创建和谐劳动关系先进企业活动，深化矛盾纠纷排查化解，加强应急管理和信访处置，全区信访总量平稳可控。严厉打击违法排污行为，环境违纪违法案件查处率和执行率均达到100%。工商、国税、地税、质监和消防等部门开展经常性的专项治理活动，维护经济运行秩序。

（郑素珍）

太原不锈钢产业园区

【概述】2013年，太原不锈钢产业园区以加强选商引智为重点，以推进项目建设为核心，以提高整体效益为主线，以提升服务能力为抓手，推动园区经济社会全面进步，为打造全国一流特色产业开发区奠定坚实的基础。

2013年，主要经济指标完成。规模以上企业工业增加值完成3.6亿元，同比增长28%，增幅位列全市第一。固定资产投资完成26.3亿元，同比增长28%，增幅位列全市第六，开发区第二。公共财政预算收入完成1.2亿元，同比增长29%，增幅位列全市第六，开发区第三。引资到位32亿元，同比增长33％。不锈钢加工转化量完成16万吨，同比增长10%。（郭　徽）

【招商引资】2013年，太原不锈钢产业园区招商引资成果明显，三大集群初步形成。调整产业布局，加大招商引资力度。全年新签约项目7个，总投资117亿元。国药、海尔正式签约，华润、晋能达成合作意向，这四个世界500强企业的引进，在园区招商引资历史上具有里程碑式意义。截至2013年底，园区产业布局在"量质齐升"的基础上，"三大产业集群"初具规模：一是不锈钢产业集群，以太钢大明、无缝钢管为龙头的45家企业，累计完成投资52亿元，建成后可实现产值160亿元；二是新型制造产业集群，以太钢集团、威迩思为示范的42家企业，累计完成投资24亿元，建成后可实现产值170亿元；三是现代物流产业集群，以鼎泰不锈钢(钢铁)物流、润恒农产品物流、国药和华润医药物流、海尔3C电子产品为代表的现代物流产业集群初步形成，累计完成投资5亿元，建成后可实现交易额近千亿元。（郭　徽）

【项目建设】太原不锈钢产业园区作为全市转型跨越发展的重要阵地和示范窗口，2013年，树立"抓项目就是抓经济、抓项目就是抓发展"的理念，强责任、转作风、提效能，掀起项目建设的新高潮。建立领导包项目制度，构建项目包点领导、责任部门、建设单位负责人"三位一体"的项目推进工作格局，对重点项目按照年度目标确定进度、倒排工期，一事一表抓落实，项目建设有序推进。严格奖惩制度，将项目进展与干部职工考核挂钩，不断加动力、施压力，增强全员推进项目建设的工作合力。开展项目落地年活动，实施"一对一、面对面"服务，深入一线，现场办公，全程跟踪项目立项、环评、规划、用地、建设等方面进展情况，促进投资环境的整体优化。在重点项目建设方面，全年新、续建项目23个，总投

资94.1亿元，完成投资48.2亿元(其中：省重点项目4个，目标任务6.99亿元，完成投资8.2亿元；市重点项目3个，目标任务2亿元，完成投资2.01亿元)。

投产项目5个：太钢大明（省重点)3条生产线安装完成，开始试生产，年内实现产值3亿元。太锅集团年内生产循环流化床锅炉1万蒸吨，产值12亿元。中德重工、天大化工、晋西春雷等生产线全线贯通，并试生产。

在建项目18个，其中：鼎泰(省重点)交易区部分主体基础完成。威迩思(省重点)车间主体基础完成。华尊(省重点)进行土方回填。华鑫(市重点)进行场地平整。国药、长城(市重点)、东杰等项目用地规划调整完成，土地实施方案批复，进行征地拆迁。（郭　徽）

【园区承载能力提升】 2013年，太原不锈钢产业园区加大投入力度，统筹布局，整体推进，道路、电力、绿化等工作再上新台阶，园区承载能力进一步提升。投资力度进一步加大。与省建设银行签订全面战略合作协议，获得50亿元的主体授信额度。累计投资3.6亿元，完成阳兴大道、环路等4条道路建设，共计7.55公里。阳兴大道的建成通车，打通园区东西大动脉，为盘活三期片区土地、推进重点项目实施创造条件。电力设施进一步完善。建成2.2万千伏开闭所一座，配合项目落地，完成新北线、东张线等5条电力线路的改迁，迁改里程3.7公里。全年电力设施建设累计投资1830万元，为历年之最。绿化水平进一步提高。累计完成投资2700万元，新增道路配套绿地86000平方米，新增厂区绿地45000平方米，新建小游园2500平方米，新植行道树2350株。太钢不锈钢工业园等3个单位获得市级绿化先进荣誉称号。

（郭　徽）

【优化园区发展环境】 2013年，太原不锈钢产业园区不断强化服务意识，深化服务内涵，创新服务方式，园区发展环境得到进一步优化。精简审批事项，区内审批事项由78项核减为55项。推行“扁平式管理、立体化服务”，实行一般事项即来即办、重大项目特事特办，为入区企业提供一条龙、保姆式服务。按照“两集中、两到位”原则，组建综合服务大厅，开设土地、税务等12个服务窗口，并增设金融、保险等社会化服务窗口，为企业提供“一站式”服务。与农信社共同建立“助保金”贷款平台，园区财政注入800万元铺底资金，新增贷款额度8000万元。与工商银行、民生银行等多家银行深度合作，累计贷款3.5亿元，解决16家企业的融资需求。（郭　徽）

【亩效化管理】 2013年，太原不锈钢产业园区班子成员自觉带头遵守中央和省、市有关规定，带头抵制和纠正“四风”，以身作则，率先垂范，产生上行下效的强大示范效应。贯彻落实中央“八项规定”和园区“五严格九不准”等制度，开展清理违规用车、清理办公用房等专项活动。改进工作作风，提升服务效能，开展“贴近群众，服务群众”和“五个零”活动，经济发展软环境得到进一步优化。

2013年，园区全面推行亩效化管理，“给每个企业加压力，向每亩土地要效益”。对生产企业，根据可研报告、入区协议和有关规定，合理确定其投入产出的完成目标和增长比例；对在建项目，根据其占地面积确定投资强度、完成进度，以亩为单位进行量化考核，形成以考核增效益，以效益促跨越的良性发展局面。企业亩均税收从1.06万元提高到1.27万元，同比增长20%。

科技创新水平得到新提高。坚持以科技创新和成果应用转化作为抓手，着力构建以企业为主体、市场为导向、产学研相结合的技术创新体系。截至2013年底，建成院士、博士后工作站2个，国家级企业技术中心4个，获得国家级专利184项。获得“山西省中小企业创业基地”荣誉称号。经国家科技部批准成为全市唯一的“全国创新型产业集群试点园区”。从政策层面扶持企业进行技术创新和设备更新，累计为企业核减固定资产抵扣7300余万元，核减高新技术企业应纳税额970余万元。（郭　徽）

【循环园区建设】 2013年，太原不锈钢产业园区坚持绿色循环低碳发展，园区三大产业之间、上下游企业之间、产业(企业)与公共平台之间的关联度、耦合度进一步增强。以太钢为依托，不锈钢初加工－深加工－装备制造－回收利用的产业链条初步形成闭环。推进生产制造过程生态化、无害化进程，污水处理厂、区域集中供热站等项目有序推进。建立项目环保准入标准，控制高耗能、高污染企业入驻。2013年9月，经国家发改委和财政部联合批准为山西省内唯一的“国家循环化改造示范试点园区”。（郭　徽）

【征地拆迁】 2013年，太原不锈钢产业园征仪拆迁工作稳步推进。全年预征土地1068亩，涉及3个街办、5个村，补偿安置工作及时到位。落实失地农民保险工作，为2个村160余名被征地农民缴纳养老保险320余万元。在园区整体规划中，将部分边角地规划为商业用地，由村集体取得合法手续后自主开发，发展配套服务业，充分保障被征地农民的长远生计。(郭　徽)

【社会事业全面进步】 2013年，太原不锈钢产业园区累计投资30万元，扶持阳曲县韩庄村发展养殖业。协调相关部门，为西墕乡中墕村更换供电设备，解决该村1300余人的用电问题。开展双拥工作，“军政和谐、共谋发展”的氛围进一步浓厚。组建联合工会，发挥工会组织的桥梁纽带作用，维护职工的合法权益。组织开展道德讲堂、慈善一日捐、职工运动会等活动，全面推进精神文明创建工作。（郭　徽）

【综合执法高效规范】 2013年，太原不锈钢产业园区完善数字化信息平台建设，建立健全快速反应机制，累计办结各类案件780起，办结率名列全市前茅，其中6次位居开发区之首。开展劳动用工大检查，处理劳动用工违法行为举报23起，为农民工追回拖欠工资150余万元。开展重点工程项目巡查工作，坚决遏制私搭乱建等违法行为，确保润恒、威迩思等重点项目顺利推进。（郭　徽）

【环境整治】 2013年，太原不锈钢产业园区开展“环境安全检查”“扬尘污染治理”等专项行动，拆除燃煤锅炉9台，完成清洁能源替代7台，超额完成市下达任务。全年共受理环境安全举报案件6起，查处率、办结率均达100%。城乡清洁进一步加强。全面推进星级创建，共创建四星级单元1个，三星级单元2个，完成市考核指标。推行网格化清扫作业管理，动态监管路面清扫保洁。累计投资256万元购置四辆大型清扫作业车，主干道机扫作业率达到100%。加强建设工地及车辆的扬尘管理，控制水平处于全市前列。（郭　徽）

【安全维稳】 2013年，太原不锈钢产业园区建立台账及隐患排查整改机制，加强对企业安全生产的动态监管，2013年安全无事故。开展“打非治违”“安全生产大检查”等专项行动，排查各类安全隐患800余条，并整改完毕，整改率为100%。开展重大安全隐患有奖举报工作，全年受理举报3起，全部处理到位。做好信访维稳工作，全年接待来信来访25案117人次，全部解决，办结率100%，未发生越级上访和群体上访事件。（郭　徽）

【“五严格九不准”二十一条规定出台】 2013年，太原不锈钢产业园区为深入贯彻落实《中共中央政治局关于改进工作作风、密切联系群众的八项规定》，结合实际，制定出台“五严格九不准”二十一条规定，对会议活动、行文管理、调查研究、出行出国等方面进一步严格规定。针对园区广大领导干部奋斗在经济发展第一线的现状，提出“九个不准”，即不准利用职权和职务上的影响索取、接受或者以借为名占用企业和服务对象以及其他与行使职权有关系的单位或者个人的财物；不准利用职权或者职务上的影响，违反规定干预和插手建设工程招标投标、经营性土地使用权出让等活动，为个人和亲友谋取私利；不准利用职权和职务上的影响向企业推荐、暗示中介机构、施工队伍、施工机具等；不准利用职权和工作之便在发放证件等方面“吃拿卡要报”，严厉查处强买强卖、不给好处不办事，给好处乱办事的行为；不准个人或者借他人名义经商、办企业，违反规定在经济实体、社会团体等单位中兼职或者兼职取酬、承揽工程以及从事有偿中介等营利性活动；不准在公务活动中接受礼金和各种有价证券、支付凭证、礼品、宴请以及旅游、健身、娱乐等活动安排；不准超标准接待，不搞迎来送往，杜绝用公款大吃大喝和“一客多陪”，严格执行有关差旅、交通、食宿费报销规定；不准题词题字；不准搞特殊化。（郭　徽）

【开展“五个零”活动】 2013年4月18日，太原不锈钢产业园区在全区范围内全面开展“五个零”活动。即项目生产“零干扰”、服务方式“零距离”、服务事项“零积压”、服务质量“零差错”、服务对象“零投诉”。为确保活动实效，园区制定出台活动方案，层层进行动员发动，围绕活动的具体内容，统筹安排、统筹推进，并公布园区效能纠风监督举报电话。对在活动期间干扰项目生产、服务质量不高、拖延积压服务事项以及企业投诉举报的，一经查实，追究相关责任人及所在单位负责人的责任。（郭　徽）

【创建“国家级循环化改造试点园区”】 2013年9月，太原不锈钢产业园区经国家发改委和财政部联合批准，成为山西省内唯一的“国家循环化改造示范试点园区”。并获得中央财政支持资金8800万元。（郭　徽）

【太原润恒农副产品(冷链)物流产业园项目签约】 2013年9月6日，太原润恒农副产品(冷链)物流产业园项目签约仪式在农业大厦举行。

太原润恒农副产品(冷链)物流产业园项目预计总投资60亿元，占地面积约1500亩，主要建设智能化大型多功能冷藏冷冻中心、现代化农产品展示交易中心、农产品物流综合体、农产品联运物流中心、电子商务中心、信息结算中心、检验检疫中心、配套加工中心、商务金融办公中心和相关的配套设施。（郭　徽）

【国药集团山西物流中心项目落户园区】 2013年11月26日上午，太原不锈钢产业园区和国药集团山西有限公司举行医药物流中心项目签约仪式。

国药集团是进入世界500强的第一家中国医药企业，是一个核心竞争力强劲、科工贸发展相得益彰的跨国医药集团公司。签约的物流中心项目，是具有国内领先水平的现代化物流中心，项目对园区打造大型现代物流产业集群将起到重要的推动作用。（郭　徽）

工业经济和信息化

【概述】 2013年，太原市工业经济和信息化委员会坚持“稳增长，扩投资，调结构”的工作思路，全面实施工业振兴行动，全年规模以上工业增加值增长10.1%；工业投资增长22.4%；万元GDP能耗下降3.5%以上，工业经济稳中有进，结构趋优，一流的新兴产业基地建设迈出实质性步伐。 （谢禄雪）

【工业经济运行保障】 2013年，太原市工业经济和信息化委员会面对复杂多变的经济形势和支柱行业产能过剩、价格下跌的困难局面，围绕稳增长的工作目标，完善太原市经信委“促产销、稳增长”各项措施，推动重点企业、重点产品供需对接。加强工业经济运行监控和分析，开通运行信息网上直报系统，掌握各县（市、区）、开发区和50户重点监控企业的运行动态，超前提出对策建议。加强生产要素保障，制定并实施太原市有序用电方案，协调解决10多户重点企业的用电问题，4户企业成为省首批直供电大用户。强化运力协调，确保重点企业与铁路、公路部门的运力对接。加强对民爆企业安全生产的属地监管，获得“全省民爆安全监管先进单位”荣誉称号。全年实现规模以上工业增加值770.94亿元，增长10.1%。新兴接替产业增加值增长12.4%，占全市比重达到54.3%，对全市规模以上工业增长的贡献率达到61.1%。装备制造业实现增加值289.73亿元，占全市比重37.6%，稳居全市工业第一大产业，是工业增长的主要拉动力量。高新区、经济区、民营区、不锈钢园区规模以上工业增加值占全市比重33.5%，比上年提高6.7个百分点，园区经济的集聚效应进一步放大。 （谢禄雪）

【工业投资】 2013年，太原市工业经济和信息化委员会针对全市经济持续低迷、企业投资意愿下降的局面，实施重大项目带动战略，开展“新兴产业项目推进年”活动。按照“四个一批”工作机制，对重点推进的100个新兴产业项目和30个重大项目实施跟踪监测，协调解决项目建设中存在的问题。截至2013年底，华能东山低碳生态园等5个项目落地实施；江铃重汽整车、中天信安防监控系统、罗克佳华物联网应用产业园等30个重大项目开工建设；太钢高端碳纤维、太原轨道交通铁路装备园、阳煤化机制造基地等26个重大项目完工或部分投产；晋西春雷5万吨高精度铜板带、太重新建高速列车轮轴国产化等28个重大项目达产达效。全年完成工业投资525.78亿元，增长22.4%。其中，新兴产业投资增速达到43%，占全市工业投资的比重达到63%，创历史新高，投资结构不断优化，为未来工业经济健康快速发展奠定基础。 （谢禄雪）

【两化融合】 2013年，按照“四化”同步发展的要求，太原市经信委推进信息化与工业化融合，组织召开2013太原市经信委年两化深度融合工作推进会，搭建两化融合重点企业与软件企业合作洽谈交流的平台。以50户制造业骨干企业为重点，推进信息技术的集成应用，提高产品的智能化程度和企业管理水平，11家企业进入市级两化融合示范企业行列，企业核心竞争力不断增强。加快新一代信息基础设施建设，着手实施“宽带太原”专项行动计划(2013～2015年)。全面推进“光纤入户工程”，对老旧小区的铜质电缆入户线路进行大规模升级改造。推进信息消费，开展公共场所WLAN建设和服务工作，启动114个“重点场所WLAN建设与服务项目”，第一批覆盖点建设进展顺利，促进大众信息消费。2013年，太原市列入国家首批信息消费试点城市名单。电子信息产业实现工业总产值468亿元，增长31.2%，在全市“1+4”产业框架中的龙头地位不断巩固。 （谢禄雪）

【节能降耗】 2013年，太原市经信委为确保实现经济增长与节能降耗双赢的目标，按照“总量控制，扶优抑劣”的原则，坚持预警常态化、约束制度化，制定涵盖节能重点工作18个方面46项内容的工作方案，对主要工作指标进行细化分解、总体调控，下达171户工业企业、45户三产重点用能企业用能指标，不间断地实施“地毯式”监督检查，超前预警可能出现的异常用能状况。在全市推广10余项国内领先水平的工业系统节能先进技术，重点耗能企业节能技术改造迈出新步伐。坚决执行固定资产投资项目节能评估和审查制度，工业投资项目“能评”执行率100%，较好地控制能源消费增量。全市能源消费持续保持下降态势，全年万元工业增加值能耗下降12.1%，万元GDP能耗超额完成下降3.5%的目标。推进资源综合利用，建立全市工业固废综合利用目标管理体系，推进144户污染企业关停、搬迁，煤矸石制砖、磁材利废等9个项目获得省级重点扶持，大宗工业固废综合利用率达到61.2%，比上年提高5.8个百分点。

（谢禄雪）

【结构调整】 2013年，太原市经信委坚持速度让位结构、让位质量、让位环境的理念，关停搬迁污染企业232家，仅关停并转的7家规模以上污染企业减少工业总产值36亿元，下拉规模以上工业增长值0.8个百分点。坚决淘汰落后产能和装备，全年淘汰焦化产能190万吨，造纸产能3.6万吨，全市行业结构调整和产业升级有序推进。提高焦化行业可持续发展能力，实施焦化产业退城进园政策，把原来的22户独立焦化企业组建为8个大型焦化企业集团，户均产能达到200万吨级以上，形成1个年生产能力500万吨级以上的大型焦化集团，具备2个打造千万吨级焦化工业园区的能力。焦化产业布局由7个县(市、区)集中到清徐、古交两大区域。太原市焦化行业兼并重组工作经验列入全省先进典型。非煤产业占全市工业的比重达到82.3%，比全省水平高出近一倍，工业行业结构更加优化。全面实施电力需求侧管理，扶持推荐电力需求侧管理项目9个。围绕高端装备制造、高新技术、新材料三大产业谋划布局园区经济，推进新型工业化产业示范基地建设，高新区云计算产业正式申报国家级示范基地。推进企业技术创新体系建设，创新驱动能力不断提升。2013年新认定国家级企业技术中心3户，省级企业技术中心14户，市级企业技术中心15户。太原市三级企业技术中心达到134户（其中国家级11户、省级66户、市级57户），太钢、太重2户技术中心位列全国技术中心十强。首次将物流和文化两个产业纳入企业技术中心认定范围，走在全省前列。技术进步成为提升太原市产业核心竞争力的重要引擎。

（谢禄雪）

【机制创新】 2013年，太原市经信委加强对工业和信息化领域重大课题的前沿研究，对“四化”同步发展、以工补农、深化改革、对外开放、结构调整、园区发展等课题提出政策建议，对装备制造、新材料、电子信息、节能环保、绿色食品等支柱产业提出发展意见，为市委市政府科学决策提供重要依据。加强科学立法工作，完成《太原市电力设施保护条例》《太原市推广应用新型墙体材料管理条例》草案，申报市级立法计划。制订出台《太原市电力需求侧管理城市综合试点工作实施方案》《太原市“两化融合”实施方案》《太原市新兴产业示范基地管理试行办法》等一系列文件，推进工业振兴的政策支撑体系进一步完善。注重管理创新，从改进工作作风、规范从政行为入手，修改、制定规章制度44项。以“5W1H”的模式，实施重点工作目标管理，坚持“常态运行监测、动态服务管理”推进机制，确保经济运行例会制度、重大项目建设推进制度、节能降耗监测跟踪制度等落到实处。提高行政效能，太原市推进“两集中、两到位”和“审批流程再造”工作，下放审批权限10项，所有行政审批、服务事项办结率为100%，窗口服务质量全市季度评比排名第一。关注民生问题，开展“为群众办实事、解难事，为企业排忧解难”活动，推进扶贫工作。全面加强系统党的建设和党风廉政建设，开展“树立公仆意识，强化从政道德”活动，坚决克服和防止“四风”现象，作风纪律建设取得实效。全系统组织、宣传、统战、纪检、监察等工作取得新成绩，机关党建、工会、行财、人事、离退等工作取得新进步，为全面做好工作创造良好环境。

（谢禄雪）

【行政执法监督和管理】 2013年，太原市经信委加强建规立制工作，提高工作效率。太原市4户委托执法单位对2012年执法工作情况进行考核并形成委托执法工作报告提交工委会。组织召开由执法处室和执法单位参加的执法工作研讨会，针对历年来执法工作中存在的问题进行研究、整改，明确2013年六个方面的执法工作重点。梳理行政执法依据，对赋予太原市经信委行政处罚职责的8部法律法规与相关业务处室、受委托执法单位共同进行逐条核对，梳理出执法依据29条。对市经信委受委托四个行政处罚单位从受委托执法单位的资质、组织条件，委托执法依据、事项和权限，市经信委与受委托执法单位的权利、义务及法律责任，委托期限，委托书备案等五个方面进行全面审核、清理。

推进立法工作。完成《太原市电力设施保护办法》和《太原市推广应用新型墙体材料管理条例》(草案)的起草和编制说明,提出《太原市清洁生产条例》的修改建议。

按照《太原市政务服务中心开展争创"三个一流"主题活动实施方案》的要求,对标一流,提升素质,加强自身窗口建设,建立行政审批监督管理制度,遵守廉洁自律的相关规定,推进"两集中、两到位"审批流程再造工作。2013年,太原经信委窗口接待业务咨询800余人,共受理焦化经营许可、企业投资项目备案等10件,办结10件;墙改基金返退业务69件,办结69件。所有行政审批、服务事项办结率为100%。依法征收墙改、散装水泥专项基金约4800万元。墙改基金发还20家,合计金额约2000万元。窗口工作人员接件过程中认真审查资料,做到一次性告知。未发生因窗口工作人员责任导致受理事项不能按时办结的情况。

(谢禄雪)

煤炭工业

【概述】 2013年,太原市煤炭行业以科学发展、安全发展为主题,以巩固煤炭企业兼并重组成果为主线,以落实六个煤矿新标准为抓手,以建立安全责任测评和风险预控体系为载体,以加快现代化矿井建设步伐为重点,求实创新、锐意进取、扎实工作,完成全年工作目标任务。完成36.0943万户农户供煤任务,供煤36.7628万吨(包括损耗0.6685万吨)并全部供应到户。发生一起死亡1人的生产事故,占省厅下达控制指标(2人)的50%。全市煤矿"六长"、副总工程师全部达到煤矿相关专业大专以上学历。批准生产、建设的28座煤矿实现劳动用工管理"5个100%";从事接触职业危害从业人员职业健康体检率及作业场所职业危害申报率分别达到100%。执行变招工为招生制度,煤矿新招从业人员中,招生人员比例超过60%。 (刘林贵)

【构建管理长效机制】 2013年,太原市煤炭工业局牢固树立"安全是最大的政治、最大的业绩、最大的民生"的理念,并以此作为统揽全年煤矿安全工作思路的立足点和出发点,融入和体现到具体工作实践中。提升对煤矿安全工作重要性的再认识。认真贯彻落实习近平总书记关于安全生产工作的一系列指示精神,深刻领会、重点把握省长李小鹏提出的"三个不能过高估计"和"三个敬畏"的内涵和精髓,开展"敬畏生命,敬畏责任,敬畏制度"大讨论活动,同步开展煤矿事故"现身说法"警示教育活动,提高全市上下人人讲安全、个个抓安全的责任意识。坚持推行"两会"制度。每周召开一次局务碰头会议,每月召开一次全市煤矿安全工作例会,及时安排部署阶段性煤矿安全生产重点工作。强化"两个主体责任"落实。执行领导干部挂牌包矿、"五人小组"安全包矿和县(市、区)党委、政府领导包企包矿制度,定期深入企业,驻企驻矿,定期研究煤矿安全,全方位落实好煤矿安全责任。全面推行"5W1H"目标管理法。对标一流定目标、"一事一表"作计划、调度例会抓落实、活力曲线抓考评,细化、量化重点工作,强化对重要环节的针对性管理,确保重点工作、重要环节有人抓、有人管。开展隐患排查治理。建立"企业自查自纠、政府挂牌督办、专家现场诊断、科技手段监测"的隐患排查治理机制,推行隐患排查治理信息系统,实行"一事一表"、"一矿一表"管理模式,抓好水、火、瓦斯、机电、运输安全隐患的排查治理,及时消除事故隐患。完善安全责任追究体系。建立事故矿井整顿恢复机制和严格约谈问责制度,进一步健全和完善安全责任追究体系。针对东于煤矿瓦斯超限问题,约谈清徐县煤炭局、美锦集团及东于煤矿5名相关人员,并对相关人员进行责任追究。

(刘林贵)

【提升安全管理能力】 运行煤矿安全责任测评和风险预控体系。2013年,太原市煤炭工业局督促所属煤矿每旬进行一次自测评,市局对煤矿每季度开展一次测评和安全风险评估,按照评估结果,划分为A类(优秀)、B类(良好)、C类(一般)、D类(较差)四类进行分类监管。开展"打非治违"专项行动。强化联合执法,市、县、乡三级联动,加强各监管部门横向互动,形成监管合力,按照"四个一律"的要求,打击非法违法生产建设行为。加大执法工作力度。按照分类监管、区别对待的原则,实施差别化、针对性的监管方法,不断优化监管资源配置,开展日常执法、重点执法和跟踪执法。加强煤矿重大安全隐患有奖举报工作。在当地电台、电视台、报纸等新闻媒体公布有关县(市、区)煤炭(安监)局长办公电话、手机号码,对举报的每一条信息,按照程序和要求进行核查;出台太原市煤矿重大安全隐患有奖举报提示牌举报箱管理制度,把有奖举报延伸到煤矿企业,推动煤矿重大安全隐患有奖举报制度的全面落实。落实《七条规定》,开展"保护矿工生命,矿长守规尽责"主题实践活动。公布举报电话,鼓励煤矿职工对矿长落实《七条规定》、自觉兑现承诺书情况进行举报;督促煤矿开展"矿长给矿工写一封信,矿工家属给矿长写一封信"的活动,及时对矿长履责和兑现承诺情况进行抽查考核。开展"安全生产月"活动。按照活动主题,确定安全生产培训周等活动内容,组织开展"安全生产月"活动。开展"人人都是通风员"活动。围绕普及通风知识、提高全员安全素质等4个方面的内容,提高从业人员辩识和处置瓦斯隐患、避灾脱险、防范事故的能力。实行瓦斯、防治水专家会诊制度。抽调相关专家分别组成煤矿瓦斯、防治水会诊工作组,开展煤矿瓦斯、防治水会诊工作,推进太原市煤矿瓦斯、水患治理措施的全面落实。（刘林贵）

【加强安全生产监管】 把握重点强化监管。2013年,太原市煤炭工业局抓住“治瓦斯、摸清水”两个重点,强化瓦斯和水害等灾害防治,加强“一通三防”和防治水管理。在瓦斯防治方面,推行“人人都是通风员”的安全理念,查找报警原因,加大瓦斯报警处置力度;组建“一通三防”专家库,发挥专家在分析、研判瓦斯治理方面的作用;建立煤矿瓦斯治理“一矿一档”制度,实行瓦斯治理“一矿一策”“一面一策”管理。在水害防治方面,健全机构,配齐“三专”“三探”,加强防治水基础工作;严格执行“物探先行、钻探验证、化探跟进”综合探测程序,以及“有掘必探、有采必探、先探后掘、先探后采”规定,全面做好防治水工作。开展全市煤矿安全大检查。按照“全覆盖、有重点、零容忍、严执法、重实效”的总要求,实行三级联动管理模式,由煤矿按照“场所一处不少、部位一点不漏、隐患一个不放”的要求,做到持续检查;市国资委、各县(市、区)、各煤炭主体坚持“不留死角、不留盲区、不走过场”的原则,对所属煤矿进行全面检查;市煤炭局按照“原则一步不让、标准一丝不降、制度一项不缺、程序一项不少、培训一个不漏、处置一查到底”的要求,分3个督查组和1个执法检查组对全市所有煤矿、主管部门安全管理情况进行督查,初步形成全覆盖、全方位、横向到边、纵向到底的三级联动管理模式。开展煤矿安全大检查“回头看”工作。按照“严督查、严标准、严执法”的要求,推行“四不两直”工作法,“要查就查真状况,要看就看原生态”,采取突击检查、回头检查等多种方式,不定时、不定点、全覆盖、分区域对全市煤矿进行市级督查和执法检查。（刘林贵）

【加快煤矿复工复产】 2013年,太原市煤炭工业局在严字上下功夫、在快字上做文章,高度重视煤矿复工复产工作。提高审批效率,减少审批环节,下放审批权限,对节假日期间停工停产检修煤矿,不再由市组织检查验收,由各县(市、区)或主体企业对照标准进行复工复产验收,加快煤矿复工复产进度。对春节期间停工、停产检修的煤矿,在煤矿自查、主体企业与县(市、区)政府联合验收的基础上,结合测评体系要求,按不低于80%的比率进行抽查。对于验收中不负责任、走过场的主体企业与县(市、区),通过新闻媒体在全市进行通报批评;对于未达到验收标准、不具备条件的煤矿,一律责令停工停产整顿;对于存在重大隐患的煤矿,按有关规定加倍处罚,严把煤矿复工复产关。（刘林贵）

【提升应急管理水平】 建立煤矿事故教育警示平台。2013年,太原市煤炭工业局建立煤矿事故警示教育平台,每日指定专人收集整理全国煤矿事故通报,及时转换为手机短信发送至市国资委、各县(市、区)煤炭管理部门、11家煤炭主体企业、4座单保煤矿以及机关各处室负责人,进一步加强煤矿事故警示教育。在汛期与市气象局建立汛期气象预警合作机制,根据每日气象预报预警信息,第一时间通过信息平台发送气象信息及预警提示,为煤矿汛期安全提供服务。强化矿山应急救援基地建设。2013年,市矿山救护大队和太原市预备役高炮旅联合组建太原市预备役高炮旅工兵防化连,由现役军官指导训练,提升市矿山救护大队军事化管理水平;建立37支兼职矿山救援队伍,开展5期兼职矿山救援队伍培训,共培训兼职矿山救援人员316名,配备正压氧气呼吸器298台;建立应急救援物资储备调用、救援专家等资源数据库,加快推进应急演练综合救援基地建设。规范煤炭工业信息化管理工作。落实瓦斯超限分级责任追究制度,规范煤矿安全监控系统调校测试;全面完成视频会议系统建设和联网调试工作;安装视频传感器并联网运行,分步推进工业视频监控系统的建设工作;围绕提前规划、平台管理和日常运行3个方面,分别建立相应工作制度及流程,实现使用、维护、故障排除的有序管理。推进“智慧矿山”建设。与中国联通太原公司联合召开太原市“智慧矿山”应用技术交流会,模拟演示讲解“智慧矿山”各项应用技术,选取部分煤矿企业为试点,加快在全市煤炭行业推广应用。（刘林贵）

【推进矿井项目建设】 成建制引进大集团管理团队。2013年,太原市煤炭工业局督促地方主体企业选聘好管理团队,全面铺开煤矿企业用工制度改革工作,夯实煤矿安全生产的“软件”基础,督促组建太原东山煤电集团有限公司,实现煤矿与集团公司分离,全面提升企业竞争力。清徐县东辉集团赵家山煤矿等5座煤矿分别引进徐州、沈阳、皖北矿业集团管理团队;古交煤焦集团及其所属的白家沟煤矿、古交石鑫煤业有限公司等矿引进山东、徐州矿业集团管理团队,在优势互补、合作共赢方面迈出一大步。这一做法得到国务院安全生产督导组的充分肯定,并在《国务院办公厅关于进一步加强煤矿安全生产工作的意见》(国办发〔2013〕99号)中予以明确。高标准推进项目建设。按照“装备一流、技术先进、系统可靠、队伍过硬、管理精细、安全高效”的要求，严格质量控制和管理，全面实施岗位达标；推广应用综合机械化采煤技术，淘汰落后工艺和装备，实现矿井生产的机械化、规模化和信息化；出台配套激励政策，加快推进以生产规模化、装备现代化、安全系统化、队伍专业化、管理科学化和矿区生态化为主要内容的现代化矿井建设步伐；开展安全质量标准化建设活动，推动煤矿企业实行“动态验收——定期评价——严格考核”的安全质量标准化管理新模式，推行“正向激励和末位淘汰”机制，实现由被动管理向主动管理的转变，提高安全质量标准化管理水平。强化煤矿建设安全监督管理。全面开展煤矿建设文明施工评级考核活动，促进煤矿建设项目安全施工、文明施工；贯彻落实煤矿六大标准，抓好煤矿施工建设、联合试运转和竣工验收工作；加强监督检查，坚决查处借用冒用资质以及施工队伍管理人员与备案不一致等行为，确保煤矿建设安全；开展煤矿建设工程质量监督认证工作，加大查处力度，加强煤矿建设项目规范管理，确保煤矿建设项目完整、准确、系统和安全。（刘林贵）

【优化煤矿发展环境】 2013年，太原市煤炭工业局贯彻落实省政府“煤炭二十条”和市政府“煤炭十五条”，破解当前煤炭行业面临的经济效益明显下滑、煤炭销售收入和经营利润双双大幅下降的困境。生产矿井暂停提取两项煤炭资金。从2013年8月1日起，暂停提取每吨煤15元的煤炭企业矿山环境恢复治理保证金和煤矿转产发展资金，增加煤炭企业现金流。发展煤电企业一体化，鼓励煤炭企业建设坑口电厂，向省发改委上报古交电厂三期2×60万千瓦等低热值项目；协调省发改委给予华能集团在阳曲县建设2×35万千瓦燃煤热电联产项目前期规划支持。推动建设和谐煤电关系，发展现代煤炭清洁高效就地转化项目，推动电力企业与煤炭企业联手合作。对全市52座矿井用电负荷情况全面摸底，做好双回路规划，加快推进双回路供电建设。进一步梳理全市煤炭企业在审批中存在的制约因素，对符合条件、存在前置审批要件的，协调相关部门和上级主管部门，加快环评审批。合理、有序安排安全检查，减少对煤矿企业的非安全性检查，对于必要的非安全性检查，尽量采取同类合并的方式，减轻企业负担，为煤炭企业创造良好环境。帮助指导企业加强成本管理，开源节流，增收节支，严格费用支出，加大营销力度，稳定老用户，开拓新市场，确保销售渠道稳定畅通，进一步提高经营管理水平。此外，推进娄烦县静游镇境内晋煤集团太原煤气化龙泉煤矿“以矿建镇”试点工作，规划方案正在编制过程中。优化煤炭生产经营秩序。抓好票证管理和信息管理系统建设，封堵销售票在流通环节上的漏洞，保证煤炭企业票据的使用和流转；加快信息管理系统建设和联网布线工作，并实现在线管理，维护正常的煤炭生产经营秩序。（刘林贵）

【提升从业人员素质】 2013年，太原市煤炭工业局注重提升从业人员素质。建立“三个一”学习制度。加强“每日一题，每周一课，每月一考”安全教育培训。编制下发《煤矿安全知识每日一题》教材，煤矿企业干部职工做到人手一本，利用班前会等形式每日学习一题；建立干部上讲台制度，由中层以上干部每周轮流上台讲课；每月按时组织一次安全教育培训考试。实行煤矿“六长”末位淘汰制度。出实招、出硬招，对煤矿“六长”强化管理，严格考核，实行末位淘汰，2013年共淘汰煤矿“六长”20余名。这一制度省煤炭厅将从2014开始在全省推广实施。推行变招工为招生制度。协调省煤炭中等专业学校把教学点设置在煤矿企业，实习在矿上，全面提高从业人员业务素质和工作能力。规范煤矿安全生产管理机构设置。生产、建设矿井设置“五科五队两中心”（安全科、技术科、机电运输科、通风科、防治水和地质测量科；瓦斯抽采队、探放水队、六大系统维护管理队、兼职救护队、医疗救护队；调度中心、应急救援管理中心），按要求足额配备管理人员，做好煤矿从业人员素质提升工作。加强劳动用工管理。全市批准生产、建设的28座煤矿全部完成审核备案，实现煤矿用工管理“5个100%”；38家煤矿建设施工单位进行劳动用工资料备案，实现施工单位用工“5个100%”。加强公务员队伍素质提升。利用山西干部在线学院网络教育平台，开展网络教育学习。参与在线学习的公务员全部达到规定的学时数。（刘林贵）

【低收入农户冬季供煤】 2013年，太原市煤炭工业局高度重视低收入农户冬季取暖用煤供应工作，将其作为“办实事、解难事”的民生工程和构建和谐社会的大事，组织合格煤源，加强部门之间协调配合，进一步强化组织协调工作，多部门联合、分县区推进，促进供煤工作有序进行。截至2013年9月20日，提前10天完成省政府下达的供煤任务。（刘林贵）

【提高监管服务水平】 2013年，太原市煤炭工业局以转变作风、提高服务水平为突破口，围绕监管与服务“两到位”，优化安全发展环境。一方面，转变作风，强化履职能力。以开展警示教育活动为契机，注重警示教育活动成果的转化，围绕“五个更加注重”（更加注重班子带头；更加注重思想教育；更加注重解决问题；更加注重听取群众意见；更加注重建章立制)，严明检查原则、创新管理机制，身体沉在一线、问题发现在一线、措施落实在一线，确保履行职责到位、安全检查到位。另一方面，审批提速，提高服务水平。精简审批环节，压缩行政审批事项办理时限，所有项目均较再造前减少1～2个审批环节，7个行政服务性事项的审批环节总数由原先57个减少为42个。审批服务性事项所需总工作日数也由再造前的119个缩短为再造后的84个，7个行政审批（服务）事项所需申报材料总数由再造前的45份减少为再造后的39份。对节后煤矿企业生产建设验收审核权限下放到市国资委、各县（市、区），减少审核环节，缩短审核时限，加快手续办理。节日期间不组织停工停产，由市国资委、各县（市、区）政府安排；对存在重大隐患责令停工停产和长期停工停产的矿井，市、县煤炭局按有关规定组织检查验收，对节假日期间正常生产、建设、检修的矿井，由主体企业对照标准进行复工，市、县煤炭局进行抽查、把关。对全市开工建设的40座矿井实行项目（中标）备案制，施工项目部全部按照年度计划等自行组织施工，市、县煤炭主管部门既不参与也不插手煤矿企业的招投标活动。（刘林贵）

电力工业

·国电太原第一热电厂·

【概述】 2013年，受国内经济形势影响，社会用电量同比明显减少；太原市提前执行特别排放限值，环保压力较大，机组改造任务繁重；地方政府对企业搬迁提出更加紧迫的要求。面对复杂形势，国电太原第一热电厂（以下简称“太一电厂”）干部职工围绕企业中心工作，团结一致、奋力拼搏，各项工作都取得较好成效。六期两台机组脱硝改造在时间紧、任务重的情况下，按期完成改造。企业搬迁工作经过与政府对接，稳步推进。成立新建项目筹建处，完成省发改委组织的初可研审查，集团公司正式立项，报送国家发改委审批，企业持续发展迈出新步伐。党建思想政治和反腐倡廉工作进一步加强，职工生产生活条件明显改善，收入水平逐年增长。经过全厂干部职工共同努力，太一电厂盈利6646万元，全厂实现三年连续减亏，保持企业安全稳定局面。（郭春华）

【主要指标完成情况】 2013年，国电太原第一热电厂发电量完成55.35亿千瓦时，同比减少4.98亿千瓦时。利用小时完成4613小时，同比减少414小时。供热量完成720.9万吉焦，同比减少9.60万吉焦。综合厂用电率完成11.89%，同比升高0.31%。供电煤耗完成323.89克/千瓦时，同比降低0.72克/千瓦时。入炉综合标煤单价每吨完成583.34元，同比降低113.04元。入厂标煤单价每吨完成549.45元，同比降低96.21元。全年亏损7360万元，同比减亏1亿元。（郭春华）

【安全生产】 加强安全管理。2013年，国电太原第一热电厂始终将安全生产作为重点工作，加强安全管理，严格落实安全生产责任制，出台员工安全记录管理办法，对违章行为实行“零容忍”，全员安全意识明显提高。开展专项检查和隐患排查，实施针对性整改，全年组织开展专项安全检查8次，查处现场违章15起，整改问题792项，隐患整改完成率达到94%。无渗漏治理与机组检修维护做到布置、检查、总结、考核四同时，取得较好成效，安全生产保持较平稳局面。

加强设备治理。先后实施#11、#14机组B级检修，#12、#13机组C级检修，重点解决#11机组一级再热器入口管氧腐蚀、#13机组轴振大等缺陷。开展辅机设备治理和改造，先后进行#11炉二次风机电机节能改造、#13机脱硫增压风机电机双速改造等工作，改造后年节约用电1060万千瓦时。水平衡工作不断深化，柱塞泵停运后，耗电率下降0.15个百分点。完成#甲翻车机系统改造，实现火车煤自动翻卸。经过设备治理，机组运行可靠性有所提升，非计划停运同比大幅下降。

加强环保治理。全年脱硫设施投运率完成99.86%，脱硫效率完成96.72%，减排二氧化硫7.02万吨，完成年度污染物排放总量目标。响应国家环保政策，按期完成#13、#14机组脱硫脱硝改造、#13机组电袋除尘器改造。根据地方政府有关环境治理要求，对上冶峪灰场实施10万平方米全绿网覆盖，修复所有煤场的抑尘墙，缓解扬尘污染。2013年，太一电厂荣获“山西省减排先进集体”称号。

（郭春华）

【经营工作】 2013年，国电太原第一热电厂加强经营工作。开展营销工作。克服利用小时同比减少的不利因素，加大营销力度，转让电量计划2.1亿千瓦时，盈利1023万元；反映供热亏损情况，争取到2012年供暖期供热补贴共计2046万元。加强晋阳湖补水协调工作，及时调整补水来源，克服晋阳湖除险加固工程对太一电厂安全生产的影响，保证集中供热稳定。加大非生产用能治理力度，催缴历年欠费，杜绝私拉乱接，非生产用能管理得到进一步规范。

降低财务成本。在华北公司的支持下，2013年1月～12月完成续贷资金23.49亿元，资金成本完成5.25%，较基准利率低0.75个百分点，节约财务费用2183万元。开展减免税工作，争取税收优惠政策，太一公司房产、土地税全额减免599.49万元，实现房产和土地税四年连续减免。

加强燃料管理。把握燃料市场价格回落的有利形势，开展价格谈判，严格控制燃料采购成本，2013年1月～12月入厂标煤单价每吨完成549.45元，同比每吨降低96.21元。掺烧经济煤种106.64万吨，掺烧比例33.81%。2013年综合标煤单价同比每吨降低113.04元，共计降低燃料成本2.2亿元。（郭春华）

【绩效管理】 2013年，国电太原第一热电厂建立绩效考核的双向绩效机制，评价结果更加客观公正；细化经济活动分析会、计划平衡会制度，费用计划管理刚性有所增强。班组建设工作进一步，考核指标更加科学，通过汇总评比，共评选出9个三星级班组，17个二星级班组、36个一星级班组，全厂星级班组创建水平逐步提高。管理提升活动始终围绕中心工作，与生产环节有机结合，取得较好效果，#13机轴承箱改造气密式油挡、机组厂用电串带等四个项目被华北公司评为年度精益管理典型案例。（郭春华）

【搬迁及新建项目】 2013年，国电太原第一热电厂搬迁工作正式提到太原市政府工作日程。根据集团公司、华北公司的指示精神，多次与地方政府进行对接，争取到太原市政府搬迁政策支持。为推进搬迁，太一电厂成立新项目筹建处，抽调精干力量，加快推进新项目前期工作。完成新项目选址规划、前期可研报告编制和有关支持性论证工作，通过省发改委专门组织的项目评审。集团公司正式立项，向国家能源局上报《关于太一搬迁新建项目开展前期工作的请示》。经过反复酝酿修改，制定完成太一整体搬迁一揽子方案，新项目正式列入太原市城市集中供热规划，搬迁和新建工作稳步推进。2013年，有序推进太一整体搬迁工作被华北公司评为总经理奖励基金二等奖。（郭春华）

【多种经营】 2013年，国电太原第一热电厂注重多种经营。检修公司始终以“安全为重、质量创优、开拓市场、提升效益”的经营方针，抓管理、降成本，公司运营进一步规范。夯实安全管理基础，提高项目部管理水平，全年共完成业主单位C级检修4次，停备检修6次，抢修7次，高质量完成检修任务，受到业主单位的普遍认可。

晋阳集团在经济增长乏力、市场竞争激烈的形势下，加强内部管理，强化市场营销，制订出台《预算管理办法》，实行资金预算登记制度，发挥预算对经营的计划指导作用，促进生产经营工作，全年实现产值3491万元。

物业公司本着服务生产、服务职工的宗旨，完善硬件设施，提高服务水平，开展宿舍区综合治理，更换暖气管道340米，完成楼房屋面防水改造1万余平方米，修补楼房外墙11栋，实施职工食堂整修工程，改善职工生产生活条件，物业后勤服务保障能力不断提高。（郭春华）

·大唐太原第二热电厂·

【概述】 大唐太原第二热电厂企业所在地为太原市尖草坪区新兰路105号。东濒兴安化学工业(集团)有限公司，南邻新兰路、大同路、南寨公园、杨兴河，西接向阳镇。北靠西留庄村、太原市园林植物研究中心和江阳化学工业有限公司。大唐太原第二热电厂属中央驻并企业。是山西省重要的城市基础设施和重要的电、热源生产企业，是省城太原市的主力热电厂。截至2013年12月31日，累计发电1509.96亿千瓦时。接带城市集中供热面积近2000万平方米。累计供热达到19188.02万吉焦。大唐太原第二热电厂机组构成情况为：三台200MW（分别为7、8、9号机组）、两台300MW（分别为10、11号机组），共计发电容量1200 MW。年可发电80亿千瓦时，供热近800万吉焦。（闫玉山）

【组织机构】 2013年，大唐太原第二热电厂职工总数2471人。组织机构设置：厂部办公室，对标管理办公室，安全监察部，发电部，设备部，财务部，经营管理部，武装保卫消防部，人力资源部，燃料中心，燃煤质量检验中心，物资供应公司，中煤平朔燃料公司，陕西有色榆林发电项目部。思想政治工作部，纪检监察审计部，工会委员会（离(退)休职工办公室，职工活动中心，企业管理协会）。七期工程项目部，前期工作部。检修公司，汽机工程部，电气工程部，锅炉工程部，热工工程部，修造厂，信息通讯中心，保温车间。燃料运输车间，灰水脱硫车间，化学车间。

实业总公司（工作处，工程处，物业公司，保洁公司，职工食堂，幼儿园，商店，印刷厂，废水开发公司，二电宾馆，粉煤灰公司，钢球厂，纯净水厂，职工医院，石油中心，加气厂，防火门厂，运输公司）。（闫玉山）

【安全生产】 2013年，大唐太原第二热电厂贯彻落实集团公司、分公司“管理效益提升年”的要求，以提高经济效益为中心，坚持价值思维和效益导向，突出抓好安全生产、经营管理、项目发展和党群工作，推进管理提升，实现扭亏为盈，为全厂有质量、有效益、可持续的发展奠定基础。在安全管理上进一步完善《“两票”检查制度》《“两票”管理和使用细则》《异常事件管理办法》等制度,自查自纠"两票"执行过程中存在的问题,规范管理。开展现场反违章,强化"两票三制"三级考核机制,确保责任层层落实;开展"三讲一落实"竞赛达标活动;拓展"安全三会"形式;以专项基金为平台,建立健全反违章连带考核机制,提高反违章的监督力度。组织开展专题"班组安全日"活动,真正把安全工作落实到实处。

(闫玉山)

【经济指标】 2013年,大唐太原第二热电厂发电量完成64.41亿千瓦时;机组利用小时数完成5368小时,其中300MW机组利用小时完成6457小时,在全省同容量机组中居首;机组实现全年"零非停";供热量完成947.22万吉焦,供热面积达2385万平方米;综合供电煤耗完成323.4克/千瓦时;综合厂用电率完成11.6%;发电新鲜用水单耗完成0.67千克/千瓦时;单位发电油耗完成4.71吨/亿千瓦时;综合标煤单价完成521.56元/吨;入厂入炉煤热值差完成0.11兆焦/千克;利润总额完成3336万元,实现扭亏为盈。 (闫玉山)

【降本增效】 2013年,大唐太原第二热电厂16项专利通过国家知识产权局授权,两项技术创新、管理创新成果分获全国电力行业一等奖、二等奖,各项环保指标也保持较好水平。以机组运行优化为重点,进一步加强与设计值、行业标准值、同类型机组标杆值的对标力度,开展对标分析、性能试验、操作调整、技术改造工作,建立符合机组特点、科学合理的运行调整方式和控制程序。开展对标工作,与太一和云岗电厂定期进行对标分析,指导生产经营工作。逐日计算指标完成情况,逐月、逐季盘点,分析、研究生产经营状况。对经过改造后的节能、减排项目进行效益测算,提供精确的数据支持。加强对异常指标的管理,通过指标的异常变化查找问题,及时整改。根据发电量及库存情况,科学制定采购煤量,调整进煤结构,形成布局合理、结构科学的采购新格局,有效确保燃料供应。与同煤轩岗、阳煤集团、焦煤集团等国有大矿强强联合,合作共赢,从源头上提高燃料管理工作的公信力。开展燃料入厂验收监管系统、数字化煤场、数字化标准化建设,贯彻集团公司"价值思维,效益导向"理念,实现"管理效益双提升"。采用国内领先的设计理念技术手段实现燃料全流程闭环管控,达到堵塞管理漏洞,减少人为干扰,降低劳动强度,提升企业效益的目的,为跨越实现大唐"数字燃料"奠定基础。

(闫玉山)

【节能减排】 2013年,大唐太原第二热电厂两台300MW机组在中国大唐集团公司长周期运行机组中名列前茅,#11机组连续运行18个月,成为集团公司金牌机组重点培育对象。受电力市场影响,全厂五台机组全年共停备8次,最长停备时间达3841小时,3台200MW机组停备时间均超过3000小时。

以供热因素增加计划电量,全年发电量调控目标达到66.21亿千瓦时,居省调同容量机组首位。参与大用户直供电和多边直接交易供电试点申报。利用电网公司"以大代小"政策,合计优化电量3.75亿千瓦时。增加城市集中供热面积及周边热用户,充分发挥乏汽供热改造的作用,年供热面积增加500万平方米。加强对石灰石粉和尿素等大宗物资采购的管理,石灰石粉价格平均降低11.59元/吨,节约费用170万元;加强对检修物资采购管理,提高供货质量,缩短供货周期,降低采购费用。形成业务预算驱动财务预算的框架体系,强化预算管理方式。申报到位中央财政资金3亿元,减轻财务费用压力,年减少利息支出600余万元,在保证资金需求且风险可控的前提下,开据银行承兑汇票,费用仅占同期贷款利率的1/3,按月滚动、按周调度资金,减少资金闲置,使全年利息支出较预算减少900万元。落实11#机组脱硝电价,电费结算全部落实到位。争取供热财政补贴326万元。(闫玉山)

【基本建设】 2013年,中国大唐集团公司批复太原第二热电厂七期扩建工程并全面开工。电厂七期扩建2×330MW机组燃煤空冷双抽供热机组,是集空冷、供热、脱硫、脱硝、高效除尘为一体的热电联产机组,对节约水资源,满足太原市居民集中供热的热源需求,改善太原市大气环境起到积极的作用。项目建议书经国家发改委以《国家发展改革委关于山西大唐太原第二热电厂七期扩建工程项目核准的批复》批复项目核准文件。工程总体设计由山西省电力勘测设计院承担,施工单位经招标北京电力建设公司、山西电建四公司,脱硫岛为大唐科技环境工程有限公司,设计监理和施工监理单位为北京德胜监理工程公司。工程建设地址利用老厂退役机组所留空地,三大主机均由上海电气集团股份有限公司生产制造。完成七期工程创优策划和亮点规划,分项工程建筑质量验评结果合格率全部达到100%,一次验收合格率≥95%。通过优化施工方案、七期项目年内完成四个里程碑节点目标。 (闫玉山)

【多经后勤】 2013年,大唐太原第二热电厂多经实体经营收入完成8750万元,其中对外创收3310万元,实现利润195万元,经营形势向好的方向发展,安全管理、文明生产管理等各方面工作有进一步提升。北固碾住宅小区住房分配;迎新街9号楼顺利移交

到户；厂前区天然气管道安装全部结束，厂前区宿舍东侧围墙分步加装防尘网；增加厂前区绿化面积，对人行便道进行逐步修缮硬化；改善单身职工住宿环境；修缮职工食堂、宾馆，改善就餐、住宿环境。后勤各单位提升服务质量，优质高效开展各项后勤服务，坚持为机组检修做好服务保障，加大保洁绿化力度，提升物业管理及服务水平，改善单身公寓生活环境，强化职工职业卫生健康保护工作，规范化管理，为保障主业、稳定职工队伍发挥重要作用。（闫玉山）

·国网太原供电公司·

【概述】 国网太原供电公司成立于1958年，是国网山西省电力公司的分公司，是国家电网公司28家大型供电企业之一，担负着太原市六区三县一市的供电任务，供电区域总面积6988平方千米，拥有固定资产原值83.46亿元。

2013年，国网太原供电公司完成售电量203.84亿kw·h，同比增长1.84%；售电均价(含税)完成550.81元/千kw·h，同比增长1.41元/千kw·h；售电收入112.27亿元，同比增长2.1%；综合线损率3.21%，同比降低0.88个百分点；全员劳动生产率578867元/人·年，同比提高5.02%；利润总额完成年计划的114.12%。（韩 炜）

【电网构成】 太原电网位于山西电网中部，是山西电网北电南送、晋电外送的通道。正常情况下，太原电网经500kV忻侯双回线和朔云线从北部省网受电，通过500kV侯瑞双回线、侯阳双回线、云晋线、云吕线，形成向东、向南、向西供电的格局。220kV网架通过220kV侯凌、马榆、小榆、小东、晋夏Ⅰ、马夏Ⅱ、云岚双回与晋中、吕梁地区电网联络。太原电网110kV为辐射型网络，基本上采用分裂运行方式。

太原电网区域内有6座大型发电厂：太原一电厂120万kW机组在冶峪220kV母线并网；太原二电厂80万kW机组在赵家山220kV母线并网，40万kW机组在向阳220kV母线并网；兴能电厂180万kW机组在云顶山500kV母线并网；西山热电15万kW机组分别在晋阳220kV母线和河龙湾110kV母线并网；太钢60万kW机组在侯村500kV母线并网；瑞光电厂60万kW机组在马庄220kV母线并网。太原电网内地调调度小电厂9座，机组25台，装机容量31.52万kW。

截至2013年底，太原电网35kV及以上统调变电站145座，变压器308台，总容量1913.37万kVA。其中，500千伏变电站2座，变压器12台，总容量350.4万kVA；220千伏变电站27座，变压器54台，总容量804.1万kVA；110千伏变电站69座，变压器150台，总容量638.84万kVA；35千伏变电站47座，变压器92台，总容量120.03万kVA。太原电网35千伏及以上统调线路372条，线路总长度3691.309千米。其中，500千伏线路8条，总长度413.219千米；220千伏线路68条，总长度995.669千米；地调调度的110千伏线路150条，总长度1150.234千米；35千伏线路146条，总长度1132.187千米。（韩 炜）

【机构队伍】 2013年，国网太原供电公司深化全员绩效管理，细化完善一线员工工作积分库，全员签订绩效合约。建立企业负责人和部分典型岗位薪酬报告制度。兑现各类激励申请526项，发放3456人次。完成岗位培训240项、18286人次，学历、技术资格、技能等级提升558人。组织比武竞赛7次，参加省公司普考比武17次，获得团体及个人第一4个、第二11个、第三4个。

截至2013年底，国网太原供电公司设有职能部门设置13个，其中，本部职能部门11个：办公室、发展策划部、财务资产部、安全监察质量部(保卫部)、建设部(项目管理中心)、审计部、人力资源部、党群工作部(工会、团委)、监察部(纪委办公室)、电力调度控制中心、运营监测(控)中心，运维检修部与检修公司合署，营销部(农电工作部)与客户服务中心合署，具有职能管理和实施主体双重职责；业务支撑与实施机构7个：运维检修部(检修公司)、营销部(农电工作部、客户服务中心)、经济技术研究所、信息通信分公司、物资供应中心、培训中心、综合服务中心；县供电公司7个：国网太原市小店区供电公司、国网太原市滨河供电公司、国网太原市晋源区供电公司、国网清徐县供电公司、国网阳曲县供电公司、国网古交市供电公司、国网娄烦县供电公司；全民独立核算单位2个：送变电工程公司、供电宾馆；集体企业资产平台1个：山西明业电力工程有限公司；子公司3个：鼎能物业公司、明远监理公司、劳务公司。

截至2013年底，国网太原供电公司共有在册人数2476人。其中，年龄29岁以下324人，占总人数的13.1%；30岁~39岁的有709人，占28.6%；40岁~49岁的有922人，占37.2%；50岁以上的有521人，占21%。具有大学本科及以上学历的1247人，占总人数的50.36%；大学专科学历的610人，占24.6%。获得高级技术专业资格的168人，占总人数的6.79%；中级技术资格的408人，占16.48%。获得高级技师职业资格145人，占总人数的5.86%；技师职业资格621人，占25.08%。人才当量密度为0.9813。（韩 炜）

【电网建设】 2013年，国网太原供电

公司成立电网规划委员会，导引全员电网“五知”“五能”系统思考理念，统筹开展“20-531”电网动态规划、变电站“点线面”规划和电缆管沟“3加1”规划，实行电网资源全过程管控、电网项目审查验收终身责任制等新举措，营造全员知网、爱网、护网、谋网的良好氛围。

国网太原供电公司与市规划局达成太原电网规划原则意向。编制太原城市电网规划与建设优化方案研究报告，修编2013年~2020年配网规划，开展配网分区网格化规划和配网自动化、通信网专项规划，《太原城市配电网建设改造与管理提升工程实施方案》获得国家电网公司批复。建立县(市、区)政府和公司的常态对接机制，签订电网规划框架协议10份。

国网太原供电公司依靠政府，发挥县公司、供电所属地优势，破解220千伏铜厂站址拆迁、大西铁路牵引站接入等历年遗留难题。与政府部门联合现场确定规划变电站站址30个，结合新建小区供电设施建设确定规划变电站站址16个。4项遗留工程完成手续办理，6项工程取得站址和路径规划手续，6项工程取得环评审批意见，6项工程取得可研批复，3项工程获得发改委核准，9个生产办公场所取得土地证，土地证登记完成率100%，荣获省公司用地手续办理先进单位。

国网太原供电公司成立城市电网建设领导组，对应道路建设业主组建工程管理项目部，统一对口协调道路建设配套电网改造工程。建立电网改造计划管理、项目管理单位对接沟通、电力线路迁改审批常态机制，申请政府按电网需要调增道路改造计划23条。电缆管沟由公司统一设计、监理、验收、无偿接收及维护的“七统一”机制写入市政府会议纪要，开始正常运转。

国网太原供电公司争取全省电力应急资金2.5亿元、省地方电力建设基金3亿元、市财政资金1.86亿元，完成线路迁改148处、123千米，新建环网柜169台、箱变109台，城市电网实现由架空为主向电缆为主的战略性转变。建立变电站间互供通道12条，配网线路电源点调整和负荷倒接14条、分线改造8条，解决单辐射和重载线路19条。配合政府新建电缆管沟41条、158.15千米；排查2013年前建成管沟193条、398千米，验收114条、170千米，接收19条、10.7千米。

2013年，完成基建投资4.65亿元，新开工9项，线路199千米，容量330万千伏安；投产8项，线路116千米，容量54.3万千伏安，里程碑计划全面完成，优质工程率100%。110千伏迎泽站获省公司“安全生产管理流动红旗”。国网太原供电公司荣获省公司电网建设和基建安全管理、队伍管理、信息系统建设先进单位。完成大修技改95项、1.34亿元，完成东郊、西铭等5座变电站综合改造，配网自动化工程通过国家电网公司实用化验收。（韩　炜）

【经营管理】 2013年，国网太原供电公司实施220千伏铜厂等3项输变电工程基建标准成本管理。完成原农电财务账面资产清理及农维费资产并账，电费核算业务集中至公司本部。全省率先应用票据在线管理系统规范票据使用，资金管理得到国家电网公司肯定。预算控制业务覆盖率100%，执行偏差率小于10%。办公用品及服务类项目纳入集中招标采购，物资集中采购率100%。14个仓库整合为8个，仓储资源优化率42.8%。盘活利库报废处置63.59万元，竞价销售227万元。制定可再利用物资拆解方案，完成38台变压器的再利用。

国网太原供电公司开展管理基础调研，总结典型经验89项，发现问题174项，征集建议58条，提出措施141项。完成统计“一库三中心”建设，实现SG186平台各系统数据集成共享。梳理正反案例152个，形成公司年度典型案例集。编制标准化手册，梳理政策129个、制度554个，修订管理指南和业务指导书50余个。24个供电所通过省公司标准化示范供电所验收。

国网太原供电公司围绕内控制度、公务活动等10个方面，完成48项重点工作规范整改。整改依法治企综合检查发现问题23项，整改率80%。实施“三重一大”决策事项落实等效能监察6项，整改落实问题24项。物资库存利用效能监察获得国家电网公司优秀成果奖。完成审计项目11项、工程项目审计60项，集体企业物资采购情况审计调查获得省公司优秀审计项目二等奖。

国网太原供电公司落实“八项规定”，整改“四风”问题，与199名中层干部和317名关键业务岗位人员签订《廉政承诺书》，查找风险点212个，制定预控措施467条。制定并严格执行改进工作作风细则，公务接待、会议及发文数量分别减少15%、6%和9.43%。开展车辆清理整顿活动，清退处置12辆，报废清理39辆，全省首批完成GPS车辆监控系统安装，严控公车私用，单车运维成本同比下降18%。

（韩　炜）

【安全生产】 2013年，国网太原供电公司出台管理人员日常到位管理细则，现场到位延伸至农网、基建和不停电小型作业现场，审查“两票”1757份，履职到位1358人次。隐患排查治理做到责任、措施、资金、期限、预案“五落实”，治理隐患782项。按月召开基建安全分析会，形成检查、点评、通报、考核闭环管理机制。完善高危及重要客户保电“一户一案”，严格履行告知程序并督促整改。未发生安全生产、信息网络、交通安防等事故,安全生产长周期 1929 天,荣获“省级平安单位”和省公司安全生产优胜单位。

2013 年,国网太原供电公司开展春检、迎峰度夏等季节性工作,实施“大检修 + 状态检修”,设备检修量下降 14.75%。根据气候、负荷调整设备巡视周期和内容,实现差异化管理运维。220 千伏马峪智能站告警直传、远程浏览等新功能在全省推广。完成 500 千伏侯村、云顶山站无人值守改造。上划县调保护整定计算业务,实现继电保护整定计算无缝连接。完成 95598 抢修类和非抢修类业务融合,深化配网智能抢修平台应用,抢修效率提高 25%。 (韩 炜)

【电网运行与电力市场】 2013 年,国网太原供电公司注重电网外部运行环境建设,市政府电力设施保护、电力杆(塔)架设线路清理整顿、电力设施拆迁作业、挖断电缆处置等规范性文件即将下发。完成地县调备用调度及地县一体化扩容建设。修订重要变电站现场处置方案 20 份,编制特殊运行方式事故预案 38 份,制定无人值守模式线路试送指南。首次采用模拟与实操结合方式参与省地联合反事故演习,举行县级电网反事故演练 3 次,完成“神十”等保电 193 次。

国网太原供电公司全省率先实现分元件网损统计分析,整改问题 13 项,实施 CDM 项目 30 个,创建达标台区 450 个,减少同口径损失电量 0.77 亿千瓦时,节能增效 0.425 亿元。营销业务系统信息覆盖率、采集率、应用率实现 100%,营销异常数据下降 92.5%。反窃电和用电稽查查处违约用电 500 户,追补电费及违约使用电费 488.88 万元。能效管理增供扩销 3.97 亿千瓦时。电能替代完成热泵应用面积 7 万平米,蓄能设备容量 2.1 万千瓦。

国网太原供电公司配合政府申报国家电力需求侧管理城市综合试点,编制太原市电能服务管理平台建设、新能源汽车和电动公交车试点应用项目方案,助力太原市成为全国第一批新能源汽车推广应用城市。开展分布式电源并网发电服务,咨询 34 次,受理申请 7 户,并网 1 户。完善重点工程、户表工程业扩报装“绿色通道”,统筹勘查现场,一次制定方案,并行办理手续,新装增容户数同比增加 14.34%。全省首家出台继续执行新建住宅小区供电设施工程费政策和免征新建住宅供电设施工程建设费营业税政策,新建住宅小区供电设施工程形成意向及方案 53 项,签署协议 4 项,完成送电 4705 户;完成资源性资产移交 8 项、65138 户;完成“一户一表”改造 5411 户。 (韩 炜)

【农电工作】 2013 年,国网太原供电公司有 7 个县公司 57 个供电所,农电实际用工 851 人,担负着 64 个乡镇 1089 个行政村 360863 户用电服务及管理工作。农网拥有 35kV 变电站 32 座,主变压器 61 台、84.715 万 kVA;35kV 线路 43 条、379.314 千米,10kV 线路 279 条、4543.568 千米;10kV 公用配变 3111 台、52.7385 万 kVA。用工形式全部采用劳务派遣,参保率为 100%。

根据省公司农网升级改造要求,2010 年、2011 年调增项目全面完工,解决低电压用户 10087 户;2012 年度工程全部决算,通过省公司整体竣工验收;2013 年工程全面竣工;优质工程率达 74.5%。出台标准化示范供电所创建实施方案,针对供电所环境、安全、信息、物资、原始记录、职责、品牌应用等重点环节进行梳理、整治,供电所标准化管理水平得到提升;实施县公司管理提升和供电所管理提升工程,对县供电企业 79 项专业专项指标、乡镇供电所管理提升 25 项专业指标现状分析,制定整改措施,促进县供电企业管理及乡镇供电所管理提升。

(韩 炜)

【科技与信息化】 2013 年,国网太原供电公司完成科研项目 11 项,申请专利 127 项,获得专利授权 82 项,发表论文 297 篇。全省首个大型综合智能电网项目——太原长风商务区智能电网综合建设工程建设方案获得国家电网公司批复,智能用电小区建设关键技术研究通过国家电网公司验收。7 项成果获省公司科技进步奖,2 项专利获省公司专利奖。制定电网通信规划,对重要业务电路迂回倒接 150 余条,完成信息内网出口改造、县公司网络改造工作。 (韩 炜)

【企业内质外形建设】 2013 年,国网太原供电公司注重企业内质外形建设。服务城市道路建设施工用电 138 项、5.02 万千伏安,平均办理时长缩短至 10 天。制定协助执法停(复)电作业指导书,依法配合拆迁 168 起,涉及居民 25420 户。开展零点作业 45 项、组合作业 24 项、带电作业 270 项,协助客户完成抢修 230 次。编制城市道路公用设施用电电源接入箱变技术规则,形成城市道路公用负荷规范接入电网长效机制。

开展“贴近群众、服务群众”活动,在 1349 个行政村、297 个社区开展“名片工程”。新开通电力互动网站等缴费方式 3 种,设立农村固定代收点 51 个。建成电气化县 1 个、电气化乡(镇)15 个、电气化村 179 个。制定纠风和行风建设对标指标评价考核办法,查处服务违章行为 12 人次,服务类投诉同比降低 37.68%,连续 13 年荣获太原市行风评议优秀单位或免评单位。

(韩 炜)

城镇集体工业

【概述】 2013年，太原市城镇集体工业联合社以贯彻落实中央“八项规定”为契机，加强作风建设和干部队伍建设；以增强经济效益为中心，提高职工保障水平，维护和谐稳定局面；以解决突出问题为重点，围绕年初确定的各项目标，凝心聚力，砥砺奋进，推动各项工作稳步前进。 （杨红昌）

【经济效益】 2013年，太原市城镇联社指导系统各单位加强资产运作，挖掘存量资产，最大限度地发挥资产和资源的优势。企业自身一方面加强管理，严格成本核算，降低经营成本，杜绝一切不必要的开支。一方面探索多种经营，寻找新的项目，吸引外来资金，进行多元化发展，培育新的经济增长点。塑料公司完成塑料门窗来料加工安装项目的厂房建设、设备安装、投产开工；美术公司完善配套设施，扩大经营面积；培训中心与山东矿业职工大学合作办学，拓宽培训业务。在经济效益稳步增长的基础上，职工人均年收入增长16.9%。 （杨红昌）

【职工保障】 2013年，太原市城镇联社把全面落实职工基本保障制度，实现大病保险和大病互助工程全覆盖确定为各单位的工作底线。各单位面对保险基数逐年提高，缴费金额随之增加的困难，压缩其他开支，多方筹措资金，保证各项保险按时按量的缴纳。将全系统在职在岗职工全部纳入大病保险和大病医疗互助工程，进一步提升职工的保障水平，实现“老有所养，病有所医”。 （杨红昌）

【工艺美术】 2013年，太原市城镇联社把传承和保护民族文化、服务和指导工艺美术行业作为转型发展的重要举措，保护民间工艺，发掘工美人才，扩大对外交流，搭建工艺美术服务平台。先后加入中国工艺美术协会、中国工艺美术协会实业家分会、山西省工美协会等组织，加强与外地市交流，学习先进地区发展模式和成功经验。组织企业参加双塔牡丹文化节、山西省文化产业博览交易会、农博会、汾阳核桃节等展会，进行非物质文化专场表演和产品展示，宣传太原市工艺美术企业和产品，拓宽市场。市城联社牵头举办“红色记忆剪纸展览”活动，全市近5000名离退休干部参观展览，不仅欣赏剪纸的精美技艺，而且重温党的光辉历史和奋斗历程。吸纳优秀人才和工艺美术企业加入协会，会员数增长一倍，有会员200余人。协会成为全市工艺美术行业加强交流、切磋技艺、拓宽销路的服务平台。在文博会“神工杯”评奖中1项作品获金奖，7项作品获银奖，9项作品获铜奖。 （杨红昌）

2013年城联社系统安全工作会议

【安全生产】 2013年，太原市城镇联社开展“安全生产年”活动，召开全系统安全生产工作会议，对2013年安全生产年工作进行全面的安排部署，与所属单位负责人签订《安全目标责任书》，将责任落实到人。加强安全工作制度建设，修改完善《安全生产管理制度》等一批工作制度。通过消防安全知识培训，开展消防安全演练，举办安全知识竞赛等活动，提高广大职工的安全意识，增强安全事故应急处置能力。在为期三个月的安全生产大检查活动中，通过自查互查，建立健全安全台账，对检查中发现的消防通道不畅、配电室地基下沉、电线裸露等消防隐患进行整改。全年没有发生一起安全生产责任事故。 （杨红昌）

【关注民生】 2013年，太原市城镇联社筹措资金16万元，解决红旗剧场、培训中心两个单位欠发职工工资问题；调整工艺美术研究院领导班子，解决职工保险停保问题，稳定职工队伍；筹措资金8万元，维修改造府西街宿舍区、并州路宿舍区的老化管网，协助服装公司并入集中供热，保障冬季供暖；为塑料公司、塑料供销公司、电子材料厂争取困难企业补贴资金70万元，补交部分欠缴保险；拆除废弃的35米高的锅炉烟囱，硬化路面，粉刷墙面，增加垃圾处理设施，改善职工生活区、工作区的卫生环境；恢复职工食堂，方便职工就餐。 （杨红昌）

【扶危助困】 2013年，太原市城镇联社针对全系统职工收入低、困难家庭多的实际，开展帮扶活动，为困难群众送温暖、送信心、送希望，形成“一对一”的长效帮扶机制。系统全年共组织慰问活动100余次，慰问人数1500多人次，慰问金发放共计362700元。其中：争取上级部门资金192500多元，自筹资金近170000元。元旦、春节、中秋、重阳等节日，慰问1200多人次，发放慰问金138000多元；慰问困难劳模8人，发放慰问金13000元；慰问住院职工72人，发放慰问品价值12000多元；慰问去世职工家属20人，发放慰问金6000多元；“八一”节，慰问80人，发放慰问金19500元，为军转干调整救助金15000元；慰问困难和特困职工159人，发放慰问金108000元；争取财政帮扶救助220人，发放救助金51500元。

注重发挥老同志的作用，践行文化养老。每年定期向老同志通报工作情况，征询他们的意见和建议，为市城联社的发展出谋划策。为每一名离退休老同志订阅“一报一刊”，组织外出参观，丰富老同志们的晚年生活。

（杨红昌）

【信访稳定】 2013年，太原市城镇联社做好信访稳定工作，形成主要领导亲自抓，分管领导具体抓，职能部门和基层单位相互配合的信访工作责任制。将信访排查与信访预测相结合，落实信访登记制度，对信访工作建立源头预防、过程控制、应急处置三道防线。在重大节点和时间，开展信访隐患专项排查工作，先后到基层单位摸底排查15次，走访群众58人次。对发现的问题，坚持“一案一会”，每月召开专题会议，研判解决重大和疑难信访案件。对重大突出涉访问题，随时研究解决措施和办法。全年共接待来访群众50批次，80余人，受理电话咨询21件，受理信访信函15件，召开各类协调会31次，办结率达100%。（杨红昌）

【作风建设】 2013年，太原市城镇联社落实中央“八项规定”，把密切联系群众，改进工作作风作为2013年的重点工作抓好抓实。全年召开全系统性大型会议两次，会期各半天，其他专业性会议也尽可能的合并和减少。提高会议质量，压缩各种会议支出。印发各类文件48份，比上年同期减少16份；在机关内部提倡无纸化办公，节约办公经费。领导下基层轻车简从，不接待，不迎送，不干扰基层正常工作秩序。在机关内部严肃工作纪律，优化办事程序，工作效率得到提高。（杨红昌）

烟草工业

【概述】 山西昆明烟草有限责任公司（简称山昆公司）的前身太原卷烟厂始建于1930年。1998年兼并曲沃卷烟厂，2000年配合国家烟草专卖局、山西省烟草专卖局关闭芮城卷烟厂，成为山西省唯一的卷烟工业企业。2003年7月以太原卷烟厂为基础，山西省烟草公司和昆明卷烟厂共同出资组建山昆公司。2004年11月，按照国家烟草专卖局部署，山西省烟草公司所持股份划转中国烟草实业发展中心持有，企业行政管理权限也随之上划。2005年11月，红云集团组建，红云集团承继原昆明卷烟厂股权控股山昆公司。2008年11月红云集团与红河集团合并组建后，红云红河集团承继原红云集团股权控股山昆公司至今。

截至2013年底，公司占地面积为129435.27平方米，其中，厂区占地85477.43平方米，新营库占地43957.84平方米。从业人员总数1102人，其中，在岗员工1013人，劳务派遣制员工89人。企业总资产287303万元（年末值），固定资产总额79161万元（年末净值），流动资产201782万元，资产负债率11.93%。公司配备5000公斤/小时制丝生产线一条，1250公斤/小时梗丝生产线一条；新购1组ZB45B硬盒包装机组、3台YF17烟支储存输送装置、2组ZL26B滤棒成型机组、2台YJ35D滤棒卸盘机、1台SQ38A切梗丝机；完成卷包车间部分新购包装机组的小包、条包美容器改造，完成烟箱分拣系统改造项目，完成3组卷烟机组的旋转喇叭嘴改造，完成卷包照明改造项目，形成硬包机组12组，软包机组2组，共14台套卷包机组的设备配置。年卷烟生产能力300亿支(60万箱)。

（李　莉　陈妍瑛）

【烟草工业工作方针】 2013年，山西昆明烟草有限责任公司围绕“44151”发展规划，坚持“1234”管理工作思路，明确八项任务措施，专注生产制造，开拓市场，确保安全生产，夯实管理基础，部门建设，提高队伍素质，加强党群工作，巩固和谐稳定，推进易地技术改造项目及自有品牌卷烟上市。

（李　莉　陈妍瑛）

【卷烟生产经营】 2013年，山西昆明烟草有限责任公司共生产卷烟157.5亿支(31.5万箱)，销售卷烟156.22亿支(31.24万箱)，产销率99.17%；实现销售收入40.41亿元，同比增长10.56%；实现税利29.45亿元，增长16.89%；实现税金22.44亿元，增长10.95%；实现利润7.01亿元，增长41.08%。

全年万元产值综合能耗:14.19千克标煤/万元，万支卷烟综合能耗：3.72千克标煤/万支，平均消耗烟叶：7.35千克/万支，滤棒:2120.18支/万支，盘纸:613米/万支，水:0.11吨/万支，电:8.50千瓦时/万支，公司三项费用率6.69%。（李　莉　陈妍瑛）

【烟草主要产品】 2013年，山西昆明烟草有限责任公司主要生产“云烟”“红河”“红塔山”三个品牌，云烟(软珍)、云烟(福)、云烟(紫)、云烟(红)、红河(硬)、红河(硬66)、红河(软甲)、红塔山(硬经典100)八个规格。2013年“云烟”品牌卷烟共生产109.7235亿支(21.9447万箱)，销售107.1117亿支(21.42234万箱)；“红河”品牌卷烟共生产45.2765亿支(9.0553万箱)，销售46.6062亿支(9.32124万箱)；“红塔山”品牌卷烟共生产2.5亿支(0.5万箱)；销售2.5亿支(0.5万箱)。

(李　莉　陈妍瑛)

【品牌营销】 在行业卷烟计划“从严从紧”的大环境下，2013年，山西昆明烟草有限责任公司坚持“规模结构效益型”的品牌发展之路，围绕“44151”的“十二五”规划目标，推行“按订单组织货源、按需求衔接计划、按价格调整策略”，加强品类管理，提升一、二、三类卷烟比重，逐步减少低类烟的产销，实现市场需求基本满足、零售客户有所选择、知名品牌较快发展、经济效益较快增长。实时关注商业库存，动态响应货源需求，合理安排市场投放，把片面追求税利增长转变到增加适销对路产品、满足消费者需求上来，营造品牌价值感，维护市场价格稳定。借助“低焦”品牌的发展契机，强化产品宣传、逐步提升上柜率，扩大市场知名度和影响力。(李　莉　陈妍瑛)

【技术改造】 1.易地技术改造。山西昆明烟草有限责任公司技改新地块位于太原经济技术开发区，规划用地26.96公顷，净用地22.76公顷，按年产40万箱规划设计，总建筑面积10.66万平方米，项目总投资15.93亿元(不含烟草专用机械购置费)。2013年4月，公司与太原经济开发区正式签订《入区企业项目协议书》；5月项目规划请示获市政府批示同意；6月项目立项请示上报国家局；8月项目申请报告通过第三方审查；12月项目获得国家局立项批复。项目取得政府供地速度和行业立项批复速度“双领先”。

2. 锅炉煤改气项目。中烟实业于2012年11月16日批复该项目，项目总投资3750万元。完成项目的施工图设计，根据太原市人民政府要求将项目道路规划和绿地控规进行调整，取得该项目规划许可证。通过公开招标确定锅炉品牌(其中2台为16吨/小时，1台为10吨/小时)，项目监理单位，职业病危害预评价、节能评估、安全预评价的编制单位。9月与太原市天然气公司签订天然气管道安装合同。

(李　莉　陈妍瑛)

【质量管理】 2013年，山西昆明烟草有限责任公司强抓、细抓、严抓产品质量缺陷易发时段和使用新设备、新工艺、新材料、新员工生产卷烟时的产品质量控制。从现场质量入手，利用系统分析技术，通过日监测、周汇总、月分析、季总结等形式不断发现问题，查找原因，采取措施、组织攻关，然后进行相关验证，形成PDCA闭环管理。通过质量优胜机台挂牌，开展“质量在我手、用户在我心”的质量月活动，员工质量意识不断提升，产品质量稳步提高。针对性的开展在线检测装置的点检、维保，确保过程监测的有效运行。全年成品抽检盒装缺陷率7.51%，同比下降9.95个百分点；条装缺陷率2.02%，同比下降2.56个百分点。公司加强工艺技术研究的范围和深度，配合集团进行两次工艺符合性测试，自主开展卷包设备参数控制、卷包除尘环节工艺测试等多项工艺改进。全年工艺参数符合率99.91%，同比提升0.33个百分点。2013年1月~12月集团共抽检43个牌号次，平均得分99.05，同比提高1.48分。

(李　莉　陈妍瑛)

【安全管理】 2013年，山西昆明烟草有限责任公司坚持“安全发展”的指导原则，强抓安全生产红线教育意识，贯彻“安全第一、预防为主、综合治理”的工作方针，按照国家局“抓教育、抓基础、抓排查、抓重点、抓责任”的工作部署，以强化安全责任落实为核心，严抓、深抓、细抓、真抓安全工作，以提升安全生产标准化达标水平为主线，全面提升管理水平。通过各层级层层签订安全生产责任书，明确每个部门、岗位应承担的安全主体责任，“一岗双责”得到有效落实，安全生产主体责任落实情况明显好转。公司通过反复自查自改、外评整改，于10月通过省安监局安全生产标准化达标审核，成为安全生产标准化二级达标企业。

(李　莉　陈妍瑛)

【设备管理】 2013年，山西昆明烟草有限责任公司建立保养、点检重于维修的管理理念，建立三级保养制度，生产主线设备采取日保、周保加月保的保养方式，确保设备零负荷运行；主要生产设备采取三级点检，对设备静态、动态状况实施监控，重点加强设备状态点检，及时准确做好各级点检记录，真实反映设备存在的问题。在设备点检基础上重点开展以轮保轮修为主的设备状态维修，在生产中根据三级点检反馈的信息和过去的维修记录，技术人员进行同一台设备纵向分析、同类设备的横向对比，根据零备件的使用寿命，预测将要出现的故障，编制设备轮保轮修计划，并组织设备轮保轮修，尽量减少潜在故障隐患，遏制潜在故障发展变化，大大降低故障发生率，提高设备生产效率。配合指导车间按照“六定、二洁、三过滤”方法，加强设备润滑管理。对设备需润滑部位进行适时润滑和监督管理。(李　莉　陈妍瑛)

【物资管理】 2013年，山西昆明烟草

有限责任公司抓住物流工作主线，以信息化、标准化、流程化、规范化为核心工作。加大自主开发工作力度，上半年完成“烟用材料数字化仓储系统”“原料仓储管理系统”与用友 ERP 的整合，实现现场与业务管理的直接融合。强化采购工作前瞻性、主动性，推进基础管理工作上水平；加强科学养护，着重抓好烟叶仓储管理，推进烟叶仓储管理上水平；开展“6S”活动，推进现场管理上水平；规范工作流程，降低烟叶库耗值；强化安全管理，保证原料库区生产安全，确保烟叶物流顺畅，提高原料保障能力。通过试点理顺卷烟包装箱循环利用作业流程，制定工作标准，确定回收处理方式，完成人员配置，进行上机测试与设备调整等工作。截至 12 月底，共计从全省各商业公司回收并完成分拣卷烟包装箱 206800 个，拣出合格包装箱 175891 个，分拣合格率为 85.05%。（李　莉　陈妍瑛）

【科技创新】 2013 年，山西昆明烟草有限责任公司围绕企业发展目标与烟草行业科技发展趋势，精选研究课题，评选出 3 项优秀 QC 成果参加中烟实业成果发布，分获中烟实业第九届优秀质量管理小组成果一、二、三等奖，同时获山西省 2013 年优秀质量管理小组活动成果奖，公司也获得“2013 年度山西省质量管理小组活动优秀企业”荣誉称号。一类“云烟（软福）”、高端产品“紫气东来”的研发申请通过集团批复，围绕焦油含量 8 毫克进行配方、辅料设计，通过应用新技术、新材料等减害降焦技术，完成配方、辅料初步设计。2013 年 7 月份参加中烟实业科技项目立项评审，《烟草中多酚含量与卷烟品质的关系研究》结题验收。全年共开展 10 个科技项目的研究，其中《烟用搭口胶热裂了解行为的研究》《烟草工业企业物流费用精确核算及对标指标研究》《离子色谱测定卷烟主流烟气中的硫化氢》三个科技项目在中烟实业立项，另有两个项目在红云红河集团立项，其余五个自立项目也在公司内开展。（李　莉　陈妍瑛）

【企业管理】 基础管理。2013 年，山西昆明烟草有限责任公司以提升基础管理水平为抓手，以提高产品质量为目标的部门工作思路，按照建立有效的规章制度，明确岗位职责、健全标准体系、顺畅信息传递、严格绩效管理的工作思路，创新管理方法，以质量、环境、职业健康管理体系建设为平台，强化基础管理。推进目标管理责任体系建设，初步搭建公司、部门、班组、岗位四个层级的目标指标体系，进一步明确各项指标的落实、监测、被考核部门，共发布公司级目标 15 项、部门级目标 85 项。创新内部审核模式，通过开展部门和公司两级审核，调动各部门专业化资源，以自查为主的方式，实现全员参与、全过程审核、全面推进管理体系。

财务管理。以全面预算管理为抓手，以财务信息化建设为支撑，不断夯实财务管理基础，强化资金和资产管理。有序推进财务信息化建设，实现财务业务一体化上线运行、全面预算管理系统上线运行，阶段性地完成会计核算、资金监管、预算管理“三融合”。通过合理调配资金，灵活安排存款结构，提高资金运营管理质量。推进全面预算管理，强化预算的刚性约束和过程管控。开展预算定额体系建设工作，使预算管理不断；实现预算管理系统上线运行，预算管理迈入信息化阶段。进一步强化对重点费用、工程维修支出的管控，使得整体成本费用的增长幅度明显降低，全年招待费用 397.3 万元，同比下降 44.47%。

贯标对标。坚持目标引领，不断推进对标、创优工作实效。通过目标任务分解、责任督促考核、重点课题攻关、行业交流学习等活动，公司 13 项创优指标中 10 项达标，同比增加 3 项，完成保 10 项的目标。34 项对标指标中 23 项同比提升，提升率为 67.65%，达到提升率 60%以上的公司对标目标。其中成本费用利润率、卷烟三项费用率 2 项指标同比改善显著，改善幅度分别为 40.47%、20.26%。

（李　莉　陈妍瑛）

【烟草工业特事要辑】 2013 年 1 月 13 日，云南省副省长丁绍祥，云南中烟总经理、党组书记朱绍明一行在山西省烟草专卖局局长李泽华等领

山西昆明烟草有限责任公司职工入党宣誓仪式

导的陪同下到公司调研，公司领导陈景云及公司党政班子陪同调研。

2013年6月25日，中烟实业商务物流公司总经理吕忠信到公司调研，公司领导陈景云及公司党政班子陪同调研。

2013年7月3日，国家烟草专卖局副局长杨培森到山西昆烟公司调研工作。山西省烟草专卖局局长李泽华等班子成员以及山西昆烟公司领导班子成员陪同调研。

2013年8月22日，中烟实业安全检查组丁良朝、鲍立泰两位处长到山昆公司进行安全检查和指导。

2013年10月12日，国家烟草专卖局局长凌成兴调研山昆公司。国家烟草专卖局副局长杨培森、山西省政府副秘书长巨宪华、山西省烟草专卖局局长李泽华一同调研。

2013年11月6日，国家烟草专卖局纪检组长高林调研山昆公司，山西省烟草专卖局局长李泽华及山昆公司总经理陈景云、党委书记刘根栓等陪同调研。

2013年11月20日，中烟实业总经理张建军一行到红云红河集团就山昆公司的技改工程与集团领导进行座谈，集团领导姚庆艳、武怡、许力为陪同座谈。（李　莉　陈妍瑛）

【公益事业】 2013年8月21日，山西昆明烟草有限责任公司响应太原市文明办发出“文明出行、从我做起”志愿服务活动，组织青年志愿者走上街头，协助交警共同维护交通秩序。引导市民摒弃交通陋习，倡导文明出行理念。

2013年6月14日，在太原市东岗小学组织公益活动“红云图书室”，为师生们带来图书300余册及精彩的讲座。青年志愿者与东岗小学结对，定期为学校的农民工子女进行服务，建立长期的帮扶接力机制。

2013年11月22日，公司按照太原市委、市政府关于在全市开展“慈善一日捐”活动的文件要求，奉献爱心，捐款2万元。

公司本着“报效国家，回报社会，共建和谐”的理念，与曲沃县教育局进行“捐资助学”活动，通过县财政局捐助20万元，由曲沃县教育局提供助学名单，资助贫困大学生就学。（李　莉　陈妍瑛）

中小企业

【民营经济指标平稳运行】 2013年，全市民营经济在太原市中小企业局政策支持下，增加值累计完成1319.82亿元，同比增长12.55%，完成年计划1301.60亿元的101.39%。全市民营经济上缴税金累计完成280.34亿元，同比增长16.51%，完成年计划269.5亿元的104.02%。（王玉凤）

【民营企业土地确权工作座谈会】 2013年1月，太原市民营企业土地确权工作领导组成立后，太原市中小企业局联合市、区两级国土资源局、城乡规划局分别于4月9日、11日在小店区和尖草坪区召开由部分领导组成员单位和27家企业负责人参加的民营企业土地确权工作座谈会。通过调查和两次座谈基本摸清太原市民营企业用地的存量、性质、规模，为解决民营企业土地使用权问题的顺利开展奠定扎实的基础。（王玉凤）

【民营经济“四十条”配套实施意见出台】 2013年，太原市中小企业局围绕增长、就业、创新、内需这四个关键点，创新思维抓落实。结合中共太原市委、市政府出台的《关于大力推进民营经济转型跨越发展的意见》（并发〔2011〕34号，简称“四十条”），市中小企业局协调市直24个职能部门于1月分别制定29个配套实施意见，最终形成《关于大力推进民营经济转型跨越发展的配套实施意见》，为振兴太原市民营经济发展提供政策保障。（王玉凤）

【民营经济转型跨越发展推进会暨表彰会议】 2013年4月23日，太原市民营经济转型跨越发展推进会暨表彰会议在太原市并州饭店举行。会议对做出突出贡献的50家优秀民营企业、60个优秀企业家和16个先进服务单位进行表彰。会上，市长向十四个县（市区）、开发区颁发目标任务责任书，在全省率先将民营经济发展的主要指标纳入全市目标责任考核体系。

（王玉凤）

【中小企业土地政策出台】 2013年，太原市中小企业局借鉴外省在解决民营企业用地方面的先进经验和做法，并结合太原市民营企业用地的实地情况，8月30日与市国土资源局联合发文《关于贯彻落实扶持中小企业发展若干政策的通知》（并国土资发〔2013〕215号），从用地指标分配、减少办理手续、降地土地出让金等方面出台12条措施，为解决太原市民营企业土地使用权问题提供有力的政策保障。

（王玉凤）

【“助保金”贷款工作提上日程】 为解决太原市中小微企业融资难和融资成本高的问题，促进中小微企业发展，太原市政府于2013年9月30日成立太原市助保金贷款工作领导组。市政府批拨1亿元铺底资金，撬动合作银行12亿贷款为中小企业建立“助保金池”，融资成本控制在9%以内。在此政策推动下，古交、小店、清徐、尖草坪等县（市、区）相继开展“助保金”贷款工作，共拨出8000万元铺底资金，撬动银行近10亿元的配比资金，惠及400

余家企业。12月24日,太原市政府市长耿彦波与中国建设银行山西分行行长高强签署“助保贷”贷款战略合作(框架)协议。标志着“助保金”贷款工作由点及面,成为破解中小企业融资难的强力驱动器。（王玉凤）

【融资平台多点开花】 2013年,太原市中小企业局创新融资思路,拓宽融资渠道,推出“明启平台”“互助双基金”“开银平台”“票据融资服务平台”等五个融资平台,通过这五个融资平台共为全市中小微企业融资近30亿元;探索股权融资,与山西证券合作,推荐并培育40家民营企业在山西省股权交易中心挂牌融资,通过股权质押,1月至9月份为176家企业融资251.15亿元,民营企业融资多点开花,已成燎原之势。（王玉凤）

【“小巨人”拉动民营企业规模化发展】 2013年,太原市中小企业局按照“规模效益型、科技创新型、持续成长型”的要求,培育销售达亿元“小巨人”企业60户,并引导全市民营企业形成科学的梯次规模发展结构,为“小巨人”企业争取各级扶持资金430万元。通过政策、资金、技术、管理等方面的引导和支持,在全市形成销售收入达亿元的“小巨人”企业集群。（王玉凤）

【提升服务惠民生】 2013年,太原市中小企业局培育并推荐16家民营企业为省级中小企业标杆企业,10家民营企业为省级“专精特新”企业;在清徐县、万柏林区、尖草坪区建立三个小微企业服务站;组织开展“三送”活动,到200余家民营企业“送政策、送专家、送服务”;选定并指导40余项公益性服务项目,为民营企业提供专业性、无偿化服务。（王玉凤）

【无偿配备法律顾问】 2013年,太原市中小企业局在上年为73家民营企业配备法律顾问的基础上,再为70家民营企业无偿配备法律顾问;为1000名大学生解决就业问题,在2012年开辟房产、车管融资绿色通道的基础上,2013年又开辟土地、股权、林权三条绿色通道,服务方式向着多层次、高效化的方向发展。（王玉凤）

【开展“百家诚信”企业认定】 2013年,太原市中小企业局联合市人社局、环保局、工商局、质量技术监督局、国税局、地税局和人民银行太原中心支行在全市范围内开展“百家诚信”企业认定工作。通过诚信企业认定,切实帮助企业解决生产经营中存在的融资难、融资成本高等问题,为民营企业的发展创造良好的环境。首批认定的100家企业仅占3万多户民营企业的冰山一角,通过这一星星之火在全市形成燎原之势。（王玉凤）

【“百企千村”产业扶贫工程】 2013年,太原市中小企业局组织太原市15家民营骨干企业入驻贫困地区开展产业扶贫开发工作,推进贫困地区基础设施、公共服务等重点工程,加快贫困地区农民增收脱贫步伐;组织太原市330家民营企业参加“2013山西中小微企业高校毕业生千企万人金秋招聘会”,解决8000余人的就业问题,对缓解大学生就业难,保持社会稳定具有重要意义。（王玉凤）

【双管齐下抓培训】 2013年,太原市中小企业局自上而下推进人才培训,开展“3个1”培训工程及“‘135’中小企业培训工程”,开办总裁班,组织100余名中小微企业优秀管理者进行清华、北大EMBA培训。组织十大服务体系,针对企业的迫切需要和新需求,开展针对性的专题培训,对全市民营企业进行“营改增”及创业专题辅导培训20余期,参培人员2000余人次,全年共完成各类培训人员5000余人次;开展中初级人才职称评定工作,为民营企业800余名从业者评定中初级职称。（王玉凤）

【民营企业发展空间拓宽】 2013年,太原市中小企业局围绕创新创业,着力优化产业布局,建立中小微企业创业园区,鼓励中小微企业集群发展。在晋源区姚村镇总投资100亿元,建设占地3300亩,年产值120亿元的全省首个国家级中小企业创业示范基地已破土动工,建成后可吸纳企业200家,解决直接就业2万人,间接就业3万人;筹措占地4400亩的清徐王答乡新型建材创业基地,建成后可入驻60余家企业,安置就业人员1.5万人,实现产值30亿元;镁铝合金深加工创业基地和广立机械加工工业园两个创业基地可吸纳50余户企业,解决3000余人就业,大小企业协作配套,大小企业集群发展的格局正在形成。（王玉凤）

【楼宇经济引领创业新模式】 2013年,太原市中小企业局按照“扶持一批、改造一批、盘活一批”的思路,向空间要发展,向楼宇要效益,成功打造金城中小企业创业基地和科创小微企业孵化基地两个楼宇基地。金城创业基地主要面向大学生创业群体,吸纳80家企业入驻,解决千余人就业,为大学生创业提供“全过程、全方位、全天候、保姆式”的服务,对缓解大学生就业难,保障社会稳定,以创业带动就业,带动地方经济发展具有重要意义。（王玉凤）

农　业

【概述】 2013 年，太原市农业委员会围绕都市现代农业转型跨越发展，在产业园建设方面取得突破，农业生产再获丰收，农村改革深入推进，农民收入稳步增长。现代农业发展势头强劲，科技支撑现代农业发展氛围浓厚，现代农业转型发展的巨大成效逐步显现。全市农民人均纯收入实现 11288 元，增长 12.1%；农业产业化销售收入实现 139 亿元，增长 38%；全市农业农村各项工作稳步推进，完成和超额完成省市各项考核任务，开创太原都市现代农业发展新局面。（郭勇智）

【产业园建设】 2013 年，太原市农委实施“十园引领、百园兴农”战略，市委、市政府出台《关于加快都市现代农业发展的若干意见》和《关于加快土地承包经营权流转引导发展适度规模经营的意见》，印发《太原都市现代农业主题产业园建设规划》，省农业厅与市政府签署《共同推进太原都市现代农业发展战略合作协议》，推动太原都市现代农业提档升级。水塔醋文化产业园、九牛牧业循环产业园、大禾高效蔬菜园、华辰葡果休闲农业园等园区，以规划为引领，以项目为载体，储备重点项目 50 多个，总投资 100 多亿元，开创“单体先进、系统一流、部分领先”的发展新模式。《人民日报》《农民日报》《山西日报》对太原市产业园建设进行专题报道，全国农业厅局长会议在太原市召开，与会代表对太原市产业园建设引领都市现代发展的做法和取得的成效给予充分肯定和高度评价。

（郭勇智）

【农业生产】 2013 年，太原市农委按照“扩蔬菜、强杂粮、增葡果”的种植业结构调整方向，减少玉米种植比重，适当提高马铃薯、高粱、谷子等杂粮种植面积，实施粮食高产创建工程，示范推广马铃薯等新品种和水肥一体化等新技术，农业综合生产能力大幅提升，全年粮食总产实现 38.76 万吨。娄烦县“一县一业”马铃薯产业带动农民增收 1698 元，占全县农民人均纯收入的 37.2%；新引进的青薯 9 号，平均单产 2000 公斤 / 公顷以上，最高达 5000 公斤，马铃薯产业成为农民增收的主导产业、支柱产业和致富产业。发展设施农业，华辰农耕园、大禾蔬菜园等设施葡果上市早、效益好；设施蔬菜规模不断扩大，全年新建设施蔬菜面积 1820.91 公顷，打造清徐孟封镇新泰民种植专业合作社、晋源北河下玉山种植专业合作社、古交老农种植养殖专业合作社和杏花岭中涧河全顺种植专业合作社 4 个省级蔬菜创建标准园，培育阳曲县盛禾蔬菜标准园等 10 个市级蔬菜示范园，设施蔬菜总面积达到 40687 公顷，产量 55 万吨。

（郭勇智）

【实施健康养殖】 2013 年，太原市农委优化“退户入园、出城进沟”的养殖业生产布局，突出畜牧业生产方式转变和重大动物疫病防控两大重点，健全兽医公共卫生保障、畜产品安全监管和畜牧兽医科技支撑三大体系，实施畜禽良种繁育、优质饲草供给、标准化示范养殖、畜产品加工四项工程，打造 10 个标准化健康养殖园，带动发展 20 个健康养殖园，娄烦县康庄畜牧生态园养猪上楼和阳曲县汇鑫源标准化养羊成为健康养殖的亮点工程。防控 H7N9 禽流感，加大兽药生产监管和动物防疫条件审核，加快部省级养殖标准园创建，娄烦县康庄生态园、清徐万良牧业、山西世誉畜牧科技等 8 家被评为部级健康养殖园，山西天禄丰种猪育种、太原市德茂养殖等 9 家被评为省级健康养殖园。2013 年，全市肉、蛋、奶产量分别达到 5.1 万吨、2.9 万吨、10.6 万吨。（郭勇智）

【农产品加工】 2013 年，太原市农委围绕酿醋、葡果、畜产品、蔬菜、粮油五大加工产业，发展六味斋、金大豆为代表的食品加工产业，以杏花岭裕吉为代表的物流产业，以九牛牧业为代表的畜牧产业，以水塔为代表的酿醋产业和以青玉为代表的粮油产业。全年新改扩建项目20个，总投资34亿元，全市农业产业化企业达到202个，实现销售收入139亿元，带动19万农户实现增收。2013年，太原市签约招商引资项目27个，总投资额175.69亿元。引进天津宝迪50亿元养殖加工项目和江苏润恒60亿元农产品冷链物流项目落户太原市，形成以项目为载体推动都市现代农业发展的势头。

（郭勇智）

【特色农业发展】 2013年，太原市农委打造产地特色、产业特色、产品特色明显的都市现代农业基地。新发展中药材408.2公顷，建设中药材标准化生产基地334.83公顷；新发展果园208.1公顷，改造中低产果园333.5公顷；以晋源区梅芝园艺、杏花岭区杨家峪、长沟和尖草坪区众成等为代表的花卉产业走在全省前列。加快休闲农业提档升级，带动农民将普通农副产品转化为休闲旅游产品，人均实现增收110元左右，成为全市农业和农村经济新的增长点。全市休闲农业与乡村旅游景点发展到132家，其中具备接待能力的72家，年接待游客189万人次，年营业收入1亿多元，吸纳农村劳动力6000人。培育创建清徐县葡峰山庄、中隐山和小店区华辰农耕园3个国家级示范点，大禾农艺园、采薇庄园和华辰农耕园3个全国休闲农业四星级企业，清徐县通和农场、绿源生态农庄等6个省级示范点和40个市级示范点，尖草坪区被评为省级休闲农业示范县。（郭勇智）

【农业经营主体培育】 2013年，太原市农委以稳定农村基本经营制度为前提，在创新和培育农村新型经营主体上下功夫。代耕代种模式好。清徐县东木庄牛艳萍代耕代种合作社在全国农业厅局会议期间得到农业部部长韩长赋认可。种粮大户作用大。以清徐县陈万荣和阳曲县张立新为代表的全国种粮大户实现土地的规模化生产和集约化经营。农民专业合作社带动强。全市农民专业合作社总数达到3049家，入社农户达4.3万人。家庭农场起步好。全市家庭农场达100多个。农业转型企业主体新。以古交市龙城向新生态恢复园和阳曲县惠然农业生态园等为代表的煤炭转型企业成为现代农业发展的新生力量。工商资本投入多。阳曲县新晋商联盟盛禾生态农业园和太钢思西设施蔬菜产业园等一大批社会资本投资现代农业发展，成为工商资本投资现代农业的新亮点。（郭勇智）

大禾农艺园

【农产品质量安全监管】 2013年，太原市农委修编实施42项无公害农产品生产操作技术规程(标准)。健全完善市、县、乡三级农产品质量安全监管体系，太原市质检中心成为全省第一个市级通过“双认证”的农产品质量安全检测机构。清徐、小店、晋源、阳曲、娄烦、古交6个县级质检站全部竣工，解决机构、编制和人员问题。启动59个乡镇农产品质量安全监管站建设。开展“三品一标”认证，新认证无公害企业14家，绿色企业1家，有机企业6家，产品达94个。加大农产品检测力度，全市蔬菜、水果农药残留抽样检测合格率达95.5%，畜禽产品兽药残留、“瘦肉精”、生鲜乳违禁物质抽样检测合格率均达100%。开展农产品质量安全隐患排查和农资打假专项整治，全年未发生农产品质量安全事故。

（郭勇智）

【科技兴农】 2013年，太原市农委聘请中国农科院、农业部、省农科院、山西农大等学者组建农业专家顾问团，相继启动水塔醋文化产业园院士工作站和梅芝园艺产业园等6个博士工作站，实施产学研推一体化，以科技为支撑推进都市现代特色农业发展。加快物联网信息技术应用，在大禾、九牛、梅芝、本草等园区，探索农业生产的数字化设计、智能化控制、精准化运行、科学化管理等新方法。加快农业信息网建设步伐，以太原农经信息网和阳光农廉网为载体，发布农业新政策、新技术、新品种，为政府、企业、农民搭建信息沟通桥梁。加快科技在园区的技术集成，在古交关头设施蔬菜产业园和大禾高效蔬菜园等部分园区，集成示范及推广应用全自动水肥一体化、臭氧防治病虫害、二氧化碳气肥、温室智能温控等新技术，现代农业科技应用水平大幅提升。（郭勇智）

【新农村建设和扶贫开发】 2013年，太原市农委加快新农村产业开发，推进86个省级“一村一品”专业村、70个省级新农村建设重点推进村和7个连片示范区建设，清徐县平泉村被评为全国“一村一品”示范村。立足“质量第一、安全第一”的目标，完成454个行政村、9080盏太阳能路灯的街道亮化工程，实现“盏盏路灯明，农民好出行”。加大扶贫开发力度，累计投入各类资金104636.17万元，制定领导干部包扶村发展规划786个，解决实际问题1598个。启动实施百企千村产业扶贫开发工程，储备项目164个，总投资147.76亿元。宝迪集团、太钢集团、山西国沣农业开发有限公司、双合成等省外企业、国有企业、市属民营企业共32家企业落户太原市。全省百企千村产业扶贫开发工程现场推进会于2013年11月上旬在太原市召开，总结推广太原市“领导重视，村企对接快、项目筛选好、推进措施实”的经验，为全省加快实施百企千村产业扶贫工程提供借鉴。（郭勇智）

林 业

【概述】 太原市林业局为太原市人民政府职能工作部门，正县级建制，内设科级建制机构12个。所属16个事业单位（6个副县级建的事业单位中包括1个参公管理的事业单位、10个正科级建制的事业单位中包括1个自收自支的事业单位）以及1个独立核算、自负盈亏的企业单位。负责分管阳曲、古交、娄烦、清徐、晋源、小店、万柏林、迎泽、尖草坪、杏花岭10个县(市、区)林业局的业务工作。

万柏林城市绿化生态建设

2013年是全面贯彻落实党的十八大精神的开局之年，是实施“十二五”规划承前启后的关键一年，全市林业工作以2013年全省造林绿化（太原）现场会为契机，围绕“率先转型跨越发展，建成一流省会城市”的总体目标，对标一流，科学规划，周密部署，全面动员，推进林业生态建设。以建设城郊森林公园为重点，构建三大生态圈、建设省城大林网、创建国家森林城市。深化林业改革，强化森林资源保护，发展林业产业，兴林富民，实现林业生态建设在全省率先发展的标杆作用。（郝丽娟）

【生态建设】 2013年，山西省下达太原市营造林考核任务21180.59公顷，确定重点示范工程21项，总面积10005公顷。截至11月10日，完成22227.78公顷，占计划任务的105%，其中：两山（太行山和吕梁山）造林工程7056.86公顷，两网（水网、路网）绿化工程4318.83公顷，两林（经济林和速生丰产林）富民工程2441.89公顷，两区（矿区和城市近郊、旅游景点等特殊地区）增绿工程8624.31公顷。全市完成育苗3588.46公顷，占计划任务的107.6%，其中新育苗1667.5公顷。（郝丽娟）

【全省造林绿化太原现场推进会】 2013年9月12日～13日，全省造林绿化太原现场推进会召开，会议现场观摩东、西山绿化工程，召开座谈会。会上，省长李小鹏作重要讲话，肯定太原市造林绿化取得的成绩，总结三条经验。第一条领导重视，深入造林绿化一线，现场办公。第二条动员全社会力量参与生态建设，特别是有实力的大型国有企业、民营企业参与生态建设。第三条形成好的机制，为在短时间内，使东西山由生态薄弱区变为生态良好区，提供有效的机制保障和资金保障。现场会期间，制作的专题片《东西山绿化行》在太原市电视台播出。（郝丽娟）

【森林防火】 2013年，太原市发生森林火情16起，其中森林火灾2起，荒火14起；过火面积315.67公顷，受害森林面积17.8公顷，森林火灾受害率0.16‰；处罚肇事者10人，其中行政拘留2人、刑事拘留5人，网上追逃1人，处分相关责任人8人，责任单位2个。（郝丽娟）

【森林有害生物防治检疫】 2013年，太原市林业局预测全市发生各类林业有害生物5802.9公顷，实际共发生面积为6209.77公顷，略高于预测面积，测报准确率达到93.37%。其中轻度6000.3公顷,中度209.47公顷,没有重度发生,成灾率为0。全年防治作业面积6209.77公顷,无公害防治率100%。截至2013年底,全市检疫苗木1900余万株,木材3658.9立方米,木胶板2万余张,出具检疫要求书53份,用苗检疫率达99%,产地检疫率100%,全部达到省里下达的“四率”指标。

(郝丽娟)

【林政管理工作】 2013年,太原市林业局督促、指导完成县级林地保护利用规划的后期技术工作。全市县级林地保护利用规划工作全部结束,省林业厅批准实施。严格林地征占用审批管理和林木采伐管理,办理林地征占用77.36公顷,共缴纳森林植被恢复费1688.62万元,林木采伐8878立方米;做好木材运输管理工作,维护正常的木材流通秩序,办理木材运输证1027份、木材经营加工许可证17份。解救野生动物540余只,合理进行处置,放生或送省野生动物救治中心。

(郝丽娟)

【义务植树活动】 2013年4月15日,省、市四大班子领导带头在西山万柏林区公顷生态园参加义务植树。太原市各地均组织各种形式的义务植树活动、认种认养认管活动,累计组织单位、市民3万余人进行义务植树活动,营造省城“青年林”“光彩林”“中华母亲林”等纪念林,栽植苗木15万余株。

(郝丽娟)

【东西山城郊森林公园】 2013年,太原市规划的23个城郊森林公园在建17个、总投资约300亿元,完成造林12006公顷,初具规模的有7处。总长118千米的西山农村旅游及防火通道、307国道、松小线等县级公路,串起23个城郊森林公园和37处国家、省、市级文物保护单位,辐射100余处观光景点。 (郝丽娟)

水 务

【水利目标任务完成】 2013年,太原市水务局统筹谋划,突出重点,协调推进,狠抓落实,年度任务完成。(1)18万亩水土流失综合治理目标任务完成23.02万亩,为年度任务的127.89%。(2)农田实灌面积76万亩目标任务完成76.145万亩,为年度任务的100.2%。。(3)提高5万人农村人口饮水安全标准目标任务完成7.3万人,为年度任务的146%。(4)地下水位止降回升1米,从兰泉、晋泉监测区域来看平均止降回升1.25米。(5)万元工业增加值用水量预计降幅5.2%。(6)省政府下达的重点工程12.18亿元的投资任务完成12.20亿。(7)安全生产发展稳定好转,全年没有发生安全责任事故。 (赵文平)

【水利重点工程建设】 汾河太原段综合治理三期工程是全省转型综改重大生态修复工程,总投资21亿元。2013年,太原市累计完成投资2.02亿元。试验性施工进展顺利。晋阳湖除险加固工程累计完成投资2.13亿元。截至2013年底,围堰工程全部合拢,完成围堰6.2千米;动土方110万立方米;抽排水500多万立方米;垂直防渗墙5.5万平方米;推挖淤泥5万立方米。

(赵文平)

【防汛抗旱】 防汛。2013年5月25日,太原市水务局组织召开全市防汛工作会议,对全市防汛工作进行全面安排,确定全市9项防汛重点和工作目标、明确9个方面的防汛工作任务和措施。在全市10个县(市、区)共计开展140余场乡村防汛大演练,涉及50余个乡镇7万余人。在山洪危险区域内的村庄实施群测群防体系,初步建立县(区)、乡、村、组、户五级责任体系,喷刷山洪防御宣传标语590余条,放置宣传展板568块,并向受威胁区每户村民发放防洪避险明白卡。完成河道堤防治理50千米,清淤清障134.15千米,修复水毁和除险加固工程30余处,清除淤泥、垃圾总计50余万方,全市主要河道防洪保安率在设防标准下达到90%以上。

抗旱。2013年5月份前,太原市近90余万亩待播白地缺墒。林果受旱面积近30万亩,同时约0.45万人和0.15万头大牲畜因旱饮水困难。作物轻旱面积37.3万亩,因旱造成0.12万人和0.06万头大畜发生临时饮水困难,全年全市作物受旱面积约130万亩,受灾面积10万亩。初步统计,2013年因旱造成农、林、牧、水产业损失约0.6亿元。为有效应对旱情,全市共投入抗旱资金529.2万元。开动各类水利设施0.16万眼(处),完成抗旱实灌面积69.82万亩,灌溉亩次达到138万亩次,其中春浇面积完成63.2万亩,超计划指标4%;夏浇面积完成36.1万亩,超计划指标3%,超额完成各项浇地指标任务。

山洪灾害防治非工程措施建设。太原市区山洪灾害防治非工程措施项目批复总投资1173.59万元,完成自动监测雨量站18处、简易监测雨量站161处,自动监测水位站9处,简易监测水位站5处,乡级预警站29处,村级预警站161处,市、区级监测预警平台共7处。完成并通过合同验收和专项验收,完成率100%;市级防汛高清视频会议系统初步完成。 (赵文平)

【水保生态治理】 2013年,太原市共完成水土流失综合治理面积23.02万亩,其中水保林13.71万亩,经济林0.36万亩,基本农田1.28万亩,封禁治理7.17万亩。2013年开工建设的4座淤地坝3座竣工;3条重点小流域工程全部竣工。淤地坝管护人员“一坝一人”和“一坝一表”的做法在全省推广，并在水利部中国生态网站进行登载。由水利部黄河水利委员会主持组成山西省黄土高原小流域坝系考核评估专家组，对太原市娄烦县神堂沟小流域坝系工程(淤地坝67座，其中骨干坝12座，中型坝19座，小型坝36座)建设情况进行考核评估，以95分的高分通过考核评估。（赵文平）

【水资源管理】 2013年，太原市水资源管理办公室正式组建。开展全市工业现状用水量及农田灌溉水利用系数现状调查，启动水资源管理“三条红线”指标分解，制定用水效率指标控制体系，实施用水总量控制，下达《关于加强太原市行政机关及企、事业单位自备井监管工作的通知》，对全市365个自备水源取水单位进行核定，对全市220个地下水动态监测网络进行维护与监测，水资源费征缴任务超额完成。太钢集团、山西大学、山大商务学院、迎泽宾馆等一批节水型示范单位初步建成。全市37万农户自来水入户率达到93%以上；全年共建设农业节水灌溉工程共计34处（项）。主要包括：膜下滴灌示范项目、县级规模化高效节水灌溉项目、末级渠系防渗项目。共涉及5个县(区)109个自然村。总投资10869万元，其中中央财政资金800万元，省级财政资金4562万元，市级财政资金5507万元。共改善灌溉面积5.1万亩，新增灌溉面积1.7万亩，新增节水灌溉面积3.6万亩。新增节水灌溉面积按节水类型分：渠道防渗面积7400亩，管灌23549亩，喷灌400亩，微喷灌855亩，滴灌380亩，膜下滴灌2140亩，其它节水灌溉形式1600亩。（赵文平）

【渔业渔政监管】 2013年，太原市水务局完成农业部、省、市全年水产品检疫检测39次，完成抽检603例，合格率为100%。全市渔业养殖面积1288公顷，淡水水产品产量完成2473吨，为年计划的115%；渔业经济总产值完成3397万元，较上年增加11%；渔民人均纯收入6872元，较上年增加10.5%。引进并推广黄金鲫、稻蟹养殖技术，调整养殖结构；山西省映山湖休闲俱乐部等7个单位分别荣获省部级养殖示范场和休闲示范园称号。（赵文平）

【移民扶持政策】 2013年，太原市水工程移民办正式组建。全年完成娄烦下静游村、尖草坪柏崖头村移民示范村建设；妥善处置移民来访4次，按时足额发放移民后扶直补资金1560万元。进一步规范移民工作管理项目、资金下达、竣工验收及工程监管，出台《大中型水库后扶项目管理规定》。全年下达3批后扶资金1353万元，51个项目，涉及5县(市区)51个村，使移民群众生产生活得到改善。（赵文平）

【依法治水】 2013年，太原市水务局获“全市依法治理示范单位”称号，是全市4个获此荣誉的市直单位之一；颁布10年的《太原市晋祠泉域水资源保护条例》《太原市兰村泉域水资源保护条例》经重新修订，于8月1日由山西省第十二届人民代表大会常务委员会第四次会议批准，9月1日起施行。对85人的行政执法证进行年审；梳理行政强制事项16项；开展专项行政执法检查2次，水土保持监督执法检查120余次，查处水事违法案件35起，罚款14万元。在全市组织的“依法行政”宣传月活动中，荣获“依法行政知识竞赛”优秀组织单位，“主题征文活动”一等奖。（赵文平）

【水利安全生产】 2013年，太原市水务局按照“管行业必须管安全，谁主管谁负责”“管业务必须管安全”的原则，制订下发《太原市水务局贯彻落实全省全市安全生产紧急电视电话会议实施方案》，先后6次召开专题会议研究，组成7个工作小组，分6次，对23个局属单位、10个县(市、区)水务局、5个重点水利工程项目、15座水库、168座淤地坝、121个单位进行“拉网式”安全生产大检查。填写安全检查记录表1000余份，提出整改措施16条。54处安全生产隐患全部整改，整改率100%。（赵文平）

农业机械

【概述】 2013年，太原农机工作以服务三农为宗旨，以农民增收、农业增效为目标，贯彻落实中央、省、市关于农机化的方针政策和法律法规，围绕太原市都市现代农业发展，落实农机购置补贴政策，狠抓农机重点工程项目实施，夯实农机社会服务体系，强化农机依法行政管理，加大农机科技创新，深化行政效能建设，对标赶超，争创一流，农机化发展取得丰硕成果，实现农机化事业的又好又快发展，为农业农村经济持续快速发展做出贡献。截至2013年底，全市农机总动力达133.6万千瓦，新增5.2万千瓦，农机原值9.9亿元，新增0.9亿元，农机经营总收入3.6亿元，纯收入1.71亿元，全市综合机械化水平比上年提高2.5个百分点，农作物综合机械化水平达到61%，全部完成省局目标任务。补贴购置农机具3338台套，扶持农户2348户，新增玉米收获机167台。完成机械化保护性耕作新增3668.5公顷，完成全年任务的110%。新注册登记拖拉机联合收割机516台，完成全年任务的129%，新训新考驾驶员409人，完成全年任务的127.8%，全年未发生农机死亡责任事故，千台重伤率控制在0.3以下。新建农机专业合作社21个，完成全年任务的350%，新增农机大户38个，完成全年任务的108.6%。新增农机维修网点8个，完成全年任务的160%。玉米机收面积28647.65公顷，完成全年任务的113%，薯类机收面积6236.45公顷，完成全年任务的110%。培训新购机农民1810人，完成全年任务的100.6%。（马松威）

【农机化生产】 2013年，太原市农机局抓住关键农时、重点作物、主要环节的农机化生产工作，及早安排部署，使农机化生产水平稳步提高，保证全市农业生产工作的稳定大局。在春季农机生产工作中，做到三个早字和五个到位，即早筹划、早安排、早动手，和领导到位、责任到位、措施到位、工作到位、检查到位，保证春季农机生产工作的有序开展。开展备耕服务。组织213名农机技术人员深入乡村农户进行指导，帮助农机手检修、调试各类农机具13348台，培训驾驶操作人员和修理工2380名，组织协调引导农机专业合作社和农机大户，开展规模连片作业和跨区机耕、机播等作业，扩大机械作业面积，加快作业进度。开展春季农机购置补贴工作。在农机购置补贴网尚未开通的情况下，特事特办，对春季农业生产当中急需的机具提前进行登记核实和办理，保证春耕生产需要。及时报送、发布生产作业进度和柴油供应、作业价格、天气等动态信息，通过省市新闻媒体宣传交流春耕备耕工作，营造服务和舆论环境。

在龙口夺食的三夏战役中，太原市虽然小麦种植面积小，各级农机部门仍高度重视，健全网络信息发布。春节刚过，在中国农机化信息网上向全国发布太原市小麦种植面积、收割时间、现有机车、需引进机车等内容的机收信息。下发《关于做好“三夏”农机服务工作的通知》，从组织领导、创新服务形式、跨区作业证的发放、机械检修和调度、安全生产、信息服务及突发事件的应急处置等方面进行全面的安排部署。市农机局加大农机具、零配件和生产用油的供应工作力度。检修机械，抓好培训，搞好技术服务。组织农机技术人员，对参加“三夏”作业的联合收割机进行检修和维护，对机手进行培训，全市组建农机生产技术服务小分队3个共36人，到田间地头开展技术咨询和服务。通过机具补贴、项目支持等优惠政策，引导清徐、小店等的19个农机专业合作社参加“三夏”农机生产，合作社集中作业面积占到全部作业量的二分之一以上。

三秋期间，全市共出动玉米联合收割机412台，完成作业面积28014公顷，实现太原市玉米机收面积和机械化收获水平的历史性突破。分别在清徐、古交和阳曲县举行玉米机收、马铃薯机收和机械深松整地的秋季农机生产现场会，鼓舞全市的农机秋季作业生产，推动秋季农机生产的开展。把发展玉米机收作为2013年秋季农机工作重点，全市集中1083万元国补资金用于玉米联合收获机，并拿出100万元的市补资金给予累加补贴，2013年全市新增玉米联合收获机达167台。市农机局采取多种形式开展玉米收获技术培训。争取省局玉米机收秸秆还田项目12006公顷，每公顷补贴450元作业费，仅此一项，全市农民可享受到540万元作业补贴。市农机局开展全方位技术服务。全市共检修各种农业机械2450台，培训操作手2300人，组织165名技术人员，组建8个技术服务小分队头开展服务。（马松威）

【农机购置补贴】 2013年，太原市农机局把农机购置补贴作为实现太原市都市现代农机科学发展率先发展的主抓手，围绕转变，创新实施，规范阳光操作，强化教育监管，提升全市的农机装备水平。全年完成国补指标3304.76万元，其中省级累加275.46万元，市财政补贴指标100万元。局党组高度重视，把农机购置补贴工作作为市政府目标管理的首要工作任务进行安排，成立由局长任组长的购机补贴工作领导组，与市财政局联合下发《太原市2013年农业机械购置补贴实施细则》和《太原市农业机械购置补贴监督管理实施细则》。全市组织召开太原市农机购置补贴工作培训会，和十县（市、区）签订农机补贴工作责任书，实现“全价购机，县级结算，直补到卡”的购机新模式。市农机局创新管理机制。以补贴对象的确定为重点，对农民实际购机情况公示到乡村，各县（市、区）全部实现网上申报、审批、核实，既提高工作效率，又方便监管。建立《岗位职责责任制》，纪检监察部门全程跟踪参与监督，实现阳光公开，受到农民的欢迎。针对太原市都市现代农业发展的需要和特点，补贴向设施农业机械、玉米马铃薯生产关键环节机械化、林果、畜牧、农产品加工机械等方面重点倾斜，优化农机装备结构，提高农机装备水平，将60%以上的资金用于发展太原市急需的农业机械，为全市农机转型跨越发展提供装备保障。狠抓经销商售后服务质量和经销商企业规范化运行。在培训经销商有关人员的基础上，开展专门的检查督导工作，对发现的问题责令限期整改。市农机局加大检查督查力度。局长、分管局长多次到古交、清徐等县区一线，对机补工作进行检查和督导，促进机补工作的开展。

（马松威）

【农机科技创新】 2013年，太原市农机部门开展农机科技创新，加大农机新技术新机具研发、引进、推广力度，强化都市现代农业农机调研，农机科技创新为都市现代农机的转型跨越发展注入动力。市农机局组织举办2013年第八届北方农业机械展示会和山西省首届农用无人机植保机械演示会，展览、演示、推广先进适用的农机机具和技术，促进农机新技术新科技在太原市的推广应用。市农机局领班子到太原市十大农业主题产业园中的小店区华辰农耕园、古交市龙城向新生态园等园区，对太原市都市现代农业园区农机发展情况进行调查研究，探讨农业产业园与农机科技相结合的新路子，并与园区初步达成建立高科技含量的农机科技示范园的意向。市农机局组织农机推广等有关部门人员，对2013年中国国际农业机械展览会进行观摩学习，重点解学习玉米、土豆、中药材和设施农业的相关机械，使农机人员对当前国际国内最新产品、新技术和新理念有进一步新的认识，对太原市农机化发展有更深刻的理解。市农机局与青岛洪珠农机生产厂开发生产的中草药收获机等机具达成试验引进意向，并深入洪珠厂家进行现场考察和现场座谈，为中草药收获机械的成功试验引进奠定基础。市农机局研究所试验、推广物理农业设施装备，推广臭氧灭虫机、日光温室环境系统装备、多功能声波助长仪、空间电场促生装置等装备取得成功，效果明显。市农机局农机部门在全市范围进行玉米规范种植行距，全市农机推广部门组织科技人员深入基层进行技术指导，为太原市实现玉米全过程机械化打下基础。（马松威）

【农机重点工程项目】 2013年，太原市农机示范工程项目建设取得突破性进展，农机工程项目的示范引领作用明显，推动全市农机工作迈上新台阶。对于机械化保护性耕作工程项目。太原市争取多方支持，在清徐、阳曲、古交、尖草坪、小店5县区市组织实施机械化保护性耕作示范工程，新增实施面积3335公顷。古交市获得国家发改委、农业部机械化保护性耕作基本建设项目立项支持。2013年，清徐县首次获得国家农业开发办项目立项支持，进行农业综合开发现代农机化示范区建设。项目区流转土地120.06公顷，玉米生产初步实现全程机械化作业。清徐县、阳曲县分别获得山西省保护性耕作基本覆盖和重点示范项目县立项支持。尖草坪区、小店区获得山西省保护性耕作示范项目县立项支持。在古交市岔口乡关头村进行33.35公顷的马铃薯机械化种植试验示范，取得成功。完成山西省现代农业玉米丰产方建设机收秸秆还田项目12006公顷。

（马松威）

【农机社会服务体系建设】 2013年，太原市农机社会服务体系建设增加投入，重点扶持，加强管理，呈现出组建逐步规范，特色更加鲜明，形势趋于多样，发展欣欣向荣的特点，取得明显的成效，截至2013年年底，全市注册登记的农机专业合作社达到96个，农机大户287个，农机维修网点66个，其中标准型星级农机维修网点23个，农机合作社农机作业量占到太原市农业生产的60%以上，探索出一条以实现农机共同利用为主要特征的农机化发展道路，为全市农机化发展提供强大的支撑。工作中，结合太原市实际，将目标任务进行分解，列入全市农机系统目标责任考核范围，下发专门文件将工作任务责任落到实处。加大资金扶持力度。从市财政争取50万元资金，重点用于农机合作社建设，促进合作社提档升级。在机补工作中，对合作社农机大户制定一系列优惠政策，在数量上放宽，在购买上优先。市农机局主要领导多次到重点县区生产一线，对农机合作社进行实地调研考察，掌握第一手资料，确定扶持重点。小店区绿业吊农机合作社、清徐县政通农机合作社被确定为省级高标准农机示范合作社。市农机局下发《关于搞好规范推进农机合作社发展工作的通知》，对全市农机合作社进行整顿规范，逐一排查登记，根据实际提出整改要求和措施，使农机合作社的发展实现新跨越。推动构建组织化、专业化、规范化和品牌化程度较高的农机维修服务体系，召开维修网点标准化规范化建设专门会议，规范太原市农机维修业发展秩序。加大农机维修网点改扩建项目的实施力度，有效提高全市农机维修网点的标准化建设和基础设施条件。市农机局响应国家提出的鼓励土地流转和适度规模经营，开展机械化家庭农场的调查摸底，2013年，全市有家庭农场27家，拥有土地1.03万亩，拖拉机96台，收获机22台，配套机具185台。在摸底基础上鼓励和引导农机合作社、农机大户等承接土地流转、规模经营土地，发展机械化农场和家庭农场。开展农机化社会服务劳动竞赛活动，组织农机合作社和农机大户开展劳动竞赛活动。市农机局拿出30万元资金对参加竞赛活动的合作社给予每公顷300元的作业补贴，推动农机服务组织的农机生产工作。

（马松威）

【农机依法行政】 2013年，为搞好太原市农机依法行政工作，市农机局领导高度重视，把农机依法行政工作列入重要议事日程。(1)健全机构。成立以党组书记、局长马雪峰为组长，党组成员、分管副局长李瑞春为副组长，各县(市、区)农机局(农委)、市农机局机关各处室负责人为成员的太原市农机依法行政工作领导组。明确领导分工，细化工作人员职责。各县(市、区)农机

局（农委）成立各自相应的农机依法行政领导组。市农机局和县（市、区）农机局（农委）形成主要领导亲自抓、分管领导具体抓、相关人员协助抓的工作格局。（2）强化落实。把太原市农机依法行政工作纳入全年工作计划，组织实施。结合工作实际，市农机局专门制订《2013年太原市农机局依法行政工作计划》《太原市农机局依法行政宣传月活动工作方案》（并农机〔2013〕68号）、《太原市农机局“六五”普法规划》（并农机〔2012〕87号）等文件。并下发至各县（市、区）农机局（农委）、市农机局各处（室）所，进一步明确目标、分解任务，落实责任。组织人员对各县（市、区）农机依法行政开展情况进行监督检查，保障全市农机依法行政工作正确有效的实施。（马松威）

【农机安全生产】 2013年，太原市农机局依法行政，加强组织领导，坚持文明执法，强化宣传教育，完善规范管理，推进农机管理法制化进程，确保太原市农机生产的全面、本质、持久安全。工作中坚持每月一次的局长办公会议制度，凡重大事项由班子会议集体讨论研究决定，并广泛听取基层干部群众的意见和建议。市农机局明确一把手对安全生产负全责，印发农机安全生产的《一岗双责》和八项制度，建立健全并严格执行执法责任制和过错追究制，每季度组织召开全市农机安全生产工作例会，市县乡村户层层签订农机安全生产责任书，将农机安全生产责任制落到实处。进一步完善和健全规范性文件备案审查制度，制定规范性文件的制定、审核和报送备案制度。规范农机执法行为，工作中坚持亮证执法，公正执法，公开执法，文明执法，人性化和谐执法。严格监管，杜绝发生腐败和损害群众利益行为。加强农机安全生产源头管理，市农机局先后两次召开全市农机安全生产工作会议，将三率指标的完成实行一票否决制，从源头上做好农机安全生产工作。在全市农机系统开展农机安全生产专项整治、打非治违、隐患排查、安全生产月等活动，组成多个农机安全检查组进行督导、检查、抽查，特别是对重点时段，重点路段、重点人群等进行检查排查，促进全市农机的安全生产工作。对补贴农机采取集中统一方式，全部办理上户手续。对享受优惠政策参与农机项目作业的农机和农机检验挂钩，全部进行进行机车检验。向科技要安全，高标准农机检测线和红外桩考仪的投入使用，使太原市农机监理和考试率先实现科学化。继续开展平安农机的创建活动，做好应急处突工作，制定应急方案，开展应急演练。加强农机质量监管，举办全市农机质量投诉监督管理培训班，对全市辖区内农机定点经销企业、产品等进行督导、检查、调查，协调处理农机质量问题。开展3·15农机维权系列活动。市农机局开展效能建设，主要领导亲自抓，全面实行和执行“一事一表”工作制度，进行审批流程整合再造，对拖拉机联合收割机登记注册程序和驾驶员考试流程进行简化，下放审批权限，使全市农机的行政效能进一步提高。

（马松威）

【农机队伍教育培训】 2013年，太原市农机系统狠抓农机队伍建设，坚持以人为本、政府推动，部门主办，农民受益的原则，开展各类农机教育培训工作，分解任务，细化措施，落实责任，保证效果。全年全市共培训农机手5600人次，技术人员1100人次，管理人员600人次，全市农机管理人员和农机操作手水平有明显提高，为太原市都市现代农机发展奠定坚实基础。

市农机局组织召开全市农机培训工作会议，下发《2013年太原市农机人员培训工作实施方案》，下达农机人员培训计划任务。组织编印培训教材读本，编制多媒体培训PPT，配置仿真发动机模型等教具。利用农机操作手培训、阳光工程等项目资金和政策，结合项目实施，开展关键性农机化技术培训。围绕农机安全生产，开展农机安全驾驶操作培训。实施农机职业技能鉴定，完成农机维修工职业技能鉴定101个。开展农机管理人员培训，提高农机管理和公共服务能力。

（马松威）

商　务

【概述】 社会消费品零售总额。2013年，太原市社会消费品零售总额实现1281.46亿元，增长13.5%。

对外贸易。2013年1月～12月，太原市外贸出口529482万美元，同比增长24.8%，完成年度目标453907万美元的116.7%。

利用外资。2013年，太原市实际利用外资9.4亿美元，引进境内资金837.3亿元，分别增长20.7%和68.8%，合计引进外来资金893.7亿元，同比增长44.2%，完成年目标的132.4%。

（傅建平）

【扩大城乡消费规模】 “蛇舞新春、福惠万家”消费促进月活动期间，全市市场购销两旺，商家促销形势异彩纷呈，信用消费、绿色消费盛行，促销效果明显。据监测，2013年春节黄金周7天，太原市美特好、华宇、金虎等12家大型商贸服务企业就累计销售11904.3万元，比上年同期增长16.3%；“3·16龙城消费节”大型电视直播活动以“政媒联手、商家联动”的全新模式，构筑诚信监管平台；2013年7月6日～9月8日举办的以山西黎氏阁家具广场有限公司为主场的600个品牌家具企业共同参与的“幸福暖家”活动期间，承办企业组织一系列优惠及公益活动，对提升全市居民生活品质、扶持太原品牌企业起到引领作用；6月～10月，市商务局分5次组织东湖、双合成、汉波、亨利晨等20家太原市知名品牌企业赴北京、呼和浩特、广州、成都、上海参加以“享用三晋品牌·提升生活品质”为主题的“山西品牌中华行”系列活动。现场销售火爆，参展企业与多家大型企业集团、批发（代理）商进行对接洽谈，累计签约2.7亿元。

（傅建平）

【流通体系建设】 2013年，太原市商务局打造“15分钟便民商圈”。试点的10个社区便民商圈项目建设全部完成，并验收合格。迎泽区新南二、三社区便民商圈建设项目移动电子商务系统，电子商务平台和手机客户端上线运行，实现语音输入、商户检索、位置查询、路线导航、商户展示、线上互动、交易支付、评价分享等功能，使电子商务这种新型商业业态与社区商业服务结合，是太原市“15分钟便民商圈”示范试点工程的亮点。

再生资源回收体系建设任务全部完成。2013年太原市再生资源回收体系建设目标任务是：在全市六城区内较大的社区、大专院校、大型商厦新建60个规范绿色回收亭。截至2013年底，六城区所辖社区、学校、大型商厦等地各新建回收亭10个，再生资源回收体系建设试点项目通过省级部门的阶段性验收。

继续推进农村流通体系建设。2013年市商务局对500家万村千乡市场工程建成的连锁农家店进行信息化改造，信息化系统设备布放后增加金融刷卡消费功能、移动业务办理功能、信息发布及其他业务代办功能。万村千乡市场工程物流配送中心建设的验收工作完成。

（傅建平）

【规范市场行为】 2013年，太原市商务局开展全市单用途预付卡发卡企业备案登记。联合相关部门对单用途发卡企业开展执法检查和专项整治工作，对其发卡规章制度、预售资金存管等情况进行监管，有效防范金融风险。全年出动执法人员500余人次，调查摸排各类企业420家次，检查重点发卡企业36家，约谈企业负责人30人次，处罚违规企业11家，印发文件700余份、培训资料500余册，培训企业人员480人次。截至2013年底，全市有44家发卡企业完成备案。其中，集团、品牌17家，规模15家，规模以下12家。“肉类蔬菜流通追溯体系建设”项目作为为人民群众“办实事、解难事”活动之一，经过动员部署、调研摸底、制订项目方案、专题培训、申请配套资金、制订资金使用管理办法等阶段性工作,系统集成和通用设备、监理服务招标结束以后,2013年12月召开太原市肉菜流通追溯体系建设推进会,市政府与六城区政府、市直9个部门签订项目建设责任书。施工方案的深化设计、管理平台建设、节点改造和系统调试工作相继进行。推进“放心早餐”工程。2个主食加工配送中心升级改造工程完成,早餐固定门店达到400个。通过举办“油条炸制比赛”等活动,丰富“放心早餐”品种,为消费者提供更多选择,以推进放心早餐工程建设。申请设立“放心早餐工程”专项基金对企业给予补助和奖励,通过激励企业发展,满足市民消费需求。（傅建平）

【行业管理】 2013年,太原市商务局加强商贸服务行业管理,依法依规对太原市典当业、拍卖业、零供双方不公平交易、不规范促销行为加大监管力度。对太原市49典当企业和53家拍卖企业按时保质进行年检。联合市公安、国税、地税、工商、物价稽查部门,对全市20家大型零售企业、超市的促销服务费、违规收费及明码标价等情况进行为期一周的检查。加大超前服务力度,在典当业和拍卖业监管中,对提出申请新设立和项目变更的企业进行实地调研,依法审核,快速办理,引导企业健康、规范运行。加快家政企业规模化和连锁化步伐。2013年,市商务局承诺的“培育2个家政服务联盟企业,年内免费培训农村富余劳动力、城市下岗职工1230人”的任务完成。山西好家政服务有限公司培育发展21家联盟企业,山西金盛家政服务有限公司培育发展30家联盟企业;全市免费培训家政人员1324名。（傅建平）

【申报现代服务业国家试点】 申报城市共同配送试点。2013年3月,太原市启动城市共同配送试点申报工作,成立由分管副市长任组长,市商务、财政等9部门为成员单位的城市共同配送试点工作领导组。9月初,国家商务部、财政部确定太原市为全国15个试点城市之一,并下达专项扶持资金4000万元。为明确试点任务、明晰目标责任、严明工作纪律、严肃资金监管、严格跟踪考核,引入项目管理办法。按照程序开展项目征集、项目初审、专家评审与结果公示等工作,制订《太原市城市共同配送发展规划》《太原市城市共同配送实施方案》《太原市城市共同配送项目管理办法》,与项目承接单位举行《太原市城市共同配送项目任务书》《太原市城市共同配送项目专项资金使用承诺书》签字仪式,组织项目实施。申报国家电子商务示范城市。开展电子商务示范应用,市商务局以市政府名义成立太原市电子商务示范城市创建工作领导组,组织电子商务主管部门、行会商会和重点企业展开电子商务示范城市创建工作调研,起草《太原市电子商务示范城市创建工作方案》,以市政府红头文件形式上报国家发改委。经国家商务部认定,山西百事帮科技有限公司成为山西省唯一的国家级电子商务示范企业。

（傅建平）

【招商引资】 加强投资政策引导。2013年,太原市商务局征集市场潜力大、科技含量高、经济效益好、资源消耗低、环境污染少的大项目、重点项目,并经项目会审,完成《太原市招商引资项目汇编》。结合招引资政策导向及相关优惠政策的变化情况,新设计的《投资指南》完成设计修改及编印准备工作。通过“五结合”“三转变”,推进项目洽谈及对接。“五结合”是:专职招商与会员招商相结合、自主招商与委托招商相结合、单个项目与园区招商相结合、小项目与大项目承接相结合、上门招商与网络招商相结合。“三转变”是:全民招商向专业招商转变、全面接纳向招商选资转变、单纯追求规模向数量和质量并重转变。2013年,全市招商引资签约项目135个,项目总投资2765.9亿元,完成年目标2090亿元的132.3%。引进西屋电气等跨国公司、中铝集团等世界500强企业;引进中海油总部基地项目;签约引进国药集团山西物流中心、康美徕现代医药物流中心等重大项目。组团参加第八届“中博会”“台交会”和“兰洽会”等招商展会,宣传推介太原投资环境,组织项目对接洽谈,并达成引进中电电气节能等重点项目的合作意向。按照市政府安排,34个城中村改造项目会审及推介工作全部落实。加强招商项目跟踪服务及项目落地资金统计工作。要求各县(市、区)、开发区招商部门在统计汇总项目落地资金时,把属地的重点建设、城市管理、交通、农业等方面的项目中,通过以招商方式引进的资金列入自行签约项目范畴及时上报。主动走访市发改委、住建委、农委、重点办、城管委、国资委、交通局、人防办等部门,在进一步掌握招商项目到位资金情况后,按项目属地反馈给各县区统计汇总。每季度将县区招商引资进展情况通报到县区政府及招商部门,促进招商引资工作进程,确保招商引资到位资金完成目标进度。（傅建平）

【外贸企业发展】 扩大对外贸易队伍。截至2013年12月31日,在太原市备案的企业共有1049户(不包含在省厅备案的企业),其中2013年新增172户。古交市摆脱连续多年无外贸进出口实绩的状况,进出口额达12.5万美元。推进外贸转型升级专业型示范基地建设。市商务局经过安排部署,组织审核筛选,将太原经济技术开发区煤机装备制造作为省级第二批外贸转型升级专业型示范基地进行申报,并通过省厅认定。落实国家鼓励进出口扶持政策,为企业申报各类扶持资金，全年共获批各类外经贸扶持资金4127.07万元，对于外贸企业减少成本，缓解资金压力，开拓国际市场起到作用。为企业提供寻找贸易新渠道、开拓新市场的机会。组织企业参加第三届中国·亚欧博览会、114届广交会、第十届中国东盟博览会、昆交会和北京汽车零部件博览会等。中国·亚欧博览会太原市共有3个企业参展，展品涉及食醋、动漫制作以及精密铸造等，成交120多万美元；第114届广交会太原市共有95家企业参展，302个展位，展品涉及电子及家电、家居用品、玻璃器皿、照明、车辆及配件、五金工具等15大类40小类，成交额达12300万美元。全面调研太原市外贸工作基本情况，建立健全工作体系。对231主体工程建设、示范基地建设、国际营销网络建设、外贸企业品牌建设、电子商务平台建设、外贸企业国际认证、国际营销网络建设等工作基础数据进行调查摸底，全面掌握太原市外贸企业的基本情况。开展外贸运行分析和政策宣讲。召开四次县区(开发区)外贸形势及运行分析通报会。组织170户外贸企业200余人，进行外贸政策宣讲。

(傅建平)

【区域经济合作】 2013年，太原市商务局组团参加国内经贸洽谈活动，推介太原市投资、旅游环境和行业优势，促进国内友好城市及环渤海区域各成员城市间的经济技术协作与交流。2013年7月19日，以副市长寿伟光为团长的太原市代表团参加在呼和浩特市召开的第十六届环渤海区域合作市长联席会。会上，展示近年来太原市参与环渤海区域间重点合作项目，寿伟光作题为《加强区域合作交流，创新经济发展新模式》的发言。会议确定第十七届环渤海区域合作市长联席会在太原市举办。

区域合作推动地方名品行销全国。市商务局把区域经济合作交流与“山西品牌中华行”活动紧密结合起来，推介地方特色，提升太原的知名度。组织山西水塔醋业股份有限公司、太原六味斋实业有限公司等企业参加西洽会、津洽会、民交会(第七届民族商品交易会)、广博会、绿博会(第六届中国绿色食品博览会)，推出以“将军醋”和“中国风”为代表的宁化府系列名醋、传统纯手工剪刻技法、核桃工艺品和不锈钢家居用品等地方产品。各类参展商品现场销售74.6万元，签订合作、销售及加盟协议约3400万元。

友好城市经济协助和交流进一步加强。2013年，市商务局协调市政府有关部门接待友好城市——乌兰察布市、齐齐哈尔市、南昌市政府经贸考察团，组织相关企业参加友城在太原市举办的区域合作项目推介会和企业考察活动，推进太原市与其他城市的经济合作。

(傅建平)

【实施“走出去”战略】 2013年，太原市商务局落实和推进“走出去”战略，引导有实力的企业在世界经济低迷时期大胆走出去，拓展国际市场。根据省商务厅关于申报服务外包专项资金的要求，上报2013年度省级服务外包发展专项资金项目两个，为太原市企业申请支持资金60万元。市商务局会同市安监局、市外办、市发改委、市住房和城建委、市国资委等部门，共同组建成立太原市境外突发事件应急处置领导小组，各部门明确职责分工，确保安全管理得到落实，增强对境外中资企业的风险防范和处置能力。(傅建平)

【外企管理服务】 太原市商务局牵头对全市外资企业联合年检，以“加强监管，提升服务”为宗旨，探索新的运作模式，通过“健全组织，强化领导；完善机制，强化制度；严格执法，强化监管；加强沟通，强化协调；树立典型，强化表彰；转变作风，强化服务”等六项措施，2013年，完成对太原地区239家应参检企业的联合年检工作。实际参检企业216家，参检率90.4%，合格率97.7%。省商务厅对太原市联合年检的创新模式给予肯定，并在全省“外企服务年”动员会上推广这一工作经验和做法。

市商务局在“外企服务年”活动中，转变工作作风，开展外资企业调研回访活动。着重调研回访在并投资的世界500强、总投资在3000万美元以上和近两年新设立的外资企业。采取实地走访、集中召开座谈会、电话联系沟通等多种方式，调研回访富士康、可口可乐、江铃重汽、美锦集团、水塔醋业、美泰机械、太钢哈斯科、阳曲华润、和易金属、宏全食品、智奇铁路、罗克佳华、迪爱生油墨、肯德基、星巴克和中何混凝土等32家外资企业。先后协调解决太钢哈斯科公司技术专家家属入境邀请函办理；肯德基公司工商部门罚款、府西街店拆迁；智奇铁路公司海运代理；麦当劳、星巴克公司设立门店选址；美泰机械公司2011年、2012年度联合年检补检和公司减资审批；促成召开迪爱生油墨公司投资股东会议，恢复公司新的董事会职能。市商务局在市政府的指导下，牵头会同市国资委、物产集团、市外侨办、科贝律师事务所等部门，对中何公司外方投诉积案进行梳理和法律甄别，向省政府、国侨办进行实事求是的情况汇报，推进这一陈年积案向妥善解决的方向发展。

(傅建平)

【开发区建设】 2013年，太原市商务局根据省政府综改实施方案要求和省商务厅提出的“一县一区、一区多园”的整合原则和整合处置意见，对园区进一步整合优化，将阳曲经济开发区、古交经济开发区、西山生态修复区三个省级开发区作为太原市新建开发区升级园区上报省厅为省级经济开发区、列入中国开发区目录。协助经济区申请基础设施建设贷款贴息资金。市商务局会同财政局对经济区高新技术

孵化基地、小学校贷款贴息项目申报资料进行初审，并向省申报申请贴息884.91万元。提出转型综改重大改革(课题)2013年行动计划(开发区)工作方案。结合指导思想和开发区发展现状，重点制定理顺和创新开发区管理体制和机制六个方面的工作内容，并提出相应的工作推进措施。围绕理顺开发区与县乡村关系、激活运行机制、构建融资平台、推进产城一体化、企业和项目在开发区之间合理流动的利益协调和补偿机制等内容提出开发区扩容提质的研究课题。 （傅建平）

【市场监测和调控】 2013年，太原市商务局建立市场运行监测体系和分析成果转换平台。重点流通企业、生活必需品等9个监测系统，覆盖全市9个县(市、区)。大型商贸企业重大节假日市场监测工作实现常态化。不同行业的监测样本(企业)量达到100个，位居全省第一。上报各类分析材料共计932篇，其中原创533篇，被商务部主站采纳135篇，采纳率为25.3%。通过《太原日报》《太原晚报》《山西商报》等新闻媒体发布新闻44篇，引导企业经营和居民消费。开展药品流通行业统计监测工作。在对太原市医药流通企业进行相关调查的基础上，了解和掌握药品流通行业情况。按照统计报表制度要求，完成典型企业以外药品批发和零售企业流通统计报表网上报送工作，为开展药品流通行业管理和落实山西省药品流通“十二五”规划实施奠定基础。推行使用国Ⅳ标准燃油。首先，报请市政府发布推行使用国Ⅳ标准车用燃油的通告，并在新闻媒体和全市每一个成品油批发、零售经营企业进行发布。其次，做好油品升级的资源调配工作。经过多方面协调，太原市成品油市场能够供应国Ⅳ标准车用汽油，中石化、中石油、中航油、燕山石化等批发企业全面调进储存国Ⅳ标准车用汽油，中石化、中石油两大集团承诺向全市加油站敞开销售，保障供应。待省物价局公布国Ⅳ标准车用汽油的销售价格，太原市即可推行使用国Ⅳ标准车用汽油。开展打击侵犯知识产权和制售假冒伪劣商品工作。坚持突出重点、打防结合、标本兼治的原则，市商务局协调配合相关部门指导督促市属十县(市、区)政府机关高标准完成软件正版化工作。全市共出动执法人员69348人次，共检查整治重点区域655余处，经营主体35075个次，责令整改企业2000余家次，责令85家企业停业整顿。受理和处理申诉举报69件，查处侵权假冒案件892起，捣毁制假售假窝点56个，移送司法机关110件，102名被告人被判刑，总案值达3000余万元，打击假冒侵权犯罪行为，净化市场环境。全面开展畜禽屠宰监管工作。加大对市定点屠宰场点的监管力度，开展打击私屠滥宰专项整治行动。对屠宰企业和猪肉销售市场、私屠滥宰行为进行突击检查，对城乡结合部等重点区域进行拉网式排查，防止私宰肉品进入市场。行动中，共出动执法人员714人次，执法车辆108台次，取缔无证宰杀点3个，警告批评摊户2个。开展屠宰环节病死畜禽专项检查。出动执法人员483人次，执法车辆106台次，未发现出厂、出售病死畜禽违法行为。开展生猪屠宰资格审核清理延期整改企业管理工作，全市延期整改企业共三家，其中两家重新选址。加强酒类监管。继续做好酒类批发许可证的核发、年检和换证工作。对符合条件的240户经营企业核发酒类批发许可证，完成1096户酒类批发许可证的年检与换证工作，酒类批发企业办证率达到100%。做好酒类零售备案工作。全市共办理酒类零售备案登记近8698户，备案登记率达到90.5%。继续推进酒类流通随附单规范使用和购销台帐制度。对35户酒类经营企业违规使用随附单行为进行查处。继续推进“放心酒”工程。16家经营单位被评为全市第四批“放心酒”工程示范店，15家经营单位被评为山西省“放心酒”工程示范店。 （傅建平）

粮食供销

【“保障工程”建设】 2013年，太原市粮食局以健体系、保“粮安”为中心，紧抓保供稳价，落实粮食安全责任，全力维护全市粮食安全，确保省城货源充足，价格稳定。

抓好粮食收购。太原市粮食局严格行政审批，把好市场准入关。执行粮食收购八项规定，畅通收购渠道，杜绝“卖粮难”现象的发生。2013年，收购粮食205亿公斤，完成全年目标任务1.5亿公斤的137%。

充实储备规模。太原市粮食局按照省政府下达的储备粮油规模，根据人口数量和消费需求的变化，充实地方储备粮规模，优化品种结构。全市应急成品粮和应急小包装食油储备分别达到936万公斤和235万公斤，超额完成全年任务。

市级储备粮轮换工作进展顺利。太原市粮食局与财政、农业发展银行等部门进行沟通、协调，进一步达成共识。2013年9月26日，利用国家粮食交易平台，对市级储备小麦进行竞价销售，成交均价达到2438元/吨，大大超过预期值，比轮入时的成本价1745.34元/吨高出692元/吨，共计增值1000余万元。截至12月底，竞价销售的市级储备小麦出库工作全部完成。市级储备小麦竞价销售工作的顺利完成，标志着因历史原因一度停顿的市级储备粮轮换工作全面启动，政府调控全市粮食市场和实施社会救济的基础更加扎实。

继续深化粮食产销协作。太原市粮食局搭建对接平台，密切太原市与粮食主产区的合作关系，在粮食合作的稳定性上下功夫，以充足粮源保障全市粮食安全。全年共从省外调入小麦、稻谷2.94亿公斤，完成全年目标任务2.4亿公斤的122%。

完善粮情监测预警机制。执行价格周报制度，指导督促重新确定的价格监测网点准确填表、及时上报。全面落实《太原市粮食应急预案》的各项工作，组织开展粮食应急实战演练的前期准备工作。春节前夕，提请市政府启动粮食应急Ⅲ级响应，应对面粉价格波动、加工原料紧张的状况。联合市财政、农业发展银行动用市储小麦8000吨，以低于0.10元/公斤的市场价出库，有效平抑粮价，保障省城市场的节日供应。

加大扭亏增盈力度，全市粮食企业汇总盈利40万元，100%完成年度目标任务。

完成《粮食收购许可证》换发和年检工作。2013年，太原市粮食局共为63个粮食收购企业和个人办理《粮食收购许可证》年检手续，新审批《粮食收购许可证》1件，恢复《粮食收购许可证》1件。

完成粮食销售5.9亿公斤，超额完成全年目标任务3.5亿公斤的169%。

（魏建文）

【“安全工程”建设】 2013年，太原市粮食局不断提升粮食产业管理水平。

开展“管理提升年”活动。2013年初，根据省粮食局要求和全市粮食工作会议的安排部署，太原市粮食局制定全面可行的实施方案。经过动员部署、自查自纠，对存在的问题汇总、整改，管理水平得到进一步提升。

组织开展春秋两季储粮安全大检查。全市科学保粮率达到90%以上；“一符六无”粮仓达标率达到96%以上；“三专四落实”达到100%。

建立粮情月报制度和储粮粮情预警机制。对全市所有仓储企业的每个储粮库点的粮情实行有序监控，准确掌握各级储备粮粮情状况，确保储备粮储存安全。

推进粮食企业安全生产。坚持安全生产法人负责制不动摇，坚持责任层层分解落实不动摇，坚持安全事故“一票否决”制不动摇，继续实行安全生产有奖举报，构建粮食行业安全生产的长效机制，杜绝各类事故的发生。北营库、直属库、军供站被市安委办授予安全生产管理标杆企业称号，市粮食局连续7年获得“安全生产先进单位”称号，受到市政府的表彰。

健全完善粮食质量检测检验体系。鼓励和支持各县区建立粮食质检站，并有效开展工作。开展检化验人员专业技能培训，提高全市粮油质量检验整体水平，保证粮食收购和储存环节的质量安全。探索为社会服务，向食品安全领域延伸的新路径，社会服务功能得到进一步提升。

维护粮食市场流通秩序。依法开展粮食收购资格核查、粮食收购市场检查、粮食流通统计制度执行情况检查、军粮供应检查、粮食质量检查，并与工商、质监部门配合开展成品粮油市场检查；通过检查，进一步规范粮食市场经营行为，维护粮食市场流通秩序。在2013年对国家临时存储小麦出库工作进行监督检查时，依法查处违规行为2起，受到省粮食局的通报表扬。2013年年底，市粮食局通过国家粮食局的验收，被国家粮食局评为第三批“粮食流通监督检查示范单位”。

开展粮食清仓查库工作。2013年作为全国6个试点省之一，市、县两级粮食行政部门受国家粮食局委托对辖区内中储粮直属企业的中央储备粮、最低收购价粮、国家临时存储粮、国家临储进口粮及商品粮的数量、质量、储存安全进行全面检查。在完成好企业自查和普查工作的基础上，接受省级复查和国家抽查。组织开展市级储备质量抽检工作。抽取16个样品，对质量、储存品质、卫生指标三个方面共26个项目进行检测，各项指标均符合标准，全部宜存。

推动节粮爱粮工作。太原市作为主销区，几乎全部粮食都要从外地调入。反对粮食浪费，守护天下粮仓，不仅事关粮食安全，事关坚守中华民族勤劳节俭文化的道德底线。太原市粮食局利用科技宣传周、食品安全宣传周的平台，开展节粮爱粮宣传工作，在全社会营造节粮爱粮的浓厚氛围。在“世界粮食日”期间，太原市粮食局采用发送公益短信和在太原电视台播放公益广告、滚动字幕的方式倡导市民积极行动爱粮、节粮。太原市粮食局采取为农户配备科学储粮“小粮仓”的办法，在农户中推广科学储粮新方法，减少粮食产后损失。

（魏建文）

【激发粮食经济新活力】 2013年，太原市粮食系统停产企业立足于脱贫解困，全力做好保民生、保稳定工作。继续争取特殊工种提前退休等政策，在减负减员上做文章，全年共为128名职工办理特殊工种提前退休手续，每年至少为企业减少负担256万元；管理好有效资产，挖掘资产潜力，在开源节流上下功夫。综合运用多种手段保障职工利益，确保各类保险不欠缴，职工正常退休能办理。以创新的思维、改革的精神，谋求企业的新出路、新发展。

生产经营企业全面实施产业转型、功能整合。重点是以发展产业化经营为目标，拉长粮食产业链条，切实改变买卖原粮、经营单一的被动局面，在提升面粉加工产业的基础上，在物流配送和主食产业化上有所突破。进一步有效整合新城库、直属库、南河湾油脂库的各种资源，完善物流配送体系，推进太原城北区域性粮食物流园区的建设。国内首个球形储粮仓基本建设完成，仓储能力进一步提升；市储食油罐装生产线投产达效，彻底解决储备油轮换难题；中储、省储食油入库任务全面完成。面粉生产企业重新定位，淘汰落后产能，进行设备更新，开发各类高附加值的产品，大幅提升企业的科技含量。围绕太原南站铁路三项枢钮建设和中环路改造，山西正大公司新厂正式投产，18万吨高档饲料生产线投产达效。实施主食产业化工程，培育扶持一批主食产业化示范单位。主动对接，超前谋划，推动与省内外名牌主食企业和大型零售商贸企业的战略合作，扩大品牌效应，推进小杂粮产业的发展壮大。

继续为粮食企业争取优惠政策。抓住国家实施“粮安工程”的有利时机，争取政策及资金支持，扶持企业发展。抓住城建工作全面提速的有利时机，推动土地置换、企业改制及人员分流工作，寻求企业发展的最大空间。加强与市发改、人社、国资、财政等部门的沟通协调，在妥善解决民生、减轻企业负担等方面取得新的突破。（魏建文）

【目标管理】 2013年初，太原市粮食局确定“流动粮店”建设、粮食应急体系提升、食油分装生产线建设、粮情测控系统提升改造、农户科学储粮“小粮仓”等5个项目为粮食系统2013年的重点工作。采用“一事一表做计划、调度例会抓落实、活力曲线抓考评”的先进管理模式，加强目标管理，各项重点工作进展顺利，按照进度、质量安排，顺利完成全年的目标任务。

“流动粮店”建设项目全面完成。为满足群众购买放心粮油产品的需求，作为“放心粮油进农村、进社区”活动的引深和延续，太原市粮食局启动“流动粮店”项目，购置流动售粮车辆10台，供应品种达五大类近百个品种，价格与市场价格相比低5%，全年实现销售收入1500万元，受惠群众150万人，新建住宅小区、偏远地区的居民享受到与中心城区居民同质化的服务，把“流动粮店”打造成百姓家门口的惠民工程。为配合城市改造，太原市粮食局创新“道路改造到哪里，‘流动粮店’就开在哪里”的服务理念，为道路改造片区的居民送粮上门，切实解决他们的生活困难，受到群众的欢迎。“流动粮店”建设项目顺利完成，实现经济效益、社会效益双丰收。

实施应急体系提升改造。为进一步完善太原市粮食应急体系，提高应对突发事件能力，太原市粮食局启动应急加工供应提升改造项目，确保在应急状态下能够实施应急响应和处置。截至2013年底，8个企业的粮油应急加工（供应）提升改造任务全面完成，改造后应急加工年产能居全省之首。

解决储备油轮换难题。2013年，太原市粮食局通过招商引资，投资2080万元，引入小包装食油分装生产线3条，解决各级储备油的实时轮换难题，从源头上保证食用油的安全。由于质量可靠、定位准确、性价比高，产品一上市就呈现出产销两旺的势头。

粮食仓储管理水平提升。2013年，太原市粮食局选用无线数字式粮情测控系统，对8个粮食存储企业、75个平房仓、56个立筒仓，共39万吨仓容的粮情测控系统进行提升改造，实现远程监控、电脑监控，使太原市粮食局95%的粮仓粮情测控实现数字化、智能化，粮食安全保障能力得到提升。

实施科学储粮“小粮仓”项目。2013年，太原市粮食局在上年完成5050套科学储粮“小粮仓”工作的基础上，立足自筹资金，并争取国家、省粮食局支持，为2000户农户配备科学储粮“小粮仓”，进一步提高农户科学储粮的覆盖率，实现为农户再造一个“无形粮田”的目标。（魏建文）

【开展清产核资工作】 太原市粮食局根据太原市市长耿彦波2013年4月16日在太原面粉二厂现场办公时要求将全系统企事业单位的整体情况形成书面材料，向市政府进行专题汇报的指示精神，组织在全系统开展资产、人员、土地、房产、债权、债务等内容的彻底清查工作，各单位遵循“加强领导、精心指导、全面彻底”的原则，真实准确、全面彻底的反映出粮食系统的整体状况。为保证清查结果真实准确，太原市粮食局采取现场解剖麻雀的办法，查找工作的盲区和漏洞，促进清查工作的顺利进行。5月10日，太原市粮食局按时将全系统整体专题上报市政府。通过这次清查工作，彻底摸清粮食系统家底，为整合资源，探索转型跨越发展，打下基础。（魏建文）

【为城市建设创造条件】 2013年以来，太原市的城市建设步伐不断加快，在城市建设和道路改造过程中共涉及到市粮食局系统的10个单位共11个片区，总面积146.2亩，地面建筑面积65991.04平方米。市粮食局坚决服从服务于城市建设的大局，所有涉及到的拆迁单位不讲价钱、不谈条件，无条件执行政府的决定，均在规定期限内完成拆迁任务，为城市建设创造条件。（魏建文）

【粮食系统转型跨越发展规划】 市政府办公会议纪要（2013年第27期）要求太原市粮食局对全系统现有资源进行有效整合，探索转型发展。市粮食局由相关处室牵头成立课题组，本着对标一流、整合资源、发挥优势、立足长远、履行职能的原则，明确面粉加工、粮食储备、应急供应、军粮供应、产业链条延伸等主要改革方向和思路，吸收借鉴兄弟省市的先进经验，起草制定《太原市粮食局国有企业改革、重组、整合方案》，并组织有关专家和相关人员进行多次酝酿、讨论和修改，将方案按时上报市政府，为粮食系统的转型跨越发展绘就蓝图。（魏建文）

【制度建设】 2013年，太原市粮食局开展清理排查工作，查找制度建设的空白点。组织专门人员对现行制度进行认真梳理，涉及到人、财、物及行政执法等关键部门、关键岗位和关键人员的28项管理制度，进行清理排查。对制度空白点进行摸排。根据制度建设的空白点，着手制定出台《太原市粮食局车辆管理办法》等4项内部管理制度，进一步规范机关日常管理；制定出台《太原市粮食局行政执法错案及过错责任追究制度》《太原市粮食局行政执法公示制度》等2项制度，进一步规范行政执法人员的执法行为，时刻把执法人员和执法行为置于社会和群众的监督之下，消除行政执法的随意性，杜绝人情执法、徇私枉法现象的发生；制订出台《太原市市级储备粮油轮换管理办法》，进一步规范储备粮油轮换行为，堵塞储备粮轮换招标、拍卖、入库、出库、结算各个环节的漏洞，保证储备粮油质量安全和数量安全。

（魏建文）

石油供销

【概述】 中国石油化工股份有限公司山西太原石油分公司（以下简称中石化太原石油分公司）前身为山西省石油总公司太原分公司，成立于1954年，隶属于世界500强的中国石油化工股份有限公司。中石化太原石油分公司是国有成品油专营企业，截至2013年底，主要开展汽油、煤油、柴油、润滑油、燃料油等油品的批发、零售业务以及日用百货、汽车美容、预包装食品、保健食品、冷冻、冷藏食品及加热、小包装清净剂的销售。公司内设12个部门，下辖10个县(区、市)分公司，有全区最大的油库——皇后园油库，所属98座加油站（其中32座市区加油站)分布在全区主要干线上。

中石化太原石油分公司始终坚持“信誉第一、顾客至上”的宗旨，诚信经营，竭诚服务。所有加油站在历次质检部门的质量与数量抽检中，均合格、准确，每年都被省、市质检部门评为质量信得过单位。2013年，公司被山西省企业家协会评为“山西省服务百强企业”，在山西省服务百强企业中位居第9位，在太原地区强势企业综合评比中排名第12位，在太原市50强企业中位居第5位。

2013年，中石化太原石油分公司以经济效益为导向，力拓市场；以企业发展为要务，精细管理；以文化建设为抓手，凝心聚力，各项工作取得长足发展。

（梁　洁）

【石油业务经营情况】 2013年，中石化太原石油分公司攻坚克难，各项工作稳步推进，经济指标取得较好的成绩。成品油销量同比增加2.36万吨，增幅3.86%，其中零售同比增加0.64万吨，增幅1.54%。直销批发同比增加1.72万吨，增幅8.81%。2013年，公司成品油经营总量位居全省系统第一，同比增幅全省系统第一，单站销量全省系统第一，吨油费用全省最低，被中石化山西石油分公司授予成品油销售量、吨油费用两个单项追标奖。（梁　洁）

【石油零售改革新思路】 2013年，中石化太原石油分公司有4座市内站被拆，零售增量面临巨大压力。在极其不利的市场环境下，公司因地制宜制定“拆站量不减、加大考核，收入向一线倾斜，大力推广IC卡”的零售拓市政策。首先，确保拆站量不减。在加油站拆除前，零售部门及早动手对客户进行梳理分类，拆除后及时将客户有序引导转移到附近加油站，确保公司零售整体销量没有下降。其次加大零售考核力度，收入向一线倾斜。2013年，公司制定零售考核办法，按完成任务比例进行奖励，同时核定全年任务后，除特殊原因外，不再增加任务。收入分配向一线倾斜，一线员工的绩效基数高于机关管理人员。考核办法以及收入分配向一线倾斜政策的实施，极大地激发零售线条员工拓销增量的热情。第三，大力推广IC卡销售。与多家银行合作，进行刷银行信用卡满1000元，返50元IC充值卡的促销活动。2013年初，省、市行政、事业单位全面实行公务卡消费，为满足这部分黄金客户的需要，公司为每个县分公司安装1台POS机，确保行政、事业单位这部分黄金客户和银联卡客户没有流失。2013年，公司消费10万元以上的大客户同比增加530户，持卡消费比例同比增长9个百分点。（梁　洁）

【石油直批销量稳中有升】 2013年，太原石油分公司主动参与竞争，争客户、保市场。抓住太原市开展大规模城市道路改造有利契机，制定详细的客户开发方案，针对部分施工单位特殊的结算要求，采取灵活措施为这部分客户供应油品，抢占工程用油市场。集中力量挖掘“营业税改增值税”客户。加大对县(区)分公司直批业务的考核力度，调动县(区)分公司开展直批工作的积极性。县(区)分公司的直批量有明显增幅。

（梁　洁）

【非油品经营创新高】 2013年，中石化太原石油分公司非油品营业额同比增加26.1%，非油品经营跃上新台阶。在非油品销售上，公司提出“抓好烟酒、土特产，着重推销燃油宝”的经营理念，着重推销重点商品。走出去拓展非油品销售市场，培育大客户。2013年成功联系8家非油品大客户。狠抓燃油宝销售，全年燃油宝销售同比增长50%。

（梁　洁）

【排查隐患确保安全】 2013年，太原石油分公司围绕HSE(健康、安全、环保）管理体系，全年组织安全培训3

中石化太原石油分公司经理段繁绪在滨河加油站进行安全讲解

次，合格率100%，安全检查4次，排查并整改安全隐患670项。“11·22”青岛输油管道爆炸事故后，进行多次安全检查和隐患排查，强化安全工作，确保全年安全生产无事故。（梁 洁）

供销合作社

【概述】 2013年，太原市供销社围绕发挥供销合作社在农业社会化服务和农村流通中的重要作用的新要求，以提高经济增长质量和效益为中心，抓实三个要点（社有企业转型增效、基层组织再造强基、项目建设促进发展），全力打造“六个供销”（服务供销、实力供销、活力供销、文化供销、廉洁供销、和谐供销），全面完成各项工作任务，为供销合作事业持续发展奠定基础。（孙胜利）

【目标任务完成情况】 2013年，太原市委、市政府给市供销社下达七项职能工作指标。在全市供销合作社工作会议上，对各项工作指标任务予以分解，并以市政府给各县（市、区）、市社给各直属公司颁发工作目标责任书的形式确定全年工作任务。市供销社采取目标管理方式，指标分解“横向到边，纵向到底”，层层分解，责任到人。完成职能工作指标各项任务。

规范提升农村便民连锁商店110个。按照省农村新“五个全覆盖”整改回头看工作要求，对农村便民连锁商店进行提档升级。该任务分解到各县区具体落实。市供销社制订便民连锁商店提档升级建设标准，社领导多次带队深入基层调研督导。各县（市、区）政府对便民店连锁商店提档升级工作给予不同程度的资金支持，清徐县政府、尖草坪区区政府分别拨款10万元，对便民连锁商进行硬件设施进行购置改造。市商务局委托配送企业给古交市、晋源区、小店区便民连锁商店配备电脑，加强信息化管理。截至11月，规范提升农村便民连锁商店110个的任务完成。

推进基层组织建设，改造基层供销社2个。尖草坪区、清徐县供销社把基层社改造建设与新农村建设工作相结合，通过开发引资，清徐县对柳杜、杨房等基层社进行改造，改造建设新的营业门店600平方米；尖草坪区建成新城综合服务大楼，营业面积7000多平米，基层社面貌焕然一新，提高基层社的影响力。

拓宽服务领域，创办农村综合服务社（中心）2个。尖草坪区政府把社区服务中心建设作为政府的重点工作，拨款180万元支持农村社区服务中心建设。尖草坪区供销社加大工作力度，在柴村、杜家村、峰西村建成3个社区服务中心，成为全市供销社工作的亮点。

落实安排农民经纪人、便民店负责人培训10次1000人次。各县区供销社和市农民经纪人协会合理安排组织，聘请有经验的专家为农民经纪人、便民店负责人授课，累计培训11次1000余人次，超额完成任务。

加快推进再生资源回收体系建设，新建100个回收站亭，扩大废钢、废纸、废旧衣服、废塑料分拣中心的经营规模。承担全市再生资源回收体系建设任务，市回收公司年内新建回收站亭101个，累计自建收编绿色回收站亭987个。通过增设经营设施、改善经营条件、增加货源收购等措施改造提升废纸、废钢、废塑料瓶、废旧衣服4个分拣加工中心和东社再生资源交易市场。10月底，太原市再生资源回收体系建设通过省商务厅组织的省级验收。

推进农超对接、农市对接，建设1个日用消费品及农副产品配送中心，促进城乡双向流通。在进一步加强青创天泉和百合盛社区生活超市建设，提升规范市果品公司北部菜市场、市南部果菜交易市场，推进农超对接、农市对接的同时，加大山西百合盛农副产品展示交易中心改造和招商引资力度，选择有地域特色的农副产品进入中心展示销售，使中心商户入驻率达到90%以上，成为新的日用消费品及农副产品配送中心，在促进城乡双向流通上发挥作用。

关注民生，实现系统内职工人均可支配收入比上年增加8%~12%。完善职工定期增资机制，将职工增资任务列入直属企业年度考核指标，确保在企业发展的同时，逐步提高职工收入。截至11月底，各直属企业职工增资方案审批工作均完成，职工平均增资9.19%，月人均增资135.39元。（孙胜利）

【项目实施带动经济转型】 2013年，太原市供销社贯彻落实市委、市政府抓投资、上项目的战略部署，确定2013年为市社系统项目推进年，把项目工作作为全年工作的一项重要任务来抓。加强项目申报工作。做好新网工程、城乡一体化商贸流通、农业综合开发等项目的申报工作，争取政策资金的支持。全年上报2014年度农业综合开发新型合作示范项目5个，太原百合盛农副产品销售网络建设项目在省社立项，7个新网工程建设项目列入省社项目库。落实新农村现代流通网络工程资金94.5万元、农业综合开发项目资金90万元、蔬菜直销店项目资金80万元、农村便民配送中心及冷链物流项目资金40万元。推进实施项目建设进度。继续加大山西百合盛农副产品展示交易中心建设改造力度，通过举办年展会和夏季展销会、增加服务设施、改善经营条件、强化管理等有效手段，市场呈现购销两旺的良好态势。实施地产蔬菜直销网络建设项目，把公益性和经营性有机结合，创办百合盛社区好食汇连锁店，以平价惠民、安全便民赢得城市社区居民的赞誉。

（孙胜利）

【为农服务】 做好农资供应。2013年，太原市供销社系统农资企业早部署、早动手，做好农资冬储，发挥农资流通主渠道作用，服务春耕备耕、秋种秋播，满足农民生产需要。通过抓货源、稳价格、强服务、争补贴等措施，全年全系统农资销售1.17亿元。解决农产品卖难买贵问题，服务市民，助农增收。响应市物价局《关于在省城六大超市及平价商店开展“每日四种蔬菜一元钱”惠民活动的实施意见》精神，加强与农民蔬菜专业合作社的对接合作，在社办菜市场地产蔬菜直销区和社区生活超市中开展“一元钱蔬菜”让利销售，为解决农民卖难、平抑市场物价做出贡献。推进农村社区综合服务中心建设。在尖草坪区社积极新建农村社区综合服务中心的同时，其余各县级社对2012年建成的农村社区服务中心有计划地进行提档升级，使其在推进城乡公共服务均等化，创新农村社会管理进程中发挥作用。为农民专业合作社提供更多服务。通过为专业合作社提供政策、信息咨询，帮助争取扶持资金、拓展农产品销路，促进农民专业合作社更好地发展。（孙胜利）

【构建新网工程】 2013年，太原市供销社开展新网工程。加大农村日用消费品和农业生产资料现代经营服务网络建设力度，重点是对农村便民连锁商店进行提档升级。结合省农村新“五个全覆盖”回头看工作的要求，在省社下达提档升级任务的基础上自我加压，2013年全年计划提档升级110个。该任务分解到各县区后，各县级社推进，全部完成。改造、提升日用品配送中心。市青创田园天泉超市有限公司、百合盛物流配送有限公司、尖草坪区社、清徐县社4个单位创造条件进行实施，完成任务。改造、提升农资配送中心。尖草坪区社投资450万元，建筑面积近5000平方米的仓储库基础设施完工。加快再生资源回收利用体系建设。市物资回收利用总公司负责承建的由再生资源绿色回收站亭—分拣加工中心—交易市场所构成的再生资源回收体系建成并通过省商务厅验收，由简单回收向高效回收利用方向发展。继续推进城市社区农副产品直销网络建设，市百合盛社区好食汇连锁店继水西关店开业之后，鱼池街等店筹建进行中。（孙胜利）

【拓展经营】 春节前夕，太原市供销社精心筹备，举办市供销社2013年大型年货展销会暨山西名优特农副产品推介会，发挥供销社沟通城乡、活跃市场、助农增收、方便市民、满足节日供应、平抑市场价格的作用。展会延续12天，接待顾客50余万人次，累计销售1000万元，让利市民100万元。以此为发端，社属各企业狠抓主营业务，打造行业龙头。市回收公司新辟业务渠道，销售废钢12万吨；与省机关事务管理局签订《山西省省直机关废旧商品回收体系建设合作协议》，从省直部门回收书本、报纸50余吨；加强对社区回收站点货物的清收，提高市场占有份额，增加效益。果品公司在做实北部标准化菜市场的同时，寻求拓展子市场；增加代理商品品种，巩固发展副食品营销网络网点50余个；发挥百年老字号乾和祥茶庄品牌效应，扩大茶叶销售，“乾和祥”被评选为2013年山西省百姓最放心食品品牌。百合盛物流配送公司的蔬菜配送、土产公司的烟花爆竹和抗震救灾物资经营、农资公司的农资销售、日杂副食公司的无店铺经营和土特产经营、粮油公司的浓香园干货业务、青创田园的标准化管理、促销策划和开发自主品牌、南部果菜市场的内部挖潜增效、工业品公司和运销公司经营业务的重新起步，也都为拓展经营，提升经济运行质量注入新活力。古交、清徐、阳曲、娄烦4县（市）社贯彻落实食盐专卖政策，继续加大碘盐宣传力度，做好盐类供应，开展食盐市场监督检查，为确保食盐市场安全平稳作出贡献。（孙胜利）

建筑业　房地产业

Construction Industry and Real Estate

建筑业

·基础设施建设·

【概述】 2013年,太原市城市基础设施建设累计完成投资227.53亿元,实施城市道路桥梁工程22项、城市配套工程5项、城市轨道交通工程1项,是太原市自2007年实施大规模城市建设改造工程以来,建设里程最长、投资规模最大的一年。城中村改造完成整村拆除11个,拆除旧村498.37万平方米、烟囱11663根,超过2003年太原市启动城中村改造工作以来前十年的总和。完成既有建筑节能改造180.62万平方米、可再生能源建筑应用172万平方米,培育二星级以上项目97.38万平方米。组织实施农村危房改造5000户,"百镇建设"完成投资1.1亿元,"四名保护"、大县城战略等城镇化提质工程进展顺利。省市重点工程建设项目落地2400.56亿元、开工1416.66亿元、建设1765.43亿元、投产1395.19亿元,均位居全省第一。推行"两集中、两到位、两分开"工作机制,建设市场管理进一步规范。推行质量样板引路工程,强化工程实体质量检查,保证工程质量和施工安全。 (成瑞鸿)

【基础设施建设】 2013年,太原市实施基础设施建设工程28项,主要包括城市道桥工程22项、城市配套工程5项、城市轨道交通工程1项,工程总投资423.87亿元。府东府西街改造、千峰北路打通等10项道桥工程全面完工通车;中环路建设改造、敦化南北路改造等9项工程基本完工;汾西路改造、西太堡街拓宽改造、长治路南延等3项工程按进度实施。轨道交通2号线一期工程首开段于2013年11月2日正式开工建设。龙康新苑保障房建设、程家村保障房建设、美术馆内部装修、博物馆内部装修工程全部完工,便民服务中心建设工程完成主体封顶。上述工程累计完成投资227.53亿元。 (成瑞鸿)

【城中村改造】 2013年,太原市住建委先后出台《关于进一步规范城中村改造的若干意见》《关于印发太原市城中村改造建设项目手续办理流程的通知》和《关于优化城中村改造审批流程的通知》,规范改造工作,精简审批环节,提高服务效能。会同市有关部门深入改造一线现场办公,协调解决改造村手续办理过程中遇到的具体问题。组织对全市50个城中村实施拆迁,累计拆除面积498.37万平方米、烟囱11663根,完成11个村的整村拆除。 (成瑞鸿)

【建筑节能】 2013年,太原市严格执行新建建筑65%建筑节能标准,加大节能设计和验收备案工作,完成节能备案300项、660.17万平方米,2013年,全市设计阶段和施工阶段65%建筑节能标准执行率均达到100%。完成既有居住建筑节能改造项目21个、180.62万平方米,超额完成省下达的目标任务。继续实施可再生能源建筑应用工作,精选7个共172万平方米的项目作为年度培育新增示范项目,年内全部完工,为年度目标任务的114.67%。开展绿色建筑的培育与管理工作,培育二星级以上项目7个、97.38万平方米。 (成瑞鸿)

【村镇建设】 2013年,太原市推进农村危房改造,省下达太原市的5000户农村危房改造任务全部完成,累计下达配套资金975万元,资金配套率100%。继续实施"百镇建设",马兰、徐沟作为省首批重点建设镇,经过三年建设初步形成工矿型(古交市马兰镇)和商贸型(清徐县徐沟镇)小城镇。孟封、泥屯、静游作为省第二批重点建设镇,完成10个项目、11121万元的建设,为年度任务的100.3%。全面推进市域城镇化,启动2个省级园林城镇创建工作,开展"百村百院"传统名居保护修复,完成店头村中国历史文化名村和传统村落的挂牌工作，城市规划、市政公用、园林绿化、环境卫生、“四名保护”、大县城战略等城镇化提质工程任务全面完成。（成瑞鸿）

【省市重点工程建设】 2013年，太原市住建委组织召开全市项目推进年动员大会，实施固定资产投资项目联合审批，设立重点项目快速审批通道，总结推广“挂图作业”管理先进经验，开展“台账管理”模式，各项工程建设进展顺利。2013年，省市重点工程建设完成项目落地2400.56亿元、开工1416.66亿元、建设1765.43亿元、投产1395.19亿元，均位居全省第一。

（成瑞鸿）

【建设市场管理】 2013年，太原市住建委按照市委、市政府“两集中、两到位”的要求，坚持每周一、三、五定时召开联审会，实行24小时、一周、半个月的审批发文、移交制度，创造性地实行受理报件和现场察勘“两分开”工作制度。加强对建设企业的日常监管，探索建筑市场监管的长效机制，建立“太原市建筑业企业管理信息系统”，严格企业动态考核，逐步建立有效的市场进入退出机制。严厉打击招标投标过程中存在的规避招标、串通投标、以他人名义投标、弄虚作假等违法违规行为，全市房屋建筑和市政工程项目共完成招标467项，应公开招标工程公开招标率达到100%。（成瑞鸿）

【质量安全监管】 2013年，太原市住建委继续推行“样板引路工作”制度，加大工程实体质量检查，实施精细化管理，结合开展保障性安居工程执法检查、检测单位能力考核等一系列检查，有序推进施工企业安全质量标准化工作。年内共监督在建工程项目461项、1022.55万平方米，监督覆盖率达100%。完善施工现场监督管理机制，推行在建项目视频监控，建立建筑安全预警信息平台，开展建筑安全生产专项整治、春季安全生产检查、特种设备专项检查、保障性安居工程安全监督执法检查等专项检查，共下发《安全隐患整改通知书》980份，提出建筑安全隐患整改建议8325条，全面有效整改。

（成瑞鸿）

房产管理

【“问情于民，问需于民，问计于民”政风行风座谈会】 2013年1月24日，太原市房管局召开“问情于民，问需于民，问计于民”政风行风座谈会，双评办领导、服务对象代表、企业代表共计165人参加座谈会。会上，副局长王东立就房管局2012年工作情况向与会代表作汇报，局党组书记、局长王静恩一一解答服务对象提出的问题，得到服务代表的一致认可。（战富国）

【拆迁工地洒水压尘工作】 根据太原市扬尘污染治理指挥部要求，2013年，太原市房产管理局下发《关于做好拆迁、征收工地洒水压尘工作的通知》，要求各城区国有土地上房屋征收部门，做好所辖范围内房屋征收项目的洒水压尘工作，同时，督促和监督本区棚户区改造项目做好拆迁中的洒水压尘工作；要求新条例出台前，已发放房屋拆迁许可证尚未拆迁完毕的项目，各拆迁单位必须严格做到拆迁工地100%洒水压尘；要求所有拆迁项目、房屋征收项目的房屋拆除，必须做好围挡，边拆除、边洒水、边清运渣土，谁拆除、谁负责。渣土、垃圾应在拆除完成后3天内予以清运，不能及时清运的，必须采取洒水、覆盖等防尘措施。

（战富国）

【龙潭片区201户拆迁安置工作启动】 2013年1月27日，太原市启动原龙潭片区201户拆迁赵庄回迁安置工作。住户们依次经过资料审核、择选房号、签订合同、办理入住手续程序后领取到房屋钥匙。（战富国）

【城乡住房调查工作】 为全面掌握太原市城乡住房现状和住房保障对象情况，建立城乡住房信息平台，做好住房保障和房地产市场调控工作，根据太原市人民政府办公厅《关于做好城乡住房调查工作的通知》要求，2012年11月太原市启动城乡住房调查工作，市级对各项工作做出全面部署，各县（市、区）住房调查领导小组推进调查工作，截至2013年底，太原市住房调查工作进入数据汇总上报阶段。为确保全市城乡住房调查数据的准确、真实，切实将质量监管贯穿于调查工作全过程，市城乡住房调查领导小组组织开展数据质量评估工作。（战富国）

【“二手房”交易增多】 受“国五条”影响，自2013年3月4日开始，太原市出现“二手房”交易量增多的情况。因“二手房”交易是平时的4倍，市房管局办证大厅适当延长工作时间。

（战富国）

【信息中心获“巾帼文明岗”称号】 2013年3月8日，太原市房管局信息中心再次被太原市妇联、太原市“巾帼文明岗”活动领导小组联合授予“巾帼文明岗”的荣誉称号。这是信息中心把巾帼创先争优与优质服务理念融入服务大局、管理创新、作风建设和提高执行力等活动相结合，坚持以文明创建带动管理、服务水平提升取得的成果。

（战富国）

【《太原市国有土地上房屋征收与补偿暂行规定》出台】 2013年3月19日正式公布。太原市房产管理局对《太原市国有土地上房屋征收与补偿实施意见》从4个方面进行大幅度修改：一是服从规划，顾全大局的原则；二是统一征收，分类补偿的原则；三是尊重历史，区别对待的原则；四是和谐征收，保障优先的原则。从补偿标准、过渡费、搬迁费、以及奖励等方面进一步予以细化和明确。随后，再次征求10县市区和20个相关单位的意见，对于收集到的意见，进行研究，梳理归纳为21条，予以采纳。鉴于房屋征收工作的复杂性，将《实施意见》更名为《暂行规定》，形成《太原市国有土地上房屋征收与补偿暂行规定》(送审稿)，报送市政府，经市政府常务会研究，同意于2013年3月19日予以印发。《暂行规定》的出台，有效地规范太原市的房屋征收补偿行为，保证城市建设的顺利进行。（战富国）

【规范廉租房保障工作】 为规范太原市廉租住房保障工作，确保太原市2013年度廉租住房保障工作的顺利进行，市保障办向各城区房管局(建设局)、民政局、财政局下发《关于规范太原市城市居民廉租住房保障工作的通知》，从2013年起，每年廉租住房申请审核工作自4月1日开始，至当年9月30日结束，工作程序分为宣传准备、社区受理初审、街办复审、街办公示、城区审核、城区公示、市级核准、发放补贴共八个阶段。通知要求各部门增强民本意识，加大工作力度，提高工作效能，各负其责，加强配合，切实做好廉租住房保障审核登记和租赁补贴发放工作，把党和政府对城市低收入住房困难家庭的关怀落到实处。

（战富国）

【太原市房产管理局财务检查动员会召开】 为贯彻中央“八项规定”“六项不准”和习近平总书记关于“厉行勤俭节约、反对铺张浪费”以及中国共产党第十八届中央纪律检查委员会第二次全体会议“关于厉行勤俭节约，制止奢侈浪费，严肃整治公款吃喝和公款旅游行为，规范公务用车管理”的精神，2013年5月13日，太原市房产管理局召开太原市房产管理局财务检查工作会议。参加会议的有下属单位的所有纪检、监察和财务管理人员，共计70余人。（战富国）

【西华苑四期经济适用房项目如期交房】 2013年4月12日，太原市西华苑四期经济适用房正式交房，由于前期准备工作充分，交房工作顺利，井然有序，业主对房屋质量、小区环境及服务质量满意，截至5月1日，分配房屋1600多套，房屋分配工作进展顺利。

（战富国）

【安全生产大检查和隐患排查治理专项行动】 2013年6月9日，太原市房管局召开紧急会议，部署各项安全生产工作，并在全局系统开展安全生产大检查和隐患排查治理专项行动。

6月18日至19日，市房管局领导听取和检查房屋租赁管理处、房地产监察队、置业担保中心、住宅管道维修所和非住宅管理中心落实6月9日局安全生产工作专题会议精神情况，查阅这些单位安全生产工作安排布置的会议记录以及隐患排查情况记录。

（战富国）

【检查防汛抢险工作】 2013年6月20日至21日，太原市普降大雨。太原市房管局领导冒雨分别到幸福巷、高阳寨、新生里34号、关帝庙、靴巷亨升久、皇华馆、白衣庵、青东南巷12号等地区进行现场察看和危房检查，并对存在安全隐患较为严重的高阳寨、幸福巷要求采取措施，排除隐患。按照局领导指示，除对高阳寨危房进行24小时监控外，向高阳寨所属的狄村社区发出《关于做好高阳寨地区直管公房安全工作的函》，向公产户和私产户送达告知函、危房通知书，限期尽快搬离。对发生地陷的幸福巷，除派工程员、施工人员24小时对现场进行监控外，对当地住户开始疏散和搬迁工作，与17户直管公房住户签订安置协议，其中15户住户搬出腾空，对其违建拆除完毕。此次危房排查工作共出动80余人次，排查210户，450间房屋，张贴和下发危房通知书90份。（战富国）

【协调处理天天家园拆迁安置遗留问题】 2013年5月9日，太原市政府召开会议，对天天家园有关问题进行专题研究，下达(2013)第42期会议记要，要求太原市房产管理局对于其余新开北巷五号楼168户拆迁户，按照“每户每证拆一还一，无偿补贴15平方米”的拆迁补偿政策，予以统一安置。6月20日，市政府再次对天天家园有关问题进行研究和部署，要求太原市房产管理局依法拍卖天天家园项目商铺，拍卖所得用于支付后续工程资金和手续完善资金以及5号楼安置费用等。太原市房产管理局根据会议精神协调各部门完善项目手续，启动该项目商铺的拍卖出售工作，回笼资金，做好回迁安置工作。（战富国）

【历史文化街区(民居)、文物修缮(复)保护工作】 根据市政府办公会议〔2013〕第45期纪要、〔2013〕第71期纪要精神，从2013年6月开始，太原市房管局负责太原市历史文化街区(民居)、文物修缮(复)保护的实施工作。太原市历史文化街区(民居)、文物修缮（复）保护工作总建筑面积24149.46平方米，项目总投资概算约17990万元，共计23处项目，其中教场巷22号院日式住宅、普光寺、圆通寺、文殊寺、万寿宫基督教堂、西校尉营关帝庙、奶奶庙、南肖墙关帝庙、浙江会馆7处项目开工建设，工程进展顺利。

（战富国）

【西华苑三期北区经济适用住房交房】 2013年11月25日至12月3日，太原廉租房管理中心工作人员为西华苑三期北区经济适用住房622户住户办理物业手续、验房、发放钥匙、产权登记等入住手续。在交房工作期间，中心工作人员对住户耐心解答办理入住、产权证的各项手续，审核各项资料。

（战富国）

【保障性安居工程建设领导组办公室会议召开】 按照市政府安排，2013年12月13日，太原市保障性安居工程建设领导组办公室会议召开。会议听取全市十县(市、区)人民政府关于太原市2013年保障性安居工程目标任务的各自进展情况汇报，布置安排国家审计署太原特派办进驻太原市审计工作有关注意事项，并安排部署有关工作。十县(市、区)政府、市城改办、市龙投公司等相关负责人参加会议。

（战富国）

住房公积金管理

【概述】 2013年，太原市住房公积金管理中心按照“强化管理、彰显服务、提高效益、确保安全、追求卓越”的总体要求，围绕打造“五个一流”公积金中心的目标，推进“归集、提取、贷款、管理、经营”五大任务，开展“贷款推进年”“服务创新年”活动，管理服务等各项工作扎实推进。 （单宁辉）

【公积金业务发展】 2013年，太原市新增住房公积金缴存职工52156人，完成全年目标任务的115.90%。中心完成住房公积金归集72.93亿元，同比增长17.86%，完成全年目标任务的107.25%。办理各类公积金提取27.14亿元，当期提取率37.21%。发放住房公积金个人贷款8918户，发放金额23.63亿元，同比增长40.99%，完成全年目标任务的131.28%，当期个贷率32.40%。全年实现增值收益5.11亿元。截至2013年底，全市共有住房公积金建制单位7309个，实缴职工85.79万人。累计归集住房公积金427.28亿元。累计办理各类公积金提取159.43亿元。累计发放住房公积金个人贷款55417户，发放金额84.98亿元，贷款余额55.92亿元。个贷率首次突破20%，达到20.88%。 （单宁辉）

【全市住房公积金管理工作会议召开】 2013年3月19日，全市住房公积金管理工作会议召开。太原市住房公积金管理中心主任韦和平做题为《对标一流 真抓实干 推进太原市公积金事业新发展》的工作报告。2013年确定为太原市公积金管理“贷款推进年”和“服务创新年”。会议对2012年度中心先进集体、先进个人、全市优秀住房公积金专管员和在推进非公单位公积金制度建立方面做出贡献的合作银行进行表彰，签订部门2013年度工作目标责任书、党风廉政建设责任书和消防安全责任书。中心副科级以上干部、六城区受表彰优秀专管员代表和公积金协作单位代表一百余人参加会议。

（单宁辉）

【12329住房公积金服务热线开通】 2013年2月27日，太原市住房公积金管理中心正式开通公积金热线服务电话12329投诉功能。12月9日，热线自助语音功能开通，全市12329住房公积金服务热线全面开通。12329主要以人工和自助语音方式提供住房公积金业务咨询、业务指南、业务查询、投诉建议、回访调查等服务。12329热线人工服务时间为：周一至周五上午9点至12点，下午1点至5点；自助语音服务时间为每周7天24小时全天候服务。 （单宁辉）

【开展贷款推进年活动】 2013年，太原市住房公积金管理中心推出多项新举措，推进个贷业务。中心与交通银行合作，推出住房公积金贷款和商业银行贷款组合贷款这一新的公积金贷款品种；通过公开竞争、择优选用的方式，选定山西新兆基担保有限公司准入开展公积金贷款担保业务；增加中国银行并州支行、中信银行太原分行两个新的贷款合作银行；制定受委托银行推进公积金贷款考核激励办法，通过经济手段促使受托银行主动营销公积金个人贷款；邀请信誉好、有影响力的房地产开发企业召开座谈会，建立与开发企业的广泛联系。（单宁辉）

【2013年度住房公积金结息工作完成】 2013年6月30日，太原市住房公积金管理中心公积金年度结息工作完成，共为7004个单位的1029586名职工结转公积金利息500208293.75元，利息及时划入职工的个人住房公积金账户。 （单宁辉）

【住房公积金年度缴存基数和比例调整】 2013年7月1日起，太原地区住房公积金缴存基数和缴存比例开始调整。职工住房公积金缴存基数不得低于《山西省人民政府办公厅关于调整我省最低工资标准的通知》中规定的最低工资标准；住房公积金缴存比例不得低于单位10%、个人6%，不得高于单位12%、个人12%。其职工住房公积金缴存基数不得低于上一年度最低工资标准，其中太原6城区基数不得低于1290元。 （单宁辉）

【业务委托协议书和资金安全管理协议书签订】 2013年12月25日，太原市住房公积金管理中心与合作银行住房公积金业务委托签约仪式举行，各合作银行省级分行负责人、各业务经

面对面接受监督

办行负责人以及中心领导、相关业务处室负责人参加签约仪式。主任韦和平代表中心与合作的十三家银行省行负责人分别签订住房公积金业务委托协议书，副主任相似锦与八家支行及网点负责人代表签订专用存款账户资金安全管理协议书。　（单宁辉）

【开展服务创新年活动】 2013 年，太原市住房公积金管理中心为提升服务质量和水平，把 2013 年确定为“服务创新年”，开通 12329 公积金服务热线，推进“一站式”服务大厅建设，开展“一站式”便民服务，推进服务窗口建设，为职工办理业务提供各项便利。

（单宁辉）

【住建部巡查太原市利用公积金贷款支持保障性住房建设试点工作情况】

2013 年 3 月 26 日，住建部稽查办副主任董红梅率三位住房公积金督察员对太原市利用住房公积金贷款支持保障性住房建设试点工作进展及贷款风险控制情况进行巡查。

7 月 2 日，住建部住房公积金巡查组三位住房公积金督察员对太原市第二季度试点工作以及公积金决策、管理、运作、监管等情况开展例行巡查。

10 月 25 日，以住建部公积金监管司副司长姚玉珍为组长的检查组一行三人，对太原市公积金贷款支持保障性住房建设试点工作进行督促检查。

（单宁辉）

FANGDICHAN JIANZHUYE

城乡建设

【概述】 太原市城乡管理委员会（太原市城乡管理行政执法局）(简称市城乡管委)为市政府工作部门,具体负责全市城市道路、桥涵、池渠、排水管网、照明、泵站、垃圾处理、污水处理、市容环卫等市政基础设施维护管理；城市供水、供气、供热等公用事业运营管理;全市市政公用、建筑、人防、园林绿化等工程建设和市容环境卫生、市政公用设施占用等的行政执法工作;节约用水和再生水利用管理；对全市各县(市、区)城乡管理工作进行统一指导协调。

截至2013年底,市城乡管委下设27个内设处室,机关有92人,直属单位有市行政执法总队、太原供水集团、市热力公司、市市政公共设施管理处、市黄河供水有限公司、市城市照明管理处、市市政池渠设施管理处、市排水管理处、市数字化城乡管理指挥中心、市节约用水管理中心、市市政公用工程设计研究所、市城市排水监测站、市市政公用设施建设中心、市供热管理中心、市燃气管理中心、小街巷综合整治改造中心、机关后勤服务中心、职工培训中心、山西诚信市政建设有限公司等19个企事业单位。全系统干部职工万余名。

2013年，城乡管理各项工作推进顺利,成效明显。市城乡管委先后荣膺全国企业文化建设示范单位、全省减排先进单位、全省住房与城乡建设工作先进单位、全省党风廉政建设工作先进单位、全省爱国卫生先进单位、全市属单位省市重点工程完成额第二名、全市依法行政先进单位、全市人力资源社会保障工作先进单位、全市防震减灾工作优秀单位、全市安全生产目标考核优秀单位、全市信息工作先进集体、全市督查工作先进集体、全市值班工作先进集体、全市依法行政知识竞赛优秀组织单位、全市地方志工作先进集体、2013太原国际马拉松赛先进集体。 （李海威）

·太原市市政公共设施管理·

【市政设施管理】 2013年，太原市市政公共设施管理处明确岗位职责、优化工作流程、细化管理标准、转变工作作风,提升市政管养精细化水平,出台《深入推进精细化管理工作安排意见》,整合各种资源,形成协调一致、高效快捷的市政设施保障体系。抓设施巡视管理，加强与数字城管的沟通协调，提高应急处置能力，直接面向群众,做到及时发现、及时处理,有效降低群众投诉率。全年接办“12319”反映问题5674项，属市政设施问题2004项;接办12345反映问题104项,属市政设施问题45项；接办数字城管19940项,属市政设施问题2355项;巡管人员巡视发现问题16214项，属市政设施问题13646项。属于市政设施的问题已全部处理，外部及其他问题均进行核实反馈或应急处置。全年设施问题巡视发现率98%，处理及时率100%。加强掘路监管和设施稽查,保证设施稳定运行，共接收登记掘路执照184项,接办煤气、自来水、热力掘路抢修225项。接办《城市道路施工占用许可证》86份。对违章设置爬坡、便道障碍物、广告牌、桥梁违章设置广告、悬挂物、桥区违章施工等行为进行稽查处理,共计2165项。

道路排水设施检测。在委托有资质检测单位进行道路空洞检测的基础上,成立市政设施检测中心,专门负责道路空洞的排查和研究工作。通过采取具有较先进水平的探地雷达、CCTV管道检测系统以及QS内窥式潜望镜等设备对道路、排水设施进行周期检测和应急检测,形成检测工作常态化。2013年探测道路总长约90千米,验证和处置道路空洞、脱空、土质疏松、排水管道不畅或损伤、道路下沉等安全隐患近70余处（次)，月均处理近8

次,完成工作量626.1万元。

桥梁检测。组织2013年桥梁结构性检测单位邀请招标工作;对旧晋祠路九院沙河桥、漪汾桥、南内环桥等9座桥梁实施结构性检测;对150座桥梁进行常规性检测,其中,检测大桥8座、中桥34座、小桥45座、天桥14座、通道24座;继续跟踪观测新兰路汾河漫水桥、恒山路西山跨线桥、恒山路太岚跨线桥3座隐患桥梁。

(李婧玉)

【市政设施养护】 2013年,太原市市政公共设施管理处完成设施养护工作量12349.38万元。养护工程完成年初计划的120%。加强道路设施维护力度,对滨河东路等50余条街道进行养护,养护面积12.3万平方米;对建设北路、胜利街、千峰南路等街道的8123处进行小修碎补,养护面积15.5万平方米;对解放路、新建路、南内环街等道路6.3万余平方米便道进行维修;对南内环街、农科北路等自来水、煤气、热力管道等掘路进行修复,修复路面6500余平方米。

完成桥梁养护维修任务219项。其中:小型养护209项,结构加固2项,大、中修工程8项;完成应急抢修工程75项;对胜利桥、漪汾桥、滨河东路南沙河桥等36座桥梁安装桥名牌38套;对祥云桥西南匝道更换栏杆31米;对全市145座桥梁伸缩缝、泄水孔,7座地下通道进水井、连管进行疏通清掏,对柴村桥、胜利桥等桥梁进行养护,累计养护桥梁157座。完成工作量972.7万元。设施完好率进一步提高,其中:道路主干道96%,其它街道88.6%,桥梁84.1%,排水管网78.3%。

(李婧玉)

【应急抢险】 2013年,太原市市政公共设施管理处完善应急预案、开展应急演练、规范应急值守、突出整体联动,加强暴雨洪涝等特殊气候条件和重大活动、节假日期间市政设施运营安全监管。在应急抢险工作中做到"四个到位两个确保",即:保证抢险队伍到位、设备到位、组织到位、措施到位,确保问题及时解决、确保社会影响最小化。成功发现并处置并州北路并州西街交叉口、大同路污水管网、柳巷云路街交叉口等多处路面及管网安全隐患,累计抢修排水管道2049米、抢修路面665平方米,完成工作量719万元。

(李婧玉)

【防汛工作】 2013年,太原市市政公共设施管理处加强防汛制度和防汛队伍建设、加大设施清淤疏浚力度、加强防汛设备投入、加强汛情预警管理,确定城区易积水地段责任人,与基层单位签订防汛工作责任书,组建380人的防汛抢险大队,充分准备机械设备和其他抢险物资,完成年度防汛工作。2013年3月,开始对排水设施清掏养护,对滨河东西路等600余条街道的1231条、总长941.3千米的排水管道以及柴村桥等150余座桥梁伸缩缝内的杂物、尘土,桥梁泄水孔内的淤泥、杂物进行清理。做好回头看,确保清掏工作常态化、长效化。对易积水路段的排水管网进行工程改造,提高排水能力。全年疏通养护排水管道104万米,清掏检查井、进水井12.8万座,更换检查井盖、进水井箅1864个(套),翻修、改造管道3517米,对21项大型管涵及明渠进行清淤1.7万立方米。完成工作量3137万元。对迎新南三巷、文明街、城南退水渠、漪兴路等大型管涵及明渠进行清淤,对寇庄西路、北河湾、北沙河营西街口等排水管网进行改造。向产权不在市城乡管委的400多条城市道路的城区和建设业主单位下发汛前清淤通知,督促相关部门做好所辖道路排水管网的清淤疏浚工作,确保汛期排水畅通。加强在建道路工地摸底管理,确保工程安全度汛和竣工接管后运行正常。2013年5月23日,在金桥西街和平北路举行道路积水应急抽排竞赛。

(李婧玉)

【井具整治】 2013年,太原市市政公共设施管理处对城区道路内各类复合井具进行摸底排查和集中整治。按照"首先补全缺失井具、其次更换破损井具、最后更换竹筋井具"的原则,对辖区外城市道路上的问题雨污水井具和无主井、联建井进行集中维修更换。共补盖雨污水检查井、进水井井盖139个(套),修复检查井、进水井469个(套)。市政管理处2013年起承担无主井具应急维修工作。共应急维护更换井具2966个(套),完成工作量220万元。

自2013年4月7日开始,对省城易积水地段、滨河东西路沿线桥下和建设路下穿各铁路道口的检查井内安装安全防护网,并逐步扩大至所辖2.6万座排水检查井。全年共完成安装防护网2.6万个。

(李婧玉)

【市政服务进社区】 2013年,太原市市政公共设施管理处出台《推进市政公用服务进社区活动常态化实施意见》,推进市政公用服务进社区活动常态化。市政公用服务进社区活动全年共为群众办实事212项,维修沥青路面19439平方米,维修便道4182平方米,疏通管道25344米,增设管道214米,更换管道2米,清掏检查井641座,清掏进水井908座,升高检查井27座,新砌检查井4座,新砌进水井3座,更换井盖8个(套),维修挡墙栏杆140米,完成工作量529.14万元。

(李婧玉)

【城南退水渠雨污分流治理工程】 2013年,太原市市政公共设施管理处从6月初至8月底,共普查城南退水渠流域道路282条,总长147.70千米,排查雨水管线113.32千米,雨水检查井3447座,污水管线107.09千米,污水检查井3293座;合流管线46.383千米,合流检查井1508座。用户接入有

1763个。普查道路外的雨洪方涵4条。实施城南退水渠出口截污工程，工程于10月27日开工，完成出口钢筋混凝土墙体浇筑和闸门安装工作后，截污管道敷设工作因进入冬季，暂停施工。 （李婧玉）

【道路病害集中整治活动】 2013年，太原市市政公共设施管理处自9月1日开始，利用两个月的时间，在市区范围内开展“补坑、安网、修井、清淤”市政道路病害集中整治活动，重点对各街道的坑槽进行修补，加快检查井防坠网的安装速度，对快车道部分影响行车安全及井盖响动问题的检查井维修整治，加大排水管网的清掏力度，确保市政设施平安过冬。 （李婧玉）

【公园路便道维修工程】 太原市公园路便道维修工程施工范围北起瓦窑街，南至千峰西一巷，全长380米。工程于2013年7月26日正式开工，8月25日完工，在维修铺设便道的同时，对道路两侧花岗岩侧石进行重新铺筑。该工程共完成铺设便道2683平方米，安装花岗岩侧石781米，安装卡边石310米。 （李婧玉）

【文明街道路排水改造工程】 2013年8月，太原市市政公共设施管理处对文明街北段易积水地段进行立体化改造，在文明街北侧便道上开挖沟槽，铺设排污管道，解决长期困扰当地居民的问题。文明街排水管网改造工程于8月9日开始，施工内容包括开挖沟槽、回填、外弃土方、浇商品混凝土等。经过近一个月的施工，共铺设直径400毫米水泥混凝土主管138米，直径200毫米钢制连管7条，翻修便道砖1100平方米。同时，对文明街北段破损较严重的路面进行重新铺设，共铺设沥青混凝土1470平方米。（李婧玉）

【大众街养护工程】 2013年7月25日，太原市市政公共设施管理处开始对该路段进行养护维修，于9月17日完工。大众街养护工程施工范围西起和平南路，东至众纺路，全长330米，路宽9米，便道每侧宽5.5米。该工程共完成铺设沥青混凝土路面3170平方米，安砌花岗岩侧平石660米，铺设渗水砖便道3630平方米；铺设污水管线345米，检查井15座，铺设雨水管线381米，检查井27座。 （李婧玉）

【寇庄西路道路改造工程】 太原市寇庄西路道路长497米，宽约8米，改造工程于2013年8月1日开工，9月28日主线全部完工。工程共铺筑路面4510平方米；铺设便道3511平方米，安砌花岗岩侧石1855米；铺设主管440米，连管315米；安砌检查井30座，进水井39座。 （李婧玉）

【胜利桥伸缩缝更换工程】 太原市胜利桥伸缩缝更换工程自2013年10月2日起开始施工，将原桥破损的TST伸缩缝更换为型钢伸缩缝，工程于10月15日正式竣工，共更换型钢伸缩缝18条，总计345米。 （李婧玉）

【双塔西街南沙河桥结构加固工程】 双塔西街东、西南沙河桥两项结构加固工程于9月中旬开工，对双塔西街东南沙河桥进行桥梁底板粘贴碳纤维布结构加固，全桥粘贴碳纤维布340平方米；对双塔西街西南沙河桥进行立柱外包钢加固，对该桥存在病害的32根立柱进行外包钢加固工程。10月28日全部竣工。 （李婧玉）

【掌上报修系统】 2013年，太原市市政公共设施管理处属市政设施管理所与移动公司配合，共同研究开发市政设施管理掌上报修系统，并已投入运行。该系统按信息来源、病害种类、产权单位等进行分类，实现信息的时间、种类等多条件筛选以及信息修改、分类输出等多项功能。市政设施管理掌上报修系统应用在日常巡视管理、12319(12345)、数字化等问题核实过程中，巡视人员通过手持终端将设施病害图片、具体位置、问题描述等上传至信息中心数据库终端，再由信息中心工作人员将问题进行分类处理。信息传递更加及时、准确、高效。 （李婧玉）

【领导视察】 2013年5月15日上午，省委宣传部企业处副处长陈晓虎一行到太原市市政公共设施管理处检查指导思想政治工作。市城乡管委党委委员、副调研员徐海马、宣传部部长韩海平陪同检查。

5月15日下午，省委常委、组织部部长汤涛一行到太原市市政公共设施管理处第二道排养护管理所专题调研“市政公用服务进社区”活动情况，并看望全国职业道德先进班组——水道三组的职工及十二届全国人大代表、水道三组组长王润梅。

10月23日上午，全国住房城乡建设系统第六届企业文化建设论坛暨推广太原市城乡管委“市政公用服务进社区”经验现场会在太原市召开，住建部党组成员、纪检组组长、政研会会长杜鹃出席，中国建设政研会副会长兼秘书长秦书星，山西省住房和城乡建设厅党组书记、厅长李栋梁，太原市副市长王建生，省住建厅党组成员、纪检组长、政研会会长郝耀平，太原市城乡管委党组书记、主任王建堂参加会议。下午，与会人员实地参观指导太原市市政公共设施管理处文化建设和“市政服务进社区惠万家”活动开展情况，到桃南二社区实地调研“市政公用服务进社区”工作。 （李婧玉）

【获得荣誉】 全国“五一”劳动奖章获得者、省市劳动模范、处第二道排养护所水道三组组长王润梅参加第十二届

全国人大一次会议。王润梅参加太原市文明委、市直工委“太原市学雷锋优秀志愿服务组织和优秀志愿者表彰大会”，被太原市文明委、市直工委授予“太原市学雷锋优秀志愿者”称号。

2013年年初，处属桥梁养护管理所被住房城乡建设部、共青团中央命名为“住房城乡建设系统2011-2012年度全国青年文明号”。

4月27日，获“太原市模范单位”称号并参加太原市2013年劳动模范表彰大会。

5月，获全省住建系统“思想政治工作优秀单位”“优秀政研会”称号和“太原市五四红旗团委”“太原市五四红旗团支部”称号。（李婧玉）

·市政工程建设·

【市政道路建设】 2013年，太原市城乡管理委员会加强市政道路建设。南中环街快速化改造工程。西起西环高速，东至东环高速，全长14.25千米，红线宽56米至71米，绿线宽110米，主路双向10车道，高架桥及辅路双向6车道。建设内容包括道路、电力、雨污水、照明、绿化、交通设施、拆迁、征地等，总投资45亿元，拆迁45.9万平方米。工程于2013年4月22日开工，12月26日通车，完成投资45.53亿元。

并州路—坞城路改造工程。北起迎泽大街，南至南中环街，全长7.4千米，红线宽55米至58米，双向10车道。建设内容包括道路、电力、雨污水、照明、绿化、交通设施、拆迁等，总投资10亿元，拆迁26万平方米。工程于2013年5月8日开工，10月21日通车，完成投资14.08亿元。

并州路—坞城路微循环改造工程。涉及并州东街、双塔西街、南内环街、二营盘街、亲贤北街、长风街6个交叉口36条小街巷。建设内容包括道路、电力、雨污水、照明、绿化、交通设施、拆迁等，建设完成青年东街、青年东街南巷、邮电后街、狄村南街等22条。完成投资2亿元，拆迁7万平方米。

太茅路改造工程。北起晋阳街，南至小店高速口，全长5.25千米，规划红线宽50米，双向8车道。建设内容包括道路、电力、雨污水、照明、绿化、交通设施、拆迁、征地等。工程于2013年5月15日开工，10月8日通车，完成投资3.63亿元，拆迁8.4万平方米。

许坦西街改造工程。东起坞城路，西至体育路，全长1.37千米，红线宽40米，双向6车道。建设内容包括道路、电力、雨污水、照明、绿化、交通设施等。工程于2013年4月8日开工，6月30日通车，完成投资0.76亿元。

正阳街建设工程。东起大运路，西至太茅路，全长2.25千米，红线宽度40米，双向6车道。建设内容包括道路、电力、雨污水、照明、绿化、交通设施、拆迁、征地等。工程拆迁1.78万平方米。工程于2013年6月6日开工，11月15日通车，完成投资1.5亿元。

体育北路改造工程（续建）。南至南内环街，北至亲贤街，全长1.74千米，红线宽50米，双向8车道。该工程于2012年开工，2013年7月10日完工。总投资1.21亿元，2013年完成投资0.26亿元。（李海威）

【供水项目建设】 2013年，太原市城乡管委配合城市道路及片区建设，实施给水管网改扩建、西山城市供水、南部区域核心区供水等工程，新建和改造给水管线215千米。胜利东街加压站具备供水条件；呼延水厂二期和深度处理工程如期开工；东南部加压站水质监测调度综合楼土建主体完成；西部加压站前期准备工作和施工图设计基本完成，办理规划许可等手续。共完成投资8.26亿元。（李海威）

【供热项目建设】 2013年，太钢热源项目（500万平方米）、瑞光热源项目（570万平方米）、太二热源（500万平方米）余热利用项目基本完工，新增供热能力1570万平方米；嘉节燃气热电厂完成工程总体进度的93%；太二七期主厂房土建进度为68%；太一电厂初步确定清徐工业园贾兆村新址，进行搬迁前期准备及供热方案制定；华能燃气热电厂开工，古交兴能电厂、华能热电厂正进行方案论证等前期工作。古交至太原38千米供热长输管线及中继能源站项目，环评、能评、地质灾害危险性评估等前期工作编制完成，预可研报告省发改委批复，隧道段公开招标；新建管线127千米，改造老旧供热管网34.8千米；完成大温差改造热力站88座，新建热力站157座。完成清洁供热扩网面积2159万平方米，超额8%，其中既有建筑改造面积约1566万平方米，替代分散燃煤锅炉529台，减少燃煤70万吨以上。2013年共完成投资55.84亿元。（李海威）

【供气项目建设】 2013年，离石—太原、原平—五台、临县—保德煤层气输气管道工程焊接共完成421.56千米；临县—临汾煤层气输气管道工程一期临县—隰县—石口投产，二期隰县—临汾管道敷设完成187千米。盂县—寿阳输气管道项目建成，榆济线上楼桥阀室—离石分输站输气管道项目建成，寿阳加气母站建成试运行。国新天然气（煤层气）液化调峰建设项目进行地质评价、地震评价、安全评价及项目可行性研究报告的编制。煤气公司古交—太原煤层气工程完成焊接22.59千米，完成煤改气工程89.14千米，庭院改造工程完成1.33千米。天然气公司完成中压管线7.3千米。国电科莱中压管网工程完成43.87千米，次高压工程化章街加气站主体工程封顶。全年共完成投资8.89亿元。（李海威）

【环卫项目建设】 2013年，太原市生活垃圾焚烧发电及大型转运站建设工程，完成用地勘探，进行环评、地灾、节能、风险、水资源、水土保持、卫生防疫等评估报告编制工作；侯村填埋场二期工程A标总电源、提升井电缆及开关柜安装完成；排洪暗渠、溢洪道工程完成；库区场地平整完成90%；进行垃圾坝填筑和地下水导排工程。B标进行3#库区、4#库区的粘土回填工程，完成投资0.67亿元；餐厨废弃物资源化利用项目工程处于筹备阶段，各项前期工作基本完成。（李海威）

【污水项目建设】 2013年，太原市城南污水处理厂东厂区通水，完成投资4.92亿元；由于规划调整，厂址西移，深度处理部分到2014年6月底完成施工。启动晋阳污水处理厂建设工程，完成选址意见书、勘查定界报告、能评编制；立项及土地手续办理中，2014年4月开工。（李海威）

【防洪项目建设】 2013年，太原市事故退水渠打通改造工程修建方涵545米，铺设截污管300米，完成投资850万元；狄村排洪渠覆盖治理工程完成投资760万元；六号缓洪池整治维护工程完成总投资1300万元。（李海威）

·市政基础设施管理·

【道路养护】 2013年，太原市城乡管委改造寇庄西路、北河湾等道路排水管网2752米；完成道路日常养护23.87万平方米，便道维修8.06万平方米，掘路修复路面0.81万平方米，道路裂缝沥青灌缝4.29万米。开展井具设施集中整治活动，处置问题井具4544座，安装安全防护网2.6万个。

【桥梁检测】 2013年，太原市城乡管委完成桥梁常规性检测150座，养护桥梁157座，整改桥梁安全隐患61处；对双塔西街东南沙河桥、双塔西街西南沙河桥进行加固，督促相关部门加固改造新兰路汾河漫水桥、恒山路西山跨线桥、恒山路太岚跨线桥等3座隐患桥梁。

【城市照明】 2013年，太原市城乡管委对森园街等24条无灯街道及九院沙河两岸等34条老旧设施街巷安装路灯1541盏；更换旱西关南二条等22条设施老旧街巷灯具159盏，新装监控设备134套，全市着灯率98.57%、设施完好率98.61%、巡视及时率100%、及时处理率100%。（李海威）

【城市防汛】 1.集中清淤。2013年，太原市城乡管委对600余条街道、941.3千米的排水管道以及150余座桥梁伸缩缝、泄水孔内的淤泥杂物进行清淤；对24座城市地下通道的积泥坑、进水井疏通维护；清掏检查井4.03万座、进水井7.22万座，疏通管道119.3万米；对37座泵站和各污水处理厂进出水管道、渠道、下水井、集水池进行检查维护和清淤；对迎新南三巷、城南退水渠等大型管涵及明渠清理淤泥1.52万立方米米。

2.工程治理。对享堂缓洪池、狄村支沟、狄村排洪渠等实施工程治理改造，清淤1.17万立方米，平整护坡2.1万平方米。同时抓好在建道路市政设施监管，保证设施功能正常发挥。

3.应急处置。强化应急值守，协调联动指挥，接到大雨预警，人员、机械迅速到达重点路段，及时采取措施，确保行人车辆通行安全。在5月23日暴雨、6月20日至22日大雨、7月10日持续强降雨、9月15日至16日连续降雨中，各级领导坚持一线指挥，1000余名应急抢险人员发扬连续作战的作风，500余台抽排设施设备及时投入运行，实现汛期“道路积水明显减少、城市交通明显顺畅、井盖安全系数明显提高”三个变化。（李海威）

【道路塌陷治理】 2013年，太原市城乡管委发挥牵头作用，研究建立部门配合联动机制，下发《关于道路塌陷隐患排查治理的实施意见》《关于加强汛期地面塌陷隐患排查治理的通知》，定期召开例会，组织专家研究，增加巡查频次，对全市道路及管网设施隐患进行排查治理。采用探地雷达、杆式潜望镜等先进技术和设备，以日常检测与应急检测相结合，重点对迎泽大街以南、学府街以北、建设路以西、青年路以东区域道路进行检测排查，及时发现处理各类道路安全隐患37处，做到路面塌陷隐患早发现、早报告、早处置。与往年同期相比，2013年全市道路塌陷事件明显减少。（李海威）

·公用事业运营管理·

【优质供热】 2013年，太原市城乡管委召开全市冬季供热供气保障工作会议，下达冬季供热供气保障目标责任书，层层落实供热保障任务。组织各供热企业投资2亿余元，对近800座热力站、一次管网设施及无人管理庭院管网等进行检修和改造。督促各城区政府、供热企业对区域供热摸底调查，提前做好供热设施设备检修和储煤工作。在全市不同区域设置3000个测温点，开展居民室内测温工作。执行供热情况日报、周报制度，及时检测供热运行情况，协调解决存在问题，确保供热质量。开通24小时服务热线，加强供热应急保障，有效预防弃供和大面积停供事件。城市集中供热企业运营考核覆盖率达100%，各供热企业考核结果达良好以上。（李海威）

【安全供水】 2013年，太原市全年供水总量2.09亿立方米，日均57.24万

立方米,其中地下水1.16亿立方米,黄河水0.93亿立方米。太原供水集团补凿水源井4眼,增加产水量1.7万立方米/日,发展用户134户;关闭9个单位的9眼自备井,置换水量0.28万立方米/日。严格执行《国家饮用水卫生标准》,加大水质监测力度,自2013年6月起执行公共供水水质信息公示制度,城市供水水质综合合格率、管网压力合格率、供水设备完好率、抢修及时率均达100%。城市公共供水企业运营考核覆盖率达到100%,设区城市供水企业运营考核结果达到良好以上。

（李海威）

【稳定供气】 2013年,太原市全年天然气用量6.6亿立方米,焦炉煤气用量3.1亿立方米。协调上游供气公司组织调配气源,优化供气企业生产调度管理,保证气源充足、供应稳定;督促清徐县政府、阳曲县政府加强对5个煤气气源厂的监管,明确各气源厂供气指标,督促按指标足量供气。按照“四个一律、两个禁止、两个必须”和“六个不漏”要求,集中开展燃气安全隐患专项排查整治活动,加强天然气门站、高中压调压站、加气站设备及管网巡检养护,共排查燃气企业、经营站点189个,整改安全隐患106处,排查燃气使用单位、场所1.18万个,整改安全隐患6003处,排查率、整改率达到100%;查处取缔违法经营液化气点92个。强化燃气安全使用知识宣传,深入用户检修维护,营造安全用气良好氛围。规范燃气企业经营行为,全市燃气经营企业全部纳入燃气经营许可管理。强化燃气企业运营考核,全市7个管道燃气企业考核结果达到良好以上。

（李海威）

【节能减排工作】 2013年,太原市城乡管委完成《太原市城市污水再生利用标准体系研究》和《太原市城市用水节水指标体系研究》课题项目的初稿编制工作。开展节水宣传进企业、进校园、进小区活动,发放宣传资料5000多份;加快创建节水型企业(单位、校园、小区)步伐,共完成23家节水型企业(单位、校园、小区)创建、验收工作;完成山西九州通医药有限公司等11个单位用水节水评估;确定太原选煤厂生活污水处理回用等7个节水技措补助项目;加强节水建设项目“三同时”管理,在全市建筑工地开展节水专项检查治理。实施城市照明工程绿色图审,严格节能环保标准;加强照明节能管理,严格控制景观照明;城市低效照明产品淘汰率达100%,大型公建、景观照明使用大功率灯具禁止率达100%。制订出台《2013年推进供热计量改革工作实施方案》,实现居住建筑计量收费面积占到集中供热居住面积的31.5%。城市污水处理厂运营考核覆盖率达到100%,运营考核结果达到良好以上;全市(含县城)污水处理量2.2亿吨,污水处理率为85.5%;城镇污水处理厂负荷率为90%;再生水利用率达到相关目标要求。 （李海威）

·行政综合执法·

【建设工地管理】 2013年,太原市城乡管委落实市政府《关于严厉查处违法用地违法建设的紧急通告》,创新管理手段,推进源头管理。全市建筑工地开工必须填写《建筑工地开复工申请表》,并通过严格审核、层层把关,符合手续完备、绿色文明工地标准的方可开工。采取改进评比方式、创新督办制度、倒排达标进度等措施,全面优化绿色文明工地创建工作。全市开工在建的国有土地建筑工地241处,全部达到绿色文明工地标准。 （李海威）

【扬尘污染治理】 2013年,太原市城乡管委与相关部门联合制订《关于控制扬尘污染工作的实施意见》,抽调人员组成专门督导检查组,不定期对全市扬尘污染治理情况进行检查,促进环保治理措施落实。在建的241处工地现场,基本做到设置施工围挡、苫盖土方物料、硬化工地路面、冲洗出入工地车辆、建筑垃圾日常日清、拆迁工地洒水抑尘等,建筑工地扬尘污染得到有效控制。 （李海威）

【市容环境整治】 2013年,太原市城乡管委结合工作实际,下发《关于做好“两会”市容保障的通知》《关于做好2013年各类考试市容保障工作的通知》《关于对无证占道经营进行集中清理整治的通知》《关于开展非法占道经营集中整治的通知》,指导各城区(开发区)执法部门开展占道经营整治工作,以不影响市容、不影响交通为前提,规范临时占道便民市场。加大对占道烧烤摊点的整治工作,共取缔、规范烧烤摊点1603处。开展书报亭“三乱”整治,整顿书报亭273家。取缔黄色面包早餐车,推进市容环境提档升级。

（李海威）

【市政园林环保执法】 2013年,太原市城乡管委从解决群众关注的热点和难点入手,强化掘路施工、市政爬坡、施工占道、毁坏树木、侵占绿地等方面的管控,全年共立案325起,其中市政类案件133起,园林类案件192起;针对噪音扰民行为,实施夜间施工噪音专项整治,集中开展护考行动,组织夜查20余次,共出动执法人员200余人、车辆80余台,巡查工地270余处,为全市考生创造良好考试和休息环境。

（李海威）

【案件审理执行】 2013年,太原市城乡管委落实行政执法责任制,制定出台《太原市城乡管理行政执法操作细则》。全年一般程序立案662件,全部下达行政处罚事先告知书,共审理并作出罚款处罚决定640件(包括2012年205件),涉及罚款金额7930.54万元;共下达任务769件,涉案金额

7867.5 万元；实际执行 287 件，执行金额 1595.62 万元；移送法院强制执行 51 件，涉案金额 561.66 万元。

（李海威）

·社会管理创新·

【安全应急管理】 2013 年，太原市城乡管委落实安全生产“一岗双责”责任制，修订完善安全生产工作制度 17 项；建立健全安全生产责任落实测评体系，召开安全生产工作例会 16 次，层层签订安全生产目标责任书；开展“安全生产大检查”“安全生产打非治违”“安全生产年”等活动，排查整改一批安全隐患，确保市政公用设施安全稳定运行。进一步完善市政公用行业应急预案，以市政府名义下发《太原市供热事故应急预案》《太原市燃气事故应急预案》，修订完善《突发公共事件应急处置预案》和《太原市城市基础设施与工程抢险组抗震救灾应急预案》，形成整体联动、协调一致、高效快捷的应急保障体系。全年共受理重大安全隐患举报 451 件，确认安全隐患 124 件，全部办结；抢修施工挖断管线事件 448 起（其中供水 335 起、供气 79 起、供热 34 起）；处置并州北路并州西街交叉口道路塌陷、大同路污水管网破裂、柳巷云路街交叉口道路空洞、建设南路塌坑等多起安全隐患，累计抢修排水管道 806 米、修复路面 1820 平方米。全年管委系统安全生产形势平稳，未发生影响较大的安全生产事故。

（李海威）

【推进精细化管理】 2013 年，太原市城乡管委出台《关于深入推进精细化管理的实施意见》，汇编《太原市城乡管理委员会精细化管理制度手册》。委属各单位、机关处室结合各自职责，立足 2013 年度重点工作和重点项目制定具体的实施细则，并通过实践检验进行修改完善。市政公共设施管理处，对道路设施管养、城市防汛、应急抢险处置等实施精细化管理，坚持主次干道一日两巡，小街小巷一日一巡；加强掘路监管和设施稽查，接办掘路抢修 225 项，对违法设置爬坡、广告牌等行为处理 2165 起；加强市政设施检测排查，雷达探测道路总长约 63 千米，测线总长约 582 千米，检测排水管网总长约 48 千米，完成应急检测 36 次。

（李海威）

【数字城市管理】 2013 年，太原市城乡管委以建设智慧型“数字城管”为目标，安装城管通手机应急视频远程监控系统，实现应急状态下远程联动指挥功能；完成 46 个二级平台整合，古交市数字城管平台设立并实时联网。全年数字城管系统共受理各类问题 111.35 万件。数字城管平台共上报各类城管问题 45.3 万件，应结案数 34.26 万件，实际结案 30.94 万件，结案率 90.31%；12319 热线平台共接听公众举报电话 34.83 万个，形成派单 16.33 万个，反馈信息及时率 97.63%，处置问题办结率 98.88%，服务对象满意率 95.29%。12345 热线平台共接听市民来电 31.27 万个，受理网民留言 363 件。

（李海威）

【行政管理审批】 2013 年，太原市城乡管委落实“两集中、两到位”制度，制订《太原市城乡管理委员会委领导现场办公制度》，优化行政审批程序，健全“一口进出、联合审批、限时办结”的审批服务运行机制。共受理审批事项 639 件，全部办结，其中：挖掘、临时占道审批 302 件、核发排水许可证 290 件、办理用水计划 45 件、燃气经营许可证 2 件。完成排水监测采样 3080 个，出具化验数据 16096 个，形成检测报告 1375 份，完成水质水量报表 12 次。

（李海威）

【开展为民便民服务】 2013 年，太原市城乡管委以“市政公用服务进社区”为依托，参加“向人民汇报，请人民评议”活动和为民“办实事，解难事”活动，“向人民汇报，请人民评议”活动中，群众对城乡管理工作的综合满意率达 96.29%，在 12 个参评部门中名列第三，市纪委交办的 909 件问题，全部解决；“办实事，解难事”承诺的 81 项实事难事，全部完成。坚持一手抓常态化、一手抓全覆盖，领导包区、部门包街办、工作组包社区，共出动 4 万余人次、机械 4000 余台次，投入资金 1880 余万元，主动帮助市民群众解决困难和问题 5297 件。2013 年 10 月 23 日全国住建系统第六届企业文化建设论坛暨推广太原市城乡管委市政公用服务进社区经验现场会在太原市召开。开展窗口单位行业“贴近群众，服务群众”作风建设专项活动，建立日抽查、周检查、月汇总、季上报等工作制度，组织委属单位、机关 200 余人在省军区教导大队参加培训，提高窗口行业干部职工的综合素质、政治素质和业务素质。做好信访工作，共受理信访案件 57 件，接待来访群众 626 人次，参加全市大接访 26 次；办理人大代表建议案 18 件、政协委员提案 28 件；处理《社情民意》130 件、《舆情专报》8 件、《互联网舆情信息专报》25 件，做到件件有落实、事事有回音。（李海威）

【景区管理和县（市）指导协调工作】 2013 年，太原市城乡管委指导各县（市）开展风景名胜区创建工作，加强对风景名胜资源的保护利用；晋祠—天龙山、崛围山、娄烦汾河水库风景名胜区总体规划大纲获省住建厅批准，3 处风景名胜区总体规划评审稿报送省厅；结合省、市和城乡管委工作重点，对三县一市 2013 年度工作进行安排部署，组织对各县（市）进行阶段性综合检查和年度考核，指导协调清徐县、古交市开展燃气审批工作，加强扩权强县工作，提高县（市）城乡管理工作水平。

（李海威）

·党建和精神文明建设·

【思想理论建设】 2013年，太原市城乡管委以建设“学习型、服务型、创新型”党组织为目标，在全系统深入开展三个核心价值观学习实践和基层组织建设年等各项活动，组织党员干部认真学习党的十八大报告、十八届三中全会精神《领导干部廉洁从政若干准则》、中共中央政治局关于改进工作作风、密切联系群众的八项规定和习近平总书记一系列重要讲话，切实增强贯彻落实党的路线方针政策的自觉性和主动性；以学习专栏、讨论交流平台、学习园地为载体深入开展教育活动，进一步加强党员干部党性修养和党性锻炼。 （李海威）

【干部队伍建设】 2013年，太原市城乡管委执行《党政领导干部选拔任用工作条例》，分5批对152名机关处室、执法总队干部和直属单位领导班子进行调整配备；制订出台《关于直属事业单位中层干部调整审批工作规定》，不断规范干部调整配备、管理相关工作；成立专门领导机构，制定具体实施方案，做到严格程序、公开透明、规范运作，有效杜绝选人用人中的不正之风。 （李海威）

【基层组织建设】 2013年，太原市城乡管委坚持抓基层、打基础，把人力、物力、财力不断向基层倾斜，重点推进两级党委扩大党内民主，扩大党员的知情权、参与权、选举权和监督权；从工作实际需出发，理顺基层党组织的体制机制，成立市行政执法总队党委，撤销市市政公用设施建设处联合支部，分设市市政公用设施建设中心、委职工培训中心、市小街巷综合整治改造中心等3个党支部；加强入党分子对党的基础理论知识学习教育，发展新党员26名，为党组织增添新鲜血液。 （李海威）

【党风廉政建设】 2013年，太原市城乡管委落实党风廉政建设“一岗双责”责任制，强化教育、管理和监督，时刻把握党员干部在廉政勤政方面出现的苗头性问题；推进惩治和预防腐败体系建设，加强《廉政准则》等各项规定的教育培训，筑牢党员干部拒腐防变的思想防线；学习中央“八项规定”，开展纪律作风整肃活动，集中解决形式主义、官僚主义、享乐主义和奢靡之风问题；整治公款铺张浪费，公务招待、差旅费相比上年分别减少89%和72%；按照全市的统一安排，开展公房、公车清理专项活动，共腾退办公用房28间、1066.7平方米，归还车辆33台、清回车辆3台。 （李海威）

【文明和谐行业建设】 2013年，太原市城乡管委深化“文明单位”“双拥单位”“青年文明号”创建工作，开展“我们的节日”“道德讲堂”“文明出行”和农村结对帮扶共建、军民共建活动，塑造良好的行业形象；利用《太原日报》和《龙城哨位》栏目等，及时宣传管理动态，营造良好的舆论氛围。组织开展春节走访慰问活动，对16户困难职工家访慰问，为106名困难职工发放慰问救济品，为2500余名职工办理大病医疗保险，为17名大病职工办理大病互助补偿款约8万余元；参加“博爱一日捐”“慈善一日捐”爱心活动；投资20余万元，完成阳曲县李家沟村文化大院修复工程。发挥统战优势，加强对统战人员关心和领导。落实老同志各项待遇，帮助解决生活实际困难，提高离退休老同志服务保障水平。 （李海威）

城乡规划

【概述】 2013年，太原市城乡规划局内设18个职能处室，10个规划分局。主要负责编制和实施太原市总体规划、分区规划、专业规划和详细规划；核发一书两证及组织城乡规划设计、城市勘察测绘、城市雕塑、户外广告设置；规划区内乡（镇）、村庄规划管理，核发乡村建设规划许可证；太原市历史文化名城保护委员会办公室工作；实行派驻市属县（市）规划督察员制度，负责督查辖区内规划执行情况；太原市规划委员会办公室工作。下属太原市城市规划设计研究院、太原市建筑设计研究院、太原市市政工程设计院等11家企事业单位。

2013年，太原市城乡规划局以建设转型综改试验先导区为统领，以建成一流省会城市为目标，围绕“唐风晋韵、锦绣龙城、清凉太原”的“规划梦”，大胆改革创新，在规划编制、审批提效、规划管理、改善民生、服务省市重点工程等方面新突破。 （李四喜）

【城乡规划编制】 2013年，太原市城乡规划局变“闭门用手规划”为“开门用脚规划”，通过编制一批实用、管用的规划，解决更深层次的城市建设和管理问题。以“汾东商务区、晋阳新区”等南部区域规划编制为引领，统筹协调五城“新城、老城、山城、古城、县城”规划建设；为筑好“美丽太原”绿色屏障，编制《东山人文科技生态园建设规划》《西山地区生态建设发展规划》；力争多留遗产，少留遗憾，编制《明太原县城历史文化街区保护详细规划》；对标国内外优秀城市，开展综合型城市、城市转型发展、新型城镇化道路等10项专题研究工作。 （李四喜）

【规划审批】 2013年，太原市城乡规划局通过处室职能整合、审批人员重调、审批程序重置、审批会议合并、纪要当场签发、审批事项并联、取消修建性详细规划、成立技术服务中心等举措，规划审批时限由原来的112个工作日压缩至75个工作日,《中国建设报》头版头条以太原市城乡规划局审批流程再造为背景,对太原市行政审批制度改革进行专题报道,人民网等各大主流媒体均进行转载。通过开发"一事一表"效能监察系统、三维辅助审批系统、移动审批办公系统等信息化手段,提高规划审批的效率。2013年,共受理审查1824件,核发"一书两证"1350件,同比增加21.3%。

(李四喜)

【查处违法建设】 2013年,太原市城乡规划局以实体性违法建设"零增长"为目标,以市政府9号文《关于严厉查处违法用地违法建设的紧急通告》为准绳,通过加强"网格化"管理,出台《太原市违法建设查处规定》《关于查处违法建设行政处罚裁量权基准》等一系列制度,对部分严重影响城市规划、社会影响恶劣的项目依法予以拆除没收,确保城乡规划的有效落实,保障广大市民的权益。2013年,共处理违法案件317件,500余万平方米,全市违法建设由年初的805万平方米降至305万平方米。 (李四喜)

【规划服务创新】 2013年,太原市城乡规划局开展"四诊"(日常受理看"门诊"、特别情况进"急诊"、基层有求去"出诊"、遇到难题抓"会诊")式服务。(1)畅通群众诉求渠道。市城乡规划局狠抓指挥督查中心的建设和管理,实现12319城建热线、12345便民热线、阳光信访网、规划举报投诉平台、数字化城管、4220611规划举报投诉热线、媒体信息筛选分析平台等信息的快速化处理,强化民生问题的解决。(2)推进民生工程。加快完成太原市中小学、托幼、医疗、专业市场布局等专项规划,组织编制人行过街设施专项规划,为7所学校进行扩大规模选址,为7所学校和7所医院进行异地选址,对147个保障性住房项目进行规划审查,启动矿机等54个连片改造和棚户区改造项目,编制《太原市城中村改造总体规划》,全市重点改造的56个城中村中7个完成控规编制,10个进行审核,27个编制方案,12个划定133用地。(3)强化现场服务。市城乡规划局抽调专人成立现场服务督导组,完成"两街一路"等十几项工程的方案设计、勘察设计、管线入地、拆除违建(含广告)、立面整治、绿化亮化、地面铺装衔接等综合性工作。 (李四喜)

·市政建设与设施管理·

【李小鹏调研南中环快速化改造工程】 2013年8月24日上午,中共山西省委副书记、省长李小鹏一行到南中环快速化改造工程建设工地现场进行调研。

李小鹏实地查看施工现场,详细询问工程规划建设情况。在听取相关汇报后,李小鹏对工程建设取得的阶段性进展给予充分肯定。他强调,城市道路建设直接关系到群众的日常出行,关系到太原的对外形象,各相关单位要高度重视,加强规划,强化管理,加大投入,争时间、抢工期,加大质量监管力度,高标准、高质量打造精品工程,使人民群众早日享受到交通的方便快捷,努力为太原市率先转型跨越发展做出积极贡献。 (王 越)

【郭振中视察南中环快速化改造工程】 2013年8月7日上午,太原市人大常委会主任郭振中率领常委会部分委员,到南中环快速化改造工程建设工地现场进行调研。

郭振中详细询问项目规划、工程进度等项目情况,询问项目进展中遇到的问题。在听取汇报后,郭振中对工程建设取得的阶段性进展给予充分肯定。他强调,施工单位要加大施工力量,昼夜施工,尽快完成节点工程,各相关单位要积极配合,在保证质量、保证安全的前提下,整体规划,精细施工,确保工程优质、高效、按期完工。

(王 越)

【耿彦波到南中环建设工地实地调研指导】 2013年5月13日上午,中共太原市委副书记、市长耿彦波到南中环建设工地实地调研指导。南中环太榆路立交桥是全线的控制性工程之一,耿彦波重点了解设计进展、拆迁进展、铁路拆迁时间、跨铁路施工措施及交通导行等问题。在现场实地调研后,召开专题会议,对存在问题一一进行安排。

2013年5月29日下午,耿彦波率领市直相关部门负责人到南中环建设工地实地调研指导。耿彦波一行对全线各施工节点逐一进行调研,并明确要求,一是小店区尽快组织实施太榆立交范围内的拆迁。二是施工单位要加大施工力量,力争9月30日通车。三是晋源区政府尽快组织拆除千峰南路通道及西环T型立交桩基部分武家庄宅基地上建筑。四是太原化学工业集团有限公司务必于6月6日停产,停产后业主单位沿南中环绿线砌筑围墙,与厂内隔离。

2013年6月15日下午,耿彦波率领市直相关部门负责人到一线,对南中环快速化改造工程建设情况进行实地检查,并就建设中存在的问题进行现场办公。要求太化厂、武家庄、吴家堡村钉子户等单位及宅基地上建筑拆迁,务必于6月20日具备桩基施工条件,6月底全部拆完。实地调研后,召开专题会议,强调业主单位一定要盯在现场,认真负责,绝不放过一个细小瑕疵,施工单位要倒排工期,抢抓时间,投入足够的机械与人力,科学施工,强力推进建设进度。各有关部门要及时协调解决工程推进过程中遇到的征地、用水、用电等困难和问题,为建设单位搞好后勤服务,营造良好的施工环境,切实保障工程顺利推进。

2013年7月16日上午，耿彦波一行到南中环快速化改造工程项目进行调研指导。在听取相关汇报后，耿彦波对工程建设取得的阶段性进展给予充分肯定。明确要求，一是各区政府要积极配合完成拆迁工作，太化集团务必于7月25日前完成硫酸厂和氯碱车间搬迁工作，太原铁路局务必于8月8日前确保北营车站铁路线具备拆除条件。二是施工单位要排除雨季天气影响，加大施工力量，再接再厉，确保9月30日通车目标。

2013年7月23日上午，耿彦波一行到南中环快速化改造工程项目进行调研指导。在听取相关汇报后，耿彦波明确要求，一是各区政府要积极配合完成拆迁工作，二是施工单位要排除雨季天气影响，加大施工力量，再接再厉，确保9月30日通车目标。

2013年8月2日下午，耿彦波一行到南中环快速化改造工程进行调研指导。耿彦波一行在现场实地调研后，召开专题会议，并明确要求，一是各区政府要积极配合完成拆迁工作，于一周内完成北张拆迁清理工作，加快液压机械厂西宿舍和铁路平房的拆迁进度。二是要注重科学规范施工，及时清运垃圾，保证路面整洁干净，杜绝二次污染。三是工程已进入抢工期、争时间的关键阶段，各施工单位要制定切实详细的施工计划，加大施工力量，加强现场管理，做到真抓、真管、真加强，以日保旬，以旬保月，确保9月30日太原市环线通车目标。

2013年9月27日，耿彦波一行到南中环快速化改造工程项目进行调研指导。现场协调解决工程实施中遇到的难点问题。他强调，工程已进入抢工期、争时间的关键阶段，各施工单位要抢抓时间，加大施工力量，加强现场管理，做到真抓、真管、真加强，以日保旬，以旬保月，确保10月30日太原市环线通车目标。

2013年10月6日，耿彦波一行到南中环快速化改造工程项目进行调研指导。 （王 越）

【南中环快速化改造工程】 太原市中环线道路由太行路、南中环、西中环和北中环组成，西南环T型立交成为太原市环线改造中桥梁工程率先铺设沥青混凝土面层的桥梁。南中环快速化改造工程，西起西环高速，东至东环高速，全长14.25千米。主要节点工程包括大型立交3座（西南环T型立交、太榆路全互通立交、太行路全互通立交）、高架桥3座（南环西段高架、平阳路至军民路高架、南环东段高架），地下通道2座（千峰南路地下通道、南屯路地下通道）、跨线桥1座（坞城路跨线桥）。西南环T型立交为南中环快速化改造工程的重要节点工程之一，是贯通西中环、西环高速的快速通道。主线桥梁采用预应力连续箱梁结构，全长1364米，宽23.5米，双向6车道，设计速度每小时60千米，立交匝道桥4条，总长2169米，宽9.5米。该立交工程所处位置地质条件恶劣，是太原市的化工区和垃圾处理区，地上高压线、通讯线密如蛛网，地下煤气管、输排水管等管线纵横，工业和生活垃圾填埋场随处可见，加上流沙、淤泥、涌水等不良地质给施工带来重重困难。

南中环快速化改造工程自2013年4月22日开工以来，建设方市政公用设施建设中心精心组织，科学管理，突出重点，整体推进，狠抓进度管理，确保施工计划稳步实施，严格按照工期任务，制定季、月、周计划，明确各项保障措施，每天召开工程例会，对工程进度进展给予总结，对遇到的问题提出解决方法。在工程质量上更是加大力度，严把质量关口，督促施工单位认真做好自检、抽检工作，落实经常性的质量检查措施，加强对施工材料，施工工艺的检测和监管，切实做到按规范施工，凭数据说话。在安全管理上，建立一套长效安全生产制度，牢固树立“以人为本，安全至上”的思想，加强安全生产教育力度，确保安全施工。在一系列制度保障下，所有参建人员工作热情高涨，本着“为责任而来，为信誉而战”的信念，以“抢晴天、战雨天，风雨无阻”“白天加黑夜，一天当三天”的工作态度，发扬团结拼搏、攻坚克难的精神，咬住目标，坚定信心，真抓实干，顽强拼搏，不断掀起施工高潮，一个个节点目标逐步实现，大家心中只有一个目标，即保质保量实现10月30日太原环线通车目标。 （王 越）

·数字化城乡管理·

【概述】 太原市数字化城乡管理指挥中心负责全市数字化城市管理工作的规划、指导、实施，承担数字化城乡管理系统建设和运行管理的具体工作。中心成立于2011年10月，隶属于太原市城乡管理委员会，内设办公室、财务科、立案受理科、指挥科、监督科、技术考评科、政工科7个科室，有职工139名。

2013年，太原市数字化城乡管理指挥中心坚持按照“协调管理、应急联动、便民服务”的总体工作定位，致力于城市管理民生服务平台建设，探索城市管理长效机制，强化城市管理科技手段，数字化城市管理工作取得新进展，为打造城市品牌形象和提升市民总体幸福感和满意度奠定基础。

2013年，太原数字城管指挥中心利用信息采集员主动巡查、热线接听受理，收集各类城乡管理问题111.35万件，日均受理3051件。(1)通过信息采集员主动发现上报各类城管问题45.25万件。其中，立案派遣34.26万件，处置办结30.94万件，结案率为90.31%。(2)通过12319城管服务热线接听公众举报电话34.83万个。其中，现场回复咨询类问题18.5万件，派遣责任单位限时处置16.33万件,反馈信息的及时率达97.63%,处置问题办结率为98.88%，服务对象满意率为95.29%。(3)协助市便民办接听12345政府便民热线31.27万个。全年受理网民留言816件,收到来电、来信表扬355件。太原数字城管平台在太原市开展的“向人民汇报,请人民评议”“办实事、解难事”以及窗口单位“贴近群众、服务群众”等一系列活动中发挥有效作用。 (驾 鹏)

【平台管理】 2013年，太原数字城管指挥中心把强化城市管理类问题主动发现和有效解决作为“贴近群众、服务群众”、转变作风的一个重要抓手持续推进。通过主动发现城市管理方面的问题,及时受理派单、督促处置,降低市民投诉,提升群众满意度。对采集公司提出“早一点、晚一点、范围大一点”的要求。将信息采集时间由早8:00至晚19:00调整为早7:00至晚20:30,并将施工改造区域纳入信息采集范围，通过对信息采集工作早上班、晚下班、延伸巡视范围，促进城市管理类问题能够及时发现、及时派遣、及时处置。在单位内部实行“出门就上班,人人争当采集员”活动,全体工作人员利用工作之余采集上报各类城市管理问题。实行错峰交接班。在单位人员不足的情况下,为保证电话接通率,根据话务峰值晴雨表,合理调整交接班时间,将话务员工作时间由早晨8时、夜间19时交接班,改为早晨7时、夜间21时交接班，避免话务高峰时因工作交接带来的电话漏接情况，保证电话高峰时段线路畅通,派单及时。推行“一线工作法”。要求领导每周在一线工作时间不少于3个半天；科室人员每周在一线工作时间不少于4个半天。为解决接听能力不足的问题，要求科室人员每周到大厅受理市民来电和采集员上报问题。开展非法广告专项集中整治“秋风行动”。中心主动与市清洁办联系,联合下发《关于开展非法广告专项集中整治“秋风行动”的通知》,在全市集中开展为期一个月的非法小广告问题专项整治“秋风行动”。一个月内，清除非法小广告问题8万多件，助推城乡清洁工程。 (驾 鹏)

【技术创新】 2013年，太原数字城管服务中心结合工作实际，利用技术手段,以节约建设和运维经费为原则,对现有系统进行优化技改。优化热线系统,确保平台信息畅通。2013年9月，数字城管完成语音呼叫系统升级,系统最大人工坐席数由40路增加至120路，实现12319、12345两部热线人工坐席的共享共用，增加20路虚拟坐席，当遇到话务高峰或人工坐席忙线时,系统自动转入语音导航,质检人员可及时安排人工坐席主动向市民回电提供帮助。安装手机应急视频远程监控系统。通过政府招标采购,在实施数字城管工地远程视频监控系统时,同步新增安卓版远程应急视频上传、观看软件项目。在全市信息采集员城管通手机上分别安装视频上传软件,中心指挥人员安装视频观看软件。当应急突发事件发生时，信息采集员可利用该系统将现场视频实时回传，同时可进行远程通话，实现应急状态下的远程联动指挥功能。加快城管通应用系统升级。2013年10月,中心根据信息采集工作实际，集中对城管通软件进行优化升级，为加大信息采集专项普查工作力度，城管通软件新增专项普查功能和GPS寻人功能，提高信息采集普查工作效率。搭建二级平台监控查询及历史数据查询系统。为方便二级平台案卷信息、流程、统计等查询,按照城区二级平台工作所需,提高案件考核透明度，专项搭建二级平台监控查询系统,同时在系统研发时,将2012年之前的历史数据与业务系统进行分离和单独备份，减轻核心系统的运行压力,提高运行速度,提升系统运行效能。推进“三县一市”数字化系统平台建设。按照市级要求和标准,将46家二级平台纳入数字城管平台管理。2013年，将古交市独立建成的数字城管平台统一纳入太原数字城管中心平台管理,并实现联网运行。

(驾 鹏)

【数字城管热点难点问题解决】 太原数字城管中心加大对权属不清、相互推诿扯皮等难点问题的协调力度。2013年,召开现场协调会560次,现场协调解决疑难案件530件。通过电话催办、发函督办等方式处理平台转办积压案卷552起，解决疑难问题1260件。加强专项普查、专项督办工作。数字城管中心针对长期难以处置的问题,开展专项普查工作。经整理汇总，交办责任单位处置,2013年共发现行道树缺损、报亭占道经营、进水井堵塞、乱堆乱放施工废弃料、废弃车辆、道路破损、早餐车、阻车桩破损等问题6700件,通过发函督促责任单位及时进行处理。 (驾 鹏)

【健全内部运行机制】 2013年，围绕“贴近群众、服务群众”作风建设活动，太原数字城管中心强化内部管理,简化工作流程,建立健全内部运行机制。健全完善制度建设。按照“三亮”“四严”“四评”“五个杜绝”“五零”等服务目标要求,先后出台《关于开展“出门就上班、人人争当采集员”活动的实施方案》《大厅工作人员工作绩效奖罚细则》《信息采集工作绩效考核办法》《二级平台单位考核评价办法》《职工考勤(请销假)管理办法》《网络信息安全责任追究制度》等27项管理制度。强化平台内部管理。数字城管中心通过定期召开主任办公会、业务工作例会、班组长例会、受理员例会、案卷审理会,

进行工作经验的交流与研讨。同时，邀请市委党校知名讲师、专业礼仪培训师、国家级普通话水平测试员、热力公司、自来水公司、天然气公司、煤气公司业务骨干对全体职工分批、分类进行系统的培训，提升业务技能，提高数字城管服务水平。完善信息采集基础数据管理工作。编制2013年《单元网格和信息采集员分布图》与《采集员信息表》，对采集员在单元网格地图上的分布情况做详细标注，并对采集员信息进行分类整理汇总，加强对信息采集工作的管理工作。完善考核评价运行管理机制。坚持“日统计、周报告、旬分析、月公布、年考核”的数据分析制度。在太原电视台和《太原日报》同步发布考核排名公告12期、月报12期、专报12期、季报4期。从9月起，编辑周报19期。（驾 鹏）

【阳光财政建设】 进一步规范系统运维管理。2013年，太原数字城管中心将系统运行维护工作大包大揽模式转变为分类分包管理模式，对系统运行维护工作实行精细化管理，组织系统硬件维护招标、软件维护招标、系统日常耗材招标，增加工作透明度，让资金全部花在刀刃上，少花钱，多办事，办成事，办好事。筹备信息采集服务重新招标。自数字城管运行以来，数字城管3家信息采集公司延用近6年，6年期间未再进行过政府招标。为规范财政资金管理，数字城管中心推进信息采集服务政府公开采购，引入竞争机制，规范信息采集工作，从源头上提升信息采集工作质量。推广使用公务卡，严格财务审计工作。为进一步加强和规范公务支出管理，按照市财政局《太原市市级预算单位公务卡管理暂行办法》规定，推进公务卡制度改革，扩大公务卡使用范围，减少公务支出中的现金使用，提高支出透明度，严格执行公务卡强制结算目录，扩大公务卡应用范围。针对中心各类财务支出，建立财务审计制度，规范中心资金合理、合法使用。（驾 鹏）

·山西诚信市政建设有限公司·

【概述】 2013年，山西诚信市政建设有限公司按照“认真贯彻城乡管委的各项安排部署，关注员工生活，落实公司各项制度，规范企业行为，坚持质量为先、安全第一、企业利润最大化的总要求，开拓创新，进取，推动各项工作再上新台阶”的工作总体思路，求真务实，廉洁高效，完成管委部署的各项任务和年初公司制订的预期目标。全年实现施工总产值10亿元，利润1200万元；全年工程按期完成率100%；一次交验合格率100%；安全隐患排查率100%；应急任务完成率100%；负伤频率为0；全年公司内部无一起安全生产事故发生。（孟建国）

【工作业绩】 2013年，山西诚信市政建设有限公司施工的自建工程主要有：市内工程——许坦西街道排改造工程、太茅路道路改造工程、正阳街道排改造工程、并州路微循环工程、体育路道排工程、黑驼沟防洪改造工程、西干渠（兴华街—长兴街）截污治理工程、龙城新区路网建设工程、秋郭路道排工程、荣军南街道排工程等。外埠工程——忻州市公园东西街道路工程、汽贸城道路工程、云中山北路（雁门大道—汾源街段）道路工程等。

诚信市政建设公司为实现多元经营，拓宽经营渠道，追寻新的利润增长点，开展资质升级增项工作。截至2013年底，成功申办压力管道资质和基础处理资质，为进入管道安装市场和基础处理市场奠定基础。（孟建国）

【内部管理】 2013年，山西诚信市政建设公司围绕职能细化分解，推进内部各项基础管理工作。2013年，完成增加注册资本金的工作，注册资本金由年初的8469万元增至1.2969亿元，为公司承揽更多的施工任务提供保障；严格工程项目过程管理，出台《在建工程安全检查奖惩办法》和《在建工程质量检查奖惩办法》；加强精细化管理，开展“精细化管理2012年施工工程技术安全回头看”培训研讨会；不断提高质量技术管理水平，通过ISO9001:2008版质量、环境、职业健康安全管理体系监督审核。围绕三个队伍建设，强化人力资源管理，开展多项内部专业岗位培训，累计课时56个，参培人员累计520人次；参加外部培

正在摊铺作业施工的太茅路改造工程

训，累计课时372个，参培人员累计344人次。（孟建国）

【政风行风建设】 2013年，山西诚信市政建设公司围绕作风建设，落实中央“八项规定”,研究制订《落实“八项规定”的具体措施》和《关于改进工作作风精简会议活动和文件简报的实施意见》,将“整风肃纪”自查自纠工作落到实处。按照中央、省市委及管委对领导干部廉洁自律的要求，加强廉政建设,构筑惩防体系。贯彻落实《廉政准则》，通过制定反腐倡廉工作实施方案，组织全体中层以上干部签订廉政承诺书,开展改进工作作风、加强廉洁自律工作，组织领导干部填写廉政档案,聘请廉政监督员,设立督察和内审负责人;开展“倡廉洁、树新风、促和谐”廉政公益广告集中刊播活动;按照管委纪委要求，组织公司在编中层以上干部55人参与会员卡清退活动,作出零持有报告；开展治理吃喝不正之风专项督查工作和违规用车专项清退活动，组织中层以上干部和全体党员签署“违规用车专项清退个人报告承诺书”;参与办公用房自查,规范办公用房的管理，对超出使用面积的办公用房进行清理和腾退。

为更好地开展政风行风评议工作，山西诚信市政建设公司向社会及服务单位聘请10名监督员,对单位政风行风评议过程进行全程监督；召开“向人民汇报,请人民评议”活动座谈会及行风听证会,征求各方意见,针对查找出的问题,拟定专题调查报告,制定具体整改措施;参与为人民群众“办实事、解难事”活动及“贴近群众、服务群众”作风建设专项活动,制定活动实施方案和公开承诺，针对存在问题提出改进目标和具体措施。2013年,在施工建设中，山西诚信市政建设公司为人民群众办实事、解难事，共出动2568人次,开展服务指导47次,出动机械406台次。（孟建国）

【关爱职工】 2013年，山西诚信市政建设公司坚持“以人为本,关爱职工”的理念,倡导“增进沟通,解决问题”的工作思路，通过加强思想文化调研指导、到一线服务基层、发放各项福利补助、营造良好工作生活环境、组织职工进行健康体检、做好职工劳动保护等六项措施关心、关爱职工,不断提升企业的凝聚力和向心力。（孟建国）

【获奖情况】 2013年，山西诚信市政建设公司先后被省建筑业协会评为“省优秀建筑企业”和“省用户满意建筑施工企业”；被中国工程建设标准化协会评为“2013年度贯彻实施建筑施工安全标准示范单位”；承建的新晋祠路工程被评为省“金杯示范工程”;在管委系统内荣获“城乡管理工作优秀单位”“落实党风廉政建设责任制和推进惩防体系建设工作优秀单位”“信息工作先进单位”等多项荣誉。（孟建国）

·太原市市政工程总公司·

【概述】 太原市市政工程总公司（以下简称“总公司”)成立于1953年,2013年注册资金达到2.5亿元。总公司主营道路、排水、桥梁、建筑安装、防洪排水、污水处理、园林绿化、公路路基、路面等施工工程,兼营机械租赁与修理、沥青与砼制品加工等业务，年施工能力在20亿元以上。具有境外同类工程的施工资质,可开展对外经济合作。

截至2013年底,总公司拥有各类机械设备总台数370台，总功率达到22000千瓦。拥有沃尔沃摊铺机、超级1800-Ⅰ型福格勒SUPER2500道路摊铺机、W2000型冷铣刨机、WTU75A/D稳定材料摊铺机，英格索兰DD-130双钢轮振动压路机、PQ190Ⅱ型平地机、XSM220型振动压路机、WCQ500型路基料拌和站、田中TAP-3000LB沥青混凝土拌和站、LGS-15沥青改性设备、GLR6改性沥青乳化设备等大中型机械施工设备。

2013，太原市市政工程总公司企业投标中标总额为29.29亿元,其中A类12.8亿,B类3.52亿,C类12.97亿。企业完成总产值15.64亿元,其中建筑业产值完成15.12亿元,附营辅助总产值完成0.52亿元；自行施工工程完成8.39亿元,联营工程完成6.73亿元。全年接到“12319”及市民反馈问题共15项,问题处理率达100%。工程质量初次检验合格率100%,未发生重大质量事故，未出现任何安全事故；安全指标,工伤事故起数0,轻伤负伤率为0,无重伤和死亡事故。

2013年，太原市市政工程总公司获全国优秀施工企业、山西省百强企业、省级“平安单位”、省优秀建筑企业、省用户满意建筑施工企业、省建筑施工安全生产先进单位、太原市企业五十强、太原市制造业五十强等光荣称号。总公司承建的兴华街、北大街改造工程被评为“全国AAA级安全文明标准化诚信工地”;忻州市雁门大道道路工程获“山西省市政金杯示范工程奖”。

2013年总公司承揽市内工程主要有迎泽西大街西延道排、长风东街东延、小店区人民路改造、长治路南延、府东府西街微循环、敦化南北路改造、西太堡街拓宽改造、玉门河截污治理、南站车站北路道路等工程；市外工程主要有忻州市建设路北延施工第五标段、灵石东方希望铝业运输线第二合同段、晋城金匠工业园区金匠街一期道路、孝义市北景观大道东延尚大线、介休市纬二路东延道路等工程；联营工程主要有内蒙古赤峰、内蒙古新华步行街北通桥、湖南衡云干道、湖南衡阳雅士林大桥、贵州铜仁万山中学、广东省线道S366改建、广东金湾互通立交至高栏港段、海南澄迈县文儒至仁

兴公路等工程。（任跃中 许 航）

【企业技术创新】 2013年，太原市市政工程总公司注重技术创新，用先进的施工技术，实现施工生产的高效能化。企业编制的多项工法成为山西省省级工法，其中“新型检查井盖座”技术和“后浇式HKX检查井砌块”工法获国家实用新型专利证书。研发的“检查井砼砌块”项目获山西省科技创新项目奖。根据现行国家及行业标准结合省内工程实践开展《块砌式和装配式混凝土检查井技术规程》的编制工作，并通过省住建厅专家组的审定，成为山西省的地方标准。由总公司编制的《钢筋混凝土顶进专用管道生产工法》经山西省住房和城乡建设厅的严格评审，通过成为2013年度山西省省级工法。（任跃中 许 航）

【企业内部管理】 2013年，太原市市政工程总公司强化内部基础管理。一是要求干部、职工在思想上要有高度。各项目部在施工准备阶段确立“打造精品工程、样板工程”的高标准，在具体施工行动前，明确一个施工标准的定位和方向，统一全员思想高度，杜绝麻痹大意等惰性思维。二是要求干部、职工在态度上要忠诚。公司员工认可公司文化，忠诚于公司，把个人的发展融入到公司发展中。三是要求干部、职工在行动上要有办法。各项目部在施工全过程、各环节的把控上要有具体的办法，研究制定相应的对策，完成各项任务。四是要求各项目负责人在施工安排上要扎实。各项目的工作统一安排后，要有后续的具体措施和跟踪管理，落实好每项安排任务。五是要求各项目在施工质量上要有标准。各项目部在具体的施工中要按照精品工程的高标准进行施工，严格把控施工过程的重要环节，科学处理好每个细节，以一流的施工标准规范施工行为，保障施工质量。六是要求各项目在施工进度上要有成果。（任跃中 许 航）

【企业质量管理】 2013年以来，太原市市政工程总公司抓工程质量，靠质量树形象、求发展，取得明显的成效。强化质量“生命线”意识。总公司重视工程质量，在职工群众中倡导“质量树形象”的理念，使全员树立“质量就是生命”的精品理念和意识。执行质量管理制度，坚持质量责任制。总公司健全和完善质量制度，根据各项工程特点制定事前、事中和事后的《质量控制要点》，建立《工程质量优劣卡》等，保证工程质量。总公司新执行《城镇道路工程施工与质量验收规范》CJJ1-2008、《城市桥梁工程施工与质量验收规范》CJJ 2-2008、《给水排水管道工程施工及验收规范》GB 50268-2008、《公路改性沥青路面施工技术规范》等规范标准。同时，针对2013年开工的工程，制定太原市迎泽西大街西延道排、太原南站综合交通枢纽工程车站北路道路、西太堡街拓宽改造、南沙河南站片区改造、长风东街东延道排等工程的质量控制要点，保障工程的施工质量。注重细节施工，加强精细化管理。总公司执行《质量控制要点》和相关工法规范，注重施工过程中的每一个环节和细节，做到精益求精。推行《项目经理质量负责制》，加大质量监督检查力度。总公司加强各项工程质量的把关，实施全方位、全过程的监督检查，重点工序抽检达100%，一般工序抽检达80%，及时发现和消除质量隐患，将检查结果以《简报》的形式下发，确保工程质量处于受控状态。组织贯标内审工作，并针对审核发现的5处不合格项，进行及时整改，根据具体情况制定预防和纠正措施。总公司17个部门及基层单位，通过公司质量体系的监督性审核和环境与职业健康安全再认证的外部审核。组织项目部各类人员参加以施工规范和验评标准为主要内容的内部考试，共有16个项目部，327人次参加。提高施工机械化程度，从硬件方面确保工程质量，提高工作效率。2013年总公司共投资1000余万元购置新的设备，包括两台摊铺机、三台压路机等设备。（任跃中 许 航）

【企业人才培养】 2013年，太原市市政工程总公司引进新员工37名，其中：研究生1人，本科19人，大专6人，其他各类人员11人，并与其签订劳动合同，办理录用及各项参保手续。根据各基层单位的培训需求，结合总公司实际情况，下发《2013年员工教育计划》。组织34人参加中国建筑文化中心举办的一级建造师培训；组织92人参加“五大员”上岗培训；组织办公室及相关部室人员共140人参加最新公文写作与综合能力提升培训；组织通讯写作人员70余人参加新闻写作培训；组织8人参加中小企业服务中心培训，组织相关人员61人参加安全工程师、造价师及造价员的培训。（任跃中 许 航）

市容环卫

【概述】 太原市市容环境卫生管理局（以下简称市环卫局）为市政府直属事业机构，正县级建制。2013年，局机关内设机构有：办公室、环境卫生管理处、市容管理处、基建设备处、财务处、人事处、征费处、绩效考核处、法规宣传处、行政审批处、机关党委、纪检监察室、局工会、离退休人员管理处。下属单位有：太原市市容环卫科研所、太原市生活废弃物管理处、太原市渣土管理处、太原市市容环卫机械清洁队、太原市医疗废物管理处、太原市市容环卫执法大队、太原市南堰生活垃圾压缩转运中心、太原市丈子头生活垃圾压缩转运中心。各县（市区）区市容环境管理机构分别为：迎泽区城市管理局、小店区市容环卫局、杏花岭区市容环卫局、尖草坪区市容环卫局、万柏林区市容环卫局、晋源区市容环卫园林绿化局、古交市市政环卫局、清徐县城乡环卫局、阳曲县市容环卫局、娄烦县市政环卫所。

2013年，是太原市城乡容貌“三年创一流”的起始之年。全市市容环卫行业干部职工以“三年创一流”为目标，以到推进城乡清洁工程为抓手，以“创先争优、正风肃纪、强化队伍”为重点，全面完成和超额完成各项工作指标。

(安晓娟　贾景钰)

【参加“向人民汇报，请人民评议”活动】 2013年3月20日，太原市环卫局被列入“向人民汇报，请人民评议”活动参评单位。4月23日下午，市城管委、市环卫局在太原广播电视台演播大厅，向人民汇报工作，接受人民评议。市环卫局局长朱茂生代表市环卫局向人民汇报工作，并现场解答群众有关环境卫生方面的提问，解决群众关切的实际问题。市领导弓跃、王建勋、寿伟光、王爱萍、任晓峰以及评议活动领导组成员在节目录制现场观看。活动结束后，经群众评议，市环卫局在参与的12个部门中，排名第四。

(安晓娟　贾景钰)

【全市城乡清洁工程会议】 2013年3月27日，太原市委常委、常务副市长任在刚主持召开市城乡清洁工程2013年第一次工作调度会，对全年的城乡清洁工程进行安排部署。2013年，市城乡清洁工程将通过实施乡村清洁工程、老旧居住片区整治、星级单元创建、清洁示范创建等7方面工作，向建设“美丽太原”目标迈进。

(安晓娟　贾景钰)

【清雪除冰】 2013年4月19日，太原市突下大雪，市环卫部门积极应对，组织动员人员、车辆投入到清雪融雪工作中，共出动环卫人员3.5万余人次，车辆机具1500余台次，对市区主次干道全部进行清雪融雪，确保道路的畅通、安全，方便群众出行。

(安晓娟　贾景钰)

【城乡清洁工程】 为改善城中村、城乡接合部、集贸市场等区域环境，提升街景容貌和洁净程度，2013年3月25日，太原市出台《关于太原市城乡容貌环境“三年创一流”实施方案》，要求以创建全国文明城市为目标，以城乡清洁工程和国家卫生城市创建为抓手，通过3年努力，创造更加干净整洁、舒适宜居、清新靓丽的城乡环境，主要清洁指标超全国平均水平，达到中部地区一流。到2015年底，全市道路机扫冲洗率达到80%，上门收集和垃圾直运率达到60%，工地出口硬化、施工车辆冲洗率达到95%，街道洁净度创国内一流水平；实施街景容貌靓丽工程，结合道路建设改造和老旧片区整治，每年选定30至50条街道进行街景整治，主次干道和重点区域街景容貌整洁美观、标牌设施设置规范，绿化达到三季有花、四季有绿；实施清洁设施完善工程，进一步完善城乡垃圾收集、转运、处置体系，建设一批垃圾中转站，建成侯村垃圾填埋场续建工程、新焚烧发电厂、餐厨垃圾处理场、建筑垃圾处理场、医疗垃圾焚烧炉、大型融雪剂融化池场、古交和娄烦垃圾填埋场等项目，新建公厕300座、集贸市场30个、废品收购站300个，改造危旧旱厕、半水冲公厕90个。

(安晓娟　贾景钰)

【飘香公厕投入使用】 2013年6月7日，太原市首批试点“飘香公厕”投入使用。异味大、环境差一直是市民怨声载道的公厕通病。如何让公厕内不再有异味，市环卫局借鉴济南市公厕管理经验，将3座公厕列入首批试点。公厕内安装智能飘香除臭机，该设备添加天然植物提取液，每隔10分钟雾化一次并释放到空气中，有效去除残留异味，散发出清新的香气。市民如厕时不仅闻不到异味，反而闻到一种淡淡的清香。公厕还引进一种环保生物清洁剂，无毒无害，代替化学品清洁公厕的地面、缝隙和角落。首批实施改造并投入使用的3个公厕，分别位于滨河东路旱西关交叉口、迎泽大街与柳巷南路的交叉口、太原市第二人民医院旁。

(安晓娟　贾景钰)

【社会各界关爱环卫工人】 2013年2月1日，“关爱，从暖心杯开始”为全市环卫工人募集保温杯活动首批捐赠仪式举行，太原市小店区环卫局的2965位一线环卫工人领取保温杯。此次活动由市文明办、市环卫局、太原音乐广播等单位共同主办，旨在让全市2.5万一线环卫工人在寒冷的冬日喝到热水，同时唤起全社会关心环卫工人、爱护我们的美好家园。

2013年10月16日，市慈善总会向100名特困一线环卫工人和50名“最美环卫工人”进行捐赠慰问，以表达对环卫工人的深切关爱。

市慈善总会发动社会力量捐助资金6万元，向150名环卫工人捐赠大米、食用油和200元现金，以表达对环卫工人的关心、关爱。

2013年10月27日，汾酒公益基金会出资22万元慰问省城200名一线环卫工人。市委常委、常务副市长任在刚参加慰问活动并调研环卫工作。市人大常委会副主任、市总工会主席冯晋生看望环卫工人朱传琏，并送2万元慰问金。　(安晓娟　贾景钰)

【市人大代表、政协委员视察清洁工程】 从2013年4月1日开始，太原市人大代表、市政协委员每月分别对各城区、开发区、三县一市环境卫生进行视察。代表们围绕城乡清洁工程开展情况，老旧片区环境整治情况，街道环境卫生情况，公厕、垃圾中转站建设改造情况，城乡清洁工程长效机制建设等方面展开视察，并现场打分给予排名，结果在新闻媒体上通报。

（安晓娟　贾景钰）

【渣土运输队伍资质认定】 2013年，太原市共对1332台大、小型渣土运输车辆进行资质认定。在大、小型渣土运输车辆资质认定工作中，严格渣土运输资质的发放，对6家不符合资质认定要求的大型渣土运输单位，暂缓换发《太原市承运建筑垃圾、工程渣土单位资质证》，并督促其进行整改。

（安晓娟　贾景钰）

【星级公厕创建】 2013年，太原市环卫局以"人民需求是方向，人民满意为目标"，抓好公厕管理，创建14座星级公厕，64座进行飘香改造，开发查询系统，将541座公厕上网，群众可通过手机、网络、电话、微信、地图、标牌等方式进行查询，使"方便"问题更为人性化。（安晓娟　贾景钰）

【生活垃圾无害化处理】 2013年，太原市收运处理生活垃圾（含县城）157.9万吨，无害化处理率达95.6%。

（安晓娟　贾景钰）

【老旧片区环境综合整治】 2013年，太原市环卫局投入资金8.64亿元，整治片区35个（21.2平方千米），整修街道15万平方米，粉刷立面217万平方米，拆除违建48万平方米，改造管网25千米，梳理线缆11千米，整治河道12.08千米，清理河道垃圾污泥20万立方米，整治广告牌匾3018个，惠及群众18万人。整治后的片区基本达到街巷道路平、市政管网通、花池绿地美、私搭乱建拆、环境面貌洁、建筑立面靓、交通秩序畅。（安晓娟　贾景钰）

【保洁示范街道和街景容貌街道创建】 2013年，太原市环卫局结合道路建设改造，大规模开展街景容貌和保洁示范街道创建，经各区县申请和组织验收，平阳南路、桃园北路、府东府西街等6条街被评为省级容貌示范街道；长治路、开花寺街、解放路、兴华街、西矿街、滨河西路等6条街被评为省级保洁示范街道，待省厅验收考核。

（安晓娟　贾景钰）

【医疗垃圾处理】 2013年，太原市中心区所有医疗垃圾实行统一管理，集中收运，无害处置，全年共收运处置医疗垃圾8803吨，中心城区（含小诊所）收集处置率达100%。

（安晓娟　贾景钰）

【扬尘污染管理控制】 2013年，太原市环卫局围绕全面改善省城环境质量的要求，加大管理执法力度，制定扬尘污染控制方案，召开3次现场会。全年对1332台大、小型渣土运输车辆进行资质认定，测量工地306个（次），检查无资质、无证、乱倒工地486个（次），处置建筑垃圾1450万吨，清理无主垃圾43万立方米，治理抛洒污染29.3万平方米，取得环卫、社会效益的双丰收。

（安晓娟　贾景钰）

【开展星级单元创建活动】 2013年，太原市启动星级单元创建活动，共评出星级单元128个。按星级划分，五星单元共3个、四星单元共27个、三星单元共98个；按单元性质划分，星级社区37个、星级城中村14个、星级村庄62个、开发区自主单元15个。星级单元占全市单元总数的8.5%。

（安晓娟　贾景钰）

【完善信访、提案机制】 2013年，太原市环卫局实行"班子成员领办、相关处室承办、纪检部门督办"的机制。全年，共办理人大、政协建议、提案35件；接待咨询、上访358人（次）；受理转办案件8起；受理举报、热线电话1397个；处理舆情专报和社情民意专报35件，件件办妥。

（安晓娟　贾景钰）

·园林绿化·

【概述】 2013年，太原市城市园林绿化工作以生态文明建设为契机，以创建国家生态园林城市为抓手，以"强化公园建设、推进道路绿化、开展社会绿化、提升管养水平"为重点，坚持专业绿化和社会绿化相结合的原则，进一步改善太原市人居环境，无论在资金投入、建设规模，还是在质量水平、景观效果等方面均再创新高，各项工作任务基本完成，取得较好成绩。

（办公室）

【绿化指标】 2013年，太原市本级建成区绿化覆盖率、绿地率、人均公园绿地面积计划新增0.6个百分点、0.6个百分点、0.3平方米，截至10月底，新增绿化覆盖面积220.49公顷、绿化面积214.39公顷、公园绿地面积69.53公顷，绿化覆盖率、绿地率、人均公园绿地面积分别新增0.69个百分点、0.67个百分点、0.21平方米，达到39.76%、34.85%、10.87平方米。全市绿化三大指标超额完成。

（办公室）

【园林绿化工程】 2013年，太原市园林局承建园林绿化重点工程37项，续建项目9项，完工、基本完工7项，在建1项，待建1项。新建项目28项，完工、基本完工13项，在建15项。

续建园林绿化重点工程进展情况：体育南路南延绿化、新兰路配套绿化、阳兴大道配套绿化工程完工；长风东街高速出口绿化、南内环街东延配套绿化、和平南路配套绿化、龙城南北街绿化工程4个项目具备实施条件地段基本完工。动物园5个馆舍建设工程建设中。晋阳街财大公园待市政府重新审定设计方案后组织实施。完成投资9010.11万元。

新建园林绿化重点工程进展情况：市园林局按照市政府确定路网建设计划，聘请国际、国内一流设计团队，全面提升城市绿化品质，充实、优化园林绿化工程预选承包商，建设一流绿化工程。其中长风街东延绿化、许坦西街绿化、体育路绿化、府东府西街绿化、太茅路绿化、并州路改造绿化、东山杏沟护坡绿化、马练营路绿化、南内环西延绿化等9项完工；千峰北路绿化、迎泽西大街西延绿化工程道路景观完工；铁路装备造修基地周边道路绿化、西太堡街绿化工程具备条件地段完工。完成投资42146.75万元。

施工的在建项目为：西渠路绿化、南内环西延两侧风景林带、太行路绿化、南中环绿化、西中环绿化、北中环绿化、太太路绿化、正阳街绿化、市综合仓库经济适用房绿化、敦化南北路绿化、义井西里街绿化、汾西路绿化、西华苑保障房周边道路绿化、金桥北街绿化、荣军南路和北三号路。

城区园林绿化。2013年，各区补栽道路140条，补栽行道树1万多株，灌木14297株、绿篱色块27145平方米、花卉24747平方米、地被31448平方米。对丈子头等4个高速出口进行绿化改造，栽植乔木270株、灌木3289株、绿篱色块24500平方米、花卉10300平方米、地被1500平方米；实施西铭路等4个新工程栽植乔木1877株、灌木5314株、绿篱色块4630.4平方米、花卉1631平方米、地被11099平方米。市区完成街头小游园32个。

（办公室）

【社会绿化】 2013年，太原市计划创建省级园林单位5个、园林小区5个、园林道路4条、星级公园5个；市园林局推荐山西大学商务学院等11家单位、恒大华府等9家居住区、长风西大街等12条道路、龙潭公园等6个公园申报省级园林化单位、园林小区、园林道路、星级公园，2013年11月5日～6日通过省住建厅的正式验收。对市级园林单位、园林小区进行全面复查。计划新增单位附属绿地14公顷、居住区绿地16公顷。实际新增单位附属绿地15.82公顷，新增居住区绿地12公顷。（办公室）

【绿地养护】 对标一流，结合太原市实际，2013年，市园林局出台《太原市园林绿化养护技术规程》等7个标准和《太原市绿化工程工序规范（试行）》，以一流的管理促进各项措施的落实。加大考核力度，做到资金与养护水平挂钩，奖励与养护打分结合，使养护措施落在实处。加强养护队伍的专业培训，开展劳动技能竞赛，提高从业人员的专业水平和职业道德，确保绿化养护做精、做细、做美、做靓。市园林局推行绿地养护新形式，市区园林部门对部分公园和道路养护进行市场招标，推进养护管理社会化，养护水平进一步提升。（办公室）

【公园文化活动】 2013年，太原市第五届“一园一品”活动以“春之声”“夏之歌”“秋之韵”“冬之曲”四个篇章展开。旨在提升公园文化内涵，打造公园文化品牌，注重文化性、艺术性、思想性、教育性、科普性和全民参与性。挖掘公园自身的文化内涵，共有五大花事活动，展出郁金香花22种30万余株，牡丹花240多种3000余株，荷花100余种7500余株，海棠花42个品种10000余株，菊花200余种20万株。举办园林科普知识、盆景知识、国学知识讲座、野生动物科普画廊、书画表演、戏曲杂技表演等600余场次活动项目，使市民游园的同时享受文化的熏陶。“春之声”“夏之歌”“秋之韵”篇章均以丰富的内容、精彩的活动呈现在广大市民面前。各公园引深温馨服务，全面开展志愿者服务，创出公园特色，形成品牌。2013年，按照《中国人居环境范例奖评选主题及内容》，太原市公园“一园一品”项目向住建部申报国家人居范例奖，相关影像资料通过住建厅的审核，上报住建部。（办公室）

【太原展园建设及花事活动】 2013年5月18日，太原市组团参加由北京市人民政府和住建部共同主办的第九届中国（北京）国际园林博览会开幕式。市园林局承办完成的太原展园“晋缘园”与全国69个城市建设的47个国内展园（含港、澳、台展园），29个国家的37个城市、机构建设的34个国际展园等128个展园一齐亮相，接待来自世界各地的来宾。组织参加第十一届中国（北京）菊花展览会，参加室外景点、室内展台、专项品种、百菊赛等项目，表现具有山西特色的菊展景点。

市园林局开展迎国庆摆花活动，并以“菊韵龙城，美好家园”为主题，遵循“厉行节约、服务大众”的原则，举办太原市第二十三届菊展工作。主会场设在迎泽公园，主要设置展台区、艺菊展区、悬崖菊展区、百菊展示区四个展区。喜庆中华、菊韵、幸福、花开锦绣、二龙戏珠等5个大型立体景点。共计摆放品种菊200余个品种，3万余盆（株）；艺菊30余盆、悬崖菊150余盆；各类应时花卉30余种，20余万盆，集中展示菊花文化，突显园艺水平。

（办公室）

【依法行政】 2013年，市园林局举办《太原市行政规范性文件管理办法》《行政强制法》等专题讲座，开展依法行政宣传月活动。申报立法项目，起草《太原市古树名木保护条例》，于2013年8月22日经过市人大初审，12月市人大进行二审。为加强绿线管理，与市规划部门联合下发《太原市城市绿线划定及公示办法》规范性文件。全面落实行政审批“两集中、两到位”的工作要求，完善相关审批配套制度，实行市区联动。按照《太原市城市绿化条例》规定，将古交市、阳曲县、清徐县、娄烦县审批权下放；按市政府要求将高新区、经济区、民营区、不锈钢园区的园林行政审批权进行下放。截至2013年10月底，共受理审批件289件，是上年同期的168.02%，其中因城市建设或特殊原因砍伐、移植和非正常修剪树

木许可办理193件；临时占用城市绿地的许可办理62件;绿化工程设计方案审查22件;城市园林绿化企业资质核准12件。园林热线办累计受理派单2735件，其中12319城管热线1863件、数字平台766件、12345便民热线106件。受理率、办结率均为100%,群众满意率达99.93%。（办公室）

·供水管理·

【确保优质安全供水】 2013年,太原供水集团供水总量完成20893.12万立方米,日均供水57.24万立方米。补凿水源井4眼，增加产水量1.7万立方米/日。管网压力合格率始终保持100%。水质综合合格率连续23年保持100%。全年进行各类安全检查40次,排查整改隐患61处。开展各类应急演练13次。完成DN100以上供水管网抢修1265处，抢修及时率100%。强化对重点区域、重要路段、施工现场的管线巡查和监护。热情为民“办实事、解难事”,改造小街小巷老旧管网2.87千米;完成“一户一表”改造6000户;配合市政服务进社区,开展优质服务43次，解决市民实际困难200余件；客户服务体系运转高效,客服热线共接听有效电话145000个,共形成派单11572件,及时率、办结率、满意率均达到98%以上,综合排名在太原市始终名列前茅。（程罢睿）

【加快推进企业发展】 太原供水集团根据市政府〔2013〕3号关于将自来水公司等划转龙投公司整合融资平台的会议纪要精神,在上级有关部门的指导下,通过清产核资、财务审计、资产评估、制定改制方案、组织专家论证、上级部门审批方案、制定企业章程、工商注册等程序,于2013年10月11日正式改制为国有独资公司。组织专门力量,多方奔走呼吁,协调攻关,解决公司销售黄河水增值税重复缴纳的问题。对促进企业良性运行、健康发展,推进城市供水事业,起到作用。继续配合市政道路及片区建设,同步实施给水管网改扩建、西山城市供水、南部区域核心区供水等工程。2013年共计新建和改造给水管线215千米,完成投资50430.46万元。加压站建设项目稳步推进,胜利东街加压站具备供水条件。全年发展用户134户，增加供水量1.76万立方米/日。关闭9个单位的9眼自备井,置换水量0.28万立方米/日。全年完成销水量19065.5万立方米。上缴市财政代征污水处理费6619万元。上缴税费3738万元。主营业务收入实现5.7亿元,创历史新高。（程罢睿）

【强化内部管理】 2013年,太原供水集团对重点工程、工作任务实施“一事一表”管理,同时不断完善部门岗位责任制考核机制。提高财务管理的精细化水平，单位生产成本控制在2780元/千立方米。落实“三重一大”集体决策制度，投入自有资金4317.58万元,科学合理实施更改、大修计划12429.11万元,其中技术改造项目202.93万元；更新改造项目11618.47万元;大修理项目607.71万元。地理信息系统升级改造全面实施,管网普查工作有序进行。三体系审核认证完成。完成对中层管理人员的续聘和公开选聘工作。全年组织各类专项培训40项，累计培训3296人次。继续深挖节能降耗潜力,供水单位电耗405千瓦时/千立方米，比计划降低20千瓦时/千立方米。通过开展供水管网检漏工作，降低运行损耗,供水损耗率控制在8.75%,同比下降3.25个百分点,对降本增效起到作用。不断强化供销水计量的管理和监督,维护公司经济利益。重点加强餐饮、洗浴行业稽查力度,全年追缴水费60余万元。加大力度应收尽收,水费回收率达到99.88%。（程罢睿）

【构建文明和谐企业】 2013年，太原供水集团公司党委全面加强基层党组织建设，强化精神文明建设长效工作机制，加快企业文化建设进程，开展“道德讲堂”系列活动,团结、带领广大党员职工,聚力企业发展、向心供水事业，推进公司各项目标任务的全面完成。公司纪委在抓好党风廉政建设责任制落实的同时,组织开展“向人民汇报、请人民评议”活动,促进行风建设,提升供水服务水平。公司工会“面对面、心贴心、实打实，服务职工在基层”，动员广大职工发挥主力军作用，投身供水生产建设，建功企业安全和谐发展。公司团委带领团员青年“青春在奉献中闪光”,供水生产和服务彰显活力。各经营实体面向市场,创新管理模式,注重人才培养,拓展业务,经济效益不断提高，综合竞争能力全面提升。各后勤服务部门在发展中不断改革,在改革中继续前行,服务职工、服务社会等方面都取得新的成绩。

（程罢睿）

·黄河供水·

【呼延水厂二期工程】 呼延水厂二期工程由山西省万家寨引黄工程总公司与太原市黄河供水有限公司合作承建。2012年列入省重点工程,2012年底完成地质详勘工作。该工程主要为扩建项目,在呼延水厂40万立方米/日供水能力的基础上，新增供水规模40万立方米/日,形成80万立方米/日总供水能力。在呼延水厂一期工程建设中,一次完成后续工程征地,场地平整亦全部完成。呼延水厂二期工程建设内容包括预处理投剂间、净水车间(包括净水处理工艺设施)、深度处理车间、清水池等生产设施。加药间、加氯加氨间、沉泥处理系统土建项目在一期工程建设中完成，二期工程建设增加相应设备。工程总投资估算为5.022亿元,2013年项目可行性研究报告和初步设计均获批。（姬 哲）

【东南部加压站续建工程】 东南部加压站由山西省万家寨引黄工程总公司与太原市黄河供水有限公司合作承建。东南部加压站建成投产,可解决太原市东南部地区及长风东大街地区经济、商贸、居住等供用水问题。该加压站建于太原市双塔南路与长风街交叉口东南侧,供水服务面积30.4平方公里。加压站项目总投资1.17亿元,其中近期工程投资0.98亿元，远期工程投资0.19亿元,加压站土地、规划、施工审批手续全部办理完毕,2008年9月动工建设,完成泵房、配电室、加氯间、清水池、加压站进出水干管等生产设施项目建设，内部配套设备安装完毕,2010年7月投产试运行。建设续建工程水质监测调度综合楼工程,2012年10月主体封顶。（姬 哲）

【西部加压站】 西部加压站由山西省万家寨引黄工程总公司与太原市黄河供水有限公司合作承建。西部加压站建成投产，可解决太原市西部地区以及西山地区经济、商贸、居住等供用水问题。该加压站工程主要包括厂站和管网两部分。工程项目总投资估算1.88亿元。其中，厂站部分投资估算9645万元。加压站土地、规划审批手续办理完毕，项目可行性研究报告和初步设计均获批，截至2013年底,完成开工前“三通一平”的准备工作。（姬 哲）

【呼延水厂原水预处理与深度处理工程】 呼延水厂原水预处理与深度处理工程由山西省万家寨引黄工程总公司与太原市黄河供水有限公司合作承建。该工程是对呼延水厂常规处理工艺的优化与补充，建成投产后可有效应对原水水质变化和突发性事件,并进一步提升出厂水水质。该工程在呼延水厂一期工程预留地位置开工建设，建设规模为40万立方米/日。该工程概算总投资为1.42亿元,项目可行性研究报告和初步设计均获批，2013年列入市重点工程,2013年11月开工建设。（姬 哲）

【黄河水源供水系统安全运行保障体系关键技术研究】《太原市黄河水源供水系统安全运行保障体系关键技术研究》项目涵盖万家寨/汾河水库水环境分析及水质预测、长距离输水管道安全运行工况研究、净水工艺参数优化与节能降耗研究、配水管网安全运行优化技术、以黄河—水库水为水源的供水系统安全运行及应急预案指南等内容，从多方面详细分析解决黄河水源供水系统安全运行保障问题。2013年5月，该项目研究人员和所需设备正式进厂，展开一系列试验研究活动。（姬 哲）

【防汛应急演练】 2013年6月20日，太原市黄河供水有限公司在呼延水厂举行黄河4号—防汛应急演练活动。在模拟场景中,中控室接到汛情警报,因降大到暴雨，导致厂内道路路面形成径流,各车间生产状态受到威胁。中控室工作人员迅速上报,公司启动防汛抢险应急预案,应急操作人员到岗进入应急抢险状态。防汛抢险人员携带防汛器材、物资进入抢险区域后,紧张有序地完成沙袋堆砌防洪坝、雨水井溢流排涝等两个抢险科目,完成抢险任务。这次演练提高黄河供水公司应对突发事件的反应能力和协调作战能力,促进公司安全、应急各项工作的开展,为优质供水打下坚实的基础。（姬 哲）

·供热管理·

【供热计量安装及收费】 截至2013年12月，太原市城市集中供热面积8154万平方米，其中居住建筑面积5708万平方米,公共建筑面积2446万平方米。累计安装供热计量及温控装置面积2656.37万平方米,其中居住建筑面积2142.71万平方米,公共建筑面积513.66万平方米；累计供热计量收费面积2311.88万平方米,其中居住建筑计量收费面积1798.22万平方米,居住建筑计量收费面积占到集中供热居住建筑面积的31.5%，达到获得国家园林城市、可再生能源建筑示范应用城市相关考核指标；公共建筑供热计量收费面积为513.66万平方米,基本达到国家要求，通过住房和城乡建设部对太原市供热计量改革工作的检查工作。（刘宝香）

【既有居住建筑计量及节能改造】 2013年8月21日，市供热管理中心召开“2013年太原市既有居住建筑供热计量及节能改造入围资格必选评审会议”。此次既改项目的评审会由市供热管理中心委托山西辰丰达招标代理有限公司负责，专家组由招标代理公司从省发改委专家库中随意抽取。市城乡管理委员会副主任张红和耿焈宇,委监察室、科教处、委供热供气处、市热力公司、城北热力等相关部门及单位负责人参加评审会。此次符合必选公告并参加比选的单位共有14家。经过专家评审打分，最终北京德宝豪特能源科技有限公司、北京众力德邦智能机电科技有限公司等9家单位入围。

2013年11月26日，太原市供热管理中心特邀请省住建厅节能科技处处长、市发改委资环处处长,对既改单位、产权单位、供热企业、中心全体人员等人员进行既有建筑计量及节能改

造相关知识的培训，并进行现场指导。

（刘宝香）

【新建建筑供热计量监管机制】 2013年，太原市供热管理中心对新建建筑供热计量系统采取严格控制施工许可、专项验收两个环节的“双控”措施。(1)增加供热前置审核工作，在规划审批前和建筑节能备案前由中心对建筑项目热源、供热系统进行审核，从源头保证实施绿色供热和供热计量。(2)在竣工验收时组织供热企业对新建建筑项目供热分项工程和配套工程进行把关查验，达不到计量要求的，市住建委等相关部门不予竣工验收备案。

（刘宝香）

【扩网建设】 2013年，太原市新增供热扩网面积2100万平方米，完成计划任务2000万平方米的105%，其中既有建筑改造面积约1500万平方米，完成计划任务1350万平方米的110%；年内新建管线123.3千米，改造老旧供热管网34.8千米，完成计划任务30.7千米的116%；完成大温差改造热力站88座，实现年度目标的101%。

（刘宝香）

【热源建设】 2013年，太原市供热管理中心加快热源项目建设，太钢热源项目（500万平方米）、瑞光热源项目(570万平方米)、太二热源(500万平方米)余热利用项目按期完工，新增供热能力1570万平米；嘉节燃气热电厂总体进度92%；太二七期、太一电厂、华能燃气热电厂、古交兴能电厂、华能热电厂等热源建设推进。（刘宝香）

【2013年供热保障大会】 2013年10月16日，太原市供热管理中心配合市城乡管委召开2013年全市供热保障会议，由市政府与各县(区)政府及各主要供热企业签订供热保障目标责任书。（刘宝香）

【重点协调问题小区】 针对2012年采暖季供热问题突出、群众反映强烈的供热企业或小区，2013年，太原市供热管理中心提前介入，及早协调。(1)采取实行领导包干制，对“问题”小区落实到人，各区区长是第一责任人，城管委、供热中心领导跟踪督导落实。(2)实行日报告制度，定期通报情况，限期解决。(3)主动回访、掌握动态、强化监控。经及时协调，龙腾小区、汽运二公司、长风小区、恒大绿洲、永济小区、傅山中学等20多个小区按时供热。与各城区、供电局、自来水公司协调，解决山西新华印刷厂、摄乐小区等20多个改造工程的配套水、电问题；协调解决永济小区、和平苑、傅山中学、蓝水假日、国防汽运小区、太涤小区、腾龙雅园、荷塘月舍11个小区集中供热问题。（刘宝香）

【供热便民服务体系建设】 太原市供热管理中心建立供热投诉二级平台，设立群众来访接待室。2013年，共受理12319、12345以及市民投诉1700件，其中井盖缺失、工程施工安全等投诉194条;接待来访群众10余次;参加大街访24次;处理上访8次;办理政协提案1件;处理《社情民意》《舆情专报》《互联网舆情信息专报》等共32件，解决市民反映的热点、难点问题。

（刘宝香）

【入户测温工作】 2013年，太原市设立测温点3000个，其中集中供热2640个，区域供热360个。各城区政府、供热企业继续组织开展居民入户测温工作，到各个测温点采集汇总数据指标，科学分析和评定供热服务质量，对影响供热质量的各类问题认真研究并及时予以解决，确保群众用热稳定。

（刘宝香）

【供热情况日报、周报制度】 2013年，按照省、市领导和省建设厅的要求，太原市供热管理中心指定专人负责日报、周报以及在线供热系统上报工作，将每日全市供热运行情况、室温检测情况以及热电联产、区域供热、分散供热和非正常的供热面积、储煤变化、投诉处理等情况及时汇总，上报省、市政府以及建设厅。共承办供热保障专报101期和《供热周报》6期。（刘宝香）

【“办实事，解难事”活动】 2013年，太原市供热管理中心制定活动实施方案，成立活动领导组，并向市民公开承诺，自觉接受社会的监督。在“向人民汇报，请人民评议”活动中，收集供热问题及建议50条，解答解决50条，办结率100%。中心把“办实事，解难事”和“市政服务进社区”有效与中心的工作相结合，推动各项活动取得实效。

（刘宝香）

·集中供热·

【概述】 2013年是太原市集中供热全覆盖建设的关键之年。太原市热力公司围绕加快集中供热工程建设这一中心，发挥主力军作用。

2013年，市城乡管委下达的扩网任务是确保1040万平方米，力争1450万平方米。太原市热力公司围绕这一目标，配合太原市大规模的道路建设，连续作战，加班加点，一线部门节假日不休息，同心协力，超额完成任务。2013年，公司完成建设投资25.8亿元，新建热力站111座，扩网突破1450万平方米。其中，既有建筑的扩网突破1100万平方米，完成的投资额是2012年的1.5倍;扩网面积是2012年的1.4倍，成为公司历史上完成投资最大、扩网数量最多的跨越式发展之年。每年可节约标煤57.94万吨，减排烟尘1.13万吨，减排二氧化硫1.89万吨，减排灰渣11.46万吨，为太原市的转型跨越发展做出贡献。

在扩网建设中，太原市热力公司同步完成6项主要工作任务。(1)配合道路建设,敷设供热管网130余千米。(2)拆除取缔分散燃煤锅炉257台,超额完成51台。同时,还取缔分散土小锅炉5855台。(3)进行热力站大温差改造88座。(4)实施分户计量256万平方米。(5)组织完成嘉节太茅路主干线建设及小店热网连通工作。(6)完成太古热电联产项目的前期工作。

2013年,公司进入第20个供热期,有830座热力站在运行,涉及到3000余个单位,68万余户,220余万人,面积超过7600万平方米。为确保优质供热,公司在供热前全面准备,投资2亿多元对原有的4个热源厂、723座热力站、500余千米一次网、2万多台套设施设备进行全面的维(检)修;实施老旧管网改造34.8千米;招聘培训3000余名季节运行工;提前储备10万吨优质煤;修编应对突发事件的各种预案;组织应急抢险队伍的演练;加大备品备件的储备;对八大热源系统提前进行注水、冷运等多项工作。公司采取一系列优质服务的措施,提高供热服务水平。组织热力站长向用户增发30余万张暖心服务卡,在1110个用户家中安装无线室温检测装置,设立数千个人工室内温度检测点,实施八大热网系统联网切换。垫资3000余万元,对部分小区弃管和无人管的18.87千米二次网及庭院网进行维修改造,协助用户进行192处的庭院网改造,多措并举,延伸服务。(耿建伟)

【工会工作年度考核】 2013年1月16日上午,太原市总工会副主席郎学军一行到太原市热力公司就2012年工会工作进行综合考核。市总工会宣教部部长邹江、女工部部长宋秀梅、财务部部长梁家齐、经审部部长安宏和太原市热力公司经理张明智、党委副书记、纪委书记王春夯、工会主席贾桂芬等人员参加考核。(耿建伟)

【年度目标考核】 2013年1月8日,太原市城乡管委党委副书记高喜跃、副主任蒙晓禄带领各相关部门负责人到太原市热力公司进行年度目标考核,公司领导班子成员和相关部门负责人参加考核。太原市热力公司经理张明智汇报公司2012年工作任务完成情况,重点对公司全年热源建设工作、扩网建设工作、城中村和困难小区域的供热改造工作、508台分散小锅炉拆除工作、供热准备工作、安全生产工作、热费收取工作、供热计量工作等情况进行说明。考核组查阅公司各项工作的相关资料,并组织公司干部职工对公司领导班子进行测评。通过检查考核,考核组认为公司2012年总体工作完成的非常好,特别是在完成全市供热全覆盖任务中,超出年初的扩网任务,为太原市环境改善和人民生活质量的提高做出贡献。公司的党建工作、企业文化建设等工作也都完成的很好,取得新的成绩。(耿建伟)

【李小鹏慰问公司一线职工】 2013年2月8日上午,山西省委副书记、省长李小鹏,省委常委、副省长高建民,副省长任润民,太原市委副书记、代市长耿彦波,市委常委、常务副市长任在刚等领导一行先后到公司第二供暖分公司调度室和2515热力站慰问坚守一线的干部职工。市热力公司经理张明智、书记王建宏、常务副经理张建伟、经理助理王林文陪同慰问。(耿建伟)

【郭振中到公司调研慰问】 2013年2月4日,太原市人大常委会主任郭振中在市热力公司经理张明智、书记王建宏、常务副经理张建伟等陪同下到公司第三供暖分公司隔压站调研慰问。郭振中一行先后实地查看隔压站换热车间、电配车间,询问供热生产运行相关细节。(耿建伟)

【法国开发署对太原市热力公司瑞光热电集中供热一期工程项目进行监督考察】 2013年2月24日~26日,法国开发署项目经理高利伟及官员金筱霆组成的考察组按照双方签订的项目备忘录要求,对瑞光项目进展情况进行监督考察。(耿建伟)

【第二届“热力杯”技术比武】 太原市热力公司第二届“热力杯”技术比武于2013年4月16日拉开序幕。此次技术比武旨在丰富职工的专业理论知识,提高职工的技术水平,增强实操经验和应急状态下的处置能力,激发广大职工学技术、比技能、当能手、做贡献的热情。此次技术比武的工种是焊工和电工,分别进行理论及实操培训、理论及实操考核和技术比武,来自各供暖分公司的270余人参加比赛。(耿建伟)

【集中供热“大温差输送技术”专题讲座】 根据太原市政府确定的供热全覆盖规划初步方案,太原市集中供热将采用提取各热源余热+大温差技术+分布式燃气调峰相结合的形式进行供热。为进一步了解和掌握“大温差技术”,市热力公司于2013年4月3日,在热力设计院组织“大温差技术”专题讲座。邀请北京清华城市规划设计研究院能源规划设计研究所博士胡鹏进行授课,公司技术处、设计院、基建处、材料处、经营处以及各供暖分公司的技术人员听取讲座。(耿建伟)

【地震抢险应急模拟演练】 2013年6月20日上午,太原市热力公司在小店热源厂进行应急抢险演练。市地震局、市应急办、市城乡管委、市供热办、迎泽区武装部、小店区地震局、小店区应急办、市公安局直属分局应邀观摩演练。此次演练以公司武装部、民兵连为依托,集中全公司电工、焊工技术骨干,进行实战模拟演练,为应对地震等灾害

和全覆盖集中供热工程建设打下基础。（耿建伟）

【集中供热全覆盖技术交流会】 2013年7月8日上午，太原市热力公司邀请中国工程院院士江亿，清华大学教授付林，市城乡管理委员会主任王建堂、副主任张红，市供热管理中心、太原市各供热企业和热电厂负责人进行技术交流。公司相关领导以及处室参加会议。（耿建伟）

【安全隐患有奖举报电话公示挂牌】 按照太原市委、市政府及市城乡管委关于进一步加大安全生产力度的要求，为发动广大群众举报各类安全生产隐患，2013年，市热力公司在公司机关及9个分公司的显要位置对安全隐患有奖举报电话进行公示挂牌。（耿建伟）

【全国住建系统企业文化建设现场会代表参访团】 2013年10月23日下午，在住建部党组成员、纪检组长、中国建设职工政研会会长杜鹃、中国建设职工政研会副会长秦书星的带领下，由山西省住建厅纪检书记郝耀平、省住建厅政研会副会长蔡英杰、市城乡管委党委副书记高喜跃、副主任张宏陪同参访团一行到太原市热力公司参观考察。（耿建伟）

【太原广播电视台对提前一天供热进行现场直播】 太原电视台《新闻对话》栏目在连续三年进行直播的基础上，2013年，再一次组织精兵强将，分8个地点以卫星传输、3G传输、演播室访谈相结合的形式，以《温暖2013》为题，用一小时三十分的专题节目，对市热力公司连续第四年提前一天为广大居民供热进行现场直播。（耿建伟）

【供热计量专项检查】 2013年12月20日，住建部供热计量专家组高工牛亚楠、工程师唐恩全对太原市供热计量改革工作进行检查。省住建厅城建处处长聂建宏，市城乡管委副主任张红，市热力公司经理张明智、常务副经理张建伟、处长田燕青以及市住建委节能中心，市城乡管委供热供气处、市供热办等相关领导参加检查活动。（耿建伟）

【清洁能源全覆盖工程专项会议】 2013年3月13日，太原市热力公司在设计院召开清洁能源全覆盖工程专项会议，就太原市总体供热规划、实施计划、古交至太原主干线西山隧道实施方案等内容展开专项讨论。

会议邀请太原市城乡管委主任王建堂、副主任张红、处长王小春，中国市政工程华北设计研究总院、清华能源规划所、太原市城市规划设计研究院、山西省交通规划勘察设计院等主要设计人员参加会议。会议贯彻市政府指示精神，对古交项目的推进展开讨论，确保3月底前完成供热专项规划方案的编制；基本议定古交至太原段敷设4×DN1400供热主干线西山隧道勘察设计方案及中继泵站、中继能源站的选址方案，各部门根据方案继续完善，确保隧道5月份开工。（耿建伟）

【热力公司三届六次职工(会员)代表大会暨2013年工作会议】 2013年4月28日下午，太原市热力公司在铁道大厦召开三届六次职工(会员)代表大会暨2013年工作会议，来自公司各部门的146名正式代表以及列席代表77人参加大会。

会上，市热力公司经理张明智作《科学谋划 精心组织 全面完成集中供热建设新任务》的工作报告。报告对2012年工作进行总结，对2013年的工作任务进行安排。（耿建伟）

·太原市第二热力有限责任公司·

【概述】 太原市第二热力有限责任公司于2010年3月注册成立，是由国电华北电力有限公司、山西晋联房地产开发有限公司、山西久恒能源有限责任公司共同投资组建的一家大型的供热企业，以国电太原第一热电厂六期两台30万千瓦热电联产机组为热源，主要承担太原市城南长风商务区和长风西街以南城区1050万平方米的集中供热管网建设和运营。

截至2013年底，太原二热力公司入网面积为842万平方米，公司区域内燃煤采暖锅炉全部基本改造，完成市政府、市城管委下达的扩网任务。其中，2013年响应太原市政府号召，配合拆除分散采暖锅炉进行集中供热改造面积达111.7万平方米。累计完成热力站建设53个，投入运行51个，覆盖供热区域789万平方米，实现供热面积768万平方米。（办公室）

【经营管理】 2013年，太原市第二热力公司供热量完成173.31万吉焦，经济增加值完成3650.77万元，营业收入完成8929.9万元，资产负债率完成78.23%，供暖季单位热耗完成0.42吉焦/平方米，单位电耗完成1.6千瓦时/平方米。（办公室）

【安全生产】 2013年，太原市第二热力公司落实国电华北公司、太原市城乡管理委员会“百日安全大检查”“春季安全大检查”“秋季安全大检查”等活动，制定安全大检查方案，加大监督检查力度，和公司员工签订75份安全承诺书，公司所辖井具全部安装防坠网，消除560条设备隐患，保障公司安全生产运行，完成2012年～2013年供热期安全生产目标。

加强安全生产管理，落实安全生产责任制。太原第二热力公司通过开展安全“红线意识”大讨论，修改、完善安全生产管理有关制度，确定生产各部门、各岗位不可触动的“红线”，使全体职工安全意识有明显提高。

完善体系，健全安全责任制。（1）落实安全生产责任制，开展安全“红线意识”大讨论，落实供热《应急抢险预案》《安全技术劳动保护措施》《反事故技术措施》。（2）建立完善的“安健环”管理体系。（3）做好设备运行和检修管理工作，完成全网监控调试，降低单位能耗，提高经济效益。（4）联系热用户进行二次网改造，重点解决二网失水问题，提高供热质量。

为确保安全生产，太原市第二热力公司从安全生产基础工作入手，加强员工安全教育，技能培训，强化安全监督管理。根据供热工作的特殊性制订《非供热期巡回检查制度》《供热期巡回检查制度》，并且注重制度落实，提高员工的安全意识和业务水平。根据供热的不同时期，加强热网管线以及换热站的巡回检查，确保供热设施、设备的安全。（办公室）

【工程建设】 2013年，太原市第二热力公司完成换热站主、支线管网敷设共计10千米，完成换热站建设17个，投入运行15个，入网面积新增229万平方米，增加供热面积208万平方米。按照太原市道路改造、热力管网环形规划，在西中环、南中环热力主管网上完成与太原市热力公司管网对接。（办公室）

【综合管理】 结合太一项目搬迁的契机，推进配套热网工程项目前期各项准备工作，根据国电集团公司、国电华北公司的指示精神，2013年，太原市第二热力公司多次与地方政府及相关主管部门进行沟通对接。在山西省政府、太原市政府的大力支持下，多次组织相关部门召开专题会议进行协调，为公司新建项目的推进提供保障。新项目得到太原市政府认可，并确定3000万平方米供热面积规划。企业持续发展又迈出坚实的一步。

太原第二热力公司党支部坚持加强党支部基层组织建设，建立健全党组织“参与决策、带头执行、有效监督”的领导体制和工作机制，定期组织党员、干部参加理论学习，加强“十八届三中全会精神”“八项规定”的学习。落实中央“八项规定”和集团公司有关转变作风的要求，出台《关于改进工作作风具体措施》，定期学习，查摆问题，作风转变取得明显成效，党群干群关系更加紧密。开展反腐倡廉建设，动员党员干部在加快发展、提高效益中创先争优、廉洁从业，树立艰苦奋斗、求真务实的工作作风。结合公司开展的困难职工帮扶活动，先后多次对公司困难职工、患病职工进行探望和慰问，体现公司对员工的关爱。

管道检修

作为市政行业的一员，太原第二热力公司坚持“服务第一、用户至上”的宗旨，先后多次到居民用户小区宣传有关集中供热政策、用热常识、缴费须知。多次针对客服、收费、生产人员开展专业培训，提升人员整体素质，提高业务能力。针对收费、客服工作，先后制订下发《供热收费管理考核办法》《用户投诉处理办法》《城乡低保户热费交纳办法》《入网项目申请优惠相关费用审批办理流程》《用户入网手续办理流程》等制度。（办公室）

·供气管理·

【概述】 太原市燃气管理中心前身为太原市城市燃气管理办公室，于1994年9月经太原市人民政府批准成立，2011年7月经市编办批准更名为太原市燃气管理中心，隶属太原市城乡管理委员会，规格为副县级，领导职数为副县1名、正科2名。内设机构3个，分别为综合科、财务科、燃气市场监管科，内设规格为副科级，中层领导职数副科3名。燃气管理中心编制25人，实有24人。

2013年，太原市燃气管理中心依法经授权或委托，对城市燃气生产、经营企业的经营许可证、燃气燃烧器具安装、维修企业的资质证进行年度考核和审验；负责新建、改建、扩建燃气工程项目的论证和工程审核；负责汽车加气站建设的审核；对燃气生产、经营企业、燃气供气站（点）和燃气器具市场实施监管；负责燃气器具气源适配性检测和销售备案工作；组织全市燃气行业职工上岗培训和技术考核工作。

太原市的燃气种类主要有天然气（含煤层气）、人工煤气、液化石油气。

燃气供应以管道气为主,有三个管道燃气供应企业,分别是太原天然气公司、市煤气公司、国电科莱天然气公司,承担市区天然气、煤气的供应工作,燃气管线长约3000千米;有液化气储配站17个,储气总能力约2000吨,85个液化气供应站;有汽车加气站15座;有18家燃气器具安装维修企业。

2013年,太原市燃气管理中心始终坚持以科学发展观为指导,全面贯彻落实党的十八大、十八届三中全会精神,按照年初制订的工作计划逐项开展工作。在强化制度建设的同时,狠抓市场监管,规范行业行为,确保全市未发生较大的燃气安全事故,完成全年工作任务。

2013年10月15日,太原市政府对2012年度冬季供热供气保障工作成绩突出的单位和个人进行表彰,太原市燃气管理中心荣获"2012年度冬季供热供气保障工作先进集体"。

(王艳平)

【燃气安全专项整治】 根据省、市政府关于开展燃气安全隐患专项整治工作的安排和要求,太原市建立燃气安全隐患专项整治联席会议制度。太原燃气管理中心作为督查组成员单位,按照联席会议部署,开展联席会议的组织、各部门资料收集整理、会议纪要和工作专报的撰写等基础工作;研究制订《太原市餐饮场所液化石油气整治标准》;对各县(市、区)燃气安全隐患整治情况进行督查和抽查,对发现的隐患现场提出整改要求;对市区678家火锅店进行全面排查,检查发现59家仍在使用液化气直接加热的火锅店,当即要求各城区、开发区组织关停等,确保专项整治取得实效。2013年,全市燃气安全专项整治行动共排查燃气企业、经营站点189个,排查燃气使用单位、场所11785个;排查出一般性燃气安全隐患6003处,全部整改,整改率达到100%。取缔查处非法违法经营液化气点92个。通过燃气安全隐患专项整治工作,燃气安全管理水平提升,燃气安全形势明显好转。在整治过程中,逐步形成燃气安全工作属地管理,部门联动协作,以县区为主,条块结合的燃气安全管理体系。

(王艳平)

【燃气安全督导检查】 2013年,太原市燃气管理中心参加燃气安全专项整治督查组,对企业开展燃气安全隐患整治情况进行督查和抽查,对发现隐患的企业现场提出要求,督促及时整改。按照全市燃气安全隐患专项整治通报约谈会议要求,燃气管理中心制订《太原市餐饮场所液化石油气整治标准》,并成立六个督导检查组,利用中午和晚上的营业时间进行督导检查,对各城区、开发区火锅店使用管道燃气直接加热、使用瓶装液化气直接加热、操作间和气瓶间存在问题的277处燃气安全隐患整改情况进行验收,对发现的隐患全部整改到位。

(王艳平)

【燃气安全隐患排查治理】 2013年,太原市燃气管理中心根据市城乡管委会《关于开展安全大检查实施方案》,在燃气企业开展安全大检查活动,采取日常检查、重点时段安全检查、有目标有重点的突击检查等方式对各燃气企业进行检查,并按照安全大检查回头看要求,对15座CNG加气站、1座LNG加气站、17家液化气储配站、45家液化气供应站等企业安全情况进行全面检查,检查中聘请燃气方面专家,全面排查安全隐患并提出解决方案。对76个发现有安全生产问题和隐患企业责令进行整改。

吸取青岛"11·22"输油管线泄漏爆炸事故的教训,按照市城乡管委会下发的《关于在全市城市燃气领域开展安全隐患排查治理专项行动的实施方案》,太原市燃气管理中心参加到管委专项检查组,2013年11月25开始对全市管道燃气企业、加气站、液化气站等开展全面排查整治。燃气企业巡查管线(阀门、凝水缸)530千米、手推车检测152千米,巡检燃气用户21万户。燃气中心检查加气站17座、管道液化气站53座、液化气储配站14家、液化气供应站45家,排查各类安全隐患341处,全部整改。按照"全覆盖、零容忍、严执法、重实效"的总体要求,以"查隐患、纠违章、堵漏洞"为重点,排查和整改燃气安全隐患,遏制和杜绝重特大事故发生。 (王艳平)

【落实安全目标责任制】 2013年4月27日,太原市燃气管理中心召开燃气安全工作暨《安全目标责任书》签订会议,市燃气管理中心与全市17家液化气、1家轻烃气经营企业签订《安全目标责任书》。通过《安全目标责任书》的签订,明确燃气经营企业2013年的安全工作目标任务,提高燃气经营企业对燃气安全工作重要性的认识,增强安全生产工作的责任感和紧迫感,并通过企业安全目标责任制的落实,确保燃气行业安全稳定运行。(王艳平)

【精细化管理】 根据市城乡管委会《关于对全市燃气企业运营工作进行考核的通知》精神,依据《城市燃气企业运营考核评议标准》,2013年,太原市燃气管理中心组织开展燃气企业动态考核工作。2013年的动态考核工作,管道燃气企业(单位)运营考核覆盖率达到100%。考核组到企业场站,现场查看,检查各项安全管理制度是否齐全、隐患排查等记录是否完善、工作人员是否参加培训、持证上岗等。通过采取动态考核的方式,提高燃气经营企业的管理水平和安全意识,规范燃气企业的经营行为。 (王艳平)

【保障稳定供气】 稳定供气是燃气行业最基本也是最重要的职能。2013年冬季用气高峰之前，太原市燃气管理中心按照市政府下达的供气保障目标任务，协调供气企业加快新老城区天然气管道新(改、扩)建力度，改善管网运行状况，组织气源，搞好调峰工作。同时，督促供气企业提前加紧进行管网设施检修，制订保供气方案和应急预案，确保足量稳定供气。（王艳平）

【管道液化气实施天然气改造】 太原市运行的管道液化气供应站共有53座，涉及2.8万户居民用户，由于历史原因，这些管道液化气供应站大多存在经营手续、安全管理等方面的诸多问题，随着全市天然气管网覆盖面积的不断扩大，需要对气站实施天然气改造。2013年，太原市燃气管理中心按照燃气安全专项整治联席会上的要求，多次召集市煤气公司、科莱天然气公司研究改造工作，并要求两大公司配合各城区、开发区对管道液化气站实施天然气改造，要尽快进行现场勘察，并拿出初步改造方案，推进太原市管道液化气实施天然气改造。

（王艳平）

【气源适配性检测】 根据《山西省燃气管理条例》《太原市燃气管理条例》有关规定，市燃气管理中心委托山西省产品质量监督检验研究院和山西省燃气用具检测中心，对2013年度申请在太原市销售的燃气器具进行气源适配性检测，并将检测合格的115家销售单位5大类137个品牌燃气器具产品及型号编印《2013年度太原市燃气器具销售指导目录》在《太原日报》进行公告。（王艳平）

【燃气燃烧器具市场监管】 根据《关于燃气燃烧器具安装、维修企业资质管理有关事项的通知》(建城〔2007〕250号)等有关规定，2013年，太原市燃气管理中心结合太原市实际，下发《关于加强燃气燃烧器具安装维修企业资质管理的通知》，对申请《燃气燃烧器具安装维修企业资质》的企业进行材料初审。中心领导到企业进行检查，对企业经营状况、安装、维修人员的配置、安装、维修检测设备以及常用工具、管理制度落实等内容进行查看，要求相关企业学习《国家、省、市燃气管理条例》和相关安装、技术规范，加强安装、维修人员的技术培训和行业培训，实行拍照见证和建立用户档案。市燃气管理中心对安装、维修企业进行常态化动态考核，随机进行用户抽查进行回访，维护好消费者的合法利益。

（王艳平）

10月26日，市燃气管理中心举行“市政公用服务进社区，燃气安全进万家”宣传活动

【市政公用服务进社区】 2013年10月26日上午，市燃气管理中心在太原市滨河花苑小区举行“市政公用服务进社区，燃气安全进万家”活动，市燃气管理中心全体职工和全市10家燃气器具安装维修企业参加此次活动。

市燃气管理中心围绕社区居民关心的燃气使用安全、燃气法律法规等问题，在活动现场设立咨询台、宣传栏，发放宣传资料，现场接受用户咨询。上门为用户的燃气设施进行免费安全检查是这次活动的一项主要内容，安装维修专业技术人员到居民家中，对119户居民燃气器具的安装、点火系统以及燃烧状况等方面进行全面的安全检查，免费为125户用户更换胶管和老化的零部件，及时排除安全隐患，指导用户正确使用燃气器具。这次活动累计出动服务人员301人次，发放宣传资料400余份，接受群众咨询60余人次。《太原日报》、太原电视台、《山西商报》等新闻媒体对此次活动进行跟踪报道。（王艳平）

【燃气行业管理】 按照市城乡管委会关于“加强制度建设、规范权力运行”工作的安排部署，2013年，太原市燃气管理中心根据燃气管理工作需要，起草制订《太原市加气站管理办法》《太原市液化石油气经营单位管理办法》等；针对全市各区级政府燃气管理部门不明确，职责不清导致区级政府监管不到位的问题，提出《关于尽快明确区级政府燃气管理部门和职责的紧急报告》《关于将液化气供应站(点)审批管理权限下放城区的请示》。

（王艳平）

【组建燃气行业专家库】 建立专家会诊制度，2013年，太原市燃气管理中心聘请10名有丰富理论知识和实践经验的专家、教授，参与对液化气储配站、加气站的检查验收和考核工作。专家会诊制度的建立，克服主要靠管理人员经验、传统模式进行管理，缺乏技

术支持的弊端。（王艳平）

【燃气行业岗位培训】为做好太原市燃气经营许可证的申请和核发工作，市燃气管理中心于2013年5月15日~26日，组织全市燃气企业的专业管理和技术人员接受省住建厅培训，参加培训的企业包括全市煤气、天然气、液化气、加气站等45家企业，培训人员902人。参训人员有企业主要负责人、技术负责人、安全负责人和一线技术人员等。参训人员主要学习燃气法律法规、专业知识、技术规范、操作规程、安全运行与管理等内容。

为进一步强化和规范燃气执法工作，市燃气管理中心于2013年10月12日上午邀请太原市城乡管理行政执法局案件审理处有关专家对中心全体人员进行燃气行政执法的专项培训，对燃气执法工作的基本要求和案件办理程序进行讲解，重点学习立案阶段、调查取证阶段、审理阶段以及文书归档等环节。（王艳平）

【受理燃气投诉】燃气涉及千家万户，各类投诉事项非常多，有安全有奖举报事项、12319和12345投诉事项、“向人民汇报、请人民评议”反映问题等。2013年，太原市燃气管理中心共受理安全隐患有奖举报督办事项35起，数字城管热线投诉355起。由于2013年城市道路建设施工和房屋拆迁等原因，导致燃气管网泄漏频发，燃气应急方面的投诉数量急剧增加，仅七、八月份就受理12319投诉事项94起、重大安全隐患有奖举报督办事项18起。市燃气管理中心重视各类投诉事项处理工作，专人负责，一事一表，确保各类投诉事项均按规定时限进行处理和回复，及时率、满意率、办结率均达到100%。（王艳平）

【燃气安全宣传】2013年，太原市燃气管理中心将燃气安全宣传工作贯穿全年始终。（1）燃气企业定期入户安检，面对面宣传。（2）扩大安全用气宣传覆盖面。通过市政服务进社区、安全宣传月等活动，向市民发放燃气安全宣传资料。（3）通过报纸、电视、电台、网络等媒体开展燃气安全知识宣传。（4）市燃气管理中心印制液化气钢瓶《安全使用提示》宣传贴，免费下发到各液化气储配站，要求贴在钢瓶的醒目位置，使液化气安全使用常识进入千家万户。通过开展形式多样的燃气安全宣传活动，普及燃气安全使用常识，营造全社会重视燃气安全的舆论氛围。（王艳平）

【贴近群众、服务群众】2013年，太原市燃气管理中心在“贴近群众、服务群众”作风建设专项活动中，主动查找问题，进行自我评价，将小店区南黑窑村238户村民和万柏林区东社乡勤通洁物业公司279户居民长期无法使用上天然气的问题作为作风建设的突破口。经中心多方联系，协调国电科莱天然气公司和太原天然气有限公司解决供气问题。科莱天然气公司开辟绿色通道，特事特办，抓紧管网设计和施工，居民使用天然气问题得到解决。针对万柏林区东社乡勤通洁物业公司279户居民无法使用天然气的问题，太原市煤气设计公司根据规划进行该地区燃气管网设计，天然气公司营业大厅受理，居民使用上清洁、安全的天然气。（王艳平）

·太原市煤气公司·

【概述】太原市煤气公司成立于1982年，隶属于太原煤炭气化集团公司，是省内最早从事燃气输配经营的企业，担负着太原市城市燃气的输配供应任务，是集施工安装、燃气表灶具生产、燃气输配供应、服务维修、培训认证等于一体的国有大型公共事业类企业。是山西省燃气协会理事长单位。截至2013年底，太原市煤气公司累计发展各类燃气用户83万余户，占太原市燃气市场份额95%以上。（谷　亮）

【重点工程建设】2013年，太原市煤气公司遵循科学发展观的要求，按照“气化太原”的部署和煤气化集团公司燃气板块拓展思路，组织实施西北环、清罗线管线工程、市政道路建设配套工程、燃煤锅炉改造工程。CNG加气站项目、LNG场站建设项目继续推进。公司主动承担社会责任，完成武乡砖壁村供气工程，为该村村民送上天然气；

清罗线工程施工现场

完成大寨供气工程的后续工作。

（谷　亮）

【燃气输配安全生产】 燃气具有易燃、易爆、易中毒(煤气)的特性。太原市煤气公司始终坚持安全为天的理念,构建党政工团齐抓共管、共建安全的“大安全”格局。开展安全质量标准化建设,不断强化全员安全防范意识,健全安全规章制度，狠抓安全责任落实，开展安全隐患排查治理和对违章压(侵)占燃气设施的治理,2013年,共计整治违章压占85处。煤气公司通过科学组织调配气源,协调供气价格、提升管网畅通水平等举措，完成全年的保供气任务,保证“两会”“两节”以及各类重要会议、活动期间全市的安全稳定供气。 （谷　亮）

【提升服务水平】 2013年，太原市煤气公司加大行风建设力度，不断完善全过程服务流程，建立服务信息通报等制度,继续开展明察暗访活动,严格监督和考核。结合新运行的客户服务系统,进一步完善服务流程,提高派单的处置率和用户的满意率。开展各类便民服务以及“向人民汇报,请人民评议”服务进社区等活动。公司“96577”客服热线全年共受理客服热线85556趟,受理12319、12345派单978个,办结率、处理及时率均达100%,客户满意率达到99%。在12319城建服务热线排名中名列前茅，树立公司良好社会形象。 （谷　亮）

·太原天然气有限公司·

【概述】 太原天然气有限公司（以下简称天然气公司）成立于2005年8月,是由政府引导,规范设立的国有控股企业。2006年由太原市政府授予太原市行政区域内管道天然气特许经营权,特许经营期限20年。2012年取得山西省“四气”生产经营企业从业资格。截至2013年底,公司员工总数为497人，其中专业技术人员132人。2013年天然气公司完成年初制定的生产经营目标，主要经济指标保持平稳较快增长。实现天然气销售5亿立方米，同比增长5%。完成销售收入11.5亿元,同比增长12.7%。截至2013年底,有各类天然气用户80万户。

（宋俊英）

【建章立制细化管理】 2013年，太原天然气公司对公司已有的规章制度、操作规程、工作标准等安全生产责任体系进行完善、修订与补充。编制下发《天然气设备切换制度》《职业卫生监督管理制度》《工营福用户计量表房内及锅炉或直燃机房内巡回检查技术规程》《太原天然气有限公司值班制度》《移动式压力容器充装质量管理手册》《退休职人员管理办法》等一系列管理制度，进一步细化公司的基础制度管理体系。 （宋俊英）

【天然气销售价格调整】 2013年7月,太原天然气公司根据《山西省物价局关于调整我省部分城市非居民天然气销售价格的通知》(晋价商字〔2013〕274号),一般工业用户存量气价格调整为2.97元/立方米，增量气价格为3.8元/立方米。根据《山西省物价局关于调整我省天然气经营企业供车用天然气加气站销售价格的通知》(晋价商字〔2013〕240号)的规定,CNG母站出站价格调整为3.15元/立方米。根据太原市物价局《关于我市车用天然气最高零售价格的通知》(并价商字〔2013〕129号)的规定,出租车CNG加气价格调整为4.45元/立方米。

（宋俊英）

【天然气基本建设】 2013年，太原市城市天然气利用工程累计建成城市门站2座(丈子头、西温庄),CNG加气站2座(西温庄、钢园路),高中压调压站4座(小店、新张、罗城、东社),中中压、中低压调压站47座,新建高压管线37千米,中压管线68千米,低压管线107千米。实施天然气置换后,累计利用原煤气调压站651座，原煤气输配管道1933千米。 （宋俊英）

【燃气替代燃煤锅炉改造工程】 为改善省城环境质量、减轻大气污染、彻底解决城中村燃煤污染问题，市委市政府提出实施“煤改气工程”。根据太原市政府的统一安排，太原天然气有限公司、太原市煤气公司联合实施煤改气工程,两公司加强组织协调,及时和政府及业主单位沟通,克服重重困难,加班加点赶进度，如期完成煤改气工程。其中天然气公司完成小店区、尖草坪区、杏花岭区三个区域的燃气替代燃煤锅炉改造工程。2013年，累计改造常年运行锅炉及分散运行锅炉87台、197.8吨。煤气公司完成迎泽区、晋源区、万柏林区的煤改气工程,累计改造常年运行锅炉及分散运行锅炉176台,338.47吨。 （宋俊英）

【燃气应急抢险演练】 2013年12月27日15时，太原天然气有限公司、太原市煤气公司在漪汾街一处居民区内联合举行太原市2013“蓝焰5号”燃气应急抢险演习。太原市委常委、常务副市长任在刚和相关单位负责人出席演习现场。此次演习模拟是东社高中压调压站向河西地区供气中压主干线漪汾街段,经重车碾压,发生管线断裂燃气泄漏事故，现场又意外遇到明火突发爆燃,人员受伤严重。抢险人员到达现场后立即组织救治伤员、灭火并控制现场，通过对现场检查发现附近其他市政管线及居民楼内有大面积串气现象，随即组织疏散居民和驱散聚集的燃气。现场得到控制后,立即组织展开抢修工作,抢修完毕,经各项检查合格后恢复正常供气。通过此次演习,以实战的形式考验两公司对突发事件的

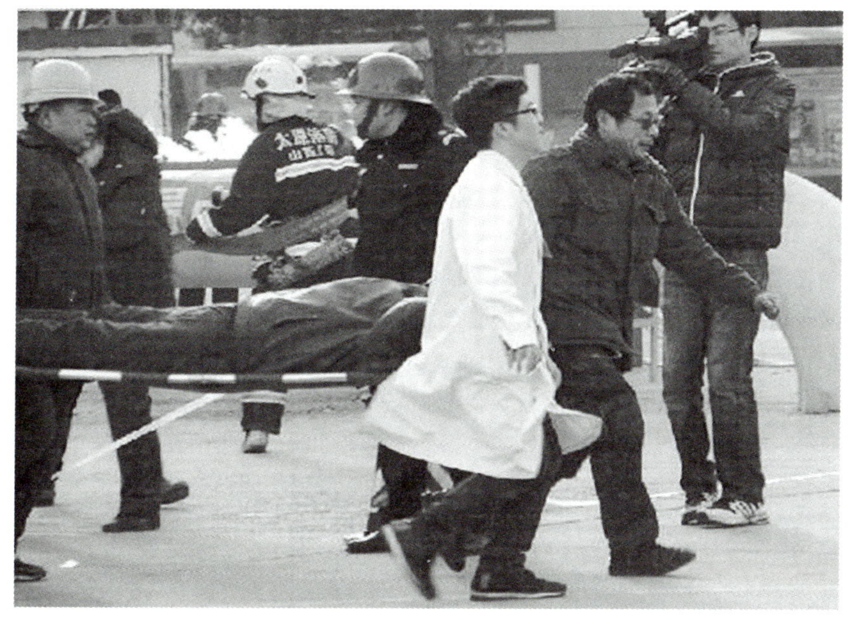

太原市2013年“蓝焰5号”燃气应急抢险演习现场

信息处置、抢险救援、安全检测、整体联动等多个方面的综合能力以及两公司、消防、交警、120急救中心及其他市政等多部门的协同配合能力。

（宋俊英）

【燃气输配安全管理】 太原市天然气置换工程的完成和煤改气工程的实施，全市供气格局发生变化，供气规模大幅提升。天然气公司组织调配气源，加强上下游沟通联系，优化生产调度管理，以防范重大安全事故为重点，加强检查力度，按照“四定”（定人员、定措施、定时间、定监督）狠抓隐患整改。安全隐患排查率、整改率100%。实现全年无一例轻伤、着火、爆炸、重伤、死亡等责任事故的安全生产目标，满足广大市民及各类用户的用气需求。太原市城乡管理委员会授予天然气公司2013年度安全生产工作先进单位称号；太原煤气化（集团）有限责任公司授予天然气公司2013年度安全生产先进单位。（宋俊英）

【开展突发性事故应急演练】 2013年7月26日，太原天然气公司组织开展突发性事故四级应急预案演练。演练模拟17时大雨情况下西温庄门站发生突发性事故。生产调度迅速启动四级蓝色应急预案，紧张有序地组织开展现场抢险工作，成功消除险情。此次演练未提前通知，按突发事故对待，是对各相关单位、部门的应急响应及协同配合进行一次综合性的检验。

（宋俊英）

【市物价局调研非居民用气价格调整工作】 按照国家发改委非居民用天然气价格实施调整的通知，2013年7月23日，太原市物价局局长孟小军、副局长倪福田一行到太原天然气公司，就非居民用气价格调整工作进行调研，天然气公司领导郭建生、史树平等参加。调研中，倪福田对存量气和增量气核定工作的具体情况作细致了解，并听取天然气公司关于车用气价格调整的合理化建议。（宋俊英）

【省物价局检查分局调研】 2013年7月24日，山西省物价局检查分局一行在太原天然气公司开展调研。调研中，分局领导对天然气公司的经营情况、企业上缴税收、企业融资以及其他相关收费情况作细致了解，并听取企业对相关工作的意见和建议。

（宋俊英）

【“贴近群众、服务群众”进社区活动】 为进一步宣传燃气安全使用常识，提高燃气用户的安全意识，保障燃气设施运行安全稳定，以减少燃气事故的发生，太原天然气有限公司、太原市煤气公司在2013年11月、12月组织基层单位在各辖区开展“贴近群众、服务群众”安全服务进社区活动。工作人员到客户家中维修燃气设施，提供燃气业务咨询1000人次，向居民客户发放安全使用燃气常识宣传资料3000余份。

（宋俊英）

【天然气公司第一次临时股东会议和董事会议】 2013年9月18日，太原天然气有限公司2013年第一次临时股东会议和董事会议召开。股东会议由原董事长夏文超主持，公司4家股东单位均派出代表参加会议，监事会主席及相关人员列席会议。会议审议通过《关于更换太原煤炭气化（集团）有限责任公司委派董事的议案》并形成决议。会议议定赵国卫出任公司新一任董事长。（宋俊英）

【政风行风评议听证会】 2013年9月29日，太原市煤气公司、太原天然气有限公司2013年度政风行风评议听证会在煤气公司召开，两公司零距离倾听省城百姓的意见和建议，以促进整体服务水平的提高。会议肯定天然气公司和煤气公司在“气化山西、气化太原”中做出的贡献，并要求两公司要加强学习教育、加大宣传力度、抓好安全生产、提升精细化管理水平、进一步强化党风廉政建设工作，为太原市燃气事业再立新功。（宋俊英）

【新材料新设备的推广与应用】 2013年，太原天然气公司开展新材料、新技术的应用研究及新设备的推广工作，加强新材料施工管理培训。以国家行业标准《聚乙烯燃气管道工程技术规程》CJJ63-2008为基础，在400户居民用气工程中推广使用聚乙烯管道材料聚乙烯管材(PE管)。于星河湾等高档住宅小区应用不锈钢波纹管技术。管线巡查过程中试用巡检车代替人工巡线,提高检测精准度,减少人工工作量。 (宋俊英)

·城市照明·

【概述】 2013年,太原市城市照明社会效益指标超建设部规定标准:着灯率98.57%,设施完好率98.61%,及时处理率100%(部颁标准要求为着灯率98%,设施完好率98%);无线监控站点增至552个,照明设施率监控覆盖率增至91%。 (刘 鹏)

【小街巷照明设施改造】 2013年是太原市城市照明处实施小街巷照明设施改造的第7年,全年完成森园街、纺织北街等24条无灯街道及九院沙河两岸等34条老旧设施街巷,共计58条小街巷升级改造。安装路灯1541盏,铺设架设照明电缆1.3万米,增补灯杆119基,新增井具158基。 (刘 鹏)

【服务进社区】 结合“市政公用服务进社区”活动,2013年,太原市城市照明处解决属处管辖范围的各类照明问题23处,其中为杏林二条等18条街道安装更换路灯74盏,增设灯杆13基,架设电缆1940米;为晋机西社区维修小区内路灯38盏;及时处理坞城南路等个别路灯问题4处。

对市民反映非处管辖范围的59条街道照明问题,走访并回复建议人。同时,无偿提供技术、人员、车辆方面的支持。 (刘 鹏)

【解难事活动】 2013年,太原市城市照明处把群众满意作为第一标准,将人民群众的根本利益作为一切工作的出发点和落脚点。在“向人民汇报、请人民评议”暨为民“办实事、解难事”活动中,答复解决群众提出的各类建议19条,实现问题办结率100%。对后续新提出的个别照明建议高度关注、认真解决,确保活动的长期性、延续性。

在“向人民汇报 请人民评议”活动中,现场接到群众反映的双塔北路二马路无路灯问题后,第一时间组织技术人员现场攻关。对难以解决的问题,照明处主要领导现场协调,克服困难、排除干扰,想方设法为该路段安装路灯30盏,架设电缆1000余米,解决当地群众夜间出行问题。 (刘 鹏)

【精细化管理】 太原市城市照明处以制度化作为提高管理能力的手段,从源头开始抓制度建设,对工作中每一个步骤、流程均提出明确规定。照明处从2006年制订出台《城市照明精细化管理手册》,不断修订完善,形成设施维护、夜景监管、作业流程等9大分类,158项小项,约12万字的规章制度。

2013年,照明处进一步修订完善《照明设施运行与检修精细标准》《景观照明精细化细则》《工程监管精细化细则》等精细化管理制度,挖掘维护管理潜能,提高每项工作规范性、标准性、实效性。通过流程控制和行为守则,规范日常工作标准,并通过责任目标考试确保各项制度落到实处。 (刘 鹏)

【景观督导】 2013年,太原市城市照明处加强对汾河两岸夜景亮化景观带协调督导工作,深化行政联络制度,督导联系范围在原有基础上向南延伸至祥云桥周边,实现景观照明完好率达90%以上。并选取部分重要节点进行重点督导或进行专题研究。如对大马小区“太原欢迎您”夜景景观易出现缺字短划,形成歧义,造成负面社会影响的问题,照明处对其进行专项改造,安装单字监控系统,实行其中一个字损坏其余字均关闭的模式,杜绝负面社会影响的发生。 (刘 鹏)

【工程监管】 为适应城市照明发展趋势,根据太原市改造项目多、建设规模大的实际情况,太原市城市照明处加大督促节能、安全等方面力度,采取强化监管与直接服务并举的方针。2013年,共监管有新增或改造照明工程的街道63条,相较上年工程量增加60%。针对新兰路、迎新北三巷等存在有质量问题和使用隐患的街道,下发《整改通知书》11份,促使整改率比上年提高50%,工程的安全与质量有新提高,降低照明设施的外在缺陷和工程质量缺陷。 (刘 鹏)

·排水管理·

【太原市城南污水处理厂新建工程】 太原市城南污水处理厂位于南环高速北侧,太茅公路以东,占地面积242.25亩。服务范围北起南沙河,南到南环高速,西起体育路、汾河东岸,东至东山过境。服务面积78平方公里,服务人口77万人。设计处理能力20万立方米/日。处理后的出水水质将达到《城镇污水处理厂污染物排放标准》(GB18918—2002)一级A标准。该工程采取合资合作(简称PPP)方式建设,由北京首创股份有限公司与排水处合资组建的太原首创污水处理有限责任公司负责污水处理项目的融资和建设,工程预计投资5.6亿元,是太原市设计处理规模最大、服务人群最多的城市污水处理建设项目。2012年6月15日开工建设,后因规划调整,长治路南延工程穿越厂区,2013年6月27日经市政府批示,对厂区布局进行西扩调整,将污水厂分为东、西两厂区。12月27日,东侧厂区进水进行调试。西侧厂区深度处理部分开工建设。 (范海洋)

【太原市城市排水专项规划】 2013年,太原市排水管理处根据市政府《关于做好“十二五”规划研究编制工作的通知》精神，排水处委托太原市城市规划设计研究院编制《太原市城市排水专项规划》，原《专项规划》编制工作基本完成。后遵照市政府要求，为了使《专项规划》更加合理、可行，符合太原市长远发展，由太原市城市规划设计研究院与中国市政工程华北设计院进行联合讨论和审核、编制。12月底，排水专项规划呈报市规划局进行审批。

（范海洋）

【城市污水处理及雨污水提升】 2013年太原市排水管理处（简称排水处）下辖杨家堡污水处理厂、北郊污水处理厂、殷家堡污水处理厂、河西北中部污水处理厂4座城市污水处理厂和一个负责城市雨污水提升的泵站管理所5个基层单位。

截至2013年12月底，北郊污水处理厂、河西北中部污水处理厂及杨家堡污水处理厂3座污水处理厂设计处理能力分别为4万吨/日、16万吨/日、16万吨/日，总设计处理能力为36万吨/日。2013年1月至12月，完成污水处理量12658.99万吨，与2012年相比（2012年污水处理量为11733.16万吨），污水处理量增加925.83万吨，出水水质达国家一级A标准。完成雨污水提升量1657.86万吨，与2012年相比（2012年为1719.74万吨），雨污水提升量减少61.88万吨。（范海洋）

【太化水厂划转城市管理体系】 太原化学工业集团有限公司水厂（简称太化水厂）1976年建厂，分为太化集团水源分公司、太化集团南堰污水处理分公司、太化股份供水分公司三部分，内部实行一体化管理。2010年，市政府按照山西省经济布局和发展定位以及城市功能、生态环境、节能减排等方面的要求，做出加快西山地区综合整治和包括太化集团所属企业搬迁的一系列重大战略部署。随着西山地区整治和太化集团整体搬迁改造工作的逐步推进，太化水厂中供水厂供水能力削弱，搬迁后供水能力丧失；太化集团南堰污水处理分公司运转正常，污水处理由原来的以处理内部工业废水逐步转变为以处理居民生活污水为主。为最大化整合资源，进一步规范城市排水产业的投资、建设、管理和经营行为，提高城市污水处理率，实现排水行业的规模化、产业化、科学化发展，2013年6月，市政府召开相关会议，对太化水厂划转工作提出明确要求，由市城乡管委负责将太化水厂收归太原市所有。

“水不退·人不撤”防汛现场

按照市政府对太化水厂划转工作的指示精神，市城乡管委、市排水管理处展开将太化水厂划转城市污水处理管理体系的各项工作，经与太化集团多次协商，确定以2013年6月30日为划转工作基准日，划转的相关土地及资产包含两种类型，属于太化集团部分采取无偿方式划转，属于太化股份部分进行补偿收购。截至2013年底，先后完成《关于太化水厂划转工作实施》的起草报批、划转费用的审核、资产及土地评估等工作。（范海洋）

【泵站及污水厂监控系统一期工程完工】 2013年，太原市排水管理处为降低泵站运行维护成本，有效监控各污水厂运行状况，提升生产控制、管理水平，排水处与罗克佳华公司合作，实施雨（污）水泵站及污水厂监控系统建设。一期工程于2013年8月2日通过有关专家的验收。（范海洋）

·城市排水监测·

【水样采集、化验工作】 2013年，太原市城市排水监测站共采集、化验水样3080个，比上年增加10.4%。其中，政务大厅派单采水样401个，年检634个，其他250个，应急水样29个，委托水样82个；污水厂采样共计1681个。共取得化验数据16096个，出具检测报告1375份。（吕方）

【排水监测精细化管理】 2013年，太原市城市排水监测站按照管委《关于到推进精细化管理的实施意见》文件要求，成立排水监测精细化管理领导组，研究制定《排水监测精细化管理实施细则》，按照精细化管理的要求，进一步完善与政务服务中心的工作衔接，在新申请办理许可证、许可证年检、到期许可证的重新办理等项工作与政务服务中心进行进一步的细化和完善。重新制定单位内部工作流程,实现各职能部门工作环节的有机衔接。

(吕　方)

【排水户调查】 2013年,太原市城市排水监测站确定建立健全全市排水户档案,加强排水管理,改善排水环境,实现污水达标排放的长效管理机制的工作目标。从9月下旬开始,进行餐饮行业污水排放的排查治理工作,至年底完成市区范围内952家酒店、餐馆的调查摸底工作。为下一步加强对污水超标排放的有效管理,改善太原市排水环境奠定基础。 (吕　方)

【"市政公用服务进社区"活动】 2013年,太原市城市排水监测站与建业小区、中铁三局物业小区、省工会职工培训小区、联通物业小区等10余家社区建立服务关系,发放便民服务卡300余张,开展宣传活动10余次,共处理金泽饭店违规排放造成太铁宿舍小区内污水外溢、中铁三局小区建筑工地淤泥堵塞等排水事件10余起。

(吕　方)

【文明创建工作】 开展"道德讲堂"建设。2013年,太原市城市排水监测站党支部重视"道德讲堂"活动工作,按照要求布置活动场所,制作讲堂背景及"道德讲堂"宣传栏,完善"道德讲堂"日常管理制度,收集身边好人好事、先进典型。做到有组织、有计划、有活动、有成效,构建"道德讲堂"规范化管理机制,营造浓厚的活动氛围。2013年度开展"爱岗敬业、无私奉献"和"诚实守信"为主题的道德讲堂活动。"道德讲堂"过程结构紧凑、内容丰富,气氛庄重、活泼,在场职工感受到道德的震撼,升华心灵,达到"以庄严的场所感染人,以浓厚的氛围熏陶人,以生动的事迹教育人"的效果。按照文明网工作安排开展工作。先后进行网络文明传播志愿者注册工作、参加学雷锋文明交通志愿服务活动、各类捐款等社会公益活动;在传统重大节假日,开展网上祭英烈等形式多样的专题活动。组织进行"12·4"法制宣传活动和文明志愿者出行服务活动,并将活动情况在文明网报道。 (吕　方)

·行政执法·

【概述】 2013年,在市城乡管委领导下,太原市执法总队以十八大及十八届三中全会精神为指导,以全市开展的为民"办实事、解难事"活动及"贴近群众、服务群众"作风建设专项活动为契机,以解决人民群众关注的热点、难点、焦点问题为重点,创新性开展城乡管理行政执法工作,较好地完成年度目标任务。 (牛岩皓　吕之军)

【城乡管理执法队伍建设】 2013年,太原市城乡管委加强城乡管理执法队伍建设。加强学习,提高思想业务水平。各执法大队高度重视学习,结合工作实际,采取措施推进思想业务水平。制定学习制度,保证学习时间,确保每周至少组织一次学习,人员、时间、效果三落实。在学习内容上突出理论学习和业务学习的结合,相互促进,保证理论水平和业务能力双提高。利用山西省委组织部干部在线学习网站,结合个人实际,在网站丰富内容的支撑下实现有的放矢的自学。

开展考核,督促队风队纪新转变。为加强队伍建设,市行政执法总队开展季度考核工作,制订《太原市行政执法总队考核细则》,成立检查组,定期对大队交办任务落实、案卷档案资料管理、文明工地创建、建筑、市政、园林案件查处及队伍日常管理等情况进行考核。通过考核,不仅督促每一位执法人员加强思想和业务学习、遵纪守法、认真工作、保质保量的完成任务,更促进交流学习心得、研讨工作方法等良好学风、作风的养成。

狠抓宣传,塑造执法队伍新形象。对内宣传方面:举办道德讲堂,传播"正能量",各大队以"身边人讲身边事,身边人讲自己事,身边事教身边人"为主要形式,弘扬传统美德,传播凡人善举,引发道德自觉。2013年,共开展5次"道德讲堂"。及时发布工作动态,全年各大队共编发简报500余篇。对外宣传方面:在重视报纸、杂志、广播、电视等传统主流媒体宣传的同时,把网络作为一个重要的宣传手段,不断提高报道稿件的质量,全年在各新闻媒体发表稿件976篇。其中,省级媒体134篇,市级媒体344篇,网络媒体498篇。通过对内和对外宣传,塑造执法队伍新形象。(牛岩皓　吕之军)

【组织建设】 2013年,太原市城乡管委加强城乡管理行政执法组织建设。成立党委,开启行政执法事业新局面。根据市委组织部及市城乡管委党委的意见,2013年9月9日,市行政执法总队召开党员大会选举产生中国共产党太原市行政执法总队委员会,党委的成立不仅促进总队党内政治生活更加民主化、正常化,而且将实现政治生活的制度化。总队综合办公室,第一、二、三、四、五、六、七执法大队,应急执法大队,执法督察大队相继成立大队党支部,逐步完善基层党组织,发挥党的模范带头作用。

夯实基础,加强党组织建设。坚持和完善基层党支部的政治学习制度,做到"总体有计划、学习有材料、出席有考勤、讨论有记录、个人有笔记、定期有检查"。组织执法人员学习《领导干部从政道德启示录》,观看《王燕阳典型案例警示录》等电教片,执法人员都撰写学习心得。做好党组织信息库的整建制转移工作,做到专人专管、专机接入,确保录入信息及时、安全、真实、可靠。通过一系列活动,使执法人员从思想根源上杜绝违法违纪现象的

发生,筑牢拒腐防变的思想道德防线,树立正确的人生观、价值观和政绩观,达到思想作风明显改进,服务质量明显提升、工作效率明显提高的目标。

服务群众,解决热点难点问题。组织40余名执法干部带队到397个社区为民办实事解难事。开展“贴近群众服务群众”作风建设专项活动,坚持“三亮”“四严”“四评”“五杜绝”“五零”要求,制作发放“温馨提示卡”“便民服务卡”3000余份,不等不靠,解决问题,改进作风。科学组织合理安排,清退办公用房700平米。畅通投诉渠道,对12319等服务热线反映的4700件问题均100%办理,100%反馈。采取服务前置,合理安排施工时间、凡无手续夜间施工扰民一律立案、中高考等特定时间全面停工,重点解决群众关注的施工噪音扰民问题。(牛岩皓　吕之军)

【扬尘治理成效】 扬尘治理联防联控机制基本形成。作为扬尘污染治理牵头单位,2013年,太原市行政执法总队与市住建委、市环保局、市环卫局等相关单位分工合作,成立扬尘污染治理领导组,明确各单位职责,分别对建筑工地、拆迁工地、市政工程、重点污染源、市区道路等扬尘污染加强监管,采取有效措施,做到扬尘治理无死角、无遗漏。通过每月汇报工作总结、每季度召开调度例会、适时开展联合检查,加强与各责任单位的联系,互通信息、交流办法、联合执法、共解难题,扬尘治理联防联控制度基本形成。

施工工地扬尘污染得到遏制。建筑工地施工现场有很大改观,所有在建工地都能做到:设置封闭围挡、设置清洗设施冲洗出入车辆、硬化施工现场主要道路、苫盖裸露场地和土方、及时清运施工垃圾、定时清扫施工工地道路积尘等,杜绝建筑工地的扬尘现象。市政道路改造工程方面,借鉴建筑工地扬尘防控措施,摸索出一套以“设围挡、铺草垫、勤洒水、多清扫”为主的行之有效的扬尘治理办法,辖区内5条主干道和22条微循环道路改造施工现场全年未发生大面积扬尘污染。对拆迁工地制定管理标准,明确管理责任,下达扬尘治理督办单32份,及时督促整改109处。

促进建筑工地管理水平提升。借鉴扬尘污染治理的要求和措施,建筑工地管控更加科学化、规范化。管理标准更高。管理理念更新。管理目标更明确。管理方法更实际。管理手段更多样。管理效果更好,提升建筑工地管理的整体水平。　(牛岩皓　吕之军)

【建筑工地监管】 施工现场方面:2013年,太原市执法总队以扬尘治理工作为契机,全面推进绿色文明工地达标,辖区内241处开工工地全部达标,达标率100%,比上年提升18.7个百分点。

手续办结方面:辖区内共有建筑工地320处,手续齐全的172处,手续不全的148处,开工在建的241个。年初“严把开复工专项行动”开展后,除保障性住房和省市重点工程外,其余手续不全工地一律处于停工状态。对手续不全的开工在建项目,市行政执法总队要求其申请安全站的介入,安全站介入的有44个。

噪音扰民整治方面:广泛宣传,通过在新闻媒体刊登《禁止夜间施工的通知》,向工地发放温馨提示卡,提高施工单位的自觉性,同时加强社会监督。在中高考期间开展为期一月的噪音扰民专项整治,增加夜间值班人数,加大巡查力度,中高考期间共组织20余次大规模执法检查,降低噪音扰民投诉率。加大处罚力度,对巡查中发现、12319投诉存在夜间施工扰民行为的一律立案处罚,全年共立案27起。

安全管理方面:通过“打非治违”及“百日安全大检查”行动,市行政执法总队对安全工作常抓不懈,对辖区工地进行安全排查,建立台账,弥补安全漏洞,消除安全隐患。全年未发生重大安全隐患。

案件执行方面:通过加大追缴罚款力度,全年工作追缴罚款1600万元。

(牛岩皓　吕之军)

【市政园林监管】 2013年,太原市执法总队开展市政、园林执法大检查活动,全面加大对施工占道、掘路及绿化工程中违法违规行为的查处力度。对市容市政园林类案件立案数量进行硬性规定,避免执法巡查中“重工地、轻道路”现象的发生。开展重点工程掘路施工专项治理,督促办理手续,排除安全隐患。2013年,查处市容市政园林案件294件,是上年79件的3.92倍,促进执法工作的整体推进。

(牛岩皓　吕之军)

环境保护

【概述】 2013年,太原市委、市政府围绕省委、省政府全面改善省城环境质量的重大决策,推进集中供热全覆盖、气化太原、城中村整村拆迁改造、污染企业搬迁、水环境治理“五大工程”。开展工业污染治理、扬尘污染控制、机动车尾气污染控制、商品市场和饮食服务行业环境整治、垃圾和秸秆焚烧污染控制“五项整治”,环境保护工作取得新进展,全面改善省城环境质量“两年明显改善”的奋斗目标如期实现。环境质量持续改善,按照国家新的监测标准,二级以上天数达到162天,占到全年总天数的44.4%,市区空气污染综合指数8.73,环境空气监测的6项指标中,PM10、PM2.5、二氧化硫、二氧化氮、臭氧和一氧化碳达标率分别为55.3%、54.5%、89.9%、99.5%、93.4%和96.7%,均好于年初省政府下达的环境空气质量改善目标控制要求。清徐、阳曲、娄烦、古交三县一市从6月5号开始按新标准要求监测，二级以上天数分别达到65天、144天、169天、161天。集中式饮用水源地水质达标率继续保持100%,地表水域功能区水质达标率提高12.5个百分点、达到75%,汾河出境断面水质持续好转。全市主要污染物排放总量明显下降，化学需氧量下降3.78%、氨氮下降3.37%、二氧化硫下降8.12%、氮氧化物下降7.10%、烟尘下降13.45%、工业粉尘下降5.85%,全部好于省下达的年度减排目标要求。除氮氧化物外,其余5项提前两年完成“十二五”减排任务。

(冯　煜)

【政务信息建设】 2013年，太原市推进环境信息化建设，共向中央、环保部、省报送各类政务信息462篇。通过太原环保网站发布信息269条，政府信息报送平台发布信息162条，公众交流平台答复市民投诉及咨询29条，中国太原政府信息公开网发布环境信息2630条。(冯　煜)

【环境信访】 2013年，太原市接听“12369”举报电话16494个,受理各类环境污染举报5262件，查处率达100%,群众满意率在98%以上。

(冯　煜)

【环境保护资金保障】 2013年，太原市争取国家大气行动计划专项资金11992万元,省政府财政专项资金4亿元,省环保专项资金5500万元,农村环境连片整治中央及省级补助资金1659万元，市专项资金3094万元,为全面改善省城环境质量“两年明显改善”目标实现提供资金保障。

(冯　煜)

【污染物减排】 2013年，太原市抓结构减排，太原晋阳发电有限责任公司等232个污染企业或落后生产设施相继停产,淘汰小火电机组5万千瓦、减少聚氯乙烯产能15万吨/年、烧碱产能8万吨/年、造纸产能3.6万吨/年。抓工程减排,对火电、水泥、钢铁、焦化等重点行业20个企业下达31个限期治理项目，全市12台30万千瓦及以上燃煤发电机组脱硝设施建成率达100%(其中SCR脱硝设施建成率83%),6座水泥熟料窑实现全脱硝(其中2座停产治理)。加大机动车氮氧化物控制力度。全年强制报废淘汰高污染老旧车辆34625辆，国Ⅳ标准车用汽油置换工作全部完成。加大农业污染减排力度，太原市润源生态养殖有限公司、古交市明鑫养殖有限公司等国家《减排责任书》年度规模化畜禽养殖场污染治理项目全部按期建成,全市农业污染控制水平进一步提升。抓年度重点减排项目运行管理，大唐太原第二热电厂10#、11#(2×300MW)、山西兴能发电有限责任公司3#、4#(2×600MW)机组烟气脱硝设施等稳定运行，污染物排放稳定达到火电厂大气污染物排放新标准要求；北郊污水处理厂、河西北中部污水处理厂等进一步加大处理水量，日均处理水量较上年同期增加近3万吨。(冯　煜)

【环境影响评价】 2013年，太原市深化审批制度改革,优化发展环境。全年受理环境影响评价文件149件，完成审批149件,全部实行“一口进出”按程序办理,未出现超时现象。严把环境准入标准和总量控制关口，全年完成86个项目的竣工验收,对15个具备试生产条件的项目出具试生产意见。

(冯　煜)

【环境监测】 2013年，太原市完成各项水、气、声环境质量例行监测任务,获取环境空气质量有效监测数据约70万个,发布空气质量日报、预报365期，发送空气质量信息短信1.5万余条，获取温室气体监测数据约2.6万个。完成地表水汾河太原段及杨兴河2个国控、5个省控、3个市控断面,6个地表水省考核跨界断面、9个市考核跨界断面,晋阳湖、汾河水库、汾河水库上游支流、汾河景区、排污渠及地表饮用水源地汾河水库、呼延水厂、地下饮用水源地等监测任务，共获取监测数据1.6万个。完成市区交通噪声、区域环境噪声、9个功能区噪声监测，获取噪声环境质量监测数据5700余个。共编制和上报国家总站、省站各类环境质量报告200余期,数据传输270余次。

(冯　煜)

【污染防治】 2013年，太原市污染防治取得突破性进展。燃煤污染控制取得显著成效，新增集中供热扩网面积2100万平方米，拆除分散燃煤锅炉542台，拔掉城中村黑烟囱11663根，冬季燃煤减少130万吨。实施气化太原工程,替代常年运行锅炉223台。对建筑施工工地扬尘、拆迁工地扬尘、道路扬尘、工业企业扬尘实施环境综合整治,创建“绿色文明工地”238个,对195处工地下达扬尘污染整改通知，对污染严重工地进行通报督办，扬尘污染得到有效控制。强化机动车尾气污染控制,淘汰老旧车辆34625辆,定期检测机动车42.5万辆,中石油、中石化等大型成品油销售企业所属的加油站均已销售国四标准车用汽油。整治土小燃煤设施,严格控制秸秆、垃圾露天焚烧,市区环境面貌进一步改善。对北涧河、虎峪河和城南退水渠、许坦退水渠等“两河两渠”进行截污改造,日处理能力20万吨的城南污水处理厂基本建成。(冯　煜)

【雾霾治理】 2013年，太原市环卫局开展PM2.5和臭氧研究,与南开大学、国家环科院、瑞典皇家科学院等科研院所合作，对PM2.5和臭氧的形成机理、分布情况和变化趋势进行分析，为控制PM2.5污染相关决策制订提供依据。制订《太原市清洁空气行动计划(2013-2017年)》,出台《臭氧污染防治实施方案》《严格控制冬季采暖期燃料使用的通告》《划定高污染燃料禁燃区的通知》等政策。构建环保、气象部门空气质量视频会商平台工作，开展空气质量预警预报工作。实施“减煤、控尘、控车、治污”等大气污染治理工程，为控制和减轻雾霾奠定基础。

（冯　煜）

【自然生态保护】 2013年，太原市完成造林任务23945.3公顷，建成区绿化覆盖率39.88%。截至2013年底，全市共建有建成综合性公园31个，专类公园11个，带状公园5个，人均公园绿地面积达到10.96平方米。（冯　煜）

【农村环境保护】 2013年，太原市在娄烦县、万柏林区2个县(市)区、3个乡镇(街办)、23个行政村实施农村环境连片整治，保护饮用水源22处、新建生活污水处理设施3套、整治工矿废弃地2个。（冯　煜）

【辐射安全监管】 2013年，太原市对38份辐射环境影响评价登记表提出审查意见，对21家放射源及射线装置使用单位进行环保验收。全市91家涉源单位，752枚放射源，231家射线装置使用单位，822台射线装置，全部实现许可证管理，持证率达到100%。

（冯　煜）

【危险废物安全监管】 2013年，太原市共对130家危险废物产生单位的3404吨危险废物进行安全处置；对全市316家医院产生的医疗废物7000吨进行安全处置；3家单位产生的2140吨危废安全跨省转移。全年未发生环境安全事故。（冯　煜）

【环境监察与排污收费】 2013年，太原市组织开展整治违法排污企业保障群众健康等一系列环保专项行动，全年共出动检查20万人次，检查企业80350余厂次，查处环境违法行为340起。从5月下旬开始，对事关全市环境质量的9家重点工业企业实施24小时驻厂监控，采用关停、限产、高限处罚等手段严厉查处环境违法行为，确保除尘、脱硫、脱硝设施连续稳定达标运行。为进一步改善冬季大气环境质量，市环卫局在全市范围内组织开展为期5个月的冬季采暖期大气污染防控行动；开展建设工地扬尘整治、城乡清洁“三清”、取缔土小燃煤设施、工业企业和燃煤锅炉严管、重污染机动车整治、垃圾秸秆禁烧控制等冬季污染整治“六大专项行动”，全面遏制冬季环境空气质量下滑趋势。控制重污染天气的产生，编制完成《太原市重污染天气应急预案》，成立市长任总指挥，28个部门、14个县(市、区)政府和开发区管委会为成员单位的重污染天气应急指挥部，涉及限产企业81家、停产企业288个。构建现代化环境监控体系，共建成6个远程、23个近程视频环境监控点及203套水、气在线监控设备，监控范围涵盖全市89家重点企业203台套重点排污设施。实施挂牌监管制度，对全市辖区内414个工业企业、1019个燃煤锅炉排污口实施挂牌监督，确保监管到位。构建网格化监管体系，强化环境监管主体责任，按照乡镇、街道、社区和排污单位数量、分布状况及特点划分成153个单元网格，形成覆盖全市“横到边、纵到底”的无缝隙环境监管网络，层层检查，层层把关，提高环境监管工作效率。

2013年全市累计征缴排污费13935.69万元，其中征收一般排污费9749.48万元，焦炭排污费4186.21万元。

（冯　煜）

【环境宣传教育】 2013年，太原市环卫局强化新闻媒体舆论监督，坚持在《太原日报》“碧水蓝天”推出“违法排污企业曝光台”的基础上，率先在全省实施空气质量城区日报制度和排名通报考核制度，定期公布区域环境质量状况、重点工业企业污染物排放情况和建设项目环保审批情况。强化社会监督，全面引深“并州环保行”“百位市民看环保”等活动，组织开展五级千名人大代表视察全面改善省城环境质量工作，全市新建成环境友好社区17个、绿色文明家庭100个，绿色工地227个、环保好市民100位。全年共在各级媒体播发刊登太原环保报道4926条，其中，纸质媒体1632篇，电视播发769条，电台播出1325条。

（冯　煜）

交通　运输

【概述】 2013年，太原市交通运输局树立“科技交通、安全交通、生态交通、人文交通”理念,围绕“关注民生民意、统筹城乡交通、和谐廉洁从政”主题，把握“规划、资金、立法”三个环节,加快建设四项重点工程：公路基础设施建设、公交都市建设、交通场站建设、出租车服务上台阶建设，加快率先转型跨越发展步伐，构建安全便捷畅通高效的综合交通运输体系，为建设一流省会城市提供支撑、服务和保障。

（岳红旺）

【创建国家“公交都市”示范城市】 2013年，太原市交通运输局编制完成《太原市综合交通发展规划》等5个规划方案;公交专用道总里程达到124.4千米;对40个路口公交信号进行渠化改造,对30个主要道路交叉口实施公交信号优先。全年根据道路改造调整公交线路150余条次，开通3条旅游公交线路。建设高铁南站公交枢纽站;智能公交系统工程完成初步设计。火车站、长途汽车站等窗口部位安装出租车电子眼监控系统。公交IC卡使用率达到75.99%。投资2亿元,建成公共自行车服务点620个，投放自行车23000辆。开通公共自行车手机客户终端——龙城单车。公共自行车服务点覆盖四分之三的建成区，日均客流量21.11万人次,最高达50万人次,单日最高周转率20.08次,免费租用率达98.94%,调查中市民满意率达到96%。建设公交加气站6座，全市加气站达到18座,缓解加气难问题。完成市区至阳曲县泥屯客运班线公交化改造;投资3950万元,整合164辆公交小巴车辆,市公交公司开通相应的14条公交线路。市区在中部六省率先实现城乡公交一体化。阳曲县投资1200余万元,投入63辆公交车,开通27条公交线路,总通车里程达到539千米。和全国15家创建城市相比,太原市的创建工作走在前列,2013年9月13日,交通运输部在西安召开公交都市创建工作推进座谈会，对太原市的创建工作给予充分肯定。（岳红旺）

【公路基础设施建设】 2013年，太原市交通运输局完成县乡公路改造工程125.6千米,为目标任务的251%。完成投资40504万元,为目标任务的202.5%。

开展全省农村两轮“五个全覆盖”工程“回头看”整改工作。农村街巷硬化全覆盖工程市、县补助资金分别到位36936万元（为市应补资金的100%)、18187万元（为县应补资金的148%)。太原市交通运输局出台《太原市农村街巷硬化道路养护管理办法》,在全省首家把街巷硬化后期管养资金纳入市、县两级财政预算。各县(市、区）制定农村街巷硬化道路养护管理办法和管理举措。

加强农村公路养护及危桥改造。以全省造林绿化现场会在太原召开为契机,开展“农村公路管理养护年”活动。养护工程完成投资3197.64万元,县公路优良路率达83%，乡公路优良路率达75.52%。公路建设项目监督覆盖率达到100%，合格率达到91.6%。太原市交通运输局开展全市桥梁排查鉴定，上报危桥54座（其中大中桥8座,小桥46座)1130.5延米,各县(市、区)对危桥采取管控措施。（岳红旺）

【客运出租行业管理规范】 2013年7月,《太原市客运出租汽车服务管理条例》正式施行,客运出租管理进入法制化轨道。2013年，太原市交通运输局检查和规范卫生不合格车辆1500余台次。调整投诉处理机制,投诉事项办结时间比原来缩短2个工作日。解决窗口区域“打车难”问题,在火车站、飞机场、汽车客运东站、西站设立专用候客区。扩容改造火车站出租汽车候客通道,车位由20余个增加到60个,每天至少有2300辆出租车到出站口候客；开通飞机场1、2号航站楼出租车候客通道，严厉打击拒载、拼客、议价等违法营运行为。查处违规营运出租车3158台次，非法营运车辆859台次，吊销驾驶员从业资格证36名。窗口区域打车难问题得到缓解。

（岳红旺）

【场站建设】 2013年，太原市汽车客运南站项目获得选址意见书。汽车客运东南站完成立项、规划、用地、环评等前期工作，《汽车客运东南站设计方案》报市规划局，设计单位编制《汽车客运东南站初步设计概算》。

（岳红旺）

【道路运输转型发展】 2013年，太原市交通运输局对5万名余名驾驶员进行诚信考核，对5.1万名驾驶员进行继续教育，为3万名外籍道路运输驾驶员办理备案手续。开展《机动车驾驶培训与教学大纲》的宣贯工作，新增C1车型教练车270辆，一级驾校增加到6所，全年培训学员8万余人。利用射频技术维护车辆9.5万辆次，检测15万辆次。完成汽车租赁业十二五发展规划，按条件许可5户汽车租赁企业，为440辆车配发道路运输证件。查扣"黑车"91辆，违规车辆牌证52套（件），违规危货车辆2辆，汾阳、孝义方向班车的实载率提高10个百分点。2013年，全市道路运输行业完成客运量1846万人次，客运周转量48.9亿人千米，货运量8941万吨，货运周转量104.7亿吨千米。2013年，太原市交通运输局被交通运输部评为全国道路运输工作先进单位。 （岳红旺）

【依法行政和效能建设】 2013年，太原市交通运输局制订下发《太原市交通运输局依法行政工作要点》；加强行政审批机制建设，为一线执法人员配备现场监控仪，有效解决取证难问题。采取案卷评查、明查暗访等执法监督措施，坚持执行重大案件报备制度；开展"三基三化"基层所站建设，全系统无一起重大违法、违纪案件。全年受理行政诉讼案件2起，行政复议案件6起、法律咨询等110多起，受理率100%，结案率98%。按照市委、市政府"两集中、两到位"要求，开展行政审批事项清理工作，保留行政审批服务事项14项（其中：行政许可类11项，行政审批类3项）。规范行政审批服务工作和办事流程，下放审批服务事项，允许三县一市道路运输从业资格证办理到就近的从业资格培训机构报名，100余名群众就近报名。压缩办理时限，太原市交通运输局审批事项在法定时限内平均缩短30%。完善制度，加大监督检查力度，制订《太原市交通运输局工作人员作风和效能问责暂行办法》，行政效能进一步提高。全年受理办结行政审批及服务事项7969件，收到服务对象赠送锦旗10面，交通窗口被评为星级服务窗口。2013年，被省依法治省办评为山西省依法治理标兵单位。被市政府评为依法行政先进单位。

（岳红旺）

【治超专项整治】 2013年，太原市交通运输局实施科技治超战略，对政府公示的272户进行巡查监管，1户进驻监管。全年出动执法人员2.5万多人次，检查车辆58万辆次，处罚案件4件。超限超载率严格控制在0.2%以内，公路通行效率进一步提高。被市治超领导组评为治超工作先进单位。

（岳红旺）

【交通运输安全生产】 2013年，太原市交通运输局建立"从业人员—安监员—分管负责人—企业法人—运管机构"责任链条，形成安全监管责任体系。全年召开安全生产专题会议6次，检查企业1200余次，发现隐患1000余处，全部进行整改，整改率达100%。取缔4户危货运输企业，退出不符合技术标准要求的危货车辆159辆。加大安全隐患有奖举报力度，处理安全有奖举报4件。成立应急领导组织机构，完善应急预案，提高对突发性事故应急处理和安全保障以及应急防控能力。 （岳红旺）

【节能减排】 2013年，太原市交通运输局淘汰老旧营运车辆5846辆（其中货运车辆5604辆，客运车辆83辆，危货车辆159辆），8292辆出租车共改装7960辆，气化率达到96%。2013年672台汽油公交车改装562台，气化率达到83.6%。 （岳红旺）

【精神文明创建】 2013年，太原市交通运输局开展创建"学习型"党组织活动，学习党的十八大报告和十八届三中全会精神以及中央经济工作会议精神，学习习总书记在党的群众路线教育实践活动工作会议上的讲话精神。召开庆祝建党92周年暨党建工作会议；完成所属10个基层党组织书记"联述联评联考"工作。全年道德讲堂开讲18讲，现场授课达1128人次，视频授课达70万人次，广大干部职工文化道德素养得到提升。局机关党委被市直工委评为先进基层党组织。

集中开展"学雷锋我行动""我们的节日清明节""网上祭英烈""三关爱"和"文明交通从我做起"等主题实践活动。参加长风商务区"2013健步行"活动，组织开展全市交通运输系统"公交杯"乒乓球比赛；办理答复省市人大建议和政协委员提案95件。交通战备工作被省国动委评为全省"交通战备工作优秀单位"。 （岳红旺）

【党风廉政建设】 2013年，太原市交通运输局明确任务，落实责任。坚持党风廉政建设工作与业务工作同安排、同部署，做到"一岗双责"。逐级签定党风廉政建设目标责任书26份。注重教育，筑牢防线。组织全体党员干部学习《党章》《廉政准则》以及中央、省、市领导关于党风廉政建设工作的讲话精神、《领导干部从政道德启示录》等一系列重要论述。在全系统“树立公仆意识，强化从政道德”警示教育活动中，撰写心得体会155篇。组织局机关全体干部职工观看警示教育片4次。组织专题廉政党课一次。编印纪检监察信息21期。完善制度，规范行为。印发《关于厉行勤俭节约、反对铺张浪费的实施办法》《太原市交通运输局工作人员作风和效能问责暂行办法》，印发《太原市交通运输局新任干部廉洁自律教育谈话制度》《太原市交通运输局廉洁自律谈话提醒制度》《太原市交通运输局干部诫勉谈话制度》等制度；开展政风行风评议和纠风治乱工作，全市交通系统未发现公路“三乱”行为。集中开展公务用车、办公用房、会员卡专项清理，清退违规用车1辆，腾退办公用房670.34平方米，567名党员干部作出会员卡“零持有”承诺。强化监督，严格问责。受理群众举报、投诉和上级转办案件22件，办结22件，给予行政记过处分1人，责令做出书面检查1人。2013年，被市委、市政府评为政风行风评议工作先进单位。（岳红旺）

城市公共交通

【城乡客运实现一体化】 2013年，太原公共交通控股（集团）有限公司（以下简称太原公交集团公司）为配合并州路、中环路、府东街、府西街等道路封闭施工，保障市民正常出行，采取能绕行不分段，能分段不缩线，能缩线不停驶的方式，克服道路拥堵、调度条件差等困难，临时调改97条线路165条次。为方便乘客出行，新开65、67、301等22条线路；调整或延伸27、619、851等7条线路；恢复电车103路运营；在2、15支、39等14条线路增加22处招呼站点；增加途经豪景老年公寓的841路趟次。

在新开线路中，5月22日，太原公交集团公司仅用3天时间就开通太原至阳曲县泥屯镇和思西村的907和907支两条线路；11月18日，根据市政府“关于城市小巴和晋源区鸿腾旅游客运小巴处置工作会议”的要求，公司在10天内收编个体小巴164辆，开通306等14条城乡公交线路，在全市六城区内形成统一的客运市场。

（王　斌　郭志栋）

【公交自行车实现市辖区全覆盖】 2013年，太原公交集团公司总结2012年自行车的租还规律，在原规划基础上对系统进行续建，适当加密市中心服务点，拓展服务区域。截至2013年底，太原市建成服务点1118个，投入自行车3.40万辆，安装锁桩5.18万个。其中2013年新建服务点625个，投入自行车2.20万辆，安装锁桩3.17万个。为方便市民租还车，太原公交集团采取提高自行车运调能力、灵活设置有人值守站点和提前夜间还车时间等措施。太原公交集团与太原移动共同开发“龙城单车”手机客户端软件，使市民可以实时了解服务点的车辆存储情况，方便租还。为便于和全国同行交流，太原公交集团公司编写《太原公共自行车资料选编》一书。

（王　斌　郭志栋）

【安全管理】 2013年，太原公交集团公司把安全生产作为首要工作，为防止易燃易爆物品上车，杜绝车辆发生燃烧、爆炸的事故，公司自6月份起要求司乘人员佩戴“安全检查卡”上岗，并排查一切可疑物品。为应对突发事件，公司在6月19日举行200人参演、2000人观摩的“安全生产应急疏散演练”，各分公司就不同车型、场景模拟演练六个科目的应急处置，提高广大驾驶员的应急处置能力。

太原公交集团公司加强对驾驶员的岗前监管，特别是酒精测试环节，并对驾驶员就安全、法规等方面多次组织针对性培训；加大路检路查力度，全面倡导“文明交通行动”，开展“公交车礼让斑马线”活动，减少交通事故。公司编写《安全管理规范体系》《管理手册》《职工安全手册》等资料，进一步规范安全管理工作。（王　斌　郭志栋）

【开展学习安建香活动】 2013年4月22日，太原公交集团公司成立“安建香工作室”，编辑并发放《建文明窗口，留一路花香〈安建香行车日志〉摘录》一书，人手一册，在全公司掀起“学习安建香，工作创一流”活动热潮。“安建香工作室”共组织23名成员到38个车队，开展60次职业道德教育与培训活动。在活动期间，各运营公司通过演讲赛、大讨论、技能比武、军训等活动，号召大家学先进、比奉献、创一流。全体职工从小事做起，从细节抓起，不断强化服务意识，提高整体服务水平。

（王　斌　郭志栋）

铁　路

【概述】 2013年，太原铁路局管辖南同蒲、北同蒲、大秦、侯月、石太、太中银等12条干线、13条支线和25.433千米客运专线，是全路18个铁路局中货运量最大、重载技术最先进的铁路局，也是全路唯一运输主业整体改制上市的铁路局。路网纵贯三晋南北，横跨晋冀京津两省两市，主要担负着山西省客货运输和京、津、冀、蒙、陕等省市区的部分货运任务，用户群辐射全国26个省市自治区、15个国家和地区。

京包线K225+000处（郭磊庄站）、京原线K234+000处（灵丘站）、石太线K117+000处（赛鱼站）、石太客运专线

K222+400处(太原东)与北京铁路局分界;南同蒲线K849+500处(风陵渡站)、侯西线K76+650处(禹门口站)、太中银线K1173+650处(吴堡站)与西安铁路局分界;太焦线K190+700处(夏店站)、侯月线K147+273处(嘉峰站)与郑州铁路局分界;京包线K380+500处(古店站)与呼和浩特铁路局分界。

管内线路营业里程3225.044千米,总延展长度8639.793千米,其中正线5606.723千米,双线里程2161.389千米,电气化里程2496.979千米,无缝线路4911.225千米;道岔9409组;道口157处,其中有人看守道口72处;桥梁3218座,287941延长米,其中特大桥95座,141663延长米;隧道311座,282312延长米,其中特长隧道3座,51793延长米;明洞17座,2159延长米。(孙淑环)

【铁路安全生产】 2013年,太原铁路局推进"七大"安全风险控制工程,持续加大安全投入,创新安全管理,把安全风险管理推上一个新水平。推进固定设备基础改造工程,集中开展设备大修和更新改造,全局主要干线客车通道基本消灭木枕道岔,主要干线Ⅲ型轨枕比例提升20.7%;微机联锁、自动闭塞和电气化覆盖率分别达到80.6%、96.6%和82.3%;光缆主干通道实现全覆盖;消灭超大修期接触网295条千米;电力设备载荷增加41%。推进移动设备检修基地建设工程,一大批检修基地陆续建成投产,全部采用自动化、智能化、数控化、现代化、流水化检修工艺,形成年检修和谐型机车二年检200台,中修电力机车315台、内燃机车225台,段修C80、C70货车4.1万辆、客车1000辆,检修大型养路机械100台、自轮运转设备200台,钢轨焊接120千米,满足动车组一、二级检修库停的自主检修能力。推进网络视频监控全覆盖工程,按照"统一规划、全面覆盖、集中管理、资源共享"的思路,统筹运用全局视频监控资源,4178个摄像头覆盖车务、客运、货运、机务、工务、电务、车辆等系统所有关键区域,实现对安全、服务、作业等全方位实时监控,形成远程化的现场监控新模式,给安全管理安上"千里眼"。推进调度集中指挥、安全实时监测工程,一大批调度指挥中心建成投产,安全科技监测体系实现全程覆盖,机车6A、车辆5T、供电6C、车务防错办等科技安全监测技术装备投入运用,全局基本建成集调度集中、网络覆盖、过程卡控、安全防护等于一体的安全检测监测体系,形成人机结合、主要依靠机控的主动式安全控制新模式。推进集成化信息网络工程,建成集通信传输网络、TDMS、CTC/TDCS、GSM-R网络、调度通信系统等铁路核心技术为一体的路局信息管理中心,构建大容量、快速化、高可靠性的干线信息通道网络,推进全局所有信息系统和各单位、车间、班组数字化联网,远程教学、在线考试、视频会议及完备的信息通道。推进安全标准化建设工程,适应新线开通、新设备上马、新技术应用带来的新形势、新要求,按照"一岗一标准、一事一流程"的总体要求,持续开展"三标共创"活动,推进安全管理标准化、作业管理标准化、设备管理标准化,分系统推进安全生产标准化建设。推进职工生产生活条件改善工程,把改善职工生产生活条件作为安全工作的重要组成部分,以全年17件实事项目为重点,持续推进"八小工程",不断改善生产环境,加快职工保障性住房建设,维护职工身体健康,全局上下形成风清气正、干群一心,快乐工作、内外和谐的良好发展环境。截至12月31日,路局实现安全生产2367天,实现第六个安全年。(孙淑环)

【铁路运输经营】 2013年,太原铁路局实施站场"增线"、道岔"增号"等"短平快"扩能改造39项,宁岢、太焦、北同蒲原平至太原北等线年增加运能1.6亿吨,宁岢、迁曹线牵引定数分别提升至1万吨、2万吨,南北同蒲6个区段牵引定数分别提升至5000吨、5500吨,拉通南北同蒲机车交路20对,管内各通道通过能力得到释放。全局主要运输指标逆势而上,装车、卸空车、货物发送量、大秦运量、运输总收入等5项指标先后20次刷新历史纪录,特别是大秦线年运量44524.7万吨,环比增运1935.7万吨;单日运量最高达到134.2万吨,创历史最高纪录。全局单日运输总收入最高达2.49亿元,提前9天完成全年662.82亿元的运输任务指标。推进多元化经营战略,货运改革后的第一批17个重点项目全部实施,宁岢线岢岚基地竣工,吴城基地开工建设,太原南站商业广告开发的主体工程和招商引资完成,餐饮业实现全行业扭亏为盈,全局非运输业完成营业收入191.55亿元,实现利润3.63亿元。

2013年,旅客发送量累计完成6022.5万人,日均完成16.5万人,比上年同期增加102.1万人,增长1.7%;货物发送量累计完成57777.6万吨,比上年同期增加2327.2万吨,增长4.2%;煤炭发送量累计完成46446.6万吨,比上年同期增加468.5万吨,增长1.0%。大秦线货物发送量累计完成44524.7万吨,比上年同期增加1935.7万吨,增长4.5%;侯月线货物发送量累计完成8913.6万吨,比上年同期增加605.8万吨,增长7.3%。日均装车完成21914日车,比上年同期增加916日车;日均卸空车完成19190日车,比上年同期增加1004日车。全年实现运输收入680.1亿元,比预期值增加17.3亿元。

(孙淑环)

【生产力布局优化】 2013年5月31日,太原铁路局将运输处、货运处、经营开发处、调度所的货工、货计、运条运价、装卸管理、物流及价格管理、货调等岗位相关业务职能划入原路局货运服务中心,组建路局货运营销中心,并在车务站段(含太原站)和孝柳公司分别设置12个区域货运营销中心,撤销太原装卸管理段(太原铁路巨力装卸有限公司),所属人员及资产分别划入区域货运营销中心管理。7月26日,分别设立太原南站和侯马北车辆段2个独立运输生产站段。设立山西省价格协会铁路行业分会。多元经营管理处更名为经营开发处,与太原铁路辅业国有资产管理中心实行“一个机构、两块牌子”。 (孙淑环)

【货运组织改革】 2013年,太原铁路局以实货制运输为核心,打造“前店”货运办理平台,改进“后厂”运输组织方式,推行“一口价”收费,与61个大宗客户签订战略互保协议,与2394个客户建立营销服务关系,率先开行管内沿零列车。组建三级货运营销机构,整建制移交职工3702名;健全“前店”货运营销体系,畅通受理渠道,优化业务流程,做到物资运输敞开受理、随到随办;健全“后厂”组织保障体系,强化结合部管理,做到“前店”“后厂”无缝衔接。

(孙淑环)

【干部队伍建设】 2013年,太原铁路局竞争性选拔15名党群领导干部,分7批次在路局信访办挂职锻炼。组织16个非运输企业、辅助单位领导班子和119名领导人员进行综合调研评估,确定70名后备干部。适需优配路局机关岗位,为路局安全监察室、机车车辆验收室等23个部门公开招聘182个一般管理岗位人员;为机务处公开招聘2名科长,职教处差额选调1名科长;为路局货运营销中心开通“绿色通道”,选调30名工作人员,配齐配强12名中层管理岗位人员;优化调度员队伍,转岗安置46人,公开招录53人,考察选调8名高铁供电调度人员。按照“勤要达标,责要到位,质效要提高”的思路,修订领导干部绩效考核模型,用制度规避作假行为,并为12个运输站段配备专用服务器,将安全绩效考核平台推广运用到基层单位中层及以下管理和专业技术人员。济南铁路局处室、站段主要负责人分3批到路局学习绩效考核先进经验。创新督查方式方法,构建“安全·质量·作风百分赛”考量模型,在大秦、侯月等集中修中开展4次,表彰81人,训诫46人。

(孙淑环)

【机制建设】 2013年,太原铁路局在内部分配方面,全面推行计件工资,坚持工资待遇向苦脏累险和生产一线岗位倾斜,重奖快奖安全有功人员,建立货运营销人员上不封顶等工资分配新模式,发挥工资杠杆作用,激发职工完成任务、确保安全稳定的内在动力。在劳动用工管理方面,制定岗位作业指导书,实施“一岗一卡”管理,完善作业标准化体系;实施主要工种积分考核和非在岗“一人一档”管理,建立高铁和施工防护人员准入制度,规范主要工种建设;完成储备人员培养,新线开通所需人员全部到位;优化工务班组设置,实施专业化、集约化和检、修分开的大工区管理新模式;全面整肃劳动纪律,持续开展非在岗、非本职和临时用工专项整顿,有效卡控劳资安全风险。在物资采购方面,制定公开招标全过程模板,建立公开招标预备会议制度、投标保证金制度,组建涵盖全局所有单位、专业的评标专家库,推行开标、评标会议分离制度,全程公开招标采购,全年节支5067万元。 (孙淑环)

【科技创新】 2013年,太原铁路局立足提升运输效率,先后组织16次牵引试验,提高5个区段牵引定数2815吨;组织太原南站及津秦客专并线区段联调联试,运行136趟,累计1280千米。建成三大TFDS集中检测中心,为93台客运机车加装LAIS设备,24个多方向站场进行TDCS3.0系统升级。给予中、高级专业技术人员一次性重奖136.8万元。建成太原职工培训基地、忻州高铁供电实训基地。完成科研攻关及成果推广100项,同比增长33%,7项成果获国家、省部级奖励。编制32项企业标准,93项质量管理成果获国家及省部级奖励。表彰301项路局科技进步及合理化建议奖,奖励2060人次。 (孙淑环)

【铁路工程建设】 2013年,太原铁路局在建大中型基本建设项目12个,其中新开工项目1个,开通项目3个,开通双线电气化铁路146.8千米,全年完成基建投资363.8亿元。太原南站石太场安全按期开通,太中银线同步引入太原南站。北同蒲韩家岭至应县增建四线和应县至原平新建取直线竣工(运营线名合称为“韩原线”),动检车平均上行1.63分、下行1.24分,全线消灭2级分,线路质量达到高铁标准。黄韩侯铁路完成西贺村至禹门口7站改造,百底、稷山、河津站在一个天窗点内同步开通,5个天窗拆铺道岔144组,创下一个建设单位、一个施工单位同一时间、同步开通3站,及单位天窗拆铺道岔最多的纪录;太原南动车所、大西客专太原站以南代建任务全部完成;太原至兴县铁路完成西张、镇城底站改造,柳林河Ⅰ号大桥合龙,隧道贯通48座;太原枢纽新建西南环线Ⅱ标段340孔梁全部架完;吕梁至临县铁路11.818千米的极高风险车赶隧道贯通;完成榆次Ⅱ场增加到发线,恢复太焦线路家庄、阳乐、聂村3站,坡头站信号改造等更新改造任务，累计完成31个站改任务。全年共实施3861项既有线和邻近既有线施工，杜绝“黑施工”和铁路交通一般C类及以上事故，工程质量稳定。（孙淑环）

【旅客服务质量提升】 2013年，太原铁路局开展“旅客满意、货主满意”主题实践活动，推进实名制售票和网络、电话订票等业务，新增自动取票机35台，太原站自动取票机的数量达到41台，首次超过人工售票窗口数量。创立培育太原站“改梅助困室”，太原站“李静导购台”，大同站“001服务队”，太原客运段、太原车辆段、太原机务段、太原铁路公安处G92/607次、G610/613次“晋之星高速动车组”，太原客运段K616/5次“雁之情旅客快车”，介休车务段平遥站“古城客厅”，太原车务段吕梁站“老区窗口”，路局客服中心“12306—耳畔真情”，太原车辆段“晓睿机械师示范岗”，太原铁路公安处“恩礼治安服务法”等“十大客运服务品牌”，并向社会公布以一颗红色“爱心”和一列象形动车组为创意组合，汉字“太铁客运服务”（太原铁路客运服务简称）和英文“TRPS”（太原铁路客运服务的英文简称）辅助构图的太原铁路局客运服务总标识。太原站连续27年荣获全路“文明车站”，13对旅客列车荣获全路“红旗列车”，12306客服电话接通率连续5个月排名全路第一。（孙淑环）

【企业文化建设】 2013年，太原铁路局深化企业文化建设，推进安全、作业、设备管理标准化建设。开展“三标共创”，强推“6S”现场管理；按照“问题在现场、原因在管理、根子在干部”的思路，对所有问题件件分析管理原因、倒查干部责任，开展管理“打假”；把加强安全管理、遵守规章制度上升到企业文化建设的高度来认识，从15个方面抓具体、抓落实；持续加大正面激励，全年安全奖励11.5亿元，同比增加3.5亿元，广大干部职工立足岗位、尽职尽责，防止事故161起。（孙淑环）

【提高职工生活】 2013年，太原铁路局坚持把职工利益放在与安全、运输、经营、建设工作同等重要的位置来抓，全年投资1.17亿元新建、整治“八小”设施，改善职工生产生活条件。全年整治生产生活设施359处、33.5万平方米，集中联片供热改造30万平方米；“路地”合作对怀仁260户棚户区进行改造，开工和续建保障房项目17个、17892户，其中榆次花园路小区等3个项目3184户竣工，向职工发放钥匙；安排14870名职工进行健康休养、65096名职工进行体检；新增定点医院8家、定点药店7家，全局开设的定点医院、药店累计分别达到25家、30家，管内地市级一流医院纳入服务；实施高温津贴政策，补助职工年金2.3亿元；通过择优调剂，927名远离家居地职工调到“家门口上班”；助困1993户次，助医11478人次，助学407人。（孙淑环）

【职业技能竞赛】 2013年，太原铁路局开展“全员练兵比武、全工种技能竞赛”活动，采取班组、车间、站段、路局逐层选拔，梯次竞赛的方式，组织全局70928名职工参赛。局级技能竞赛突破原27个主要行车工种范围，扩大至91个工种，厨师、汽车司机、服务员、叫班员等冷门、偏门工种及从业人员少的工种也参加竞赛，基本覆盖全局各工种、人员。各系统、各单位结合各工种、岗位的作业特点，采取灵活多样的方式，创造性地开展技能竞赛，路局职教处、团委、电务处联合组织在电务系统尝试开展青年岗位“一站到底”技能竞赛。路局加大竞赛奖励力度，一次性拿出200多万元进行重奖，其中A类工种第一至第三名分别奖励10000元、8000元、6000元，并允许成绩突出的人员破格参加上一等级技师、高级技师职业资格考评，在岗位晋升、提职提级中给予倾斜。2013年，在总公司动车组机械师职业技能竞赛中，太原路局取得团体第二名的成绩；在货车系统运用技能竞赛中，太原路局获得团体三等奖，全路排名第六，创历史最好成绩。（孙淑环）

【侯月、石太、丰沙大“三线”货运增量】 2013年，太原铁路局从货源货流组织、列车运行组织、施工协调组织、强化日常分析考核、降低列车运行线密度、畅通分界口、提高榆次站作业能力、调整机车交路和管内编组计划等10个方面制订运输组织措施，侯月、石太、丰沙大“三线”共完成2552万吨的货运增量。（孙淑环）

【南同蒲铁路水害抢险】 2013年2月15日，山西省洪洞县曲亭水库灌溉输水洞洞顶垮塌，导致下游坝体出现漏水，路局重要运输干线南同蒲铁路临汾北站至甘亭站间K605-607处约2千米线路严重受损，路砟冲走，轨枕悬空，护网冲毁，造成线路中断行车，直接影响旅客春节后返程和路局货运三线增量。事故发生后，在铁道部、山西省的高度重视下，太原铁路局立即启动应急预案，局长杨绍清、党委书记张义平当即赶到事故现场组织抢修施工，路局有关单位和部门、铁路工程部门和驻地部队、民兵预备役等数千人员赶赴现场参加抢修施工会战。经过40多个小时的昼夜奋战，被冲毁的下行线路于2月17日下午16时正式开通，上行线路于19时50分正式开通，南同蒲铁路客货运输恢复正常。（孙淑环）

【太原南站石太场开通运行】 2013年

8月19日~20日,太原南站进行历时270分钟的线路拨接施工,拆除撤销北营站,原经北营站运行的列车改经太原南站石太场运行;原经新鸣李站运行的太中(银)线列车改经新建太中(银)线、太原南站石太场运行;石太线、太中(银)线、太焦线、南同蒲线来往太原方向的列车均从太原南站石太场通过。太原南站石太场开通后,暂不办理客货运业务。(孙淑环)

【北同蒲线雁门关单洞双线隧道贯通】2013年,大秦铁路配套工程,我国铁路十一五重点项目,北同蒲线雁门关单洞双线隧道贯通。雁门关隧道工程于2007年2月开工建设,是北同蒲取直线控制性工程,全长14.085千米,设计为单洞双线隧道。(孙淑环)

【太兴铁路柳林河Ⅰ号大桥合龙】2013年,太原至兴县铁路柳林河Ⅰ号大桥成功合龙,大桥主体结构基本成形。太原至兴县铁路作为山西省"十二五"规划重点工程,位于晋西黄土高原吕梁山腹地,线路正线全长163.4千米,全线共有隧道50座,大中小桥72座。柳林河Ⅰ号大桥是太兴铁路最长的系杆拱桥,为1孔130米下承式单线铁路简支系杆拱桥结构,共布设拱肋26段,吊杆38个,横撑7道,桥面板46块,位于土堂至柳林河间,两端分别与新柏崖头隧道和新柳林河隧道相连,中心里程为DK22+814.5,全长138.969米,重约1923吨,工程预算4046万元。(孙淑环)

【集中修和综合施工】2013年,太原铁路局完成为期145天的11次集中修和综合施工,基本实现主要干线的全覆盖维修,大机捣固线路、大机打磨、道岔换咋、线路换咋数量均为历年最高水平。与媒体联系沟通,分别在央视综合频道的《新闻联播》、新闻频道的《新闻直播间》等栏目中,以"记者航拍大秦铁路集中修""记者直击怀仁站站改作业三小时""工人伟大、劳动光荣:劳动 style"为题,对路局集中修施工中的重点项目、重点施工以及最美劳动者进行集中宣传报道,展示太原铁路局固本强基、安全发展的进取精神。2013年,路局成段更换新轨228.672千米,成段更换轨枕22.3万根,大机清筛505千米,成组更换道岔128组。(孙淑环)

【列车运行图调整】根据市场需求和运输需要,2013年,太原铁路局调整运行图13次,先后编制"三线增量运行图""百千货物列车运行图""2013年7·1调整列车运行图及暑运临客运行图""2013年底调整列车运行图及2014年春运临客运行图"。(孙淑环)

民航机场

【概述】山西省民航机场集团公司和山西省民航机场管理局,隶属于山西省人民政府,实行"一套机构两块牌子"的管理运行模式。集团公司下辖太原武宿国际机场、长治王村机场,2012年8月受大同市政府委托经营管理大同云冈机场,2013年7月17日受吕梁市政府委托经营管理吕梁大武机场,11月17日与忻州市人民政府签署《五台山机场委托管理意向和人员托管协议》。机场集团公司(管理局)主要包括机关及直属单位、机场板块和非航空业务板块三个组成部分,有职工2720名。

2013年,太原武宿国际机场实现通航航线110条,通航城市60个,共保障运输起降7.53万架次,旅客吞吐量780.36万人次,货邮吞吐量4.44万吨,分别同比增长13.01%、14.54%、4.96%。其中旅客吞吐量指标居全国第28位,排名与2012年持平。

2013年5月30日,山西省民航机场集团公司荣获全国"安康杯"竞赛示范单位。太原机场候机楼保障部弱电维护分部2012年度完成各信息系统的保障维护工作,被民航华北地区管理局授予"2012年度华北地区民航网络与信息安全工作先进单位"称号。(贾卓英)

【航空安全责任体系建设】2013年,山西省民航机场集团公司加强航空安全。明确责任划分,严格安全管控。山西省民航机场集团公司根据管控模式调整情况,明确、理顺各级、各部门、各单位的安全生产责任与安全生产管理体制,逐步形成"横向到边、纵向到底"的安全责任体系;针对全年的季节特点和不同时期安全工作的特殊要求,下发各类指导性文件19份,对机场防讯、防雷击、夏季航空安全、秋冬季防火、危险品运输、空防安全和贯彻落实省政府、民航局各类安全生产电视电话会议和安全生产文件,提出具体要求,共排查整改各类安全隐患266个;持续加强机场净空保护工作,1月至11月共受理净空审核申请54项;针对"7·5"敏感期、"7·20"首都机场爆炸案事件和"11·6"山西省委连环爆炸案,启动二级响应措施,加强机场人身和旅客的安全检查,在候机楼出入口增加防爆检测,加大候机楼巡视检查力度;持续加强机场空防安全管理,借鉴大型机场安保质量控制经验,制定《山西民航机场航空安保测试规范》,定期组织安保测试,主动查找机场安保设备、安保措施中的薄弱环节,结合危险源管控,制定措施并持续监控。

优化岗位标准,推进岗位达标。山西省民航机场集团公司按照"岗位标准化"建设年的目标要求,推进岗位安全标准化工作,建立岗位安全标准化监督考核机制,共完成129个岗位作业指导书的编写、审核、验收、培训及考核工作,促进岗位作业的标准化和程序化。

完善应急程序,提升处置能力。山西省民航机场集团公司制订《应急管理体系建设实施意见》,理顺和完善应急管理体制机制;下发《突发事件信息管理办法》,完善突发事件信息接报及处置程序,落实24小时值班制度,实现集团公司与省内各机场安全信息的无缝对接;强化和规范机场空防安全应急突发事件处置工作,较好的完成“5·18”MU5836(太原—昆明)和“8·5”MF8161(福州—太原)2次非法干扰事件的处置工作;组织“安全武宿—2013”非法干扰应急处置、“驰救—2013”航空器应急救援、“飓风行动”防爆反恐演练,达到检验应急预案、锻炼队伍、磨合机制的目的。 (贾卓英)

【航空安全管理体系建设】 2013年,山西省民航机场集团公司推行绩效管理,强化培训考核。山西省民航机场集团公司建立科学合理的安全质量绩效考核评估机制,制定明确的考核指标,对安全服务工作落实过程和效果进行动态管理和综合考核评价,为确保安全质量目标实现和SMS有效运行提供有力支撑;健全安全监察员管理制度和绩效考核制度,对已聘任安全监察员实施年终考核,对新聘任安全监察员的选拔更加规范严谨,促进安全监察员队伍建设,保证其监管作用的充分发挥;以开展百日安全大督察活动为契机,由集团公司(管理局)领导带队,分别对各机场(单位)安全组织管理、安全投入、安全教育培训、安全活动开展等工作进行量化考核,对安全管理体系建设情况进行全面评估。

(贾卓英)

【航空安全教育培训】 2013年,山西省民航机场集团公司制定《山西民航机场安全教育培训大纲》,细化高级管理人员、安全管理人员、各机场(单位)与运行安全有关的其他从业人员的安全教育培训内容和要求,强化安全培训工作的组织实施和监督管理;制订《山西民航机场飞行区工作人员防雷击指导意见》,增强人员防雷击安全意识;开展安全岗位技能测试,组织机场航班运行保障相关标准考试,不断提高员工的综合素质和能力;邀请民航华北局机场处专业人员开展机场净空专项培训,达到规范机场净空审批、交流净空管理经验的目的。 (贾卓英)

【航空企业管理】 2013年,山西省民航机场集团公司强化企业管理。加快一体化进程,提升专业化水平。山西省民航机场集团公司继2012年受托管理大同机场之后,2013年7月17日,与吕梁市人民政府签署吕梁机场托管协议,组建吕梁机场工作组,对机场开航前的各项筹备工作进行指导;会同吕梁市政府到华北局就吕梁机场开航各项事宜进行协商,寻求民航上级部门的支持;推动吕梁机场完成校飞、试飞工作,吕梁机场基本满足开航要求。11月17日,与忻州市政府签署《五台山机场委托管理意向和人员托管协议》,标志着全省民航机场一体化管理工作又向前迈出坚实的一步。

完善制度体系,加强行政管理。根据集团公司(管理局)管控模式变化,山西省民航机场集团公司重新修订质量/环境/职业健康安全管理体系相关手册,将民航局SMS、SEMS建设要求融入到三体系文件中,实现多体系的融合;按照民航局要求,对标国内外一流机场,结合实际,制定《山西省民航机场集团公司服务质量标准》,建立健全服务质量管控体系,逐步实现服务水平的规范化、人文化、差异化;规范和加强政务信息公开工作,加大信息公开力度,2013年共公开政务信息595条。

调配人力资源,激发内部活力。按照“以事定岗、竞争择优”原则,完成集团机关工作岗位竞争上岗工作,实现集团人力资源的优化利用,提高机关工作效率;根据省内机场一体化管理需要,完成大同、吕梁机场托管后的组织机构设置、定岗定编、干部职数确定等工作;加强支线机场专业技术人员的培养和引进工作,为实现省内机场一体化管理目标做好人才储备;完善集团公司薪酬福利管理工作,根据员工的岗位贡献对薪酬基数进行阶梯式调整;结合集团薪酬管理制度,推进大同机场薪酬改革工作,理顺大同机场薪酬体系,保证托管机场管理模式与集团公司的顺利对接;对12家经营单位进行薪资培训;引进先进的人力资源管理系统,实现人力资源信息化管理。

推进培训工作,提升人员素质。注重将提升综合素质和提高专业能力相结合,坚持培训工作的动态化和全覆盖,组织二级干部“赢在中层”素质提升培训、三级干部和班组长素质拓展训练,提高其团队协作能力和管理能力;开展2013年新员工入职培训,使新员工认识企业文化,了解企业规章制度;举办三期办公自动化系统强化培训,提升各单位行政人员对集团公司OA系统的操作能力;集团公司针对性地组织各类送外培训636人次,提高相关岗位工作人员的业务能力和专业水平。与美国心脏协会国际培训中心合作建立山西省首家、民航业内规模最大的“美国心脏协会(AHA)心血管急救(ECC)培训中心”,为省内机场急救人员进行专业技能培训奠定坚实基础。 (贾卓英)

【经营管理】 2013年,山西省民航机场集团公司推进非航业务对外合作项目的落地,与山西省农业资产经营有限责任公司共同合资组建山西龙腾空

改建后的民航机场

港进出口贸易有限公司，扩大业务范围，拓宽销售渠道；与山西压缩天然气集团有限公司合资成立天然气公司，完成气站建设的前期工作；与山西神飞公务机有限公司就共同建设公务机楼和合作组建公务机地面服务公司签订战略协议；与中国航油集团山西石油有限公司就太原机场飞行区新建车辆加油设施签订协议，并进入建设阶段；与顺丰速运集团就建立分拨转运中心等达成初步合作意向。（贾卓英）

【机场建设】 2013年，山西省民航机场集团公司太原武宿国际机场改扩建收尾工程全部完工。省政府同民航局就调整概算事宜达成共识，批复文件及相关资料报民航局相关部门进行会签。完成一系列机场内部建设，包括续建的飞行区保障用房及室外管网建设、新建警体训练馆及配套设施设备、视频会议系统建设、生产运营系统改造、航站楼门禁及监控系统改造、1号航站楼启用项目、自助值机、除冰雪等各类生产保障设施设备购置项目，启动物流仓库、公务机候机楼等4个大型项目的前期工作。（贾卓英）

【太原机场股份有限公司组建】 2013年1月10日，山西省民航机场集团公司下发《关于组建太原机场股份有限公司的通知》（晋机场人发〔2013〕2号），经山西省民航机场集团公司2013年1月7日党委会议研究决定，组建太原机场股份有限公司，并具体下发公司的主要职责和内设机构规定。

（贾卓英）

【首次迎来全商务宽体客机】 2013年8月10日，从北京飞来的空中客车330V全商务豪华宽体客机平稳降落太原武宿国际机场，这是太原武宿国际机场首次迎来的全商务宽体客机。

（贾卓英）

【美国心脏协会（AHA）心血管急救（ECC）培训中心揭牌】 2013年8月16日，山西省首家、民航业内规模最大的“美国心脏协会（AHA）心血管急救(ECC)培训中心”在太原机场股份有限公司（筹）应急管理部揭牌成立。

（贾卓英）

【“驰救—2013”航空器应急救援综合演练】 2013年11月13日，太原机场组织开展“驰救—2013”航空器应急救援综合演练。省政府应急办、民航华北地区管理局、太原市政府应急办、省口岸办、民航山西监管局、省边防总队、太原机场海关、太原机场检验检疫局、北京军区太原机场军代处、大同机场、长治机场、运城机场进行现场观摩。演练共设置空地信息传递、应急救援信息传递、航空器紧急灭火、航空器破拆、旅客紧急撤离等15个科目和16个场景，出动各种车辆23台，参演人员210人。

（贾卓英）

【新增航班航线】 2013年，太原机场新增拉萨、海拉尔、丽江、常州、宁波等29条国内航班，加密太原至杭州、昆明、南京、乌鲁木齐、西安、成都、福州和运城等航线，实现与除石家庄外全部省会城市的通航，改善太原机场“东密西疏，南强北弱”的航线结构，航线网络布局日趋合理；新增太原—高雄航线，地区航线达到每周19班；新开太原—暹粒国际航线，加密太原—仁川与太原—海口—新加坡航线，太原至仁川、曼谷和新加坡航线基本实现全年不断航；国庆期间执行太原—岘港的临时客运包机。

2013年3月15日，太原—长治—福州航线首航成功。航班由东方航空山西分公司执飞，机型为波音737—700，每天一班航班号为MU5221/2。

2013年5月9日起新开通鄂尔多斯—太原—宁波航线（并机场市发〔2013〕2号）。

2013年7月1日，晋藏“天路”开通。太原—兰州—拉萨航班首航成功，航班号为TV9838。由西藏航空公司采用具有“高原王子”美誉的空中客车A319高原机型执飞，每周一、三、五各一班。拉萨至太原航线航班号为TV9837。

2013年10月18日，韩国真航空执飞的太原—首尔（仁川）航线正式开通，首航出港旅客达153人，次航班号为LJ711/2，机型为B738，班期为每周二、五。这是太原机场继韩国韩亚航空、易斯达航空和济州航空之后，又一家由韩国籍航空公司执飞的航线，也是入驻太原机场的第10家外籍航空公司。

2013年10月27日，太原—丽江航线正式开通，该航班由祥鹏航空公司执飞，航班号为8L8921/2，机型A319。

（贾卓英）

邮 政

【概述】 太原市邮政局（以下简称太邮）是网络型的社会公用服务企业，是城市基础设施的重要组成部分。截至2013年底，太原市邮政局下辖4个县（市）邮政局、6个区邮政局、4个收投分局，设有10个机关职能部室、7个专业局和3个支撑服务单位和2个附属公司。有员工2664名，占全省比重12.7%；拥有总资产2.2亿元，其中固定资产1.25亿元，占比56.82%；邮政局所179处，城市投递道段83条，乡邮道段104条，建成便民(三农)服务站点1589处，社区邮政服务点987个，邮政信报箱群751处。

2013年，太原市邮政局业务收入突破6亿元，实现6.11亿元，完成全年目标计划，同比增长8.91%；收入规模占全省比重较上年末提高0.45个百分点；上缴税金累计完成1157.69万元。成本费用完成进度低于收入进度0.2个百分点；劳产率22.34万元/人，较上年增长2.34万元。

（刘美芬　王　飞）

【邮政经营发展】 2013年，太原市邮政局在全省"专业进位、区域争先"竞赛活动中，以146分的成绩列市局组第1；保险、分销专业分列专业组第1，发行、电商分列第2，集邮列第3；迎泽、小店、杏花岭区局分列区局组第1、2、3名，晋源列第8。

（刘美芬　王　飞）

【邮政基础管理】 2013年，太原市邮政局加强财务管控，用户欠费规模同比下降131万元，盘活库存885万元。强化人力管控，坚持减员与优化相结合，提前1个月完成省公司下达的优化目标创新。创新风险管控，借鉴治理酒驾思路制定代理金融从业人员违规行为处罚办法，在省公司安全综合检查验收中排名第1。服务管控明显提升，将多个服务质量管理办法修订合并，形成一个完善、系统的管理体系；着力推进亲情、温馨、馈赠服务，用户满意度达到90.09分，企业服务水平进一步提升，2013年被列为太原市行风免评先进单位，再次蝉联"全国用户满意企业"。（刘美芬　王　飞）

【邮政能力建设】 2013年，太原市邮政局全年投入2265万元用于能力建设，完成30处网点装修改造，更新、增配网银体验机、终端等各类设备1042台套，尤其是6个示范网点按照标准建设升级，功能更加完善，能力大幅提升。在投递网建设上，投递管理能力进一步提升，将四个收投分局比照区局管理；国内小包投递作业组织进一步优化，采取道段投递、社区代投及客户自提等多种投递方式，妥投率大幅提升，受到集团公司通报表扬。在便民(三农)服务站建设上，创新提出"商业加盟式"的建站思路，新建开办业务站点642个，代收费总量达7010万元，便民渠道布局和业务发展初具规模。

（刘美芬　王　飞）

【获全省邮政"三杯"等多项殊荣】 2013年1月25日，太原邮政局再次被评为省公司"经济效益杯""优质服务杯"和"安全生产杯"竞赛优胜单位。在扩权县局组中，古交局被评为"经济效益杯""安全生产杯"竞赛优胜单位，清徐局被评为"优质服务杯"和"安全生产杯"竞赛优胜单位。

（刘美芬　王　飞）

【全市邮政金融案件防控工作会】 2013年3月19日，太原市邮政金融案件防控工作会在市邮政局召开，省银监局领导出席会议并讲话。市邮政局局长罗留生，邮储银行太原分行行长赵金贵，及各县(市)区邮政局局长、分行行长、业务主管等人参加会议。

（刘美芬　王　飞）

【获全省邮政营投业务运行管理竞赛一等奖】 2013年3月20日，太原市邮政局在全省邮政营投业务运行管理竞赛中荣获一等奖。省公司对达到评选标准的28处邮政支局(所)授予"山西省邮政营业能力建设及服务达标示范网点”牌匾。市局迎泽区局车站支局、小店区局太行支局、阳曲县局广场支局获此殊荣。（刘美芬　王　飞）

【李国华到太邮视察】 2013年4月11日下午，中国邮政集团公司总经理李国华一行到太原市龙城邮政支局、五一路邮政支局及五一路邮局旧址，实地了解业务规模、员工收入、政策激励、市场拓展等情况。省公司总经理李玉杰、书记张晓宪等及市邮政局局长罗留生、书记王建都等陪同视察。

（刘美芬　王　飞）

【张荣林到太邮调研指导】 2013年4月20日，中国邮政集团公司副总经理张荣林、邮政业务局副总经理徐茂君、陈智泉等人到太原市邮政局生产一线和社区投递点，对投递网现状及电商小包投递模式等工作进行调研。

（刘美芬　王　飞）

【第一届珍邮鉴赏会】 2013年8月22日，太原市邮政局集邮公司在天一宫举办“第一届珍邮鉴赏会”，现场展出的从新中国成立至今正式发行的珍贵邮票价值超过千万余元，特别是市价超过147万元的《庚申年》整版票亮相会场，引起全场轰动，激发与会者的投资欲望。来自社会各界的近百位高端集邮爱好者当日成交15万元，现场预定额达50余万元。

（刘美芬　王　飞）

【优质服务农博会】 2013年10月16日至20日，第三届中国（山西）特色农产品交易博览会（简称“农博会”）在太原煤炭交易中心举办。太原市邮政局在农博会上设立临时邮局，为八方宾客提供加盖纪念戳和物品寄递等服务。还增设展点，现场进行函件广告、报刊发行、分销产品、集邮、电子商务等多项业务的展示与宣传。

（刘美芬　王　飞）

【省城金融机构安全评估组到太邮评估验收】 为贯彻落实公安部、银监局《银行业金融机构安全评估办法》要求，山西省城金融机构安全评估领导组一行12人，从2013年10月14日开始，对太原市邮政局储蓄营业场所、金库等地运钞、自助机具管理、案件防范等方面进行为期一周的综合评估验收。（刘美芬　王　飞）

【王收秋为太原市轨道交通2号线开工下达指令】 2013年11月2日上午9时40分，太原市邮政局乡邮员王收秋为太原市轨道交通2号线开工下达指令。省长李小鹏，省委常委、常务副省长高建民等领导与群众代表共同见证开工建设。（刘美芬　王　飞）

【蝉联“全国用户满意企业”称号】 2013年12月10日，太原市邮政局被中国质量协会、全国用户委员会授予全国用户服务工作的最高荣誉——“全国用户满意企业”称号。这是该局自2005年以来再次蝉联此项殊荣。

（刘美芬　王　飞）

通　信

·太原电信·

【概述】 中国电信太原分公司是中国电信集团的分支机构，公司拥有“天翼”“我的e家”“商务领航”“号码百事通”等知名品牌，具备电信全业务、多产品融合的服务能力和渠道体系。太原电信分公司采用业界最为先进的网络技术设备，组成完善的高密度光纤化接入网，该网具有丰富的长途出口和互联网出口，确保用户畅游网络世界。CDMA移动通信网络以技术先进著称，覆盖范围广：比模拟网容量大20倍，比GSM要大4-5倍；通信质量高：CDMA系统采用软切换技术，“先连接再断开”，完全克服硬切换容易掉话的缺点，“掉话”的现象明显减少；绿色环保低辐射：CDMA手机是GSM手机平均发射功率的1/160。保密性好。通话语音更清晰：利用先进的扩频数字话音编码技术，宽带传输，抗衰落能力强号，确保话音质量明显提高。

太原电信分公司先后被评为“太原市创建平安标兵单位”“太原市模范劳动关系和谐企业”，荣获“太原市高新区突出贡献企业”“全省应急通信先进集体”“模范职工之家”“太原市五一劳动奖状”“全国模范职工之家”“太原市五一劳动奖状”“太原市高新区突出贡献企业”“太原市企业五十强”等荣誉称号。

2013年，太原电信分公司以“新三者”为定位，坚持科学发展，深化战略转型，解放思想，理顺机制，提升能力，强化执行。按照“一条主线”“两大策略”“实现三突破”“提升四大能力”总体发展思路，集中优势资源，聚焦重点市场，加快提升服务水平，加快规模发展。（孙　静）

【市场经营】 公众市场经营情况。2013年，太原电信通过转变激励机制，改变销售模式，抓住“销售环境、销售方式、销售队伍、运营模式和管理机制”五个关键，系统地开展卖场化改造及民营化机制的推进。

销售环境卖场化：全面完成“五化”的改造，即：手机上墙、橱窗亮化、体验进厅、品牌强化、受理隐化。

销售队伍卖场化：一是抓队伍，提能力。优秀店长经验共享；现场观摩，经验快速复制；店长轮岗，交叉指导。二是抓细节，促提升。变坐商为行商，柜台内销售变为流动销售，开展走动式销售，进行业务预受理。

管理机制卖场化：一是营业厅效能评估。二是统一引商入店管理。三是

太原电信与广电签约仪式

推广“班组考核模式”,实行以驻店人员一体化管理为主导的“店长负责制”。

运营模式卖场化：一是营销方式的多样化,建立QQ、微信网络平台,拉近与用户的距离。二是日常炒店的常态化，根据客流情况调整闭店时间，“随行就市”。利用厂商促销员、特价机、小礼品等资源,有计划、分批次联合进行卖场炒店。

“电话营销”逐步显成效。太原电信探索“以客户服务延伸至客户人脉管理”营销模式。“电话营销”逐步显成效,秉承“一切流程都基于客户需求，便捷客户”的服务理念，细化服务流程,改变从点滴做起,结合用户个性化需求,提供个性化服务,真正体现电子渠道方便快捷的特点，培养用户对电信电子购物的信任。一是缩短配送时限，简化配送流程；二是代用户跑售后,提升用户感知;三是为用户算账，替用户省钱;四是自助选号,客户随心选择;五是将热门3G应用转换为二维码,便于客户经理为用户进行扫描,针对配送用户,打包掌厅使用技巧、省钱小窍门等小卡片，对用户使用进行指导,不仅老用户价值提升效果显现,每月新入网用户量逐步提升。（孙　静）

【客户服务】 2013年客户服务工作坚持以提升客户感知为目的，建立内部全过程、全方位、全员服务的服务体系,通过服务感动客户,保障公司服务水平的不断提升。

以共享“微创新”为平台,促进效益提升。一线有英雄，触点有黄金，2013年发挥一线部门的积极性,开展“服务创新”活动。在营业厅服务、装维服务、客户经理服务等多个触点上,突出差异化服务,将服务促业务的成果、服务管理的机制、内容、措施等进行分享及推广。共收集创新材料105个,其中19个经验通过各种方式进行推广。

发挥部门联动,实施重点帮扶,切实降低投诉发生率。

针对有线宽带的服务短板，联动相关部门进行整改,在宽带安装“受理好,处理好,回复好,服务好”四个环节上加强管理并完善内部流程。进行网格细分、责任到人,并采取单独沟通、蹲点指导等手段进行帮扶。有线宽带投诉发生率由2012年的0.64%降至2013年的0.36%。

针对市政道路改造导致投诉较多的情况,做好用户安抚工作的同时,及时与相关部门联动整改、持续跟踪,对于片区故障处理超时的用户先行赔付,进一步降低投诉发生率,提升客户感知。

创新服务方式，提供人性化的服务。2013年，太原分公司坚持在用户触点改变一点点，推出自有营业厅推出“六个一”服务及很多人性化服务措施。营业厅传统的意见本给客户一些压抑的感觉，在平阳路营业厅设计的“意见墙”上留下的更多的是客户的表场和客户好的意见。各营业厅长期为环卫工人、交通民警、教师、残疾人员等提供休息区、热水、热饭、免费打电话的爱心服务,免费清洗眼镜,免费手机加香,免费充电等服务,体现电信公司对客户无微不至地服务。（孙　静）

【网络建设】 2013年是太原城市大规模改造的一年，太原电信公司提前做好保障预案和实施流程，完成相关的立项工作,储备相应的工程物资。针对城市拆迁引起的基站拆除，通过采用网络优化调整、安装快装站及加快应急基站建设进度等多种方式进行保障。针对道路大修可能触发的光缆传输故障段落，提前向市政道路指挥部了解信息,梳理该地段的所有业务,将重要业务提前迁改绕开隐患地段,加强巡线和抢修工作，做到用户感知不下滑、网络指标不下降。（孙　静）

【网络运行维护】 坚持“预防为主、抢修为辅”的原则,根据市政道路施工影响业务情况,做好突发故障的抢修,最大限度保障网络安全、通信畅通。2013年,太原电信公司采取多项措施:一是组织20支保障队伍共280余人,车辆40余辆,维护设备30余套,进行施工全路段的巡检和盯防，对重要路段和正在施工路段进行24小时盯守,做到不停工不离人，必要时组织进行人工开挖,保障线路安全。二是对市政建设影响的光缆线路提前进行调整改迁，避开施工影响，确保线路安全，成立由省、市公司优化人员及厂家等多人组成的的移动网络专项保障队伍，针对基站拆除区域进行专项优化。三是建立应急处理及指挥调度机制，根据故障的重要性及用户报障情况优先组织抢修。对因客观原因导致抢修时间较长的故障，通知分局、客服对用户进行安抚，有效控制重复投诉率的增长。与市政指挥部和市政施工单位就道路施工进度情况进行沟通，安排专人参加市政施工会议，根据市政进度及时跟进改迁预案，保障主要路段业务不中断。

（孙　静）

【人力资源建设】 太原电信分公司创办“太原电信大学”提供系统学习计划，为企业转型发展提供合适人才。2013年1月，成立“太原电信大学”，改变原有的教育训练模式，转化为重视个人成长和团队进步的人才培养模式。通过课堂教学、实战演练、翼站、短信/微信课堂等多种形式组织进行，通过对培训全周期学员表现的记录，分11个项目进行积分评估，让学员通过赚取学分的方式积极参与、乐于分享、学以致用。上半年组织销售技能类培训共4次，销售实战3次，管理类培训1次，文化建设类培训3次，岗位技能认证考试1次。（孙　静）

【综合管理】 为及时传达公司会议精神与领导的工作安排，2013年，太原电信分公司制订统一的《生产任务派单》，通过综合办公系统派发给各个部门，提高信息传达的效率。为减轻一线员工纸制审批流程繁琐、反复跑公司效率低的问题，汇总各部门审批事项，沟通开发电子审批流程。2013年对到期合同、未及时归档合同进行提醒，提高合同续签及归档的及时性，重新制订《公务车辆管理办法》《司机绩效考核办法》等制度调动司机工作的积极性，减少各类安全行车事故，并为各部门使用车辆做好保障。为解决办公楼内IP地址经常冲突影响办公的问题，办公室牵头重新分配各部门IP号段地址，保障办公楼内员工的正常工作。

（孙　静）

【党风廉政建设】 2013年，太原电信分公司党组高度重视企业的党风廉政建设，领导班子成员也十分重视个人的廉洁，自觉做廉洁从业的表率。

执行党风廉政建设责任制，坚持把反腐倡廉工作与经营管理统筹谋划、协调推进。公司党组落实中央关于党风廉政建设责任制的规定，制订《太原电信公司党风廉政建设责任制实施办法》《领导人员问责办法》等制度，根据企业规模发展和转型的要求，多次修订《党风廉政责任制实施细则》，进一步规范责任分解、责任考核、责任追究等工作，并定期研究涉及反腐倡廉等关乎全局的重大问题。

党组成员妥善处理抓业务发展与抓反腐倡廉的关系，履行“一岗双责”，坚持抓好责任分解、检查考核、责任追究等关键环节，促进党风廉政建设齐抓共管、整体推进。公司班子领导成员与分管各职能部门（中心）负责人签订党风廉政建设责任书。

加强党风廉政教育，推进党组中心组廉政教育常规化。将党风廉政教育纳入党组中心组学习内容，坚持在每月一次的集中学习中增加反腐倡廉专题内容的学习。推进“反腐倡廉宣传教育月”活动制度化。把反腐倡廉教育列入领导干部、关键岗位和新进员工的培训内容，每月制作廉洁文化教育和行业案件警示录PPT发至全公司干部及关键岗位员工的邮箱，多角度、多方位宣传廉洁从业的思想与行为。

遵守廉洁从业各项规定。贯彻落实《党员领导干部廉洁从政若干准则》《国有企业领导人员廉洁从业若干规定》的精神，坚持自重、自省、自警、自励，遵守廉洁从业要求，注意加强自身修养，弘扬优良作风，自觉接受组织和职工群众监督，坚持和完善民主生活会制度，开展批评与自我批评，当好廉洁从业、勤勉敬业的带头人。党组成员严格管好配偶、子女和身边工作人员，没有利用职权和职务上的影响为个人、亲友谋取不正当利益的行为，未发生损害国家、出资人利益以及企业利益和职工合法权益的行为。（孙　静）

·太原联通·

【概述】 2013年，太原联通贯彻落实集团公司、省公司发展战略及工作部署，抢抓机遇，深化体制机制创新、加快规模效益发展。全年实现主营收入23.34亿元，同比增长5.8%。收入市场份额35.81%，收入结构中主营业务收入中移动业务占比达到48.1%，同比提升1.6个百分点，其中3G业务成为拉动公司收入增长的第一大业务，占比达到31.2%。（姚　远）

【联通核心业务发展】 （1）3G手机用户累计净增合约计划手机用户出账提升明显，宽带出账用户累计净增1.8万户。（2）集团客户以行业细分市场为载体，2013年，太原联通累计完成重大项目新签合同额1.68亿元；行业应用“十百千万”工程形成标杆项目100余个、切入大客户181户，完成率全省第一。（3）全渠道拓展初见成效。社会渠道累计3G发展量同比提升115%，其中核心战略渠道规模增长120%。电子渠道交易额增幅29.7%，自助终端交易额完成率连续三年排名全省第一。（4）开展“联通万家、千万用户大走访”专项行动。累计挖掘各类商机402条，带动3G发展8814户、宽带发

展 1551 户、光纤 156 条、融合业务 6614 户,解决各类问题 42 个。（姚　远）

【网络支撑保障能力提升】 2013 年，太原联通新增宽带接入能力 14.2 万线，累计覆盖楼宇 1.8 万栋，其中 FTTH/B 占比 62%，城市和农村区域 20M 能力占比分别为 62.9%和 50.2%，行政村宽带覆盖率达到 96.5%，光缆覆盖率达到 84.4%。移动网新增基站 414 个，其中 3G 基站 407 个，达到 2114 个；新增室内分布系统 63 套，年度 A 类站点覆盖率达到 100%。在应对市政改造方面，各专业协同联动，最大限度降低市政改造对通信网络的影响，累计修复光缆障碍 1.3 万件，修复用户障碍 83.2 万件次，累计恢复基站 8048 站次，修复大客户障碍 2442 件。不断优化网络结构，完成 1454 个基站的 IPRAN 割接，数据流量较割接前提高 26%；宽带系统资源应用准确率达到 98%以上；对 1314 台设备进行节能改造，累计节电 382 万千瓦时；完成集团客户售前支撑项目 17 个、重要业务支撑 32 次，各类电路资源核查 2141 条。（姚　远）

【客户服务管理模式创新】 2013 年，太原联通加强客户服务管理模式创新。落实投诉责任，提升后台支撑力度，全年固话和宽带装机满意度均有提升。通过全员推广、外呼推荐、强化首销等多种措施，手厅渗透率改善。(3)创新服务宣传模式，在平面、门户网站、微博等多渠道持续加大口碑影响力，全年发表各类报道、微博 1815 篇，口碑影响力指标全省第一。创新开展体验式客户俱乐部运营模式，对 VIP 用户提供分级服务，3GVIP 拍照客户保有率全省第一。（姚　远）

【联通重点改革】 2013 年，太原联通加快实施投资管理体制改革，全面实施规划指导下的项目滚动投资管理。进一步优化体制机制建设，扩大直管型特别网络数量并对末梢营维职责进行合并优化；以“业绩优、回报优”为导向，建立覆盖一线营销维护人员的职级浮动管理机制；对承担关键指标的单位负责人实施警示、黄牌、红牌的三级问责；实施长板凳后备人才储备计划，完成对全日制大学本科及硕士研究生职级晋升工作。（姚　远）

【联通基础管理】 2013 年，太原联通加强基础管理。在 39 项整体推进和 9 项重点突破领域持续开展管理提升活动。推进专业线成本精细化管理，专业成本占收比在北方第四档城市及全省均排名第一。初步完成 2014 年～2016 年综合滚动规划编制工作。开发上线“太原联通物资管理系统”，有效提升物资采购调配工作效率并得到集团公司认可。落实安全生产“一岗双责”制，强化安全生产意识，持续开展安全生产监督检查及隐患整改。做好网间结算和互联互通工作，稳步推进审计发现问题的整改落实。履行社会责任，完成“两会”“文博会”“十八届三中全会”等重要活动的通信保障任务。落实中央八项规定精神，开展党的群众路线教育实践活动，开展反腐倡廉警示教育活动，推进党风廉政责任制落实。执行“三重一大”决策制度，实施欠费管理、网络资源管理等 4 项效能监察项目。按照“面对面、心贴心、实打实服务职工在基层”活动要求，推进员工关爱工程；实施“总经理在线”计划，持续开展形式多样的劳动竞赛、技能培训和文体活动。做好离退休人员服务、企业内控、风险管理、信息化支撑、应急管理、信访维稳等方面的工作。（姚　远）

【山西联通携手太原市政府打造智慧太原】 2013 年 1 月 22 日，太原市政府与山西联通在太原市政府会议室举行“推动智慧太原建设战略合作协议签约仪式”。太原市委常委、副市长张金旺，市政府副秘书长窦力奋，市经济和信息化委员会主任赵瑞雪，山西联通副总经理李晓龙，太原联通总经理申波及合作双方相关部门的领导出席签字仪式。张金旺和李晓龙分别代表双方签署战略合作协议，申波向参加签字仪式的领导和嘉宾介绍智慧太原的实施方案。（姚　远）

【李小鹏慰问太原联通员工】 2013 年 2 月 8 日上午，山西省委副书记、省长李小鹏，太原市代市长耿彦波等省、市政府领导人一行，到中国联通太原市分公司第二长途通信枢纽，看望并慰问春节期间仍坚守工作岗位的一线员工，并代表省委、省政府向太原联通全体干部员工致以节日的问候和新春的祝福。慰问期间，李小鹏对太原联通长期以来的工作给予肯定，并强调通信的发展是为改善民生、提高人民生活质量的重要方法和手段。他希望中国联通太原市分公司能够继续从民生出发做好各项服务保障工作，在全省转型跨越发展中发挥更大作用。（姚　远）

【姜正新到太原联通调研】 2013 年 2 月 25 日，中国联合网络通信集团有限公司副总经理姜正新在山西联通副总经理李晓龙，太原联通总经理申波、副总经理程建平、裴春红等领导的陪同下到太原联通调研。姜正新一行先后到高科技开发区营销中心、大南门营业厅、3G 客户体验辅导中心、集团客户部等部门，重点考察重点业务、集团客户业务、中小企业客户的发展情况。（姚　远）

【苏宝合到太原联通调研】 2013 年 3 月 6 日，山西省联通公司总经理苏宝合到太原联通调研。在太原联通会议室,太原联通总经理申波、副总经理张继义、傅斌、王丽君、程建平、裴春红及太原联通经营、维护一线的部分领导与苏宝合进行座谈。（姚 远）

【"3·15 消费·节约"大型咨询宣传活动】 2013 年 3 月 15 日,《山西都市报》《山西法制报》《山西市场导报》、山西新闻网 4 家媒体在大南门新世界手机广场门前主办以"3·15 消费·节约"为主题的现场大型咨询宣传活动,太原联通会同省市级十多家企事业单位一起亮相活动现场。此次"3·15"现场咨询宣传活动,太原联通发放业务宣传页 300 余份,现场受理服务咨询 53 人次,100%实现对消费者的答疑解惑。（姚 远）

【宗新华到太原联通调研】 2013 年 4 月 8 日,集团公司电子商务部总经理宗新华一行在山西联通副总经理张保英及太原联通总经理申波、副总经理程建平及相关部门负责人的陪同下到太原联通调研考察。（姚 远）

【市政改造通信保障】 2013 年,随着新一轮太原市政改造工程大幕的拉开,太原市许多街巷都被列入到此次改造的范围之内。太原联通响应市政府的安排部署,配合市政改造工作。公司克服困难做好涉及营业网点的搬迁工作;为确保市政改造期间所有地上、地下通信设施的完好,确保客户通信的畅通,有效降低客户投诉率,减少客户流失,提高客户感知度,公司成立通信保障专项小组。通信保障领导组由总经理申波任组长,经营、维护等相关部门各负其责,结合本部门的工作职责,制定一系列的保障应急预案,确保在市政改造期间,通信畅通。（姚 远）

【太原联通与市国土局签订战略合作协议】 2013 年 4 月,太原联通与太原市国土资源局签订推动智慧太原建设战略合作协议。双方在资源整合、资源共享、应用推广、合作共赢四个方面开展合作,通过推进城市生产、生活和管理方式创新,增强政府服务能力,创造产业经济价值提升民众生活水平,从而达到"强政、兴业、惠民"的目标。（姚 远）

【王启明到太原联通调研】 2013 年 4 月 25 日,中国联通集团总部物资采购部副总经理王启明一行 4 人,在山西省公司副总经理武建光、物资采购部总经理林剑,太原市公司总经理申波、副总经理王丽君等领导的陪同下,到公司东山发讯台库房对物资管理及仓储标准化工作进行专项调研。

2013 年 5 月 29 日下午,苏宝合携同山西联通综合部、市场营销部、计划与物资管理部、网络分公司运行维护部、网络建设部等相关部门负责人一行 6 人到太原联通进行调研督战并与太原联通的管理团队及相关部门的负责人进行座谈。（姚 远）

【联通 IPTV 亮相山西省首届"文博会"】 2013 年 6 月,由太原联通和山西广电集团共同推出的 IPTV 互联网电视亮相首届山西文化产业博览交易会。在此次"文博会"的现场,手机电视、IPTV、三网融合等一系列新媒体技术的展示,吸引观众的注意力,太原联通基于 IPTV 的电视直播、回看、点播等功能,其强大的交互功能,满足客户个性化的需求,在受到广大参观者关注的同时也证明高品质的媒体试听业务在领先的三网融合的技术保障下,实现提供多样性、差异化服务的能力。（姚 远）

【联通公司 QC 成果赢美誉】 2013 年 7 月,中国通信行业协会在浙江宁波举办"2013 年通信行业优秀 QC 小组成果发布会",经过省公司、集团公司以及中国通信企业协会的重重筛选,太原联通公司有 2 项优秀的 QC 成果获邀出席,分别是网优 QC 小组的成果《提高 WCDMA 网络无线系统接通率》和《提高太原联通 GSM 网络的 PDCH 分配成功率》。

2013 年 9 月 6 日,苏宝合带领综合部、客户服务部、运行维护部、网络建设部相关领导一行 5 人,到太原联通南城运营中心就太原联通整体网络质量出现明显下滑,引发客户投诉量出现激增的情况进行现场办公调研。

2013 年 11 月 6 日下午,苏宝合一行在太原联通公司总经理申波、副总经理程建平的陪同下到长风营销服务中心就省公司开展的"千万客户大回访活动"进行调研。（姚 远）

中国工商银行山西省分行营业部

客户签约活动

管理人员集体参加警示教育活动

中国工商银行山西省分行营业部作为太原地区最具实力的国有控股商业银行，辖属五个管辖支行、五个重点支行和清徐、古交两个县域支行，拥有104个营业网点。全辖现有从业人员3442人，其中：一线、二线从业人员分别为2666人和776人。2013年共实现拨备前利润24.22亿元，同比增加8536万元，实现净利润16.81亿元，同比增加6733万元。全年实现利税8.33亿元，同比增加2200万元；各项存款余额1131.13亿元，增加56.24亿元，四大行余额、增量占比为32%和23.8%，排名分别为第一、第二位；各项贷款余额667.74亿元，增加55.52亿元，四大行余额、增量占比为35%和43%，排名均为第一位；中间业务实现4.83亿元，四大行占比30.47%，总量排名第一。

营业部在自身发展的同时，始终以“支持地方经济、服务省城人民”为己任，大力支持省城经济、文化、民生建设，全力做好各项基础性金融服务工作，不断加大对地方基础设施、重点行业、重点项目的扶持力度，为太原市经济飞速发展、城市品质提升、社会和谐稳定做出了突出贡献，得到了市委、市政府的充分肯定和社会各界的一致好评。2014年，营业部辖属支行有省级文明单位1个、市级文明单位标兵8个、市级文明单位4个，有1个支行被工总行命名为总行级文明单位。营业部先后荣获山西省慈善总会“抗震救灾、众志成城”先进单位、山西省金融系统“当好主力军，建功十二五”优质服务竞赛先进基层、山西省金融业反洗钱工作先进集体、工总行“巾帼文明示范岗”、省城“平安单位”以及太原市结对共建社会主义新农村先进单位等荣誉。4月，在山西省劳动模范表彰大会上，营业部被省委、省政府授予“山西省模范单位”光荣称号。

金融服务进军营

项目投产验收

中国银行山西省分行太原并州支行

开展“暖冬行动”关爱一线柜员活动

住房按揭贷款客户面签现场

中国银行太原并州支行是中国银行山西省分行在省城太原的五家直属城区支行之一，成立于1999年7月，辖属12家基层经营性网点，网点区域主要位于迎泽大街以北、建设路以西、平阳路以东地段。

太原并州支行秉承中国银行“诚信、绩效、责任、创新、和谐”的核心价值观，深入贯彻“十八大”精神和总分行经营战略，坚持科学发展，以结构调整为主线，以提高效益为核心，突出结构调整，扩大客户规模，优化专业队伍，强化风险管控，实现各项业务持续发展，管理基础持续改善，竞争能力持续增强，经营效益持续提升。2013年经营效益创历史最好成绩，净利润实现1.53亿元，年度综合绩效考核在太原市五直属城区支行名列第一。并州支行不惟任务惟市场，不惟计划惟发展，在业务规划和经营管理中，致力于做到“三比三看

太原并州支行“携手奋进 共创辉煌”员工能力拓展训练

三提高”，通过与市场同业比，看优势找差距，提高市场攻击力；与兄弟支行比，看自己在太原地区的位置，提高对中行的贡献度；与自己比，看自己的进步率，树立信心提高业绩的成长性和可持续性。

并州支行践行以人为本的管理理念，建设责任文化，做到守土有责，完成任务、完成工作，不出风险；建设绩效文化，严格执行“多劳多得、多贡献多收入”的分配原则，形成你追我赶的良性氛围；建设服务文化，树立良好的服务理念，做到“干部服务员工，机关服务基层，后线服务一线，全行服务客户”；建设执行文化，做到“令行禁止”，并将全行的经营理念和激励机制等内容传导至每位干部员工，培养“主人翁”意识；建设基层文化，畅通基层员工职业发展通道，丰富员工的业余文化生活，提升服务客户的能力和水平，树立良好对外形象。在全体员工的共同努力下，并州支行荣获了省总工会金融工委“十佳优秀工会小组”、省银行业协会“百佳示范网点”、中国银行总行“精神文明建设先进单位”和“中国银行百佳服务网点”等荣誉称号。

面对机遇与挑战，并州支行将在省分行党委的坚强领导下，紧紧围绕“担当社会责任，做好的银行”这一目标，深化改革以促发展，加强创新以争市场，加快转型以求效益，管理风险以控成本，积极进取，奋发有为，为把并州支行打造成“山西地区最好的银行”而努力奋斗。

开展金融知识进万家宣传月活动

参与行风评议现场宣传咨询活动

开展客户回馈贵金属展示活动

太原并州支行员工参加省中行系统职工运动会

春节期间开展为客户送春联活动

中国农业银行山西省分行营业部

党委书记、总经理　张利军

中国农业银行山西省分行营业部，是农业银行设在省城太原的唯一一家二级分行，也是山西唯一一家列入总行“46112”优先发展战略的重点省会城市行。下辖一级支行16家，其中城区支行12家，县域支行4家，在职员工2236人，现有营业网点86个，已上线运行的离行式自助银行网点96个，ATM机总量536台，实现了太原城区和四县域全覆盖。自1979年恢复建行以来，在各级领导的亲切关怀和大力支持下，砥砺奋进、创新前行，目前已成为省城主流银行、全省系统内的先行者和领跑者。2013年以来，被中国企业文化研究会授予“改革开放35周年企业文化竞争力优秀单位”等荣誉称号。被农总行授予五一劳动奖状荣誉。

省分行营业部致力于推动地方经济社会的发展，积极支持地方经济建设、服务人民生活，并与太原市政府、省城各企业建立了协调融洽的银政、银企合作关系。重点支持了铁路、城市轨道交通等基础设施项目以及煤电一体化、低热值发电、现代煤化工、高端装备制造等转型重点领域和民生金融的支持，支持了我市一批城市基础设施建设，与多家省属、市属重点企业建立了业务往来关系，有力促进了地方经济的发展。省分行营业部秉承“客户至上，始终如一”的理念，全面开展了网点文明服务标准化导入和固化工程，启动了零售业务软转型工作，先后推出了一系列精品网点，不仅将优质的服务诠释在具体业务操作中，而且体现在井然有序的经营环境里，确保每位客户进入网点就能充分感受到宾至如归的贴心服务。并适时启动网点6S管理，将网点打造成为

参加2013年太原国际马拉松比赛

网点晨会

山西省副省长王一新在营业中心调研

山西省分行党委书记、行长杨继荣参加营业部党的群众路线专题民主生活会

复杂产品销售、客户维护、线下体验和价值创造的中心，不断满足客户多元化的服务需求。全面开展了“惠农通”服务工程，在四县区、39个乡镇、605个行政村，累计布放转账电话1173部，累计发放有效惠农卡29.3余万张，开办了新农保、新农合、大病救治、农村低保、代收电费等代理业务，真正把“三农”工作落到了实处。

伴随着建设“一流省会城市”和“智慧城市”在转型跨越发展中的深度推进，中国农业银行山西省分行营业部将凭借广泛的营业网络、广大的客户基础、先进的科技手段和独特的城乡联动业务模式，与社会各界和广大市民共同携手，共赢未来！

举办“月圆中秋月，金融知多少”宣传教育活动，与社区居民一同制作月饼

举办“拼协作团队，赢顽强精神”员工龙舟赛

2014年农业银行金融知识进校园

2014年县域英才员工选聘现场

员工技术比武现场

太原警备区

2013 年以来，太原警备区在上级军事机关和市委、市政府领导下，坚持以习主席提出的“听党指挥、能打胜仗、作风优良”强军目标为统领，紧贴形势铸军魂，着眼实战强训练，持续用力打基础，改进作风抓落实，圆满完成了各项任务，为加强国防后备力量建设和支援地方经济社会发展做出了新的贡献。

2013 年 10 月 12 日，太原警备区司令员任玉和给部（团）主官集训作动员

2013 年 10 月 12 日，太原警备区司令员任玉和给部（团）主官集训作动员

2013 年 7 月 11 日，太原警备区组织官兵进行抗洪救灾演练

2013年3月13日，太原警备区组织官兵到太原解放纪念馆进行宣誓活动

2014年6月28日，太原警备区组织民兵进行高炮实弹射击训练

2013年6月3日，太原警备区组织民兵应急力量汇报展示

2014年9月10日，太原警备区举行欢送新兵入伍大会

2014年3月8日，太原警备区举行党的群众路线教育实践活动理论学习辅导

2014年9月24日，太原警备区组织官兵在阳曲县开展捐资助学活动

2014年4月18日，太原警备区组织官兵参加植树造林活动

2014年10月17日，山西省军区军事年鉴业务培训暨现场观摩会在太原警备区举行

太原市人民检察院

太原市人民检察院党组书记、检察长周茂玉在太原市第十三届人民代表大会第四次会议上报告工作

太原市人民检察院下辖小店、迎泽、杏花岭、尖草坪、万柏林、晋源6个区检察院和清徐、古交、娄烦、阳曲4个县（市）检察院，设有22个内设机构。全市检察机关现有人员968人，其中，本科学历710人，占73.3%；研究生82人，占8.5%；具有检察官法律职务588人，占60.7%。

2012年以来，全市检察机关在市委和上级检察机关的正确领导下，深入学习贯彻党的十八大、十八届三中全会精神，以“比纪律作风、比学习创新、比岗位业绩、创一流检察工作”的“三比一创”活动为总抓手，围绕中心、服务大局，全面履行宪法和法律赋予的法律监督职责，在检察队伍、检察业务和检务保障等方面积极作为，取得了新的发展进步；在维护社会和谐稳定、促进社会公平正义、保障人民安居乐业等方面不懈努力，取得了较好成绩。

两年来，共荣获国家级、省部级集体表彰奖励75项，市检察院荣获“全国检察机关基层检察院建设组织奖”，连续三届荣获“全省基层院建设组织奖”。在2013年全省检察机关综合考评中，太原检察工作排名第一。2013年度，市检察院被市文明委授予全市首家“职业道德建设标兵单位”荣誉称号，在全市年度综合考核中首次进入“优秀”等次，成功晋级省级文明和谐单位。尖草坪区院被评为“全国先进基层检察院”，晋源区院被评为“全国检察文化建设示范院”，万柏林区院被评为“全国检察机关司法警察编队管理示范单位”，杏花岭区院公诉科被评为“全国检察机关优秀公诉团队”。检察机关的执法公信力和人民群众的满意度不断提高，在2014年3月召开的市第十三届人大四次会议上，检察工作报告赞成率达到了93.2%的历史新高。

太原市人民检察院“七一”表彰暨“三比一创”推进会

“山西省检察机关贯彻实施修改后刑诉法观摩会”在太原市人民检察院召开

“全市干部在线学习工作推进会”在本院召开

市文明委在本院召开“加强职业道德建设，践行三个核心价值观”现场会

全市两级检察机关干警积极参加植树造林活动

“全省检察机关介入命案现场勘验检查试点工作推进会”在太原市小店区人民检察院召开

为活跃机关文化生活，太原市人民检察院每年举办“我们的节日”主题活动

升国旗宣誓仪式

加强作风纪律养成，太原市人民检察院干警全员参加在驻晋武警某部开展的军事训练

忠实履行检 洗察职能，严厉打击刑事犯罪，检察干警执法、文明，公平公正执法办案

太原市中级人民法院

太原中院向市人大汇报刑事审判量刑规范化工作情况

太原市中级人民法院位于杏花岭区府西街1号，下辖10个基层法院，共有派出法庭23个，承担全市6个城区4个县区420余万人口的法律诉讼。全市法院共有行政人员884人，事业人员120人，其中，太原中院核定中央政法专项编制270名，实有人员269名（含机关工勤1名）。目前党组成员13人，根据相关文件精神，我院核准设立审判委员会专职委员2名，职级同院级领导副职。

法院现有内设机构29个，核定正职领导职数37名，实配34名；副职职数58名，实配56名；正副科（队）长职数14名，实配14名；事业单位4个，共核定事业编制81名，实有人员69名。

2013年，太原中院有3个集体、1名个人荣获国家级表彰；22个集体、58名个人分别受到省、市级表彰。

太原中院开展"慈善一日"捐活动，院长冯少勇及党组成员携全院干警踊跃捐款，奉献爱心

太原中院官方微博于10月28日正式开通运行，及时发布法院工作动态、案件审判情况、法制宣传等内容

12月18日，省高院副院长刘冀民（左二）、太原中院副院长韩育兵、段培林一行视察并观看了迎泽法院远程审判流程、微博、网站建设情况，观看了一起适应简易程序审理的刑事案件，并就其先进做法进行了交流座谈

太原中院党组书记、院长冯少勇走访阳曲县东黄水镇和凌井店乡

太原市两级法院初任法官宣誓仪式

太原中院严格贯彻落实中央“八项规定”和省市相关规定，中秋节放假期间，严格加强对公务用车的使用管理，杜绝了节假日公车私用现象

万柏林区人民法院

5月4日，万柏林区人民法院法律大篷车正式启动

“三八”节女法官在街头开展法律服务

“七一”牛驼寨太原解放馆纪念

万柏林区人民法院始建于1955年，现有干警124人，其中政法干警90人，事业干警34人，党组成员和院领导共12人，其中党员成员10人：党组书记、院长王成万，党组成员、副院长马瑛、容跃民、田建民、王晋斌、王建，纪检组长白立峰、政治处主任安晓燕、办公室主任李晓巍、执行局长张晋中。院领导2人：审判委员会专职委员吴书琴、张健安。近年来，万柏林法院年均办理各类案件3000余件，结案率均在95%以上。

该院内设机构16个，包括：办公室、政治处、立案庭、刑事审判庭、民事审判一庭、民事审判二庭、行政庭、审判监督庭、执行局（含执行一庭、执行二庭、监督协调办公室）、监察室、司法警察大队、信访科、研究室、机关服务中心、西山人民法庭、长风人民法庭。

近年来，太原市万柏林区人民法院在万柏林区委的领导和上级法院的指导下，院党组带领全体干警齐心协力，共谋发展，在审判执行、队伍建设和法院管理等方面脚踏实地，全方位开展工作，各项工作取得了新的进展，为辖区内经济发展、社会和谐稳定做出了突出的贡献。该院相继荣获全国法院文化建设先进单位，全国优秀法院，全国模范法院，全国法院“两评查活动”先进集体，山西省五一劳动奖状，全省人民满意的好法院、山西省先进党支部，太原市创先争优活动“并州先锋”和万柏林区十佳基层党组织等称号，2013年，司法宣传工作由于成绩突出，被最高人民法院政治部通报表扬，成为我省获此殊荣的两个法院之一，2014年，万柏林法院相继荣膺了“综合考核优秀领导班子”、“全国司法警察体能达标活动先进单位”、院立案庭获得“五一劳动奖状”荣誉称号。

太原市工商行政管理局

2013年，太原市工商局充分发挥工商行政管理工作职能，围绕服务发展，转型跨越总目标，不断转变工作作风，严格落实“八项规定”，强化科学监管，努力提升服务质量，大力推进非公党建工作再上新台阶，市场秩序和发展环境明显好转，在“向人民汇报、请人民评议”活动中，再次名列参与部门之首。

年度全市新增各类市场主体39077户，其中内资企业11914户，外资企业3户，个体工商户26854户，农民专业合作社434户，完成2013年私营企业新发展目标责任考核指标11000户。截止目前，全市共有各类市场主体247363户，其中，内资企业81918户，外资企业148户（不含分支机构332户），个体工商户162315户，农民专业合作社3130户。深入开展“五大场所”为重点的各项安全生产专项整治活动。加大对涉及公共安全、人身健康、生命财产安全等重点行业，特别是对食品、药品、农资、煤矿、非煤矿山、尾矿库、危险化学品、民爆器材、网吧、乳制品生产经营等企业，严格审查其前置许可证件，对不符合有关法律法规的，责令变更登记经营范围或注销登记。在创新消费维权理念、方式方法、制度机制和能力建设上下功夫，多措并举，畅通消费诉求渠道，广泛开展形式多样的3.15宣传咨询、12315消费投（申）诉受理活动，围绕汽车维修、美容美发、装饰装修等消费热点难点，不断加大消费维权力度，严把食品准入关口，积极回应舆情，开展食品市场专项整治，全年共处理消费者申诉、举报和咨44175件，其中申诉1493件、举报2088件，解决率达95%，受到市政府的肯定和人民群众的好评。

2013年6月2日，省工商局副巡视员、太原市非公工委书记、市工商局局长王拴成在12315投诉受理平台操着标准的行业术语亲自受理消费者投诉

2013年4月21日，太原市工商局在市委、市政府和市纪委举办的“向人民汇报、请人民评议”活动现场

2013年3月15日，太原市工商局与市消协联合开展“消费与节俭”主题消费维权活动

太原市国家税务局

局党组书记、局长史爱生在金税系统缓冲运行调研现场

2013年，全市国税系统在省局党组和市委、市政府的正确领导下，以党的十八大精神为指引，紧紧围绕“服务科学发展、共建和谐税收”工作主题，牢记“为国聚财、为民收税”神圣使命，以依法行政为统领，以提高征管质量和效率为中心，突出核心业务和队伍建设两个重点，努力提高组织收入质量，全面实施税源专业化管理，稳步推进纳税服务转型，不断激发干部队伍活力，夯实基础、规范管理，改进作风、狠抓落实，为全市经济社会转型跨越发展作出了积极的贡献。

2013年，面对严峻的组织收入形势，全市系统牢固树立大局意识，通过准确把握收入形势、合理分解税收任务、提高税源监控比例等手段，强化管理，堵漏增收，千方百计、想方设法、竭尽全力组织收入，努力实现收入总量和质量的整体提高。全年通过强化纳税评估、税务稽查等措施入库税款9.03亿元，有效缩小了收入差距。其中：纳税评估入库税款5.66亿元，同比增长12.53%，增收6100万元；稽查查补入库税款3.37亿元，同比增长6.4%，增收2028万元；累计清理欠税342万元，连续10年实现“零新欠”。全市系统累计完成税收收入231.96亿元，占年调整计划的100.07%，比上年增长2.6%，增收5.87亿元，有力地支持了全市率先转型跨越发展。

顺利开出全省首张“营改增”税收通用缴款书

赴幼儿园送税收宣传动漫光碟

山西省首部税收宣传独幕公益话剧《责任》首演圆满成功

太原市环境保护局

省长李小鹏调研太原市环保工作

2013年，太原市坚定不移推进集中供热全覆盖、气化太原、城中村整村拆迁改造、污染企业搬迁、水环境治理“五大工程”，深入开展工业污染治理、扬尘污染控制、机动车尾气污染控制、商品市场和饮食服务行业环境整治、垃圾和秸秆焚烧污染控制“五项整治”，环境保护工作取得新进展，全面改善省城环境质量“两年明显改善”的奋斗目标如期实现。环境质量持续改善，按照国家新的监测标准，二级以上天数达到162天，占到全年总天数的44.4%，市区空气污染综合指数8.73，环境空气监测的6项指标中，PM10、PM2.5、二氧化硫、二氧化氮、臭氧和一氧化碳达标率分别为55.3%、54.5%、89.9%、99.5%、93.4%和96.7%，均好于年初省政府下达的环境空气质量改善目标控制要求；集中式饮用水源地水质达标率继续保持100%，地表水域功能区水质达标率提高12.5个百分点、达到75%，汾河出境断面水质持续好转；全市主要污染物排放总量明显下降，化学需氧量下降3.78%、氨氮下降3.37%、二氧化硫下降8.12%、氮氧化物下降7.10%、烟尘下降13.45%、工业粉尘下降5.85%，全部好于省下达的年度减排目标要求。除氮氧化物外，其余5项提前两年完成了“十二五”减排任务。

组织党员干部参观太原解放纪念馆

开展环保宣传活动

关停查封污染企业

太原市民政局

民政部副部长窦玉沛在太原调研社会救助和殡葬改革工作

山西省委常委、常务副省长高建民在省民政厅厅长薛维栋陪同下在迎泽区柳巷街道铁匠巷社区调研

山西省民政厅厅长薛维栋出席全省“阳光救助暖万家”宣传周活动太原启动仪式

2013年，太原市民政局在市委、市政府的正确领导和省民政厅的大力支持下，在全市人民群众的关心帮助和监督推动下，民政系统干部职工紧紧围绕“建设一流省会城市”的总目标，突出民生主题，重夯发展基础，注重实际效果，齐心协力，真抓实干，开拓创新，攻坚克难，重点工作快速推进，初见成效，亮点工作紧扣民生，服务发展，各项预定目标如期实现，工作任务全面完成，全年共下达各类救助资金7.15亿元，服务群众161.4万人次，特别是十方面涉及民生、影响大局、事关基础后劲的工作亮点频出。低保工作，两次提高标准，四区城乡一体；社区建设，惠民项目遍地开花，“两委”换届圆满完成；为老服务，“老年餐桌”红红火火，照料中心星火燎原；拥军优属，士兵安置不辱使命，优待抚恤再谱新篇；社会组织管理，四类直接登记，全部插上党旗；殡葬改革，移风易俗倡文明，馆园分家收成效；基础设施建设，抢抓机遇定盘子，借船下海立项目；流浪救助，编织四级救助网，温暖流浪乞讨人；慈善救助，千万款物暖万户，分类救助解民忧；医疗救助，三千万帮扶“病不起”，搞试点解决“报销难”。实现并践行了搭建服务民生平台，传递党和政府关爱民政宗旨。

太原市民政局（暨低保中心）政风行风对话会

太原市举办特困退役士兵双向选岗现场安置会

太原市黄坡革命烈士陵园

太原市民政局局长任建忠陪同山西省委组织部部长汤涛来陵园视察

主任刘凤真和全国人大代表申纪兰合影

黄坡革命烈士陵园，位于长风西大街西侧路北369号，东临汾河，西依天龙山脉，占地面积60296平方米。园内安息着408位革命烈士（1949年解放太原河西战役和部分抗日战争牺牲的）。当时因战事紧张，烈士被散葬于汾河西岸11个乡镇的36个村庄，有的甚至没有姓名记录，成了无名英雄。1959年春，市政府决定将这些烈士集中安葬于此，陵园从此诞生。

现有大理石贴面的烈士墓408座、烈士纪念碑一座、名人书法碑廊两座、仿古六角亭两座、喷泉两个、立体式花坛两座、仿古两层百家姓祭祖堂一座、草白玉牌坊三座、汉白玉浮雕照壁一座和纪念广场、解放军战士雕像、“解放太原纪实纪念馆”两座、大型花岗岩“解放太原纪念墙”等爱国主义活动场所。

烈士陵园相继被省、市、区政府和省关工委命名为“山西省国防教育基地”、“全省青少年教育基地”、“山西省爱国主义教育示范基地”；被太原市教委、共青团太原市委、太原市少工委命名为“青少年教育基地”；三十多所中小学挂牌为“德育教育基地”。是“重点烈士纪念建筑保护单位”；市级“文物单位”、“文明和谐单位”；“红色之旅·太原行”重点景点单位。每年来陵园凭吊瞻仰革命先烈、开展爱国主义教育活动、接受革命传统教育的青少年和社会各界人士数十万人次，缔造了育人的理想场所。如今的黄坡烈士陵园风景秀丽、鸟语花香、建筑古朴、环境幽雅，堪称园林式陵园。

山西省委组织部中层干部保持党的纯洁性教育活动，向烈士敬献花篮

老战士向烈士默哀

太原市人口和计划生育委员会

市人口计生委继续开展关爱女孩爱心奖学活动，对832名女孩进行扶助，并把争当美德少年等理念融入到关爱帮扶全过程

2013年，太原市人口和计划生育委员会以统筹解决人口问题为根本，以服务经济社会发展为目标，以贴心服务群众为核心，以稳定低生育水平、增强计生家庭发展能力为重点，着力在体现工作实效上下功夫，在创新工作方式上做文章，在体现惠及民生上用实劲，全面完成省级目标责任书119项指标任务。太原市获得“全国婚育新风进万家活动示范市”荣誉称号和全省人口计生工作目标管理责任制考核综合先进奖。流动人口服务管理、幸福家庭创建工作分别在全国性和全省会议上做了经验交流。中央电视台、人民日报、新华社、光明日报分别对我市创建“幸福家庭”、关爱特殊家庭、流动人口服务管理及办证服务等情况进行了宣传报道。

市人口计生委积极发挥全国卫生计生流动人口基本公共服务均等化试点城市的作用，为流动人口提供方便、快捷的均等化服务。全省现场会在太原市召开，并推广太原市工作经验

市人口计生委率先在全省实现了免费孕前优生健康检查行政区域、目标人群的全覆盖，完成率连续两年稳居第一

市人口计生委主任崔燕慰问计生困难家庭

在教育实践活动中，市人口计生委不断提升服务发展、服务基层、服务群众的能力水平，走访13个县（市、区）、开发区，26个村（社区）

市人口计生委成立流动人口计划生育法律维权工作站和法律维权巡回工作站，为流动人口提供法律维权服务

开展“一站式”服务，并在全省率先实施“单独两孩”再生育审批“县级代办”制度

与驻并部队开展共创共建活动，慰问抗美援朝老战士

5月15日，国际家庭日开展主题宣传活动

太原市国土资源局

郭迎光副省长调研检查西峪地质灾害村

太原市委常委、常务副市长任在刚参加6·25土地日宣传活动

近年来，在市委、市政府和省国土厅党组的坚强领导下，太原市国土资源系统坚持以科学发展观为统领，以贯彻落实党的十八大精神为主线，以保护资源、保障发展、服务民生为己任，以“创新用地机制”为动力，以“推进项目落地”为抓手，全力服务全市经济发展大局，坚持业务工作和干部队伍建设两手抓，为全市经济转型跨越发展提供了有力的国土资源保障。

太原市国土资源局机构人员概况。太原市国土资源局成立于2001年7月，按照“三定”方案，主要承担依法行使土地、矿产资源和测绘行政管理职能。全局内设18个处室（部门），下设15个直属企事业单位。在十个县（市、区）设有国土资源（分）局。目前全市国土系统共有各类工作人员千人左右。

全市国土资源概况。全市行政区域总面积6909平方公里，山地和丘陵占到土地总面积的75%以上。截止2011年底，全市共有耕地175.45万亩，园地26.65万亩，林地415.62万亩，草地250.85万亩，城镇村及工矿用地98.68万亩，交通运输用地21.01万亩，水域及水利设施用地24.65万亩，其他土地23.44万亩。全市人均耕地面积为0.41亩。

全市已发现的矿产达40种，已探明储量的有煤、铁、石膏等12种矿产。煤矿资源保存储量为171.8亿吨，铁矿保有储量为6.25亿吨，石膏保有储量为0.6亿吨。全市煤炭资源主要赋存于西山煤田、沁水煤田和宁武煤田，其中西山煤田约占总资源量的85%。在171.8亿吨煤炭保有储量中，矿山已占用96亿吨，未占用46.3亿吨，需进一步查明储量29.5亿吨。全市现有矿山企业163个。其中煤矿68座。非煤矿山企业95座（铁矿21座，石灰石矿49座，其他矿25座）。

全市国土资源管理工作情况。太原市国土资源系统干部职工在党组书记、局长肖新卯的带领下，以积极饱满的精神状态，求真务实的工作作风，主动热忱的服务态度，严格规范的日常管理全力推进十项重点工作并取得了显著成效。一是积极主动服务，重点项目用地保障有力。二是严格落实责任，耕地保护目标圆满完成。三是着力保障民生，地质灾害防治成效显著。四是推进资源整合，矿政管理水平全面提升。五是勇于先行先试，多项机制创新工作深入推进。六是改革行政审批方式，流程再造初见成效。七是强化执法监管，保持严厉打击查处的高压态势。八是加强基础测绘，“数字太原”升级“智慧太原”。九是以制度建设为抓手，推动国土资源依法行政建设。十是加强党风政风行风建设，干事创业环境明显好转。

2013年，太原市国土资源局在连续5年（2008—2012）被评为市级文明单位标兵的基础上，当年又被市文明委推荐申报省级文明单位；同时，连续5年被评为双拥先进单位。被市政府表彰为“全市人力资源社会保障工作先进集体”；“太原市地名地址数据采集扩建”项目荣获“2013中国地理信息产业优秀工程”银奖，“基于数字城市地理坐标的地名地址数据建库技术与应用研究”荣获“2013地理信息科技进步奖”三等奖。提交的“智慧太原智能公交方案”获第三届巴塞罗那国际智慧城市博览会“智慧城市大奖决赛奖”。

市国土局组织人员迎“八一”慰问红军

太原市国土局工作人员在太原市众纺路小学讲解国家版图知识

太原市国有建设用地使用权拍卖会现场

宣讲市国土资源管理工作及相关法律法规知识

参加市直机关运动会

太原市教育局

山西省人大就太原市贯彻实施国家和山西省教育规划纲要情况进行专项检查，并给予高度评价

标准化建设初见成效，学校图书馆阅览室藏书丰富、设施完备

2013年，在市委、市政府的正确领导下，太原市教育局党委团结带领全市教育系统干部职工，认真学习贯彻党的十八大及十八届三中全会精神，全面组织实施国家、省《教育规划纲要》和太原教育“十二五”规划，把立德树人作为根本任务，坚持教育均衡化、标准化、优质化发展，学前三年毛入园率达到95.13%，投入5.26亿元，完成新建、改扩建“百校兴学”工程项目学校55所、公办幼儿园33所、村级幼儿园28所。264所学校通过义务教育学校标准化建设，评估验收，全市76%的学校完成“两通工程”，86%的教室完成多媒体建设。学生学籍系统建设全面启动，完成47万余名学生的数据上报；完成名校长、名教师、名班主任评选，队伍建设工作扎实推进。晋源区、古交市、阳曲县、娄烦县4县（市、区）教研室全部通过省级标准化教研室验收，提前两年、率先在全省完成该项任务；迎泽区率先通过国家义务教育发展基本均衡县评估，成为山西省树立的首个标杆。《人民日报》以“点亮残障孩子的希望之灯”为题，报道我市特殊教育工作的成绩；《中国教育报》以“学习型城市建设再提速”为题，介绍了太原市学习型城市的创建经验。

太原市卫生局

太原市副市长王爱琴视察 H7N9 禽流感防控工作

庄辉院士工作站北京大学肝炎试剂研究中心临床科研基地揭牌仪式

2013年以来，全市县级公立医院改革实现全覆盖，23 所县级公立医院取消药品加成，18 个非政府办社区卫生服务机构开展了基本药物制度试点工作，“先住院后付费”服务模式累计收治患者 6.12 万人次。争取国家和省级资金支持 2600 万元，建成市级卫生信息中心，试点建设区域协同医疗急救系统。全力推进“百院兴医”工程，市中心医院等 7 个迁建项目确定选址并完成规划设计，市第二人民医院等 3 个原址改扩建项目开工建设；建成 4 个院士工作站、2 个省级重点学科、3 个省市共建学科、42 个市级重点学科，选送 127 名技术骨干赴北京、台湾等地深造，完成 3023 名基层卫技骨干培训。科学防范人感染 H7N9 禽流感疫情，成功处置太原市看守所甲型 H1N1 流感疫情和太原理工大学麻疹疫情。深入开展“贴近群众、服务群众”和“听群众心声、请患者评议”活动，参评医疗机构扩展到 160 家，57.72 万人次参与评议，检查医疗机构 8032 户次，立案处罚 317 户，取缔“黑诊所”102 户。卫生惠民多措并举，家庭医生签约服务 25.9 万户，77.6 万居民受益；在 86 个居家养老社区开展医疗保健服务；免费为 20.2 万名 65 岁以上老人健康体检；为 3.5 万名 0—6 岁儿童进行先心病筛查，113 名患病儿童得到及时医治。

2013 年，太原市卫生局在全省卫生工作目标责任考核中，农村卫生、社区卫生、疾病防控、中医建设、科教强卫、卫生应急、深化医改等 7 项工作名列全省第一，被评为优秀单位；创造性开展农村卫生工作，出台《太原市村卫生室管理办法（试行）》，太原市成为全国第一家一揽子解决影响村卫生室生存和发展等问题的城市；新农合“先住院后付费”、创建基层卫生工作示范单位、“三位一体”卫生监管、公共场所量化分级管理等工作，为全省乃至全国提供了可资借鉴的经验。

免费为 3.5 万名 0—6 岁儿童进行先心病筛查

开展“听群众心声、请患者评议”活动

新农合患者在专用窗口办理入院手续

太原市财政投资评审中心

市长耿彦波（右四）带领中心主任吕红梅（左一）在南客站现场办公

太原市财政局局长陈向阳（正中）、副局长邢建成(左一)、强培东（右一）指导评审中心专题组织生活会

市财政局党组成员、副局长邢建成（左二），在评审中心调研指导工作

太原市财政投资评审中心是太原市财政局直属的事业单位，1996年经市编办批准成立，副县级，编制35人，现有工作人员77人，内设9个科室：办公室、人事科、信息科、稽核科、评审一科、评审二科、评审三科、财务科、后勤事务管理科。主要职能是：

1. 负责为财政部门预算编制，政府采购提供专业咨询和技术服务；

2. 依法对财政性投（融）资建设、维修、改造项目的概算、预算、工程招标控制价、进度结算、竣工决（结）算进行审核；

3. 对政府投（融）资项目的资金流向和施工过程实施跟踪监督；

4. 参与政府投（融）资工程的可行性评估、论证及初步设计方案的审查；

5. 承担应用技术研究与开发等财政专项资金的绩效考评工作；

6. 依法承担国土开发、土地整理、地质灾害防治、农业、林业、水务、教育、卫生等财政专项资金检查工作；

7. 参与财政投资项目的财务资金使用情况的监督检查，参与工程造价管理工作；

8. 围绕财政支出预算管理体制改革，提出财政专项投资项目的综合定额；

9. 参与预算项目评审，参与财政预算绩效管理和评审，以节约财政资金和公共支出成本；

10. 承办市财政委托的其他工作任务。

中心自成立以来，严格依据《中华人民共和国预算法》《中华人民共和国会计法》《太原市财政投资评审管理条例》、财政部和省市有关规定开展工作，依法评审，公开、公平、公正，科学合理，不唯增、不唯减、只唯实，为上级部门提供了可靠的技术支持，充分发挥了“财政卫士”的作用。截止2014年8月底，累计评审及核查项目2593项，评审资金总额807.90亿元，核减不合理支出72.89亿元。

党的十八大以来，太原市财政投资评审中心将紧紧抓住历史机遇，服务社会、服务民生，为太原市的经济发展和深化改革作出新的更大的贡献。

评审人员在南客站实地踏勘（右一为中建投资公司总经理王刚，右二为中心主任吕红梅，右三为中心总工程师王兴山）

开展党的群众路线教育实践活动

慰问社区离休老党员（右一为老军营一社区书记马涛，右二为中心主任吕红梅）

评审人员在西中环建设工地踏勘（右二为中心副主任秦爱萍，右三为中心总工程师王兴山）

慰问太原市社会福利院（左一为太原市社会福利院院长张毅敏，左二为中心主任吕红梅）

山西省邮政公司太原市分公司

局长罗留生在古交局、河口支局、炉峪口支局等网点调研慰问

2013 年全市邮政工作会议

太原邮政是网络型的社会公用服务企业，是城市基础设施的重要组成部分。2007 年以来，邮政体制改革不断深化，经历了政企分开、邮银分营、速递物流分营、企业更名等改革，目前，太原邮政由山西省邮政公司太原市分公司、邮政储蓄银行太原分行、邮政速递物流公司太原营业部三大经营主体构成。

近年来，太原市分公司依托网络优势，在扎实履行普遍服务和特殊服务的基础上，积极主动地融入地方经济建设，大力发展现代服务，全力推进企业转型发展，企业发展动力进一步增强，发展规模和效益进一步提升，企业社会地位和社会形象进一步提升。在“十一五”期间保持了年均增长 10.51% 的发展速度，企业上缴税金不断提升，为地方经济发展起到了积极的助推作用。

在“十二五”期间，太原市分公司按照市委确立的“转型跨越发展、再造一个新太原”的赶超发展战略，以“能力大提升、业务大发展、效益大提高、员工大受益”为主题，深入开展“为民服务创先争优”活动，力争五年内再造一个新太原邮政，实现业务收入、收支差额和员工综合收益三个翻番目标。

太原市分公司在地方政府和省公司的大力支持下、全公司上下共同努力，一定会进一步发挥示范引领作用，打造优质高效的服务新形象，为全面落实“十二五”发展规划，努力把太原建设成为具有国际影响力的区域性现代化大都市做出新贡献。

全省邮政“巾帼立功竞赛”先进表彰大会

开展“校园包裹”主题营销活动

太原市住房公积金管理中心

2014年度全市住房公积金管理工作会议

太原住房公积金管理委员会三届二次会议

太原市住房公积金管理中心成立于2003年6月，是直属于太原市人民政府的不以营利为目的的独立事业单位，主要负责太原地区住房公积金、公房出售收入等住房资金管理工作。2013年，公积金中心在太原市委、市政府的正确领导下，按照“强化管理、彰显服务、提高效益、确保安全、追求卓越”的总体要求，围绕打造“五个一流”公积金中心的目标，全力推进“归集、提取、贷款、管理、经营”五大任务，大力开展“贷款推进年”、“服务创新年”活动，管理水平不断强化，服务水平不断提升，各项工作扎实推进，为我市建设一流省会城市做出了积极贡献。

目前，我市住房公积金建制单位达到7309个，实缴职工85.79万人，公积金提取种类达到22种，公积金贷款的品种涵盖商品房贷款、经济适用房贷款、拆迁房贷款、二手房贷款、装修贷款、商转公贷款等6个品种，基本满足了我市职工购房需求，住房公积金在帮助职工实现“住有所居”方面发挥了积极的作用。

近两年来，中心把提升服务水平放在重要位置，连续开展了“服务创新年”、“服务提升年”等活动，不断改善便民服务设施，推出便民惠民新举措，努力打造群众满意、社会赞誉、政府放心的公积金中心，多次获得“市文明单位标兵”、“省级青年文明号”、“依法行政先进单位”等荣誉称号。

市民在服务大厅办理住房公积金业务

“12329”住房公积金服务热线全面开通

太原铁路局

深化运输改革 推进精细管理 全力服务国民经济和山西省转型跨越发展

山西省委副书记、省长李小鹏到路局调度指挥中心、货运服务中心，检查春运期间客货运输工作

中国铁路总公司党组成员、副总经理彭开宙到路局客服中心检查指导工作

太原铁路局管辖南北同蒲、大秦、侯月、石太、太中（银）、京原、石太客运专线等12条干线和西山、介西、宁岢、口泉、云冈等13条支线，共有职工11.8万人，路网纵贯三晋南北，横跨晋冀京津两省两市，线路总延长8639.793公里，营业里程3325.044公里；配属机车1115台，客车1999辆，CRH380AL高速动车组1组，CRH5型动车组6组。是全路18个铁路局中货运量最大、重载技术最先进的铁路局，也是全路唯一运输主业整体改制上市的铁路局。主要担负着山西省的客货运输和冀、京、津、蒙、陕等省市区的部分货运任务，用户群辐射全国26个省市自治区、15个国家和地区，在山西省综合交通运输体系中居于骨干地位。

2013年，太原局在山西省委、省政府和铁路总公司的正确领导下，围绕转型跨越发展、再造一个新山西的总体战略，努力为山西省资源型经济转型综合配套试验区建设提供坚强的运力支持，全年旅客发送量完成6022.5万人，同比增运102.1万人，增长1.7%；货物发送量完成5.78亿吨，同比增运2327.2万吨，增长4.2%；煤炭发送量完成4.64亿吨，同比增运468.5万吨，增长1%；晋煤外运量完成4.36亿吨，同比增运1041万吨，增长2.4%，各项工作始终保持健康有序的发展态势。

充分释放煤运通道能力，全力服务山西能源发展战略。大力实施投入小、见效快、产出大的“短平快”扩能改造工程，先后在南北同蒲、石太、太焦、宁岢

煤炭运输基地装车现场

太原铁路局召开全局工会会议

等线增设中间站，对湖东、榆次、东港、魏家滩、店坪等多个车站实施了增设和延长站线、改造道岔等站场扩能改造，疏通运输“瓶颈”，提高区段、车站通过和接发能力。提高京原线原平～灵丘间、石太线榆次二场～榆次客站间、孝柳线东槽～孝西间、南同蒲线礼元～侯马北等6条干支线牵引重量，增加了南北同蒲跨区域机车直通交路40对，开行了侯马北～原平的直通列车，确保各煤运大通道高效畅通。

主动协调对接，全力助推区域经济发展。密切关注省内经济发展对铁路运输的要求，根据区域经济发展需要，动态调整运力。与省内多家大宗客户签订战略互保协议，与2300多个客户建立了营销服务关系，率先开行了管内沿零列车。对节日物资、煤炭、粮食、石油等重点物资运输进行重点组织，做到“优先承运、优先配车、优先装车、优先挂运、优先放行”。积极组织管内煤焦、剥岩土循环运输，省内电煤“点对点”直达运输。主动掌握省内各企业生产、储备、销售、

召开全局货运改革推进现场会

正在兴建的太原南站外景

召开党的群众路线教育实践活动动员大会

山西省洪洞县曲亭水库漏水，路局南同蒲线临汾北至洪洞间线路设备大面积损毁，有关单位4500余名干部职工奋战在抢险现场

需求等第一手资料，主动上门提供运输服务，支持地方企业发展。

坚持“人民群众满意”根本标准，全力满足人民群众出行需求。千方百计增加客运能力，优化服务环境，提高服务品质，全力为山西人民出行提供便利条件。充分发挥窗口售票、代售点、“售票广场”、自助售票机、电话订票、互联网售票和POS机购票等多元化售票功能，地级市车站安排专人引导旅客自助购票，多次调图优化客运产品，多种途径为旅客进站上车提供便利；培育了太原站“改梅助困室”“李静导购台”、大同站“001服务队”、太原车务段吕梁站“老区窗口”、介休车务段“古城客厅”、太原客运段“晋之星高速动车组”“雁之情旅客快车”、客服中心“12306—耳畔真情”、太原车辆段“晓睿机械师示范岗”等客运服务“十大品牌”，太原站连续27年荣获全路“文明车站”，13对旅客列车荣获全路“红旗列车”，服务质量受到社会各界的一致好评。

积极拓宽利民惠民渠道，全力改善职工生产生活条件。始终把职工利益与安全、运输、经营、建设工作放在同等重要的位置，努力解决职工最关心、最直接、最现实的利益问题，集中对大秦、侯月、太焦等沿线车间、工区的“小伙食团、小单身、小浴室、小庭院、小互助会、小文化室（小书屋）、小活动场、小药箱”等“八小”

局长杨绍清在现场指挥抢险

局长杨绍清、党委书记张义平带领路局领导班子成员及相关处室负责人，到偏远站区对一线职工进行暑期慰问

局长杨绍清、党委书记张义平到“八小工程”基地进行平推检查

设备设施进行更新补充，积极开展站区集中联片供热改造，加大生产生活设施整治力度。积极推进“路地”合作，在管内较大城市大力推进保障房项目建设进度，对怀仁铁路地区棚户区进行了改造。新增定点医院8家、定点药店7家，有计划地安排职工进行健康休养和健康体检，推行实施高温津贴政策，对远离家居地的职工进行择优调剂，对重、特困等职工积极实行帮扶救助机制，使职工群众真真切切地享受到了企业发展的成果。

2013年，太原铁路局先后荣获“山西省模范单位”等多项殊荣，在中国企业500强排名中位列225名、中国服务业企业500强中位列第80名。

劳模先进观摩路局保障性住房建设成果

大秦线集中修施工现场

K374次服务小分队进车厢服务在旅客身边

太原市民营经济开发区

投资20亿元的晋西工业园等九大工程建设项目在太原工业新区奠基开工

山西焦煤集团煤矿自动化装备制造园区项目签约仪式

太原市民营经济开发区于1995年挂牌成立，1997年被批准为省级开发区，2006年通过国务院审核验收。总规划面积47平方公里，包括基础区、工业新区两个部分。其中，基础区规划4平方公里，位于市区以东，紧邻大运高速和太行路，距市中心迎泽大街以及火车站不足3公里，距武宿机场高速10分钟车程。按照市区“退二进三”的要求，基础区重点发展现代物流、总部经济、现代服务业，是国家级物流服务标准化试点园区。基础区经过多年发展，配套设施完善，适合发展总部经济、现代物流、现代服务业和楼宇经济等，目前已经汇集了盛唐物流总部、唐久物流总部、金虎物流总部、晋豫鲁铁路通道总部等一批现代物流及总部经济企业，形成了现代物流、总部经济和现代服务业等主导产业。

工业新区是太原市“十二五”期间重点打造的新型工业基地，规划43平方公里，位于太原北部阳曲县境内，紧邻大运高速和108国道，距市中心27公里，距武宿机场高速30分钟车程。工业新区重点发展高端装备制造、新材料、新能源等高科技、无污染、绿色环保产业。工业新区空间开阔，土地平整，资源汇集，工业用地地价相对较低，环境容量相对较大，适合工业企业投资发展。在工业新区基础设施建设中，始终坚持“三个一流”的理念，即：一流的规划设计、一流的建设标准、一流的管理服务。当前，正在按照国内一流开发区的建设标准，按照每平方公里投资5亿元，15平方建设用地80亿元进行工业新区基础设施建设，2012年基础设施建设完成投资11亿元。具体推进中坚持以高起点、高水平的规划设计引领工业新区建设发展，先后聘请同济大学等国际、国内一流设计单位进行规划设计，已编制并获批的规划共16项：工业新区概念性规划、总体规划、产业规划、启动区控制性详细规划等。

工业新区磁谷项目座谈会

民营区（工业新区）重点项目签约仪式

晋商银行股份有限公司

党委书记、董事长阎俊生和山西银监局相关领导在营业网点指导工作

2013年，晋商银行在山西省委、省政府的正确领导下，在人民银行和银行业监管部门的监管指导下，围绕全省经济工作思路和晋商银行五年发展战略目标，立足转型发展，严守风险底线，狠抓机制、产品和服务创新，强化内部管理，推进各项业务稳健发展，在服务支持山西经济转型跨越的实践中取得了新进展。

截至2013年末，全行资产总额达到1315.12亿元，较年初增加270.25亿元，增长25.86%。各项存款时点余额886.44亿元，较年初增加142.89亿元，增长19.22%；各项贷款时点余额402.62亿元，较年初增加74.83亿元，增长22.83%。全行实现经营利润20.39亿元，同比增加3.28亿元，增长19.17%；实现净利润13.24亿元，同比增加3.09亿元，增长30.42%。

2013年，相继被中国银协推选为全国城商行工作委员会常委单位，被评为“2013年中国最佳城商行零售银行”、“2013年最具成长性城商行”、“服务三农及实体经济先进单位”；“信义贷”产品获“2013年服务小微企业二十佳金融产品”；连续三年跨入全球前1000家银行行列，目前全球排名601位，较上一年度上升了41位。

2013年，晋商银行立足于山西“十二五”规划产业结构和转型综改试验区建设方案，制定了2013年信贷政策指引，在持续支持能源、装备制造业、钢铁、焦化、冶金等山西省支柱经济产业的同时，进一步优化信贷投向，着力提升小微客户、个人贷款客户的贷款比例，加大对节能环保、循环经济项目的信贷支持力度。全行累计向各类企业提供一般贷款370.69亿元，其中167.24亿元贷款集中投入到煤炭、化工、冶金、电力等山西支柱型产业上，90.12亿元贷款投入到了制造业、流通业等中小企业，113.33亿元贷款投放到了小微企业，为我省经济转型跨越发展提供了积极有效的金融支持。

2013年7月4日，全国政协副主席、民革中央常务副主席齐续春带领民革中央调研组调研

2013年7月24日，晋商银行召开一届二次职工代表大会

2013年8月1日，晋商银行召开党的群众路线教育实践活动动员大会

太原市林业局

太原市林业局为太原市人民政府职能工作部门，正县级建制，内设科级建制机构12个。所属16个事业单位（6个副县级制的事业单位中包括1个参公管理的事业单位、10个正科级建制的事业单位中包括1个自收自支的事业单位）以及1个独立核算、自负盈亏的企业单位。负责分管阳曲、古交、娄烦、清徐、晋源、小店、万柏林、迎泽、尖草坪、杏花岭10个县（市、区）林业局的业务工作。

2013年是全面贯彻落实党的十八大精神的开局之年，是实施“十二五”规划承前启后的关键一年，全市林业工作在市委、市政府的正确领导下，在省林业厅的大力支持与精心指导下，以科学发展观为指导，以2013年全省造林绿化（太原）现场会为契机，围绕“率先转型跨越发展，建成一流省会城市”的总体目标，对标一流，科学规划，周密部署，全面动员，全力推进林业生态建设。以建设城郊森林公园为重点，着力构建三大生态圈、建设省城大林网、创建国家森林城市。进一步深化林业改革，强化森林资源保护，发展林业产业，兴林富民，实现了林业生态建设在全省率先发展的标杆作用。

古交市龙尾头

晋源区蒙山

万柏林区西山绿化

财 政

【概述】 2013年，太原市各级财政部门贯彻落实中央和省委、省政府一系列稳增长、调结构、惠民生决策部署，组织财税收入，调整优化支出结构，深化财政改革，突出绩效管理，保障民生改善和重点建设支出需要，严格控制“三公”经费和一般性支出，支持太原市率先转型跨越发展和一流省会城市建设。 （张 洋）

【财政运行情况】 2013年，太原市公共财政预算收入完成247.3亿元，为预算的102.2%，比上年增长14.7%，完成山西省对太原市的公共财政预算收入考核指标。全市公共财政预算支出执行319.1亿元，为预算的91.2%，比上年增长15.0%。在支持构建新兴产业体系、城市基础设施建设、生态宜居城市建设、民生改善等方面支出迅速增长，公共财政保障能力增强。 （张 洋）

【财政收入】 2013年，太原市各级财税部门围绕山西省下达太原市考核目标，克服经济下行带来的一系列不利因素，逐项细化收入任务，落实责任，按季下达，逐月检查，完善收入征管考核机制。市财政多次召集征收部门和县区财政部门，就收入形势和任务进行座谈协调。通过加强地税和非税收入的征管，弥补国税收入的差距。企业组织完成508户企业税源调查，摸清2008年以来新投产企业经营纳税情况底数，挖掘增收潜力，确保全年收入增长目标的完成。

2013年，市级公共财政预算收入完成126.2亿元，为预算的100.6%，增长10.8%。县级公共财政预算收入完成121.1亿元，为预算的103.9%，增长19.0%。在10个县(市、区)和4个开发区中，除古交市和清徐县未达考核目标外，其余各县(市、区)公共财政预算收入全部完成考核任务。公共财政预算收入增幅在20%以上的有9个，增长最快的经济区完成8.6亿元，增长42.3%；杏花岭区完成16.2亿元，增长35.0%；迎泽区完成15.0亿元，增长34.5%；民营区完成4.5亿元，增长33.1%；阳曲县完成4.5亿元，增长29.2%；不锈钢园区完成1.2亿元，增长28.8%；晋源区完成4.8亿元，增长25.0%；高新区完成7.0亿元，增长23.4%；小店区完成22.1亿元，增长21.4%。公共财政预算收入增幅在10%~20%之间的有4个，分别是尖草坪区完成5.9亿元，增长18.5%；万柏林区完成10.6亿元，增长15.7%；娄烦县完成6.0亿元，增长13.6%；古交市完成8.5亿元，比上年增加10.6%。公共财政预算收入增幅在10%以下的为清徐县，完成6.3亿元，比上年减少37.6%。 （张 洋）

【政策调控】 2013年，太原市落实财政政策。通过落实结构性减税、小微企业税收优惠等财政政策、推进“营改增”试点，为企业减轻税负近39亿元。落实促进消费的各项政策措施。落实提高企业退休人员基本养老金、城乡居民基础养老金补助水平、城乡居民最低生活保障和最低工资标准。安排落实价调基金1000万元，支持省城“每日四种蔬菜一元钱”惠民活动，促进物价稳定。支持民营经济发展。贯彻“省十五条”，筹措1.2亿元设立中小企业创投基金和“助保金池”贷款风险补偿铺底资金，安排1660万元风险补偿资金，引导融资性担保公司为中小微企业提供融资担保，拨付小额担保贷款贴息资金144.7万元，支持中小微企业发展。 （张 洋）

【产业转型】 2013年，太原市围绕构建新兴产业体系，支持开发区加快发展。将省财政返还的4.1亿元全部下达开发区，支持高新区集聚现代信息产业群，经济区、不锈钢园区布局高端装备制造业，民营区规划布局产业新区等。支持园区经济。支持太原武宿综保区建设,拨付资金5000万元支持宝迪食品工业园落户阳曲县。拨付资金1966万元支持现代农业十大主题产业园建设。支持科技创新驱动战略。安排科学技术支出执行11.3亿元,重点支持22家高新技术企业和中科院、中关村18个高科技合作项目推广,支持山西省投资集团高新区项目、信息安全生产等项目加快建设。支持企业转型升级。拨付中小企业技术创新资金、进口贴息资金等项目资金4.1亿元,引导企业进行技术改造、信息化、节能、技术成果转化。加大对招商引资落地企业扶持力度,富士康等高科技企业和一批跨区域集团总部对收入的贡献度逐步显现。 (张 洋)

【惠民政策】 太原市财政局围绕民生改善,保障惠民政策落实。2013年,全市民生支出264.5亿元,同比增长16.1%,占全市公共财政预算支出的比重为82.9%,比上年高0.9个百分点。兑现一批民生提标政策。企业退休人员养老金实现"九连增",人均提高235元;新农保和城居保基础养老金每人每月提高10元;城镇居民医疗保险和新农合财政补助标准每人每年增加40元;城、乡低保标准分别提高至每人每月430元和276元,提高优抚对象抚恤补助水平。稳定教育投入,支持教育均衡发展。拨付3.4亿元,落实免除义务教育和中职学校学杂费、资助家庭经济困难学生、补助农民工子女就学等政策;拨付1.8亿元,支持学校基础设施改造和信息化建设,全市普通教育和职业教育学校办学条件持续改善。"百校兴学"工程投资1.6亿元,新(改、扩)建项目学校55所,公办幼儿园33所。强农惠农资金落实到位,"三农"保障机制更加完善。下达6597万元资金,对315.22公顷设施蔬菜进行补助奖励;兑付种粮补贴、良种补贴等各项惠农直补资金1.5亿元;投入3969万元扶贫资金,用于百企千村产业扶贫开发和群众参与整村推进扶贫项目;投入农业综合开发资金3976万元,改造中低产田和高标准农田1334公顷;拨付农村饮水安全、防汛抗旱等农村水利建设资金1.2亿元;投资2.4亿元造林24012公顷,加快西山生态绿化和东山生态修复;投入4404万元实施454个行政村的街巷亮化工程。促进扩大就业。安排各类就业资金3.6亿元,保障15242名公益岗位人员工资、保险和4027名内退人员生活费;支持创业项目和就业培训,帮助1446名贫困大学生求职就业,促进就业再就业政策的实施。支持医疗卫生事业发展。推进医药卫生一体化综合改革,支持全市23所县级公立医院全部药品实行"零差率"销售。完善村医保障机制、加强基层卫生机构建设和公共卫生服务。安排2亿元,保障11项基本公共卫生服务和公共卫生防控;安排6057万元,支持"百院兴医"项目及重点公立医院进行基础设施改造和设备更新,促进太原市医疗卫生事业发展。贴近群众办实事解难事。投入11.1亿元,对全市1014个街巷进行硬化,覆盖率达到100%,改善农民的生产生活条件;投入社区惠民资金1.1亿元,为每个社区各安排20万元,支持2016个社区惠民项目,一大批社区日间照料中心、青少年辅导中心等便民公共设施陆续建成。投入4.2亿元支持公共文化体育设施建设和免费开放,文化体育的公共属性彰显。投入6.2亿元推进"公交都市"建设,新建成2.2万辆智能公共自行车系统,拨付公交公司运营补贴,省城群众出行更加便捷。投入环保资金6.5亿元,推进"五大工程""五项治理"工程,实现集中供热扩网2148万平方米、铺设城市燃气管网200千米、拔掉城中村黑烟囱1万余根,省城环境质量改善。 (张 洋)

【支持重点项目】 太原市财政局围绕"又好又快推进城市重点改造和建设项目,实现太原一年一个样,三年大变样的城市建设目标",2013年,共统筹整合资金278.7亿元,支持城市基础设施建设重点工程(其中:年初市级财政通过压缩一般性支出和整合各类项目统筹资金123.7亿元;争取省财政支持47亿元;通过平台公司融资到位108亿元)。全年共安排下达城建重点工程建设资金259亿元。投入123亿元,用于建设48.46千米的中环快速路环状交通体系、府东府西街改造、并州路立交化改造等27个城市路桥工程项目。投入13亿元,建设政务大厅、晋阳湖公园、侯村垃圾填埋场、明太原县城复兴等22项城市基础设施配套工程。投入39亿元,建设程家村、龙康新苑和晋东棚户区改造等12个保障房项目;安排47亿元,用于征地拆迁、还本付息、结算以前年度工程款等。支付股权收购资金1亿元和注入资本金36亿元,支持市龙投公司扩大融资规模。一大批事关经济社会长远发展的重点项目陆续建成,为太原市率先转型跨越和"三年大变样"打下基础。(张 洋)

【预算执行】 2013年,太原市财政局树立过紧日子的思想,反对铺张浪费。落实"八项规定"的要求,厉行节约,从严控制"三公经费"、办公楼装修改造、会议费等支出,降低行政成本。严把年初预算关。在年初制订预算时,要求市直各部门对"三公经费"预算进行压减。2013年,市本级"三公经费"预算共计22295万元。其中,因公出国(境)费用587万元;公务接待费2943万元,;公务用车购置及运行费18765万元。"三公经费"预算数较上年决算数减少998万元,降低4个百分点。预算执行管理和监督。加强对“三公经费”和一般性行政支出资金的监管，强化预算执行刚性，严格审核项目。要求市直各部门及各县区财政按照“三公经费”预算执行，不得挤占挪用其他经费开支“三公经费”，降低行政成本。加强制度建设。规范权力运行，细化制度约束。会同市直有关部门，出台《太原市会议费管理制度》，起草《太原市行政事业单位“三公经费”管理办法》。起草《太原市本级财政支出预算变动管理暂行办法》和《太原市行政事业单位维修费管理办法》。强化预算的约束力，从严控制经费追加，严格执行年初预算安排的公用经费定额。 （张 洋）

【财政制度改革】 深化预算管理制度改革，预算约束力不断增强。2013年，太原市财政局到所有市级预算单位进行预算编制前期调研、摸底，调整资金投向，对“一上”预算草案逐款逐项进行审核，部门预算编制更加精细。维护预算严肃性，对“三公经费”和会议费、维修费等公用经费，按照定额标准编列预算，除对用于存在重大安全隐患的除险维修外，其他经费超支一律不予追加，市级公用经费追加比上年下降50%以上。归并经常性项目，整合“打包”上报，由市政府统筹安排，防止“撒胡椒面”现象，提高资金使用效益；推进预算信息公开，打造“阳光财政”，出台预算信息公开办法，并按要求于2013年10月底公开市级预决算、市级和40个部门的“三公经费”预算。国库集中支付改革、公务卡制度改革、非税收入管理改革、政府采购和国有资产管理改革继续推进。强化预算执行的均衡性和时效性。部门预算在人代会结束后一个月内全部批复到单位；实行支出执行通报制、约谈制和责任追究制；清理结余结转资金，对结转一年以上的项目资金、结转两年以上的上级转移支付和基金等进行调整，盘活存量资金40亿元，把有限资金用在“刀刃上”。加强政府性债务管理，防范和控制风险。制订《太原市人民政府关于加强政府性债务管理的意见》《太原市本级政府性债务风险预警和防范管理办法》，加强政府性债务管理机制研究，建立动态预警机制，强化融资平台监管，控制债务规模，防范风险。太原市政府性债务的规模和债务率均处于合理区间，风险总体可控。预算绩效管理推进，财政资金监管手段更加科学。开展财政绩效考评工作，出台《太原市预算绩效管理工作考核办法（试行）》和《预算绩效评价共性指标体系框架》等，预算绩效管理制度体系和绩效评价指标体系逐步完善。加强对执行“收支两条线”规定的监督，规范票据的管理和使用。严格财政监督检查，加强会计监督、内部监督和专项资金检查工作。

（张 洋）

税 务

·国家税务·

【概述】 2013年，太原市国税系统围绕“服务科学发展、共建和谐税收”工作主题，牢记“为国聚财、为民收税”神圣使命，以依法行政为统领，以提高征管质量和效率为中心，突出核心业务和队伍建设两个重点，提高组织收入质量，实施税源专业化管理，推进纳税服务转型，不断激发干部队伍活力，夯实基础、规范管理，改进作风、狠抓落实，为太原市经济社会转型跨越发展作出贡献。 （朱晓芳）

【税收收入】 2013年，面对严峻的组织收入形势，太原市国税系统牢固树立大局意识，通过准确把握收入形势、合理分解税收任务、提高税源监控比例等手段，强化管理，堵漏增收，实现收入总量和质量的整体提高。全年通过强化纳税评估、税务稽查等措施入库税款9.03亿元，缩小收入差距。其中：纳税评估入库税款5.66亿元，同比增长12.53%，增收6100万元；稽查查补入库税款3.37亿元，同比增长6.4%，增收2028万元；累计清理欠税342万元，连续10年实现“零新欠”。全市系统累计完成税收收入231.96亿元，占年调整计划的100.07%，比上年增长2.6%，增收5.87亿元。其中：与省财力挂钩收入完成212.07亿元，占年调整计划的100.04%，比上年增长2.5%，增收5.17亿元；与市县财力挂钩收入完成210.32亿元，占年调整计划的100.15%，比上年增长2.48%，增收5.08亿元。在组织收入的同时，落实各项税收优惠政策，依法办理减免抵退税40.5亿元，同比增加1.3亿元，支持全市率先转型跨越发展。

（朱晓芳）

【“营改增”试点工作】 2013年8月1日，营业税改征增值税试点在全国范围内推广。太原市国税系统做到培训到位、宣传到位、保障到位和服务到位，确保试点工作的进行。在政策培训上，累计培训税务干部1400多人，试点一般纳税人培训面达到100%；在政策宣传上，利用报纸、广播、电视、办税服务厅等载体，通过采取政策问答、公告、访谈栏目等形式，向全社会宣传试点工作的重要意义、具体内容等，为试点工作营造舆论氛围；在保障工作上，制定“营改增”技术保障实施方案和网络与信息安全应急预案，做好各类发票的计划、发放和使用管理工作，加强与财政、人民银行的协调沟通，保障试点纳税人各项转换工作进行；在优化服务上，各单位办税服务厅都增设“营改增”专用申报受理窗口、咨询服务窗口，开通“营改增”绿色服务通道，确保

"营改增"试点工作按时开票、按时征税，确保试点纳税人生产经营不受到影响。全市国税系统接收管户10070户，认定一般纳税人1673户，截至2013年底共征收税款2.26亿元。

（朱晓芳）

【"金税三期"工程】 按照国家税务总局、省国税局"金税三期"上线工作的部署和要求，2013年，太原市国税系统周密部署，完成上线前的各项准备、缓冲运行、正式上线和上线后的运维工作。在上线工作中，全市国税系统广大干部职工不断增强责任意识、大局意识，保质保量完成15.6万条数据的核实、修正和补录工作，数据量占到全省的三分之一。注重发现和解决问题，市县两级领导帮助、指导、协调解决上线过程中出现的各类问题，全市共发现9大类201个问题，市国税局核心团队攻关解决150个，向省国税局反馈解决51个，提出建议和意见15条，各类问题的及时发现和有效解决，促进上线工作的开展。为确保办税服务工作有序进行，纳税人办理各类涉税事项，市国税局制定各项应急预案，成立运维团队，建立问题处理快速反应机制，在管户多、业务全、时间紧、工作量大的情况下，确保税款安全足额入库和纳税人正常办税。 （朱晓芳）

【依法行政】 2013年，太原市国税局以依法行政为统领，推进法治型机关建设。

防控执法风险。依托执法信息系统和执法预警防控系统，全年累计发送执法风险信息6.6万条，事前纠错3.1万条，对一般纳税人达标未认定等21条执法过错信息督导整改，查补入库税款45.17万元。

规范执法行为。规范税务行政审批管理，依法清理1项县级行政审批事项；规范重大税务案件审理，全年审结案件34件，累计查补税款4960.6万元。

强化执法监督。对全市系统减免税管理等4大类978卷执法案卷开展评查，累计发现执法问题6大类721个，并全部整改到位。编写下发《税收执法督察工作检查指南》，将执法督察、执法监察、较大型企业所得税检查合并实施综合检查，避免多头重复检查，提升检查质效。

狠抓政策落实。完成总局小微企业税收政策调研和煤炭行业税费负担调查工作，提出政策建议31条；书面回复基层单位各类政策问题42个。

发挥稽查职能作用。整顿和规范税收秩序，税收专项检查和专项整治工作成效明显，全市稽查部门共计检查纳税人907户，查补入库税款3.37亿元，保持全省第一。打击发票违法犯罪活动不断取得新成果，在公安部门的配合下，破获20起制售贩卖假发票案件，抓捕犯罪嫌疑人22人，共计查获各类假发票7.3万份。依法行政年度考核位列全省第一，被评为全省国税系统"2012年度依法行政先进单位"。

（朱晓芳）

【税收征管】 2013年，太原市国税局以风险管理为导向，强化税源控管，征管质效提升。

开展风险管理。加大信息采集力度，全年采集工商登记、重点工程、医保刷卡数据12.1万条，为信息管税提供数据参考；分行业开展煤炭开采、煤炭洗选、煤炭运销、医药、金银首饰、固定资产抵扣的专项风险分析，初步建立分行业风险预警指标体系；进行风险应对，完成省国税局推送的3期、市国税局推送的8期风险应对任务，入库税款1.47亿元，核减亏损0.8亿元，分行业开展纳税评估，入库税款同比增长12.53%，评估质效提升。完成全市列名大企业的筛选工作，建立石油石化、烟草、银行、电信和电力等五个行业的税收风险特征库，对大企业税务审计的方法进行研究探索，为下一步开展大企业审计工作提供指导。

夯实征管基础。按季开展征管状况分析，查找管理中的薄弱环节；修订定额核定管理办法，定额调整面达到87%；拓宽多元化申报缴税渠道，财税库银划缴的税款达到入库税款的97.4%。针对城市道路拓宽、拆迁改造，下发《关于加强对被拆迁纳税人服务与管理工作的通知》，强化税源控管。

加强票证管理。持续加大对票表比对异常查处工作的督导力度，补缴入库税款110万元；建设普通发票网上申领邮政配送系统，让纳税人足不出户便可办理普通发票申领业务；落实免收发票工本费优惠政策，全年免收发票工本费1425.5万元。

加强各税种管理。防范和打击虚开、虚抵增值税专用发票等违法行为，开展增值税专项核查，查补入库收入496.7万元。2012年度企业所得税汇算清缴32564户，各类指标创历史新高；开展企业研发费加计扣除和资产损失税前扣除专项审核，成效明显；征收全国首笔外国体育团体境内比赛和全省首笔美国船级社非居民企业所得税69.3万元。执行出口退税限时办结制，办理退免税19.47亿元，同比增长54.4%，创历史新高，全市未发生一起骗取出口退税案件。落实车购税税收优惠政策，全年免征车购税2899万元。

（朱晓芳）

【纳税服务】 2013年，太原市国税局在总结纳税服务工作经验的基础上，推进纳税服务转型。

推进基础平台建设。启动"纳税人之家"服务品牌创建活动，新搭建开通纳税服务网，构建起集政策查询、在线答疑、网上涉税业务办理等功能为一体的网络服务平台，网络办税取得突破性进展，全市网上申报3.6万户，占企业类纳税人的75%。拓展12366的业务范围，将主动回访、需求管理、数据分析应用等内容纳入服务范围。坚持每月一期的纳税人学校，全年累计培训纳税人30600人次，开设网上课堂，实现网上学校和实体学校相互推进。

提升需求响应效能。依托办税服务厅、门户网站、12366热线和纳税人需求采集点，采集纳税人意见和建议1200余条，有针对性地制定措施137项，回复率达到100%。连续第五年组织开展"大走访、大调研、大服务、大整改"活动，共走访纳税人9700户，收集整理涉及纳税服务、税收征管、政策落实等5方面215个问题，全部予以回复解答。

创新纳税服务举措。将所有涉税调查事项和部分依职权的审批事项前移至办税服务厅，实现前台服务和后台管理的衔接；推行全职能"一窗通办"，无事项差别的窗口服务提高办事效率；实行重大项目跟踪服务，针对国药集团山西有限公司兼并重组等重大涉税项目，实施跟进式政策辅导服务，使企业有效防范因政策不熟悉带来的税收风险。

对标一流赶超先进。组织人员赴南昌市国税局考察学习纳税服务工作先进经验，通过学习交流和实地观摩，针对"制度建设衔接不够且缺乏约束性"等7方面的主要差距，提炼出11项经验启示和推广意见，为全市系统改进和优化纳税服务工作提供借鉴。

（朱晓芳）

【党风廉政建设】 2013年，太原市国税局持续推进惩防体系建设，突出作风整顿，强化监督制约，加大案件查处力度，政风行风不断优化。

落实中央"八项规定"要求，出台《关于改进工作作风联系群众的实施意见》，制定市国税局机关会议管理办法等相关制度，并加强对执行情况的检查，确保落实到位。

开展"贴近纳税人 服务纳税人"作风建设专项活动，确立"服务项目有新拓展，服务质量有新提高，服务效率有新提速，服务工作有新贡献，纳税人两度有新提升"的"五新"工作目标，解决在劳动纪律、税容税貌、工作作风及服务效能方面存在的7类80个问题。

连续第4年开展以"倾听纳税人心声，敬请纳税人评议"为主题的"向人民汇报，请人民评议"系列活动，共举办22期局长在线访谈，累计发送7.25万条评议短信和8600余份调查问卷，对各类反馈信息，分析研究、归纳梳理、限时改进，促进服务水平和工作质效的提升，税企关系。

不断引深廉政文化建设，创建廉政文化长廊，制作廉政文化宣传手册和展示片，作为市纪委"树立公仆意识、强化从政道德"警示教育指定参观单位，接待市直工委、市中院等60余家单位2100人(次)的观摩学习。

强化两权监督，组织开展全市系统执法监察自查和重点监察，对重点岗位、关键环节和作风建设等3方面9大类27项内容进行监督检查；对群众反映的13件违纪线索进行核实并按照规定进行处理；开展"一案双查"，查实涉及29户企业，经济惩戒6人，批评教育7人(次)。（朱晓芳）

【行政管理】 2013年，太原市国税局贯彻落实《党政机关厉行节约反对浪费条例》等有关规定，开展"三公"经费的压缩和车辆、办公用房清理工作，全市国税系统各单位都贯彻执行到位；加强财务管理，遵守财经纪律，强化财务监督检查和审计工作，全市系统财务管理更趋规范；加强后勤管理，严控费用支出，公务接待费、会议费、车辆费、水电耗能费用等大幅下降，促进节约型、廉价型机关建设；强化目标责任制考核和行政督查督办工作，利用政务交办督办管理平台，全年共督办各类重要事项200多件，对重点工作实施"一事一表"目标责任管理，分解责任，量化考核，确保市国税局重大决策和工作执行落实到位。修订全市系统领导干部调研制度，制定下发切实改进文风的意见，倡导务实作风。强化培训演练，加强服务指导，确保税务综合信息管理系统的上线和平稳运行。组织开展公文专题培训，加强公文审核管理，确保新的《全国税务机关公文处理办法》施行。（朱晓芳）

【年度获得荣誉】 2013年，太原市国税系统的各项工作取得新成绩、新进展。党建工作纪实片"为民情怀"在中组部组织的全国党员教育电视片观摩交流活动中，获得一等奖和"十佳编导作品"；《当前"营改增"试点工作中存在的问题和建议》被国办采用并被国务院领导批示；纳税人涉税风险提示电子书在全省推广应用；《某汽车销售有限公司纳税评估案例》在全省转发，《炼焦行业纳税评估模型》获得2012年度全国百佳行业纳税评估模型；《计算机违规外联管理办法》在全省转发；在全省小企业会计准则抽考中获得全省团体第一名；税收宣传独幕话剧《责任》获得总局第22个税收宣传月优秀项目；全市系统各单位分别取得全国巾帼文明岗、山西省五一劳动奖状、工人先锋号、山西省三八红旗集体、山西省青年文明号等省级以上荣誉50余项。

（朱晓芳）

·地方税务·

【概述】 2013年，太原市地税局贯彻落实党的十八大和十八届三中全会精神，按照省局"1436"工作思路和"落实一个工作主题，服务山西两件大事"的总要求，践行群众路线，狠抓作风改进,完成各项工作目标,被省地税局表彰为2013年度目标责任考核优秀单位。9月,根据《山西省地方税务局关于各市地方税务局增设纳税服务科的通知》,市地税局纳税服务处成立,正科级建制。截至2013年底,市地税局设机关处室13个、直属事业单位5个、直属分局10个,县(市、区)局10个。

(赵 忠 李 莹 尚潇涛)

【组织收入】 2013年，太原市地税系统累计完成各项收入229亿元，同比增长21.92%,增收41.17亿元。其中,税收收入完成212.07亿元，同比增长22.94%,增收39.57亿元;煤炭可持续发展基金完成2亿元；其他规费收入完成14.93亿元。完成地方公共财政预算收入181.69亿元，比上年增长23.78%,增收34.91亿元。

(赵 忠 李 莹 尚潇涛)

【税务稽查】 2013年，太原市地税局开展专项稽查,检查企业247户,查补税款5151万元,入库4784万元,查补规费基金277万元。受理发票违法举报600余起,查处违法企业270户,查补税款158.85万元,罚款52.54万元。联合太原市公安局、国税局集中销毁收缴的各类虚假发票100余种,2400余万份。与公安机关配合查获虚假发票19356份,立案侦察3起,查获非法制假窝点2个，抓获犯罪嫌疑人5名，缴获假公章520余枚、作案机器14台。

(赵 忠 李 莹 尚潇涛)

【纳税服务】 2013年，税收宣传月期间，太原市地税局通过市地税局门户网站举办“局长在线访谈”活动,开展“地税开放日”活动,举办免费税收知识培训26期。参加省地税局组织的“公益微税收”税收宣传活动,全市地税系统6个单位制作的8个宣传作品受到省地税局通报表彰。纳税人学校编写并免费发放纳税人培训教材《税收知识读本》3786本,举办纳税人培训班182期,培训25814人次。纳税人学校网站上传学习视频56个、课件27个,点击量18万余人次。依法减免各类税款20.09亿元，受益企业48698户。中国山西省文化产业博览会期间,落实税收优惠政策支持文化产业发展的做法和成效被《山西日报》纪实报道。办税服务厅纳税服务经验被省地税局在全省地税系统推广。

(赵 忠 李 莹 尚潇涛)

【地税队伍建设】 2013年，太原市地税局组织各类培训156期，培训干部职工4643人(次)。开展干部选学、联合培训和分类送学，分别组织干部到国家税务干部学院、长沙税务干部学院、辽宁税务专科学院、山西财政税务专科学校和浙江大学开展选学培训,培训覆盖面达25%以上。在全省地税系统省级业务能手选拔中，全市地税系统有21人入选,人数为全省地税系统第一。在全省地税系统遴选的30名干部中,全市地税系统有9人入选。

(赵 忠 李 莹 尚潇涛)

【文明创建】 2013年,太原市地税局开展巾帼建功活动,12个集体和16名个人受到太原市妇联表彰。在太原市市直工委组织的职工运动会羽毛球比赛中,女子双打获冠军,女团、男团分获第三名和第六名。代表省地税局参加由山西省省直工委组织的“省直机关迎国庆中国梦优秀文艺节目展演”,情景剧《心愿》赢得现场观众好评，得到省直工委领导的高度赞誉。自筹经费15万元,为娄烦县尹家窑村购置农机设备,帮助春耕,协助完成水利管道与温室蔬菜大棚配套建设工程。市地税局获市级“模范先进单位”称号,并再次被市委授予“文明单位标兵”称号。市地税局直属一分局被山西省总工会评为“山西省职工职业道德建设标兵单位”,并获“山西省五一劳动奖状”。

(赵 忠 李 莹 尚潇涛)

【“金税三期”上线】 2013年5月,小店区地税局被山西省地税局确定为“金税三期”上线工作试点。太原市地税局成立工作组,并先后制订《太原地税“金税三期”双轨试运行工作方案》《太原地税“金税三期”单轨上线工作方案》《太原地税“金税三期”工程应急方案》等一系列制度。上线准备期间,市地税局先后完成搭建系统运行环境、系统初始化、数据清洗迁移、组织操作培训等关键环节工作。6月26日,“金税三期”系统在小店区地税局率先实现小双轨试运行。10月8日,“金税三期”系统在全市地税系统成功上线运行。截至2013年底,市地税局应用的“金税三期”系统包括:核心征管系统,由征管基础业务、法规业务、计会票证业务、所得税业务、规费基金业务、稽查业务、契税和耕地占用税及相关业务组成;个人所得税管理系统;决策支持1包,由计会统报表、征管状况监控分析、征管电子档案组成;国家总局保留系统，由公路内河货物运输发票和财税库银横向联网电子缴税两个系统组成;山西本地特色软件,由机打发票系统、网上申报系统、自助办税终端、电子缴税系统组成。

(赵 忠 李 莹 尚潇涛)

【“营改增”工作】 2013年8月,营业税改征增值税(简称“营改增”)在全国范围内试点行业实施。交通运输业、研发和技术服务、信息技术服务、文化创意服务、物流辅助服务、有形动产租赁服务、鉴证咨询服务、广播影视服务行业营业税改为增值税。截至2013年底，太原市地税系统向市国税部门移交纳税人8160户,其中,交通运输业1179户,部分现代服务业6924户。市地税局通过政策效应分析、逐户摸清历史欠税、强化票证管理等手段,强化后续管理,保证地方税费收入。"加强国地税协作,强化对国税局代开发票的地方税费征管"的经验材料经省地税局《要情反映》刊载供全省地税系统借鉴。（赵 忠 李 莹 尚潇涛）

【省委巡视二组对太原市地税系统进行巡视】 2013年1月6日~7日,以李锐锋为组长的省委巡视二组,就基层税务机关贯彻党的路线方针政策和省委、省政府的重大决策部署,以及在党风廉政建设、干部任用、队伍建设、作风建设等方面情况对太原市地税系统进行巡视。1月6日,省委巡视组在省地税局党组成员、总会计师薛延孝的陪同下,对市地税局工作进行巡视,在听取市地税局党组书记、局长靳世豪的工作汇报后,对市地税局近年来工作给予肯定。1月7日,省委巡视组在省地税局党组书记、局长卢晓中的陪同下,到娄烦县地税局巡视,对该局组织税收收入、政风行风建设、文明创建等方面工作给予肯定。

（赵 忠 李 莹 尚潇涛）

【刘建光就2012年目标责任完成情况对市地税局进行考核】 2013年1月9日,山西省地税局党组成员、副局长刘建光率省地税局2012年度目标责任考核组,就太原市地税局2012年度目标责任完成情况进行考核。刘建光在讲话中指出,实施年度目标责任考核是省局按照省委要求,不断提升各市地税机关工作水平,促进工作落实,推动全省地税科学发展的重要方法,并代表省地税局党组对市地税局2012年在班子建设、队伍建设、征管流程再造、地税文化建设等方面取得的成绩和工作亮点给予肯定。考核期间,刘建光代表省地税局党组慰问市地税局退休干部和全市地税系统基层干部职工。

（赵 忠 李 莹 尚潇涛）

【卢晓中到阳曲县地税局慰问】 2013年1月17日上午,山西省地税局党组书记、局长卢晓中率省地税局办公室主任尉子旺、人教处处长谢跃、基层处处长常国栋,到阳曲县地税局泥屯税务所、黄寨税务所和办税服务大厅进行慰问。卢晓中代表省地税局党组为一线干部职工送去慰问金,并向干部职工及家属送去节日的问候。在泥屯税务所和黄寨税务所与干部职工座谈时,卢晓中详细询问管户规模、组织收入、政治业务学习情况,走进职工食堂和休息室了解职工日常生活。在与阳曲县地税局领导班子和中层干部座谈时卢晓中指出,要紧紧围绕全面建成小康社会的宏伟目标和山西省转型跨越发展的具体要求,继续凝心聚力,全面落实今年各项目标工作,既要讲数量,又要讲质效。

（赵 忠 李 莹 尚潇涛）

【宋兰到杏花岭区地税局慰问】 2013年1月24日,国家税务总局党组成员、副局长宋兰在山西省地税局党组书记、局长卢晓中,太原市局党组书记、局长靳世豪的陪同下,在杏花岭区地税局慰问。宋兰视察该局办税服务厅,了解窗口设置、办税流程及管户管理、纳税服务等方面情况后,对该局纳税服务工作给予肯定。在实地了解抄报机应用后,宋兰就加强纳税评估、税收预警、房地产行业税收管理等工作与该局主要负责人和一线税干现场探讨交流。宋兰对杏花岭区地税局工作给予高度评价,指出该局在收入规模、工作管理、办税服务厅建设等方面做得扎实有效,并代表国家税务总局党组向工作在地税一线的干部职工及家属表示新春的祝福和问候。

（赵 忠 李 莹 尚潇涛）

【李晋峰到市地税局调研指导】 2013年3月21日,山西省地税局副局长李晋峰带领省地税局办公室主任尉子旺,税政二处处长尹也强等人组成的调研组,就学习宣传贯彻党的十八大精神大宣讲、大培训、大调研活动开展情况在太原市地税局调研指导。在万柏林区地税局滨河税务所,李晋峰在视察办税场所、查阅笔记心得、了解管户管理情况,对基层一线单位学习宣传贯彻党的十八大精神情况给予肯定。在美丽家园装饰广场,他了解商户经营情况,与企业负责人和财务人员座谈,听取面临的形势和困难,鼓励纳税企业要准确把握市场趋势,超前谋划,走出一条民营企业可持续发展的路子。在市地税局座谈时,李晋峰对市地税局近年来所做的工作给予充分肯定,并围绕学习宣传贯彻十八大精神和落实"两会"精神提出要求。

（赵 忠 李 莹 尚潇涛）

【王军到小店区地税局调研】 2013年8月1日,国家税务总局党组书记、局长王军在山西省地税局党组书记、局长卢晓中,太原市地税局党组书记、局长靳世豪及小店区党委和政府主要领导的陪同下,就"金税三期"工程试点准备和"营改增"试点启动情况在小店区地税局调研。王军在该局办税服务厅了解硬件配备和窗口设置,询问"金税三期"试点工作和双轨运行工作进展情况,对该局试点工作给予肯定。在了解小店区地税局"营改增"工作情况后,王军指出,当前部分纳税企业对"营改增"不理解,要通过加快推进试点工作,让越来越多的纳税人认识到和感觉到"营改增"的好处,要通过试点的推广,在全国形成一个完整的抵扣链条,使不同地区的纳税人充分享受政策带来的利益。

（赵 忠 李 莹 尚潇涛）

【李满胜就"六五"普法中期工作进行督导】 2013年8月27日,山西省司法厅党委委员、副厅长,山西省依法治省办公室领导组成员李满胜,在省地税局党组成员、总经济师马爱峰，太原市地税局党组书记、局长靳世豪的陪同下，就市地税局“六五”普法工作进行中期督导。李满胜在市地税局办税服务厅通过查看资料、与纳税人交谈等方式，详细了解市地税局在依法治税、法制宣传以及对干部职工法制教育等方面的情况。他对市地税局在“六五”普法期间所做的工作给予充分肯定，对推进依法治税、优化政务环境、简化办税服务流程等方面工作给予高度评价。

(赵　忠　李　莹　尚潇涛)

【耿彦波到市地税局调研】 2013年11月8日，太原市委副书记、市长耿彦波在市地税局党组成员的陪同下，在市地税局办税服务厅采取边视察、边听取汇报、边了解困难、边研究工作的形式，就纳税服务和税收收入情况调研。市地税局党组书记、局长靳世豪结合市地税局“贴近群众、服务群众”活动，介绍办税流程再造和优化纳税服务有关工作；汇报2013年前10个月全市地税系统组织收入、管理创新、队伍建设等方面情况，并对后两个月的税收收入形势进行分析。耿彦波对市地税局工作给予肯定。他指出，地方税收是太原财政的重要组成部分，也是衡量区域经济发展情况的重要指标。2013年前10个月，太原地税系统面对宏观经济下行压力加大的状况，依法治税，挖潜堵漏，保持税收收入稳步增长，为壮大地方可动用财力做出贡献。耿彦波在听取后两个月收入分析后强调，要继续坚持依法治税，杜绝虚收探收，在继续加大征收管理力度的同时，更要注重涵养税源，听取纳税人的意见和建议，解决纳税人在办税过程中遇到的困难。

(赵　忠　李　莹　尚潇涛)

【薛延孝对工作目标责任完成情况进行考核】 2013年12月30日，由山西省地税局党组成员、总会计师薛延孝带队，省地税局煤炭基金征收管理处赵荣庆处长为组长的省地税局目标责任考核组一行5人，对太原市地税局2013年度工作目标责任完成情况进行考核。薛延孝在考核大会上指出，开展年度目标责任考核是省地税局按照省委、省政府要求，检验工作成果、了解基层情况的重要举措。他强调，要坚持原则、实事求是，充分发挥考核的作用。市地税局党组书记、局长靳世豪按照省局“3+1”的要求，代表市地税局班子及个人履职情况作报告，总结2013年市地税局取得的成绩，客观分析存在的不足，并提出对应措施和目标。大会民主测评结束后。薛延孝代表省地税局党组分别对退休老干部和基层税务所进行慰问。

(赵　忠　李　莹　尚潇涛)

CAIZHENG SHUIWU

金　融

·银行业监管·

【概述】 2013年，面对经济下行的压力及复杂多变的金融形势，山西省银监局围绕银监会党委各项工作部署，坚持底线思维，发扬实干精神，强化风险监管，支持实体经济，推动改革发展，提升监管效能，各项工作取得成效。

【支持实体经济】 调整信贷结构，支持转型综改试验区建设。加强监管引领。2013年，山西省银监局出台《推进银行业支持转型综改试验区建设及支持实体经济发展促进经济结构调整和转型升级实施意见》，建立银行业机构支持转型综改区建设情况定期报告通报制度，推动经济结构调整和产业升级。加大主导行业信贷投入。煤炭、焦化、电力、交通、冶金及装备制造业等主导行业贷款比年初增加769亿元，增长9.62%，占全部新增贷款的43.5%。银行业固定资产贷款新增453亿元，占全部新增贷款的25.6%，支持基础设施等固定资产项目建设，确保重点工程信贷需求。化解产能过剩。印发《化解产能严重过剩矛盾推进绿色信贷工作通知》，引导银行业树立社会责任意识，推进和倡导绿色信贷工作。银行业金融机构通过绿色信贷项目，实现节能减排总量11765万吨。

加强监管引领，强化“三农”金融服务。加强监管考核。贯彻中央1号文件，出台《加强和改进农村金融服务工作实施意见》，协调落实税收减免和财政奖补3亿元。建立季度考核通报制度，督促实施“三大工程”，支持农业产业化龙头企业、农民专业合作社等重点领域。引导创新信贷方式。开发产业链信贷产品，创建“信用+(资产+经营+合作)”“1+3”授信模式，开展农机补贴质押贷款，扩大林权抵押贷款规模，试点开展农村土地流转贷款。支持延伸服务网络。全省新设县域银行业分支机构27个，批准新设村镇银行8家。指导银行业金融机构设立便民服务点、金融服务便利店、农金服务站、助农取款服务点等，增设ATM机、POS机等，为县域和农村地区提供多样化金融服务渠道，实现基础金融服务具备装机条件行政村覆盖85%以上。

完善扶持政策，改进小微企业金融服务。加强宣传。开展小微企业金融服务宣传月活动，多次召开小微企业金融服务推进会和座谈会，宣讲小微企业金融服务政策，交流和推广小微信贷工作经验。完善政策。配合省政府出台两批27项支持中小微企业的政策措施，与财政厅、中小企业局共同研究制定贷款风险补偿办法，组织做好申报工作。强化监测。统一小微企业贷款统计口径，按月统计监测小微企业金融服务情况。差别监管。允许符合条件的银行业金融机构一次筹建多家小微专营支行，新设小微企业专营支行16家，拓宽小微企业金融服务覆盖面，全省小微企业贷款实现“两个不低于”目标。

【重点风险防控】 缓释平台贷款风险。建立全口径风险监测制度。2013年，山西省银监局全面监控政府融资平台信贷和非信贷融资情况，督促相关机构压降平台贷款规模。推动政府融资平台正常还款。建立平台贷款到期及偿还情况台账，加强月度监测，督促制订还款方案。抓平台贷款合规性。开展融资平台“退出类”贷款大户和新增贷款最大客户检查，促进平台贷款规范管理。

防控重点行业信贷风险。完善工作机制。建立十大行业及集团客户信贷风险监测通报制度，制定重大信贷风险应急处置预案，完善最大债权行牵头负责制，解决多头授信情况下的银行债权维护和风险维护问题。做好分析研判。开展煤焦钢铁行业、钢贸行业、焦化等产能过剩行业及全省主导行业20大企业集团信贷融资情况调研,研究采取对策,应对贷款风险。加强重点企业信贷风险监测处置。针对某民营煤炭集团资金链紧张舆情,先后6次召开专题座谈会议及协调会,交流沟通情况,研判通报风险。确定最大债权行牵头形成战略联盟,共同做好风险监测、分析研判、债权维护等工作。

加强表外业务风险防范。建立统计制度。建立理财业务和银信、银证、银保合作等8类业务统计监测制度,按月监测分析,及早提示风险,跟进监管。加强督促检查。督促法人机构落实银监会8号文各项要求,清理规范理财"资产池",各法人机构理财资金投资"非标"资产比例9月末达标。开展风险排查。组织开展银信合作业务现场检查和信托业务全面风险排查,逐笔制定关注类信托项目风险处置预案。协调处置风险。与省保监局建立联动监管机制,联合印发应急处置指导预案。3次召开会议指导分局和银行邮政机构细化应对流程,严防代销寿险业务满期给付和集中退保风险。

前瞻应对流动性风险。加强分析研判。针对所谓"钱荒"现象,第一时间召集辖内29家主要银行业金融机构召开3个专题会议,分析研判流动性形势。印发加强银行业流动性管理的通知,提出监管要求,防控流动性风险。开展压力测试。组织开展银行业流动性压力测试,全省范围内通报测试结果,要求各银行业机构完善流动性管理预案,前瞻性加强资产负债管理、资金业务和头寸管理。实施差别监管。印发《关于加强农村合作金融机构流动性风险管理的通知》,要求农村合作金融机构加大流动性风险监测力度,完善情景设计和测试技术,持续开展压力测试,建立健全应急处置预案。

严密布控操作风险。狠抓问题整改。制订实施《山西银行业案件问题分析整改指导意见》,指导银行业金融机构剖析案发原因,整改案件问题。强化行为监督。开展"两打一防"和"高管谈案防"活动,全省银行业机构排查员工110969人,排查面达92%,对异常行为员工给予纪律处分或重点关注。严格责任追究。调查督导银行业案件和风险事件,督促涉案机构严肃处理案件责任人,迅速处置案件风险事件。

持续盯防房地产贷款风险。实施动态监测。建立房地产贷款统计监测台账和风险防范情况报送机制,按月跟踪监测房地产开发贷款偿还情况及个人住房和商用房贷款逾期情况。组织检查测试。组织全省银行业机构开展房地产贷款压力测试,并在全省范围内实施房地产贷款真实性现场检查,防范调控政策从紧可能导致的信贷风险。监督政策执行。开展专项调查,督促银行业贯彻落实国家房地产调控要求、执行差别化房贷政策。

【银行业改制改革】 引导民间资本进入银行业。2013年,山西省银监局贯彻银监会鼓励和引导民间资本进入银行业实施意见,支持引导符合条件的民营资本参与城商行和农信社的重组改制,支持自然人和民营企业参与村镇银行发起设立或增资扩股。全省自然人和民营企业等民间资本进入地方法人机构累计229亿元,持股84.5%。

推进农信社改制改革。推动省联社科学履职。督促省联社进一步规范行业管理,强化服务功能。指导省联社开发上线新版信贷管理系统,有效夯实贷款质量分类基础。推进高风险社改制。实施高风险社处置与机构自身绩效考核、监管部门市场准入及相关高管履职效果"三挂钩",探索创新改制模式,促使高风险社主动改制。2013年,成功改制农商行6家,有序推进11家高风险社重组改制,处置不良资产56.36亿元。促进农商行差异发展。指导省联社制定农商行差别化行业管理办法,淡化行政管理。建立实施标杆银行制度,推动提升农村合作金融机构整体发展水平、核心竞争力和社会形象。对2家标杆银行给予一定监管弹性,支持其开展金融创新。

推进城商行风险处置和转型发展。消化历史包袱。督促晋中银行全力处置历史包袱,6月末退出重点关注行;大同商行通过清收、核销累计处置逾期及不良贷款6.12亿元,完成风险处置;指导阳泉商行加快增资扩股、真实暴露风险,风险处置工作推进。完善公司治理。督促大同商行、长治银行选聘行长,指导晋商银行、晋中银行、长治银行增配董事会、监事会人员,完善公司治理结构。提升核心竞争力。支持晋中、长治商业银行更名,提升品牌形象和竞争优势。指导城商行在产品结构、服务方式、管理流程、企业文化等方面加强特色化建设,加快差异化发展,提高核心竞争力。

支持村镇银行稳健发展。争取政策倾斜。多方沟通,汇报,争取银监会政策倾斜,初审同意3家主发起行批量发起设立20家村镇银行。加强监管联动。注重与村镇银行主发起行及其主监管局的联动,促使发起行在村镇银行人才培育、系统建设和流动性支持等方面发挥作用,提升风险管理能力。开展新型农村金融机构审慎监管会谈72次,传达监管政策,督促强化属地监管职责。规范增资扩股。对合规营运一年以上且符合相关监管要求的村镇银行,鼓励和支持其适度增资扩股,进一步增强资本实力和运营能力。

全面提升网点服务水平。指导省银行业协会启动"山西银行业营业网点服务标准建设年活动",要求银行业金融机构制定网点达标计划,力争三年内全省80%的网点达标。中国银行业协会在太原召开全国银行业文明规范服务百佳千佳示范单位现场会暨公众开放活动，肯定山西银行业文明规范服务。改进节假日银行网点服务工作，试行“节假日弹性”工作制。

支持大型企业集团设立财务公司，太钢集团、同煤集团财务公司正式开业。山西省第二家外资银行渣打银行太原分行正式开业。

【监管效能提升】 实施监管规划。山西省银监局制定实施提高银行业监管有效性中长期规划2013年工作要点和行动计划，确定组织架构、质量评价机制、专业化风险监管支持团队、支撑服务体系建设、监管政策制定机制、监管方法优化、违规问题持续纠改等工作内容，全面加强监管有效性建设。开展年中评估，统领并推动全局重点工作有序推进，持续提升监管有效性和银行业机构防控风险的内生动力。

优化监管机制。省银监局调整监管处室设置，设立信息科技监管处。制定实施加强监管联动提升监管综合效能的指导意见，开展专题研讨和实施效果后评估，发挥协同效应，增强监管合力。成立跨部门工作、行政许可、现场检查、非现场监管、资本监管等专门工作小组，统筹协调专项工作，提升综合监管和重大专项工作攻关能力。制订《银行业消费者投诉处理流程》，明确金融消费者权益保护工作职责。理顺工作机制，将处置非法集资领导组办公室职能正式移交地方政府。支持山西金融工会筹建。

提升监管质效。讲究准入工作科学性。省银监局改进机构设立规划监管，强化新设机构风险控制与服务状况的后评价。规范行政许可委员会会议，审议行政许可事项551件。强化机构监管与功能监管部门之间的协作，实行准入“四挂钩”，持续监管行政许可事项。注重非现场监管前瞻性。加强统计数据的应用，做好月度、季度分析工作，提升风险识别和早期预警能力。开展数据统计分析竞赛，提高非现场监测分析水平。完善农村中小金融机构上下联动监管台账信息系统，实现多级监管部门对同类法人机构监管的步调一致。增强现场检查实效性。加强现场检查统筹协调，围绕方案制定、过程控制、问题整改三个重点环节，提升现场检查质量。统筹人力资源，集成骨干力量攻坚重点项目。坚持查中沟通交流，增强突破能力。加强事后总结，做好现场检查项目评估，强化责任追究。

数据质量监管。开展统计数据质量现场检查和外部评估，督促问题整改，推动数据质量提高。开展非现场监管统计数据应用分析竞赛。加强培训指导，提高非现场监管报表等填报水平。加强数据审核，按季通报数据质量。强化解锁管理，规范错漏报表解锁流程，数据质量提升。推广实施新资本充足率统计制度、房地产贷款风险统计新制度、客户风险新制度、绿色信贷统计制度，完成非现场监管统计系统升级。

改进监管服务。推动实施与司法部门的合作机制。与省高院、省银行业协会联合召开公布失信被执行人名单信息若干规定新闻发布会，推进信用体系建设。加强银行业机构与司法机关的配合与协作，加快司法网络平台建设和积案清理工作。完善银行业电子政务体系。完成金融专网改造，建设覆盖全省170多家基层机构的电子公文传输系统。开展公众教育服务活动。组织银行业金融机构围绕个人贷款、银行卡、银行理财等，开展“金融知识进万家”宣传活动，刊发银行业保护消费者权益文章，录制“银行行长谈消保”专访，提高公众金融素质，提升监管机构和银行业的良好社会形象。

【强化内部管理】 2013年，山西省银监局强化内部管理。开展党的群众路线教育实践活动。围绕“学习教育、听取意见，查摆问题、开展批评，整改落实、建章立制”三个环节，深刻剖析“四风”方面的问题，制定“两方案一计划”，提升金融服务实体经济和消费者能力、监管服务银行业能力、省局服务基层能力、领导干部服务群众能力。加强干部队伍建设。探索有效的中心组学习方式，加强思想政治建设。组织开展正处级领导职务竞争上岗，加大干部交流力度，优化干部结构。组织两期处级干部学习贯彻十八大精神轮训班及第四期处级干部党校培训班，创建学习型银监局。改进内部管理。修订工作规则，提升办文、办会、办事规范性。完善政务督办及考核机制，有效推动重点工作任务落实。开展调研，建立新闻宣传协作机制，加强舆情监测应对，做好政务公开工作，强化维稳应急管理。夯实财务基础，加强后勤保障，为监管中心工作提供支撑。加强廉政建设。出台《山西银监局贯彻落实改进工作作风密切联系群众八项规定的意见》，加强全局系统作风建设。建立经济责任审计工作联席会议制度，搭建经济责任审计信息运用的共享机制。组织开展廉政文化示范点创建活动，编制《山西银监局廉政风险防控工作手册》。加强内部监督检查，改进巡视工作，开展执法监察和效能监察。开展政风行风评议活动，自觉接受监管对象和社会公众的监督。

·中国人民银行太原中心支行·

【概述】 2013年，中国人民银行太原中心支行贯彻执行稳健的货币政策，促进融资规模合理增长和融资结构不断改善,支持山西经济转型发展;加强金融风险监测和防控,维护辖区金融稳定;推进金融改革和创新,拓展金融服务社会功能,全面提升金融服务与管理水平。截至2013年底,全市金融机构本外币各项贷款余额7222.35亿元,同比增长11.94%;各项存款余额9948.51亿元,同比增长10.82%。

(张　杰)

【货币政策】 2013年,中国人民银行太原中心支行执行稳健的货币政策,支持山西经济转型发展。根据货币政策要求和山西转型发展的战略部署,人民银行太原中心支行以支持转型综改试验区建设为主线,以深化"十项重点推进"工作为抓手,综合运用窗口指导、存款准备金、再贷款、再贴现等货币政策工具,科学调控信贷总量与结构,加强和改善流动性管理,促进货币信贷和社会融资规模平稳适度增长,支持山西经济转型发展,执行稳健货币政策的前瞻性、针对性,有效性提高。

2013年,中国人民银行太原中心支行研究出台《关于金融支持山西省重点工程项目建设指导意见》《关于山西省借助银行间市场加快债务融资工具发展的指导意见》,制定实施人民银行支持转型综改专项改革任务实施方案和信贷评估实施方案,明确金融支持的方向和重点,引导金融机构加大信贷投入,优化信贷结构,加强对重大项目、转型项目、"三农"和小微企业的支持力度。

推进金融创新,召开全省创新融资模式服务实体经济推进会,鼓励金融机构结合自身特点,创新金融产品和服务,在一定程度上解决贷款同质化问题,体现差异化的金融服务。发展直接融资,与省政府、中国银行间交易商协会签署推进债券融资业务发展《三方合作备忘录》,举办全省债务融资工具培训班,支持企业通过发行短期融资券、中期票据、资产支持票据等融资工具进行融资,拓宽企业融资渠道,缓解资金供求矛盾。

加强跨境人民币业务宣传培训,优化银行审核流程,推进跨境人民币结算业务快速发展。开展信贷政策导向效果评估工作,完善评估办法,做到货币信贷政策与转型综改战略相结合,支持重点项目与扶持民生薄弱环节相结合,货币信贷政策与区域产业政策相结合。

推进地方金融机构改革,协调政府和有关部门,妥善解决浮山农村信用联社历史遗留问题。配合太原市政府对二套房实施首付65%的利率差别化房地产调控政策。会同省政府连续四年对信贷政策实施效果突出的金融机构予以通报表彰和奖励,调动金融机构的积极性,促进信贷政策的有效传导,增强中央银行宏观调控的效能。

(张　杰)

【金融稳定】 2013年,中国人民银行太原中心支行加强金融风险监测与防控,维护辖区金融稳定。坚持全面监测与重点防控相结合,分析评估与风险预警相结合,全面掌握辖区金融风险状况,重点加强对跨行业、跨市场业务和地方法人金融机构的风险监测与评估,确保不发生系统性、区域性金融风险。创新金融风险监测方式,开发完成涉及6大类23个监测项目的山西省金融风险监测系统,将辖内银证保、准金融机构、金融市场、表外业务、融资平台、民间融资等纳入风险监测范围。在论证和模拟测试的基础上,举办系统业务培训9期,培训人员4100人。

开展金融稳定评估工作,组织完成山西省金融稳定报告,开展对农业银行山西省分行理财业务稳健性专项现场评估。落实金融稳定工作协调制度,完善与当地经济部门、各监管部门的信息交流和沟通机制,完成与山西证监局签订《合作备忘录》准备工作。加强金融稳定再贷款管理,对4家中心支行及7家县支行再贷款管理情况进行现场检查,推进金融稳定再贷款损失认定工作,有效维护中央银行债权。深化"两管理、两综合"工作,促进金融机构稳健经营、防范风险。加强新设金融机构开业申报管理,建立规范、全面、配套的制度体系并形成长效机制。落实新设机构首次会谈制度,履行告知义务,促进申报工作规范。2013年,共接收辖内88家新设金融机构的开业申报,累计申报事项438项。组织全省人民银行开展对邮政储蓄银行、农村信用联社的综合执法检查。完成对全省银行业金融机构的综合评价工作,向辖内26家银行业金融机构通报综合评价结果,并向其上级机构和省政府进行反馈,促进金融机构风险防范水平的提高,增强人民银行履职效能。

(张　杰)

【外汇管理】 2013年,中国人民银行太原中心支行加强和改进外汇管理与服务,全力支持全省涉外经济健康稳步发展。出台《国家外汇管理局山西省分局关于支持辖内海关特殊监管区域发展的指导意见》,联合省商务厅等部门制定《促进外贸稳增长调结构具体措施》《关于促进山西省企业"走出去"开展跨国经营的指导意见》。推进服务贸易和货物贸易外汇管理改革,简化外债登记管理,落实简政放权要求,拓宽企业融资渠道,支持贸易投资便利化。启动实施跨境资金流入"专项监测—异常跟踪—违规查处"运行机制,采取约见谈话、风险提示、分类管理等措施,强化对重点地区、法人银行和大型外资企业的监管和指导,有效防范异常跨境资金流入。创新外汇主体监管方式,按照抓大放小的原则,实施"重点主体外汇全情通工程",达到以点控面的效果。创新外汇检查方式,山西省银行数据分析利用工作在全国会议上做经验交流。加强国际收支申报统计工作，全省98%的涉外企业实现网上申报。资本项目管理信息系统顺利上线。组织开展外汇业务合规性检查和转口贸易、个人外汇业务专项检查，严肃查处违法违规行为。全年共立案45起，结案47起。（张 杰）

【支付体系建设】 2013年，中国人民银行太原中心支行推进支付体系建设。巩固小额支付转账电话“村村通”工程、银行卡助农取款服务“两个全覆盖”成果。全省农村地区累计布放受理终端6.32万台，村均2.3台；累计完成助农取款服务259万笔、金额8.87亿元。推进农村地区手机支付试点工作。顺利完成中央银行会计核算数据集中系统和二代支付系统在全省的上线工作。加强支付结算业务监管，完成对全省308个金融机构的支付结算综合执法检查，开展预算单位账户及银行卡收单业务专项检查。规范非金融支付机构管理，整顿支付服务市场，防范支付业务风险。全面完成个人存款账户信息真实性核实工作。完成银行卡刷卡手续费标准调整工作。促进晋旅卡、福农卡等特色银行卡推广应用，打击银行卡违法犯罪行为。支付清算系统保持安全稳定运行，深化支付清算数据挖掘分析工作。（张 杰）

【货币金银管理】 2013年，中国人民银行太原中心支行加强现金收支分析预测，合理摆布、灵活调拨发行基金，保证全省现金供应，促进市场券别结构不断优化。加大残损人民币回收力度，较好完成残损币清分、复点、销毁任务，提高流通中人民币整洁度。采取常规查库与突击查库相结合、现场检查与非现场检查相结合、交叉检查与联合排查相结合的方式，检查全省发行库64次，确保发行库安全。督促金融机构履行社会责任，提高现金服务质量，对330个银行网点现金收付业务进行检查。以假币“零容忍”为目标，加大专项治理工作力度，推进银行对外支付现金全额清分和ATM机冠字号码查询，实施金融机构假币浓度通报制度，推动反假货币工作不断深入。（张 杰）

【履行经理国库职责】 2013年，中国人民银行太原中心支行履行好经理国库职责。制定国库会计数据集中系统业务处理办法和操作指南等规章制度，严格抓好落实，提升国库会计核算质量。加强国库监管，对50%的中心支库和100%的县支库进行实地业务检查。推行县支库跨区整体移位管理、国库主任上岗作业和参与对账制度，全省30%的县支库进行整体移位。坚持由人民银行直接办理国库集中支付业务，维护人民银行经理国库职责，受到总行肯定。深化国库直补工作，创新开展国库拥军直补，全年累计支付各类政府补助资金453万笔、28.6亿元，《人民日报》《解放军报》对此予以报道，《求是》杂志理论网刊登山西省经验做法。制定实施《山西省国债业务维权管理办法》，开展国债维权、国债催兑和国债知识宣传，中央电视台予以报道。（张 杰）

【社会信用体系建设】 2013年，中国人民银行太原中心支行推进中小企业和农村信用体系建设，为5.46万户中小企业和381万户农户建立信用档案，其中有5046户中小企业累计获得银行贷款3078亿元，208万户农户累计获得贷款707亿元。推动农村青年信用示范户工作，录入2.8万户青年信用户资料，其中324名青年获得贷款3512万元。征信系统建设和服务规模扩大，共为全省21.8万户企业和1460.3万自然人建立信用档案，商业银行借助系统拒绝有潜在风险的贷款146亿元。规范征信业务活动，组织全省开展《征信业管理条例》贯彻落实情况专项检查。创新征信宣传模式，举办为期三个月、具有山西特色的征信宣传活动。（张 杰）

【反洗钱业务】 2013年，中国人民银行太原中心支行贯彻风险为本的监管理念，对142家金融机构进行反洗钱监管评估，对18家新设金融机构进行现场核验，对7家财务公司和5家村镇银行进行走访摸底，对90家金融机构进行现场检查，对8家金融机构进行后续跟踪检查。落实法人监管制度，出台关于做好地方法人机构反洗钱工作的指导意见。组织开展“5C评估标准”试点和金融机构编码申请工作。推进山西证券可疑交易报告综合改革试点工作。开展反洗钱调查，加强洗钱风险提示和洗钱类型研究，对58份重点可疑交易线索进行甄别和移送。加强反洗钱合作，与山西省税务部门签署反洗钱《合作备忘录》。组织开展大规模反洗钱宣传培训活动。（张 杰）

【统计研究】 2013年，中国人民银行太原中心支行开展全省金融统计执法检查，促进制度落实和数据质量提高。完成山西省县域法人金融机构新增存款一定比例用于当地贷款考核工作，受到人民银行总行表扬。拓宽中小金融机构统计管理信息系统应用范围，将村镇银行、财务公司逐步纳入系统。强化社会融资规模统计分析。推进金融业综合统计和标准化工作。深化金融家问卷调查工作，形成山西省特有的涵盖银、证、保领域的问卷调查制度。全省经济金融时间序列数据库系统初步建成。加强信息调研工作，深化特色研究和专题研究，完成上级行安排的各类调研任务。组织全省人民银行完成重点研究课题33项。举办金融支持山西综改试验区建设征文活动。《山西省金融志》编纂工作正常有序开展。（张　杰）

【金融科技】 2013年，中国人民银行太原中心支行自主开发的互联网集中管控智能分析系统，顺利通过人民银行科技成果技术鉴定。完成办公网保密技术安全产品、银行业金融机构代码证发放、金融领域安全IC卡与移动支付应用等总行试点任务。推广小微金融机构专用接入平台应用。牵头完成网管监控系统需求及技术方案评审，在全国会议上做经验交流发言。落实办公网分级保护要求，在全国人民银行系统率先通过国家保密局测评验收。推动金融IC卡应用，做好技术标准符合性和系统安全性审核，指导晋中市金融IC卡在公交行业率先应用，完成金融IC卡电子现金跨行圈存推广工作。加强行业指导和协调，落实金融机构信息编码和金融标准化工作，组织开展信息安全检查，确保业务网络和信息系统安全可控。（张　杰）

【金融消费者权益保护】 2013年，中国人民银行太原中心支行制定实施全省人民银行金融消费者权益保护工作管理办法、考核实施细则和监督检查手册。对吕梁市辖区人民银行金融消费权益保护工作开展情况进行检查，对太原市8家国债承销机构国债业务维权工作进行专项调查。开展个人金融信息保护执法检查工作。探索开展金融消费权益保护评估工作。组织开展“3·15”金融消费权益专题宣传活动和“金融知识普及月”系列活动。收集、整理金融消费权益保护典型案例，开展消费者金融素养问卷调查活动。做好金融消费者投诉咨询处理工作，制定处置突发性群体投诉事件应急预案。2013年，全省人民银行系统共受理消费者投诉273件、咨询1662件，均处理完毕，投诉人满意度100%。（张　杰）

【金融党建工作】 2013年，中国人民银行太原中心支行聚焦“四风”问题，开展党的群众路线教育实践活动。按照中央和总、分行党委统一部署，研究、周密安排，班子成员发挥带头作用，促进全行上下齐抓共管、密切配合、整体联动，开展党的群众路线教育实践活动。贯彻落实中央“八项规定”，推进作风建设。研究出台《关于贯彻落实改进工作作风、密切联系群众八项规定的实施办法》，制订实施《关于厉行勤俭节约反对铺张浪费的紧急通知》。加强对贯彻落实“八项规定”情况的监督，将其作为党风廉政建设和反腐败工作的重要任务，与党风廉政建设工作同部署、同检查、同落实、同考核，确保中央“八项规定”及实施细则落到实处。坚持求真务实，反对形式主义，精简会议和文件，提倡开短会，开视频会议。全年行、办发文同比减少9.4%；累计召开电视电话会议26次，同比增长1倍。公用经费支出同比减少353万元，减少6.17%。坚持艰苦奋斗、勤俭节约，杜绝费用开支上的浪费行为，抓好节能减排工作。落实领导干部调查研究工作制度，班子成员年内平均有一个多月的时间深入基层，解决基层干部群众反映比较强烈和急需解决的问题。围绕金融支持山西经济转型、支持“三农”、加强基层党组织建设等工作热点、难点问题，班子成员撰写29篇调研报告，提出政策建议110多条，为科学决策提供有力支撑。（张　杰）

【银行间市场融资业务报告会暨《三方战略合作备忘录》签约仪式】 2013年3月11日，中国人民银行太原中心支行、山西省金融办、中国银行间市场交易商协会，在中国人民银行太原中心支行联合举办银行间市场融资业务报告会暨《三方战略合作备忘录》签约仪式。太原中心支行党委书记、行长赵志华，党委副书记、副行长毛德君，中国银行间市场交易商协会副秘书长曹子娟，省金融办、发改委、经信委、财政厅相关负责人，各市金融办负责人、全省银行业金融机构分管行领导、信贷部门负责人，部分大中型企业负责人共计150余人参加签约仪式，山西省政府副省长王一新应邀出席。

报告会中，中国银行间市场交易商协会市场创新部主任袁沁敔，从当前银行间市场新产品、新制度、信息披露制度等几个方面，将债务融资工具市场发展最新进展情况向与会代表进行详细讲解。报告会后，中国人民银行太原中心支行、山西省金融办、中国银行间市场交易商协会三方签署《借助银行间市场助推山西省经济发展合作备忘录》，明确三方在各自职责范围内，密切沟通、强化协作、规范市场发展，加强对实体经济的服务，推动山西经济转型跨越发展。（张　杰）

【山西省钱币学会第四次会员代表大会】 2013年7月31日，山西省钱币学会第四次会员代表大会在太原召开。中国钱币学会副理事长兼秘书长李明等100余人参加会议。会议审议第三届理事会工作报告。经过投票表决，选举产生新的理事会、学术委员会等机构，中国人民银行太原中心支行副行长王小平当选为新一届理事会理事长。（张　杰）

【中国人民银行总行现金管理工作调研组到晋调研】 2013年9月16日，由中国人民银行总行条法司、货币金银局、反洗钱局相关人员组成的现金管理工作调研组到山西进行调研。16日上午，总行调研组在太原中心支行召开座谈会。座谈会主要围绕现行现金管理制度执行情况、现行现金管理制度设计存在的问题及修改建议、与地方其他政府部门如何开展协作等问题进行交流和讨论。下午，总行调研组到晋中市中心支行，与晋中市相关金融机构、企业代表就现金管理工作进行座谈。总行调研组认为大家对现金管理制度和现金管理工作提出很好的意见和建议，对总行修改《现金管理条例(建议修改稿)》具有很好的参考作用。（张　杰）

·中国银行股份有限公司太原并州支行·

【概述】 中国银行股份有限公司太原并州支行（简称中国银行太原并州支行）隶属于中国银行山西省分行，是省中行在太原市的五家直属城区支行之一，下辖十二个基层经营机构。2013年，并州支行突出发展主线，坚持科学发展，奋力拼抢市场，加快调整结构，有效管控风险，以结构调整为主线，以提高效益为核心，突出结构调整，扩大客户规模，优化专业队伍，强化风险管控，实现各项业务持续发展，管理基础持续改善，竞争能力持续增强，经营效益持续提升。2013年业绩创并州支行历史最好水平，全年实现经营利润1.53亿元，同比增加5660万元，增幅58.57%，超额完成全年任务计划，年度综合绩效考核在省中行系统五家直属城区支行名列第一；全年实现安全经营无事故，为全行上下集中精力发展业务营造良好的经营环境。（贯　燕）

【核心业务优势】 2013年，中国银行太原并州支行以市场为导向，快速响应，多措并举，紧跟市场动态，投身产品创新，找准发展重点，合理分解目标，强化过程落实，加大核心业务拓展力度，实现核心存款稳步增长，授信规模持续扩大，不良清降收效显著，客户基础有效扩张。在不良资产清降和中间业务增收工作，导向明确，措施得力，发挥重点业务优势，经营业绩提升迅速，经营效益明显改善。2013年，并州支行人民币两项核心存款首破百亿元关口，年末时点余额111亿元，较年初新增15亿元，增幅15%，超额完成全年任务计划；不断优化信贷投向，授信储备项目快速投放，年末授信余额26亿元，较年初增加8.8亿元，增幅50.19%，超额完成全年任务计划；创新金融产品，中间业务收入持续增长，全年实现中收4752万元，同比增加2945万元，增幅162%，超额完成全年任务计划。（贯　燕）

【中间业务】 中行并州支行出台《中间业务考核奖励办法》《业务发展突出贡献奖励方案》，拿出135万元专项费用激励基层网点以产品为抓手提升中间业务收入水平，2013年全年实现中收4752万元，比2012年增加近3000万元。在内生动力机制指引下，并州支行找准发展重点，产品创新得到充分应用，叙做全省首笔福费廷金融资产收益权买入业务、货币互存业务。同业业务作为并州支行的重点业务和拳头业务，在资源配置上重点倾斜，在中行山西省分行有关部门的大力支持下，优势效应逐步显现和放大。全年共叙做同业业务142亿元，实现中收2495万元，占据并州支行并州支行中间业务收入总额的半壁江山。在同业业务发展上，坚持合作共赢，探索兄弟行营销资源与并州支行市场渠道的优势互补，先后与太原经济开发区支行、大同分行、北城支行合作办理业务15.8亿元，实现中收304万元。（贯　燕）

【特色网点培育】 2013年，中行并州支行按照省分行网点转型要求，探索网点的发展方向和市场定位，进一步加强业务的差异化、特色化发展，通过特色经营提高差异化竞争的能力。网点负责人牢固树立效益理念，结合自身网点实际找到适合本网点发展的业务并做大做强，在成长中积累优势，在特色中树立品牌，打造几个全新客户体验和特色服务的网点：滨东支行作为网点转型标杆单位，推进网点转型固化提升，拓展批量业务，实现并州支行个人有效客户数量的快速提升；长风画圈支行拓展“商户兴”个人小额贷

太原并州支行开展金融知识进万家社区宣传活动

款业务，进市场、走商户，筛选重点目标客户，成功办理并州支行太原地区首笔“商户兴”业务，培育业务新的增长点初见成效；建设路支行紧盯卡分期业务的发展契机，整合各方资源探索新的商业模式，实现卡分期业务881万元，占到并州支行该业务的38%；南城支行利用自身区位优势，配备专职理财经理，联手教育咨询公司打造“出国金融服务中心”，全面开展出国金融服务，对中高端客户的集聚效应逐步显现。（贾　燕）

【激活内生动力机制】 2013年，中行并州支行进一步完善绩效考核机制，引导全员围绕考核导向，实现争先进位，推动全行经营业绩的稳步提升。

构建全方位的绩效考核、全过程的绩效管理、全员参与的绩效文化。并州支行通过建立纵向延伸各机构网点、横向覆盖各业务条线部门、整体贯穿辐射到全行每一位员工的绩效管理体系，将绩效目标细分到全辖所有员工，实现考核管理用数字说话、以业绩评定。

结合支行经营发展实际，制订《2013年业务发展突出贡献奖励方案》《基层经营管理人员绩效考核激励约束管理办法》以及各专业队伍的管理考核办法，进一步强化绩效责任，促进基层管理人员、专业队伍人员履职能力的提升，考核设计简单清晰，导向突出，将全行业务发展压力转化为人人奋进、争当第一的动力，将绩效考核目标转化为实实在在的营销业绩，为全行营销工作注入强大的活力和动力。（贾　燕）

【提升全员“学习力”】 2013年，中行并州支行重视加强员工专业素质培训，通过开展多层次、多渠道的学习交流活动，全面提高全员“学习力”。针对经营管理层人员，启动“周培训计划”，利用每周六上午时间组织专题培训，重点围绕新产品、新业务、新政策等开展培训和专题研讨工作，促进基层机构负责人提升履职能力；针对专业条线队伍，机关部门利用每周例会时间，通过产品宣导、业绩通报、经验交流、案例分析等方式提升专业队伍的职业素养和营销拓展能力；针对全员业务技能水平的提升，修订业务技能测评管理办法，将网点员工技能水平的提高与网点绩效挂钩，加大对员工个人业务技能水平提高的奖励标准，全面调动员工岗位练兵的积极性，并利用每周两个工作日集中开展全员业务技能大练兵，确保人人参与练兵，周周都有提高。在2013年度省分行组织开展的全员业务技能测评中，并州支行综合能手率由上年度的65.31%提高到并州支行87.69%；针对当年新入行员工岗位适应能力的培养，有所侧重的集中开展岗前集中训练，短短一个月时间，11名新入行员工IT蓝图对私业务技能项目全部达到三级以上水平，兼测项目全部达到合格水平，为新员工的顺利上岗做好准备。（贾　燕）

·中国银行股份有限公司太原鼓楼支行·

【概述】 中国银行股份有限公司太原鼓楼支行（简称中行太原鼓楼支行），于1999年8月1日在原中国银行太原市分行的基础上组建成立。拥有340余名员工，有公司业务部、个人金融部等6个部门，辖属13个经营机构。2013年，中行太原鼓楼支行不断加强内部管理，提升服务质量，各项业务得到健康快速发展。多项核心业务指标名列全省第一，存、贷款双破百亿，人均利润连年提升。先后获得山西省“第三届信用示范先进单位”、山西省“金融业服务功臣单位”、山西省“高速公路建设先进单位”、中国银行“先进基层党组织”“中国银行山西省分行先进集体”“山西省分行职工职业道德建设先进单位”“山西省分行学习型组织先进单位”等荣誉称号。

【金融服务】 中行太原鼓楼支行结合地方经济特点，围绕支持扩大经济内需金融服务、支持中小企业金融服务、支持节能减排金融服务做出不懈努力，经营实力和品牌形象显著提升。响应国家“扩内需调结构”政策，为地区经济建设提供全方位服务。人民币贷款从2008年末的26.67亿元发展到2013年末的105.97亿元，增长3倍，支持一批煤炭、电力、交通等重点企业、重点项目，满足一批中小企业的资金需求。紧跟山西对外经济贸易的发展步伐，凭借中国银行国际结算业务优势，为地区进出口企业提供一流的、多样化的结算服务和贸易融资授信支持。通过提高服务水平和差异化服务，推出“一站式”个人住房贷款等服务与产品，重点加强对星河湾、阳光城等优质项目和重点楼盘的服务力度，拉动地区消费需求。履行社会责任。组织员工开展“走进敬老院”学雷锋活动、“爱绿护绿植绿”百人植树活动、“重阳节老干部联谊”等，开展抗旱救灾捐款、抗震救灾捐款等，彰显扶危济困的优良传统和奉献精神。

【企业文化创新】 2013年，中行太原鼓楼支行打造企业文化的五个核心。即依法合规、清正廉洁、恪守信用、公平竞争的诚信文化；效益为先、统筹兼顾、争先进位、追求卓越的绩效文化；忠于职守、勇于承担、爱岗敬业、尽职尽责的责任文化；与时俱进、锐意进取、博采众长、敢于超越的创新文化；以人为本、人尽其才、互助友爱、合作共赢的和谐文化。通过企业文化的建设和创新，增强全行凝聚力，提高核心竞争力，实现企业文化与发展战略的和谐统一，与经营管理的和谐统一，与竞争优势的和谐统一，与品牌形象的和谐统一，最终实现企业发展与员工发展的和谐统一。贯彻落实科学发展观，坚持“扩规模、调结构、打基础、强管理、控风险”的工作方针，走创新型发展道路，把握机遇，严控风险，强化管理，以“做太原地区最具竞争力银行”为目标，提升网点效能，提升核心竞争力，争先进位，追求卓越，实现转型跨越式发展，把中行太原鼓楼支行建设成为内控严密、运营安全、服务优质、效益良好、具有较强市场竞争力的现代化商业银行。

·中国农业银行山西省分行营业部·

【概述】 2013年，中国农业银行山西省分行营业部（简称农行山西省分行营业部）贯彻全年工作会议精神，围绕主体业务攻坚、市场营销提升、基础管理夯实、经营风险防控、队伍素质增强“五大工程”，推动各项工作取得新发展、新提升。综合绩效考核和人均经济增加值排名全省第一；本部和辖内16家支行内控评价均为一类行；全年实现安全经营无事故。 （佟 亮）

【主体业务】 2013年末，农行山西省分行营业部人民币各项存款872亿元，净增74.8亿元；人民币贷款363亿元，净增27亿元；清收自营不良贷款1.87亿元，完成省行计划的115%；不良率1.54%，下降0.53个百分点；实现中间业务收入2.5亿元，完成省行计划的108%；实现拨备后利润17.2亿元，完成省行计划的103%；全行人民币各项存款、个人存款、对公存款增量占比均排四大行首位。 （佟 亮）

【客户发展】 2013年，农行山西省分行营业部全年新营销和开立各类对公账户3703个，1597个存量账户实现“上跨一档”。净增个人贵宾客户7150户，个人贵宾客户对全行储蓄存款贡献度达80%；新增贷记卡28000张，实现卡收入2884万元，排全省农行第一。 （佟 亮）

【综合营销】 2013年末，农行山西省分行营业部加强综合营销。零售板块，重点推广个人资金归集业务，累计签约71户，归集金额8.28亿元；营销代发工资企业户数510户，净增96户，月代发工资3.47亿元；办理存贷通、个人理财质押、旺铺贷、保捷贷、网上个贷等新产品6000万元。

对公板块，先后办理私募债、理财融资、保函、国内保理等业务81亿元；为太钢及协议户签发银行承兑汇票34.54亿元，成为全省农行首家开办保兑仓业务、全国农行保兑仓业务数量靠前的二级分行。推广本外币联动的跨境人民币结算、融资性保函、人民币跨境参融通等产品近15亿元；办理自营福费廷4335万元，福费廷二级市场买入1.94亿元，实现全省农行系统福费廷产品零的突破。 （佟 亮）

【渠道建设】 2013年末，农行山西省分行营业部新上线运行离行式自助银行21个，新上线自助设备117台，实现ATM收入2915万元。改造回迁物理网点总量达76个，初步构建集财富管理中心、理财中心、贵宾理财室于一体的网点服务网络。围绕赢在大堂策略，启动首期360°网点效能导入项目，推动网点服务持续向好，在总行神秘人检查中连续四个季度名列全省农行第1名。 （佟 亮）

【基础管理】 2013年，农行山西省分行营业部率先实施信贷集中作业，加快全行信贷业务效率化、标准化、流程化进程。率先组建内控集中监督检查中心和远程视频监控中心，强化对业务一线的全时段、全方位、全过程监督管理。对支行行政印章使用流程和支行来文的批转流程进行改进，提高工作效率。开展党风廉政建设、合规教育、案防日志、高管约谈、员工行为排查等工作，遏制重大违规违纪事件。开展营业网点“三化三铁”、信贷管理“三化三无”、安全保卫“三化三达标”创建活动，基础管理得到进一步夯实。

（佟 亮）

【可持续发展能力建设】 2013年，农行山西省分行营业部始终把“扩户提质”作为战略性、基础性和持久性工程来抓，不断夯实可持续发展基础。

精准营销显成效。合理布局营销重点，突出抓好集团性、行业性、系统性资金富集客户，通过目录营销、分层营销、“三表一会”落实推动，全行新开立对公结算账户3703户，其中基本户2442户，占比67.5%。

分户到人促提质。将全行7.5万贵宾客户全部“分户到人”，实现管户客户经理制和“一对一”营销。人均管户46户，个人贵宾客户较年初净增7150户，增量全省第一。

城乡联动拓市场。发展水塔醋业、美特好、兴业绿源、暖气片厂和紫林醋业等五条产业链金融。产业链上有80户开立账户，办理转帐电话近100台，企业网银40多个，POS机300多部，结算量达12亿元。营销“千百工程”客户10户，贷款余额达7.3亿元。“惠农卡”有效发卡量达27.7万张，“惠农通”有效服务点达736个。“万村千乡”市场工程稳步推进，为“好朋友”“艳阳玺”两家连锁超市布放转账电话500部。

（佟 亮）

【市场竞争能力建设】 2013年，农行

山西省分行营业部把产品创新作为提升竞争能力、开辟新增长点的重要手段。

以直接融资服务为切入点，抢占市场制高点。紧跟“公司业务投行化”的趋势，加大对新兴金融产品的推广营销力度。先后为山西煤炭进出口、太钢累计办理私募债20亿元;为山西焦煤、中铁十七局办理理财融资32亿元;办理保函业务11.17亿元;办理国内保理业务1.27亿元；签发银行承兑汇票32亿元；办理贴现8.11亿元;办理同业融出资金100亿元；与农银租赁合作开办6亿元融资租赁业务;为长城资产公司办理委托贷款12亿元。这些业务的开办，推动负债业务和中间业务的增长。

以高附加值产品为主打，增强发展的后劲。农行省分行营业部开展“大学习、大练兵、大比武、大竞赛、大提升”活动,针对性的选择62种重点金融产品进行学习推广，邀请总行产品宣讲团进行产品集中宣讲；聘请专业咨询公司开展客户经理和电商培训，在营业部机关六楼建立电子银行产品体验区,提高员工对产品的认知度。

以开展交叉销售为重点，提高客户价值贡献度。加大代发工资、代收水电费、电话费、第三方存管等各种代收代付业务营销,加快资金归集、金穗商惠通、网点服务智能管理系统等新产品的上线,新发展商户分期、汽车分期及消费分期业务,发展手机银行、电子商务等新兴电子业务，推进存贷通账户、个人理财产品质押贷款、旺铺贷、保捷贷等个贷产品的营销，提高产品联动、存贷联动、公私联动。（佟 亮）

【营销服务能力建设】 2013年，农行山西省分行营业部推进“赢在大堂”和“渠道为王”战略。

持续推进物理网点改造。组建网点建设办公室,专人跟踪,专人负责，提高网点立项、施工、验收等关键环节的效率,85个网点中完成改造75个，网点改造率达88%。

加快推进电子渠道布放。新上线清徐美特好物流中心、联通大厦等21个离行式自助网点。以商户收单业务为切入点，带动电子银行业务快速发展,与美特好实现IC联名卡、电子商务、特惠折扣购物等全方面合作。全行电子渠道分流率为80.07%,同比提高7.38个百分点，较上年末提高6.17个百分点。

推进网点服务软转型。在前期网点文明标准服务固化成果的基础上，启动零售业务“二次软转型”,带动整体网点竞争力提升。聘请北京玖富、南京启道两家专业咨询公司，选取部分网点开展360°网点营销效能导入工作,在总分行“明察暗访”中多次夺得第一。（佟 亮）

【运营管控能力建设】 2013年，农行山西省分行营业部学习借鉴同业和系统内的先进经验，加快流程银行建设步伐。

组建信贷集中作业中心。在全省率先组建信贷业务集中作业中心,承办全省信贷集中作业现场会，完成法人、个人及票据等3类业务集中作业，围绕标准化、专业化、集约化的“三化”目标,构建专门机构、专人负责、专职人员、专项考核、专业管理的“五专”信贷管理模式,实现集中审查审批、用信审核、合同签订、押品登记、放款审核、办理放款、会计入账、在线监控、档案管理、票据业务、贸易通操作等“十大集中”。2013年,信贷作业中心共审查审批各类法人信贷业务257笔，总金额169.3亿元;审查审批各类个人信贷业务1990笔,总金额9.65亿元。

探索“大内控”管理模式。按照总行内控管理的要求，瞄准同业先进的内控标准，立足内部管控实际，坚持“内控管理前移、业务管理集中”的原则,通过对原有内控、保卫、运营、电子银行等监管资源进行整合,打造“大内控”管理模式。经过近半年的运行,实现对各种检查监督资源合理配置和统筹管理，强化对重点业务和高风险领域的风险管控，提升风险识别的有效性和准确性，实现对辖内网点和人员的全覆盖、全过程、全方位的实时监督管理,共发现纠改各类问题14类3000多次，实现全年安全经营无重大责任事故、无重大违规违纪事件、无案件的目标,得到总分行领导的肯定和支持。（佟 亮）

【风险防控能力建设】 2013年，农行山西省分行营业部按照“人员配备到位、岗位制衡到位、制度执行到位、技术防控到位、物防设施到位”“五个到位”的思路,构建“一靠觉悟不想做,二靠制度不能做,三靠严管不敢做”的合规文化。

狠抓运营风险管理。重点抓“三化三铁”、金库管理、银企对账、运营档案评比、柜面风险治理等风险防控措施，有效保障运营工作安全开展，被农总行授予“运营管理三大集中推广工作先进单位”。持续开展“三基本”学习考试,完成BoEing系统上线切换工作,完成运营主管选拔和柜员等级评聘工作，为运营工作的开展增添新动力。

严控信贷业务风险。强化贷后管理，提升化解风险能力，加大催收管理。将不良贷款清收作为防控信贷风险、保障信贷资产安全的重中之重。实现委托资产清收8810万元。一举收回城建公司贷款等自营不良贷款18352万元,同比多收7026万元,完成全年计划的115%。全行不良率为1.57%，较年初下降0.5个百分点。

探索员工行为管理。开展员工行

为大排查，加大员工行为守则、员工行为50条禁止性规定的教育学习，推行网点案防工作日志，落实防范非法集资、重温合规承诺、廉政主题教育等多项案防措施，始终保持案件防控的高压态势。（佟　亮）

【价值创造能力建设】 2013年，农行山西省分行营业部按照“培育执行文化，建设流程型银行；培育服务文化，建设品质型银行；培育创新文化，建设学习型银行；培育合规文化，建设风控型银行：培育绩效文化，建设效能型银行”的总体思路，坚持以人为本，打造健康和谐的企业文化，被中国企业文化研究会授予“改革开放35周年企业文化竞争力优秀单位”荣誉称号。

注重思想理念引导。采取文化理念进战略、进制度、进流程、进岗位、进家庭的方式，通过文化宣传、文化教育、文化培训等手段，把农行特有的精神文化、品牌文化、制度文化、行为文化、责任文化、创新文化、政治文化转化为员工的价值取向，以合乎人心的价值体系引发共鸣和认同，以先进的文化引导人、凝聚人、鼓舞人、激励人。

强化队伍建设。持续开展大学习、大练兵、大比武、大竞赛、大提升“五大活动”；创建产品体验区、开辟网络教室，构建新型员工教育培训体系。倡导“无功就是过，平平淡淡就是错”的办行理念，打通“能者上、庸者下、平者让”的用人通道，探索出一条“考、讲、评”干部选拔的新路子。

建立健全激励约束机制。对接总分行考评政策和监管要求，建立健全支行、班子、穿透式支行和网点多维考核体系，加大资源配置与绩效考核挂钩力度。发挥产品计价的杠杆作用，做到营销记账到人，计价考核到人，报酬兑现到人，杜绝截留挪用和弄虚作假，使员工间收入拉开差距，发挥资源激励的导向作用。

推广积分制管理。启动实施积分制管理，召开两次“快乐会议”，用积分衡量员工能力和综合表现，强化对员工的正向引导，最大限度地调动广大员工的工作性，鼓励员工立足岗位，干事创业。

加强作风建设。落实中央八项规定，推进机关作风转变，查摆“四风”问题，坚持走群众路线。（佟　亮）

·中国工商银行山西省分行营业部·

【概述】 2013年，中国工商银行山西省分行营业部面对复杂多变的经营形势，坚持以效益为中心，突出抓好营销队伍建设、体制机制建设、服务标准化建设、合规文化建设、队伍作风建设五项工作重点，全面打响资产业务、存款业务、中间业务攻坚战役，各项业务取得平稳的发展。

2013年，全辖实现拨备前利润24.22亿元，完成年度计划的86.62%，同比增加8536万元，在全省系统内占比32.63%。实现净利润16.81亿元，完成年度计划的85.31%，同比增加6733万元，在全省系统内占比32.18%。实现EVA8.95亿元，完成计划的78.92%。实现中间业务收入4.83亿元，完成年度计划的69.35%，占全省收入的23.99%。人民币各项贷款（剔除票据）余额663.51亿元，时点增量63.81亿元，其中公司、小企业、个贷时点增量分别为61.69亿元、–7.86亿元和9.98亿元，分别完成计划的85.45%、–55%和68.13%。各项贷款日均增量–2.22亿元，其中公司、小企业、个贷日均增量分别为–2.15亿元、–2.94亿元和2.88亿元，分别完成计划的–5.98%、–41.24%和39.38%。人民币各项存款（不含同业）余额1122.59亿元，较年初增加54.44亿元。其中储蓄、公司、机构存款分别为33.58亿元、–10.18亿元和31.11亿元，分别完成计划的57.07%、–29.87%和80.83%。各项存款日均增量53.1亿元，其中人民币储蓄、公司、机构日均增量分别为21.61亿元、–7.07亿元和38.56亿元，分别完成计划的55.42%、–40.91%和192.84%。不良贷款余额10.6亿元，较年初增加2.83亿元；不良贷款率1.58%，较年初上升0.31个百分点。（闫明杰）

【发展拓户业务】 加大重点客户营销力度。2013年，工商银行山西省分行营业部主要以太钢铁矿、冷连轧项目、西山煤电固融、中南、大西铁路、太重并购、山煤、省煤运固融等一批优质项目为龙头，做好贷款投放，为全年信贷工作奠定基础。提高重点客户融资占比，扩大省煤运、山煤、太重等信贷市场。全年共向交通、城建、电力、冶金等四大类重点客户累计投放123.89亿元，占全部新增贷款的47.13%。

围绕核心客户开展拓户工程。营业部利用供应链融资业务的优势，拓展太钢、太重等大型客户集团产业链上下游客户，实现客户集群化、业务批量化发展。针对不同的行业类型，制定不同的标准，并辅以不同的贷款业务品种，做好全年公司客户拓户工作。截至2013年12月末，营业部公司贷款客户219户。

开展有贷户存款“争先进位”工程。营业部锁定目标客户，实施重点监测，全面落实存款客户经理负责制；依托大额资金流向监控平台，建立目标客户营销跟踪机制；抓好源头揽存，对大型集团客户，力争在企业不低于80%的购销合同中明确交易账户在工商银行开立。

加强票据融资业务管理，规范业务操作流程。发挥部门指导管理职能，规范业务操作风险。按照工银晋办发(2013)481号《关于在全行深入开展“案件风险百日专项排查整治活动”的通知》,采用边学习、边整改、边落实的方式对全辖五个票据准入机构进行检查,保障营业部票据业务的稳健发展;重新调整票据业务转授权额度,确保票据业务顺畅发展。2013年,在经营环境不利的情况下,营业部票据直贴额完成64.9亿元,完成任务61.81%,累贴额排名第一。 (闫明杰)

【开拓机构市场】 2013年,工商银行山西省分行营业部组织开展47家省级厅局及其主要市级机构客户的全面走访调研活动,推进机构客户全领域拓户工作。通过对省国土厅、省财政厅不间断的高层营销,成功开立山西省耕地开发专项资金专户,并累计入账5亿元。依托贷款业务支持,与太原市国土局建立长期合作,新增太原市土地储备中心和土地交易保证金账户,带动存款增长4亿元。将太原市房地局列为重点营销目标。通过高层多次会晤、策略营销、层层对接、多级联动等手段,成功开立太原市房屋专项维修资金管理中心专户,累计实现存款增长5000万元。全力突破山西省广电集团,成功进军新闻传媒领域,为全面开拓民生客户打开新局面。

以中央财政补助地方社保资金为突破口和着力点,分次营销社保补助资金35亿元,较上年同期增加18亿元,市场份额达到50%以上,有效带动机构存款的新增长。紧盯社保定期存款,竞争占比优势,全额转存市级失业保险到期资金。加大非税收入资金营销力度,重点攻克两权价款,多方增加财政存款。营业部针对资金量大、带动性强的两权资金进行重点部署,在年初锁定名单,配套制订下发各类奖励措施,调动全辖各层级营销力量,发动全省各地市兄弟行,对全省目标煤矿开展撒网式专项营销,累计实现两权价款营销9.1亿元,较上年增加3亿元。

营业部重点抓住山西焦煤集团公司成立山西焦煤社会保障事务管理局的机会,以焦煤公积金合作为切入点,第一时间与山西焦煤社保局对接,最终与客户签订全面合作协议。密切关注太原市公积金及太铁公积金管理中心新增归集资金,实现市中心与太铁分中心联动营销,先后从他行竞争转入工商银行太铁中心账户2亿元存款;通过加强贷款业务的沟通对接,提高公积金委贷业务量,扩大中间业务收入来源。

介入中北大学校园信息化建设,与该校签订“校园卡”项目,为下一步全面渗透合作奠定基础;通过支持全省大中学生运动,全面渗透与省内教育系统的业务合作;抓住秋季代收学费之机,邀请7家重点院校召开“银校合作推动会议”,并对学费资金采取代收、归集、留存、上缴、下拨一条龙营销,最大限度提高工商银行留存率;实现包括电子银行、银行卡在内的全产品捆绑销售。2013年实现对20所院校代收学费8.68亿元,同比增加1.45亿元,上缴财政增存2.5亿元。(闫明杰)

【“抓大不放小”式拉动个人业务增长】 直面困境,全力拉动储蓄存款增长。面对严峻的储蓄业务发展形势,2013年,工商银行山西省分行营业部始终坚持“储蓄存款是个金业务发展的基础”理念,持续加大考核、挂钩力度,组织增存活动,面向客户开展“个人客户积分回馈活动”(8月至11月),在全辖网点开展“个人客户资产争双百竞赛活动”(8月至11月),以及“个人金融资产旺季营销活动”(11月至下年3月)。为激发全辖员工的营销潜力,在全辖员工中开展“责任先行,勇挑重担,我为工行发展做贡献”主题营销活动,促进储蓄存款在艰难环境中保持增长态势。

强化营销力量,实现个贷业务新发展。截至2013年5月末,个贷负增量长300万元,同业及系统内排名均为末位。从6月份开始,营业部调整思路,加强组织领导和队伍建设,5个重点行和2个县域支行相继成立个贷队伍;全辖个贷从业人员由原来的63人增加到87人;新增13家一级支行准入所有个贷业务经营资格,18个一级支行个人贷款业务经营资格全覆盖;加强与省分行沟通,在贷款利率、保证金及准入条件、合同备案前放款等政策方面得到最大支持;做好市场梳理和源头拓展,项目储备由年初的7个项目增加至22个;在全辖23个支行开展“个人贷款劳动竞赛活动”(8月至11月)及“个人贷款旺季营销活动”(11月至2014年3月),调动全辖营销性。通过多项措施,个贷业务较上半年有大跨步的发展。截至12月31日,个贷投累计投放达19.98亿元,净增额达9.98亿元,增量系统内跃居第一位、同业上升至第二位。

市场拓展工作初见成效。全辖以各网点为圆心,周边3公里为半径,以商品交易市场、物流市场等专业市场、经济单位以及高档社区为重点,经过摸排、梳理,共确定10大类800多个目标单位,并逐步开展进驻、营销活动。截至2013年12月末共拓展新市场54个,新增布放转账通788台,新组建工银商友俱乐部1家;净增商友卡11400张,商友会员资产余额达22亿元,较年初净增8.3亿元;商友卡存款余额4.8亿元,较年初净增2.2亿元。2013年末,全辖有效客户数达221万户,较上年增加10.46万户。其中:100万元以上财富客户7517户,增加842户;20万元以上中高端客户83072户,增加4632户。5万元以上中高端客户共计28.8万户,增加1380户。按照管理干部率先垂范营销策略，全辖代发工资业务取得实质性进展，截至12月末,累计新增代发工资单位159户，新增代发工资人数12342人，新增年代发金额为4.64亿元,均较上年大幅提升。

优化结构，开拓个人理财产品市场。2013年，营业部明确以调整结构为重点的产品营销策略，在各项理财产品销售保持同业及系统内第一的前提下,代理保险、代理基金销售结构显著改善。营业部提高高收益理财产品占比,进一步加大对客户欢迎程度高、中间业务收入水平佳的理财类产品的营销推广力度,包括“灵通快线”、步步为赢系列以及七天增利等现金管理类产品。加大和重点保险公司的合作力度,全方位分析客户需求,调整产品结构和营销策略，拓展代理保险业务市场。调整代理基金销售结构,重点营销重点基金，并将股票型基金定投作为一项重点工作来抓，引导全辖做好创新型基金的营销工作。截至12月末，全辖理财类产品营销总额达242亿元。

（闫明杰）

【拓展国际业务】 加强对国际业务的组织、推动力度,多措并举强化激励效应。2013年，工商银行山西省分行营业部强化专业指导，组织长期从事国际业务的人员制订《营业部全面提升国际业务市场竞争力实施方案》《2013年国际业务客户拓展工作意见》《2013年营业部国际业务考核办法》《营业部2013年国际业务产品计价考核办法》等一系列方案、办法,使各支行明确全年国际业务发展目标、激励推动方式、拓户领域及拓户方法。搭建国际业务信息平台，通过定期下发国际业务动态的形式,使各行了解指标完成情况、近期营销重点、新产品推荐及外管政策变化,加快信息的传导,加强业务的指导督导职能。

锁定重点客户，加快培育广阔客户群。坚持“抓大不放小”的原则,继续强化大客户的营销维护工作,太钢、富士康、太重集团等大客户在工商银行办理业务的绝对量实现稳定增长。加大对于潜在客户的拓展力度，扩大客户总量。2013年全年营业部新增有效客户20户,进一步夯实客户基础。营业部把握多渠道获得的项目信息,在总行、省行多级联动下,主动出击,上门营销，终于成功使中铁三局落户工商银行，并将其在尼日利亚修建公路项目项下的保函业务揽入。

创新产品,探索发展新途径。营业部抓住企业“走出去”等外贸发展新机遇，主动调整发展策略，加快产品创新,推动业务发展。先后实现双币种信用证、出口订单融资、人民币海外代付等业务品种零的突破，在提升国际业务指标绝对量的同时，加大与拓宽收益空间。在境内外联动方面,为太重煤机开立4笔金额共计8000万澳元的融资性保函，用以置换煤机澳洲子公司在他行的贷款，此笔业务的成功办理，不仅稳固太重与工商银行的合作关系，还带来约900余万元的中间业务收入。在跨境人民币产品方面,为智奇铁路配套双币种远期信用证及境外NDF购汇的组合产品，采用该模式规避外债规模的限制，增加跨境人民币结算量，实现该业务品种在山西分行零的突破。

（闫明杰）

【电子银行业务发展】 抓好政策倾斜,推进机制建设。2013年,工商银行山西省分行营业部高度关注电子银行业务发展,从政策支持、资源投入上给予倾斜。设立电子银行“红黑榜”,对达到竞赛奖励标准的管辖行和网点进行专项奖励，对黑榜的管辖行和网点采取重点督导,全辖通报批评,诫勉谈话和建议负责人退出管理岗位等措施，以此来激励先进促后进。加强电子银行队伍建设,用好三支专业队伍(电子银行专家团队、销售服务团队、95588返岗电子银行青年先锋队),提高电子银行营销服务和宣传推广能力，提升业务发展质量。在全辖设立22家重点联系行实行挂牌管理,并在技术支持、政策资源、现场指导和管理推动上加大对重点联系行的倾斜力度。在重点联系行和部分网点建设移动银行体验区,2013年末为首批14个重点网点进行体验区配备，进一步加强电子银行的营销宣传能力。

加强日常指引和基层督导。营业部以工作指引、晨会资料等方式加强对支行的日常专业指导，对主要指标进行日通报,点出发展后十名,加强各级领导层对电子银行发展落后网点、弱项指标的关注。到管辖行和基层网点对电子银行发展进行督导调研,掌握一手信息,针对存在问题出台《关于切实强化推进电子银行业务发展的通知》,推动业务发展。

强化营销宣传,推进规模拓展。营业部坚持推行“5+6”“五进”和“五维”的基础营销理念，促进网点电子银行捆绑营销的流程化、常态化。在全辖范围开展电子银行系列营销宣传活动，做好“登录有礼”“折扣优惠”等营销宣传,并依托总行抽奖平台开展“交易有奖”活动。开展“送U盾 中大奖”主题营销活动，激发客户办理和员工营销的积极性。加快推进重点产品。太钢财务公司、山西大学、美特好和大同证券开通银企互联业务，成功投产两户银企互联客户端，太原市烟草公司开通电子商务业务,太供网上收款“集中授权”进入批量代扣的营销阶段。2013年，实现企业网银证书客户净增2103户，任务完成率53.11%，同比增长53.73%；个人网银证书客户净增

213233户,任务完成率66.64%,同比增长27.17%;手机银行客户净增280656户,任务完成率73.86%,同比增长43.59%;柜面业务可分流率26.1%,较年初下降5.6个百分点。

(闫明杰)

【推进产品创新和新领域突破】 加快产品创新,实现投行业务“二次起飞”。2013年,工商银行山西省分行营业部坚持按照“投行开路、商行跟进”“商投互动、转型跨越”的思路,实现投行业务的稳健发展。发展常年财务顾问业务和项目融资顾问服务,2013年累计新签约常年财务顾问客户24笔,实现收入56.18万元,新签项目融资顾问协议2笔,实现收入2117.22万元;品牌类投行收入中股权融资业务取得零的突破,实现收入257万元;捕捉市场信息,加大营销力度,继续做好太钢不锈短期融资券及焦煤22亿元私募债承销业务,共取得手续费收入1270.5万元,巩固同业和系统内领先地位。

开拓新领域,发展新业务。营业部适应新的市场形势变化,在规范有序经营的基础上,通过加快产品创新,拉动新兴业务显著增长。截至2013年12月末,营业部实现法人理财产品销售65.36亿元,完成任务的118.84%,同比增幅34.59%;销售实物黄金(含黄金积存)2473.89公斤,完成任务的165.48%,同比增幅184.23%。新增各类资产托管规模3450亿元,同比增幅196%,超额完成省行全年任务。实现国际结算业务量31.75亿美元,同比增加5754.19万美元,增幅2%;实现结售汇业务量8.08亿美元,同比增加26144.95万美元,增幅48%;实现国际贸易融资累放3.47亿美元,同比增加1461.92万美元,增幅4%。 (闫明杰)

【优化和完善各项机制】 为解决管辖行管理半径过大,大客户承接服务营销力量薄弱的问题,在原有五个管辖行基础上,2013年,工商银行山西省分行营业部选定五个重点支行和两个县域支行进行延伸,进一步拓宽与市场、客户的接触面,促进大客户综合服务水平和整体竞争能力的提升。建立营业部网讯平台,缩短传导链条,提升工作执行和落实效率。

在考核机制方面,营业部创新出台主营业务挂钩激励办法,并加大对重点产品的计价范围和力度,其中:主营业务挂钩激励费用在全部激励费用总额中占比高达52%,计价激励占比21%,进而鼓励全辖加快推进主营业务发展。

细化对各层级、岗位人员的考评。2013年,营业部根据管理层级和职能划分实际,制订下发2013年《营业部管理人员考核评价办法》《营业部本部部室(中心)及员工考核管理办法》《工资总额管理办法》《直营客户经理考核办法》,并根据省分行对口专业考核目标,组织部领导副职及各部室(中心)签订2013年绩效合约。为不断加强网点管理人员队伍建设,根据《营业部管理人员考核评价办法》精神,开展全辖营业网点负责人经营业绩评价工作。

(闫明杰)

【提升网点运行效率和客户服务能力】 狠抓网点提效,客户服务水平显著提升。2013年,工商银行山西省分行营业部创新开展服务标准化培训工作,先后组织对五一路营业室、大营盘营业室、三营盘支行等36个支行开展服务标准化实战培训,使全辖员工的服务面貌焕然一新。选取迎宾路营业室、迎新街、漪汾街等9个支行开展网点标准化建设和东营模式试点推行工作,从功能分区调整、岗位梳理、流程再造等方面入手,实现各类资源的科学调度,加快业务分流,提升中高端客户服务水平,促进营业网点运营效率和综合竞争能力的有效提升。营业部制订下发《柜员管理考核实施细则》《营业部晨会规范模板》等制度办法,有效盘活人力资源,改进服务形象,提升经营发展活力。采取四级联动精心组织开展“百佳”创建工作,五一路支行荣获“中国银行业文明规范服务百佳示范单位”称号。

加强基层帮扶,解决客户排长队问题。2013年,营业部抽调部机关100余名干部员工组成15个团队进驻太钢84个社区、厂区,连续奋战53天,集中开展折换卡及社保卡启用工作。共完成折换卡及启用卡38931张、捆绑工银信使19831个、电子银行4141组,累计办理信用卡841张,有效缓解太钢周边网点排队问题。

加快推进渠道布局,锻造网点全新优势。营业部统筹谋划网点规划和ATM战略布局。对太原市辖内123个大型住宅区、61个专业市场、27个大专院校、21个大型商业区等分布情况进行全面梳理和摸底,结合省市城市改造规划、全辖网点现状及未来经营发展方向,制订出台《营业部未来三年渠道优化建设发展规划》。增设自助机具和设备,为网点缓解柜面压力。2013年成功改造并投产自助网点56个,新建、改造离行式自助10个,新投产自助设备287台。实施改造的物理网点3个。 (闫明杰)

【加强重点风险领域管理】 发挥贷后检查效能,防范各类贷款风险。2013年,工商银行山西省分行营业部组建贷后管理团队,对全辖200余户有贷户进行全面大检查,对现有存量贷款进行全面摸底评估,有效遏制不良贷款反弹;对辖内法人及个人客户信贷业务贷后管理进行全面检查;对大营盘支行、万柏林支行及并州支行13户钢贸企业和2户商品融资贷款发生劣变的相关责任人进行预评议；开展企业贸易背景真实性风险大排查，了解企业的真实经营现状。

加大不良贷款的清收力度。2013年，营业部加强领导，强化管理，明确责任，挂牌清收，实行重点客户名单制、责任制管理，发挥清收团队的作用，把目标任务落实到户，落实到人；从机制上加大对清收处置中心及各支行的考核力度；从手段上做到抓大不放小，分类施策，多措并举。实现清收工作的突破，不良清收处置中心全年实现清收处置33707万元，现金清收3688万元。

成立法律事务中心。2013年，营业部为发挥法律事务在全辖经营活动、案件防范、不良贷款清收、服务等工作中的职能作用，8月在风险信贷管理部下设法律事务中心。中心加强被诉案件管理，化解被诉案件风险，排查隐患、做好源头治理，深入核查重大疑难案件事实，加强与司法机关的沟通协调力度。2013年度营业部接收法律咨询审查1440余份，揭示风险点900余个，提出防范措施900余条。（闫明杰）

【推进全辖内控案防工作】 提升全辖案件防控水平。2013年，工商银行山西省分行营业部落实重要环节风险排查，将风险点及风险环节的防控治理分解落实到各相关部门，增强案防工作前瞻性。对风险暴露水平高、管理不力的网点，以及重要岗位人员有针对性地开展深入排查。2013年，参加排查人数3382人，排查覆盖率达97.85%，签订员工不参与民间融资活动承诺书3272份。开展百日风险大排查活动，五个由内控、监察、运行等部门人员组成的检查小组先后到各网点，与2276名干部员工进行面对面谈话排查，逐一进行引导教育，实现全辖所有网点和所有员工的两个全覆盖。加大责任追究力度，达到震慑违规的目的。

组织开展“合规文化推进年”活动，推进合规文化建设工程。营业部制订《营业部合规文化建设推进年活动实施细则》，细化各阶段工作任务和措施，推进活动开展。强化业务辅导，将风险防控意识落实到业务操作的每一个环节。教育员工树立每一天“从零做起”的工作理念，做到“记铁账、守铁规”，将各项制度熟记于心、付诸于行，做到令行禁止、执行到位。

以风险排查为切入点，开展专项治理活动。2013年，营业部开展内控案防“大检查、大整顿、大规范”专项治理。分两个阶段对51个网点展开突击检查和随机抽查，检查发现问题126个，涉及操作行为类、履职管理类、服务规范类和其他类等四大类12小项内容。开展员工与企业资金往来专项排查和“屡查屡犯”风险事件专项治理活动，治理“屡查屡犯”行为。2013年6月至9月，营业部业务运营风险事件总数较上年同期下降29.52%，超过治理目标20%的9.52个百分点；20类“屡查屡犯”柜员数量较上年同期下降55.56%，超过治理目标50%的0.56个百分点。

全面施力，运营风险管控再上新台阶。营业部为不断提高业务运营风险防控水平，借鉴长治分行网点接管的先进做法，因地制宜、大胆创新制定《营业部网点接管办法》，分别对建设路支行、焦煤支行和西海街分理处成功实施网点整体接管，有效改变网点有章不循、运行效率不高的弊端，使业务运行管理质量得到进一步提升。

（闫明杰）

·中国邮政储蓄银行太原市分行·

【概述】 2013年，中国邮政储蓄银行太原市分行（以下简称邮储银行太原市分行）围绕山西省分行“加快转型、强化基础、合规运营、稳健发展”战略定位和“调整业务结构、转变增长方式、恢复发展信心”主旨，构建“四位一体”（发展战略、价值创造、经营转型、风险防范）的经营格局，实现“四个提升”（核心业务总规模要有所提升；盈利水平要有所提升；资产质量要有所提升；电子平台建设要有所提升），做好“五篇文章”（做好调转和增效文章；做好市场和产品文章；做好机制和管理文章；做好合规和防控文章；做好平台和环境文章），着力抓好八项工作。

举办校园公益巡讲活动

一是立足巩固信心，聚力战略主旨实施;二是立足质量效益,强力推动业务转型;三是立足激发活力,竭力完善运行机制;四是立足高效支撑,大力提升能力建设;五是立足稳健合规,着力提高内控水平;六是立足引领监督,全力做实过程管理;七是立足以人为本,努力营造争先氛围;八是立足互利共赢,合力推进银邮和谐。2013年，太原市分行荣获“全省银行业柜面业务职工技能大赛邮储银行山西省分行选拔赛优秀组织奖”荣誉称号;中国邮政储蓄银行工会太原市分行委员会荣获“2013年度太原市财贸系统先进工会集体奖”荣誉称号等。

(刘国栋　李　鑫)

【强化基础管理】 优化组织体系。2013年初，邮储银行太原市分行组织完成本部及辖内各经营单位机构改革工作,对经营机构、本部部室实施分级分等差异化管理,体现效率优先;根据总行的战略部署，按照省行流程化银行改革的要求，完成分行流程化银行机构改革工作。

优化人力资源管理。完善绩效考核评价体系,强化对风险指标的考评,弱化业务发展奖励；完善各层级干部考评体系，提升干部队伍的履职能力和执行力；出台员工素质提升五年规划,开展全员“读书活动”,持续推动持证上岗工作。

强化财务会计管理。强化成本效益管理理念，对各经营单位实行预算管理,提升全行经济运行质量和效益,引导分支机构转方式、调结构;细化二级支行损益核算办法，引导全员树立效益理念。

提升营运效率。强化网点备付金和现金库的管控，加强流动性成本管理,提高上划率,实现资金效益最大化。

(刘国栋　李　鑫)

【助力小微企业发展】 邮储银行根据国家政策与市场环境的变化与中小企业自身经营特点,本着“践行普惠金融理念，助力小微企业健康发展”的理念,践行社会责任,推动中小企业的发展。2013年，太原市分行通过理念创新、机制创新、服务创新,整合内部资源、政府资源、社会资源,搭建多种合作平台,通过创新产品和服务流程,开发出适合市场需求的小企业贷款产品种类。有效节约企业的融资成本,扩展广大中小企业的融资渠道。

(刘国栋　李　鑫)

【践行“三农”金融服务理念】 邮储银行利用覆盖城乡的网络优势、规模庞大的资金优势和百年邮政的品牌优势,立足服务“三农”、服务地方,优先保障广大农村、小微企业客户的贷款需求,开辟贷款“绿色通道”,打造老百姓的“贴心”银行。2013年,太原市分行完善金融体系内部创新,将“三农”金融服务的丝丝暖意送进每一位农户身边,用实际行动将“三农”金融服务理念贯穿于工作的始终。太原市分行致力于为农民开办金融新业务，为农村开创金融新理念，为农业创新金融新思路,改善农村金融服务环境,推动城乡经济统筹协调发展。

(刘国栋　李　鑫)

【提升风险防控水平】 加强风险管理。2013年，邮储银行太原市分行落实“一把手”负责制,严密管控信用风险、操作风险、合规风险、舆情风险、网络信息科技风险五大类风险。

加大风险处置，有效化解信用风险。按照上级要求,开展风险摸排,采取信贷和审计条线“双百双排”;分类制定缓释措施,开展“春雷百日”行动和四季度资产保全专项行动。

深化案件治理，有效控制操作风险。围绕“四大风险、八个高危点”,实施内控质量体系运行闭环管理；推进“两项考评”，以基层负责人的履职考评促进机构合规，以重复发生问题考评强化制度执行;加大安防投入,加大检查问责力度。

加强合规建设，有效防范合规风险。组织开展“两打一防”“高管谈案防”、反腐倡廉警示教育等系列活动,提升高职高管和员工的合规经营意识。

强化管理,有效应对声誉风险。

(刘国栋　李　鑫)

【推进电子核心能力建设】 2013年，邮储银行太原市分行突出电子优先，加快渠道能力建设。继续加强并深入开展物理网点的规划及选址工作;继续完善电子平台的建设工作，起步离行式自助银行和离行式单机ATM建设,实践合作运营模式,分别完成选址工作,积累选址经验,捋顺相关流程,为电子渠道建设奠定基础。

(刘国栋　李　鑫)

【开展惠民服务回馈活动】 2013年1月8日至3月31日,邮储银行太原市分行本着“专业服务 专心为您”的服务宗旨，全力专注“做百姓身边的银行”。开展“巧媳妇,巧过年——新春好礼送不停”系列主题惠民服务回馈活动。活动以超市免费购、赢iPad拿大奖等方式与广大百姓形成良好互动，进一步转变老百姓的金融消费观念，推进新型金融消费方式的转变。4月10日上午举办惠民服务回馈活动之银行卡刷卡消费抽奖活动，为现场产生的幸运获奖者准备丰厚的奖品，引导大众了解、体验网上银行、电话银行及邮储银行各种卡类业务等新型的金融服务方式。　(刘国栋　李　鑫)

【张军到太原市分行专题调研】 2013年3月7日上午，山西省邮政储蓄银行行长张军就渠道能力建设工作，到太原市分行进行专题调研。张军一行听取太原市分行现阶段物理网点和自助平台运行情况,以及2013年渠道能

力建设预算。张军要求太原市分行结合太原城市建设布局及早做好渠道能力建设规划。（刘国栋 李 鑫）

【开展《征信业管理条例》宣传活动】2013年4月15日至19日，邮储银行太原市分行开展为期一周的《征信业管理条例》的宣传活动。宣传活动以《征信业管理条例》为主，宣传《条例》的适用范围，包括《条例》适用的业务领域、业务类型等；宣传征信监管体制，包括人民银行及其分支机构的监管职责，国务院有关部门和县级以上地方政府的相应职责；宣传征信机构的定义、类别、设立条件、审批程序等，以及对外商投资设立的征信机构、境外征信机构在境内经营征信业务的专门规定；宣传征信业务规则，包括个人征信业务规则、企业征信业务规则，以及保护征信信息安全的相关规定、技术措施等；宣传征信信息主体权益，包括信息主体对自身信用报告的知情权、异议申诉权等；宣传金融信用信息基础数据库。（刘国栋 李 鑫）

【开办手机银行万能版】2013年，邮储银行太原市分行为解决客户在没有网络的地方、以及不具备上网功能的手机使用手机银行的难题，根据省邮政储蓄行有关文件精神，正式开通手机银行万能版。市分行的手机银行万能版适用于绝大多数手机，同时支持智能手机和非智能手机，在全国商业银行中是第一家。

（刘国栋 李 鑫）

【开展邮储银行网银手拉手活动】2013年，邮储银行太原市分行在网点(含自营网点和代理网点)开展网银手拉手活动。活动主要采取线下线上联动、联合多家知名网上商户，为客户提供多样选择及客户网上自助抽奖等方式开展。通过线上线下联动，亲朋好友互动，员工客户互动，使得活动形成集中轰动效应。活动以网上支付为切入点，为客户提供在100家知名商户参与的“点石成金”抽奖活动，客户可同时参加多个网上商户的购物消费活动，突破传统电子银行营销活动的单一性；突破以往其他银行只能返还同一家商户现金券(优惠券)的局限，将客户引导到更多网上商户进行消费，给客户带来更多的选择机会，也激发网上商户之间争抢邮储网银客户的竞争，提升客户使用网银的兴趣。

（刘国栋 李 鑫）

【举办政策法规专场知识讲座】2013年6月7日，邮储银行太原市分行举办政策法规专场知识讲座。讲座特邀山西银监局政邮处处长朱静重点对合规风险可能引发的法律制裁、监管处罚进行讲解，同时以监管政策专题形式分别就消费者保护、理财业务规范、案件风险防控三个方面的监管要求进行详细说明。（刘国栋 李 鑫）

【举办校园公益巡讲活动】2013年6月9日，邮储银行太原市分行走进太原科技大学开展校园公益巡讲活动。这是太原市分行推进“邮储银行杯第六届全国大学生网络商务创新应用大赛”，走进校园的首场巡讲。

（刘国栋 李 鑫）

【开展大学生论坛活动】邮储银行太原市分行于2013年9月至11月在全行范围内开展大学生论坛活动。大学生论坛活动以聚贤、纳言、献策为宗旨，以“风雨同舟，重振雄风，我与企业共成长”为主题，围绕企业运营、业务发展、风险控制、市场拓展、能力提升、银行安全性、流动性、盈利性等方面提出可行性意见或建议，参与经营管理，直面发展问题，破解发展难题。市分行大学生员工全员参与、抓住机遇、充分展示，本着向上、为企业负责的态度，真实、真诚地提出意见或建议，为企业的发展踊跃建言献策。

（刘国栋 李 鑫）

【开展个人金融业务跨年度营销竞赛活动】2013年11月19日，邮储银行太原市分行开展“扭住蛇尾仰马头 收关开局显身手”个人金融业务跨年度营销竞赛活动。竞赛活动促使全银行员工上下联动，实现全员营销，个人金融业务取得较快发展。

（刘国栋 李 鑫）

·晋商银行·

【概述】2013年，面对国内外经济金融形势异常复杂，特别是国内经济增速放缓的艰巨局面，晋商银行在人民银行和银行业监管部门的监管指导下，紧紧围绕全省经济工作思路和晋商银行五年发展战略目标，立足转型发展，严守风险底线，狠抓机制、产品和服务创新，强化内部管理，推进各项业务稳健发展，在服务支持山西经济转型跨越的伟大实践中取得各项工作的新进展。（李为强）

【晋商银行主要业务指标】截至2013年末，晋商银行资产总额达到1315.12亿元，较年初增加270.25亿元，增长25.86%。各项存款时点余额886.44亿元，较年初增加142.89亿元，增长19.22%；各项贷款时点余额402.62亿元，较年初增加74.83亿元，增长22.83%。

（李为强）

【晋商银行经营效益】截至2013年末，晋商银行实现经营利润20.39亿元，同比增加3.28亿元，增长19.17%；实现净利润13.24亿元，同比增加3.09亿元，增长30.42%。（李为强）

【晋商银行机构发展】截至2013年末，晋商银行共设营业网点65家，除在太原地区设有54家经营机构外，还在大同、朔州、吕梁、临汾、运城、长治、忻州设有7家分行及孝义、河津、洪洞、柳林4家县域支行。（李为强）

【晋商银行品牌荣誉】 2013年，晋商银行相继被中国银协推选为全国城商行工作委员会常委单位，被评为“2013年中国最佳城商行零售银行”“2013年最具成长性城商行”“服务三农及实体经济先进单位”；“信义贷”产品获“2013年服务小微企业二十佳金融产品”；连续三年跨入全球前1000家银行行列，全球排名601位，较上一年度上升41位。（李为强）

【支持地方经济】 2013年，晋商银行立足于山西“十二五”规划产业结构和转型综改试验区建设方案，制订2013年信贷政策指引，在持续支持能源、装备制造业、钢铁、焦化、冶金等山西省支柱经济产业的同时，进一步优化信贷投向，提升小微客户、个人贷款客户的贷款比例，加大对节能环保、循环经济项目的信贷支持力度。2013年，全行累计向各类企业提供一般贷款370.69亿元，其中167.24亿元贷款集中投入到煤炭、化工、冶金、电力等山西支柱型产业上，90.12亿元贷款投入到制造业、流通业等中小企业，113.33亿元贷款投放到小微企业，为山西省经济转型跨越发展提供有效的金融支持。（李为强）

【扶持小微企业】 2013年，晋商银行对小微业务条线进行改革，从垂直业务管理转变为分支行经营管理，着重推动业务落地，为小微客户提供全方位的金融服务。2013年，全行累计向2426户小微企业发放贷款113.33亿元，贷款余额120.83亿元，占到全行一般贷款余额的32.08%。在有效防控经营风险的基础上，探索推进由单一客户营销向批量集群化营销模式转变，为重点项目、产业链、核心客户上下游、“三商”、票据贴现等五种模式制定相关业务指引，拟定2013年重点产业链名单，围绕煤炭、有色金属、汽车、白酒、铝生产及加工、煤焦铝6大产业链和相关42户核心企业客户、48个重点项目、36个商圈开展批量集群业务。（李为强）

【丰富融资方式】 发展票据业务，为企业提供多样化的融资方式，缓解企业资金压力。2013年，晋商银共办理直贴454.86亿元、转贴141634亿元、再贴现14.3亿元；针对票据特点先后研发多种以票据资产为依托的业务品种，帮助客户寻找融资渠道并满足客户低成本融资需求，累计办理票据定向资产管理业务交易金额70.64亿元。发展贸易融资业务，重点进行国内信用证相关产品的研发工作，逐步由单一产品向结构性融资产品转变，全年完成国际业务结算量62058.68万美元，完成国际贸易融资额81858万元，办理国内信用证项下融资121051万元。（李为强）

【创新业务产品】 理财业务：对理财产品的结构和配置进行调整，2013年，晋商银行共发行个人理财产品236期、金额307.93亿元；发行代理信托产品14款、金额10.2亿元；发行法人理财产品58期、金额74.40亿元。“坐享其盈”理财账户正式运行，签约客户23185户，卡存资金量达16.84亿元。零售信贷业务：推出“卡易贷”循环贷款业务，共办理“卡易贷”业务954户、授信额13413万元，初步实现微贷业务与消费信贷业务的有效融合。借记卡业务：发行“晋商银行腾讯联名卡”，共发卡19424张，年末卡存余额39294.17万元，卡均余额20229.7元，有效拓宽晋商银行借记卡的使用功能。电子银行业务：实现网银业务交易92.13万笔、金额2717.18亿元，手机银行客户端系统、基金代销系统与理财销售系统二期均上线运行。（李为强）

【晋商银行2013年工作会议】 2013年1月22日，晋商银行2013年工作会议在太原召开。总行行领导、中层以上管理人员、各分行（含直属支行、筹备组）班子成员、太原辖区支行行长，以及2012年度先进单位、先进集体、先进个人、条线明星等受表彰人员共近300人参加会议。会议全面回顾晋商银行挂牌四年来各项工作开展情况，安排部署2013年的工作任务，并就2013年党风廉政建设和反腐败工作进行具体安排。（李为强）

【高建民调研指导工作】 2013年3月22日，山西省委常委、常务副省长高建民到晋商银行调研工作，并与晋商银行行级领导及各部门负责人举行座谈会。在听取晋商银行经营发展情况汇报后，高建民对晋商银行成立四年来所取得的成绩给予充分肯定。（李为强）

【开展“小微企业金融服务宣传月”活动】 2013年5月15日开始，晋商银行开展为期一个月的第二届小微企业金融服务宣传月活动。此次活动主题为“助小微、强服务、防风险、惠民生”，旨在进一步宣传和推广小微企业金融服务政策和晋商银行小微企业金融服务经验和成就，提升晋商银行整体形象，推动全社会关注和支持小微企业的发展。（李为强）

【齐续春调研指导工作】 2013年7月4日，全国政协副主席、民革中央常务副主席齐续春带领民革中央调研组一行到晋商银行，就深化金融体制改革进行专题调研。山西省政协副主席、民革省委主委张友君陪同调研。

调研过程中，齐续春一行与晋商银行高级管理层成员、总行相关部室负责人进行座谈。座谈结束后，齐续春一行到晋商银行迎泽支行就基层网点营业服务情况进行实地调研。

（李为强）

晋商银行党的群众路线教育实践活动动员大会

【晋商银行一届二次职工代表大会】 2013 年 7 月 24 日，晋商银行一届二次职工代表大会在太原召开。总行党委书记、董事长上官永清，党委副书记、行长阎俊生，党委委员、监事长吕福贞，党委委员、副行长栗建强，党委委员、纪委书记吴黎正，工会主席任保华和来自总行机关、各分支行的职工代表共 110 人参加会议。省总工会金融工委常务副主任郭化出席会议。会议审议并一致通过行长阎俊生所作的《晋商银行 2012 年度经营管理工作报告》、工会主席任保华所作的《晋商银行 2012 年度工会工作报告》、总行工会经费审查委员会主任赵基全所作的《晋商银行 2012 年度工会经费审查报告》、总行工会办公室主任刘进军所作的《关于晋商银行一届一次职代会提案办理落实情况和一届二次职代会提案和意见建议征集情况的报告》和总行人力资源部总经理解立鹰所作的《关于进一步规范员工退休工作的实施办法》。省总工会金融工委常务副主任郭化作重要讲话。他对晋商银行成立四年来取得的成绩和工会工作予以充分肯定，并对做好下一步工会工作提出殷切希望。（李为强）

【晋商银行 2013 年年中工作会议】 2013 年 8 月 1 日，晋商银行 2013 年年中工作会议在太原召开。总行行领导、总行各部室负责人、各分行（含直属支行、筹备组）负责人以及总行各部室代表、各分行（含直属支行、筹备组）代表参加会议。会议全面总结晋商银行 2013 年上半年工作，分析面临的形势和业务经营中存在的主要问题，对下半年工作做出安排部署。（李为强）

【晋商银行腾讯生活圈联名借记卡】 2013 年 8 月 20 日，“晋商银行腾讯生活圈联名借记卡发布会”在太原举行。总行行长助理王培明、腾讯微博事业部全国拓展中心运营总监李宝辉及 200 多名合作商户代表出席会议。晋商银行与腾讯公司合作推出此款生活圈联名卡，将依托双方庞大的客户群体，以打造“便民、利民、惠民”生活圈子为主题，将线上和线下的增值服务整合到一个平台上来，共同为全省人民提供“一站式在线生活服务”，实现山西市场银行卡产品与腾讯微博生活服务的全面融合。（李为强）

【第七届全国城市商业银行内部刊物交流会】 2013 年 8 月 28 日，由晋商银行承办的第七届全国城市商业银行内部刊物交流会在太原召开。晋商银行行长阎俊生出席会议并致欢迎词，来自天津银行、成都银行、包商银行等全国 38 家城商行领导、内部刊物主编及编辑人员共 70 余人出席会议。此次交流会以专家演讲、专题培训、交流座谈会、学习考察等形式展开，从企业内刊的定位、组织保障、内容和版面策划、管理运行机制等方面展开研讨，同时探讨内刊与企业战略、制度建设，内刊与企业文化、品牌管理之间的关系。

（李为强）

【金融知识宣传服务月活动】 2013 年 9 月 1 日，晋商银行组织员工参加山西银监局在太原五一广场组织的金融知识宣传服务月活动启动仪式，总行党委书记、董事长上官永清参加启动仪式并陪同山西银监局主要领导到晋商银行部分网点进行督导检查。全行各网点按照总行的统一安排，开展宣传活动。通过宣传服务活动，进一步丰富消费者的金融知识，增强消费者的维权意识，提高公众金融风险防范意识，展示晋商银行良好的社会形象。

（李为强）

【中国银监会银行企业文化调研组调研指导】 2013 年 9 月 2 日和 10 月 9 日，由中国银监会、中国工商银行、中国农业银行、中国建设银行、民生银行有关专家学者组成的银行企业文化调研组分别到晋商银行调研。总行工会主席任保华以及董事会办公室、董事会发展战略办公室、行长办公室、工会办公室相关人员参加座谈。任保华向调研组汇报晋商银行成立四年来企业文化建设方面的主要作法和取得的成绩。双方围绕我国银行业现阶段企业文化建设特点、所处发展阶段现状以及境内外企业文化建设经验等问题进行探讨。座谈会后,任保华陪同调研组成员参观晋商银行"与你同行"户外采风活动优秀摄影作品展等企业文化活动园地。 (李为强)

【基金代销业务发布会暨签约仪式】 2013年11月1日,晋商银行基金代销业务发布会暨签约仪式在太原召开。山西证监局巡视员任宝香、信息调研处处长张霞,展恒理财董事长闫振杰,国泰基金督察长林海中以及华安、光大保德信、中邮创业、汇丰晋信等基金管理公司领导参会,晋商银行各分行分管行长、零售部负责人、各支行行长、部分理财经理及客户代表近200人参加发布会。此次发布会的召开预示着晋商银行基金代销业务在经过一年多的建设及准备工作后正式开启,同时也意味着晋商银行零售业务向构建大零售、大个金品牌以及参与资本市场、发展财富管理的方向又迈进一步。 (李为强)

保　险

·人保财险太原市分公司·

【概述】 人保财险太原市分公司作为区域内最大的非寿险公司,以引领保险业健康发展为己任,坚持依法合规经营,为净化保险市场、规范经营行为、服务经济社会发展作出努力。2013年,人保财险太原市分公司面对行业竞争形势更趋复杂的不利影响,依托市委、市政府创造的有利经济环境,新一届班子带领全体干部员工,以高度的责任感,顽强拼搏,勇立潮头,公司盈利能力、发展能力、服务能力得到不同程度提升,取得较好的成绩。 (张　磊)

【人保财险主要业务指标】 截至2013年末,人保财险太原市分公司全年累计保费收入90218.9万元,较年初增加2527.06万元,同比增长2.88%。 (张　磊)

【人保财险经营效益】 截至2013年末,人保财险太原市分公司全年累计综合成本率97.96%,实现经营利润1939万元。其中,综合费用率32.83%,优于行业整体7.67个百分点,综合赔付率65.14%,高于行业整体8.61个百分点。 (张　磊)

【人保财险机构发展】 截至2013年末,人保财险太原市分公司共设营业网点26家,实现六城区、四县区的全覆盖。理赔中心作为公司的服务终端部门,由原来的一个服务点,增设至10个服务点,并在区域内4S店基本实现全覆盖,以方便广大客户群体享受到最佳的理赔服务体验。 (张　磊)

【支持地方经济】 2013年,人保财险太原市分公司立足于山西"十二五"规划产业结构和转型综改试验区建设方案,为经济发展保驾护航,累计全年为辖区各大中小型企业及个人提供3340.67亿元的保障。 (张　磊)

【高建民调研指导工作】 2013年元旦,山西省委常委、副省长高建民带领省政府考察慰问团,到人保公司,了解公司经营发展情况并看望慰问基层一线员工。高建民一行到太原市分公司出单中心,询问公司业务发展情况,了解农业保险的承保、理赔情况及服务"三农"的具体做法,省分公司总经理王力峰对高建民提出的问题逐一进行解答。高建民对人保财险长期以来对山西省转型跨越发展的支持表示感谢,并向公司员工致以新年的祝福。 (张　磊)

【2013年工作会议】 2013年1月12日,人保财险太原市分公司召开2013年工作会议,进一步贯彻落实全省工作会议精神,并对市分公司2013年工作进行安排部署。2013年以十八大精神为统领,以科学发展观为指导思想,以全省"三位一体"战略为指引,进一步夯实发展基础,优化发展结构,创新发展机制,提升发展品质,深度整合资源,构建高速通道,实现区域市场作战能力和协作效果明显提高,开创建设一流省会城市分公司新局面。 (张　磊)

【山西江阳化工有限公司赔付工作】 山西江阳化工有限公司于2012年3月31日向人保财险太原市分公司投保财产一切险(2009版)[QYC],保险期限自2012-04-01起至2013-03-31止。

2013年1月29日9时47分许,山西江阳化工有限公司四分厂发生火灾事故,经过20分钟的扑救将大火扑灭。接到报案后人保财险太原市分公司及时对现场进行调查,并了解相关情况,并多次对事故现场查勘核实,最终核定此次事故属于保险责任,人保财险太原市分公司共计赔付340.1万元。通过及时赔付,被保险人单位能够在最短的时间能得到生产恢复,人保财险太原市分公司发挥保险的经济补偿职能。 (张　磊)

【续保省电力公司财产保险业务】 2013年2月19日,人保财险太原市分公司续保山西省电力公司财产保险业务1384万元,保费收入较上年增加170万元。 (张　磊)

【3·15宣传活动】 在2013年3·15活动期间,人保财险太原市分公司开

展多种形式的保险宣传活动。坚持开展每月15日总经理或分管总经理亲自接听来电、接待来访的"总经理接待日"活动，解答客户咨询，处理投诉案件；在公司楼前开展保险知识宣传活动，普及保险知识，为广大群众答疑解惑，提升知名度和美誉度；开展山西省保险消费者满意度调查问卷，倾听客户诉求，改进服务举措，不断提升客户满意度；发送手机短信上万条，宣传公司"诚实守信经营，服务和谐社会"的社会形象，收到良好的社会效果。

（张　磊）

【统保太原煤气化（集团）家财险业务】 2013年3月31日，人保财险太原市分公司与太原煤气化（集团）有限责任公司达成协议，承保太原市737000户煤气用户的家庭财产火灾爆炸保险，实现保费收入140.03万元。（张　磊）

【承保太原首单单用途商业预付卡履约保证险业务】 2013年4月26日，人保财险太原市分公司承保太原区域市场首单"单用途商业预付卡履约保证保险"业务，实现保费收入22万余元。

（张　磊）

【参加《聚焦行风》栏目做出公开服务承诺】 2013年6月6日，人保财险太原市分公司总经理郭益民走进太原电视台《聚焦行风》栏目，代表太原市分公司全体员工通过媒体向社会各界作出公开承诺。承诺内容为：(1)车辆损失1万元以下，不涉及人伤、物损的赔案，损失金额在1万元以下，材料齐全，1小时通知赔付。(2)全国范围内拨打服务专线电话4008195518享受免费救援服务，为故障车辆免费提供拖车、送油、更换轮胎、等救援服务。全体客户全年可享受不限次免费故障车救援服务，拖车免费范围为50千米。(3)全国车险"异地出险、就地理赔"服务网络，无论何处出险，都能享受到全流程便捷、高效、统一的理赔服务。(4)95518服务专线，24小时全天候、全年提供全方位保险服务。（张　磊）

【参加2013年"安全生产咨询日"大型活动】 2013年6月9日，人保财险太原市分公司在南宫广场参加山西省政府组织的"2013年全国安全生产月(省城太原)安全生产咨询日"大型宣传活动。省政府副秘书长白秀平参观展台，与工作人员进行交谈，并对人保公司一直以来对全省经济社会发展、人民安居乐业和安全生产做出的贡献表示认可和感谢。（张　磊）

【"引黄工程"赔付工作】 山西省中部引黄工程建设管理局于2013年2月28日向人保财险太原市分公司投保《建筑工程一切险(2009版)》，保险期限：自2013年03月01日起至2016年09月14日止。工程地址：山西省引黄工程施工25标。2013年7月9日，山西省石楼县境内连降暴雨，导致被保险人支洞口边坡、办公及生活区场地、便道、工程材料、施工机具等受损，被保险人报损200多万元。待雨季过后，公司高度重视此次事故，立即派员前往事故现场进行调查核实，由于专业技术要求较高，公司聘请深圳市万宜麦理伦保险公估有限公司及省公司专家组成员多次前往事故地点，对损失成因、损失经过、损失结果予以核定。最终认定此次事故属于该保单项下保险责任，共计支付赔款48.16万元。由于赔付及时，使被保险人能够及时在经济上得到补偿，生产能够得到及时恢复，保证工期的顺利进行。

（张　磊）

【开展清徐县农险赔付工作】 人保财险太原市分公司承保清徐县全县范围的玉米种植保险，承保11134公顷。2013年7月～8月清徐县范围内普降暴雨，全县7个乡镇全部受灾，面积之广，损失之大，为历史罕见现象。灾害事故发生后，公司立即组织相关人员赶赴现场开展施救工作及现场查勘核损工作，经过与当地政府以及农业专家近一个月的辛苦工作，最终确认公司承保玉米受灾严重，核损亩数6212.04公顷，赔付户数20530户，共计赔款金额956.53万元。由于及时赔付，使受灾农户在经济上得到补偿，不仅发挥保险的经济补偿职能，同时也对社会的稳定起到作用。（张　磊）

【统保太原小店区、尖草坪区、清徐县新农合补充医疗保险】 2013年5月~9月，人保财险太原市分公司相继承保小店区尖草坪区、清徐县新农合补充医疗保险，为民生事业保驾护航。

（张　磊）

【2013年出租车保险座谈会】 2013年11月13日，人保财险太原市分公司召开2013年出租车保险座谈会，太原市22家出租车公司领导到会。座谈会围绕人伤案件、车损案件、赔付的提高，造成损失的应对和保险公司与出租车公司的关系几个角度展开，参会人员均踊跃发言。人保财险太原市分公司总经理郭益民感谢各出租车公司多年来对人保公司的支持与信赖，人保公司作为行业最大的保险公司，一定会为全市的出租车保驾护航，以优质的服务为太原市出租车做出应尽的义务和责任。（张　磊）

·中国人寿太原分公司·

【概述】 中国人寿保险股份有限公司是中国最大的人寿保险公司，总部位于北京，注册资本282.65亿元人民币。作为《财富》世界500强和世界品牌500强企业——中国人寿保险（集团）公司的核心成员，公司以悠久的历史、雄厚的实力、专业领先的竞争优势及世界知名的品牌赢得社会最广泛客户的信赖，始终占据国内保险市场领导者的地位，被誉为中国保险业的“中流砥柱”。

2013年，中国人寿集团合并营业收入4982亿元，同比增长7.2%；合并保费收入3879亿元，同比增长4.2%；合并净利润111亿元，同比增长186亿元；合并总资产达到2.4万亿元，较年初增长4.1%。

2013年，公司业务实现平稳增长，市场领先地位保持稳固，业务结构持续优化，经营效益大幅提升。归属于母公司股东的净利润为247.65亿元，同比增长123.9%；一年新业务价值为213.00亿元，同比增长2.2%。截至本报告期内，公司内含价值为3422.24亿元，同比增长1.4%。本报告期内，公司已赚保费为3248.13亿元，较2012年同期增长0.8%；首年保费较2012年同期下降8.8%，首年期交保费较2012年同期下降11.5%，首年期交保费占首年保费比重由2012年同期的36.11%下降至35.05%；十年期及以上首年期交保费较2012年同期增长12.2%，十年期及以上首年期交保费占首年期交保费比重由2012年同期的41.35%提升至52.40%；续期保费较2012年同期增长5.8%，续期保费占总保险的比重由2012年同期的55.83%提升至58.45%；短期意外险保费较2012年同期增长11.5%，短期意外险保费占短期险保费比重由2012年同期的57.98%提升至58.83%。截至2013年12月31日，有效保单数量较2012年底增长18.8%；保单持续率(14个月及26个月)分别达89.00%和88.00%；退保率为3.86%，较2012年同期上升1.14各百分点。

个险渠道总保费同比增长10.0%，首年保费同比下降1.2%，首年期交保费同比下降1.2%，十年期及以上首年期交保费实现较大幅度增长，续期保费同比增长12.9%。

团险渠道总保费同比增长30.2%，首年保费同比增长118.0%，短期险保费同比增长14.5%。团险渠道积极服务经济社会发展和参与社会保障体系建设，继续开展大学生村官保险、计生保险等业务，承包“神十”航天员人身保险。

银保渠道采取积极转型策略，主动调整业务结构，减少趸交和短期期交业务规模，加大长期期交业务发展力度。银保渠道总保费同比下降16.5%，首年保费同比下降14.6%，首年期交保费同比下降36.6%。银保渠道探索产品转型，深化渠道合作，创新销售方式，加强队伍建设，夯实基础管理，银保业务市场领先地位继续巩固。

(吕　茜)

【创新驱动】 2013年是实施“创新驱动发展战略”的第一年，中国人寿太原分公司全系统上下贯彻落实，取得初步成效。(1)新业务领域有效拓展。(2)保险产品和销售创新取得进展。(3)服务和运营管理创新不断推进。(4)科技创新有所突破。推出国寿掌上保险、国寿微信统一投保及服务平台、大病保险系统、国寿e家、国寿e保账等。

(吕　茜)

【人寿保险主要业务】 经过长期的发展和积淀，中国人寿拥有比肩全球的雄厚实力。截至2013年，中国人寿保险(集团)公司连续十一年入选《财富》“世界500强”。作为中国人寿保险(集团)公司的核心成员单位，截至2013年12月31日，中国人寿保险股份有限公司总资产达人民币19729.41亿元，较上年增长740.25元，年度营业收入列国内保险业之首，总市值达753.13亿美元，市值列全球上市寿险公司第一。2013年公司市场份额约为30.4%，继续占据寿险市场主导地位。

2013年，中国人寿山西分公司年度营业收入达97亿元，截至2013年12月31日，中国人寿山西分公司总资产超过518亿元，位居山西市场第一位。

(吕　茜)

【网络健全】 中国人寿拥有全国覆盖领域最广的服务网络，各级各类营业机构、客服柜面、服务网点遍布县级行政区域及大部分重点乡镇。2013年，在山西全省所有市、县区和45%的乡镇共设置747各营业服务机构。设有标准化的客户服务柜面10个。公司的营业服务机构与市、县、乡(镇)行政区划匹配对应，完全有能力在全省所有的县(市、区)及重点乡镇为相应老年人群提供保险保障。(吕　茜)

【关爱城镇职工】 2013年，中国人寿太原分公司发挥自身作为中央直管金融企业的政治优势、主导全市寿险市场的实力优势，覆盖全市城乡的网点网络优势，专业领先的信息与精算技术优势等，一直承办太原市城镇职工大病补充医疗保险业务。2013年，逐步形成由政府主导、中国人寿承办，具有“基本+补充”“普惠+特惠”特色的大病医疗保险模式，开创“职工得实惠、政府得民心、公司得美誉”的多赢局面，使太原成为“大病保险经办时间最长、覆盖层面最广、参保职工受益最大的省会城市”，维护百万城镇职工的健康权益，促进全市医改的持续深化，为太原加快构建“一流+特色”的省会城市做出贡献。(吕　茜)

【主动衔接惠民政策】 2013年，中国人寿太原分公司支持、有效衔接政府部门出台的参保职工报销比例提升、住院起付线下调、药品目录扩充、门诊病种增加、转诊范围扩大、急诊并入住院管理等惠民政策的实施，主动承担各项惠民政策带来的大病医疗保险基金支付压力，提升参保职工的医疗保障水平。根据公司测算，这些惠民政策溢出的大病医疗费用每年为3000多万元。 （吕 茜）

【2013年年度工作会议】 2013年2月7日，中国人寿太原分公司年度工作会议在太原召开。总经理室成员、机关各部门助理以上人员；各县支公司经理室成员；个险、团险、银保各拓展部（营销部）经理均参加会议。会议对2012年年度工作进行回顾，对2013年工作进行安排。确定以党的十八大精神为指导，深入贯彻科学发展观，落实总、省公司全年工作会议精神，坚定信心，振奋精神，争当引领全省系统发展的排头兵，在进一步建立健全新型经营管理体系的基础上，通过突出制度经营和预算管理，发挥薪酬制度的激励和导向作用，引领全辖员工全面对标年度各项经营指标和职能指标，落实全年各项工作任务，开创公司增实力、员工增收入的局面，并围绕此指导思想做好重点业务工作。 （吕 茜）

【纪检监察暨内控管理工作会议】 2013年4月6日，在太原召开全市系统2013年度纪检监察暨内控管理工作会议。中国人寿太原市公司总经理室成员、机关各部门助理以上人员，各县支公司经理室成员，个险、团险、银保各拓展部（营销部）经理共计61名干部参加会议。会上市公司纪委书记、副总经理徐振霞作《围绕总基调、重视防风险、为公司健康发展提供有力保障》的讲话，从四个方面对2012年度工作进行回顾，同时从十三个方面安排部署2013年度纪检监察及内控管理工作。党委书记张文庆从三个方面进行重点强调。为落实好党风廉政建设责任制，市公司纪委将党风廉政建设目标责任进行细化、分解。张文庆与6家基层单位“一把手”、9名机关部门经理、28名三大渠道各拓展部（营销部）经理分别签定《太原分公司2013年党风廉政建设责任状》，进一步明确相关责任内容。 （吕 茜）

【计划生育家庭意外伤害保险工作促进会】 2013年5月6日，中国人寿太原分公司携手太原市计生协市县两级公司召开太原市计划生育家庭意外伤害保险工作促进会。市计生协成翠萍传达4月3日全省计划生育家庭保险工作促进会会议精神；市公司团体业务部经理王云对2013年太原市计划生育家庭保险工作进行总结通报；杏花岭区计生协、中国人寿清徐、小店支公司等三家单位作先进经验分享；对新版计生保险条款进行培训。 （吕 茜）

【岗位制度“学习季”活动】 2013年10月，中国人寿太原分公司组织开展岗位制度“学习季”活动，精心组织，充分发动，把市公司党委、总经理室的学习季活动的部署和要求落到实处：将公司下发的《岗位说明书》《岗位工作流程》逐层级分类下发全辖团险渠道，宣导按照公司活动例行要求开展对照学习。组织拓展部经理层级管理人员及团险部管理岗人员参加学习，开展讨论，对照查摆，以高度自觉的行动带动全员。从学习掌握熟悉岗位职责、工作流程等基本制度规范抓起，通过开展《岗位说明书》《岗位工作流程》等制度学习季活动，全方位推进新型体系建设规范工作、提高效率，促进业务发展。 （吕 茜）

JINRONG BAOXIAN

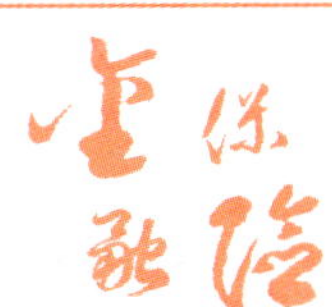

科学技术

Science and Technology

科　技

【概述】 2013年，太原市科技局实现全社会R&D经费投入79.5亿元，增长12%，占GDP比重达到3.1%；争取国家和山西省各类科技计划资金5.1亿元，增长30.5%，特别是争取国家科技型中小企业技术创新基金项目达95个、资金6200余万元，是2012年的2.5倍。全市专利申请量7926件，其中发明申请量2816件；授权量3431件，其中发明904件。太钢、太重和通泽重工等3家企业成为首批国家级知识产权优势企业。引进高科技人才188人、高新技术成果137项、高科技企业68家，均增长30%。技术合同交易额达15.2亿元，增长23.6%。经组织并向金融机构推介，63家科技型企业获得银行贷款14.8亿元，增长31%。新认定国家高新技术企业44家，高新技术产业增加值增长20%。太原不锈钢产业集群列入国家科技部创新型产业集群试点，太钢不锈钢科技创新服务中心成为全国首个国有大型企业创办的国家级专业科技企业孵化器。太原市被确定为国家科技成果转化服务示范基地、国家文化和科技融合示范基地、全国智慧城市试点城市、全国新能源汽车推广应用示范城市。太原市10个县（市、区）全部通过全国县（市）科技进步考核，再度荣获全国科技进步先进市。

（宁继东）

【科技改革与创新】 2013年，太原市科技局加大科技改革和创新力度。（1）实行“5W1H”目标管理，建立人人有责任心、处处有责任制的工作机制。坚持每月一次科技讲座和业务培训，组织全市科技系统120余名业务骨干赴江西干部学院和天津大学进行专题培训。（2）制定科技计划项目管理和实施监督检查办法、廉政谈话、诫勉谈话等制度，建立“制度＋科技”的电子监察系统，实施项目管理廉洁检查回访制度，对科技项目管理全过程实施监督检查，对80个市级计划项目进行中期检查，推进项目实施，规范资金管理。（3）建立重点工作督办卡制度，加强重点工作的督查督办。聘任100名政风行风监督员，开展定期测评和明察暗访。建立电子政务和电子监察系统，提高行政效能。

（宁继东）

【科技项目与经费】 2013年，太原市科技局完成本级科技经费预算执行14215万元，10县（市）区科技经费预算执行14900万元，增长8%，均达到本级财政一般预算支出1.2%以上。以专业科技园区建设为载体，市县联动建设一批科技创新公共服务平台。10个县（市）区全部通过全国县（市）科技进步考核，小店区、杏花岭区、古交市和娄烦县荣获全国科技进步考核先进县（市）区。

（宁继东）

【科技成果与推广】 2013年，太原市科技局筛选中国科学院435项科技成果向企业发布，征集太原市企业技术需求205项反馈至中科院，组织太钢、太重、水塔醋业等100余家企业赴京与中科院20余个科研机构对接洽谈，邀请中科院自动化所、过程所等17个研究所50余名专家到太原调研考察。通过成果发布、需求征集、对接洽谈和实地考察，太原市企业与中科院所属科研机构签定合作项目36个，技术交易额5560万元。太钢集团与中科院过程所合作开发的“循环流化床烟气脱硫技术”，将实现脱硫效率95%以上，性能指标达到国际领先水平。

太原市科技局建设扩容提质科技成果转化综合信息服务平台，链接国家科技成果网，与上海、厦门技术交易所开展网上视频成果发布，每月开展专题（专场）成果发布和项目对接。

太原市科技局围绕信息基础设施建设、城市管理应用等方面，建设智慧城市一体化综合运行与管理服务应用平台，推进智慧城市建设。在节能减排、生态建设、城市交通、公共卫生等领域引进推广实施“LED智能照明控制系统”“物品追踪与定位系统”、区域协同急救网络体系建设等一批技术先进、惠及面广的民生科技成果。经国家科学技术奖励工作办公室评审通过，太原技术转移促进中心被授予国家科技成果转化服务(太原)示范基地和国家技术转移示范机构,成为全国12个国家级科技成果转化服务示范基地之一，填补山西省一项空白，也是太原建设国家创新型城市工作取得的重大进展。成果转化示范基地平台主要围绕“产业领域成果转化网络服务窗口”和“四个服务功能”建设科技成果转化综合信息服务平台。信息服务平台新设立三个成果示范区模块,并增加成果专题、成果推荐、相关资讯等模块,重点开展不锈钢深加工、煤机装备、节能环保等三个重点产业成果转化服务示范。（宁继东）

【科技宣传与普及】 2013年，太原市科技局组织开展3·18太原科技日、全国科技活动周以及第十届太原市青少年发明创新竞赛等活动；组织社区科技特派员、农村科技特派员到街道社区、田间地头开展科普宣传、科技咨询等服务;邀请中国工程院院士陈鲸、孙宝国分别举办“培育创新思想,发展创新文化”和“食品添加剂与食品安全”科技讲座,提高公众科技素质。通过报刊、电视、网络等媒体,加强科技宣传,营造创新氛围。太原市科技信息工作在中共太原市委、太原市政府和山西省科技厅名列前茅。（宁继东）

【科技交流与合作】 2013年，太原市科技局组织开展“百校百企”科技合作。筛选清华大学、天津大学、哈尔滨工业大学等30余所国内重点高校2200余科技成果向全市企业发布推介，征集太原市企业与上述高校有技术合作需求项目184个向高校反馈，组织紫林醋业、长城微光、华元医药等46家企业到重点高校洽谈对接,邀请30余家重点高校专家学者到太原考察企业。太原市46家企业与清华大学、西安交通大学等18个外地高校和6个本地高校签定合作项目50个,技术交易额1.02亿元。山西佰源科技有限公司等4家企业与清华大学信息学院等4所高校建立长期全面战略合作关系。山西紫林醋业与西安电子科技大学合作开发的“生活饮品细菌含量电子快速检测仪”,改变我国传统的细菌培育检测法。

加强与中关村的科技合作。2013年,太原市科技局落实“太原市政府—中关村管委会战略合作框架协议”,引进中关村“千人计划”专家5名,引进北京中软冠群软件公司、北京沃土天地生物公司等4家中关村高新技术企业在太原市落户。加强对中关村科技合作项目的服务,中天信公司“星光级网络高清一体摄像技术及产品”应用在太原市“天眼工程”。太原斯泰森公司与龙芯中科技术有限公司合作开发的“基于龙芯A-3CPU芯片的可信加固计算机”投产准备工作完成。

（宁继东）

【高新技术与工业科技】 2013年,太原市科技局建设企业技术创新平台。实施镁及镁合金、钕铁硼、光电等产业技术创新重大专项,建设“镁合金材料检测分析实验室”“磁性材料检测分析中心”以及中天信、中科博杰等8家企事业单位院士工作站,培育尚风科技、水塔醋业、中电科集团建设国家级工程技术中心和重点实验室。企业技术创新平台聚集一批高端创新人才,太重集团“大型矿用挖掘机科技创新团队”、太锅集团“流化床锅炉及余热利用技术创新团队”,成为全省科技创新重点团队。（宁继东）

【农村科技】 2013年，太原市科技局围绕“一县一业、一村一品”,推广应用农业新技术新品种。组织1000名农村科技特派员实施农业技术承包项目150项,推广先进适用技术30项,农业新品种50个,重点实施特派员创业链项目20项。市县两级星火学校开展测土配方施肥、农产品安全生产等培训200余期，农民科技致富本领进一步增强。建设现代农业科技示范基地。围绕都市现代农业主题产业园建设,引进高端科技创新人才以及农业新技术、新品种,组织大禾高效蔬菜科技园开展物联网信息技术应用推广、九牛牧业循环产业园实施奶牛高产低排关键技术研究与示范等，现代农业科技示范基地的辐射带动作用明显提升。

（宁继东）

【社会发展科技】 2013年，太原市科技局出台《太原市高新技术产业化项目贴息补助资金使用实施细则》,瑞飞机械、青科恒安等63家中小企业获得银行科技信贷支持。市科技局与赛伯乐投资、高新区管委会共同组建太原赛伯乐绿科股权投资基金公司，筛选战略性新兴产业高新技术项目开展股权投资。

太原市科技局按照《山西科技创新城技术服务体系建设规划》，整合“一网两库”、创新驿站、专利信息平台、科技风险投资服务平台等各类科技资源，搭建山西科技创新城公共科技服务平台，初步实现信息采集与加工、技术咨询与交易、成果评估与转化、创业投资与培训等服务功能,为招商引智、成果转化、项目落地提供“一站式”服务。（宁继东）

【知识产权保护】 2013年，太原市科技局实施“知识产权托管行动”“专利灭零行动”和“专利倍增计划”,通泽重工等10家企业委托专利代理机构开展专利地图、专利集成等专业化服务。市科技局组织专利专员和专利特派员到中小企业，指导帮助战略性新兴产业中小企业申请专利1000余项，100余家中小企业实现专利申请“零”的突破。全市发明专利申请量和授权量分别增长14.3%和10.5%，每万人发明专利拥有量达到7.5件，在全国36个直辖市、省会城市和副省级城市中排名第15位，太钢不锈的“高强度抗疲劳耐大气腐蚀热轧钢带及其制造方法”等4项发明专利获中国专利优秀奖。2013年全市专利申请量7926件，其中发明申请量2816件；授权量3431件，其中发明904件。太原市有效发明专利达到3394件，每万人有效发明专利拥有量为7.95件，在中部六省省会城市中排名第三。（宁继东）

【可持续发展试验区】 2013年，科技部组织专家对太原市迎泽区国家可持续发展实验区进行验收考察。考察组一行先对可持续发展示范项目和示范点进行实地考察，听取迎泽区创建国家可持续发展实验区的工作汇报，并进行专家质询。专家组一致同意推荐太原市迎泽区参加国家可持续发展实验区20个部委联席验收评审会。

2006年10月，太原市迎泽区被科技部确定为“国家可持续发展实验区”。到2013年建设期6年已满，按照国家可持续发展实验区能力建设要求，迎泽区突出区域特色和科技内涵，注重特色发展，树立典型示范，使实验区在国民经济、社会发展等方面取得长足进步。作为省会中心城区，立足现有资源，推动服务业转型升级，使全区经济从低谷徘徊中走上快速发展轨道，城区综合实力明显增强，探索出一条具有“迎泽特色”的可持续发展之路。到2012年底，全区地区生产总值由建设实验区前的2005年158.99亿元增长到413.63亿元，增长1.6倍；服务业增长值完成352.31亿元；固定资产投资完成112.2亿元；社会消费品零售总额完成262.57亿元，是2005年89.66亿元的2.9倍；财政总收入完成24.1亿元，是2005年的7.14亿元的3.4倍；一般预算收入完成11.15亿元，是2005年3.1亿元的3.6倍；农民人均纯收入完成13426.7元，是2005年5081元的2.6倍，各项经济主要指标均已大幅度超过实验区规划的预期发展目标。

（宁继东）

【民营科技】 2013年，太原市科技局新认定民营科技企业41家，民营企业数量达到500家。市科技局集中开展科技人员服务民营科技企业，组织中国科学院、全国重点高校高端科技创新人才以及省城科研院所和高校青年科技创新人才，到中绿环保、科达自控等300余家中小企业开展技术咨询、产品开发、企业诊断等服务。发挥“一网两库”的作用，为华顿实业、水塔醋业等300余家企业每月提供产业动态、技术创新以及专利分析等方面的竞争情报分析服务。（宁继东）

【科技企业孵化器】 2013年，太钢不锈钢工业园不锈钢科技创新服务中心申报成为国家级专业科技企业孵化器。太原不锈钢产业集群被国家科技部火炬中心列为“2013年度创新型产业集群试点(培育)”。科创小微企业创业孵化基地，被省中小企业局认定为省级中小企业创业基地。经科技部火炬中心认定，太原高新技术创业服务中心取得科技企业孵化器从业人员培训资格，成为山西省唯一一家具有资质的孵化器培训机构，举办山西省首期科技企业孵化器从业人员培训班，培训学员173人，合格率达到98%，参考率及合格率全国第一。

（宁继东）

【科技园区】 2013年，太原市推进特色产业基地建设。加快建设国家镁及镁合金高新技术产业基地、国家钕铁硼材料特色产业基地、国家高端包装装备及材料特色产业基地，“镁合金电动车轮毂研发”“基于云计算技术的高效人脸识别系统”等14个项目列入国家和省科技计划。推进专业科技园区建设。市科技局落实综改试验区先导区科技创新园建设方案，以科技创新公共服务平台建设为载体，市县联动，迎泽科技创新园区建成食品包装自动化专业科技孵化器，万柏林科技创新园建成电子产品检测中心，娄烦科技创新园区科技信息服务平台发挥作用。（宁继东）

【科技信息网络建设】 2013年，太原市科技局开展科技电子政务平台与电子监察系统建设。实现科技项目网评系统的升级与改造。太原市2013年科技发展计划项目评审工作首次采用网上评审的方式，参评项目共570项，全部来源于通过网上申报，评审专家从专家库中遴选产生，完成评审系统的开发和评审数据的处理工作。平台的子系统科技政务办公系统与省科技厅信息中心共同开发，6月1日，完成开发并投入使用。完成科技项目管理系统中的评审子系统测试版。做好太原科技信息网网络平台的升级、维护和管理工作。开展平台资源整合与网络安全工作，继续做好“一网两库”科技基础条件平台网络环境的管理、维护和升级工作，确保各子平台网络环境安全、正常运行，市科技局制订网络安全机制、策略、应急制度、《太原市科技局电子政务系统网络环境建设方案》，累计处理网络、终端问题203次。（宁继东）

【生产力促进中心】 2013年，在由国

家科技部高新技术发展及产业化司组织实施的每年一度“全国示范生产力中心运行情况及业绩考核”中，太原生产力促进中心被评为“A”级。中心发挥“中部六省会生产力科技合作战略联盟框架协议”平台作用，整合开放新增特色优势资源，增强兄弟省市交流合作。新增2012年6月至2013年6月五大库题录资源、文献资源目录13000余条、仪器设备信息50余台/套、大仪网入网用户20余家，并在此基础上，按照不同资源特点、应用领域、学科范围，编制科技资源开放共享目录，加快与中部地区科技资源开放共享。重新进行Web服务器和数据库服务器的规划配置，对现有网络、安全、存储、服务器系统进行优化调整，全面提升系统运行及安全能力，完成省大型仪器资源共享运行补贴项目，通过结题验收；先后完成平台框架设计、页面设计及部分数据资源整合、数据库结构设计，及系统开发等工作；持续开展在线解答、上门服务、集中培训、网上预约等各类服务，为科研人员及时获取最新文献资源提供极大便利，有效实现平台服务功能延伸。从宏观经济政策环境、产业动态、技术动态以及竞争企业等方面，按月开展竞争情报推送，中心与湖南省科学技术信息研究所合作，为太重集团开展竞争情报专题服务，累计为全市300余家企业推送竞争情报2500余份；完成《2012年度中部六省竞争力情报研究报告》和《数据手册》汇编。（宁继东）

【张复明到太原市调研科技创新】 2013年2月16日，山西副省长张复明对太原市科技创新发展情况进行调研。省政府副秘书长郭立，省科技厅厅长贺天才，省教育厅厅长李东福，太原市副市长王爱琴，太原市经济区、太原市科技局等单位主要负责人陪同考察太原重型机械有限公司、中国电子科技集团第二研究所、中国北方自动控制技术研究所、山西大学、山西省技术产权交易所、太原高新区、太原经济区等地。（宁继东）

【提升新农村服务能力工作经验交流会】 2013年3月27日，全国生产力促进中心提升新农村服务能力工作经验交流会在太原举行，来自全国60个生产力促进中心100多位代表参加会议。（宁继东）

【百家企业与中国科学院百项成果对接】 2013年4月24日，太原市百家企业与中国科学院百项成果进行对接活动开始，7月，首批签约项目35个，技术交易额5500万元。（宁继东）

【国家科技成果转化服务(太原)示范基地】 2013年9月，太原市成为国家科技成果转化服务(太原)示范基地，成为全国12个国家级科技成果转化服务示范基地之一。（宁继东）

【首届“百校百企”科技合作与项目对接活动】 2013年11月15日至16日，山西省首届“百校百企”科技合作与项目对接活动在太原举办，共有47个校企签订合同或达成合作意向，技术交易额1.08亿元。（宁继东）

【太原绿科科技创新股权投资企业成立】 2013年，由太原市科技局、太原高新区管理委员会、赛伯乐(中国)投资公司共同组建的太原绿科科技创新股权投资企业成立，这是太原市成立的首家股权投资企业。（宁继东）

【院士工作站】 2013年12月4日，太原市晋西工业集团有限公司、山西中天信科技股份有限公司、太钢总医院、山西中科博杰科技有限公司等8家单位获准建立院士工作站。截至年底，太原市有15家单位建立院士工作站。（宁继东）

气　象

【气候事件】 春季阶段性干旱。2013年全市无旱，但是春季、深秋初冬出现阶段性干旱。

2013年冬季，太原市降水偏多，麦区多次出现雨雪天气过程，大部有积雪覆盖，为冬小麦抵御低温寒潮、安全越冬提供保障。2013年3月份至4月中旬前期太原市降水持续特少，气温特高，光照充足，大风天气特多，土壤失墒加快，各地旱情持续发展，对冬小麦返青拔节不利。4月中旬后期以后，太原市降水偏多且适时，18日夜间至19日太原市出现2013年春播期首场好雨，27下午到夜间再次出现小到中雨天气。这两次降水过程适时量大，有效缓解农田旱情，有利于北部山区春耕春播工作顺利开展及南部平川区已播作物顺利出苗；此时太原市大部冬小麦已处于拔节期，对水分需求较大，这两次降水也为冬小麦拔节提供充足的水分；同时降水偏多也有效降低森林火险气象等级，提高城市空气质量。5月份降水偏少，春播作物苗期表层土壤出现阶段性干旱，但底墒较好，对作物生长影响不大。

春季低温暴雪天气。2013年4月18日夜间至19日太原市先后出现雨、雨夹雪、冰粒和暴雪天气，过程降水量为18.5毫米至34.6毫米，最大积雪深度8厘米至18厘米。伴随着这次雨雪天气过程，太原市气温显著下降，20日早晨全市最低气温降至0℃以下，各地均出现积雪。这次暴雪、低温过程对处于开花到坐果期的桃、梨、杏、苹果等果树十分不利，造成花和幼果受压受冻脱落,并压坏果枝;同时对设施农业生产造成不同程度的不利影响,大量的积雪压塌大棚,影响棚膜的透光率,气温骤降将使棚内温度大幅下降,影响果蔬品质。 (曹晓红)

【汛期暴雨洪涝】 2013年,6月至7月份全市平均降水量为264.5毫米,比常年偏多8成(偏多119毫米),是1979年以来的第2多,充沛的降水有利于地下水资源的涵养,同时也驱走盛夏的炎热天气。期间连续多次出现较强降水过程:6月8日至9日太原市出现中到大雨局部暴雨天气;19日至22日太原市出现大范围持续强降水天气;7月8日至15日、17日至18日太原市持续出现较强降水天气。多次出现的大范围强降水天气过程,降水时间长,降水量大,极大地增加土壤水分,对玉米拔节抽雄及其他处于生殖生长阶段的农作物产量形成有利。但是,持续强降水天气同时也带来一些自然灾害,局部地区出现暴雨洪涝,农田出现过湿现象,玉米不同程度倒伏,部分高湿田块发生比较严重的粘虫灾害,对玉米及其他农作物生长产生一定不利影响。 (曹晓红)

【春季气候灾害】 2013年,太原市尖草坪柏板乡、向阳镇、柴村街办、迎新街办、阳曲镇、古城街办受灾,直接经济损失9423.3万元。清徐县10个乡镇、街办的葡果、设施农业和大田作物均受到较为严重的损害,全县受灾面积82581.41亩,其中果树38899亩、葡萄22532.6亩、大田蔬菜19774.51亩、玉米863亩、温室30.4亩、大棚481.9亩,绝收31245亩,经济损失26235.08万元。娄烦县四个乡镇35座温室大棚倒塌,全县杏花、桃花冻死,低温冻害给设施农业、瓜果带来较大影响。阳曲县共有26895亩水果树受冻害,绝收面积为12000亩,造成直接经济损失约2286.5万元。小店区果树受灾面积1927亩,大棚塌陷98亩,小麦受冻300亩,彩钢板房塌陷3间,造成经济损失约2558万元。古交市原相乡白岸村蔬菜大棚被积雪压塌11.7亩,直接经济损失160万元。 (曹晓红)

【汛期气候灾害】 2013年7月8日至12日,古交持续出现强降水天气,7月12日,西曲街道西曲社区发生山体滑坡,造成一间约20平方米的房屋坍塌,财产损失约五、六千元。12日至17日,较强降水过程依然持续,7月8日至18日08时各乡镇总降水量为125.5毫米至203毫米,7月18日,西曲街道西曲社区寨峁上村发生山体滑坡,没有造成人员伤亡,经济损失约7000元。

7月8日至12日,阳曲县全县境内出现大范围的降水天气过程,截至12日11时全县各乡镇总降水量为75.4毫米至163.3毫米。阳曲全境出现四处塌方,塌方面积共1035立方米;温室大棚受灾190间,约270.8亩;造成牛死亡1头,羊死亡49只、受伤18只;玉米、谷子、胡麻受灾994.5亩;房屋坍塌274间,漏雨4348间。

月25日20时至26日08时,娄烦县盖家庄乡发生暴雨过程,过程降水量为78.6毫米。造成盖家庄乡仙沟桥倒塌,寺明庄、王光塔、周家窑三村进水,淹没庄稼数十亩。

雷雨大风冰雹天气。(1)6月24日中午12时40分至13时10分,古交阁上乡红梁岩行政村遭受冰雹灾害袭击,冰雹直径达1.5厘米。阁上乡红梁岩行政村5个自然村耕地1312.9亩、牛羊等家畜2800余只不同程度受到此次冰雹灾害的影响。其中尤以高足梁自然村及胜晖山庄种植养殖园受灾最为严重,据统计,全村受灾耕地1000余亩,成灾500余亩,因冰雹及洪水致羊死亡150多只,合计损失21.5万元。

7月31日15时至16时,娄烦县杜交曲镇银洞咀、陈家岭、杜交曲、罗家曲、强家庄等村庄发生冰雹天气过程,持续时间20分钟左右,最大直径40毫米左右。造成银洞咀、陈家岭大约1200亩庄稼绝收,杜交曲、罗家曲、强家庄等地农作物减产。

7月31日16时23分至16时33分尖草坪区出现冰雹天气,冰雹最大直径15毫米,平均重量13克。柴村街办柴村等8个村受灾,受灾面积12859亩,其中:玉米受灾8005亩(倒伏3850亩);葡萄受灾2928亩;果、桃、蔬菜等其它作物受灾1926亩。

8月3日下午3时许古交市全市出现冰雹、短时大风、短时强降水天气。古交市10个行政村、14个自然村出现冰雹,持续时间20多分钟,最大直径30毫米,冰雹密度大,受灾面积广。受灾农户2830户;农作物受灾面积3291亩,其中:土豆1336亩、谷子315亩、玉米560亩、豆类550亩、杂粮530亩;果树受灾面积800亩,其中:枣树3000株、核桃树5000株、苹果树2000株、其他2000株。减产6成,直接经济损失约1000万元。

9月12日16时至19时,尖草坪区出现强对流天气,局地伴随冰雹天气,其中柏板乡受灾较为严重,农作物受到严重损失,受灾损失1783万元。

秋季连阴雨。9月份太原市降水偏多,墒情良好,满足农作物后期生长需要,对大秋作物生长发育、冬小麦足墒播种以及地下水资源的涵养有利。但是9月15日至23日太原市出现连阴雨天气,各代表站过程降水量为54.6毫米至117.6毫米,区域自动站最大降水量出现在古交的梅洞沟,为129.5毫米,降水集中、气温偏低、光照偏少导致部分作物贪青晚熟,不利于

大秋作物及时成熟收获。　（曹晓红）

防震减灾

【概述】 2013年，太原市防震减灾工作坚持预防为主、防御与救助相结合的工作方针，坚持最大限度减轻地震灾害损失为根本宗旨，防震减灾三大体系建设深化，地震监测预报基础设施更加完善，防震减灾宣传持续创新，抗震设防要求管理高效有序，地震应急救援队伍坚强有力，党风廉政建设到开展，机关作风建设成效显著。

2013年，在中国地震局组织的全国市县防震减灾工作综合考核中，太原市防震减灾局再次荣获全国地市级先进单位称号，清徐县荣获全国县级先进单位称号。在全省防震减灾工作综合考核中，太原市防震减灾局荣获全省防震减灾工作市级“先进单位”。

（许梨花）

【防震减灾组织管理】 坚持目标责任制管理。2013年初，太原市政府与县（市、区）政府及市抗震救灾指挥部成员单位签订防震减灾目标责任书，以目标管理的形式将工作责任分解，并进行落实情况考核。市、县两级防震减灾工作会议或成员组会议常态化，及时安排部署和协调议事。2013年，市县防震工作机构在经费投入、机构设置、人员编制、干部配备、工作条件改善和三大体系方面均得到落实和加强。落实《中共太原市委、太原市人民政府关于全面提升太原市防震减灾能力的意见》（并发〔2010〕25号）精神，市、县防震减灾事业经费连续六年保持稳定增长，完善经费保障机制。

（许梨花）

【观测机构建设】 2013年，太原市防震减灾局对新接收的企业台站进行全方位升级改造。为太钢防震观测站办理土地使用权证，完成办公楼基建改造工程，新增办公设备，更新机房设备，完成网络、弱电项目及监测设备的安装调试。完成晋机观测站的办公环境、监测设施、监测环境等改造工作。全面加强对四个台站的管理，全部升级信息系统，实现各项数据与市局中心互联互通，使各台站数据的可用性和可靠性大幅度提高。对台站的工作流程和工作制度全部重新梳理和修订，达到健全、统一、科学、规范的目标，从制度上保证各项工作正常运行。完成对台站新接收人员的业务培训和轮岗交流工作。　（许梨花）

【地震前兆监测】 2013年，太原市防震减灾局加强地震前兆监测，加密观测手段、站点，提升观测能力。在经济区新增一口观测井，完成观测井的通电、通水、井管焊接与井口清理，以及前期观测试运行、洗井、购置与安装综合性的流体观测仪等工作，并投入试运行。在太铁防震观测站新增电磁监测项目和地温监测项目各一项，在晋机防震观测站新增地电场监测项目和地温监测项目各一项。全面优化十县（市、区）前兆观测网络，将以前的模拟网全部升级为数字网，并实现与市防震观测管理中心的互联互通，有效提升监测数据的完整性、准确性、可用性。组织召开由山西省六市、太原市十县（市、区）和三个开发区参加的“山西省中部地区地震联防会”。组织全市80余名“三网一员”骨干参加的培训班，进行两次地震灾情信息速报演练，100%落实“三网一员”补助。完善地震灾情速报员管理，将198名地震灾情速报员纳入太原市地震应急短信平台，提升太原市群测群防能力。

（许梨花）

【地震应急救援】 2013年，太原市防震减灾局完成市级地震应急预案的修订，并以市政府办公厅名义印发；完成市局地震应急预案的修订，并组织全局干部职工学习。组织全市各个层级、各种类别、各有侧重的地震应急演练900余次，其中，有135个社区组织应急演练，1658所中小学校每学期至少开展一次应急避震演练。加强对抗震救灾抢险队员的技能培训，按计划组织救援队骨干进入国家队例行培训，完成所有培训课程，均获得中国地震应急搜救中心颁发的培训证书。有效应对“10·22”太原有感地震。为加强基层地震应急管理能力组织全市地震应急管理干部到国家地震紧急救援训练基地培训，分两期共90余人参加，受训者分别为各县（市、区）、各成员组单位分管防震减灾工作的领导和市防震减灾局一线工作人员。与市红十字会联合，组织地震应急救援骨干和抗震救灾指挥部成员单位联络员地震应急救援基础知识培训班，共120余人参加。完成4个县级地震应急专用通讯网络平台的建设。出台并印发《关于增强防震减灾应急通信保障能力配备无线短波电台的通知》（并震抗办〔2013〕5号），采取省、市、县三级投资方式，完成3个县区无线短波电台的配备。完善《太原市抗震救灾物资储备管理办法》。应急物资储备体系更加完善，管理加强。按照辖区内三分之一人口的比例，储备三天的食品和饮用水。建立全市物资储备信息化管理系统，对全市12个应急物资储备单位的网点进行联网实时监控。　（许梨花）

【抗震设防要求管理】 2013年，太原市防震减灾局针对太原市西南环高铁项目、一电厂迁址项目、晋阳湖片区改造项目等提出抗震设防意见，均被规划建设部门采纳，最大程度的为项目建设做好服务与保障。健全市、县两级联合执法机制，全年对十个县（市、区）和三个开发区进行抗震设防要求管理联合执法,共执法68人次,检查重点工程32个,下发责令整改通知书6起。2013年完成地震行政复议一例,维护法律的公正、公平,并确保工程建设者的正当权益。强化对新、改、扩建工程的管理,加大市场监督检查力度,严厉处罚违规建设工程,确保新、改、扩建工程抗震设防要求达到100%,重大建设工程和可能发生严重次生灾害的建设工程100%进行地震安全性评价。(许梨花)

【农居安全工程】 2013年,太原市防震减灾局结合太原市实际,全面启动农居安全工程试点工作。选取清徐县西迎南风村和尖草坪区的柏板村2个村作为安全农居工程新增示范点。其中,对西迎南风村新建及改造的抗震房进行挂牌,起到带头示范作用。主动为农民提供建设抗震农居的技术服务和指导,联合市住建部门为农民建设抗震农居提供政策支持,解决农民建设安全农居的"后顾之忧"。清徐县防震减灾局被省地震局授予"创建农村民居地震安全示范工程先进单位"称号。截至2013年底,全市共建成地震安全农居示范工程42个,提高农村民居的抗震性能,提升农村地区整体抗震能力,示范效应逐步显现。组织全市的乡、镇、村长的"农村民居地震安全示范工程建设培训会",向农民发放《农村民居抗震知识挂图》1000余套,结合"科技三下乡"、集市、庙会、地震知识宣传周等契机,扩大宣传力度,增强农民建设安全农居的意识。组织部分业务骨干参加中国地震协会组织的"2013年全国农村民居地震安全工程抗震技术培训班",提升推动安全农居工程建设的能力。(许梨花)

【提升城区建筑抗震能力】 稳步推进棚户区和城中村预制板房改造工作,2013年,全市共有8个棚户区项目、34个城中村项目被列为城市改造重点工程,近4万套保障房建设顺利推进,进行老旧城区改造、工矿区危房改造以及老旧预制板房改造。随着工程的竣工和交付使用,太原市城区建筑的整体抗震能力得到大幅提升。(许梨花)

【地震行政审批】 2013年,太原市防震减灾局按照市委、市政府深化效能政府建设、引深审批流程再造的要求,不断强化服务意识,规范审批行为,严格执行审、管分离。精简审批事项,最大程度的服务于城市建设,提高审批效率,审批时限从原来的5个工作日压缩为4个工作日。坚持一把手现场办公制度,每周一下午一把手在市政务服务中心现场调研指导审批工作,对省、市重点工程给予高度关注,确保审批服务工作高效完成。全年审批一般项目12个,省、市级重点项目121个,其中省级重点项目22个,市级99个,全部在审批大厅完成闭环运行,杜绝体外循环现象的发生,确保重大建设工程地震安全性评价达到100%。局党组开会研究并决定,对地质构造清楚、场地条件良好且远离地震断裂带的项目,要依法依规,简化程序,即来即办,服务到位,开启绿色通道,尽量根据活断层探测成果给项目单位主动提供地震动参数;对地质构造复杂、资料不全、没有参数可提供的项目,提出选址和安评意见,并且要主动跟进或提前进入,及时了解项目的规划布局和建设工期,配合建设单位开展前期服务工作,确保省、市重点工程及时落地、及时开工,绝不能因审批拖全市固定资产工程建设的后腿。对天然气加气站、保障房、百院兴医、校安工程等重点项目,按照市政府关于重点项目推进的要求提前办结。按照行政审批的要求,将中介机构纳入项目库管理,执行一事一表考核登记,从制度上保证中介机构的规范运营、良好服务、遵章守纪。(许梨花)

【防震减灾宣传教育】 2013年,太原市防震减灾局全方位宣传防震减灾,防震减灾知识技能到人心。

落实全国和全省防震减灾宣传电视电话会议精神,集中力量做好"5·12""7·28"防震减灾宣传工作。"5·12"期间,根据国家、省地震局要求,结合太原市实际,以市抗震救灾指挥部名义印发《关于开展纪念"5·12"汶川大地震五周年暨防灾减灾日系列宣传教育活动的通知》(并震抗办〔2013〕3号),组织市抗震救灾指挥部69个成员单位开展"'平安中国'千城大行动暨'5·12'防灾减灾日为雅安祈福系列宣传周"活动。活动共展出1104块大型宣传展板,发放各类宣传品323800册、宣传图书10000本,发放并收回答题卡10000份,发放奖品笔1000支、防震宣传手提袋100000个,放映防震减灾宣传片50场,受众500000余人;开展各类地震科普讲座11场。活动周期间,继续开展中小学在校学生"四个一"活动,即:组织观看一次《地震应急实用知识——学校篇》,组织一次地震应急演练,组织一次防灾减灾主体班会,开展一次家庭"小教员"防震减灾知识宣传活动;利用"电影惠民放映月活动"开展面向社会各阶层的反映防震减灾文化的宣传教育影片的放映活动,共计200场次。"7·28"期间,开展防震减灾文艺汇演,借助公共场所LED媒介滚动宣传防震小百科,发放《守护生命——地震防御知识小百科》等知识手册10余万册,发放地震应急实用知识光碟1000套,防震减灾宣传品50000余件。

不断丰富宣传形式,提高宣传效果,提升宣传品位。与山西大众移动电视有限公司达成战略合作协议，在全市3000多辆公交车的移动车载电视上滚动播放防震减灾科普知识，每天有100多万人次的乘客更便捷、更直观地获取防震科普知识。利用手机短信平台、互联网、电视电影、报纸、固定橱窗等媒介，常态化宣传防震减灾知识。

强化领导干部的防震减灾知识教育。把防震减灾形势和相关法律法规纳入各级党校和组织、人事部门组织的领导干部培训课。

坚持中小学生防震减灾科普知识制度化教育，强化阵地建设。利用重点宣传周，在中小学校进行防震减灾科普宣传图片巡展。市防震减灾局、市教育局、团市委联合制定印发《关于在市青年宫少年科技城举办“人类与地球村长话地震”防震减灾科普宣传图片展的通知》（并震发〔2013〕11号），在市属7所中学开展为期一月的防震减灾科普宣传图片巡展。深化防震减灾科普示范学校建设，市防震减灾局组成调研组，到六城区调研防震减灾示范学校建设情况，掌握示范学校建设动态，协助解决建设过程中存在的困难。（许梨花）

【防震减灾示范工程建设】 2013年新建成杏花岭区涧河街道同煦苑社区等8个省级防震减灾示范社区，小店区防震减灾局、杏花岭防震减灾局、尖草坪防震减灾局等3个县（市、区）获得省地震局授予的“创建防震减灾社区先进单位”称号。截至2013年底，全市共建成2个国家级地震安全社区，10个省级防震减灾社区，118个市级防震减灾社区，防震减灾社区达标率达到24%。2013年新建成迎泽区大南关小学等6个省级防震减灾科普示范学校，万柏林区防震减灾局、迎泽区防震减灾局、清徐县防震减灾局等3个县（市、区）获得省地震局授予的“创建防震减灾示范学校先进单位”称号。截至2013年底，共建成科普宣传示范学校326所，市级科普学校达标率达到40%，防震减灾科普教育体验中心30个。在太原市迎泽区大南关小学建立太原市首个防震减灾科普教育基地，完成地震动体验机、山西省断层分布及震中分布示意模型、断层演示仪、地球仪等设备的安装，防震减灾科普教育基地建设初具规模。开展2013年度国家地震安全示范社区申报命名工作，经过严格审查，筛选出3个社区参加国家地震安全示范社区评定。（许梨花）

太原市科学技术协会

·学术交流·

【太原市2011～2012年度太原市优秀论文评选活动】 市科协组织开展太原市2011～2012年度太原市优秀论文评选活动，全市学会、县区科协、企业科协、高校、科研院所等相关学术团体筛选初评，共征集符合条件的高质量的论文360余篇，论文学术水平高、专业特色强、应用价值大。根据论文涉及领域，在全市选拔12名专业水平高的评委进行评审，从严把关，评选出一、二、三等奖和太重科协、太钢技术中心、太原市药学会、市委党校、东山煤矿科协五个优秀组织奖，并给予不同奖励。此次论文评选活动要求高、评审严、涉及面广，为太原市科技创新和人才成长起到作用。（周　腊）

【市属学会学术交流】 太原市科学技术协会市属学会开展学术交流活动，各学会根据各自的专业和行业特点，开展学术茶座、学术讲座、专业技术培训和技能大赛等形式的学术交流活动。2013年共举办学术交流活动300余次，征集论文2000余篇，参加人数15000余人，开展科普活动500多次，服务群众近8万余人。由市科协主办、市营养师协会承办的“2013年中国太原营养文化节”高峰论坛活动，邀请中国健康教育协会常务理事教授孙树侠，中国营养师网创始人教授魏跃，山西医科大学博士邱服斌等著名专家学者分别作报告，共有1000余人参加。组织企业家体重达标特训营、超重儿童夏令营、公共营养师大赛等后续活动。在第五届中国营养师年会中，太原市营养学会获优秀组织奖，5人分别获金牌讲师、优秀营养师称号。太原市药学会举办医院药事管理论坛、医院处方点评工作交流会等系列活动，提升行业学术水平。（周　腊）

【市属学会建设】 加强对学会建设的指导，2013年，太原市科学技术协会批复成立户外运动安全救助科普志愿者协会、户外环保科普志愿者协会、果树技术学会、社区科普文化学会、民营企业发展研究会5个学术团体。推进业务主管学会的党组织组建工作，根据市委组织部、市民政局《关于开展社会组织党组织集中组建工作的通知》精神，按照“应建组织不留空白，党员活动不漏一人”的要求，开展业务所属学会党组织组建工作。2013年6月，市科协党组为2012年组建的9个党支部进行集中授牌，8月下旬，在太原市外国语学会等3个业务主管学会分别新组建党支部。截至2013年底，太原市科协业务主管学会建党支部12个，覆盖党员45人。市科协业务主管学会党组织组建工作的经验在全市社会组织党建工作推进会上作大会交流。（周　腊）

【科协会员日活动】 组织中国科协会员日活动。根据省科协安排，太原市科协于2013年12月12日～18日,开展主题为“改进作风、服务基层”的太原市2013年中国科协会员系列活动，为全市广大科技工作者服务。组织2011年～2012年度优秀论文评选表彰活动;给在并工作的千余名科技工作者发送中国科协会员日问候短信;邀请部分科技工作者参观科技文化场馆;太原市药学会等学会组织开展学术年会,举办科学道德和学风建设宣讲报告;组织各学会(协会、研究会)、县(市、区)科协、企事业单位科协组织张贴会员日公益广告;编制中国科协会员日基本知识,在太原市科协网站宣传。（周　腊）

·科学普及·

【《全民科学素质行动计划纲要》】 围绕贯彻实施国务院《全民科学素质行动计划纲要》,2013年,中共太原市委、市政府下发《关于落实全民科学素质行动计划实施方案》,成立太原市全民科学素质工作领导小组，市科协充分发挥《纲要》办公室联络协调指导作用,加强督促落实检查,各县区各部门按照“政府推动、全民参与、提升素质、促进和谐”的指导方针，提出工作计划,建立工作制度,各有侧重地开展全民科学素质工作。2013年8月,市政府召开全民科学素质工作领导组会议,提出到“十二五”期末,太原市公民具备基本科学素质比例要超过6%的工作目标,确定2013年重点工作,明确领导组各成员单位的任务及各项工作的牵头单位,审议并原则通过《太原市<全民科学素质行动计划纲要>实施工作考核办法》和太原市全民科学素质建设工作考核评价指标。副市长、市全民科学素质工作领导组组长寿伟光代表市政府与各县(市、区)签订《太原市全民科学素质建设目标责任状》,初步形成强化科普合力、推动全民科学素质工作的局面。（周　腊）

【青少年科普】 面向未成年人，注重发挥科普教育基地、科技示范校的作用,组织各类科技创新大赛、科普讲座和校园科技展示等活动，推动太原市青少年科学素质迈上新的台阶。2013年，市科协组织全市百余所中小学校的近10万名师生参加太原市、山西省及全国第二十八届青少年科技创新大赛,共收到推荐参赛作品1328件。在全省大赛中,太原市报送的34项科技创新项目、51幅科幻绘画作品、10项科技辅导员科技创新成果、5个科技活动项目全部获得不同奖项；在全国大赛中，太原市共获优秀科技创新项目三等奖2个，优秀少儿科幻绘画作品奖10个。组织太原市39名中学生选手参加以“快乐成长”为主题的第十三届中国青少年机器人竞赛（山西赛区)联赛;选拔山西省实验中学、山大附中等6个学校的70名学生和7名教师,分四批分别前往清华大学、北京航天航空大学、天津大学、江苏东南大学参加高校科学营活动。通过组织开展多种形式的青少年科技活动，开拓孩子们的视野，使中小学生科学素质得到不断的提高。山大附中、太原市第27中、尖草坪区科技实验小学等科技示范学校,也各自通过举办校园“科技节”、组织各类科普竞赛、科技讲座等活动,向学生们传播普及科学知识。古交市直小学生科学探究演示活动室项目列入古交市经济社会发展规划,有3个活动室通过验收，为学生们提供更为直观的科技活动场所。太原市图书馆举办“书香太原、科普阅读”全民阅读活动，迎泽公园海底世界举行海洋生物科普大讲堂。（周　腊）

【农业科普培训】 2013年，太原市科协面向广大农民，全市各涉农部门和单位进行农民科技培训，通过组织开展阳光工程、农村实用技术讲座等,共培训农民5万余人次，发放农业科技宣传资料4余万份。太原生态工程学校组织开展现代农业、可再生能源等培训,培训农民4万余人次。全市各基层科协组织依托科普惠农服务站和农科110服务体系，开展各具特色的农民科普培训工作。娄烦县科协以全县马铃薯产业为重点的实际，对广大农业科普示范户开展20多次专门的马铃薯种植和加工等实用技术方面的培训；古交市科协举办果树种植培训班和核桃种植管理技术培训班，邀请省经济林专业的高级工程师刘富堂开展专题讲座,70余名核桃种植户代表人参加培训；杏花岭区科协先后举办苹果树种植栽培实用技术培训、葡萄霜霉病预防知识培训和蔬菜病害防止实用技术培训等课程,参加人数上千人;小店区科协在北格镇庙会期间，邀请市农委专家开展科普宣传活动，对农民提出的各种科学种植、科学施肥、田间管理等问题进行详细的回答和讲解；阳曲县科协邀请省农科院畜牧所专家开展养羊技术的指导和培训，参加人数上百人，发放培训资料300余份。这些培训讲座的开展,不仅解决农民在种养殖过程中的实际问题，同时也提高农民的科学素质。（周　腊）

【社区科普活动】 面向社区居民,实施科普益民计划。2013年，太原市各级科协组织运用社区科普文化广场、社区科普大学、社区科普图书室等面向社区居民开展科普工作。组织广大科普工作者、科普志愿者、科技特派员在太原市各社区开展节能减排、安全健康、公共卫生、防灾减灾、食品安全等方面的科普宣传活动，举办科技讲座及培训300余场，科技咨询服务4人次以上，发放宣传资料20余万份。

在2013年3月18日太原市第21个科技日之际，太原市科协工作人员到太原市尖草坪区乾泽苑社区开展公共健康科普知识宣传活动，现场发放科普宣传资料2000余份；针对H1N7型禽流感流行，太原市万柏林科协在辖区各街办、社区开展预防禽流感知识宣传活动；小店区科协在区老年大学举办食品安全科普公开课，编印食品安全知识宣传册，制作食品安全科普光碟，免费发放到广大社区居民手中；清徐县科协在东湖街道办事处开展以养生和保健为内容的“全民终身学习活动周科普知识讲座”活动；杏花岭区科协在敦化坊街道胜利东社区开展以“识别灾害风险、掌握减灾技能”为主题的防空防灾宣传活动，强化社区居民防灾减灾意识，提高自救互救技能；迎泽区科协通过开展保护生态环境有奖答题活动，吸引社区群众主动参与到科普宣传工作中。（周　腊）

【《领导干部信息化知识读本》】 2013年，太原市科协面向领导干部和公务员，开展组织编写《领导干部信息化知识读本》工作。为使领导干部紧跟时代步伐，掌握信息化知识和信息技术应用技能，进一步增强领导干部自觉管好、用好信息资源的意识和能力，市科协组织太原理工大学、中北大学、太原科技大学、省委党校、省科技厅及市委政研室、市委党校等20余名专家对编著《领导干部信息化知识读本》一书进行专门的研讨。该书分为理论篇、应用篇和管理篇三个部分，共35万字，进行文稿编写。（周　腊）

【全国科普日系列活动】 按照中国科协的安排，市科协开展主题为“保护生态环境、建设美丽中国”的太原市2013年全国科普日系列活动。2013年9月15日，在迎泽公园举行2013年“全国科普日”省城主场活动。省、市四大班子领导及省科协领导参加活动，省、市108个单位参与，设立展位146个，迎泽公园儿童科技乐园和海底世界还向少年儿童及参加活动的群众免费开放，受益群众达3万余人。在科普日活动期间，组织科协、社科、社会福利三个界别的30余名政协委员赴慕云山对慕云山保护开发进行考察调研，呼吁有关部门采取有效措施保护慕云山生态园区良好的生态环境；与全国科普教育基地太原动物园联合举办第五届动物科普文化节活动，通过举行动物育幼体验、动物知识有奖问答、动物卡通情景剧展演、动物科普4D电影的播放等一系列活动，向广大群众宣传保护动物、保护自然的科普知识，有2万余名游园群众参与动物科普文化节的各项活动；市科协与市环保局、市文明办、市民政局、团市委、市妇联等5个单位联合开展太原市2013年太原市绿色创建系列活动（节能减排、绿化美化、垃圾分类回收等绿色创建活动），倡导公民都树立科普意识和保护生态环境的理念；与汾河景区管委会联合举办以“自然、人文、和谐、变迁”为主题的首届“美丽汾河”摄影大赛活动，并将获奖作品在汾河公园内20个科普画廊内进行展出；与太原市环境保护局联合开展百名市民看环保活动，组织百余名市民到太重参观了解企业环保现状，发现环保问题，参与环保行动；开展科普画廊和科普展板联合展示活动，科普日期间，将全市300多块科普画廊，上千平米的版面全部更新为以“保护生态环境、建设美丽中国”为主题的内容，制作上百块的有关环保科普展板到学校、社区等进行展示。科普日期间，各县区科协、各基层科协通过版面展出、发放资料、现场咨询、征文竞赛等形式，组织开展形式多样、丰富多彩的科普日活动，这些活动围绕全国科普日的主题，贴近实际、贴近生活、贴近群众，把科学知识普及工作落到实处。（周　腊）

【科普宣传】 2013年，太原市科协在汾河公园迎泽桥下新建成单体面积4.5平方米的科普画廊20块，并对全市300余块科普画廊进行修缮维护，坚持每季度对画廊的内容进行更新，科普展示面积逐年增加，扩大科普受众的覆盖面。共建成科普文化广场22个，科普一条街20个，科普画廊1700余块，展示面积达5000余平方米，科普惠农信息站（栏、员）达707个，依托大学生村官在农村普遍建立数字图书馆。全市559个社区中共有442个社区成立科普协会，科普志愿者达19584人。《太原日报》《太原晚报》等报刊都开辟科普类型的栏目；太原电视台坚持每周四次播出《科普时间》节目，全年播出52期；太原科协网站充实更新百姓生活科普信息近千条。（周　腊）

【科普协作】 太原市科协发挥科普工作大联合、大协作的能力，2013年3月，组织有关部门和社会力量，为太原市229名在乡的老红军、老八路和新中国成立前老党员发放爱心手机，让“三老”人员享受现代科技成果，体现全社会对“三老”人员的关爱。在3·15之际，太原市食品药品监督管理局、太原市药学会联合在全市范围内开展“倡导安全用药、关注百姓健康”的大型主题宣传活动，组织省城40余家医疗机构和20余家药品经营企业的药剂人员，到60多个社区进行宣传。在2013年太原科技活动周第一天，市科协与有关部门联合邀请中国工程院院士、著名香料专家、教授孙宝国，针对市民日常生活中最关心的食品安全问题，作《食品添加剂与食品安全》的科普报告。（周　腊）

【年度获奖】 2013年，在太原市科协系统广大干部职工的努力和社会各界的支持下，太原市科普工作取得显著成绩。迎泽公园海底世界、太原市图书馆2个单位被中国科协命名为全国科普教育基地；小店区人民南路社区获全国科普示范社区，获中国科协“科普益民计划”项目奖励20万元;6个农村科普示范基地和农村专业技术协会、1名农村科普带头人获中国科协、省科协“科普惠农兴村计划”项目奖励共计125万元。太原市科协获得太原市2013年全民终身学习大讲堂先进集体称号。 （周 腊）

·科技服务·

【院士工作站建设】 2013年，太原市科协把推动院士工作站建设作为服务太原市经济社会发展的重要工作，履行院士工作站建设领导组办公室职责，为已建7个院士工作站提供服务，开展绩效评价和考核评估；推进2013年院士工作站建站工作。7个院士工作站共引进院士9名，签订技术合作协议13项，企业与院士及其团队合作研发项目（课题)21项，申请专利50项，软件著作权14项，培训科技人员300余人次，申请到国家级、省部级项目20多项，项目资金达到4000余万元。2012年的建站补助资金210万元全部到位。市科协对30余个新申请建立院士工作站的企事业单位逐一进行摸底调查，审核建站条件，在太原市第三人民医院、太原钢铁(集团)有限公司总医院、太原市人民医院、太原市第二人民医院、国药集团山西瑞福莱药业有限公司、晋西工业集团有限责任公司、山西中科博杰科技有限公司、山西中天信科技股份有限公司8家企事业单位建立院士工作站，这8个院士工作站共引进院士10人、进站工作专家70余人，引进院士科研成果及新产品开发、技术公关、合作研发项目26项。 （周 腊）

【企业科协技术创新】 在企业科协工作中，各企业参与中国科协组织的以技术创新为核心的“讲理想、比贡献”活动(简称“讲比”活动)，组织动员科技工作者开展科技立项、技术攻关和提合理化建议活动。2013年共立项2000余项，完成1700余项，提出合理化建议12000余条，实施5500余条，共创经济效益9.5亿元。为促进科学技术向现实生产力转化，在科技与经济间搭建桥梁，市科协组织实施“金桥工程”工作，全年有醋糟肥料生产工艺研究项目、基于计算技术的高效人脸识别系统两个项目成功立项。在“讲比”活动中，太重集团科协加强领导，严格管理，规范运作，促进技术创新，做到有计划性的立项，有针对性的攻关，有阶段性的督促，有实施中的检查，有方法和经验的推广，有精神和物质的奖励，“讲比”活动开展扎实有效。西山煤电集团科协组织企业8000余名科技工作者参与“讲比”活动，并先后出台《西山煤电“讲比”竞赛活动项目评审管理办法》《西山煤电技术创新和技术投入考核实施办法》等文件，促进企业技术创新工作的深入开展。为弘扬企业科技人员的奉献精神、创新精神和拼搏精神，推动“讲、比”活动继续深入持续的开展下去，市科协于12月上旬对2011-2012年度太原市企业科协“讲、比”竞赛活动中的先进集体和个人进行表彰。 （周 腊）

【专利信息服务】 2013年，太原市科协在太原高新技术开发区举办“专利信息开发与运用”专题讲座，邀请中国科学技术咨询服务中心主任盛小列和处长刘倩主讲。全市100余家企业从事专利开发管理和其他相关科技人员参加讲座。“专利信息数据库”是由中国科学技术咨询服务中心开发的，旨在为企业、科研院所科研、生产服务的信息平台。充分、合理使用该数据库能够有效缩短科研及产品开发周期、减少研发投入、提高研发效率。国内有数千家企业应用该数据库，取得一批研究成果，经济、社会效益明显。盛小列从专利的基本概念、专利信息对企业技术创新的价值、国外专利信息开发与利用、企业应用专利信息进行创新的典型案例4个方面，刘倩就科协专利数据库操作实务等问题为与会人员作讲座，并就数据库操作进行现场学术交流和辅导。参会人员通过学术讲座，进一步认识到专利信息开发与运用对企业创新的重要意义，增强开发应用意识和能力，对于更好地运用专利信息为企业服务发挥作用。

（周 腊）

经济发展研究

【概述】 2013年，太原市人民政府发展研究中心围绕市委、市政府的中心工作，按照“创新求是、当好参谋”的工作思路，开展一批关系全局的重难点课题研究。调研水平、研究能力和为领导决策提供咨询服务的能力有新的提高，完成市委、市政府交给的各项工作任务和单位的既定目标，各方面工作都取得新进步。 （任忠强）

【课题研究】 2013年，太原市人民政府发展研究中心以目标考核确定的研究课题为重点，不断拓宽研究领域，加大调查研究力度，提高分析问题能力，较好地完成一批有深度、有影响力的研究课题。

《太原市2012年经济发展分析与2013年建议》对太原市2012年经济运行情况进行全方位分析，并对2013年经济社会发展提出预测分析。

《太原市2013年上半年GDP完成情况分析与预测》从经济运行、工业经济、财政收支、服务业发展、国内贸易发展等方面对太原市上半年经济运行情况进行专题研究，对整体经济形势下行提出对策建议。

针对政务信息平台各自为政、重复建设的问题，《太原市电子政务信息平台建设总体思路研究》提出以整合共享太原市城市管理网络资源为主要内容，以社会服务管理综合信息网络和电子政务信息平台建设协调发展的对策建议。

依据农业和农村建设发展的新情况，国家对城乡一体化发展的新要求，在推进城镇化建设背景下，《盘活农村土地资源 鼓励农民带资进城 融入城乡一体化建设》提出太原市在推进城镇化进程中加快农村产城一体化发展的思路和对策建议。

针对太原市都市农业发展中的土地瓶颈问题，按照十八届三中全会在土地方面的改革思路，《都市农业中土地利用问题研究》给出太原市在都市农业发展中土地集约高效利用等方面的意见建议。

针对治安案件与政法经费双增长的问题，深入太原市社会公共场所和公共安全部门调研，以加快公共安全均衡化发展为目标，完成《太原市促进城乡公共安全均衡发展研究》报告。

（任忠强）

【建议咨询】 西山生态建设成果显著，受到上级领导和部门的高度评价，2013年，太原市人民政府发展研究中心起草的《西山与晋阳湖建设的生态报告》刊登在省委政研室《调查与分析报告》2013年第4期，并且入选省委政研室2013年《优秀成果选》。

发展研究中心与市环保局、市经信委共同组成专题调研组，共同起草《太原市人民政府关于加快中心城区工业企业关停搬迁的实施意见》。

根据市委组织部的安排，开展《企业家能力素质提升研究》《吸引和留住晋籍人才回并工作》两个课题研究。

应市纪检委邀请，针对城中村改造中党风廉政建设存在的问题及现阶段的实践，进行分析研究，合作完成《城中村改造中的党风廉政建设问题研究》。

发展研究中心为领导多次起草讲话、发言、汇报稿、主持辞和总结等文稿，包括撰写《在〈市属国有企业领导人员管理暂行办法〉征求意见会上的讲话》《山西综改，太原先行》学习文章和总结、《关于太原市重大决策社会稳定风险评估工作情况汇报》。

发展研究中心参加课题、方案的评审、咨询工作。《2013太原市企业50强分析报告》在2013年评出的太原50强企业经营状况分析的基础上，对全市大型企业一年来的发展现状进行分析。中心领导在50强发布会上作主题发言，受到与会领导、专家和企业的高度评价。承担12345全民服务热线的政策咨询工作。

太原市人民政府发展研究中心与香港中文大学合作研究签约仪式

参加第五届“集全民智慧 建锦绣龙城”好建议征集活动，提出好建议13篇。（任忠强）

【交流合作】 2013年，太原市人民政府发展研究中心为求拓宽视野，注重多方面、多层次的交流合作，参加国务院发展研究中心工作年会、全国政策咨询交流协作会等全国性活动，及时获取国家的政策和各方面信息。接受省市电视台记者的采访，从多方面提高太原市的知名度。

开展交流合作。同香港中文大学正式签订课题合作协议，根据太原市经济发展的需要，开展《国际视野下太原市资源型经济转型发展研究》课题研究。

根据陇海兰新经济促进会的安排，太原作为陇海兰新线重要节点城市，完成《在共建丝绸之路经济带中加快太原城市群经济发展》课题研究。

完成《中国城市年鉴》2012年卷太原部分的写作，参加市妇联论文评选活动并获奖。

与市政协合作，针对太原市旅游资源丰富旅游产业却发展不快的问题，抓住智慧旅游城市建设重大机遇，提出进一步加快智慧旅游城市建设的意见，完成《关于加快太原市智慧旅游建设、提升旅游服务水平调研报告》。

通过激烈竞争，中标省科技厅跨年度课题《山西现代服务业培育和发展研究》课题。

2013年是发展研究中心成立三十周年，研究中心筹划编辑《发展研究中心三十年成果汇编》。（任忠强）

【内部管理】 2013年，太原市政府发展研究中心修订完善考勤、休假、办公用品、固定资产、档案管理、公车管理、门卫保洁管理等制度。公务员管理逐步走上正轨。参加《新录用公务员试用期培养和管理座谈会》《太原市行政机关公务员平时考核座谈会》和《太原市年轻干部培养研究问卷调查》等活动。在2012年被评定为省二级档案馆的基础上，加强各处室资料归档工作，并作为单位年度考核的一项内容；完成全市干部人事档案专项清理工作；完成保密普查工作，参加全省保密干部全员培训。中心对单位办公楼和职工住宅楼进行一系列改造，主要有：办公楼卫生间水池改造，办公大楼用电线路改造；31号院住宅楼供暖供水管道维修改造；会议室安装投影仪、更换灯具，加快局域网速度，给全部办公室安装空调。开展城乡清洁工程，通过几次院内院外大扫除，改善单位周边和办公室的环境卫生。

为进一步提高研究人员的业务素质，加强对年轻研究人员的培养，发展研究中心修订《科研管理办法》，制订《信息报送管理办法》。购书籍、上硬件，为全体职工办理市图书馆借书证；对知网等信息网络使用进行改革，实现知网购买全覆盖，节约费用，提高利用率，不断改善研究人员的工作条件和环境。

根据处室职能和研究领域，初步建立起具有发展研究中心特色的《太原市经济社会发展主要指标数据库》，包括国家、省、市三个层次、十个方面的数据。

参加讲座、培训、会议等多种形式的业务培训，参加培训的人员都要给中心全体职工进行讲座式汇报，分享知识、信息。全体研究人员每年完成一篇专业研究领域的研究报告。组织参加干部自主选学和在线学习；开展全民学习周活动，在活动周上邀请香港中文大学教授詹晶进行学术讲座。

（任忠强）

【机关党建】 2013年，太原市政府发展研究中心通过加强党的思想建设、组织建设和作风建设，发挥党支部的战斗堡垒作用。学习党的十八届三中全会精神，开阔视野，力求从理论上跟上中央的步伐。重视基层党组织建设，完成支部换届工作。注重领导干部思想政治建设，坚持中心组和党员学习制度，开展创建“学习型、服务型、创新型党组织”活动和“为民、务实、清廉”为主要内容的党的群众路线教育实践活动。重视党风廉政建设，做到警钟长鸣。抓好反腐败体系建设，班子成员履行分管领域职责，

通过加强作风建设，提高班子和干部队伍的战斗力。以“警示教育活动”为契机，加强宣传教育活动。（任忠强）

【其他工作】 法治建设取得较大的进步，2013年，太原市政府发展研究中心立足于法律的角度来思考和行动，健全法制机构，执行依法行政年度计划，参加“六五”普法的系列活动。全年组织四次普法学习，全体职工参加无纸化《普法考试》，取得较好成绩。

根据市文明办、市直工委的要求，重点围绕一堂、一队、一牌、一桌、一传播“五个一”推进机关文明单位创建。开展“道德讲堂”活动，加强志愿者队伍建设，提倡勤俭节约，开展文明餐桌行动，组织开展网上文明传播活动，弘扬正能量。

开展扶贫工作。春节期间，给帮扶对象娄烦县天池店乡小娄则村每户都赠送米面油。中秋节专门慰问特困户。帮助村民理清致富思路，小娄则村具有一定的发展养殖业和种植经济林优势，可以发展以养羊为主的畜牧养殖业，主要以散养和圈养为主，实行村民承包和轮流养殖；加快发展核桃种植业，提高科技含量和种植规模。为困难户崔爱红捐款3051元，并联系市、县民政部门，为他提供其他救助渠道。发展研究中心与金刚里小学共同向村学校捐赠桌椅、图书、文具和文体用品，改善学校的教学条件。

工会关爱职工生活，组织工间操。机关大院四个单位一同组织春季趣味运动会，参加市直工委和太原市体育局组织的第四届运动会，并取得较好成绩。参加市直工委组织的健步行活动，组织职工去云顶山秋游。八一节慰问退伍军人，重阳节组织老干部爬山。中心领导与工会委员坚持探望生病的职工和家属，全年探望生病住院的职工和家属8人次；坚持为单位职工每年做一次体检，为全体职工办理太原市职工大病医疗互助工程；参加“博爱一日捐”和“保护山川河流”志愿服务。

（任忠强）

太原社会科学院(联)

【概述】 2013年，太原社会科学院（联）坚持以邓小平理论、“三个代表”重要思想和科学发展观为指导，深入贯彻落实党的十八大、十八届三中全会和市委十届四次全会精神，履行“聚智咨政 传承创新”职能，坚持用好“学术著述、理论宣传文章、调研咨询报告”的三支笔；讲好“学术、理论，朴实、易懂，为决策服务、务实管用”的三句话，主动贴近决策需求，开展课题研究，解决突出矛盾，制定规章约束权力，构建顺畅和谐环境，院（联）“善学善思、风清气正”氛围基本形成，“思想库、智囊团”作用有力发挥，凝聚力和影响力逐步增强。（程劲松）

【构建“善学善思、风清气正”学风】 1.2013年，太原社会科学院（联）贯彻落实习总书记在全国宣传思想工作会议上提出的“社科院要把马克思主义作为必修课，成为马克思主义学习、研究、宣传的重要阵地”的总要求，坚持每周五理论和业务知识学习活动。重点学习党的十八大、十八届三中全会、中央经济工作会议、中央城镇化工作会议以及习总书记系列重要讲话精神；学习全省领导干部大会、省委十届五次全委会议精神；学习中国共产党《党章》、学习型党组织建设、领导干部反腐倡廉教育等专题内容；学习省、市转型综改试验区《实施方案》和《行动计划》（2013～2015年）等；学习《干部作风怎么改进》《公平正义怎么保证》等理论文章；开展科研人员对党的十八届三中全会通过的《中共中央关于全面深化改革若干重大问题的决定》的学习和解读活动，并展开讨论。通过专题性学习和集中式讨论等形式，进一步坚定全体人员理想信念和正确政治方向，进一步提高全体人员思想认识水平和协同作战研究课题能力，进一步增强全体人员爱岗敬业、主动工作的行动自觉性。

2.院（联）领导集体带头，鼓励院（联）科研及管理人员，在各类报刊公开发表学术论文和其他文章，《落实五位一体总体布局 加快省会城市建设》《发展“飞地经济”助推省会城市建设》《走进太原西山》《加快太原高端产业发展对策研究》《扩大投融资规模 加快新兴产业发展》《太原历史文献的佳酿——评〈龙城三章〉》《生态文明建设在资源型地区的重大战略意义》《权利制衡的哲学思辨》《试述太原深化经济发展战略的迫切任务和主攻方向》《推进太原市城镇化建设的几点建议》《稳步推进太原市城镇化的三个点》《被叙述周围的窘境》《在执着与虚妄之间》《批判型知识分子与乡村发展》《NGO development in China ethnic areas 非政府组织在中国少数民族地区的发展》《善治视角下的省政改革》等文章在国内重要报刊相继发表。（程劲松）

【社科理论重大课题研究和协同作战课题研究】 2013年，太原社会科学院（联）完成社科理论重大课题研究和协同作战课题研究。重点完成2013年度太原社会科学创新资金资助课题研究。《太原市资源型经济转型综改配套改革试验实施方案（2013–2015）》确定的7项重大课题之一《城市指标体系研究》是2013年度太原市社会科学创新资金资助的重大课题。课题组由中国社会科学院城市与竞争力研究中心主任倪鹏飞，原市政府经济顾问、市统计局原局长温国强两位指导专家，朱庆衍、贾陆英、王建设、李霆等省城知名专家学者，院（联）领导集体及部分青年骨干分子组成。课题克服各种困难，在广泛征求意见的基础上，按照代表性兼可比性的原则，不断调整指标体系指标构成，最终尝试研究设计由4个一级指标、14个二级指标、43项三级指标组成的指标体系，对太原和其他省会城市相关指标值进行测算、综合评价和实证分析，并提出对策建议。

完成重大课题《太原历史文献辑要》的编撰和出版。课题组通过搜集、整理，斫削、修改、完善等手段，历经一年半时间，完成包括先秦两汉、魏晋南北朝、隋唐五代、宋辽金元、明代和清代总字数达320万字、由山西人民出版社正式出版、共印制五卷的《太原历史文献辑要》的编撰和出版工作。此书“拾遗补缺”王继祖主编的《太原历史文献》的内容，为广大史学爱好者研究太原历史、觅寻龙城印迹提供查阅便利。此书籍的出版，标志着院（联）在著述立说、传承创新、协同作战等方面跨上一个新台阶。

组织编撰《太原史话》。根据市政府领导的批示精神，院（联）组织部分省城史学专家和院（联）部分历史文化研究骨干分子成立课题组，参照《太原上下五千年》《从历史深处走来的城》等相同观点，主动征求并采纳王继祖提出的建议和意见，经过广泛搜集资料，多次听取专家、学者意见，斫削、润色，历经数月，完成约7万字的“十二五”期间中国社会科学院国家重点图书出版规划项目《中国史话》系列丛书之《太原史话》的编撰任务。《太原史话》分“世情概览、历史沿革、史海钩沉、民俗记忆、人文自然景观、现代风貌”等章节，以全新的视角进一步对龙城太原进行诠释。《太原史话》经市政府主要领导审定，上报中国社会科学院国家重点图书出版规划项目组，计划于2014年正式出版。

履行“聚智咨政、传承创新”职能，协同作战课题研究数量呈现稳中有进的发展态势。院（联）领导集体主动加强与部分职能部门的沟通联系，确定协同作战研究课题主题，统筹院（联）人员合理调配、有序激发集体创新活力，形成讨论修改报告方法，求质求精体现研究水平，达到队伍素质提高的目的。完成《太原市冬季供暖情况调研报告》，市委政策研究室牵头组织的《太原率先发展体制机制研究》课题的部分内容，市委组织部、市党建研究会交办的《太原市年轻干部培养研究》课题研究，市轨道办委托的《太原市轨道交通2号线一期工程社会稳定风险评估报告》，市人口与计划生育委员会委托的《太原市流动人口发展趋势预测及创新管理服务方式研究》，市旅游局委托的《太原市旅游景区开发管理体制机制研究》，市人力资源和社会保障局委托的《太原市高端创新人才支持计划研究》等。承担省级课题《太原生产性服务业发展研究》，完成《太原市2012—2014年城镇化发展分析与展望》（《中国中部地区发展报告2013》分报告）

开展市情民意和扶贫点大调研活动，形成为县（市、区）党委和政府建言献策的调研报告。为贯彻落实市委对院（联）提出要“联系实际、注重实效”的总体要求，院（联）全体开展“市情民意”大调研活动，加强与部分县（市、区）政府的联系和沟通，先后在迎泽区柳巷街道办事处、阳曲县委党校、清徐县发改局等地创新建立“太原社科调研基地”。院（联）形成由院长胡建林担任组长，副院长张明具体负责阳曲基地、副院长赵晋君具体负责迎泽区柳巷基地、副院长张晨强和调研员任德胜具体负责清徐基地的大调研组织架构。课题组成员全部下基层开展蹲点调研，与基地负责同志一道访民生、解民意，磋商交流意见，研究确定课题主题。在各位副院长的具体负责下，初步形成《阳曲县小城镇发展对策研究》《创新社区管理机制 构建和谐社区》《清徐县发展园区经济调研报告》等三篇调研报告。通过开展县（市、区）大调研活动，调研报告为县（市、区）党委和政府决策提供专题性的建言参考，院（联）深入基层、为民务实的工作作风进一步转变。

院（联）在深入调查研究的基础上，对扶贫点阳曲县鄯都村开展扶贫工作。通过召开两委会，研究制定脱贫工作思路和计划。开发性扶贫，为扶贫村旱地蔬菜种植项目拨付1万元扶持资金；保障性扶贫，发动院（联）广大职工为扶贫村村民捐衣服、外套200余件；文化扶贫，为村委会征订2014年《山西日报》《太原日报》等报纸。

（程劲松）

【社科组织协管机制】 为进一步加强对全市社会科学类学会的指导和管理，2013年，太原社会科学院（联）协调市编办、市民政局、市科协，进一步明确市社科联的管理范围，理顺与所属学会的隶属关系。在社会科学类社会团体中开展党组织集中组建工作。

院（联）对《社科信息》的编撰内容和形式进行改版，单月确定主题，双月发行，每期发行200余册（全年发行1200余册）。富有特色的《社科信息》专题聚焦热点问题，展示院（联）的科研成果和其他工作，得到大家的普遍认可。全年直报市委宣传部舆情信息篇数76篇。

院（联）抽调专门力量，从政治、经济、社会、历史、文化、教育、城市建设等方面整理有关资料，启动《太原社科普及读本》的前期编撰工作。

院（联）与中国移动建立战略合作伙伴关系，搭建集中式MAS社科普及短信平台，全年发送十八届三中全会解读内容等社科普及短信5万余条。

院(联)与迎泽区文体局联合，在区文体中心推行“社科大讲堂”活动，开展历史、文化讲座，副院长张明、副研究员马剑东作专题报告。（程劲松）

【干部队伍建设】 面对院(联)多年来干部队伍建设停滞的局面，2013年，太原社会科学院(联)领导集体根据《党政领导干部选拔任用条例》，严格按照有关规定和程序，经广泛征求意见、动员部署、竞聘演讲、民主测评、院务会研究、任前公示等程序，将6名年富力强、工作经验丰富的干部充实到副科级领导岗位，为院(联)工作的开展提供组织保障。

面对院(联)岗位聘用矛盾较为突出的状况，院(联)领导集体与市人力资源和社会保障局、市委宣传部干部处进行多次沟通，在全面了解相关政策，广泛征求全体职工意见的基础上，成立岗位聘用工作领导组。经过调研摸底、制定方案、动员部署、组织实施等四个阶段，完成院(联)岗位全员聘用工作。

为贯彻落实中央、省、市委的决策部署，坚持民主集中制原则，真正将权力关进制度的笼子里，院(联)开展对岗位职责、工作规则、管理办法和各项制度进行修订的工作。（程劲松）

【社科学术交流】 2013年，太原社会科学院(联)委派科研和管理人员参加20余人次的学术培训会议和学术交流活动。赴北京中国社会科学院财金所，专题咨询和征求城市竞争力研究中心主任倪鹏飞对城市指标体系设计方面的意见，并聘请他为院(联)特邀顾问。专题赴南京、杭州、长沙、武汉社科院，对《南京市率先基本实现现代化指标体系》《杭州市构建生活品质评价体系及其运作机制研究》，长沙和武汉《两型社会统计监测评价指标体系》等研究成果进行调研和学习。赴兰州参加以“文化大发展大繁荣与地方社科院使命”主题的全国第二十三次城市社科院长联席会议，院(联)荣获“优秀社科院”称号。赴绵阳参加以“繁荣发展哲学社会科学、实现中国梦社科篇章”为主题的全国大中城市社科联第二十四次工作会议，与部分省会城市社科联进行工作交流。院(联)组织部分所属学会负责人参加山西省社科联换届大会。参加省社科联举办的“山西省社科工作表彰会”，荣获“山西省社科联优秀工作单位”称号。赴河南省社科院参加《中部蓝皮书2014》选题定题会。

为聚集省城哲学社会科学智力资源，构建多学科多角度的科研发展体系，进一步搞好协同作战课题研究，院(联)创新建立对外聘请、人才储备的体制机制，建立特聘研究员人才库。在太原新闻网专栏发布公告，通过单位推荐，院(联)审核的程序，初步确定40多位来自省城社科理论单位、高校、党政机关、企业的专家学者为院(联)首批特聘顾问、特聘研究员，为进一步繁荣哲学社会科学事业，为建设一流省会城市做好基础理论研究和实用对策研究提供强智力支撑。

院(联)先后接待抚顺、广州、宝鸡、温州、沈阳等城市社科院(联)有关领导来访，相互交流工作经验。

（程劲松）

【党组织和党风廉政建设】 2013年，太原社会科学院(联)采取集中学习和自我学习相结合的方法，坚持“一课三会”制度。全年共组织学习30余次，发放学习资料及学习笔记本300余本，安排领导干部及科研骨干分子讲课8次。

院(联)党支部高度重视党建和党风廉政建设工作，全年组织观看《廉政中国警示片》等党风廉政教育片。开展党建工作目标管理，调动广大干部党员的参与热情，推进机关党组织建设。

院(联)以市文明委提出的“五个一”活动为文明创建的主抓手，全年共开展道德讲堂6次。将弘扬雷锋精神和文明创建活动结合起来，制定实施方案，完善道德提示牌，开展文明餐桌和网络文明传播活动。（程劲松）

教 育

【概述】 2013年，太原市教育局坚持教育均衡化、标准化、优质化发展，完成省市确定的目标任务和年度重点工作：学前三年毛入园率达到95.13%(省下达目标92%)。投入5.26亿元，完成新建、改扩建“百校兴学”工程项目学校55所（市确定建设任务50所)、公办幼儿园33所(省确定建设任务28所)、村级幼儿园28所，超额完成省市政府确定的重点任务。全力推进义务教育学校标准化建设，264所学校通过评估验收（市确定建设任务150所)；推进教育现代化步伐，全市76%的学校完成“两通工程”，86%的教室完成多媒体建设。全面启动学生学籍系统建设，完成47万余名学生的数据上报；推进队伍建设，完成名校长、名教师、名班主任评选。晋源区、古交市、阳曲县、娄烦县4县(市、区)教研室全部通过省级标准化教研室验收，提前两年、率先在全省完成该项任务；迎泽区率先通过国家义务教育发展基本均衡县评估，成为山西省树立的首个标杆。《人民日报》以“点亮残障孩子的希望之灯”为题，报道太原市特殊教育工作的成绩；《中国教育报》以“学习型城市建设再提速”为题，介绍太原市学习型城市的创建经验；《人文太原·教育卷》正式出版，系统记录太原教育发展历史。

2013年，太原市教育局先后荣获全国全民终身学习活动周优秀组织奖、全国第四届中小学生艺术展演活动优秀组织奖、全国青少年校园足球夏令营精神文明奖、全国维护妇女儿童权益先进集体、山西省未成年人思想道德建设先进单位、山西省第19届大中学生田径运动会体育道德风尚奖、山西省第五届中等职业学校“文明风采”竞赛优秀组织奖、山西省学校及周边治安综合治理工作先进单位、山西省中小学校方责任保险工作先进单位、山西省第七届职业院校技能大赛“团体二等奖”等。（高东亮　李文忠）

【教育基层组织管理】 2013年，太原市教育局加强党员队伍建设，全年发展新党员168名，预备党员转正37名，为300余名大学生接转党组织关系。深化基层组织建设年活动，基层党组织阵地建设一类达到58个，二类达到18个。探索流动党员管理办法，组织668名流动党员通过网络交流学习。筹建民办学校基层党组织64个，实现党建工作在教育系统的全覆盖。创新考核机制，引入家长评价，完成对直属学校(单位)2013年度领导班子和领导干部综合考核，最终结果：最佳领导班子17个、优秀领导班子18个、良好领导班子45个、优秀领导干部61名。全系统共创建国家级文明单位2个、省级12个、市级59个。（李文忠）

【专家型干部队伍建设】 2013年，太原市教育局开展“名校长”培养工程，组织以“思考与实践”为主题的校长交流展示，加快专家型干部队伍建设。派送72名校长、书记赴东北师范大学培训、24名校长赴连云港、潍坊等地挂职，提升领导干部的理论和实践水平。

（黄　飞）

【教育建设任务完成】 2013年，太原市政府确定的教育事业建设任务为：新改扩建学校50所，新改扩建公办幼儿园33所。结合实际，太原市教育局确定新改扩建项目学校55所，建筑面积12.62万平方米，操场建设面积18.16万平方米，投入资金4.13亿元，截至2013年底，竣工55所，其中交付使用51所；确定新改扩建公办幼儿园33所，建筑面积3.11万平方米，投入资金7700万元，净增学位数5000余个。截至2013年底，投入使用23所，主体完工10所。两项工作均超额完成市政府下达的目标任务。市政府确定的市教育局首批新建11所直属项目学校(原址新建学校2所、原址扩建学

校4所、异地新建学校5所）占地面积63.43万平方米，投资估算22.8亿元，年内均有序推进。（高东亮）

【新建住宅配建中小学幼儿园】2013年4月，太原市政府出台《关于加强新建住宅配套建设中小学幼儿园管理的意见》和《新建住宅配套建设中小学幼儿园验收移交管理办法》，当年收取教育设施异地配套建设资金约5900万元，新建住宅小区配建中小学、幼儿园工作获得政策支持，取得明显突破。

（李文忠）

【学前教育】2013年，太原市教育局继续实行星级幼儿园动态管理，规范办园行为，提升办园水平。49所幼儿园通过三星级以上幼儿园验收。截至年底，全市共有五星级园86所、四星级园109所、三星级园122所。贯彻落实《3–6岁儿童学习与发展指南》，以33所省级示范园为主阵地，推进教育教学研究；以"1234工程"（在每县区建成一个早教指导中心，确定两个公办园为早教试点园，确定三个社区为早教服务社区，并为每个社区进行四次公益讲座）为主内容，开展早教试点工作。（高东亮）

【义务教育】2013年，太原市教育局确定义务教育县域均衡发展时间表和路线图，市政府与10县（市、区）政府签订均衡发展义务教育（县域）备忘录；稳步推进联盟校工作，全市共有联盟校143所，交流教师共472名；推进义务教育标准化建设，完成对264所申报学校的评估验收；组织教育行政管理干部城乡教育均衡发展研修班赴成都学习，筹划城乡教育均衡发展。

（黄　飞）

【普通高中教育】2013年，太原市教育局组建全市中小学教育教学协作组，定期开展教育教学研讨、联合测试、质量分析等活动，实现资源共享。建成全市中小学特色办学和教学改革资源库，全面推进全市中小学特色办学和教育教学改革。到2013年底，全市有特色项目学校244所，其中，市属学校26所，县（市、区）学校218所。组织"中科院老科学家科普报告团2013年太原科普报告助教行"活动，10位老科学家分赴33所学校作科普报告，受益师生1.5万人。组织70余名师生参加第八届全国青少年未来工程师博览与竞赛活动，获得最具智慧奖1个、一等奖1个、二等奖10个、三等奖6个，获得博览项目金奖2个、银奖2个。（李文忠）

【职业教育】2013年，太原市教育局出台专业布局和结构调整实施意见，公布重点建设专业评价指标，确定首批重点建设专业21个，加快形成专业设置的合理布局。完成管理星级学校省级复评，促进学校科学化管理；完成职业学校毕业生资源库建设，跟踪学生就业去向；建立中职学生文化基础素质能力监测机制，提升中职学生文化素养。投入1050万元，重点建设9所中职学校的实训基地；3所中职学校通过省级实训基地建设项目评审，获得建设资金760万元；尖草坪区第一职业中学、清徐县职业教育中心、阳曲县职教中心完成实训楼建设。太原旅游职业学院申报成为省级示范性高等职业院校建设项目单位。8所中等职业学校获得"3+2"招生资格，探索"三二分段"人才培养模式。举办太原市职业院校技能大赛，5500名师生参加；承办第五届全国旅游院校服务技能大赛，太原旅游职业学院获得团体一等奖；组队参加全国、全省技能大赛，高职获得一等奖8个、二等奖10个、三等奖20个，中职获得一等奖57个、二等奖83个、三等奖134个。

（高东亮）

【终身教育】2013年，太原市教育局成立太原市终身教育与学习型社会建设促进委员会，贯彻落实《太原市终身教育促进条例》。举办全民终身学习活动周，组织7410项学习活动，吸引近260万市民参与。全民终身学习大讲堂举办9期283场，参与学习者超过7万人次。完成农村实用技术培训32.2万人次，农村劳动力转移培训3.9万人次；促进职工教育工作开展，职工培训人数达7.3万人次，培训率达89.96%。参与全球学习型城市创建，整理5类17项845条档案。跻身全国学习型城市建设联盟首批成员单位，获得国际学习型城市大会《中国学习型城市案例荣誉证书》。10月17日，《中国教育报》以"学习型城市建设再提速"为题介绍北京、上海、太原、常州、深圳五个城市的创建经验。（黄　飞）

【农村教育】2013年，太原市教育局启动城乡教育一体化合作共建工作。太原市教育局分别与古交市、阳曲县和娄烦县政府签署教育合作共建协议书，6个县（市、区）教育局、15所城乡学校分别签署教育合作共建协议书，双方将实现信息和资源共享，满足人民群众对优质教育的需求。教师职称评定向农村教师倾斜。近三年，农村教师被评为特级教师的6名，被评为正高级教师的1名；降低农村教师笔试分数线，仅2013年就有36名农村教师受益晋升职称。加大农村支教力度，观课议课286节，指导教师课堂重建119节，专题讲座96场，受益教师2856名。（李文忠）

【民办教育】2013年，太原市教育局对198所民办培训学校进行安全检查，强化学校的安全措施。对全市所有民办学校进行全面督导，规范学校的办学行为。查处非法办学机构288个，并在新闻媒体和太原民办教育网曝光，净化民办教育市场。做好民办学校年检工作，全市52所民办学历学校中，年检基本合格的45所，停止招生、停办的学校7所。完成托管备案教师2797名，稳定民办学校教师队伍。

(高东亮)

【学生德育】 2013年，太原市教育局坚持德育为先，完善德育"六化"目标评价体系，推进养成教育精细化工作。举办第五届学生风采大赛，推进"四礼四仪式"教育活动，精心组织美德少年西安民俗文化之旅夏令营，促进和深化学生养成教育。开展"我们的节日""走进中国煤炭博物馆""好书伴成长""学雷锋，做有道德的人""我的梦·中国梦"书信大赛等系列活动，激发学生的参与意识。开展"我的声音是你的眼睛"爱心志愿活动，为盲童学校学生录制19册有声教材。开展太原市名班主任评选活动，出台太原市班主任岗位培训实施方案，完成10982名班主任职级认定，促进班主任队伍专业化发展。组织500余场家庭教育公益报告会，形成家校教育合力。 (黄　飞)

【课题研究管理】 2013年，太原市教育局组织"实施课标使用教材"培训，组织毕业班关注学习方式的复习课观摩，组织各类课堂展示活动。开展教科研"全全行动"，全面测查108所学校音体美课堂教学质量。11所高中试点校、11所初中试点校、16所参加信息技术支持下的高效课堂实验的小学，探索适合本校教学实际的教学模式。截至2013年底，全市共有309所学校探索课堂教学改革，提高课堂教学效率，培养学生创新精神和实践能力。参加全国中小学实验教学优秀案例展演，以说课教师最多、优秀案例展演最多、实物展示最多赢得专家和同行的赞誉。太原五中代表队勇夺首届全国中学生学术辩论联赛全国总冠军；太原五中崔智昊同学与其他省市三名学生组成的中国队在第45届国际化学奥林匹克竞赛中获得团体总分第一的优异成绩。2013年，太原市高考再创佳绩，一本、二本达线率和录取率在全省继续名列前茅，与2012年相比，一本达线人数增加1050人，二本达线人数增加1660人。太原市中考600分以上学生分布在全市156所学校，占全市初中学校的76.8%。 (李文忠)

【学生身心健康】 2013年，太原市教育局推进学生阳光体育运动，实施大课间体育活动，执行国家体育课程标准，开足开齐体育课，保证学生每天一小时校园体育活动时间。落实《国家学生体质健康标准》，推动学校体育艺术"2+1"项目活动开展。太原市阳光体育网站管理步入全国先进前列，第29中学在全国交流会上介绍太原市冬季长跑活动经验。十八中女排在全国中学生排球联赛中卫冕成功，十五中男排在全国排球比赛中勇夺第三名。参加山西省第19届大、中学生田径运动会，囊括男子团体总分、女子团体总分、团体总分第一名，并获得体育道德风尚奖；参加全国全民健身操大赛总决赛，夺得特等奖2个、一等奖2个。做好校医培训工作，为全市义务教育阶段学生免费体检，各种常见病、传染病得到有效预防和控制。举办第23届学校艺术教育月系列比赛和活动，参与人数达10万余人次。组织开展高中学校新生军训，并将其纳入学校教育教学计划和社会实践课程，促进学生综合素质的提高。 (黄　飞)

【教师队伍建设】 2013年，太原市教育局组织以"美丽教师，感人故事"为主题的师德报告会，提升教师的师德素养。招聘北京师范大学、东北师范大学等高校优秀研究生74名到市属高校及部分中学任教，为娄烦县招聘农村特岗教师28名充实师资力量。评选山西省中小学首批正高级教师10名、山西省特级教师24名、太原市特级教师30名、太原市第四批教学名师100名，培养各学科领军人物。组织4000余名教师参加"国培计划"培训，组织3万余名教师参加继续教育全员培训。举办太原市中小学体育教师教学基本功技能大赛，74支代表队280余名教师参赛。举办太原市首届中年教师"敬业杯"新课堂教学团队竞赛，近2万名教师参加初赛、复赛和决赛，实现"以赛促训、德能双升"的目标，18所学校分别记一等功和二等功，50名优秀教师分别记一等功和二等功。设立教师研究成果资助出版基金，五部教师图书正在出版过程中；继续推进名师公益辅导站点工作，辅导学困生10万人次；参加全国各类教学大赛，50余名教师获得一、二等奖。 (高东亮)

【教育信息化】 2013年，太原市教育局抓住被教育部确定为"教育信息化实验区"的契机，召开全市教育信息化工作推进会，成立9部门参与的工作领导组，推进教育信息化公共服务体系的建设和应用，全市教育信息化水平不断提高。建成太原教育公共服务平台，日访问量5000余次。建成数理化仿真与虚拟实验平台，辅助师生自主实验学习。继续丰富"名师公益课堂"内容，视频点击率近120万次。建立研修班856个，开展学科研修活动435次。全市76%的学校完成"两通工程"，86%的教室完成多媒体建设。

(李文忠)

【教育督导】 2013年，太原市教育局加强督学责任区建设，基本完成责任督学挂牌工作，教育督导功能不断加强。组织全市义务教育学校标准化验收启动会，先后对128所义务教育阶段标准化建设学校进行复评，对264所义务教育标准化建设学校进行逐校评估验收。全年组织各类教育督导12项，完成全市民办中小学的专项督导、义务教育中小学生课业负担过重问题专项督导、2013年新改扩建公办幼儿园督导、全市国家课程开设情况专项督查、太原市贯彻落实山西省中小学规范办学行为“十二条规定”专项督导、全市中职学校免费全覆盖督导等活动，促进教育健康发展。组织晋源区、古交市、阳曲县、娄烦县4县(市、区)教研室接受并通过省级验收，太原市10县(市、区)率先全部通过县级教研室验收。（黄　飞）

【校园安全】 2013年，太原市教育局落实巡逻制度、门卫值班检查登记制度、24小时值班巡查制度、卫生保健检查制度、寄宿制学生管理制度、计算机网络管理制度、重大事故报告及责任追究制度，明确安全管理职责，推动学校安全能力建设，构筑学校安全防线。加大“平安校园”创建力度，严把标准，新创建省级“平安校园”7所、市级“平安校园”25所、县级“平安校园”70所，全市50%的学校步入省、市、县三级“平安校园”行列。开展“百日安全大检查”等活动，净化校园周边环境；组织各类安全演练3363所次，提高师生自我保护和防范能力。坚持落实领导干部大接访制度，化解各类纠纷矛盾，做好教育系统维稳工作，营造良好的教育发展环境。2013年4月，在全省学校及周边治安综合治理工作评选中，太原市名列第一。（高东亮）

【教育公平】 2013年，太原市教育局参加“向人民汇报，请人民评议”活动，对反馈的640个问题认真受理，办结632个，办结率为98%。参加为人民群众“办实事，解难事”活动和“贴近群众，服务群众”活动，全系统教职工办实事5000余件。2013年，全市接收外来务工人员子女和特殊人员子女入学23771名；全市放宽高中招生政策，普通高中招收随迁子女4035名，其中，1549名被录取到省市示范高中。发放资金7098.74万元，职业院校3万余名学生享受“免费全覆盖”政策。全市义务教育阶段新生全部实行均衡编班、均衡配置师资，降温“择校热”，消除“择班热”；全市执行“小升初”不跨区择校政策，从“入学关”促进生源配置均衡；示范高中60%以上的招生计划(定向生3285名，保送生2134名)定向分配到初中学校，从“升学关”引导社会理性择校。（高东亮）

太原市慈善职业技术培训中心

【概述】 2013年是太原市慈善培训中心转型发展的探索年，围绕“转型跨越抓培训，开拓市场促发展”的理念，以重调研、抓学习、强素质为抓手，转变发展思路，拓宽培训合作新领域，培训质量稳步提升；不断加强组织建设，完善文明创建工作，为中心转型发展提供基础保障；全体干部职工齐心协力，发挥整体功能，营造风正气顺、人和业兴的良好氛围，各项工作稳步推进，被市委、市政府评为2012年~2013年度市级文明单位。（原　阳）

【培训市场调研】 2013年，太原市慈善职业技术培训中心结合历史遗留问题和业务工作中存在的制约因素，推进“变名称、转职能”这一主要工作。2013年年初，再次对太原市的非学历教育培训市场进行调研。第一阶段为全市六区三县一市范围内基本情况。共收集有效样本逾2129份，覆盖课外辅导、职业教育、艺术培训等几大领域。第二阶段为沈阳、大连地区培训市场基本情况。8月底，中心派出工作小组前往沈阳、大连等地区了解培训市场发展情况，有针对性地对艺术类、文化辅导类、职业技能类培训进行定性分类调查。此次调研，为探索转型发展方向提供基础依据。（原　阳）

【开办书法培训班】 2013年，太原市慈善职业技术培训中心与世杰书法培训中心、黄河娃潜能培训学校建立培训合作关系，聘请名师及顾问团队，开设书法、舞蹈、美术、钢琴、语言表演等艺术类培训课程。借此平台，锻炼职工业务基本功，提高培训管理工作能力。

优化师资队伍建设。在原有基础上，特聘中国书法家协会会员，山西省书法教育专业委员会副秘书长朱世杰为书法培训中心主任，他有着丰富的高考书法和书法教学经验，教学22年来，成绩斐然，曾获得中国书法界最高奖——兰亭奖—教育三等奖，是山西省内唯一一位获得者；专家顾问团队聘请的名师有《青少年书法报》副社长、书法家、画家、篆刻家、全国青少年书法评委会秘书长李强，中国书法院办公室主任曾翔，中央美术学院博士、北京民生中国书法馆(筹)学术部主任衣雪锋；辅导老师团队聘请的老师全部来自国内中央美术学员、西安交通大学、中国人大等重点高校，师资队伍稳定，年富力强，责任感强。

强化合作服务。利用闲置的教学资源，将400平方米场地用于书法培训，在做好管理的同时，选派相关工作人员做好水电安全使用、卫生保洁、师生住宿、就餐等后勤服务工作，创造舒适、安全、便捷的学习环境，精细化管理和人性化服务。

全年，书法班开班种类6个，共开

设13个班，培训学员224人，比上年同期增长170%。其中有中小学硬笔班1个、毛笔班5个，高考班、高考预备2个，成人班、老年研修班2个，篆刻班2个，国画班1个。书法班除周六、日中小学生毛笔、硬笔班正常上课外，培训重点是高考书法冲刺班，共招收2014届高考生32人，按照高考要求会用真、草、隶、篆四种字体进行精准临摹，并至少会用两种字体进行创作，为实现高考的教学目标，专业过关率100%，升学率85%。（原　阳）

【为六味斋员工进行在岗培训】 2013年4月初，太原市慈善职业技术培训中心受六味斋的委托，决定对其在岗员工进行在岗培训。为使培训有针对性和实效性，中心用1个月的时间，对六味斋部分"好助妇"连锁店进行全天蹲点跟踪调研，重点对店长、店员等不同岗位的员工进行细致观察、分析对比，取得第一手资料。教研室站在顾客角度，针对性地制作《培训需求分析》《培训目标》及《六味斋员工整体培训方案》等，在此基础上，分不同岗位编制授课内容，围绕企业文化、员工责任心、团队精神等方面分类进行培训。

（原　阳）

【与六味斋合作进行拓展店面市场调研】 2013年初，应六味斋邀请，太原市慈善职业技术培训中心派出工作组与六味斋项目组合作进行六味斋店面拓展市场调研。此次调研在太原市迎泽区、杏花岭区、小店区、尖草坪区、万柏林区等市区范围内，主要负责六味斋连锁店的选址，与现有饭店早餐合作及"好助妇"快餐店铺的选址工作，进行调查、统计与推荐。在2个月的时间内，工作组7人骑自行车或步行，逐街逐户进行分析比选，与有意出租或转租的店铺老板进行沟通，了解租金、水电、面积、烟道以及人流量等开店所需的条件，为六味斋项目组收集推荐有意出租和转租的店铺125家。

（原　阳）

【开展送技术下乡活动】 在2013年冬季农闲时，太原市慈善职业技术培训中心联合国有资产经营公司在阳曲县泥屯镇南路村开办蔬菜大棚种植技术培训3期，邀请市高级农艺师温变英为当地种植户授课，具体讲解蔬菜大棚种植方面的专业知识、先进栽培技术以及如何解决栽培管理中存在的问题。南路村蔬菜大棚种植农户共38人参加培训。（原　阳）

【"学习型"党组织创建活动】 2013年，太原市慈善职业技术培训中心把创建"学习型"党组织活动作为推动党建工作和各项工作任务的重要举措，成立由中心主任担任组长的创建活动领导小组，做到学习时间、地点、人员、内容四落实。投资25万元配备电脑27台为职工网络学习提供便利条件。为职工购置图书、电教片、报刊杂志等学习资料及参加各种业务培训等，共投资党建活动经费40000余元。

在创建学习型党组织过程中，对中层干部、党员和其他职工学习进行分层次管理，不断完善学习、研讨、考核等一系列制度，形成学习常态化的长效机制。2013年，组织全体干部职工集中学习40余次，参加业务培训15次，外出考察学习9人次，参加论文交流40余篇，职工每人撰写笔记心得50000字以上。（原　阳）

【学习贯彻中央八项规定】 中央政治局关于改进工作作风、密切联系群众的"八项规定"，彰显新一届中央领导集体践行宗旨、实干兴邦的决心和信心。2013年，对照"八项规定"，太原市慈善职业技术培训中心主要领导身体力行，党员干部率先示范，从每件小事做起。改进会议形式和方法，不定调、不念稿，鼓励与会人员说真话、讲心里话，提高会议质量和实效。坚持艰苦奋斗传统，日常办公严格控制支出，公务接待严格规格标准。坚持不用临时工，单位日常保洁、职工食堂运作中，职工们自觉承担起后勤任务，团结互助，甘于奉献，提倡勤俭之道，厉行节约之风。（原　阳）

【"三个核心价值观"学习实践活动】 2013年6月24日至7月19日，太原市慈善职业技术培训中心分阶段对"三个核心价值观"和"山西精神"进行学习。利用《党支部生活》内部刊物开辟专栏、专版、专题，加强对"三个核心价值观"和"山西精神"的集中解读和深度阐释；通过学习、讨论、写心得体会、考试等方式进一步引深"三个核心价值观"的学习认识；利用党日活动、职工与培训班学员联合开展主题活动，强化自身修养，加强党性锻炼，做太原城市核心价值观的积极践行者。

（原　阳）

【党政机关楼堂馆所和办公用房自查自纠工作】 2013年9月，按照中共太原市委、市政府关于清理腾退办公用房相关文件精神，太原市慈善职业技术培训中心开展党政机关楼堂馆所和办公用房自查自纠工作。依照《党政机关办公用房建设标准》进行自查，培训中心于2012年租用太原绒织印染联合厂东楼四层为办公场所，建筑面积1765平方米，使用面积1165平方米，其中，办公用房使用面积866平方米，学员教室、教师办公室等业务用房299平方米。一般工作人员使用办公用房符合规定要求，其他办公用房无出租、出借办公用房等违规使用现象，中心领导服从组织规定，将原来49平方米的办公用房调换成12平方米的办公室，并将原办公室调整为会议、接待、道

德讲堂等功能的综合会议室。

（原 阳）

【道德讲堂系列活动】 2013年4月23日，太原市慈善职业技术培训中心开展"感动中国"主题演讲暨道德讲堂主持人选拔活动。全年，围绕"诚实守信、爱岗敬业的职业道德教育""做一个有爱心的人""孝老爱亲，传承家庭美德"等主题，按照五个步骤七个流程，开办道德讲堂6期。通过道德讲堂的深入开展，在单位内部推选出"身边好人——程惠锋"，树立为大家学习的楷模，用身边人、身边事感动大家。

（原 阳）

【文体活动】 2013年，太原市慈善职业技术培训中心购置乒乓球、羽毛球、象棋等文体娱乐器械，完善职工之家，开展多种文体娱乐活动。2013年，参加"太原市第十届运动会机关组暨市直机关第四届运动会"，获得集体道德风尚奖；个人踢毽子第一、二名；团体跳绳第二名、个人跳绳第三名；同时还获得女子羽毛球双打第六名等成绩。在此期间，参加市直机关"2013健步行""太原国际马拉松赛"等多项文体活动。

（原 阳）

【开展"我们的节日"主题文化活动】 2013年，太原市慈善职业技术培训中心通过组织书法培训班学员写春联、贴春联、慰问生病职工、元宵节猜灯谜等年俗文化活动、清明节开展宣传文明祭祀、护林防火活动；七夕节组织职工座谈会；重阳节到帮扶结对子点南路村探访空巢老人等，将"我们的节日"主题文化活动引深。通过活动引导大家认知传统、尊重传统、弘扬传统，吸取丰富的文化营养和宝贵的精神财富，获得开拓创新、自强不息的气魄和精神。

（原 阳）

【扶贫助学结对子】 太原市慈善职业技术培训中心继续与阳曲县泥屯镇南路村的10名贫困学生帮扶结对子，2013年，职工自筹资金50000余元帮扶其中一名贫困学生家庭发展养殖业；在春节、七一、开学前期，职工捐款15000元为学生送去助学金、书籍和节日慰问品。带动唐人餐吧参与到帮扶活动中。

（原 阳）

【党工团组织建设】 2013年，太原市慈善职业技术培训中心进一步加强支部班子建设，结合单位实际和工作需要，从党员骨干中新增2名支委，为支部建设发展添加朝气和活力。落实"三会一课"，贯彻民主集中制，实行周例会制度，定期研究党建工作暴露出的问题和矛盾，经过集体讨论和决策，及时分析解决，形成团结协作、作风民主、为政清廉、开拓创新的坚强集体。

机关团支部正式成立。2013年12月27日，培训中心召开团支部成立大会。根据《团章》和《团基层选举规则（暂行）》的规定，民主选举产生第一届支部委员会，王睿哲任团支部书记，雷洋、王佳怡为团支部委员。

（原 阳）

CAIZHENG SHUIWU

新闻出版

·综　述·

【概述】 2013年，太原市文化广电新闻出版局(版权局)(简称市文广新局)以科学发展观为指导，深入贯彻落实党的十八大和十八届三中全会精神，坚持“三个领先”,促进“三个转变”,抓项目、带队伍、出精品、促发展,完成工作责任目标,为建设具有历史感、生态性、文化味的形神兼备的文化名城提供精神动力和智力支撑。

(曹永明　吴　鹏)

【弘扬核心价值观】 2013年，太原市文广新局按照“三个倡导”培育社会主义核心价值观,弘扬“包容、尚德、崇法、诚信、卓越”的太原城市核心价值观。坚持以人民为中心的创作导向,坚持把社会主义核心价值体系贯穿于文艺创作和文化活动全过程，将太原古老厚重的历史文化与太原城市核心价值观紧密结合，将社会主义核心价值体系潜移默化地熔铸到人们思想行动当中,内化于心、外化于行,深入人心、汇聚共识。　(曹永明　吴　鹏)

【编制文化名城规划】 2013年，太原市文广新局编制《太原文化名城规划》,以城市文化内涵、城市地域特色为切入点,以“难老晋阳、文化并州、低碳龙城”为主旨,以空间、设施、产业提升为战略重点,通过文字、图例、表格、数字等表现方式，从时空层面和文化特色方面进行综合分析，在文化设施普及、文化资源开发、传统产业升级、新型产业培育等方面进行规划布局，设计出一套既符合太原城市发展实际，又具有鲜明地域特色的文化发展框架。　(曹永明　吴　鹏)

【文化项目建设】 2013年，太原市文广新局推进太原美术馆工程建设，于7月初建成开馆并正式向公众免费开放,举办星云大师一笔字书法展、山西历史人物画展、袁旭临书画展、韩必省书画展、张大千纪念展、吴为山雕塑展、城市画院联展、崔如琢大写神州书画展等12个大型展览和星云大师“幸福与安乐”主题演讲,参观人数达20万人,受到省市领导、专家和观众的好评。开展藏品征集,现藏有龚贤、张大千、张善孖、溥儒、董寿平等古代及近现代艺术大师的书画作品。获得第十二届全国美术作品展览雕塑展区申办权。申办2015年太原国际雕塑双年展。筹建太原国际雕塑博物馆。建设太原工业文化创意园（金属雕塑园),创作制作84件金属雕塑。推进市图书馆改扩建工程,批准规划设计方案、项目建议书,进行深化设计。丁果仙剧院完成选址,进行规划概念设计。太原艺术中心完成初步规划选址。推进太原市文化艺术学校、太原广电中心、太原文化遗产(非遗)园区等项目建设。

(曹永明　吴　鹏)

【文艺精品创作】 2013年，太原市文化精品荣获国家级奖26项、省级22项。组织创作太原历史文化动画片《名城太原》,新制作《台骀治水》等11集，共计15集,在太原电视台播出。晋剧《傅山进京》获第八届全国戏剧文化奖“原创剧目大奖”榜首和“表演大奖”等9个奖项，成为中国戏剧界首个包揽所有戏剧大奖的作品，并拍摄成数字电影在京首映。新编现代晋剧《上马街》获省“五个一工程”奖和第十三届中国戏剧节优秀剧目奖。晋剧《大红灯笼》参加中国戏剧梅花奖创办30周年演出月首场演出。(曹永明　吴　鹏)

【公共文化服务】 2013年，太原市文广新局做好三馆一站免费开放，下拨195.84万元农村文化专管员补助经费。为44个社区文化中心、文化活动室配备价值17万元的器材。首次对全市105个乡镇综合文化站评估定级。进行第五次公共图书馆评估定级。开展农家书屋和村级文化活动场所全覆盖工程自查。举办“幸福龙城、美丽太原”两节文化活动和广场文化活动。获得5项省级“群星奖”大奖；舞蹈《回娘家》荣获第十届中国艺术节“群星奖”。“文化精品惠民基层行”被命名为“第一批国家公共文化服务体系示范项目”。推广“数字太原”应用，筹建市公共文化服务设施数字化信息平台。开展“文化遗产日”非遗宣传活动，并与山西戏剧职业学院签订非遗保护合作协议。对濒危的非遗项目太原莲花落、太原民歌进行抢救性保护，并制作MV出版。传统古建筑模型制作技艺等7个项目列入第四批市级非遗名录；并州刀剪制作技艺等10个项目列入第四批省级非遗名录；申报第四批国家级非遗名录。（曹永明　吴　鹏）

【文化产业发展】 2013年，太原市文广新局推进太原晋商文化产业（综改试验）园区、山西（徐沟）文化创意示范园区、太原瓦窑文化创意产业园区、太原出版物精品包装装潢印刷园区、山西印刷城园区建设。组织51家文化企业参加首届山西文博会，参展面积720平方米，发布38个招商项目，涉及金额40多亿元，签约项目30个，总投资达100多亿元。参加深圳、北京文博会，推出18个招商项目，总值8亿元，签约2个项目3.3亿元，5个项目签订合作意向。举办第四届山西动漫艺术节和首届山西动漫游戏嘉年华活动。深入基层调查，评选8家文化企业为第二批市级文化产业示范基地。申报山西盖亚文化传媒有限公司等4家文化企业参选国家动漫企业认定。规范文化产业综合数据资料，经统计，市文广新系统有文化产业经营单位1475个，全市文化产业法人单位1866个。

（曹永明　吴　鹏）

【文化市场监管】 2013年，太原市文广新局开展全市文化市场行政审批检查、行政审批业务培训和市场管理工作检查考评。对全市无证照网吧进行排查整治，打击黑网吧非法经营行为，上报太原市2014年～2015年互联网上网服务营业场所总量与布局规划。对48个文艺表演团体、22个演出场所、395个歌舞娱乐场所、671个网吧、436个出版物经营单位、23个艺术品经营单位进行审核换证、备案登记和年报统计。举办涉外、涉港澳台营业性演出48场，国内营业性演出54场。编印《网络文化相关法律法规选编》，规范网络文化市场管理。对具备一定规模和实力的经营性互联网文化单位进行前置初审，对非经营性互联网文化单位实施备案注销。

（曹永明　吴　鹏）

【广播影视管理】 2013年，太原市重大节日、重要活动期间安全播出无重大事故。市文广新局开展卫星电视专项治理，对10余家违规接收单位进行整改，取缔6处非法调频广播电台，没收7套非法发射设备，取缔后北屯村办电视台。年检全市35家境外卫星电视节目接收单位。开展非法卫星地面接收设施专项治理行动。加强网络视听节目、户外大屏幕等新媒体业务管理，健全网络视听节目网站数据库。开展整治虚假违法医药广告活动，推进“公益广告全覆盖”工程。完成全市通电自然村广播电视村村通建设任务。全市1013个行政村放映12156场次，实现农村公益电影放映全覆盖。完成全市15家城市影院的检查及换证工作，新审批1家城市影院、1家汽车影院，建设铜锣湾影城。

（曹永明　吴　鹏）

【新闻报刊管理】 2013年，太原市文广新局年检13种报刊、55种内资，审读《太原晚报》等11种报刊和内资，审批《中共太原市委宣传部史》等8种内图。年检规范记者证、记者站，为《太原日报》等报刊的321名记者核验记者证，督促《山西日报》等3家报社驻并记者站进行自查自纠并报省局进行年检。取缔不良广告，规范报刊广告。开展为期3个月的虚假违法医药广告专项整治活动。对16种报型内资进行评估。推进5种非时政类报刊出版单位转企改制。

（曹永明　吴　鹏）

【印刷行业管理】 2013年，太原市文广新局完成全市420家印刷企业、378家打字复印企业的年检和印刷产业数字统计工作。完成印刷复制业部分审批项目调整工作和市管200多家印刷企业填报法人基本情况统计。举办印刷企业负责人法规培训班，开展印刷企业“星级评比”、印刷复制发行专项检查，规范印刷市场秩序。

（曹永明　吴　鹏）

【版权保护】 2013年，太原市文广新局开展“4·26”世界知识产权日宣传周活动，版权宣传进社区、企业、学校、团体、网站。对城区图书、音像、网吧、娱乐、打字复印经营者和县区291个机关单位工作人员，共3000多人进行著作权法律及相关法规培训。完成42个市级党政机关和10县区政府软件正版化安装工作，投资444.8万元，更换软件7109套，并以两个100分的成绩通过省政府验收。完成18家企业软件正版化整改工作。作品版权登记有序开展。对700多家网站是否存在侵权盗版行为进行监控，对存在问题的14家网站进行整改。开展“双打”专项行动，查处3起侵权盗版案件。获得“全国查处侵权盗版有功单位三等奖”。

（曹永明　吴　鹏）

【扫黄打非】 2013年，太原市文广新局开展针对网络淫秽色情信息专项治理的“净网”行动，查堵反制香港反动出版活动专项治理的“清源”行动和针对非法报刊专项治理的“秋风”行动，全市共出动执法人员15236人次，检查经营单位8145家次，收缴各类非法出版物28950件，删除互联网和手机媒体淫秽色情及低俗信息12895条。查处"1·14"中国帮教网大量制作假记者证牟利案、"6·19"普国电子城非法经营盗版图书案和假冒《经济与社会发展研究》杂志记者诈骗案。对列入全国重点督办案件的2012年"8·16"非法印刷邪教图书案涉案嫌疑人进行抓捕。对2011年"3·28"恩雨书店非法经营案犯罪嫌疑人判处有期徒刑5年。

（曹永明　吴　鹏）

【综合保障】 2013年，太原市文广新局加强依法行政和六五普法，清理规范性文件和规章，开展"12·4"法制宣传日活动。加强计财统计和离退休人员管理。加强安全生产管理，落实安全责任制，建立安全生产测评体系，开展安全生产大检查，确保安全无事故。加强精细化管理，科学合理妥善处理遗留问题。为扶贫点阳曲县沙河村配送科技支农方面价值1.5万元的图书1000册，投入4万元优化村小学校园环境。编撰《太原市志》文广新部分、《太原年鉴》和太原市文化发展系列丛书。办理人大建议1件、政协提案16件，处理12345便民热线122个，办复率、见面率、满意率均达到100%。报送舆情信息1223篇，国家、省采用79篇，报送量和采用率位居全市前列。

（曹永明　吴　鹏）

【党建廉政工作】 干部队伍建设。2013年，太原市文广新局加强领导班子和干部队伍建设，学习贯彻习近平总书记在全国组织工作会议上的重要讲话，深刻领会好干部的"五条标准"，培养好干部、选好干部、用好干部。严格按照《党政领导干部选拔任用工作条例》等政策法规做好干部选拔任用工作，坚持原则不动摇，执行标准不走样，履行程序不变通，遵守纪律不放松。局系统共调整干部6人次，其中局机关提拔正科级中层干部1人，平调正科级中层干部1人，平调副科级中层干部2人。按照程序向市委组织部请示批准，制定民主推荐干部工作细则。理顺局属单位中层干部任职情况，为下一步调整任用做好准备工作。加强人事管理，完成543份干部人事档案专项清理。推动局系统干部工作的科学化、民主化、制度化、程序化、规范化进程。

党的建设。市文广新局加强基层党组织建设，开展学习贯彻党的十八大精神和新党章活动；开展"学习型、服务型、创新型"基层党组织创建活动，经验材料入选市直工委编写的创建"三型"基层党组织汇编；引深"三个核心价值观"教育学习实践活动；社会组织党组织建设覆盖工作得到巩固。加强党员队伍建设，完成学习培训和组织发展，对党员信息库进行动态管理和日常维护，完成党员年报工作。加强精神文明建设，全国城市文明程度指数测评和未成年人思想道德建设工作测评材料上报和迎检工作受到市文明办表扬；完成局系统文明单位考核验收；落实文明创建"五个一"要求，按标准建设道德讲堂并开展常态化工作；建立并规范文化志愿服务队伍、文明网络传播志愿服务队伍网络档案和活动管理机制，开展文化志愿服务活动。加强工青妇工作，注重发挥工青妇桥梁纽带作用，开展人文关爱活动，组织访贫问苦慰问，举办"人际关系和压力管理"专题讲座；开展职工文体活动，参加市直工委职工运动会，羽毛球等6个项目取得好成绩。开展纪念建党92周年活动，表彰一批先进基层党组织、优秀共产党员和优秀党务工作者，局机关党委被市直工委授予"先进基层党组织"称号。

廉政建设。市文广新局以遵守《廉政准则》为目标，形成反腐倡廉教育良好氛围。学习习近平总书记在十八届中央纪委二次全会上重要讲话精神，开展局系统副科级以上干部专题考试。开展"树立公仆意识，强化从政道德"警示教育活动，组织观看警示教育片。开展端正政风行风系列活动，参加全市政风行风公开承诺，在窗口单位行业开展"贴近群众、服务群众"活动，召开政风行风"面对面"对话会。以营造风清气正氛围为目标，全面落实党风廉政建设责任制，分解立项，落实"一岗双责"机制。推动中央八项规定落实，反对"四风"，切实转变作风。开展为人民群众"办实事、解难事"活动、"加强制度建设、规范权力运行"专项工作和整肃工作作风专项行动，落实"三重一大"监督检查。（曹永明　吴　鹏）

·太原日报报业集团·

【新闻宣传新成效】 2013年，太原日报报业集团学习习近平总书记"8·19"重要讲话精神，围绕中心、服务大局，找准工作切入点和着力点，坚持团结稳定鼓劲、正面宣传为主的方针，弘扬主旋律，传播正能量，不断巩固壮大主流思想舆论，完成全年新闻宣传任务。

（刘卫萍）

【《太原日报》】 2013年，《太原日报》抓好重点新闻报道，加大新闻评论力度，提高新闻评论质量，强化深度报道和舆论监督，推出一批新栏目和有分量的策划。在重点宣传报道上，抓好时政新闻报道。对市委常委会、市委全会及全市经济工作会议和市委召开的其他重要会议，作全面准确客观的报道。在市"两会"期间，连续推出3篇《托起"太原梦"》系列报道；首次运用微博方式实时展示两会盛况。高效完成第十二届全运会、妇女代表风采录和高文彬事迹系列宣传报道。打好重大主题宣传战役。完成贯彻中央八项规定、"向人民汇报请人民评议"活动、全市"文明交通从我做起"宣传活动、"访民生、知民情、解民事"等重点报道任务。

在重大经济报道上，推出《一场成功的"深水区"革命——审批制度创新向社会释放出巨大正能量和改革红利》《每日推出四种一元菜》《太原经济升级版》《道路建设给我们带来什么》《齐心协力建通衢——写在府东街府西街通车前夕》《让公共自行车越行越好》《“管线家族的对话” 系列报道》等有深度有影响力的重点报道。

在民生报道上，完善“民生热线”栏目，采写《好心人，你在哪里》系列报道、《“校场巷”还是“教场巷”》《公共自行车租赁点周围环境差》《小游园咋成菜市场》《用生命书写 “最美一跃”，尖草坪区村民刘建红为救溺水者不幸遇难引发网友热议》等稿件。

在理论评论报道上，围绕贯彻落实市委十届四次全会精神暨全市经济工作会议精神、“向人民汇报，请人民评议”活动分别发表系列评论员文章。《并州晨话》“大城小议”栏目围绕转变作风纪律，稳定蔬菜价格，智慧城市建设，破解就业难，道路改造、文明出行等热点和民生问题刊发数十篇评论文章。

在文化报道上，刊出《莫言热的冷思考》《媒体面前，莫言不言》，纪念孙犁百年诞辰，文学界人士缅怀诗人雷抒雁、高校文学院院长谈人文素养等专题。“老太原记忆”栏目推出“城市记忆”专题，受到市领导关注。“对联与晋商文化”“古太原县城‘十怪’”等专题晋味浓郁。“山西古建筑风采录”“收藏视点”“山西面道”“三晋名窑珍品鉴赏”“三晋古堡”等一批栏目深受读者欢迎。

在党报品牌栏目打造上，全年围绕中心工作，在稿件标题、版式式样上下功夫，开辟和精心做好 20 多个专栏。“向人民汇报请人民评议” 活动、“全面改善环境质量”“走基层”“走村进镇看发展”“龙城建设进行时”“文明交通”及国内外新闻的“新华视点”“国际时评”等栏目成为日报品牌栏目。

在“联合办版”工作上，创新办版模式，服务民生，加大协调力度，截至10 月底，与 19 家单位和企业合作，与市物价局、市总工会、市计生委、供电、法院、城管部门建立新的合作关系，改革“民生价格”“工会之窗”“温馨计生”“并州法院”“城乡管理”等与群众密切相关的版面，完成版面 150 多块，出版“古交新闻”22 期。 （刘卫萍）

【《太原晚报》】 2013 年，《太原晚报》围绕城市建设进行全程追踪报道，推出独家报道《今年城市道路建设全景扫锚——27 项路桥工程年内开建》，以通版形式刊出，配以图片及该报自制示意图，被省城多家媒体转载。开设专栏“来自筑路一线的报道”，以镜头和文字讲述建设者的辛苦劳动以及背后的感人故事，成为城建宣传亮点。和市文明办共同策划发起“文明出行、绿色出行”倡议活动，并开设“大家齐心协力 共创文明交通”栏目，刊发相关稿件 30 篇。采写“向人民汇报请人民评议”消息、侧记、新闻特写、综述等稿件 60 多篇。完成省市“两会”、神十发射等重大专题报道。采写市委主要领导关注的反映太原效能革命成效的深度报道《千年龙城破“茧”飞》。

紧抓突发事件，强化监督报道，提高策划意识，推出一系列有影响、有深度的新闻报道，春节期间的“环保过年少放一挂鞭” 倡议活动及系列报道、《上千的哥自发集合搜救被劫持同行》系列报道、太原交警协勤员高文彬勇斗歹徒连续报道等。针对万柏林区某小区发生楼霸群殴装修工人的突发事件，第一时间介入采访并刊发报道，促进案件及时解决，并在全市范围内引发打击楼霸专项治理行动。开设“帮你办”“财富专版”“梦想空间”“热议”等专业性、亲民性栏目。 （刘卫萍）

【《山西商报》】 2013 年，《太原商报》打造《晋商壹周》和《文化创意周刊》，推出“晋阳湖新区建设”等系列报道。学习借鉴外地商报办报模式，从 6 月 1 日起，由周七刊日报改为周五刊。按照省、市转企改制领导小组要求，在成立山西商报文化传媒有限公司的基础上，由主管主办单位太报集团核销事业编制和注销事业单位，引入管理团队，加强经营管理，在加快建立现代企业制度上迈出新步伐。 （刘卫萍）

【太原新闻网】 2013 年，太原新闻网做好“向人民汇报请人民评议”、全市生态文明建设、绿色出行、大规模城市道路建设、超市“一元菜”等网上主题宣传，网上宣传水平和网站点击量有较大提高。中国互联网研究中心主办的《网络传播》杂志公布 2013 年全国各省、自治区、直辖市新闻网站排名，太原新闻网在全国排名 15 位，创历史最好水平，是山西唯一入围的网站。在“中国新媒体创新大会”上，太原新闻网被评为“2013 年中国优秀网络媒体”。 （刘卫萍）

【报业经营求突破】 2013 年，太原日报报业集团报业经营，在经济下行压力大、成本增加、纸媒广告市场不景气和新媒体冲击等诸多不利因素影响下，集团千方百计抓经营，在困境中谋求转型突破。虽下大力气，但经营效益不容乐观，全年亏损 3500 多万元。

全年负债经营，完成太报传媒公司归还机器设备贷款近 2000 万元；在浦发银行、交通银行、兴业银行和光大银行之间倒贷 1.28 亿元，保证集团资金正常运行。

在广告经营上，实施“3·15”消费节特刊、《山西（太原）2013 家装白皮书》《中高考特刊》、“向人民汇报、请人民评议”专版、平面房展、航天展、中秋“码”上行动等活动；升级改造呼叫中心平台，打造太报优品购平面购物平台，开展 11 场销售活动；优化广告经营结构，做好外埠广告，狠抓日报广告业务，开发市交警支队、市农委等相关

山西杏花村汾酒集团与太原日报报业集团战略合作框架协议签约仪式

职能部门客户。

在印刷业务上，做大商业包装份额，与上海四色广告、太原安德标识科技有限公司合作，提高包装创意设计与防伪能力；加强与汾酒集团印刷业务合作，成为汾酒股份公司的合格供应商；印务分公司顺利通过商品条码印刷许可、ISO9001质量管理体系及ISO14001环境管理体系的认证工作。

在“两报”发行上，完成2013年“两报”发行任务；与市委宣传部、市卫生局、市物价局联合开展“党报进医院”活动；重新启动蓝海数字发行项目，与山西鸿发投资有限公司达成合作经营意向；以市场运作方式，在省城公园等处安装电子智能阅报栏，首批28个阅报栏年底亮相。

在物业服务上，加强管理，改进服务，保障新闻大厦办公楼的出租、办公改造和设备安全运行；做好办公楼和宿舍区的保卫保洁工作；配合全市道路改造和府西街微循环施工，完成拆除建筑、提供图纸、改设管线等工作。

完成太报印务园区工程结算后续工作，改造原纸库，整合资源，招商引资，发展文化创意产业。 (刘卫萍)

【集团综合管理水平得到提升】 2013年，太原日报报业集团加强集团党委建设，改进和完善党委中心组学习制度，学习习近平总书记系列重要讲话，提高党委会理论学习水平。加强学习型集团建设，在全体党员中开展学习贯彻党的十八大精神和党章。引深集团精神文明创建工作，在市直宣传系统中首家成立“道德讲堂”。召开集团第七次团代会，选举产生新一届团委。修订完善集团《党风廉政建设责任制》，在集团科级以上领导干部中建立廉政档案。执行集团党风廉政建设责任制，推进惩治和预防腐败体系建设，加强集团廉政风险防控工作。强化社务公开和广告监管，有效堵塞经营漏洞。开展“加强制度建设，规范权力运行”专项工作、为人民群众“办实事、解难事”活动、学习新党章“五个一”活动、“树立公仆意识，强化从政道德”警示教育、清退会员卡、治理“吃喝不正之风”、清退违规用车、清理办公用房等专项工作。“树立公仆意识，强化从政道德”警示教育活动满意度达到96.2%。开展基层“树立服务意识，强化读者至上”教育实践活动。广告、发行、物业等窗口部门，率先开展“贴近群众、服务群众”作风建设专项活动。

历时8个月，完成太报集团干部档案清理工作；做好集团2013年医疗保险、失业保险年审；做好集团岗位设置改革方案和绩效工资改革工作。在整个集团实行指纹打卡，严明工作纪律。开设每周五的“学术沙龙”活动，截至年底开办18期。从2013年10月，每周组织一次马克思主义新闻观培训。开展为老服务，为老同志办一批实事、好事；开展谈心家访活动，保持离退休人员的思想稳定。按照市委要求，两次到娄烦县娄烦镇河家庄村下乡住村。

(刘卫萍)

【太报集团存在的主要困难和问题】 2013年，太原日报报业集团围绕市委、市政府中心工作，创新工作思路，较好地完成重点新闻宣传任务，为建设一流省会城市营造良好的思想舆论氛围。但工作中还有较大差距，突出表现在三个方面。

办报质量有待提高。在办报办网上，习惯于居高临下、板起面孔说教，语言生硬、形式刻板，模式套路固化；创新能力不足，舆论监督跟不上，甚至在一些重大事件和突发性事件的报道上存在滞后、失声、失语，主阵地作用发挥得不够；在广大群众关心的重点、热点、焦点问题或事件上，程度不同地存在着不敢报道、不会报道、不愿报道的情况。

负债经营压力沉重。2013年报社累计负债3.36亿元，负债率高达62.57%。2013年受宏观经济下滑的影响，集团经营亏损达到3500多万元，陷入协调多家银行、倒贷还贷的恶性循环。各公司经营面临困难，发展空间受到制约，报业经营机制体制动力不足。

干部改革创新能力不足。集团干部年龄严重老化，十多年来一直没有对外交流机会；年轻后备干部严重不足；采编队伍政治素质、业务水平与新时期的办报形势和要求不相适应，影响到集团发展，亟需推进人事制度改革。

(刘卫萍)

·太原广播电视台(集团)·

【概述】 2013年，太原广播电视台弘

扬“求真务实，改革创新，团结拼搏，争创一流”的广电精神，自觉践行“以受众为中心，以勤奋工作者为根本，长期坚持艰苦奋斗，改革创新”的广电核心价值观，组织实施“导向立台、新闻立台、品质立台”的发展战略，使新闻宣传、文化演艺、事业建设和产业发展等各项工作得到提升。

【宣传报道】 2013年，太原广播电视台贯彻落实习近平总书记提出的“守土有责、守土负责、守土尽责”的有关要求，不断强化政治意识、责任意识、大局意识，围绕市委、市政府的中心工作，完成各项重大宣传报道任务，为太原市实现率先转型跨越发展、建成一流省会城市提供舆论支持。

十八大精神宣传不断引向深入。抓住十八大宣传这条主线，继续在新闻节目中推出《学习贯彻十八大精神建设一流省会城市》《十八大精神在基层》等多个专栏，组织播发各类稿件120余篇，对全市各级各部门学习贯彻落实十八大精神进行全面地报道。

开展“中国梦”主题宣传。为配合做好“中国梦”和太原市开展的全国文明城市创建活动，结合“讲文明树新风”和“山西精神”的内容要求，太原广播电视台综合广播开设《共筑中国梦建功在龙城》专栏，新闻频道开设《中国梦 我的梦》专栏，《新闻快车》推出《让梦飞起来》系列报道，解析中国梦的精神实质、丰富内涵和实现途径，宣传建成一流省会城市的坚强信念和实践活动。

一流省会城市宣传主题鲜明。紧贴建设一流省会城市这一主题，先后开设《回眸展望 聚力前行》《坚定信心建成一流省会城市》《来自重点工程的报道》多个专栏，奔赴10县（市）区、走进基层单位、深入重点工程现场，采写播发大量鲜活生动报道，如拍摄的反映太原市文化体制改革成功经验的报道《打造文化“梧桐”引得“凤凰”来》在中央电视台播出。

“两会”等重要会议、重大活动宣传及时准确。2013年“两会”期间，太原广播电视台在开辟《“美丽太原 幸福启航”两会特别报道》《代表委员日记》等专栏，推出“两会”特别节目、系列报道和专题报道同时，还创新报道手段，利用官方微博等新媒体对“两会”进行全程直播，使大会盛况、会议内容、会议精神在第一时间传递出去。在全市开展的“向人民汇报，请人民评议”活动中，新闻频道与综合广播每晚从8点整至10点半同步播出活动特别节目，市民参与数达60余万人次，观看人数超240万人次，创下太原广播电视台固定较长时段节目的收视新高。此外，还完成首届山西文博会、第四届世界大学生龙舟锦标赛、太原国际马拉松赛、沈阳第十二届全运会四个单项和天津第六届东亚运动会两个项目的电视直播转播活动。

对外宣传成效明显。截至2013年底，太原广播电视台有68件新闻作品在中央电视台和中央人民广播电台播出，213件报道作品在山西电视台和山西综合广播播出，其中，录音报道《新政新风——太原的一站式审批政务大厅》上报中宣部，使太原成为中央台宣传的八家“全国新政新风”先进省市之一。新闻《转企改制继续推进 探索经营新模式》《众人合力营救落水儿童 龙城太原上演感人一幕》《打造文化“梧桐”引得“凤凰”来》分别在中央电视台《新闻联播》和《东方时空》节目中播出。9月25日～27日，太原广播电视台和中国广播电视协会共同主办中广协法制工作委员会2013年年会，中央政法委、司法部及全国各省市自治区80多家电视制作和发行机构出席这次年会。通过对外宣传，提高太原在全国的知名度和美誉度。

【节目创优】 2013年，太原广播电视台实施“品质立台”发展理念，制订出台《太原广播电视台节目创新创优工作管理规定》。组织专门力量到社区开展受众调查，针对性地进行节目改版和节目创新，使节目精品化、栏目个性化、频道特色化，实现新迈进。改版节目广受欢迎。根据听众信息需求和收听习惯，综合广播以《912新闻鲜榨》为节目主体，对全天节目进行重新编排和架构，新版《新闻快车》推出“快车头条”“有事找快车”“快车搜索”等板块，这些改版节目一经推出，便受到听众观众的广泛认可，节目收听收视率都有明显提高。创新节目成效初显。综合广播推出介绍太原2500年历史文化的节目《印象龙城》和聊天式评论类节目《912第一观点》，新闻频道推出早间新闻节目《太原你早》，百姓频道推出太原方言脱口秀节目《非说不可》、游戏竞技类节目《步步高升》，法制频道推出调解类节目《有话好好说》等，这些节目的推出，丰富太原广播电视的声频荧屏，提升节目的整体品质。创新节目层出不穷。新闻频率策划大型职场招聘真人秀节目《芝麻开花》和历史文化类节目《亲历太原》，经济广播推出《私家车总动员》《私家大咖秀》；百姓频道创办都市情感节目《选择》，法制频道策划打造新栏目《检察第一线》，影视频道全新栏目剧《微影天下》和文体频道新栏目《炫动龙城》即将推上屏幕。据不完全统计，在2013年揭晓结果的新闻奖评选活动中，太原广播电视台共获得各类奖项总计163件，其中国家级19件，省级93件，市级51件。其中，《912新闻早高峰》获中广协“十佳栏目”奖，百姓频道获得中国电视艺术委员会评选的“电视民生频道十强”称号，《新闻快车》获得“全国电视民生栏目市场价值十强”称号，《新闻对话》获全国十大优秀电视栏目奖。大型系列节目《万里茶路寻晋商》获全国城市电视台社教类系列片一等奖。广播剧《科学赤子钱学森》获山西省第十届精神文明建设“五个一工程”优秀作品奖。老年之声获得“全国敬老文明号”称号。

【文艺创作】 2013年，太原广播电视台坚持“二为”方向和“双百”方针，加强创作引导，加大扶持力度，使各类题材文艺作品呈现出一片繁荣的景象。广播电视创作方面，音乐频率以广大市民身边的人和事，创作并制作播出系列微广播剧66部，丰富节目内容，弘扬主旋律。专题制作中心拍摄反映太原深厚历史文化的大型文化纪录片《好一座古城》；摄制的全市城中村改造招商工作会议专题片《锦锈龙城 魅力太原》、大型文化纪录片《太原五千年》在北京、上海、天津电视台和山西卫视播出。太原广播电视台拍摄制作的《龙城八叙》，历时一年，精心制作，受到市委领导的高度重视，市委宣传部给予嘉奖。广播电视剧制作中心创造性地开展工作，摄制完成贺岁微电影《龙城·爱》，低成本创作本土栏目剧《太原老故事》12集，其表现形式国内首创。艺术中心创作完成男女声合唱《清凉太原我的家》，配合“清凉太原”城市形象的宣传。大型活动中心主创或参与策划大型晚会或活动十多场，《美丽太原——2013太原百姓春节联欢晚会》在2013年全国春节电视文艺晚会及春节特别节目评选中获二等奖。玩具益智频道与中国剧协合作举办《2013中国少儿戏曲春晚》。舞台艺术方面，2013年1月初，太原广播电视台发挥省城强势媒体的优势，承办《2012“感动山西”十大人物评选活动》颁奖晚会，并邀请到央视著名主持人敬一丹主持晚会。神九山西籍航天员景海鹏、刘旺，蛟龙号山西籍潜水员刘开周，山西籍奥运会冠军董栋等陆续登场。整场晚会高潮迭起，成为春节前晚会演出的一大亮点。三个剧团致力于精品打造。大型民歌情景剧《桃花红》和舞剧《千手观音》被评为省第十届精神文明建设“五个一工程”优秀作品奖，歌舞杂技团以传承和发展太原市非遗项目为己任，举办“曹强杯”莲花落大赛，并先后组织4支演出队伍分赴美国、法国、韩国、中国台湾地区进行演出百余场。话剧团不断对原有名牌剧目进行精雕细琢，推出《饭·局》的升级改造版和青春励志喜剧《疯狂的疯狂》，赴河北邯郸、邢台及山西运城等进行商业演出。大型恐龙童话剧《你看起来很好吃》、百年经典童话剧《绿野仙踪》先后在河南等地进行演出。舞蹈团推进大型舞剧《千手观音》的修改完善和市场推广工作。春节期间赴三亚参加“祈福三亚艺术季”活动，舞蹈团承接北京电视台春节联欢晚会、湖北卫视春节联欢晚会、北京政法系统春节联欢晚会三台大型春节联欢晚会的全部舞蹈类节目。

【体制改革】 太原广播电视台着眼于广播电视实现率先转型跨越发展。2013年4月，按照市委、市政府深化文化体制改革的要求，启动新一轮广播电视体制改革。取消太原人民广播电台、太原电视台呼号，对原有的太原人民广播电台、太原电视台实行机构合并和资源整合，组建太原广播电视台，优化内设机构，减少管理层级，实现内部管理的扁平化，提升工作效率。进一步合理配置内部资源，避免内部不良竞争的内耗，形成广播、电视、报纸、网络多种媒体资源相互融合、共同发展的态势。完成太原广播电视报社的转企改制工作，以《太原广播电视报》为主体，整合“太原在线”网站和“无线太原”手机客户端，打造“一报两翼”传统媒体与新媒体有机结合的发展格局，促进报业转型跨越发展。太原广播电视台推进管理机制创新，研究制定经营部门绩效考核办法等新制度新规定，对广播电视台全年工作目标进行细化分解，与各经营部门层层签订《太原广播电视台2013年工作目标责任书》，推行绩效责任考核，确保全台各项目标任务完成。

【基础建设】 太原广播电视台着眼于广播电视快速发展、长远发展的需要，抓住重点，推进事业建设。广播方面，老年之声FM97.5调频广播成功试播。为各频率更换全部调音设备，购置一辆中型流动直播车，提升节目制作播出的质量和直播能力。2013年10月，市政府把交通广播纳入太原市应急管理体系并授予“太原市应急广播频率”称号，发挥交通广播灵活、快速的应急优势，搭建起全市应急广播服务平台，促进应急知识宣传常态化。电视方面，实现《影视频道》和《家庭消费频道》的网络直播，使太原广播电视台具有网络直播能力的频道、频率达到10个；对移动电视太原东山地面数字电视发射机实施改造，使发射机效率提高30%、耗能降低22.5%，信号覆盖效果得到提升。有线传输网络方面，完善BOSS系统的建设和运行管理，启动BOSS系统电子营业厅建设、GIS系统升级和二期建设；实施“WiFi”试点及光纤入户项目，探索有线电视多种接入的可运营模式，强化项目管理，提升业务模块的实时增加能力；推进OTT运营项目、C-DOCSIS项目、云计算云电视等项目的建设筹备工作。太原有线电视用户达到110万户。广播电视报刊方面，建设太原广播电视报便民服务中心及太原便民网，构架金牌优质品牌家政服务平台，实现报媒的跨界经营发展。此外，新广播电视中心建设项目按照市政府统一部署，由市规划部门完成选址工作，呈报市政府。

【安全生产】 面对2013年全国严峻的安全生产形势，太原广播电视台贯彻市委、市政府《关于学习贯彻习近平等领导同志做好安全生产工作重要批示精神的通知》精神，提高思想认识，强化责任观念，加强广播电视安全生产工作。健全安全生产工作体制机制。先后下发《关于调整太原广播电视台(集团)安全工作组织领导机构组成人员的通知》《关于安全工作领导组办公室副主任主要负责部门(单位)及包联部门(单位)的通知》，强化对安全生产工作的组织领导，强调以“管业务必须管安全，管行业必须管安全”为核心的“一岗双责”责任制，建立隐患排查、台账管理制度，隐患举报、奖励制度和预案演练等制度，形成一级抓一级、层层抓落实的工作机制。同时，建立网路电视监播机制，对《太原新闻》实施碎片化制播方案，确保重要节目的安全播出。开展安全生产大检查活动。根据国家、省、市的统一安排部署，太原广播电视台全年开展四次安全生产大检查。根据习近平总书记关于安全生产的重要指示精神，太原广播电视台下发《关于立即开展安全生产大检查的通知》，制订出台《太原广播电视台(集团)安全生产大检查工作方案》，按照全覆盖、零容忍、严执法、重实效的总要求，分三个阶段，为期四个月，排查治理安全播出、消防安全、汛期安全、治安保卫等风险点的安全生产隐患。全年共排查出安全问题、隐患213个，根据安全隐患台账记录，整改206个，占应整改问题、隐患的96.72%，投入治理资金844.71万元。加强紧急重大情况和突发事件处置上报工作。根据市委有关文件精神，太原广播电视台以《关于加强紧急重大情况和突发事件上报工作的通知》做出安排部署，要求所属各部门、各单位明确责任，严格时限，履行对紧急重大情况和突发事件的处置上报职责。

【经营创收】 2013年，太原广播电视台开源挖潜，多元拓展，推行经营创收绩效考核。组建广告经营管理中心，通过与各频率频道建立协作运行机制，实现广告营销中广播与电视的互动，共同探寻开启本地品牌广告市场的新路径，实现优质资源配置最大化，使得经营创收保持良好的发展势头。太原有线电视网络公司开展销售明星评比活动，推进互动电视业务推广，使全市互动电视用户发展达到5万户，拓展经济增长点；移动电视公司启动地面数字电视接收机销售工作，并呈现出良好的发展势头，发展用户近20000户。通过全台上下的共同努力，全年完成经营创收任务68300万元。

档　案

【概述】 2013年，太原市档案局把握为党和国家管档的主方向，弘扬档案优秀文化的正能量，全面推行“三亮四严五零”为主要内容的档案“和谐驿站”建设，为全市中心工作、经济社会发展和维护群众切身利益，提供各种形式的档案信息服务。以“6·9”国际档案日为依托，举办“美丽太原·幸福之路”爱国主义教育展览，开展“档案在你身边”主题系列宣传活动。与现代媒介合作摄制档案专题片，在《太原日报》推出“城市记忆”专栏，编写《档案资政参考》，发挥出档案资政、育人、存史的独特作用。提升基层单位档案管理，健全档案法规体系，征集接收特色档案，抢救保护珍贵档案，档案各项业务工作稳步推进。在全省年度目标考核中获2013年度档案工作先进单位荣誉，被评为省级巾帼文明示范岗。档案工作在服务民生中发挥新作用，在文化强市中做出新贡献。 (吴静红)

【查档窗口实行“三亮、五零”服务】 档案服务窗口，是政府信息资源直接服务群众的第一站，面对的大多是需要落实政策的弱势群体，2013年，太原市档案局在全省档案部门率先推行“人人亮身份、岗位亮标准、公开亮承诺”的“三亮”制度和服务受理零推诿、服务事项零积压、服务方式零距离、服务对象零投诉、档案服务零收费的“五零服务”。为确保群众知情权、利用权，11月，对馆藏1983年94个全宗档案进行摸底、对3035卷档案进行鉴定，向社会开放“红头文件”53000件。

(吴静红)

【档案查阅利用】 在2013年的城市改造中，太原市档案馆为群众办理拆迁补偿提供依据，为郝庄、黄陵、郝家沟、西蒲、北营等村110余个村民办理房屋土地登记查阅手续。在企业改制工作中，为太化、焦化厂等企业近1000人次出具知青、招工、定级等原始凭证，为群众接续工龄提供原始凭证。为市委宣传部、市晋剧院、市地税局、北京师范大学、山东大学的课题研究和编史修志提供优质服务。2013年，市档案馆累计接待4816名群众查档，接待343个单位集体利用档案，调卷11941卷，出具证明、复制档案6000余页，总体工作量比上年同期增加20%。

(吴静红)

【首次实现历史档案与现代媒介结合】 2013年，太原市档案局创新档案文化服务机制，主动揭开档案的神秘面纱，确立“服务太原改革开放，展示太原靓丽风采”的文化定位。通过开发、提炼各类档案使之成为研究的“活信息”、决策的“活参考”。市档案局与北京电视台联合摄制档案专题片《山西王“阎锡山”逃离山西始末》上下集，挖掘阎锡山、阎慧卿、黄樵松及太原“五百完人”的珍贵史料，在北京卫视播出，收视率在全国同类节目名列前茅，在全省率先实现历史档案与现代媒介的有效结合，展示太原厚重的文化底蕴。

(吴静红)

【“美丽太原·幸福之路”爱国主义教育

【……展览】 为展示太原历史文化、昭示太原美好明天，太原市档案馆从馆藏档案中精选出367张珍贵图片，举办“美丽太原·幸福之路”爱国主义教育展览，2013年6月6日正式开展。展览从“千古龙城”“龙潜之地”，到“唐风晋韵”“晋商之都”，到“辛亥首义”“血染战旗”，再到“改革之春”，直至“长风新歌”……共25个主题，通过367幅珍贵图片展现太原在五千年华夏文明史中的独特地位，在2500多年城市发展史中的鲜明品格，以及人民群众建设太原、发展太原的智慧和光辉业绩。为市民品读太原历史，进行爱国教育提供学习窗口。截至2013年底，有60批1000余人次的中小学生和群众参观展览。（吴静红）

【举办名人书画展览】 2013年6月，太原市档案局与社会组织首次合作举办中国历代名人书画高仿真作品展览，展出的画作自唐代至今共50余幅，涉及唐、宋、元、明、清和近、现、当代各个时期，画家、画作均为各时期的优秀代表，其中的历史画作原本存于故宫、台北等各大文博机构，为稀世珍宝。主要画作有《清明上河图》《步辇图》《浴马图》《王蜀宫妓图》《荷花鸳鸯图》等。展览以独特的方式向寻常百姓开启通向中华艺术殿堂的大门，让更多的人有机会了解和认识中国最优秀的书画作品，了解辉煌灿烂的中华历史和文化。（吴静红）

【接收全文数字化医保档案】 太原市档案局（馆）以建设覆盖人民群众的档案体系为工作方向，注重民生档案接收工作的常态化，不断加大对涉民单位民生档案全文数字化建设的指导和接收征集力度。2013年3月，接收市医疗保险管理中心3565卷纸质档案及全文数字化的电子档案。这是太原市档案馆首次接收进馆全文数字化医保档案，档案内容包括职工医疗、工伤、生育保险档案、居民参保档案、医疗缴费稽核档案、待遇领取档案等，这部分档案将为维护群众利益、促进社会和谐稳定发挥重要作用。（吴静红）

【举办档案文化讲座】 太原市档案局加强档案文化建设，举办“档案文化”讲座。2013年5月，邀请太原市委原常委、宣传部部长范世康讲授“太原历史文化”。11月，特邀浙江大学人文学院历史系教授方新德讲授“档案史料与历史研究”。市人大、市政协、市直机关部门、县市区分管档案工作的领导，有关文化人士及全市档案系统及市直单位、企事业单位档案工作人员近300人聆听讲座。（吴静红）

【“6·9国际档案日”宣传活动】 2013年6月9日上午，太原市档案系统“档案在你身边”主题系列宣传活动在太原市档案局馆正式启动。省、市领导及社会各界群众、新闻媒体等300余人参加宣传活动。举办“珍档述说历史”巡回展览，把档案文化传进千家万户。市县两级国家综合档案馆、城建和公安等专业（部门）档案馆，全市机关、企事业单位等50余家单位，将自己馆藏、室藏的珍贵档案悉数进行统计，制作成40余块展板，向社会宣传展示，让群众真正感受到档案是历史的发言人，每个人的生活离不开档案，档案可以更好地提升个人生活质量和城市幸福感。巡回展览同时带着档案法律知识和档案服务进入企业、社区、家庭和农村，把档案的声音传进千家万户，将档案服务送到百姓身边。（吴静红）

【档案提供决策依据】 2013年，太原市档案局就太原晋中同城化、西北炼钢厂、太原风峪沟、山西省参议会、万寿宫、并州路、府西街、省政府牌楼等改造和复旧，编写《档案资政参考》16期，为文物古迹恢复重建提供第一手资料，成为政府决策的可靠依据。市档案局在《太原日报》推出城市记忆“太原首届人代会”“老字号篇”“早期的工业”“太原老街道”等14期专版，使承载着一代人记忆的档案文化走入百姓生活。（吴静红）

【编印档案知识工具书】 2013年6月，太原市档案局编印35万字的《太原市档案人员培训教材》，这是太原市档案局首部自主编撰完成的档案知识培训教材，由太原市档案局各业务处室共同编撰完成。全书分为档案与档案工作、档案法制工作、文书档案管理、科技文件管理、科技档案管理、其他门类档案管理、档案的保管与保护、档案编研工作八个章节。该书的编写吸收档案学科的最新理论，并且结合档案工作实际，具有针对性、指导性和实用性。该书既涵盖档案工作的普遍知识，又有该市档案工作的自身特色，是太原市档案工作者系统学习、研究档案工作，提高业务素质，做好档案工作必备的工具书。（吴静红）

【档案法规体系建设】 著名人物档案是一个地区文化特点的集中体现，2013年，太原市档案局在调研和征求意见的基础上，以市政府办公厅名义出台《太原市著名人物档案管理办法》。按照国家档案局9号令要求，重新修订《太原市档案馆收集档案资料实施细则》，编制《档案接收名册》和《档案监管名册》。与市国资委、市国有资产经营公司联合制发《关于贯彻实施国家档案局10号令的通知》，对全市机关、团体、企事业单位从档案归卷的源头抓起。（吴静红）

【档案监督管理】 坚持依法管理是规范档案行为的有力武器。2013年，省、市人大、省档案局联合对全市11家综合档案馆和22家机关、企事业单位进行档案执法监督检查。在档案执法监督中融入指导服务，太原市档案局全年确定6个试点企业，指导市热力公司完成“文件材料归档范围和文书档案保管期限表”编制工作；全面完成市、县两级600余个机关的8号令审核。对市级95个单位进行500余人次档案指导服务。全市共完成86个机关单位档案工作目标管理一、二、三级认定工作。市环境监察支队、市医保中心等6个单位档案工作达省一级标准，太原市委、市质监局等18个单位达省二级标准，62个单位达省三级标准。（吴静红）

【基层单位档案精细化管理】 2013年，太原市档案局完成12个企事业单位档案管理等级认定工作。山西省红十字口腔医院等11个单位达AA级标准，晋源煤运公司达AAA级标准，对太原市图书馆进行重点工程档案验收；全市169个农村、社区建档，永康北路社区、马练营村等28个农村、社区实现档案工作规范化管理。全市基层单位档案工作的精细化管理水平不断提升。（吴静红）

【特色档案征集】 2013年，太原市档案局走馆藏多元化路径，通过接收、征集、合作等三种模式，先后接收国画大家赵梅生等著名人物档案237卷（件）；征集进馆唐伯虎、文徵明等历代名人书画（真迹扫描）120余幅，晋商对联、生意经、书信、股票等八大类珍贵档案5000余件，为太原市馆藏文化资源增添内涵。接收市医疗保险管理中心、企业养老保险中心、城西公证处等单位档案32262卷，丰富馆藏民生资源。运用声像记录等手段，变事后收集为事前采集，拍摄府东街、府西街、并州路城市道路改造等33项3500余张照片，录像300分钟，留存新太原的发展变化过程。（吴静红）

【抢救保护珍贵档案】 2013年，太原市档案局清查鉴定二十世纪三、四十年代太原市都市规划图、崇善寺重修的建设图以及建国初期汾河水库建设图等珍贵档案1665件，按照濒危优先的原则，完成A4幅1231张破损档案的修裱；完成10382幅知青档案全文数字化和31万条档案目录数据导入工作；与郑州市档案馆开展第三批重要数据175G异地备份工作；将市委组织部二十世纪五十年代的散存档案3318卷接收进馆。规范化整理涉及商业、日侨、工业、干部审查等各类历史遗存零散文件7000余卷，使档案得到有效保护和更好的利用。（吴静红）

图书

【概述】 2013年，太原市图书馆科学发展，突出重点，内抓管理，提升服务；外树形象，拓展领域；推进馆舍改扩建工程；开展公益性文化服务，图书馆事业整体不断推进。2013年，太原市图书馆分别荣获太原市模范单位、省城平安单位、敬老文明号单位、全民终身学习大讲堂先进集体、全国科普教育基地、山西省第十六届“群星奖比赛项目奖（太原市春蕾读书活动）等称号。（张建荣）

【图书馆馆舍改扩建】 2013年4月19日、5月6日两次太原市政府规划办公会议议定，太原市图书馆不再选址建新馆，在现馆基础上进行立面、空间改造和扩建工程，增加建筑体量，使之与周边省博物院等文化建筑相协调和融合。在市图书馆维修改造工程领导组的领导下，为又快又好的推进市图书馆改扩建工程，市图书馆开展改扩建项目前期调研、可行性研究和项目报建准备。7月8日，召开项目设计方案发标会，8月12日经专家评审，中国建筑设计研究院方案中标。市图书馆与设计方建立密切联系，四易其稿，于9月6日完成规划设计方案、概念初步设计；在11月7日市政府规划工作会上对初步规划设计方案予以肯定和明确指示；11月27日市图书馆有关人员赴北京，与设计方对最终的报规方案进行双方碰头和确认，报规方案做略微调整后报审。12月20日，在市图书馆六层会议室，与中国建筑设计院进行市图书馆改扩建工程设计合同的签订。经与市发改委等部门沟通联系，开展改扩建工程可研报告的编制，确保可研项目不缺项，量化准确，并进入报批程序。（张建荣）

【一级馆目标任务完成】 2013年年初，太原市图书馆馆长亲自挂帅，统筹安排，各分管领导牵头组织，各部门对照全国公共图书馆评估定级标准，自查自评，准备评估资料，各项基础业务指标均有新的提升和跨越，全年共接待读者603394人次，流通图书230160册；共办理有效读者证108750个；举办展览14场、公益讲座及电视讲座349场（其中包括漪汾论坛15场）；利用馆内资源共享室，播放优秀影片345场次。经省文化厅委派省图书馆评估验收检查，太原市图书馆最终以966分上报省文化厅、国家文化部；文化部于10月正式公布评估定级结果，太原市图书馆再次被文化部评估定级为国家地市级一级馆。（张建荣）

【总分馆管理系统运行】 在2012年年底全面试运行总分馆管理系统的基础上，太原市图书窗口业务工作不断精细化、合理化，调整、合理设置资源布局，开设中文图书流通一室、二室，将2012年以来的文学类新书单独设室，加快新书流通快转；增设低幼阅览室、自习室，满足省图书馆南迁后新增读者的需求；设计印制“读书借书一卡通使用说明卡”及总分馆业务相关的操作指南和温馨提示；加大图书上架、顺架工作力度,提高图书流通率;设置专架有序放置其他馆的流通图书,并定期做好各所属馆图书的物流配送返回;提高图书加工质量及到馆速度,改变新书交送方式等,为总分馆管理系统顺利运行起到的推动作用。

(张建荣)

【数字图书馆推广工程平台搭建完成】 2013年,太原市图书馆经过三次公开招标,完成数字图书馆硬件采购。7月,经省专家验收集成平台,缓解网络设备的压力,增加网络的安全系数。安装无线收发设备、联通50M及电信30M光纤宽带,实现馆内网络全覆盖,确保总分馆自动化系统、读者网上阅读系统的不间断运行,保障总分馆业务管理、读者远程检索、数字文献利用和国家数字图书馆资源的传播。

(张建荣)

【地方文献征集与建设】 2013年,太原市图书馆通过关注读者对文献资源的需求倾向,加大对地方文献和特色馆藏文献的采访和建设力度,逐步形成特色文献分支库;推进"全国地方志"文献回溯建库,不间断地推进已有特色馆藏的连续采访和征集,形成特色鲜明的、动态更新的独家馆藏;持续完善和开展地方文献征集及全国方志的补充征集工作,年征集地方文献书刊千余种;拓展"晋阳文献数据库",征集回地域文献资料638种2000余册,非遗资料1600余条,为资源的充实与搭建提供充足的参考依据。《晋阳文化科技平台》课题研究任务基本完成,市图书馆采取动态补充、持续开展的方式完善资源内容,构架搭建完成后将通过上传数字图书馆网络平台,实现全球读者远程检索、在线阅读。

(张建荣)

【拓展服务新领域】 2013年,太原市图书馆对15家社区分馆和9家军民共建单位定期配送图书30次、1万余册,开展业务辅导20余次,并新建彭村小学图书室、市交警支队万柏林区二大队流动图书室、太原市慈善职业技术学校图书室、康宁疗养院图书室等共建单位。在每年一度的"图书馆服务宣传周"活动期间,在以往加强阵地服务和广泛宣传的基础上,2013年开辟馆外宣传阵地,在滨河花苑社区、南宫广场专门设立服务宣传台,开展图书馆服务宣传、解答市民咨询、开展现场办证、借书、免费赠送期刊、征集地方文献等活动,使广大市民进一步解图书馆公共文化服务的内容,享受党和政府提供的公益文化服务与资源。

(张建荣)

【"春蕾读书"工程新高潮】 太原市图书馆在2012年启动"春蕾读书"工程,向属地万柏林区小学生赠送发放45000个新版小学生免费阅览证的基础上,2013年,继续完成向迎泽区、杏花岭区共90000个小学生免费阅览证的制作与发放工作。2013年2月,"太原市春蕾读书活动"喜获山西省第十六届"群星奖"比赛项目奖,连续两年来"春蕾读书"工程的组织实施,带动市图书馆的全民阅读推广活动不断走向新高潮。

(张建荣)

全民阅读活动启动仪式

【信息咨询工作新突破】 2013年,太原市图书馆定期编辑月刊《并图专递》《信息之窗》《信息集萃》等信息刊物,组织相关部室通过选题、确定服务方式、多渠道获取文献资源使服务成果惠及机关、企事业单位及读者。通过网络检索、查阅近百余册馆藏图书为市委宣传部编撰《晋阳诗选》提供专题信息服务;为配合市政府城市建设和改造,多次提供关于城市建设、历史建筑类及地域文化研究等方面的参考资料等,使市图书馆的参考咨询服务工作有突破性进展。

(张建荣)

【创建"高校志愿者联盟"】 2013年,太原市图书馆贯彻党的十八大精神,落实省文化厅《关于组织开展"文化志愿者基层服务年"系列活动的通知》精神,在市图书馆开展"小小志愿者""我是图书管理员"等多项志愿者活动。精心策划、悉心组织,创建由200余名太原各高校在校大学生和部分对社会公益文化有共同的兴趣和责任感的青年组成"太原市图书馆高校志愿者联盟",参与讲座培训、图书导读、读者咨询及"周末自习室"等相关管理工作,让读者获得满意的服务。各项志愿者活动的开展,加强图书馆与读者之间的交流与沟通,体现图书馆先进的管理理念、开放意识,提升公众认知度。

(张建荣)

卫生　体育

卫　生

【概述】 2013年，太原市医疗卫生机构诊疗人次、住院病人、出院人数分别达到1453.80万人、33.72万人、33.70万人，较上年同比增长6.19%、7.97%、7.74%。“百院兴医”工程，争取国家及省级资金支持1.2亿元，市级财政配套0.3亿元，市中心医院等7个迁建项目确定选址并完成规划设计，市第二人民医院等3个原址改扩建项目开工建设。市直市管医疗机构床位由19733张调整为14005张，千人口床位数由4.20张减为2.98张，为社会资本进入预留发展空间。 （李向勇）

【推广新型农村合作医疗】 2013年，太原市参合人数105.4336万人，参合率达99.62%，太原市平均筹资标准超过山西省核定的340元/人，10个县（市、区）中除晋源区和享受西部待遇的阳曲县、娄烦县外，其他7个县（市、区）均不同程度提高本级财政补助标准，小店区、迎泽区、万柏林区人均筹资标准分别达到374元、371元、369元；10个县（市、区）全面启动新农合支付方式改革，住院补偿封顶线达到15万元。阳曲县所有定点医院均开展按床日付费为主的支付方式改革，并同步完善配套考核办法。2013年8月出台《太原市20类重大疾病按病种付费方案（试行）》，重大疾病新农合补偿比例超过70%，部分病种在首诊医院（市级二级医院）的报偿比例达到75%。万柏林区、清徐县开展大病医疗保险试点，截至11月30日，保障受益483人，大病医疗保险赔付594.48万元。

（李向勇）

【实施国家基本药物制度】 2013年，太原市10个县（市、区）共23所县级公立医院取消药品加成，优先配备使用基本药物，政府举办的127所基层医疗卫生机构和952个行政村卫生室全部配备使用基本药物，实行零差率销售，18个非政府办社区卫生机构纳入基本药物制度试点。截至2013年11月底，太原市基层医疗卫生机构通过省级基本药物采购结算平台订购基本药物4300万元，平均回款率76.50%。

（李向勇）

【基层医疗卫生服务体系建设】 2013年，太原市卫生局对于农村医疗卫生机构，由省城19所二级以上综合医院包干帮扶，农村巡回医院每月派出专家组和医疗小分队到52个乡镇卫生院和952个村卫生室开展培训带教、巡诊义诊、规范化建设。启动示范村卫生室创建和私有产权卫生室置换工作，截至2013年11月底，有73个村卫生室通过县、区评估初审，61个村卫生室完成私有产权置换建设。2所乡镇卫生院转型为社区卫生服务中心，新建12所社区卫生服务站，撤销6所不符合标准的社区卫生服务机构，太原市共建立社区卫生服务机构284个（社区卫生服务中心53个，社区卫生服务站231个），进一步优化城市卫生资源配置。社区卫生服务机构规范化建设达标率92.4%，创建全国示范区3个、全国示范机构7个（占全省50%），省级示范机构34个（占全省34%），群众就医环境明显改善。完善传染病网络直报体系，实现网络直报的乡镇卫生院、社区卫生服务中心达98个，网络直报率达95.15%。发挥市妇幼保健院的辐射带动作用，推进太原市妇幼保健机构建设，2所妇幼保健院达到二甲水平，为太原市妇女儿童提供更好的就医条件。 （李向勇）

【开展基本公共卫生服务均等化】 2013年，太原市基本公共卫生服务项目补助标准提高为30元/人，市、县两级财政按照城乡居民人均3元（阳曲县、娄烦县人均1.5元）标准预算，共计预算经费2454.94万元，足额配套到位。全面开展公共卫生服务，乙肝、卡介苗、脊髓灰质炎、百白破、乙脑、甲肝等扩大免疫规划疫苗接种率以乡为单位达97%以上,8月龄至14岁儿童麻疹类疫苗查漏补种接种率99.26%。截至2013年12月底,65岁以上老年人、高血压、糖尿病管理分别达28.06万人、23.55万人、7.46万人,健康管理率分别达到84.16%、36.37%、22.33%,超过要求19.16百分点、1.37百分点、2.33个百分点;重性精神疾病登记患者7188人,规范管理6617人,规范管理率92.06%。为14265名农村妇女免费增补叶酸,完成率124.7%;为12017名农村妇女免费进行宫颈癌筛查,为1008名农村妇女免费进行乳腺癌检查,为10835例农村孕产妇给予住院分娩补助,太原市孕产妇住院分娩率达到99.9%。 (李向勇)

【公立医院改革】 2013年,太原市县级公立医院改革实现10个县(市、区)全覆盖,财政补偿、价格调整、人事分配、法人治理、医保支付等配套改革同步推进。太原市卫生局制定出台市级医疗机构设置规划,明确太原市到2015年医疗机构设置原则及目标。开展医疗机构床位核准工作,市直市管医疗机构床位由19733张调整为14005张,千人口床位数由4.20张减为2.98张,整合医疗资源为社会资本进入预留发展空间;统筹太原市专家优势,形成技术和管理合力,成立院感质控部、传染病质量控制部、检验质量控制部、护理质量控制部等9个专科质控部,制定专业标准,规范太原市技术行为。强化平安医院创建,各医疗机构进一步完善投诉解决机制,全年受理医疗纠纷及投诉212件,妥善处理188件。稳步推进临床路径管理,二级以上医疗机构开展临床路径管理病种数为738种,完成率达到86.59%。太原市所有三级医院及96.4%的二级医院开展优质护理服务,在42家医疗卫生机构推行检验检查结果“一单通”,累计为患者减少重复检查12.96万人次,节省重复检查费用492.06万元。开展抗菌药物临床应用专项整治活动,三级医院、二级医院抗菌药物品种数量分别控制在50种、35种以内,住院、门诊、急诊患者抗菌药物平均使用率分别下降为42.25%、17.2%、22.2%,抗菌药物平均使用强度为26.59DDDs,抗菌药物使用趋于合理,管理进一步加强。推进城市三级医院对口支援县级医院工作,省城4所三甲医院分别与县级医院建立长期结对帮扶关系,县域医疗卫生服务水平得到大幅提升,4所县级综合医院达到二甲标准,成为区域内医疗服务中心。

(李向勇)

【卫生应急】 2013年,太原市卫生局在15部卫生应急预案基础上,协助市农委、市安监局等单位完成《市级重大动物疫情、市级安全生产事故专项应急预案》《太原市重污染天气应急预案》等7个应急预案修订工作。太原市传染病和突发公共卫生事件网络直报单位250个,突发公共卫生事件信息报告率、完整率均达100%。完善应急物资储备目录,执行应急储备制度和发放制度,市中心医院、急救中心、疾控中心等单位应急物资储备管理达标。组织省、市6个单位开展省城军警民应对突发公共事件医学救援应急演练,协助市安监局完成太原市安全生产演练,全系统开展自然灾害、事件处置、队伍集结、伤员转运、应急疏散等培训演练60余次,以市为单位组织180余名卫生应急人员进行专业培训,各县(市、区)分10余次培训属地应急管理人员1000余人。从组织体系、预案体系建设、信息报告与监测等方面推进省级卫生应急示范县(市、区)创建活动,尖草坪区、晋源区通过省级复评。 (李向勇)

【完善中医工作】 2013年,太原市能够提供中医药服务的基层医疗机构大幅增加,47所社区卫生服务中心、38所乡镇卫生院、178所社区卫生服务站、644所村卫生室达标;建立基层中医药适宜技术推广基地3个,其余县市区推荐单位被省厅确定为基层中医药适宜技术推广基地建设单位。创建全省中医药特色社区卫生服务中心11所、创建全省中医药特色乡镇卫生院7所,10县市区确定1个县级中医药适宜技术推广基地,并报省卫生厅备案;全面加强5个省级中医重点专科(专病)协作组建设项目,6个县级中医院专科(专病)特色强化建设项目通过评估,迎泽区骨伤科医院(骨伤科)和太原中西医结合医院(针灸理疗康复科)两个特色专科建设项目达到省级中医药特色专科标准;县级“名中医”评选工作全面铺开,共有56名中医师参加评选,太原中西医结合医院、迎泽区中医医院、杏花岭区中医医院和古交市中医医院成为第一批县级名医堂建设单位,清徐中药资源普查试点县任务完成,全市特色明显、技术适宜、形式多样、服务规范的中医中药服务体系进一步完善。 (李向勇)

【培养卫生人才】 2013年,太原市人民医院、太原市第三人民医院、太钢总医院分别与院士郭应禄、付小兵、庄辉完成三个院士工作站建设,市第二人民医院与以色列西勒雅法医学中心整形科主任莫瑞斯·托帕兹合作共建糖尿病足治疗中心,增强全市科研成果向临床技术的转化能力。全面启动“燎原培训计划”,依托市级重点学科或特色学科培训100名县、乡、社区基层医疗机构医务人员;启动市级优秀医护人才培养计划,选派127名优秀医护人才到北京、台湾进修;分四期对450名乡村医生进行中医药适宜技术培训，对100名农村卫技人员进行为期半年、100名基层医务人员进行为期一个月的全脱产免费进修,对40名全科医生进行转岗培训,推进35名农村订单定向医学生、150名“村来村去”定向中专学历村医免费培养等任务。市、县两级医疗卫生机构继续医学教育信息化管理平台建设达到100%，乡卫生院及社区机构达到86.4%。市、县、乡三级继续医学教育覆盖率达到100%,村卫生室达到83%。（李向勇）

【卫生监督】 2013年,太原市建成市、县(市、区)卫生监督所11所,卫生监督站188个。截至2013年底,太原市有卫生监督员315名，卫生监督协管员数455人，卫生监督协管服务实现全覆盖。在太原市3383家医疗机构、3524户公共场所经营单位实行量化分级管理，全面推行卫生监督信息公示制度，太原市公共场所卫生监督覆盖率达100%,宾馆住宿业、游泳馆、美容美发及沐浴场所卫生监督量化分级管理率达100%;推进“健康校园”创建工作，会同教育部门对太原市616所中小学校传染病防控、饮用水卫生、教学环境卫生等进行全面监督检查,覆盖率达100%,有效保障学校公共卫生安全；开展贯穿全年的医疗机构全面清理整顿和打击非法行医专项行动，建立违法违规医疗机构定期曝光制度、集体告诫约谈制度,组织“回头看”督察,通过持续地清理整顿,在太原市形成严打高压态势。截至2013年底，太原市共检查各级各类医疗机构7639户次，发现违法违规医疗机构760户，给予警告195户、立案处罚313户、取缔102户,吊销执照1户、暂停执业8户、暂停执业人数16人,罚款67.098万元。市级年度校验医疗机构584家，降级68家，暂缓校验13家,注销13家,停业43家。在横向到边、纵向到底,不留死角、不留空白的高压打击态势下，太原医疗服务市场秩序进一步整顿和规范，人民群众就医安全得到保障。（李向勇）

【廉洁行医】 2013年，太原市卫生局在太原市各级各类医疗机构全面推行《太原市廉洁行医规定(试行)》,对医疗服务收费项目、收费标准、药品采购、接受回扣、收受红包、违规服务、合理用药、工作作风等八个方面做出明确规定,并通过经济处罚、吊销行医执照、对相关负责人行政处分、“黑名单制度”等措施集中整治乱收费、乱检查、收受红包、大处方、药品回扣等群众反映强烈的突出问题。截至2013年底，太原市二级以上医院抗生素使用比例由39.70%下降到35.87%,患者投诉明显下降,退还“红包”人数达663人次,退还红包金额达到42.23万元。（李向勇）

体育

【概述】 2013年，太原市体育局以实现体育综合价值为目标，抢抓转型跨越发展、建设一流省会城市机遇,对标一流、奋发进取,群众体育、竞技体育、体育产业、体育赛事等项工作全面推进，体育的综合功能和社会价值充分彰显。被市委、市政府评为2012年度综合考核优秀单位，被省劳动竞赛委员会授予集体三等功，被国家体育总局评为2009-2012年度全国群众体育先进单位。（张长青）

【群众体育】 体育设施建设成效显著。体育惠民推进,2013年,太原市体育局依托汾河景区东西岸优势条件精心打造的惠民工程——汾河体育健身长廊一期竣工，建成7块足球场7块网球场6块篮球场。公共体育设施建设取得新成果,新增117条、更新330条全民健身路径。县区体育设施建设取得新进展，迎泽区文体中心投入使用,场馆年接待量达3万人次;尖草坪区改建柴村体育广场，新场面积达17000多平方米，配备排球、网球、铅球、门球等场馆,投资近500万元改建塑胶跑道；娄烦县投资1000余万元进行文体活动中心三期工程建设。

群众体育组织日益完善。(1)加强社会体育指导员队伍建设。成立市社会体育指导中心，组织273人参加国家级、一级、二级社会体育指导员培训；参加省社会体育指导员技能交流展示大会,收获一个一等奖、三个三等奖，展示太原市社会体育指导员的风采。(2)加强体育单项协会和青少年体育俱乐部建设。新增4个、换届3个市级体育协会,市社会体育指导员协会、龙舟协会等一批新协会进行筹建,出台市体育单项协会星级评定标准（试行)，试评工作全面开展;太师二附小等5所学校创建成为省级青少年体育俱乐部。(3)加强企业体育组织建设。面向企业，开展职工文体活动站创建工作,成立333个辅导站,培养377名指导员,职工体育组织建设更为。

群众体育活动丰富多彩。发挥近40个市级体育协会、300余个基层体育社团、1980个健身指导站、7200名社会体育指导员作用，利用节假日开展迎新年健步行、体育健身大拜年、国际奥林匹克日长跑、机关健步行等系列活动,组织健身舞、太极拳、武术、跆拳道等系列展示。以普及推广校园足球为先导，近200场校园足球联赛精彩不断;以培育提升学校体育为依托,全国阳光体育科学健身校园行活动亮点纷呈;以普及体育常识为抓手,体育科研队伍进学校收获颇丰。以全健排舞比赛、桥牌比赛、毽球比赛等品牌赛事为代表的职工体育活动和农民门球比赛、老年人运动会等农民体育活动，展示太原市职工体育、农民体育发展成果。做好体质监测工作，面向800余人开展针对妇女、儿童、党员等人群的节日监测专场；“送体育下乡”进行农民体质测试；对100多名青少年进行骨龄和选材测试。强化科学指导，满足不同人群的健身需求，履行公共体育服务职责。（张长青）

【竞技体育】 持续加强后备人才培养。2013年，太原市体育局配合规划部门，确定市体育训练基地选址位置，进行方案设计，夯实竞技体育训练基础。细化运动员文化教育和保障工作措施，抓好体育后备人才基地建设。合理布局，增设赛艇、皮划艇等水上运动竞技项目，填补山西省水上运动空白。强化冬训周期训练，571名运动员备战2014年省运会决赛，30余名运动员备战2015年城运会，争取在游泳、举重、蹦床、拳击等项目收获奖牌。

完成全运会、省运会目标任务。十二届全运会80名太原籍运动员取得3枚金牌，3枚银牌，4枚铜牌，4个第四名，2个第五名，5个第六名，4个第七名，2个第八名，2个第十二名，总分239分的优异成绩，为山西省体育代表团夺得10枚金牌、总分557分在全国排名第15位做出贡献，奖牌总数、总分、参赛人数均超越上届。太原市培养输送的游泳运动员曹玥获得女子200米、400米两项冠军，成为“双冠王”，打破太原市乃至山西省全运会无游泳金牌的历史，被提名为2013年感动山西十大人物候选人。市体育局被市劳动竞赛委员会授予集体一等功。十四届省运会决赛资格赛取得金牌143枚、总分3844分，金牌、总分稳居全省第一。

山西省第十四届运动会开幕式

参加各类大赛战果丰硕。袁运子夺得第二届世界青少年女子拳击锦标赛冠军；贾宇洁夺得第二十二届世界青少年蹦床锦标赛冠军；裴蕊娇在亚洲射击锦标赛上夺得步枪三姿个人赛、团体赛和60发卧射团体赛三项冠军；王宝玉、郜文彬获全国小轮车锦标赛团体冠军。（张长青）

【体育产业】 依法治体进程持续推进。2013年，太原市体育局开展“依法行政宣传月”活动，抓好常规检查和专项整顿，组织机关全体公务员参加全省“六五”普法中期无纸化法律知识考试。清理规范审批项目，做好行政许可、公共服务事项审批工作；组织初级国家游泳救生员培训和社会指导员职业资格培训鉴定。配合国家体育总局组织在太原市召开经营高危险性体育项目许可管理办法工作座谈会；在昆明举办的“经营高危险性体育项目管理工作培训班”上，太原市作经验介绍，汇报材料“太原市全面开创体育法制及体育行政执法工作新局面”刊登在国家体育总局印发的《体育工作情况》上，依法治体工作得到国家体育总局肯定和好评，上海、洛阳等城市体育部门来太原市参观学习。

体育场馆运营日益规范。按照《经营高危险性体育项目许可管理办法》要求，对全市游泳场所和滑雪场所进行专项检查和经营高危险性体育项目许可申报工作。协同公安、消防部门开展“五大场所”专项整治、体育经营场所安全检查，集中整治棋牌场所1954家，下发隐患整改通知书237份，组织宣传发动会11次。启动健身房星级评定工作，营造体育产业发展环境。

体育产业市场化运作卓有成效。截至2013年底，太原市市级体育经营单位105家，市县两级体育经营单位944家，涉及游泳、跆拳道等30多个项目，总注册资金达6.5亿元，总营业面积约29万平方米，具有从业资格的人员2850余人。2013年接待群众620多万人(次)，同比增长55%，年营业额达2.1亿元，同比增加1.1亿元。成立体兴体育文化有限公司，就赛事进行综合开发。2013太原国际马拉松赛等项赛事通过市场化运作招得的各类赞助、服务，比上年增加近10倍。通过招商，补充经费，开发无形资产。

体育彩票销售再攀新高。近年来，太原市体育彩票销量逐年攀升，始终居全省各市首位。2013年，体育彩票销售突破5亿元大关，比上年净增1.6

亿元，净增长率达47%，占全年体彩、福彩销售份额的40%，同比增长6.6%，为全省体彩销量再创15亿元新高，做出贡献。（张长青）

【品牌赛事】 以“清凉太原城·激情马拉松”为主题的2013太原国际马拉松赛，共有来自肯尼亚等13个国家和地区的3万多人参赛，荣获马拉松金牌赛事、体育旅游精品赛事等荣誉称号，央视体育频道进行全程航拍直播。2013年端午节，在汾河景区举办第四届世界大学生龙舟锦标赛，共有包括哈佛等世界名校在内的来自22个国家和地区的42所大学的62支队伍870余名选手参加比赛。市十运会暨第五届全民健身节历时8个月，6900多支代表队的近5万人次参赛，近30万人观赛。“傅山杯”全国传统武术邀请赛是太原市近年来承办的规格较高、参赛人数最多的全国性武术比赛，有来自新加坡、俄罗斯、亚美尼亚、智利等国家的外国友人慕名而来。第十一届全国“篮球城市”交流活动，十三个篮球城市代表团齐聚龙城，交流经验。英雄帖·全明星职业搏击环球拳王争霸赛，吸引8个国家和地区的14名选手聚集龙城，近5000人观赛。2013年，举办三晋友谊杯乒乓球比赛，全国小轮车冠军赛、锦标赛，CBA联赛山西男篮、WCBA联赛山西女篮主场等赛事。（张长青）

【太原市体育工作会议】 2013年3月21日，太原市体育工作会议召开。省体育局局长苏亚君、太原市人民政府副市长王爱琴参加会议并讲话。太原市体育局党组书记、局长高波作工作报告。会议回顾总结2012年太原市体育工作，安排部署2013年工作，明确工作思路和重点，提出推进“四大工程”。（张长青）

【刘岩一行调研高危体育项目管理】 2013年3月25日，国家体育总局政法司副局长刘岩以及来自北京、上海、天津等地的专家一行到太原市就《经营高危险性体育项目许可管理办法》实施细则进行现场调研并召开座谈会，省体育局副局长李世杰及市体育局有关领导陪同。（张长青）

【冯建中调研全民健身工作】 2013年4月27日，国家体育总局副局长冯建中一行调研太原市全民健身设施建设以及全民健身工作开展情况，对太原市全民健身工作给予肯定，希望太原能进一步了解群众所需，为市民参加健身提供更多的指导和支持，推动全民健身工作再上新台阶。（张长青）

【太原市老年人体育协会第六次代表大会】 2013年5月28日，太原市老年人体育协会第六次代表大会在太原召开。会议审议通过第五届委员会工作报告、修订的《太原市老年人体育协会章程》，选举产生新一届委员会。会议选举产生第六届委员会委员68名、常委20名、主席1名、常务副主席1名、副主席8名、秘书长1名。依据协会章程，第六届委员会聘任8人为名誉主席、19人为顾问。协会下设太极拳、健身舞、洗髓经等20个项目分会。（张长青）

【傅建荣调研体育工作】 2013年6月4日，市人大常委会副主任傅建荣一行对太原市体育工作进行调研，重点了解太原市关于《体育法》等相关法律法规贯彻执行情况，并对太原市体育工作给予肯定和好评。近年来，太原市不断加大体育设施建设力度，侵占、破坏体育场地设施现场得到有效遏制，许多学校、企事业单位的体育场馆相继建成，社会力量投资建设体育设施势头良好。（张长青）

【全运会成绩斐然】 2013年8月31日至9月12日，中华人民共和国第十二届运动会在辽宁省沈阳市举行。此届全运会中，太原籍运动员团结一致、奋力拼搏，为山西体育代表团取得好成绩做出贡献。共有80名太原籍运动员参加全运会15个大项60个小项的比赛，取得3枚金牌，3枚银牌，4枚铜牌，4个第四名，2个第五名，5个第六名，4个第七名，2个第八名，2个第十二名，总分239分的成绩，占代表团总成绩的三分之一之多，为加快全市、全省体育事业发展，推动一流省会城市建设做贡献。（张长青）

【市领导视察太原市“体育惠民”工程】 2013年10月16日，副市长王爱琴与市政协副主席张政及部分政协委员一同视察太原市“体育惠民”工程建设情况。市领导在肯定太原市近年来工作成绩的基础上，对太原市体育设施建设工作提出若干建设性意见，希望尽早规划，尽快填补全市体育设施空白。（张长青）

文物保护

【概述】 2013年是太原市文物事业精彩纷呈、可圈可点的一年。围绕市委、市政府塑造唐风晋韵、锦绣龙城、清凉胜境的目标，以改革创新为动力，以率先跨越发展为着力点，以实现文物梦为目标，太原市文物局坚定信心、凝聚共识，统筹谋划、协同作战，实现良好开局。（陈雅彬）

【重大文物保护工程】 2013年，抓住市委、市政府建设文化名城的机遇，太原市文物局组织好重点工程建设。晋阳古城考古取得重要进展，实现1998年发掘以来投入人力最多、使用经费最多、区域范围最多、考古成果最多四个之最。太原府城保护快速启动，对普光寺、古圆通寺、文殊寺、浙江会馆等9处古建筑进行全面维修，拆除周边违章建筑，解决几十年的历史遗留问题。明太原县城复兴工程换档提速，修缮关帝庙、道台府、旗杆院等7处地标性建筑。考古勘探8500平方米，确定县城的基本框架。开展西山文化带文物保护。争取专项补助4200万元，开展窦大夫祠、净因寺、多福寺等7处重点文物的保护维修，实现任务过半的目标。（陈雅彬）

【文物保护】 2013年，太原市文物国保单位大幅增加。20处文物成功申报第七批国保单位，公布数量创太原市历次之最，总量由全省第9位跃升为第6位，老城区实现零的突破，有9处升格为国保单位，一大批文物得到有效保护。组织阳曲青龙镇、娄烦三教寺等20多处古建筑的保护维修，完成晋源隆恩寺、清徐狐突庙、尖草坪天王庙等不同级别的维修项目。北齐徐显秀墓保护，成功入选2012年度全国十大文物维修工程，社会参与的新型体制正在形成。阳曲县筹集社会资金300多万元，完成桥沟龙泉寺、洛阳草堂寺等文物修缮工程。针对徐沟城隍庙、文庙残损严重的实际，清徐县募集社会资金100多万元，进行古建筑保护维修。社会各界对文物保护意识明显提高，投资热情不断高涨。（陈雅彬）

【基本建设中的文物保护】 2013年是太原市有史以来城市建设最多、拆迁量最大的一年，也是考古任务最多、考古面积最大的一年。文物保护主动服务于城市建设和城中村改造，实地踏查区域100公里，考古勘探110万平方米，抢救性发掘41座古墓葬、2000平方米古建筑基址。太行路发现的两座"中字型"汉代大墓，份量重、价值高、影响大，填补山西省诸侯王级墓葬的空白，太行路为此专门作改线绕行。这是太原市城市建设第一次为文物保护让路，妥善地解决城市建设与文物保护的矛盾。（陈雅彬）

【博物馆纪念馆建设】 2013年，太原市把贴近群众、服务群众、惠及群众作为着力点和落脚点，完善公共文化设施，提供优质文化产品。启动太原博物馆的陈列布展，编制设计方案，实现与代建单位的技术对接，前后历时近3个月，完成镇馆之宝赵卿墓车马坑的搬迁复原，为正式开馆奠定基础。推进国师纪念馆的陈列布展。晋源区完成市级爱国主义教育基地清太县抗日政府旧址的修缮。晋祠博物馆发挥自身优势，在浙江省博物馆举办董寿平书画精品展，增进两地间的文化交流。（陈雅彬）

【可移动文物普查】 第一次可移动文物普查是在"三普"之后又一重要的调查。2013年，太原市文物部门克服数量多、任务重、难度大等诸多困难，适时启动普查工作。市、县区成立由政府主管领导挂帅，编办、统计局等部门参加的领导机构，制订实施方案。普查工作连续夺得4个全省第一：投入经费最多，第一个召开领导组会议，第一个组织普查培训，第一个开展文物认定，得到省文物局的肯定。（陈雅彬）

【文物安全执法督察】 文物安全是文物工作的生命线。2013年，太原市文物局在市保以上的古建筑中，开展安全大检查、大排查、大巡查活动；加强行政执法，依法查处晋绥铁路银行旧址、王公馆改变用途、出租转让等社会影响较大的违法案件。坚持预防为主，晋祠公园率先在全市文物景区配备电动巡逻车辆，增强处置突发事件的能力。晋祠博物馆在全省文博系统第一个引进智能钥匙管理系统，提升安全防范水平。注重硬件建设，争取上级专项补助1080万元，完成天龙山石窟、永祚寺、净因寺三处技防工程和清源文庙、阳曲不二寺两处消防工程，投资数额、建设规模均创历史新高。 （陈雅彬）

【文物保护宣传】 创新宣传思路，改进宣传方法，扩展宣传范围。2013年，太原市文物局领导走进新闻对话，点评新公布的国保单位。抓住央视直播国际马拉松比赛的契机，广泛宣传太原的悠久历史和独特的文物资源。坚持贴近实际、贴近生活、贴近群众，精心编撰33处国保的讲解词大全。在太原日报开设文保档案，连续登载重要文物的资料信息。小店区、万柏林区、古交市在文化遗产日期间，走入学校、走进社区，普及文物法律。迎泽区发挥区位优势，在晋商博物馆悬挂横幅，太原支部旧址LED滚动播放文物知识。尖草坪区运用高科技手段，在全市文物系统首家以3D动漫的形式，全方位展示呼延村关帝庙。2013年，《光明日报》《中国文物报》《山西日报》等主流媒体相继报道徐显秀墓保护工程、龙山童子寺新发现等太原市文物保护的最新成果，刊发数量超过120篇。《文物世界》《晋阳文化研究》等刊物发表论文29篇，国家和省文物局网站大量采用市文物部门的信息。文物保护的社会氛围日渐浓厚。 （陈雅彬）

【店头古村入选首批中国传统村落名录】 经过半年多的调查、审核，2013年，太原市晋源区晋源街道店头村因其丰富的历史文化遗存、遍布全村的暗道而入选首批中国传统村落名录，成为太原市唯一入选的村落。传统村落是指拥有物质形态和非物质形态文化遗产，具有较高的历史、文化、科学、艺术、社会、经济价值的村落。为保护这些文化遗产，2012年5月，住建部、文化部等多部门联合发起全国第一次传统村落摸底调查。而山西省为全面摸清传统文化家底，将调查内容由单纯的古村镇建筑、文物等物质遗产调查，延伸扩展为对传统村落的戏曲、文化、技艺、特产等非物质文化遗产的调查，具体包括传统村落的数量、种类、分布、价值及其生存状态。店头村历史悠久，文化底蕴深厚，民俗风情淳朴，古建筑风格极具特色。店头村的窑洞依山而建，窑洞间多有暗道，这些暗道连接前后院落、村里寺庙、村口戏台等，是过去躲避战乱、密藏财产和互通信息的特有建筑，在全国十分罕见。 （陈雅彬）

【晋祠博物馆获全省文化体制改革工作先进单位】 在2013年1月18日举行的全省宣传工作会议上，晋祠博物馆获得“全省文化体制改革工作先进单位”荣誉称号。晋祠博物馆作为全市文化旅游产业发展的龙头，深入挖掘历史文化内涵，不断加大基础设施建设。开展环境综合整治，累计投入资金7.2亿元，对景区周边不协调建筑、村落实施大规模拆迁改造，对景区内的景观建筑进行适度调整，使晋祠景区及周边面貌发生本质性飞跃和根本性改观。坚持“三贴近”原则，组织举办了傅山、董寿平、赵梅生、浙江西泠八家等书画精品展，为社会公众提供高质量、高品位的公共文化产品，丰富人民群众的精神文化生活，取得了良好的社会效益。 （陈雅彬）

【西山文化带文物保护列入全省重点文物保护工程】 2013年2月，省文物局将太原西山文化带文物保护工程列入2013年山西省七大重点文物保护工程之一。西山文化带南起晋源区牛家口，中经天龙山、龙山、太山、蒙山，北至汾河二库、汾河大峡谷，自然风光优美，文化积淀深厚，分布着国保单位8处、省保单位4处、市保单位25处和区保单位72处，是太原20万年人类活动史、5000年文明史和2500年建城史的重要鉴证。许多重要的文化遗存，反映太原作为东魏霸府、北齐别都和大唐北京的辉煌与繁荣。其中，有全国最大的祠堂式古典园林晋祠、中国古代雕塑艺术的典范天龙山石窟、全国规模最大的道教石窟龙山石窟、中国乃至亚洲最古老的石质燃灯塔童子寺燃灯塔、世界最早的摩崖石刻蒙山大佛、出土重要佛教圣物金棺舍利的太山龙泉寺、中国历史文化名村店头古村落。将西山文化带文物保护工程列入全省重点工作，得到市委、市政府和省文物局的支持，使西山地区文物资源能够有效保护和合理开发，推动文物事业繁荣发展，促进太原市实现率先转型跨越发展。 （陈雅彬）

【太原市获全省文物执法安全工作先进市】 2013年2月27日，在全省文物局长会议上，太原市被评为全省文物执法安全工作先进市。太原市把安全监管与执法督察作为推进文物事业健康发展的重要保障，强化文物安全工作。坚持依法行政，依照法定权限和程序履行职责，改进执法方式，建立行政执法、文物稽查、基层单位三位一体的工作机制。加大执法巡查力度，全年共出动500多人次，对县级以上文保单位进行全面巡查，做到防患于未然。

加强安全消防的硬件建设，完成永祚寺、多福寺、狐突庙、悬泉寺4处重点文物的消防工程。加大执法监督力度，依法拆除阳曲不二寺、娄烦遗址保护范围内的违法建筑，侦办盗窃阳曲青龙镇饮马槽、盗挖万柏林化客头乡古墓葬等违法案件，确保文物的安全。

(陈雅彬)

【省文物局、省旅游局进行联合专题督导检查】 2013年4月8日，由山西省文物局总工程师黄继忠带队的省文物局、旅游局联合检查组对太原市贯彻落实《国务院关于进一步做好旅游等开发建设活动中文物保护工作的意见》的执行情况进行督导检查。省旅游局规划财务处副处长师振亚、省文物局执法督察处副调研员关柏茂、市旅游局副局长赵金英陪同，市文物局局长杨支军、副局长刘军、副调研员秦建军参加。市文物局副调研员秦建军汇报太原市的贯彻落实情况。(陈雅彬)

【召开第一次全国可移动文物普查工作电视电话会议】 2013年4月18日，太原市召开第一次全国可移动文物普查工作电视电话会议，传达贯彻国务院和全省第一次全国可移动文物普查领导小组电视电话(扩大)会议精神，安排部署太原市的可移动文物普查工作。主会场由市政府副秘书长常跃平主持，副市长陈河才出席，涉及普查工作的市直各有关部门和国有可移动文物收藏单位的主要负责人参加会议。各县(市、区)在分会场收听收看此次会议。会议收看国务院和全省第一次全国可移动文物普查领导小组电视电话(扩大)会议，听取国务院副总理刘延东、国家文物局局长励小捷和省政府副省长张复明、省文物局局长王建武所做的重要讲话，太原市文物局局长杨支军就太原市的可移动文物普查工作进行安排部署。陈河才就普查工作提出四点要求：(1)要加强组织领导，尽快成立市、县两级可移动文物普查领导小组。(2)文物部门切实担负起组织协调工作，抽调责任心强、业务精通的专业人员具体负责普查工作，科学界定管辖范围，做到不遗漏、全覆盖。(3)相关成员单位要通力配合，市、县两级政府要给予支持。(4)普查工作时间跨度较长，工作艰巨，要精心组织、有序推进，认真普查，注重质量。(陈雅彬)

【全市文物工作会议】 2013年4月16日，太原市召开全市文物工作会议。副市长陈河才出席会议，各县(市、区)分管文物工作的副县(市、区)长、文物局长，市直有关委、局、办负责同志，市文物局直属单位班子成员，市文物局机关全体人员以及省城主流媒体共110人参加。会议由市政府副秘书长常跃平主持。市文物局局长杨支军向大会作工作报告。市文物局副局长刘军宣读《关于表彰2012年度全市文物工作综合先进集体和优秀单位的决定》，对清徐县文物局、晋祠博物馆等18个综合先进集体和娄烦县文物局、国师纪念馆等5个优秀单位进行表彰。杨支军与各县(市、区)文物局负责人签订安全生产目标责任书。

(陈雅彬)

【20处文物晋升第七批国保单位】 2013年5月，国务院核定公布第七批全国重点文物保护单位，太原市有20处不可移动文物名列其中。其中包括古交遗址、娄烦古城遗址等2处古遗址，太山龙泉寺、古交千佛寺、辛庄开化寺、清真寺、悬泉寺、崇善寺大悲殿、大关帝庙、太原文庙、晋源文庙、清徐尧庙、阳曲大王庙大殿、纯阳宫、唱经楼、阿育王塔、帖木儿塔等15处古建筑，山西大学堂旧址、太原天主堂、中共太原支部旧址等3处近现代重要史迹及代表性建筑。太原市的国保单位数量达到33处。此次太原市申报成功的国保单位呈现四大特点：(1)太原市的国保单位数量在全省排名由第9位跃升为第6位。(2)地域分布有新突破，不仅老城区拥有国保单位，而且古交市、娄烦县也有国保单位，全市10个县(市、区)中有8个分布有国保单位。(3)时代跨度上有新纪录，太原市近现代重要史迹及代表性建筑第一次入选国保单位名单，旧石器时代重要遗址(古交遗址)也首次进入国保单位行列。(4)公布数量之多创历次之最，这次公布的20处国保单位比太原市原有的国保单位总量还多。(陈雅彬)

【王家峰北齐徐显秀墓入选“全国十大文物维修工程”】 2013年7月，经过专家严格评选，2012年度全国十大文物维修工程评选结果揭晓，太原市王家峰北齐徐显秀墓保护工程名列其中，标志着太原市文物科技保护工作走在全国前列。此次评选推介活动自2013年1月上旬启动，全国共有近50项文物维修工程进行申报，经过初步审核，最终有22个工程项目合格并进入终评。北齐徐显秀墓位于迎泽区郝庄乡王家峰村，为2002年度全国十大考古新发现之一。该墓的壁画保护修复工程于2011年6月至2012年10月30日实施，对壁画地仗空鼓、颜料层起甲、画面污染、裂隙等病害进行治理，共修复各类病害壁画652.3平方米，完成墓道、过洞、天井土体的锚固加固，对主室砖券洞口坍塌、结构失稳部分进行砖体更换与支顶，有效保护墓室壁画和墓道安全。(陈雅彬)

【吴顺清考察北留出土清代棺木】 2013年8月18日上午，国家级漆木文物专家、荆州文物保护中心主任吴顺清，中国科学技术大学教授龚德才等一行4人到阳曲县，对该县2010年北留出土

的清代彩棺进行考察。专家们对棺木的工艺及价值给予很高的评价，认为此棺木是全国唯一保存较好的清代彩棺，经初断彩棺可达国家一级文物。专家们对采取的保护措施给予肯定，表示要研究下一步保护办法，尽快制定出抢救性保护方案，对棺木做出科学、合理、有效地保护，确保棺木本体的完整性及其艺术价值得以延续。（陈雅彬）

【可移动文物普查国有文物收藏单位调查】 2013年8月，按照省可移动文物普查领导小组办公室的要求，太原市可移动文物普查国有文物收藏单位调查工作全面展开。针对太原市各类国有单位数量大、层次多的特点，市、县(市、区)两级普查办与省、市、县三级编办、工商局、国资委(经信局)、统计局等普查领导小组成员单位沟通协调，收集全市所辖各级国家机关、事业单位、国有企业和国有控股企业的名录，为调查工作的全覆盖提供依据。根据普查工作实际，市普查办在全省率先统一印制并下发《国有单位文物收藏情况调查登记表》2.8万份、介绍信6000份、工作证150个，配合省文物局发放宣传海报、宣传折页，要求普查队员在国有单位调查时，持“两证一信一折页”(国家文物局发放的普查队员证、市文物局的普查工作证、市文物局的介绍信、省文物局的宣传折页)开展调查。（陈雅彬）

【“菊韵晋祠 锦绣太原”晋祠菊花文化节】 “菊韵晋祠 锦绣太原”2013太原晋祠菊花文化节于9月28日至10月12日举办。该届太原晋祠菊花文化节，由太原市文物局主办，晋祠公园、晋祠博物馆联合承办，本着“勤俭办菊展、菊展为百姓”和“由百姓参与，为百姓办展”的理念，运用菊花文化展示和民间节庆活动互动结合的模式，将戏曲、舞蹈、太极拳、健身操、摄影、书画等系列活动贯穿其中，突出展现“中国梦”“龙兴晋阳”“美丽太原”，传承三晋文脉、展现唐风晋韵，营造“以文兴节，以节推文”的节日氛围，为省城人民及广大游客献上一席精美的视觉盛宴和文化大餐。

晋祠菊花文化节自2004年首次举办以来，连续举办9届，活动借菊花的绰约风姿宣介晋祠乃至太原悠久灿烂的历史文化，对于传承三晋文脉、展现唐风晋韵、丰富全市人民精神文化生活发挥重要的作用，推动当地旅游业的发展，为太原市转型跨越发展和一流省会城市建设营造和谐的环境。（陈雅彬）

【文物认定】 2013年11月，按照《山西省第一次全国可移动文物普查实施方案》要求，结合普查工作进展情况，太原市在省普查办的支持下，开展文物认定工作。此次认定本着从实际出发，既考虑国有单位性质的行业覆盖面，又保证认定文物的全面性，同时兼顾有利于工作的开展及示范作用，有针对性地选择太原市文物局直属单位中的山西国民师范旧址革命活动纪念馆及太原市崛围山文管所、县区文物部门中的尖草坪区文物旅游局、国有单位中的尖草坪区文体广新局作为首批认定对象，对这4个单位所收藏的未进行过认定的藏品进行认定。认定工作由山西省第一次全国可移动文物普查领导小组办公室组织，省专家组现场实施，并对认定结果出具意见。此次文物认定是山西省首次开展的认定工作，为在山西省全面展开此项工作提供借鉴和参考。（陈雅彬）

【龙山童子寺遗址壁画被确认为唐代寺院壁画】 童子寺遗址位于山西太原市西南约25公里龙山之北峰，为北朝隋唐著名的佛教寺院。寺院创建于北齐天保七年(556年)，金天辅元年(1117年)毁于兵火。遗址分寺院区和佛阁区，现存北齐摩崖大佛、燃灯石塔等。继2002年~2006年度对寺院区和佛阁前廊发掘之后，2012年~2013年度，中国社会科学院考古研究所、太原市文物考古研究所联合考古队，又对佛阁内部进行发掘，揭示佛阁布局，新发现北齐佛龛、唐代壁画等珍贵文物。佛阁是童子寺主体建筑，北齐创建，依大佛龛建造，东南北三面砌墙。按叠压关系，可分早晚二期。早期为北齐墙体，条石垂直垒砌，墙体厚2.2米，南北面阔34米，东西进深约5米~8米，现存高度7.5米~8米。外壁素面，内壁均雕千佛龛，千佛具有典型的北齐造像特征。佛阁中间开门，门宽5米，有门槛。阁内面宽3间，进深1间，方砖铺地。后(西)壁为石砌佛座，高4米，上沿出三层叠涩。座上为高达20余米的无量寿佛。座前有一排直径1.4米的4个大型柱础。阁内南壁分上下层，下层为石条砌筑并列的两个佛龛，内各置北齐圆雕一佛二菩萨像。上层台依壁置北齐圆雕三佛二菩萨像。晚期为唐代护墙和前廊。除阁内南壁外，对北齐墙体内外都进行护墙加固。北壁护墙上新发现唐代绘制的佛龛壁画，有楣龛，内绘一高1.65米的坐佛，这是中原地区保存年代最早的寺院壁画，十分珍贵。壁画揭去后，发现唐代护墙中镶嵌一块唐开元二年(714年)童子寺浮图铭方石，正面雕坐佛龛，两侧面为精美的线刻佛说法图。阁前建面宽5间，进深1间的前廊，有排列整齐的大型宝装覆莲檐柱石柱础5个。佛阁遗址内出土一批精美的北齐佛像，尤其是出土的多个大佛头顶螺残件以及从崖壁崩塌下来的大型佛龛造像，表明：大佛原为螺发样式，佛龛内壁则雕刻大型龛像，对于复原大佛及佛龛壁面具有重要意义。

童子寺是一处石窟和地面寺院相结合的特殊类型。特别是佛阁的出现，与大佛雕造密切相关，是现存中国最早的佛阁实例。燃灯石塔与阁门、大佛在一条直线上，石塔有灯室和葫芦形的抽烟孔，燃烧痕迹明显，表明燃灯供佛是当时重要的宗教活动，这是北朝寺院中所仅见的。　（陈雅彬）

【举办古建筑保护培训班】　2013年12月26日～27日，太原市文物局邀请省文物局文物处副处长白雪冰、省文物局质量监督站站长李会智、省古建所副所长任毅敏等相关领导和吴锐等古建专家，对太原市县(市、区)文物部门和市文物局直属单位一把手及业务骨干进行古建筑保护培训。此次培训主要针对文物保护维修工程管理、质量监督、工程实施及施工技术等方面进行全面系统的学习、指导，培训内容包括文物维修工程管理规定及要求，文物保护工程质量监督，文物保护工程实施程序与施工技术，文物保护法及文物古迹准则，为文物维修工程科学有序、依法开展奠定理论基础。

（陈雅彬）

·晋祠博物馆·

【概述】　2013年，晋祠博物馆坚持“保护为主、抢救第一、合理利用、加强管理”工作方针，以加强文物本体保护为重点，对部分文物建筑开展抢救性修缮；以学术研究和陈列展览为载体，进一步深挖文化内涵；以强化内部管理为突破口，体现以人为本的管理理念，使文物保护见成效，环境整治出成果，内部管理上台阶，党建工作上水平。

2013年，晋祠博物馆接待十六届、十七届中央政治局委员李长春，中央政治局北京市委书记郭金龙，北京市纪委书记叶青纯，中央政治局委员、天津市委书记孙春兰，中央台办、国台办副主任叶克东，全国人大教科文卫委员会防震减灾调研组。为6000余批，共计10余万人提供讲解服务。免费接待现役军人、残疾人、离休干部、未成年人及学生集体参观约计36万人次；接待“一卡通”游客人数近18万人次；接待其他相关单位及业务单位人数约3.5万。开展“美丽山西休闲游”活动，对所有游客实行八折优惠，60岁以上老人免费参观。5月19日中国旅游日和9月27日世界旅游日均实行全天免费开放，共接待游客近12万人次。

旅游推介

2013年，晋祠博物馆先后荣获山西省文化体制改革先进单位、太原市文物工作综合管理先进集体、太原市优秀旅游景区、太原市模范集体、、太原市安全生产协调配合先进单位荣誉称号。　（周永丽）

【文物本体保护】　2013年，晋祠博物馆扎实工作，对文物本体进行有效保护。

对舍利生生塔进行维修保护。工程从2012年8月开工，到2013年6月底正式完工，9月初进行竣工验收。对唐叔祠大殿进行保护维修。晋祠博物馆维修方案上报国家文物局并获得批复，于2013年9月正式开工。做好明代堡墙的保护工程。晋祠博物馆完成堡墙基础的地勘工作，委托有关单位，制定连续灰土井柱桩基础加固方案。晋祠博物馆完成晋祠部分铁质文物保护维修方案。晋祠博物馆编制完成《公输子祠大殿保护修缮方案》，上报至山西省文物局，完成修缮工程的招标工作，于2013年11月开工。对朝阳洞、水镜台等古建筑进行现状勘察，组织有关力量制定保护修缮方案。对金人台的台基和胜瀛楼、王琼祠、大钟亭、奉圣寺、晋溪书院、太原堂、子乔祠等建筑的墙面进行维修，维修面积达1200平方米。维修玉皇阁、东岳祠花栏墙3.6立方米。　（周永丽）

【晋祠博物馆景区建设】　2013年，晋祠博物馆在景区建设方面做大量工作。

完成古树保护项目的申报工作，对馆内15株古树进行支撑加固、防腐固化，修补树洞等树体保护。并对浮屠院内5株古树采取抢救性复壮保护措施。对12株千年古树，采取根部复壮保护措施。对庙门广场、市楼、北堡区、消防通道、悬瓮山公路共计8.5万平方米的荒草进行清理，对馆内树木花草及悬瓮山林区开展病虫害防治等工作。完成晋祠菊花文化节的馆内布展工作。对市楼，北极阁等多年无人管护的卫生死角进行突击，一次性清理面积6.5万平方米，清理垃圾461立方米。维修墙裙12.15平方米；更换路面245平方米，安装树坑石126米，制作维修竹篱笆2193米。对北区配电管理房和挂甲松亭进行油饰。更新果皮箱100余个。设计制作167块“尊德守礼”公益提示牌。 （周永丽）

【学术研究】 2013年，晋祠博物馆在学术研究上做了几方面工作。

对《华严石经》基础数据档案进行全面、具体、翔实的建档工作，并在此基础上撰写《晋祠藏华严石经调查整理始末》一文。完成《华严石经》库全石、残石在续建碑廊进行位置排列等工作。进行“晋祠铁器铭文研究”专题项目的资料整理等工作。多篇学术论文发表。《晋阳民俗——庙会》《晋阳民俗——端午节》《晋祠夫子庙堂记书迹考略》《山西古树保护现状分析及技术对策》等论文发表在国家及省部级刊物上。“千年古树保护技术研究”科研成果，荣获山西省农村技术承包二等奖。

（周永丽）

【陈列展览】 2013年，晋祠博物馆陈列展览取得新突破。先后举办傅山、董寿平、赵梅生书画精品基本陈列展览；完善海外王氏恳亲联谊会基本陈列。做好“三晋廉吏教育展”和“天下第一廉吏——于成龙”事迹展。2013年7月，晋祠博物馆与浙江省博物馆在杭州联合举办“董寿平书画作品展”，展览共展出馆藏董寿平书画作品60余件（幅）。 （周永丽）

旅 游

【概述】 2013年，太原市旅游局把旅游产业培育成为全市国民经济新的增长点和人民群众更加满意的现代服务业为目标，创新发展思路，开发旅游线路，强化诚信建设，提升惠民工程，各项考核指标完成情况良好，旅游产业呈现出又好又快的发展态势。2013年，全市累计接待入境旅游者46.6万人次，增长10.3%，实现旅游外汇收入2.76亿美元，增长12.9%；接待国内旅游者3644.7万人次，增长23.9%；实现国内旅游收入413.5亿元，增长21.7%；实现旅游总收入430.9亿元，增长21.2%，完成省考核太原市指标任务的101%。 （田 骁）

【旅游目的地建设】 2013年，太原市旅游局创新发展定位，强化政策引领，在旅游产业优化升级上迈出新步伐。

根据全省交通大格局发生重大变化，太原市旅游集散功能相对弱化的实际，在调查研究基础上，适时提出“坚持旅游集散地与目的地建设并重”的发展定位，明确打造汾河山水休闲等七条一日游线路，用七条“旅游彩带”编织锦绣龙城。

抓住西山旅游公路开通的机遇，推动相关县（区）和有关部门完善基础设施和旅游公共服务设施，精心策划西山“龙脉观光”一日游方案，编印旅游地图和导览册等，9月邀请市级老领导、人大代表、政协委员、优秀教师、环卫工人等实地游览调研。西山一日游的成功试运行，结束太原无一日游的历史。

推进智慧旅游城市试点工作，根据国家要求，制定《智慧旅游三年行动计划》，开发新版电子合同，推广旅游团队服务管理等系统，按使用旅行社和旅游团队排序，太原在全国286个副省级和地级城市中分别居第11位、第7位。

支持晋农、晋韵大酒店等重点工程做好土地、规划等前期准备工作，扶持现代国旅发展乡村旅游等，在项目建设上迈开步子。 （田 骁）

【旅游政策扶持】 2013年，太原市旅游局学习借鉴先进城市的经验，对标一流，起草《关于加强旅游产业发展的若干意见》，从景区建设、产业链构造、体制创新、政策支持等多方面提出具体意见，并进入政府决策程序，成为太原市第一个全面系统促进旅游产业发展的政策文件。起草《太原市旅游景区开发管理体制研究》，就如何建立适应旅游发展的管理模式，优化旅游景区管理经营体制和机制进行探讨。

（田 骁）

【旅游宣传促销】 2013年，太原市旅游局面对经济下行压力加大、旅游市场下滑等不利影响，把扩大市场营销作为工作的重中之重，促进旅游经济平稳运行。

落实省政府“美丽山西休闲游”重大战略举措，多次到相关景区进行流量控制、安全防范等全面检查，保障政策的有效落实和中国旅游日、世界旅游日系列活动的安全有序。

贯彻落实全市领导干部大会精神，全方位、大力度开展“唐风晋韵·清凉太原”城市品牌形象宣传专项活动，在电视、报刊等多种媒体开设专题、专栏，组织全市和中央、省驻并新闻媒体采风，面向社会开展有奖征文，印制宣传海报，通过旅行社、星级酒店、旅游景区及公交、出租车进行宣传，制作新版太原旅游地图和旅游宣传片。大胆创新，制作全省首部旅游微电影《印象太原》于10月8日在优酷等十余家国内知名视频网站上线，截至2013年底点击量超过800万人次。

加大对外宣传促销力度，先后组织旅游企业参加国内外旅交会20次，首次单独组团赴韩国召开专场推介会，刊登广告、签订合作和包机协议。与新疆五家渠签订旅游合作协议，开创旅游援疆新局面。参与首届山西文博会的协调保障、形象宣传工作,被组委会授予“突出贡献奖”。

支持规模大、实力强的企业开辟新的国际国内包机专列业务。宝华国旅新开通新加坡、拉萨、海拉尔包机,红马、东方等旅行社新开通韩国仁川、济州岛包机,四季风、友谊国旅开通呼伦贝尔、拉萨专列等,引导和协调企业走联合竞争、错位发展的道路。

研制旅游魔方、U盘钥匙链等独具地方特色的旅游宣传品,将太原的旅游景点和形象展示与宣传品进行有机结合,多次组织东湖、恒丰、晋农等本土企业参加旅游商品博览会,进一步扩大太原市旅游工艺纪念品在国内外市场的知名度。

对在地接游客、包机、专列业绩突出的旅行社和在市场宣传促销方面表现优秀的旅游景区、县(市、区)旅游管理部门进行奖励,调动基层发展旅游产业的积极性和主动性,在全市上下形成“一体化”的发展观和“一盘棋”的大局观,凝聚强大的发展合力。

(田　骁)

【旅游市场监管】 2013年,太原市旅游局贯彻落实《旅游法》,坚持不懈地抓教育、严执法、促诚信,全市旅游市场保持服务优、质量升的发展态势。

1.组织行风监督员、记者开展两次集中暗访行动,查处一批违法违规企业。

2. 开通24小时旅游投诉热线电话,设立旅游投诉受理台账,健全覆盖市、县两级和企事业单位的旅游咨询、投诉受理体系,建立起提升旅游服务质量的倒逼机制和市级旅游投诉督导检查工作机制,共处理有效投诉15起,为游客挽回经济损失9.5万元,投诉回访率和游客满意率100%。

3.加强旅行社服务质量标准化建设,首次将“服务当地”与“回馈社会”等项目列入考核内容,红马、商务等7家旅行社被评为5A级旅行社。

4.对全市2037名领队和导游员进行培训,举办“太原好导游”评选,参加全省导游大赛,在全系统选树两名好导游和一名好司机典型,激发全市旅游从业人员提高服务意识与水平的自觉性和主动性。

(田　骁)

【旅游安全生产】 2013年,太原市旅游局把旅游安全作为各项工作的生命线,牢固树立安全责任重于泰山的意识,把“敬畏制度、敬畏法律、敬畏生命”的理念铭刻在脑海里、落实在日常工作中,坚决落实旅游企业两个主体责任和各项管理制度,开展隐患排查、旅游安全专项整治、安全月、百日安全生产无事故等活动,全面推行安全生产责任落实测评体系,组织4次安全生产大检查,共出动检查人员1500余人次、车辆700余台次,检查旅行社600余家次、导游员348名,下达责令改正通知39件,实现旅行社、星级酒店应急演练全覆盖,确保旅游安全无责任事故目标的实现。

(田　骁)

【旅游景区创建】 2013年,太原市旅游局注重旅游景区的创建和规范化、标准化管理工作。提档升级、打造精品,加大创建指导力度,蒙牛工业园、龙华寺区创建成为A级旅游景区,太原市A级旅游景区达到15家。全面推动乡村旅游发展,扶持评定乡村旅游客栈7家,完成全省“最美乡村”现场评定和清徐县乡村旅游经典案例的编写整理工作。抓城乡清洁工程,牵头对全市已达标的15个旅游景区进行考核,景区景点更加靓丽宜人。

(田　骁)

【旅游惠民工程】 2013年,太原市旅游系统坚持“旅游为民、旅游惠民”,致力于打造更多老百姓“看得起的风景”。贯彻落实市委、市政府为人民群众“办实事、解难事”工作部署,借助中国旅游日、世界旅游日等活动,通过多种渠道为人民群众提供旅游便民服务,开展旅游下乡活动,播放旅游宣传片等影片50余场,市民和游客的文明出游意识显著提升。推出新版旅游“一卡通”,省内阳泉等8市均纳入活动范围,旅游景区数量增至96家,常住太原的外籍人员首次被纳入优惠范畴,市民和游客的出游热情进一步提升,关注旅游、参与旅游的热情持续高涨。

(田　骁)

人口和计划生育

【概述】 2013年，太原市人口计生工作准确把握机构改革和职能转变的新形势、新任务，以统筹解决人口问题为根本，以服务经济社会发展为目标，以贴心服务群众为核心，以稳定低生育水平、增强计生家庭发展能力为重点，在体现工作实效上下功夫，在创新工作方式上做文章，在体现惠及民生上用实劲，全面完成省级目标责任书119项指标任务。太原市获得"全国婚育新风进万家活动示范市"荣誉称号和全省人口计生工作目标管理责任制考核综合先进奖。流动人口服务管理、幸福家庭创建工作分别在全国性和全省会议上作经验交流。中央电视台、《人民日报》、新华社、《光明日报》分别对太原市创建"幸福家庭"、关爱特殊家庭、流动人口服务管理及办证服务等情况进行宣传报道。（宋晨曦）

【人口计生工作组织领导保障】 2013年，太原市委、市政府重视人口计生工作，实行"四个纳入"，即：纳入到国民经济和社会发展全局中统筹规划，纳入到政府目标责任管理体系中统筹考核，纳入到财政预算中统筹保障，纳入到部门职责范围中统筹协调。在2013年初召开的人口计生工作会上，市政府与13个县（市、区）、开发区和39个市直部门签订责任书，并在政府工作报告中，把人口计生指标确定为全市主要的经济社会发展目标。全市各级党委、政府把人口计生工作纳入重要议事日程，一把手担负起"第一责任人"的重任，对事关人口计生的关键环节和重点工作，亲自动员部署、亲自调查研究、亲自挂牌督战，对人口计生工作的认识高度、重视程度、推进力度达到新的水平，全市人口计生工作呈现出创新突破、追比赶超的全面竞发态势。（宋晨曦）

【部门联动综合施治】 2013年，太原市直各部门按照目标管理责任书的要求，协同配合，形成"党政领导、部门负责、各方配合、群众参与"的人口计生工作新局面。市委办公厅、市政府办公厅将计划生育工作列入重大事项及督查范围进行落实；市纪委加大对违反计划生育政策的党员干部惩处力度，全年党纪政纪共处分43人；综治、公安、卫生、食药监管等部门配合完成流动人口、出生实名登记、打击"两非"、市场监管等工作；组织、人事、工会、妇联等部门执行计划生育"一票否决"制度，对没有通过审核的拟提拔、推荐人选，坚决不予提交常委会。全年共计审核单位1225个，审核干部提拔、劳动模范、评优评先及其他771人，否决9个工作不力的单位；市财政共计安排投入6179.19万元，其中专项事业经费投入4749.67万元，人均专项事业经费投入达到11.16元（不含行政经费），超过省定标准1.32元，农村奖励政策落实率达到100%；教育、民政、房管、林业、科技、农业等部门尽职履责，完善有利于计生家庭的政策体系；市委宣传部、太原日报社、太原广播电视台等把人口计生列为全市宣传工作重点，加大宣传力度；市直工委加强党员干部人口形势教育，对入党积极分子进行人口计生专题培训。（宋晨曦）

【人口计生基础建设】 2013年，在机构改革的特殊时期，太原市明确将"抓基层、夯基础"作为首要任务，在凝聚队伍、提升素质、增强信心上下功夫，并将"用心做事、用情服务"的工作理念贯穿于工作全过程和各方面，市、县两级上下齐心、互动工作，形成全市人口计生工作处处有人抓、人人同参与，政策能落实、目标能实现的良好格局，为人口计生事业创新发展提供保障。加强学习教育。把政治理论学习与提高干部思想品德教育、反腐倡廉教育、转变工作作风结合起来，加强爱岗敬业教育，使计生干部始终保持敬业之心、淡泊之心、感恩之心，守其岗、尽其责，做其事，展现应有的思想素质和精气神。强化专业培训。通过“走出去”和“请进来”的方式，参加国家、省有关政策、业务类学习，组织开展基层业务技能、政策法规解读、专业技术服务、考核平台应用等专题培训8次，培训人数达2000余人次，促使计生干部开拓眼界、更新观念、创新思路。注重关爱关怀。市委、市政府按照“配优、配强”的原则，加强人口计生工作干部队伍建设，将2名副县级干部列为正县级干部人选，将1名中层干部列为市管副县级干部人选。各县(市、区)重视人口计生干部，共计提拔重用26名干部，实现历史性的突破。改进考核方式，减少考核环节，减轻基层负担。把精力和财力更多的向基层倾斜，争取资金提高基层人员工作补助，为他们解决实际问题。2013年，全市各级各部门持续强化计生国策意识，增强做好工作的自觉性和主动性，落实计划生育基本国策不变、党政一把手负总责不变、计划生育一票否决制度不变的精神，做到思想不乱、队伍不散、工作，确保人口计生工作责任到位、措施到位、投入到位、落实到位。(宋晨曦)

【低生育水平持续稳定】 2013年，太原市人口计生委坚持严格执行现行计划生育政策，因地制宜、分类指导，针对大量农村青壮年进城务工的状况，综合运用法律、行政、教育、经济等手段，加强城乡基层基础工作，严肃查处违法生育，依法规范生育行为。并将人口计生工作融入城市社区管理和村镇管理的大格局之中，开展计划生育基层群众自治和“诚信计生”工作，提高自我管理、教育、服务的能力和水平。截至2013年9月底，全市出生人口34672人，出生率8.03‰，自然增长率4.93‰，全市生育水平保持持续稳定。(宋晨曦)

【出生人口性别比均衡发展】 2013年，太原市人口计生委落实联席会议制度，发挥人口计生、公安、卫生、教育、食药监管等部门的职能优势，加大综合施治力度，始终保持打击“两非”的高压态势，并严格落实人口出生、B超检查、终止妊娠手术三项实名登记制度。截至2013年9月底，太原市出生人口性别比为104.48，继续保持均衡发展。(宋晨曦)

【出生人口素质提高】 2013年，太原市人口计生委推进实施免费孕前优生健康检查，将所辖10个县(市、区)全部纳入免费孕前优生健康检查项目服务范围，并加大投入，将农村人口、流动人口和城镇人口全部纳入免费服务范围，实现免费孕前优生健康检查全市行政区域全覆盖和目标人群全覆盖。在全省率先推出“孕优检查技术服务机构实验室建设标准”，推行质量监控，建立健康检查档案，将早孕情况、妊娠情况、检查情况等记录在案，开展跟踪随访服务。截至2013年9月底，各县(市、区)均超额完成目标任务，全市共检查18021人，完成率达136.52%。继续推进出生缺陷干预工程，增加叶酸购进份额，免费为全市所有待孕及初孕群众发放，实现营养素补服目标人群全覆盖。(宋晨曦)

【依法行政和文明执法】 2013年，太原市人口计生委立足群众需求，坚持为人民群众办实事好事。(1)围绕方便群众办证，再造流程，减少审批时间，延长受理时间，并将全部办理事项和流程印制成“温馨告知”手册，公开所有工作站点的办事地点、办事时间、办理事项、办事人员及电话，方便群众办事，接受群众监督。(2)规范市、县两级政务大厅服务，强化乡(镇、街道)“一站式”办公，推行村(居)行政代办服务，将好事、实事办到群众的心坎上。(3)实行首接责任制和承诺办证制，将优质服务质量作为重要内容纳入目标责任制考核体系，对办证方面的投诉从严从快查处，确保群众满意。全年共代办行政办理事项22786件，无不良投诉举报现象。(宋晨曦)

【人口信息化建设】 2013年，太原市人口计生委推进以县、乡、村社会服务管理(指导)中心建设为重点的社会服务管理体系建设，实行网格化服务管理。全市10县(市、区)全部与省级基层社会服务管理信息系统对接，建成10个县级指导中心、104个乡(镇、街道)级和1496个村(社区)级管理中心，共划分6055个网格，配齐网格长和网格员，实现人口社会管理服务模式全覆盖。坚持每月对县、乡两级人口数据进行通报，并根据存在的问题，对下一阶段的工作进行全面安排，做到数据采集准确、数据录入完整。截至2013年10月15日，全员人口数据库录入完成414.7845万人，入库率为97.95%。(宋晨曦)

【优质公共服务体系建设】 2013年，太原市人口计生委本着“立足家庭、服务群众”的思路，在为育龄群众做好避孕节育、优生优育、生殖健康等基本服务项目的基础上，率先成立“太原市家庭发展教育中心”及县级分中心，通过政府购买公共服务，整合优势资源，开展经常性的公益讲座，将优生优育服务延伸到乡村、社区和家庭。鼓励各县(市、区)开展优质服务先进单位创建活动，并在资金扶助上予以支持。各县(市、区)以开展免费孕前优生健康检查为契机，加强计生服务机构的基础设施建设，修缮、改造技术用房，配齐配全实验室仪器，改善技术服务条件。太原市共有8个“国优”、2个“省优”，

实现优质服务全覆盖。（宋晨曦）

【流动人口服务管理】 2013年，太原市人口计生委作为全国首批、全省唯一的流动人口均等化试点城市，发挥试点城市作用，以均等化服务为核心，以民生需求为导向，突出推进“三化合一”，为流动人口在生产、生活、生育等方面提供方便、快捷、满意的均等化服务。创新流动人口管理模式。太原市流动人口服务管理工作在全国性会议上进行经验介绍，受到国家卫计委的肯定。(1)推进流动人口服务均等化。抓“惠民、甜蜜、援助、爱心”四大工程，实现流动人口行政服务、技术服务、社会服务、权益保护均等化。全年推进“十免费”服务56.8313万人次，为3.3万人开展维权服务；投入146万余元，开展关爱流动人口“进农村、进机关、进企业、进工地、进军营”活动，以“爱在流动·放飞梦想”为主题，市县两级投入20万元在“六一”期间为流动人口子女送去慰问和关怀。(2)推进流动人口待遇市民化。组织多期以优生优育、提高就业技能、促进家庭发展、适应城市生活和维护自身权益为主要内容的培训班，培训4000多人次。(3)推进流动人口管理属地化。按照“谁出租谁负责、谁经营谁负责、谁用工谁负责、谁留宿谁负责”的原则，健全以户管人、以房管人、以单位管人、以市场管人四种管理模式。加强全员流动人口信息统计和动态监测工作，将对流动人口的技术服务、宣传培训、信息采集、利益导向政策等服务管理推向“常态化”。全年完成1.8万多份家庭问卷和个人问卷调查任务。（宋晨曦）

【人口计生宣传教育】 2013年，太原市坚持将人口计生宣传工作同知识普及、教育引导、业务工作相结合，构建大联合大宣传的格局，提高市民群众的知晓率、支持率和满意度。(1)创新宣传，将计划生育基本国策、政策的宣传，转向怎样才能实行好计划生育及优生、优育、优教上来，使宣传教育不仅让群众“知情”，更替群众“解惑”。市人口计生委率先启动“人口宣传栏进社区”工作，使广大计划生育家庭了解国家的法律法规、优惠政策，知晓党和政府为人民群众办的实事好事，享受便捷高效的服务，增强人口宣传的广泛性和渗透力。强化与媒体的合作、与部门的联动、与社会的联系、与公益的结合，开展全方位、多角度、立体式宣传。(2)深化人口形势教育，将人口理论、人口文化和国情教育列入各级党校、团校及干部职工培训学校的专题学习内容；在全市中、小学开设文明教育和青春期教育课程，利用11家独生子女行为教育基地，开展独生子女行为教育工作，加强对青少年的教育引导；以“5·15”“5·29”“7·11”纪念日活动为契机，利用婚育新风进万家、市民道德讲堂、新型人口文化活动等群众喜闻乐见的方式，加强对社会群众的宣传教育，扩大基本国策的社会认同。(3)结合幸福家庭创建、人口文化建设、免费孕前优生健康检查、流动人口服务管理等业务工作，进行主题宣传，促进广大市民群众参与活动。为普及科学的优生健康知识，开展“健康宝宝”知识竞答活动，全国17个省(区、市)及全省11个地市26.5万人参加。（宋晨曦）

【关爱帮扶计划生育特殊困难家庭】 市人口计生委把提高计划生育家庭发展能力作为新时期全面做好人口计生工作的民心和民生工程来抓，立足于计生特殊困难家庭的基本需求，以政策推动为手段，以利益导向为动力，在全面贯彻落实国家和省有关文件精神的基础上，坚持在政策上扶助、在精神上支持、在物质上补贴、在健康上帮助、在生活上照料，推动“六帮扶六到位”，凸显人口计生惠民、为民、富民的工作本质。太原市针对计生特殊家庭，制定出台3项优惠帮扶文件，明确提出额外增加失独家庭一次性补助5000元/家，对49周岁以下“失独父母”给予扶助金50元/人·月，失独家庭依法收养子女自愿领取《独生子女父母光荣证》不再受年龄限制。全年共计投入595.4余万元为计生特殊和困难家庭进行健康体检、订党报、送保险、救助慰问，解决特殊困难家庭的生活困难和实际问题。（宋晨曦）

【“三晋康家”工程】 2013年，太原市发挥全国试点城市的优势，打造“一县一品”，提高家庭发展能力。幸福家庭创建工作经验在全省工作会议上进行介绍。全市12个县(市、区)结合实际，推出一批有影响、过得硬的创建品牌。小店区高标准建设幸福家庭发展社区服务室，唱响幸福家庭“五部曲”；迎泽区开展“幸福梦·泽万家”圆梦行动，推进青春期健康教育进校园；杏花岭区以优育为切入点，开展0～3岁婴幼儿早期发展，激活“爱在杏花”主题活动；尖草坪区建立流动人口家庭教育服务中心，开展“流动的人·幸福的家”活动；万柏林区以关爱女性为主题，在不同年龄段的妈妈中开展“靓丽妈妈”行动；晋源区围绕“美丽晋源·健康人家”，打造“一站式”温馨服务；古交市围绕“文化苑·幸福家”主题，强化利益导向，推进“4+2+56”优惠政策的落实；清徐县围绕“清徐人家·幸福梦”主题，主打计划生育优质服务；阳曲县开展“万人脱贫大行动”，通过科技项目帮扶计生家庭发展致富；娄烦县推进“老来福”工程，在“三一”活动的基础上，依托养老院进行计生家庭养老；高新区推进创建幸福家庭进企业，提高园区人员的幸福指数；经济区在城中村改造的过程中，推进生育关怀行动，加大对计生家庭的奖扶力度。市人口计生委组织开展幸福家庭创建评选活动，以市政府名义命名表彰110个幸福家庭及提名奖，并在全市宣传。（宋晨曦）

【"生育关怀爱心救助"活动】 2013年1月22日，"生育关怀爱心救助"活动在太原市万柏林区举办。省人口计生委党组成员、省计生协会专职副会长李跃珍出席，市人口计生委、市计生协会、市农委、市卫生局、市妇联、团市委相关领导参加活动。此项活动是全市"两节"期间计划生育宣传服务活动的重要内容之一，也是推进计划生育政策、关怀计生特困家庭的帮扶措施，更是全市人口计生系统关注民生，为群众办实事、解难事活动又一行动。活动中，市、县两级计生协会共为2752户困难家庭发放价值118万余元的慰问金和慰问品。（宋晨曦）

【关爱计生特殊家庭志愿服务活动】 2013年3月，太原市人口计生委、市文明办、市计生协会联合启动关爱计生特殊家庭志愿服务活动。此次活动以71个获国家和省级文明单位的240余名志愿者和13名心理咨询师为服务主体，34户需要牵手的失独家庭为服务对象，以促进服务对象心理健康、家庭幸福为目标，采取6~10名志愿者牵手帮扶1户特殊家庭的工作模式，为群众"解难事，办实事"，体现党和政府、社会各界对失独计生家庭的关心、关爱，帮助他们解决生产生活中的困难。（宋晨曦）

【全市人口和计划生育工作会议】 2013年4月2日，太原市人口和计划生育工作会议召开。会议总结2012年度、安排部署2013年度人口计生工作，并对2012年度全市人口计生工作先进单位和先进个人进行表彰。副市长王爱琴出席并讲话。市人口计生委主任崔燕作2012年度工作报告。会议由市政府办公厅副调研员潘侠主持。王爱琴代表市政府与各县（市、区）政府、各开发区管委会、市直部门签订2013年人口和计划生育工作目标管理责任书。（宋晨曦）

【省级人口文化示范基地检查验收】 2013年4月16日~17日，省人口计生委副主任杨恩建带队，先后到古交市、万柏林区、阳曲县等地，就人口文化示范基地创建工作进行验收评估。对太原市人口文化示范基地创建工作进行检查验收。

省评估组对太原市人口文化建设工作给予肯定，认为太原市贯彻落实中央的决策部署，结合实际创造性地开展工作，人口文化建设各项工作取得成效，城乡群众得到实惠。希望太原以学习贯彻党的十八大精神为契机，坚定信心、明确方向，全面做好人口工作，更好地推动人口计生工作科学发展、跨越发展。（宋晨曦）

【太原市人口文化促进会第二次会员代表大会】 2013年5月9日，在太原市召开。会议总结成立以来的工作，讨论今后工作任务。市人大副主任刘剑、市政协副主席张政出席。市人口计生委主任崔燕作工作报告。

大会对太原市8个人口文化示范单位、35个人口文化工作先进单位和57名人口文化工作先进个人进行表彰。会议选举产生第二届理事会理事52名、常务理事24名、副会长9名、秘书长1名、会长1名、名誉会长1名。（宋晨曦）

【"国际家庭日"主题活动】 2013年是联合国确立的第20个"国际家庭日"，太原市及各县（市、区）开展主题为"推进社会融合和代际团结"的"国际家庭日"活动。

1.举办0岁~3岁宝宝健康发育科普讲座。5月14日上午在青年宫演艺中心举办。北京师范大学高级访问学者，国际知名育儿专家、中国婴幼儿个性化潜能发展开发教育的先行者——程淮教授主讲。讲座围绕家长如何育儿，如何做智慧型家长，最佳的0–3岁早期发展教育是怎样的，以及0岁~3岁婴幼儿具备的潜能、如何开发和发展潜能进行专题讲授。并同家长互动。讲座由市人口计生委主任崔燕主持，来自全市的1200余人参加。

2.启动"宝宝健康有奖知识竞答活动"。5月15日起，在《太原日报》《太原晚报》太原市人口计生网站进行健康宝宝知识连载。6月初知识连载结束后，在《太原日报》《太原晚报》太原市人口计生网站同时发布《健康宝宝有奖知识竞答试题》和《答题卡》，并对参与竞答活动的优秀个人奖和优秀组织进行奖励。（宋晨曦）

【"生育关怀·情暖三晋——太原行"成就展】 2013年5月28日，在太原工人文化宫广场举办。省计生协会专职副会长李跃珍、副市长王爱琴出席。太原市计生战线代表和来自社会各界的800余名群众参加现场活动。

此次成就展，旨在以图片形式展示全市生育关怀工作成就，弘扬生育关怀精神，扩大生育关怀行动的宣传和影响。

生育关怀行动开展7年来，市、县两级共投入专项经费700余万元，募集社会资金100余万元，全市共有22953户困难计划生育家庭得到扶持救助，4510户计划生育家庭得到大病紧急资助，家庭困难的1659名独生子女在爱心助学金的帮助下完成学业，20787名计划生育家庭老人享受到多种

形式的养老服务，计划生育家庭意外伤害保险受保33605人，项目扶持贫困母亲184户，志愿者结对帮扶240户。

（宋晨曦）

【太原市人民政府命名表彰幸福家庭】 2013年7月6日，由太原市人民政府主办、太原市人口计生委承办的“中国梦·幸福家——2013年太原市三晋康家·幸福家庭颁奖晚会”在青年宫举行。省人口计生委副主任杨恩建、省计生协专职副会长李跃珍、省文明办副主任赵东军、市人大副主任傅建荣、副市长王爱琴、市政协副主席张政和王爱萍，市级老领导、市计生协会长范世康等有关领导，省军区、太原警备区和创建幸福家庭活动各相关部门领导以及太原市曾获得过国家、省级道德模范代表出席活动并为获奖家庭颁奖。颁奖晚会以“中国梦·幸福家”为主题，以太原市开展幸福家庭创建活动为主线，以五类幸福家庭典型事迹宣传为切入点，采取播放VCR宣传片、获奖家庭访谈、文艺表演和现场颁奖等形式，表彰60个幸福家庭和50个提名奖。

（宋晨曦）

【“圆梦女孩志愿行动”暨“关爱女孩爱心奖学”活动】 2013年8月28日，在太原南宫广场举行。省人口计生委副主任杨恩建、省计生协专职副会长李跃珍、市政协副主席王爱萍、省人口计生委宣教处处长王建新及市纪委、文明办等相关部门领导出席活动，并为2013年受助的60名困难大学生、40名美德少年和751名中小学生代表发放助学奖励金。

志愿者与20多对农村贫困女孩结对子，送去慰问金和学习用品，并开展一对一的长期帮扶签约。组织开展团队帮扶，重点开展健康咨询、心里辅导、支教助学等活动。（宋晨曦）

【提升人口计生优质服务品质研讨会】 2013年9月3日，在万柏林区计生服务站召开。中国—联合国人口基金生殖健康计划生育六周期项目专家组专家、原国家人口计生委优质服务项目办公室专家岳国斌作演讲。

会议要求，各县（市、区）在机构改革的过程中，要规范服务机构建设，打造服务品牌，提升服务品质，做到思想不乱、队伍不散，通过实干，为广大育龄群众提供优质的服务。（宋晨曦）

【推进“三晋康家”·创建“幸福家庭”一县一品观摩评估活动】 2013年9月9日～13日，太原市人口计生委组织开展全市推进“三晋康家”创建“幸福家庭”“一县一品”观摩评估活动。市人口计生委主任、副主任，各处室负责人及全市10个县（市、区）、高新区、经济区人口计生局局长、计生办主任参加。此次观摩活动，改变以往找问题寻差距检查考核的方式，采取看特色，树品牌，广交流，共提高的观摩评估形式，通过现场直观考察比较，现场评估打分，达到全市各县（市、区）之间“互看、互学、互评、互促”的目的，促进幸福家庭创建活动的健康发展，提升全市幸福家庭创建水平。（宋晨曦）

【计划生育家庭养老服务试点工作经验交流会】 2013年9月29日下午，在太原召开。省计生协会专职副会长李跃珍出席并讲话，市老龄办、市人口计生委、市民政局，各县（市、区）计生协会相关负责人及部分基层群众代表共计50余人参加。会议由市计生协会会长范世康主持。

市人口计生委副主任黄建宏对2013年太原市计划生育家庭养老试点工作情况进行通报；小店区、迎泽区、万柏林区、古交市、娄烦县分别介绍本辖区内家庭养老服务工作开展情况；杏花岭区敦化坊街道胜利东街、尖草坪区南寨街道兴安苑社区、晋源区金胜镇新村社区、清徐县柳杜乡城子村、阳曲县社区建设管理办公室就试点经验进行大会交流。（宋晨曦）

【省级人口计生目标管理责任制考核】 2013年10月25日，省人口计生目标责任制考核组在并进行年度工作考核。太原副市长王爱琴出席并代表市政府作工作汇报。

2013年，全市人口计生工作以统筹解决人口问题为根本，以服务经济社会发展为目标，以贴心服务群众为核心，以稳定低生育水平、增强计生家庭发展能力为重点，在体现工作实效上下功夫，在创新工作方式上做文章，在体现惠及民生上用实劲，全面完成省级目标责任书119项指标任务。太原市获得“全国婚育新风进万家活动示范市”荣誉称号和全省人口计生工作目标管理责任制考核综合先进奖。流动人口服务管理、幸福家庭创建工作分别在全国性和全省会议上作经验交流。中央电视台、人民日报、新华社、光明日报分别对太原市创建“幸福家庭”、关爱特殊家庭、流动人口服务管理及办证服务等情况进行宣传报道。

（宋晨曦）

【太原市成立家庭发展教育中心】 2013年11月19日，市人口计生委在杏花岭区特殊教育中心学校成立。民进山西省委副主委陈维毅、民进太原市委主委、市政协副主席张政出席。民进太原市委、市人口计生委及各县（市、区）人口计生局局长、服务站站长、学校老师和家长代表参加活动。（宋晨曦）

民族宗教

【夯实民族宗教基层基础】 建立少数民族工作数据库。2013年，太原市民族宗教事务局对全市各县（市、区）、各

太原市第三届佛教讲经交流会

行业进行普查，初步建立少数民族人大代表、政协委员、党政机关、事业单位、社会团体正科以上、国有企业中层以上、民营企业负责人数据库及少数民族人口基本信息以及少数民族贫困家庭、流动人口的基本情况数据库；对全市清真食品企业、兰州拉面馆等基本情况进行登记汇总。

完成宗教基础信息采集。2013 年，太原市民族宗教事务局针对宗教基础信息采集工作涉及数据多、情况复杂，对各县（市、区）工作人员进行专门培训，完成宗教基础信息采集工作。

开展多样化的政策法规培训。2013 年初，太原市民族宗教事务局举办全市民族宗教界代表人士党的十八大精神培训班；6 月举办全市民族宗教政策法规培训班，邀请国家民族宗教事务局政策法规司副司长刘金光等专家学者进行专题辅导，全市各宗教团体及重点场所主要教职人员、教务管理人员及市县民族宗教干部 180 余人参加培训；10 月在复旦大学举办全市民族宗教干部培训班。市宗教局、各县（市、区）、开发区、民族宗教工作重点乡镇（街办）领导干部 50 余人参加培训。

加强宗教团体建设。2013 年，太原市民族宗教事务局指导各宗教团体加强制度建设，并在宗教场所上墙公开，接受群众监督；帮助市伊斯兰教协、市基督教协会等分工协作；选拔培养优秀人才，做好市佛教协会换届筹备工作，发挥好宗教团体的桥梁纽带作用。

推进行政审批制度改革。2013 年，太原市民族宗教事务局依法行政，贯彻《行政许可法》，对已明确取消、转移或下放的行政许可项目，由行政管理向行政服务转变；对民族宗教方面的审批事项进行梳理，完善审批依据，编制行政权力运行流程图，简化审批流程，缩短审批时限。　（智建凯）

【推进少数民族事业发展】 开展民族团结进步创建活动。2013 年，太原市民族宗教事务局以省级民族团结进步创建活动示范单位推荐工作为契机，将庙前街办南海街一、二社区，千峰移村社区，太原大夏草原肉业有限公司，山西兴业绿源农牧业开发有限公司，迎泽区回民小学，山西大学附中等 11 家作为市级示范单位，推进民族团结进步创建工作开展。迎泽区南海一社区被评为省级第一批民族团结进步创建示范单位。

化解矛盾，维护民族团结。太原市民族宗教事务局解决宁夏同心县回民工程队与古交市路昌集团因工程问题发生的纠纷；妥善处理青海省循化县嘎德忍耶派穆斯林状告中北大学青海籍学生事件。

发展省城少数民族经济。太原市民族宗教事务局争取少数民族发展资金配套经费，扶持民族特需用品企业发展壮大。2013 年上半年帮助太原市牛羊肉类加工厂争取民族特需商品生产补助资金 25 万元，并指导其进行专卖店建设；指导清徐县紫林食品有限公司等少数民族企业树立品牌、开拓市场。　（智建凯）

【清真食品市场监管】 2013 年，太原市民族宗教事务局抓源头管理，对从事清真食品生产经营的企业或个体工商户，发放清真许可证和标牌。完成清真食品生产经营单位重新审核并更换清真食品生产经营许可证工作；强化过程控制，各县（市、区）定期对辖区内清真食品生产经营场所开展检查或抽查，对违规行为进行整改，规范经营秩序；严格监督考核。对各县（市、区）按照清真食品市场检查百分制考核标准进行检查监管，规范清真食品市场秩序。　（智建凯）

【为穆斯林群众办实事、解难事】 2013 年元旦春节期间，太原市民族宗教事务局为全市信仰伊斯兰教的少数民族群众发放清真肉食补贴；推进回民墓地选址工作，成立工作指导组，多次实地勘察，初步达成选址意向；全力为少数民族流动人口搞好服务，为 49 名少数民族群众提供民族成分更改证明，协调相关部门在办理证照、子女上学等方面提供便利；开展清真寺安全隐患整改。针对解放路清真寺存在的燃煤锅炉、水箱水房、消防安全设施配备、电路电线等方面的安全隐患，市宗教局与迎泽区宗教局、市伊斯兰教协

会、清真寺寺管会负责人进行专题研究，明确工作职责和任务，推进清真古寺安全隐患整改工作。（智建凯）

【和谐寺观教堂创建活动】 2013年，太原市民族宗教事务局以"教风年"为主题，以指导各教开展讲经讲道活动为抓手，调动广大教职人员和信教群众的积极性。指导市佛协举办以"清净庄严·和谐发展"为主题的佛教讲经交流活动，市基督教"两会"开展以"和谐奉献""生命生活"为主题的全市基督教讲道交流活动，道教界开展第二届玄门讲经活动，市天主教结合信德年的活动，加强教会内部培训工作，提高广大信教群众的信仰素质；各宗教团体制订各自"教风年"主题创建活动实施方案和活动计划，推进教风建设；各县(市、区)、各宗教团体和宗教活动场所，完善管理，健全制度，做到"三册、三簿、两栏、各项制度上墙"，打造佛教万柏林龙泉寺、道教居贤观等一批有代表性、有创新力、有典型示范作用的和谐寺观教堂。龙泉寺被中央统战部、国家宗教局评为第二届全国创建和谐寺观教堂先进集体，树立榜样和标杆。（智建凯）

【宗教服务管理】 2013年，太原市民族宗教事务局开展宗教活动场所财务监管、教职人员认定备案及社保工作。对宗教活动场所财务监管工作进入完善阶段，符合标准场所达95%以上；全市认定备案的宗教教职人员共422名，完成第二批道教教职人员的认定备案工作；推进宗教教职人员社会保障工作，做到应保尽保，参保率达到100%。

（智建凯）

【开展佛教寺庙和道教宫观专项治理】 2013年，太原市民族宗教事务局落实国家民族宗教事务局等十部委文件精神，成立佛道教专项工作领导小组，出台太原市实施方案，组织召开由市直有关部门和县区参加的专项治理工作协调会。妥善解决蒙山大岩寺、娄烦三教寺等佛道教界反映较大的问题。太原市处理涉及佛教寺庙、道教宫观管理的有关问题取得阶段性成绩。

（智建凯）

【开展民族宗教政策法规学习月活动】 2013年，太原市民族宗教事务局确定6月为太原市"民族宗教政策法规学习月"，指导各县(市、区)、各宗教团体、宗教活动场所开展普法宣传活动。尖草坪区举办全区宗教教职人员学习班，万柏林区在重点寺观举行专题学习宣传活动，清徐县举行大规模政策法规集中宣传启动仪式，阳曲县开展民族宗教政策进学校、进社区、进村庄活动，并在县城广场设立咨询台、开通服务热线。整个学习月活动有声有色，效果明显，提升民族宗教工作依法管理水平，提高少数民族、宗教界人士和信教群众法律法规意识和法律素养。

（智建凯）

【宗教界公益慈善活动】 2013年，太原市民族宗教事务局鼓励和支持民族宗教界开展社会公益慈善活动。9月开展"宗教慈善周"活动，共举办宗教慈善活动23场次，参加人员达1万余人次，共筹集慈善资金167430元，物品8036件，直接受益人达到1.5万余人。

（智建凯）

【维护民族宗教领域安全稳定】 2013年，太原市民族宗教事务局把稳定作为第一责任，修订《关于处置民族宗教群体性突发事件的应急预案》，从工作原则、适用范围、组织机构、职责分工、应急处置、响应启动等方面，进行规范，并成立应急工作领导小组，明确工作职责。加强与县区和部门的协同配合，依法打击各种非法宗教活动，并定期召开相关部门联席会议进行研判，排查苗头隐患，化解矛盾纠纷。实现阳曲县板寺山"三大瞻礼"朝圣活动28年安全有序；做好全国"两会"和省、市重要会议、敏感时期和天主教、基督教圣诞节、伊斯兰教开斋节、古尔邦节等重要宗教节日活动依法、安全、有序，保证省城民族宗教领域的安全稳定。

（智建凯）

太原市老龄工作委员会

【宣传新《老年法》系列活动启动】 新修订的《中华人民共和国老年人权益保障法》于2013年7月1日起施行。6月27日上午，由中共太原市委、市政府主办，太原市老龄委(办)承办的宣传贯彻《老年法》系列活动启动仪式在迎泽公园藏经楼北广场举行。市政府分管领导，市老龄委常务副主任郝建业，副主任高亮、郭汝梅、刘新春、庞琨、李瑞瑜，市委组织部副部长、市老干局局长李发平，市老龄办主任李并敏、副主任于兰出席启动仪式，市老龄委24个成员单位领导，十县(市、区)老龄办主任、大型企业离退处长、市法律援助中心领导和100余名老年志愿者、义务宣传员参加活动。（王东礼）

【八家单位获全国首届"敬老文明号"称号】 2013，全国老龄工作委员会通过仔细筛选，认真评比，太原市的八家单位荣获第一届全国"敬老文明号"荣誉称号，太原市是全国表彰单位最多的城市。它们分别是：太原市企业养老保险管理服务中心、太原市医疗保险管理服务中心、太原市社区服务中心、太原市广播电视台老年之声、太原市公共交通控股(集团)有限公司、太原市万柏林区万柏林街道和平社区居民委员会、太原市晋源区金胜镇新村村民委员会、太原市比家美托老院。（王东礼）

【"敬老文明号"表彰大会】 2013年

10月11日下午，由中共太原市委、太原市政府主办，市老龄委(办)、市文明办承办的太原市"敬老文明号"表彰大会暨庆重阳文艺演出在太原青年宫演艺中心举行。市政府分管领导，市政府副秘书长郭德魁，市老龄委常务副主任郝建业、副主任赵晓颖、郭汝梅、刘新春、庞琨、常耀鸿、李瑞瑜，市委宣传部副部长、市文明办主任詹玉梅，市直机关工委书记孙锁刚，市民政局局长任建忠，市老龄办主任李并敏，副主任于兰以及市老龄委成员单位的委员出席。各县(市、区)、厂矿、老年组织(社团)、老年志愿者等1000余人参加大会，会议由郭德魁主持。郝建业宣读太原市"敬老文明号"表彰决定，李并敏宣读太原市敬老助老模范、老有所为模范表彰决定。授予迎泽区庙前街道南海二社区、杏花岭区涧河街道锦绣苑社区、西山煤电(集团)公司老干部处等38个单位"敬老文明号"荣誉称号，授予杨喜风、贾马志、樊明花、夏同杰等128名同志为敬老助老模范个人荣誉称号，授予袁克良、杜丽星、索俊秀、温国强等33名老同志为"老有所为模范个人"荣誉称号，与会领导在会上为部分获奖代表颁奖。表彰结束后，由市老龄委王先兰模特艺术团、省电力公司老年舞蹈团、怡然中老年舞蹈团、清徐县老年舞蹈团、西山煤电老年艺术团等8个老年艺术团体表演精彩文艺节目。（王东礼）

太原市黄坡革命烈士陵园

【概述】 太原市黄坡革命烈士陵园，隶属于万柏林区民政局。主要职责：征集、整理、展示与当地革命斗争有关的文物、烈士斗争史料和遗物；褒扬革命烈士，维护烈士纪念建筑物；保管革命烈士骨灰盒，建立完善的烈士档案和骨灰寄存人员档案；为社会各界祭扫活动提供服务，发挥爱国主义及青少年教育基地的作用；接待好祭祀的烈士家属，为寻亲的烈士家属寻找线索，提供资料。

黄坡革命烈士陵园创建于1959年，位于太原西部的边山地区，座西向东，背靠天龙山脉的观山，总占地面积为71369平方米，是太原市万柏林区重点文物保护单位，园内安放着为解放太原、为缔造中华人民共和国浴血奋战、壮烈牺牲的人民解放军指战员四百五十多位。陵园正中央那高大宏伟的人民英雄纪念碑上镌刻着毛泽东题写的"死难烈士万岁"六个大字。烈士井然有序地分别安葬在纪念碑的左右两侧。

陵园创建以来，每年都有成千上万的工人、农民、战士、学生及社会各界人士，满怀对烈士的无艰深情和无比崇敬，前来悼念先烈。1991年5月省教委、市教委、市少工委以及大批中小学相继将陵园命名为"爱国主义"德育教育基地以来，前来凭吊烈士，接受革命传统教育的群众更是络绎不绝。2013年，太原黄坡革命烈士陵园接待群众18万余人，收入349万余元。太原解放战役陈列馆开馆以来，吸引广大青少年和社会各界人士参观。（王广秀）

【太原解放战役纪实纪念馆】 纪念馆分设两座大厅，面积总计2116.8平方米，分四个展厅，分别为太原解放战役陈列馆(一)太原解放战役陈列馆(二)国防教育馆、纪念活动馆。纪念馆用纪实的手法，通过大量的文史资料、图片及实物，与现代多媒体技术、绘画雕塑艺术有机结合，深度再现太原解放战役的全过程。既丰富爱国主义教育活动内容，又激励广大干部群众不忘历史、牢记宗旨、开拓进取、奋力前行。（王广秀）

【解放太原战役纪念墙】 解放太原战役纪念墙始建于2009年。中共山西省委原书记李立功为纪念墙题词"解放太原六十周年"。纪念墙高2.6米，长273.5米。纪念墙以画卷的形式，用浮雕的表现手法，以"战前动员""外围战斗""分化瓦解""攻克太原"四个部分，用44幅相对独立而又彼此联系的画面，生动再现解放太原战役的情景和过程。（王广秀）

【名人书法碑廊】 为增添陵园的教育特色，提高思想文化艺术内涵，中共太原市委、市政府、万柏林区委、区政府及黄坡烈士陵园共同筹集资金兴建规模宏大的名人书法碑廊两座。碑廊坐落在花园区两侧，分南北两廊，各18开间，共36间，其建筑艺术为现代框架结构与仿古结构融为一体。廊内共竖立巨石青石碑113通，碑文内容汇集深沉爱国、奉献民族的古今诗文、短句，书体广集篆、隶、楷、行、草等字体。气势磅礴，含意深邃，脍炙人口，感人肺腑。挥毫泼墨书其碑者，有毛泽东、邓小平、江泽民三代领导人和徐向前元帅的手迹墨宝，有杨成武、史进前、李布德、边文怀、刘岩等五位将军专为黄坡烈士陵园碑廊题写的题词、诗文和长联，有太原市、山西省乃至全国当代著名书法家的书法作品。其内容无不饱含着热爱祖国，为国为民、无私奉献的民族精神。（王广秀）

【清明祭奠英烈活动】 2013年，黄坡革命烈士陵园承办"我们的节日——清明节"2013年太原市中小学生"经典诵读传承文化"清明祭奠英烈活动。参加此次活动的有太原市教育局、太原市第十六中学校、太原市第六十二中学、太原市第六十三中学、太师四附小、万柏林区实验小学的师生共计3000余人。清明节期间共接待爱国主义祭扫单位130家，接待扫墓群众约250100人；接待车辆27230辆；墓园赠送花3000束。（王广秀）

中航工业太原航空仪表有限公司

【概述】 2013年，中航工业太原航空仪表有限公司（以下简称中航工业太航）向市场要效益，创新驱动发展，优化业务流程，持续降本增效，奋力攻关，力保节点，完成各项任务。全年营业收入同比增长15.8%；利润同比增长17%；EVA同比增长0.8%。再次被评为太原市企业50强和太原市制造企业50强。

中航工业太航公司丰富职工文化生活，承办中航工业“太航杯”职工乒乓球大赛，荣获集团公司特别贡献奖。组织开展工会知识竞赛，举办职工篮球赛、青年足球赛，被国家体育总局评为“全国群众体育先进单位”；开设“学罗阳”道德讲堂；组织吴大观志愿者小分队进校区、访社区；举行国庆节升旗仪式，筹集帮扶救助基金，慰问困难职工，太航人在组织活力中感受着大家庭的温暖。（李旭峰）

【市场拓展】 2013年，中航工业太航新签协议/新配产品、完成新品科研任务、交付新品、完成产品设计定型均创历史新高，全力保障涉及多类飞机、发动机和导弹的产品配套，新品贡献价值突破2000余万元，并按合同要求批产交付各类仪表。民机仪表销售收入同比增长179.36%，成功为新舟600特种平台飞机配套EICAS和多功能显示器；为蛟龙600配套备份仪表系统；领航150公务机配套金属软管完成协调样件；承接“舱室真空报警装置转换器”项目，正式进入海军舰艇装备采购清单；航天新品交付数量与立项实现新突破。高性能谐振筒式传感器关键技术及应用获国家技术发明二等奖。发动机指示/空勤告警系统获山西省国防科技工业科技创新一等奖。智能探头式大气数据系统获航空学会科学技术进步奖二等奖。（李旭峰）

【项目研发】 中航工业太航确定发展非航空民品的两个方向：气象传感器及设备，弹性敏感元件及组件。2013年项目开发部、通用技术研究所等部门启动机构组建、制度建设、新品研发工作。促成与中国人民解放军南京理工大学气象水文学院战略合作关系，筹建公司气象水文事业部，融入山西经济发展，2013年成功进入山西省气象系统设备供应商候选名单，承接某型探空气球释放器的研制工作。（李旭峰）

【管理创新】 2013年，中航工业太航提升管理创新与优化，为生产科研的推进奠定基础。公司通过新时代认证中心的监督审核，以良好成绩通过空装某型系列飞机产业链审核；2个QC项目获国优称号，六西格玛达标工作通过集团预评价；修订公司质量手册和质量管理程序文件，首次荣获“太原市首届政府质量奖”。完善三级计划管理模式，落实财务管理责任，有效实施安全库存管理；明确内控体系关键风险点，提高经营质量和风险防控能力；生产管理系统更趋规范化，工艺管理制度不断健全，开展28项工艺改进/创新项目，确保科研生产中工艺过程受控；主营业务信息化构建起公司购、销、存数据一体化的业务集成平台；工程数字化初步实现科研组织、产品设计、生产试制体系间纵向贯通；档案信息化建设稳步推进。工程测试中心环境实验室通过国家/国防实验室认证委复审，GJB5000A通过新时代认证中心年度监督评价。安全保密管理取得新进展。通过山西省军工认证委保密资格认证现场复查。推进安全生产标准化，投入资金250余万元用于热工燃爆、机械、电气、作业环境与职业健康隐患的整改，以87.08分通过二级安全生产标准化现场审核。（李旭峰）

2013 年生产管理创新研讨会

太原重型机械集团有限公司

【概述】 太原重型机械集团有限公司(简称太重或太重集团)始建于1950年,是新中国自行设计、建造的第一座重型机器厂,属于国家特大型骨干企业。公司占地面积440多万平方米、在岗职工15124人、总资产389.6亿元,主要成员单位有太原重工股份有限公司(简称太原重工)、太重集团煤机有限公司(简称太重煤机)、太重集团榆次液压工业有限公司(简称太重榆液)。

在六十余年的发展中,太重集团为我国冶金、矿山、发电、交通、化工、建筑、新能源、航空航天等领域,尤其是为国家重点建设项目提供两千余种、近三万台(套)装备产品,涵盖起重设备、轧钢设备、锻压设备、油膜轴承、挖掘设备、煤炭机械、焦化设备、煤化工设备、风电设备、铁路轮轴产品、齿轮传动系统、电控系统、液压元器件及系统、航天发射装置、舞台设备、大型和精密铸锻件等诸多门类,并获得国家级发明奖4项、国家级成果奖26项、国家科技进步奖22项,创造400余项国内外第一,被誉为“国民经济的开路先锋”。

在我国经济转型升级的新时期,太重集团提出“多元化、高端化、成套化、国际化”的发展战略,在以装备服务的成套化和多元化不断拓展传统服务领域深度和广度的同时,向海洋工程、新能源、轨道交通等高端装备制造领域拓展业务,并在海内外主要市场、技术与人才聚集区,建立研发、制造与服务基地。随着一系列战略举措的实施,太重集团全球化产业布局初现规模,形式以煤炭与矿山、冶金、新能源、轨道交通、工程机械、海洋工程等为主的六大领域并举发展的多元化产业格局,公司成为集装备研发与制造、设备总成套、工程总承包、设备租赁、物资贸易以及物流运输等为一体的现代化企业集团。

2013年,是全面贯彻落实党的十八大精神的开局之年。太重集团广大干部职工锐意进取,开拓创新,开展党的群众路线教育实践活动,以二次创业的勇气和决心,克服国内外经济形势严峻的不利影响,继续保持平稳增长,多项指标居行业第一,营业收入迈上200亿元台阶,为“十二五”目标的完成奠定基础。

2013年工作呈现出三大亮点:(1)自主创新成绩喜人。完成产品开发136项,新产品试制139项;授权专利246项;技术中心排名前进到全国第9位,居行业第一。(2)太重榆液退城入园完成,债务重组基本结束。(3)争取政策资金创历史新高,累计到位2.3亿元。

(办公室)

【主要业绩】 2013年,太重集团完成工业总产值170.6亿元,为年计划的100.4%,同比增长2%;工业增加值21.4亿元,为年计划的161.6%,同比增长24.1%;营业收入完成205.6亿元,为年计划的108.2%,同比增长20.4%;利润完成1.038亿元,为年计划的103.8%;新增订货312.8亿元,为年计划的126.1%,同比增长17.6%;职工人均收入同比增长3%。与行业内的一重、二重等其他几家重机企业相比,太重集团是唯一一家在2013年实现扭亏为盈的企业,整体发展趋势持续向上,除利润外,其余主要指标都处于行业首位。

(办公室)

【精细管理】 2013年,太重集团克服国内外严峻的经济形势的不利影响,继续保持平稳增长,多项指标居行业第一。

深入挖潜降成本,多措并举增效益。进一步强化设计降成本意识,加强考核。太原重工将主机单位与技术中心各设计所捆绑考核,大幅度降低成本;太重煤机对冶金产品实际成本与目标成本持续进行对照分析,确保产品利润;智奇铁路设备有限公司成立降成本课题攻关小组,对影响成本的关键环节严格控制,节约开支。加强采购成本管理。执行招标程序,扩大集中招标范围,控制用户指定和独家代理。太原重工引入新的供应商打破进口件垄断,降低采购成本,全年节约1亿元。成立专项组协调重点欠款单位的清欠工作,加大对3年以上欠款的顶账力度,取得成效。不断降低非生产性开支，落实中央“八项规定”。在太重榆液对非标产品实行目标成本管理，对标准产品实行定额成本管理，有效控制成本。在山西煤机开展“双清”工作，降低库存积压，减轻资金压力。

集思广益谋发展，管理水平上台阶。稳步推进信息化工作。2013年，太重集团公司完成试点单位ERP实施方案，开通高清视频会议系统，太重(天津)滨海重型机械有限公司OA办公系统投入使用，完成移动办公平台的开发，对人力资源管理系统进行完善。召开集团公司战略研讨会，分析国际国内经济形势及行业趋势，明确产品定位和发展方向，清晰发展思路，坚定发展信心。在全公司推广“手指口述”安全确认法；关键风险点和作业环节管控进一步加强。太重煤机被核准为国家安全生产标准化一级企业。制订《中长期人才发展规划纲要(2013—2020年)》，明确三支人才队伍的建设目标和方法途径；引进1名海工专家，入选山西省“百人计划”。（办公室）

【科技创新】 2013年，太重集团以技术研发为支撑，通过新产品开发和传统产品升级换代，推进企业转型。

战略性产品研发取得实质性进展。Z-400海洋钻井平台开工；海洋石油水下采油树图纸转化结束；水下机器人方案设计完成；海洋浮动核电站工程设备2.5兆瓦汽轮机总体设计完成。

新产品开发进展良好。完成18000吨/小时半连续成套设备的开发，实现矿山设备的成套化；6000千瓦废钢破碎线完成开发；Φ6.25米盾构机、6000吨/小时煤炭装船机及连续卸船机施工设计完成；高铁CRH3A车轮、车轴的研制及性能检测完成，具备上线试运行条件；完成30万千瓦火电发电机转子的研制，为后续发展奠定基础。

太重铁路工业园区大门

产品系列更为完善。完成45立方米液压挖掘机和15立方米机械挖掘机的开发；完成150吨、300吨、500吨窄轨、2000吨履带起重机、260吨全地面起重机开发；完成水电站200吨~500吨低高度桥机系列开发；完成1.5兆瓦、2兆瓦、3兆瓦低风速风机开发，3兆瓦风机样机低电压穿越测试完成；自主研发、设计、制造我国首台高海拔海陆两用5兆瓦风机，并网发电。完成MG1000/2660-WD智能型电牵引采煤机和MG900/2300-WD大功率电牵引采煤机开发，完成350MN单动卧式铝挤压机、EBZ135掘进机机载临时支护的技术设计；小规格工业用轴向柱塞泵、高压液压阀、6吨挖掘机配套行走和回转马达总成进入试验阶段。

取得一些专业的资质。取得风力发电专业乙级资质，公司工程总包资质覆盖所有产品；取得全地面起重机专用汽车生产准入资质、武器装备科研生产许可证、40吨-37米门座起重机特种制造许可证。

新研发的产品得到社会的认可和好评。“5.5米捣固焦炉”“年产千万吨综采工作面运输系统关键技术研究及成套设备开发”获机械工业科学技术二等奖；“75MN短行程铝挤压机”“Φ325三辊Assel轧管机组”“大采高电牵引采煤机及其关键技术”等获省科技进步二等奖。（办公室）

【重大项目建设】 2013年，太重集团重大项目建设取得新的突破及阶段性成果。

组织完成万吨、新轮线、太重榆液基地、太重滨海基地、太重煤机液压支架、威利朗沃厂房、内蒙风电一期、历年技改项目完工收尾验收转固工作。

组织以万吨后期配套，铁路园区重轴、轮对、装配厂房，天津滨海码头建设，高速列车城轨齿轮箱以及煤化工搬迁为代表的一批技改项目实施，全年累计完成技改投资11亿元。

加强投资项目费用控制，取得成效。万吨项目：收尾、转固工作完成，加工项目厂房投入使用，设备搬迁完毕，新砂系统输送线完工投产。高速列车关键零部件国产化项目：新轮线土建工程及园区配套设施、生产线设备完成验收，实现联线批量生产；轮对整体搬迁项目验收完毕；重载车轴生产线项目土建及配套工程完成，环形炉、快锻、热处理线等主要设备热调试完成，具备试生产条件。(3)太重滨海项目：一期项目全部完成验收转固；二期海工装备厂房及辅房工程验收完成并投入使用，主要设备安装完成，码头项目中15000吨滑道、3000吨滑道、大件泊位、转角平台工程开工，按计划推进。内蒙风电项目:装配厂房、主办公楼和职工生活服务楼及室外道路、管网完成验收并投入使用。太重榆液新园区：液压阀厂房、柱塞泵厂房及设备搬迁全部完成并投入使用；铸造项目完成联线调试具备投产条件；园区配套主办公楼、职工食堂、大门、道路全部完工投入使用；热处理项目完成主钢结构安装工程。太重煤机威利朗沃二期厂房:交付使用,液压支架厂房工程完工。

根据公司发展需要，开工建设一批新的项目。铁路园区轧钢重装厂房项目:主钢结构全部完成,厂房封闭;设备基础完工。高速列车城轨齿轮箱项目:国产设备陆续到货安装,装配场地投入使用,具备试生产条件。煤化工搬迁天津滨海项目:操作机、切割机、焊机等主要设备安装完毕。太重集团员工培训中心建成投入使用。（办公室）

【改革发展】 根据产品专业化原则和市场变化情况,2013年,太重集团对组织机构进行调整。

依托轮轴国产化项目和太原重工轮轴分公司，在太原经济开发区成立太原重工轨道交通设备有限公司,提升公司轮轴产品新、旧两个区域的集约管理和资源共享。结合托管的智奇高铁轮对业务，初步搭建起轨道交通关键零部件产业链体系。

出资5157万元收购太重(察右中旗)新能源实业有限公司。

太重煤机内部资产重组工作基本完成,为企业上市创造条件。

集团公司投资设立太重集团机械设备租赁公司,开始正式运营。

配合推进太液机、太液、原液破产工作。截至2013年底,太液机破产资产评估报告报至省国资委备案；太液进行破产资产的审计评估工作；原液持有的部分债权问题有新进展，该债权问题解决之后财政厅将对原液破产资料进行复审。

推进华北公司重组事宜，就集团公司参股的华北公司重组事宜与华北公司其他股东进行沟通。

强化对子公司的管控和考核,规范子公司经营管理秩序,制订下发《太原重工子公司暂行管理办法》;试点推行卓越绩效管理模式，按照中国机械工业质量管理协会专家组诊断报告实施要求,制订卓越绩效管理推进计划,邀请专家对试点单位实施情况进行现场辅导,督促试点单位成立推进小组,完成自评报告。（办公室）

【年度获奖】 2013年，太重集团经过自下而上,层层推荐,对取得优异成绩的单位和劳动模范进行表彰。对参加集团、市、省以及全国职工职业技能大赛获得名次的选手及单位给予重奖。组织出席全国、省市先进集体、先进个人的推荐工作;获得太原市“五一”劳动奖状1个,“五一”劳动奖章4个,工人先锋号4个,优秀班组4个;山西省模范单位1个,山西省模范集体1个;全国机械工业先进集体1个，全国机械工业劳动模范1个。

太原钢铁(集团)有限公司

【概述】 太原钢铁（集团）有限公司(简称太钢,英文简称TISCO)始建于1934年，截至2013年底，具备年产1000万吨钢(其中400万吨不锈钢)的能力，是国内特大型钢铁联合企业和全球最大、工艺技术装备水平最高、品种规格最全的不锈钢企业。

截至2013年末，太钢共有分公司4个,全资子公司12个,控股子公司15个,参股子公司25个,在册员工56582人。

太钢致力于不锈钢、特殊钢和高等级碳素钢的研究开发和生产加工，拥有雄厚的研发实力和可靠的质量保障能力，太钢技术中心在全国887家国家认定企业技术中心中排名第三。太钢的主要产品有不锈钢、冷轧硅钢、热轧卷板、火车轮轴钢、合金模具钢、军工钢等,拥有以不锈钢、冷轧硅钢、高强韧系列钢材为主的高效节能长寿型产品集群,重点产品批量进入石油、化工、造船、集装箱、铁路、汽车、城市轻轨、大型电站、“神舟”系列飞船等重点领域和新兴行业,铁路行业用钢、双相钢、耐热钢、车轴钢、9%Ni钢等20多个品种国内市场占有率第一。

太钢坚持绿色发展，以科技创新和技术进步为支撑,倡导节约、环保、文明、低碳的生产和生活方式,坚持走新型工业化道路,走可持续发展之路,先后成功实施干熄焦、煤调湿、焦炉煤气脱硫制酸、烧结烟气脱硫脱硝制酸、高炉煤气联合循环发电、高炉煤气余压发电、饱和蒸汽发电、钢渣处理、膜法工业用水处理、城市生活污水处理、酸再生、冶金除尘灰资源化、钢渣肥料制造等节能环保项目,万元产值能耗、吨钢综合能耗、新水消耗、烟粉尘排放、二氧化硫排放、化学需氧量排放等主要指标居行业领先水平。

太钢坚持以钢为基,延伸发展、多元发展,不断拓展业务领域。加快自有矿山建设,实施海外铬镍资源开发,构建起安全、稳定、低成本的战略资源供应体系;建设不锈钢生态工业园,形成年加工转化50万吨不锈钢的能力;在全国重点市场建设钢材加工配送中心,形成较完整的钢材加工配送体系;发挥自身优势,开展冶金工业新工艺、新技术、新材料和新装备的开发和成套技术输出;开展国际贸易,同美、德、法、英、日、韩、澳大利亚等80多个国

家和地区保持稳定的经济贸易关系。

太钢先后荣获“全国质量奖”“全国最具社会责任感企业”“全国模范劳动关系和谐企业”“全国企业文化建设先进单位”“全国绿化模范单位”“山西省模范企业”“山西省五一劳动奖状”“全国质量工作先进单位”“全国法制宣传教育先进单位”“山西省信用示范企业”山西省“红十字奉献之星”和“博爱一日捐银奖”等荣誉。（岳耸屹）

【生产经营】 2013年，太钢产钢998.93万吨，比上年下降1.36%，其中不锈钢322.56万吨，比上年增长3.85%。实现营业收入1460.18亿元，比上年增长3.88%；实现利润5.02亿元，比上年增长24.88%；实现税金20.97亿元，比上年增长2.39%。（岳耸屹）

【重点项目】 2013年，太钢重点项目高效推进。中频感应炉、免酸洗板生产线、铬钢专用酸洗线等一批“十二五”重点项目陆续建成投产；不锈钢冷连轧、硅钢冷连轧、高速铁路用钢技术改造等重点项目加紧实施。晋中高碳铬铁项目小球烧结进入热负荷试车阶段，冶炼部分的设备安装进行收尾与调试。峨口铁矿露天转地下开采工程、尖山铁矿改扩建工程加快推进。不锈钢工业园10万平方米加工配送中心项目陆续投产，新增钢材加工配送能力50万吨。（岳耸屹）

【品种结构】 2013年，太钢持续优化品种结构，罐箱行业用钢、造币钢、排气系统用钢、超纯铁素体、纯铁、双高硅钢、冷轧用料、汽车用钢产销量均有较大幅度增长。两类三种产品用于嫦娥三号月球探测器及运载火箭关键部位；双相不锈钢钢筋新型材料独家中标港珠澳大桥工程。太钢不锈获首届中国质量奖提名奖，是钢铁行业和山西省唯一获此殊荣的企业。全年太钢出口钢材67.81万吨，比上年增长26.37%，其中出口不锈钢48.46万吨，比上年增长40.55%，创历史最好水平。（岳耸屹）

【资源保障能力】 太钢加快自有铁矿山的建设。2013年，太钢尖山铁矿、峨口铁矿精矿粉及球团产量全面完成预算，岚县矿业公司达产势头迅猛，盂县鑫磊、复合材料厂回转窑顺利投产并达产达效，冶金白灰、轻烧白云石实现稳产保供。太钢开展项目寻源，加大对战略资源的投资力度，提升资源保障能力，与中国有色集团共同建设的缅甸达贡山镍矿项目系统投产；与晋中万邦公司合作，建设年产30万吨的世界先进、亚洲最大的铬铁生产线，工程进入收尾阶段。（岳耸屹）

【降本增效】 2013年，太钢加强采购对标，主要原燃料采购紧贴市场、减少环节、比价优选，为公司成本改善做出贡献。加强工艺攻关，铁前工序逐步加大低成本的自产精矿粉用量，从8月开始实现全精粉烧结；炼钢工序大量配加铬镍生铁、不锈钢基料等廉价炉料，纯镍使用占比同比下降6个百分点。优化资金结构，财务费用比预算水平降低27.23%。（岳耸屹）

【多元产业】 太钢推进多元业务，促进由内生型向市场型的转变。2013年，太钢新材料开发取得突破，高端碳纤维项目开始热负荷试车，非晶带材生产线试制出非晶合金带材用中间合金；工程技术产业化输出营业收入比上年增长29.19%，利润增长24.47%；与北京碧水源合作，筹建年产100万平方米的高性能膜材料及膜组件生产基地，打造承接膜处理工程、特许经营水处理项目等业务发展平台。太钢财务公司发挥金融服务职能，业务不断拓展，创效功能逐步显现。（岳耸屹）

【绿色发展】 太钢坚持绿色发展，以科技创新和技术进步为支撑，倡导节约、环保、文明、低碳的生产和生活方式，坚持走新型工业化道路，进一步完善固态、液态、气态三大废弃物循环经济产业链，实现内陆型钢厂与省会城市的和谐发展，主要节能环保指标继续保持国内领先、国际一流水平。2013年，太钢钢渣综合利用工程建成，部分生产线投入运行；高炉矿渣超细粉二期项目投产，总处理量达到270万吨；建成山西省内第一条发电机组脱硫石膏处理线，年可消化电厂脱硫石膏25万吨，生产建筑石膏及水泥缓凝剂18万吨，既减少排放、循环利用资源，又保护环境和植被。加强节能减排，烟粉尘、SO2、COD排放等环保指标比上年全面改善。2013年，太钢在行业内率先启动PM2.5减量工作，减少PM2.5污染危害；推进不锈钢钢渣冷却设施改造，解决冷却过程中污染物排放长期不能有效控制的行业难题；攻克高炉冲渣水余热回收这一世界性难关，新增城市供热面积700多万平方米，集中供热总面积达到1400万平方米，惠及太原市14万个家庭。2013年，太钢被工业和信息化部评为44家“重点行业清洁生产示范企业”之一。

（岳耸屹）

【专利成果】 2013年，太钢全年获得受理专利469件，连续7年保持山西省第一。专利申请质量大幅度提升，发明专利申请216件，比例达到46%，较上年提高约4.2个百分点；经国家知识产权局批准授权专利400件，其中发明专利99件，实用新型专利授权301件。截至2013年底，太钢累计授权达1839件。研究利用国家和地方政策，开展无保护价值专利废弃和专利费用减缓工作，全年累计节省专利申

请、维护费用近100万元。11月,太钢被国家知识产权局确定为第一批国家级知识产权优势企业。 (岳耸屹)

【和谐企业建设】 太钢坚持“以人为本”的核心价值观,与全体职工共建和谐企业、共享发展成果。2013年,太钢推进“0123”安全管控模式,强化职业健康安全管理体系运行,深化安全文化和安全生产标准化建设,加强安全生产的专项整治,安全管理基础进一步夯实。持续改善职工生活后勤保障水平,新建总医院综合住院大楼投用,一批职工宿舍小区建成,厂区新建生活服务区投入使用,厂区食堂、澡堂及相关生活配套设施显著改善。设置厂区内公共自行车网点35个、厂区外部网点41个,方便职工绿色出行。探索企业与职工共同发展的新路径,推出首席师制度,完成第一批首席师评选聘任工作,职工的职业发展通道更加宽广;实施首次年度“职工敬业度评估”工作,理清影响职工敬业度的关键要素,明确下一步工作的抓手和措施;启动职工“职业技能测评”工作,建立起全系列职工技能标准和测评题库,为职工技能提升和岗位调整奠定基础,职工队伍建设取得新进步。通过“在线倾听”网络留言平台,拓展倾听民声、汇集民智、改善民生的渠道,解决一些职工关心关注的突出问题。

开展“我们身边的闪光点”“太钢人画太钢”“向基层送文化”等主题活动,推动文化落地。发布社会责任报告和可持续发展报告,树立太钢良好的社会形象。太钢获“改革开放35周年企业文化竞争力30强”称号。组织开展形式多样的劳动竞赛活动,激发职工的积极性和创造性。开展“金点子杯”合理化建议活动,征集经济技术新成果751项。职工创新工作室总数达到21个,完成创新课题214项。太钢2.5万名职工参加189个工种的技术比武活动,1017名职工完成“闯关竞赛”网络自主学习,岗位练兵、岗位成才蔚然成风。以巡回报告团、报告文学等多种形式宣传劳模先进事迹,用身边先进典型引导和带动职工。举办首届乒羽联赛、全民健身和文艺汇演、慰问演出等文体活动,丰富职工文化生活。

坚持开展困难职工帮扶和“金秋助学”活动,发放救助金2023万元。组织太原市首个“环保组织开放日”,持续开展“公众开放日”活动,9000余名社会各界人士走进太钢感受变化,提高太钢的知名度和美誉度。(岳耸屹)

山西焦煤集团公司

【概述】 山西焦煤集团公司(以下简称山西焦煤)组建于2001年10月,是我国煤炭行业第一家以资产为纽带,由原西山煤电、汾西矿业、霍州煤电三家国有重点煤炭企业合并重组设立的煤炭大集团,是国内规模最大、品种最全的炼焦煤生产企业。2013年,山西焦煤主要产业包括煤炭、焦炭化工、发电、物流贸易、装备制造业,各产业产品门类齐全、结构完善,在炼焦煤市场有着较强的产品竞争力和价格话语权。

截至2013年末,山西焦煤共有101座矿井,产能16045万吨/年,核定能力8660万吨/年。其中:34座存量矿井,产能9280万吨/年;67座资源整合矿井,产能6765万吨/年;28座选煤厂,入洗能力11055万吨/年;17座控股生产电厂(站),总装机容量3511兆瓦。其中,8座燃煤电厂,装机容量3358兆瓦;6座瓦斯电站,装机容量48.8兆瓦;3座余热余气电厂,装机容量104兆瓦;5座焦化厂,焦炭产能1180万吨/年,无机盐主导产品产能186万吨/年;日化产业生产规模57.5万吨/年;煤矿机械制造业产能30万吨/年;民爆化工业产能8万吨/年,雷管6000万发。建材业产能,水泥70万吨/年,商品混凝土40万立方米/年。

2013年,山西焦煤资产总额2273.77亿元,增幅13.69%。所有者权益532.11亿元,增幅3.07%。销售收入2360.36亿元,增幅30.6%。利润13.61亿元,减幅47.95%。税费139.28亿元,减幅15.23%。

截至2013年11月末,山西焦煤在册人数234242人,其中:工业生产216769人,多经三产人员17473人。

工业生产中,在岗人数209730人,离岗保留关系人数7039人,女性

2013年1月10日,山西省委副书记、省长李小鹏到山西焦煤集团调研

38949 人。其中:按三大序列划分,管理序列 26773 人,专业技术序列 18204 人,操作人员序列 164753 人。按工作岗位划分,生产工人 139237 人,工程技术人员 9893 人,管理人员 26397 人,服务人员 28923 人,其他人员 5280 人。

按产业划分,原煤生产 95123 人(其中井下生产 69958 人),煤炭洗选 12382 人,火工品 1012 人,机电修造 3358 人,电力生产 4005 人,焦炭化工 15526 人,建筑安装 6776 人,煤炭销售 1747 人 水泥建材 788 人,物流贸易 1865 人,后勤服务及其他 17911 人。

(杨士元)

【矿井生产发展】 2013 年,山西焦煤 38 座生产矿井生产原煤 10317 万吨,单井平均产量达 272 万吨;矿井综采机械化程度 100%,综掘机械化程度 86.7%,原煤生产全员工效 6.9 吨 / 工;采区回采率 84.11%,采煤工作面单产 11.9 万吨 / 个月,掘进工作面单进 286.2 米 / 个月。

优化布局完善系统。对本部生产矿井按照生产布局优化方案,全部完成“塑身”计划:120 万吨 / 年以下矿井按照一个回采工作面组织生产,120 ~ 500 万吨 / 年矿井按照 1 ~ 2 个工作面组织生产,500 万吨 / 年以上矿井按照 2 ~ 3 个工作面组织生产;资源整合矿井按照“一矿一井一面”组织建设、生产。

核心装备升级。集团公司掌握国内外先进适用装备,加大资金投入力度,提高核心装备投入和高端技术推广应用力度,重点推广大采高配套设备和重型掘进机的使用,推广综采工作面超前液压支架的使用,使采掘核心装备水平实现大幅度提高。

重点环节突破。瓦斯治理方面:加大地面抽采、区域预抽力度,在采掘衔接时间、空间安排上满足抽采要求;有序规划、建设第三电源点,打造坚强供电系统;加快推广应用沿空留巷技术,加大留巷工艺技术研究,以提高回采率,遏制瓦斯超限。

防治水方面:加强带压开采矿井防治水工作,建设完善矿井强排水系统;整合矿井在大排查基础上,落实治理改造计划,完善矿井排水系统;加快装备技术研究创新,落实“有掘必探、有采必探、有疑必钻”“物探先行、钻探跟进”要求。

特殊采煤方法创新方面:在边角煤开采、采空破坏区复采等特殊地质条件采煤技术上开展试验,引进采掘机、连采机等成套技术;在“充填”开采、水力开采等采煤方法上实现突破;在薄煤层开采技术上开展探索,实现自动化开采。

(杨士元)

【强化技术攻关】 2013 年,山西焦煤强化技术攻关。引进薄煤层开采技术。山西焦煤在西山煤电马兰矿引进世界最先进的无人自动化薄煤层刨煤机,最高日产达 6000 多吨,使厚度在 1 米左右的薄煤层得以开采利用;在西山煤电西曲矿引进两台三螺旋钻式采煤机,重点开采厚度在 0.7 米至 0.9 米的薄煤层。薄煤层回采率由 2005 年的 83%提高到 2013 年的 89.25%。

推广厚煤层开采技术。在西山煤电屯兰矿装备第一套国产大采高智能化综采设备,实现 2#、3# 煤一次采全高;在西山煤电官地矿“采 8 放 9”,使 8#、9# 煤一次回收,中厚煤层回采率达到 86.05% 、厚煤层回采率达到 82.73%,分别高于国家规定 6.05%和 7.73%,达到国内领先水平。

推进“以矸换煤”无煤柱开采技术。推广“以矸换煤”无煤柱开采技术,在工作面利用 25%的粉煤灰、煤矸石等固废作为充填材料,对废弃巷道进行适时填充,实现无煤柱开采。每回采一个 2000 米左右的工作面,可回收优质焦煤资源 19.5 万吨,收入在 1 亿元以上。西山煤电屯兰矿、斜沟矿,汾西矿业中兴矿、贺西矿,华晋焦煤沙曲矿五座矿井进行试点应用,项目总投资约 8.6 亿元,可置换煤炭资源约 490 万吨,在有效治理回采工作面上隅角瓦斯的同时,尽可能多地回收宝贵的炼焦煤资源。

加大不规则块段等边角煤回收。在西山煤电镇城底矿研发不规则块段精细化开采技术,采用工作面长度渐变、工作面变向推进、放顶煤工艺革新等不规则煤体无丢失开采技术,采区回采率由 2010 年时 80%提高到 2013 年的 83.6%,多回收煤炭资源 41.97 万吨。

应用“三下”采煤技术。“三下”压煤主要包括季节性河流、公路、村庄下的煤炭资源。汾西矿业新阳矿、霍州煤电曹村矿等作为“三下采煤”技术试点单位,选择煤矸石、粉煤灰、水泥、黄土等作充填材料,在尽可能开采“三下”压覆煤炭资源的同时,有效控制地表开采沉陷。

实施“煤与瓦斯”共采技术。建立高瓦斯矿井煤与瓦斯立体化抽采技术体系,在地面抽采、本煤层抽采的基础上,组织保护层开采、区域预抽、卸压抽采和高、低抽巷抽采,构建立体抽采网络。在煤层气抽采方面,与晋煤蓝焰公司合作,在西山和离柳矿区、沁水煤田施工瓦斯地面钻井 785 口,瓦斯抽采量达到 5.1 亿立方米,利用率 45%。城市燃气方面,华晋焦煤沙曲矿每年为柳林县供瓦斯混合气 108 万立方米,作为城市燃气连续运行四年多。瓦斯发电方面,山西焦煤共建有瓦斯发电站 6 座,总装机容量 79.5 兆瓦,每年可消耗瓦斯 1.84 亿 Nm^3,发电 4.8 亿千瓦时,实现减排 CO_2 当量 253 万吨。风排瓦斯利用方面,运用 CDM 机制的有杜儿坪矿中部风井乏风项目、屯兰矿石家河风井乏风氧化利用项目、东曲矿羊圈港风井乏风氧化利用项目,进行沙曲矿风排瓦斯氧化利用工业试验。瓦斯燃烧方面,共有燃用瓦斯锅炉8台,总装机容量达到72t/h,每年可利用瓦斯1904万Nm^3,同时建有煤泥干燥厂1座,每年烘干煤泥15.3万吨,利用瓦斯2710万立方米。

建设千万吨级井工矿井。山西焦煤投资60亿元,在吕梁市兴县建成1500万吨/年规模的斜沟矿井及配套选煤厂。矿井综采工作面应用国产千万吨级矿井大采高综采工作面成套设备及技术,包括煤岩隔离破碎、大采高电牵引采煤机、6.5米大采高电液控制液压支架、超重型工作面输送成套设备、大运量超长距离可伸缩带式输送机、高压大排量乳化液泵站、智能组合电器、支架电液控制及工作面集中监控系统等,创出工作面月产87.6万吨记录。与太重煤机联合山西煤机、平阳重工、罗克佳华、中国矿大等单位,共同研发综采成套智能化装备项目。该项目是全国首套千万吨级矿井工作面智能化开采装备系统,2013年6月13日装备系统地面联动试车成功,在斜沟矿进行井下安装,为我国千万吨级矿井安全开采、高效智能化开采起到示范带动作用。 (杨士元)

【煤炭安全生产】 山西焦煤树立“安全第一、预防为主”的指导思想,贯彻“装备、管理、培训”三并重原则,安全生产形势明显好转,煤炭生产百万吨死亡率保持在较好水平。2013年,西山煤电、投资公司消灭人身伤亡事故,连续两年实现安全生产;霍州煤电消灭煤矿井下伤亡事故;电力、建筑等产业实现安全生产。

狠抓理念、素质、能力、责任、制度、现场六大重点。贯彻落实“敬畏生命、敬畏责任、敬畏制度”等一系列指示精神和《煤矿矿长保护矿工生命安全七条规定》要求,开展“安全第一、生产第二是原则更是纪律”大讨论活动,收集汇编优秀论文成果369篇。组织编写《地面工业生产单位典型事故案例选编》,开展事故案例教育培训。先后组织开展“安全生产月”等活动,观看《责任重于泰山》《职责》等安全警示教育片,加强案例警示教育。

开展“干部上讲台、培训到现场”活动,集团领导带头两次集体登台授课,对全体矿厂级以上和新提拔矿厂处级以上领导干部进行集中培训。2013年共有10770名干部上台授课107632课时,编写教案56320份,42.6万人次听课受训;15200名包保干部现场培训职工1079936人次,每位领导干部平均包保培训8人。开展“教练式大培训,现场大比武”活动,组织50个工种的现场大比武和技能竞赛,对各工种前6名共301人全部纳入集团公司优秀人才库和后备干部库管理。

以“一明白,两清楚,三负责,四熟悉”为重点,全面加强对煤矿领导班子的素质提升要求和考核分析评价,共对88座煤矿526名“六长”进行考评考核,对部分煤矿领导进行调整,有效提高煤矿领导班子履职能力。

对集团、子公司、区域公司、矿厂单位四级安全监管职责、安全管理重点、安全责任划分进行明确,严格现场管理责任划分,全面加强事故责任追究处理,高值瓦斯超限、重大水患、大面积停电等重大等级非伤亡事故纳入集团层面进行严格查处。2013年安全罚款3200万元,共问责和处理干部职工37人,并对发生安全事故的四个单位主要领导进行警示谈话。

健全完善并严格执行领导干部挂牌督导、联系单位、下井带班跟班等安全管理制度,两级领导班子平均下基层下现场安全督导6.6次;矿处级干部月平均下井13.2个,带班9.1个;区科级干部月平均下井21.4天,带班12.6个。成立安全监管“五人小组”,抽调、招聘安全专业人员91人按照“就近连片、持续有效”的原则,开展煤矿安全监管,实现对矿井的实时监控。

针对临时施工、临时作业过程中存在的安全隐患,制订分管领导现场办公、总工程师技术措施审批、安全矿(厂)长现场安全验收“三必须”制度,现场安全得到有效保障。组织开展对焦化、电力、机械、建筑等地面生产单位的安全整顿,提出防范“卷、挤、坠、滑”、推行走动管理制度等的工作要求,65个单位166名车间干部取消办公室。

按照认定大隐患实施安措项目立项的基本原则,全面加强安全费用项目及工程的立项、论证、实际概算审查、进度验收、效果检测评估等管理,提高安全投入的效益和效果。

以创建“安全先锋岗”、争当“优秀群监员”以及青年安全生产示范岗创建活动为载体,党政工团齐抓共管,形成安全生产的强大合力。

突出“一通三防、防治水、机电运输、整合矿井、地面安全”五大重点领域。组织开展高瓦斯矿井督查、隐患集中排查整治、安全生产大检查“回头看”、隐蔽致灾因素普查整治等一系列安全专项整治,全面开展安全生产“大反思、大讨论、大排查、大整改”百日安全生产活动,建立健全重大隐患分级管理和重大危险源分级监控机制,集团层面累计排查整改各类安全隐患26301条,并对重大隐患进行挂牌督办。

推进通风安全许可评价制度,2013年共有38个高瓦斯工作面通过两级集团的评价。开展“一通三防”会诊工作,对76座矿井开展“瓦斯管理全覆盖专项大会诊”,排查隐患1110条。强化瓦斯抽采管理,着力构建瓦斯立体抽采体系,21座高瓦斯、突出矿井抽采率均达到国家标准要求。突出低浓度瓦斯输送安全保障体系建设,共消灭低浓度瓦斯抽采点112处,安装隔爆抑爆装置138套。

开展防治水专项整治，存量矿井和15座整合矿井按照要求完善矿井排水系统，10座矿井建成强排水系统。对75座矿井进行水文地质专项会诊，其中28座水文地质类型复杂矿井进行审查点评。对41座矿井开展矿井防治水指导，完成23座存量矿井水文地质类型划分。

强化供电系统改造，2013年共对9座变电站进行改造，新建变电站12个。按照"无人则安"的要求，开展以无人值守机房硐室为重点的矿井物联信息技术改造，杜儿坪、贺西、干河等10座矿井试点成功，共建成136座高标准无人值守机房硐室。加大提升运输设备淘汰力度，共淘汰顺槽调度绞车384部。

汲取"9·28"事故教训，查找整合煤矿存在的重大安全隐患和隐蔽致灾因素，在完善地质资料、审查矿井设计、加强外委队伍监管基础上，按照"安全、效益、规范"的原则对整合煤矿进行复工复产验收，共有18座整合煤矿通过复工复产验收。

加强对非煤行业的安全监管，组织对电力、建筑建材、机械修造、运输业、公共事业等领域开展拉网式排查和安全对标管理，全面加强食品安全、药品安全、交通安全、集会安全、网络安全、疾病疫情、社会治安等社会公共领域安全管理，确保矿区安全稳定。

（杨士元）

【经营管理举措】 山西焦煤面对2012年以来煤炭市场出现的需求和价格大幅下行，煤焦消费总量负增长，煤炭企业三分之一微利、三分之一持平、三分之一亏损的困难格局，在经营管理方面采取一系列行之有效的措施，2013年销售收入完成2360亿元，顺利跨越2000亿元大关，实现两年翻番的奋斗目标；利润总额13.6亿元，在煤炭价格两年下跌42%的情况下，保持微利运行局面；工业增加值423亿元，同比增长13.38%，完成省国资委考核指标；在岗职工工资76500元，同比增长1.8%，保持一定的增长比例。

坚持"扩大产销、禁止赊销、价格随行就市""让利不让市场，让价不让回款"策略，实施月、旬、周价格调整制度，推进优势品种组合销售。主要领导亲自出面协调太钢、山东钢、河北钢等大型企业签署战略合作协议，增加煤炭接货量，改变销售被动局面。2013年煤炭总销量累计完成13175万吨，同比增长41.5%，首度突破年度销量亿吨大关，为各生产企业降低成本保持秩序创造基础条件。

围绕提高产能利用率、组织达产达效、合理集中生产、推进技术改造扩能等开展工作，加强对子分公司经营班子的考核，持续降低成本，提高市场竞争力。2013年，商品煤成本在上年同比降低50元/吨的基础上再降101.91元/吨，消化价格损失百亿元；焦炭成本在上年同比降低150元/吨的基础上再降380.36元/吨，消化价格损失近40亿元，总体上实现五大煤炭集团最低成本水平。

通过对标先进、解剖典型，找到焦化产业各级干部精神状态、工作方法、管理方式上的差距，找准减亏扭亏"四片药"的具体措施，针对"产、供、销、耗"四大环节中暴露出的问题一一组织根治。连续六年累计亏损达50余亿元的焦化产业从2013年9月份开始减亏止亏，8月至12月内部挖潜实现效益5.6亿元，总体上实现当期止亏。与2012年亏损13.38亿元比较，年度减亏6.55亿元，减亏49%。

把"抱团取暖"与封闭内部市场结合起来，引进技术、引进资金、引进人才，规范内部市场，支持非煤产业加速发展。2012年至2013年，电力产业分别增长75%、25.66%，生产生活服务和贸易产业分别增长106%、56.12%，建筑建材产业同比增长134%、15.56%，机械电气制造业同比增长644%、156%，非煤产业继续保持迅猛有力发展的势头，缓解两大主导产品价格大幅度下降带来的压力。

着眼在危机中保持资金相对充裕，确保企业正常秩序。2013年四季度开始，推进整合煤矿规模与能力再平衡，同步压缩自营煤矿建设总规模，明确"安全无保障，投资无效益，管理不规范"的项目一律停建缓建，集中力量推进大型安全高效优质矿井为基础的循环经济园区建设，防范盲目扩张导致的经营风险，确保企业正常的生产经营秩序。

（杨士元）

【兼并收购重组】 2013年，山西焦煤针对企业"一煤独大"、产业结构不尽合理、发展速度相对滞后的情况，采取成本最低、速度最快、风险最小的并购方式开展对外合作，在并购重组方面取得丰硕成果。

在煤炭主业领域，组建6个探矿权项目合资公司，收购古交煤焦公司，先后完成田喜宝、寨圪塔、白娥等矿业权合作项目，在争取固贤、白额、万荣等煤炭资源项目上取得进展。在电力领域，完成规模2×300兆瓦的武乡电厂股权收购和古交电厂21.853%股权收购，重组大唐电力460万千瓦发电机组项目签署框架协议，进入实质调研和业务对接阶段。在焦化领域，重组山西焦炭，新增247万吨产能，重组唐山佳华330万吨/年、忻州禹王300万吨/年焦化项目开始协议和章程的起草；完成对运城盐化的并购，当年即实现扭亏为盈并贡献销售收入28亿元；在非煤产业领域，与河南省煤科院合作设立爱钢装备再制造有限公司，与沈阳电机集团合作设立山西西山电机有限公司，与宁波天安股份公司合作设立西山煤电集团天安电气有限公司,投资入股山西德汇无缝钢管有限公司,与八达电器合作设立霍州亿能电气公司。完成太原育康监理公司的全资收购等项目,与北京圆之瀚公司合作设立霍州晋源沃德选煤设备公司等。

在资本领域,2013年,山西焦煤集团公司对外争取资金18亿元;新增融资113亿元,其中间接融资33亿元、直接融资80亿元,融资总额达到817亿元;集团公司融资平台融资314亿元,综合融资成本5.39%,每年可节约财务费用约3亿元;与香港恒运公司合作设立山西焦煤机械电气有限公司,引进资金开始逐步到位;投资公司与中广核二期产业投资基金结成战略合作伙伴,一次性引进15亿元资金。　(杨士元)

【销售网络优势】 2013年,山西焦煤集团以七个区域市场公司为主,构建遍布国内各主要区域的市场开拓、货款回收、售后服务煤炭销售网络。以调运部、各驻子公司销售公司为主,通过调运部总调运室、驻太原铁路局办公室、驻各子公司铁路运输联合办公室等,构建煤炭铁路运输内部调度运输网络。以公路公司与各驻子公司公路销售服务中心为主,构建煤炭公路运输销售网络。以港口公司、出口公司为主,在沿海六个港口设立办事机构,构建港口中转下水及出口销售网络。以质量管理与监督服务中心、子分公司质量管理部门、矿厂质量管理科室为基础,构建煤炭产品质量专业化管理体系。以整合矿井销售管理与监督服务中心、驻子公司整合销售联络组为主,各子分公司相关部门配合,构建整合重组矿井集中统一销售管理体系。　(杨士元)

【转型跨越发展】 2013年,山西焦煤围绕山西省转型综改试验区的总体要求,明确提出基本建设、整合煤矿技改、兼并重组、实体贸易拓展四轮驱动推动转型跨越发展的工作方法。

2012~2013年重点工程投资完成299亿元,其中西山煤电斜沟煤矿基本形成3000万吨/年能力,霍州煤电临县庞庞塔1000万吨级煤电材循环经济园区中的煤矿、洗煤厂投产准备完工,电厂开工;华晋焦煤沙曲矿"一变二"扩能500万吨/年项目基本建成,进入国家核准程序;临汾70万吨/年甲醇制烯烃项目完成前期工作和现场"五通一平",具备全面开工条件。

重大项目推进22项,其中西山煤电斜沟煤矿取得国家能源局核准,70万吨/年甲醇制烯烃、汾西矿业荣欣矿区铁路专用线、霍州煤电庞庞塔铁路专用线项目取得省发改委核准,西山煤电古交电厂三期2×60兆瓦项目取得低热值煤发电项目"路条"批复。重大项目落地16项,落地金额286亿元,完成省政府下达的落地指标。

山西焦炭6月份完成重组进入焦煤序列,全年贡献销售收入290亿元;山焦盐化先后完成对安徽、江苏、四川等同类企业的股权并购,行业产能比例达到30%以上;金土地公司7月份组建,展开农业项目重组;机械电气公司组建,引进资金开始逐步到位;与中节能集团组建节能环保公司项目完成协议谈判。　(杨士元)

【科技创新成果】 2013年,山西焦煤坚持依靠科技进步,提升传统产业,提高公司经济增长的质量和效益。先后与全国40余所科研院所结成技术联盟,形成"企业主导院校参与、产学研用协同创新"的合作模式,截至2013年底,共拥有2个国家级技术中心、2个省级技术中心、3个博士后科研工作站和5个项目基地;加大科技创新投入力度,近年研发投入达到10.69亿元/年,占到产品销售收入的1.3%。2011年以来开展研发项目1600余项,其中重点研发项目449项,经省部级以上成果鉴定103项,88项达到国际领先和国际先进水平,获得省部级以上科技进步奖86项,其中4项成果获国家科学进步奖。承担国家"十二五"智能制造装备发展专项、国家科技支撑项目、国家973科研项目、国家863科研项目、山西省"十二五"科技重大专项等多项省部级以上科技项目,制定行业标准14项。2013年在全国887家国家级技术中心评价中,山西焦煤技术创新能力排名第145位,位居全国煤炭行业首位。　(杨士元)

【优化环境改善民生】 2013年,山西焦煤始终把全心全意为职工谋福利作为企业安身立命之本。

改善职工工作环境。将大宗设备是否产生职业危害以及危害因素浓度和强度作为一项重要指标,控制大宗设备采购,从源头上加强职业危害预防。建立综合防尘管理制度,落实综合防尘措施,在井下全部安装粉尘监测系统,铺设防尘供水管网,采取煤体注水、净化风流水幕、湿式打眼、红外喷雾等防尘降尘措施。对大型机械设备加装减震设施,配备瓦斯监测报警装置,并根据工种定期发放防尘降噪效果好3M防尘口罩和防噪音耳塞耳罩,最大限度地降低噪声及瓦斯造成的安全隐患和职业病的发生。设置井口急救站48个,做好职业危害因素定期检测和日常检测,开展职业危害评价工作。强化职工培训教育和告知,做到合同告知、职业危害作业场所警示告知、体检结果及时告知,开展上岗前集中8学时的职业病防治知识培训和每年4学时的培训,职业危害告知率达100%。

开展职业卫生检测工作。建立健全18项职业卫生管理制度及职业病防治管理档案,对接触有害物质工种职工上岗、离岗体检率达 100%，在岗体检人数三年达到 144925 人次，体验率 95%以上。加大职业危害因素监测和粉尘危害合格率监测，职业危害因素监测率达到 94%以上，粉尘危害监测合格率达到 88.78%。

改善矿区生活环境。开展住宅小区和“两堂(塘)一舍”的标准化创建工作，2011～2013 年，对住宅小区和“两堂(塘)一舍”共投入资金约 51565 万元，其中职工住宅小区投入 22451 万元，两堂(塘)一舍投入 29114 万元，共有 115 个厂网点参加标准化创建（职工住宅小区 29 个、职工食堂 31 个、职工澡塘 28 个、单身公寓 27 个)，有 106 个厂网点达到创建标准（职工住宅小区 27 个、职工食堂 29 个、职工澡塘 25 个、单身公寓 25 个)，有效改善职工的工作生活环境。

加大保障性住房建设力度。落实棚户区、沉陷区改造政策，加快矿区保障性住房建设，2013 年底在建保障性住房 494.9 万平方米、40849 户，其中：国有煤矿棚户区 247.9 万平方米、20066 户；沉陷区 58 万平方米、4956 户；其他保障性住房 189 万平方米、15827 户。通过保障性住房建设，改变矿区环境面貌，实现广大职工“居者有其屋”的目标。（杨士元）

【新组建企业】 2013 年，山西焦煤通过新设、并购、合资设立等方式新组建企业 6 个，分别为山焦盐化、山焦焦炭、山焦机电、山焦飞虹、山焦金土地和山焦香港。（杨士元）

【山焦盐化】 山西焦煤运城盐化集团有限责任公司(简称山焦盐化)是山西焦煤全资子公司，成立于 2012 年 12 月。其前身为成立于 1948 年的运城盐化局(后改称运城盐化集团)，于 2012 年 12 月由运城市政府将全部资产无偿划拨给山西焦煤后更名设立。主要负责管理南风化工、山西运城盐化机械有限公司两个控股子公司和历史遗留的企业办社会部分。

南风化工（南风化工集团股份有限公司)是 1996 年 4 月 2 日由山西运城盐化局用生产经营性资产与国内四家企业共同发起设立的股份有限公司，主要生产和销售无机盐系列产品和日用化工系列产品。1997 年 4 月在深交所公开发行股票并上市。截至 2013 年，南风化工资产总额 37 亿元。山焦盐化持有 25.69%股份；西安高科建材有限公司持有 5.29%股份，其余为社会公众股东。

2013 年，山焦盐化完成销售收入 28 亿元，利润全年持平，化工产品、日化产品总产量分别完成 127.37 万吨、30.13 万吨。（杨士元）

【山焦焦炭】 山西省焦炭集团有限责任公司(简称山焦焦炭)成立于 2002 年 7 月，是原省国资委监管的 34 户省属国有骨干企业之一。2010 年底，由山西煤销集团整合重组焦炭集团公司；2013 年 5 月底，由山西焦煤集团整合重组焦炭集团公司，成为焦煤集团的全资子公司。

2013 年末，山焦焦炭资产总额 102.6 亿元，净资产 15 亿元。公司实行以产权为纽带、母子公司框架下的三级管理体系，集团机关设 19 个职能部门，下设 54 个核算单位。

山焦焦炭经营业务主要分布在四个板块(运销管理、焦化生产、贸易物流、多元产业)和一个服务平台(焦炭交易中心)。

2013 年，山焦焦炭实现营业收入 302 亿元，利润 1332 万元，生产焦炭 205 万吨，生产甲醇 13.5 万吨，完成焦炭贸易量 1832 万吨。（杨士元）

【山焦机电】 山西焦煤机械电气有限公司(简称山焦机电)于 2013 年 7 月 30 日注册成立，是由山西焦煤集团以西山煤电、汾西矿业、霍州煤电三个子公司的机电修造、设备租赁实物资产出资，与恒昌企业(香港)有限公司现金出资组建的中外合资企业。

山焦机电经营范围为煤矿机械装备、电气装备的设计、制造、销售、维修及成套化等；租赁业务、向国内外购买租赁财产、租赁财产的残值处理及维修、租赁交易咨询和担保；设备进出口贸易等。主要产品有系列采煤机、掘进机、液压支架、运输及辅助运输设备、矿用防爆电器、地面变配电设备、洗选设备等，具备煤矿装备成套生产能力。（杨士元）

【山焦飞虹】 山西焦煤集团飞虹化工股份有限公司(简称山焦飞虹)于 2013 年 3 月 21 日成立，公司由山西焦化股份有限公司(股比 51%)和山西焦煤交通能源有限公司(股比 49%)共同出资设立。

山焦飞虹主要承建“60 万吨/年甲醇制烯烃项目”，是以焦炉气生产的甲醇为原料，通过甲醇转化制烯烃、烯烃分离、烯烃转化、烯烃聚合等工艺过程生产聚乙烯、聚丙烯产品的大型化工联合项目。（杨士元）

【山焦金土地】 山西焦煤集团金土地农业开发有限公司（简称山焦金土地)于 2013 年 6 月 6 日注册成立，是山西焦煤独资子公司。具体负责实施山西焦煤的产业扶贫计划，实行自主经营、自负盈亏。

山焦金土地确立“贸易先行、产业带动、主动、慎重稳妥、保证权益、实现共赢”的产业扶贫开发工作思路，以山西省产业扶贫开发为契机，将农业产业发展成山西焦煤集团转型发展的核心产业。（杨士元）

【山焦香港】 山西焦煤集团(香港)有限公司（简称山焦香港）于 2013 年 7

月成立，注册地香港，为山西焦煤独资子公司。

山焦香港公司主要职责定位：通过控股、参股海外资源，培育、拓展贸易渠道，做实进出口贸易；利用香港金融市场为集团发展进行低成本融资；受集团委托，对东方联合资源(香港)有限公司(简称“东方公司”)行使股东权利。

山焦香港业务范围为煤炭、焦炭、铁矿石、钢材等进出口贸易，融资业务。2013年完成销售收入140亿元。

(杨士元)

晋西工业集团公司

【概述】 晋西工业集团有限责任公司是由原晋西机器工业集团有限责任公司、山西江阳化工有限公司、山西利民工业有限责任公司、河北第二机械工业有限公司于2009年10月组建成立。2011年6月，重组山西春雷铜材有限责任公司。2012年底，完成晋西集团法律意义上的重组。晋西工业集团公司拥有四个军品板块和“铁路产品、铜材、汽车零部件、垃圾焚烧发电及装备制造”四个民品板块，分布于以太原为中心的山西、河北、内蒙古、安徽“四省六地十园区”。职工总数1.36万人，资产总额100亿元，占地面积20平方千米。

晋西集团坚持“战略引领、科技创新”的发展方针，坚持“以军为本、军民融合、军地融合”的发展道路，推进军民两个领域协调发展。

民品方面，经过30多年的努力，各个板块均得到不同程度发展。形成以晋西车轴为主体的铁路产品产业体系。晋西车轴是由晋西工业集团控股，以铁路产品为主业的上市公司，产业规模30多亿元。主要产品包括铁路车轴、铁路货车和摇枕、侧架及转向架等相关零部件，其中车轴涵盖铁路机车、货车、客车、地铁、轻轨五大系列的全部品种，成为我国能力最强、质量最优、谱系最全的铁路车轴生产基地，跻身全球专业化生产的第一梯队。以山西春雷铜材公司和太原晋西春雷铜业有限公司为主体的铜材产业，拥有年生产各种铜及铜合金板带近10万吨的能力，产业规模30亿元，生产工艺、技术装备、产销规模、产品品质均达到国内先进水平。以山西利民和河北二机为主的汽车零部件产品，形成汽车消声器、摩托车消声器和客车门机(门泵)系列产品为主的汽车零部件产品体系，其中门机产品国内市场占有率35%，居行业首位。(办公室)

【主要指标完成情况】 2013年，晋西工业集团全年累计实现主营业务收入100.10亿元，完成年度计划的100.1%，同比提高24.32%，其中：民品收入完成76.95亿元，占年计划的102.6%，同比提高39.23%。

全年累计完成总产出101.16亿元，占年计划的106.48%，同比增长24.84%；其中：工业总产值100.12亿元，完成年计划的106.51%。民品完成76.42亿元，占年计划的109.39%，同比增长49.84%。全年完成利润总额2.01亿元，同比增长47.98%。(办公室)

【预算管理】 2013年，晋西工业集团公司将上级单位下达的各项财务考核指标，分解到本部及各子公司，并对各单位的财务指标进行考核。每月初根据各板块经营情况设定并下达月份经济运营预警监控指标，将各项指标按月落实到集团领导、各部门、子公司，按监控指标对各个板块进行经济运行责任制考核，通过召开绩效考核分析会，形成绩效考核通报。(办公室)

【质量管理】 2013年，晋西工业集团公司策划形成《质量管理工作计划》《质量改进计划》《2013年主要产品质量指标计划》等计划，并逐项落实，确保2013年质量目标及上级下达的指标全面完成。(1)开展质量整顿和质量工作大检查。按照“全覆盖、动真格、零容忍、重实效”的总体要求，对重点产品实现过程进行自查、互查、验收检查，整改问题40余项。(2)开展质量改善活动。组织召开质量改善现场周会，协助生产单位提升产品实物质量。(3)开展产品质量“双六承诺”活动，推进“责任工程”建设。为实现“产品状态六清楚、管理效果六到位”，制订下发《关于开展产品质量“双六承诺”活动的通知》，选取12种产品试点开展“双六承诺”活动。(4)开展质量经济性课题研

投资20亿元的晋西工业园等九大工程建设项目在太原工业新区奠基开工

究。形成《质量经济性改善计划》,在加强返工返修控制、质量成本优化等方面提出改善措施并试运行，本部废品损失率较上年降低0.05%。(5)加强售后技术服务工作。建立售后服务专业化队伍,共计开展技术服务、保障、培训工作28次,顾客满意度达98.2%。

(办公室)

【科研成果】 2013年，晋西工业集团公司共获得发明专利授权108项,其中获得国防发明专利授权52项,普通发明专利授权3项。集团公司获得兵器工业科学技术进步特等奖1项,一等奖2项,二等奖3项,三等奖5项;获工信部国防科学技术进步奖一等奖2项,二等奖3项,三等奖1项。

2013年，技术创新投入2.08亿。民品共计开展43项科研项目,高速动车组车轴完成全部课题任务，启动装车运行考核用车轴准备工作。巴基斯坦货车完成图纸设计并获得巴方批复,启动试制工作。新开发美国新型货车110吨级加强型摇枕、减重型侧架和70吨级改进型摇枕的试制工作完成,样件发往美国进行型式试验。高铁和电气化铁路专用铜合金带(CY态铜镍二硅合金带)开发,替代进口产品，填补国内空白。无氧铜泄露电缆带(0.1毫米)完成试制并形成批量供货能力;框架材料类产品C192、C194试制成功,开始小批量供货。成功开发汽车门泵电磁阀一体化总成，在郑州宇通和苏州金龙实现配套。高端环保装备产品方面，晋西车轴与青岛在原环境设备公司签署合作协议，并开展垃圾焚烧发电装备相关零部件的试制。

(办公室)

【社会责任管理】 晋西工业集团公司注重统筹企业、职工、客户、合作伙伴的发展,在抓好生产经营的同时,履行社会责任。2013年，继续开展定点扶贫,帮助扶贫点解决蜂蜜销售;支援黑龙江省甘南县抗旱水井项目;持续开展“慈善一日捐”活动,弘扬人民兵工光荣优良传统。在集团内部,坚持发展成果惠及职工群众，开展多层次帮扶慰问,积聚起改革发展的正能量。

(办公室)

【企业党建及文化建设】 2013年,晋西工业集团公司党委以党的群众路线教育实践活动开展为契机，围绕技术创新、结构调整、精益管理工作主线,推进组织构建,激发基层创新活力,构建“一体化、特色化、实效性”党建工作格局。强制度,先后建立、修订、完善38项党建顶层制度,编制《党建工作制度汇编》，明确基层必须制定的7项基础制度。重考核,以不打招呼、不下通知、不听书记汇报的“三不”工作法,党委领导带领党群部门主管，每月到一线支部和党员,接地气、查实情、听意见,在考核上拉条量化,并以总评分大排队予以公示。以“小故事、大文化”“我与企业文化”等征文活动推动兵器文化落地。基层普遍推行的“文化墙”“班组文化园地”更促进文化的入脑入心。转作风,坚持“四抓四促”,坚持“五个结合”,在“学”上下功夫,在“听”上动脑筋,在“谈”上拓渠道,在“评”上动真格,在“写”上扣主题,推动教育实践活动在集团公司开展。 (办公室)

【2013年重大事项】 1月8日，晋西工业集团与齐齐哈尔轨道交通装备有限责任公司召开战略合作年度座谈会。

1月18日，由晋西工业集团和上海环境集团共同筹备的太原环晋再生能源有限公司正式注册成立。

3月22日，晋西车轴与巴基斯坦签订200辆平车和300辆罐车采购合同,铁路货车首次实现出口。

3月30日，太原市生活垃圾焚烧发电厂BOT项目开工建设。

4月22日，晋西车轴轨道交通及高端装备制造基地项目开工建设。

5月31日,晋西工业集团参加山西省军民结合产业发展推进会，并与太原市民营经济开发区签订入区服务协议。

8月14日，晋西车轴非公开发行股票项目圆满完成。

8月23日，晋西工业集团与马鞍山市领导就马钢晋西轨道交通装备项目建设进行交流会谈。

12月4日，晋西工业集团获批建立太原市院士工作站。

12月6日，晋西工业集团技术中心被认定为“国家级企业技术中心”。

(办公室)

【领导视察】 3月28日，北京军代局局长熊明辉到晋西工业集团调研指导。

4月19日,中国工程院院士、晋西集工业团特聘专家唐西生到集团公司调研指导。

5月14日，总装陆装科订部首长到晋西工业集团视察。

5月16日至17日,兵器集团党组成员纪检组长王耀东到晋西工业集团调研。

5月28日,安徽省马鞍山市委市政府领导到晋西工业集团公司参观调研。

7月21日,中央军委委员、总装备部部长张又侠到晋西工业集团视察。

10月22日，太原市市委副书记、市长耿彦波到晋西铜业视察。

12月2日，国防科工局三司司长罗格到晋西工业集团视察。

(办公室)

【业务整合】 按照晋西工业集团公司整体战略部署,2013年,整合太原晋西春雷铜业有限公司和山西春雷铜材有限责任公司两地业务资源，将铜材板块总部和研发中心搬迁到太原，实现晋西铜业太原、翼城两地铜材产品一体化运作，统一铜材板块战略及计划管理、科研开发和市场营销。

(办公室)

劳动模范

·2013年太原市获国家、省表彰名单·

【全国五一劳动奖状】

太原矿山机器集团有限公司

【全国五一劳动奖章】

邱　娃　太原重型机械集团有限公司太原重工锻压分公司生产工部锤机组组长锻工技师

薛道成　山西焦煤党委常委、西山集团董理长、党委书记

常宝成　太原市第三实验中学校校长

【全国工人先锋号】

山西太钢不锈钢股份有限公司冷轧硅钢厂退火作业区甲班

中国移动通信集团山西有限公司太原分公司兴华街营业厅

【山西省五一劳动奖状】

太原重型机械集团有限公司太原重工技术中心

山西虹安科技股份有限公司

太原通泽重工有限公司

【山西省五一劳动奖章】

吕　涛　山西太钢不锈钢股份有限公司炼钢二厂作业长

杨久来　太原煤气化东河煤矿掘进一队班组长

范联辉　中化二建集团电仪安装工程有限公司工人

张桂萍　太原公交集团第四汽车分公司四车队10路驾驶员

曹力媛　太原市环境监测中心站高级工程师

林世武　太原市动物卫生监督所所长农业技术推广研究员

李　飞　太原市公安局直属第二分局执法监督大队副大队长

黄瑞霞　清徐县农村信用合作联社经济师

徐二平　太原粮食局直属储备库副主任

王海霞　太原市小店区第三中学校教师

任彩萍　太原市迎泽区新西小学校长

张伟武　太原日报报业集团高级编辑

杨海贵　太原钢铁(集团)有限公司常委书记、副董事长

刘海斌　阳曲县农村信用合作联社助理经济师

郭福忠　西山煤电(集团)有限责任公司总经理、采煤高级工程师

王有明　太原市晋源区姚村镇养猪专业户

白　梅　太原市人民医院功能检查科医师

·2013年太原市劳动模范名单·

吕　涛　山西太钢不锈钢股份有限公司炼钢二厂冶炼二作业区丙班作业长

王　犁　山西太钢不锈钢股份有限公司设备物资采购部合同科科长

薛玲珑　太原钢铁(集团)有限公司医疗卫生部消化内科主任

范光伟　山西太钢不锈钢股份有限公司技术中心副主任

姜全喜　山西太钢不锈钢股份有限公司炼铁厂生产科科长

宋文军　山西太钢不锈钢股份有限公司冷轧硅钢厂技术质量科综合工艺技术员

曹姣婵　山西太钢不锈钢股份有限公司营销部不锈型材业务部营销员

赵阳囤　山西太钢(集团)矿业分公司峨口铁矿矿长

韩小强　山西太钢不锈钢股份有限公司炼钢二厂冶炼三作业区丁班作业长

李育忠　山西太钢不锈钢股份有限公司型材厂轧钢作业区主管

孟庆亮　太原钢铁(集团)有限公司矿业分公司尖山铁矿运输作业区大车司机

刘会军　太钢(集团)粉煤灰综合利用有限公司经理助理

张敏芳　山西太钢不锈钢股份有限

公司工程管理部部长
李鹏飞　山西太钢不锈钢股份有限公司不锈冷轧厂原酸退火作业区副作业长
杨仁兴　山西太钢不锈钢股份有限公司自动化公司 MES 研发室高级工程师
唐顺兵　山西太钢不锈钢股份有限公司炼铁厂五高炉作业区工长
张　斌　山西太钢不锈钢股份有限公司不锈冷轧厂成酸退火作业区 3# 冷线机组大班长
陈智义　山西太钢不锈钢股份有限公司不锈冷轧厂成酸作业区光亮线大班长
乔聪明　山西太钢工程技术有限公司自动化信息事业部部长
黄昌义　山西太钢不锈钢股份有限公司不锈线材厂轧钢作业区主管
郎小亮　太钢(集团)电气设备修造有限公司电机分厂厂长
段晋宏　太原钢铁(集团)有限公司办公室小车队队长
高　云　山西太钢不锈钢股份有限公司焦化厂运保作业区主管
张世厚　山西太钢不锈钢股份有限公司热连轧厂自动化作业区 1549 轧制线 L1 系统主管
徐献波　山西太钢不锈钢股份有限公司加工厂碳素钢加工作业区作业长
李国栋　山西太钢不锈钢股份有限公司原料开发采购部矿石科科长
邵　泉　太原钢铁(集团)有限公司医疗卫生部副部长
王春美　太原钢铁(集团)有限公司机关党委书记
董毓生　山西太钢不锈钢股份有限公司不锈热轧厂党委副书记
王清洁　山西太钢不锈钢股份有限公司不锈冷轧厂厂长
米子军　太钢集团岚县矿业有限公司经理
谢　力　山西太钢不锈钢股份有限公司副总经理
王百东　山西太钢不锈钢股份有限公司副总经理
吴建平　山西西山煤电股份有限公司马兰矿工程一区掘进一队队长
王状英　山西西山煤电股份有限公司太原选煤厂洗煤车间首席浮选工
庞刚生　西山煤电(集团)有限责任公司五麟煤焦开发有限责任公司焦化一厂生产技术部部长
鲁丽君　西山煤电(集团)有限责任公司职工总医院内分泌科主任医师
秦三芳　西山煤电(集团)有限责任公司矿山救护大队晋兴中队副队长
梁润昌　西山煤电(集团)有限责任公司多种经营管理局煤炭运销分公司副总经理
安保仓　西山煤电(集团)有限责任公司杜儿坪矿综采一队队长
石晓健　山西西山煤电股份有限公司镇城底矿综采队队长
胡宽龙　西山煤电(集团)有限责任公司德威矿业公司生产科科长
匡宗友　山西西山金信建筑有限公司第二工程公司工长
成国峰　西山煤电(集团)有限责任公司五麟煤焦公司储煤筛焦车间主任
王银宝　西山煤电(集团)有限责任公司铁路公司前山工务车间大修队队长
荣　芳　西山煤电(集团)有限责任公司多种经营管理局工程科科长
张龙太　山西西山煤电贸易有限责任公司烟台晋业经贸公司销售员
李茂林　西山煤电(集团)有限责任公司杜儿坪矿一采区副区长
孙爱军　西山煤电(集团)有限责任公司计划处生产技术科技术员
刘振民　西山煤电(集团)有限责任公司通风处瓦斯通风技术工程人员
解奕炜　西山煤电(集团)有限责任公司地质处防治水技术工程人员
路林旺　西山煤电(集团)有限责任公司机电处大型设备维护管理工程人员
李宝荣　西山煤电(集团)有限责任公司生产技术处采煤技术主管
李晓东　西山煤电(集团)有限责任公司财务处主管会计
李兆杰　西山煤电(集团)有限责任公司基本建设处旧区改造工程技术人员
卢子云　西山煤电(集团)有限责任公司杜儿坪矿副矿长
马效宁　西山煤电(集团)有限责任公司多种经营管理局煤炭运销公司销售员
康进生　西山煤电(集团)有限责任公司医保中心副主任医师
董剑波　西山煤电(集团)有限责任公司住房公积金管理部会计师
魏占军　西山煤电(集团)有限责任公司公用事业分公司党委书记
王建鹏　西山煤电(集团)有限责任公司杜儿坪矿党委书记
吕小刚　山西西山煤电股份有限公司马兰矿工会主席
王雷英　西山煤电(集团)有限责任公司公用事业分公司保障性住房指挥部工程主任
任旭东　西山煤电(集团)有限责任公司工会组宣部部长
魏生强　西山煤电(集团)有限责任公司东曲矿矿长
马步才　西山煤电(集团)有限责任公司屯兰矿矿长
马永阁　山西西山煤电股份有限公司西曲矿矿长

张　岩　西山煤电(集团)有限责任公司保卫处保卫科科长
李国义　西山煤电(集团)有限责任公司物资供应分公司党总支书记
和平鹰　山西西山煤电股份有限公司西曲矿工程师
刘玉彬　西山煤电(集团)有限责任公司东曲矿工程师
王春明　太原重型机械集团有限公司工会主席
赵国栋　太原重型机械集团有限公司太原重工技术中心锻压所所长
杜云岗　太原重型机械集团有限公司太原重工轨道交通设备有限公司钢轮厂厂长
张瑞峰　太原重型机械集团有限公司太原重工矿山设备分公司班组长
李　锋　太原重型机械集团有限公司太原重工起重机分公司班组长
李永红　太原重型机械集团有限公司太原重工齿轮传动分公司设计研究所设计员
秦爱华　太原重型机械集团有限公司太原重工冶铸分公司铸钢厂组长
李富奎　太原重型机械集团有限公司太原重工副总经理
陈　坚　太原重型机械集团有限公司太原重工质量部特种设备管理办公室主任
刘佩兰　山西太重兴业投资发展有限公司热力公司技术员
姚庆禄　太原煤炭气化(集团)有限责任公司神州煤业公司总经理
杨林明　太原煤炭气化(集团)有限责任公司炉峪口煤矿掘进一队生产1班班组长
侯立国　太原煤炭气化(集团)有限责任公司神州煤业公司综掘队电钳工
郭建新　太原煤炭气化(集团)有限责任公司晋阳选煤厂重选车间生产丙班密控司机
赵静忠　太原煤炭气化(集团)有限责任公司铁路运输公司运转二段段长
李贵明　太原煤炭气化(集团)有限责任公司汽车运输公司修理厂班长
任学亮　太原煤炭气化(集团)有限责任公司华苑煤业公司生产管理部部长
文士祥　太原煤炭气化(集团)有限责任公司华胜煤业公司生产调度室主任
杨德生　太原煤炭气化(集团)有限责任公司清河二矿通风区区长
陈升忠　太原煤炭气化(集团)有限责任公司生活公司物业管理中心主任
梁建国　太原煤炭气化(集团)有限责任公司运销分公司合同运营部部长
程彦斌　太原化学工业集团有限公司总经理
武克斌　太原化学工业集团有限公司安全生产部部长
段长有　太原化工股份有限公司氯碱分公司调度指挥中心主任
康　权　太原化学工业集团工程建设有限公司第二安装分公司经理
柳建军　太原化学工业集团物业管理有限公司化肥分公司检修公司经理
韩智萍　太原化学工业集团有限公司铁运(华旭)混凝土有限公司董事
游智博　太原化学工业集团房地产开发有限公司副总经理
张　翊　太原化学工业集团有限公司水源分公司副厂长
刘　波　太重煤机有限公司经销员
洛亮亮　太重煤机有限公司数控车工
孟　波　太重煤机有限公司售后服务部服务队队长
贾增耀　太重煤机有限公司副总经理
李瑞香　山西新富升机器制造有限公司销售员
孙新贤　太原轨道交通装备有限责任公司副总工程师
王新亮　太原轨道交通装备有限责任公司车辆分厂技术处工程师
赵湘萍　太原轨道交通装备有限责任公司车辆销售部工程师
李永晓　中国国电集团公司太原第一热电厂发电部五期五值值班员
杨建峰　中国国电集团公司太原第一热电厂燃料分场主任
郝立刚　中国国电集团公司太原第一热电厂电气分场主任
刘学东　大唐太原第二热电厂党委书记
姜　勇　大唐太原第二热电厂热工工程部主任
尹　岩　大唐太原第二热电厂发电部专工
李春艳　山西省电力公司太原供电分公司营销部营销自动化管理
秦　鑫　山西省电力公司太原供电分公司运维检修部配电管理
王　兰　山西省电力公司太原供电分公司电力调度控制中心方式计划组组长
郭捍东　山西昆明烟草有限责任公司卷包车间技术员
李　俊　山西昆明烟草有限责任公司财务科会计
梁素芳　中国人民解放军第6904工厂设计一所工程师
邵春雷　中化二建集团有限公司海外分公司安哥拉项目部总工程师
牛俊杰　中化二建集团有限公司西南分公司经理
史憨生　中化二建集团有限公司第三安装工程有限公司工程师
孟汉卓　中化二建集团有限公司新疆新天项目部项目经理
施福富　赛鼎工程有限公司工艺管道室项目经理

武立根 山西国营大众机械厂军品第一研究所研究室主任
张冬莲 山西国营大众机械厂军品第三研究所副总工程师
皇甫竹梅 山西国营大众机械厂特种机械加工厂厂长
薛万里 山西煤炭运销集团太原有限公司太西集运站站长
王泽强 山西煤炭运销集团太原有限公司公路物流公司太钢项目部部长
高新颖 山西煤炭运销集团太原清徐有限公司经理
张红丽 中国联合网络通信有限公司太原市分公司集团客户事业部金融二部行业总监
韩建山 中国联合网络通信有限公司太原市分公司网络维护中心主管
王　华 中国联合网络通信有限公司太原市分公司旗舰运营中心经理
张建林 中国电信集团公司山西省太原市电信分公司总经理
郭　宝 中国移动通信集团山西有限公司太原分公司网络部网优工程师
张桂鸣 中国移动通信集团山西有限公司太原分公司城北营业部经理
马文涛 中国移动通信集团山西有限公司太原分公司集团客户部经理
黄　华 太原市邮政函件广告局销售主任
乔　丹 太原市邮政局小店区局太行支局营业员
罗　烜 太原市邮政局万柏林区局义井邮政支局班组长
王　钰 山西百一机械设备制造有限公司经营部主任
李文海 双喜轮胎工业股份有限公司技术部副部长
李　枫 太原市服装鞋帽工业公司副经理
贾学敏 太原市物资再生利用有限公司经济师
张丽萍 山西联运集团股份有限公司客票联票 96568 客服中心接线组组长
王海清 山西信联集团实业有限公司技术中心总设计师
张世嫒 太原建工集团有限公司项目经理
王文鑫 太原建工集团有限公司第七分公司项目经理
胡国庆 太原市建筑工程质量检测站站长
焦　洪 太原市安装工程有限公司总经理
闫晓钰 太原市第二建筑工程公司项目经理
张杰勇 太原市第一建筑工程集团有限公司施工工长
杨文生 太原市第一建筑工程集团有限公司施工工长
王　斌 太原市第一建筑工程集团有限公司工会主席
孙群英 太原公共交通控股(集团)有限公司第一汽车分公司一车队 1 路驾驶员
孟小燕 太原公共交通控股(集团)有限公司第二汽车分公司四车队 21 路驾驶员
史力君 太原公共交通控股(集团)有限公司第三汽车分公司一车队 901 路驾驶员
林保萍 太原公共交通控股(集团)有限公司第四汽车分公司一车队 849 路驾驶员
高　峰 太原公共交通控股(集团)有限公司第五汽车分公司三车队 807 路驾驶员
牛晓宏 太原公共交通控股(集团)有限公司电车分公司一车队 101 路驾驶员
孙年生 太原公共交通控股(集团)有限公司副总经理
王仲强 太原市自来水公司经理助理
史晓冬 太原市自来水公司水质处处长
苗宏晋 太原市自来水公司供水设计院高级工程师
王建宏 太原市热力公司党委书记
雷新义 太原市热力公司副总工程师
王福成 太原市热力公司第二供暖分公司电控所所长
陈晋兴 太原市热力公司城南供暖分公司维检所所长
马琦云 太原市热力公司基建处高级工程师
李培绪 太原市热力公司前期处高级政工师
曹胜才 太原市市政工程总公司机械租赁公司副科长
郭叔增 山西太报传媒有限公司印务分公司高级工程师
周纪平 太原市交通运输局运输处处长
范金龙 太原市汽车客运管理办公室违章处理科科长
范锦旗 太原市青天客运租赁有限公司出租车驾驶员
宋太山 太原市道路运输管理局客运管理处副处长
戴长永 太原市公路管理处副处长
贾川平 太原东山煤矿有限责任公司掘进 203 队负责人
梁建荣 太原东山煤矿有限责任公司 101 队队长
冯建国 智海企业集团有限公司太原智海混凝土发展有限公司总经理
刘冬鱼 山西电机制造有限公司冲压分厂单槽组单槽冲工
夏淑玲 太原第一机床厂四分厂厂长
段义俊 太原东铝铝业有限公司供电车间主任
刘永红 山西省宏图建设工程有限公司项目经理
刘同贞 太原工具厂铲磨工

谢太虎 太原青天客运租赁有限公司出租车驾驶员
艾晋生 太原新森实业有限公司物业公司管道组组长
王　勇 山西永明无线电器材厂工人
聂荣德 太原锅炉集团有限公司销售四处处长
谢鹏程 山西盛科投资有限公司财务副总
曹福清 山西国营金阳器材厂市场营销部副经理
郜军辉 太原市森林公园百鸟园主任
侯志成 太原市国有林场干部
张　芳 迪爱生(太原)油墨有限公司砂磨机操作工
侯桂琴 太原中保集团实业有限公司太原安瑞祥物业服务有限公司总经理
王建平 太原市供水服务总公司分公司经理
吴杰保 山西瑞福莱药业有限公司研发部部长
梁向宏 太原市建筑设计研究院设计师
贾立新 太原市勘察测绘研究院计划经营处处长
李传智 太原市市政工程设计研究院副院长
张巧生 太原东山煤矿有限责任公司工会主席
李春明 太原市黄河供水有限公司副经理
褚海存 太原市城市规划设计研究院党支部书记
景普国 山西普国实业有限公司副总裁
周大庆 太原无线电一厂厂长
代全民 山西大昌汽车集团有限公司董事长
卜登平 太原市果树场场长
石　磊 山西万联汽车装饰城总经理
李江涛 山西太原新城国家粮食储备库保管科长
阎建国 太原市果品茶叶副食总公司南批发部业务主管
徐　轰 太原田和食品集团有限公司物业管理有限公司经理
白效红 太原市饮食服务总公司经理助理
阴小强 太原市晋阳饭店副经理
刘爱国 山西省太原市外贸(集团)有限责任公司董事长
陈振华 太原大中市商场党支部书记
成静蓉 山西省太原交家电总公司办公室主任
苏　斌 太原市牛羊肉类加工厂生产车间屠宰工
郝建国 太原市宁化府益源庆醋业有限公司董事长
巩宝亮 太原六味斋实业有限公司豆制品车间主任
邢文爱 太原酒厂成装车间代班长
高　晔 太原燃料石化实业有限公司劳资科长
王志秀 太原常春超市会计
李　媛 山西省太原化工物资总公司工会主席
高晋喜 太原市水产公司经理
王　壮 太原市蔬菜副食总公司工会主席
谢冬庆 太原市大东关果菜批发交易市场总经理
李成宝 太原市食品三厂党政办公室主任
张丽芳 山西国大万民药房连锁有限公司解放店店长
张春生 太原市产权交易中心主任
禹俊德 中国农业银行股份有限公司太原市河西支行行长
于晋莲 中国工商银行股份有限公司山西省分行营业部工会干事
王文华 太原市城区农村信用合作联社监事长
段繁绪 中国石油化工股份有限公司山西太原石油分公司经理
周　健 山西晋酒酒业有限公司品牌营销经理
朱修锋 山西太原北营国家粮食储备库后勤管理中心锅炉组组长
马淑蓉 太原双合成娘家早餐公司办公室主任
花云山 太原市供销社储运站春鸣旅社副经理
王长明 太原田和食品集团有限公司物流第一分公司工长
李金凯 太原普得商贸有限公司董事长
曹　政 太原市中小企业信用担保有限公司总会计师
贺　全 太原外语科技实验中学校教务处主任
史春元 太原大学外语师范学院第二附属小学校长
王明霞 太原市教研科研中心文科室主任
侯红卫 太原市第十二中学校历史学科教研组长
齐振梅 太原市第三实验中学校教师
张立芳 太原旅游职业学院副院长
李景堂 太原市第四实验中学校校长
任铎锋 太原市实验中学副主任
史凤山 太原市实验小学校长
刘桂英 太原市育杰幼儿园教师
张　慧 太原市第二实验中学校教师
闫文龙 太原第二外国语学校副校长
武宇红 太原大学外语师范学院第三附属小学校党支部书记
潘国礼 太原市第四十八中学校教务主任
武翻旺 太原市外国语学校副校长
张　媛 太原大学外语师范学院第一附属小学副校长
李新华 太原市中心医院科研部主任
王　军 太原市中心医院超声科主任
丰淑英 太原市第三人民医院妇产科护士长
段翠香 太原市第四人民医院护理部主任
李玉兰 太原市中医医院主任医师
陈　刚 山西省太原市精神病医院院长
魏正琍 太原市人民医院院长
梅　林 太原市疾病预防控制中心

传染病防治科主任
杜一娇 太原市卫生局卫生监督所环境卫生科科长
李 明 太原广播电视台新闻频道总监
孙丽芳 太原市晋剧艺术研究院三级演员
武英志 山西高科技医学检测中心(有限公司)总经理
李文献 太原市东方医院有限公司院长
成树江 太原市军创针刀专科门诊部(普通合伙)主任
江 涛 太原市崛山围山文物保管所所长
蔡小晶 太原市第二少年业余体育学校教练
张晓军 太原市科学技术局国际合作处副处长
刘 伟 太原市星火技术发展中心主任
杨 娜 太原市新华书店总经理
崔锁龙 太原大学教务处副处长
禹 强 太原市人民政府法制办公室备案审查处处长
王秀娥 山西省太原市工商行政管理局副主任科员
程志强 太原市国土资源测绘中心副主任
王红进 中共太原市委政策研究室办公室主任
贾静艳 太原双塔革命烈士陵园主任
王海生 太原市住房和城乡建设委员会计划投资处处长
吉志民 太原市企业上市办公室上市运作处处长
孙彦斌 山西省太原市妇女联合会会计
孙 波 太原市生活废弃物管理处工人
吴 涛 太原市市容环境卫生机械清洁队业务科科员
王安才 太原市环境保护局改善环境质量指挥部副组长
侯文柯 太原市科学技术协会组宣部部长
王国华 中国国际贸易促进委员会太原市支会办公室主任
郭华玉 太原市旅游发展信息中心科员
马竣敏 中共太原市委宣传部理论处处长
李卯生 中共太原市委统一战线工作部干部处处长
杨旭峰 太原市房产产权登记中心综合登记管理科科长
李娥娥 太原市园林建筑设计研究院副院长
郑立东 太原市市政池渠设施管理处职工
郭冬玲 太原市行政执法总队第三执法大队科员
郭 强 山西诚信市政建设有限公司道桥排水修建一分公司工段长
宫玉祥 太原市排水管理处污水净化厂厂长
晋 芳 太原市数字化城乡管理指挥中心呼叫中心值班长
左永红 太原市城市照明管理处运行保障所所长
李守凤 太原市社会(儿童)福利院成人管理科科长
孙志峰 中共太原市直机关工委组织部长
曹东晖 太原市城市建设管理中心主任
桑树根 太原市市政建设开发中心主任
刘 遥 山西省太原市地方税务局人事教育处副处长
武生光 中共太原市纪律检查委员会信访室副主任
杨 瑛 中共太原市委组织部正县级组织员
高云龙 太原市城市基础设施建设前期办公室主任
郭 艳 山西省太原市尖草坪区人民法院立案庭审判员
郝利亚 山西省太原市中级人民法院民一庭副庭长
段拴柱 阳曲县人民法院大盂副庭长
孙寅平 山西省太原市人民检察院法律政策研究室副主任
王 铮 山西省太原市人民检察院反贪局侦查一处处长
张 伟 山西省太原市人民检察院案件管理中心副主任
边建虎 太原市公安局迎泽分局文庙派出所所长
张 军 太原市公安局万柏林分局和平南路派出所所长
张晋才 太原市公安局尖草坪分局尖草坪派出所所长
李志文 古交市公安局纪检监察室主任
程 艺 清徐县公安局公共信息网络安全监察科副科长
高 磊 娄烦县公安局刑警大队侦察员
孙小敏 太原市公安局直属第二分局副局长
田忠良 太原市公安局西山分局虎窝派出所所长
李如勇 太原市公安局民营经济开发区分局刑侦大队大队长
王晓栋 太原市公安局城北分局刑侦大队大队长
王 强 太原市劳动教养管理所管理科科长
李海峰 山西省太原市城南公证处科长
吴 华 山西祝融万权律师事务所主任
张全生 太原市国家安全局主任科员
狄 力 太原市国家安全局办公室主任科员
郜翠红 太原市农业委员会机关党委专职副书记
李淑香 太原市果树蚕桑工作站站长
张改文 太原市动物疫病预防控制中心主任
周新春 太原市水产养殖场场长
李福喜 太原市国有林场职工
吴明柱 太原市气象局人工增雨防雹办公室副研级工程师
王 卫 太原市农机局监理处处长
段纯俐 太原市人民政府教育督导室副主任
徐春荣 太原市迎泽区迎泽街道解放南路一社区关工委副主任
苑海芸 太原市迎泽区桥东街道并州

东街二社区党支部书记
王文艳 太原市迎泽区文庙街道五龙口二社区党支部书记
胡贵云 太原市迎泽区庙前街道海边街社区居民委员会主任
周改桃 太原市迎泽区柳巷街道海子边东街社区党支部书记
刘妍君 太原市迎泽区老军营街道桃园南路第一社区党支部书记
赵宝柱 太原市迎泽区动物卫生监督所所长
曹晋萍 太原市迎泽区社会保险中心主任
李晓娟 太原市迎泽区水西关街一社区卫生服务站站长
田福生 太原市富兴清洁服务有限公司机扫队队长
刘水玲 山西滨河味道餐饮有限公司分店总经理
张长林 山西省太原市迎泽区地方税务局并州税务所所长
李俊国 山西省太原市工商行政管理局迎泽分局科员
王新康 中国人民解放军山西省太原警备区通信网络办公室主任
刘　洋 山西宏瑞物业管理有限公司副总经理
要建生 太原市迎泽区郝庄镇郝家沟村党支部书记
王海彦 太原市迎泽区郝庄镇赵北峰社区党支部书记
薛晓明 太原市迎泽区桥东街道党工委书记
王孝兵 太原市迎泽区柳巷街道办事处主任
韩　红 太原市迎泽区卫生局局长
王宪云 太原市迎泽区双塔西街小学校校长
王宝霞 太原市迎泽区朝阳街小学校校长
阎林凤 太原市第三十九中学校校长
陈　皓 太原来福实业集团有限公司董事长

于亚军 太原市杏花岭区涧河街道锦绣苑社区党支部书记
王建梅 太原市杏花岭区职工新街街道洋灰桥社区党支部书记
李秋香 太原市杏花岭区三桥街道桃园北路东社区党支部书记
贾　嵘 太原市杏花岭区新建路小学校校长
师致乾 太原市杏花岭区第六中学校教师
李跃泽 太原市杏花岭区五一路小学校教师
王元龙 太原市杏花岭区市容环境卫生管理局环卫工人
屈跃丽 太原市杏花岭区中心医院内科主任
郝玉萍 太原市杏花岭区康复医院护士长
薛萍萍 太原市杏花岭区财政局副局长
王　颖 山西省太原市杏花岭区地方税务局解放所所长
聂利胜 太原市杏花岭区中涧河乡农业办主任
折俊杰 太原市杏花岭区中涧河乡长沟村民委员会主任助理
冯根栓 太原市杏花岭区杨家峪街道伞儿树村党支部书记
吴建宏 太原市杏花岭区小返乡水沟村党支部书记
解春良 太原市全顺种植农民专业合作社技术员
宫瑞忠 山西金邦贸易有限公司董事长
王慧渊 太原市杏花岭区国家税务局局长
邓贵平 太原市杏花岭区城乡清洁工程领导组办公室主任
陈向琰 太原市杏花岭区大东关街道党工委书记
付彦军 太原市杏花岭区三桥街道办事处主任
裴存锁 太原市杏花岭区卫生局局长
王同化 太原市杏花岭区教育局局长
安慧霞 太原市万柏林区兴华礼仪幼儿园园长

李瑾英 太原市万柏林区瓦窑小学校教师
李艳红 太原市万柏林区第二实验小学教师
田　雷 太原市万柏林区卫生局卫生监督所科员
李　勋 太原市万柏林区卫生局科员
高建伟 太原市万柏林区公路养护所职工
魏安诚 太原市万柏林区安全生产监督管理局科员
王　惠 太原市万柏林区万柏林街道和平社区党支部书记
路利明 太原市万柏林区南寒街道西矿街北社区党支部书记
郭　晶 山西金锦江实业有限公司职工
杨　林 山西金龟投资控股集团有限公司工会主席
韦忠义 山西和佳房地产开发有限公司职工
贺晓民 太原市城区农村信用合作联社万柏林区管理部职工
杨根金 太原市万柏林区白家庄街道九院村村民委员会主任
张清义 太原市万柏林区小井峪街道沙沟社区党支部书记
杨忙秋 太原市万柏林区王封乡磺厂村党支部书记
郝四赖 太原市万柏林区南寒街道南寒社区居民委员会主任
王志勇 太原市万柏林区园林绿化局局长
岳旭强 太原市万柏林区水务局局长
张月亮 太原市万柏林区市容环境卫生管理局清扫队队长
温双伟 山西佳境集团董事长
王文平 太原市万柏林区国家税务局局长
张　龙 山西省太原市工商行政管理局万柏林分局副局长
白　宏 太原市城乡规划局万柏林分局局长

刘金福 太原市小店区西温庄乡北王名村种植户
李皖静 太原市小店区卫生局卫生监督所干部
靳建宾 太原市小店区金鑫禽蛋食品厂农产品加工带头人
薛建忠 山西开元祖代种猪有限公司农技师
赵燕燕 太原市凯特嘉机械有限公司负责人
马福保 太原市小店区北格镇北格村党支部书记
刘俊生 太原市小店区北营街道道把村村民委员会主任
罗云虎 太原市小店区北营街道许西社区居民委员会主任
吴贵生 太原市小店区黄陵街道北营社区居民委员会主任
段爱国 太原市小店区平阳路街道杨家堡社区居民委员会主任
曹宁海 太原市小店区黄陵街道郑村社区党支部书记
张兰香 太原市小店区坞城街道坞城南路社区党支部书记
孙俊强 太原市小店区北格镇粮食购销站职工
王晓慧 太原市小店区妇幼保健院主治医师
郭丽霞 太原市小店区科技信息中心助理经济师
袁慧欣 中国人民武装警察部队山西省总队医院主任医师
张铁燕 太原市小店区交通运输局总工程师
李跃文 太原南站片区开发建设指挥部综合办公室成员
马吾东 太原南站片区开发建设指挥部综合办公室成员
王建军 太原市小店区太中银铁路建设指挥部办公室主任
原四明 太原市小店区农业委员会农艺师
苗俊艳 山西君雁药业有限责任公司主管中药师
王爱民 山西华豹涂料有限公司高级工程师
梁根会 太原市小店区教育局局长
郭继明 山西省太原市小店区地方税务局局长
王保利 太原市尖草坪区住房和城乡建设管理局科员
陈振河 辰兴房地产发展股份有限公司太原分公司高级工程师
代立刚 太原市城区农村信用合作联社尖草坪区管理部中级经济师
郭　骏 太原市尖草坪区计划生育协会科员
刘成厚 尖草坪区委尖草坪区政府信访局科员
王秋梅 太原市尖草坪区上兰街道办事处土堂村卫生所医生
秦秀莲 太原市尖草坪区南寨街道江阳社区党支部书记
刘虹丽 太原市尖草坪区光社街道办事处综治办主任
张晓群 太原市尖草坪区汇丰街道选煤社区党支部书记
侯龙生 太原市尖草坪区迎新街道办事处南固碾村村民委员会主任
赵建庆 太原市尖草坪区向阳镇南翟村党支部书记
古润生 太原市尖草坪区柴村街道办事处柴村村民委员会主任
郭瑞宏 太原市尖草坪区西墕乡西墕村党支部书记
古胜忠 太原市胜创矿产品加工有限公司董事长
赵泽民 山西龙盛钢材市场有限公司总经理
张玉标 山西众成生物工程有限公司总经理
田　娟 太原市尖草坪区尖草坪街道党工委书记
宋国旺 太原市尖草坪区新城街道办事处主任
董三民 山西省太原市尖草坪区地方税务局局长
王　芳 太原市城乡规划局尖草坪分局局长
郑根会 太原市尖草坪区国家税务局局长
丁　龙 清徐县日前果业专业合作社副理事长
孙立斌 清徐县清源镇六合村村民委员会主任
李亚飞 清徐县西关工贸股份有限公司党支部书记
张永刚 清徐县柳杜乡南青堆村村民委员会主任
郭佩伦 清徐县琦锋生态庄园有限公司负责人
任建赟 清徐县马峪乡西迎南风村党支部书记
杜二春 清徐县东湖街道道南二街社区居民委员会主任
张铁兵 山西亚鑫能源集团原料供应公司经理
申高荣 清徐县美特好农产品加工配送中心低温中心蔬果加工主任
武振宇 山西水塔醋业股份有限公司技术中心副主任
刘锦萍 清徐县绿恒常蔬菜发展有限公司副经理
李建平 清徐县通和农场场长
齐保林 清徐县孟封镇齐南安村卫生所乡村医生
王保强 清徐县城乡环境卫生管理局保洁员
王斌兵 太原市精诚镁合金科技有限公司总经理
任伟鹏 阳煤集团太原化工新材料有限公司工程师
胡嫦娥 山西清徐嫦娥文化艺术有限公司董事长
武文强 清徐县孟封镇杨房初级中学教师

庞步陟　清徐县发展和改革局工贸科科长
吴瑞林　中共清徐县委清徐县人民政府信访局副局长
赵秀萍　清徐县民政局副局长
孟晋兵　清徐县农村交通一体化工程项目部经理
董转珍　清徐县人民医院工会主席
戚伦辉　太原黑猫炭黑有限责任公司执行总经理
刘红全　阳曲县大盂镇北家庄村党支部书记
王四保　阳曲县泥屯镇思西村村民委员会主任
李秀梅　阳曲县北小店乡联合学校教师
王万生　阳曲县黄寨镇小屯庄村村民委员会主任
刘　典　阳曲县黄寨镇黄寨村村民委员委会主任
游生旺　阳曲县新阳街小学校校长
徐文铭　阳曲县中医院院长
张贵平　阳曲县国土资源局测绘队队长
田爱军　阳曲县住房和城乡建设管理局总工程师
张继明　山西省电力公司阳曲县供电支公司经理
戎计林　太原市广厦建材有限公司董事长
张　懋　山西太钢哈斯科科技有限公司董事长
刘　跃　山西喜跃发道路建设养护有限公司总经理
刘世斌　太原市本草农业开发有限公司总经理
裴云峰　阳曲县农业委员会主任
游胜文　中共阳曲县委阳曲县人民政府信访局局长
冯光清　山西省阳曲县地方税务局局长
牛增泉　阳曲县中小企业局局长
康培华　山西兴能发电有限责任公司工会主席
阎志中　古交市三江煤业有限公司副总经理
王京龙　山西华润煤业有限公司生产部部长
张树民　古交市安全生产监督管理局副局长
郭　飞　古交市河口镇火山村农民
阴文俊　古交市阁上乡猫儿尖村农民
张玉贵　古交市镇城底镇上雁门村党支部书记
殷晋安　古交市马兰镇人民政府纪委书记
李俊跃　古交市第一中学校语文教研组长
王景爱　古交市中心医院妇产科副主任医师
武宜冰　古交市住房和城乡建设管理局工程师
杨学斌　古交市鑫家园超市有限公司营销总监
康俊芳　古交市计划生育协会副会长
刘晋林　古交市委古交市政府信访局副局长
张福爱　古交市众森源林药种植专业合作社社长
康桂梅　古交市实验初级中学校教师
贾素叶　古交市人民检察院侦查监督科科长
薛玉平　古交市总工会副主席
曹春亮　娄烦县杜交曲镇下石家庄村农民
王旭强　娄烦县娄烦镇城北村党支部书记
程富平　娄烦县米峪镇乡国练村农民
张爱生　娄烦县庙湾乡水峪村农民
周罐生　娄烦县盖家庄乡周家窑村农民
段锁拴　娄烦县马家庄乡罗家岔村农民
王三狗　山西省娄烦县地方税务局局长
李建平　娄烦县人民医院医务科主任
徐光远　娄烦县国家税务局局长
王　慧　娄烦县第二中学教师
李在育　娄烦县昌铭矿业有限公司车间主任
段慧峰　娄烦县卫生局卫生监督所所长
郝建军　山西省电力公司娄烦供电支公司经理
李承德　中共娄烦县委娄烦县人民政府信访局局长
张润福　太原市晋源区晋祠镇中心卫生院院长
翟俊琴　太原市晋源区金胜镇新型农村合作医疗管理中心科员
张玉梅　太原市晋源区实验小学校教师
李　强　太原市晋源区晋祠镇重点项目办主任
李晋云　太原市晋源区姚村镇田村村民委员会主任
胡翠花　太原市晋源区金谷农产品销售专业合作社主任
梁爱林　太原市晋源区晋祠镇三家村养猪大户
牛正杰　太原市晋源区晋祠镇野庄村大学生村官
郑翠生　太原市晋源区晋源街道东关村养殖大户
徐长友　太原市晋源区森林公园罗城项目部主任
王永明　太原市晋源区金胜镇南阜村党支部书记
王金锁　太原市晋源区金胜镇冶峪村民委员会主任
乔　治　太原市晋源区交通运输局局长
范永生　太原市晋源区农业委员会主任
王会有　太原市晋源区市容环卫园林绿化局局长
牛宝会　太原市晋源区义井街道办事处经济服务中心主任
吴晓闯　太原罗克佳华工业有限公司高级副总裁
张晓波　太原高新技术产业开发区环境卫生管理中心科员
支　峰　山西晋缘电力化学清洗中心

有限公司党支部书记
王　宁　太原有线电视网络有限公司高级工程师
闫贵鹏　山西创影影视动画有限公司技术总监
张小河　太原高新技术产业开发总公司后勤中心主任
张爱民　中共太原高新技术产业开发区工作委员会办公室主任
谭焰青　太原高新技术产业开发区市政管理中心科员
韩巧钢　山西芮恒投资建设有限公司总经理
井春权　富士康(太原)科技工业园锻造厂制造一课组长
何　川　太原向明机械制造有限公司销售员
宋德军　中国煤炭科工集团太原研究院输送支护机械研究所研究员
王国栋　青岛啤酒(太原)有限公司包装部设备副部长
苏　峻　太原通泽重工有限公司自动化控制部部长
王旭斌　太原经济技术开发区国家税务局副局长
史建平　智奇铁路设备有限公司财务部部长
米晓霞　太原市民营经济开发区财政局副局长
宋振素　太原市民营经济开发区劳动保障监察执法队队长
赵建伟　太原市民营经济开发区工程建设局高级工程师
李俊星　太原市地方税务局民营经济开发区分局局长
郭丽萍　山西金虎便利连锁股份有限公司行政部经理
尹冠中　太原市民营经济开发区管委会总工办副主任
司徒顺新　太原太钢大明金属制品有限公司总经理
武汝慧　太原市地方税务局不锈钢产业园区分局局长
郭富强　山西省民航机场管理局公安局民警
管　洁　山西省民航机场集团公司贵宾服务有限公司副主管
原勇军　山西省民航机场集团公司太原机场股份有限公司安检护卫部主管
张海峰　山西省民航机场集团公司太原机场股份有限公司地勤服务部班组长
刘旭红　中国东方航空股份有限公司山西分公司客舱服务部头等舱分部副经理
赵　平　中国东方航空股份有限公司山西分公司地面服务部客运分部党支部书记
李　静　太原站售票车间售票值班员
蒲婷婷　太原客运段动车车队动车二组列车长
陈国柱　太原北站行车车间车站值班员
权　峰　太原车务段太原东站车站值班员
李春雷　太原机务段动车运用车间动车队司机
吴建军　太原工务机械段换枕换岔车间主任
周文刚　太原车辆段动车车间动车组机械师乘务长
白付维　太原铁路局科研所科研管理科副科长
杨永军　太原铁路局调度所计划室主任
郭善宏　太原铁路局安全监察室主任
王建忠　中国电子科技集团公司第三十三研究所党委书记
徐　锋　中国兵器工业集团第二〇七研究所高级工程师
黄晋兵　太航公司运营保障部部长助理
郭俊生　山西北方兴安化学工业有限公司运输公司经理
程　平　晋西车轴股份有限公司副总经理
高　健　太航科技一心堂大药房有限公司总经理
马健康　中国煤工集团太原研究院国家重点实验室总工
樊卫斌　中国科学院山西煤炭化学研究所研究员
姚晨之　中国日用化学工业研究院高级工程师
张彩云　中国电子科技集团公司第二研究所高级工程师
赵建新　中国兵器工业集团第二〇七研究所高级工程师

·太原市“工人先锋号”名单（109个）·

山西太钢不锈钢股份有限公司炼铁厂四烧作业区乙班
山西太钢不锈钢股份有限公司炼钢二厂冶炼二作业区丙班
山西太钢不锈钢股份有限公司不锈热轧厂热处理作业区乙班
山西太钢不锈钢股份有限公司不锈冷轧厂成酸退火作业区光亮线班组
山西太钢不锈钢股份有限公司热连轧厂1549轧钢作业区精轧甲班
山西太钢不锈钢股份有限公司自动化公司自控研发室研究一室
山西太钢不锈钢股份有限公司能源动力总厂电气作业区电控班
山西太钢不锈钢股份有限公司加工厂渣场事业部焖渣组
太原钢铁(集团)有限公司矿业分公司东山矿回转窑作业区3#窑班组
西山煤电(集团)有限责任公司杜儿坪矿二采区
西山煤电(集团)有限责任公司西铭矿一采区综采一队
西山煤电(集团)有限责任公司西曲矿综采准备队
西山煤电(集团)有限责任公司镇城底矿综采队
西山煤电(集团)有限责任公司古交矿区总医院心血管内科

太原重型机械集团有限公司太原重工轨道交通设备有限公司钢轮厂锻轧工部
太原重型机械集团有限公司太原重工矿山设备分公司经销部
太原重型机械集团有限公司太原重工风电设备分公司装配工部
太化集团物业管理有限公司化工幼儿园
太化集团物业管理有限公司化肥幼儿园
太化集团铁运公司化肥站机务工段
太重煤机有限公司重减公司热处理分厂电炉工段
太重煤机有限公司采掘设备分公司采掘分厂103数控镗组
太重煤机有限公司冶金设备成套公司冶金分厂镗工一组
太重煤机有限公司技术中心采煤二所
山西新富升机器制造有限公司立车组
山西新富升机器制造有限公司大铣刨组
山西新富升机器制造有限公司大元车组
太原轨道交通装备有限责任公司动能公司锅炉运行组
太原轨道交通装备有限责任公司钢一车间铆工组
国电太原第一热电厂燃料分场
国电太原第一热电厂电气分场
国电太原第一热电厂化学分场
大唐太原第二热电厂燃料运输车间运行四班
大唐太原第二热电厂发电部300MW四单元
大唐太原第二热电厂电气工程部电机二班
山西煤炭运销集团太原有限公司太北集运站
中国电信集团公司山西省太原市电信分公司迎泽移动营销组
中国电信集团公司山西省太原市电信分公司晋源移动营销组
中国电信集团公司山西省太原市电信分公司城北宽带装维组
中国电信集团公司山西省太原市电信分公司清徐分公司装维组
中国移动通信集团山西有限公司太原分公司清徐县分公司集团客户部
中国移动通信集团山西有限公司太原分公司迎泽营业部迎泽片区
中国移动通信集团山西有限公司太原分公司城南营业部大营盘营业厅
中国移动通信集团山西有限公司太原分公司城北营业部五一路营业厅
中国移动通信集团山西有限公司太原分公司河西营业部和平北路营业厅
山西百一机械设备制造有限公司结晶器分厂
山西百一机械设备制造有限公司备件分厂
山西信联集团实业有限公司总装工段
太原热力设计院设计一所
太原建工集团有限公司技术中心
太原公共交通控股(集团)有限公司第一汽车分公司一车队1路10023车组
太原公共交通控股(集团)有限公司第二汽车分公司一车队4路20360车组
太原公共交通控股(集团)有限公司第三汽车分公司五车队602路38913车组
太原公共交通控股(集团)有限公司第四汽车分公司三车队610路41739车组
太原公共交通控股(集团)有限公司第五汽车分公司二车队832路52163车组
太原公共交通控股(集团)有限公司电车分公司二车队877路1951车组
太原市市政公共设施管理处第三道路排水养护管理所
太原市排水管理处污水净化二厂净化车间
太原市城市照明管理处运行保障所
太原市非住宅房产管理中心房管科
太原市房屋安全鉴定中心鉴定科
中国物资储运总公司太原平阳仓库质押部
中煤建安第七工程有限公司山西金海洋集团公司洗煤厂改扩建项目部
山西电机制造有限公司工具分厂钳工组
太原锅炉集团有限公司工业锅炉厂数控组
太原工具厂拉刀车间
山西储备局一三八处物资保管班
太原长风佳苑物业管理有限公司物业维修部
太原恒晋减震科技有限公司生产部
山西君和汽车销售服务有限公司售后服务部
太原市国家税务局大企业税收管理分局综合科
太原市城乡管理行政执法局迎泽执法分局柳巷执法中队
太原市迎泽区劳动保障监察执法队
太原市迎泽区环境卫生队业务科
太原市杏花岭区交通局道路运输管理所
太原市杏花岭区园林绿化工程队新建路生产中队
太原市万柏林区绿化队保绿组
太原古香斋酱菜有限公司包装车间
山西蓝海国际汽配城有限公司物业部
太原市小店区乾红金属加工有限公司轧钢车间
太原市环境保护局尖草坪分局监察大队
太原市国土资源执法监察支队尖草坪大队
清徐县城乡勘测规划设计所
清徐县公路管理段
太原山水水泥有限公司二线烧成车间
中国农业银行股份有限公司阳曲支行工商街分理处
山西隆辉煤炭气化有限公司化产车间
古交市建筑安全质量监督站
古交市大川河煤焦销售营业站
古交市水土保持监督站
山西省娄烦县公路管理段
娄烦县城镇职工基本医疗保险中心征缴科
山西省电力公司晋源供电公司晋源供电所
富士康太原园区鸿超准华北金属制造处抛光打砂A组
亚宝药业太原制药有限公司技术开发

部产品技术研究小组
蒙牛乳业(太原)有限公司运营生产组
太原通泽重工有限公司无缝钢管旋扩设备研制组
太原向明机械制造有限公司带式输送机装配组
山西南自晋能自动化有限公司工程服务部
可口可乐(山西)饮料有限公司配销部
太原罗克佳华工业有限公司资源质量中心
中海油太原贵金属有限公司生产部
山西晨雨科技开发连锁经营有限公司营销中心
三江源鞋城双星名人太原物流平台市场业务青年小组
太原市民营经济开发区政府采购中心采购组
太原市民营经济开发区征地事务中心征地组
太原市城市基础设施建设前期办工程管理科
太原市建设工程预结算审核中心审核三科
太原市市政公用工程质量监督站工程报监科

·太原五一劳动奖状·

太原钢铁(集团)有限公司矿业分公司峨口铁矿
山西太钢不锈钢股份有限公司热连轧厂
山西太钢不锈钢股份有限公司原料开发采购部
西山煤电(集团)有限责任公司发电分公司
山西西山煤电股份有限公司马兰矿
山西西山煤电股份有限公司太原选煤厂
西山煤电(集团)有限责任公司审计处
太原煤炭气化(集团)有限责任公司炉峪口煤矿
太原重型机械集团有限公司太原重工股份有限公司
太重煤机煤矿装备成套有限公司
山西省烟草公司太原市公司
太原供水集团有限公司
太原东山东峰煤业有限公司
山西电机制造有限公司
太原田和食品集团有限公司
太原市中小企业信用担保有限公司
太原市通达运输代理总公司
太原高新区建设投资有限公司
山西和信文化传媒有限责任公司
太原向明机械制造有限公司
青岛啤酒(太原)有限公司
太原市佳博伟业房地产经纪有限公司
山西宏图清明建设工程有限公司
山西人和居物业有限公司
山西九牛农业开发有限公司
美锦能源集团有限公司
古交市达亿源新型建材有限公司
古交市矾石沟煤焦有限公司
太原惠农马铃薯科技开发有限公司
山西省公路局太原分局
太原市勘察测绘研究院
太原市第五中学校
太原市社会(儿童)福利院
太原市育杰幼儿园
太原动物园
太原市青年宫
太原市少年宫
中国共产党太原市委员会办公厅信息处
太原市人民政府办公厅综合办公室
太原市万柏林区人民法院立案庭
太原市人民检察院侦查监督一处
山西省太原市城西公证处
太原市林业工作站
太原市科技评估中心
太原市廉租房建设管理中心
太原市国土资源测绘中心
西山煤电(集团)有限责任公司官地矿三采区
太原化学工业集团物业管理有限公司建修队
太原轨道交通装备有限责任公司建厂办公室
大唐太原第二热电厂设备部
中化二建集团有限公司晋东南分公司
中国联合网络通信有限公司太原市分公司北城运营中心
中国移动通信集团山西有限公司太原分公司集团客户部
太原邮政保险业务局
太原市安装工程有限公司一分公司
太原市热力公司第二供暖分公司
中国邮政储蓄银行股份有限公司太原市分行建设北路支行
太原六味斋实业有限公司高新专卖店
太原市卫生局卫生监督所
太原龙城电影发展(集团)有限公司金刚里影城
太原市民营经济开发区工程建设局
太原市迎泽区教育局
太原市迎泽区文庙街道办事处
太原市迎泽区安全生产监督管理局
山西省太原市迎泽区地方税务局税政科
太原市杏花岭区职工新街街道办事处
太原市杏花岭区巨轮街道办事处北大街中社区居民委员会
太原市杏花岭区中心医院
太原市万柏林区中心医院重症监护室
太原市万柏林区第三中学校
太原市小店区市容环境卫生管理局
太原市小店区物价局价格监督检查分局
太原市小店区营盘街道办事处并州南路西一社区居民委员会
山西恒实文化物业管理有限公司和信商业广场管理处
太原市尖草坪区迎新街街道办事处北固碾社区居民委员会
山西省太原市尖草坪区地方税务局
古交市国家税务局
山西省古交市地方税务局
晋源区省市城建重点工程保障指挥部
太原市晋源区金胜镇北阜村民委员会
太原市晋源区姚村镇环卫所
清徐县国家税务局
清徐县职业教育中心
阳煤集团太原化工新材料有限公司

工程部
阳曲县财政局
国网山西省电力公司阳曲县供电公司
阳曲县北小店乡六固村民委员会
娄烦县经济和信息化局
娄烦县发展和改革局
娄烦县农业委员会
中国国电集团公司太原第一热电厂发电部五期一值
国网山西省电力公司太原供电公司运维检修部输电运检室
山西太钢不锈钢股份有限公司炼铁厂三高炉作业区值班室
太原公共交通控股(集团)有限公司第二汽车分公司27路
山西太钢不锈钢股份有限公司焦化厂化产作业区粗苯大组
太原工具厂齿轮刀具分厂铲磨组

·太原五一劳动奖章·

崔建春　太原钢铁(集团)有限公司岚县矿业有限公司主任
李　竹　山西太钢不锈钢股份有限公司不锈冷轧厂窄幅轧制作业区7#轧机丙班班长
杨朝刚　山西太钢不锈钢股份有限公司炼铁厂厂长助理
俞　光　山西太钢不锈钢股份有限公司营销部海外业务部经理
白晋钢　山西太钢不锈钢股份有限公司技术中心工艺改善室主任
郭新平　山西太钢不锈钢股份有限公司自动化公司信息管理科信息化项目管理员
张晓东　太钢(集团)财务有限公司总经理
衡旭文　太原钢铁(集团)有限公司矿业分公司峨口铁矿矿长
陈会武　太原钢铁(集团)有限公司矿业分公司峨口铁矿露天转地下项目部常务副经理
柴志勇　山西太钢不锈钢股份有限公司副总经理
王旭东　山西西山晋兴能源有限责任公司斜沟煤矿综采一队队长
陆耀新　西山煤电(集团)有限责任公司东曲煤矿矿长助理兼通风科长
畅巨敏　山西兴能发电有限责任公司发电部值长
贾　磊　西山煤电(集团)有限责任公司财务处成本科科长
张益民　西山煤电(集团)有限责任公司通风处通安工程师
温百根　西山煤电(集团)有限责任公司副总经理
王　彪　西山煤电(集团)有限责任公司东曲煤矿工会主席
胡全喜　山西西山中煤机械制造有限公司董事长
薛润根　西山煤电股份有限公司马兰矿矿长
耿晋萍　西山煤电(集团)有限责任公司工会副主席
李生瑞　西山煤电(集团)有限责任公司古交多种经营公司经理
张九堂　太原煤炭气化(集团)有限责任公司华胜煤业公司综采队队长
于　彤　太原煤炭气化(集团)有限责任公司太原市煤气公司基建科副科长
赵静忠　太原煤炭气化(集团)有限责任公司铁路运输公司运转二段段长
范卫民　太原重型机械集团有限公司董事、太原重工股份有限公司董事、总经理
杨智锋　太原重型机械集团有限公司太重滨海煤化工分公司项目经理
孙　培　太原重型机械集团有限公司太原重工冶铸分公司铸钢厂造型一工部组长
罗詠晟　山西太重兴业投资发展有限公司热力公司生产技术科科长
王秋根　太原化学工业集团有限公司铁路分公司运输业务部部长
李建平　太原矿机建安物业管理有限公司经理
宋　明　山西新富升机器制造有限公司数控操作工
赵先锋　山西新富升机器制造有限公司技术中心副主任
张　凯　中国北车集团太原轨道交通装备有限公司冲压车间组长
毛畅龙　国电太原第一热电厂综合分场修缮班班长
薛贵平　大唐太原第二热电厂总工程师
张晓朋　国网山西省电力公司太原供电公司建设部副主任
杨成凯　山西昆明烟草有限责任公司制造中心卷包车间包装轮保组组长
魏晓毅　中国人民解放军第6904工厂检验试验中心成品检验室主持检验师
吴晓军　江铃重型汽车有限公司中重型重卡项目经理
苏海军　中化二建集团有限公司内蒙古分公司副经理
周恩利　赛鼎工程有限公司工艺系统室工程师
徐　敏　山西国营大众机械厂第三研究所主持设计师
姚贤瑞　山西煤炭运销集团太原有限公司安监部部长
李　萱　中国联合网络通信有限公司娄烦县分公司经理
周红岗　中国移动通信集团山西有限公司太原分公司网络部经理
冯　楠　中国移动通信集团山西有限公司太原分公司城南营业部经理
李贺珺　中国电信股份有限公司太原市分公司网络操作维护中心数据主管
张绍勇　太原市邮政局综合办公室主任

张　衡　山西百一机械设备制造有限公司安检分公司经理
陈玉中　双喜轮胎工业股份有限公司原材料库班长
贾学敏　太原市物资再生利用有限公司经济师
张　莉　山西联运集团股份有限公司96568客服中心代班长
段少军　太原市第二建筑工程公司助理工程师
赵志鹏　太原市第一建筑工程集团有限公司施工工长
刘　丽　太原公交集团第一汽车分公司6车队50路驾驶员
何凤霞　太原公交集团第二汽车分公司7车队27路驾驶员
高　谦　太原供水集团有限公司草坪制水分公司工程师
李建刚　太原市热力公司设计院院长
张平国　太原市市政工程总公司总经理
梁振海　太原日报报业集团物业公司助理工程师
孙志斌　太原市道路运输管理局稽查员
杨劲松　太原东山煤矿有限责任公司董事长
卜风国　山西储备物资管理局一三八处行政科科长
时炜杰　山西太水市政工程有限公司项目负责人
贺补生　太原市自来水安装工程公司项目负责人
李新建　太原智海混凝土发展有限公司实验室主任
肖文露　山西瑞福莱药业有限公司行政总监
吴城玉　太原市国有林场副场长
安玉红　太原市青天客运租赁有限公司驾驶员
吴二兵　太原市建筑设计研究院规划所所长
胡永生　太原钢运物流有限公司总经理
陈晋生　太原市黄河供水有限公司工会主席
董建国　山西大禾实业集团有限公司副总裁
谭春云　山西省太原交家电总公司工会副主席
郭玲仙　太原市古灯调味食品有限公司工会主席
郭文萍　太原市解放百货大楼有限公司搪百商场化妆品柜组组长
王淑琴　山西浓香园干货调味品有限公司业务经理
张丽霞　太原市宁化府益源庆醋业有限公司综合办公室主任
白建芳　太原市鸿宾楼烤鸭店党委书记、副经理
梁晓娟　太原市城区农村信用合作联社营业部主任
安文娟　太原田和食品集团有限公司物流第二分公司经理
周秀岚　太原钟联商业集团有限公司监察室主任
刘丽群　晋商银行股份有限公司太原晋阳支行综合柜员
郭进升　太原市妇幼保健院院长
王锦惠　太原市第二人民医院超声诊断科主任
吴　战　太原进山中学校教师
胡　进　太原市外国语学校校长
张喜新　太原市第四十八中学校工会主席
陈育红　太原市第二外国语学校副校长
许建宗　太原华美整形美容医院院长
游福添　太原同济医院管理委员会主任
田　霞　太原广播电视台编辑
白跃玲　太原市文化艺术学校教师
王宏颖　太原市科学技术局办公室副主任
郭　萍　太原市新华书店教材教辅发行中心经理
宋建虎　太原市物价局价格监督检查分局办公室副主任
李　莹　太原市地方税务局办公室科员
许小刚　太原市安全生产监察支队支队长
张环娥　太原市食品化妆品监督所所长
温　杰　太原市国家税务局征管处处长
胡纯红　太原市体育局机关党委专职副书记
任文艳　太原市卫生局计财处处长
高永禄　太原市经济和信息化委员会办公室主任
贾引良　太原市妇女联合会宣传部部长
李　康　太原市教育局民办与成人教育处处长
张红梅　太原市财政局企业处主任科员
王　建　太原市万柏林区人民法院副院长
贾旭民　山西省太原市人民检察院机关党委专职副书记
李　娜　太原市公安局尖草坪分局古城派出所社区中队副中队长
冀　辉　山西省太原市公安局交通警察支队迎泽二大队事故中队中队长
李学勇　太原市公安局迎泽分局刑事侦查大队反扒二中队民警
李俊峰　太原市强制隔离戒毒所强戒一大队大队长
楚保锋　太原市国家安全局办公室负责人
曹鑫磊　太原市鱼种场工程师
许福民　太原市种子管理站站长
畅秀峰　太原市迎泽区桥东街道办事处城建副主任
杨金虎　太原市迎泽区郝庄镇新沟村委会主任
李丽萍　太原市迎泽区老军营街道滨河东路第一社区书记兼主任
闫登魁　太原市迎泽区中医医院院长
唐海玲　太原市迎泽区庙前街道办事处副主任
关　玉　太原市迎泽区柳巷街道柴市巷社区书记兼主任
武立荣　太原市迎泽区东岗小学教师
徐春荣　太原市迎泽区迎泽街道解放南路一社区党总支书记

李良侠　太原市第三十七中学校高级教师
任红卫　太原市迎泽区大南关小学校教师
张正伟　太原市杏花岭区化工路小学校教师
杜秀峰　太原市口腔医院院长
于江平　太原市杏花岭区巨轮街道办事处妇联主席
陈永林　太原市杏花岭区杨家峪街道小枣沟村委会主任
李　婷　太原市杏花岭区杏花岭街道办事处计生办负责人
郭玉平　太原市杏花岭区涧河街道同煦苑社区书记兼主任
郭全有　山西华旗集团董事长
李　晶　太原市杏花岭区鼓楼街道党工委书记
李　桢　太原市杏花岭区信访局局长
陈继军　山西省煤炭运销集团太原万柏林有限公司经理
赵莉文　太原市万柏林区绿化队总工程师
刘　兵　太原市万柏林区大王小学校教师
阴玲光　中共太原市万柏林区委太原市万柏林区人民政府信访局工作人员
宋石亭　太原市万柏林区市容环境卫生队环卫工
王美玲　太原市万柏林区千峰街道公园路社区书记兼主任
白天龙　太原市万柏林区和平街道南社村村委会主任
李新喜　太原市万柏林区兴华街道后北屯村党委书记
王　辉　太原市万柏林区东社街道党工委书记
郝练生　太原市小店区西温庄乡西温庄村种植大户
常守成　太原市小店区北营街道龙堡村村委会主任
马福保　太原市小店区北格镇北格村党支部书记
吴贵生　太原市小店区黄陵街道办事处北营社区居民委员会主任
张亚忠　太原市小店区人民医院医师
杨建斌　太原市小店区交通运输局刘家堡超限检测站站长
乔秀萍　中共太原市小店区委太原市小店区人民政府信访局科员
杨韬仁　中国煤炭科工集团太原研究院有限公司短壁装备研发中心主任
白　洁　山西国美电器有限公司销售店店长
卢文青　太原市尖草坪区第一中学校校长
赵东会　太原市尖草坪区汇丰街道办事处司法所所长
刘万红　太原市尖草坪区市容环境卫生管理局机械清洁队队长
张晓俊　太原市尖草坪区众聚昌种植农民专业合作社理事长
张勇岗　太原市尖草坪区古城街道办事处赵庄兴龙社区书记兼主任
赵建庆　太原市尖草坪区向阳镇南翟村村委会主任
古胜忠　山西胜创源有限公司董事长
郑根会　太原市尖草坪区国家税务局局长
李美宏　清徐县人民医院主任医师
景源生　清徐县城乡环境卫生管理局技师
要建俊　清徐县徐沟中学教师
郑　强　清徐县林业局林业技术推广站站长
宋玉河　山西省清徐县地方税务局局长
高　鹏　太原市三高能源发展有限公司董事长
韩永茂　太原市康镁科技发展有限公司总经理
冯晋平　太原市晋丰农贸发展有限公司经理
丁拖保　清徐日前果业专业合作社理事长
王春亮　山西大禾新农业科技有限公司书记
孙立斌　清徐县清源镇六合村村委会主任
高保文　阳曲县国家税务局局长
李　丽　山西省阳曲县地方税务局局长
白拴成　阳曲县第三中学校校长
刘志刚　阳曲县农业（牧业）行政综合执法大队副队长
庞学荣　太原广厦建材有限公司粉磨车间主任
张立新　太原阳曲县振华种养殖专业合作社副理事长
徐俊福　阳曲县供热公司收费员
刘保生　国网山西省电力公司阳曲县供电公司办公室主任
冯旭琴　古交市人口和计划生育局局长
赵文粱　古交市住房和城乡建设管理局局长
赵乃平　古交市逸香茶叶有限公司董事长
赵　俊　古交市福圪垛养殖种植有限公司总经理
赵冰峰　古交市人民检察院副检察长
苏晋安　古交市人力资源市场高级职业指导师
张瑞春　中国移动通信集团山西有限公司古交市分公司经理
王旭强　娄烦县娄烦镇城北村党支部副书记
齐玉峰　娄烦康庄生态畜牧发展有限公司总经理
姬发明　娄烦县马家庄乡大圣堂村村委会主任
赵智勇　娄烦县盖家庄乡联合学区教师
李晋奎　娄烦县盖家庄乡卫生院主治医师
肖　刚　太原市晋源区“肖刚创新工作室”主任

李永亮 太原市晋源区义井街道办事处经济服务中心科员
杜金锁 太原市晋源区晋源镇东院村党支部书记
王金生 太原市晋源区晋源街道北河下村村委会主任
王昌文 山西煤炭运销集团太原晋源有限公司经理
张宏伟 太原高新技术产业开发区科学技术协会工程师
赵张锋 南自晋能自动化有限公司“赵张锋创新工作室”带头人
赵志强 山西阳煤中瑞能源有限公司总经理
强彦珍 太原高新技术产业开发区园林绿化管理中心工程师
艾建生 智奇铁路设备有限公司生产部部长
郭伟杰 太原坤泽房地产开发有限公司安全工程师
马 非 太原经济技术开发区公用事业管理服务中心高级工程师
谢世军 太原经济技术开发区国家税务局副局长
于晓洋 太原市民营经济开发区机关党委专职书记
杨安平 太原市民营经济开发区管理委员会办公室科员
李广轩 山西宸世药业有限公司质量管理部长
李国伟 太原市民营经济开发区总工办主任
张宝宝 太原市威迩思科技有限公司电气工段长

·太原市“工人先锋号”名单(100个)·

山西太钢不锈钢股份有限公司炼钢一厂冶炼二作业区电炉甲班
山西太钢不锈钢股份有限公司冷轧硅钢厂原酸作业区乙班
山西太钢不锈钢股份有限公司不锈冷轧厂成酸作业区3#冷线班组
山西太钢不锈钢股份有限公司能源动力总厂电控作业区微机班
山西太钢不锈钢股份有限公司加工厂渣场事业部不锈钢渣打水组
太原钢铁(集团)有限公司岚县矿业有限公司采矿部破碎作业区生产丙班
西山煤电(集团)有限责任公司屯兰矿一采区
山西焦煤五麟煤焦开发有限责任公司甲醇厂
山西西山煤电股份有限公司镇城底矿综采一队
西山煤电(集团)有限责任公司铁路公司前山行车组
西山煤电(集团)有限责任公司公用事业分公司交通运输中心
山西西山金信建筑有限公司管道工程公司
太原煤炭气化(集团)有限责任公司华胜煤业公司调度室
太原煤炭气化(集团)有限责任公司晋中燃气公司营业所
太原煤炭气化(集团)有限责任公司生活公司物业管理中心
太原重型机械集团有限公司太原重工技术中心风力发电设备设计研究所
太原重型机械集团有限公司太原重工起重机分公司起重机一厂装配工部
太原重型机械集团有限公司太原重工风电设备分公司装配工部
太原重型机械有限公司太原重工焦化设备分公司装配一工部
太原华贵金属有限公司生产处拉丝组
太重煤机有限公司售后服务部
太原矿机医院内科
太重煤机有限公司掘进机分公司电工组
山西新富升机器制造有限公司制动系统分公司
国电太原第一热电厂汽机分场
国电太原第一热电厂锅炉分场管道班
大唐太原第二热电厂热工工程部机控班
大唐太原第二热电厂燃料运输车间运行五班
国网山西省电力公司古交市供电公司输配电运检班
国网山西省电力公司娄烦县供电公司调控运行班
山西昆明烟草有限责任公司制造中心动力车间
山西昆明烟草有限责任公司物流中心新营库
中国人民解放军第6904工厂设计所通信系统集成部
中化二建集团有限公司第三安装公司兴安博源工程项目部
中化二建集团有限公司大机公司6400吨特种作业施工队
山西省公路局太原分局勘测设计所
赛鼎工程有限公司报价部
山西国营大众机械厂电子燃气具总厂灶具事业部
山西压缩天然气集团有限公司太原煤销新晋祠路加气站
山西煤炭运销集团太原有限公司财务管理部
中国联合网络通信有限公司太原市分公司集团客户响应中心客户组
中国联合网络通信有限公司太原市分公司客户呼叫中心客户维系组
中国移动通信集团山西有限公司太原分公司网络部基站动力维护中心
中国移动通信集团山西有限公司太原分公司集团客户部政府行业组
中国移动通信集团山西有限公司太原分公司尖草坪区上兰片区
中国移动通信集团山西有限公司太原分公司漪汾街营业厅
太原邮政万柏林区邮政局义井支局
太原邮政小店区局太行邮政所
山西百一机械设备制造有限公司冷轧辊分厂
山西百一机械设备制造有限公司清洗分公司
双喜轮胎工业股份有限公司子午胎A区甲工段

山西联运集团股份有限公司
96568 客服中心
太原热力设计院
太原市建筑工程质量检测站
太原市第一建筑工程集团有限公司
太原市第三人民医院门诊楼项目部
太原市第一建筑工程集团有限公司
山西电机厂项目部
太原供水集团有限公司基建处
太原供水集团有限公司兰村水厂
制水分公司运行工段
太原供水集团有限公司城南营销
分公司巡线工段
太原公共交通控股(集团)有限公司
第三汽车分公司四车队 812 路
太原公共交通控股(集团)有限公司
电车分公司 105 路
太原市热力公司第一供暖分公司
河西管理所
太原市热力公司城南供暖分公司
热源厂司炉工段
太原市热力公司第三供暖分公司技术室
太原市市政工程总公司第二工程公司
测量组
山西太报传媒有限公司发行分公司
杏花岭站
太原中保集团实业有限公司行政部
中泽建工集团有限责任公司中泽苑
项目部
山西通宝工程机械销售有限公司潍柴
中心库
中煤建安第七工程有限公司韩嘴项目部
太原市第三人民医院肝病二科
太原有线电视网络有限公司城南分公司
太原市果品茶叶副食总公司乾和祥茶庄
太原田和食品集团有限公司物流
第二分公司制冷班组
山西太原北城国家粮食储备库制粉
车间制粉二班
太原市数字化城乡管理指挥中心监督
指挥大厅
太原市市容环境卫生机械清洁队
洗地车班组
太原市城市建设管理中心西中环项目部
太原市滨河公园
太原市建设工程质量监督站监督二科
太原市建设工程质量监督站监督三科
太原火车站综合管理委员会办公室
太原市杏花岭区交通运输局道路
运输管理所
山西和佳房地产开发有限公司世纪
柏林服务部
山西碧锦纳川贸易有限公司医药分公司
太原市龙聚煤炭有限公司储煤场
清徐县美特好农产品配送物流
有限公司冷冻冷藏部
山西喜跃发路桥建筑材料有限公司荷
兰彩色系列产品技术应用与研发项目组
古交市总工会困难职工帮扶中心
娄烦县自来水公司
太原市晋源区晋源街道办事处环卫所
国网山西省电力公司太原市晋源区
供电公司调控班
中海油太原贵金属有限公司生产部
提纯组
可口可乐(山西)饮料有限公司
仓储配销部
南自晋能自动化有限公司营销中心
太原通泽重工有限公司组合式高速
油压机研制组
亚宝药业太原制药有限公司固体制剂
一车间自动线班组
山西天星制药有限公司固体制剂车间
充填组
太原市民营经济开发区政策法规局
办公室
山西天大化工工程有限公司填料内件
车间

RENWU

小店区

中共区委书记 张金旺*车建华
区人大常委会主任 陈其武
区长 杨继承
区政协主席 王健

【概述】 小店区位于山西省省会太原市市区东南部，是太原市6个市辖区之一，地处东经112°24′～112°43′，北纬37°36′～37°49′。毗邻汾河东岸，下辖1镇2乡、7个街道办事处，115个社区、41个行政村。面积295平方千米，建成区50平方千米。常住人口80万，外来人口75万。

小店区城乡一体、南农北商、高新技术密集、交通通讯便捷，是山西省“一核一圈三群”战略布局太原都市圈城镇规划中的重要区域，是太原市“南移西进，北展东扩”的主要发展区，是实现太榆同城化、建设太原都市圈的核心区，也是太原市对外交通最发达的中心城区。区内太中银、大西、石太等铁路网四通八达，高速、国道穿境而过，“一港十一路”畅通全省，是集航空、铁路、公路为一体的大型综合交通枢纽，也是外界感知太原的第一窗口，具有很强的产业配套能力和市场辐射能力。区内山西大学、山西财经大学、山西省农科院等众多大专院校和科研院所云集；国家级太原高新技术产业开发区、太原市经济技术开发区、太原武宿保税区以及规划发展中的山西科技创新城，均坐落于小店区。

小店区贯彻落实中央、省、市各项决策部署，经济持续快速健康发展，经济综合实力位居全省各县（区）前列，连续两年跻身中国市辖区综合实力百强。获得全国科技进步考核先进区等国家级荣誉30项，山西省县域经济市辖区考核评价第一等省级荣誉70项，依法行政示范区等市级荣誉31项。

2013年，全区地区生产总值311.8亿元，固定资产投资366.3亿元，社会消费品零售总额达到388.7亿元，财政总收入43.3亿元，公共财政预算收入22.1亿元，农民人均纯收入15414元。固定资产投资额、社会消费品零售总额、财政总收入、公共财政预算收入等综合指标总量列全市各县(市、区)第一。

小店区借力功能区发展，聚焦高端、乘势跨越，突出总部（楼宇）经济中心建设，重点发展电子商务、现代物流业、高铁经济，构建与区情相适应的现代产业体系，打造高端产业云集、城市品位卓越、生态环境宜居、体制机制优越的现代化一流城区和三晋首区。

（李跃文　郭　锐）

【三次产业协调发展】 2013年，小店区三次产业比例为2.5∶27∶70.5。农业产业化快速推进，打造孙家寨等23个“一村一品”专业村，设施蔬菜播种面积达到5336公顷，总产稳定在3亿公斤以上，占到全市总量的1/4。奶牛存栏增长1000头，达到11000头。全区各类农业园区发展到50余家。工业体系进一步升级，与经济区、高新区共建共享的云计算、罗克佳华项目进展顺利。为36家中小企业提供“助保金”贷款1.7亿元。民营企业市场品牌和份额不断提升，华豹涂料成功开拓海外市场，奇美橱柜获2013中国橱柜行业“品牌·服务”体系建设十大示范企业称号。社会消费品零售总额继续保持全市首位，占到全市的30.4%。平阳景苑、茂业天地、华宇商业中心等一批现代服务业项目进展顺利。楼宇经济蓬勃发展，入驻企业2900余家，注册资金500万元以上的企业达到248家。

（李跃文　郭　锐）

【重点工程】 2013年，小店区16个省级重点工程、58个市级重点工程完成投资239亿元,完成额居全市第一。共完成重点工程和基础设施建设征地575.62公顷，拆迁109万平方米。

（李跃文　郭　锐）

【招商引资】 2013年，小店区组团参加中博会，签约项目10个，总投资达226.5亿元，为市下达任务的1.5倍。全

南中环桥汾河鸟瞰

区入统项目实际引进资金85.3亿元，名列全市各县(市、区)第一。项目储备、项目落地、项目建设、项目投产等四项指标位列全市首位。

(李跃文　郭　锐)

【基础设施建设】 2013年，全市23项重点工程，涉及小店区13项。全区克服拆迁单位多、时间紧、任务重的压力，按进度完成涉及市政道路建设的60万平方米拆迁任务。投资1.7亿元自主改造建设电子街、富康街、人民路等3条市政道路和12条小街巷。投资1.9亿元完成公路建设里程54千米，在全省率先实现区乡公路路面铺装全覆盖，全区公路密度达324千米/百平方千米，位列全省第一。完成渠道清淤疏浚和末级渠系防渗改造工程163千米。服务龙城500千伏、铜厂220千伏等枢纽变电站开工建设，完成农村电网升级改造。集中供热扩网613.8万平方米，总面积达到1660.7万平方米，完成2200万平方米区域供热保障工作。

(李跃文　郭　锐)

【城中村改造】 2013年，小店区推进新庄、许东、龙保3个整村拆除项目，拆除面积20.8万平方米。新庄村成为全区第一个真正意义上实现整村拆除的城中村。引入万科集团、富力地产等大型知名企业参与小店区城中村改造。

(李跃文　郭　锐)

【城乡管理】 2013年，小店区开展城乡清洁“四位一体”专项行动。改造永康南路等8个老旧片区，综合整治45个村庄周边环境，创建三星级以上单元38个。取缔近百辆超期无证营运小巴，基本实现城乡公交全覆盖。查处“双违”案件209宗。城乡清洁工程、数字化城管工作考核继续排名全市第一。

(李跃文　郭　锐)

【民生事业】 2013年，小店区区财政惠民资金投入占总支出的80%以上，同比增长13%。财政科技项目经费支出3153万元，同比增长15.8%，全国县(市、区)科技综合指标考核排名全省城区组第一。完成7所幼儿园新建、改造任务和三十八中等4所中小学校建设，90%的中小学校通过市级标准化学校验收。实施教育帮扶行动，在全市率先实现对区属普通高中贫困生免除学杂费。公开招聘150名中小学教师和100名医疗卫生人员。新农合参合率达99.55%，财政补贴人均65元，全省第一。城镇新增就业人数2.2万人，城镇登记失业率控制在3.24%以内。全年共救助困难群众4934人次，发放救助金982.8万元。完成市政府下达的保障性安居工程开工建设任务。建设平价菜店30家，惠及13万居民。实施35处农村饮水提质工程，完成12个村的太阳能路灯街道亮化。

(李跃文　郭　锐)

【生态建设】 2013年，小店区突出抓好东山“五龙城郊森林公园”建设，高标准绿化286.8公顷，栽植各类苗木100余万株，新修道路15.8千米，新建槐香园、百花园等6个景点，接受省、市造林现场会观摩。全年共完成县乡公路、通道绿化120千米，实施208国道小店段提档增绿、重点村庄绿化等工程，改造升级6处小游园，完成道路、村庄绿化苗木栽植15.2万株。

(李跃文　郭　锐)

【环境质量改善】 2013年，小店区拆除分散燃煤采暖锅炉202台，占全市任务的近40%；实现常年运行燃煤锅炉清洁能源替代45台；拔掉城中村、棚户区黑烟囱1155根；完成未实施集中供热改造城中村清洁型燃煤替换8360吨；关停搬迁工业污染企业10家；取缔非法土小企业11家。建立区域大气污染防控机制，强化扬尘治理，整治秸秆焚烧。全年耗煤量减少33万吨，二氧化硫排放量减少1981.8吨，二氧化氮排放量减少660.6吨，烟尘排放量减少2972.7吨。(李跃文　郭　锐)

【平安小店建设】 2013年，小店区制订实施《平安小店建设四年规划(2013-2016)》。率先启动“平安商场”等级化管理，完善区、街办(乡、镇)、社区(村)三级社会服务管理体系，实现基层社会服务管理全覆盖。全年未发生重大群体性事件、重大安全事故，社会治安综合治理考核全市第一。

(李跃文　郭　锐)

【社会矛盾化解】 2013年，小店区坚持区级领导干部公开接访，落实领导包案制。执行重大节日和敏感时期24小时值班和“零报告”制度，率先在全省开通网上信访投诉平台，全区越级上访总量在全市后移两位。

（李跃文 郭 锐）

【安全生产】 2013年，小店区开展安全生产隐患有奖举报工作。始终保持打击非法违法生产经营建设的高压态势，在全市首创“三位一体”安全隐患排查治理方式，深层次隐患得到及时治理。（李跃文 郭 锐）

【基层社会建设】 2013年，小店区财政投入1亿元，多渠道、多形式推进社区300平方米以上办公场所达标建设，40个社区落实达标改造任务。完成75个社区换届工作。加强农村基层政权建设，推行“四议两公开”工作法和农村工作“九项制度”，强化农村社会治理。（李跃文 郭 锐）

【专项治理】 2013年，小店区贯彻执行中央“八项规定”，落实省、市、区贯彻“八项规定”的相关要求，整治“四风”问题。加强财政资金使用监管，强化审计监督，严格“三公”经费支出，公务接待费同比下降57%，公车购置运行经费同比下降17%。出台《小店区机关事业单位临时聘用人员管理办法》。推进工程建设等重点领域专项治理。

（李跃文 郭 锐）

【行政审批改革】 2013年，小店区行政审批服务事项由173项减少到124项，减少28%。全面落实“两集中、两到位”制度，14家具备条件的单位全部成立审批科室。在全省率先启动工商登记注册改革。（李跃文 郭 锐）

【作风建设】 2013年，小店区进一步强化政风行风建设。开展领导干部“访民生、知民情、解民事”集中走访活动。加强舆情应对，全年累计办理网民留言、市长信箱、便民热线答复事项3565件。加强政府门户网站、信息公开、舆情处置等工作，入围2013年“中国县域网络形象排行榜暨县(市、区)级政府网络履职绩效排行榜”百强。

（李跃文 郭 锐）

迎泽区

中共区委书记	邹天敬*
	刘文华
区人大常委会主任	阴国平
区长	刘文华*
	冯原平(代区长)
区政协主席	宋国庆

【概述】 迎泽区地处太原市汾河之东、城区中部，南连小店区，北接杏花岭区，东与榆次市、寿阳县相邻，西隔汾河与万柏林区相望。全区下辖迎泽、柳巷、文庙、桥东、庙前、老军营6个街道办事处和郝庄镇，总面积117平方千米。（杨水云）

【经济发展】 2013年，迎泽区地区生产总值在全市首家突破400亿元大关，完成413.63亿元，增长10.1%；固定资产投资首次突破百亿元关口，完成112.2亿元，增长41.5%，超全市平均水平12.6个百分点；财政总收入、一般预算收入首次突破20亿元和10亿元关口，分别完成24.1亿元、11.14亿元，增长20.7%和24.8%；服务业增加值完成352.31亿元，增长11%，绝对量居全市首位；社会消费品零售总额完成262.57亿元，增长17.2%，增速全市第一；农民人均纯收入完成13426.7元，增长14.2%，增速全市第二；规模以上工业增加值完成31.49亿元，增长12.2%，增速排名较上年前移三位，是全市唯一全面完成八项主要经济指标的区县。（杨水云）

【产业结构转型】 2013年，迎泽区加快核心商圈提档升级，完成御都、东城改扩建，进行食品街升级改造和产业调整，同至人在朝阳商圈率先实行统一结算，形成示范引领，星巴克、火宴山等一线品牌落户柳巷大型商厦，促进多元业态集成发展。总部经济发展格局初步形成，实施总部经济“510”工程，出台促进楼宇经济发展的意见及奖励扶持政策，选树培育5个总部标杆企业和10个楼宇总部经济发展基

永祚寺双塔

地，企业创新园列为国家火炬特色产业基地，一批实体经济总部和新兴产业项目入园开工建设。投资规模不断扩大，湖滨国际广场等省、市重点项目完成投资41.3亿元，签约国海广场等14个重大项目，协议资金191亿元，引进华润制药、安普电动汽车等大型企业区域总部，延长壳牌山西总部获准汇总纳税，招商质量和引资金额为近年最高水平。（杨水云）

【城市建设】2013年，迎泽区集中攻坚省、市重点工程，铁路三项工程和双塔北路南延段房屋征收基本完成；对双塔景区进行总体规划设计，朝阳片区综合整治先行起步，朝阳街路面改造完工。率先打响棚改攻坚战，朝阳街北一巷棚户区回迁楼主体竣工，东岗棚户区房屋征收基本完成，东岗路建成通车。加快改造城市老旧片区，对庙前、柳巷片区进行综合整治，改造小街巷30条。引深城乡清洁工程，验收达标100个社区单元，创建宜居小区、院落420个，1006个无物业楼院实现清扫保洁全覆盖。健全数字城管网格化管理，提高环卫作业标准，新建改造公厕40座，对外开放单位厕所50座，城市管理规范化、标准化水平大幅提高。（杨水云）

【生态环境建设】2013年，迎泽区改善环境质量初战告捷，拆除分散采暖和常年运行燃煤锅炉108台、土小燃煤设施2700余台，完成满洲坟等5个困难小区77.3万平方米集中供热改造，郝庄、双塔城中村整村拆除稳步推进，140台土小锅炉全部封停，南沙河截污工程铺设管网4850米，完成总任务的93.3%。造绿治本成效明显，加快东山现代林业示范工程建设，新造林1334公顷，与企业签订林地认养框架协议800.4公顷；完成35条城市道路绿化维护提升，新建2条花卉街，新增单位附属绿地和居住区绿地1万平方米、垂直绿化1.2万延长米。打击私挖滥采和农村集体土地上违法建设行为，关停石料厂2座，拆除违法建筑1.5万平方米，生态环境明显改善。（杨水云）

【城乡一体化】2013年，迎泽区发展“一村一品”，扩大特色种植养殖规模，新办农民专业合作社5家，创建省、市示范社3家。推进城中村改造，完成8个城中村集体经济改制和9个城中村“村改居”。改善农村基础设施，完成5条县乡公路改造和7个村饮水安全工程，对南沙河水库进行除险加固。完善农村公共服务，实施科技特派员农技承包项目25项，郝庄镇卫生院和96%的村卫生室通过标准化验收，为所有行政村配备文化专管员和文化活动器材，新农保参保率超过95%，新农合参合率达98.38%。（杨水云）

【人民生活】2013年，迎泽区二十件惠民实事全部完成。新增就业1.92万人，城镇登记失业率降至2.92%；各类保障救助持续提标扩面，社会保险加快由“制度全覆盖”向“人群全覆盖”转变；开工建设保障性住房3705套；足额发放义务兵优待金877万元；改（扩）建7所学校和3所公办幼儿园，为21所学校高标准配置设施设备，新增义务教育标准化学校19所；更新安装全民健身路径30条，区文化馆、图书馆、美术馆和郝庄镇综合文化站完成改造，免费向社会开放；文庙社区卫生服务中心竣工投用，了解南社区卫生服务中心获评全国示范；建成区残疾人综合服务中心，实施150余户残疾人家庭无障碍设施改造和住房修缮；对22个社区服务场所进行新（改、扩）建和功能提升，社区年平均办公经费由2.7万元提高到6万元，社区干部月平均工资普涨300元；居家养老试点扩大到20个社区，特色服务不断创新；新改建6个社区菜市场，提档升级30个社区流动蔬菜直销点，建成3家平价商店；在全省率先实现婚姻登记全免费。（杨水云）

【社会管理】2013年，迎泽区全面推进社会管理创新十个课题建设，组建社会服务管理指导中心，健全领导接访包案、重大项目社会风险评估及矛盾纠纷排查联调机制，增进社会和谐；引深社区警务战略和平安创建工程，开展社会治安重点整治“三项战役”，震慑违法犯罪；加强应急保障能力建设，开展重大安全隐患有奖举报，持续组织打非治违、百日安全大检查和安全隐患“大宣传、大排查、大整治、大落实”等专项行动，安全生产各项指标控制在市控指标之内。（杨水云）

【自身建设】2013年，迎泽区自觉接受人大法律监督、工作监督和政协民主监督，办理人大代表建议、政协提案253件，办复率100%。实行“一事一表”高频调度，建立重点工作责任推进机制和区级领导包联企业制度，服务7大类重点项目建设和160家重点企业发展。引深“办实事、解难事”和“问人民所需，向人民承诺，让人民满意”等活动，120项公开承诺事项全部办结，便民服务平台受理群众诉求1.5万余件，及时办结率达99%以上。推进依法行政，深化政务公开，开展普法依法治理，“法治迎泽”建设取得新进展。加强财政管理，优化审批流程，强化监察和审计，开展重点领域专项治理，廉政建设取得新成效。（杨水云）

【“欢乐消费惠万家”消费促进月活动启动仪式】2013年3月31日上午，由山西省商务厅、人民银行太原中心支行联合主办的“欢乐消费惠万家”消

费促进月活动启动仪式在迎泽区举行。"欢乐消费惠万家"消费促进月活动以"守诚信、促消费、倡低碳、惠民生"为主题,围绕品牌消费、信用消费、网络消费、绿色消费、餐饮消费五大内容展开,全省近百家大型商贸、金融服务企业开展形式多样、便民实惠的促销活动。迎泽区是典型的以第三产业为主导的商贸业大区,此次活动的开展对培育新的消费热点,拓展消费空间,繁荣全区消费市场具有促进作用。

(杨水云)

【"坚持从严治党、保持党的纯洁性"学习教育专题辅导】 2013年4月6日上午,迎泽区举办"坚持从严治党、保持党的纯洁性"学习教育专题辅导讲座,邀请太原市委党校副校长教授、王晓东授课。区委常委、宣传部长詹玉梅主持。区四大班子领导以及全区正科级领导干部140余人参加培训。

(杨水云)

【迎泽区公务员普通话测试】 2013年6月11日,迎泽区公务员普通话水平测试工作结束,来自全区各部门的600余名公务员参加测试。区委、区政府高度重视公务员普通话测试工作,多次召开专门会议安排部署,并选派国家级普通话测试员对参加普通话测试的公务员进行现场指导和集中培训,取得明显成效,此次测试合格率达到98%以上。(杨水云)

【迎泽区企业创新园奠基仪式】 2013年5月16日上午,迎泽区企业创新园举行开工奠基仪式。2013年,迎泽区按照集聚发展、突出高端、兼顾多元、形成特色的思路,制定出台促进总部经济发展的一系列新措施,成立总部经济推进领导组,努力营造总部经济发展新格局。企业创新园位于迎泽区东部,首期规划12.87公顷,拟建设10个项目,计划总投资13.68亿元,年内建成投产。园区突出区位、技术引领和市场规模优势,开展产学研紧密合作,走"创新驱动、内生增长、跨越发展"之路,主要建设工程技术研发中心、产业信息中心、产品制造中心、商务展示交易、人才培养等企业先进技术研发和应用总部基地,进而集聚行业高端技术、高端产业、高端人才和高端客户。按照规划,企业创新园将打造一流的企业研发总部基地,形成集办公、科研、中试为一体的中小生产性企业总部集聚基地,并向周边辐射。首期引进瑞飞机械、华能机械、中鲁物流等8家高新技术企业。园区建成后将成为先进技术研发应用产业集群和专利技术、高新技术企业孵化平台。(杨水云)

【太原市迎泽区三晋文化研究会成立】 2013年5月28日,迎泽区三晋文化研究会成立。山西省三晋文化研究会常务会长李玉明,副会长降大任、杨子荣,秘书长赵晋胜,市三晋文化研究会会长霍润德,副会长杨光亮、宋海文等到会祝贺。迎泽区作为并州古城的重要组成部分和宋建太原城的前身,是太原市历史文化和近现代文化重点分布区域之一,历史文化悠久,人文底蕴深厚,名胜古迹众多,太原城市的标志三晋名刹永祚寺(双塔寺)、2002年全国十大考古发现之一的北齐徐显秀壁画墓、佛教名寺和皇家祖庙崇善寺、儒教建筑文庙、道教名观纯阳宫、省内仅存的皇家建制皇庙、全市规模形制最大最完整的大关帝庙、列为全市十方院第一的白云寺以及东太堡夏文化遗址、山西大学堂旧址、文瀛湖革命文化旧址等诸多国家、省、市重点文物保护单位均分布辖区。成立迎泽区三晋文化研究会,目的和任务是要通过挖掘和丰富历史文化内涵,传承和发展优秀历史文化,进一步传播和弘扬三晋文化、晋阳文化,加快打造城市特色文化品牌,提升城市文化软实力,为建设文化强区,推动率先转型跨越发展,提供更多的精神、文化和智力支持。

(杨水云)

【教师综合业务技能竞赛活动】 2013年6月14日,迎泽区教育局组织开展以"我的梦、教育梦、中国梦"为主题的全区首届教师综合业务技能竞赛活动,全区各中小学校、幼儿园61名教师参加竞赛。市总工会副主席郎学军,市教科文卫体工会主席王树青,区领导李社庆、侯森等在活动现场进行观摩指导。此次竞赛活动以"竞技"为理念,分为书写基本功、绘画基本功、课堂教学基本功、口语即兴表达基本功以及特长才艺展示等五个方面内容。各参赛教师在竞赛中展示"三笔两画"业务基本功和课堂教学三位目标的设定及重点难点突破等教学技能。促进全区教师教学基本功水平的提升,为各学校及教师提供展示、学习、交流的平台。(杨水云)

【市政府督察组视察迎泽区农村"十个全覆盖"工程】 2013年9月11日,太原市政府督察组对迎泽区农村"十个全覆盖"工程进展情况进行督察,副区长高伟陪同督察。督察组听取迎泽区农村"十个全覆盖"工程情况汇报,了解各项工程的完成情况、管理方法及工作中好的经验和做法,到郝家沟、松庄、水峪、港道等村实地察看项目情况。督察组一行对迎泽区"十个全覆盖"工程取得的成效给予肯定,并希望迎泽区结合实际进一步探索创新,总结好的经验和做法,为下一步经验交流和推广打下基础。

近年来,迎泽区坚持把农村"十个全覆盖"工程作为保障和改善民生,统筹城乡发展的重要举措,在保证工程质量的同时,加快建设进度。特别是新"五个全覆盖"工程于2011年实施以来，新建“农家书屋”2个、农民体育健身场所7个和村级文化活动场所29个，硬化农村街巷67.8千米，新型农村养老保险参保人数达到13507人，新建农村便民连锁超市6个，“十个全覆盖”工程走在全市前列。（杨水云）

【“三馆一站”免费开放仪式】 2013年12月21日上午，迎泽区文化馆、图书馆、美术馆和郝庄镇综合文化站免费开放仪式在开化寺古玩市场举行。省文化厅巡视员李春荣，市委常委、宣传部长张春根，市委常委、迎泽区委书记邹天敬，副市长王爱琴，市文化局局长李刚，区长刘文华等领导出席活动。“三馆一站”免费开放是迎泽区惠民工程的重要内容，是保障广大人民群众基本文化权益、提高公民鉴赏能力的重要举措。迎泽区委、区政府高度重视文化工作，把公共文化建设作为文化立区的重要支撑，重点投入推进，先后投资近千万元改扩建区文化馆、图书馆、美术馆和郝庄镇综合文化站。三馆一站改造工程全面竣工，具备向社会免费开放的条件。（杨水云）

东山生态建设

杏花岭区

中共区委书记 魏　民
区人大常委会主任 李树结
区　　　　长 李　浓(女)
区政协主席 姜二爱* 施国立

【概述】 杏花岭区位于太原市区的东北部，居汾河之畔，是太原市的中心城区。东与晋中市寿阳县交界，东南、南与迎泽区相邻，西南、西以汾河中心线为界与万柏林区隔河相望，西北与尖草坪区接壤，北、东北与阳曲县毗邻。地理坐标为东经112°18′36″～112°27′36″，北纬37°30′36″～37°34′48″。东西最大距离21.53千米，南北最大距离13.04千米，总面积170.20平方千米，其中建成区面积32.2平方千米，农村面积138平方千米。2013年末，全区总人口653854人，其中城镇常住人口629437人；总人口中，男性321154人，女性332700人。下辖坝陵桥、巨轮、大东关、三桥、鼓楼、杏花岭、职工新街、敦化坊、涧河、杨家峪10个街道办事处，中涧河、小返2个乡，有109个社区居民委员会，38个村民委员会。人民政府驻巨轮街道胜利街99号，距太原市人民政府3.2千米。辖区矿产资源较为丰富，有煤炭、石膏、耐火粘土、铝钒土等多种矿产。

2013年，杏花岭区生产总值(GDP)为4197479万元，按可比价计算，比上年增长10.2%。其中：第一产业实现增加值6877万元，比上年下降3.2%；第二产业实现增加值917266万元，比上年增长12.4%；第三产业实现增加值3273336万元，比上年增长9.6%。三次产业的比重是0.2∶21.8∶78.0。（刘彩秀）

【产业结构调整】 2013年，杏花岭区发展现代服务业，推进万达广场城市综合体、富力铂尔曼酒店等一批项目。现代物流业发展势头良好，丈子头特色农产品物流园一期、山西汽运冷链物流项目基本建成，华远现代物流园项目开工建设。加快发展文化旅游产业，采薇庄园、薰衣草生态园、东湖醋园等生态观光景点运营良好。支持推进工业转型升级，华能东山燃机热电项目开工建设。鼓励发展现代特色农业，继续推动花卉苗木"四大基地“建设，新建高档智能温室2.1万平方米，标准化日光节能温室1万平方米。（刘彩秀）

【农业】 2013年，杏花岭区农业生产发展平稳。全年农、林、牧、渔业总产值为14354万元，同比增长4.3%。全年粮食总产量为887吨，同比增长3.4%；蔬菜产量为2171吨，同比增长0.2%。

畜牧业生产较上年有所减少。全年肉类总产量1667吨，比上年下降4.8%；禽蛋产量为431吨，比上年下降26.7%；牛奶产量为31.6吨，比上年下降24.8%。

农业生产条件继续改善，农民收入有所增加。2013年，全区农村用电量4272万千瓦小时，化肥施用量为(折纯)46吨，农民人均纯收入达13335元，同比增长12.8%。（刘彩秀）

【工业和建筑业】 2013年，杏花岭区

主营业务收入2000万元以上的规模工业生产小幅下降。全年规模以上工业总产值710243万元，比上年下降8.2%。规模以上工业企业增加值185458万元，比上年降低6.8%。

主要工业产品产量：发电量14351万千瓦时，饮料酒2153千升，耐火材料制品49011吨，钢材25985吨，塑料制品2198吨，粗钢4361吨。

规模以上工业企业实现销售产值703050万元，比上年下降7.2%，销售率为98.9%，同比上升1.0个百分点。

建筑业生产增长较快。全区建筑业完成总产值4468973万元，比上年增长46.3%。（刘彩秀）

【固定资产投资】 2013年，杏花岭区固定资产投资稳步增长。全年固定资产投资完成1982897万元，比上年增长25.3%。从管理渠道看，其中：城镇项目固定资产投资1102086万元，房地产企业开发项目完成投资879793万元。（刘彩秀）

【批发零售贸易业、餐饮业、社会服务业】 2013年，杏花岭区消费品市场繁荣稳定。全区批发零售贸易业商品销售总额共完成1268.28亿元，比上年增长37.0%，住宿餐饮业营业额完成23.57亿元，比上年下降10.0%。

全年社会消费品零售总额139.71亿元，比上年增长16.3%。（刘彩秀）

【财政收支】 2013年，杏花岭区财政收入稳步增长，财政管理力度进一步加强。全年完成财政总收入29.35亿元，同口径增长12.0%，其中公共财政预算收入完成16.22亿元，同口径增长35.0%。（刘彩秀）

【城市建设】 2013年，杏花岭区持续推进东山生态建设，重点打造牛驼、长沟、杨家峪、榆林坪“四大万亩片区”，高标准建成锦林、山庄头、长沟等5个生态观光园。完成绿化1800.9公顷、栽植各类苗木212万株。建成区园林绿化力度加大，新建小游园12个，新增绿化面积37万平方米。服务市重点工程建设，完成府东府西街、北中环街、太行路等5条道路工程房屋征收。实施东站货场、职工新村、晋东棚户区等15个棚户区改造项目。加快保障性住房建设，新开工7919套，完成目标任务的185%。推进城中村改造，实施享堂、道场沟、小枣沟整村拆除。2013年，全区共完成重点工程改造房屋征收15000余户、130多万平方米，旧城改造和建设的力度加大。推进农村基础设施建设，完成杨家峪至大窑头、长沟新村至丈子头、牛驼寨至道场沟3条8.77千米农村公路，东部路网日趋完善。开展城乡清洁工程，推行网络化、精细化管理，推进星级单元创建活动，全区星级单元达到132个。城区主干道全部实现机械化作业、小街小巷专人定期清扫清洗。打造6条一流示范街道和19条一流示范街巷，实现全天候保洁、垃圾上门收集。新建小窑头压缩式新型垃圾中转站，升级改造教场巷、马道坡垃圾中转站，新改建18座公厕。综合整治东仓巷、旱西关等5个片区、44条小街巷，惠及1.8万户居民、5.88万人。在全市城乡清洁工程四个季度综合考评中，取得1次排名第一、3次排名第二的成绩。（刘彩秀）

【科学、教育、文化、卫生和体育】 2013年，杏花岭区投入科技研发经费2890万元，增加10.0%，发展科技事业，扶持科技发展项目16个，其中重点扶持社会发展计划项目。完成两年一度的国家科技进步考核工作，再次获得国家科技进步先进县区称号。

投入教育经费55298万元，比上年增长12.8%。加快推进教育重点工程，完成建设北路小学、柏杨树街小学、享堂南街小学教学楼和胜利东街幼儿园、卧虎山路小学附属幼儿园新改扩建项目，新增优质小学学位900个、幼儿学位450个。完成51所中小学义务教育标准化学校建设，办学环境进一步优化。

2013年，境内有各类专业艺术表演团体8个；区属文化馆（站）13个，建筑面积11728平方米；区属公共图书馆（室）12个，建筑面积360平方米，藏书3万册；主要文化艺术团体有太原市话剧团、太原市歌舞杂技团、太原市晋剧院、山西华夏之根艺术团、太原市实验晋剧院、山西省戏剧学院。

2013年，辖区有各级各类医疗卫生机构454个，其中：三级甲等医院6所，三级乙等医院1所，二级甲等医院2所，疾病预防控制中心2个，卫生所2所；病床8297张。专业卫生人员11356人，其中：执业医师4554人，执业助理医师157人，注册护士5077人；平均每千人拥有卫生技术人员19.07人，平均每千人拥有执业（助理）医师7.9人，平均每千人拥有注册护士8.5人。2013年，医疗机构（门诊部以上）完成诊疗536万人次。2013年法定报告传染病发病率555.2710万，农村安全饮用水普及率98%，农村卫生厕所普及率71%，新型农村合作医疗参保人数29625人，参保率100%；5岁以下儿童死亡率、婴儿死亡率、围产儿死亡率分别为11.08‰、10.32‰、15.08‰。

2013年，境内有体育场地503处，各级社会体育指导员3024人。全年定期举办的体育活动有146次，其中，区级运动会举行4次。75%的城市社区和100%的村安装健身器材，经常参加体育活动的人员占常住人口的30%。（刘彩秀）

【人民生活和社会保障】 2013年，杏花岭区开展星级社区创建，带动提升社区整体服务水平。实施社区惠民项目524个，打造一批社区特色服务品牌。

就业和社会保障事业。新增城镇就业人数21850人，其中困难群体再就业人数2181人。城镇登记失业率控制在3.36%以内。

2013年城镇最低生活保障户数5491户，人数10527人，支出4270.21万元；城市医疗救助836人次，民政部门资助参加合作医疗14066人次，共支出53.67万元。

农村最低生活保障户数1091户，人数2033人，支出641.34万元；农村五保集中供养67人，支出45.03万元；农村医疗救助184人次，民政部门资助参加合作医疗2122人次，支出16.98万元，农村临时救济447人，支出13.91万元。

全年下发社会救济款58万元，抚恤事业费3479万元，救灾支出57万元。

残疾人事业进一步发展。2013年安排残疾人就业180人，残疾人职业技能培训150人次。（刘彩秀）

【文物旅游】 2013年，杏花岭辖区内有国家4A级景区2家（太原动物园、东湖醋园）；有国家级工农业旅游示范店1家（东湖醋园）；有全国百家红色旅游基地2家（太原解放纪念馆、山西国民师范革命活动旧址）；有太原市农业旅游示范点2家（长沟生态园、采薇庄园）。城郊森林公园有庙碉城郊森林公园、长沟城郊森林公园、榆林坪城郊森林公园、后沟城郊森林公园4处。辖区共有文物保护单位106处，其中，国保2处（太原解放路天主教堂、唱经楼）；省级文物保护单位5处（山西国民师范革命活动旧址、山西省立川至医学专科学校旧址、赵树理旧居、春秋阁、督军府旧址）；市级文物保护单位22处（有南肖墙关帝庙、浙江会馆旧址、阎氏家宅、牺盟会太原市委旧址、徐永昌旧居、王靖国公馆旧址、杨爱源旧居、督军府东花园、文殊寺、城隍庙、古圆通寺、傅公祠、山西省议会旧址、新民街东花园、浑源会馆旧址、“太原工程队”旧址、同蒲铁路管理局旧址、矿机厂专家宿舍楼、牛驼寨战斗遗址、广晋煤矿旧址、银行旧址、旧城墙）；挂牌保护的文物单位军人俱乐部旧址等77处。有全国爱国主义教育基地2处（太原解放纪念馆、山西国民师范革命活动旧址）；省级爱国主义教育基地2处；市级爱国主义教育基地5处；区级爱国主义教育基地2处。有国际国内旅行社29家（其中国际社14家，国内社15家）；星级饭店13家（其中有五星级1家、四星级4家、三星级7家、二星级1家），床位3600张；其他宾馆、旅社、招待所57家，床位4736张；有一定规模和接待能力的旅游定点车辆80辆。

2013年，在太原市动物园举办太原市第四届“金蛇迎春、和谐满园”文化庙会，在东湖醋园举办“捞冰大赛”，在采薇庄园举办第四届“联农富民采摘节”等活动。（刘彩秀）

【安全生产】 2013年，杏花岭区把安全生产作为最大的民生工程，不断完善安全生产监管责任落实体系，将安全隐患有奖举报工作向企业内部延伸，完成8955家单位安全生产责任制挂牌和229家重点单位安全生产责任测评。开展打非治违和安全生产大排查，排查生产经营单位3万家(次)，打击非法违法生产经营单位112家，关闭取缔61家，消除隐患1.7万余条，安全生产形势总体平稳。（刘彩秀）

尖草坪区

中共区委书记　郭建发
区人大常委会主任　王国卿
区长　李贵增
区政协主席　张银喜

【概述】 太原市尖草坪区位于太原市的最北端，东西宽26千米，南北长22千米。汾河纵贯南北。总土地面积285.6平方千米。下辖5个乡镇，9个街道办事处，90个行政村和53个社区。

2013年，全区地区生产总值完成261.1亿元，增长9.8%；固定资产投资完成192.54亿元（含不锈钢园区24.03亿元，太钢113.4亿元），增长61.3%；规模以上工业增加值完成170.24亿元，增长12.8%；服务业增加值完成

中华傅山园

48.16 亿元，增长 0.2%；财政总收入完成 12.86 亿元，增长 7.5%；公共财政预算收入完成 5.9 亿元，增长 18.5%；社会消费品零售总额完成 63.26 亿元，增长 10.1%；城镇居民可支配收入完成 2.51 亿元，增长 11%；农民人均纯收入完成 1.08 万元，增长 12.2%。

（李学进　王雪琴）

【转型综改试验区建设】 2013 年，尖草坪区被列为省级转型综改试点区，按照“工业向园区集中、农业向龙头集中、三产向专业市场集中”的思路，以产业转型、生态修复、城乡统筹和民生改善四大领域为重点，以推动全区八大支柱产业(一是以“四个农业园区”为重点的现代都市农业；二是以不锈钢产业园区为载体的不锈钢深加工产业；三是以高精度铜板带材项目达产达效的机械制造业；四是以北车集团、电力产业基地等项目为引领的带动装备制造业；五是以现有市场提档升级的现代服务业；六是以红星美凯龙仓储物流项目、新能源重卡物流园和胜创煤炭仓储基地项目为突破的现代物流业；七是房地产业；八是以“傅山故里”为主线的旅游业)发展壮大为突破口，落实转型综改各项工作。10 个综改重大项目开工，推进省级两项重点改革任务。土地方面编制完成《尖草坪区关于深化城乡建设用地增减挂钩试点的实施方案》《尖草坪区关于申报省级耕地开发专项资金的实施方案》和《尖草坪区关于规范完善集体建设用地使用权流转工作的实施方案（试行）》，并开展土地流转工作；金融方面制订《尖草坪区创新金融发展机制实施方案》《尖草坪区小微企业助保金贷款业务暂行管理办法》和《尖草坪区小微企业助保金贷款融资服务平台实施方案》，并通过培育小额贷款公司、开展“助保贷”等工作为中小企业解决融资难的问题。项目准入和退出机制、行政审批制度、生态修复投资主体多元化、土地管理体制、中小企业融资等五项机制体制有所创新。10 个重大项目有序推进，中国北车太原装备公司万辆货车造修基地项目，综合技术大楼封顶，厂房建筑物完成 80%工程量，部分厂房进行设备安装调试。2013 年全年完成投资 24.77 亿元，发放中小企业贷款 10 亿元，通过助保贷发 1600 万元；土地累计流转 2001 公顷，占农业总用地的 38.2%；启动扩权强县工作，下放事项开始承接运行，工业投资项目备案权限由 3000 万元提高到 1 亿元，6 个项目办理备案手续；5 类事项直报山西省发改委。

（李学进　王雪琴）

【工业经济】 2013 年，尖草坪区抓住综改试点先行区和扩权强县的重大机遇，把项目作为区域发展的主引擎，服务驻地企业、支持园区发展、扶持民营企业。全区规模以上工业增加值增速达 12.8%，高出太原市水平 2.7 个百分点，在太原市十县(市、区)中排名第三。

2013 年，区委、区政府针对各个项目，组建由区级领导挂帅的工作小组，帮助企业协调周边关系，解决生产过程中的困难问题。

协助办理各项手续，为新上项目完成拆迁 7 万平方米。实施政务大厅搬迁提挡，全区 27 个单位的 91 个审批服务事项集中到政务大厅，行政和公共服务事项审批时限分别下降 48%和 44%。无纸化办公系统具备试行运行条件。按照太原市委“一事一表”要求，创新实施“周工作责任制”，将全区所有重点工程、重点工作、信访案件都以周为单位，周周推进，确保落实。

按照省、市“项目推进年”“项目落地年”和“六位一体”活动的要求，招商引资，其中一批技术含量高、带动性强的项目成为全区转型发展的重要力量。太锅集团循环流化床锅炉项目达到世界一流水平；晋西春雷的主导产品填补国内空白，改变同类产品主要依赖进口的格局；太钢 5 万吨无缝钢管项目成为国内同行业中的领军者。

把不锈钢园区作为工业新型化、转型发展的重要承载，按照工业向园区集中的理念，将优势资源不断向园区集聚，推进园区做大做强。2013 年，新签约项目 7 个，引入晋能、华润、国药、海尔 4 家世界 500 强企业，带动周边服务业的发展。为园区征地 38.75 公顷，为园区协调周边关系、化解各类矛盾、办理规划审批、推进道路建设等方面提供服务。截至 2013 年年底，园区入驻企业达 87 家，以不锈钢深加工、装备制造、物流贸易为主体的三大产业结构基本形成。

扶持民营企业“小巨人”。按照太原市“民营经济四十条”等政策法规，全区 11 家企业进入太原市“小巨人”培育名单，5 个项目获得省级中小企业发展专项资金，共争取各类资金 150 万元。培育发展 5 家具有核心自主知识产权的创新型企业，发展 3 家高新技术企业。（李学进　王雪琴）

【农业经济】 2013 年，尖草坪区围绕“农业增效、农民增收”核心，以特色化、标准化、规模化推进农业的优质化进程。农村经济稳定增长。全年完成粮食播种面积 4722.36 公顷，粮食产量达 14018 吨。完成蔬菜播种面积 933.8 公顷，蔬菜产量达 69365 吨。全年畜产品总产量 2.2 万吨，同比增长 77%。其中：肉类总产量 4763 吨，增长 1.2%；禽蛋 2047 吨，增长 5.5%；奶产量 8828 吨，增长 87%。以宇文村为代表的绿色菜田面积达 800 余公顷。

以观赏型种植业为特色，不断扩大规模。扶持众成花卉种植基地发展到 118.73 公顷，举办春节花卉园艺博览会和秋季花展，其规模、档次为全省之最。引进培育美丽湾花卉栽培种植园项目。完成投资1000万元,培育百公顷“花田”,两大项目成为观赏型种植业的领头羊。加快传统农业的转型升级,发展都市休闲农业,特别是“旅游+农业”的组成。庄头农家乐改造项目基本完工并对外开放,投资300多万元提升改造宇文农家乐。全区以庄头农家乐、宇文山庄等为代表的融现代农业、乡土风情、娱乐休闲、文化教育和农事体验于一体,集度假、餐饮、观赏、娱乐为一身的体验参与型、高科技设施型、旅游度假型等多功能特色的农家乐达40家,形成“春赏花,夏纳凉,秋采摘,一年农家乐”的都市休闲农业雏形。

发展生态型养殖业,突出养牛、养猪两大重点,推进标准化建设。重点扶持九牛牧业发展壮大,协助九牛项目新流转土地66.7多公顷,运作加盟连锁店,实现种养加产供销一体化,日产原奶40吨,并在太原市设立直销店10余家。九牛以其生态种植供饲料、循环养殖产鲜奶、巴式杀菌促安全、直供直销保新鲜的特色,被农业部授予“奶牛标准化示范场”的称号。全区推行养猪养殖标准入户、标准化技术培训指导入户的新模式,全区11家500头以上的规模养殖场(户)均达到标准化养殖要求。被评为“国家标准化生猪养殖示范县”。

培树加工业品牌,注重规模。进一步扶持“宇文”黄粉虫鸡蛋、“金大豆”和“老智”食品等,农业特色品牌做大做强。服务金大豆搬迁改造工程,2013年一期改造工程实现当年开工、当年投产,产品占到山西省市场份额的50%和太原市大型超市、酒店的80%。

(李学进　王雪琴)

【第三产业】 2013年,尖草坪区改造升级专业市场,调整服务业的格局。对老市场实行改造升级提档,推进晋东小商品市场的升级改造,规划旧机动车交易市场至下兰村搬迁的改造工程;对现有优势市场实施再扩大工程,启动滨西二期项目,将建成一个档次较高,种类较全的家居建材大型商业综合体;对新兴市场实施引入工程,引进总投资155亿元的义乌小商品市场和总投资60亿元的润恒农副产品(冷链)物流产业园项目。项目建成后,尖草坪区将形成西有义乌,东有润恒的专业市场新格局。辰兴优山美郡、滨河果岭、三千渡房地产项目建设加快,龙康新苑、七平房等7个保障性住房建设建成7662套。

区委、区政府结合西山城郊森林公园建设,发掘发展文物旅游业,打造以历史文化、山水风光和都市农业为主的3条北线旅游精品线路。完善景区基础设施建设,修建崛围山多福寺到庄头村农家乐总长约380米的登山步行道。做好旅游宣传推广工作,开展“清凉太原”的主题宣传活动,共发放主题宣传海报1500余份。开展文物保护维修工程,完成崛围山呼延村关帝庙二期维修保护工程和西墕乡赵家山村天王庙正殿的整体落架保护维修工作。出版《尖草坪区碑碣》,首印1000册,被授予“全省文物工作先进区”称号。全年各景区共接待游客42万人(次),旅游创收4000万元,分别增长18.7%和29%。　(李学进　王雪琴)

【城乡建设】 2013年,尖草坪区全面推进基础设施建设。启动汾西路南段改造工程,完成征地拆迁61万平方米,保证北中环桥、北中环街、金桥北街、西渠路、千峰北路北段等“一桥四路”的工程建设。开展城乡清洁工程,新(改)建公厕10座,垃圾中转站5座,改进数字城管工作。开展农村面貌整治工程,重点对沿河沿路农村四堆、无证废品回收站点等集中清理整治,清运垃圾84万立方米,并纳入常态化管理。开展星级单元创建工程,实现21个单元达标。构建省城西北绿色屏障。服务西山六大城郊森林公园建设,共完成投资3.5亿元,绿化1667.5公顷,造景50多处。推进北山综合整治,完成绿化140.07公顷,通道绿化11.3千米。重点实施阳曲公园和千峰北路游园、新兰路和千峰北路“两园两路”的绿化建设。全区绿化覆盖率达47.35%,绿地率达40.6%,人均公共绿地面积达15.55平方米。以省城环境质量改善五大工程为抓手,关停16家污染企业,拆除61台燃煤锅炉,拔掉1461根土小烟囱,实现源头防治,尖草坪区空气质量排名太原市第一。推进“气化草坪”工作,完成阳曲等3村971户燃气管道6千米的铺设,郭家窑村102户村民全部使用上天然气。开展街道亮化工程,为35个村安装太阳能路灯700盏。投入社区惠民资金1060万元,完成惠民项目261项。

(李学进　王雪琴)

【社会公益事业】 2013年,尖草坪区完善社会保障,初步建立涵盖基本养老、医疗、失业、工伤和生育保险在内数达26.6万人(次),领取各项社保金达到4.29万人(次),发放社会各项保险金5.03亿元,发放社会保障卡8.3万张,新农合参保率继续保持100%。

教育方面,完成4所“百校兴学”项目学校和6所公办(村级)幼儿园的建设任务,区职业中学教学楼主体完工。开展百名校长、千名班主任培训工程。引进优质教育资源,太原外国语学校和省实验中学令德国际学校落户尖草坪区并办理选址规划意见书。创新教学改革,推进尖草坪区一中新课程改革试验,区一中被评为“全国教育改革创新先进示范校”,其“1+1”学案课堂教学改革荣获“太原市新课堂优秀成果一等奖”,并在《中国教育报》进行

专题报道。

医疗卫生方面，继续把解决群众看病贵、看病难作为重要工作来抓，将新农合参合农民人均筹资标准提高51元，并实现全覆盖。完成区属公立医院改革工作。加强三级医疗卫生机构建设力度，在实现村级卫生所全覆盖的基础上，用争取到的1300万元国债项目，建设向阳镇卫生院、尖草坪社区卫生服务中心等6个基层卫生服务机构。尖草坪区被评为省级卫生应急综合示范区，尖草坪社区卫生服务中心评为全国社区卫生服务示范中心，汇丰、新城社区卫生服务中心通过山西省中医药特色乡镇卫生院(中心)评审验收。人口自然增长率控制在3.64‰以内，低于太原市下达指标2.86个千分点。

文化方面，坚持面向基层，服务群众的原则，健全三级公共文体服务体系，区图书馆、文化馆实现免费开放，完善乡(镇)、街道文化站设施，实现村级农家书屋、文化活动设备、体育健身器材全覆盖。完善4个社区文化中心，更新61个社区的体育路径，打造10个精品村级体育健身广场。送戏送电影下乡1200余场。2013年举办首届“傅山杯”全国传统武术邀请赛暨山西省第二十八届传统武术、散打擂台锦标赛。

科技方面，加大科技投入，在警鹰、三关、恒山机电等15家中小企业派驻专利特派员，为企业提供专利发掘、申报、维权等服务。新增拥有专利的企业25个，累计达到67个，年均增长30%。建立太原冶金机械厂院士工作站和九牛牧业博士工作站，其中太原冶金机械厂的“电渣重熔结晶器”项目为国际首创。自主研发和转化的科技项目与科技成果共计110项，其中8项列入国家级科技项目，24项列入省、市级科技项目，累计创造经济效益1.2亿元。晨层建材厂等3家企业被评为省级民营企业科技型企业。

（李学进　王雪琴）

万柏林区

中共区委书记　张齐山
区人大常委会主任　侯　安
区　　　　长　王立刚*
　　　　　　　杨俊民(代区长)
区政协主席　陈绍卿

【概述】　万柏林区位于太原市西部，东临汾河，西依龙山，控带山河，风景秀丽，素有“龙山叠翠钟灵秀。汾波浩荡涵物华”的美誉，是一块集区位优势明显、工业基础雄厚、商贸市场繁荣、生态环境良好、科研院所云集、内在潜力巨大的区域。地处北半球中纬度温暖带，属大陆型气候，年平均降雨量464毫米，地势西高东低，海拔高度在780米～1450米。下辖1个乡、14个街道办事处，辖区面积304.8平方千米，常住人口74.9万人，是太原市面积最大、人口最多的中心城区。

万柏林区区委机构包括：纪律检查委员会机关（监察局与其合署办公)、区委办公室、组织部、宣传部、统战部、政法委员会、机构编制委员会办公室、直属机关工作委员会8个党委工作部门和信访局、台湾工作办公室2个区委办公室管理机构。

区人大机构包括：区人大办公室、法制工作委员会、财经工作委员会、科教文卫工作委员会、城建工作委员会、人事代表工作委员会和农村工作委员会7个机构。

区政府机构包括：区政府办公室、发展和改革局、经济和信息化局、教育局、科学技术局民政局、司法局、财政局、人力资源和社会保障局、住房和城乡建设管理局、水务局、农业委员会、商务局、文体广电新闻出版局、卫生局、人口和计划生育局、审计局、统计局、安全生产监督管理局、民族宗教事务局和人民防空办公室22个组成部门。

区政协机构包括：区政协办公室、经济科技工作委员会、文教工作委员会、文史提案工作委员会、祖国统一社会工作委员会、农村工作委员会、学习宣传工作委员会7个机构。

群团机构包括：工会(内设女职工委员会)、团委(内设少工委)、妇联(内设妇儿工委办公室)、工商联、科协、残联、文联、侨联8个机构。

千峰游园雕塑

直属事业单位包括:区委党校、新闻中心、老龄委办公室、关心下一代工作委员会办公室、市容环卫局、林业局、防震减灾局、档案局、房地产管理局、园林绿化局、机关后勤服务中心、矿业执法大队、采煤沉陷区综合治理领导组办公室13个。

2013年,实现地区生产总值336亿元,增长3.6%;规模以上工业增加值179亿元,增长2.8%;服务业增加值94亿元,增长3%;固定资产投资261.7亿元,增长32.6%;社会消费品零售总额193亿元,增长16%;公共财政预算收入10.6亿元,增长15.7%;农民人均纯收入15835元,增长11.8%。

(张素龙)

【经济发展】 2013年,万柏林区坚决淘汰落后和过剩产能,关停污染企业31家。西山煤电、太重、晋机等传统产业升级改造,完成近20项重大技改项目。北车铁路装备制造基地等优质工业项目投资强度大,进展顺利。华润置地、绿地集团落户万柏林区,公元时代城、迎泽世纪城、信达国际金融中心等商业综合项目开工建设,现代服务业呈现强劲发展势头。偏桥沟风情小镇、狮子崖等生态景区基本建成,构架起西山生态文化旅游业发展带。重大项目支撑作用明显,全年招商引资233.9亿元,54个重点工程项目完成投资210亿元,固定资产投资连续3年保持30%左右的高速增幅,拉动公共财政预算收入突破10亿元,较"十一五"末的5.4亿元翻一番。 (张素龙)

【城乡建设】 2013年,万柏林区推进城中村改造,前北屯、小王等10个重点推进村累计动迁2666户,拆除面积203万平方米,拆迁规模、速度走在全市前列。基本完成采煤沉陷区村民搬迁安置,九院小区一期、二期住房分配到位,建设三期工程中。服务城市道路重点工程建设,率先完成100余万平方米动迁任务,中环路等4条城市主干道路通车,改造西苑南路等6条小街巷,46千米长的西山生态旅游道路全线贯通,"九纵八横"城市路网基本形成,区域承载力进一步提升。引深城乡清洁工程,健全基层城管队伍,加大环卫设施投入,主干道路实现机扫全覆盖。加大片区综合整治力度,多方筹措资金,打造和平南路等10个精品片区,整治渣土车辆、烧烤摊点等城市乱象,城乡面貌得到改善。 (张素龙)

【生态环境】 2013年,万柏林区以全省造林绿化现场会为契机,高标准实施2670公顷造林工程,精心打造观摩点,基本实现荒山林地绿化全覆盖,形成西山生态恢复循环圈,构筑太原西部绿色生态屏障。新建7处游园绿地,新增园林绿地面积39万平方米。完成和平公园征地和动迁工作。强化节能减排和环境保护,省城环境质量改善"五大工程"和"五项整治"取得实效,完成污染企业关停、清洁能源替代、土小锅炉取缔等各项工作,涉煤污染行业基本退出主城区,"三河"河道综合治理长度新增8千米,空气质量排名全市领先,生态宜居水平进一步提升。

(张素龙)

【民生事业】 2013年,万柏林坚持教育优先发展,新建续建3所学校,5所学校操场投入使用,办学条件进一步改善,教学质量有实质性提升。推进医疗事业发展,加大对公立医院补贴,实现药品无加价医疗,完善三级卫生服务体系建设,3个社区卫生服务中心投入使用。人口计生工作被评为全省目标责任制考核先进区。繁荣文化事业,建成惠及全民的公益美术馆、壁画馆,书画展、摄影展和广场文体活动常态化,丰富群众精神文化生活。完成84个社区居委会换届选举工作。完成17个标准化社区建设。多渠道开发就业岗位,新增就业22332人。加强保障性住房建设,开工新建10399套。突出抓好社会保险政策"全覆盖"工程,城乡居民养老保险覆盖面达到99.8%以上。新农合区级筹资标准人均增加20元,率先引入大病商业保险。城乡低保标准实现一体化,统筹提高到每人每月430元。开展九院移民搬迁小区"结对帮扶送温暖"活动,帮扶575户困难家庭。开展为人民群众"办实事、解难事"活动,区级10件承诺事项全部兑现。开展双拥活动,加强国防后备力量建设。支持工青妇组织开展工作。物价、人防、档案、对台、民族宗教、外事侨务、防震减灾等工作取得新成绩。老龄、残疾人、红十字、慈善等事业取得新进步。 (张素龙)

【安全生产】 2013年,万柏林区树立"安全第一"的发展理念,开展安全生产"责任落实年"活动,突出抓好重点行业领域安全生产,办结群众举报重大安全隐患206件。开展"拉网式"安全生产大检查、隐患排查治理等专项行动,突出抓好护林防火、打击私挖滥采、消防安全、防汛、治超等工作,全区事故起数、死亡人数继续保持"双下降",综合考核名列全市前茅。开展大接访活动,落实"枫桥经验",完善基层基础,有效化解一批矛盾纠纷和信访积案。开展"六五"普法,法治县创建活动荣获全国先进。创新社会治理理念,推进平安创建工作,建成三级社会服务管理平台,健全应急保障体制,实施"五大场所"专项整治,严厉打击各类违法犯罪活动,保障人民群众生命财产,实现社会和谐稳定。 (张素龙)

【政府建设】 2013年,万柏林区加强民主法制建设,自觉接受区人大及其常委会依法监督和区政协民主监督,办理人大代表建议181件、政协委员提案103件。深化“两集中、两到位”流程再造，完成“企业联合审批、固定资产联合审批、社会公共服务”三大平台建设，区级行政审批服务时限压缩37%以上。加强政府信息公开，规范行政权力运行。落实中央“八项规定”，加强政府系统廉政建设，大幅压缩“三公”经费，强化行政监察和审计监督，开展窗口单位行业“贴近群众、服务群众”作风建设等活动，干部作风和服务效能有新的提升。（张素龙）

晋源区

中共区委书记	赵伟东* 王立刚
区人大常委会主任	张连生
区长	尤天拴
区政协主席	董云飞

【概述】 2013年，晋源区地区生产总值完成46亿元，同比下降20.3%；规模以上工业增加值完成5.04亿元，同比下降57.3%；固定资产投资完成104亿元，同比增长33%；服务业增加值完成26.7亿元，同比增长0.5%，社会消费品零售总额完成24.4亿元，同比增长16.1%；财政总收入完成8.62亿元，同比增长26.1%；公共财政预算收入完成4.84亿元，同比增长25%；农民人均纯收入完成10488元，同比增长12%。约束性指标完成市政府下达的任务。（方慧敏）

【产业转型】 2013年，晋源区以省中小企业创业示范基地建设为标志，新型工业园区化建设迈出关键步伐。美佳矿业掘进机、北方重工开卷机二期扩建等项目投产达效，为转型发展注入活力。2013年共落实工业项目53个，新兴工业产业投资完成12.2亿元，同比增长35.6%，占工业投资比重达55.5%，全区工业经济结构进一步优化。以康培现代农业科技产业园、梅芝园艺花卉产业园、北河下设施蔬菜标准园为龙头，七大农业产业建设项目稳步推进，实现投资2亿元，带动农业投资完成4.2亿元，特色精品现代农业优势进一步显现。农林牧渔业总产值完成6.5亿元，农产品加工“513”工程销售收入5.2亿元。蒙山大佛景区全年接待游客60万人次，店头历史传统村落正式挂牌，编制完成《晋源区文化生态旅游产业发展战略规划》。第三产业占全区经济总量比重达58.1%，对经济转型的贡献进一步提升。推进项目建设，完成签约项目总投资195亿元。全面实行“两集中、两到位”，集中审批，联审联批，简化办事程序，发展环境进一步优化。（方慧敏）

晋阳湖

【民生改善】 2013年，晋源区“百校兴学”工程全部完工。新（改、扩）建村级幼儿园8所。对全区“十佳教师”“十佳校长”“十佳班主任”记功表彰。8所义务教育学校通过标准化建设评估验收。“两通”学校达到100%。国家科技富民强县项目、国家科技进步考核通过验收。创建各类科技示范点40个。开展农民实用技术培训2万人次。建成农村文体活动广场20个。拓展延伸新农合制度，实施农民大病医保，新农合参合率达98.8%。医疗服务体系进一步健全，对15个村卫生室进行提档升级，镇（街）村两级医疗机构100%达标。乡村医生签约服务被确定为全国15个联系点之一。

城镇职工基本养老、城镇居民基本医疗、工伤、生育、失业保险参保工作超额完成任务。新型农村养老保险累计参保7.6万人，城镇居民社会养老保险累计参保4630人。发放城市低保救助金971万元、农村低保救助金1159万元。全区城镇新增就业人员4007人，安置下岗失业人员2085人，城镇登记失业率控制在3.1%。为2166名农民工解决拖欠工资2500万元。保障性安居工程超额完成市下达任务。保质保量完成4万余吨“爱心煤”发放工作。打造15分钟便民商圈2个。完成第5届社区居委会换届选举工作。2013年民生类支出达4.02亿元，同比增长15.5%，占财政总支出的80％，发展红利惠及的百姓越来越多！

（方慧敏）

【城镇化建设】 2013年，晋源区9项

省市重点工程保障任务征拆1370处、130.6万平方米。其中,中环道路征拆926处、84万平方米,创造“拆迁总量第一、拆迁速度第一、一次性绿线范围拆除到位、一次性完成环境整治”四个全市第一。明太原县城新农村建设征拆55处、9.4万平方米,完成窑神庙、财神庙等8处历史遗存修复,完成县城内职业中学、晋源印刷厂等企事业单位的搬迁拆除。西南环铁工程征拆8.6万平方米。

晋阳湖周边20个城中村改造全面展开,累计拆除宅院3172处、130万平方米。南阜、北阜、武家庄、义井、吴家堡完成整村拆除,确定棘针、木厂头等7个村的城改项目合作商。启动南阜、北阜、西寨村安置房建设。

保持打击“两违”“四抢”的高压态势,拆除违建118处、19万平方米。完成晋源新城供水、供热管网改造。完成万寿路中段新建工程和化肥五巷、小仁线、野庄退水桥改造工程。完成龙山、古城2个公园建设。 (方慧敏)

【生态建设】 2013年,晋源区推进五大工程,开展五项整治。关停污染企业74家,拔掉城中村黑烟囱2395根,拆除锅炉88台,集中供热扩网面积达198万平方米。鼓励、补贴、监管相结合,秸秆禁烧工作成为全市新亮点。87家使用土小燃煤设施的餐饮企业得到整治。

完成市下达的造林任务2.4万亩。七大城郊森林公园完成投资21.4亿元,完成绿化面积2.3万亩,植树426万株,康培精品公园成为全市造林绿化的典范。实施柳子沙河河道整治,完成店头水生态修复工程,治理水土流失面积4900亩,晋源的山更绿了,水更清了。推进城乡清洁工程,创建星级单元13个。 (方慧敏)

【民主法治建设】 2013年,晋源区加强民主法治建设,自觉接受人大和政协的监督,支持各民主党派、工商联、无党派代表人士参政议政和法检两院依法履行职责。58件人大代表建议、128件政协提案全部办结。审计和监察工作进一步加强,“法治晋源”建设和“六五”普法工作扎实推进,精神文明创建水平整体提升。

执行中央“八项规定”,坚决反对“四风”,集中开展清理新建楼堂馆所、清理腾退办公用房、规范公车管理等专项行动,违规行为得到纠正。开展“访民生、知民情、解民事”集中走访和“办实事、解难事”活动。强化农村“三资”管理,完善区、镇、村三级便民服务网络,政务服务“四大平台”全年受理各类事项1万余件,办结率100%。

(方慧敏)

【晋源区苗木花卉综合技术推广应用】 2013年11月12日,国家科技富民强县项目晋源区苗木花卉综合技术批产应用通过山西省科技厅、财政厅专家组验收。项目由于组织措施得力,资金使用合理,推广成效显著,完成实施方案规定的各项目标任务。截至2013年底,销售各类花卉520余万盆(株),苗木3100余万株,新增销售收入3800余万元,净利润达1500余万元。全区新建苗木花卉科技示范基地9个,培训花农8300余人次,吸收安置3200余农户从事苗木花卉生产,带动当地农民增收近2000万元。 (方慧敏)

清徐县

中共县委书记	车建华* 韩良会
县人大常委会主任	张启亮
县长	张强* 王琳玉
县政协主席	张晋涛

【概述】 清徐县位处山西中部晋中平原,与3市(太原、吕梁、晋中)交汇,与8县(古交、晋源、小店、榆次、太谷、祁县、文水、交城)接壤,是全省市域城镇化“一核一圈三群”布局中太原都市核心区的重要组成部分。全县辖区面积609平方千米,辖4镇5乡1个街道办事处、188个行政村,24个社区居委会,常住人口34万。

清徐县地处太原盆地西南部,东经112°49′,北纬37°613′,年均降水量462毫米,无霜期183天。耕地面积29107公顷,森林面积7133公顷。有龙林山、中隐山、庙前山等大小山峰14

清徐县罗贯中纪念馆

座，皆为吕梁山脉。有汾河、潇河、象峪河等大小河流16条，均属汾河水系。有天然湖东湖、人工湖清泉湖、清泉西湖三大湖泊，湖面180余公顷。矿产资源有煤、铁、铝土、石膏等。煤炭有无烟煤、贫煤、褐煤等品种，探明储量30亿吨，保有储量25亿吨。（张晋荣）

【经济发展】 2013年，清徐县总人口达到348408人。国内生产总值完成113.2亿元，比2012年增长2.7%；人均国内生产总值32558元，比2012年增长2.3%；固定资产投资完成69.96亿元，比2012年下降17.9%；财政总收入12.26亿元，公共财政预算收入6.25亿元，分别比2012年下降14.79%、37.6%。农林牧渔业总产值25.75亿元，比2012年增长2.92%；粮食总产量12.03万吨，比2012年增长2.28%；规模以上工业总产值206.42亿元，比2012年增长1.67%；社会消费品零售总额37.93亿元，比2012年增长14%；城镇居民人均可支配收入23903元，比2012年增长10.3%，农民人均纯收13052元，比2012年增长12.2%。（张晋荣）

【项目建设】 2013年，清徐县坚持走资源统筹、园区承载、龙头引领、集群推进、循环利用的发展路子，梳理编制产业发展规划，拓展整合以开发区为核心的“一区三园一带”总体框架，形成支撑和引领县域经济发展的主体功能区。实施“一县一业”“一村一品”，农民专业合作社达到668个。累计流转土地5402.7公顷，建成设施蔬菜867.1公顷。蔬菜产业信息化平台建设初具规模，无公害论证品种达到25个。基层农技推广服务体系建设实现全覆盖，全国农业厅（局）长会议推广清徐县代耕代种模式。农产品加工企业发展到82个，销售收入39亿元。融合发展现代农业与观光旅游业，建成农产品加工园、休闲观光农业园等50个现代农业示范园区，全县休闲观光旅游农业示范点达到45个。举办中国太原（清徐）国际醋文化节，全年接待游客120万人次，收入1.1亿元。（张晋荣）

【城乡建设】 2013年，清徐县创建省级文明城市和省级园林县城，强化规划、建设、经营、管理等环节，全面推动“大县城、中心镇、中心村”融合连片发展。主动融入太原都市核心区，将县域市政路网、产业布局等纳入市区规划范围，制定全县产业发展、城乡建设规划，梳理县城、经济开发区、孟封食品工业园、王答产业园、县域主干路网以及潇河科技产业新区规划，全面推进新型城镇化。（张晋荣）

【生态建设】 2013年，清徐县编制《清徐县林地保护利用规划（2010–2020年）》，完成造林任务1834.25公顷。加强节水型社会建设，完成潇河敦化大闸除险加固和5条河道治理工程，地下水位回升1.76米，万元工业增加值耗水量下降3.7%。实施环卫网格化管理，创建三星级单元11个、四星级单元2个。开展大气污染防控专项行动，重点整治工地扬尘、燃煤污染、机动车污染、工业企业排放、禁烧垃圾秸秆等，停产整治工业企业128户，对26户违法企业实施彻底断电，拆除7户铸铁企业主要生产设施，取缔配煤、洗砂等64户违法经营企业，拔掉烟囱110个。按照新的环境空气质量考核标准，全年二级以上天数达到202天。加强水源保护和水质监测，汾河出境断面化学需氧量和氨氮浓度值同比下降25.5%和18.5%。（张晋荣）

【改善民生】 2013年，清徐县21所中小学标准化建设和7所幼儿园建设工程稳步推进。创建全省慢性病综合防控示范区，县医院荣获全省综合医院中医药工作示范单位。在全省率先为参合农民制作集门诊、住院、存储为一体的新型农村合作医疗就医卡，开展商业保险机构经办新农合大病补充保险试点工作。（张晋荣）

【创新管理】 2013年，清徐县在全市率先组建公共资源交易平台，综合性政务服务中心投入运行，县级行政审批和公共服务保留事项全部纳入中心运行。搭建政银企三方合作平台，发放“助保贷”4000万元。“三公”经费同比压缩43.02%，控制不合理开支1445万元。开展集体建设用地和宅基地使用权确权登记，完成集体土地所有权确权登记发证。（张晋荣）

阳曲县

中共县委书记　吕　荣
县人大常委会主任　侯拴龙
县　　长　吕　荣*
　　　　　刘晋萍（女）
县政协主席　白海林

【概述】 阳曲县位于东经112°12′～113°09′，北纬37°56′～38°09′，地处山西省中部，忻定盆地与晋中盆地之间。东连盂县，东南、东北分别与寿阳县、定襄县为邻，南与太原市尖草坪区交界，西接古交市和静乐县，北与忻州市接壤；境内山多川少，沟壑纵横，东、西、北三面较高，南面偏低。辖区东西最大距离82千米，南北最大距离54千米，总面积2070.67平方千米，约占太原市国土面积的三分之一；2013年年末辖黄寨镇、泥屯镇、大盂镇、东黄水镇4个镇，高村乡、侯村乡、凌井店乡、杨兴乡、西凌井乡、北小店乡6个

帖木耳塔

乡（乡镇下辖124个村民委员会），共10个乡级政区。

2013年，全县完成地区生产总值35.95亿元，增长11.6%；规模以上工业增加值23.01亿元，增长18.3%；社会消费品零售额8.65亿元，增长16.4%；财政总收入7.01亿元，增长22.05%；公共财政预算收入4.46亿元，增长29.15%；固定资产投资35.72亿元，增长61.3%；服务业增加值10.42亿元，增长2.2%；城镇居民人均可支配收入18024元，增长11.9%；农民人均纯收入5834元，增长12.7%。（崔振刚）

【产城一体推进】 2013年，阳曲县按照“规划引领、产城一体、基础设施先行”的发展思路，阳曲转型发展产业园区和城东新区建设齐头并进。园区一期10.4平方千米基本实现“七通一平”，管委会政务服务中心投入使用，总部经济大楼正在建设。108国道、314省道拓宽改造和宏兴路、隆辉北路、一号、二号支路如期建成。城东新区双阳路一期、二期及下穿北同蒲铁路工程竣工通车。（崔振刚）

【招商引资】 2013年，阳曲县举行现代农业项目招商新闻发布会和转型发展产业园区招商会主动招商，利用新晋商联盟、中博会等平台对接招商，借助山西卫视等新闻媒体广告招商，客商外资纷至沓来。按照“六位一体”机制加以推进，新引进项目53个，总投资242亿元，开工在建26个，完成投资32亿元。太钢碳纤维试运行，太钢禄纬堡耐火材料开工建设，东山煤机做好开工准备，东辉镁基等9个项目进行对接。重点打造东铝循环经济片区、隆辉北部高端装备制造及印刷产业片区、国防科技产业片区，入驻项目完成集约化布局；大盂食品工业园开工，投资50亿元的宝迪等15个项目落户园区。（崔振刚）

【“三农”发展】 2013年，阳曲县实施“万人脱贫大行动”，通过“4+1”产业扶贫等措施，累计脱贫2.58万人。推进百企千村产业扶贫开发，15个入驻企业总投资56.3亿元，太钢生态农业园、双合成玫瑰园、盛禾农场当年建设、当年开园，惠然天颐初具规模。加快粮食、蔬菜、杂粮、经济林4个“10万亩”建设，粮食产量1.2亿公斤，新增设施蔬菜667公顷，蔬菜产量2.07亿公斤，荣获全国土地流转仲裁先进县和全省蔬菜奖补大县称号。发展养殖业，全县养牛1万头、猪10万头、羊30万只，进入全省养羊重点县行列。实施农业品牌战略，在太原市区设立6个农产品直营店，36辆蔬菜直通车开进省城100个社区。饮水安全提标工程覆盖71个村、11487人。全县“农家乐”建成26个。（崔振刚）

【民生保障】 2013年，阳曲县办好七件实事，907公交直达泥屯，乡村公交线路开通29条，在全市率先实现县域公交全覆盖，山区教师免费、学生半价、老年人免费政策惠及千家万户；开工保障性安居工程504套，补贴廉租房139户；改造农村危旧房1414户；投资1000万元用于县城24小时供水和第二水厂配套建设，保障居民用水安全；县级养老院、20个农村居家养老日间照料中心投用；县职教中心实训大楼、阳兴小学及幼儿园主体完工。加强社会养老、医疗、就业保障和慈善救助，农村低保提标新增受益群众3000余人，县乡村医疗机构药品零差率销售全面施行，医药卫生体制改革稳步推进。改造中小学3所，新建幼儿园9所，寄宿制学校增建澡堂8个，县机关幼儿园改建项目投用，2348名教师享受免费体检。县城3所中学校长成功选聘，阳曲一中与北师大教育培训中心合作办学，高薪招聘教师10名。全县公开选聘事业人员95名、“三支一扶”人员20名。社区居委会增加到10个。（崔振刚）

【综合环境优化】 2013年，阳曲县在全市率先实施“六六创安”工程，确定10个体系和42项管理内容，社会管理网格化基本形成，成功创建全省平安先进县。综治工作社会调查满意度为98，安全感为92，分别排全市第一名、第二名;全省公安系统测评中,群众安全感和满意度均排全市第一名;赴省、赴市越级上访量分别下降63%、34%。实施生态建设,高标准完成太佳通道绿化,全县营造林3021.51公顷,水土流失初治面积3688.51公顷,万元GDP能耗下降3.5%,万元工业增加值耗水量下降2.63%,SO2等6项空气质量及污染物减排指标符合国家标准。引深城乡清洁工程,创建星级单元19个,整治村庄环境39个。 (崔振刚)

【提高行政效能】 2013年,阳曲县自觉接受人大及其常委会监督,坚持重大事项向政协通报,办理议案、建议45件,提案125件,办复率均为100%。听取民主党派、工商联、无党派人士和人民团体的意见,汇民意、聚民智,凝成助推转型跨越发展的强大合力。全面推进"两集中、两到位"审批流程再造,县政务服务中心进驻部门23个,裁减行政审批事项128项,扁平化服务的基础奠定。开展"访民生、知民情、解民事"和为民"办实事、解难事"活动,解决实际问题482个。 (崔振刚)

娄烦县

中共县委书记 薛东晓
县人大常委会主任 段生贵
县长 张磊
县政协主席 康变兰(女)

【概述】 娄烦县位于太原市西北,距省城97千米,地理坐标为北纬37°51′~38°13′,东经111°31′~112°2′。2013年,全县总人口126890人,其中城镇人口39600人,城镇化率36.94%。

2013年,全县地区生产总值完成17.1亿元,同比增长10.6%;规模以上工业增加值完成8.3亿元,增长16.6%;固定资产投资完成13.6亿元,增长108.4%;全年财政总收入11.1亿元,增长15.3%,其中公共财政预算收入完成6亿元,增长13.6%;社会消费品零售总额3.3亿元,增长15.6%;服务业增长值7亿元,同比增长1.2%;农民人均纯收入4602元,增长13%。固定资产投资、农民人均纯收入增速全市第一,地区生产总值、规模以上工业增长值增速全市第二。 (李亮存)

【生态建设】 通过竞争立项,汾河水库纳入国家重点支持江河湖泊动态名录。2013年,娄烦县完成营造林5336公顷,通道绿化75千米,治理水土流失面积5936.3公顷,森林覆盖率32%,绿化率55%。全国湖泊生态环境治理汾河水库试点项目顺利实施,19千米水源地防护网工程完工,危化品车辆监控工程投入使用,涧(监)河人工湿地水质改善工程基本竣工。万元GDP能耗下降6.3%,万元工业增加值用水量降幅7.79%。地表水均达到三类水标准。县城二级以上天数达到365天。一级天数达到85天以上。地下水位止降回升0.59米,年减少入库泥沙27万吨。 (李亮存)

【重点项目】 2013年,娄烦县静静铁路、龙泉能源、煤运集团技改项目三项省重点工程完成投资14亿元,完成任务的119%。涧河人工湿地水质改善工程、龙泉能源铁路专用线两项市重点工程完成投资2.5亿元,完成任务的112%。2013年,娄烦县60项重点工程完工49项,在建11项,完成投资49亿元。重点项目储备、签约、落地、开工完成率分别为339%、571.7%、224.5%、3208%。四项指标全市排名第一;项目投产完成率为185.79%,全市排名第二;省市重点工程完成率138.55%,全市排名第四。 (李亮存)

【城乡建设】 2013年,娄烦县投资1.8亿元,实施"一桥四路"工程,南大街道路东延、滨河北路拓宽改造和迎宾大道建成通车,童子崖桥及连接线工程、滨河南路西延进展顺利。滨河北路瑞泽苑项目、国防动员指挥中心和民兵训练基地、垃圾无害化处理等一批市政基础设施开工建设。实施污水、供热、自来水扩网工程,新增管网2.5万米,县城供热覆盖率上升到86%。县城规划建设面积扩大一倍,城镇化率提高0.5个百分点。静游镇"百镇建设"完

娄烦县城一角

成规划审批,并启动“以矿建镇”工程。

(李亮存)

【农业产业】 2013年,娄烦县农作物种植面积13673.5公顷,粮食总产量1467.3万公斤。全县农田灌溉面积完成1714.19公顷,基本农田保护面积达到18609.3公顷。8个乡镇农技服务推广站全部建成。测土配方施肥推广应用面积10005公顷。全县马铃薯播种5336公顷,总产量116000万公斤,总产值2.5亿元,直接拉动农民人均纯收入1700元,占农民人均纯收入的36.9%。“一县一业”产业形成良种良法配套的马铃薯三级繁育体系,延伸马铃薯产业链。围绕小杂粮、干果经济体、生态养殖、有机绿色蔬菜等特色农业,新发展“一村一品”村16个;建成日光节能温室大棚261栋,蔬菜大棚394栋,种植露地蔬菜406.87公顷。12个品种1334公顷农产品通过有机绿色认证。全年粮食总产1467万公斤,同比增长5.7%。 (李亮存)

【工业转型】 2013年,娄烦县天池店、马家岩煤业完成投资5.7亿元。3个选矿企业技改通过省市验收。总投资100亿元的龙泉循环工业园完成投资33亿元,矿井和选煤厂联合试产。国能风电项目相关手续批复。振发光伏发电项目相关手续报省发改委审批。

(李亮存)

【旅游业】 2013年,娄烦县汾河水库国家级水利风景区基本建成。花果山风景区列入太原市重点旅游规划。东山生态园、石峡沟景区、北山采摘园和天池店生态园休闲旅游初具规模。高君宇故居红色旅游景区建成,高君宇纪念馆正式开放,接受教育的干部、群众、学生,每年在万人以上。云顶山旅游公路建成通车。 (李亮存)

【教育】 2013年,娄烦县完成10所乡镇中心幼儿园和4所村级幼儿园的新建、改建和扩建,新建娄烦二中综合楼投入使用,28所学校通过标准化验收。2013年,全县有151名中学生高考二本B类以上达线。全县由政府资助1072名幼儿接受学前教育,为720名贫困寄宿生补助生活费82万元,为2740名寄宿生发放交通费116万元,为555名高中困难生发放助学金58.6万元。 (李亮存)

【医疗卫生】 2013年,娄烦县有6所标准化卫生院投入使用,新(改)建村级卫生室23所。新农合参合人数达到105143人,连续4年实现“筹资全免费,参合全覆盖”,报销比例高出其他县区10%,全年累计受益人数达到178163人。全县儿童“五苗”全程接种合格率达98%以上。对110名住院孕产妇补助金额33万元。 (李亮存)

【计划生育】 2013年,娄烦县开展“计划生育家庭养老、三晋康家工程、城镇人口信息化管理服务”等靓点工作,人口自然增长率控制在4.4‰。完成已婚育龄妇女生殖健康普查26430人,为全县1513户独生子女家庭办理意外伤害保险,每年每人参保金额30元。为52名贫困计生家庭女孩每人扶助助学金300元,扶助考取大学本科的5名贫困计生家庭女孩每人3000元。

(李亮存)

【文化体育】 2013年,娄烦县实施文艺巡回演出,开展“两节”文化惠民活动,文化部扶贫慰问演出,协办“文化青年走基层”系列调研活动。全县安装更新正版办公软件380套,建立软件管理制度。配备143名农村文化管理员、8名乡镇文化站文化志愿者。更新健身路径12套,县城文体活动中心完善配套,承办山西省青少年自行车比赛暨第14届省运会资格赛,太原市第10届运动会暨第5届全民健身节——“环汾河水库”公路自行车赛;举办全县篮球比赛。 (李亮存)

【城镇建设】 2013年,娄烦县完成县城滨河北路拓宽工程、片区综合开发、滨河南路东延、天然气管网铺设、自来水检测化验等8项重点工程。完成部分片区供热管网、雨水污水管网、自来水管网扩容改造和卫生保洁、综合整治等工程项目。 (李亮存)

【交通】 2013年,娄烦县共完成公路建设投资9157万元,新建、改建农村公路44.4千米,全县平均好路率达到78%。新建县城迎宾大道,改建云顶山旅游路线,完成北山植物园绿化通道工程。 (李亮存)

【民生保障】 2013年,娄烦县开工建设保障性住房612套,完成农村危房改造1245户,移民二期工程全部交付使用。解决35个村1.2万人的安全饮水问题。发放各项涉农直补资金、城乡低保金、供暖补贴、城乡医疗救助金1.5亿元。对集中供热实施补贴,改造管网,提升热源,受益人群近4万人。对低收入农户冬季取暖用煤提前全部发放到户。全县975名五保老人全部集中供养,建成16所日间照料中心,农村空巢老人安享幸福晚年。全县新增就业岗位2600个,城镇登记失业率为1.79%。全县新增就业岗位完成太原市下达目标任务的132%,再就业完成131%,劳动力输出转移完成127%。

(李亮存)

【安全生产】 2013年,娄烦县加大隐患举报奖励力度,共受理举报73件,奖励举报人7万余元。所有生产经营单位纳入三网四级安全生产网络监管范围,所有高危行业企业实行县级领导挂牌监管制度,所有重点行业聘用县长安全顾问，安全生产监管的专业性和科学性有质的提升。开展安全生产大检查6次，对监管的各类企业检查48家426批次，排查安全隐患1780个，全部得到整改。对全县煤矿、非煤矿山、尾矿车间、危险化学品、烟花爆竹等重点企业进行4次"坐诊式"全覆盖检查。（李亮存）

【社会治安】 2013年，娄烦县开展"平安娄烦"建设与"十安联创"等活动，建成网络化管理三级服务平台，刑事警情降幅全市排名第一，治安警情降幅全市排名第二，95%以上的村庄、社区实现"零发案"。开展"两抢一盗"专项斗争，全年共破获侵财犯罪案件29起，涉案金额260余万元。紧抓追逃工作，全年共抓获逃犯32名。抓获涉毒犯罪嫌疑人56人，缴获毒品11.25克。（李亮存）

【廉政建设】 娄烦县人民政府落实中央"八项规定"，坚决反对"四风"。2013年会议数量、公务车购置及运行费、公务接待费同比下降30%、9.7%、52%。全面推行国库集中支付和招投标制度，从源头上遏制腐败现象的发生。实行项目库备案、大项目财政预审、项目资金全程跟踪审计和项目大额资金集体审批等多项制度，把好事前、事中和事后三个关口。开展"两集中、两到位"和行政审批流程再造工作，减少审批单位8个，压缩办理时限147个工作日。全年收到4件人大代表建议和69件政协委员提案，全部办结。（李亮存）

古交市

中共市委书记 常　青
市人大常委会主任 闫亮娥（女）
市　　　长 韩良会*
贾慕权（代市长）
市政协主席 褚宇平

水泉寨公园

【概述】 古交市位于吕梁山脉关等帝山东翼与云中山南端交接处，山西省太原市西北部，地处北纬37°40′6″~38°8′9″，东经111°43′8″~112°21′5″之间，东西宽50千米，南北长53千米，总面积1551平方千米，山地和丘陵占总面积的98.9%，其中耕地面积28087.37公顷；煤田分布面积754平方千米，煤炭资源总储量96亿吨。2013年下辖7乡、3镇、4个街道办事处。全市总人口22.07万人。（赵志英）

【转型综改】 2013年，古交市制订出台《古交市资源型城市转型综合配套改革试点方案》，通过产业转型、生态修复、城乡统筹、民生改善等领域的先行先试，重点突破，推进全市经济社会持续协调发展。深化行政审批制度改革，推进效能政府建设，清理和规范行政审批和服务事项107项；全市34家审批和服务事项单位、3家监督和服务部门全部进驻政务服务中心，实行一站式服务，推行首席代办制、服务承诺制、一口进出制、限时办结制。（赵志英）

【经济】 2013年，煤焦市场持续疲软和经济下行压力日趋加大，古交市全年完成地区生产总值27.5亿元，下降12.2%；规模以上工业增加值8.9亿元，下降35%；固定资产投资69.4亿元，增长31%；服务业增加值14.9亿元，增长0.6%；社会消费品零售总额38.5亿元，增长15.8%；财政总收入13.4亿元，增长6.1%；公共财政预算收入8.5亿元，增长10.6%；城镇居民人均可支配收入23262元，增长11.2%；农民人均纯收入11109元，增长12.1%。（赵志英）

【工业】 古交市在调整结构中促进产业转型，2013年实施产业转型项目120余项，完成投资48.1亿元。加快传统产业改造提升，煤炭行业24座矿井中16座复工复产；焦化行业确立华润煤业、山西焦煤、古交煤焦三大整合重组主体，月明鑫、银焱等企业的兼并重组工作进入实质性操作阶段；建材行业西山华通粉煤灰水泥项目土建工程基本完成。培育新兴产业，西山蓝焰煤层气综合利用项目形成日产气量20万立方米的能力，实现产值7000余万元；科技园区落户的13个项目中8个建成，其中纳米聚晶金刚石、泡沫彩釉玻璃等6个项目实现试生产。率先在

太原市搭建助保金融资平台,为16户中小微企业发放贷款1.23亿元,帮助融资8亿元。（赵志英）

【农业】 2013年，古交市精心培植现代农业,打造10个省级“一村一品”专业村,建成4个现代农业园区,培育3个省级著名商标。全年农产品加工企业实现销售收入3亿元。发放粮食、农资、农机具各类补贴1566万元。大规模实施生态建设，完成造林5336公顷,超太原市目标任务的15%;森林覆盖率由上年的17.9%提高到20.1%,城市绿化覆盖率由39.3%提高到39.8%;绿地面积新增8.2万平方米，人均公园绿地面积达8.8平方米；古交电厂等3个单位被评为省级园林化单位。

自然灾害严重。2013年4月18日夜间至19日,古交市出现低温、持续雨雪天气,降雪、冻雨和降雨三种降水形式共存，古交市区最低温度降到零下2度。此次过程全市总降水量为27.5毫米，最大积雪深度达16厘米。强降雪及低温危害造成设施农业及果业受损严重。其中果树总受灾面积1000.5公顷，直接经济损失4500万元。2013年7月31日至8月3日,古交遭受大风、暴雨、冰雹等强对流天气袭击,全市农作物受灾面积1666.43公顷,受灾人口约3万人,直接经济损失约1639万元,受灾程度以豆类、玉米、小杂粮较为严重,减产60%以上。

（赵志英）

【城乡建设】 2013年，古交市初步完成《城市总体规划》修编,编制《东部新城火山修建性详规》、十大片区详规、“两乡三镇”总体规划和10个村的新农村规划。加强城市建设，实施凤凰苑、丽景花苑、优景美郡等旧城改造项目，实施东部新城火山片区回迁安置小区、御景华府、北苑小区等新城建设项目,全市新增住房面积20余万平方米;强化基础设施建设,无害化生活垃圾处理场第一填埋区投入运行，第二污水处理厂、汾河蓄水美化等工程前期工作基本完成。强化城市管理,整治4条小街小巷、2个老旧片区，创建省级清洁工程示范乡镇、村庄和街道各1个。启用数字城管信息系统,开通数字古交地理信息公共平台，验收通过“数字古交”地理空间框架建设项目。被评为全省“数字县市”第一县。

（赵志英）

【社会事业】 2013年，古交市科技方面争取国家、省级科技资金1790万元,申请专利157件,授权8件。教育方面完成19所学校的标准化建设,新建5所幼儿园,改造8所学校的危房。卫生方面基本完成公立医院改革,改(扩、建)3所卫生院,完成14个村级卫生所标准化建设。推行新农合“先住院后付费”政策,筹资标准由295元提高到346元。文化方面完成文化中心立项和设计招标，完善三级文化网络服务体系。计生方面建成人口文化主题公园,举办首届人口文化节,通过国家优质服务先进单位评比验收。城镇医疗、养老、失业等五大保险参保范围不断扩大,新农保、城居保、城镇居民医保补助标准进一步提高,城、乡低保标准分别提高到426元和276元。新增城镇就业岗位6960个。2013年初承诺的1345套保障性住房建设等10件实事全部兑现，同时为低收入农户供应冬季取暖用煤2.9万吨，为98个行政村安装1960盏太阳能路灯,为131个自然村1820户居民安装广播电视卫星接收系统,新建改善42处饮水安全工程。（赵志英）

【环境保护】 2013年,古交市投资1.3亿元改造提升兴能电厂、马兰矿、西曲矿等企业的污染治理设施；清理废旧场址8处,取缔非法企业176家;实施禁焚秸秆、建筑渣土整治、治理道路扬尘等措施,防治雾霾天气。全年市区优良天数332天,优良率91%。

（赵志英）

【党风作风建设】 2013年，古交市开展学习十八大和十八届三中全会精神及习近平总书记系列讲话精神。中央“八项规定”发布后,古交市委出台加强作风建设的22条措施,解决“四风”问题。2013年，全市性大型会议同比下降30%、下发文件同比下降25%、对市级领导的新闻报道量同比下降20%、公务接待支出同比下降39.8%、公务用车运行支出同比下降0.9%;集中清理和腾退机关办公用房8200多平方米;开展12次整治“四风”明察暗访，对纪律作风存在问题的5个单位10人进行通报批评;查处2起违规操办婚丧喜庆事宜行为，促进全市干部作风的转变。反腐倡廉建设推进,查处违纪人员49人。

开展干部下乡住村“六个一”践行“三个核心价值观”“办实事、解难事”“贴近群众、服务群众”“向人民汇报、请人民评议”等活动。在“访民生、知民情、解民事”活动中,走访农村社区居民4.3万户,帮助解决问题2905个,规划包村增收项目208个，开工187个，投资1.2亿元。

开展社会主义核心价值观教育，组织“三下乡”活动,举办古交市形象宣传口号征集、“践行十八大、放飞中国梦”主题成就展、先进人物评选等精神文明建设活动，为推进转型跨越发展提供精神动力。（赵志英）

【人事任免】 2013年7月28日,古交市七届人大常委会召开第十五次会议,会议接受韩良会辞去古交市人民政府市长职务的请求,决定任命贾慕权为古交市人民政府副市长、代理市长。

（赵志英）

附 录

社会和经济发展统计资料

太原市县(市、区)及乡镇、办事处名称

县 级	乡 级
小店区	北格镇、刘家堡乡、西温庄乡、坞城街办、营盘街办、北营街办、平阳路街办、黄陵街办、小店街办、龙城街办
迎泽区	郝庄镇、迎泽街办、桥东街办、文庙街办、柳巷街办、老军营街办、庙前街办
杏花岭区	中涧河乡、小返乡、三桥街办、敦化坊街办、巨轮街办、涧河街办、鼓楼街办、杏花岭街办、坝陵桥街办、大东关街办、职工新街街办、杨家峪街办
尖草坪区	向阳镇、阳曲镇、马头水乡、柏板乡、西(墕)乡、汇丰街办、古城街办、柴村街办、迎新街街办、南寨街办、上兰街办、新城街办、光社街办、尖草坪街办
万柏林区	王封乡、化客头街办、东社街办、千峰街办、下元街办、和平街办、万柏林街办、兴华街办、南寒街办、杜儿坪街办、白家庄街办、长风西街街办、小井峪街办、西铭街办、神堂沟街办
晋源区	金胜镇、晋祠镇、姚村镇、义井街办、罗城街办、晋源街办
古交市	河口镇、马兰镇、镇城底镇、阁上乡、嘉乐泉乡、梭峪乡、岔口乡、常安乡、原相乡、邢家社乡、东曲街办、西曲街办、桃园街办、屯兰街办
清徐县	清源镇、东于镇、徐沟镇、孟封镇、马峪乡、柳杜乡、西谷乡、王答乡、集义乡
阳曲县	黄寨镇、东黄水镇、大盂镇、泥屯镇、侯村乡、凌井店乡、高村乡、杨兴乡、西凌井乡、北小店乡
娄烦县	娄烦镇、杜交曲镇、静游镇、庙湾乡、马家庄乡、盖家庄乡、米峪镇乡、天池店乡

太原市行政区划

单位:个

指 标	街道办事处	社区居委会	乡政府	镇政府	村 民委员会	自然村
总 计	53	594	31	21	924	1521
小店区	7	94	2	1	62	68
迎泽区	6	95		1	19	33
杏花岭区	10	115	2		32	40
尖草坪区	9	62	3	2	84	94
万柏林区	14	104	1		49	64
晋源区	3	36		3	81	99
清徐县		24	5	4	188	203
阳曲县		10	6	4	117	344
娄烦县		6	5	3	142	217
古交市	4	37	7	3	146	343
高新区		1				
经济区		10			7	16

太原市主要年份人民物质文化生活提高情况

指 标	单位	1985	1990	1995	2000	2005	2010	2011	2012	2013
一、城乡居民收入										
农民人均纯收入	元	526	763	1444	2643	4402	7611	8888	10079	11288
城镇居民人均可支配收入	元	646	1573	3939	6019	10476	7258	20149	22587	24000
城镇非私营单位在岗职工平均工资(含铁路驻并单位)	元	1199	2351	5538	8394	18547	38838	44732	48102	51305
二、平均每人居住面积										
城镇居民	平方米	5.63	7.07	8.15	10.13	11.94	13.65	14.87	15.10	16.66
农村居民	平方米				26.00	28.60	35.14	36.90	37.00	
三、每百户居民拥有耐用消费品(抽样)										
电冰箱										
城镇居民	台	2	52	68	90	96	98	98	96	89
农民	台		2	12	27	34	53	68	71	61
彩色电视机										
城镇居民	台	17	84	98	115	119	110	107	108	102
农民	台	3	9	36	65	85	105	103	104	98
洗衣机										
城镇居民	台	64	95	88	94	99	97	102	103	95
农民	台	12	33	50	59	64	89	95	93	87
四、每千人拥有卫生技术人员和医疗卫生床位数										
每千人拥有卫生技术人员	人	10.4	10.6	10.6	9.6	9.0	10.9	9.8	10.5	11.1
每千人拥有医疗卫生床位数	张	7.8	8.8	8.5	8.0	7.0	7.6	7.0	7.8	8.2
五、储蓄										
城乡居民储蓄存款年末余额	亿元	11.29	48.76	197.54	419.63	1183.95	2386.79	2667.11	3021.50	3307.99
平均每人储蓄存款余额	元	486	1894	7064	13788	30110	61943	63202	71164	77525

太原市主要年份国民经济主要指标

指 标	1985	1990	1995	2000	2005	2010	2011	2012	2013
年末户籍常住人口(人)	2344452	2612087	2827710	3087491	3403874	3654990	3650188	3658409	3679451
按性别分									
男性	1258322	1384876	1490281	1607655	1766902	1867963	1862956	1862459	1871142
女性	1086130	1227211	1337429	1479836	1636972	1787027	1787232	1795950	1808309
按农业、非农业分									
农业人口	919217	975743	995113	1048251	1014606	1024831	1033124	1041498	1034634
非农业人口	1425235	1636344	1832597	2039240	2389268	2630159	2617064	2616911	2644817
社会从业人员(人)	1377500	1592200	1773000	1611200	1616195	1760476	1772600	2019300	2009600
按三次产业分									
第一产业	235500	248400	258000	276800	271587	242519	241000	245600	242600
第二产业	770000	853400	872000	611500	530983	569339	564900	731600	679600
第三产业	372000	490400	643000	722900	813625	948618	966700	1042100	1087400
按职工、非职工分									
城镇非私营单位职工	989000	1111000	1124000	884117	757996	846286	837908	1034487	967484
# 国有	756000	892000	919000	533148	458206	460685	463360	449151	373448
集体	233000	219000	205000	119411	62939	47730	49139	43204	38541
城镇私营企业和个体从业人员	8000	61000	127000	217056	355324	422952	454282	490913	551188
农村从业人员	351000	385000	434000	503753	502875	491238	480410	493900	490928
城镇非私营单位在岗职工工资总额(万元)	115920	257007	609421	724376	1378220	3147504	3660429	4754774	4809134
# 国有单位职工	94900	220674	529353	441159	828598	1705528	1932643	2133086	1785456
城镇集体单位职工	21020	35909	67586	60029	54590	83962	106575	108251	113919
城镇非私营单位在岗职工年平均工资(元)	1199	2351	5538	8394	18547	38838	44372	48102	51035
# 国有单位职工	1279	2510	5788	8460	18375	37684	42819	48924	50913
城镇集体单位职工	938	1696	3371	5285	9192	18255	22887	26372	31155
城镇居民人均可支配收入(元)	646	1573	3939	6019	10476	17258	20149	22587	24000
城镇居民人均消费性支出(元)	585	1357	3409	5341	7806	12106	13111	13970	14338
# 食品	308	653	1588	1750	2412	3710	4286	4652	4600
衣着	112	241	514	564	1050	1234	1414	1459	1507
居住		36	194	388	857	1172	1562	1466	1481
农民人均纯收入(元)	526	763	1444	2643	4402	761	8888	10079	11288
农民人均生活消费支出(元)				1634	2601	3879	5884	6495	7407
# 食品				696	909	1312	1870	2163	2518
衣着				204	350	493	709	751	837

续表

指　标	1985	1990	1995	2000	2005	2010	2011	2012	2013
居住				225	334	462	1166	1037	1141
地区生产总值(万元)	442126	939154	2330302	3962652	8995771	17780539	20801243	23114326	24128724
第一产业	28885	58755	118405	154934	201903	302803	338406	360209	386054
第二产业	295782	520827	1098481	1656880	4240499	7984887	9491930	10355731	10520819
工业	239985	453958	916245	1298969	3223916	5968847	7084696	7842789	7722716
建筑业	55797	66869	182236	357911	1016583	2016040	2407234	2512942	2798103
第三产业	117459	359572	1113416	2150836	4553369	9492846	10970827	12398386	13221851
人均生产总值(元/人)	1905	3648	8331	13021	26294		49292	54440	56547
地区生产总值指数(%)	105.4	109.1	113.0	109.0	115.6	111.0	109.9	110.5	108.1
第一产业	91.7	126.8	102.6	106.8	101.1	104.9	103.5	105.5	103.1
第二产业	105.5	107.9	113.3	108.1	116.2	112.0	111.6	109.7	110.6
工业	106.4	102.0	116.0	108.7	117.6	112.5	111.9	112.2	110.1
建筑业	99.5	150.1	99.9	105.0	112.1	110.4	110.7	102.4	112.3
第三产业	108.2	109.3	113.3	111.1	115.8	110.5	108.7	111.3	106.1
全社会固定资产投资额(万元)	194510	262924	701894	1047702	4385077	9164811	10241444	13206257	16707390
全社会竣工房屋面积(平方米)	3585900	2870100	2848000	4420700	6064048	7795531	9174516	7531608	7877194
全社会新增固定资产(万元)	126292	212335	517719	876782	1193234	4114718	4979053	5284036	5991585
商品零售价格总指数(以上年价格为100)	112.0	100.7	114.5	96.0	100.2	102.6	104.8	101.2	101.3
食品类		99.7	124.2	93.8	103.7	108.2	114.2	103.7	105.6
服装鞋帽类		106.9	119.1	100.6	96.3	96.9	101.8	102.1	100.8
纺织品类		106.9	120.1	94.9	98.0	109.6	101.1	103.9	107.6
中西药品及医疗保健用品类		99.1	114.3	101.3	98.7	105.8	106.7	103.6	102.1
文化和体育用品类		93.3	104.0	99.3					
文化办公用品类					99.4	97.6	93.5	96.7	95.3
体育娱乐用品类					99.1	97.9	98.6	101.1	100.0
日用品类		99.8	109.0	98.0	100.7	99.0	101.7	102.1	100.0
家用电器类		93.1	102.2	95.6	97.3	92.6	91.3	95.1	94.4
燃料类		119.9	105.9	107.6	112.8	117.0	107.4	101.5	98.2
建筑装潢材料类	112.0	100.4	102.4	99.4	102.1	97.7	98.5	94.6	99.3
居民消费品价格总指数(以上年价格为100)		101.7	116.8	103.6	101.1	103.0	105.4	102.1	103.1
食品类		99.7	123.4	93.2	103.8	108.4	114.0	103.8	105.5
衣着类		106.9	116.8	99.6	96.2	97.2	102.0	102.1	100.9

续表

指 标	1985	1990	1995	2000	2005	2010	2011	2012	2013
家庭设备用品及维修服务类		99.8	106.5	98.69	100.0	100.8	106.1	104.0	103.8
医疗保健和个人用品类		99.1	113.7	101.1	101.6	102.6	103.6	102.1	101.4
交通和通讯类		147.7	94.9	97.8	96.3	97.7	101.6	99.3	99.2
娱乐教育文化用品及服务类		93.3	112.3	96.4	101.9	101.8	101.8	100.7	103.9
居住类		105.9	111.9	107.0	102.4	101.2	99.8	101.1	102.7
服务项目类价格总指数(以上年价格为100)		110.2	107.3	162.1	102.9	102.4	103.8	102.7	103.7
农林牧渔业总产值(万元,按当年价格计算)	38744	73925	193432	246156	344060	560634	631630	674966	722383
农业产值	28489	47608	120504	163107	199305	336794	379376	404721	434021
林业产值	2266	1877	4328	4020	12088	49426	54131	60684	71993
牧业产值	7942	22069	66859	77344	114172	154140	171689	178324	182375
渔业产值	47	662	1687	1685	2689	3063	3753	4113	3261
农林牧渔服务业产值					15806	17210	22680	27125	30733
农林牧渔业总产值指数(以上年价格为100)	99.6	108.3	102.2	106.9	101.3	104.9	103.5	106.2	103.3
农业产值		107.9	95.9	110.1	99.6	102.6	105.1	104.7	102.4
林业产值		93.0	106.8	102.4	74.7	105.5	107.3	112.1	115.3
牧业产值		110.8	112.8	102.8	104.9	106.9	95.6	106.0	100.8
渔业产值		116.5	103.6	103.7	107.6	119.7	119.2	109.6	76.0
农林牧渔服务业产值					100.8	127.0	128.8	119.6	111.6
主要农作物播种面积(千公顷)	145.34	145.72	139.72	136.82	118.56	113.55	110.04	108.88	107.18
粮食	107.61	116.25	107.93	100.35	83.48	84.78	82.23	81.77	80.48
棉花	0.23	0.12	0.86	0.83	0.22	0.08	0.10	0.07	0.02
油料	22.70	13.52	13.90	11.05	5.05	3.11	2.83	2.59	2.50
主要农产品产量									
粮食(吨	304534	387806	334171	294557	291865	321585	316043	319481	327786
棉花(吨)	133	96	849	998	276	105	139	111	52
油料(吨	16756	13882	6636	10557	3845	2721	2682	2905	3056
肉类(吨)	12001	17109	33603	47606	65135	49975	46471	49465	50159
禽蛋(吨	7428	20003	35272	4436	43165	36412	27223	25824	27345
工业企业单位数(个)	1560	1981	2033	383	489	480	439	440	440
按经济类型分									
国有经济	289	331	335	178	95	37	40	39	23
集体经	1270	1638	1601	89	60	40	27	24	21
其他	1	12	97	116	334	403	375	377	396

续表

指　标	1985	1990	1995	2000	2005	2010	2011	2012	2013
按轻重工业分									
轻工业	713	877	727	128	111	107	93	93	86
重工业	847	1104	1306	255	378	373	346	347	354
工业企业总产值(按1990不变价格计算)(万元)	620037	1276457	2588265	3105189	9213954	20003397	24274970	25411194	26488396
按经济类型分									
国有经济	536776	1063635	2008511	697609	715540	662004	919818	922865	835756
集体经济	81674	204830	443982	197970	164977	147631	140590	142435	124931
其他	1587	7992	135772	2209610	8333437	19193762	23214562	24345894	25527709
按轻重工业分									
轻工业	150649	334579	449580	528811	703205	1400948	1746048	1597759	1578127
重工业	469388	941878	2138685	2576378	8510749	18602449	22528922	23813435	24910269
主要工业产品产量									
原煤(万吨)	2140	2840	3133	2544	4482	3775	3942.63	3626.26	3711.47
发电量(万千瓦时)	347800	367800	873200	1135500	1594000	2038000	3066902	289.66	2792500
粗钢(万吨)	152.73	190.24	238.82	249.90	353.34	850.00	938.14	936.22	977.84
生铁(万吨)	110.97	160.00	241.00	292.00	394.22	696.90	717.91	698.36	698.58
焦炭(万吨)	152.56	386.33	893.24	836.00	1201.00	1268.00	1391.32	1128.88	1136.15
水泥(万吨)	76.20	73.94	148.70	170.00	272.65	582.50	666.12	646.58	594.74
太原地区铁路货运量(万吨)	2398	3295	3735	4278	6113	5064	4715	4584	4239
太原地区铁路客运量(万人次)	814	878	992	864	1071	2210	2551	2535	2523
公路货运量(万吨)	1852	4458	9249	8600	11593	8783	8824	9637	11099
邮电业务总量(万元)	1470	3890	36723	238105	540873	1452903	702781	77220	796122
社会消费品零售总额(万元)	229781	456637	1116123	1894200	3840302	8258458	9732937	11295107	12814594
外商直接投资(万美元)	43	141	4500	7280	16490	58501	67914		94426
接待海外旅游人数(人次)	9695	13519	23594	47886	100859	283194	348841	422451	465965
接待国内旅游人数(万人次)	173	277	462	860	1408	1995	2427	2942	3645
地方财政收入(万元)	50872	92130	134263	214828	569525	1384809	1747179	4544872	2473261
地方财政支出(万元)	32519	61055	146653	245873	718390	1896358	2393147	2774437	3191090
#基本建设支出	4657	4674	11529	5329	25197				
文教科卫支出	7645	15259	35510	53994	141640	532802	698538	855487	892479
#教育事业费支出				35688	92774	359491	447751	550372	547273
学校数(所)	2057	2009	1967	1890	1400	1003	988	965	918
#普通高等学校	9	12	13	12	32	42	43	43	44
中等专业学校	41	46	48	47	28	30	30	30	32

续表

指 标	1985	1990	1995	2000	2005	2010	2011	2012	2013
普通中学	278	223	235	237	251	230	232	229	226
小学	1664	1646	1575	1503	1003	607	599	581	543
在校学生数(人)	451732	442897	518546	649236	9805841	54723	1162542	1165513	1166770
#普通高等学校	26976	32463	44480	72689	265535	329712	470155	49692	526279
中等专业学校	17711	29323	43323	83107	53475	76540	72343	71922	70332
普通中学	151704	126591	131401	173635	222462	239953	241626	230938	222821
小学	241219	232653	269039	295062	317752	267325	261630	258900	254414
专任教师数(人)	31419	36427	39028	43109	55733	63377	63417	64546	65698
#普通高等学校	4910	6031	6056	6669	16223	20912	22696	23141	23988
中等专业学校	2369	3221	3543	3373	1623	2266	2641	2771	2787
普通中学	10159	11203	11663	13775	16005	17134	17536	17845	18392
小学	12526	13415	14747	16637	17388	17079	16646	16861	16608
毕业生数(人)	96239	102370	111805	131606	223103	323154	329723	312794	326913
#普通高等学校	4997	8088	12421	12572	53735	97398	123300	132240	140587
中等专业学校	4956	10037	11635	15027	16252	26875	28326	25103	24041
普通中学	36732	40519	32638	44537	64141	71310	82589	82754	79795
小学	45648	37058	45576	48260	49201	52792	48113	47519	46477
卫生机构数(个)	932	998	972	1002	1954	2527	2552	2537	2638
#医院	194	220	221	131	194	191	195	189	182
卫生机构床位数(张)	18332	22944	24082	24817	23652	27771	29876	33461	35247
#医院	16721	21248	22174	19317	21736	24703	26653	30627	32584
卫生技术人员(人)	24328	27780	30101	28418	29549	39930	41329	44774	47194
#医院	15732	19429	21594	21855	22728	28529	30128	32561	34846

注:1.本表地区生产总值、社会消费品零售总额2005年至2008年为第二次经济普查调整后口径。

2.工业企业单位数、工业企业总产值2000年以前为乡及乡以上口径,以后为规模以上工业口径,2005年起为当年价。

3.2011年起固定资产投资起点由计划总投资50万元以上的项目提高到500万元以上,且没有全社会固定资产统计指标。

4.2011年邮电业务总量采用新口径计算。

5.2005年起社会消费品总额不含未通过市场直接向消费者出售的产品。

6.2005年以前外商直接投资包括间接投资。

7.教育指标中不包括幼儿园。

8.卫生指标中不含村卫生室数。

2013 年太原市公路通车里程

单位:公里

指　标	单　位	2013	比 2012 年增长（%、百分点）
公路通车里程	公里	7316.47	4.4
按隶属关系分			
国道	公里	385.39	6.8
省道	公里	467.02	-1.0
县公路	公里	1022.38	2.1
乡公路	公里	1772.82	0.4
村道	公里	3637.80	7.6
专用公路	公里	31.06	0.0
按等级分			
等级里程	公里	7188.93	4.5
高速	公里	288.31	-0.5
一级	公里	213.58	15.0
二 级	公里	920.84	-0.3
三级	公里	1232.57	2.3
四级	公里	4533.64	6.0
等外里程	公里	127.64	0.1
等级公路占总里程比重	%	99.3	1.1
按铺装质量分			
有铺装路面里程	公里	5640.19	6.8
占总里程比重	%		-100.0
简易铺装路面里程	公里	762.17	-1.9
占总里程比重	%		-100.0
未铺装路面里程	公里	914.11	-3.7
占总里程比重	%		-100.0
百平方公里公路网密度	公里	105.34	5.0

2013年太原市乡镇、村通公路、通油路情况

指 标	单 位	数 量
乡镇总数	个	52
通油路乡镇数	个	52
乡镇通油路率	%	100.0
行政村总数	个	934
通公路行政村数	个	934
行政村通公路率	%	100.0
通油路行政村数	个	932
行政村通油路率	%	99.8

2013年太原市旅游人数及收入

指 标	2013	2012
一、海外旅游人数（人次）	465965	422451
外国人	327396	297141
香港同胞	79445	71558
澳门同胞	8658	7918
台湾同胞	50466	45834
二、国内旅游人数(万人次)	3644.73	2941.64
三、旅游外汇收入(万美元)	27567.04	24412.97
四、国内旅游收入(亿元)	413.52	339.69

2013年太原市出境旅游人数

单位:人次

指 标	2013	2012
出境旅游人数	509032	170275
# 出国游	303465	85232
香港游	95575	37539
澳门游	66345	31594
台湾游	43647	15910
首站前往国家		
日本	4819	8481
泰国	109427	22186
韩国	61967	25817
德国	3650	1315
澳大利亚	7125	2149
新加坡	24108	6604
马来西亚	15011	7461
印度尼西亚	11304	1881
法国	4973	1924
其他	61081	7414

2013年太原市保险事业基本情况

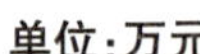
单位:万元

项目		原保险保费收入		赔款与给付支出	
		金额	增速	金额	增速
合计		975,529.17	35.16%	352,885.51	39.12%
人身险公司	国寿股份	117,459.07	-10.17%	84,972.84	89.36%
	国寿存续	8,226.31	-1.83%	9,697.07	-21.60%
	太保寿险	69,446.39	8.28%	7,417.02	18.42%
	平安人寿	107,135.55	16.74%	15,295.13	-15.77%
	新华人寿	59,297.17	-8.19%	3,508.65	24.76%
	泰康人寿	62,449.90	6.97%	10,629.34	152.54%
	太平人寿	40,887.11	38.42%	2,017.62	10.80%
	人保寿险	55,938.43	1.80%	5,468.88	132.19%
	农银人寿	8,869.63	17.12%	6,019.76	6721.52%
	人保健康	9,409.38	26.36%	8,049.06	89.03%
	合众人寿	2,637.58	-12.28%	318.19	47.11%
	英大人寿	4,092.31	-10.15%	345.27	-50.53%
	民生人寿	5,986.33	-22.49%	413.33	156.34%
	平安养老	6,042.13	-6.55%	3,930.96	27.34%
	阳光人寿	14,207.65	-27.79%	886.74	172.40%
	生命人寿	12,536.59	-17.45%	1,690.45	98.84%
	光大永明	6,964.83	51.25%	199.62	28.96%
	国华人寿	1,360.04	-67.18%	33.49	4487.33%
	幸福人寿	3,475.95	8.92%	47.58	7.94%
	泰康养老	736.80		0.13	
财产险公司	人保产险	90,218.90	2.88%	62,005.98	32.74%
	太保产险	38,926.14	3.76%	20,108.81	9.65%
	永安产险	6,477.97	-4.17%	4,370.60	-13.81%
	平安产险	75,322.44	25.33%	37,015.02	28.85%
	天安保险	3,363.35	63.95%	1,783.87	36.61%
	大地产险	14,138.16	19.58%	8,619.57	19.50%
	太平产险	11,173.81	28.58%	3,610.79	52.12%
	华安产险	7,582.70	35.44%	2,304.69	38.23%
	安邦产险	328.97	-45.92%	202.64	112.17%
	永诚产险	6,792.69	-1.46%	4,474.31	-17.89%
	阳光产险	5,446.55	1.63%	2,948.05	-18.09%
	国寿产险	38,560.00	20.05%	20,124.36	20.32%
	渤海产险	323.47	34.07%	199.12	49.48%

续表

项 目	原保险保费收入		赔款与给付支出	
	金 额	增 速	金 额	增 速
都邦产险	3,119.74	18.61%	1,194.00	-8.56%
华泰产险	9,636.55	-10.27%	4,427.28	7.30%
中国信保	3,422.61	21.61%	675.78	105.72%
天平车险	12,095.40	56.75%	3,798.60	48.72%
安诚产险	2,796.56	43.84%	764.86	23.46%
信达产险	6,049.32	-4.40%	1,815.11	143.14%
中银保险	4,763.16	3.36%	380.20	178.90%
中煤产险	15,735.47	-2.65%	5,041.37	-82.07%
英大产险	13,937.89	50.57%	4,192.71	135.32%
紫金产险	4,597.12	196.23%	1,606.90	710.76%
中华联合	3,550.03		275.49	
众安在线	11.04		4.27	

注:经中国保险监督管理委员会批准,并经国家工商行政管理总局核准,“嘉禾人寿保险股份有限公司”正式更名为“农银人寿保险股份有限公司”,简称农银人寿。

2013年太原市优抚对象优待抚恤情况

单位:人、户

指 标	抚恤、补助优抚对象总人数	定期抚恤人数	定期补助人数	伤残人数	优待优抚对象户数	优抚对象享受医保人数
总 计	10178	262	6591	3325	6065	6739
小店区	1415	27	736	652	1415	360
迎泽区	1026	43	203	780	1026	830
杏花岭区	889	41	193	655		20
尖草坪区	717	21	465	231	717	691
万柏林区	667	24	247	396	239	120
晋源区	830	6	679	145		210
清徐县	2465	22	2288	155	269	2465
阳曲县	1022	25	889	108	1138	1022
娄烦县	621	41	491	89	735	621
古交市	526	12	400	114	526	400

2013 年太原市上市公司主要经济指标

指　标	营业收入(万元)	净利润(万元)	每股收益(元)	总股本(万元)	净资产(万元)	每股净资产(元)	经营活动现金净流量(万元)	每股经营现金净流量(元)	净资产收益率(%)
合　计	25491006.07	296094.47	0.13	2239126.18	8728223.94	3.90	729547.2	0.32581	3.39
太原刚玉	88884.15	-15861.27	-0.57	27680.00	22250.99	0.77	-13837.0	-0.4999	-74.19
煤气化	208565.17	4548.22	0.09	51374.70	354643.07	5.38	-31133.5	-0.606	1.65
西山煤电	2950013.15	105616.28	0.34	315120.00	1881677.14	5.08	248799.8	0.7895	6.59
太原重工	955141.33	2550.47	0.01	242395.50	540782.97	2.23	-82729.6	-0.3413	0.47
山水文化	1044.45	3356.37	0.17	20244.59	7642.27	0.22	276.4	0.0137	76.17
盛和资源	137469.97	14787.96	0.39	37641.58	110458.92	2.82	-25305.4	-0.6723	16.98
晋西车轴	283002.27	11438.42	0.34	41951.07	168479.63	7.04	16985.8	-0.4049	3.88
通宝能源	641354.68	38323.68	0.33	114650.25	390359.75	3.36	141824.6	1.237	9.95
太钢不锈	10502032.48	62973.64	0.11	569624.78	2613706.75	4.32	399581.7	0.7015	2.56
ST 狮头	8199.66	-13016.59	-0.57	23000.00	71626.75	2.06	238.6	0.0104	-27.47
漳泽电力	915111.41	45545.43	0.22	225373.78	528221.93	2.06	221217.4	0.9816	9.81
太化股份	316984.89	-28290.90	-0.55	51440.20	69221.26	1.32	-38099.1	-0.7406	-41.75
美锦能源	126336.65	3686.76	0.13	27919.84	49287.74	1.62	13292.3	0.4761	8.13
山煤国际	8132856.26	24400.81	0.12	198245.61	1082009.42	4.02	115413.9	0.5822	3.06
山西证券	131602.51	25858.09	0.11	251872.52	732588.32	2.74	-243742.1	-0.9677	3.75
百圆裤业	44635.46	3149.07	0.24	13334.00	70098.58	5.21	-2337.3	-0.1753	4.53
*ST 生化	47771.58	7028.03	0.26	27257.76	35168.45	1.10	9100.69	0.3339	23.4

太原市主要年份体育彩票发行情况

年　度	全市体育彩票发行额(万元)	全省体育彩票发行额(万元)	全市体育彩票网点数(个)	全市体育彩票发行额在全省占比(%)
2005 年	8106	38877	354	20.85
2006 年	12269	55930	376	21.94
2007 年	12984	50780	392	25.57
2008 年	27276	92377	409	29.53
2009 年	22230	80709	470	27.54
2010 年	26391	82260	475	32.08
2011 年	35297	96358	520	36.00
2012 年	34073	101566	520	33.50
2013 年	50649	156171	530	32.4

2013年太原市婚姻登记情况

指 标	结婚登记数(对)	初婚人 数(人)	再婚人数(人)	# 女	“再婚中恢复结婚(对)”	离婚登记数(对)
总 计	42895	78610	7180	3440	613	6411
市本级	17	20	14	6		3
小店区	9442	17517	1367	640	143	1128
迎泽区	5459	10186	732	309	98	948
杏花岭区	6753	11830	1676	775	153	1321
尖草坪区	3125	6012	238	115	40	611
万柏林区	6181	10983	1379	656	83	1048
晋源区	2225	3965	485	231	49	3258
清徐县	2960	5484	436	242	30	294
阳曲县	1798	3349	247	152	17	175
娄烦县	1625	3047	203	103		273
古交市	3310	6217	403	211		285

2013年太原市社会救济、收养对象情况

单位:人、个、张

指 标	城市居民最低生活保障人数	农村居民最低生活保障人数	农村集中五保供养人数	农村分散五保供养人数	收养类单位数	收养类单位床位数	收养类单位在院人数
总 计	41676	48189	3266	973	39	5191	3036
市本级					5	639	615
小店区	1090	1151	120	47	1	200	166
迎泽区	2772	760	6	18	1	100	8
杏花岭区	10527	2033	28	39	3	233	
尖草坪区	4884	2931	69	253	4	290	69
万柏林区	4707	5893	59	13	2	90	72
晋源 区	2143	4966	78	151	1	108	78
清徐县	2106	5346	458	175	5	633	633
阳曲县	5367	10175	1124	145	11	1269	
娄烦县	4001	10508	978		5	11125	1049
古交市	4079	4426	346	132	1	504	346

2013年小店区国民经济主要指标

指　标	单　位	2013
一、基本情况		
行政区域面积	平方公里	295
乡个数	个	2
镇个数	个	1
街道办事处个数	个	6
二、人口与就业	万人	
常住人口	万人	82
户籍人口	万人	62.47
其中:农业户籍人口	人	15.21
第一产业从业人员	人	269
第二产业从业人员	人	85509
第三产业从业人员	人	91520
三、综合经济		
(一)地区生产总值	万元	3117852.9
第一产业增加值	万元	77543.9
农业	万元	58644.2
林业	万元	3629.3
牧业	万元	15172.2
渔业	万元	98.2
第二产业增加值	万元	840679
其中:工业	万元	195438
第三产业增加值	万元	2199630
其中:农林牧渔服务业	万元	2100.0
(二)财政、金融		
公共财政收入	万元	220732
各项税收	万元	210950
公共财政支出	万元	296653
其中:农林水事务支出	万元	28941
科学技术支出	万元	3539
医疗卫生支出	万元	16624
教育支出	万元	42378
四、农业		
(一)生产条件		
耕地面积	公顷	10833.54
设施农业占地面积	公顷	292
农业机械总动力	万千瓦特	21.9
化肥使用量(折纯量)	吨	3402
农药使用量	吨	57

续表

指 标	单 位	2013
地膜使用量	吨	61
有效灌溉面积	公顷	10050
机电井数	眼	383
机收面积	公顷	6796.33
(二)农作物播种面积	公顷	13945.38
粮食作物播种面积	公顷	8982.98
其中:小麦	公顷	164.95
玉米	公顷	8685.87
大豆	公顷	7.81
蔬菜播种面积	公顷	4960.4
(三)农产品产量		
粮食总产量	吨	74759.64
其中:小麦	吨	952.59
玉米	吨	73449.43
大豆	吨	19.33
园林水果产量	吨	1419
肉类总产量	吨	4307
其中:猪肉产量	吨	2207
年末生猪存栏	头	19046
年末牛存栏	头	8290
年末羊存栏	只	17731
禽蛋产量	吨	4466
奶类产量	吨	38929
蔬菜产量	吨	274849.5
水产品产量	吨	138
五、工业及建筑业		
规模以上工业企业单位数	个	49
规模以上工业总产值	万元	690624.3
规模以上工业企业从业人员年平均人数	人	11349
规模以上工业企业主营业务收入	万元	689292.3
建筑业企业单位数	个	235
六、交通、通讯与能源		
公路里程	公里	341.5
七、贸易、外经、旅游		
社会消费品零售总额	万元	3887429
出口总额	万美元	21772.8
当年实际使用外资金额	万美元	2
八、固定资产投资		

续表

指　标	单　位	2013
固定资产投资	万元	3662583
新增固定资产	万元	1044889
房地产开发投资	万元	1154321
其中:住宅	万元	715462
九、教育、科技、文化、卫生		
普通中学	所	42
小学数	所	72
普通中学专任教师数	人	3500
小学专任教师数	人	2047
普通中学在校学生数	人	41883
小学在校学生数	人	49650
全年专利授权数	件	1013
公共图书馆图书总藏量	千册	85.21
剧场、影剧院个数	个	3
体育场馆个数	个	2
医疗卫生机构床位数	床	5932
医疗卫生机构技术人员	人	8338
其中:执业(助理)医师	人	3217
十、居民收入		
城镇居民人均可支配收入	元	25207.092
农村居民人均纯收入	元	15414.12
十一、社会保障		
各种社会福利收养性单位数	个	1
各种社会福利收养性单位床位数	床	200
城镇基本养老保险参保人数	人	74266
城镇基本医疗保险参保人数	人	213900
失业保险参保人数	人	35498
新型农村合作医疗参保人数	人	153303
新型农村社会养老保险参保人数	人	74575
城镇居民最低生活保障人数	人	1090
农村居民最低生活保障人数	人	1151
十二、资源与环境		
森林面积	公顷	1247
工业二氧化硫排放量	吨	81
氮氧化物排放量	吨	42
烟(粉)尘排放量	吨	608
污水处理厂数	座	1
垃圾处理站数	个	12
城区空气质量优良以上天数	天	162

2013 年迎泽区国民经济主要指标

指 标	单 位	2013
一、基本情况		
行政区域面积	平方公里	117
乡个数	个	0
镇个数	个	1
街道办事处个数	个	6
二、人口与就业		
常住人口	万人	60.11
户籍人口	万人	52.11
其中:农业户籍人口	人	1.95
第一产业从业人员	人	230
第二 产业从业人员	人	34483
第三产业从业人员	人	137474
三、综合经济		
(一)地区生产总值	万元	4540608
第一产业增加值	万元	4222.0
农业	万元	110.6
林业	万元	3604.0
牧业	万元	481.5
渔业	万元	25.9
第二产业增加值	万元	631296
其中:工业	万元	342724
第三产业增加值	万元	3905090
(二)财政、金融		
公共财政收入	万元	149882
各项税收	万元	137565
公共财政支出	万元	150955
其中:农林水事务支出	万元	8852
科学技术支出	万元	2062
医疗卫生支出	万元	10522
教育支出	万元	50474
四、农业		
(一)生产条件		
耕地面积	公顷	709.73
设施农业占地面积	公顷	2
农业机械总动力	万千瓦特	1.2
化肥使用量(折纯量)	吨	3
农药使用量	吨	2
地膜使用量	吨	1

续表

指　标	单　位	2013
有效灌溉面积	公顷	100
机电井数	眼	52
机收面积	公顷	
(二)农作物播种面积	公顷	209.46
粮食作物播种面积	公顷	203.36
玉米	公顷	83.65
大豆	公顷	8.7
油料播种面积	公顷	0.8
蔬菜播种面积	公顷	5.3
(三)农产品产量		
粮食总产量	吨	399.39
玉米	吨	182.63
大豆	吨	7.44
油料产量	吨	1.7
棉花产量	吨	
园林水果产量	吨	20.7
肉类总产量	吨	440
其中:猪肉产量	吨	380
年末生猪存栏	头	3956
年末牛存栏	头	10
年末羊存栏	只	5115
禽蛋产量	吨	210
奶类产量	吨	30
蔬菜产量	吨	282.7
水产品产量	吨	50
五、工业及建筑业		
规模以上工业企业单位数	个	13
规模以上工业总产值	万元	625981.8
规模以上工业企业从业人员年平均人数	人	3097
规模以上工业企业主营业务收入	万元	611316.9
建筑业企业单位数	个	267
六、交通、通讯与能源		
公路里程	公里	77.5
七、贸易、外经、旅游		
社会消费品零售总额	万元	3075199.7
出口总额	万美元	24657.6
当年实际使用外资金额	万美元	310
八、固定资产投资		

续表

指 标	单 位	2013
固定资产投资	万元	1554941
新增固定资产	万元	461162
房地产开发投资	万元	746462
其中:住宅	万元	551100
住宅竣工面积	万元	252380
九、教育、科技、文化、卫生		
普通中学	所	21
小学数	所	36
普通中学专任教师数	人	2346
小学数专任教师数	人	2200
普通中学在校学生数	人	31798
小学在校学生数	人	324147
全年专利授权数	件	423
剧场、影剧院个数	个	8
体育场馆个数	个	1
医疗卫生机构床位数	床	8669
医疗卫生机构技术人员	人	12309
其中:执业(助理)医师	人	4681
十、居民收入		
城镇居民人均可支配收入	元	25274.853
农村居民人均纯收入	元	15091.948
十一、社会保障		
各种社会福利收养性单位数	个	1
各种社会福利收养性单位床位数	床	100
城镇基本养老保险参保人数	人	56332
城镇基本医疗保险参保人数	人	129600
失业保险参保人数	人	18750
新型农村合作医疗参保人数	人	22856
新型农村社会养老保险参保人数	人	14391
城镇居民最低生活保障人数	人	2772
农村居民最低生活保障人数	人	760
十二、资源与环境		
森林面积	公顷	1760
工业二氧化硫排放量	吨	353
氮氧化物排放量	吨	1246
烟(粉)尘排放量	吨	11
垃圾处理站数	个	11
城区空气质量优良以上天数	天	162

2013年杏花岭区国民经济主要指标

指 标	单 位	2013
一、基本情况		
行政区域面积	平方公里	170
乡个数	个	2
镇个数	个	10
街道办事处个数	个	
二、人口与就业		
常住人口	万人	65.39
户籍人口	万人	59.52
其中:农业户籍人口	人	3.32
第一产业从业人员	人	187
第二产业从业人员	人	58550
第三产业从业人员	人	107793
三、综合经济		
(一)地区生产总值	万元	4197479
第一产业增加值	万元	6877.0
农业	万元	2504.3
林业	万元	2971.2
牧业	万元	1401.5
渔业	万元	
第二产业增加值	万元	917266
其中:工业	万元	229330
第三产业增加值	万元	3273336
(二)财政、金融		
公共财政收入	万元	162281
各项税收	万元	154554
公共财政支出	万元	183584
其中:农林水事务支出	万元	15156
科学技术支出	万元	2890
医疗卫生支出	万元	8290
教育支出	万元	55298
四、农业		
(一)生产条件		
耕地面积	公顷	953.2
设施农业占地面积	公顷	12
农业机械总动力	万千瓦特	1.8
化肥使用量(折纯量)	吨	46
农药使用量	吨	13

续表

指　标	单　位	2013
地膜使用量	吨	5
有效灌溉面积	公顷	100
机电井数	眼	2
机收面积	公顷	
(二)农作物播种面积	公顷	712.73
粮食作物播种面积	公顷	641.53
其中:玉米	公顷	329.4
大豆	公顷	177.73
油料播种面积	公顷	3.14
蔬菜播种面积	公顷	68.1
(三)农产品产量		
粮食总产量	吨	887.17
其中:玉米	吨	565.65
大豆	吨	159
油料产量	吨	3.1
园林水果产量	吨	856.3
肉类总产量	吨	1674
其中:猪肉产量	吨	1476
年末生猪存栏	头	16485
年末牛存栏	头	69
年末羊存栏	只	6270
禽蛋产量	吨	431
奶类产量	吨	32
蔬菜产量	吨	2171.4
五、工业及建筑业		
规模以上工业企业单位数	个	43
规模以上工业总产值	万元	710243
规模以上工业企业从业人员年平均人数	人	17061
规模以上工业企业主营业务收入	万元	747196
建筑业企业单位数	个	176
六、交通、通讯与能源		
公路里程	公里	134.5
七、贸易、外经、旅游		
社会消费品零售总额	万元	1397134
出口总额	万美元	45143
八、固定资产投资		
固定资产投资	万元	1982860

续表

指　标	单　位	2013
新增固定资产	万元	708690
房地产开发投资	万元	879793
其中:住宅	万元	643316
住宅竣工面积	万平方米	1157854
九、教育、科技、文化、卫生		
普通中学	所	40
小学数	所	57
普通中学专任教师数	人	3225
小学专任教师数	人	2399
普通中学在校学生数	人	41077
小学在校学生数	人	39973
全年专利授权数	件	347
公共图书馆图书总藏量	千册	150
剧场、影剧院个数	个	2
体育场馆个数	个	1
医疗卫生机构床位数	床	8809
医疗卫生机构技术人员	人	11349
其中:执业(助理)医师	人	4711
十、居民收入		
城镇居民人均可支配收入	元	25207.092
农村居民人均纯收入	元	13335.216
十一、社会保障		
各种社会福利收养性单位数	个	3
各种社会福利收养性单位床位数	床	233
城镇基本养老保险参保人数	人	67815
城镇基本医疗保险参保人数	人	141300
失业保险参保人数	人	37884
新型农村合作医疗参保人数	人	29625
新型农村社会养老保险参保人数	人	19333
城镇居民最低生活保障人数	人	10527
农村居民最低生活保障人数	人	2033
十二、资源与环境		
森林面积	公顷	1687
工业二氧化硫排放量	吨	2891
氮氧化物排放量	吨	3938
烟(粉)尘排放量	吨	2151
垃圾处理站数	个	15
城区空气质量优良以上天数	天	162

2013年尖草坪区国民经济主要指标

指　标	单　位	2013
一、基本情况		
行政区域面积	平方公里	285
乡个数	个	3
镇个数	个	2
街道办事处个数	个	9
二、人口与就业		
常住人口	万人	42.43
户籍人口	万人	34.72
其中:农业户籍人口	人	10.77
第一产业从业人员	人	12
第二产业从业人员	人	58960
第三产业从业人员	人	9732
三、综合经济		
(一)地区生产总值	万元	2610879.5
第一产业增加值	万元	27365.5
农业	万元	16633.3
林业	万元	4056.0
牧业	万元	6546.3
渔业	万元	129.9
第二产业增加值	万元	2101537
其中:工业	万元	1869659
第三产业增加值	万元	481977
其中:农林牧渔服务业	万元	330.0
(二)财政、金融		
公共财政收入	万元	59008
各项税收	万元	62600
公共财政支出	万元	95958
其中:农林水事务支出	万元	7953
科学技术支出	万元	1342
医疗卫生支出	万元	8398
教育支出	万元	26934
四、农业		
(一)生产条件		
耕地面积	公顷	4925.75
设施农业占地面积	公顷	166
农业机械总动力	万千瓦特	4.1
化肥使用量(折纯量)	吨	1548
农药使用量	吨	80

续表

指　标	单　位	2013
地膜使用量	吨	106
有效灌溉面积	公顷	4510
机电井数	眼	183
机收面积	公顷	1333.33
(二)农作物播种面积	公顷	5776.25
粮食作物播种面积	公顷	4717.65
其中:玉米	公顷	3797.99
大豆	公顷	230.31
油料播种面积	公顷	42.2
蔬菜播种面积	公顷	966
(三)农产品产量		
粮食总产量	吨	14018.17
其中:玉米	吨	12574.42
大豆	吨	428
油料产量	吨	40.1
园林水果产量	吨	11486.6
肉类总产量	吨	4763
其中:猪肉产量	吨	4189
年末生猪存栏	头	32290
年末牛存栏	头	3057
年末羊存栏	只	19047
禽蛋产量	吨	2041
奶类产量	吨	8829
蔬菜产量	吨	69365
水产品产量	吨	284
五、工业及建筑业		
规模以上工业企业单位数	个	56
规模以上工业总产值	万元	8778381.9
规模以上工业企业从业人员年平均人数	人	12467
规模以上工业企业主营业务收入	万元	14665905
建筑业企业单位数	个	66
六、交通、通讯与能源		
公路里程	公里	203.4
七、贸易、外经、旅游		
社会消费品零售总额	万元	632571
出口总额	万美元	98206.5
八、固定资产投资		

续表

指 标	单 位	2013
固定资产投资	万元	1925436
新增固定资产	万元	613483
房地产开发投资	万元	88125
其中:住宅	万元	80251
九、教育、科技、文化、卫生		
普通中学	所	22
小学数	所	49
普通中学专任教师数	人	1640
小学专任教师数	人	1543
普通中学在校学生数	人	17386
小学在校学生数	人	21630
全年专利授权数	件	708
公共图书馆图书总藏量	千册	93.85
剧场、影剧院个数	个	1
体育场馆个数	个	2
医疗卫生机构床位数	床	2602
医疗卫生机构技术人员	人	3198
其中:执业(助理)医师	人	1429
十、居民收入		
城镇居民人均可支配收入	元	25071.57
农村居民人均纯收入	元	10784.664
十一、社会保障		
各种社会福利收养性单位数	个	4
各种社会福利收养性单位床位数	床	290
城镇基本养老保险参保人数	人	58110
城镇基本医疗保险参保人数	人	97900
失业保险参保人数	人	30399
新型农村合作医疗参保人数	人	107558
新型农村社会养老保险参保人数	人	62703
城镇居民最低生活保障人数	人	4884
农村居民最低生活保障人数	人	2931
十二、资源与环境		
森林面积	公顷	4993
工业二氧化硫排放量	吨	42514
氮氧化物排放量	吨	42703
烟(粉)尘排放量	吨	9044
污水处理厂数	座	2
垃圾处理站数	个	13
城区空气质量优良以上天数	天	162

2013年万柏林区国民经济主要指标

指　标	单　位	2013
一、基本情况		
行政区域面积	平方公里	305
乡个数	个	1
镇个数	个	0
街道办事处个数	个	14
二、人口与就业	万人	
常住人口	万人	76.6
户籍人口	万人	56.75
其中:农业户籍人口	人	4.37
第一产业从业人员	人	0
第二产业从业人员	人	165264
第三产业从业人员		44326
三、综合经济		
(一)地区生产总值	万元	3361655.9
第一产业增加值	万元	6954.9
农业	万元	673.3
林业	万元	5390.7
牧业	万元	878.9
渔业	万元	12.0
第二产业增加值	万元	2409049
其中:工业	万元	1692621
第三产业增加值	万元	945652
其中:农林牧渔服务业	万元	690.0
(二)财政、金融		
公共财政收入	万元	106169
各项税收	万元	97833
公共财政支出	万元	165917
其中:农林水事务支出	万元	16165
科学技术支出	万元	1789
医疗卫生支出	万元	9764
教育支出	万元	48326
年末金融机构各项贷款余额	万元	
四、农业		
(一)生产条件		
耕地面积	公顷	1782.54
农业机械总动力	万千瓦特	3.9
化肥使用量(折纯量)	吨	58
农药使用量	吨	1

续表

指 标	单 位	2013
地膜使用量	吨	1
有效灌溉面积	公顷	1350
机电井数	眼	44
机收面积	公顷	333.33
(二)农作物播种面积	公顷	963.36
粮食作物播种面积	公顷	888.66
其中:玉米	公顷	550.85
蔬菜播种面积	公顷	41.4
(三)农产品产量		
粮食总产量	吨	1796.07
其中:玉米	吨	1294.29
园林水果产量	吨	192.2
肉类总产量	吨	878
其中:猪肉产量	吨	828
年末生猪存栏	头	8043
年末牛存栏	头	143
禽蛋产量	只	484
奶类产量	吨	347
蔬菜产量	吨	1490.8
水产品产量	吨	19
五、工业及建筑业		
规模以上工业企业单位数	个	36
规模以上工业总产值	万元	5412910.6
规模以上工业企业从业人员年平均人数	人	131031
规模以上工业企业主营业务收入	万元	7640038.3
建筑业企业单位数	个	147
六、交通、通讯与能源		
公路里程	公里	206.1
七、贸易、外经、旅游		
社会消费品零售总额	万元	1933480.8
出口总额	万美元	19933.4
当年实际使用外资金额	万美元	5
八、固定资产投资		
固定资产投资	万元	2617375
新增固定资产	万元	1161307
房地产开发投资	万元	620852
其中:住宅	万元	453185
住宅竣工面积	万平方米	277666

续表

指　标	单　位	2013
九、教育、科技、文化、卫生		
普通中学	所	27
小学数	所	57
普通中学专任教师数	人	2518
小学专任教师数	人	3127
普通中学在校学生数	人	28398
小学在校学生数	人	42986
全年专利授权数	件	793
公共图书馆图书总藏量	千册	85
剧场、影剧院个数	个	5
体育场馆个数	个	3
医疗卫生机构床位数	床	4588
医疗卫生机构技术人员	人	7563
其中:执业(助理)医师	人	2995
十、居民收入		
城镇居民人均可支配收入	元	25003.809
农村居民人均纯收入	元	15835.352
十一、社会保障		
各种社会福利收养性单位数	个	2
各种社会福利收养性单位床位数	床	90
城镇基本养老保险参保人数	人	54481
城镇基本医疗保险参保人数	人	168400
失业保险参保人数	人	28098
新型农村合作医疗参保人数	人	81150
新型农村社会养老保险参保人数	人	38425
城镇居民最低生活保障人数	人	4707
农村居民最低生活保障人数	人	5893
十二、资源与环境		
森林面积	公顷	4620
工业二氧化硫排放量	吨	13310
氮氧化物排放量	吨	5356
烟(粉)尘排放量	吨	3704
污水处理厂数	座	1
垃圾处理站数	个	28
城区空气质量优良以上天数	天	162

2013年晋源区国民经济主要指标

指 标	单 位	2013
一、基本情况		
行政区域面积	平方公里	288
镇个数	个	3
街道办事处个数	个	3
二、人口与就业		
常住人口	万人	22.58
户籍人口	万人	19.86
其中:农业户籍人口	人	12.98
第一产业从业人员	人	0
第二产业从业人员	人	10666
第三产业从业人员		6144
三、综合经济		
(一)地区生产总值	万元	460092.5
第一产业增加值	万元	34893.5
农业	万元	24570.9
林业	万元	3116.8
牧业	万元	6174.6
渔业	万元	1031.2
第二产业增加值	万元	157281
其中:工业	万元	91576
第三产业增加值	万元	267918
其中:农林牧渔服务业	万元	450.0
(二)财政、金融		
公共财政收入	万元	48428
各项税收	万元	42180
公共财政支出	万元	89747
其中:农林水事务支出	万元	5809
科学技术支出	万元	1728
医疗卫生支出	万元	7995
教育支出	万元	23367
四、农业		
(一)生产条件		
耕地面积	公顷	4866.38
设施农业占地面积	公顷	236
农业机械总动力	万千瓦特	17.2
化肥使用量(折纯量)	吨	1119
农药使用量	吨	88
地膜使用量	吨	84

续表

指　标	单　位	2013
有效灌溉面积	公顷	4030
机电井数	眼	324
机收面积	公顷	650
(二)农作物播种面积	公顷	5691.16
粮食作物播种面积	公顷	3390.36
其中:稻谷	公顷	212.28
小麦	公顷	33.73
玉米	公顷	2996.48
大豆	公顷	26.13
蔬菜播种面积	公顷	2300.8
(三)农产品产量		
粮食总产量	吨	22972.79
其中:稻谷	吨	1145.68
小麦	吨	189.15
玉米	吨	20962.15
大豆	吨	38.31
园林水果产量	吨	2538.8
肉类总产量	吨	3268
其中:猪肉产量	吨	2212
年末生猪存栏	头	25964
年末牛存栏	头	2846
年末羊存栏	只	16306
禽蛋产量	吨	4036
奶类产量	吨	11564
蔬菜产量	吨	154452.7
水产品产量	吨	1459
五、工业及建筑业		
规模以上工业企业单位数	个	19
规模以上工业总产值	万元	380831.3
规模以上工业企业从业人员年平均人数	人	4823
规模以上工业企业主营业务收入	万元	825394.6
建筑业企业单位数	个	32
六、交通、通讯与能源		
公路里程	公里	244.3
七、贸易、外经、旅游		
社会消费品零售总额	万元	243747.2
出口总额	万美元	1417.6
当年实际使用外资金额	万美元	580

续表

指 标	单 位	2013
八、固定资产投资		
固定资产投资	万元	1047733
新增固定资产	万元	403712
房地产开发投资	万元	211327
其中:住宅	万元	170357
九、教育、科技、文化、卫生		
普通中学	所	12
小学数	所	47
普通中学专任教师数	人	1145
小学专任教师数	人	925
普通中学在校学生数	人	13336
小学在校学生数	人	13815
全年专利授权数	件	35
公共图书馆图书总藏量	千册	8.37
剧场、影剧院个数	个	1
体育场馆个数	个	1
医疗卫生机构床位数	床	1104
医疗卫生机构技术人员	人	1240
其中:执业(助理)医师	人	508
十、居民收入		
城镇居民人均可支配收入	元	24981.222
农村居民人均纯收入	元	10487.68
十一、社会保障		
各种社会福利收养性单位数	个	1
各种社会福利收养性单位床位数	床	108
城镇基本养老保险参保人数	人	17906
城镇基本医疗保险参保人数	人	20000
失业保险参保人数	人	7208
新型农村合作医疗参保人数	人	120587
新型农村社会养老保险参保人数	人	76168
城镇居民最低生活保障人数	人	2143
农村居民最低生活保障人数	人	4966
十二、资源与环境		
森林面积	公顷	4840
工业二氧化硫排放量	吨	17529
氮氧化物排放量	吨	23044
烟(粉)尘排放量	吨	2538
污水处理厂数	座	1
垃圾处理站数	个	3
城区空气质量优良以上天数	天	162

2013年清徐县国民经济主要指标

指　标	单　位	2013
一、基本情况		
行政区域面积	平方公里	609
乡个数	个	5
镇个数	个	4
二、人口与就业		
常住人口	万人	34.84
户籍人口	万人	32.5
其中:农业户籍人口	人	25.64
第一产业从业人员	人	27
第二产业从业人员	人	8840
第三产业从业人员		14206
三、综合经济		
(一)地区生产总值	万元	1131974.6
第一产业增加值	万元	135855.6
农业	万元	104461.3
林业	万元	2988.6
牧业	万元	27518.4
渔业	万元	887.3
第二产业增加值	万元	681071
其中:工业	万元	617610
第三产业增加值	万元	315048
其中:农林牧渔服务业	万元	3850.0
(二)财政、金融		
公共财政收入	万元	62503
各项税收	万元	40407
公共财政支出	万元	134864
其中:农林水事务支出	万元	23340
科学技术支出	万元	1258
医疗卫生支出	万元	15986
教育支出	万元	32289
年末金融机构各项存款余额	万元	1592620
其中:居民储蓄存款余额	万元	1130369
年末金融机构各项贷款余额	万元	1172274
四、农业		
(一)生产条件		
耕地面积	公顷	25608.11
设施农业占地面积	公顷	881
农业机械总动力	万千瓦特	33.3

续表

指 标	单 位	2013
化肥使用量(折纯量)	吨	12560
农药使用量	吨	462
地膜使用量	吨	702
有效灌溉面积	公顷	24800
机电井数	眼	1388
机收面积	公顷	13480
(二)农作物播种面积	公顷	30609.19
粮食作物播种面积	公顷	20634.39
其中:小麦	公顷	149.79
玉米	公顷	19507.77
大豆	公顷	249.37
油料播种面积	公顷	30.2
花生	公顷	13
棉花播种面积	公顷	39.8
蔬菜播种面积	公顷	9600.7
(三)农产品产量		
粮食总产量	吨	120274.07
其中:小麦	吨	903.23
玉米	吨	114485.54
大豆	吨	448.87
油料产量	吨	57.7
花生	吨	20.5
园林水果产量	吨	29897.1
肉类总产量	吨	21338
其中:猪肉产量	吨	16182
年末生猪存栏	头	116705
年末牛存栏	头	7952
年末羊存栏	只	74988
禽蛋产量	吨	6469
奶类产量	吨	16644
蔬菜产量	吨	625202.1
水产品产量	吨	1372
五、工业及建筑业		
规模以上工业企业单位数	个	79
规模以上工业总产值	万元	2064152.6
规模以上工业企业从业人员年平均人数	人	13289
规模以上工业企业主营业务收入	万元	2081214.4
建筑业企业单位数	个	19

续表

指 标	单 位	2013
规模以上工业企业单位数	个	79
规模以上工业总产值	万元	2064152.6
规模以上工业企业从业人员年平均人	人	13289
规模以上工业企业主营业务收入	万元	2081214.4
建筑业企业单位数	个	19
六、交通、通讯与能源		
公路里程	公里	529.1
民用汽车拥有量	辆	40026
年末公交车路数	路	247
年末实有公共汽(电)车营运车辆数	辆	66
年末实有出租汽车数	辆	100
固定电话用户	户	42084
移动电话用户	户	234670
互联网宽带接入用户	户	46297
全社会用电量	万千瓦时	74766.06
其中:居民生活用电量	万千瓦时	13614.46
七、贸易、外经、旅游		
社会消费品零售总额	万元	379347.1
出口总额	万美元	1686.6
当年实际使用外资金额	万美元	12
八、固定资产投资		
固定资产投资	万元	699579
新增固定资产	万元	133194
房地产开发投资	万元	46026
其中:住宅	万元	34143
住宅竣工面积	万平方米	34916
九、教育、科技、文化、卫生		
普通中学	所	20
小学数	所	112
普通中学专任教师数	人	1764
小学专任教师数	人	7137
普通中学在校学生数	人	20973
小学在校学生数	人	21230
全年专利授权数	件	91
公共图书馆图书总藏量	千册	134.23
剧场、影剧院个数	个	1
体育场馆个数	个	1
医疗卫生机构床位数	床	778
医疗卫生机构技术人员	人	620

续表

指　标	单　位	2013
其中:执业(助理)医师	人	291
十、居民收入		
城镇居民人均可支配收入	元	23903.113
农村居民人均纯收入	元	13052.226
十一、社会保障		
各种社会福利收养性单位数	个	5
各种社会福利收养性单位床位数	床	633
城镇基本养老保险参保人数	人	30235
城镇基本医疗保险参保人数	人	39200
失业保险参保人数	人	14716
新型农村合作医疗参保人数	人	252472
新型农村社会养老保险参保人数	人	157299
城镇居民最低生活保障人数	人	2106
农村居民最低生活保障人数	人	5346
十二、资源与环境		
森林面积	公顷	5993
工业二氧化硫排放量	吨	3965
氮氧化物排放量	吨	2786
烟(粉)尘排放量	吨	3776
污水处理厂数	座	1
城区空气质量优良以上天数	天	202

FULU

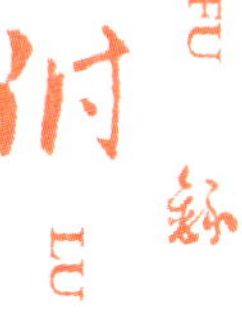

2013年阳曲县国民经济主要指标

指　标	单　位	2013
一、基本情况		
行政区域面积	平方公里	2059
乡个数	个	6
镇个数	个	4
二、人口与就业		
常住人口	万人	12.14
户籍人口	万人	15.11
其中:农业户籍人口	人	11.70
第一产业从业人员	人	170
第二产业从业人员	人	3020
第三产业从业人员		5498
三、综合经济		
(一)地区生产总值	万元	359544.4
第一产业增加值	万元	45658.4
农业	万元	30126.5
林业	万元	3307.4
牧业	万元	12200.3
渔业	万元	24.2
第二产业增加值	万元	208318
其中:工业	万元	203594
第三产业增加值	万元	105568
其中:农林牧渔服务业	万元	1400.0
(二)财政、金融		
公共财政收入	万元	44561
各项税收	万元	27565
公共财政支出	万元	103504
其中:农林水事务支出	万元	17453
科学技术支出	万元	3676
医疗卫生支出	万元	8682
教育支出	万元	15100
年末金融机构各项存款余额	万元	509121
其中:居民储蓄存款余额	万元	353873
年末金融机构各项贷款余额	万元	186696
四、农业		
(一)生产条件		
耕地面积	公顷	28254.38
设施农业占地面积	公顷	469

续表

指 标	单 位	2013
农业机械总动力	万千瓦特	18.8
化肥使用量(折纯量)	吨	8486
农药使用量	吨	109
地膜使用量	吨	1042
有效灌溉面积	公顷	1340
机电井数	眼	245
机收面积	公顷	12067
(二)农作物播种面积	公顷	27350.28
粮食作物播种面积	公顷	22206.48
其中:玉米	公顷	16313.46
大豆	公顷	1116.45
油料播种面积	公顷	516.8
花生	公顷	2.1
蔬菜播种面积	公顷	3038.2
(三)农产品产量		
粮食总产量	吨	67659.97
其中:稻谷	吨	
玉米	吨	58704.82
大豆	吨	1831.93
油料产量	吨	609.1
花生	吨	2.8
园林水果产量	吨	3235
肉类总产量	吨	6719
其中:猪肉产量	吨	4822
年末生猪存栏	头	39235
年末牛存栏	头	7724
年末羊存栏	只	90116
禽蛋产量	吨	5233
奶类产量	吨	19015
蔬菜产量	吨	95218.4
水产品产量	吨	39
五、工业及建筑业		
规模以上工业企业单位数	个	22
规模以上工业总产值	万元	897069.6
规模以上工业企业从业人员年平均人数	人	3591
规模以上工业企业主营业务收入	万元	752805.7
建筑业企业单位数	个	6

续表

指　标	单　位	2013
六、交通、通讯与能源		
公路里程	公里	742.9
民用汽车拥有量	辆	5863
年末公交车路数	路	29
年末实有公共汽(电)车营运车辆数	辆	68
年末实有出租汽车数	辆	60
固定电话用户	户	16108
移动电话用户	户	94064
互联网宽带接入用户	户	14911
全社会用电量	万千瓦时	53681.9
其中:居民生活用电量	万千瓦时	3708.91
七、贸易、外经、旅游		
社会消费品零售总额	万元	86527.9
出口总额	万美元	590.5
当年实际使用外资金额	万美元	2447
八、固定资产投资		
固定资产投资	万元	357220
新增固定资产	万元	150490
房地产开发投资	万元	52807
其中:住宅	万元	46172
住宅竣工面积	万平方米	129779
九、教育、科技、文化、卫生		
普通中学	所	12
小学数	所	36
普通中学专任教师数	人	534
小学专任教师数	人	650
普通中学在校学生数	人	7218
小学在校学生数	人	6504
全年专利授权数	件	11
公共图书馆图书总藏量	千册	57.8
剧场、影剧院个数	个	1
体育场馆个数	个	1
医疗卫生机构床位数	床	1032
医疗卫生机构技术人员	人	635
其中:执业(助理)医师	人	216
十、居民收入		
城镇居民人均可支配收入	元	18023.733
农村居民人均纯收入	元	5834.479

续表

指 标	单 位	2013
十一、社会保障		
各种社会福利收养性单位数	个	11
各种社会福利收养性单位床位数	床	1269
城镇基本养老保险参保人数	人	16920
城镇基本医疗保险参保人数	人	20900
失业保险参保人数	人	6225
新型农村合作医疗参保人数	人	106888
新型农村社会养老保险参保人数	人	72442
城镇居民最低生活保障人数	人	5367
农村居民最低生活保障人数	人	10175
十二、资源与环境		
森林面积	公顷	38820
工业二氧化硫排放量	吨	2420
氮氧化物排放量	吨	4457
烟(粉)尘排放量	吨	4055
污水处理厂数	座	1
城区空气质量优良以上天数	天	294

FULU

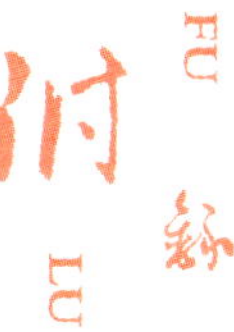

2013年娄烦县国民经济主要指标

指 标	单 位	2013
一、基本情况		
行政区域面积	平方公里	1276
乡个数	个	5
镇个数	个	3
二、人口与就业		
常住人口	万人	10.74
户籍人口	万人	12.69
其中:农业户籍人口	人	9.87
第一产业从业人员	人	58
第二产业从业人员	人	1259
第三产业从业人员	人	4847
三、综合经济		
(一)地区生产总值	万元	171331.8
第一产业增加值	万元	17446.8
农业	万元	10033.7
林业	万元	3001.5
牧业	万元	4209.4
渔业	万元	202.2
第二产业增加值	万元	82811
其中:工业	万元	81227
第三产业增加值	万元	71074
其中:农林牧渔服务业	万元	744.0
(二)财政、金融		
公共财政收入	万元	60492
各项税收	万元	32901
公共财政支出	万元	114686
其中:农林水事务支出	万元	15360
科学技术支出	万元	1403
医疗卫生支出	万元	8171
教育支出	万元	13200
年末金融机构各项存款余额	万元	410000
其中:居民储蓄存款余额	万元	245000
年末金融机构各项贷款余额	万元	94000
四、农业		
(一)生产条件		
耕地面积	公顷	18717.65
设施农业占地面积	公顷	175
农业机械总动力	万千瓦特	10.7
化肥使用量(折纯量)	吨	961

续表

指　标	单　位	2013
农药使用量	吨	9
地膜使用量	吨	76
有效灌溉面积	公顷	1280
机电井数	眼	37
机收面积	公顷	2700
(二)农作物播种面积	公顷	12213.71
粮食作物播种面积	公顷	10727.31
其中:玉米	公顷	1661.91
大豆	公顷	1115.97
油料播种面积	公顷	1150.1
蔬菜播种面积	公顷	276.8
(三)农产品产量		
粮食总产量	吨	14673.37
其中:玉米	吨	2900.7
大豆	吨	1438.43
油料产量	吨	1456.8
园林水果产量	吨	861.3
肉类总产量	吨	2190
其中:猪肉产量	吨	1051
年末生猪存栏	头	7892
年末牛存栏	头	2616
年末羊存栏	只	57045
禽蛋产量	吨	396
蔬菜产量	吨	9489.8
水产品产量	吨	430
五、工业及建筑业		
规模以上工业企业单位数	个	16
规模以上工业总产值	万元	295700.9
规模以上工业企业从业人员年平均人数	人	2237
规模以上工业企业主营业务收入	万元	116973.8
建筑业企业单位数	个	1
六、交通、通讯与能源		
公路里程	公里	421.2
民用汽车拥有量	辆	5452
年末公交车路数	路	5
年末实有公共汽(电)车营运车辆数	辆	35
年末实有出租汽车数	辆	30
固定电话用户	户	14465
移动电话用户	户	70589

续表

指 标	单 位	2013
互联网宽带接入用户	户	13547
全社会用电量	万千瓦时	18576.56
其中:居民生活用电量	万千瓦时	3063.48
七、贸易、外经、旅游		
社会消费品零售总额	万元	33427.6
八、固定资产投资		
固定资产投资	万元	136310
新增固定资产	万元	39788
九、教育、科技、文化、卫生		
普通中学	所	10
小学数	所	23
普通中学专任教师数	人	505
小学专任教师数	人	840
普通中学在校学生数	人	6682
小学在校学生数	人	8194
全年专利授权数	件	2
公共图书馆图书总藏量	千册	50.95
医疗卫生机构床位数	床	326
医疗卫生机构技术人员	人	322
其中:执业(助理)医师	人	154
十、居民收入		
城镇居民人均可支配收入	元	15754.23
农村居民人均纯收入	元	4602.49
十一、社会保障		
各种社会福利收养性单位数	个	5
各种社会福利收养性单位床位数	床	1125
城镇基本养老保险参保人数	人	10377
城镇基本医疗保险参保人数	人	14100
失业保险参保人数	人	6394
新型农村合作医疗参保人数	人	104567
新型农村社会养老保险参保人数	人	46856
城镇居民最低生活保障人数	人	4001
农村居民最低生活保障人数	人	10508
十二、资源与环境		
森林面积	公顷	19980
工业二氧化硫排放量	吨	1474
氮氧化物排放量	吨	282
烟(粉)尘排放量	吨	3304
污水处理厂数	座	1
城区空气质量优良以上天数	天	286

2013年古交市国民经济主要指标

指 标	单 位	2013
一、基本情况		
行政区域面积	平方公里	1584
乡个数	个	7
镇个数	个	3
街道办事处个数	个	4
二、人口与就业		
常住人口	万人	20.94
户籍人口	万人	22.21
其中:农业户籍人口	人	7.66
第一产业从业人员	人	19
第二产业从业人员	人	6279
第三产业从业人员		11074
三、综合经济		
(一)地区生产总值	万元	275119.1
第一产业增加值	万元	17181.1
农业	万元	7697.0
林业	万元	3865.5
牧业	万元	5575.9
渔业	万元	42.7
第二产业增加值	万元	106697
其中:工业	万元	78576
第三产业增加值	万元	151241
其中:农林牧渔服务业	万元	1850.0
(二)财政、金融		
公共财政收入	万元	84513
各项税收	万元	41799
公共财政支出	万元	131450
其中:农林水事务支出	万元	10402
科学技术支出	万元	1490
医疗卫生支出	万元	8707
教育支出	万元	33849
年末金融机构各项存款余额	万元	1489254
其中:居民储蓄存款余额	万元	1149673
年末金融机构各项贷款余额	万元	472756
四、农业		

续表

指 标	单 位	2013
(一)生产条件		
耕地面积	公顷	20091.12
设施农业占地面积	公顷	56
农业机械总动力	万千瓦特	20.8
化肥使用量(折纯量)	吨	783
农药使用量	吨	30
地膜使用量	吨	131
有效灌溉面积	公顷	750
机电井数	眼	149
机收面积	公顷	4116
(二)农作物播种面积	公顷	9710.69
粮食作物播种面积	公顷	8088.79
玉米	公顷	1133.9
大豆	公顷	1512.26
油料播种面积	公顷	759.2
蔬菜播种面积	公顷	524.2
(三)农产品产量		
粮食总产量	吨	10345.38
玉米	吨	1774.72
大豆	吨	1456.31
油料产量	吨	887.6
园林水果产量	吨	638.3
肉类总产量	吨	4582
其中:猪肉产量	吨	2637
年末生猪存栏	头	21298
年末牛存栏	头	2183
年末羊存栏	只	70216
禽蛋产量	吨	3578
奶类产量	吨	162
蔬菜产量	吨	39821
水产品产量	吨	80
五、工业及建筑业		
规模以上工业企业单位数	个	32
规模以上工业总产值	万元	236772.4
规模以上工业企业从业人员年平均人数	人	5609

续表

指　标	单　位	2013
规模以上工业企业主营业务收入	人	5609
建筑业企业单位数	万元	248524.2
六、交通、通讯与能源	个	10
公路里程	公里	725.9
民用汽车拥有量	辆	9215
年末公交车路数	路	21
年末实有公共汽(电)车营运车辆数	辆	164
年末实有出租汽车数	辆	237
固定电话用户	户	37978
移动电话用户	户	190124
互联网宽带接入用户	户	36329
全社会用电量	万千瓦时	27298.49
其中:居民生活用电量	万千瓦时	5063.18
七、贸易、外经、旅游		
社会消费品零售总额	万元	385154
出口总额	万美元	36.3
八、固定资产投资		
固定资产投资	万元	693493
新增固定资产	万元	315364
房地产开发投资	万元	86808
其中:住宅	万元	79757
住宅竣工面积	万平方米	27757
九、教育、科技、文化、卫生		
普通中学	所	20
小学数	所	54
普通中学专任教师数	人	1215
小学专任教师数	人	1712
普通中学在校学生数	人	14070
小学在校学生数	人	18018
全年专利授权数	件	8
公共图书馆图书总藏量	千册	42.53
剧场、影剧院个数	个	1
体育场馆个数	个	1
医疗卫生机构床位数	床	1407
医疗卫生机构技术人员	人	1814

索　引

说　明　(1)本索引以人名、地名、机构名称、活动名称、事件(事物)名称等为主题词进行检索。(2)本索引按主题词汉语拼音字母顺序排列(数字开头主题词另排序),主题词后面的数字和字母分别表示所在页码和分栏位置(abc表示本页码左中右三栏)。(3)本索引主题词主要选自本年鉴正文部分,特载、大事记、附录以及图表、照片不在索引范围内。

A

B

E

F

G

H

J

K

L

M

R

S

T

W

X

Y

Z

（编辑部）

FULU

《太原年鉴》撰稿人员名单

（以姓氏笔画为序）

丁晓宁　马　丽　马学政　马松威　马富荣　方慧敏　牛丽平　牛岩皓　王一飞
王　飞　王东礼　王东明　王玉凤　王玉生　王广秀　王红进　王　芳　王　洁
王　轲　王晓峰　王　浩　王艳平　王跃平　王雪琴　王　斌　王　琳　王　越
王　蕊　冯启仁　冯琬云　冯　煜　冯　蒙　史改莲　司建林　宁继东　田　骁
白瑞军　边素庭　乔保证　任忠强　任跃中　刘卫萍　刘升赟　刘国栋　刘宝香
刘林贵　刘美芬　刘晓霞　刘彩秀　刘雁珍　刘　蓉　刘　鹏　刘　震　刘　骥
吕之军　吕　方　吕　茜　孙东松　孙生杰　孙胜利　孙淑环　孙　静　安晓娟
巩建雄　成瑞鸿　朱前翔　朱晓芳　米睿民　许梨花　许　航　闫玉山　闫伟卓
闫明杰　闫　峰　闫菲菲　阴曙晴　余　波　佟　亮　吴一兵　吴　鹏　吴静红
宋俊英　宋晨曦　张双乐　张长青　张玉琳　张冰晶　张守蜂　张迎春　张　凯
张建荣　张明春　张　杰　张恒昌　张　柳　张　洋　张晋荣　张晓华　张晓茜
张　涛　张爱生　张素龙　张　磊　李为强　李文忠　李四喜　李　刚　李向勇
李旭峰　李江红　李学进　李　炜　李亮存　李钟锴　李海威　李爱军　李艳阳
李　莉　李　莹　李婧玉　李维秀　李跃文　李　鹏　李增明　李　鑫　杜文凯
杜孟力　杨士元　杨水云　杨红昌　杨树勋　杨晓红　苏志强　谷　亮　陈　杰
陈向荣　陈妍英　陈雅彬　卓　琳　单宁辉　周永丽　周　腊　孟秀君　孟建国
尚潇涛　岳红旺　岳耸屹　罗宏仁　范世民　范海洋　郑润林　郑素珍　郑　罡
驾　鹏　姚　远　战富国　荀　伟　赵文平　赵志英　赵国琦　赵　忠　赵　俊
赵　梅　赵　媛　郝亚婷　郝丽娟　郝嘉艳　原　阳　姬　哲　栗　群　耿龙飞
耿建伟　贾卓英　贾景钰　贾　燕　郭志栋　郭学亮　郭春华　郭智勇　郭　微
钱艳敏　高东亮　寇　峰　崔振刚　曹永明　曹晓红　曹素玲　梁　洁　黄　飞
傅建平　智建凯　程劲松　程　睿　谢禄雪　韩志刚　韩　炜　解卫华　雷治平
靳　强　蔡鹏勇　薛　宁　薛亚楠　霍永刚　魏建文

中国石油化工股份有限公司山西太原石油分公司

经理段繁绪在滨河加油站讲解安全知识

中国石油化工股份有限公司山西太原石油分公司（以下简称中石化太原石油分公司）前身为山西省石油总公司太原分公司，成立于1954年，隶属于世界500强的中国石油化工股份有限公司。中石化太原石油分公司是有近60年历史的国有成品油专营企业，主要开展汽油、煤油、柴油、润滑油、燃料油等油品的批发、零售业务以及日用百货、汽车美容、预包装食品、保健食品、冷冻、冷藏食品及加热、小包装清净剂的销售。该公司内设12个部门，下辖10个县（区、市）分公司，有全区最大的油库--皇后园油库，所属98座加油站（其中32座市区加油站）分布在全区主要干线上。中石化太原石油分公司不断创新改进管理模式，2005年1月，中石化IC加油卡在太原地区投入使用，实现了“一卡在手，全国加油”。2012年3月，中石化自助加油站正式亮相太原市场，只要顾客自助加油，即可享受“自助加油双倍积分、每升油优惠5分钱”的优惠，自助加油站的推广得到广大顾客的认可和青睐。截至2013年底，该公司拥有自助加油站18座。

中石化太原石油分公司在为国家创效的同时，努力承担企业社会与政治责任，2013年上缴利税1.59亿元。2007年开始对阳曲县大盂镇南高庄村实行定点帮扶，2011年、2012年先后投资近20万元用于该村改善民生，2013年，为该村建设了一座文化大院，将扶贫工作落到实处。与此同时，作为成品油经营的主渠道，中石化太原石油分公司每年为太原市储备防震救灾物资，为太原市转型跨越发展做出了贡献。

中石化太原石油分公司始终坚持“信誉第一、顾客至上”的宗旨，诚信经营，竭诚服务。所有加油站在历次质检部门的质量与数量抽检中均合格、准确，每年都被省、市质检部门评为质量信得过单位。2013年，中石化太原石油分公司被山西省企业家协会评为“山西省服务百强企业”，在山西省服务百强企业中位居第九位，在太原地区强势企业综合评比中排名第12位，在太原市50强企业中位居第5位。

公司联手邮储开展信用卡“悦享”活动

公司加油员为顾客打热水，优质服务温暖人心

太原市迎泽区

百校兴学工程（滨河小学）

城市绿化

迎泽区总面积117平方公里，其中建成区面积22平方公里，总人口59.8万人，是全市面积最小、人口密度最大的城区。

作为省城金融服务中心和商贸集聚中心，迎泽区是典型的以第三产业为主导的城区型产业结构，服务业增加值在GDP的占比始终保持在85%左右，占到全市比重的近三分之一；第三产业内部行业呈显著的省会型特征，金融业、批发零售和住宿餐饮业、以信息传输为主的盈利性服务业在第三产业增加值中位居前三位，占绝对比重。多年来，全区地区生产总值始终居全市首位，发展水平居全省县区前列。

2013年，区委、区政府按照全省转型跨越发展的总要求和太原市建设一流省会城市的总目标，围绕“建设一流省会城市示范区，服务业转型跨越发展先行区，城乡一体化建设引领区”的发展定位，不断强化中心城区率先引领意识，从区域的资源禀赋、区位优势和产业特点出发，坚持以城聚产、以产兴城、产城融合，统筹推进建成区、城乡结合部地区和东部山区发展：在建成区，深挖存量潜力，以并州路等重点道路改造为契机，同步启动8个老旧房和棚户区改造房屋征收工作，盘活城市土地资源，加快推进湖滨国际广场、国海广场等重点项目建设，大力扶持楼宇总部经济和电子商务发展，优化产业发展布局，努力增创区域经济发展新优势；在城乡结合部地区，引进增量后劲，结合东中环等道路建设，加快城中村改造和整村拆除，扶持企业

宜居社区院落

东山造林绿化

新建成的迎泽区美术馆

扶持发展楼宇经济

创新园等高技术产业项目快上进度，加速城市升级扩容、环境改善提升和社会民生发展协调推进，努力打造区域经济发展新高地；在东部山区，培育后发优势，大力度开展造林绿化和生态建设，启动并加快实施小山沟城郊森林公园、兴农富民十大工程等生态旅游、都市现代农业重大项目建设，初步形成生态与产业有机融合、连片发展态势，努力培育区域经济发展的新引擎，全区进一步构建起结构合理、功能互补、相互支撑、协调发展的城乡一体发展格局，经济保持平稳较快发展势头，各项指标争先进位，全区地区生产总值、服务业增加值绝对量，社会消费品零售总额三项指标排名全市首位，规模以上工业增加值、固定资产投资、财政总收入、公共财政预算收入四项指标增速再创历史新高，是唯一一家主要经济指标增速全部高于全市平均水平的区县。

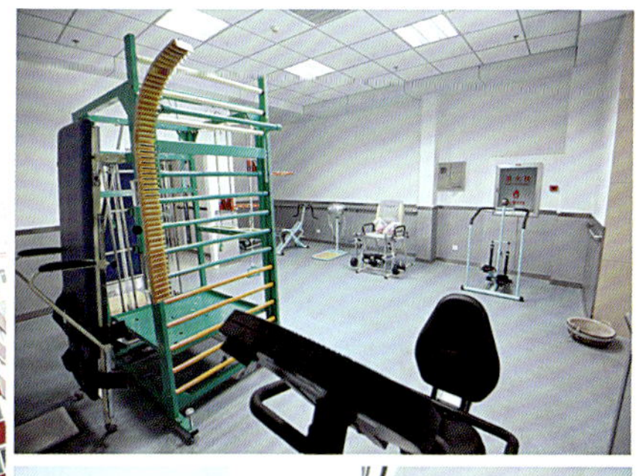
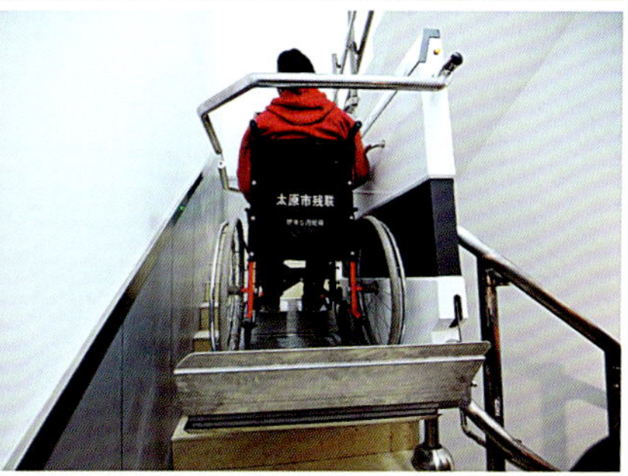

迎泽区残疾人综合服务中心

太原市小店区

区政务服务中心二层大厅

近年来，小店区在市委、市政府的正确领导下，认真贯彻落实中央、省、市各项决策部署，经济持续快速健康发展，经济综合实力位居全省各县（区）前列，连续两年跻身中国市辖区综合实力百强。荣获全国科技进步考核先进区等国家级荣誉 30 项、山西省县域经济市辖区考核评价第一等省级荣誉 70 项、依法行政示范区等市级荣誉 31 项。

2013 年，全区地区生产总值 311.8 亿元，固定资产投资 366.3 亿元，社会消费品零售总额达到 388.7 亿元，财政总收入 43.3 亿元，公共财政预算收入 22.1 亿元，农民人均纯收入 15414 元。固定资产投资额、社会消费品零售总额、财政总收入、公共财政预算收入等综合指标总量列全市各县（市、区）第一。

万亩蔬菜温室大棚

民乐农庄

长风桥

天美新天地

东山五龙城郊森林公园

星河湾

南中环桥

太原市清徐县

紫林醋业

水塔老陈醋精品陈酿区

2013 年，全县总人口 348408 人。国内生产总值完成 113.2 亿元，人均国内生产总值 32558 元，比 2012 年增长 2.3%；固定资产投资完成 69.96 亿元，财政总收入 12.26 亿元，公共财政预算收入 6.25 亿元，农林牧渔业总产值 25.75 亿元，粮食总产量 12.03 万吨，规模以上工业总产值 206.42 亿元，社会消费品零售总额 37.93 亿元，比 2012 年增长 14%；城镇居民人均可支配收入 23903 元，农民人均纯收 13052 元，比 2012 年增长 12.2%。

以项目建设为龙头，提高经济增长的质量和效益。大力实施“一县一业”“一村一品”，农民专业合作社达到 668 个。累计流转土地 8.1 万亩，建成设施蔬菜 1.3 万亩。蔬菜产业信息化平台建设初具规模，无公害论证品种达到 25 个。基层农技推广服务体系建设实现全覆盖，全国农业厅（局）长会议推广清徐县代耕代种模式。农产品加工企业发展到 82 个，销售收入 39 亿元。融合发展现代农业与观光旅游业，建成农产品加工园、休闲观光农业园等 50 个现代农业示范园区，全县休闲观光旅游农业示范点达到 45 个。成功举办中国太原（清徐）国际醋文化节，全年接待游客 120 万人次，收入 1.1 亿元。

以统筹城乡为根本，提高城镇发展的功能和形象。全面推动“大县城、中心镇、中心村”融合连片发展，主动融入太原都市核心区，将县域市政路网、产业布局等纳入市区规划范围，制定全县产业发展、城乡建设规

文体中心

划，梳理县城、经济开发区、孟封食品工业园、王答产业园、县域主干路网以及潇河科技产业新区规划，全面推进新型城镇化。

以生态建设为路径，提高美丽清徐的品质和内涵。编制《清徐县林地保护利用规划（2010-2020年）》，完成造林任务2.75万亩。完成潇河敦化大闸除险加固和5条河道治理工程，地下水位回升1.76米，万元工业增加值耗水量下降3.7%。开展大气污染防控专项行动，重点整治工地扬尘、燃煤污染、机动车污染、工业企业排放、禁烧垃圾秸秆等，停产整治工业企业128户，拔掉烟囱110个。按照新的环境空气质量考核标准，全年二级以上天数达到202天。加强水源保护和水质监测，汾河出境断面化学需氧量和氨氮浓度值同比下降25.5%和18.5%。

以改善民生为要求，提高群众的幸福感和满意度。21所中小学标准化建设和7所幼儿园建设工程稳步推进。创建全省慢性病综合防控示范区，县医院荣获全省综合医院中医药工作示范单位。在全省率先为参合农民制作集门诊、住院、存储为一体的新型农村合作医疗就医卡，开展商业保险机构经办新农合大病补充保险试点工作。

以创新管理为抓手，提高县域发展的活力和动力。在全市率先组建公共资源交易平台，综合性政务服务中心投入运行，县级行政审批和公共服务保留事项全部纳入中心运行。搭建政银企三方合作平台，发放“助保贷”4000万元。“三公”经费同比压缩43.02%，控制不合理开支1445万元。开展集体建设用地和宅基地使用权确权登记，完成集体土地所有权确权登记发证。

菩净生态园

清徐县人民医院

清徐新农村建设

清徐葡萄硕果累累

美特好农产品加工配送中心

晋祠博物馆

免费旅游日

晋祠是太原市唯一由国务院1961年公布的全国首批重点文物保护单位，也是太原市唯一的首批国家AAAA级旅游景区，是我市最负盛名的风景名胜区，我市最重要的旅游服务接待窗口，被誉为太原的历史文化名片。晋祠历史文化遗存极为丰富，文化遗产价值极为独特。是中国现存最早的皇家祭祀园林——晋国宗祠；是中国古代建筑艺术的集约载体，现存宋元明清至民国各种类型古代建筑一百余座，是中国古代建筑时代序列完整的孤例，被誉为中国古建筑博物馆；晋祠现存北朝至民国历代碑刻三百余幢，宋元明清至民国壁画近600平方米，彩塑194尊，各种类型的铁质文物24座（件），古树名木98株，其中上千年古树27株。尤为可贵的是，从50年代初开始，征购、收藏了大量的可移动文物达5万余件，其中三级以上文物3千余件，涵盖了书画、瓷器、陶器、青铜器、硬木家具、杂器、石制品、钱币、古玉器、古籍善本等各个门类，其中尤以字画、瓷器最为珍贵。

晋祠博物馆辖区包括两个组成部分：历史文物区和悬瓮山林区，总占地面积近2千亩。

为加强晋祠文物保护，1952年成立山西晋祠古迹保养所，1958年更名为山西晋祠文物管理所，1967年更名为山西晋祠文物保管所，1990年更名为太原市晋祠博物馆，为副县级全额事业建制单位，经费由市财政按照自收自支的原则，实行收支两条

圣母殿 始建于北宋太平兴国四年（984年）

网络宣传

旅游推介

获奖情况

春季消防培训

线管理。

晋祠博物馆的主要职能是按照《国家文物法》及相关的法律法规政策，在上级部门的领导下，对辖区内各类历史文化遗存进行科学有效保护，传承历史文明，弘扬传统文化，加强景区管理，完善旅游设施，发展旅游事业，具体包括文物本体保护、征购收藏、科技保护、学术研究、陈列展示、旅游宣传、接待服务、安全防范、旅游环境、景区管理、党的建设、文明创建等方面的工作。

文物本体得到有效保护，景区建设进一步完善，学术研究水平不断提高，陈列展览取得新的突破，内部管理得到加强，施行对社会特殊群体免费接待，继续执行“一卡通”文化惠民政策，仅上半年，接待“一卡通”游客162039人次，比去年同期增长20%。免费接待社会特殊群体34743人次。

军民共建，与晋祠宾馆武警共度中秋

志愿者服务

太原市市政工程总公司

总经理张平国陪同副市长张齐山视察工地

太原市市政工程总公司第十八届二次职工代表大会

太原市市政工程总公司（以下简称“总公司”）成立于1953年，注册资金2.5亿元，是拥有市政公用工程和公路工程施工总承包双壹级、房屋建筑工程总承包贰级资质的国有大型建筑施工企业。同时，总公司还具备公路路面壹级，公路路基工程壹级，城市及道路照明工程贰级，钢结构工程贰级，桥梁贰级资质等专业承包资质。

总公司主营道路、排水、桥梁、建筑安装、防洪排水、污水处理、园林绿化、公路路基、路面等施工工程及进行对外经济合作，兼营机械租赁与修理、沥青与砼制品加工、试验检测等业务。现有各类机械设备总台数370台，总功率达到22000千瓦，年施工能力在20亿元以上。

公司承建工程多次荣获中国市政金杯奖，山西省建筑工程汾水杯质量奖，省、市优质工程奖。总公司也先后被授予全国优秀市政施工企业，全国施工行业重合同守信用企业，全国市政工程行业质量、信用AAA级示范单位，山西省优秀建筑企业。总公司依靠企业良好的市政品牌，将经营空间拓展到广东、内蒙等省市，先后在浙江、四川、福建、广州、深圳、珠海等省市成立了多个分公司，使企业走出了山西，走向了全国。

总公司承建的广东省渝湛高速公路

总公司承建的柴村桥

总公司承建的长风西大街工程

总公司承建的南内环街改造工程（中国市政金杯和省市政金杯奖）

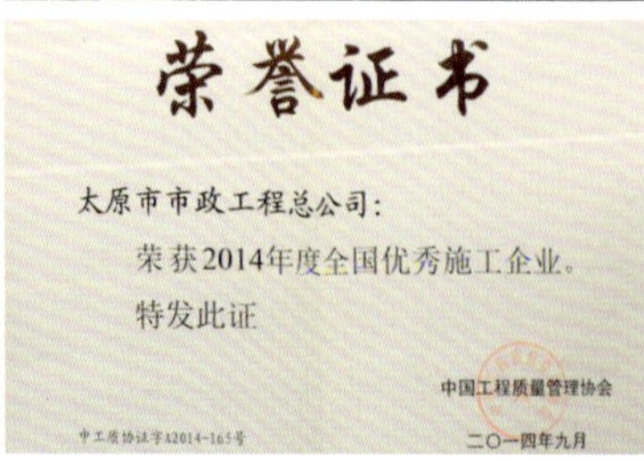
荣誉证书

太原市市政工程总公司：

荣获2014年度全国优秀施工企业。

特发此证

中国工程质量管理协会

二〇一四年九月

太原市市政公共设施管理处

党委书记郝晓华在全国住房城乡建设系统第六届企业文化建设论坛暨推广太原市城管委“市政公用服务进社区”经验现场会上进行经验交流

处长刘志猛在一线指导探地雷达技术应用，提高道路空洞隐患发现率

太原市市政公共设施管理处成立于1953年，具有60多年光荣历史。承担着全市市政道路、排水管网、桥梁、泵站等市政基础设施的管理、维护任务以及城市防汛抢险、抗震减灾、重大节庆市政设施保障等公益性工作。

多年来，市政公共设施管理处坚持以社会效益为第一要务，突出四项建设，取得显著成效。一是抓管养事业建设，全面推行养护任务经营型、规范型、技术型、预警型、考核型的严细管理，确保了市政“设施全、道路平、水道畅、桥梁稳、环境美”。二是抓队伍建设，坚持开展争创“四好班子”活动，干部、党员和职工队伍素质进一步提高。三是抓市政文化建设，以“11411”市政管养文化激励职工、凝聚人心，推动管养事业又好又快发展。四是抓和谐市政建设，坚持开展“市政服务进社区惠万家”志愿服务活动，义务为社区居民解决道路和排水等方面的困难和问题，方便群众生活。在政府与市民之间搭起了一座连心桥，为太原的现代化城市发展做出了应有的贡献，多次立功受奖。拥有全国人大代表、全国五一劳动奖章获得者、省、市劳动模范等一大批先进个人。在多年保持太原市“模范单位”、市“先进基层党组织”、省级“文明单位标兵”等称号的基础上，又先后荣获全国“精神文明建设先进单位”、全国“文明单位”称号；全国建设系统“思想政治工作先进单位”和“企业文化建设示范单位”称号；荣获山西省“模范单位”、省“先进基层党组织”、省级“文明和谐单位标兵”、省“职业道德建设十佳单位”和省“集体一等功”；太原市委市政府“行风建设先进单位”、太原市政府“安全生产先进单位”等荣誉。

道路维护作业

防汛抢险抽排道路积水

使用国内跨度最大的桁架式桥检车进行桥梁检测

太原市热力公司

慰问酷暑期间施工单位一线建设者

太原市热力公司成立于1982年，主要承担太原市集中供热的建设及供热运营工作。公司下辖十一个分公司，现有职工近2200人，运行期季节工2700余人。近十几年来，狠抓集中供热建设和冬季的优质供热工作，现已建成热力站960余座，承担着3000余个用户单位，70余万户居民，230余万人的冬季供热，实际供热面积达9000余万平方米，占太原市可供热面积的一半以上。目前，公司供热规模在全国供热行业中位居第二，人均劳动生产率名列全国第一，供热合格率一直保持在99%以上。公司先后被评为省、市模范企业，文明单位标兵，还荣获全国文明单位、全国精神文明建设先进单位、全国“五一”劳动奖状等多项荣誉。

近年来，公司始终坚持“加快供热工程建设、保障优质安全供热”的发展理念，积极响应市委市政府提出的清洁环保型（绿色）集中供热全覆盖的号召，谋定而快动，掀起集中供热建设的高潮：先后建成四个热电联产项目和四个大型热源厂，近三年每年扩网规模均达到1000万平方米以上，成为太原市环境保护和城市发展的亮点之一。

2014年，公司再次奋力拼搏，迎难而上，以加快扩网建设，“供好热、服好务、收好费”为目标，完成了集中供热建设史上前所未有的建设任务：全年新建了热力站136座，完成扩网任务2000万平方米，其中既有建筑扩网1650万平方米，热力站大温差改造85座，拆除燃煤锅炉360余台，配合道路建设敷设管网117公里，完成老旧管网改造41公里，还新建了嘉节热电联产项目、二电七期供热项目、东山热源替代项目，并顺利投入运营，组织开建了开创国内先例的太古集中供热长输管线项目，全年工程项目完成投资近20亿元。

据测算，经过今年的集中供热建设，全年可节约标煤79.9万吨，减排烟尘1.54万吨，减排二氧化硫2.59万吨，减排灰渣15.8万吨，节能、环保效益显著。

作为服务社会、奉献民生的公用服务企业，太原市热力公司将始终把民生福祉作为企业发展的根本，付出超常努力，充分发挥我市集中供热建设主力军的作用，为太原市集中供热事业做出更大的贡献！

热力站设备安装施工

府东街与五一路十字路口热力管道安装

府西街拖管施工

太原市第二热力有限责任公司

公司安全生产部对各生产部门进行每周一次的安全生产知识培训活动

对内部中层干部及相关安全生产人员开展“NOSA安健环风险管理培训”

太原市第二热力有限责任公司于2010年3月注册成立，是由国电华北电力有限公司、山西晋联房地产开发有限公司、山西久恒能源有限责任公司共同投资组建的一家大型的供热企业，以国电太原第一热电厂六期两台30万千瓦热电联产机组为热源，主要承担太原市城南长风商务区和长风西街以南城区1050万平方米的集中供热管网建设和运营。

截至2013年底太原二热力公司入网面积为842万平方米，公司区域内燃煤采暖锅炉基本已全部改造，已完成市政府、市城管委下达的扩网任务，其中，2013年响应太原市政府号召，配合拆除分散采暖锅炉进行集中供热改造面积达111.7万平方米。累计完成热力站建设53个，投入运行51个，覆盖供热区域789万平方米，实现供热面积768万平方米。

公司干部职工在供热期前深入热用户小区开展供热常识宣传活动

公司管网管理部在供热期前对所辖区域管网小区依次进行安全隐患排查及整改工作

山西南丰房地产开发有限公司

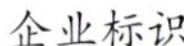
企业标识

南海·公元时代城鸟瞰图

山西南丰房地产开发有限公司，隶属于香港恒丰集团旗下的地产投资公司南海集团。

南海集团成立于2002年，是一家长期致力于中国一、二线城市地产投资开发的企业集团，具有深厚的国际地产开发背景。精品项目遍布全国，包括北京、天津、山东、河北、安徽、陕西、湖北、河南、云南、福建、广西等地，截止到2014年，累计开发总量超千万平米，共获得近70项国内外建筑大奖，包括“精品城市综合体典范奖”、“省会卓越品牌价值地产企业”、“2009年度最具影响力楼盘”、“2011年度最具影响力楼盘”、“2012年度房地产先进企业”等。

2013年南海集团受邀进入山西市场打造山西省重点工程——南海·公元时代城，以55万方巨擘体量，集shopping Mall、体验式商业街、超五星酒店、160米超甲级写字楼、新SOHO公寓、多功能住宅等六大业态于一体的大型城市综合体。项目位于迎泽大街与和平路交汇处，独据城市中轴线上的黄金十字街区，迎泽大街双地铁上盖、下元公交枢纽、滨河东西路、客运西站等立体交通网络覆盖，并整合多种业态及城市配套资源，配合地段优势，为项目价值提供无限潜力，引导太原商业变革，助力太原城市发展。

南海·公元时代城效果图

项目标识

华宇25年磨一剑
百花谷造就龙城商业新典范

HUAYU GROUP

百花谷效果图

华宇百花谷位于太原市跻汾桥东·汾河畔，作为省城太原唯一一座位于汾河畔的新型城市综合体，华宇百花谷整体由一栋甲级超5A写字楼、一栋27层时尚办公写字楼、一栋27层商务投资写字楼、一栋五星级酒店以及7层商业裙楼组成，集购物、餐饮、休闲、娱乐、办公、会务、酒店等多功能于一体。

未来的华宇百花谷以体验性、未来感、人性化为特色，倡导“新城市 新生活”的价值理念，是科技、艺术与商业的结合体，将ART空间、WORK事业紧密融合，为所有入驻者提供全新的COMMUNITY沟通新平台。未来的华宇百花谷将是艺术之城、社交之城、智慧之城，在这里，有超5A甲级写字楼的办公平台，有公共空间艺术名品的展览，有多种分享沟通平台。全新的商业新模式，将带给您全新的体验。同时，百花谷商业将借华宇集团25年商业沉淀之精华，集结全球一线品牌，将全球国际名品汇聚一堂，打造太原市前所未有的商业新航母。

纵观太原市商业发展史，华宇集团成立以来创造了无数个第一，第一家仓储式超市，第一家集餐饮、娱乐、购物、商务为一体的购物中心，第一辆航空式服务的豪华客车，第一家汇聚国际顶级奢侈品牌的精品商厦……堪称太原市的商业典范企业。太原百花谷建成后，也将成为华宇集团又一个“第一”，成就太原第一个新型城市综合体，并将载入太原市商业发展史。

华宇集团以创新为己任，时刻保持高度的前瞻性与创造力，全面优化治理结构、健全组织架构，打造核心管理团队、提升管理经营能力，最终发展成为国内一流的商业地产开发运营商，实现企业愿景——持续成长的商业地产典范。

太原市煤气公司

公司领导在市政道路改造燃气配套工程施工现场办公

太原市煤气公司成立于1982年，隶属于太原煤炭气化集团公司，是省内最早从事燃气输配经营的企业，担负着太原市城市燃气的输配供应任务，是集施工安装、燃气表灶具生产、燃气输配供应、服务维修、培训认证等于一体的国有大型公共事业类企业。同时是山西省燃气协会理事长单位。截至2013年底，太原市煤气公司已累计发展各类燃气用户80万余户，占我市燃气市场份额95%以上。

燃气输配安全稳定。燃气具有易燃、易爆、易中毒(煤气)的特性。煤气公司始终坚持安全为天的理念，积极构建党政工团齐抓共管、共建安全的“大安全”格局。深入开展安全质量标准化建设，不断强化全员安全防范意识，健全安全规章制度，狠抓安全责任落实，积极开展安全隐患排查治理和对违章压（侵）占燃气设施的治理，2013年，共计整治违章压占85处。另一方面，该公司通过科学组织调配气源，积极协调供气价格、提升管网畅通水平等举措，圆满完成了全年的保供气任务，保证了“两会”、“两节”，以及各类重要会议、活动期间全市的安全稳定供气。

重点工程建设稳步推进。2013年，煤气公司遵循科学发展观的要求，按照“气化太原”的部署和煤气化集团公司燃气板块拓展思路，组织实施了西北环、清罗线管线工程、市政道路建设配套工程、燃煤锅炉改造工程。CNG加气站项目、LNG场站建设项目也在稳步推进。此外，公司还主动承担社会责任，顺利完成武乡砖壁村供气工程，为该村村民送上了天然气；完成了大寨供气工程的后续工作。

优质服务水平不断提升。2013年，煤气公司加大行风建设力度，不断完善全过程服务流程，建立了服务信息通报等制度，继续开展了明察暗访活动，严格监督和考核。此外，结合新运行的客户服务系统，进一步完善服务流程，提高了派单的处置率和用户的满意率。积极开展了各类便民服务以及“向人民汇报，请人民评议”服务进社区等活动，受到了社会广泛好评。公司“96577”客服热线全年共受理客服热线85556趟，受理12319、12345派单978个，办结率、处理及时率均达100%，客户满意率达到了99%。在12319城建服务热线排名中始终名列前茅，树立了公司良好社会形象。

公司职工为社区居民讲解燃气胶管安全使用常识

清罗线工程施工现场

山西诚信市政建设有限公司

市长耿彦波在工地视察

总经理李世军在长风街施工现场检查工作

山西诚信市政建设有限公司是隶属于太原市城乡管理委员会的国有企业，具有市政公用工程施工总承包壹级资质、公路工程施工总承包贰级资质、房屋建筑工程施工总承包贰级资质、城市及道路照明工程专项承包贰级资质、管道工程专业承包叁级资质、地基与基础工程专业承包叁级资质，主要承担城市道路和公路工程、桥梁、涵洞、给排水、广场、热力管网、防洪工程、道路照明等市政工程的勘测、设计、施工，兼营房屋建筑工程的施工、沥青砼生产、水泥拌和料、水泥制品生产、销售和施工机械、设备租赁业务，是山西省市政建设市场的骨干企业。

近年来，公司承建的主要工程项目有：太原市晋祠路、大同路、青年路、迎泽大街微循环、南中环街、汾东商务区化章街工程等数十条城市主干线道路、排水、照明工程；北沙河治理美化工程、汾河公园给水工程、大同册田水库环境治理工程；黄古公路、太原西北环高速连接线、古交梭阁公路等公路工程；太原市杨兴河桥、北沙河桥、孝义永安大桥、长治五阳矿区公路桥、山阴县城同太路道路综合改造工程、和平北路道路改造工程、忻州市北环街道路工程等桥梁工程。

近年来，公司承建了多项省市重点工程项目，并取得多项荣誉：承建的汾河公园工程荣获省“汾水杯”；黄古公路、滨河东路南延工程、太原市西北环高速公路柴村联接线、青年路工程、新晋祠路改造工程被评为省“金杯示范工程”；三墙路工程、旧晋祠路工程和新晋祠路工程被评为“省级安全标准化工地”；旧晋祠路道路改造工程荣获“中国市政金杯示范工程奖”；新晋祠路工程被中国建筑业协会评为“AAA级安全文明标准化工地”。

公司连续三年被评为“山西省用户满意建筑施工企业”，并多次获得“省优秀建筑企业”、“省建筑施工安全生产先进单位”、“市城乡重点工程建设优秀单位”、“市建筑安全生产先进单位”、“市守合同重信用企业”、“市建设管理服务工作先进单位”等荣誉称号。

长风街施工现场

太茅路

山西昆明烟草有限责任公司

公司领导班子会议

制造中心综合支部党员徽章佩带仪式

在太原市东岗小学组织“红云图书室”大型公益活动

山西昆明烟草有限责任公司（简称山昆公司）的前身太原卷烟厂始建于1930年。1998年兼并曲沃卷烟厂，2000年配合国家烟草专卖局、山西省烟草专卖局关闭了芮城卷烟厂，成为山西省唯一的卷烟工业企业。2003年7月以太原卷烟厂为基础，山西省烟草公司和昆明卷烟厂共同出资组建山昆公司。2004年11月，按照国家烟草专卖局部署，山西省烟草公司所持股份划转中国烟草实业发展中心持有，企业行政管理权限也随之上划。2005年11月，红云集团组建，红云集团承继原昆明卷烟厂股权控股山昆公司。2008年11月红云集团与红河集团合

公司“三八”活动职工越野比赛

纪念建党92周年公司成立10周年文艺活动

国家烟草专卖局局长凌成兴、国家局副局长杨培森、山西省政府副秘书长巨宪华、山西省烟草专卖局局长李泽华在公司调研

并组建后，红云红河集团承继原红云集团股权控股山昆公司至今。

2013年荣获：太原市企业文化建设优秀单位、工业经济运行模范集体、工业经济运行优秀单位、2013太原市企业50强、2013太原市制造业企业50强、太原市模范集体、山西省工人先锋号等荣誉。

公司领导陈景云及党政班子陪同云南省副省长丁绍祥，云南中烟总经理、党组书记朱绍明在公司调研

国家烟草专卖局纪检组长高林在公司调研

中烟实业商务物流公司总经理吕忠信在公司调研

山西焦煤集团有限责任公司

2013 年 1 月 10 日，山西省委副书记、省长李小鹏在集团公司调研

山西焦煤集团有限责任公司是国家规划的 14 个大型煤炭基地的骨干企业，是中国最大的炼焦煤生产企业和炼焦煤市场主供应商，是煤炭产量过亿吨、销售收入超两千亿元的特大型能源集团，世界 500 强企业。资产总额 2274 亿元，职工总数 23.5 万人。

山西焦煤组建于 2001 年 10 月，属山西省国有独资企业，总部位于太原市，下有西山煤电、汾西矿业、霍州煤电、华晋焦煤、山西焦化、运城盐化、山西焦炭等 21 个子分公司，拥有西山煤电、山西焦化、南风化工 3 个 A 股上市公司。

山西焦煤以煤炭、焦化、盐化、发电、装备制造、物流贸易为主业，兼营材料、民爆、建筑、煤层气、节能环保、投资金融、文化旅游、房地产等配套辅助产业。六大主力生产和建设矿区主要分布在太原、晋中、临汾、运城、吕梁、长治、忻州 7 地市 29 县区。

山西焦煤现有 101 座煤矿，生产能力 1.6 亿吨 / 年；28 座选煤厂，入洗能力 1.1 亿吨 / 年；5 座焦化厂，焦炭产能 1180 万吨 / 年；8 座燃煤电厂，装机容量 3358 兆瓦；盐化日化产能 256 万吨 / 年。

山西焦煤主导产品有焦煤、肥煤、1/3 焦煤、瘦煤、气肥煤、贫煤等多个煤种，其中强粘焦煤和肥煤是大钢厂大高炉不可或缺的骨架炉料；化工产品主要有冶金焦、铸造焦、甲醇、合成氨、炭黑、洗油、苯、酚、萘、元明粉等。产品市场涵盖国内外 20 多个省市和地区。

山西焦煤与宝钢、河北钢、首钢、包钢、山东钢、鞍钢、本钢、太钢、马钢、安钢等多家大企业结成了战略合作伙伴关系。被授予全国煤炭工业优秀企业、全国“守合同重信用”企业等荣誉称号，荣获“全国五一劳动奖状”。

2013 年，山西焦煤生产原煤 1.03 亿吨、精煤 4601 万吨、焦炭 977 万吨，发电量 174 亿度，实现商品煤总销量 1.32 亿吨、销售收入 2360 亿元，上交税费 139 亿元，保持了平稳发展态势，企业规模跃居山西省第一位。

职工技能运动会比赛现场

2013 年 4 月 28 日，召开第三届劳模大会

西山煤电（集团）有限责任公司

西山煤电（集团）有限责任公司是山西焦煤集团重要子公司，全国最大的炼焦煤生产基地，全国首批循环经济试点单位，其前身为成立于1956年的西山矿务局。集团总部位于太原市西山脚下，交通便捷，商贸发达。所属176个子分公司分布于4省（市）20余县区，产业涉及煤炭、电力、焦炭化工、建筑建材、物流贸易、餐饮服务等多个领域。

西山煤电主要开采西山、河东、霍西三大煤田，煤田面积789平方公里，资源总量92.1亿吨。煤种有焦煤、肥煤、1/3焦煤、气煤、瘦煤、贫瘦煤等，其中焦煤、肥煤为世界稀缺资源。煤炭产品主要有炼焦精煤、喷吹煤、电精煤、筛混煤、焦炭等，产品畅销全国20多个省、市、自治区，出口亚欧、南美多国。

西山煤电现有21对生产矿井、9座选煤厂、10座发电厂、3座焦化厂。煤炭产能5000万吨以上，焦化产能640万吨，电力装机容量320万千瓦。2013年资产总额783亿元，职工8.3万余人。旗下西山煤电股份公司上市以来，连续13年跻身中国股市100强。

西山煤电曾荣获全国五一劳动奖状、全国思想政治工作优秀企业、全国模范职工之家等荣誉称号，“煤矿通风瓦斯超限预控与监管技术及系统”荣膺国家科技进步二等奖。党和国家领导人江泽民、胡锦涛、吴邦国、朱镕基、李瑞环等曾亲临西山视察指导。

2013年度重点工程建设和重大项目推进会

2013年，西山煤电牢牢把握安全、发展、民生三大主题，紧紧围绕安全生产、应对危机、转型跨越、文明创建四件大事，主业增量增收，经营减亏提效，物流贸易壮大，新兴产业做优，建筑板块做强，机电修造提升，并购步伐加快，矿区扩张加速，“34811”年度目标全部完成，企业实现了跨越式、追赶型、超常规发展。

2013年2月2日，召开第二十届职工代表大会第一次会议暨2013年工作会议

元宵节街头文化活动

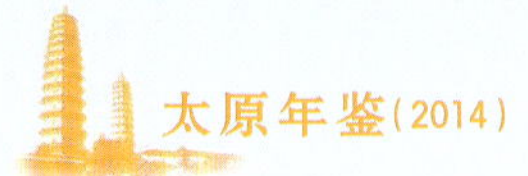

太原铁路护路联防办公室

省政法委副书记李苏平与太原市、阳曲县有关领导在石太客专沿线调研治安问题

山西省综治委太原铁路护路联防领导小组（办公室）1997 年 12 月 18 日成立，2005 年由市编办正式批准成立太原铁路护路联防办公室，为全民自收自支事业单位，规格为正科，隶属于太原市社会治安综合治理委员会办公室管理。主要职责是负责组织社会各方力量，做好铁路治安管理工作。全市 10 个县（市、区）全部成立了县区护路办，配备有专职干事、专职队伍及铁路治安协管员、信息员等。全市有高铁巡查大队、应急中队、古交中队、阳曲中队 4 个铁路护路联防专职中队，共有 28 名专职护路队员。

铁路护路联防专职队员在重点地段重要时期进行值守

路地联合在铁路沿线设立安全警示牌

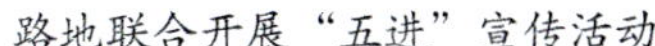

路地联合开展“五进”宣传活动

在爱国主义教育基地参观学习

省城太原是全国重要的铁路交通枢纽，铁路运营总里程为894.646公里，铁路沿线（包含在建线路）涉及全市10个县（市、区），51个乡镇（街办），231个村（社区），202所中小学校。有大小车站27个，货场（站台）24个，上跨公路桥25座，桥梁涵洞161座（个），隧道34个，平交道口30个。两侧2.5公里范围拥有人口约210余万，占全市总人口的49%。

太原市铁路护路联防工作开展16年来，一直走在全省的前列，有14年被评为全省先进，其中5次在全省排名第一。2001年，在全省首届铁路护路联防队伍军事业务大比武中荣获团体第一名；2004年被共青团市委授予市级“青年文明号”称号，2005年被共青团省委授予省级“青年文明号”荣誉称号；太原市2010年被中央综治委铁路护路联防领导组评为全国首批“平安铁路示范市”。

太原市铁路护路联防专职队伍在铁路沿线巡逻防护

太原市强制隔离戒毒所

市司法局党组书记、局长杨万生，党组成员、副局长褚晓锋出席所工作部署暨党风廉政建设工作会议。

成立禁毒志愿者服务队，所长李向阳带头宣誓志愿者誓词

太原市强制隔离戒毒所的前身是太原市劳教所，成立于1984年5月。2009年5月，在劳教所的基础上加挂太原市强制隔离戒毒所的牌子，同时收容收治劳教人员和戒毒人员。2013年底，由两种职能转换为收治戒毒人员一种职能。2014年9月，市编办将单位名称更改为太原市强制隔离戒毒所。

2014年，在市委市政府、省戒毒局、市司法局的领导下，认真贯彻落实习近平总书记对司法行政工作的重要指示精神，在确保连续第10个“六无”年的前提下，以提升戒毒人员教育矫治质量为中心，努力实现转型发展的新跨越。

推进戒毒工作。与市公安机关建立了戒毒人员依法移送的常态化机制，今年已从公安戒毒所接收戒毒人员15批。按照“四位一体”戒毒工作布局，新办的《行医许可证》增加了“精神科／药物依赖专业”项目，使我所具备了强制隔离戒毒全程戒毒医疗的资格。加强戒毒工作研究，针对戒毒人员社会管理创新的课题，已经列入省科技厅软科学创新项目。

创办教育特色。自2008年率先引入人社部推荐的SIYB创业培训后，已发展为省级定点培训机构，获得部、厅、局的高度评价，司法部在全国推广。以禁毒志愿者服务队为依托，继续在延伸帮扶上下功夫，为出所人员解决创业过程中的各种困难。

强化保障力度。场所扩建工程自2012年6月开工以来，进展顺利，一期工程将在2015年秋建成使用。优化康复劳动项目，为全体戒毒人员提供了可持续参加康复劳动的平台。

加强自身建设。认真开展党的群众路线教育实践活动，明确“两个责任”，持续开展纪律作风整顿活动，有效防止了违法违纪问题的发生。认真落实中央八项规定精神，“三公”经费较去年又有大幅度下降。

禁毒志愿者在阳曲县帮助出所创业人员秋收

邀请山西青年报社讲师吴佳为戒毒人员举办“学习弟子规，做人守规矩”专题讲座

太佳高速公路（太原段）建设管理处

太佳高速公路东段全长94.878公里，起于太原北环西墕枢纽（K000+000），终点与太佳高速公路西段相接（K94+878），是山西省高速公路规划网"三纵十二横十二环"第五横的组成部分。全线地处山区，平纵曲线小，桥隧比例大，桥梁隧道占1/3，设隧道5座，共达16公里。主要控制工程有西凌井特长隧道（6565米）、老龙山特长隧道（4775米）、汾河特大桥（2380米）。项目概算投资64.44亿元，建设用地7795.51亩。工程于2008年12月27日开工建设，2010年12月24日建成通车并于同日投入收费运营。

太佳高速公路（太原段）建设管理处担负太佳高速公路东段建设和运营管理任务。通车运营期间，设11个基层单元，包括泥屯、西凌井、丰润、娄岚4个收费站，西凌井和老龙山2个隧道管理站，养护一、养护二2个养护工区，路政四、路政五2个中队，以及静乐服务区1个，担负太佳高速公路东段收费、监控、养护、路政、治超、服务等具体业务工作。

全线运营后，交通顺畅，车流量逐渐攀升，特别是重型货车通行量不断加大，充分起到了承东启西、贯通晋陕冀物流大通道的作用，获得良好的经济效益和社会效益。随着交通流量加大，对运营管理者提出了更高的要求。认真履行职责，开展精细化管理，全面提升运营管理水平和服务保障能力，高速公路技术状况指数MQI达97.8%，路面使用性能PQI达96.8%，均高于考核指标。全面推进形象工程、畅通工程、阳光工程、温馨工程、便民工程、素质工程"六大工程"，积极开展"我为山西交通运输科学发展做贡献"和"交通运输管理提升年"活动，努力打造管理和服务品牌，确保太佳高速公路东段道路完好、畅通安全、服务优质。

汾河特大桥

西凌井特长隧道

山西省水利水电勘测设计研究院

院长 张金凯

河道治理美化修复工程（太原汾河）

斜心墙堆石坝技术（张峰水库）

山西省水利水电勘测设计研究院成立于1957年（简称山西水院，曾冠名水利部山西省水利勘测设计院、水利电力部山西省水利勘测设计院、水利部山西水利水电勘测设计研究院），持有工程勘察综合类、水利行业工程设计、工程咨询（含节能评估）、工程测绘、水文水资源调查评价、建设项目水资源论证、水土保持方案编制、工程监理、地质勘查等甲级资质；水电工程设计、市政工程设计、建设项目环境影响评价、生产建设项目水土保持监测等乙级资质；中华人民共和国对外承包工程资格证书。1999年通过了ISO9001质量管理体系认证，是住房和城乡建设部工程勘察与岩土行业诚信和全国水利水电勘测设计行业AAA级信用单位。

本院专业设置齐全，技术力量雄厚，拥有规划、水文、水工、施工、概算、机电、金结、环评、水保、工民建、工程测绘、工程勘察、岩土试验、工程监理等专业。现有在职职工800余人，其中享受国务院津贴的专家1人，山西省学科带头人2人，教授级高工79人，高工157人，工程师303人，各类注册工程师300余人。拥有先进的勘测设计技术装备、计算机辅助设计系统和信息管理系统。

半个世纪以来，完成了100余项山西省中长期水利规划、流域综合规划、水资源评价与配置规划和山西省主要河流综合治理、大中型灌区、大中型水库工程、大中型引调水工程，以及数百项小型水利水电工程的规

广西桂林两江四湖治理

划、勘测、设计、咨询等工作。特别是近年来承担的山西省新水源工程和大水网工程项目的规划勘测设计工作，为实现山西省河湖连通、提高水资源配置能力奠定了基础。此外，还承担了国内20余个省、市、自治区水利水电工程建设项目和非洲、南美洲以及东南亚等地区部分国家的引水工程和输变电工程项目的勘测设计工作。经过我院广大技术人员的不断努力、不断创新，在高扬程泵站、泥沙处理、高寒地区碾压混凝土重力坝、长距离引调水、土石坝等技术领域一直处于国内先进水平；尤其近10年来，我院通过引进和研究，在大口径PCCP、生态水利、胶凝砂砾石筑坝、堆石混凝土筑坝技术等方面有了较快的发展，走在了国内同行业前列。主编和参编了20余项国家、行业及地方技术标准。先后获国家发明专利8项，获国家级和省部级科技进步奖、优秀工程勘测设计奖、优秀工程咨询成果奖、质量创优奖等各种奖项300余项。

先后获“全国五一劳动奖状”、“全国水利系统先进集体”、“全国水利系统文明单位”、“山西省模范单位”、“省直文明和谐单位标兵”、“全国用户满意企业”等荣誉称号200余项。

本院坚持“以人为本、科学管理；质量第一、环保安全；服务诚信，创新发展”的管理方针，以顾客满意为服务宗旨，立足山西、面向全国、走向世界，努力创建一流的综合甲级勘察设计咨询单位。

寒冷地区全断面碾压混凝土重力坝设计技术（汾河二库）

多泥沙河流高扬程泵站设计技术（大禹渡提水工程）

沉沙池设计技术（黄河禹门口提水工程复合型沉沙地）

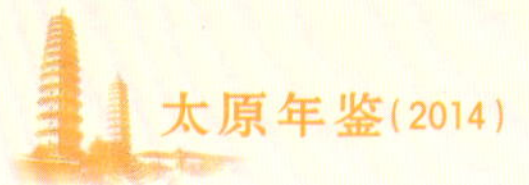

太原酒厂

厂长　张跃军

太原酒厂历任领导
1950年建厂

任次	任期	姓名
第一任：	（1950—1951）	马自超
第二任：	（1952—1953）	曹梦真
第三任：	（1954—1955）	曹梦真
第四任：	（1956—1962）	卫　斌
第五任：	（1962—1969）	马臣堂
第六任：	（1970—1972）	马臣堂
第七任：	（1973—1978）	卫　斌
第八任：	（1979—1983）	卫　斌
第九任：	（1984—1987）	景银山
第十任：	（1988—1990）	靳生福
第十一任：	（1991—1998）	刘　毅
第十二任：	（1999—2000）	牛平乱
第十三任：	（2000—2003）	刘桂荣
第十四任：	（2003—2013.11）	张学方
第十五任：	（2013.11—现在）	张跃军

太原酒厂是太原市唯一一家专业酿酒的“中华老字号”国有企业，1950年建厂，现有总资产1.29亿元，固定资产4290万元，为国家中型一类企业，山西第二大白酒企业，全省白酒行业及太原市商贸系统利税大户。

企业基础设施完善，技术力量雄厚，具有较强的品牌优势和品种系列优势。全场现有职工671人，其中专业技术人员130人。企业建成优质原酒基地3个，大型现代化散酒库2座，原酒生产能力和散酒贮存能力达到5000吨。建成一流的气相色谱质量分析系统，6条成装生产线，拥有30部运载服务车辆。

主导产品有晋泉系列、傅山牌系列、晋府牌晋府御酒、晋祠牌系列等4大系列40个花色品种，先后荣获国家质量达标食品、中国名优白酒信誉品牌、部优、省优、山西名牌产品、山西著名商标，多次荣获国际国家食品博览会优质银奖、银杯奖、银爵奖、省城上帝杯等奖项40余项，傅山硒酒被国家授予技术发明专利和国家专利产品，山西老酒、晋祠贡酒被太原市委市政府指定为公务招待用酒，成为享誉三晋的知名品牌和名牌产品。企业荣获全国商办工业100强、全省商办工业20强、省级先进企业、山西省科技先导型企业、超千万元纳税贡献户、太原市先进企业、50家潜力产品项目企业、省市文明单位等各项荣誉300余项。

与丰瑞达公司战略合作新产品晋泉1号上市

65年 品牌品质

正当许多老品牌淡出我们的视线，太原高粱白要重新找回原来在消费者心中的定位，发掘高粱白酒的经济价值、文化价值、科技价值、精神价值并把优势发挥到极致，做高粱白酒的酿造者，文化历史的保存者，着眼当下，放眼未来，坚守差异，跃升品质，调整产品结构，构建中高档产品集群，提升消费者对品牌的认知度。

时至今日，太原酒厂具有六十五年的历史、三百多项荣誉、为中华老字号。至今仍传承着精益求精的工艺，在选材、用料、加工等各方面层层把关，精选优质高粱、大麦、小麦、豌豆为原料，酿酒工艺一直秉承着老祖宗手艺——“地缸发酵，清蒸二次清，一清到底”，酿出的酒晶亮透明，醇香淡雅，入口绵，落口甜，纯净怡然的好品质的传统酿造技艺结合现代生物等技术，是生态型、健康型纯粮酿造白酒。

通过积极的经营策略，适度的广告宣传，巧妙的营销方式，扎实的经销网络，提升产品的认知度、信誉度，太原酒厂会迎来新的发展。

1993年荣获国内贸易部颁发的中华老字号

2010年荣获中国质量安全监督管理委员会颁发的中国著名品牌

太原美术馆

太原美术馆是太原市政府新建的省市重点文化标志性工程，是太原市文化广电新闻出版局主管的公益性、开放性和永久性文化事业机构，是代表政府承担美术作品、文献征集、收藏、陈列、展览并利用美术资源开展教育推广、学术研究、对外交流和休闲服务的艺术博物馆。

2013年，积极推进太原美术馆工程建设，进行陈列布展。7月5日太原美术馆建成开馆并正式向公众免费开放。7月至12月成功举办了星云大师一笔字书法展、华夏文明看山西——历史人物画展、袁旭临书画展、韩必省先生书画作品展、走进大千世界——张大千纪念展、吴为山雕塑展、“汾水流丹”——第三届中国大城市专业画院学术年会联展、丁绍光国际艺术展——新光理想主义艺术巡回展、“传承文化翰墨中华”——五省市青年优秀书画作品巡展、“生态三晋 美丽山西”环保摄影展、太璞如琢——崔如琢太原精品展暨所藏《石涛罗汉百开册页》展、国墨天下——当代名家精品全国巡展、“历代名人咏并诗百首”书法展等13个水平高、规模大的美术书法摄影艺术展览和星云大师“幸福与安乐——幸福生活与中华文化的复兴”主题演讲、崔如琢先生专题讲座，参观人数达20万人，开展了藏品征集工作，现藏有星云大师、龚贤、张大千、张善孖、溥儒、董寿平、吴为山、韩必省、袁旭临等古代及近现代艺术大师的书画作品，策划拍摄了电视专题片《星海如琢 大写神州》，编辑出版了《大美丛书——崔如琢画集》，为满足人民群众文化需求，丰富文化生活，提升太原文化影响力搭建了又一个文化平台。

太原美术馆

省长李小鹏在太原美术馆工地视察

2013年12月21日，太璞如琢——崔如琢太原精品展暨所藏《石涛罗汉百开册页》展举办，文化部副部长董伟、山西省委宣传部部长胡苏平出席开幕式并参观展览

2013年6月，市长耿彦波在太原美术馆工地视察

第十二届全国美术作品展览展区申办工作会2013年11月27日在北京会议中心举行，太原市成功获得"国展"雕塑展区承办权

2013年7月5日，正式开馆试运行，举办首展——星云大师一笔字书法展

2013年9月28日，"文心铸魂"吴为山雕塑作品展在太原美术馆开展

2013年太原美术馆具体承办了第十二届全国美术作品展览雕塑展区的申办工作，经过精心的准备和不懈的努力，太原市成功获得了第十二届全国美术作品展览雕塑展区申办权，实现了山西太原承办"美术国展"零的突破。

依据太原历史文化名城的特征和太原美术馆的建筑风格、展陈条件，太原美术馆紧紧把握时代脉搏，树立"对标"意识，确定了"以研究为龙头，以收藏为基础，以展示为手段，以提供公共文化艺术服务满足人民群众基本文化权益为目的"的办馆理念；坚持学术立馆、人才立馆、藏品立馆、业务立馆，着力构建美术研发、展藏体系，搭建国内外文化艺术交流平台，发展面向公众的艺术教育；实行特色建馆和文化创新、管理创新、服务创新，积极完善公共文化服务体系，开拓经营渠道，增强造血功能，壮大自身实力，不断增强内部活力和对外竞争力，打造品牌美术馆形象；建成集研究、收藏、展示、教育为一体的具有三晋文化特色的美术艺术博物馆，成为容量充足、功能完备、适应大型美术交流活动的一流美术馆，成为开放、典雅、富有亲和力的艺术鉴赏娱乐休闲中心，真正实现公共教育服务和社会公益职能；努力为传承历史文明、弘扬先进文化、塑造人文精神、推动文明进步，建设具有历史感、生态性、文化味的形神兼备的文化名城和一流文化强市做出积极贡献。

江苏天宇建设集团有限公司

总经理 徐学文

荣誉证书

徐学文 同志：

荣获 2012 年度全国优秀施工企业家，特发此证。

江苏天宇建设集团有限公司系中国荷藕之乡——宝应的建筑业龙头施工企业，建立时间为 2001 年 5 月。主项资质等级为房屋建筑工程施工总承包壹级及建筑装修装饰工程、机电设备安装工程、消防设施工程专业承包壹级，增项资质等级为市政公用工程施工总承包二级、钢结构工程专业承包一级、地基与基础工程专业承包二级。企业注册资本为 5.06 亿元。公司现有工程技术和各类专业职称人员 1500 多人，其中高、中级职称人员 500 多人，各类执业资格人员 200 多人，其中一级建造师 86 人，二级建造师 130 多人。

集团 2013 年完成施工产值 120 亿元，施工面积 1600 多万 m^2，承建各类工程 400 多项，实现利税 8.5 亿元。集团始终坚持“铸造精品、追求完美、过程受控、用户满意”的质量方针，力求“建一栋工程，树一座丰碑”，先后获鲁班奖工程一项、国家优质工程两项、省级优质工程 50 多项、（地）市级优质工程 200 多项、国家“三 A 级安全文明标化工地”一项。集团实施科技兴企战略，取得国家级工法五项，专利 26 项，其中发明专利三项，主编行业标准一部。集团连年被评为“扬州市建筑业综合实力十强企业”，连续五年跻身“江苏省建筑业综合实力 30 强企业”行列。

空港一号花园

东江公馆

华泰御景湾项目

证书

江苏天宇建设集团有限公司太原分公司：

你单位被评为二〇一二年度山西省用户满意建筑施工企业。

特发此证

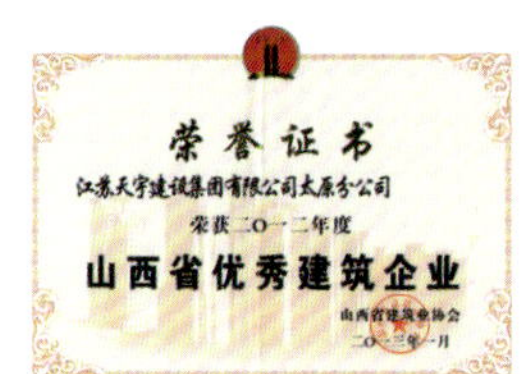
荣誉证书

江苏天宇建设集团有限公司太原分公司

荣获二〇一二年度

山西省优秀建筑企业

山西省建筑业协会

江苏天宇建设集团有限公司：

荣获

2012-2013年度国家优质工程奖。

特发此证

二〇一〇年度

江苏省优秀进晋施工企业

江苏省住房和城乡建设厅

二〇一〇年十二月

总经理徐学文同志兼任江苏天宇太原分公司总经理，也为山西省建筑业协会常务理事，同时担任江苏省扬州市建工局驻山西办事处主任，曾荣获江苏省优秀高级经济师，连续四年被授予山西省“建筑企业优秀经理”，并于2013年获得由中国施工企业管理协会评选的“全国优秀施工企业家”荣誉称号。

江苏天宇太原分公司自2002年入晋以来，坚持以诚信拓市场、以质量树品牌、以创新促发展、以管理增效益，先后承建了30多项高层、超高层、大体量工程，累计施工面积500多万平方米，所建工程质量合格率100%，优良率90%以上，20余项工程先后获得“汾水杯”、“迎泽杯”、省市优良工程、安全文明工地等各类荣誉。其中，鼓楼世纪广场工程、望景豪庭、新领地工程被评为太原市建筑结构优秀样板工程，清徐盛地小区工程、平定金源佳美大酒店工程和月亮湾大酒店工程、御龙庭、大唐世家、阳光银座等工程均被评为优良工程；阳光商务广场被为山西省文明样板工地，山西省建设厅在该工地召开了全省建工系统现场观摩会；安祺城市花园、瀚达科技服务区、北美新天地、华泰御景湾工程被评为山西省优质工程，其中安祺城市花园、北美新天地工程、华泰御景湾项目先后荣获“汾水杯”奖，其中北美新天地裙房工程获2012-2013年度国家优质工程奖，在2012年开始评选的太原市“十佳文明工地”活动中，天宇集团“中正花园二期”和“东岳大厦”工程两项工程被评为“十佳文明工地”。2014年以来，阳泉市郊区义井居住小区九组团和拉菲香榭项目分别被评为2014年度“山西省建筑安全标准化工地”和“十佳十优”工地。

江苏天宇太原分公司将继续秉承“诚信拓市场、质量树品牌、创新促发展、管理增效益”的经营理念，坚持文化引领，制度创新，竭诚为业主、用户提供满意服务，互利合作，互惠双赢，共创美好灿烂的明天。

中隐澜湾

中正项目

高雅融发项目（阳泉）

太原市产权交易中心

领导团队

中心办公大厅

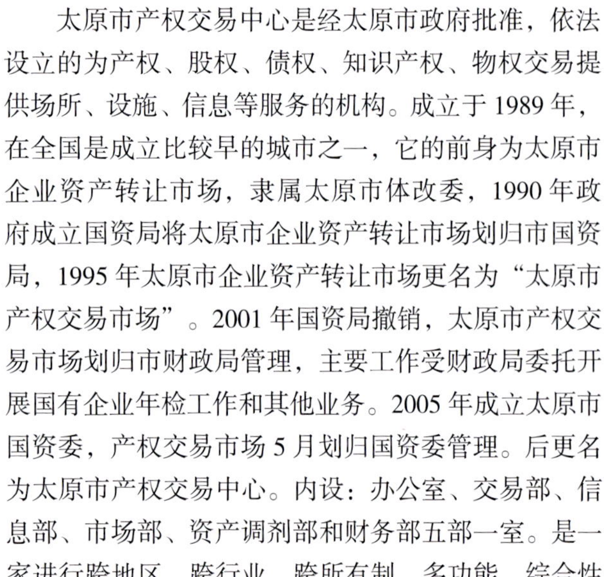

太原市产权交易中心是经太原市政府批准，依法设立的为产权、股权、债权、知识产权、物权交易提供场所、设施、信息等服务的机构。成立于1989年，在全国是成立比较早的城市之一，它的前身为太原市企业资产转让市场，隶属太原市体改委，1990年政府成立国资局将太原市企业资产转让市场划归市国资局，1995年太原市企业资产转让市场更名为“太原市产权交易市场”。2001年国资局撤销，太原市产权交易市场划归市财政局管理，主要工作受财政局委托开展国有企业年检工作和其他业务。2005年成立太原市国资委，产权交易市场5月划归国资委管理。后更名为太原市产权交易中心。内设：办公室、交易部、信息部、市场部、资产调剂部和财务部五部一室。是一家进行跨地区、跨行业、跨所有制，多功能、综合性的产权、股权交易的专业机构，为太原市优化资源配置、产权有效流动提供服务。

2004年以来，太原市产权交易中心在各级政府的大力支持下，受委托先后为100多家企业提供了服务，转让资产交易总额达25亿，特别是在《太原市产权交易办法》公布实施以来，在市国资委的领导和支持下，交易业务有了新突破，为实现太原经济合理布局和战略性调整、市属国有企业改革和发展招商引资、做出了重大贡献。

太原市产权交易中心具有规范的运作体系和诚信守法的服务优势，是国有产权，也是非国有、非上市公司企业产权流转的平台。我们将恪守“公开、公平、公正”的原则，为企业产权交易提供优质的服务。

供销总公司产权转让签字仪式

太原市糖业烟酒公司产权转让签字仪式

太原市群众艺术馆

副市长王爱琴和著名表演艺术家李金斗为太原曲艺团成立揭牌

法国圣但尼市政府代表团来市群艺馆进行文化交流

太原市群众艺术馆成立于1949年，是政府设立的公益性文化事业单位，隶属于太原市文化广电新闻出版局，担负着组织群众文化艺术活动，辅导社会文艺团队，培训群众文艺骨干，搜集、整理、挖掘、保护民族民间文化遗产，开展对外文化艺术交流活动，进行群众文化理论研究等职能，是全市群众文化的指导、示范、活动中心。

近年来，太原市群众艺术馆认真贯彻“二为”方针，充分履行公共文化服务职能，以“免费开放”为契机，以“文化活动”为载体，以“培育特色团队”为抓手，以“文化惠民”为重点，以“老年工作”突破口，坚持以人为本，以点带面，通过组织开展丰富多彩的群众文化活动，全面发挥公益性职能，在团队建设、对外文化交流、老年文化、艺术展览、非遗保护等方面取得了显著成绩，为繁荣我市群众文化事业起到了积极的作用。到目前为止，拥有残疾人艺术团、葫芦丝艺术团、群星管乐团、群星晋剧团等各门类文艺团队25个，这些团队成为我市群众文化的主力军。其中民间文化艺术团多次代表省、市乃至全国赴德国、美国、埃及等国进行文化交流；群星合唱团、舞蹈团等团队多次捧得全国省、市大型比赛等级奖。与此同时，老年工作也扎实推进，卓有成效，2014年被命名为“山西省敬老文明号”单位。常年组织举办美术、书法、摄影等作品精品展。编撰出版了《太原群众文化史》、《太原锣鼓》等多部书籍。目前国家级非遗项目“太原锣鼓”展览馆正在紧张有序地设计布景中，即将正式开放。

太原市群众艺术馆与时俱进，开拓创新，不断丰富文化内涵，提升服务质量和水平，充分发挥了在群众文化艺术活动中的主导作用，日渐成为全市公共文化服务体系的一支中坚力量。全馆成员将在领导班子的带领下团结一致，为把太原市群众艺术馆建设成为太原市文化建设的主要阵地和精神文明建设的重要窗口而不懈努力。

锣鼓大赛现场

山西省第九届“三晋之春”合唱比赛

太原市天然气有限公司

2013年11月26日，副省长张建欣带队检查西温庄加气安全生产工作

太原市委常委、常务副市长任在刚在“蓝焰5号”演习现场

太原天然气有限公司（以下简称天然气公司）成立于2005年8月，是由政府引导，规范设立的国有股份制企业，是山西省天然气利用协会理事长单位。2006年由太原市政府授予太原市行政区域内管道天然气特许经营权，特许经营期限20年。2012年取得山西省“四气”生产经营企业从业资格。作为城市燃气输配企业，天然气公司储气调峰设施完善、技术设备先进、经营管理科学、客户服务一流、综合实力雄厚。

2013年天然气公司立足“气化太原”发展目标，始终坚持“安全第一、预防为主、综合治理”的工作方针，实施标准化、精细化管理，围绕生产经营综合计划，积极协调上游供气公司，及时组织调配气源，实施科学调度，全力保障气源供应。加强日常巡检力度提高设备维护保养频度，定期组织门站、加气站、高中压调压站开展应急救援演练，实现了全年安全生产无事故。结合市政道路新建及改造进度，加大加快进行管线建设。根据市委市政府的统一安排，积极推进燃气替代燃煤锅炉改造工程。在社区深入开展“贴近群众、服务群众”安全服务活动。满足了广大市民及各类用户的用气需求，为省城环境质量提高做出贡献。获得太原市人民政府授予的2013年度冬季供热供气保障工作优秀先进单位，太原市城乡管理委员会授予的2013年度安全生产工作先进单位等称号。

截至年底，天然气公司已累计建成城市门站2座（丈子头、西温庄），CNG加气站2座（西温庄、钢园路），高中压调压站4座（小店、新张、罗城、东社），调压站100座，新建高、中、低压管线212公里。实施天然气置换焦炉煤气后，累计利用市煤气公司调压站651座，煤气输配管道1933公里。与市煤气公司共同完成煤改气工程，累计改造常年运行锅炉及分散运行锅炉176台、338.47蒸吨。已有各类天然气用户80万户。天然气覆盖率达96%。